carreiras específicas

Polícia Federal

Questões Comentadas
Estratégias de Estudo

www.editorasaraiva.com.br/direito
Visite nossa página

Coordenadores

Flávia Cristina Moura de Andrade

Procuradora Federal. Professora exclusiva do Damásio Educacional, ministrando aulas de Direito Administrativo e Direito Previdenciário nos Cursos Preparatórios para Concursos Públicos e Exames da OAB. Coordenadora e autora de diversos livros jurídicos.

Twitter: @profaflavia

Facebook: Professora Flavia Cristina III

Lucas dos Santos Pavione

Procurador Federal. Coordenador e coautor de diversas obras jurídicas voltadas à preparação para concursos públicos.

Twitter: @lucaspavione

Colaborador

Adriano Kökény

Procurador da Fazenda Nacional. Pós-Graduado em Direito Administrativo pela UNB. Pós-Graduado em Direito Tributário pela UNB. Coautor e colaborador de diversas obras da Coleção Carreiras Específicas publicadas pela Editora Saraiva.

Autores deste volume:

Adriano Kökény
Alexandre Ogata
Alyson Fidelis de Morais
Bruno Fontenele Cabral
Damares Pavione
Flávia Cristina Moura de Andrade
Milton Bandeira Neto
Paula Barbosa
Paulo Gustavo de Lima
Rafael Pinto Marques de Souza
Tales Ferreira da Costa
Vitor Tadeu Carramão Mello
Wagner Inácio

carreiras específicas

Coordenadores
Flávia Cristina Moura de Andrade
Lucas dos Santos Pavione

Colaborador
Adriano Kökény

Polícia Federal

Questões Comentadas
Estratégias de Estudo

1ª edição
2014
2ª tiragem
2015

100 ANOS
Saraiva

Editora Saraiva

Rua Henrique Schaumann, 270, Cerqueira César – São Paulo – SP
CEP 05413-909
PABX: (11) 3613 3000
SAC: 0800 011 7875
De 2ª a 6ª, das 8:30 às 19:30
www.editorasaraiva.com.br/contato

Direção editorial *Luiz Roberto Curia*
Gerência executiva *Rogério Eduardo Alves*

Gerência editorial *Thaís de Camargo Rodrigues*
Editoria de conteúdo *Roberto Navarro*
Assistência editorial *Thiago Fraga*

Coordenação geral *Clarissa Boraschi Maria*
Preparação de originais *Maria Izabel Barreiros Bitencourt Bressan e Ana Cristina Garcia (coords.)*
Adriana Maria Cláudio
Projeto gráfico *Mônica Landi*
Arte e diagramação *Jessica Siqueira*
Revisão de provas *Amélia Kassis Ward e Ana Beatriz Fraga Moreira (coords.)*
Ivani A. Martins Cazarim
Paula Brito Araújo
Produção editorial *William Rezende Paiva*
Serviços editoriais *Elaine Cristina da Silva*
Kelli Priscila Pinto
Guilherme Henrique M. Salvador
Capa *Guilherme P. Pinto*

Produção gráfica *Marli Rampim*
Impressão *Intergraf Ind. Gráfica Eireli*
Acabamento *Intergraf Ind. Gráfica Eireli*

ISBN 978-85-02-22732-3

Dados Internacionais de Catalogação na Publicação (CIP)
(Câmara Brasileira do Livro, SP, Brasil)

Polícia federal : questões comentadas : estratégias de estudo / coordenadores Flávia Cristina Moura de Andrade, Lucas dos Santos Pavione ; colaborador Adriano Kökény. – São Paulo : Saraiva, 2014. – (Carreiras específicas).

1. Agente da polícia federal (Brasil) – Concursos – Exames, questões etc. 2. Delegados de polícia federal (Brasil) - Concursos - Exames, questões etc. I. Pavione, Lucas dos Santos. II. Andrade, Flávia Cristina Moura de. III. Kökény, Adriano. IV. Série.

14-07277 CDU-351.74(81)(079.1)

Índices para catálogo sistemático:

1. Brasil : Concursos : Questões comentadas : Agente da polícia federal : Direito 351.74(81) (079.1)
2. Brasil : Concursos : Questões comentadas : Delegados de polícia federal : Direito 351.74(81) (079.1)

Data de fechamento da edição: 31-7-2014

Dúvidas?
Acesse www.editorasaraiva.com.br/direito

138.301.001.002

SUMÁRIO

Apresentação 9

DIREITO CONSTITUCIONAL

1. Poder Constituinte 13
2. Controle de Constitucionalidade 19
3. Direitos Individuais 27
4. Nacionalidade 45
5. Direitos Políticos 53
6. Poder Legislativo 55
7. Processo Legislativo 63
8. Poder Executivo 67
9. Poder Judiciário 71
10. Defesa do Estado e das Instituições Democráticas 77
11. Ordem Social 85

DIREITO ADMINISTRATIVO

1. Princípios, Poderes e Intervenções do Estado na Propriedade Privada 103
2. Estrutura, Organização e Controle 121
3. Atos Administrativos 141
4. Serviços Públicos e Licitação 153
5. Improbidade Administrativa 169
6. Responsabilidade Civil do Estado 177
7. Agentes Públicos 183
8. Processo Administrativo 209

DIREITO PENAL

1. Parte Geral do Direito Penal 215
2. Crimes contra o Patrimônio 251
3. Crimes contra a Administração Pública 261
4. Improbidade Administrativa 275
5. Crimes contra as Pessoas e os Costumes 281
6. Crimes contra a Ordem Tributária 287
7. Crimes contra a Organização do Trabalho 291

LEGISLAÇÃO ESPECIAL

1. Tráfico e Uso de Substâncias Entorpecentes (Lei n. 11.343/2006) 297
2. Crimes Hediondos (Lei n. 8.072/90) 313
3. Crimes de Preconceito de Raça e Cor (Lei n. 7.716/89) 315
4. Apresentação e Uso de Documento de Identificação Pessoal (Lei n. 5.553/68) 317
5. Abuso de Autoridade (Lei n. 4.898/65) 319
6. Crimes de Tortura (Lei n. 9.455/97) 321
7. Estatuto da Criança e do Adolescente (Lei n. 8.069/90) 325
8. Execução Penal (Lei n. 7.210/84) 329
9. Lavagem de Dinheiro (Lei n. 9.613/98 alterada pela Lei n. 12.683/2012). 331
10. Crimes contra o Meio Ambiente (Lei n. 9.605/98) 335
11. Crimes Praticados por Organizações Criminosas (Lei n. 9.034/95 revogada pela Lei n. 12.850/2013) 339
12. Crimes contra o Sistema Financeiro Nacional (Lei n. 7.492/86) 345
13. Crimes Eleitorais (Lei n. 4.737/65) 349
14. Interceptação das Comunicações Telefônicas (Lei n. 9.296/96) 351
15. Código de Proteção e Defesa do Consumidor (Lei n. 8.078/90) 353
16. Juizados Especiais (Lei n. 9.099/95) 355
17. Estatuto do Desarmamento (Lei n. 10.826/2003) 357
18. Leis Especiais Diversas 361

CRIMINOLOGIA

1. Criminologia 371

PROCESSO PENAL

1. Inquérito Policial 389
2. Ação Penal 397

3. Jurisdição e Competência 401
4. Prova 405
5. Prisão em Flagrante 411
6. Prisão Preventiva 419
7. Prisão Temporária 425
8. Processo dos Crimes de Responsabilidade dos Funcionários Públicos 427
9. *Habeas Corpus* 429
10. Processo Comum e Júri 433
11. Atos Processuais, Custódia Cautelar e Princípios 435

DIREITO TRIBUTÁRIO

1. Limitações ao Poder de Tributar 443
2. Competência Tributária 451
3. Legislação e Interpretação Tributária 455
4. Obrigação Tributária e Crédito Tributário 459
5. Responsabilidade Tributária 463
6. Suspensão, Extinção e Exclusão do Crédito Tributário 467
7. Tributos em Espécie 471
8. Administração Tributária e Outros Temas 475

NOÇÕES DE ADMINISTRAÇÃO DE PROCESSOS E PESSOAS, NOÇÕES DE ARQUIVOLOGIA E ADMINISTRAÇÃO FINANCEIRA E ORÇAMENTÁRIA

1. Noções de Administração de Processos e Pessoas, Noções de Arquivologia e Administração Financeira e Orçamentária 483

DIREITO PREVIDENCIÁRIO

1. Direito Previdenciário 515

DIREITO CIVIL

1. Direito Civil 537

DIREITO EMPRESARIAL

1. Direito Empresarial 575

PROCESSO CIVIL

1. Processo Civil 593

PORTUGUÊS

Nota da Autora 617
1. Agente da Polícia Federal 619
2. Escrivão da Polícia Federal 653
3. Delegado da Polícia Federal 685

ECONOMIA

1. Noções de Economia 709

CONTABILIDADE

1. Livros Obrigatórios e Facultativos 725
2. Registros Contábeis 729
3. Critérios de Avaliação do Ativo e do Passivo 741
4. Registros Contábeis das Operações de Compra e de Venda de Mercadorias 749
5. Patrimônio Líquido 757
6. Demonstração do Resultado do Exercício 761
7. Outras Demonstrações Contábeis Obrigatórias 765

INFORMÁTICA

1. Informática 771

RACIOCÍNIO LÓGICO

1. Análise Combinatória e Probabilidade 857
2. Lógica de Argumentação 867

APRESENTAÇÃO

É com imensa satisfação que apresentamos o livro Carreiras Específicas – *Polícia Federal*: questões comentadas, que, temos certeza, será de grande valia àqueles que se preparam para os concursos de ingresso aos cargos de Delegado, Escrivão e Agente da Polícia Federal.

O projeto editorial foi concebido após o grande sucesso experimentado pelo primeiro volume da coleção, reservado à preparação para o exame da Ordem dos Advogados do Brasil. Resolvemos, então, expandir o formato para os diversos concursos.

Reservamos este título aos concursos para provimento dos cargos de Delegado, Escrivão e Agente da Polícia Federal. Muitas vagas foram (e serão) criadas, e, como consequência, teremos muitos concursos nos próximos anos.

Não se trata de mais uma coletânea de questões com gabaritos. Buscamos trazer para o leitor um estudo mais completo possível das provas aplicadas nos últimos anos nos concursos para Delegado, Escrivão e Agente de Polícia organizados por várias bancas examinadoras.

O livro apresenta as matérias divididas em temas e subtemas, com os gabaritos e comentários ao final de cada capítulo, elaborados por especialistas nos assuntos. Além das anotações referentes à alternativa apontada no gabarito – e eventualmente das demais assertivas da questão –, os autores geralmente trazem um comentário extra, chamando a atenção do candidato sobre algum(uns) aspecto(s) relevante(s) referente(s) ao tema tratado naquela questão.

Ao final dos comentários de cada capítulo ou matéria os autores apresentam vários tópicos de suma importância para a preparação de nossos leitores, quais sejam:

RAIO-X

Nada mais é do que um retrato de como o tema analisado foi exigido nos concursos para Delegado, Escrivão e Agente da Polícia Federal, os percentuais de incidência e a principal base de onde são retiradas as questões – doutrina, legislação ou jurisprudência.

Com isso o candidato poderá elaborar sua estratégia de estudos, de modo que obtenha um melhor aproveitamento de seu tempo.

IMPORTANTE SABER

Reservamos este espaço para que o autor de cada disciplina traga ao leitor informações doutrinárias importantes para o estudo, além de quadros e esquemas úteis para a memorização do tema discutido.

LEGISLAÇÃO E SÚMULAS PERTINENTES

Em provas de 1ª fase o conhecimento da chamada "lei seca" e das súmulas é importantíssimo. O autor nesta seção elenca as principais leis e súmulas a que o candidato deve atentar-se.

BIBLIOGRAFIA RECOMENDADA

Embora bastante completa, a obra não tem a pretensão de substituir os livros doutrinários. Esta seção vem ao final de cada uma das disciplinas e é subdividida em: **BIBLIOGRAFIA BÁSICA**, que são obras indicadas para a primeira fase; e **BIBLIOGRAFIA COMPLEMENTAR**, em que há indicações de leituras complementares.

Portanto, acreditamos que esta obra se constituirá em uma importante ferramenta que está sendo colocada à disposição dos futuros Delegados, Escrivães e Agentes da Polícia Federal.

Aproveite-a!

E, é claro: sugestões e críticas são sempre bem-vindas! Ajude-nos a aprimorar ainda mais a obra.

Bons estudos!

Flávia Cristina Moura de Andrade
Site: www.professoraflavia.com.br
Twitter: @profaflavia

Lucas dos Santos Pavione
Twitter: @lucaspavione

DIREITO CONSTITUCIONAL

PAULO GUSTAVO DE LIMA

Procurador da Fazenda Nacional. Ex-Advogado da União e ex-Procurador Federal.

1. PODER CONSTITUINTE

QUESTÕES

1. **(Delegado – CESPE – 2004 – adaptada)** Devido a graves problemas na área de segurança pública, como a existência, no ciclo da persecução criminal, de dois órgãos com tarefas complementares e, algumas vezes, conflitantes; a necessidade de inclusão do município no sistema de segurança pública; a incidência cada vez maior de crimes cometidos por menores de 18 anos de idade etc., foi proposta, com o apoio de 215 deputados, uma emenda à Constituição Federal. Nos trabalhos de revisão constitucional, segundo o texto da emenda, o Congresso Nacional deliberaria em sessão unicameral, aprovando-se as alterações constitucionais pelo voto da maioria absoluta dos seus membros. A realização da revisão constitucional ocorreria após a ratificação popular do texto da emenda, por meio de referendo, a ser realizado seis meses após a sua aprovação e promulgação. Proposta de igual teor havia sido apresentada no início da sessão legislativa, mas fora rejeitada na primeira votação em plenário, na Câmara dos Deputados. Porém, com o agravamento da situação na área de segurança pública, entenderam os autores ser pertinente a sua reapresentação. Considerando a situação hipotética acima, julgue os itens a seguir.

   a) No caso brasileiro, o poder constituinte derivado possui limitações temporais, materiais e circunstanciais, expressas no texto constitucional, e limitações implícitas, relativas à titularidade dos poderes constituintes originário e derivado.

   b) Nos trabalhos de revisão constitucional, como o mencionado no texto acima, é possível alterar-se o dispositivo que prevê a inimputabilidade penal do menor de 18 anos de idade, uma vez que se trata de matéria relativa à política de execução penal.

2. **(Delegado – CESPE – 2013)** No que se refere à CF e ao poder constituinte originário, julgue os itens subsequentes.

   a) A CF contempla hipótese configuradora do denominado fenômeno da recepção material das normas constitucionais, que consiste na possiblidade de a norma de uma Constituição anterior ser recepcionada pela nova Constituição, com *status* de norma Constitucional.

   b) No sentido sociológico, a CF reflete a somatória dos fatores reais do poder em uma sociedade.

GABARITO COMENTADO

1.

A. ERRADO A questão trata das limitações ao poder constituinte.

A primeira parte do enunciado cuida das limitações explícitas (ao exercício do poder constituinte derivado); a segunda parte, das limitações implícitas (relativas à titularidade dos poderes constituintes originário e derivado).

O poder constituinte derivado (poder de reforma da Constituição) é, na sua essência, um poder *limitado*, visto que seu exercício é regrado pela própria Constituição.

As limitações explícitas (ou expressas) ao poder constituinte derivado presentes no atual texto constitucional são de três ordens: materiais, circunstanciais e formais.

As limitações materiais referem-se às matérias que compõem o núcleo imodificável (cláusulas pétreas) da Constituição, i.e., aos dispositivos constitucionais que não podem ser alterados, sob pena de se alterar o perfil essencial da Carta Máxima. Situam-se no art. 60, § 4º, da CF. Vale ressaltar que, em se tratando de direitos fundamentais, a vedação é à alteração supressiva ou restritiva, ou seja, que venha a diminuir a esfera de garantia, mas não existe vedação à modificação ampliadora de direitos. Confira-se, por sinal, a previsão do art. 150, III, *c*, da CF (princípio tributário da anterioridade nonagesimal), incluída pela Emenda n. 42/2003, que veio a acrescentar validamente mais uma garantia de segurança jurídica ao contribuinte.

As limitações circunstanciais dizem respeito à vedação ao exercício do poder de reforma durante certos eventos, geralmente anormais ou de extrema gravidade. Está prevista no art. 60, § 1º, que elenca, num rol exaustivo, as seguintes situações excepcionais: intervenção federal, estado de defesa e estado de sítio.

Limitações formais concernem ao regramento procedimental do exercício do poder constituinte derivado, ou seja, ao rito específico de elaboração das emendas constitucionais, compreendendo regras constitucionais sobre iniciativa, competência, quórum, trâmite. Situam-se nos incisos do art. 60 da CF e respectivos §§ 2º, 3º e 5º.

Pode-se citar ainda a limitação temporal, a qual impede a reforma da Constituição enquanto não decorrido certo lapso de tempo (ex.: a Constituição do Império, de 1824, proibia sua reforma, antes de decorridos 4 anos de sua vigência). **Não existem, contudo, limitações temporais na Constituição de 1988**. Daí o erro da assertiva.

A segunda parte do enunciado trata das limitações implícitas: (1) *relativas ao titular do poder constituinte originário,* pois este, em posição de supremacia, não pode ter sua titularidade alterada por obra de um poder subalterno e instituído (poder de reforma); (2) *relativas ao titular do poder constituinte derivado,* sendo a este vedado transferir, sem autorização expressa, a prerrogativa de alterar a Constituição. As limitações implícitas têm por pressuposto impedir a subversão da ordem instaurada pelo poder constituinte originário. No primeiro caso, vedando que o poder-filho (poder de reforma) altere a titularidade do poder-pai e, no segundo caso, num grau mais abaixo de atuação, impedindo que se altere a titularidade do poder reformador, ao arrepio da vontade do poder constituinte originário.

B. ERRADO O art. 228 da CF estatui que "são penalmente inimputáveis os menores de dezoito anos, sujeitos às normas da legislação especial". Trata-se da regra constitucional da inimputabilidade penal do menor de 18 anos, que lhe confere o direito de não responsabilização no âmbito criminal, ainda que pratique uma conduta tipificada como crime pela lei penal.

Trata-se de regra protetiva do menor de 18 anos em face do poder punitivo estatal. Na condição de direito individual, caracteriza cláusula pétrea (art. 60, § 4º, IV, da CF), ou seja, compõe o núcleo rígido do texto constitucional que não admite supressão (ou restrição) através do exercício do poder constituinte derivado (poder de reforma).

Atente-se que a circunstância de a inimputabilidade penal estar prevista no art. 228 não impede a sua classificação como direito individual, na medida em que essa categoria de direitos não é circunscrita topologicamente aos incisos do art. 5º da CF, mas pode se espraiar pelo texto constitucional. É o que se extrai do art. 5º, § 2º, da CF, já tendo o próprio STF assim decidido, quando reconheceu, quanto ao princípio da anterioridade tributária (limitação ao poder de tributar), o *status* de direito individual do contribuinte e, portanto, de cláusula pétrea (ADI 939, julgada em 1993).

Assim, somente através de uma nova Constituição, formulada no exercício do poder constituinte originário, seria admissível a diminuição da idade da imputabilidade penal.

Por fim, não é verídica a afirmação do enunciado no sentido de que a inimputabilidade penal do art. 228 da CF seria "matéria relativa à política de execução penal".

A previsão de inimputabilidade penal funda-se, ao revés, na presunção normativa absoluta de que o menor de 18 anos não tem uma capacidade de entendimento quanto ao caráter ilícito do ato ou de atuar de acordo com esse entendimento, não podendo por isso suportar as consequências drásticas da persecução penal.

O fundamento da inimputabilidade penal, pois, não se conecta diretamente com a etapa do cumprimento da pena, que constitui a matéria própria da execução penal.

2.

A. CERTO Corriqueiramente, o tema da recepção material é tratado pela doutrina sob o enfoque infraconstitucional, a exemplo de uma lei ordinária vigente sob a égide de uma Constituição anterior que é *recebida* na novel ordem constitucional, desde que seu conteúdo seja compatível (com o teor da nova Constituição), continuando válida e vigente, embora sob um novo fundamento de validade (Constituição superveniente).

A questão, contudo, inova, pois trata de uma situação extraordinária: a recepção material de *norma constitucional*. A teoria constitucional ensina que a nova Constituição, inaugurando uma nova ordem política, revoga automaticamente a anterior Constituição. Entretanto, nada impede que a própria Constituição superveniente estipule expressamente a permanência em vigor de dispositivos da Constituição pretérita, o que pode acontecer em caráter excepcional e temporário.

A Constituição de 1988 previu tal situação no art. 34, *caput* e § 1º, do ADCT (Ato das Disposições Constitucionais Transitórias):

"Art. 34. O sistema tributário nacional entrará em vigor a partir do primeiro dia do quinto mês seguinte ao da promulgação da Constituição, mantido, até então, o da Constituição de 1967, com a redação dada pela Emenda n. 1, de 1969, e pelas posteriores.

§ 1º Entrarão em vigor com a promulgação da Constituição os arts. 148, 149, 150, 154, I, 156, III, e 159, I, *c*, revogadas as disposições em contrário da Constituição de 1967 e das Emendas que a modificaram, especialmente de seu art. 25, III".

De acordo com o mencionado dispositivo, embora em vigor a nova Constituição, o sistema tributário constitucional continuou a ser o da Constituição revogada de 1967 (ao menos em parte) durante os primeiros quatro meses de vigência da nova ordem constitucional.

Trata-se de recepção material de norma constitucional, visto que garantiu a permanência de dispositivos específicos da Constituição anterior, com o *status* de norma constitucional. Atente-se porém que essa previsão há de ser expressa, do contrário considera-se automaticamente revogada a totalidade da Constituição anterior por obra do poder constituinte originário.

Importante não confundir a recepção material da norma constitucional com a desconstitucionalização, entendida esta como a recepção automática do ordenamento constitucional pretérito compatível, com *status* de *norma infraconstitucional* (há aqui uma perda de hierarquia). A teoria da desconstitucionalização não é aceita pela doutrina nacional, a não ser, excepcionalmente, por meio de previsão expressa na nova Constituição.

B. CERTO A Concepção sociológica de constituição, exposta por Ferdinand Lassalle, na obra *¿Qué es una Constitución?*, encara a Constituição como fato social (observado sob a ótica do ser, e não do dever-ser). Nessa visão, a Constituição escrita não passa de uma simples "folha de papel", sujeita a ser rasgada na prática, se o seu conteúdo não guardar correspondência na realidade social, pois a verdadeira Constituição é a "somatória dos fatores reais de poder dentro de uma sociedade". Nesse sentido, a mera inserção de um direito no texto constitucional não gozará de efetividade prática se as forças reais (sociais, políticas, econômicas etc.) que regem a sociedade não estiverem de acordo com aquela prescrição.

Já a concepção política de Constituição, exposta por Carl Schmitt (no livro *Teoria da Constituição*), defende que a Constituição é a *decisão política fundamental* do titular do Poder Constituinte Originário quanto aos elementos estruturantes do Estado (forma de Estado, forma de governo, sistema de governo, estrutura e órgãos do Estado, limitações de poder, direitos individuais, escolha dos governantes etc.). A Constituição é formada por essas decisões políticas fundamentais. Essa visão estabelece uma diferença entre Constituição e leis constitucionais, visto que, enquanto a Constituição estabelece os elementos essenciais da estruturação do Estado, as leis constitucionais representam as demais normas que, embora presentes no texto da Constituição, contêm elementos periféricos alheios à decisão política fundamental.

Por fim, a concepção jurídica de Constituição, da lavra de Hans Kelsen (em sua obra mais conhecida, *Teoria pura do direito)*, encara a Constituição unicamente sob o prisma do dever-ser, sem considerações de caráter sociológico, valorativo ou político. Nessa linha, a Constituição pode ser considerada por dois ângulos: o sentido lógico-jurídico e o jurídico-positivo.

Segundo o sentido lógico-jurídico, a Constituição é a norma fundamental hipotética (não escrita e pressuposta), que constitui o fundamento de validade da Constituição jurídico-positiva. Trata-se de um mandamento meramente hipotético e lógico, assumido como uma premissa lógica de validade da Constituição positiva. Adepto do normativismo puro, Kelsen teve que recorrer a uma entidade abstrata, fora do real, para fundamentar a Constituição (SILVA. *Aplicabilidade das normas constitucionais*, p. 31).

Segundo o sentido jurídico-positivo, a Constituição é a norma jurídica fundamental, que ocupa o topo da hierarquia do ordenamento jurídico e confere o fundamento de validade das demais normas jurídicas (leis, atos administrativos etc.). É a própria Constituição, norma posta, positivada por obra do Poder Constituinte Originário, que inaugura um sistema jurídico escalonado e hierarquizado de normas.

RAIO-X

- O tema em estudo equivale aos seguintes percentuais das questões de Direito Constitucional:

Cargo	Questões do Tema	%
Agente	0	0
Escrivão	0	0
Delegado	4	7,02

- A maioria das questões é baseada em:

☒ doutrina ☒ legislação ☒ jurisprudência

- O tema do Poder Constituinte requer um conhecimento doutrinário, ainda que em nível básico, sobre as espécies desse poder, atributos, titularidade e limites. Em nível de legislação, relativamente ao Poder Constituinte Derivado, fundamental é o conhecimento do art. 60 e parágrafos da Constituição, especialmente o § 4º (cláusulas pétreas). Quanto à teoria das cláusulas pétreas, também deve estar atento o candidato à jurisprudência do STF.

IMPORTANTE SABER

- Como a Constituição Federal é a norma suprema instauradora de uma nova ordem jurídica, da qual todas as demais retiram o seu fundamento de validade, surge a questão de se determinar a natureza do poder que a elabora ou que a modifica.
- O poder (suprapositivo ou de fato) de *elaborar* a nova Constituição de um Estado é chamado de Poder Constituinte Originário, em contraposição ao Poder Constituinte Derivado, este um poder (de direito ou instituído) de *modificar* a Constituição existente (poder de reforma).
- No regime democrático, o titular do poder constituinte originário é o povo. Nesse sentido, o art. 1º, parágrafo único, da CF, segundo o qual *todo poder emana do povo.*
- O Poder Constituinte Originário é considerado: 1) *inicial*, pois instaura uma nova ordem constitucional, sem se fundar em nenhum outro poder prévio; 2) *ilimitado*, pois não se subordinando a nenhuma ordem jurídica, pode dispor irrestritamente sobre qualquer assunto; 3) *incondicionado*, por não se sujeitar a fórmula prefixada de manifestação.
- Já o Poder Constituinte Derivado é caracterizado como: 1) *subordinado*, pois foi instituído pelo poder constituinte originário, sofrendo limitações por este impostas; 2) *condicionado*, pois seu exercício obedece a regras de manifestação preestabelecidas.
- O poder constituinte derivado se subdivide em: 1) poder constituinte derivado *de reforma* (poder de modificação dos dispositivos constitucionais, a cargo das Casas que compõem o Congresso Nacional); 2) poder constituinte *decorrente*, atribuído aos estados-membros para elaborar suas próprias Constituições.

- A Constituição contempla o exercício do poder de reforma, por meio de *Emendas à Constituição* e por *revisão constitucional*. No caso das emendas constitucionais, operam-se alterações em dispositivos do texto constitucional, seguindo-se o rito procedimental previsto no art. 60 (e parágrafos) da CF. Já a revisão constitucional possibilita modificação ampla do texto constitucional, tendo sido prevista para uma única oportunidade (já ocorrida) após cinco anos da promulgação da Constituição, como estabelecido no art. 3º do ADCT.
- O poder constituinte decorrente, por sua vez, caracteriza o exercício da capacidade de auto-organização dos estados federativos, por meio da elaboração de suas Constituições. Esse poder instituído, entretanto, deve obediência aos princípios que o Poder Constituinte Originário inscreveu na Constituição Federal (art. 25 da CF). Nesse sentido, a Constituição Estadual não pode divergir da essência do modelo da Constituição Federal, p. ex., em relação às regras sobre processo legislativo ou ainda em relação ao princípio da independência entre os poderes (STF, ADI 486 e ADI 637, julgadas em 1997 e 2004, respectivamente).

PODER CONSTITUINTE
- **ORIGINÁRIO**
- **DERIVADO**
  - **DE REFORMA**
    - **EMENDA**
    - **REVISÃO**
  - **DECORRENTE**

LEGISLAÇÃO PERTINENTE

- CF, art. 60 (e parágrafos).
- ADCT, art. 3º.

2. CONTROLE DE CONSTITUCIONALIDADE

QUESTÕES

1. **(Delegado – CESPE – 2002 – adaptada)** Considere que a Constituição da República de 1988, em relação a determinada matéria, tenha passado a exigir regulação por lei complementar, ao passo que a Constituição anterior previa que a mesma matéria fosse disciplinada por lei ordinária, que fora editada e encontrava-se vigente e eficaz ao tempo da promulgação da nova Constituição. À luz dessa situação hipotética, julgue os itens a seguir, relativos ao direito constitucional.

   a) Na hipótese proposta, a incompatibilidade formal da legislação preexistente com a nova Constituição tanto pode ser analisada no controle concentrado quanto no controle difuso de constitucionalidade.

   b) Na hipótese proposta, não há possibilidade de recepção formal da lei ordinária, porque o quórum qualificado da lei complementar é maior.

   c) Em hipótese inversa – a Constituição anterior requerendo lei complementar e a atual exigindo lei ordinária –, poderia ser recepcionada a legislação preexistente, mas as alterações posteriores deveriam ser procedidas por meio de lei complementar.

2. **(Delegado – CESPE – 2004 – adaptada)** Devido a graves problemas na área de segurança pública, como a existência, no ciclo da persecução criminal, de dois órgãos com tarefas complementares e, algumas vezes, conflitantes; a necessidade de inclusão do município no sistema de segurança pública; a incidência cada vez maior de crimes cometidos por menores de 18 anos de idade etc., foi proposta, com o apoio de 215 deputados, uma emenda à Constituição Federal. Nos trabalhos de revisão constitucional, segundo o texto da emenda, o Congresso Nacional deliberaria em sessão unicameral, aprovando-se as alterações constitucionais pelo voto da maioria absoluta dos seus membros. A realização da revisão constitucional ocorreria após a ratificação popular do texto da emenda, por meio de referendo, a ser realizado seis meses após a sua aprovação e promulgação. Proposta de igual teor havia sido apresentada no início da sessão legislativa, mas fora rejeitada na primeira votação em plenário, na Câmara dos Deputados. Porém, com o agravamento da situação na área de segurança pública, entenderam os autores ser pertinente a sua reapresentação. Considerando a situação hipotética acima, julgue o item a seguir.

   - O processo legislativo da emenda constitucional citada acima poderia, por meio de mandado de segurança interposto perante o Supremo Tribunal Federal (STF), ser objeto de controle de constitucionalidade, para o qual estão legitimados apenas os parlamentares da casa legislativa na qual esteja tramitando a proposição.

3. **(Delegado – CESPE – 2004)** Uma proposta de emenda à Constituição, apresentada com o apoiamento de 250 deputados, tem por conteúdo alteração das competências da Polícia Federal, retirando-lhe a função de polícia de fronteira – art. 144, § 1º, III, parte final – e transferindo essa competência para o Exército brasileiro. Admitindo que essa proposta de emenda à Constituição, observadas as regras constitucionais relativas ao processo legislativo desse tipo de proposição, venha a ser aprovada e promulgada, julgue o item a seguir.

   - A Associação de Delegados de Polícia do Brasil (ADEPOL), que congrega em seu corpo de associados tanto associações de delegados de polícia como pessoas físicas, poderia ingressar com uma ação direta de inconstitucionalidade (ADI) em relação à emenda hipoteticamente aprovada, uma vez que a Constituição Federal lhe assegura legitimidade ativa para tal e há pertinência temática entre os seus objetivos e a matéria da ADI.

4. **(Delegado – CESPE – 2013)** Considerando o controle de constitucionalidade no ordenamento jurídico pátrio, julgue os itens subsecutivos.

a) Na ação direta de inconstitucionalidade ajuizada perante o STF, apesar de lhe ser aplicável o princípio da congruência ou da adstrição ao pedido, admite-se a declaração de inconstitucionalidade de uma norma que não tenha sido objeto do pedido, na hipótese configuradora da denominada inconstitucionalidade por arrastamento.

b) De acordo com entendimento do STF, no controle difuso de constitucionalidade, os tribunais não podem aplicar a denominada interpretação conforme a CF sem a observância da cláusula de reserva de plenário.

GABARITO COMENTADO

1.

A. ERRADO Quando se analisa a compatibilidade entre a legislação pretérita e a Constituição superveniente, não são levados em conta aspectos relacionados à forma da norma legislada (compatibilidade formal), mas verificada tão somente a adequação de conteúdo (compatibilidade material). É que a nova Constituição, por inaugurar uma nova ordem jurídica, empresta um diverso fundamento de validade às normas anteriores, acontecendo uma espécie de novação legislativa. O anterior revestimento formal da norma, emanado sob a égide da Constituição superada, perde importância, na medida em que a norma passa a se sustentar por um novo critério de validade, ora representado pela novel ordem constitucional.

Assim, no teste de compatibilidade da norma pré-constitucional com a Constituição atual, não se examinam aspectos ligados estritamente à forma, a exemplo da espécie legislativa (decreto-lei, lei ordinária, lei complementar) ou do antigo procedimento legislativo (regras de iniciativa, trâmite, quórum). Não à toa, existem decretos-lei ainda em vigor (materialmente válidos), embora inexistente essa espécie legislativa na Constituição de 1988.

De acordo com a teoria da recepção, portanto, é irrelevante, para fins de reconhecimento de validade, a incompatibilidade formal do direito pré-constitucional com a Constituição futura. Por razões exclusivamente de forma, não se considera inválida (ou revogada) a lei pretérita, de modo que não faz sentido o teste de sua constitucionalidade formal seja no controle difuso, seja no controle concentrado.

B. ERRADO Como visto no comentário à questão anterior, não se submete o direito pré-constitucional ao teste de constitucionalidade, sob o aspecto formal, com a nova Constituição. Assim, havendo adequação de conteúdo (compatibilidade material), a lei anterior sobrevive, como norma válida, no novo ordenamento.

Pode acontecer, entretanto, de a Constituição superveniente exigir disciplina da matéria tratada na lei por espécie legislativa diversa da que exigia a Constituição pretérita. É precisamente o caso retratado na questão, pois a matéria fora disciplinada por lei ordinária, editada validamente sob a égide da Constituição superada, sendo que a Constituição posterior passou a exigir regulação por lei complementar.

Nesse caso, continuará válida a norma pretérita (pois, para fins de validade, somente se examina a compatibilidade material), mas adotará ela o *status* de lei complementar. É que a lei recepcionada adota o estatuto formal da espécie legislativa que a nova Constituição exige para a regulação da matéria de que ela trata. Trata-se de uma natural decorrência da circunstância de a Constituição, instaurando um novo ordenamento, emprestar à legislação pretérita (materialmente compatível) um novo fundamento de validade.

Atente-se que a lei ordinária em questão não se transmuta em lei complementar. Ela continua sendo uma lei ordinária, mas lei ordinária com *status* de lei complementar. Significa que, estando a matéria sujeita a reserva de lei complementar, aquela lei somente poderá ser revogada ou modificada por outra lei complementar.

Em suma, no que atine ao enunciado, é irrelevante a diversidade de quórum entre as duas espécies legislativas (lei ordinária e lei complementar), e a lei ordinária pretérita será recepcionada pela nova Constituição com *status* de lei complementar.

C. ERRADO Aplica-se aqui a mesma teoria da recepção explicitada no comentário à questão anterior. A regra é a mesma: lei recepcionada adota o estatuto formal da espécie legislativa que a nova Constituição exige para a regulação da matéria ali tratada. Então, se a norma foi validamente editada sob a égide de uma Constituição pretérita como lei complementar, e a nova Constituição admite que essa matéria seja disciplinada por lei ordinária, será ela recepcionada (desde que materialmente válida) com o *status* de lei ordinária. Significa que poderá tal lei ser revogada (total ou parcialmente) por outra lei ordinária.

2. ANULADA O cabeçalho da questão faz menção à tramitação de proposta de emenda constitucional portadora de inúmeras inconstitucionalidades e a assertiva afirma a possibilidade de controle de constitucionalidade, por meio de mandado de segurança, impetrado por parlamentares da casa legislativa na qual esteja tramitando a proposição.

Importante esclarecer, inicialmente, que a comissão examinadora anulou a questão, porque assumiu que havia ambiguidade na expressão "casa legislativa na qual esteja tramitando a proposição", que poderia se referir ao Congresso Nacional ou a qualquer uma das casas que o compõem (Câmara dos Deputados ou Senado Federal). Entendeu que essa ambiguidade contaminava todo o enunciado, sob o argumento de que o STF não enfrentara a questão da legitimidade ativa de parlamentar (deputado ou senador) para o mandado de segurança, na hipótese em que o processo legislativo já se encerrara em sua Casa Legislativa específica (Câmara ou Senado).

Polêmicas à parte, o fato é que o STF admite o controle judicial da tramitação de projetos legislativos, desde que pela via do Mandado de Segurança, impetrado por parlamentar da casa legislativa respectiva (no plano federal, o Congresso Nacional). Trata-se, pois, de excepcional modalidade de controle judicial prévio de constitucionalidade das leis.

Confira-se trecho do MS 22.487 do STF: "os membros do Congresso Nacional dispõem de legitimidade ativa *ad causam* para provocar a instauração do controle jurisdicional sobre o processo de formação das **leis** e das **emendas** à Constituição, assistindo-lhes, sob tal perspectiva, irrecusável direito subjetivo de impedir que a elaboração dos atos normativos, pelo Poder Legislativo, incida em desvios inconstitucionais. É por essa razão que o Supremo Tribunal Federal tem reiteradamente proclamado, em favor dos congressistas – não, porém, em favor de terceiros – o reconhecimento desse direito público subjetivo à correta elaboração das leis e das emendas à Constituição".

Comentário extra: afirma ainda o STF que "**a superveniência da aprovação parlamentar do projeto de lei ou da proposta de emenda à Constituição implica a perda da legitimidade ativa dos membros do Congresso Nacional para o prosseguimento da ação mandamental**, que não pode ser utilizada como sucedâneo da ação direta de inconstitucionalidade" (MS 22.487, julgado em 2001). Assim, a legitimidade do parlamentar decorre de sua condição de partícipe do procedimento de elaboração da norma; uma vez findo o processo legislativo, cessa a sua legitimidade para a via mandamental.

Anote-se ainda que a atualidade da condição de parlamentar é necessária não somente para o ajuizamento do Mandado de Segurança, quanto para o prosseguimento da ação. Dessa forma, **a perda superveniente do mandato parlamentar provoca a extinção do mandado de segurança** por falta de legitimidade ativa (MS 27.971).

3. ANULADA A questão trata da legitimidade para ajuizar Ação Declaratória de Inconstitucionalidade (ADI), por entidade de classe de âmbito nacional, hipótese prevista no art. 103, IX, da CF.

A legitimidade da ADEPOL (Associação de Delegados de Polícia do Brasil) para propositura de ADI era objeto de julgamento vacilante pelo STF, que ora lhe reconhecia legitimidade, ora lhe negava.

Na ADI 23 (julgada em 1998), p. ex., a Corte Suprema negou-lhe legitimidade *ad causam* para ajuizar ADI, sob o fundamento de se tratar de "associação de associações" (i.e., associação que admite como membros outras associações) e ainda pela descaracterização como entidade de classe específica, em virtude da heterogeneidade de sua composição, que admitia também pessoas (físicas ou jurídicas) estranhas à categoria funcional de delegados.

Esses obstáculos, contudo, foram superados.

É que, em relação à figura da "associação de associações", o STF mudou seu entendimento, **para admitir a "associação de associações", de âmbito nacional, como parte legítima à impetração de ADI** (ADI 3.153-AgR, julgada em 2004).

Por meio de reforma do estatuto social da ADEPOL, também foram superados os outros fundamentos que impediam o reconhecimento da sua legitimidade: o caráter híbrido da sua composição – pessoas físicas e pessoas jurídicas – e o fato de representar apenas parte de categoria profissional (ADI-ED-ED 1.336).

Assim, **hoje, de forma pacífica, o STF considera a ADEPOL parte legítima** para a propositura de ADI (ADI 3.469, julgada em 2010).

Em relação ao requisito da pertinência temática, está ele presente, considerando que a norma impugnada em sede de ADI, por uma associação de delegados de âmbito nacional, é uma emenda constitucional que altera a competência da polícia federal. A norma em questão repercute diretamente sobre a esfera de direitos da classe cujos interesses são representados pela associação.

Comentário extra: a figura da pertinência temática consiste em requisito, adotado pela jurisprudência do STF, ligado ao interesse de agir, a exigir que a norma impugnada tenha relação com a finalidade institucional da entidade.

Estão dispensados da comprovação desse requisito os *legitimados universais* (Presidente da República, Mesas do Senado Federal e da Câmara dos Deputados, o Procurador-Geral da República, o Conselho Federal da Ordem dos Advogados do Brasil e o partido político com representação no Congresso Nacional).

Os demais, *legitimados especiais*, estão obrigados à comprovação da pertinência temática. São eles: confederações sindicais, entidades de classe de âmbito nacional, Mesas das Assembleias Legislativas ou da Câmara Legislativa do Distrito Federal e os Governadores dos estados-membros e do Distrito Federal.

4.

A. CERTO O princípio da congruência ou adstrição ao pedido, segundo o qual o julgador deve se limitar a julgar dentro dos limites do pedido, aplica-se em matéria de controle concentrado, de modo a impedir que o Ministro do STF declare inconstitucional norma que não tenha sido objeto de pedido expresso na petição inicial da ação. Isto vale como regra.

Entretanto, ressalva-se a possibilidade de o STF declarar a inconstitucionalidade de norma não impugnada pelo autor da ação, desde que haja relação de interdependência entre esta e a norma objeto do pedido. Trata-se da chamada inconstitucionalidade "por arrastamento", "por atração" ou "consequencial", exceção ao princípio do pedido, que opera a propagação do juízo de desvalor (inconstitucionalidade) de uma norma principal, estendendo seus efeitos a outras normas dela dependentes, ainda que não impugnadas. Justifica-se a ampliação dos poderes cognitivos do magistrado na fiscalização abstrata com a finalidade de se preservar a coerência do ordenamento constitucional.

O STF utilizou a mencionada técnica, por exemplo, quando declarou inconstitucional o § 1º do art. 84 do CPP (incluído pela Lei n. 10.628/2002), que previa a continuidade do foro por prerrogativa de função após a cessação do exercício da função pública e, por arrastamento, declarou também inconstitucional o § 2º do mesmo artigo que previa a prerrogativa de foro especial para o julgamento de ação de improbidade administrativa.

O requisito para utilização da técnica do arrastamento é que haja uma relação de interdependência normativa, o que pode ocorrer entre normas de mesma hierarquia (arrastamento horizontal) ou entre normas de diversa hierarquia, p. ex., lei e decreto regulamentar (arrastamento vertical).

B. ERRADO A *cláusula de reserva de plenário* (também conhecida como cláusula *full bench* ou princípio do colegiado), prevista no art. 97 da Constituição, prescreve que "somente pelo voto da maioria absoluta de seus membros ou dos membros do respectivo órgão especial poderão os tribunais declarar a inconstitucionalidade de lei ou ato normativo do Poder Público". Trata-se de princípio que visa a resguardar o valor da estabilidade jurídica, pois impõe que, ao declarar a inconstitucionalidade de uma lei, o Tribunal o faça pela maioria absoluta de seus membros (SILVA. *Comentário contextual à Constituição*, p. 517).

Em caso de utilização da técnica da *interpretação conforme a Constituição*, contudo, não há necessidade de se obedecer ao requisito da reserva de plenário. É que no caso da interpretação conforme não há propriamente declaração de inconstitucionalidade da norma, mas a escolha do significado da norma – entre os vários possíveis (em se tratando de uma norma polissêmica, i.e., plurissignificativa) –, que se apresente em consonância com a Constituição. Dentre os possíveis significados que a aplicação da norma pode proporcionar, o julgador define aquele que se apresenta concordante com a Constituição, deixando pois de declarar a inconstitucionalidade da norma. Há pois declaração de constitucionalidade da norma com o corte interpretativo definido pelo julgador, eliminando-se porém as interpretações consideradas inconciliáveis com o texto constitucional.

RAIO-X

- O tema em estudo equivale aos seguintes percentuais das questões de Direito Constitucional:

Cargo	Questões do Tema	%
Agente	0	0
Escrivão	0	0
Delegado	9	15,79

- A maioria das questões é baseada em:

  ☒ doutrina ☒ legislação ☒ jurisprudência

- As questões envolvendo controle de constitucionalidade foram além do texto da Constituição, abrangendo um conhecimento em nível teórico e em nível jurisprudencial. Fundamental, nessa matéria, o conhecimento da jurisprudência do STF, acessível através dos informativos semanais. Importante conhecer as técnicas de decisão, assim como instrumentos de controle que vêm ganhando espaço, como o caso da ADPF.

IMPORTANTE SABER

- O controle de constitucionalidade fundamenta-se em dois atributos da Constituição: 1) a *supremacia*, visto que a Constituição ocupa o nível hierárquico máximo, dela retirando as demais normas do ordenamento jurídico o seu fundamento de validade; 2) a *rigidez*, pois o processo de elaboração/reforma da Constituição é mais árduo que o destinado à formação das normas infraconstitucionais.
- Por força desses atributos, considera-se inválida a norma (lei ou ato normativo) que estiver em descompasso com a Constituição. Atente-se que a inconstitucionalidade da norma é um vício de invalidade (opera-se aqui no plano da validade, e não no plano da existência).
- Existem diferentes critérios de se aferir essa invalidade (leia-se, inconstitucionalidade), dando origem às seguintes classificações: 1) quanto ao conteúdo do dispositivo constitucional violado: inconstitucionalidade formal e material; 2) quanto à conduta estatal: inconstitucionalidade por ação e por omissão.
- A inconstitucionalidade *formal* diz respeito à violação das normas constitucionais que regem o processo legislativo, ou seja, quando a norma tenha sido elaborada por órgão incompetente, pelo rito legislativo impróprio (regras sobre iniciativa, quórum, trâmite) ou ainda adotando espécie legislativa inadequada (ex.: lei ordinária em vez de lei complementar, quando exigida esta).
- A inconstitucionalidade *material* concerne ao *conteúdo* da norma, que se acha em relação de contrariedade com o texto constitucional.
- Por sua vez, a inconstitucionalidade será *por ação* quando o ato violador decorrer de uma conduta positiva, ou seja, a prática de um ato vedado pela Constituição.

- Será *por omissão* a inconstitucionalidade que decorra de inércia ilegítima do ente estatal que deixar de pôr em prática conduta exigida pela Constituição.
- Essas diversas formas de inconstitucionalidade, eventualmente verificadas, precisam ser eliminadas, a fim de se preservar a unidade do ordenamento, sob o prisma constitucional. Daí a previsão de uma série de técnicas de controle de constitucionalidade, que também admitem classificação: 1) quanto ao momento: controle preventivo e controle repressivo; 2) quanto ao órgão: controle político e controle judicial; 3) quanto ao órgão judicial: controle difuso e controle concentrado; 4) quanto à forma de controle judicial: por via incidental e por via principal.
- O controle preventivo atua durante o processo legislativo (antes da formação definitiva da norma), com o intuito de impedir que venha a entrar em vigor a norma inconstitucional. O controle repressivo age no momento posterior, quando a norma já se encontra inserida no ordenamento, tendo por intuito retirá-la da ordem jurídica ou, ao menos, suspender-lhe a eficácia.
- O controle *político* de constitucionalidade é exercido por órgão de caráter não jurisdicional, a exemplo do veto *jurídico* do Presidente da República a projetos de lei (art. 66, § 1º, da CF) e da atuação das Casas Legislativas, no seio das Comissões de Constituição e Justiça. Já o controle *judicial* é exercido por órgãos do Poder Judiciário, seja no curso de ações judiciais em geral, seja através de ações de constitucionalidade específicas (ADI, ADC, ADPF). Embora o Brasil adote formas pontuais de controle político, predomina aqui o sistema judicial de controle de constitucionalidade.
- Dentro do controle judicial de constitucionalidade, a atuação fiscalizatória pode ser atribuída a todos os órgãos judiciais (controle difuso) ou apenas a um ou alguns (controle concentrado). No Brasil, embora a tradição histórica seja do controle difuso – pois todos os juízes e tribunais têm competência para fiscalizar a validade das leis –, subsiste também o controle concentrado para algumas ações de constitucionalidade específicas, a exemplo da ADPF (julgada somente no STF).
- Finalmente, ainda dentro da atribuição judicial, ocorre o controle na *via incidental* (concreta, indireta ou *incidenter tantum)*, quando a fiscalização da inconstitucionalidade não é o fim visado no processo, mas é o meio (analisado em concreto) para a obtenção do reconhecimento de um direito qualquer visado pelo interessado. Tem-se como exemplo uma ação judicial de devolução de tributo pago, sob o fundamento de inconstitucionalidade da lei que criou o tributo.
- Por outro lado, o controle na *via principal* (abstrata, direta ou por ação) impõe a análise de inconstitucionalidade da lei (ou ato normativo) em tese, com o objetivo de salvaguardar a harmonia do ordenamento normativo. Caracteriza um processo objetivo, pois não há caso concreto ou direito subjetivo em jogo, mas é a própria higidez da ordem constitucional que se tutela. É o que ocorre na Ação Direta de Inconstitucionalidade (ADI) e na Ação Declaratória de Constitucionalidade (ADC).
- Perceba-se que há uma certa relação entre as modalidades concentrada e abstrata de controle, pois os instrumentos de fiscalização abstrata (ADI e ADC, por exemplo), em regra, são reservados a órgãos judiciais específicos, com exclusão de quaisquer outros. Por outro lado, as modalidades difusa e incidental se afinam, pois qualquer órgão jurisdicional está autorizado a realizar o teste de constitucionalidade das leis como premissa da matéria posta a julgamento.
- Caso peculiar, entretanto, ocorre com a Arguição de Descumprimento de Preceito Fundamental (ADPF), prevista no art. 102, § 1º, da CF e regulada pela Lei n. 9.882/99. É que a ação, cujo processamento e julgamento competem ao STF, prevê duas modalidades: a arguição autônoma e a arguição incidental. Ambas constituem processo objetivo, pois, por meio delas, o STF exercerá a fiscalização abstrata, sem a tutela de direitos subjetivos em concreto. Contudo, a arguição incidental, prevista no art. 1º, parágrafo único, I, da Lei n. 9.882/99, tem a peculiaridade de ser suscitada inicialmente em um processo subjetivo já instaurado, migrando a questão constitucional, posteriormente, para a competência do STF. É dizer: admitido o seu julgamento pelo STF (após a comprovação de uma série de requisitos), este passa a examinar a questão constitucional, sob uma perspectiva abstrata, ou seja, sobre a tese jurídica, sem se manifestar sobre o caso concreto. A decisão do STF, porém, passa a condicionar o julgamento da própria causa de onde se originou o incidente e ainda projeta efeitos *erga omnes*, com eficácia em relação a todos (e não somente às partes do processo).
- Em suma, a ADPF (na modalidade da arguição incidental) não deixa de constituir uma espécie de processo objetivo, segundo uma concepção de controle concentrado e abstrato, mas se notabiliza por se originar do seio de um processo subjetivo.

Tem-se aqui uma migração do controle difuso para o controle concentrado e, após, uma generalização (abstrativização) dos efeitos aplicados a todos (inclusive ao caso original).

- Não se restringe a isso o ineditismo da ADPF incidental. É que, diferentemente da ADI, cabe aqui: a fiscalização de constitucionalidade de lei (ou ato normativo) municipal em face da Constituição Federal; e o exame de direito pré-constitucional (normas editadas antes do advento da Constituição).

Espécies de Inconstitucionalidade	
Inconstitucionalidade (Quanto ao conteúdo violado)	**Inconstitucionalidade (Quanto à conduta estatal)**
Formal	Por Ação
Material	Por Omissão

Modalidades de Controle de Constitucionalidade			
Controle (Quanto ao momento)	**Controle (Quanto ao órgão)**	**Controle (Quanto ao órgão judicial)**	**Controle (Quanto à forma judicial)**
Preventivo	Político	Difuso	Por Via de Exceção (Indireto ou Concreto)
Repressivo	Judicial	Concentrado	Por Via de Ação (Direto ou Abstrato)

LEGISLAÇÃO PERTINENTE

- CF, arts. 34, VII, 36, III, 49, V, 52, X, 102, I, *a*, 103, 125, § 2º.
- Lei n. 9.868/99.
- Lei n. 9.882/99.

3. DIREITOS INDIVIDUAIS

QUESTÕES

1. **(Escrivão – CESPE – 2002)** Mas quanta liberdade nos restará com essas ameaças, quantos dos direitos humanos que consideramos indiscutíveis? Viveremos em um clima em que cada qual espiona todos os demais? Quer me parecer evidente que os direitos humanos serão bem reduzidos se a humanidade enfrentar uma luta pela sobrevivência. Mas tal não quer dizer que chegaremos, sem remissão, ao extremo de uma sociedade orwelliana. Por ora, pode não passar de mais vigilância e mais atenção. Em muitas partes do mundo, essa vigilância é do cotidiano, e um estranho que atravesse a rua não passa despercebido. Nós nos acostumamos a não nos meter na vida de ninguém e a considerar o direito à privacidade essencial e inviolável. Temo que isso vá mudar. Nesse aspecto, o mundo nunca mais será o mesmo. Até onde irão as restrições? Isso, infelizmente, não depende de nós, mas dos terroristas.

   Walter Laqueur. O terrorismo pode ser vencido? *Veja*, 26-12-2001, p. 116-8 (com adaptações).

   Considerando o comentário do texto acima acerca do embate entre a preservação dos direitos fundamentais e as medidas antiterroristas da atualidade, à luz do direito constitucional brasileiro, julgue os itens abaixo.

   a) No Brasil, seria juridicamente admissível, em face da Constituição, o julgamento de terroristas em tribunais especiais, com restrição ao direito de defesa, desde que esses tribunais fossem criados por meio de emenda constitucional.

   b) O Brasil não possui legislação específica que puna atos terroristas como crime; em consequência, se for promulgada lei nova que trate do assunto, ela não poderá, em nenhuma hipótese, aplicar-se a atos de terrorismo praticados anteriormente à sua entrada em vigor, devido ao princípio da irretroatividade da lei penal.

   c) Não obstante a proteção jurídica ao direito à vida, é constitucionalmente admissível que atos de terrorismo venham a ser punidos com morte, no Brasil, pela legislação infraconstitucional, em determinadas circunstâncias.

   d) Considere a seguinte situação hipotética.
   Um delegado de Polícia Federal tomou conhecimento de que um servidor do DPF poderia estar envolvido com atos criminosos praticados por organização terrorista. Em consequência, resolveu abrir sindicância para confirmar a veracidade da notícia e, posteriormente, instaurar inquérito policial. A fim de monitorar a atividade do servidor, o delegado requereu judicialmente, no curso da sindicância, em sigilo, a interceptação das comunicações telefônicas do suspeito. Para tanto, levou ao conhecimento do juiz os indícios de que dispunha. Nessa situação, mesmo em face de indícios consistentes, não poderia o juiz decretar a quebra do sigilo telefônico do servidor.

2. **(Agente – CESPE – 2002)** A respeito dos direitos e deveres fundamentais, julgue os itens abaixo.

   a) Considere a seguinte situação hipotética.
   Eliane teve sua inscrição indeferida em concurso público para o cargo de assistente administrativo, por contar com mais de trinta e cinco anos de idade. O indeferimento estribou-se no edital do certame, que apresentava como requisito de admissão ao concurso: ter mais de 25 anos e menos de 35 anos de idade, salvo se ocupante de cargo ou função

pública. Nessa situação, a discriminação do edital é inconstitucional, por violar o princípio da igualdade e da vedação constitucional de diferença de critério de admissão por motivo de idade.

b) A proteção constitucional a intimidade, vida privada, honra e imagem refere-se tanto a pessoas físicas quanto a pessoas jurídicas, abrangendo a imagem frente aos meios de comunicação em massa. Assim, a utilização de fotografia em anúncio com fim lucrativo, sem a devida autorização da pessoa correspondente, traz como corolário indenização pelo uso indevido da imagem.

c) A Constituição da República consagra a inviolabilidade do domicílio no sentido restrito do local, onde o indivíduo estabelece residência com o ânimo definitivo. Não está sujeito à proteção constitucional o consultório profissional de um cirurgião-dentista, que prescinde de mandado judicial para efeito de ingresso de agentes públicos para efetuarem uma busca e apreensão requerida por autoridade policial.

d) O sigilo de correspondência e de comunicação é absoluto. A interceptação de correspondências, mesmo que estiverem sendo utilizadas como instrumento de salvaguarda de práticas ilícitas, é inconstitucional.

e) A gravação de conversa telefônica clandestina realizada por meio de fita magnética afronta os direitos à intimidade e à vida privada do interlocutor da relação dialógica que não tinha conhecimento.

3. **(Agente – CESPE – 2009)** Acerca dos direitos e garantias fundamentais, julgue o item seguinte, à luz da CF.

• Conceder-se-á *habeas data* para assegurar o conhecimento de informações relativas à pessoa do impetrante ou à de terceiros, constantes de registros ou bancos de dados de entidades governamentais ou de caráter público.

4. **(Escrivão – CESPE – 2004 – adaptada)** Um português, em férias no Brasil, soube, por amigos, que havia sido investigado pelo DPF, logo após a sua chegada, em razão de denúncia de que ele pertenceria a uma organização internacional envolvida com espionagem financeira e industrial. Indignado com a invasão de sua privacidade, ele requereu perante o órgão local do DPF que lhe fosse dada ciência das informações obtidas a seu respeito nessa investigação. Como o funcionário administrativo não quis receber sua petição, ele ameaçou recorrer ao Poder Judiciário brasileiro, sendo preso, imediatamente, por desacato. Na prisão, ele pediu que lhe fosse indicado um advogado, o que lhe foi negado porque ele havia afirmado que não possuía recursos para pagar pelos serviços de um profissional.

Considerando a situação hipotética apresentada acima, julgue os itens a seguir.

a) Não há fundamento constitucional para o pedido formulado pelo turista português, porque o direito a receber informações de órgãos públicos se aplica apenas aos estrangeiros com residência fixa no Brasil.

b) Se a situação vivenciada pelo turista português tivesse ocorrido com um brasileiro, a Constituição asseguraria ao brasileiro preso o direito de assistência de advogado, cabendo ao Estado prestar assistência jurídica integral e gratuita se ele comprovasse insuficiência de recursos.

5. **(Delegado – CESPE – 2004 – adaptada)** A Polícia Federal, em cumprimento a mandado judicial, promoveu busca e apreensão de documentos, computadores, fitas de vídeo, discos de DVD, fotos e registros em um escritório de uma empresa suspeita de ligação com tráfico organizado de drogas, grilagem de terras, falsificação de documentos e trabalho escravo. A ação, realizada em um estado do Nordeste – onde amanhece às 6 h e anoitece às 18 h –, iniciou-se às 6 h 15 min e prolongou-se até as 20 h. Os advogados dos proprietários da empresa constataram, pelo horário constante do auto de apreensão, assinado ao final da atividade, que as ações prolongaram-se além do período diurno. Analisando o material apreendido após o período diurno, a Polícia Federal encontrou farta documentação que comprovava a prática de ações contrárias às normas trabalhistas, as quais caracterizariam trabalho escravo nas propriedades rurais da empresa, cujas dimensões ultrapassam os limites legais estabelecidos para a caracterização da pequena e média propriedade rural.

Com base nessa situação hipotética, julgue o item seguinte.

DIREITO CONSTITUCIONAL

- O direito individual à inviolabilidade da casa tem como exceção o ingresso nela, sem consentimento do morador, para o cumprimento de determinação judicial, porém, essa exceção tem o limite temporal do período diurno; em consequência, por ter a ação policial prolongado-se além do período diurno, os atos praticados após o anoitecer estão eivados de inconstitucionalidade.

6. (Delegado – CESPE – 2002) Todos os direitos humanos são universais, indivisíveis, interdependentes e inter-relacionados. Esses são alguns dos princípios fundamentais da Declaração de Viena sobre os Direitos Humanos, fruto de conferência realizada naquela cidade, em 1993. A partir dessa conferência, várias ações para o fortalecimento da cooperação internacional na área de direitos humanos vêm sendo consideradas como essenciais para a realização plena da cidadania nos planos nacional e internacional. Com base na visão atual dos direitos humanos, julgue os itens que se seguem.

a) Já não se pode mais justificar a inobservância dos direitos humanos com base em argumentos como o do relativismo cultural ou o de que os direitos humanos são valores ocidentais.

b) Não é possível garantir os direitos civis sem que haja a garantia dos direitos sociais. É preciso entender que os direitos humanos, apesar de separados por artigos, em declarações, convenções e pactos, devem transmitir a noção do conjunto de condições para a sobrevivência e a dignidade do homem.

c) O direito ao desenvolvimento é também um direito humano e deve ser realizado de modo a satisfazer equitativamente as necessidades ambientais e de desenvolvimento de gerações presentes e futuras.

d) A existência generalizada de situações de extrema pobreza e a insanidade econômica destrutiva que prioriza o lucro a qualquer custo inibem o pleno e efetivo exercício dos direitos humanos.

e) No Brasil, país dos mais violentos e com graves problemas no campo da preservação dos direitos humanos, tem havido ações no sentido de mudança desse quadro, constituindo exemplo disso a criação de uma Secretaria Nacional dos Direitos Humanos.

7. (Delegado – CESPE – 2002) No que diz respeito aos direitos fundamentais, julgue os itens que se seguem.

a) Segundo o STF, caso o interessado alegue que a sentença condenatória tenha sido prolatada exclusivamente com fundamento em prova emprestada, é possível a arguição de nulidade dessa decisão em sede de *habeas corpus*.

b) O exercício do direito de associação e a incidência da tutela constitucional relativa à liberdade de associação estão condicionados à prévia existência de associação dotada de personalidade jurídica.

8. (Escrivão – CESPE – 2013) A respeito dos direitos e garantias fundamentais, julgue o seguinte item, de acordo com as disposições da Constituição Federal de 1988 (CF).

- Considere que a Polícia Federal tenha recebido denúncia anônima a respeito de suposta prática delituosa inserida em seu âmbito de investigação. Nessa situação, o órgão não poderá investigar, visto que a CF veda expressamente o anonimato e a consequente deflagração da persecução penal com fundamento na referida denúncia anônima.

9. (Escrivão – CESPE – 2013) Acerca dos direitos e deveres individuais e coletivos, julgue os itens subsequentes.

a) O direito ao silêncio, constitucionalmente assegurado ao preso, estende-se a pessoa denunciada ou investigada em qualquer processo criminal, em inquérito policial, em processo administrativo disciplinar e àquela que for convocada a prestar depoimento perante comissão parlamentar de inquérito.

b) O exercício do direito à liberdade de reunião em locais abertos ao público, previsto na Constituição Federal, condiciona-se a dois requisitos expressos: o encontro não pode frustrar outro anteriormente convocado para o mesmo local e a autoridade competente deve ser previamente avisada a respeito de sua realização.

GABARITO COMENTADO

1.

A. ERRADO A restrição do direito de defesa ofenderia as garantias constitucionais do devido processo legal (art. 5º, LIV, da CF) e do contraditório e da ampla defesa (art. 5º, LV, da CF). Consistem em garantias constitucionais aplicáveis a qualquer tipo de processo, judicial ou administrativo, cível ou penal, e a qualquer tipo de crime objeto de julgamento, independentemente da hediondez, inclusive ao terrorismo.

No que concerne ao terrorismo (crime equiparado a hediondo), a Constituição previu como restrição a inafiançabilidade e a não concessão de graça ou anistia, conforme art. 5º, XLIII, "a lei considerará crimes inafiançáveis e insuscetíveis de graça ou anistia a prática da tortura, o tráfico ilícito de entorpecentes e drogas afins, o terrorismo e os definidos como crimes hediondos, por eles respondendo os mandantes, os executores e os que, podendo evitá-los, se omitirem". Mas não restringiu o direito a ampla defesa e o contraditório, corolários do devido processo legal.

Assim, como consistem em garantias individuais (devido processo legal, ampla defesa e contraditório), não se admite sua eliminação ou mesmo restrição, por meio de Emenda Constitucional, pois essas garantias integram o núcleo imutável da Carta Magna, as chamadas cláusulas pétreas, conforme previsão do art. 60, § 4º, IV, da CF ("Não será objeto de deliberação a proposta de emenda tendente a abolir: (...) IV – **os direitos e garantias individuais**").

B. ERRADO A questão contém duas assertivas. Bastaria a incorreção de uma delas para tornar toda a questão incorreta. No caso, ambas as assertivas estão equivocadas. Vejamos.

A primeira afirmação contém o seguinte teor: "O Brasil não possui legislação específica que puna atos terroristas como crime". Incorreto.

Não existe no Brasil uma lei específica que trate do terrorismo, do seu financiamento e de meios de combate; mas a indagação da questão restringe-se unicamente à tipificação penal do ato terrorista.

O terrorismo é tipificado penalmente no art. 20 da Lei n. 7.170/83 (Lei de Segurança Nacional), que contém o seguinte teor: "Art. 20. Devastar, saquear, extorquir, roubar, sequestrar, manter em cárcere privado, incendiar, depredar, provocar explosão, praticar atentado pessoal **ou atos de terrorismo**, por inconformismo político ou para obtenção de fundos destinados à manutenção de organizações políticas clandestinas ou subversivas. Pena: reclusão, de 3 a 10 anos".

Portanto, é possível dizer que existe no Brasil legislação específica que puna o ato terrorista como crime. Ainda assim, é importante registrar que a matéria não é pacífica, pois parte da doutrina considera que não existe a tipificação penal do crime de terrorismo no Brasil, fundada na crítica à cláusula geral ("atos de terrorismo"), contida no art. 20 da Lei n. 7.170/83, que violaria a exigência de taxatividade da lei penal (princípio da legalidade).

Polêmicas à parte, passando-se à análise da segunda parte do enunciado, patenteia-se o seu equívoco: "em consequência, se for promulgada lei nova que trate do assunto, ela não poderá, em nenhuma hipótese, aplicar-se a atos de terrorismo praticados anteriormente à sua entrada em vigor, devido ao princípio da irretroatividade da lei penal".

Na formulação da frase, a falha encontra-se precisamente na expressão "em nenhuma hipótese", como se não existisse exceção ao princípio da irretroatividade da lei penal. Esse princípio, contido no art. 5º, XL, da CF, prevê que "a lei penal não retroagirá, salvo para beneficiar o réu", ou seja, veda-se a retroação da lei penal que prejudique o agente. Daí o princípio da irretroatividade da lei penal ser também conhecido como princípio da irretroatividade *in pejus*, pois somente está impedida de incidir em relação a fatos anteriores à sua entrada em vigor a lei penal que piore a situação do infrator (crie crime, aumente pena, aumente prazo de prescrição etc.).

Não se veda, pois, a retroatividade *in melius*, ou seja, é válida a lei penal que retroincide para melhorar a situação do agente (exclua crime, diminua pena, crie novas hipóteses de extinção de punibilidade etc.).

Assim, no caso da assertiva em julgamento, se uma nova lei alterar a Lei n. 7.170/83 para diminuir a pena do crime de terrorismo, ela não estará impedida de retroagir e deverá ser aplicada para beneficiar o réu, que tenha praticado o delito antes de sua entrada em vigor.

C. CERTO A pena de morte é vedada no direito brasileiro, como regra, nos termos do art. 5º, XLVII, da CF. No entanto, esse dispositivo constitucional prevê uma exceção: o caso de guerra externa declarada. Eis o teor da norma: "Não haverá penas: a) de morte, salvo em caso de guerra declarada, nos termos do art. 84, XIX".

A questão está correta, porque, na sua formulação, cuidou da possibilidade de ocorrência da exceção admitida constitucionalmente (pena de morte, em caso de guerra), atento à cláusula "em determinadas circunstâncias" ao final da assertiva. A *legislação infraconstitucional*, ali mencionada, refere-se ao Código Penal Militar, o qual prevê as hipóteses de pena de morte, para delitos cometidos em tempo de guerra, estabelecendo, por sinal, a execução por fuzilamento (art. 56 do CPM).

Comentário extra: embora não mencione expressamente, a regra do art. 5º, XLVII, trata de guerra *externa*, pois alude ao art. 84, XIX ("Art. 84. Compete privativamente ao Presidente da República: (...) XIX – declarar guerra, no caso de agressão estrangeira (...)"). Assim, uma guerra civil não autorizaria o emprego da pena de morte, restrita esta à hipótese de guerra externa.

A exceção à regra da vedação da pena de morte aponta para o caráter relativo, não absoluto, dos direitos humanos (no caso, o direito à vida), que admitem balanceamento, quando em entrechoque com outros direitos também fundamentais. Nesse sentido, o Constituinte teve por consideração a ideia de que "a sobrevivência da nacionalidade é um valor mais importante do que a vida individual de quem porventura venha a trair a pátria em momento cruciante" (SILVA, *Curso de direito constitucional* positivo, p. 202).

Embora não exigido pela questão, é valioso mencionar que, em se tratando de extradição, o STF exige, como **requisito para a entrega do extraditando ao país requerente, que este assuma previamente o compromisso formal de não aplicar a pena de morte** (ainda que a legislação daquele Estado a preveja para o caso concreto), **comutando-a para a pena privativa de liberdade** (STF, EXT 633, julgada em 1996). A comutação somente é dispensada na hipótese em que o ordenamento brasileiro também autoriza a pena de morte, ou seja, no caso de guerra declarada.

D. CERTO De acordo com o enunciado, o delegado, com o objetivo de verificar a veracidade da notícia de envolvimento criminoso do servidor, abriu sindicância e, no curso desta, requereu ao juiz a interceptação das comunicações telefônicas do suspeito. O juiz não poderia deferir o pedido, pois foi utilizado um expediente – a sindicância – que serve a finalidade diversa da investigação criminal e, de acordo com o art. 5º, XII, da CF, a interceptação telefônica somente é admitida "para fins de investigação criminal ou instrução processual penal". No mesmo sentido, o art. 3º da Lei n. 9.296/96, segundo o qual "A interceptação das comunicações telefônicas poderá ser determinada pelo juiz, de ofício ou a requerimento: I – da autoridade policial, **na investigação criminal**; II – do representante do Ministério Público, **na investigação criminal e na instrução processual penal**".

Assim, não é admitida a interceptação telefônica no seio de um processo civil ou administrativo ou mesmo de um inquérito civil. No caso do enunciado, foi aberta uma sindicância, que consiste numa investigação preliminar, de cunho administrativo-disciplinar (não penal). Claro que o resultado da sindicância pode revelar a prática de ilícito, com repercussão posterior no campo da persecução penal. Mas a sua finalidade específica não é a investigação criminal, mas a apuração de infração administrativa, servindo antes como expediente verificador da probidade da conduta dos agentes públicos ou ainda como medida preparatória para uma posterior investigação.

Dessa forma, no caso, inexistindo uma "investigação criminal" em curso, a interceptação realizada violou o figurino do art. 5º, XII, da CF.

Comentário extra: situação diversa, porém, é aquela em que a prova obtida por meio de interceptação telefônica regular, realizada no ambito penal (inquérito ou ação criminal), é tomada de empréstimo para utilização em procedimento de índole não penal. O STF já se manifestou de maneira afirmativa sobre a matéria, admitindo que **a interceptação realizada na investigação criminal ou no processo penal possa ser usada como prova emprestada em processo administrativo disciplinar, inclusive contra outros servidores que não figuraram na investigação criminal.** No dizer do próprio Tribunal: "Dados obtidos em interceptação de comunicações telefônicas e em escutas ambientais, judicialmente autorizadas para produção de prova em investigação criminal ou em instrução processual penal, podem ser usados em procedimento administrativo disciplinar, contra a mesma ou as mesmas pessoas em relação às quais foram colhidos, ou contra outros servidores cujos supostos ilícitos teriam despontado à colheita dessa prova" (Inq 2.424 QO-QO, julgado em 2007).

2.

A. CERTO Segundo o art. 7º, XXX, da CF (aplicável também aos servidores públicos, por força do art. 39, § 3º, da CF), é vedada a "diferença de salários, de exercício de funções e de critério de admissão por motivo de sexo, idade, cor ou estado civil". Trata-se de corolário do princípio da isonomia (art. 5º, *caput*, da CF), aqui expresso sob as tintas da relação laborativa, vedando-se, via de regra, a imposição de limite de idade para a inscrição em concurso público.

Excepcionalmente, entretanto, admite-se tal limitação, desde que possa ser legitimada pela natureza das atribuições do cargo, conforme a Súmula 683 do STF: "O limite de idade para a inscrição em concurso público só se legitima em face do art. 7º, XXX, da Constituição, quando possa ser justificado pela natureza das atribuições do cargo a ser preenchido".

Mas, na situação enunciada na questão, tem-se o cargo de assistente administrativo que não guarda característica excepcional, que justifique um tratamento diferenciado, em razão da idade. Quer dizer: a função de assistente administrativo pode ser bem desempenhada, independentemente de o agente público ter 35, 45 ou 55 anos, revelando-se, assim, indevida a distinção centrada nessa característica pessoal do candidato.

Também não se justifica o discrímen "salvo se ocupante de cargo ou função pública", contido na assertiva, pois atribui uma vantagem ao agente público, em detrimento dos demais candidatos, quebrando o ideal de paridade, próprio de um concurso público. Perceba-se que o fator discriminatório (ser ocupante de cargo ou função pública) não legitima o tratamento desigual estabelecido, diferentemente do que poderia ocorrer, por exemplo, na previsão de reserva de vagas a deficientes. Trata-se, pois, de desacato aos postulados da isonomia e da impessoalidade.

Finalmente, o edital em questão também peca por violar o princípio da legalidade, pois os requisitos para acesso aos cargos públicos, empregos e funções públicas devem ser previamente estabelecidos em lei, de acordo com o art. 37, I, da CF, não sendo suficiente mera previsão editalícia (STF, RE 600.885, julgado em 2011). Nesse sentido, a Súmula 686 do STF: "Só por lei se pode sujeitar a exame psicotécnico a habilitação de candidato a cargo público".

B. CERTO De acordo com o art. 5º, X, da CF, "são invioláveis a intimidade, a vida privada, a honra e a imagem das pessoas, assegurado o direito a indenização pelo dano material ou moral decorrente de sua violação". A proteção a esses direitos não é restrita à pessoa física, mas se estende à pessoa jurídica. Embora não seja dotada de um corpo físico, a pessoa jurídica possui uma imagem, tendo em vista que goza de reputação passível de abalo por atos que afetem a sua credibilidade ou conceito público na comunidade em que atua. Exemplo disso é protesto indevido de um título cambial, violador da boa fama da pessoa jurídica, que acarreta o direito à indenização. O Código Civil reconheceu essa realidade e determinou, no seu art. 52, que se aplica "às pessoas jurídicas, no que couber, a proteção dos direitos da personalidade".

A proteção à imagem se impõe também aos meios de comunicação social em massa, pois o art. 220, § 1º, da CF estabelece que a liberdade de informação jornalística em qualquer veículo de comunicação social deve observar o disposto no art. 5º, X, da CF.

Correta também a segunda parte da assertiva. De fato, a utilização de fotografia em anúncio com fim lucrativo, sem a devida autorização da pessoa correspondente, caracteriza violação ao direito de imagem, outorgando ao seu titular o direito de indenização (art. 5º, X, da CF). A imagem é um atributo da personalidade, daí por que a Constituição a protege, conferindo ao seu detentor o direito de se opor à divulgação não consentida da imagem (RE 215.984, julgado em 2002). Acresce que a obrigação de reparação deriva do próprio uso indevido da imagem, sendo desnecessária a prova da existência de prejuízo.

C. ERRADO A questão trata da abrangência do conceito da expressão "casa", inscrita na garantia da inviolabilidade domiciliar, do art. 5º, XI, da CF, e estabelece uma relação com o sentido de domicílio do Código Civil (art. 70). No âmbito constitucional, entretanto, a expressão casa não se restringe à residência ou moradia, extrapolando o sentido privatista de domicílio do CC, para abranger "(a) qualquer compartimento habitado, (b) qualquer aposento ocupado de habitação coletiva e (c) **qualquer compartimento privado onde alguém exerce profissão ou atividade**" (STF, MS-MC 23.595, julgado em 2000).

Assim, "o princípio da inviolabilidade domiciliar estende-se tanto aos espaços habitados por qualquer pessoa quanto àqueles em que alguém exerce, com exclusão de terceiros, qualquer atividade de índole profissional" (STF, SS 1.203, julgada em 1990).

O escritório de um cirurgião-dentista enquadra-se, pois, na proteção do domicílio, exigindo-se mandado judicial para a realização de busca e apreensão por agentes públicos. O erro da assertiva está em excluir da proteção constitucional do domicílio o recinto do exercício da profissão, reduzindo, indevidamente, a noção constitucional de "casa" a simples moradia ou domicílio no sentido civilista (residência com ânimo definitivo).

Perceba-se que o STF não se socorreu do Código Civil, mas se valeu, como matriz de interpretação, do Código Penal (art. 150, § 4º), visto que este, ao tratar do tipo penal da violação do domicílio, estabeleceu um conceito mais amplo de domicílio, afinado com a finalidade protetiva da cláusula constitucional.

Comentário extra: inclui-se na proteção constitucional do domicílio: a moradia, própria ou alugada, ainda que provisória, fixa na terra ou não (*trailer* ou barco, desde que nele se resida), o aposento de habitação coletiva (quarto de hotel, pensão ou motel) e também o escritório profissional (MENDES. *Curso de direito constitucional*, p. 389).

Por outro lado, *não* é considerado domicílio: o carro (desde que nele não se resida) e a parte aberta ao público de um estabelecimento comercial (ex.: o espaço onde são servidas as refeições em um restaurante).

Importante anotar que a pessoa jurídica também é protegida pela garantia da inviolabilidade domiciliar. Isto porque a cláusula do art. 5º, XI, da CF encerra uma garantia instrumental à proteção de outros direitos fundamentais compartilhados também pela pessoa jurídica, a exemplo do direito de propriedade.

D. ERRADO O sigilo de correspondência e de comunicação não é absoluto, pois, como direito fundamental, admite ponderação quando em entrechoque com outras liberdades públicas (caráter relativo dos direitos fundamentais). A própria Constituição previu restrição expressa à inviolabilidade da correspondência e das comunicações, durante o estado de defesa e o estado de sítio (art. 136, § 1º, I, *b* e *c*, e art. 139, III, ambos da CF).

Nessa linha, o STF já admitiu que a administração penitenciária pode, excepcionalmente, interceptar a correspondência remetida pelos presos, com fundamento em razões de segurança pública, de disciplina prisional ou de preservação da ordem jurídica. Ponderou ainda que "a cláusula tutelar da inviolabilidade do sigilo epistolar não pode constituir instrumento de salvaguarda de práticas ilícitas" (HC 70.814, julgado em 1994).

E. CERTO A gravação de conversa clandestina (realizada por um dos interlocutores, sem o conhecimento do outro) não se confunde com a

DIREITO CONSTITUCIONAL

interceptação telefônica (realizada por um terceiro, sem conhecimento de nenhum dos interlocutores) e, por isso, não se submete à cláusula de reserva de jurisdição do art. 5º, XII, da CF. A mera ausência de autorização judicial, por si, não importa ilicitude da conduta daquele que grava a própria conversa travada com terceiro (sem o conhecimento deste), visto que esse tipo de captação não depende de ordem ou permissão judicial (aplicável esta à interceptação telefônica). Esse é o entendimento do STF (RE 402.717 e AI 560.223, julgados em 2008 e 2011, respectivamente).

Ainda assim, é possível que a gravação telefônica clandestina seja ilícita, quando violar o direito à intimidade e à vida privada do interlocutor. Atente-se que, nesse caso, a ilicitude decorre da violação ao art. 5º, X, da CF (direito à preservação da intimidade) e não do art. 5º, XII (exigência de autorização judicial aplicável à interceptação telefônica).

Para ser ilícita, entretanto, é necessário que a gravação clandestina penetre a esfera de intimidade da pessoa, representada pelos "episódios ainda mais íntimos, envolvendo relações familiares e amizades mais próximas" (MENDES. *Curso de direito constitucional*, p. 377). Se, por outro lado, o conteúdo da conversa gravada não expressa esse grau de intimidade, não haveria violação à vida privada.

Daí a razão pela qual, embora assinalada como correta no gabarito oficial, mais adequada ao direito estaria se, em vez de afirmar que a gravação clandestina *afronta*, afirmasse que ela *pode afrontar* os direitos à intimidade e à vida privada (quando a conversa gravada efetivamente revelar um grau de intimidade constitucionalmente tutelado).

3. ERRADO A assertiva encontra-se errada, pois ampliou indevidamente o leque de legitimados à propositura do *habeas data*. Vejamos a dicção do art. 5º, LXXII, *a*, da CF: "Conceder-se-á *habeas data*: a) para assegurar o conhecimento de **informações relativas à pessoa do impetrante**, constantes de registros ou bancos de dados de entidades governamentais ou de caráter público".

Perceba-se que a assertiva estendeu a "terceiros" a legitimidade ativa para a propositura do *habeas data*, sendo que a Constituição Federal menciona tão somente a pessoa a quem se refere a informação a ser conhecida, como aquela apta a impetrar o remédio constitucional em questão. Trata-se de uma **ação constitucional de caráter personalíssimo**. É dizer: se a pretensão é obter informações relativas a certa pessoa, constantes de registros governamentais, somente esta própria pessoa tem legitimidade para a impetração da demanda. É uma garantia pessoal e exclusiva do titular das informações, seja pessoa física ou jurídica, nacional ou estrangeira.

Comentário extra: o *habeas data* difere, neste aspecto, do *habeas corpus*, que admite impetração por terceiro, em favor de quem se ache tolhido em seu direito de ir e vir.

No caso de informações relativas a pessoas falecidas, há precedentes jurisprudenciais admitindo, excepcionalmente, a impetração do *habeas data* pelos herdeiros.

Por sinal, foi noticiado recentemente (fevereiro/2012) que os filhos do ex-presidente Tancredo Neves, visando esclarecer pontos nebulosos do seu falecimento, impetraram *habeas data* em face do Conselho Federal de Medicina para obter os prontuários e demais documentos relacionados ao atendimento médico prestado ao presidente.

4.

A. ERRADO Embora o art. 5º, *caput*, da CF atribua os direitos individuais aos brasileiros e aos "estrangeiros residentes", é pacificamente aceito que também **aos estrangeiros não residentes se conferem os direitos relacionados à dignidade da pessoa humana** (ex.: direito à vida, a não ser torturado, ao devido processo legal, direito de petição).

Não por acaso o STF decidiu, no HC 94.016 (julgado em 2008), que "o súdito estrangeiro, mesmo o não domiciliado no Brasil, tem plena legitimidade para impetrar o remédio constitucional do *habeas corpus*". No mesmo julgado, entendeu "(...) assegurar, mesmo ao réu estrangeiro sem domicílio no Brasil, os direitos básicos que resultam do postulado do devido processo legal, notadamente as prerrogativas inerentes à garantia da ampla defesa, à garantia do contraditório, à igualdade entre as partes perante o juiz natural e à garantia de imparcialidade do magistrado processante".

Nessa linha, também o direito subjetivo à obtenção de informações de órgãos públicos (art. 5º, XXXIII, da CF), que instrumentaliza o princípio da publicidade dos atos da administração pública, é resguardado a qualquer pessoa, nacional ou estrangeira, seja ele residente ou não.

B. CERTO A Constituição Federal garante ao preso a assistência de advogado (art. 5º, LXIII) e impõe ao Estado a prestação de assistência jurídica integral e gratuita aos que (presos ou não) comprovarem insuficiência de recursos (art. 5º, LXXIV).

Comentário extra: ambos os direitos individuais envolvidos na questão são concretizadores do ideal de acesso à justiça (art. 5º, XXXV, da CF).

A assistência de advogado é exigência da ampla defesa, prevista no art. 5º, LV, da CF, sendo o advogado "indispensável à administração da justiça" (art. 133 da CF). A assistência de advogado é, pois, direito individual que não se restringe ao preso, mas se aplica a qualquer investigado.

É direito aplicável na fase administrativa (inquérito policial) e na fase judicial (processo penal) e deve ser efetivo, sob pena de nulidade. Nesse sentido, a Súmula 523 do STF: "No processo penal, a falta da defesa constitui nulidade absoluta, mas a sua deficiência só o anulará se houver prova de prejuízo para o réu".

O direito à assistência de advogado aplica-se inclusive ao menor, a quem se impute a prática de ato infracional, como determina o art. 227, § 3º, IV, da CF.

Já o dever estatal de assistência jurídica integral e gratuita não tem um credor universal, mas se destina aos economicamente hipossuficientes, vale dizer, àqueles que não têm condições materiais de contratação de advogado particular, sem prejuízo ao sustento próprio ou da família (art. 2º, parágrafo único, da Lei n. 1.060/50). A assistência deve ser *integral*, abrangendo todas as questões jurídicas (processuais e extraprocessuais) que demandem orientação advocatícia, e *gratuita*, sendo vedada a cobrança de honorários do portador de insuficiência de recursos.

5. ERRADO O ingresso em domicílio, sem consentimento do morador, para o cumprimento de ordem judicial, deve ser realizado durante o dia, conforme determina o art. 5º, XI, da CF. Entretanto, iniciada a diligência durante o período diurno, é possível que as circunstâncias do caso revelem a necessidade de prolongamento da atuação, estendendo-se ao período noturno. A interrupção de uma busca e apreensão domiciliar, por exemplo, pode torná-la ineficaz, conferindo, por vezes, oportunidade à indevida alteração do recinto investigado ou ao ocultamento de coisas ou pessoas. Em situações desse quilate, é imprescindível a continuidade dos trabalhos pelos agentes policiais, ainda que após o advento da noite.

Nesse sentido: "Não obstante, em determinadas circunstâncias, caso o cumprimento do mandado judicial, iniciado no período diurno, ultrapasse o limite constitucional – como na hipótese de uma ação de grande complexidade concluída logo após anoitecer – não será razoável considerar as provas obtidas como sendo ilícitas. A admissibilidade do prolongamento da ação após o ocaso (desaparecimento do sol no horizonte) deve ser analisada de acordo com as circunstâncias do caso concreto" (NOVELINO. *Direito constitucional*, p. 411).

Na situação narrada na questão, tem-se ainda que a execução da diligência iniciou-se às 6h15 (início da manhã) e veio a percorrer todo o período diurno até chegar às 20h (início da noite). Portanto, a maior parte dos trabalhos realizou-se durante o dia, o que denota um aspecto de razoabilidade/proporcionalidade.

Portanto, na conduta policial, não houve máculas, o que atrai o erro da assertiva.

6.

A. CERTO A doutrina do relativismo cultural prega que o respeito à cultura local de uma determinada sociedade tem primazia sobre a proteção aos direitos humanos. Sob essa ótica, como não existe uma moral universal, o direito legitima sua fonte de validade dentro do contexto cultural específico em que atua. Essa tese foi defendida na Convenção de Viena de 1993, principalmente pelos países asiáticos e islâmicos, que resistiam à proteção de direitos humanos lá preconizada. Consideravam-na um produto do "pensamento ocidental" que, procurando se impor a outro contexto, desconsiderava as peculiaridades da tradição cultural daqueles países. Entretanto, saiu vencedora a tese ocidental, para quem o relativismo cultural não poderia legitimar abusos aos direitos humanos. Adotou-se a ideia do universalismo cultural, segundo a qual, independentemente do contexto cultural específico de um país, é dever de qualquer Estado proteger os direitos humanos e liberdades fundamentais (MAZZUOLI. *Curso de direito internacional público*, p. 522-524).

B. CERTO Os direitos humanos são *interdependentes*, não existindo incompatibilidade entre os direitos civis (de primeira geração) e os direitos sociais (de segunda geração), mas uma relação de complementaridade. A classificação geracional dos direitos não pode conduzir a uma ideia de separação entre categorias estanques de direitos. Em verdade, eles integram um núcleo unido pelo vetor da dignidade humana e interagem, de modo que o gozo de um direito, não raro, depende da satisfação de outros. É o caso do direito à vida (direito civil, de primeira geração), que pressupõe a promoção de diversos outros direitos sociais, como o direito à alimentação, à saúde, a assistência aos desamparados.

C. CERTO O direito ao desenvolvimento é um direito humano de fraternidade, isto é, de terceira geração, assim como o são os direitos à paz, ao meio ambiente, à comunicação. Inclui-se assim no grupo daqueles direitos que se caracterizam pela titularidade difusa, coletiva ou transindividual, pois seu destinatário não é o homem individualmente considerado, ou mesmo grupos, mas o próprio gênero humano. Daí se falar em globalização desses direitos, que não se represam nos limites territoriais de um país.

A preocupação com o desenvolvimento espraia-se pelo texto constitucional, encontrando-se presente, p. ex., no preâmbulo da Constituição e como objetivo da República (art. 3º, II, da CF).

Ocorre que o direito ao desenvolvimento impõe a utilização racional dos componentes ambientais, de modo a atender às necessidades do presente, sem comprometer a capacidade de as gerações futuras proverem suas próprias necessidades (princípio do desenvolvimento sustentável). Nesse sentido, o STF, ao indeferir liminar contra o projeto de transposição do Rio São Francisco, afirmou que "O meio ambiente não é incompatível com projetos de desenvolvimento econômico e social que cuidem de preservá-lo como patrimônio da humanidade" (ACO 876 MC-AgR, julgado em 2007).

D. CERTO A efetividade dos direitos fundamentais pressupõe a fruição de um nível mínimo de bem-estar social (caráter interdependente dos direitos fundamentais). A dignidade da pessoa humana pressupõe a satisfação desse padrão mínimo existencial, que congrega o atendimento das necessidades sociais básicas (saúde, alimentação, moradia, previdência), e dos direitos gerais de liberdade. Há uma evidente ligação entre a eliminação da pobreza e a promoção dos direitos humanos. O Constituinte percebeu essa realidade, na medida em que, de um lado, elegeu a dignidade da pessoa humana como fundamento da República (art. 1º, III, da CF) e, de outro, estabeleceu como objetivo do Estado brasileiro "erradicar a pobreza e a marginalização e reduzir as desigualdades sociais e regionais" (art. 3º, III, da CF).

E. CERTO A Secretaria Nacional dos Direitos Humanos foi criada, em 1997, na estrutura do Ministério da Justiça, com o intuito de elaborar e implementar políticas públicas relacionadas à proteção dos direitos humanos, especialmente a aplicação do programa nacional de direitos humanos. Sofreu diversas transformações: tornou-se Secretaria Especial, com *status* ministerial, depois, órgão da presidência da República, situação que hoje ostenta, com nova denominação (Secretaria de Direitos Humanos). Não há como negar que a criação desse órgão governamental caracteriza uma ação no sentido de mudança do grave quadro brasileiro de violação aos direitos humanos, ainda mais a se considerar que, pouco mais de uma década antes de sua criação, vivia-se num regime de exceção, refratário às liberdades fundamentais.

7.

A. ERRADO Prova emprestada é aquela "produzida num processo, sendo depois transportada documentalmente para outro, visando a gerar efeitos neste" (RHC 106.398). Configura exemplo de prova emprestada, no caso de morte de uma testemunha, a juntada pela acusação de certidão de depoimento dessa testemunha colhido em outro processo (OLIVEIRA. *Curso de processo penal*, p. 295).

É requisito de admissibilidade desse tipo de prova que ela tenha sido submetida ao contraditório, ou seja, que o réu contra quem se pretende a utilização da prova emprestada tenha sido também réu no processo em que ela tenha sido colhida. Além disso, exige-se que tenha sido colhida perante o juiz constitucionalmente competente, ou seja, o juiz natural.

Embora admitida como válida (desde que atendidos os pressupostos acima descritos), a prova emprestada não pode ser o único fundamento probatório, ou seja, não se admite sentença condenatória com base unicamente em prova emprestada. A prova emprestada é admitida quando serve apenas como um dos elementos de convicção; porém jamais o único (STF, RHC 106.398).

O erro da assertiva, porém, está na via processual eleita pelo condenado para veicular o pedido de anulação da sentença, visto que o *habeas corpus* é um remédio sumaríssimo onde não cabe exame profundo de fatos. Por meio da via do remédio heroico, o direito há de emergir sem a necessidade de dilação probatória, sendo que para se definir se houve condenação com base exclusivamente em prova emprestada, o revolvimento probatório é inevitável.

A matéria foi julgada pelo STF: "O exame da alegação de nulidade da sentença condenatória, por estar baseada somente em prova emprestada, é inviável na estreita via do *habeas corpus*, que não admite revolvimento do contexto fático-probatório" (HC 95.186, julgado em 2009).

Cabe acrescentar que o STF admite também a utilização da prova emprestada (colhida no âmbito criminal) em procedimento administrativo disciplinar: "Dados obtidos em interceptação de comunicações telefônicas e em escutas ambientais, judicialmente autorizadas para produção de prova em investigação criminal ou em instrução processual penal, podem ser usados em procedimento administrativo disciplinar, contra a mesma ou as mesmas pessoas em relação às quais foram colhidos, ou contra outros servidores cujos supostos ilícitos teriam despontado à colheita dessa prova" (Inq 2.424-QO-QO, julgado em 2007).

B. ERRADO A proteção constitucional à liberdade de associação independe de esta (a associação) constituir-se em pessoa jurídica. É que no texto constitucional a associação é entendida em sentido amplo, abrangendo tanto a pessoa jurídica constituída nos termos do Código Civil como grupamentos destituídos de personalidade jurídica (MENDES. *Curso de direito constitucional*, p. 405). Vale o ensinamento de Pontes de Miranda, para quem a associação é "toda coligação voluntária de algumas ou de muitas pessoas físicas, por tempo longo, com o intuito de alcançar algum fim (lícito), sob direção unificante" (PONTES DE MIRANDA. *Comentários à Constituição de 1967*, p. 567).

Não está em jogo a presença de personalidade jurídica, a qual é irrelevante como condição para o gozo do direito constitucional à liberdade de associação (art. 5º, XVII, da CF). Em suma, para merecer a proteção constitucional em questão não é necessária a constituição regular da pessoa jurídica associativa, nos termos da lei civil, bastando a efetiva existência da associação, entendida como uma união de pessoas voluntariamente coligadas de modo estável para alcançar finalidade lícita.

8. ERRADO A denúncia anônima (ou *notitia criminis* inqualificada), **desde que seguida de diligências realizadas para averiguar os fatos nela noticiados**, é admitida como deflagradora de investigação criminal. A autoridade policial, recebendo uma denúncia anônima, não deve descartá-la tampouco instaurar o inquérito de pronto, mas antes realizar "diligências preliminares para averiguar se os fatos narrados nessa 'denúncia' são materialmente verdadeiros" (STF, HC 98.345, julgado em 2010).

Importante perceber que a denúncia anônima (por meio de um disque-denúncia, p. ex.) é o gatilho inicial para adoção de averiguações primárias tendentes a averiguar a efetiva prática de ilícito penal (verossimilhança dos fatos nela descritos), mas não é ela (a denúncia anônima) por si o fundamento exclusivo da instauração da investigação policial.

O erro da assertiva está em desautorizar a investigação com base em denúncia anônima, sem ressalvar o poder-dever da autoridade policial de averiguar a veracidade da informação (princípio da verdade real), por meio de diligências preliminares.

9.

A. CERTO O direito ao silêncio é assegurado constitucionalmente de forma expressa ao preso ("art. 5º, LXIII, da CF. O preso será informado de seus direitos, entre os quais o de permanecer calado, sendo-lhe assegurada a assistência da família e de advogado"). Estende-se tal direito contudo àquele que, solto ou preso, seja alvo de **persecução penal** (investigado em inquérito policial ou réu em ação penal), **procedimento administrativo disciplinar** ou **comissão parlamentar de inquérito**. É que se trata de direito subjetivo decorrente da cláusula do devido processo legal em sentido material (art. 5º, LIV, da CF), o qual abarca uma série de prerrogativas do indivíduo em face da atuação estatal, dentre elas, o privilégio contra a autoincriminação (*nemo tenetur se detegere* – princípio previsto também no *Pacto de São José da Costa Rica*).

O Estado – que não tem o direito de tratar suspeitos indiciados ou réus como se culpados fossem antes do trânsito em julgado (princípio da não culpabilidade – art. 5º, LVII, da CF) – também não pode constrangê-los a produzir provas contra si mesmos (STF, HC 99.289, julgado em 2009).

Ninguém pode ser constrangido a confessar a prática de um ilícito penal, de tal modo que a recusa em responder perguntas não pode ser considerada prova de confissão ou ser interpretada em detrimento do réu, sob pena de esvaziamento da garantia. É que, sendo o processo penal "o espaço de atuação apropriada para o órgão de acusação demonstrar por modo robusto a autoria e a materialidade do delito", não pode ela (a acusação) "se esquivar da incumbência de fazer da instrução criminal a sua estratégia oportunidade de produzir material probatório substancialmente sólido em termos de comprovação da existência de fato típico e ilícito, além da culpabilidade do acusado" (HC 101.909, julgado em 2012).

A garantia constitucional abrange, além do direito ao silêncio, "o direito de se recusar a participar, ativa ou passivamente, de procedimentos probatórios que lhe possam afetar a esfera jurídica, tais como a reprodução simulada (reconstituição) do evento delituoso e o fornecimento de padrões gráficos ou de padrões vocais para efeito de perícia criminal" (HC 96.219).

Importante que o investigado seja informado pela autoridade policial do seu direito de permanecer em silêncio, de modo que a ausência dessa advertência torna ilícita eventual confissão ou prova que o indiciado faça contra si mesmo. É que, somente de posse dessa informação, poderá o investigado/acusado exercer livremente a opção entre o silêncio e a intervenção ativa. Nesse sentido, o STF julgou ilícito interrogatório sub-reptício consistente em gravação clandestina de conversa informal do indiciado com policiais (HC 80.949, julgado em 2001).

Do direito ao silêncio não decorre, contudo, o de recusar-se a comparecer ao depoimento (no caso de uma CPI, p. ex.), mas sim o de "não responder às perguntas cujas repostas entenda possam vir a incriminá-lo" – sem ser preso ou ameaçado de prisão (STF, HC 79.244, julgado em 2000).

B. CERTO A questão cobrou o simples conhecimento literal do art. 5º, XVI, da CF: "XVI – todos podem reunir-se pacificamente, sem armas, em locais abertos ao público, independentemente de autorização, desde que **não frustrem outra reunião anteriormente convo-**

cada para o mesmo local, sendo apenas exigido **prévio aviso à autoridade competente**".

Especificamente tratou a questão dos limites do direito de reunião, pois o dispositivo constitucional acima estatuiu os dois *condicionantes expressos* desse direito: que a reunião não frustre outra já convocada para o mesmo local e que a autoridade competente seja previamente avisada.

Perceba-se que em relação a esse último requisito, **não se exige autorização prévia da autoridade competente**, mas mera comunicação prévia. Trata-se, pois, de ato unilateral, mero *anúncio do exercício de um direito*, e *não de um pedido de permissão* (MENDES. *Curso de direito constitucional*, p. 397).

Os dois condicionantes ao direito de reunião expressamente previstos no texto constitucional não admitem ampliação infraconstitucional para abarcar novas hipóteses restritivas da liberdade constitucional em questão.

Nesse sentido, o STF deu interpretação conforme a Constituição ao art. 33, § 2º ("Induzir, instigar ou auxiliar alguém ao uso indevido de droga. Pena – detenção de 1 (um) a 3 (três) anos, e multa de 100 (cem) a 300 (trezentos) dias-multa"), da Lei n. 11.343/2006 (Lei de Drogas) para dele "excluir qualquer significado que enseje a proibição de manifestações e debates públicos acerca da descriminalização ou legalização do uso de drogas ou de qualquer substância que leve o ser humano ao entorpecimento episódico, ou então viciado, das suas faculdades psicofísicas" (ADI 4.274, julgada em 2011).

Entendeu-se que "a utilização do § 3º do art. 33 da Lei n. 11.343/2006 como fundamento para a proibição judicial de eventos públicos de defesa da legalização ou da descriminalização do uso de entorpecentes ofende o direito fundamental de reunião". Os únicos requisitos, pois, para o exercício do direito à reunião no caso são os dois condicionantes expressos já mencionados: que a reunião não frustre outra já convocada para o mesmo local e que a autoridade competente seja previamente avisada.

Atente-se por fim que o direito constitucional à reunião somente poderá ser restringido nas hipóteses excepcionais previstas na própria Constituição, i.e., situações de anormalidade institucional, materializadas nos estados de defesa ou de sítio (art. 136, § 1º, I, *a*, e art. 139, IV, da CF).

RAIO-X

- O tema em estudo equivale aos seguintes percentuais das questões de Direito Constitucional:

Cargo	Questões do Tema	%
Agente	16	43,24
Escrivão	5	14,29
Delegado	9	15,79

- A maioria das questões é baseada em:

  ☒ doutrina ☒ legislação ☒ jurisprudência

- Tema presente nas provas das três carreiras da polícia federal, com alta incidência. Merecem atenção especial os direitos diretamente afetados pela atuação policial: direitos ligados à liberdade individual, as garantias constitucionais de ordem processual, assim como os direitos do preso.

IMPORTANTE SABER

- Os direitos fundamentais, historicamente, foram concebidos sob uma ótica *vertical*, isto é, aplicados na relação entre o Estado (sujeito passivo) e o indivíduo (sujeito ativo). Fala-se em eficácia *vertical* dos direitos fundamentais, pois, na concepção clássica, esses direitos protegem o particular contra o Estado, estando este numa posição de supremacia em relação àquele. Exemplo disso é o princípio da legalidade penal (art. 5º, XXXIX, da CF) que, submetendo o poder punitivo estatal ao império da lei, confere um direito subjetivo ao indivíduo exercitável em face do Estado.
- Modernamente, a par da concepção vertical tradicional, fala-se também em *eficácia horizontal dos direitos fundamentais*, ou seja, a aplicação dos direitos fundamentais, *em algumas situações*, também no âmbito das relações privadas: particular X particular. Aqui, a eficácia é chamada de horizontal, pois a aplicação dos direitos fundamentais se dá em conflitos alheios à figura do Estado, envolvendo apenas particulares (pessoas físicas ou

jurídicas) que, nessa condição, encontram-se, em tese, no mesmo patamar de poder jurídico.

- Nesse sentido, já decidiu o STF que "os direitos fundamentais vinculam diretamente não apenas os poderes públicos, estando direcionados também à proteção dos particulares em face dos poderes privados". No caso, decidiu-se que a punição e a expulsão de associado por uma associação privada não podem ocorrer de forma sumária, mas devem obedecer às garantias constitucionais do devido processo legal, do contraditório e da ampla defesa (art. 5º, LIV e LV, da CF) (RE 201.819, julgado em 2005).
- No âmbito dos direitos fundamentais, releva chamar a atenção também para a cláusula de abertura do art. 5º, § 2º, da CF, segundo o qual "Os direitos e garantias expressos nesta Constituição não excluem outros decorrentes do regime e dos princípios por ela adotados, ou dos tratados internacionais em que a República Federativa do Brasil seja parte". O dispositivo autoriza a interpretação de que os direitos fundamentais não são apenas os catalogados no título II da Constituição (arts. 5º ao 17), podendo se achar também em outros dispositivos da Constituição (a exemplo do princípio da anterioridade tributária do art. 150, III, *b*, da CF), e ainda em tratados internacionais.

  Há quem defenda, com base nesse dispositivo, o *status* constitucional de *qualquer* tratado sobre direitos humanos, entendimento não aceito pelo STF.

  Em relação aos tratados sobre direitos humanos, por sinal, o poder reformador introduziu (no art. 5º, § 3º, da CF, via EC n. 45/2004) a possibilidade de que eles sejam alçados ao *status* equivalente às emendas constitucionais, sendo necessário para tanto a aprovação, em cada Casa do Congresso Nacional, em dois turnos, por três quintos dos votos.

  Não passando pelo ritual previsto no art. 5º, § 3º, o tratado internacional sobre direitos humanos tem hierarquia supralegal, ou seja, encontra-se num plano acima da lei, mas abaixo da Constituição Federal. Nessa situação específica, o conflito entre o tratado (sobre direitos humanos) e a lei, portanto, resolve-se a favor do tratado, independentemente de ser a lei anterior ou posterior ao ato de ratificação do tratado.

  Esse entendimento foi adotado pelo STF (HC 95.967, julgado em 2008), ao julgar a questão da prisão civil do depositário infiel, sob as luzes do Pacto de São José da Costa Rica, entendido este como um tratado internacional em matéria de direitos humanos, a preponderar sobre a legislação infraconstitucional interna. A matéria tornou-se inclusive objeto da Súmula Vinculante 25: "É ilícita a prisão civil de depositário infiel, qualquer que seja a modalidade do depósito".

  Ainda como decorrência da EC n. 45/2004, temos a previsão do art. 5º, § 4º, da CF, que prevê a submissão do Brasil a Tribunal Penal Internacional a cuja criação tenha manifestado adesão. O Tribunal Pena Internacional foi criado pelo Estatuto de Roma (tratado internacional ao qual o Brasil aderiu), com o objetivo de julgar especialmente os crimes de guerra, os crimes contra a humanidade e o genocídio.

  Para a eficácia do julgamento, há inclusive previsão de detenção e entrega do nacional (nato ou naturalizado) ao tribunal internacional (art. 89, § 1º, do Estatuto). Tem entendido a doutrina que **a previsão de entrega do nacional não viola o art. 5º, LI, da CF**, que proíbe a extradição do nacional (vedação absoluta, para o nato; relativa, para o naturalizado). É que o instituto da entrega não se confunde com a extradição. Enquanto na *extradição*, a pessoa é entregue *por um Estado a outro Estado*, no instituto da *entrega*, a pessoa é entregue *por um Estado ao Tribunal Penal Internacional* (que possui personalidade jurídica própria e não representa a soberania de um Estado exclusivo).

- **EFICÁCIA DOS DIREITOS FUNDAMENTAIS**

VERTICAL	HORIZONTAL
ESTADO ↓↑ PESSOA PRIVADA	PESSOA PRIVADA ⇆ PESSOA PRIVADA

- **HIERARQUIA DOS TRATADOS INTERNACIONAIS (incorporados ao direito interno)**

Tratados
- Em geral: *status* de **Lei ordinária**
- Sobre **Direitos Humanos**
  - Sem o rito do art. 5º, § 3º: *status* **supralegal**
  - Na forma do art. 5º, § 3º: *status* de **Emenda**

LEGISLAÇÃO E SÚMULAS PERTINENTES

- CF, especialmente os incisos do art. 5º.
- **SÚMULAS DO STF**
- **Súmula 20 do STF:** É necessário processo administrativo com ampla defesa, para demissão de funcionário admitido por concurso.
- **Súmula 21 do STF:** Funcionário em estágio probatório não pode ser exonerado nem demitido sem inquérito ou sem as formalidades legais de apuração de sua capacidade.
- **Súmula 101 do STF:** O mandado de segurança não substitui a ação popular.
- **Súmula 266 do STF:** Não cabe mandado de segurança contra lei em tese.
- **Súmula 267 do STF:** Não cabe mandado de segurança contra ato judicial passível de recurso ou correição.
- **Súmula 268 do STF:** Não cabe mandado de segurança contra decisão judicial com trânsito em julgado.
- **Súmula 269 do STF:** O mandado de segurança não é substitutivo de ação de cobrança.
- **Súmula 271 do STF:** Concessão de mandado de segurança não produz efeitos patrimoniais em relação a período pretérito, os quais devem ser reclamados administrativamente ou pela via judicial própria.
- **Súmula 304 do STF:** Decisão denegatória de mandado de segurança, não fazendo coisa julgada contra o impetrante, não impede o uso da ação própria.
- **Súmula 323 do STF:** É inadmissível a apreensão de mercadorias como meio coercitivo para pagamento de tributos.
- **Súmula 365 do STF:** Pessoa jurídica não tem legitimidade para propor ação popular.
- **Súmula 393 do STF:** Para requerer revisão criminal o condenado não é obrigado a recolher-se à prisão.
- **Súmula 429 do STF:** A existência de recurso administrativo com efeito suspensivo não impede o uso do mandado de segurança contra omissão da autoridade.
- **Súmula 430 do STF:** Pedido de reconsideração na via administrativa não interrompe o prazo para o mandado de segurança.
- **Súmula 510 do STF:** Praticado o ato por autoridade no exercício de competência delegada, contra ela cabe o mandado de segurança ou a medida judicial.
- **Súmula 523 do STF:** No processo penal, a falta de defesa constitui nulidade absoluta, mas a sua deficiência só o anulará se houver prova de prejuízo para o réu.
- **Súmula 597 do STF:** Não cabem embargos infringentes de acórdão que, em mandado de segurança, decidiu por maioria de votos a apelação.
- **Súmula 603 do STF:** A competência para o processo e julgamento de latrocínio é do Juiz singular e não do Tribunal do Júri.
- **Súmula 625 do STF:** Controvérsia sobre matéria de direito não impede concessão de mandado de segurança.
- **Súmula 629 do STF:** A impetração de mandado de segurança coletivo por entidade de classe em favor dos associados independe da autorização destes.
- **Súmula 630 do STF:** A entidade de classe tem legitimação para o mandado de segurança ainda quando a pretensão veiculada interesse apenas a uma parte da respectiva categoria.
- **Súmula 632 do STF:** É constitucional lei que fixa o prazo de decadência para a impetração de mandado de segurança.
- **Súmula 654 do STF:** A garantia da irretroatividade da lei, prevista no art. 5º, XXXVI, da Constituição da República, não é invocável pela entidade estatal que a tenha editado.
- **Súmula 667 do STF:** Viola a garantia constitucional de acesso à jurisdição a taxa judiciária calculada sem limite sobre o valor da causa.
- **Súmula 683 do STF:** O limite de idade para a inscrição em concurso público só se legitima em face do art. 7º, XXX, da Constituição, quando possa ser justificado pela natureza das atribuições do cargo a ser preenchido.
- **Súmula 684 do STF:** É inconstitucional o veto não motivado à participação de candidato a concurso público.
- **Súmula 686 do STF:** Só por lei se pode sujeitar a exame psicotécnico a habilitação de candidato a cargo público.
- **Súmula 693 do STF:** Não cabe *habeas corpus* contra decisão condenatória a pena de multa, ou relativo a processo em curso por infração penal a que a pena pecuniária seja a única cominada.

- **Súmula 694 do STF:** Não cabe *habeas corpus* contra a imposição da pena de exclusão de militar ou de perda de patente ou de função pública.
- **Súmula 695 do STF:** Não cabe *habeas corpus* quando já extinta a pena privativa de liberdade.
- **Súmula 704 do STF:** Não viola as garantias do juiz natural, da ampla defesa e do devido processo legal a atração por continência ou conexão do processo do corréu ao foro por prerrogativa de função de um dos denunciados.
- **Súmula 711 do STF:** A lei penal mais grave aplica-se ao crime continuado ou ao crime permanente, se a sua vigência é anterior à cessação da continuidade ou da permanência.
- **Súmula 721 do STF:** A competência constitucional do Tribunal do Júri prevalece sobre o foro por prerrogativa de função estabelecido exclusivamente pela Constituição Estadual.
- **SÚMULAS VINCULANTES**
- **Súmula Vinculante 4:** Salvo nos casos previstos na Constituição, o salário mínimo não pode ser usado como indexador de base de cálculo de vantagem de servidor público ou de empregado, nem ser substituído por decisão judicial.
- **Súmula Vinculante 5:** A falta de defesa técnica por advogado no processo administrativo disciplinar não ofende a Constituição.
- **Súmula Vinculante 6:** Não viola a Constituição o estabelecimento de remuneração inferior ao salário mínimo para as praças prestadoras de serviço militar inicial.
- **Súmula Vinculante 11:** Só é lícito o uso de algemas em casos de resistência e de fundado receio de fuga ou de perigo à integridade física própria ou alheia, por parte do preso ou de terceiros, justificada a excepcionalidade por escrito, sob pena de responsabilidade disciplinar, civil e penal do agente ou da autoridade e de nulidade da prisão ou do ato processual a que se refere, sem prejuízo da responsabilidade civil do Estado.
- **Súmula Vinculante 14:** É direito do defensor, no interesse do representado, ter acesso amplo aos elementos de prova que, já documentados em procedimento investigatório realizado por órgão com competência de polícia judiciária, digam respeito ao exercício do direito de defesa.
- **Súmula Vinculante 21:** É inconstitucional a exigência de depósito ou arrolamento prévios de dinheiro ou bens para admissibilidade de recurso administrativo.
- **Súmula Vinculante 25:** É ilícita a prisão civil de depositário infiel, qualquer que seja a modalidade do depósito.
- **Súmula Vinculante 26:** Para efeito de progressão de regime no cumprimento de pena por crime hediondo, ou equiparado, o juízo da execução observará a inconstitucionalidade do art. 2º da Lei n. 8.072, de 25 de julho de 1990, sem prejuízo de avaliar se o condenado preenche, ou não, os requisitos objetivos e subjetivos do benefício, podendo determinar, para tal fim, de modo fundamentado, a realização de exame criminológico.
- **Súmula Vinculante 28:** É inconstitucional a exigência de depósito prévio como requisito de admissibilidade de ação judicial na qual se pretenda discutir a exigibilidade de crédito tributário.
- **SÚMULAS DO STJ**
- **Súmula 2 do STJ:** Não cabe o *habeas data* (CF, art. 5º, LXXII, *a*) se não houve recusa de informações por parte da autoridade administrativa.
- **Súmula 37 do STJ:** São cumuláveis as indenizações por dano material e dano moral oriundos do mesmo fato.
- **Súmula 127 do STJ:** É ilegal condicionar a renovação da licença de veículo ao pagamento de multa, da qual o infrator não foi notificado.
- **Súmula 221 do STJ:** São civilmente responsáveis pelo ressarcimento de dano, decorrente de publicação pela imprensa, tanto o autor do escrito quanto o proprietário do veículo de divulgação.
- **Súmula 227 do STJ:** A pessoa jurídica pode sofrer dano moral.
- **Súmula 280 do STJ:** O art. 35 do Decreto-Lei n. 7.661, de 1945, que estabelece a prisão administrativa, foi revogado pelos incisos LXI e LXVII do art. 5º da Constituição Federal de 1988.
- **Súmula 281 do STJ:** A indenização por dano moral não está sujeita à tarifação prevista na Lei de Imprensa.
- **Súmula 297 do STJ:** O Código de Defesa do Consumidor é aplicável às instituições financeiras.
- **Súmula 309 do STJ:** O débito alimentar que autoriza prisão civil do alimentante é o que compreende as três prestações anteriores ao ajuizamento da execução e as que vencerem no curso do processo.
- **Súmula 347 do STJ:** O conhecimento de recurso de apelação do réu independe de sua prisão.

- **Súmula 373 do STJ:** É ilegítima a exigência de depósito prévio para admissibilidade de recurso administrativo.
- **Súmula 387 do STJ:** É lícita a cumulação das indenizações de dano estético e dano moral.
- **Súmula 403 do STJ:** Independe de prova do prejuízo a indenização pela publicação não autorizada de imagem de pessoa com fins econômicos ou comerciais.
- **Súmula 419 do STJ:** Descabe a prisão civil do depositário judicial infiel.

4. NACIONALIDADE

QUESTÕES

1. **(Escrivão – CESPE – 2004 – adaptada)** Jacob Klamstraus, cidadão alemão, passou a residir no Brasil, no ano de 1976. Nesse mesmo ano, casou-se com uma brasileira, conseguiu visto permanente e empregou-se em uma fábrica, em São Paulo. Em 1995, naturalizou-se brasileiro. Em 2000, Jacob Klamstraus, usando o seu passaporte alemão, viajou para a Alemanha, envolvendo-se, na viagem, com o tráfico internacional de drogas. Descoberto, Jacob, mesmo revel, foi processado e condenado na Alemanha. O governo alemão, no entanto, não sabia que Jacob estava no Brasil e desconhecia a sua naturalização. Em 2004, quando o governo alemão descobriu que Jacob residia no Brasil, solicitou sua extradição para cumprimento, na Alemanha, da pena a que fora condenado. Com base na situação hipotética apresentada, julgue os itens a seguir.

   a) Nos termos da Constituição Federal, não é possível a extradição de brasileiro naturalizado, salvo no caso de crimes comuns praticados antes da naturalização ou por envolvimento em tráfico ilícito de entorpecentes e drogas afins, devendo ser observadas as normas previstas na lei que disciplina a extradição.

   b) Nos termos da Constituição Federal, para obter a sua naturalização, em 1995, Jacob não teve que se submeter às regras ordinárias de naturalização. Foi necessário apenas que ele requeresse a nacionalidade brasileira e comprovasse residência ininterrupta no Brasil há mais de quinze anos, idoneidade moral e inexistência de condenação penal.

   c) Nos termos da Constituição Federal, é da competência privativa do presidente da República a extradição de brasileiros naturalizados.

2. **(Agente – CESPE – 2009 – adaptada)** Acerca dos direitos e garantias fundamentais, julgue o item seguinte, à luz da CF.

   - São privativos de brasileiro nato os cargos de ministro de Estado da Defesa, ministro de Estado da Fazenda e de oficial da Marinha, do Exército ou da Aeronáutica.

3. **(Delegado – CESPE – 2002 – adaptada)** O art. 15 da Declaração Universal dos Direitos do Homem (ONU – 1948) prescreve o direito à nacionalidade, tema acerca do qual os Estados soberanos são livres para conferir-lhe disciplina legal. A propósito da condição jurídico-constitucional de brasileiros e estrangeiros, à luz da Constituição da República vigente, julgue os seguintes itens.

   a) A extradição, processo de entrega de um indivíduo por um Estado a pedido de outro para, neste, responder processo penal ou cumprir pena, não se aplica ao brasileiro nato.

   b) O naturalizado por sentença judicial definitiva não poderá perder a nacionalidade brasileira, ainda que venha a praticar atos terroristas em território nacional.

   c) O estrangeiro não pode ajuizar ação popular em defesa do patrimônio público nacional.

4. **(Delegado – CESPE – 2002 – adaptada)** O art. 15 da Declaração Universal dos Direitos do Homem (ONU – 1948) prescreve o direito à nacionalidade, tema acerca do qual os Estados soberanos são livres para conferir-lhe disciplina legal. A propósito da condição jurídico-constitucional de brasileiros e estrangeiros, à luz da Constituição da República vigente, julgue o seguinte item.

   - Os cargos de policiais federais são privativos de brasileiros natos.

5. **(Escrivão – CESPE – 2013)** A respeito dos direitos e garantias fundamentais, julgue o se-

guinte item, de acordo com as disposições da Constituição Federal de 1988 (CF).

- Conforme a CF, admite-se a perda de direitos políticos na hipótese de cancelamento da naturalização por decisão administrativa definitiva.

GABARITO COMENTADO

1.

A. CERTO A CF/88, no art. 5º, LI, previu a garantia da não extraditabilidade do brasileiro: "nenhum brasileiro será extraditado, salvo o naturalizado, em caso de crime comum, praticado antes da naturalização, ou de comprovado envolvimento em tráfico ilícito de entorpecentes e drogas afins, na forma da lei".

Para o brasileiro nato, a vedação de extradição é absoluta (não admite exceção).

Para o nacional naturalizado, contudo, a vedação é relativa, pois o próprio texto constitucional, após enunciar a regra, apresenta ressalva para ele, elencando ainda as duas únicas exceções possíveis: 1) crime comum, praticado antes da naturalização; 2) *comprovado* envolvimento em tráfico ilícito de entorpecentes e drogas afins, *na forma da lei*.

Assim, o crime praticado após a entrega do certificado de naturalização não autoriza a extradição, salvo se se tratar de tráfico ilícito de drogas.

Comentário extra: perceba-se ainda que a segunda hipótese autorizadora de extradição (tráfico ilícito de drogas) apresenta duas peculiaridades.

Primeiro, a expressão "na forma da lei" revela que se trata de norma de eficácia limitada, pois exige a regulação do procedimento de extradição, por meio de lei própria (ao contrário da autorização para extradição por crime comum, que é norma de eficácia plena).

Segundo, o termo "comprovado" representa uma proteção adicional ao nacional, pois exige que o envolvimento em tráfico ilícito de drogas seja probatoriamente demonstrado, perante a instância própria, o STF.

Importante esclarecer que tradicionalmente vigora, em relação à extradição, o sistema da contenciosidade limitada, segundo o qual não cabe ao STF examinar questões de mérito, relativas ao pedido extradicional. Ou seja, basta ao Estado requerente comprovar o preenchimento de requisitos formais (p. ex., dupla tipicidade, ausência de prescrição etc., conforme arts. 77 e 78 da Lei n. 6.815/80), sendo vedado ao STF adentrar o exame de provas quanto à autoria e materialidade do delito.

Entretanto, a exceção à regra ao sistema da contenciosidade limitada é precisamente a extradição do brasileiro naturalizado, *no caso de tráfico ilícito de drogas*, tendo em vista que a Constituição exige o *comprovado* envolvimento naquele crime. Assim, excepcionalmente, no tráfico ilícito de drogas, a cognição da Suprema Corte é ampliada, para se admitir o exame de prova do envolvimento delituoso do extraditando nacional, como condição de autorização da extradição.

B. ERRADO Aplica-se ao caso a naturalização extraordinária, prevista no art. 12, II, *b*, da CF, segundo a qual adquirem a nacionalidade brasileira "os estrangeiros de qualquer nacionalidade, residentes na República Federativa do Brasil há mais de quinze anos ininterruptos e sem condenação penal, desde que requeiram a nacionalidade brasileira". O erro da assertiva está em agregar um requisito não previsto para essa espécie de naturalização (a idoneidade moral).

Comentário extra: a naturalização extraordinária (art. 12, II, *b*, da CF) decorre diretamente da Constituição e, por isso, uma vez cumpridos os requisitos ali previstos, o estrangeiro adquire o direito subjetivo à naturalização e, desde que a requeira, a administração pública é obrigada a concedê-la, por ato vinculado. A Portaria de formal reconhecimento da naturalização, expedida pelo Ministro de Estado da Justiça, é meramente declaratória, ou seja, seus efeitos retroagem à data do requerimento do interessado (RE 264.848, julgado em 2005).

Diversamente ocorre com a naturalização ordinária (art. 12, II, *a*, da CF) que é concedida *na forma da lei* (e não diretamente pela Constituição), de tal forma que o estrangeiro deverá atender aos diversos requisitos do art. 112 da Lei do

Estrangeiro (Lei n. 6.815/80) e ainda assim poderá ter seu pedido recusado, segundo juízo discricionário governamental.

C. ERRADO Encontram-se elencadas no art. 84 da CF as matérias de competência privativa do Presidente da República, ali não constando a extradição. Ao revés, adotou o Brasil o sistema judiciário de extradição, de acordo com o art. 102, I, *g*, da CF, segundo o qual é do Supremo Tribunal Federal a competência para processar e julgar a extradição solicitada por Estado estrangeiro.

Comentário extra: o rito da extradição é complexo e compreende três fases (duas administrativas e uma judicial): 1) recebimento do pedido de extradição e encaminhamento ao STF (administrativa); 2) exame pelo STF da legalidade e procedência do pedido extradicional (judiciária); 3) entrega do extraditando ao país requerente ou comunicação a este da sua negativa (administrativa) (MAZZUOLI. *Curso de direito internacional público*, p. 419).

Há, pois, participação de dois poderes (Executivo e Judiciário), não se podendo falar em competência privativa do Presidente da República.

No caso de julgamento pela procedência do pedido extradicional pelo STF, existe divergência se aquela decisão obriga o Presidente da República (caráter vinculante) ou se ela apenas o autoriza (caráter discricionário) a decidir, segundo juízo de conveniência, sobre a entrega efetiva do extraditando.

No julgamento do caso Cesare Battisti (Ext 1.085, julgado em 2009), entretanto, o STF se posicionou no sentido de que se trata de uma **discricionariedade regrada**, ou seja, discricionariedade aplicável em hipóteses específicas delimitadas normativamente. Significa que, mesmo após o julgamento do STF pela procedência do pedido extradicional, o Presidente da República pode decidir pela entrega (ou não) do extraditando, desde que observada a **lei interna** e o **tratado internacional** entre os países envolvidos. Assim, se a lei interna (Lei n. 6.815/80) ou o tratado internacional não trouxer hipótese que ampare a negativa de entrega, o presidente não pode se negar a efetivá-la. Por outro lado, incidindo algumas das situações que condicionam a entrega (a exemplo dos arts. 89, 90 e 91 da Lei n. 6.815/80), a negativa é possível de acordo com juízo do chefe de Estado.

Para efeito ilustrativo, no caso Battisti, a negativa de entrega pelo presidente, após julgamento pela procedência do pedido extradicional pelo STF, fundou-se em dispositivo do tratado internacional entre Brasil e Itália, que previa a possibilidade de o Estado requerido negar a extradição se presentes razões que fizessem supor que a pessoa reclamada seria submetida a perseguição ou a discriminação pelo Estado requerente.

2. ERRADO A assertiva encontra-se errada, pois o cargo de Ministro de Estado da Fazenda não é privativo de brasileiro nato, conforme art. 12, § 3º, da CF: "São privativos de brasileiro nato os cargos: I – de Presidente e Vice-Presidente da República; II – de Presidente da Câmara dos Deputados; III – de Presidente do Senado Federal; IV – de Ministro do Supremo Tribunal Federal; V – da carreira diplomática; VI – de oficial das Forças Armadas; VII – de Ministro de Estado da Defesa".

Comentário extra: no Poder Executivo, o único cargo de Ministro que a Constituição reservou aos brasileiros natos é o de Ministro de Estado da Defesa, previsão esta incluída no texto constitucional pela Emenda n. 23/99.

Não há restrição, portanto, a que um brasileiro naturalizado seja nomeado Ministro da Fazenda ou assuma a titularidade de qualquer outro Ministério, ressalvado o Ministério do Estado da Defesa.

É importante consignar que a Constituição Federal proibiu o legislador de estabelecer diferenciação entre brasileiro nato e naturalizado, ressalvadas aquelas previstas na própria Carta Magna (art. 12, § 2º, da CF). Essa proibição ainda foi reforçada, ampliando-a para todas as esferas de poder, no art. 19, III, da CF ("É **vedado** à União, aos Estados, ao Distrito Federal e aos Municípios: (...) III – **criar distinções entre brasileiros** ou preferências entre si").

3.

A. CERTO Endossando a tradição constitucional brasileira, a CF/88 manteve a garantia da não extraditabilidade do brasileiro, formalizada no seu art. 5º, LI: "nenhum brasileiro será extraditado, salvo o naturalizado, em caso de crime comum, praticado antes da naturalização, ou de comprovado envolvimento em tráfico ilícito de entorpecentes e drogas afins, na forma da lei".

Atente-se que, **em relação ao brasileiro nato, trata-se de vedação absoluta à extradição, pois não existe exceção possível**. Cai por terra aqui a fantasia de que, em questões jurídicas de múltipla escolha, não são admitidos os termos "nunca", "jamais", "sempre". Nesse caso, pode-se dizer, sem receio, que a CF/88 *jamais* admite a *extradição* do brasileiro nato. Admite, entretanto, a *entrega* (que não se confunde com extradição) do nacional (nato ou naturalizado) a Tribunal Penal Internacional a cuja criação o Brasil tenha aderido, nos termos do art. 5º, § 4º, da CF (conferir seção "Importante Saber" no item "Direitos Individuais").

Comentário extra: pouco importa, por sinal, que o brasileiro nato tenha uma segunda nacionalidade (nas hipóteses em que a Constituição admite dupla nacionalidade, conforme art. 12, § 4º, II, da CF). Ainda assim, terá direito à garantia da não extraditabilidade (HC-QO 83.113, julgado em 2003).

O fundamento da regra da proibição de extradição de nacionais "baseia-se no fato de a justiça estrangeira poder ser injusta com o nacional do outro Estado, processando-o e julgando-o sem qualquer imparcialidade" (MAZZUOLI. *Curso de direito internacional público*, p. 422).

Para evitar o embaraço, porém, de deixar impune o nacional que tenha cometido crime em outro país, é que o Código Penal (art. 7º, II, *b*, e § 2º) prevê a regra da extraterritorialidade, admitindo, em certas hipóteses, o julgamento daquelas pessoas no Brasil, mediante aplicação da lei brasileira, ao fato ocorrido no estrangeiro.

Nesse sentido, o STF: "Se a extradição não puder ser concedida, por inadmissível, em face de a pessoa reclamada ostentar a condição de brasileira nata, legitimar-se-á a possibilidade de o Estado brasileiro, mediante aplicação extraterritorial de sua própria lei penal (CP, art. 7º, II, *b*, e respectivo § 2º) – e considerando, ainda, o que dispõe o Tratado de Extradição Brasil/Portugal (Art. IV) –, fazer instaurar, perante órgão judiciário nacional competente (CPP, art. 88), a concernente *persecutio criminis*, em ordem a impedir, por razões de caráter ético-jurídico, que práticas delituosas, supostamente cometidas, no exterior, por brasileiros (natos ou naturalizados), fiquem impunes" (HC-QO 83.113).

B. ERRADO De acordo com o art. 12, § 4º, da CF: "Será declarada a perda da nacionalidade do brasileiro que: I – tiver cancelada sua naturalização, por sentença judicial, em virtude de atividade nociva ao interesse nacional".

Trata-se da chamada perda-sanção, de índole punitiva, pois provoca a supressão do direito de nacionalidade, como reação estatal a uma atividade do naturalizado nociva ao interesse nacional. Essa modalidade de perda da nacionalidade aplica-se somente ao nacional naturalizado (nacionalidade derivada).

Vale abrir um parêntese para enunciar que o brasileiro nato, por sua vez, somente perde a nacionalidade, quando adquire outra nacionalidade (ressalvadas as hipóteses constitucionais de dupla nacionalidade, previstas nas alíneas *a* e *b* do art. 12, § 4º, da CF). Sucede, em tal situação, a chamada perda-mudança, hipótese aplicável ao nato e também ao naturalizado.

No enunciado da questão, está em jogo a prática de *atos terroristas* por nacional naturalizado, conduta que não deixa de se enquadrar no conceito difuso de *atividade nociva ao interesse nacional*, do art. 12, § 4º, da CF.

Comentário extra: atente-se que a decretação da perda da nacionalidade, no caso, é ato sujeito à reserva de jurisdição, pois deve ser veiculado por sentença judicial, no curso de uma ação judicial de cancelamento de naturalização, ajuizada pelo Ministério Público Federal, conforme procedimento regulado na Lei n. 818/49. Transitada em julgado a sentença judicial de perda de nacionalidade, terá eficácia *ex nunc*, ou seja, a partir do trânsito em julgado, não retroagindo até a prática da atividade nociva.

Finalmente, em caso de perda da naturalização, somente poderá ser readquirida a nacionalidade, por meio de ação rescisória da sentença judicial, e jamais por novo processo de naturalização, conforme entendimento de doutrina majoritária.

C. ANULADA De acordo com o art. 5º, LXXIII, da CF, tem legitimidade para propor ação popular o cidadão, ou seja, aquele que é titular dos direitos políticos de votar e ser votado.

Ocorre que o art. 12, § 1º, da CF consagra o *instituto da quase nacionalidade* (STF, Ext 890, julgado em 2004), ao estender aos portugueses com residência permanente no país, havendo reciprocidade em favor de brasileiros, os direitos inerentes aos nacionais (ressalvados os direitos que a própria Constituição reserva exclusivamente aos brasileiros natos, a exemplo do art. 12, § 3º).

Assim, investido nos mesmos direitos do nacional, o português equiparado, desde que no gozo de direitos políticos, tem legitimidade para o ajuizamento de ação popular. É o único caso de estrangeiro, com legitimidade para a propositura de ação popular, o que revela o erro da assertiva.

Considere-se ainda que "a comprovação da legitimidade será feita com a juntada do título de eleitor (brasileiros) ou do certificado de equiparação e gozo dos direitos civis e políticos e título de eleitor (português equiparado)" (MORAES. *Direito constitucional*, p. 186).

Embora a Banca Examinadora tenha anulado a questão, é possível respondê-la como falsa, na medida em que, *excepcionalmente*, o estrangeiro pode ajuizar ação popular (caso do português equiparado).

Comentário extra: pelo Estatuto da Igualdade, o português equiparado (com residência permanente e havendo reciprocidade), no gozo do benefício, sem perder sua nacionalidade, passa a titularizar direitos próprios dos brasileiros. Atente-se, porém, que o benefício da igualdade não opera de imediato, mas exige requerimento por parte do súdito português, após comprovação dos requisitos estipulados em tratado internacional (Convenção sobre Igualdade de Direitos e Deveres entre brasileiros e portugueses), reconhecimento administrativo, por meio de certificado expedido pelo Ministério da Justiça) (STF, Ext 890).

4. ERRADO A assertiva encontra-se errada, pois os cargos integrantes da carreira de policial federal não se encontram no rol de cargos privativos de brasileiro nato, do art. 12, § 3º, da CF.

Segue-se a regra geral de acessibilidade dos cargos públicos aos brasileiros em geral, independentemente se natos ou naturalizados (art. 37, I, da CF). Em relação ao preenchimento dos cargos da carreira de policial federal, portanto, não existe diferenciação quanto à forma de aquisição da nacionalidade brasileira, se originária (nacional nato) ou derivada (nacional naturalizado).

5. ERRADO A perda de direitos políticos em decorrência de cancelamento de naturalização é prevista no art. 15, I, da CF, sendo que o meio ali previsto para o cancelamento da naturalização é a *sentença judicial transitada em julgado*, e não a decisão administrativa. Trata-se de matéria sujeita a reserva de jurisdição, de modo que somente o Poder Judiciário pode validamente determinar o cancelamento da naturalização.

Como a condição de nacional é requisito para o gozo de direitos políticos, a perda do *status* de nacional acarreta necessariamente a privação da cidadania, ou seja, a perda dos direitos políticos é um efeito secundário da sentença que determina a perda da condição de nacional naturalizado (consequência desse julgamento).

Em virtude da perda dos direitos políticos, volta o sujeito à condição de estrangeiro e perde a condição de cidadão, quer dizer, deixa de ostentar o *status* de eleitor e todos os direitos da cidadania (p. ex., legitimidade para o ajuizamento de ação popular). Em suma, é privado da capacidade de participar da vida política do país.

O único caso previsto na Constituição para o cancelamento da naturalização (por sentença judicial) é a prática de atividade nociva ao interesse nacional (art. 12, § 4º, I, da CF).

O STF, em decisão recente, deu aplicação ao art. 15, I, da CF, julgando indevida a anulação de naturalização por decisão do Ministro da Justiça (RMS 27.840, julgado em 2013). Considerou a Suprema Corte que, embora o Poder Executivo considere posteriormente que a naturalização tenha sido concedida de forma viciada (p. ex., declaração falsa do requerente), não caberá a sua anulação por decisão administrativa. É dizer: o Poder Executivo pode conceder a condição de naturalizado, contudo somente o Poder Judiciário pode retirá-la, em virtude da reserva de jurisdição prevista nos arts. 12, § 4º, I, e 15, I, ambos da CF.

Perceba-se ainda que o art. 15, I, da CF exige o trânsito em julgado da sentença de cancelamento de naturalização, o que revela um juízo de prudência do legislador constituinte, que privilegiou a segurança jurídica da coisa julgada, tendo em vista a grave consequência de perda da capacidade eleitoral. É preciso, pois, o esgotamento dos meios recursais contra a sentença de perda de naturalização para que se configure a perda dos direitos políticos.

RAIO-X

- O tema em estudo equivale aos seguintes percentuais das questões de Direito Constitucional:

Cargo	Questões do Tema	%
Agente	1	2,70
Escrivão	4	11,43
Delegado	5	8,77

- A maioria das questões é baseada em:
  ☐ doutrina ☒ legislação ☐ jurisprudência
- O tema nacionalidade tem tido alta incidência nas provas, o que se justifica, além da sua importância própria, pela atuação da polícia federal em âmbito que envolve essa matéria (cadastro de entidades de adoção internacional, emissão de cédula de identidade do estrangeiro, emissão de passaporte, fiscalização de tráfego internacional etc.). A maioria das questões, entretanto, não teve alto nível de exigência, limitando-se à cobrança do conhecimento de dispositivos da Constituição.

IMPORTANTE SABER

- Nacionalidade consiste em matéria estritamente constitucional, de modo que as hipóteses de aquisição e perda da nacionalidade estão previstas no texto da Constituição, em **rol taxativo**, não admitindo alteração (ampliadora ou restritiva), seja por norma infraconstitucional, seja por Tratado Internacional (STF, HC-QO 83.113, julgado em 2003).
- Daí decorre que, ausente previsão constitucional, o casamento civil não é causa de aquisição de nacionalidade brasileira. Sendo o vínculo conjugal do estrangeiro com o nacional brasileiro irrelevante para aquisição da nacionalidade, não configura o casamento impedimento à efetivação da extradição daquele (STF, Ext 1.121, julgada em 2009).
- Em tema de nacionalidade, desponta a relevância da figura da "nacionalidade potestativa", prevista no art. 12, I, *c*, da CF, que atribui a condição de brasileiros natos aos "nascidos no estrangeiro de pai brasileiro ou de mãe brasileira, desde que sejam registrados em repartição brasileira competente ou venham a residir na República Federativa do Brasil e optem, em qualquer tempo, depois de atingida a maioridade, pela nacionalidade brasileira". A nova redação dada ao dispositivo, pela Emenda n. 54/2007, eliminou o requisito obrigatório da residência no Brasil como condição indispensável para aquisição da nacionalidade originária, oferecendo-se uma alternativa: a residência no Brasil ou o registro na repartição brasileira competente (consulado brasileiro no exterior). Em qualquer dos casos, exige-se a expressão da opção do interessado pela aquisição da nacionalidade brasileira.
- Por caracterizar manifestação de vontade personalíssima, a opção somente pode ocorrer a partir da aquisição da plena capacidade civil (que ocorre, normalmente, com a maioridade, aos dezoitos anos, segundo o Código Civil). Antes dos 18 anos, vindo a residir no Brasil ou registrando-se na repartição brasileira no exterior, o nascido no estrangeiro filho de pai ou mãe brasileira terá seu direito à nacionalidade resguardado, pois já será considerado brasileiro nato.
- Entretanto, atingida a maioridade, deverá manifestar a opção pela nacionalidade brasileira e, enquanto não o fizer, a condição de nacional ficará suspensa, aguardando o implemento da condição suspensiva (manifestação da opção) (STF, RE 418.096, julgado em 2005).

LEGISLAÇÃO E SÚMULAS PERTINENTES

- CF, arts. 12 e 13.
- Lei n. 6.815/80.

- **SÚMULAS DO STF**
- **Súmula 1:** É vedada a expulsão de estrangeiro casado com brasileira, ou que tenha filho brasileiro dependente da economia paterna.
- **Súmula 421:** Não impede a extradição a circunstância de ser o extraditando casado com brasileira ou ter filho brasileiro.

5. DIREITOS POLÍTICOS

QUESTÃO

1. **(Delegado – CESPE – 2004 – adaptada)** Nas eleições para prefeito na cidade Alfa, concorria à reeleição o atual prefeito, Acácio. Bruno, filho de Acácio, embora filiado ao mesmo partido político do pai há mais de dois anos, nunca se motivou a concorrer a nenhum cargo eletivo. Oito meses antes da eleição, Acácio, após inflamado discurso, em que sustentou que se fosse reeleito melhoraria as condições educacionais do município por meio do investimento prioritário no ensino superior, sofreu um fulminante infarto do miocárdio, morrendo antes da chegada de socorro médico. Acerca dessa situação hipotética, julgue o item que se segue.
   - Bruno poderá concorrer ao cargo de prefeito da cidade Alfa, em substituição a seu pai, não se aplicando à sua candidatura o instituto da inelegibilidade reflexa.

GABARITO COMENTADO

1. CERTO A questão trata do instituto da inelegibilidade reflexa, prevista no art. 14, § 7º, da CF: "São inelegíveis, no território de jurisdição do titular, o cônjuge e os parentes consanguíneos ou afins, até o segundo grau ou por adoção, do Presidente da República, de Governador de Estado ou Território, do Distrito Federal, de Prefeito ou de quem os haja substituído dentro dos seis meses anteriores ao pleito, salvo se já titular de mandato eletivo e candidato à reeleição".

Trata-se de um impedimento à elegibilidade, que se insere no contexto dos direitos políticos negativos, que tem por objetivo específico impedir o monopólio do poder político por grupos hegemônicos, ligados por vínculo de parentesco. É preciso, contudo, avaliar o instituto da inelegibilidade reflexa, sob a ótica do direito à reeleição. Em se tratando de primeiro mandato, não haverá impossibilidade de candidatura do parente para a eleição subsequente. Isto porque também não haveria impedimento à reeleição do próprio titular.

Tratando-se, porém, de segundo mandato consecutivo da mesma pessoa, aplica-se a vedação do art. 14, § 7º (inelegibilidade reflexa), aos parentes, para a eleição subsequente, com o objetivo de impedir a continuidade do grupo familiar no poder (três mandatos consecutivos por membros da mesma família).

Em suma, os parentes citados no art. 14, § 7º, da CF são elegíveis, desde que o titular do cargo tenha direito à reeleição (e renuncie ao cargo até seis meses antes do pleito eleitoral). Do contrário, incide a inelegibilidade reflexa.

No caso, como o falecimento de Acácio (candidato à reeleição) ocorreu oito meses antes do certame, foi satisfeito também o requisito do afastamento do titular até seis meses antes do certame.

RAIO-X

- O tema em estudo equivale aos seguintes percentuais das questões de Direito Constitucional:

Cargo	Questões do Tema	%
Agente	0	0
Escrivão	0	0
Delegado	1	1,75

- A maioria das questões é baseada em:

  ☒ doutrina ☒ legislação ☒ jurisprudência

- Direitos políticos têm sido um tema pouco cobrado nas provas. Ainda assim, na ocasião em que cobrado (prova de delegado), exigiu-se um conhecimento aplicado (não limitado à literalidade do texto constitucional) em nível jurisprudencial.

IMPORTANTE SABER

- O art. 14 da CF prevê que a soberania popular será exercida pelo sufrágio universal e pelo voto direto e secreto, com valor igual para todos.
- O *sufrágio* representa o direito de participar da vontade política do Estado Democrático, de eleger e de ser eleito.
- O princípio do *sufrágio universal*, adotado pelo art. 14 da CF, impõe que esses direitos políticos sejam estendidos a todos os cidadãos, independentemente de qualificações específicas de ordem pessoal (relacionadas ao nome, à fortuna, ao nascimento), o que exclui a possibilidade do voto censitário ou capacitário.
- Adotou-se ainda o *sufrágio igual* (decorrência do ideal "one man, one vote"), segundo o qual o voto tem valor igual para todos, conferindo a cada cidadão o mesmo peso político.
- Como regra, o voto deve ser direto (o cidadão não delega a intermediários a escolha de seus representantes, mas o faz por ato próprio) e secreto (o cidadão tem o direito de não revelar em quem votou).
- Com fundamento no sigilo das votações, o STF **inadmitiu o voto impresso**. O Tribunal entendeu inconstitucional o dispositivo de uma lei que determinava a impressão do voto, sob o fundamento de que a impressão "serviria para demonstração a terceiro e para vulnerar o segredo constitucionalmente assegurado ao cidadão", o que revelaria o seu caráter antidemocrático (ADI 4.543-MC, julgado em 2011).
- Nesse mesmo julgado, entendeu-se **aplicável o princípio da "proibição de retrocesso"** (*vide* comentários no item "Ordem Social") **também aos direitos fundamentais de caráter político**, dentre os quais a invulnerabilidade do segredo de voto (CF, art. 60, § 4º, II).
- Também em julgamento recente e ainda em tema de exercício de voto, o STF considerou **desnecessário o porte do título de eleitor no ato da votação**, bastando o porte de documento de identificação oficial com foto (ADI 4.467-MC, julgado em 2010).
- No que tange ao regramento das eleições, importante atentar à regra da anualidade (ou anterioridade) eleitoral (art. 16 da CF), segundo a qual a lei que alterar o processo eleitoral não se aplica à eleição que ocorra até um ano da data de sua vigência. Ao impedir a eficácia da lei alteradora do regramento eleitoral editada a menos de um ano da ocorrência das eleições, a regra da anualidade visa concretizar o princípio da segurança jurídica, pois confere estabilidade e previsibilidade à disciplina da eleição que se anuncia.
- Com fundamento na regra da anualidade eleitoral, o STF inadmitiu a aplicação da Lei da Ficha Limpa (Lei Complementar n. 135/2010) às eleições de 2010. No mesmo julgado, considerou que **a regra da anterioridade eleitoral** (concretizadora do princípio da segurança jurídica) **configura garantia fundamental e, portanto, cláusula pétrea** (RE 633.703, julgado em 2011).

LEGISLAÇÃO E SÚMULA PERTINENTES

- CF, arts. 14 a 17.
- **SÚMULA VINCULANTE**
- **Súmula Vinculante 18:** A dissolução da sociedade ou do vínculo conjugal, no curso do mandato, não afasta a inelegibilidade prevista no § 7º do art. 14 da Constituição Federal.

6. PODER LEGISLATIVO

QUESTÕES

1. **(Escrivão – CESPE – 2004 – adaptada)** Supondo que o presidente da República, dentro da política brasileira de apoiar as ações internacionais contra o crime organizado, assine a Convenção das Nações Unidas contra o Crime Organizado Internacional, julgue o item subsequente.
   - Para que essa convenção possa ser aplicada no Brasil, é preciso, entre outros atos, da sua aprovação pelo Congresso Nacional.
2. **(Escrivão – CESPE – 2002)** Quanto a aspectos da Constituição brasileira vigente, julgue o item a seguir.
   - Devido à destinação do Senado Federal no sistema bicameral do Poder Legislativo brasileiro, para mais bem atender ao modelo constitucional de organização do Poder Legislativo, os estados mais populosos, como São Paulo e Rio de Janeiro, necessariamente deveriam possuir maior número de senadores que os estados com menor colégio eleitoral, como Minas Gerais e Bahia.
3. **(Escrivão – CESPE – 2004 – adaptada)** Jacob Klamstraus, cidadão alemão, passou a residir no Brasil, no ano de 1976. Nesse mesmo ano, casou-se com uma brasileira, conseguiu visto permanente e empregou-se em uma fábrica, em São Paulo. Em 1995, naturalizou-se brasileiro. Em 2000, Jacob Klamstraus, usando o seu passaporte alemão, viajou para a Alemanha, envolvendo-se, na viagem, com o tráfico internacional de drogas. Descoberto, Jacob, mesmo revel, foi processado e condenado na Alemanha. O governo alemão, no entanto, não sabia que Jacob estava no Brasil e desconhecia a sua naturalização. Em 2004, quando o governo alemão descobriu que Jacob residia no Brasil, solicitou sua extradição para cumprimento, na Alemanha, da pena a que fora condenado. Com base na situação hipotética apresentada, julgue o item a seguir.
   - Se Jacob tivesse sido eleito deputado federal no ano de 2002, no caso de não ser extraditado e de vir a ser processado no Brasil por crime de tráfico internacional de entorpecentes, esse processo poderia ter seu andamento sustado no Supremo Tribunal Federal.
4. **(Delegado – CESPE – 2002 – adaptada)** A Emenda Constitucional n. 35, de 20-12-2001, promoveu sensível modificação nas imunidades parlamentares, sobretudo porque restringiu a imunidade processual, permitindo que deputados e senadores possam ser processados criminalmente, sem a necessidade de prévia licença da Casa respectiva. Considerando o regime em vigor antes desta emenda, julgue os itens a seguir.

   a) O afastamento do deputado federal ou senador do exercício do mandato, para investir-se no cargo de ministro ou de secretário de Estado, suspende-lhe a imunidade formal, mas não o foro por prerrogativa de função.

   b) A imunidade parlamentar material estende-se à divulgação, pela imprensa, por iniciativa do congressista, de fato coberto pela inviolabilidade.

   c) A circunstância de deputado federal encontrar-se entre coautores de crime comum impõe, como regra geral, que a competência do STF se prorrogue em relação aos demais, não podendo o juiz de primeiro grau determinar o desmembramento do inquérito para efeito de deslocar o julgamento do parlamentar ao STF e prosseguir contra os demais.

   d) O suplente de parlamentar, ainda quando não seja convocado para o exercício das funções do titular, goza das mesmas imunidades a que fazem jus os congressistas.

e) A competência do STF para julgamento de parlamentar federal somente cessa, depois de findo o mandato desse, se o crime fora cometido anteriormente ao mandato.

5. **(Delegado – CESPE – 2004 – adaptada)** Carlos, parlamentar federal em campanha para reeleição para seu terceiro mandato federal, durante um passeio por bairros habitados por seus eleitores, encontrou um adversário político também em campanha eleitoral, em busca de seu primeiro mandato federal. Indignado com a presença do concorrente em seu reduto eleitoral, Carlos o agrediu verbalmente, em público, tecendo comentários ofensivos em razão de sua afrodescendência. Não houve agressão física porque os correligionários de ambos os candidatos os afastaram rapidamente. Com referência a essa situação hipotética, julgue o item que se segue.

- Carlos poderia ser preso em flagrante delito porque a agressão verbal com comentários racistas caracteriza, em tese, crime inafiançável. No entanto, se for processado por esse crime, não deverá ser condenado, já que os atos praticados estão cobertos por sua imunidade material.

6. **(Delegado – CESPE – 2004 – adaptada)** Considere que, por medida provisória, o presidente da República tenha criado o Ministério da Segurança Pública. Transcorrido o prazo de cento e vinte dias, contados da data de sua publicação, não foi votada a medida provisória, no Congresso Nacional, ocorrendo a sua rejeição tácita. Durante o período em que a medida provisória esteve em vigor, o ministro nomeado praticou diversos atos administrativos, de sua competência exclusiva, que, por seu conteúdo, caracterizaram crime de responsabilidade contra o livre exercício dos direitos individuais, tipificado no art. 7º da Lei n. 1.079, de 10-4-1950, e crimes de improbidade administrativa. Quanto à situação hipotética acima, julgue o item subsequente.

- Durante a vigência da referida medida provisória, a competência para processar e julgar eventual ação contra o ministro da Segurança Pública, por crime de responsabilidade e crime de improbidade administrativa, seria do STF, depois de autorizada, pela Câmara dos Deputados, em ambos os casos, a instauração do processo, cessando essa competência no momento em que a medida provisória fosse rejeitada.

GABARITO COMENTADO

1. CERTO Na função de representante do Estado Brasileiro, no plano internacional, cabe ao Presidente da República, de acordo com o art. 84, VIII, da CF, a função de "celebrar tratados, convenções e atos internacionais". Esses atos, entretanto, sujeitam-se, como condição de validade e eficácia no plano interno, a referendo do Congresso Nacional, a quem cabe exclusivamente "resolver definitivamente sobre tratados, acordos ou atos internacionais que acarretem encargos ou compromissos gravosos ao patrimônio nacional" (art. 49, I, da CF).

Comentário extra: o processo de execução e incorporação do tratado internacional ao direito interno é "subjetivamente complexo", pois resulta da conjugação de duas vontades: a do Presidente da República (que o celebra no plano internacional e, após referendo do parlamento, promove sua promulgação por meio de decreto) e a do Congresso Nacional (a quem cumpre, se assim julgar, referendá-lo, mediante decreto legislativo) (ADI 1.480-MC, julgado em 1997).

É de tal ordem a concatenação de atos necessários à eficácia de um tratado internacional no plano do direito interno, que, segundo o magistério do STF, "o sistema constitucional brasileiro não consagra o princípio do efeito direto e nem o postulado da aplicabilidade imediata dos tratados ou convenções internacionais" (CR-AgR 8.279, julgado em 1998).

Nesse mesmo julgado, aquela Corte de Cúpula elencou a integralidade dos atos necessários à execução do tratado internacional, após a sua celebração pelo Presidente da República: "(a) aprovação, pelo Congresso Nacional, mediante decreto legislativo, de tais convenções; (b) ratificação desses atos internacionais, pelo Chefe de Estado, mediante depósito do respectivo instrumento; (c) promulgação de tais acordos ou tratados, pelo Presidente da República, mediante decreto, em ordem a viabilizar a produção dos seguintes efeitos básicos, essenciais à sua vigência doméstica: (1) publicação oficial do texto do tratado e (2) executoriedade do ato de direito internacional público, que passa então – e somente então – a vincular e a obrigar no plano do direito positivo interno".

Cabe ainda anotar, para fins ilustrativos, que a Convenção das Nações Unidas contra o Crime Organizado Transnacional (também conhecida como Convenção de Palermo), mencionada na questão, foi *assinada* pelo representante brasileiro e, após, *aprovada* pelo Congresso Nacional (por meio do Decreto Legislativo n. 231/2003), *ratificada* pelo governo brasileiro (mediante instrumento de ratificação depositado junto à Secretaria-Geral da ONU) e, finalmente, *promulgada* (por meio de Decreto Presidencial n. 5.015/2004).

2. ERRADO Inspirado na experiência norte-americana, o sistema bicameral brasileiro, tipicamente federativo, situa no Senado Federal a Casa Legislativa que representa, no Congresso Nacional, a Federação Brasileira, de modo que os senadores seriam espécies de embaixadores dos Estados-membros perante a Federação. Na experiência prática, essa ideia é questionável, na medida em que os Senadores (assim como os deputados) são eleitos pelo povo, e não indicados pelos Estados-membros, podendo até mesmo serem opositores políticos do Governador do Estado.

Ainda assim, a formulação teórica original do Senado como a Casa da Federação, em oposição à Câmara dos Deputados (Casa de representação do povo), foi expressamente adotada na Constituição de 1988, como se depreende dos seus arts. 45 e 46.

Já que os estados-membros estão representados no Senado Federal, é fundamental que cada um deles tenha naquela Casa Legislativa o mesmo número de representantes, pois a manutenção da paridade de representação na Câmara Alta é premissa de manutenção do equilíbrio do pacto federativo. Pouco importam considerações sobre o número de eleitores, o peso político ou o tamanho territorial, já que cada estado-membro equivale a uma unidade federativa que compõe, junto com municípios e Distrito Federal, a união indissolúvel que forma o Estado Federativo Brasileiro.

Difere o Senado Federal da Câmara dos Deputados, pois esta é composta por representantes do povo, de modo que na Câmara o número de deputados de cada estado deve ser proporcional à sua população. Para a Câmara dos Deputados (e não para o Senado Federal) se coloca a questão da sub-representação, na medida em que o art. 45, § 1º, da CF prevê um limite máximo de 70 deputados por estado-membro. Desse teto resulta que os estados mais populosos têm em termos absolutos mais representantes na Câmara, porém, proporcionalmente ao seu número de habitantes, podem ter menos representantes *per capita*, comparativamente aos estados menos populosos.

3. ERRADO O art. 53, § 3º, da CF prevê a possibilidade de sustação do processo criminal instaurado no STF contra o parlamentar federal, desde que se trate de *crime ocorrido após a diplomação*. Não há, pois, amparo àqueles que se valem do mandato com o objetivo de se resguardar da persecução penal por delitos antes praticados. No caso da questão, o crime foi praticado em 2000, antes mesmo da eleição em 2002. Trata-se, pois, de infração penal cometida antes da diplomação, o que exclui a imunidade formal prevista no art. 53, § 3º. Ou seja, tem o parlamentar em questão direito ao foro por prerrogativa de função (o feito criminal tramitará no STF, enquanto durar o mandato), mas não há possibilidade de sustação do processo, por decisão da casa legislativa.

4.

A. CERTO Como as imunidades parlamentares visam a garantir o exercício independente do mandato representativo, estão vinculadas ao efetivo desempenho da função parlamentar, perdendo essas prerrogativas o deputado ou senador que se afasta da função legislativa para assumir cargo executivo (ministro ou secretário de estado). Com esse entendimento, o STF *cancelou* a sua Súmula 4, que tinha o seguinte teor: "Não perde a imunidade parlamentar o congressista nomeado Ministro de Estado".

No que se refere à prerrogativa de foro, entretanto, a regra é diversa. Mantém o foro por prerrogativa de função o parlamentar que se licencia para assumir cargo de ministro ou secretário de estado. Nesse caso, o STF entende que o parlamentar, embora afastado, não perde os laços que o unem organicamente ao parlamento. Ou seja, ainda quando deixa de exercer temporariamente a função legislativa, não perde a condição de mandatário eleito (deputado ou senador). Como a prerrogativa de foro se conecta ao cargo (e não ao exercício), não a perde o parlamentar licenciado para o exercício da função de ministro ou secretário de estado (STF, Inq 777-3-QO, julgado em 1993).

B. CERTO A questão cobrou o conhecimento de jurisprudência do STF, que já se manifestou, em relação à matéria, nos seguintes termos: "A imunidade parlamentar material se estende à divulgação pela imprensa, por iniciativa do congressista ou de terceiros, do fato coberto pela inviolabilidade" (RE 210.917, julgado em 1998).

Entende o STF que estão protegidas pela inviolabilidade, porque são *natural projeção do exercício das atividades parlamentares* – desde que vinculadas ao desempenho do mandato – as entrevistas jornalísticas, as declarações concedidas aos meios de comunicação social, assim como a transmissão do conteúdo de pronunciamentos parlamentares (STF, Inq 2332 AgR, julgado em 2011).

Ainda assim, a imunidade prevista no art. 53 da CF não é absoluta, na medida em que se exige vinculação da declaração parlamentar com o exercício do mandato. Se extrapolar essa vinculação, as afirmações ofensivas, emitidas por meio da imprensa, estranhas ao exercício parlamentar, escapam à proteção da imunidade material, sujeitando o declarante à responsabilização na esfera própria (STF, Inq 2.390, julgado em 2007).

C. CERTO O enunciado encontra-se de acordo com a Súmula 704 do STF, segundo a qual "Não viola as garantias do juiz natural, da ampla defesa e do devido processo legal a atração por continência ou conexão do processo do corréu ao foro por prerrogativa de função de um dos denunciados".

Havendo pluralidade de sujeitos envolvidos na prática de uma ou mais infrações, sendo um deles parlamentar federal, não haverá desmembramento do inquérito ou do processo penal, que tramitará contra todos no mesmo juízo (o STF). Não se trata de estender a prerrogativa de foro, que é própria do congressista, a terceiro, mas de se reconhecer a força atrativa que o foro de maior hierarquia (STF) exerce para processar e julgar também aqueles (despidos da prerrogativa de função) que tenham praticado o delito em concurso com o parlamentar (art. 78, III, do CPP).

D. ERRADO As prerrogativas de imunidade parlamentar, previstas no art. 53 da CF, estão ligadas ao exercício do cargo, em caráter interino ou em caráter permanente. Aplica-se à matéria o princípio da atualidade do exercício da função, do cargo ou do mandato, de modo que **o suplente** (que possui mera expectativa de direito), **enquanto não assumir efetivamente o exercício do mandato, não goza das prerrogativas que compõem o Estatuto dos Congressistas** (STF, Inq 2.453-AgR, julgado em 2007).

Nesse sentido, o STF: "A prerrogativa de foro conferida aos membros do Congresso Nacional, vinculada à liberdade máxima necessária ao bom desempenho do ofício legislativo, estende-se ao suplente respectivo apenas durante o período em que este permanecer no efetivo exercício da atividade parlamentar. Assim, o retorno do deputado ou do senador titular *às* funções normais implica a perda, pelo suplente, do direito de ser investigado, processado e julgado no STF" (Inq 2.421-AgR, julgado em 2008).

E. ERRADO A prerrogativa de foro é vinculada à condição de parlamentar, sendo irrelevante a época em que praticado o crime. Pouco importa se o delito foi praticado antes ou durante o mandato, o senador ou deputado federal tem direito a ser julgado pelo STF, persistindo a competência dessa corte especial, enquanto durar o mandato. Cessando o mandato, cessa o foro especial.

Confira-se, por sinal, o **cancelamento** da Súmula 394 do STF, que continha a seguinte redação: "Cometido o crime durante o exercício funcional, prevalece a competência especial por prerrogativa de função, ainda que o inquérito ou a ação penal sejam iniciados após a cessação daquele exercício".

Comentário extra: importante não confundir a prerrogativa de foro com a imunidade processual prevista no art. 53, § 3º, da CF, que confere a possibilidade de sustação, por decisão da casa legislativa, do processo penal instaurado contra parlamentar federal, hipótese que somente se aplica ao crime praticado após a diplomação. Nessa situação, sim, a época em que praticado o crime interfere no gozo da prerrogativa.

Importante verificar ainda que, havendo processo penal em curso antes da diplomação do parlamentar federal, os atos processuais até então praticados não se invalidam pelo deslocamento da competência ao STF (STF, HC 70.620, julgado em 1993).

5. ERRADO A prática de racismo constitui, segundo o art. 5º, XLII, da CF, crime inafiançável. Por outro lado, o art. 53, § 2º, da CF prevê que, em se tratando de crime inafiançável, não existe vedação à prisão em flagrante de parlamentar (devendo a casa legislativa resolver *a posteriori* sobre a manutenção da prisão). Da conjugação dos dois artigos, é possível concluir que, havendo a prática de racismo por parlamentar federal, seria constitucionalmente admissível a sua prisão em flagrante.

Ocorre que o crime relatado na questão não se assemelha ao racismo, previsto na Lei n. 7.716/89, mas ao crime de injúria qualificada pelo preconceito, tipificado no art. 140, § 3º, do Código Penal. É que o crime de racismo pressupõe uma finalidade de segregar a vítima do convívio social, ao passo que, na injúria racial, o uso do preconceito é meio para atribuir qualidade negativa à vítima, de afetar sua honra subjetiva, sem a conotação direta de segregação. No caso da questão, o parlamentar agrediu o adversário por meio de comentários pejorativos em razão de sua afrodescendência, mas não há elementos que possam apontar no sentido da intenção de segregação, de modo que a conduta melhor se amolda ao tipo do Código Penal (injúria qualificada). O crime de injúria preconceituosa praticado pelo congressista é afiançável, de modo que, em relação a este, o parlamentar encontra-se protegido contra a prisão em flagrante, nos termos do art. 53, § 2º, da CF. Errada, pois, a primeira parte da assertiva.

Quanto à segunda parte do enunciado, também incorreta a afirmação de que o deputado gozaria de imunidade material em relação à conduta delituosa. É que a imunidade material, ou inviolabilidade, prevista no art. 53, *caput*, da CF, protege a manifestação do deputado ou senador, desde que, de algum modo, vinculada à atuação parlamentar. Entretanto, no caso narrado, o parlamentar está em campanha eleitoral, alheio à missão própria de congressista, não se podendo dizer que a opinião contra o adversário tenha sido manifestada no exercício de suas funções de mandatário.

Nesse sentido, o STF já se manifestou: "A garantia constitucional da imunidade parlamentar em sentido material (art. 53, *caput*, da CF) – destinada a viabilizar a prática independente, pelo membro do Congresso Nacional, do mandato legislativo de que é titular – não se estende ao congressista, quando, na condição de candidato a qualquer cargo eletivo, vem a ofender, moralmente, a honra de terceira pessoa, inclusive a de outros candidatos, em pronunciamento motivado por finalidade exclusivamente eleitoral, que não guarda qualquer conexão com o exercício das funções congressuais" (Inq 1.400-QO, julgado em 2002).

6. ERRADO De acordo com o art. 102, I, da CF, cabe ao STF o julgamento de crimes de responsabilidade cuja prática seja imputada a Ministros de Estado, desde que não seja conexa com crimes da mesma natureza imputados a Presidente da República (ou vice-presidente). Se houver a mencionada conexão, a competência passa a ser do Senado Federal (art. 52, I, da CF). Como o enunciado não fala em conexão, a competência para o julgamento de ação contra o Ministro de Estado, por crime de responsabilidade, é do STF.

Não se aplica a exigência de autorização prévia pela Câmara dos Deputados para instauração do processo. É que o crime de responsabilidade praticado pelo Ministro de Estado, de forma autônoma (sem conexão com infração da mesma natureza do Presidente da República), é dotado de caráter jurisdicional, prescindindo assim de autorização política do órgão legislativo, prevista no art. 51, I, da CF (STF, Pet 1.656, julgado em 2002).

Em relação à improbidade administrativa, a questão é mais complexa. É que o STF, na RCL 2.138 (julgada em 2007), decidiu que a autoridade que responde por crime de responsabilidade (art. 102, I, *c*, da CF c/c Lei n. 1.079/50) não está sujeita ao regime da improbidade administrativa (Lei n. 8.429/92). Segundo esse entendimento, seriam inconciliáveis os dois regimes de responsabilização, de modo que as autoridades previstas no art. 102, I, *c*, da CF (dentre elas, os Ministros de Estado) respondem apenas por crimes de responsabilidade, a serem julgados no foro especial por prerrogativa de função (não se lhes aplicando as sanções por improbidade administrativa, previstas na Lei n. 8.429/92).

Os demais agentes públicos, por outro lado, respondem por atos de improbidade (sem prejuízo da sanção penal cabível). Em relação aos atos de improbidade praticados por estes, não se aplica o foro por prerrogativa de função (exclusivo para causas penais), pois o processo judicial para aplicação das sanções da Lei n. 8.429/92 (lei de improbidade) ostenta natureza cível (não penal).

RAIO-X

- O tema em estudo equivale aos seguintes percentuais das questões de Direito Constitucional:

Cargo	Questões do Tema	%
Agente	2	5,41
Escrivão	3	8,57
Delegado	9	15,79

- A maioria das questões é baseada em:

☒ doutrina ☒ legislação ☒ jurisprudência

- Dentro do tema "Poder Legislativo", importante chamar a atenção para o alto número de questões envolvendo o estatuto dos congressistas, especialmente as prerrogativas dos parlamentares (art. 53 da CF). Nessa matéria, algumas questões envolveram conhecimento aplicado do texto constitucional a situações concretas e outras (particularmente as de delegado) foram ainda além, no plano da jurisprudência do STF.

IMPORTANTE SABER

- O Congresso Nacional exerce, além da função *Legislativa* típica (art. 48 da CF), atribuições de *Fiscalização e Controle* (dos atos do Poder Executivo, conforme art. 49, X, da CF), *Julgadoras* (dos crimes de responsabilidade, conforme arts. 51 e 52, I, da CF), *Constituintes* (no exercício do poder constituinte de reforma, conforme art. 60 da CF) e meramente *Deliberativas* (envolvendo atos próprios, independentes de sanção presidencial, conforme art. 49 da CF) (SILVA. *Curso de direito constitucional positivo*, p. 520-521).
- No exercício da função legislativa, cabe ao Congresso Nacional, dentre outras matérias, conceder anistia (art. 48, VIII, da CF). Por sinal, em relação à chamada "Lei de Anistia" (Lei n. 6.683/79), editada em momento histórico da transição para a democracia, o STF teve a oportunidade de afirmar o **caráter bilateral da anistia** ali concedida, pois entendeu que **abrangia também os agentes do Estado** que praticaram crimes comuns contra opositores políticos durante o regime militar, e não somente os que lutavam contra o Estado de exceção (STF, ADPF 153, julgada em 2010).
- Nesse julgado, o STF se opôs à pretensão de revisar, à luz do momento histórico atual, o significado da anistia concedida por aquela lei. Entendeu que a Lei de Anistia, carente de abstração e generalidade, é "mera lei-medida, dotada de efeitos concretos, já exauridos; é lei apenas em sentido formal, não o sendo, contudo, em sentido material". Como não se trata de uma regra para o futuro, a interpretação desse tipo de lei (lei-medida) deve ser feita à luz da realidade histórica da época em que editada (e não da realidade atual), pois retrata uma decisão política assumida naquele momento.
- Dentre os poderes conferidos ao Parlamento está também o de encaminhar pedidos escritos de informações a Ministros de Estado ou a outras autoridades diretamente subordinadas ao Presidente da República. Essa prerrogativa, entretanto, é exercida, segundo o art. 50, § 2º, da CF, por meio das Mesas da Câmara e do Senado Federal, de modo que **não pode ser exercida individualmente por parlamentares**. Como essa prerrogativa não é própria do parlamentar indivi-

dualmente considerado – mas do órgão legislativo representado pela respectiva Mesa –, ele também não goza de legitimidade para impetrar Mandado de Segurança em defesa daquele direito (STF, RMS 28.251 AgR, julgado em 2011).

- No campo das atribuições próprias do Senado Federal, desponta a importância da função, no controle difuso de constitucionalidade, de suspender a execução, no todo ou em parte, de lei declarada inconstitucional por decisão definitiva do Supremo Tribunal Federal (art. 52, X, da CF). Atente-se, porém, que essa atuação do Senado Federal é **dispensada em se tratando de conflito da norma infraconstitucional com preceito constitucional superveniente**, pois essa situação resolve-se no campo da **não recepção, não cabendo a comunicação ao Senado pelo STF** (STF, RE 387.271, julgado em 2007).

LEGISLAÇÃO E SÚMULAS PERTINENTES

- CF/88, arts. 44 a 58, com atenção especial ao art. 53 (imunidades e prerrogativas).

- **SÚMULAS DO STF**
- **Súmula 245 do STF:** A imunidade parlamentar não se estende ao corréu sem essa prerrogativa.
- **Súmula 347 do STF:** O Tribunal de Contas, no exercício de suas atribuições, pode apreciar a constitucionalidade das leis e dos atos do Poder Público.
- **Súmula 397 do STF:** O poder de polícia da Câmara dos Deputados e do Senado Federal, em caso de crime cometido nas suas dependências, compreende, consoante o regimento, a prisão em flagrante do acusado e a realização do inquérito.
- **Súmula 704 do STF:** Não viola as garantias do juiz natural, da ampla defesa e do devido processo legal a atração por continência ou conexão do processo do corréu ao foro por prerrogativa de função de um dos denunciados.
- **SÚMULA VINCULANTE**
- **Súmula Vinculante 3:** Nos processos perante o Tribunal de Contas da União asseguram-se o contraditório e a ampla defesa quando da decisão puder resultar anulação ou revogação de ato administrativo que beneficie o interessado, excetuada a apreciação da legalidade do ato de concessão inicial de aposentadoria, reforma e pensão.

7. PROCESSO LEGISLATIVO

QUESTÕES

1. **(Delegado – CESPE – 2002)** Considere que a Constituição da República de 1988, em relação a determinada matéria, tenha passado a exigir regulação por lei complementar, ao passo que a Constituição anterior previa que a mesma matéria fosse disciplinada por lei ordinária, que fora editada e encontrava-se vigente e eficaz ao tempo da promulgação da nova Constituição. À luz dessa situação hipotética, julgue o item a seguir, relativo ao direito constitucional.
   - Dependendo da matéria, as leis ordinárias podem ser modificadas por medida provisória a ser convertida em lei no prazo máximo de sessenta dias, vedada qualquer prorrogação ou reedição.
2. **(Delegado – CESPE – 2002)** Dispõe a Constituição da República que todos "têm direito ao meio ambiente ecologicamente equilibrado, bem de uso comum do povo e essencial à sadia qualidade de vida, impondo-se ao poder público e à coletividade o dever de defendê-lo e preservá-lo para as presentes e futuras gerações". A respeito desse direito, julgue o item a seguir.
   - O presidente da República pode lograr provimento de ação declaratória de constitucionalidade de medida provisória que venha a ser editada para agravar a pena dos crimes contra o meio ambiente, haja vista tratar-se de ato normativo federal.
3. **(Delegado – CESPE – 2002)** Considere que a Constituição da República de 1988, em relação a determinada matéria, tenha passado a exigir regulação por lei complementar, ao passo que a Constituição anterior previa que a mesma matéria fosse disciplinada por lei ordinária, que fora editada e encontrava-se vigente e eficaz ao tempo da promulgação da nova Constituição. À luz dessa situação hipotética, julgue o item a seguir, relativo ao direito constitucional.
   - Enquanto as leis ordinárias são aprovadas por maioria absoluta, as leis complementares o são por dois terços.
4. **(Delegado – CESPE – 2004 – adaptada)** Uma proposta de emenda à Constituição, apresentada com o apoiamento de 250 deputados, tem por conteúdo alteração das competências da Polícia Federal, retirando-lhe a função de polícia de fronteira – art. 144, § 1º, III, parte final – e transferindo essa competência para o Exército brasileiro. Admitindo que essa proposta de emenda à Constituição, observadas as regras constitucionais relativas ao processo legislativo desse tipo de proposição, venha a ser aprovada e promulgada, julgue o item a seguir.
   - A emenda constitucional hipotética ofenderia o princípio de separação de poderes, uma das cláusulas pétreas previstas no texto constitucional brasileiro, porque a iniciativa de propostas de emenda à Constituição que versem sobre atribuições das Forças Armadas e da Polícia Federal é privativa do presidente da República.
5. **(Delegado – CESPE – 2013)** Em relação ao processo legislativo e ao sistema de governo adotado no Brasil, julgue o seguinte item.
   - A iniciativa das leis ordinárias cabe a qualquer membro ou comissão da Câmara dos Deputados, do Senado Federal ou do Congresso Nacional, bem como ao presidente da República, ao STF, aos tribunais superiores, ao procurador-geral da República e aos cidadãos. No que tange às leis complementares, a CF não autoriza a iniciativa popular de lei.

GABARITO COMENTADO

1. ERRADO Equivoca-se o enunciado ao tachar de "prazo máximo" o prazo de sessenta dias para conversão da medida provisória, "vedada qualquer prorrogação ou reedição". O desacerto do enunciado é patenteado pelos §§ 3º e 7º do art. 62 da CF, segundo os quais o prazo de sessenta dias é *prorrogável, uma vez, por igual período*. Portanto, em caso de prorrogação, sessenta dias não será o prazo máximo para conversão da medida provisória.

Também não é verdadeira a vedação absoluta à reedição de medida provisória. É que o § 10 do art. 62 tem a seguinte redação: "É vedada a reedição, na mesma sessão legislativa, de medida provisória que tenha sido rejeitada ou que tenha perdido sua eficácia por decurso de prazo". É possível extrair que a vedação à reedição de medidas provisórias se circunscreve à mesma sessão legislativa, admitindo-se, assim, reedição na sessão legislativa seguinte da medida provisória rejeitada ou com eficácia perdida.

Embora não seja uma lei no sentido estrito (pois não passa por um processo legislativo prévio à produção de seus efeitos), a Medida Provisória tem "força de lei" (art. 62, *caput*, da CF). Significa que tem aptidão para produzir os mesmos efeitos de uma lei ordinária, podendo, como tal, veicular a criação de direitos e obrigações (art. 5º, II, da CF) e operar mudanças na legislação ordinária em vigor.

2. ERRADO Impossível, no caso, o provimento da ação declaratória de constitucionalidade (que pressupõe a compatibilidade da norma com a Constituição Federal), visto que a medida provisória em questão, ao tratar sobre matéria penal, viola frontalmente o art. 62, § 1º, I, *b*, da CF.

A Emenda Constitucional n. 32/2001 trouxe uma série de limitações materiais explícitas à utilização da medida provisória, dentre elas a vedação à regulação do direito penal, matéria reservada à lei formal estrita. Tal vedação encontra-se em conformidade com o princípio da legalidade penal, do art. 5º, XXXIX: "Não há crime sem lei anterior que o defina, nem pena sem prévia cominação legal".

Acresce que o procedimento de formação da medida provisória autoriza a produção de efeitos imediatos a partir de sua edição, podendo, entretanto, perder essa eficácia, retroativamente, se não confirmada pelo Congresso Nacional. Uma regulação penal assim frágil não se afinaria com as exigências de segurança jurídica do direito penal, campo onde se acentua a necessidade de previsibilidade das condutas e estabilidade das relações jurídicas, por repercutir diretamente sobre a liberdade individual.

3. ERRADO As leis ordinárias são aprovadas por maioria simples, de acordo com o art. 47 da CF: "Salvo disposição constitucional em contrário, as deliberações de cada Casa e de suas Comissões serão tomadas por maioria dos votos, presente a maioria absoluta de seus membros".

Perceba-se que o art. 47 da CF exige maioria absoluta para a instalação da sessão de votação (quórum de instalação), mas maioria simples para aprovação (quórum de deliberação) da lei ordinária.

Em matéria de quórum, a nota distintiva das *leis complementares*, por sua vez, é a exigência de aprovação por *maioria absoluta* (art. 69).

Comentário extra: vale lembrar a distinção entre maioria simples (mais da metade dos votantes presentes à sessão) e maioria absoluta (mais da metade dos membros da Casa Legislativa).

Além do quórum de maioria absoluta, a Lei Complementar se caracteriza por somente ser aplicada àquelas hipóteses para as quais a própria Constituição previu expressamente a sua utilização. Remanesce no domínio da legislação ordinária todas as demais matérias para as quais a Constituição não exigiu regulação por lei complementar.

Apesar de a lei complementar exigir um quórum mais rigoroso de aprovação, prevalece no STF o entendimento de que **não existe hierarquia entre lei complementar e lei ordinária** (RE 377.457, julgado em 2008). O que ocorre é que cada uma dessas espécies normativas recebe da Constituição um âmbito material próprio de atuação. Nesse sentido: "A lei ordinária que destoa da lei complementar é inconstitucional por invadir âmbito normativo que lhe é alheio, e não por ferir o princípio da hierarquia das leis. Por outro lado, não será inconstitucional a lei ordinária que dispuser em sentido diverso do que estatui um dispositivo de lei complementar que não trata de assunto próprio de lei complementar. O dispositivo de lei complementar, no caso, vale como lei ordinária e pode-se ver revogado por regra inserida em lei ordinária" (MENDES. *Curso de direito constitucional*, p. 882).

4. ERRADO Não existe reserva de iniciativa em matéria de emendas constitucionais. Para essa espécie legislativa, a iniciativa é concorrente das pessoas arroladas nos incisos do art. 60 da CF, que detêm legitimidade universal para a apresentação de proposta de Emenda Constitucional sobre qualquer matéria, desde que não incida nas limitações materiais do art. 60, § 4º, da CF (cláusulas pétreas). Não há, portanto, iniciativa privativa (ou reservada) para a apresentação de projeto de emenda constitucional.

Difere, assim, do processo legislativo das leis, cuja iniciativa, em alguns casos, sofre restrição pela Constituição. É o caso do art. 61, § 1º, que elenca situações de iniciativa legislativa privativa do Presidente da República, a exemplo do projeto de lei que venha a dispor sobre servidores da União.

Considerando que a Emenda Constitucional não se submete a essa restrição, mesmo para as matérias que a Constituição estabeleceu iniciativa reservada para o projeto de lei, não existe restrição para que pessoa diversa (da legitimada para a iniciativa do projeto de lei) apresente proposta de Emenda Constitucional, desde que seja uma das legitimadas do art. 60 da CF.

Assim, no caso, não caracteriza inconstitucionalidade, por vício de iniciativa, a proposta de Emenda Constitucional apresentada por 250 deputados (que representa mais de um terço dos membros da Câmara, conforme art. 60, I, da CF), tendo por objeto atribuições das Forças Armadas e da Polícia Federal.

Por fim, verifique-se que a definição de atribuições das forças armadas ou da polícia federal nem sequer se encontra entre as matérias de iniciativa de leis reservada ao Presidente da República (art. 61, § 1º, da CF).

5. ERRADO A questão foi extraída do art. 61 da CF, segundo o qual "A iniciativa das leis complementares e ordinárias cabe a qualquer membro ou Comissão da Câmara dos Deputados, do Senado Federal ou do Congresso Nacional, ao Presidente da República, ao Supremo Tribunal Federal, aos Tribunais Superiores, ao Procurador-Geral da República e aos cidadãos, na forma e nos casos previstos nesta Constituição".

De acordo com o dispositivo transcrito, tantos as leis complementares quanto as leis ordinárias estão sujeitas à iniciativa popular, tendo em vista que aos *cidadãos* é resguardado o direito de iniciativa em relação a ambas as leis. O simples fato, pois, de a matéria sujeita à reserva de lei complementar exigir aprovação por um número maior de parlamentares não retira do cidadão o direito subjetivo de desencadear o processo legislativo (atendidos os requisitos do art. 61, § 2º, da CF).

O erro da assertiva está em excluir as leis complementares do âmbito da iniciativa popular de instauração do processo legislativo.

RAIO-X

- O tema em estudo equivale aos seguintes percentuais das questões de Direito Constitucional:

Cargo	Questões do Tema	%
Agente	0	0
Escrivão	1	2,86
Delegado	6	10,53

- A maioria das questões é baseada em:

  ☒ doutrina ☒ legislação ☒ jurisprudência

- O tema "processo legislativo" tem sido particularmente cobrado nas provas de delegado federal, apresentando um equilíbrio em relação ao âmbito de exigência (doutrina, legislação e jurisprudência). Especial atenção do candidato merece o processo legislativo das medidas provisórias, item particularmente contemplado nas provas.

IMPORTANTE SABER

- **Medidas Provisórias**

A edição de medidas provisórias, pelo Presidente da República, requer a estrita observância dos pressupostos constitucionais da *urgência* e *relevância* (art. 62 da CF). Nessa medida, embora caracterizem conceitos jurídicos indeterminados, submetem-se ao controle parlamentar no Congresso Nacional (art. 62, § 5º, da CF) e, *excepcionalmente, ao controle jurisdicional*, a fim de evitar um abuso do poder de legislar pelo Chefe do Executivo Federal (ADI 2.213-MC, julgada em 2002).

Não existe impedimento à adoção de Medida Provisória no âmbito de Estado-membro, desde que expressamente prevista na Constituição Estadual e obediente ao modelo do processo legislativo federal (art. 62 da CF) (ADI 2.391, julgada em 2006).

A conversão em lei de medida provisória, *sem alteração substancial* do seu texto, importa ratificação do ato editado pelo Presidente da República, sendo *inexigível a sanção presidencial*.

Somente em caso de alteração da medida provisória pelo Congresso Nacional, com supressão ou acréscimo de dispositivos, será obrigatória a remessa do projeto de lei de conversão ao Presidente da República, para sanção ou veto (art. 62, § 12, da CF).

Contudo, **a conversão em lei não convalida os vícios formais porventura existentes na medida provisória**. Dessa forma, mesmo após a conversão em lei, poderá a norma ser objeto de controle de constitucionalidade, quanto à observância do processo legislativo constitucional (ADI 4.048-MC, julgada em 2008).

No plano hierárquico das normas jurídicas em vigor, a Medida Provisória situa-se no mesmo plano das leis ordinárias, resolvendo-se o conflito entre elas, pelo critério cronológico (norma posterior revoga a anterior).

Ocorre que, antes da conversão em lei, a existência da medida provisória está sujeita a condição resolutiva (confirmação pelo parlamento), de modo que não é caso de *revogação*, mas de **suspensão de eficácia** da legislação contrária, até que haja pronunciamento do Poder Legislativo sobre a medida provisória revogadora. Se a medida provisória for convertida em lei, consuma-se a revogação da lei anterior; do contrário, a lei (que teve a eficácia suspensa) volta a produzir efeitos.

LEGISLAÇÃO E SÚMULA PERTINENTES

- CF/88, arts. 59 a 69.
- **Súmula 651 do STF:** A medida provisória não apreciada pelo Congresso Nacional podia, até a Emenda Constitucional n. 32/2001, ser reeditada dentro do seu prazo de eficácia de trinta dias, mantidos os efeitos de lei desde a primeira edição.

8. PODER EXECUTIVO

QUESTÕES

1. **(Escrivão – CESPE – 2002 – adaptada)** Quanto a aspectos da Constituição brasileira vigente, julgue os itens a seguir.

   a) Segundo a Constituição brasileira, são interdependentes as candidaturas a presidente e a vice-presidente da República, de maneira que ambas são registradas conjuntamente. Entretanto, isso não significa que ambos os candidatos devam ser necessariamente do mesmo partido político, conforme bem exemplifica a situação atual.

   b) Uma das competências do chefe do Poder Executivo federal é a expedição de decretos, com a finalidade de regulamentar as leis no seio da administração pública; essa competência não dá ao presidente da República, porém, o poder de baixar decretos tratando plenamente de matérias ainda não disciplinadas por lei, ou seja, não pode ele, na vigente ordem constitucional, editar os chamados decretos autônomos.

2. **(Escrivão – CESPE – 2004 – adaptada)** Supondo que o presidente da República, dentro da política brasileira de apoiar as ações internacionais contra o crime organizado, assine a Convenção das Nações Unidas contra o Crime Organizado Internacional, julgue o item subsequente.

   - O presidente da República possui competência privativa para celebrar tratados e convenções e para acreditar representantes diplomáticos de Estados estrangeiros, podendo essa última competência ser delegada ao ministro de Estado das Relações Exteriores.

3. **(Delegado – CESPE – 2004 – adaptada)** Considere que, por medida provisória, o presidente da República tenha criado o Ministério da Segurança Pública. Transcorrido o prazo de cento e vinte dias, contados da data de sua publicação, não foi votada a medida provisória, no Congresso Nacional, ocorrendo a sua rejeição tácita. Durante o período em que a medida provisória esteve em vigor, o ministro nomeado praticou diversos atos administrativos, de sua competência exclusiva, que, por seu conteúdo, caracterizaram crime de responsabilidade contra o livre exercício dos direitos individuais, tipificado no art. 7º da Lei n. 1.079, de 10-4-1950, e crimes de improbidade administrativa. Quanto à situação hipotética acima, julgue o item subsequente.

   - Durante a vigência da medida provisória, para o presidente da República transferir o Departamento de Polícia Federal (DPF) do Ministério da Justiça para o Ministério da Segurança Pública, criando, nesse ato, sem aumento de despesa, alguns órgãos necessários ao funcionamento do DPF nessa nova estrutura, ele teria de aprovar uma lei ou editar uma medida provisória que dispusesse acerca da matéria.

4. **(Agente – CESPE – 2012)** Acerca das atribuições do presidente da República, julgue o próximo item.

   - Como são irrenunciáveis, todas as atribuições privativas do presidente da República previstas no texto constitucional não podem ser delegadas a outrem.

GABARITO COMENTADO

1.

A. CERTO As candidaturas a presidente e a vice-presidente são registradas conjuntamente, de acordo com o art. 77, § 1º, da CF, "a eleição do Presidente da República importará a do Vice-Presidente com ele registrado". Ambos os candidatos (presidente e vice) integram a mesma chapa, sendo que apenas o presidente é votado. Embora incluídos na mesma chapa, não necessariamente integram o mesmo partido, bastando que façam parte da mesma coligação partidária (aliança de partidos). Exemplo disso, na eleição presidencial de 2010, a candidata vencedora, Dilma Roussef, pertencia ao Partido dos Trabalhadores e o seu vice, Michel Temer, ao PMDB, sendo que ambos os partidos integravam a mesma coligação.

Esse foi o sistema implantado pela Constituição atual, para evitar que venha a ser eleito um vice-presidente pertencente a partido de oposição ao presidente, como aconteceu no passado (ex.: João Goulart eleito vice de Juscelino Kubitscheck e depois de Jânio Quadros, ambos seus adversários políticos).

B. CERTO O enunciado trata do Poder Regulamentar, previsto no art. 84, IV, da CF, segundo o qual compete ao Presidente da República "sancionar, promulgar e fazer publicar as leis, bem como expedir **decretos e regulamentos para sua fiel execução**". O Poder Regulamentar é conferido ao Presidente da República para a expedição de normas de caráter geral, mas subordinadas à lei, para o fiel cumprimento desta. O decreto, emanado no exercício desse poder, limita-se a desdobrar e pormenorizar o sentido da lei, mas não pode inovar a ordem jurídica, mediante a criação de direitos ou obrigações, sob pena de violação do postulado da reserva legal.

A segunda parte do enunciado é problemática. Realmente, o exercício do poder regulamentar estabelecido no art. 84, IV, da CF não dá ao presidente o poder de baixar decretos que tratem plenamente de matérias ainda não disciplinadas em lei, visto que se trata de ato secundário, subordinado à lei.

Ocorre que o art. 84, VI, da CF, alterado pela Emenda Constitucional n. 32/2001, outorga ao Presidente da República a competência para dispor, mediante decreto e independentemente de lei sobre: 1) organização e funcionamento da administração federal, quando não implicar aumento de despesa nem criação ou extinção de órgãos públicos; 2) extinção de funções ou cargos públicos, quando vagos.

Embora parte da doutrina ainda resista a admitir (e, aparentemente, o próprio examinador que deu a questão como correta), inaugurou esse dispositivo constitucional o chamado "decreto autônomo", de perfil não regulamentar, cujo fundamento de validade não é a lei, mas deriva diretamente da própria Constituição. Para as situações especificamente ali elencadas, que envolvem matéria organizacional (já "amplamente reguladas na ordem jurídica"), a atuação normativa do Presidente da República sem a mediação do Poder Legislativo não violaria o princípio da reserva legal, pois "não tem força criadora autônoma" para "inovar decisivamente no ordenamento" (MENDES. *Curso de direito constitucional*, p. 918).

O STF já se pronunciou, por sinal, no sentido de que a previsão do art. 84, VI, da CF não caracteriza ofensa ao princípio da reserva legal (ADI 2.564, julgada em 2003).

Não há, dentro de uma visão mais atualizada do direito constitucional brasileiro, como concordar com o gabarito oficial (que considerou correta a questão), na medida em que se revela equivocada a parte final do enunciado, segundo o qual o Presidente da República não teria, na vigente ordem constitucional, poderes para editar os chamados decretos autônomos.

2. ERRADO De acordo com o art. 84 da CF, dentre outras atribuições, compete privativamente ao Presidente da República celebrar tratados, convenções e atos internacionais (inciso VIII) e acreditar representantes diplomáticos (inciso VII).

Ao contrário do que enuncia a parte final da assertiva, a atribuição de acreditar representantes diplomáticos (matéria típica de Chefe de Estado) não é delegável, visto que não se encontra ressalvada no parágrafo único do art. 84 da CF dentre as hipóteses passíveis de delegação.

Comentário extra: a função de "acreditar" representantes diplomáticos significa conferir a credencial que investe o representante (embaixador, p. ex.) nos poderes próprios da função de representante do Estado brasileiro, mediante a qual ele se apresentará perante o Estado estrangeiro.

3. ERRADO De acordo com o art. 84, VI, *a*, da CF, compete privativamente ao Presidente da República dispor, mediante decreto, sobre organização e funcionamento da administração federal, quando não implicar aumento de despesa **nem criação ou extinção de órgãos públicos**. Nessa situação, incide a possibilidade de normatização direta pelo chefe do Poder Executivo federal, sem o intermédio de lei, mediante decreto.

Ocorre que o caso relatado no enunciado não se amolda à hipótese prevista no art. 84, VI, *a*, da CF, pois a alteração da organização da administração federal importou a criação de órgãos públicos ("necessários ao funcionamento da DPF").

Assim, a matéria encontra-se sujeita à reserva de lei.

Não obstante, encontra-se errada a assertiva, por enunciar que o Presidente da República "teria de aprovar uma lei", sendo que a tarefa de aprovar uma lei, no plano federal, é do Congresso Nacional, e não do Presidente da República, cabendo a este a função de sancioná-la (se entender cabível) e promulgá-la.

4. ERRADO Tratando-se de atribuições do Presidente da República, previstas no art. 84 da CF, a regra é a indelegabilidade. Essa regra comporta exceções expressas, taxativamente admitidas no art. 84, parágrafo único, da CF. Ainda assim, a possibilidade de delegação sofre três limitações: 1) quanto à matéria, somente aquelas previstas nos incisos VI, XII e XXV (1ª parte) admitem delegação; 2) quanto à autoridade receptora, somente os Ministros de Estado, o Procurador-Geral da República e o Advogado-Geral da União podem receber a delegação; 3) quanto à restrição posta no próprio ato de delegação, visto que as atribuições transferidas "observarão os limites traçados nas respectivas delegações" (SILVA. *Comentário contextual à Constituição*, p. 402).

Quanto às matérias passíveis de delegação, importante perceber que, do inciso XXV, somente a primeira parte (*provimento de cargos públicos*) pode ser delegada. Proibida, pois, a delegação para extinção de cargos públicos, salvo se o cargo estiver vago (art. 84, VI, *b*).

Quanto ao poder de provimento de cargos públicos (art. 84, XXV, I, 1ª parte, da CF), matéria delegável, entende-se que abrange também o desprovimento do cargo, fundamento utilizado pelo STF para admitir a delegação pelo Presidente da República a Ministro de Estado do poder de aplicar a pena de demissão a funcionário público federal (MS 25.518, julgado em 2006).

No mesmo sentido: "Esta Corte firmou orientação no sentido da legitimidade de delegação a ministro de Estado da competência do chefe do Executivo Federal para, nos termos do art. 84, XXV, e parágrafo único, da CF, aplicar pena de demissão a servidores públicos federais. (...) Legitimidade da delegação a secretários estaduais da competência do governador do Estado de Goiás para (...) aplicar penalidade de demissão aos servidores do Executivo, tendo em vista o princípio da simetria" (RE 633.009-AgR, julgado em 2011).

RAIO-X

- O tema em estudo equivale aos seguintes percentuais das questões de Direito Constitucional:

Cargo	Questões do Tema	%
Agente	4	10,81
Escrivão	4	11,43
Delegado	1	1,75

- A maioria das questões é baseada em:

☒ doutrina ☒ legislação ☐ jurisprudência

- Dentro do tema "Poder Executivo", tem sido foco principal das provas as hipóteses de competência privativa do Presidente da República (art. 84 da CF). O nível de exigência não foi alto, pois a maioria das questões limitou-se ao conhecimento do texto constitucional.

IMPORTANTE SABER

- O presidencialismo brasileiro é do tipo monocrático, concentrando o Presidente da República o desempenho das funções de Chefe de Estado e de Chefe de Governo.

- As atribuições presidenciais encontram-se delineadas no rol não exaustivo do art. 84 da CF. Algumas destas revelam a expressão da soberania nacional, sendo típicas de Chefe de Estado, a exemplo da manutenção de relações com Estados estrangeiros (art. 84, VII) ou da celebração de tratados internacionais (art. 84, VIII). Outras, são próprias de Chefe de Governo, a exemplo do comando da máquina administrativa federal (art. 84, II) ou do poder regulatório (art. 84, IV).
- É da competência exclusiva do Presidente da República expedir decretos e regulamentos para a fiel execução da lei, função que configura o chamado poder regulatório (art. 84, IV, da CF). Tem-se, contudo, por **inconstitucional a lei que determina prazo para que o chefe do Executivo exerça a função regulamentar**, pois viola o princípio da harmonia entre os poderes (ADI 3.394).
- Embora previsto o poder regulatório entre as prerrogativas exclusivas do Presidente da República (art. 84, IV, da CF), **não há impedimento para que a lei confira a certas entidades da administração, públicas ou privadas, a prerrogativa de concretizar, por meio de atos gerais e abstratos, alguns aspectos práticos que lhes digam respeito**. Esse foi o pensamento do STF, ao julgar válida a regulamentação expedida pela OAB quanto à exigência do exame para o exercício da profissão de advogado. Entendeu aquela Corte que na nova feição da Administração Pública moderna, convivem entidades como as agências reguladoras e outras autarquias especiais (caso da OAB), que gozam de autonomia reforçada, a ponto de poderem editar regulamentos e tomar decisões, sem possibilidade de revisão pelo Chefe do Executivo (RE RG 603.583, julgado em 2009).
- Também se inclui na competência do Presidente da República a expulsão de estrangeiros nocivos aos interesses nacionais, ato que constitui manifestação de soberania do Estado brasileiro. Contudo, é válida a delegação da competência para expulsão ao Ministro da Justiça, como já decidiu o STF (HC 72.851, julgado em 1995). No mesmo julgado, entendeu-se ainda que **o controle jurisdicional em relação ao decreto expulsório circunscreve-se ao exame da legitimidade jurídica** (conformidade com a legislação em vigor); **mas não alcança o mérito do ato** (oportunidade e conveniência), pois é exclusivo do Presidente da República o juízo discricionário sobre a nocividade da permanência do súdito estrangeiro.

LEGISLAÇÃO PERTINENTE

- CF, arts. 76 a 91.

9. PODER JUDICIÁRIO

QUESTÕES

1. **(Escrivão – CESPE – 2002 – adaptada)** Acerca do direito constitucional e do direito administrativo, julgue o seguinte item.
   - Se algum órgão público com competência investigatória, como o DPF ou o Ministério Público Federal (MPF), detectar desvio de verbas destinadas ao Sistema Único de Saúde, a competência para processar e julgar o responsável pelo desvio será necessariamente da justiça federal, uma vez que, segundo a Constituição da República, todo o financiamento daquele sistema deve ser feito com verbas da União.

2. **(Delegado – CESPE – 2002 – adaptada)** O art. 15 da Declaração Universal dos Direitos do Homem (ONU – 1948) prescreve o direito à nacionalidade, tema acerca do qual os Estados soberanos são livres para conferir-lhe disciplina legal. A propósito da condição jurídico-constitucional de brasileiros e estrangeiros, à luz da Constituição da República vigente, julgue o seguinte item.
   - Os crimes de ingresso ou permanência irregular de estrangeiros em território nacional serão julgados pela justiça federal.

3. **(Delegado – CESPE – 2013)** Com base nas disposições da CF acerca das competências dos juízes federais, julgue o item a seguir.
   - Aos juízes federais compete processar e julgar, entre outros crimes, os que atentem contra a organização do trabalho e os de ingresso ou permanência irregular de estrangeiro no território nacional, bem como as disputas sobre direitos indígenas.

GABARITO COMENTADO

1. ERRADO De acordo com o art. 198, § 1º, da CF, o financiamento do serviço público de saúde é feito com recursos do orçamento da seguridade social, da União, dos Estados, do Distrito Federal e dos Municípios. A responsabilidade, pois, pela prestação desse serviço é de todos os entes da federação, que compartilham inclusive o respectivo ônus financeiro. Errada, pois, a parte final da assertiva, que afirma caber todo o financiamento à União.

Também se equivoca o enunciado quanto à questão da competência jurisdicional. É que a competência criminal geral da justiça federal, regulada pelo art. 109, IV, da CF, exige a prática de infrações penais em detrimento de bens, serviços ou interesse da União ou de suas entidades autárquicas ou empresas públicas. Assim, somente atrairá a competência federal o desvio de verbas destinadas à saúde, na hipótese em que essas verbas sejam de origem federal, estando sujeitas à fiscalização federal. Se o repasse da verba estiver sujeito à supervisão do Tribunal de Contas da União ou à fiscalização do Ministério da Saúde, o interesse da União não se esgota com o simples repasse, mas se estende à devida aplicação na sua destinação própria. Nesse sentido, por sinal, aponta a Súmula 208 do STJ: "Compete à justiça federal processar e julgar prefeito municipal por desvio de verba sujeita a prestação de contas perante órgão federal".

Por outro lado, se o repasse da verba pela União não estiver sujeito à verificação da fiscalização federal quanto à sua regular aplicação em uma finalidade própria, incorporando-se a verba transferida ao patrimônio do ente que a recebe, a competência passa a ser da justiça estadual, conforme a Súmula 209 do STJ: "Compete à Justiça Estadual processar e julgar prefeito por desvio de verba transferida e incorporada ao patrimônio municipal".

Finalmente, é possível que as verbas destinadas à saúde (e indevidamente apropriadas) não tenham origem federal, mas sejam próprias dos estados ou municípios, hipótese em que, inexistindo ofensa direta a interesse federal (requisito exigido pelo art. 109, IV, da CF), a competência será da justiça estadual.

2. CERTO De acordo com o art. 109, X, da CF, compete aos juízes federais processar e julgar "os crimes de ingresso ou permanência irregular de estrangeiro".

A lei não define um tipo específico de "crime de ingresso ou permanência irregular de estrangeiro". Entende-se que a competência federal do art. 109, X, da CF engloba as infrações penais, previstas na legislação comum (Código Penal) e na legislação especial (estatuto do estrangeiro), praticadas em desacato às normas ordenadoras do modo correto de ingresso ou permanência do estrangeiro no território nacional.

Estão sob o abrigo dessa tipologia, p. ex., os crimes dos arts. 309 (fraude de lei sobre estrangeiro) e 338 (reingresso de estrangeiro expulso), ambos do Código Penal, assim como o do art. 125, XII, da Lei n. 6.815/80 (introduzir estrangeiro clandestinamente ou ocultar clandestino ou irregular).

3. CERTO A questão trata da competência criminal dos juízes federais, que se encontra disposta em diversos incisos do art. 109 da Constituição Federal. Especificamente em relação às matérias cobradas na questão, segue transcrição dos respectivos dispositivos constitucionais: "Art. 109. Aos juízes federais compete processar e julgar: (...) VI – os **crimes contra a organização do trabalho** e, nos casos determinados por lei, contra o sistema financeiro e a ordem econômico-financeira; (...) X – os **crimes de ingresso ou permanência irregular de estrangeiro**, a execução de carta rogatória, após o *exequatur*, e de sentença estrangeira, após a homologação, as causas referentes à nacionalidade, inclusive a respectiva opção, e à naturalização; XI – a **disputa sobre direitos indígenas**".

Em relação aos crimes contra a organização do trabalho (previstos nos arts. 197 a 207 do Código Penal), não obstante a dicção genérica do art. 109, VI, da CF, a jurisprudência consolidada do STF e do STJ acabou por restringir a competência federal. Considera-se que somente atrairá a competência federal se aquelas infrações penais afetarem as **INSTITUIÇÕES DO TRABALHO** ou o **direito dos trabalhadores COLETIVAMENTE considerados**. Seria o caso dos arts. 200 e 201 do CP (ações praticadas durante as greves) e art. 206 do CP (aliciamento de trabalhadores para o estrangeiro). Do contrário, envolvendo apenas violação a direitos individuais dos trabalhadores, a competência será da justiça estadual (OLIVEIRA. *Curso de processo penal*, p. 203).

O seguinte acórdão é representativo do posicionamento do STF quanto à matéria: "O fato, por si só, da lesão corporal descrita na denúncia ser decorrente de acidente de trabalho não é suficiente para transferir para a Justiça Federal o processamento e julgamento da ação penal. Não se pode considerar o delito descrito na denúncia como sendo crime contra a organização do trabalho, visto que esta espécie delitiva somente se configura quando há ofensa ao sistema de órgãos e instituições destinados a preservar coletivamente o trabalho" (RE 588.332, julgado em 2009).

Atente-se ainda que o delito de redução à condição análoga de escravo (art. 149 do CP), embora não incluído no título IV do Código Penal (Crimes contra a Organização do Trabalho), é considerado crime contra a organização do trabalho, de competência da justiça federal, como já decidiu o STF: "A existência de trabalhadores a laborar sob escolta, alguns acorrentados, em situação de total violação da liberdade e da autodeterminação de cada um, configura crime contra a organização do trabalho. Quaisquer condutas que possam ser tidas como violadoras não somente do sistema de órgãos e instituições com atribuições para proteger os direitos e deveres dos trabalhadores, mas também dos próprios trabalhadores, atingindo-os em esferas que lhes são mais caras, em que a Constituição lhes confere proteção máxima, são enquadráveis na categoria dos crimes contra a organização do trabalho, se praticadas no contexto das relações de trabalho. Nesses casos, a prática do crime previsto no art. 149 do CP (Redução à condição análoga a de escravo) se caracteriza como crime contra a organização do trabalho, de modo a atrair a competência da Justiça federal (art. 109, VI, da Constituição) para processá-lo e julgá-lo" (RE 398.041, julgado em 2006).

Quanto à competência federal para julgar disputas sobre direitos indígenas (art. 109, XI, da CF), trata-se de **competência cível e penal**. Deve-se entender acerca de "disputa sobre direitos indígenas" as matérias envolvendo *organização social dos índios, seus costumes, línguas, crenças e tradições*, bem como os *direitos sobre as terras que tradicionalmente ocupam* (art. 231 da CF). A título de exemplo, será da competência federal o julgamento de homicídio de índio em decorrência de conflito sobre terras ocupadas pelos índios ou a tentativa de extermínio de uma população indígena.

Por outro lado, será da competência estadual um crime que tenha índio na condição de réu ou vítima, se não envolver disputa sobre direito indígena. Nesse sentido, a Súmula 140 do STJ: "Compete a Justiça Comum Estadual processar e julgar crime em que o indígena figure como autor ou vítima".

RAIO-X

- O tema em estudo equivale aos seguintes percentuais das questões de Direito Constitucional:

Cargo	Questões do Tema	%
Agente	0	0
Escrivão	1	2,86
Delegado	2	3,51

- A maioria das questões é baseada em:

  ☒ doutrina ☒ legislação ☒ jurisprudência

- O Tema "Poder Judiciário" teve pequena incidência nas provas e, nas duas vezes que apareceu, envolveu a competência criminal dos juízes federais (art. 109 da CF), tema particularmente importante, tendo em vista que a atuação da polícia federal como polícia judiciária da União se conecta diretamente com a atuação da Justiça Federal. Dentro da temática do *Poder Judiciário*, questão bastante em voga atualmente concerne à atuação do Conselho Nacional de Justiça. Assim, recomenda-se a leitura dos dispositivos da Constituição relativos àquele órgão (*vide* seção "Legislação e Súmulas Pertinentes" abaixo), assim como o conhecimento da Jurisprudência do STF sobre a matéria (*vide* seção "Importante Saber" abaixo).

IMPORTANTE SABER

- A estrutura do Poder Judiciário foi alterada com a introdução, por meio da Emenda n. 45/2004, do Conselho Nacional de Justiça entre os órgãos integrantes daquele poder (art. 92, I-A, da CF). Composto por 15 membros (a maioria oriunda do Poder Judiciário, mas não em sua integralidade, conforme art. 103-B) com mandato de dois anos (admitida uma recondução), o Conselho Nacional de Justiça (CNJ) tem por competência a supervisão da atuação administrativa e financeira do Poder Judiciário e do cumprimento dos deveres funcionais dos juízes.
- Nesse âmbito de atuação, a Constituição, no art. 103-B, § 4º, enumerou algumas atribuições do CNJ em **rol não taxativo** (pois admite expressamente que o Estatuto da Magistratura estabeleça outras atribuições).
- Rejeitando a tese de violação ao princípio da separação dos poderes, o STF se manifestou pela **constitucionalidade do CNJ**, afirmando que ele representa órgão administrativo interno do Poder Judiciário (e **não instrumento de controle externo**) e, ainda, que, em sua maioria, é composto por membros do Poder Judiciário.
- Acresce que **os atos do Conselho estão submetidos ao controle judicial pelo STF** (art. 102, I, *r*, da CF). Nesse sentido, na condição de órgão supremo do Poder Judiciário, **o STF não se sujeita às deliberações do Conselho Nacional de Justiça**.

- Fixou-se também que, por falta de competência constitucional, **os Estados-membros não estão autorizados à criação de órgão similar ao CNJ** em relação às respectivas justiças (ADI 3.367, julgada em 2005).
- Na ADI 4.638, cujo julgamento foi iniciado em 2012, o STF reconheceu a constitucionalidade do art. 12 da Resolução n. 135/2011, confirmando a **competência do CNJ para investigar juízes suspeitos de desvio de função, independentemente da atuação das corregedorias locais.** Há assim uma competência concorrente do CNJ e da corregedoria de cada tribunal para a promoção dos processos administrativos disciplinares e para a aplicação das penalidades previstas em lei.
- No mesmo julgamento, decidiu-se também que **o julgamento de processo administrativo disciplinar contra magistrado deve ser realizado em sessão pública**.

LEGISLAÇÃO E SÚMULAS PERTINENTES

- CF, arts. 92 a 126. Focar a competência dos juízes federais de primeira instância (art. 109), especialmente a competência criminal: art. 109, IV, V, VI, VII, IX, X e ainda os incisos VIII e XI. Observar ainda a disciplina do Conselho Nacional de Justiça: arts. 92, I-A e § 1º, 102, I, *r*, 103-B e parágrafos.
- **SÚMULAS DO STF**
- **Súmula 248 do STF:** É competente originariamente o Supremo Tribunal Federal, para mandado de segurança contra ato do Tribunal de Contas da União.
- **Súmula 250 do STF:** A intervenção da União desloca o processo do juízo cível comum para o fazendário.
- **Súmula 298 do STF:** O legislador ordinário só pode sujeitar civis à Justiça Militar, em tempo de paz, nos crimes contra a segurança externa do País ou as instituições militares.
- **Súmula 339 do STF:** Não cabe ao Poder Judiciário, que não tem função legislativa, aumentar vencimentos de servidores públicos sob fundamento de isonomia.
- **Súmula 451 do STF:** A competência especial por prerrogativa de função não se estende ao crime cometido após a cessação definitiva do exercício funcional.
- **Súmula 498 do STF:** Compete à Justiça dos Estados, em ambas as instâncias, o processo e o julgamento dos crimes contra a economia popular.
- **Súmula 522 do STF:** Salvo ocorrência de tráfico para o exterior, quando então a competência será da Justiça Federal, compete à Justiça dos Estados o processo e julgamento dos crimes relativos a entorpecentes.
- **Súmula 556 do STF:** É competente a justiça comum para julgar as causas em que é parte sociedade de economia mista.
- **Súmula 649 do STF:** É inconstitucional a criação, por constituição estadual, de órgão de controle administrativo do poder judiciário do qual participem representantes de outros poderes ou entidades.
- **Súmula 655 do STF:** A exceção prevista no art. 100, *caput*, da Constituição, em favor dos créditos de natureza alimentícia, não dispensa a expedição de precatório, limitando-se a isentá-los da observância da ordem cronológica dos precatórios decorrentes de condenações de outra natureza.
- **Súmula 702 do STF:** A competência do Tribunal de Justiça para julgar Prefeitos restringe-se aos crimes de competência da Justiça comum estadual; nos demais casos, a competência originária caberá ao respectivo tribunal de segundo grau.
- **SÚMULAS VINCULANTES**
- **Súmula Vinculante 10:** Viola a cláusula de reserva de plenário (CF, art. 97) a decisão de órgão fracionário de Tribunal que, embora não declare expressamente a inconstitucionalidade de lei ou ato normativo do poder público, afasta sua incidência, no todo ou em parte.
- **Súmula Vinculante 22:** A Justiça do Trabalho é competente para processar e julgar as ações de indenização por danos morais e patrimoniais decorrentes de acidente de trabalho propostas por empregado contra empregador, inclusive aquelas que ainda não possuíam sentença de mérito em primeiro grau quando da promulgação da Emenda Constitucional n. 45/04.
- **Súmula Vinculante 23:** A Justiça do Trabalho é competente para processar e julgar ação possessória ajuizada em decorrência do exercício do direito de greve pelos trabalhadores da iniciativa privada.
- **Súmula Vinculante 27:** Compete à Justiça estadual julgar causas entre consumidor e concessionária de serviço público de telefonia, quando a ANATEL não seja litisconsorte passiva necessária, assistente, nem opoente.

- **SÚMULAS DO STJ**
- **Súmula 3 do STJ:** Compete ao Tribunal Regional Federal dirimir conflito de competência verificado, na respectiva Região, entre Juiz Federal e Juiz Estadual investido de jurisdição federal.
- **Súmula 4 do STJ:** Compete à Justiça Estadual julgar causa decorrente do processo eleitoral sindical.
- **Súmula 6 do STJ:** Compete à Justiça Comum Estadual processar e julgar delito decorrente de acidente de trânsito envolvendo viatura de Polícia Militar, salvo se autor e vítima forem policiais militares em situação de atividade.
- **Súmula 11 do STJ:** A presença da União ou de qualquer de seus entes, na ação de usucapião especial, não afasta a competência do foro da situação do imóvel.
- **Súmula 15 do STJ:** Compete à Justiça Estadual processar e julgar os litígios decorrentes de acidente do trabalho.
- **Súmula 32 do STJ:** Compete à Justiça Federal processar justificações judiciais destinadas a instruir pedidos perante entidades que nela têm exclusividade de foro, ressalvada a aplicação do art. 15, II, da Lei n. 5.010/66.
- **Súmula 34 do STJ:** Compete à Justiça Estadual processar e julgar causa relativa a mensalidade escolar, cobrada por estabelecimento particular de ensino.
- **Súmula 38 do STJ:** Compete à Justiça Estadual Comum, na vigência da Constituição de 1988, o processo por contravenção penal, ainda que praticada em detrimento de bens, serviços ou interesse da União ou de suas entidades.
- **Súmula 42 do STJ:** Compete à Justiça Comum Estadual processar e julgar as causas cíveis em que é parte sociedade de economia mista e os crimes praticados em seu detrimento.
- **Súmula 47 do STJ:** Compete à Justiça Militar processar e julgar crime cometido por militar contra civil, com emprego de arma pertencente à corporação, mesmo não estando em serviço.
- **Súmula 48 do STJ:** Compete ao juízo do local da obtenção da vantagem ilícita processar e julgar crime de estelionato cometido mediante falsificação de cheque.
- **Súmula 53 do STJ:** Compete à Justiça Comum Estadual processar e julgar civil acusado de prática de crime contra instituições militares estaduais.
- **Súmula 55 do STJ:** Tribunal Regional Federal não é competente para julgar recurso de decisão proferida por juiz estadual não investido de jurisdição federal.
- **Súmula 62 do STJ:** Compete à Justiça Estadual processar e julgar o crime de falsa anotação na Carteira de Trabalho e Previdência Social, atribuído à empresa privada.
- **Súmula 66 do STJ:** Compete à Justiça Federal processar e julgar execução fiscal promovida por Conselho de fiscalização profissional.
- **Súmula 73 do STJ:** A utilização de papel-moeda grosseiramente falsificado configura, em tese, o crime de estelionato, da competência da Justiça Estadual.
- **Súmula 75 do STJ:** Compete à Justiça Comum Estadual processar e julgar o policial militar por crime de promover ou facilitar a fuga de preso de estabelecimento penal.
- **Súmula 78 do STJ:** Compete à Justiça Militar processar e julgar policial de corporação estadual, ainda que o delito tenha sido praticado em outra unidade federativa.
- **Súmula 82 do STJ:** Compete à Justiça Federal, excluídas as reclamações trabalhistas, processar e julgar os feitos relativos a movimentação do FGTS.
- **Súmula 90 do STJ:** Compete à Justiça Estadual Militar processar e julgar o policial militar pela prática do crime militar, e à Comum pela prática do crime comum simultâneo àquele.
- **Súmula 104 do STJ:** Compete à Justiça Estadual o processo e julgamento dos crimes de falsificação e uso de documento falso relativo a estabelecimento particular de ensino.
- **Súmula 107 do STJ:** Compete à Justiça Comum Estadual processar e julgar crime de estelionato praticado mediante falsificação das guias de recolhimento das contribuições previdenciárias, quando não ocorrente lesão a autarquia federal.
- **Súmula 122 do STJ:** Compete à Justiça Federal o processo e julgamento unificado dos crimes conexos de competência federal e estadual, não se aplicando a regra do art. 78, II, *a*, do Código de Processo Penal.
- **Súmula 144 do STJ:** Os créditos de natureza alimentícia gozam de preferência, desvinculados os precatórios da ordem cronológica dos créditos de natureza diversa.
- **Súmula 147 do STJ:** Compete à Justiça Federal processar e julgar os crimes praticados contra funcionário público federal, quando relacionados com o exercício da função.

- **Súmula 150 do STJ:** Compete à Justiça Federal decidir sobre a existência de interesse jurídico que justifique a presença, no processo, da União, suas autarquias ou empresas públicas.
- **Súmula 151 do STJ:** A competência para o processo e julgamento por crime de contrabando ou descaminho define-se pela prevenção do Juízo Federal do lugar da apreensão dos bens.
- **Súmula 165 do STJ:** Compete à Justiça Federal processar e julgar crime de falso testemunho cometido no processo trabalhista.
- **Súmula 172 do STJ:** Compete à Justiça Comum processar e julgar militar por crime de abuso de autoridade, ainda que praticado em serviço.
- **Súmula 200 do STJ:** O Juízo Federal competente para processar e julgar acusado de crime de uso de passaporte falso é o do lugar onde o delito se consumou.
- **Súmula 208 do STJ:** Compete à Justiça Federal processar e julgar prefeito municipal por desvio de verba sujeita a prestação de contas perante órgão federal.
- **Súmula 209 do STJ:** Compete à Justiça Estadual processar e julgar prefeito por desvio de verba transferida e incorporada ao patrimônio municipal.
- **Súmula 270 do STJ:** O protesto pela preferência de crédito, apresentado por ente federal em execução que tramita na Justiça Estadual, não desloca a competência para a Justiça Federal.

10. DEFESA DO ESTADO E DAS INSTITUIÇÕES DEMOCRÁTICAS

QUESTÕES

I. ESTADO DE DEFESA E ESTADO DE SÍTIO

1. **(Agente – CESPE – 2009 – adaptada)** Com fundamento nas regras estabelecidas na CF quanto à defesa do Estado e das instituições democráticas, julgue o item que se segue.
   - O decreto que instituir o estado de defesa pode estabelecer restrições ao direito de reunião, ainda que exercida no seio das associações.

II. SEGURANÇA PÚBLICA

2. **(Escrivão – CESPE – 2002 – adaptada)** Quanto a aspectos da Constituição brasileira vigente, julgue o item a seguir.
   - As polícias civis, órgãos dos estados federados, têm a atribuição precípua de exercer a função de polícia judiciária, isto é, a de investigar o cometimento de delitos e a de auxiliar a execução de decisões processuais penais; por isso, essas polícias não integram o sistema constitucional de segurança pública.
3. **(Agente – CESPE – 2004 – adaptada)** Acerca da defesa do Estado, das instituições democráticas e da ordem social, julgue o item seguinte.
   - À Polícia Federal incumbe apurar infrações penais praticadas em detrimento de bens da União, desde que esse crime não seja considerado crime militar.
4. **(Agente – CESPE – 2009 – adaptada)** Com fundamento nas regras estabelecidas na CF quanto à defesa do Estado e das instituições democráticas, julgue o item que se segue.
   - A Polícia Federal tem competência constitucional para prevenir e reprimir, com exclusividade, o tráfico ilícito de entorpecentes e drogas afins, o contrabando e o descaminho.
5. **(Escrivão – CESPE – 2004 – adaptada)** Com relação à defesa do Estado e das instituições democráticas e à ordem social, julgue o item seguinte.
   - A apuração das infrações penais praticadas contra empresas públicas da União somente é de competência da Polícia Federal caso tenham repercussão interestadual, exigindo repressão uniforme.
6. **(Escrivão – CESPE – 2002 – adaptada)** Acerca do direito constitucional e do direito administrativo, julgue o seguinte item.
   - O Departamento de Polícia Federal (DPF), embora exerça a função de polícia judiciária da União, não tem suas atribuições estritamente associadas à justiça federal, de maneira que não lhe compete apenas investigar delitos contra o interesse, o patrimônio ou o serviço da administração pública federal; cabe-lhe, também, apurar outros delitos, nos termos da lei, em virtude de determinadas características deles, ainda que seu processo e julgamento não compita à justiça federal.
7. **(Escrivão – CESPE – 2004 – adaptada)** Com relação à defesa do Estado e das instituições democráticas e à ordem social, julgue o item subsequente.
   - Atendidas as disposições legais, é atribuição da polícia federal apurar infrações penais cuja prática tenha repercussão interestadual e exija repressão uniforme.
8. **(Delegado – CESPE – 2004)** Uma proposta de emenda à Constituição, apresentada com o apoiamento de 250 deputados, tem por conteúdo alteração das competências da Polícia Federal, retirando-lhe a função de polícia de fronteira – art. 144, § 1º, III, parte final – e transferindo essa competência para o Exército

brasileiro. Admitindo que essa proposta de emenda à Constituição, observadas as regras constitucionais relativas ao processo legislativo desse tipo de proposição, venha a ser aprovada e promulgada, julgue o item a seguir.

- Mesmo com a aprovação da referida emenda à Constituição, a transferência da função de polícia de fronteira para o Exército brasileiro não implicaria a transferência da função de polícia judiciária da União, porque, nos termos da Constituição Federal, essa competência é exercida com exclusividade pela Polícia Federal.

9. **(Delegado – CESPE – 2013)** Acerca das atribuições da Polícia Federal, julgue o item a seguir.

- De acordo com a norma constitucional, cabe exclusivamente à Polícia Federal prevenir e reprimir o tráfico ilícito de entorpecentes e drogas afins, portanto a atuação da polícia militar de determinado estado da Federação no flagrante e apreensão de drogas implica a ilicitude da prova e a nulidade do auto de prisão.

10. **(Agente – CESPE – 2012)** Considerando as disposições constitucionais acerca de segurança pública, julgue os itens a seguir.

a) Cabe à Polícia Federal apurar infrações penais que atentem contra os bens, serviços e interesses da administração direta, das autarquias e das fundações públicas da União. Às polícias civis dos estados cabem as funções de polícia judiciária das entidades de direito privado da administração indireta federal.

b) A Polícia Federal, as polícias militares e os corpos de bombeiros militares são forças auxiliares e reserva do exército.

11. **(Escrivão – CESPE – 2013)** Julgue o próximo item relativo à defesa do Estado e das instituições democráticas.

- Considere que determinada lei ordinária tenha criado órgão especializado em perícia e o tenha inserido no rol dos órgãos responsáveis pela segurança pública. Nessa situação, a lei está em consonância com a CF, a qual admite expressamente a criação de outros órgãos públicos encarregados da segurança pública, além daqueles previstos no texto constitucional.

GABARITO COMENTADO

1. ANULADA Questão anulada, em virtude de não estar contemplada à época no programa do edital.

Exigiu o conhecimento do art. 136, § 1º, I, *a*, da CF, segundo o qual, na vigência do Estado de Defesa, admite-se a restrição ao direito de "reunião, ainda que exercida no seio de associações".

Comentário extra: o Estado de Defesa (junto com o Estado de Sítio) integra o chamado sistema constitucional de crises, ou seja, um conjunto ordenado de "normas que visam a estabilização e a defesa da Constituição contra processos violentos de mudança ou perturbação da ordem constitucional", por meio da instauração do *Estado de Exceção*, que se peculiariza pela substituição da legalidade normal por uma legalidade extraordinária (SILVA. *Curso de direito constitucional positivo*, p. 761).

O Estado de Defesa é decretado pelo Presidente da República, nos termos do art. 136 da CF, com o objetivo de manter ou restabelecer a ordem pública e a paz social, ameaçadas por grave e iminente instabilidade institucional ou atingidas por calamidades naturais de grandes proporções. O decreto que institui o estado de defesa instaura um estado de legalidade excepcional, devendo especificar as áreas a serem abrangidas, o tempo de duração, assim como as medidas coercitivas limitadoras de direitos individuais dentre aquelas previstas no art. 136, § 1º, da CF.

2. ERRADO Ao contrário do que enuncia a parte final da assertiva, as polícias civis integram o sistema constitucional de segurança pública, composto, de acordo com o art. 144 da CF, pelos seguintes órgãos: "I – polícia federal; II – polícia rodoviária federal; III – polícia ferroviária federal; IV – polícias civis; V – polícias militares e corpos de bombeiros militares".

Correta apenas a primeira parte do enunciado, visto que a atribuição principal da polícia civil é o exercício da função de polícia judiciária, entendida como função auxiliar da justiça, que compreende a apuração das infrações penais e respectiva autoria (por meio do inquérito policial), assim como a execução de decisões judiciais no âmbito da persecução penal, a exemplo da execução de mandado judicial de prisão ou da ordem de busca e apreensão.

Comentário extra: anote-se que **não se enquadra no conceito de segurança pública (art. 144 da CF) a vigilância dos estabelecimentos penais** (ADI 236, julgada em 1992).

Na mesma linha, **a atividade penitenciária, relacionada à guarda dos estabelecimentos prisionais, não é atribuição da polícia civil**, pois não se insere no plexo de atribuições definidos no art. 144, § 4º, da CF (ADI 3.916, julgada em 2010).

3. CERTO Em regra, "a função da polícia investigativa ('polícia judiciária') varia de acordo com a justiça competente para julgar a infração penal sob investigação" (PACHECO. *Direito processual penal*, p. 214). Essa regra admite exceções (p. ex., a polícia federal atua em certos crimes de competência da justiça estadual, cf. art. 144, § 1º, I, 2ª parte), mas o paralelismo com a competência judicial vale como diretriz geral do sistema desenhado na Constituição Federal. Por isso, em se tratando de crime militar, processado e julgado pela justiça militar (art. 124 da CF), cabe à polícia militar o exercício da função de polícia judiciária.

Significa que o crime militar praticado por policial militar será apurado, em sede de Inquérito Penal Militar, presidido pelo comandante ou oficial da respectiva corporação castrense.

Nessa sede, não cabe a atuação da polícia civil, que se restringe à apuração dos crimes comuns (não militares), de competência da justiça estadual comum (art. 144, § 4º, da CF, parte final), nem cabe a atuação da polícia federal, a quem toca a apuração dos crimes comuns elencados no art. 144, § 1º, da CF.

Reforça ainda esse entendimento o art. 109, IV, da CF, segundo o qual compete à Justiça Federal o julgamento das "infrações penais praticadas em detrimento de bens, serviços ou interesse da União ou de suas entidades autárquicas ou empresas públicas", **ressalvada a competência da Justiça Militar**.

Assim, ainda que o delito seja praticado em detrimento de bem da União, não será investigado pela polícia federal, se caracterizar crime militar.

4. ERRADO O erro da assertiva está em atribuir "com exclusividade" aquelas funções à polícia federal. Ou seja, esta polícia realmente detém aquelas atribuições, mas sem o caráter de exclusividade. O próprio art. 144, § 1º, II, da CF ressalva que a atribuição da polícia federal, no que concerne à prevenção e repressão do tráfico ilícito de drogas, do contrabando e do descaminho, é exercida "sem prejuízo da ação fazendária e de outros órgãos públicos nas respectivas áreas de competência". Assim, o sistema de prevenção e repressão daqueles delitos é constituído não somente de atuação policial, mas também de uma rede que integra outros órgãos públicos alheios ao aparelho da polícia judiciária, a exemplo da ação fazendária (Receita Federal do Brasil) e da vigilância sanitária (ANVISA).

E mesmo na área policial, a atuação não é monopolizada pela polícia federal, pois, no que concerne ao tráfico ilícito de drogas, também a polícia civil cumpre função investigativa.

Comentário extra: por outro lado, cabe à polícia federal exercer, com exclusividade, as funções de polícia judiciária da União, nos termos do art. 144, § 1º, IV, da CF. Nessa hipótese, sim, é possível dizer que a atuação da polícia civil violaria o esquema de atribuições do sistema de segurança pública desenhado constitucionalmente.

5. ERRADO Segundo o art. 144, § 1º, I, da CF, é atribuição da polícia federal "apurar infrações penais contra a ordem política e social ou em detrimento de bens, serviços e interesses da União ou de suas entidades autárquicas e **empresas públicas** (...)". Adotou-se aqui um critério pessoal de definição de funções, que leva em conta a pessoa atingida pelo delito (União, autarquias federais e empresas públicas federais). Essa previsão guarda paralelismo com a competência da justiça federal, prevista no art. 109, IV: "(...) infrações penais praticadas em detrimento de bens, serviços ou interesse da União ou de suas entidades autárquicas ou empresas públicas". Para atrair a atuação da polícia federal, basta que uma daquelas pessoas (no caso, a empresa pública federal) tenha os seus bens, serviços ou interesses atingidos pela infração penal.

Para confundir o candidato, a assertiva mistura duas situações autônomas que convivem no mesmo inciso. A primeira, que acabamos de ver, situa-se na primeira parte do art. 144, § 1º, I, da CF. A outra, totalmente independente em relação à primeira, aparece na segunda parte do inciso e trata das "outras infrações cuja prática tenha repercussão interestadual ou internacional e exija repressão uniforme, segundo se dispuser em lei", que também são de atribuição da polícia federal. Aqui, o critério adotado não é pessoal, pois é irrelevante a figura do sujeito passivo do delito; importou, por outro lado, para o Constituinte considerações de política de racionalidade e eficiência na repressão policial.

Em suma, o critério da repercussão interestadual e da exigência de repressão uniforme só vale para os crimes que não seriam, em princípio, de atribuição da polícia federal (p. ex., crimes de competência da justiça estadual), mas que passam a ser atraídos para essa esfera. Para os demais (contidos na primeira parte do inciso I), que já seriam naturalmente de atribuição da polícia federal pelo critério pessoal (a exemplo de um roubo praticado contra uma agência da Caixa Econômica Federal), não se conjuga o critério da repercussão interestadual e da repressão uniforme.

6. CERTO De acordo com o art. 144, § 1º, I, da CF, é atribuição da polícia federal "apurar infrações penais contra a ordem política e social ou em detrimento de bens, serviços e interesses da União ou de suas entidades autárquicas e empresas públicas, **assim como outras infrações cuja prática tenha repercussão interestadual ou internacional e exija repressão uniforme, segundo se dispuser em lei**".

A segunda parte do dispositivo transcrito revela que, **não somente os crimes praticados em detrimento do interesse federal, mas também outras infrações penais, ainda que afetas à jurisdição estadual, podem se incluir na esfera de atribuições da polícia federal**. Para tanto, é necessário que a prática de tais delitos tenha *repercussão interestadual ou internacional e exija repressão uniforme, segundo se dispuser em lei.*

Comentário extra: importante perceber que a Constituição, ao mencionar a cláusula "segundo se dispuser em lei", atribuiu expressamente ao legislador ordinário a tarefa de esclarecer o significado dos conceitos de *repercussão interestadual ou internacional* e de *repressão uniforme*. Coube à Lei n. 10.446/2002 regulamentar a matéria, dispondo que **a atuação da polícia federal na repressão de tais delitos não exclui a atuação dos demais órgãos de segurança pública, especialmente a polícia civil e a polícia militar**. São, pois, atribuições concorrentes.

Além disso, estabeleceu um rol (não exaustivo) de delitos que passam a compor também o plexo de atribuições da polícia federal, nos termos do art. 144, § 1º, I (2ª parte), da CF. São eles: 1) sequestro, cárcere privado e extorsão mediante sequestro (arts. 148 e 159 do CP), se o agente foi impelido por motivação política ou quando praticado em razão da função pública exercida pela vítima; 2) formação de cartel (incisos I, *a*, II, III e VII do art. 4º da Lei n. 8.137, de 27 de dezembro de 1990); 3) relativas à violação a direitos humanos, que a República Federativa do Brasil se comprometeu a reprimir em decorrência de tratados internacionais de que seja parte; 4) furto, roubo ou receptação de cargas, inclusive bens e valores, transportadas em operação interestadual ou internacional, quando houver indícios da atuação de quadrilha ou bando em mais de um Estado da Federação.

Esse elenco não é exaustivo, segundo o parágrafo único do art. 1º da Lei n. 10.446/2002, que estabelece a possibilidade de sua ampliação, permitindo a atuação da polícia federal na apuração de outros crimes, desde que autorizada pelo Ministro da Justiça, quando presentes os pressupostos constitucionais do art. 144, § 1º (repercussão interestadual ou internacional e exigência de repressão uniforme).

7. CERTO A questão cobrou o conhecimento meramente literal do art. 144, § 1º, I (parte final), da CF, segundo o qual é atribuição da polícia federal "apurar infrações penais contra a ordem política e social ou em detrimento de bens, serviços e interesses da União ou de suas entidades autárquicas e empresas públicas, assim como outras **infrações cuja prática tenha repercussão interestadual** ou internacional **e exija repressão uniforme, segundo se dispuser em lei**".

Informações adicionais sobre esse dispositivo constitucional podem ser encontradas no comentário da questão anterior.

8. CERTO As funções de polícia de fronteira a polícia judiciária da União, ambas acumuladas pela polícia federal, são autônomas e inconfundíveis. Não à toa, encontram-se em incisos separados do art. 144, § 1º, da CF (incisos III e IV).

Enquanto a polícia judiciária da União (exercida com exclusividade pela polícia federal) atua repressivamente, tendo por função investigar as infrações penais e auxiliar o Poder Judiciário durante a persecução penal (p. ex., cumprindo mandados judiciais de prisão ou de busca e apreensão), a polícia de fronteiras (espécie de polícia administrativa) opera preventivamente, direcionada ao patrulhamento da fronteira, especialmente ao controle do tráfego de pessoas e coisas nas áreas limítrofes com outros países.

Como são funções autônomas, se transferida hipoteticamente a atribuição de polícia de fronteiras, ficaria resguardada a função de polícia judiciária da União à polícia federal, com fundamento no art. 144, § 1º, IV, da CF.

9. ERRADO Erra a assertiva ao atribuir, em caráter de exclusividade, à polícia federal a função de reprimir o tráfico ilícito de entorpecentes e drogas afins. É que o art. 144, § 1º, II, da CF ressalva que essa atribuição da polícia federal é exercida "sem prejuízo da ação fazendária e de outros órgãos públicos nas respectivas áreas de competência". Nada impede, pois, que outros órgãos públicos, inclusive a polícia dos estados, exerçam atuação na área de prevenção e repressão ao tráfico de drogas.

Quanto à segunda parte da assertiva, concernente à atuação da polícia militar, é preciso considerar que, embora não tenha função de polícia judiciária, a polícia militar, no exercício de sua atuação própria (polícia ostensiva e preservação da ordem pública), venha a se deparar com práticas criminosas que exijam uma atuação cautelar emergencial, tal como na prisão em flagrante e na busca e apreensão de drogas. Os delitos de tráfico de drogas configuram crimes permanentes, caracterizando o estado de flagrância, que autoriza um atuar com prontidão da polícia militar. Não figurando atos de investigação ou de instrução (próprios da polícia judiciária), inocorre usurpação de atribuições por parte da polícia militar. Daí a inexistência de nulidade da prova ou do flagrante.

O STF já examinou a matéria: "Busca e apreensão. Tráfico de drogas. Ordem judicial. Cumprimento pela Polícia Militar. Ante o disposto no art. 144 da CF, a circunstância de haver atuado a Polícia Militar não contamina o flagrante e a busca e apreensão realizadas" (HC 91.481, julgado em 2008).

10.

A. ERRADO Segundo o art. 144, § 1º, I, da CF, cabe à polícia federal "apurar infrações penais contra a ordem política e social ou em detrimento de bens, serviços e interesses da União ou de suas entidades autárquicas e empresas públicas". Embora o dispositivo constitucional não mencione expressamente as fundações públicas (de direito público), a maior parte da doutrina entende que estas têm natureza semelhante às autarquias. Seriam espécie de fundações autárquicas, entes públicos componentes da administração indireta da União, valendo para elas em princípio as disposições constitucionais aplicáveis às autarquias. Estariam as fundações públicas de direito público federais sob o abrigo da polícia federal, assim como as autarquias federais.

Nos termos do art. 144, § 1º, I, da CF, cabe à polícia federal atuar em defesa de parte dos entes da administração indireta federal (autarquias, fundações públicas e empresas públicas), mas não de todos os entes da administração indireta federal, visto que em relação às sociedades de economia mista a atribuição é da polícia civil.

Assim, se um crime de roubo for praticado contra a Caixa Econômica Federal (empresa pública federal), a atribuição para investigar será da polícia federal; se o mesmo crime for praticado contra o Banco do Brasil (sociedade de economia mista), será da polícia civil a atribuição.

B. ERRADO O erro da assertiva está em incluir a polícia federal entre as "forças auxiliares e reserva do exército", condição ostentada somente pelas polícias militares e os corpos de bombeiros militares, nos termos do art. 144, § 6º, da CF. A função da polícia federal encontra-se regulada no § 1º do art. 144 da CF, ao passo que a função das polícias militares e corpos de bombeiros militares reside no § 5º do mesmo artigo ("às polícias militares cabem polícia ostensiva e a preservação da ordem pública; aos corpos de bombeiros militares, além das atribuições definidas em lei, incumbe a execução de atividades de defesa civil"). Ocorre que para estes (polícias militares e corpos de bombeiros militares) previu a Constituição, além da missão típica do art. 144, § 5º, uma atribuição subsidiária, no § 6º, qual seja, constituir força auxiliar e reserva do exército.

Quer dizer, existe a possibilidade, constitucionalmente autorizada, de órgãos estaduais (polícia militar e corpo de bombeiros militar), exercerem atribuição própria das forças armadas (*defesa da Pátria, à garantia dos poderes constitucionais*, nos termos do art. 142 da CF), na condição de auxiliar da força principal, o exército brasileiro. Essa convocação para atuação estritamente militar das polícias estaduais pode acontecer em situações de anormalidade institucional, especialmente guerra externa ou grave comoção intestina (estado de defesa ou estado de sítio) que justifique a mobilização. A polícia federal, vale reiterar, não está autorizada pela Constituição Federal a atuar nesse sentido (ASSIS. Análise da significação dos termos "forças auxiliares" e "reserva", constantes no art. 144, § 6º, da Constituição Federal de 1988).

11. ERRADO O art. 144 da CF apresenta um rol de órgãos encarregados da segurança pública, a saber: *polícia federal, polícia rodoviária federal, polícia ferroviária federal, polícias civis, polícias militares e corpos de bombeiros militares*. Trata-se de **rol taxativo** (ou *numerus clausus*), visto que a Constituição não previu a possibilidade de ampliação por legislação infraconstitucional.

Além disso, trata-se de um modelo de segurança pública que, conforme o princípio da simetria, deve ser obedecido pelos Estados-membros, ou seja, não se permite aos entes federativos parciais a criação de órgãos de segurança diversos dos previstos no art. 144 da CF.

Daí o erro da assertiva, visto que a criação, no âmbito federal ou estadual, de novo órgão de segurança pública (no caso, especializado em perícia) destoa do modelo estatuído no art. 144 da CF.

A matéria já foi inclusive objeto de exame pelo STF, que se pronunciou da seguinte forma: "Ação direta de inconstitucionalidade. (...) Criação do Instituto-Geral de Perícias e inserção do órgão no rol daqueles encarregados da segurança pública. (...) Observância obrigatória, pelos Estados-membros, do disposto no art. 144 da Constituição da República. (...) Impossibilidade da criação, pelos Estados-membros, de órgão de segurança pública diverso daqueles previstos no art. 144 da Constituição. (...) Ao Instituto-Geral de Perícias, instituído pela norma impugnada, são incumbidas funções atinentes à segurança pública. Violação do art. 144, c/c o art. 25 da Constituição da República" (ADI 2.827, julgada em 2010).

E ainda: "Os Estados-membros, assim como o Distrito Federal, devem seguir o modelo federal. O art. 144 da Constituição aponta os órgãos incumbidos do exercício da segurança pública. Entre eles não está o Departamento de Trânsito. Resta pois vedada aos Estados-membros a possibilidade de estender o rol, que esta Corte já firmou ser *numerus clausus*, para alcançar o Departamento de Trânsito" (ADI 1.182, julgada em 2005).

RAIO-X

- O tema em estudo equivale aos seguintes percentuais das questões de Direito Constitucional:

Cargo	Questões do Tema	%
Agente	6	16,22
Escrivão	8	22,86
Delegado	3	5,26

- A maioria das questões é baseada em:

☒ doutrina ☒ legislação ☒ jurisprudência

- Dentro do tema "Defesa do Estado e das Instituições Democráticas", fundamental, por diretamente conectado à atuação da polícia federal, é o item "Segurança Pública". O art. 144 da CF merece ser objeto de estudo obrigatório, a fim de que o candidato compreenda o sistema constitucional de segurança pública. Essencial conhecer as atribuições da polícia federal (art. 144, § 1º), assim como saber apartá-las dos demais órgãos de segurança pública, especialmente da polícia civil. Embora as questões não tenham envolvido cobrança de conhecimento jurisprudencial, é de bom alvitre em se tratando de CESPE, especialmente para a prova de delegado, o estudo do entendimento do STF sobre as atribuições da polícia federal.

IMPORTANTE SABER

- **Segurança Pública:**

  No âmbito da segurança pública, a função policial é comumente classificada em: 1) polícia administrativa; 2) polícia judiciária (repressiva ou investigatória).

  A polícia administrativa (preventiva ou ostensiva) atua preventivamente, no intuito de impedir a prática da infração penal, ao passo que a polícia judiciária opera repressivamente, visando investigar o delito praticado, assim como auxiliar o Poder Judiciário durante a persecução penal (p. ex., cumprindo mandados judiciais de prisão ou de busca e apreensão).

  No sistema de segurança pública arquitetado na Constituição (art. 144), a função de polícia judiciária coube à: 1) polícia federal (nos casos do § 1º, I, II e IV); 2) polícia militar (em relação a crimes militares); 3) polícia civil (desde que o crime não se enquadre na atribuição dos dois primeiros, ou seja, atribuição residual).

  A função de polícia administrativa, por sua vez, coube à: 1) polícia federal (em relação às funções de polícia marítima, aeroportuária e de fronteiras); 2) polícia rodoviária federal (restrita ao patrulhamento ostensivo das rodovias federais); 3) polícia ferroviária federal (restrita ao patrulhamento ostensivo das ferrovias federais); 4) polícia militar (preservação da ordem pública em geral); 5) guarda municipal (restrita à proteção dos bens, serviços e instalações municipais).

  Em relação à polícia federal, importante perceber que a atuação investigativa não se restringe apenas aos crimes de competência da justiça federal, estendendo-se também à apuração de outras infrações (ainda que de competência estadual), desde que sua prática tenha repercussão interestadual ou internacional e exija repressão uniforme, nos termos da Lei n. 10.446/2002 (que regulamentou a parte final do art. 144, § 1º, I, da CF).

  Importante frisar que o rol dos órgãos encarregados da segurança pública, previstos no art. 144 da CF, é taxativo, não admitindo ampliação, sendo inclusive de observância obrigatória pelos estados-membros o sistema constitucional de segurança pública ali estabelecido. Dessa forma, é inválida previsão, em lei ou Constituição Estadual, de órgão de segurança pública diverso dos arrolados no art. 144 da CF (STF, ADI 2.827, julgada em 2010).

  Segue quadro esquemático com a organização dos órgãos de segurança pública, previstos no art. 144 da Constituição Federal.

União	Estados	Municípios
• **Polícia Rodoviária Federal** (art. 144, § 2º) • **Polícia Ferroviária Federal** (art. 144, § 3º) • **Polícia Federal** (em relação às funções de polícia marítima, aeroportuária e de fronteiras – art. 144, § 1º, III)	• **Polícia Militar** (art. 144, § 5º)	• **Guarda Municipal** (art. 144, § 8º)*
• **Polícia Federal** (art. 144, § 1º, I, II e IV)	• **Polícia Civil** (art. 144, § 4º) • **Polícia Militar** (em relação às infrações militares)	

* Embora a guarda municipal não esteja contemplada entre os órgãos integrantes do sistema de segurança pública elencados nos incisos do art. 144, *caput*, da CF, o § 8º do mesmo artigo conferiu aos municípios competência para constituir guardas municipais destinadas à proteção de seus bens, serviços e instalações (ou seja, uma polícia administrativa com finalidade específica e atuação restrita).

LEGISLAÇÃO PERTINENTE

- CF, arts. 136 a 144.
- Lei n. 10.446/2002.

11. ORDEM SOCIAL

QUESTÕES

I. SEGURIDADE SOCIAL

1. **(Escrivão – CESPE – 2004 – adaptada)** Com relação à defesa do Estado e das instituições democráticas e à ordem social, julgue o item seguinte.
   - É possível a criação de benefício da seguridade social sem indicação da correspondente fonte de custeio total caso esse benefício seja classificado como atividade essencial do Estado.
2. **(Escrivão – CESPE – 2004 – adaptada)** Com relação à defesa do Estado e das instituições democráticas e à ordem social, julgue o item subsequente.
   - Uma das formas de financiamento da seguridade social é a contribuição social incidente sobre a receita de concursos de prognósticos.
3. **(Agente – CESPE – 2004)** Acerca da ordem social, julgue o item subsequente.
   - A seguridade social, que pode ser definida como o conjunto de ações integradas, de iniciativa dos poderes públicos e da sociedade, destinadas exclusivamente a assegurar direitos relativos à previdência social e à assistência social, tem como um dos objetivos que fundamentam sua organização a diversidade da base de financiamento.
4. **(Agente – CESPE – 2004 – adaptada)** Acerca da defesa do Estado, das instituições democráticas e da ordem social, julgue o item seguinte.
   - As instituições privadas podem participar de forma complementar do Sistema Único de Saúde mediante contrato de direito público ou convênio.
5. **(Delegado – CESPE – 2004)** Acerca da ordem social, julgue o item abaixo.
   - É vedado à União, pela Constituição Federal, qualquer tipo de aporte de recursos a entidade de previdência privada, sendo a desobediência a essa determinação considerada crime contra a ordem social.
6. **(Delegado – CESPE – 2004)** A União decidiu aportar, na qualidade de patrocinadora, recursos para a entidade de previdência privada de uma empresa pública criada com a finalidade específica de operar no setor de distribuição de gás natural e combustível. Em inspeção realizada pelo órgão responsável pela fiscalização do uso de verbas federais, verificou-se que parte dos recursos repassados pela União estava sendo desviada por meio de fraudes no sistema informatizado de controle desses recursos. Considerando a situação hipotética acima, julgue o item abaixo.
   - A Constituição Federal não permite que a União seja patrocinadora de entidade de previdência privada de suas empresas públicas. No entanto, em face da natureza do crime cometido, será da Polícia Federal a responsabilidade pela elaboração do inquérito para apuração da infração penal.

II. EDUCAÇÃO

7. **(Agente – CESPE – 2004 – adaptada)** Acerca da ordem social, julgue o item subsequente.
   - O dever do Estado para com a educação tem como uma de suas formas de efetivação a garantia de progressiva universalização do ensino médio gratuito.
8. **(Escrivão – CESPE – 2004 – adaptada)** Com relação à defesa do Estado e das instituições democráticas e à ordem social, julgue o item subsequente.
   - A parcela da arrecadação de impostos transferida pela União para os estados é conside-

rada como receita da União para fins de cálculo do valor mínimo da receita resultante de impostos a ser aplicado, pela União, na manutenção e no desenvolvimento do ensino.

9. **(Delegado – CESPE – 2004 – adaptada)** Nas eleições para prefeito na cidade Alfa, concorria à reeleição o atual prefeito, Acácio. Bruno, filho de Acácio, embora filiado ao mesmo partido político do pai há mais de dois anos, nunca se motivou a concorrer a nenhum cargo eletivo. Oito meses antes da eleição, Acácio, após inflamado discurso, em que sustentou que se fosse reeleito melhoraria as condições educacionais do município por meio do investimento prioritário no ensino superior, sofreu um fulminante infarto do miocárdio, morrendo antes da chegada de socorro médico. Acerca dessa situação hipotética, julgue o item que se segue.
   - A proposta de investimento prioritário no ensino superior, base da campanha eleitoral de Acácio, contraria o texto constitucional brasileiro que estabelece que os municípios deverão atuar, de forma prioritária, no ensino fundamental e médio.

III. DESPORTO

10. **(Escrivão – CESPE – 2004 – adaptada)** Com relação à defesa do Estado e das instituições democráticas e à ordem social, julgue o item seguinte.
    - No exercício de sua obrigação de fomentar as práticas desportivas formais e não formais, o Estado deverá respeitar a autonomia das entidades desportivas dirigentes e associações quanto à sua organização e funcionamento.

11. **(Escrivão – CESPE – 2004 – adaptada)** Com relação à defesa do Estado e das instituições democráticas e à ordem social, julgue o item subsequente.
    - O Estado deve conceder meios e condições especiais de trabalho aos indivíduos que atuem nas áreas de ciência, pesquisa e tecnologia.

IV. COMUNICAÇÃO SOCIAL

12. **(Agente – CESPE – 2004)** Acerca da defesa do Estado, das instituições democráticas e da ordem social, julgue o item seguinte.
    - O cancelamento da concessão para a exploração de serviço de radiodifusão sonora e de sons e imagem, antes de vencido o prazo de concessão, depende de aprovação do Congresso Nacional por *quorum* qualificado em votação nominal.

13. **(Escrivão – CESPE – 2002)** Quanto a aspectos da Constituição brasileira vigente, julgue o item a seguir.
    - A Constituição brasileira tem sido considerada pelos governos de outros países como extremamente inovadora tema que foi abordado em discursos feitos na Assembleia Geral das Nações Unidas ocorrida em novembro de 2001 – por já ter normatizado, por meio de recente emenda constitucional, os direitos autorais de publicações eletrônicas brasileiras, os chamados *e-books*, disponibilizadas via processo de *download* de *sites* de domínio público na Internet.

V. MEIO AMBIENTE

14. **(Agente – CESPE – 2004 – adaptada)** Acerca da ordem social, julgue o item subsequente.
    - Para garantir um meio ambiente ecologicamente equilibrado, são indisponíveis as terras arrecadadas pelos estados, por ações discriminatórias, que sejam necessárias à proteção dos ecossistemas naturais.

15. **(Delegado – CESPE – 2002)** Dispõe a Constituição da República que todos "têm direito ao meio ambiente ecologicamente equilibrado, bem de uso comum do povo e essencial à sadia qualidade de vida, impondo-se ao poder público e à coletividade o dever de defendê-lo e preservá-lo para as presentes e futuras gerações". A respeito desse direito, julgue os itens a seguir.
    a) Uma lei que venha a ser editada, autorizando a realização de evento conhecido como briga de galos, poderá ter sua inconstitucionalidade declarada em ação direta, por afrontar o artigo da Constituição que atribui ao poder público a incumbência de proteger a fauna e a flora, vedadas, na forma da lei, as práticas que submetam os animais a crueldade.
    b) Compete à justiça comum o julgamento de ação penal contra acusado da prática de crime previsto na Lei n. 9.605/98, consistente no fato de possuir em depósito, sem autorização ou licença do órgão competente, madeira nativa proveniente da Mata Atlântica,

uma vez que, na espécie, não há violação de interesse direto e específico da União.

c) O estudo prévio de impacto ambiental é necessário, quando a obra ou atividade seja potencialmente causadora de significativa degradação ambiental.

16. (Delegado – CESPE – 2013) Considerando o disposto na CF acerca da ordem social, julgue o item subsequente.

- A floresta amazônica brasileira, assim como a mata atlântica, é considerada bem da União, devendo sua utilização ocorrer na forma da lei, em condições que assegurem a preservação do meio ambiente, inclusive no que concerne ao uso dos recursos naturais.

VI. FAMÍLIA, CRIANÇA, ADOLESCENTE, JOVEM E IDOSO

17. (Agente – CESPE – 2004 – adaptada) Acerca da ordem social, julgue o item subsequente.

- A Constituição Federal, em respeito à livre decisão do casal, veda qualquer forma de participação do Estado no planejamento familiar.

18. (Agente – CESPE – 2004 – adaptada) Acerca da defesa do Estado, das instituições democráticas e da ordem social, julgue o item seguinte.

- Os menores de dezoito anos são penalmente inimputáveis por força de expressa disposição constitucional, sujeitando-se apenas às normas da legislação especial relativa às crianças e aos adolescentes.

19. (Escrivão – CESPE – 2004 – adaptada) Com relação à defesa do Estado e das instituições democráticas e à ordem social, julgue o item seguinte.

- Os programas de amparo aos idosos desenvolvidos pelo Estado serão executados preferencialmente nos lares dos idosos.

VII. ÍNDIOS

20. (Agente – CESPE – 2009) Julgue o item abaixo, que trata da ordem social.

- A Constituição Federal de 1988 (CF) não reconhece aos índios a propriedade sobre as terras por eles tradicionalmente ocupadas.

21. (Delegado – CESPE – 2013) Considerando o disposto na CF acerca da ordem social, julgue o item subsequente.

- As terras tradicionalmente ocupadas pelos índios, incluídas no domínio constitucional da União Federal, são inalienáveis, indisponíveis e insuscetíveis de prescrição aquisitiva.

GABARITO COMENTADO

1. ERRADO O teor do enunciado contraria a vedação absoluta contida no art. 195, § 5º, da CF: "nenhum benefício ou serviço da seguridade social poderá ser criado, majorado ou estendido sem a correspondente fonte de custeio total". Trata-se do princípio da precedência do custeio (ou regra da contrapartida), o qual orienta a ação do legislador ordinário a fim de garantir que a despesa incorrida tenha correspondência em suficiente previsão de receita.

Homenageia o princípio do equilíbrio financeiro e atuarial (art. 201 da CF) e visa evitar o déficit das contas do sistema previdenciário, exigindo do legislador uma postura prudencial, amparada pela lógica da proporcionalidade entre, de um lado, contribuições e, de outro, benefícios e serviços.

Comentário extra: o STF, por outro lado, entende inexigível a observância do art. 195, § 5º, da CF, quando o benefício é criado diretamente pela Constituição (RE 220.742, julgado em 1998).

O princípio da contrapartida não se aplica ao regramento dos planos privados, mas se impõe apenas à previdência social (AI 598.382 AgR, julgado em 2009).

2. CERTO O art. 195 da CF prevê a contribuição social sobre a receita de concursos de prognósticos como uma das formas de financiamento da Seguridade Social. No mesmo sentido, o art. 26 da Lei n. 8.212/91 (Lei de Custeio da Seguridade), segundo o qual "constitui receita da Seguridade Social a renda líquida dos concursos de prognósticos, excetuando-se os valores destinados ao Programa de Crédito Educativo".

Consideram-se *concursos de prognósticos* os concursos de sorteios de números, loterias, apostas, inclusive as realizadas em reuniões hípicas, nos âmbitos federal, estadual, do Distrito Federal e municipal (art. 26, § 1º, da Lei n. 8.212/91).

Comentário extra: o art. 195 da CF estabeleceu o custeio da seguridade, pelas modalidades do financiamento direto (por meio de contribuições sociais, i.e., tributos específicos, com arrecadação vinculada à seguridade social) e do financiamento indireto (por meio de outros tributos, de índole geral, i.e., recursos provenientes do orçamento fiscal, repassados para atender aos gastos com a seguridade social).

Assim, no âmbito federal, o orçamento da seguridade social é composto de receitas da União (financiamento indireto), receitas das contribuições sociais (financiamento direto) e receitas de outras fontes (previstas no art. 27 da Lei n. 8.212/91).

A contribuição social incidente sobre a receita de concursos de prognósticos é, pois, modalidade de financiamento direto da seguridade social, a exemplo também de outras contribuições sociais (COFINS, PIS, CSLL).

3. ERRADO A questão exigiu o conhecimento literal do texto constitucional, especificamente a conjugação do art. 194, *caput* ("A seguridade social compreende um conjunto integrado de ações de iniciativa dos Poderes Públicos e da sociedade, destinadas a assegurar os direitos relativos à saúde, à previdência e à assistência social") e parágrafo único, VI (segundo o qual é objetivo da organização da seguridade social a "diversidade da base de financiamento"). Atente-se que o erro do enunciado está em restringir o alcance da seguridade social "exclusivamente" à previdência social e à assistência social, sendo que a saúde também integra o rol de atividades ali abarcadas.

Quanto à *diversidade da base de financiamento* (art. 194, parágrafo único, VI), um dos objetivos do poder público na organização da seguridade social consiste na obrigatoriedade de a receita de seguridade social ser arrecadada de várias fontes pagadoras, não ficando limitada a apenas uma classe de contribuintes. Visa a diminuir o risco econômico, emprestando maior segurança ao sistema, por meio de uma base ampla de financiamento. Afina-se com a previsão do art. 195 da CF, segundo o qual *a seguridade social será financiada por toda a sociedade, de forma direta e indireta*, harmonizando-se os sistemas contributivo (operado por meio de contribuições sociais específicas, p. ex., COFINS) e não contributivo (por meio de tributos não vinculados cobrados de toda a sociedade, p. ex., impostos).

Comentário extra: a Seguridade Social não abrange, por outro lado, o direito dos idosos à gratuidade do transporte coletivo urbano, que não está incluído entre os benefícios da seguridade, segundo pronunciamento do STF (ADI 3.768, julgada em 2007).

4. CERTO A questão exigiu o conhecimento literal do texto constitucional, especificamente do seu art. 199, § 1º: "As instituições privadas poderão participar de forma complementar do sistema único de saúde, segundo diretrizes deste, mediante contrato de direito público ou convênio, tendo preferência as entidades filantrópicas e as sem fins lucrativos".

Comentário extra: o art. 197 da CF qualificou como de *relevância pública* as *ações e serviços de saúde*, cabendo ao Poder Público as funções de fiscalização, regulamentação e controle, sendo que a sua execução foi atribuída diretamente ao Estado ou através de terceiros e ainda a pessoas de direito privado.

O serviço de saúde, portanto, não é de atuação exclusivamente estatal. A Constituição previu duas esferas de atuação: o sistema único de saúde (predominantemente estatal) e o privado.

No privado, a prestação do serviço é desempenhada por particulares, cumprindo ao poder público unicamente as funções de regulamentação, fiscalização e controle (a exemplo da vigilância sanitária).

Já no âmbito do SUS, o serviço de saúde é prestado diretamente pelo Estado, que tem papel de protagonista, cabendo às instituições privadas um papel acessório, pois sua participação é complementar da atuação estatal e, como visto, autorizada por meio de contrato de direito público ou convênio (art. 199, § 1º). Significa que a atuação do particular no âmbito do SUS depende de decisão estatal.

No âmbito do SUS, o serviço de saúde mantém sua qualificação pública, ainda que prestado pelo particular. Assim, passam a desempenhar um encargo público tanto o profissional da medicina que diretamente se obriga com o SUS como o hospital privado que, mediante convênio, credencia-se para exercer atividade de relevância pública, recebendo, em contrapartida, remuneração dos cofres públicos. Daí por que, para fins penais (art. 327 do CP), o médico particular, em atendimento pelo SUS, equipara-se a funcionário público (STF, RHC 90.523, julgado em 2011).

5. ERRADO Em matéria de previdência complementar, o art. 202, § 3º, da CF estabeleceu como regra geral a vedação ao "aporte de recursos *à* entidade de previdência privada pela União, Estados, Distrito Federal e Municípios, suas autarquias, fundações, empresas públicas, sociedades de economia mista e outras entidades públicas". Mas excepcionou a regra, autorizando aqueles entes a atuarem na qualidade de *patrocinadores*, "situação na qual, em hipótese alguma, sua contribuição normal poderá exceder a do segurado".

Equivoca-se o enunciado ao sustentar uma vedação absoluta, revelada pelo termo "qualquer" (inexistente na cartilha constitucional), sem contemplar a exceção autorizada na Constituição (figura do patrocinador).

Na condição de patrocinador, o ente contribui para a constituição das reservas destinadas a garantir o pagamento de benefícios a seus empregados ou servidores. Mesmo nessa condição, porém, o ente administrativo deverá observar a paridade contributiva, ou seja, a sua contribuição normal tem como limite máximo o total das contribuições dos segurados.

Em suma, na condição de patrocinadora, a União poderá verter recursos a entidade de previdência privada, desde que observada a paridade contributiva. Nessa situação, não há desobediência à Constituição e, muito menos, crime contra a ordem social.

6. CERTO Como visto no comentário à questão anterior, o art. 202, § 3º, da CF permite que a União, na condição de patrocinadora, aporte recursos a entidade de previdência privada, desde que observada a paridade contributiva.

O enunciado, entretanto, trata de situação um tanto diversa, pois pede para o candidato analisar se a *União* pode ser *patrocinadora de entidade de previdência privada de suas empresas públicas*. Ou seja, não lida o enunciado com a hipótese de a União ser patrocinadora da previdência complementar de seus próprios agentes, o que é autorizado constitucionalmente; mas, com o cenário de a União patrocinar entidade de previdência privada, em relação aos empregados de outra pessoa jurídica, no caso, uma empresa pública federal.

Esse patrocínio cruzado não é admitido pelo art. 202, § 3º, da CF.

O que ali se autoriza é que uma empresa pública, como a Caixa Econômica Federal, patrocine a previdência complementar de seus próprios empregados, o mesmo se podendo dizer em relação ao Banco do Brasil (sociedade de economia mista), que realiza aportes, na condição de patrocinadora do seu fundo de pensão, a PREVI. Ou ainda que a União realize aportes para a previdência complementar de *seus próprios agentes*. Mas é vedada a sangria de recursos orçamentários dos cofres da União para atender fundo de pensão de empregados alheios à própria estrutura desse ente político.

O cabeçalho da questão revela ainda que os recursos da União estavam sendo desviados, por meio de operação fraudulenta, e indaga o enunciado se esse tipo de crime atrai a responsabilidade da Polícia Federal para a realização do inquérito.

Sem dúvida, trata-se de típica situação de atribuição da polícia federal, na medida em que os recursos desviados constituem patrimônio da União, caracterizando o interesse federal direto na apuração do fato delituoso, nos termos do art. 144, § 1º, I, da CF.

7. CERTO A assertiva contém a dicção do art. 208, II, da CF, segundo o qual o dever do Estado com a educação será efetivado, dentre outras medidas elencadas nos demais incisos, mediante a *progressiva universalização do ensino médio gratuito*.

Trata-se de típica norma constitucional programática, pois fixa metas a serem atingidas pelos órgãos estatais, uma espécie de programa de governo para as políticas públicas, no caso, relacionadas à educação, sem, contudo, estatuir expressamente prazo ou sanção para o seu descumprimento.

Comentário extra: a organização do sistema de ensino brasileiro prevê o escalonamento em dois níveis principais: o ensino superior (repartido em graduação e pós-graduação) e a educação básica, esta, por sua vez, subdividida em três etapas (educação infantil, ensino fundamental e ensino médio).

Como forma o tronco final da educação básica, o ensino médio revela maiores desafios para a sua plena prestação, o que justificou a opção do Constituinte pela norma programática do art. 208, II, que preconiza a "progressiva universalização" do ensino médio gratuito.

Perceba-se ainda que a Emenda Constitucional n. 59/2009 reforçou a ideia de universalização do ensino médio gratuito (prevista no art. 208, II), pois alterou a redação do art. 208, I, da CF, para tornar toda a educação básica obrigatória, dos 4 aos 17 anos, e não somente o ensino fundamental (como previsto na redação anterior do inciso). Eis a nova redação: "I – educação básica obrigatória e gratuita dos 4 (quatro) aos 17 (dezessete) anos de idade, assegurada inclusive sua oferta gratuita para todos os que a ela não tiveram acesso na idade própria". Não há, portanto, espaço para interpretação do texto constitucional que exclua do dever estatal a concessão de ensino médio gratuito.

8. ERRADO O enunciado cobrou o conhecimento do art. 212, § 1º, da CF, segundo o qual "a parcela da arrecadação de impostos transferida pela União aos Estados, ao Distrito Federal e aos Municípios, ou pelos Estados aos respectivos Municípios, **não** é considerada, para efeito do cálculo previsto neste artigo, receita do governo que a transferir".

Trata-se de preceito complementar e explicativo do art. 212, *caput*, o qual prevê que "a União aplicará, anualmente, nunca menos de dezoito, e os Estados, o Distrito Federal e os Municípios vinte e cinco por cento, no mínimo, da receita resultante de impostos, compreendida a proveniente de transferências, na manutenção e desenvolvimento do ensino". Estabeleceu-se aqui uma vinculação constitucional de receita de impostos dos entes federativos à educação, receita esta que compreende a *proveniente de transferências*. Segundo a regra, aplica-se uma alíquota mínima de 18% (para a União) ou de 25% (para os demais entes políticos) sobre uma base de cálculo, consistente em receita de impostos (incluídas as transferências recebidas).

O § 1º (acima transcrito) esclarece que a receita de transferência não é considerada, para efeito desse cálculo, receita do governo que a transferir, mas receita do governo que a recebe.

Como as transferências previstas constitucionalmente (arts. 157 a 162 da CF) são realizadas da entidade maior para a menor, a União não recebe transferências, de modo que a receita de impostos da União vinculada à educação considera as suas receitas próprias (art. 153 da CF), excluídas as parcelas transferidas aos estados e municípios.

9. ERRADO A proposta de investimento prioritário no ensino superior de fato contraria o texto constitucional, especificamente o art. 211, § 2º, da CF ("Os Municípios atuarão prioritariamente no **ensino fundamental e na educação infantil**"). Ainda assim, é incorreta a assertiva, por afirmar, na sua parte final, que os municípios deverão atuar, de forma prioritária no ensino fundamental e médio, contrariando o dispositivo constitucional em questão.

Comentário extra: como visto na questão anterior, o sistema educacional brasileiro é organizado em dois níveis principais: o ensino superior (repartido em graduação e pós-graduação) e a educação básica, sendo esta, por sua vez, subdividida em três etapas (educação infantil, ensino fundamental e ensino médio). Cabe aos municípios atuar, prioritariamente, nas duas primeiras etapas da educação básica: a educação infantil e o ensino fundamental.

É preciso frisar o termo "prioritariamente", que estabelece um nível de precedência numa escala de competências, sem, contudo, o caráter de exclusividade. Ou seja, guardada a atuação priorităria na educação infantil e no ensino médio, os municípios não estão impedidos de operar também no plano do ensino médio ou do ensino superior. Não existe, pois, vedação à criação de universidades ou faculdades municipais, desde que preservado o atendimento satisfatório daquelas duas primeiras etapas da educação básica.

Nesse sentido, compete aos municípios, segundo o art. 11, V, da Lei de Diretrizes e Bases da Educação Nacional (Lei n. 9.394/96), "oferecer a educação infantil em creches e pré-escolas, e, com prioridade, o ensino fundamental, **permitida a atuação em outros níveis de ensino somente quando estiverem atendidas plenamente as necessidades de sua área de competência** e com recursos acima dos percentuais mínimos vinculados pela Constituição Federal à manutenção e desenvolvimento do ensino".

10. CERTO A questão trata do *Princípio Constitucional da Autonomia das Entidades Desportivas*, previsto no art. 217, I, da CF, segundo o qual é "dever do Estado fomentar práticas desportivas formais e não formais, como direito de cada um", observada "a autonomia das entidades desportivas dirigentes e associações, quanto a sua organização e funcionamento".

A Autonomia desportiva é a garantia constitucional consagrada às entidades dirigentes e associações desportivas, "que se expressa no resguardo de administração própria, quanto às peculiaridades de sua estrutura e de sua atuação, respeitados as diretrizes da legislação desportiva nacional e resguardados os parâmetros oriundos das entidades desportivas internacionais" (MELLO FILHO. *Novo regime jurídico do desporto*: comentários à Lei n. 9.615 e suas alterações, p. 31-32).

O princípio do art. 217, I, da CF veda a ingerência estatal em questões *interna corporis* da entidade desportiva, relacionadas à sua organização e funcionamento, devendo ser compreendida a norma, em conjugação com a parte final do art. 5º, XVIII ("a criação de associações e, na forma da lei, a de cooperativas independem de autorização, **sendo vedada a interferência estatal em seu funcionamento**").

11. CERTO A questão exigiu apenas o conhecimento literal do art. 218, § 3º, da CF, segundo o qual "O Estado apoiará a formação de recursos humanos nas áreas de ciência, pesquisa e tecnologia, e concederá aos que delas se ocupem meios e condições especiais de trabalho".

Comentário extra: o dispositivo constitucional impõe ao poder público, na sua tarefa de incentivo ao desenvolvimento científico e tecnológico, promover meios para a capacitação tecnológica de pesquisadores e cientistas. Nesse sentido, desenvolve-se a atuação estatal, p. ex., por intermédio de agências governamentais de apoio à pesquisa e formação de recursos humanos para a pesquisa, como o CNPq e a FAPESP, responsáveis, dentre outras atividades, pela concessão de bolsas de pós-graduação.

12. ERRADO A assertiva exigiu somente o conhecimento literal do texto constitucional, especificamente do art. 223, § 4º: "O cancelamento da concessão ou permissão, antes de vencido o prazo, depende de decisão judicial". O erro do enunciado se acha: (1) no órgão competente para o cancelamento da concessão (antes de vencido o prazo), pois cumpre ao Poder Judiciário a tarefa, e não ao Poder Legislativo; (2) na previsão, inexistente no texto constitucional, de um *quorum* para aprovação.

Inspirado por um ideal democrático, com o intuito de evitar perseguições do governante do momento, o Constituinte retirou do âmbito político do Congresso Nacional e do Presidente da República a função de cancelar a concessão para a exploração de serviço de radiodifusão sonora e de sons e imagens, antes do fim do seu prazo regular, transferindo-a para um poder estritamente jurídico (Poder Judiciário).

13. ERRADO A emenda constitucional a que alude esse enunciado do concurso de 2002 é a Emenda n. 36/2002, a qual, entre outras alterações no capítulo constitucional da Comunicação Social, introduziu o § 3º ao art. 222, com a seguinte redação: "Os meios de comunicação social eletrônica, independentemente da tecnologia utilizada para a prestaçao do serviço, deverão observar os princípios enunciados no art. 221, na forma de lei específica, que também garantirá a prioridade de profissionais brasileiros na execução de produções nacionais". Prevê, pois, que as emissoras de rádio, tv e os demais meios de comunicação social eletrônica devem ter o conteúdo da sua programação orientado por certos princípios, arrolados no art. 221 da CF.

A Emenda n. 36/2002 introduziu no texto constitucional a inédita expressão *comunicação social eletrônica*, não havendo ainda especificação legislativa quanto ao seu significado e abrangência. Ainda assim, a emenda constitucional não tratou de direitos autorais de publicações eletrônicas (*e-books*), matéria cuja regulação, por sinal, seria própria do legislador infraconstitucional.

14. ERRADO A questão cobrou o conhecimento meramente literal do art. 225, § 5º, da CF, segundo o qual "são indisponíveis as terras devolutas ou arrecadadas pelos Estados, por ações discriminatórias, necessárias à proteção dos ecossistemas naturais".

Comentário extra: modernamente, entende-se como devoluta a terra que, não integrada ao domínio privado, é de titularidade pública, embora não formalmente arrecadada ao patrimônio público. São terras públicas indiscriminadas, que não se encontram ainda afetadas a um uso público.

É por meio de processo discriminatório, cujo procedimento é regulado na Lei n. 6.383/76, que o ente público viabiliza a pretensão de apartá-las das terras particulares, mediante a demarcação de suas fronteiras, resultando em que a terra, antes devoluta, passa a ser arrecadada como bem público propriamente dito, com registro em cartório.

Tanto as terras devolutas quanto aquelas que já foram arrecadadas pelos estados (por meio de processo discriminatório), desde que necessárias à proteção dos ecossistemas naturais, passam a integrar o patrimônio indisponível do ente público. Essa indisponibilidade constitucionalmente estabelecida significa o bloqueio do poder de disposição sobre esse patrimônio, ou seja, a impossibilidade de alienar a propriedade dessas terras afetadas à necessidade de proteção ambiental.

15.

A. CERTO Uma lei que autorize a realização de briga de galos poderá ter sua inconstitucionalidade declarada em ação direta, por violadora do art. 225, § 1º, VII, da CF, segundo o qual cabe ao poder público "proteger a fauna e a flora, vedadas, na forma da lei, as práticas que coloquem em risco sua função ecológica, provoquem a extinção de espécies ou submetam os animais a crueldade".

Nesse sentido, o STF já se pronunciou na ADI 3.776 (julgada em 2007): "Lei n. 7.380/98, do Estado do Rio Grande do Norte. Atividades esportivas com aves das raças combatentes. 'Rinhas' ou 'Brigas de galo'. Regulamentação. Inadmissibilidade. Meio ambiente. Animais. Submissão a tratamento cruel. Ofensa ao art. 225, § 1º, VII, da CF. Ação julgada procedente. Precedentes. **É inconstitucional a lei estadual que autorize e regulamente, sob título de práticas ou atividades esportivas com aves de raças ditas combatentes, as chamadas 'rinhas' ou 'brigas de galo'**".

Comentário extra: sob a mesma linha de pensamento, a Corte Suprema julgou, em 1997, em sede de controle difuso, inconstitucional a "farra do boi" (RE 153.531), pronunciando-se da seguinte maneira: "A obrigação de o Estado garantir a todos o pleno exercício de direitos culturais, incentivando a valorização e a difusão das manifestações, não prescinde da observância da norma do inciso VII do art. 225 da CF, no que veda prática que acabe por submeter os animais à crueldade".

Em relação à atividade de *rodeios*, contudo, o legislador entendeu por normatizá-la, autorizando sua realização, desde que observadas as restrições legais protetivas dos animais, evitando-se, p. ex., a utilização de apetrechos que lhes causem injúrias ou ferimentos (Lei n. 10.519/2002).

B. ANULADA A questão trata de competência para julgamento de crime ambiental. A esse respeito, como o art. 109 da CF não traz uma hipótese específica de competência federal para crimes ambientais, vale a cláusula geral do inciso IV, segundo a qual será da competência do juiz federal o julgamento das "infrações penais praticadas em detrimento de bens, serviços ou interesse da União ou de suas entidades autárquicas ou empresas públicas".

Se, por outro lado, o delito ambiental não atingir diretamente *bens, serviços ou interesses da União*, a competência será da Justiça Estadual.

Confira-se julgado paradigmático do STF (RE 300.244, julgado em 2001), que tratou exatamente do mesmo caso do enunciado: "Competência. Crime previsto no art. 46, parágrafo único, da Lei n. 9.605/98. Depósito de madeira nativa proveniente da Mata Atlântica. Art. 225, § 4º, da Constituição Federal. Não é a Mata Atlântica que integra o patrimônio nacional a que alude o art. 225, § 4º, da Constituição Federal, bem da União. Por outro lado, o interesse da União para que ocorra a competência da Justiça Federal prevista no art. 109, IV, da Carta Magna tem de ser direto e específico, e não, como ocorre no caso, interesse genérico da coletividade, embora aí também incluído genericamente o interesse da União. Consequentemente, a competência, no caso, é da Justiça Comum estadual".

O STF entendeu que somente a comprovação efetiva de lesão a bens, serviços ou interesses da União (que caracteriza o interesse específico e direto) atrai a competência federal e julgou que, no caso, a competência seria da Justiça Comum Estadual. É que não estava em jogo bem da União (mata atlântica é patrimônio nacional, conforme art. 225, § 4º, da CF, porém não integra o patrimônio da União), nem interesse específico e direto da União (interesse desta na proteção ambiental, dentro de uma área particular, é indireto, genérico ou mediato), e ainda considerou ser irrelevante que coubesse a uma autarquia federal (IBAMA) a fiscalização da preservação ao meio ambiente.

Por outro lado, atrai a competência da justiça federal o julgamento de crimes ambientais, praticados, p. ex.: a) no mar territorial (bem da União, art. 20, VI, da CF); b) mediante extração ilegal de recursos minerais (art. 20, IX, da CF); c) envolvendo rios que banhem mais de um estado ou que sirva de limite com país vizinho (art. 20, III, da CF).

Assim, embora a Banca Examinadora tenha decidido pela anulação da questão, é possível respondê-la como verdadeira.

C. CERTO O enunciado cobrou tão somente o conhecimento da literalidade do art. 225, § 1º, IV, da CF, segundo o qual, em matéria de proteção ao meio ambiente, incumbe ao poder público "exigir, na forma da lei, para instalação de obra ou atividade potencialmente causadora de significativa degradação do meio ambiente, estudo prévio de impacto ambiental, a que se dará publicidade".

Comentário extra: o Estudo Prévio de Impacto Ambiental (EPIA), previsto constitucionalmente no art. 225, § 1º, IV, tem lugar no plano infraconstitucional na Lei n. 6.938/81 (art. 9º, III) e na Resolução CONAMA n. 1/86. Consiste em um documento técnico-científico de planejamento, controle e diminuição da degradação ambiental, pois visa diagnosticar os impactos decorrentes da instalação de atividade potencialmente poluidora e também definir medidas mitigadoras dos impactos negativos. Afina-se, pois, com o princípio ambiental do desenvolvimento sustentável, na medida em que harmoniza o direito à proteção ambiental ao direito ao desenvolvimento econômico, sem considerá-los mutuamente excludentes.

A esse respeito, confira-se julgado em que o STF, em sede de controle concentrado, declarou inconstitucional dispositivo de norma estadual que dispensava, em certas situações, o estudo de impacto ambiental: "Ação direta de inconstitucionalidade. Art. 182, § 3º, da Constituição do Estado de Santa Catarina. Estudo de impacto ambiental. Contrariedade ao art. 225, § 1º, IV, da Carta da República. A norma impugnada, ao dispensar a elaboração de estudo prévio de impacto ambiental no caso de áreas de florestamento ou reflorestamento para fins empresariais, cria exceção incompatível com o disposto no mencionado inciso IV do § 1º do art. 225 da CF" (ADI 1.086, julgado em 2001).

16. ERRADO Dispõe o art. 225, § 4º, da CF: "A Floresta Amazônica brasileira, a Mata Atlântica, a Serra do Mar, o Pantanal Mato-Grossense e a Zona Costeira são patrimônio nacional, e sua utilização far-se-á, na forma da lei, dentro de condições que assegurem a preservação do meio ambiente, inclusive quanto ao uso dos recursos naturais".

A floresta amazônica brasileira e a mata atlântica (e os demais ecossistemas mencionados no dispositivo constitucional) integram o patrimônio nacional, contudo **não são bens da União** (pois não integram o rol do art. 20 da CF). Na lição de José Afonso da Silva (SILVA. *Comentário contextual à Constituição*, p. 844), constituir *patrimônio* nacional "não significa transferir para a União o domínio sobre as áreas particulares, estaduais e municipais situadas nas regiões mencionadas", mas uma forma de proteger aqueles ecossistemas florestais contra qualquer forma de internacionalização.

A circunstância de não constituir bem da União produz efeitos também no plano da competência processual penal, afastando a competência da justiça federal para julgar crimes ambientais envolvendo aqueles ecossistemas (desde que inexista outro motivo para atrair a competência federal), visto que não satisfeito o requisito do art. 109, IV, da CF ("infrações penais praticadas em detrimento de bens, serviços ou interesse da União"). A esse respeito, *vide* o RE 300.244 (transcrito nos comentários à Questão 16).

Atente-se ainda que o art. 225, § 4º, **não converteu em bens públicos** (da União, estados, Distrito Federal ou municípios) "os imóveis particulares abrangidos pelas florestas e pelas matas nele referidas (Mata Atlântica, Serra do Mar, Floresta Amazônica brasileira), assim como **não impediu a utilização, pelos próprios particulares, dos recursos naturais existentes naquelas áreas que estejam sujeitas ao domínio privado**, desde que observadas as prescrições legais e respeitadas as condições necessárias a preservação ambiental", como já decidiu o STF (RE 134.297, julgado em 1995).

17. ERRADO A assertiva encontra-se errada, ao afirmar que a Constituição Federal "veda qualquer forma de participação do Estado no planejamento familiar". Em verdade, no que tange ao planejamento familiar, o art. 226, § 7º, da CF "veda qualquer '**forma coercitiva**' por parte de instituições oficiais ou privadas". É dizer, o que se interdita ao Estado é o controle de natalidade, que decida no lugar dos genitores, que intervenha, ao arrepio da vontade do casal, enfim, que subordine o sonho de geração da prole, exclusivo dos pais, aos fins estatais. Aos pais, exclusivamente, toca a decisão quanto à concepção e seus critérios, ao seu momento, à eleição dos procedimentos de contracepção etc.

Mas, se, por um lado, a Carta Magna vedou ao Estado uma intervenção coercitiva na decisão do casal quanto ao planejamento familiar (obrigação negativa, de não fazer), por outro, impôs à atuação estatal "propiciar recursos educacionais e científicos" (obrigação positiva, de fazer), para o exercício daquele direito pelos pais.

Em suma, o art. 226, § 7º, da CF estabeleceu uma área íntima, privativa dos genitores, relativa à decisão sobre a geração da prole, área essa impermeável à intromissão estatal. E, por outro lado, um espaço, mais distante dessa esfera da intimidade do casal, onde o Estado pode (e deve) atuar, no plano do planejamento familiar: propiciando recursos educacionais e científicos, a fim de que o casal tenha meios para tomar sua decisão livremente e executá-la, por via de técnicas adequadas e seguras, em termos de higiene e saúde.

Comentário extra: o direito ao planejamento familiar inclui a opção do casal por um processo de fertilização de óvulos *in vitro*, sem acarretar para esse casal o dever de aproveitamento reprodutivo de todos os embriões eventualmente formados. Assim, **o recurso a processos de fertilização artificial não implica o dever da tentativa de implantação no útero da mulher de todos os óvulos afinal fecundados**, conforme julgado pelo STF (ADI 3.510, julgada em 2008).

Nesse julgamento, o STF considerou **válidas as pesquisas com células-tronco embrionárias,** declarando a constitucionalidade do art. 5º da Lei de Biossegurança (Lei n. 11.105/2005). Entendeu-se que o embrião objeto da experiência *in vitro*, enquanto não introduzido no útero materno, é insuscetível de reprodução, não caracterizando um ser humano em estado embrionário. Assim, não estando em jogo violação do direito à vida humana, **as pesquisas com células-tronco não caracterizam aborto** (ADI 3.510).

18. ANULADA A questão trata do art. 228 da CF ("São penalmente inimputáveis os menores de dezoito anos, sujeitos às normas da legislação especial"). De fato, os menores de dezoito anos são penalmente inimputáveis, o que significa que não estão sujeitos às sanções de natureza penal, estejam elas previstas no Código Penal ou na legislação extravagante. O Constituinte partiu de um juízo de natureza político-criminal, fundado na ideia de que a imaturidade dos menores de dezoito anos subtrai a sua plena capacidade de compreensão, não se lhe podendo imputar a prática de um injusto penal.

Não respondem os menores de dezoito anos por sanções de natureza penal. Ao ato infracional do menor, porém, se aplicam medidas socioeducativas, previstas na lei própria, o Estatuto da Criança e do Adolescente. Por isso, o art. 228 da CF, acima transcrito, estabelece que eles estão sujeitos às normas da legislação especial (ECA).

O erro da questão, contudo, está em afirmar que os menores se sujeitam "apenas" às normas da legislação especial. A Constituição não confere esse caráter de exclusividade. O que há é uma vedação constitucional de aplicação das sanções de índole penal ao menor. Por exemplo, as sanções do art. 121 do CP, que trata do homicídio, ou do art. 157, que trata do roubo, não podem ser aplicadas ao menor. Mas, no Código Penal, não existem apenas normas sancionatórias. Há também aquelas de caráter não incriminador. É o caso das situações de extinção da punibilidade do art. 107 do CP, a exemplo da prescrição.

Nessa linha, admitindo a aplicação do instituto da prescrição, previsto no Código Penal, ao menor infrator, o Superior Tribunal de Justiça elaborou a Súmula 338: "A prescrição penal é aplicável nas medidas socioeducativas".

Em suma, ao ato infracional praticado pelo inimputável menor de 18 anos aplica-se a legislação especial, o Estatuto da Criança e do Adolescente, e não o Código Penal. Entretanto, excepcionalmente, admite-se, como no caso da prescrição, a aplicação do Código Penal, dado que esse expediente não caracteriza a responsabilização no âmbito criminal, mas até uma melhora na situação jurídica do menor infrator.

Assim, embora anulada a questão pela Banca Examinadora, é possível respondê-la como falsa.

19. CERTO O enunciado traz simples transcrição do art. 230, § 1º, da CF: "Os programas de amparo aos idosos serão executados preferencialmente em seus lares". Importa frisar que a Constituição conferiu ao Estado, à família e à sociedade o dever de amparo às pessoas idosas, "assegurando sua participação na comunidade, defendendo sua dignidade e bem-estar e garantindo-lhes o direito à vida" (art. 230, *caput*).

A tarefa de conceituar o idoso coube à legislação infraconstitucional, que adotou um critério meramente *etário ou cronológico* (60 anos), abstraindo-se de elementos de psiquiatria relacionadas à lucidez mental ou mesmo capacidade para o trabalho, nos termos do art. 1º do Estatuto do Idoso (Lei n. 10.741/2003): "É instituído o Estatuto do Idoso, destinado a regular os direitos assegurados às pessoas com **idade igual ou superior a 60 (sessenta) anos**".

Comentário extra: deve ter cuidado o candidato para não se deixar levar pela previsão de 65 anos do art. 230, § 2º, da CF ("Aos maiores de sessenta e cinco anos é garantida a gratuidade dos transportes coletivos urbanos"), inserida no dispositivo que trata do idoso.

A partir de 60 anos, reitere-se, a pessoa (homem ou mulher) é considerada idosa.

O que acontece é que a Constituição estabeleceu um estatuto diferenciado ao idoso com mais de sessenta e cinco anos, consagrando-lhe, além dos direitos do Estatuto (extensíveis a todos os idosos), o já citado direito à gratuidade do transporte público (art. 230, § 2º), e o direito ao benefício assistencial do art. 203, V (regulado pelo art. 20 da Lei n. 8.742/93).

Anote-se ainda que o Estatuto do Idoso consagrou o envelhecimento, como direito social personalíssimo (art. 8º).

20. CERTO Segundo o art. 231, § 1º, da CF, "são terras tradicionalmente ocupadas pelos índios as por eles habitadas em caráter permanente, as utilizadas para suas atividades produtivas, as imprescindíveis à preservação dos recursos ambientais necessários a seu bem-estar e as necessárias a sua reprodução física e cultural, segundo seus usos, costumes e tradições".

Na lição de José Afonso da Silva (p. 858), o vocábulo "tradicionalmente" não se refere a uma circunstância temporal (época remota ou imemorial), "mas ao **modo tradicional** de os índios ocuparem e utilizarem as terras e ao modo tradicional de produção, enfim, ao modo tradicional de como eles se relacionam com a terra (...). Daí dizer-se que tudo se realize segundos seus usos, costumes e tradições".

Segundo o art. 231, § 2º, da CF, as *terras tradicionalmente ocupadas pelos índios* "destinam-se a sua **posse** permanente, cabendo-lhes o usufruto exclusivo das riquezas do solo, dos rios e dos lagos nelas existentes". A Constituição não consagrou aos índios a propriedade das terras por eles tradicionalmente ocupadas, mas a *posse*. **A propriedade dessas terras é da União** (art. 20, XI, da CF).

21. ERRADO A assertiva encontra-se estampada no art. 231, § 4º, da CF, segundo o qual as terras tradicionalmente ocupadas pelos índios são "inalienáveis e indisponíveis, e os direitos sobre elas, imprescritíveis". As *terras tradicionalmente ocupadas pelos índios* integram o domínio da União, sendo natural, pois, que, na condição de bens públicos, gozem das características da inalienabilidade, indisponibilidade e da imprescritibilidade.

Além do mais, trata-se de uma propriedade vinculada, destinada a assegurar aos índios o exercício dos direitos que lhes foram outorgados constitucionalmente (CF, art. 231, §§ 2º, 3º e 7º) e a proporcionar às comunidades indígenas bem-estar e condições necessárias à sua reprodução física e cultural, segundo seus usos, costumes e tradições (CF, art. 231, *caput* e § 1º) (STF, RE 183.188, julgado em 1996).

Para assegurar a sua destinação constitucional de servir à posse permanente das comunidades indígenas (art. 231, § 1º, da CF), é natural que o regime jurídico dessas terras promova um mínimo de estabilidade para seus ocupantes, razão pela qual se impede a livre alienação dominial. Trata-se de preservar a base territorial, a fim de que essas terras, com o timbre da inalienabilidade e da indisponibilidade, mantenham-se sempre conectadas ao futuro da cultura indígena.

Nesse sentido já se pronunciou a jurisprudência: "As terras indígenas são inalienáveis e indisponíveis, não podendo ser validamente locadas ou arrendadas, seja por índios integrantes do grupo indígena seja por índios integrados à sociedade, nos termos do art. 231, § 4º, da CF/88, sendo nulos os atos que pretendem a transferência da posse ou propriedade das mesmas" (TRF5 – 531.330, julgado em 2012).

RAIO-X

- O tema em estudo equivale aos seguintes percentuais das questões de Direito Constitucional:

Cargo	Questões do Tema	%
Agente	8	21,62
Escrivão	9	25,71
Delegado	8	14,04

- A maioria das questões é baseada em:
  ☒ doutrina ☒ legislação ☒ jurisprudência
- O tema "ordem social" tem tido altíssima incidência nas provas, o que se pode explicar em parte pela amplitude da matéria, que envolve quase quarenta artigos da Constituição. A maioria das questões, contudo, teve nível básico, pois exigiu o conhecimento literal da Constituição ou a aplicação do texto literal a situações hipotéticas. Ainda assim, houve cobrança pontual de entendimento jurisprudencial, especialmente na parte de meio ambiente.

IMPORTANTE SABER

- **Ordem Social**

  A previsão dos direitos sociais na Constituição,

não raro, é formulada por meio de normas programáticas, que direcionam o agir estatal futuro, por meio do estabelecimento de programas ou diretrizes de governo. O desafio que se impõe ao Poder Judiciário é o controle da efetiva implementação desses direitos prestacionais pelo Poder Executivo, especialmente diante da eventual omissão estatal.

Ilustra essa situação o ARE 639.337 AgR, julgado pelo STF em 2011, que merece comentário pela riqueza de conclusões que dali se extrai. Discutia-se a possibilidade de o Poder Judiciário obrigar um município a matricular crianças em entidades de ensino infantil próximas de sua residência ou do trabalho de seus pais. Embora relacionado à educação, vale o decidido para os demais direitos sociais dependentes de implementação de políticas públicas. Eis as conclusões do julgado:

a) A efetivação do direito fundamental da criança à educação infantil não se submete a juízo discricionário do poder público municipal, a quem cabe atuar, prioritariamente, nesse setor, conforme mandamento constitucional do art. 211, § 2º, da CF. Assim, a liberdade de opção do governante, na formulação das políticas públicas relacionadas à educação, não pode ser alargada a ponto de comprometer a eficácia do direito social.

b) Embora caiba aos Poderes Legislativo e Executivo a formulação e a execução de políticas públicas, em caso de omissão destes que comprometa a efetividade dos direitos sociais, pode, excepcionalmente, o Poder Judiciário determinar a sua implementação, desde que se trate de políticas públicas definidas na Constituição.

c) A cláusula da "reserva do possível" (segundo a qual a efetivação dos direitos sociais encontra na insuficiência de recursos orçamentários um fator limitador, que autorizaria o Estado a escolher entre quais direitos priorizar, em detrimento de outros igualmente relevantes) não pode ser invocada, pelo Poder Público, com o propósito de inviabilizar a implementação de políticas públicas definidas na própria Constituição. Ou seja, a cláusula da reserva do possível encontra limitação na garantia do mínimo existencial (decorrência do postulado da dignidade da pessoa humana).

d) A noção de "mínimo existencial" envolve um complexo de prerrogativas cuja concretização revela-se capaz de garantir condições adequadas de existência digna, compreendendo, além do acesso ao direito de liberdade, a fruição de direitos sociais básicos, tais como o direito à educação, o direito à proteção integral da criança e do adolescente, o direito à saúde, o direito à assistência social, o direito à moradia, o direito à alimentação e o direito à segurança.

e) O Princípio da "Proibição do Retrocesso", em tema de direitos fundamentais sociais, visa a impedir que o Estado, recuando no grau de concretização alcançado pelos direitos sociais, venha a desconstituí-los ou reduzi-los. "Em consequência desse princípio, o Estado, após haver reconhecido os direitos prestacionais, assume o dever não só de torná-los efetivos, mas, também, se obriga, sob pena de transgressão ao texto constitucional, a preservá-los, abstendo-se de frustrar – mediante supressão total ou parcial – os direitos sociais já concretizados".

f) Na tarefa de controle de implementação de políticas públicas constitucionalmente estabelecidas, o Poder Judiciário pode se vale das *astreintes*, ou seja, de multa com a função coercitiva de compelir o poder público a agir, cumprindo o preceito determinado no pronunciamento judicial.

- **Educação**

Entre os princípios constitucionais que orientam a educação está o princípio da igualdade de condições para o acesso e permanência na escola (art. 206, I, da CF). Com base nele, o STF, em se tratando de transferência obrigatória de alunos universitários (p. ex., estudante dependente de militar transferido, por necessidade de serviço, para outro estado), entende devido o requisito legal da congeneridade das instituições envolvidas – de privada para privada, de pública para pública –, não aceitando a mesclagem (transferência de universidade privada para universidade pública) (ADI 3.324, julgada em 2004).

Também o princípio da gratuidade do ensino público em estabelecimentos oficiais (art. 206, IV, da CF) mereceu atenção do STF, para quem a gratuidade abrange inclusive o ato de matrícula do aluno na universidade pública. Considera aquela Corte que o ato burocrático de matrícula constitui formalidade essencial para que o aluno tenha acesso à educação superior pública e, como tal, também deve ser gratuito. Daí a formulação da Súmula Vinculante 12: "A cobrança de taxa de matrícula nas universidades públicas viola o disposto no art. 206, IV, da CF".

No que se refere à educação básica pública, a Constituição previu como fonte adicional de receita (além dos impostos) a contribuição social do salário-educação, cuja constitucionalidade foi reconhecida pelo STF nos termos da Súmula 732:

"É constitucional a cobrança da contribuição do salário-educação, seja sob a Carta de 1969, seja sob a CF de 1988, e no regime da Lei n. 9.424/1996".

- **Índios**

Significativa, em matéria de proteção aos índios, a decisão do STF que concluiu pela demarcação contínua da reserva indígena *Raposa Terra do Sol*, em Roraima, a ser ocupada apenas por grupos indígenas (Pet 3.388, julgada em 2009). Entre as conclusões extraídas desse julgamento estão as seguintes:

a) O vocábulo "índios", na Constituição, abrange não somente o silvícola (índio em primitivo estágio de habitante da selva), mas também o índio em processo de aculturação. Ambos estão, pois, sob o abrigo da proteção constitucional.

b) As terras indígenas constituem bem público da União (art. 20, XI, da CF).

c) Estados e Municípios têm o poder-dever de atuar nas terras indígenas demarcadas, de forma complementar, sob a liderança da União.

d) A demarcação da terra indígena é de competência exclusiva do Poder Executivo da União.

e) A proteção à terra indígena não é antagônica ao desenvolvimento nacional, de modo que o processo desenvolvimentista deve ser "tão ecologicamente equilibrado quanto humanizado e culturalmente diversificado, de modo a incorporar a realidade indígena".

f) O ato de demarcação tem **natureza declaratória**, e não constitutiva. Como tal, retroage para reconhecer uma situação jurídica preexistente. Os "direitos originários" dos índios sobre suas terras preponderam "sobre pretensos direitos adquiridos, mesmo os materializados em escrituras públicas ou títulos de legitimação de posse em favor de não *índios*", os quais a própria Constituição declarou "nulos e extintos" (art. 231, § 6º).

g) "A exclusividade de usufruto das riquezas do solo, dos rios e dos lagos nas terras indígenas é **conciliável com a eventual presença de não índios**, bem assim com a instalação de equipamentos públicos, a abertura de estradas e outras vias de comunicação, a montagem ou construção de bases físicas para a prestação de serviços públicos".

h) Como decorrência, as comunidades indígenas estão impedidas de "interditar ou bloquear estradas, cobrar pedágio pelo uso delas e inibir o regular funcionamento das repartições públicas".

- **Comunicação Social**

A Constituição estabelece regimes diferenciados para a mídia escrita e para a mídia sonora ou de sons e imagens. Enquanto a publicação de veículo impresso de comunicação independe de licença (art. 220, § 6º, da CF), o rádio e a tv constituem serviços públicos dependentes de delegação estatal (art. 223 da CF).

Cabe ao Poder Executivo a tarefa de outorgar a delegação desse serviço público (art. 223, *caput*), devendo, porém, submetê-la à apreciação do Congresso Nacional (art. 223, § 1º). Somente após a aprovação do Legislativo Federal é que o ato de outorga produzirá efeitos, vale dizer, a deliberação do Congresso Nacional é subordinante de eficácia da delegação do serviço público (art. 223, § 3º).

Uma vez aprovada pelo Congresso Nacional, o prazo para concessão ou permissão será de dez anos para as emissoras de rádio e de quinze para as emissoras de TV (art. 223, § 5º). Findo esse prazo, a não renovação da concessão dependerá de aprovação do Congresso Nacional, mediante deliberação de dois quintos dos seus membros, em votação nominal (art. 223, § 2º).

Finalmente, o cancelamento da delegação, *antes de findo o prazo*, somente se admite por decisão judicial (art. 223, § 4º).

Vale chamar a atenção ainda para recentes decisões do STF em matéria de comunicação social. O STF considerou **não recepcionada a Lei de Imprensa** (Lei n. 5.250/67), em sua integralidade, por considerá-la cerceadora do princípio da liberdade de expressão, própria do sistema democrático, instaurado pela ordem constitucional de 1988. Considerou-se que o art. 5º, V, da CF, o qual prevê os direitos de resposta e de indenização, seria suficiente para regular as relações entre a imprensa e a pessoa potencialmente ofendida, desnecessária, pois, uma regulação adicional em lei (ADPF 130, julgada em 2009).

O exercício da profissão de jornalista independe de diploma universitário. Entre outros fundamentos, considerou o STF que a previsão em lei de diploma de curso superior como condição para a prática de jornalismo constitui restrição à liberdade de informação jornalística, violadora do art. 220, § 1º, da CF (RE 511.961, julgada em 2009).

LEGISLAÇÃO E SÚMULAS PERTINENTES

- CF, arts. 193 a 232.
- Lei n. 10.741/2003 (Estatuto do Idoso), arts. 1º e 8º.
- **SÚMULAS DO STF**
- **Súmula 650 do STF:** Os incisos I e XI do art. 20 da Constituição Federal não alcançam terras de aldeamentos extintos, ainda que ocupadas por indígenas em passado remoto.
- **Súmula 732 do STF:** É constitucional a cobrança da contribuição do salário-educação, seja sob a Carta de 1969, seja sob a CF de 1988, e no regime da Lei n. 9.424/96.
- **SÚMULA VINCULANTE**
- **Súmula Vinculante 12:** A cobrança de taxa de matrícula nas universidades públicas viola o disposto no art. 206, IV, da CF.
- **SÚMULAS DO STJ**
- **Súmula 74 do STJ:** Para efeitos penais, o reconhecimento da menoridade do réu requer prova por documento hábil.
- **Súmula 149 do STJ:** A prova exclusivamente testemunhal não basta à comprovação da atividade rurícola, para efeito da obtenção de benefício previdenciário.
- **Súmula 289 do STJ:** A restituição das parcelas pagas a plano de previdência privada deve ser objeto de correção plena, por índice que recomponha a efetiva desvalorização da moeda.
- **Súmula 290 do STJ:** Nos planos de previdência privada, não cabe ao beneficiário a devolução da contribuição efetuada pelo patrocinador.
- **Súmula 338 do STJ:** A prescrição penal é aplicável nas medidas socioeducativas.

BIBLIOGRAFIA RECOMENDADA

BIBLIOGRAFIA BÁSICA

- LENZA, Pedro. *Direito constitucional esquematizado*. 11. ed. São Paulo: Método, 2007.
- MORAES, Alexandre de. *Direito constitucional*. São Paulo: Atlas, 2008.
- NOVELINO, Marcelo. *Direito constitucional*. 3. ed. São Paulo: Método, 2009.
- PINHO, Rodrigo César Rebello. *Teoria geral da Constituição e direitos fundamentais*. 12. ed. São Paulo: Saraiva, 2012. v. 17.
- ________. *Da organização do Estado, dos poderes e histórico das Constituições*. 12. ed. São Paulo: Saraiva, 2012. v. 18.
- SILVA, José Afonso da. *Curso de direito constitucional positivo*. 30. ed. São Paulo: Malheiros, 2008.

BIBLIOGRAFIA COMPLEMENTAR

- ASSIS, Jorge Cesar de; GENRO, Ângela Saideles; RIBAS, Renata. Análise da significação dos termos "forças auxiliares" e "reserva", constantes no art. 144, § 6º, da Constituição Federal de 1988. *Jusmilitaris*. Disponível em: <http://www.jusmilitaris.com.br/uploads/docs/pm_reserva_eb.pdf>.
- BARROSO, Luís Roberto. *O controle de constitucionalidade no direito brasileiro*. 6. ed. São Paulo: Saraiva, 2012.
- BULOS, Uadi Lammêgo. *Constituição Federal anotada*. São Paulo: Saraiva, 2005.
- CASTRO, Carlos Alberto Pereira de; LAZZARI, João Batista. *Manual de direito previdenciário*. 6. ed. São Paulo: LTr, 2005.
- DIAS, Eduardo Rocha; MACÊDO, José Leandro Monteiro de. *Curso de direito previdenciário*. São Paulo: Método, 2008.
- FARIAS, Cristiano Chaves; ROSENVALD, Nelson. *Direito das famílias*. 3. ed. Rio de Janeiro: Lumen Juris, 2011.
- MAZZUOLI, Valerio de Oliveira. *Curso de direito internacional público*. São Paulo: Revista dos Tribunais, 2006.
- MELLO FILHO, Álvaro de. *Novo regime jurídico do desporto*: comentários à Lei n. 9.615 e suas alterações. Brasília: Brasília Jurídica, 2001.
- MENDES, Gilmar Ferreira; COELHO, Inocêncio Mártires; BRANCO, Paulo Gustavo Gonet. *Curso de direito constitucional*. 2. ed. São Paulo: Saraiva, 2008.
- OLIVEIRA, Eugênio Pacelli de. *Curso de processo penal*. 4. ed. Belo Horizonte: Del Rey, 2005.

- PACHECO, Denilson Feitoza. *Direito processual penal*. 3. ed. Niterói: Impetus, 2005.
- PAULO, Vicente; ALEXANDRINO, Marcelo. *Controle de constitucionalidade*. 3. ed. Niterói: Impetus, 2005.
- PONTES DE MIRANDA. *Comentários à Constituição de 1967*. São Paulo: Revista dos Tribunais, 1968. t. 5.
- SILVA, José Afonso da. *Comentário contextual à Constituição*. 3. ed. São Paulo: Malheiros, 2007.
- ________. *Aplicabilidade das normas constitucionais*. 6. ed. São Paulo: Malheiros, 2004.
- TAVARES, André Ramos. *Curso de direito constitucional*. 10. ed. São Paulo: Saraiva, 2012.

DIREITO ADMINISTRATIVO

ADRIANO KÖKÉNY

Procurador da Fazenda Nacional. Pós-Graduado em Direito Administrativo pela UNB. Pós-Graduado em Direito Tributário pela UNB. Coautor e colaborador de diversas obras da Coleção Carreiras Específicas publicadas pela Editora Saraiva.

1. PRINCÍPIOS, PODERES E INTERVENÇÕES DO ESTADO NA PROPRIEDADE PRIVADA

QUESTÕES

I. PRINCÍPIOS DA ATIVIDADE ADMINISTRATIVA

1. **(Agente – CESPE – 2009 – adaptada)** Julgue o item subsequente, relativo à administração pública.
   - O princípio da presunção de legitimidade ou de veracidade retrata a presunção absoluta de que os atos praticados pela administração pública são verdadeiros e estão em consonância com as normas legais pertinentes.

2. **(Delegado – CESPE – 2004)** No que se refere a fontes e princípios do direito administrativo, julgue os itens seguintes.
   a) A veiculação do ato praticado pela administração pública na Voz do Brasil, programa de âmbito nacional, dedicado a divulgar fatos e ações ocorridos ou praticados no âmbito dos três poderes da União, é suficiente para ter-se como atendido o princípio da publicidade.
   b) A jurisprudência é fonte do direito administrativo, mas não vincula as decisões administrativas, apesar de o direito administrativo se ressentir de codificação legal.

3. **(Delegado – CESPE – 2004 – adaptada)** A respeito dos atos administrativos e serviços públicos, julgue o item que se segue.
   - A possibilidade de reconsideração por parte da autoridade que proferiu uma decisão objeto de recurso administrativo atende ao princípio da eficiência.

II. PODERES

4. **(Delegado – CESPE – 2002 – adaptada)** No que concerne ao exercício e aos limites dos poderes da administração pública, julgue os itens subsequentes.
   a) O poder disciplinar impõe ao superior hierárquico o dever de punir o subordinado faltoso.
   b) O Congresso Nacional tem competência para controlar o poder regulamentar do presidente da República.
   c) O abuso de poder de um delegado federal pode ser controlado por meio de mandado de segurança individual, desde que não haja necessidade de dilação probatória.

II.1. PODER DE POLÍCIA

5. **(Agente – CESPE – 2009 – adaptada)** Julgue o item subsequente, relativo à administração pública.
   - O poder de a administração pública impor sanções a particulares não sujeitos à sua disciplina interna tem como fundamento o poder disciplinar.

6. **(Escrivão – CESPE – 2002 – adaptada)** Em relação ao direito administrativo brasileiro, julgue o item que se segue.
   - O poder de polícia fundamenta-se em vínculo geral que existe entre a administração pública e os administrados e visa à satisfação do interesse público; por isso, pode incidir sobre qualquer direito do cidadão sem causar ofensa aos direitos fundamentais previstos no ordenamento jurídico, desde que respeite os princípios constitucionais da administração.

7. **(Agente – CESPE – 2002 – adaptada)** Julgue o item a seguir, quanto ao direito administrativo.
   - Considere a seguinte situação hipotética: A empresa de vigilância privada Águia Segurança & Vigilância Ltda. foi notificada pela Comissão de Vistoria da Polícia Federal para, no prazo de 35 dias, sanear processo admi-

nistrativo concernente à revisão de autorização de funcionamento, por meio da apresentação de uma série de documentos. A empresa não apresentou todos os documentos exigidos na notificação, sendo que, em vistoria para atualização de Certificado de Segurança, constatou-se a inobservância de inúmeros requisitos básicos para o funcionamento, também não regularizados em tempo hábil após notificação. A Portaria DPF n. 992/95 prevê a possibilidade de aplicação de pena de cancelamento do registro de funcionamento de empresa de segurança privada que deixe de possuir qualquer dos requisitos básicos exigidos para o funcionamento e não promova o saneamento ou a readaptação quando notificada a fazê-lo. Nessa situação, diante do poder regular de polícia, poderá a autoridade competente cancelar o registro de funcionamento da empresa Águia Segurança & Vigilância Ltda. sem que, para tanto, tenha de recorrer previamente ao Poder Judiciário.

8. **(Delegado – CESPE – 2002 – adaptada)** No que concerne ao exercício e aos limites dos poderes da administração pública, julgue o item subsequente.
   - A função de polícia judiciária não exclui da Polícia Federal o poder de polícia administrativa.

9. **(Agente – CESPE – 2004 – adaptada)** Julgue o item a seguir, considerando que o Departamento de Polícia Federal (DPF) é um órgão do Ministério da Justiça que tem competência para apurar infrações penais contra a ordem política e social ou em detrimento de bens, serviços e interesses da União ou de suas entidades autárquicas e empresas públicas.
   - O DPF exerce atividade de polícia administrativa, visto que apura infrações penais contra a administração pública federal.

III. INTERVENÇÕES NA PROPRIEDADE PRIVADA

10. **(Delegado – CESPE – 2004 – adaptada)** A Polícia Federal, em cumprimento a mandado judicial, promoveu busca e apreensão de documentos, computadores, fitas de vídeo, discos de DVD, fotos e registros em um escritório de uma empresa suspeita de ligação com tráfico organizado de drogas, grilagem de terras, falsificação de documentos e trabalho escravo. A ação, realizada em um estado do Nordeste – onde amanhece às 6 h e anoitece às 18 h –, iniciou-se às 6 h 15 min e prolongou-se até as 20 h. Os advogados dos proprietários da empresa constataram, pelo horário constante do auto de apreensão, assinado ao final da atividade, que as ações prolongaram-se além do período diurno. Analisando o material apreendido após o período diurno, a Polícia Federal encontrou farta documentação que comprovava a prática de ações contrárias às normas trabalhistas, as quais caracterizariam trabalho escravo nas propriedades rurais da empresa, cujas dimensões ultrapassam os limites legais estabelecidos para a caracterização da pequena e média propriedade rural. Com base nessa situação hipotética, julgue o item seguinte.
    - No caso descrito, se as provas obtidas não fossem consideradas ilícitas, seria possível utilizá-las para fundamentar a desapropriação, por interesse social, das propriedades da empresa, mediante prévia e justa indenização em títulos da dívida agrária.

GABARITO COMENTADO

1. ERRADO Pelo princípio da presunção de legitimidade ou de veracidade, os atos da Administração Pública são dotados de uma presunção **relativa** (e não *absoluta* como constou na questão) de que foram produzidos de acordo com a vontade legal e do ordenamento jurídico.

Para a correta compreensão do princípio da presunção de legitimidade é necessário compreender o princípio da legalidade. Por esse princípio, a Administração Pública somente pode realizar ou deixar de agir nos expressos termos e condições estabelecidos em lei.

Justamente por estar essencialmente jungida à vontade do povo brasileiro expresso na lei (donde retira sua legitimação), **a conduta estatal é revestida em uma presunção de legitimidade e veracidade** (se ato administrativo é apenas fruto da vontade legal, seu conteúdo e resultado são presumivelmente legítimos).

Ou seja, o princípio da presunção de legitimidade do ato administrativo é derivado do princípio da legalidade.

Mas, repita-se, tal presunção é relativa, admitindo prova em contrário a cargo de quem alega eventuais vícios na conduta administrativa.

O princípio da presunção de legitimidade é muito útil para a Administração Pública, pois permite que o ato administrativo produza efeitos rapidamente e que esses permanecem eficazes enquanto não declarada sua nulidade por ilegalidade ou ilegitimidade.

Comentário extra: Princípios, na lição de Celso Antônio Bandeira de Mello, **são** a viga mestra de todo arcabouço jurídico de qualquer sistema.

Os princípios informam e conformam toda a produção legislativa, todos os atos administrativos, desde os regulamentares até os materiais, harmonizando disposições, legitimando condutas, orientando a compreensão mais adequada das normas e das finalidades buscadas pela atuação administrativa.

Importante destacar que os princípios explícitos do art. 37 da CF/88 (que geram o acrônimo LIMPE de fácil assimilação: **L**egalidade, **I**mpessoalidade, **M**oralidade, **P**ublicidade e **E**ficiência) são parte do conjunto principiológico que informa e conforma toda a atividade administrativa.

Além desses princípios que são os que constam de forma expressa na CF/88 é importante sempre ter em mente que existem outros princípios implícitos que são igualmente importantes para a ordem jurídica, administrativa e constitucional.

Um desses princípios implícitos de grande importância valorativa e interpretativa, verdadeiro vetor de compreensão, é justamente o da **supremacia do interesse público sobre o particular**. Através dele se explica a possibilidade de desapropriações e intervenções administrativas na Sociedade, bem como a constituição de terceiros em obrigações por atos unilaterais. Ainda dá sustentação exegética aos atributos de exigibilidade, imperatividade e autoexecutoriedade dos atos administrativos em geral. Também fornece substrato principiológico à possibilidade de revogação dos atos administrativos discricionários quando inoportunos ou inconvenientes.

Outros muito importantes: princípio da **Razoabilidade**, profundamente ligado aos atos administrativos discricionários (e aqui está um grande diferencial com o princípio da Proporcionalidade), impondo ao administrador que ao verificar a conveniência e oportunidade da conduta administrativa norteie suas valorações e raciocínio por critérios aceitáveis do senso comum de pessoas equilibradas, com prudência e sensatez. Princípio da **Proporcionalidade**, fortemente ligado ao Poder de Polícia, com firme objetivo de conter arbitrariedades, indicando que somente haverá exercício legítimo dos poderes administrativos, quando a conduta administrativa não restringir o exercício das liberdades individuais além do estritamente necessário ao alcance do interesse coletivo. Atualmente, é o segundo princípio mais utilizado pelo Supremo (o primeiro é o da dignidade da pessoa humana).

Ver na seção IMPORTANTE SABER o quadro básico de princípios, onde, de forma bem didática, destacamos os pontos principais de cada um.

2.

A. ERRADO O princípio da publicidade, ao lado dos demais princípios conformadores da atividade administrativa estatal, é valor essencial do sistema e vetor de interpretação das normas do sistema normativo.

Por ele, a Constituição determina que aos atos praticados pela Administração Pública seja dada ampla divulgação, SALVO exceções previstas no texto constitucional, como *segurança pública, estado de sítio* ou em situações em que a divulgação de determinado ato prejudica a particular e não traz nenhum benefício ao interesse público (situação em que há a incidência do princípio da razoabilidade).

Na "voz do Brasil", programa de rádio que se presta a divulgar atos **de destaque** dos três Poderes da República, há uma filtragem, com eleição dos temas relevantes, bem como de acontecimentos e atos que beneficiem e engrandeçam as personagens públicas citadas na divulgação.

Mas, como destacamos, é apenas parcial, composto de notícias mínimas e com tendências promocionais, não se prestando para ser suficiente ao comando constitucional de divulgação **ampla** dos atos da Administração Pública dos três Poderes, o que torna a assertiva errada.

Comentário extra: Destaque-se que o Princípio da Publicidade serve de instrumento à promoção do controle dos atos administrativos, vedando, em regra quase absoluta, a prática de atos secretos (exemplo recente da nocividade dessa prática pelo Senado Federal nos fora noticiado pela mídia em 2010), **fomentando a transparência na gestão da coisa pública**. Como qualquer outro princípio ou norma, não é absoluto, comportando exceção prevista na CF/88 (alerte-se que qualquer exceção a princípio ou mandamento constitucional somente pode ser encontrado no próprio texto constitucional ou nos tratados de direitos humanos incorporados ao ordenamento por rito de emenda constitucional): quando imprescindível à segurança da Sociedade e do Estado (inc. XXXIII do art. 5º).

Para fins de permitir uma completa apreensão do tema, consignamos que Maria Sylva Zanella Di Pietro, uma das doutrinadoras mais adotadas pelas Bancas examinadoras, se posiciona pela existência de outras exceções previstas em lei.

B. CERTO O direito administrativo é nutrido por diversas fontes, dentre as quais, a jurisprudência citada na questão. **Jurisprudência** é a posição consolidada dos tribunais sobre determinada matéria dentro de um lapso temporal específico (ou seja, conquanto pacífico é potencialmente mutável, ante as evoluções nas interpretações do arcabouço jurídico).

Em regra, não vincula sequer a atuação do Poder Judiciário, quanto mais da Administração Pública, servindo de norte interpretativo e pacificador.

Exceção à regra é a jurisprudência expressa em Súmula Vinculante (decisões definitivas de mérito, proferidas pelo STF, nas ações diretas de inconstitucionalidade e nas ações declaratórias de constitucionalidade). **A jurisprudência de súmulas vinculantes é totalmente vinculativa da atividade administrativa e judicial**, nos precisos termos do § 2º do art. 102 da CF/88. Ou seja, a interpretação contida na súmula vinculante é obrigatória para os órgãos judiciais, bem como para toda a conduta administrativa de todas as esferas das pessoas políticas (União, Estados, Distrito Federal e Municípios) da República.

Comentário extra: A primeira e principal fonte de Direito Administrativo é a **lei**. Por força do princípio da legalidade, a Administração Pública somente pode realizar ou deixar de agir nos expressos termos e condições estabelecidos em lei. Portanto, é a lei a principal fonte da atividade administrativa e das normas que a regem: o Direito Administrativo. As demais fontes (ditas secundárias) aceitas pelas Bancas examinadoras de concursos são **princípios gerais de direito, doutrina e costumes**. Em relação ao costume, cabe uma ressalva. Conquanto seja aceito como fonte pela expressiva maioria das Bancas examinadoras, registramos que ele é inexpressivo, justamente pela incidência maciça do princípio da legalidade já mencionado. Registre-se que dificilmente será possível opor um costume ao comando legal (aliás, não concebemos tal situação).

3. CERTO De uma forma bem clara e direta, **eficiência**, erigida a princípio constitucional para a Administração Pública, é fazer mais, em menos tempo, com menos recursos, sem prejuízo da qualidade do objeto prestado.

É o que se passa com a situação objeto da assertiva: traz eficiência ao processo decisório e pacificador a possibilidade de a autoridade decisora rever sua decisão em face das razões apresentadas em recurso administrativo, acertando-a ao interesse público (o que poupa a subida da questão para instância revisora e reformadora, poupando recursos (físicos, financeiros e temporais) na pacificação da situação posta à análise da Administração Pública).

Comentário extra: Eficiência é a obtenção de máxima utilidade dos recursos disponíveis.

O princípio da eficiência, inspirado na Teoria da Boa Administração (de origem italiana), determina a busca da solução excelente, ou seja, exercer os poderes administrativos sempre da forma mais adequada e eficiente possível (produtividade e economicidade), com foco no atendimento célere e eficaz das necessidades públicas e coletivas, principalmente pela prestação de serviços públicos.

Nas palavras de Hely Lopes Meirelles, é "o que se impõe a todo Agente público de realizar suas atribuições com **presteza**, **perfeição** e **rendimento funcional**".

4.

A. CERTO As atividades disciplinar e sancionatória são **vinculadas** (ou seja, não há espaço para valorações subjetivas) nos aspectos ligados **ao dever de apurar e punir** (não há liberdade para o administrador realizar a apuração e aplicar sanção, sob pena de configurar condescendência criminosa ou ao menos improbidade administrativa). Entretanto, tais atividades são permeadas de **discricionariedade no que toca** à formação de convencimento na autoridade competente de que o **ilícito administrativo realmente aconteceu, e principalmente na escolha das modalidades e intensidade na aplicação de penas legalmente previstas**.

Comentário extra: Poder disciplinar é o poder instrumental que a Administração Pública detém para promover a apuração de eventual prática lesiva por parte dos servidores e administrados submetidos a um especial vínculo com a Administração, bem como aplicar a consequência da conduta lesiva, ou seja, a sanção administrativa.

Advirta-se que sanção, em qualquer modalidade, não é castigo. É apenas a consequência legalmente prevista para o descumprimento de deveres e comandos ordenatórios.

Para que o poder disciplinar possa ter aplicabilidade é essencialmente necessário um vínculo especial com a Administração Pública. Esse vínculo, em regra, é estatutário ou decorrente de especial submissão prévia espontânea, como as que decorrem de emprego público, concessão ou permissão de prestação de serviços públicos e uso de bens públicos (por exemplo, livros de uma biblioteca pública).

Importante: Se o aparato jurídico constitucional e legal confere à Administração Pública amplos poderes para intervir junto à Sociedade na promoção do bem-estar social e superação das necessidades coletivas, é para que essa faça excelente e regular uso, sendo que a omissão nas situações em que é devido um comportamento comissivo (agir) pode caracterizar abuso de poder e responsabilização do Estado.

Os poderes administrativos são irrenunciáveis, bem como os interesses tutelados são inalienáveis (posto pertencerem a toda Sociedade), salvo previsão legal. Justamente em face da inalienabilidade dos interesses tutelados, bem como irrenunciabilidade das competências, é que os poderes são tidos como poder-dever.

Poderes administrativos são instrumentos que visam permitir ao exercente de função pública meios legítimos de atuação na promoção do interesse público.

Em relação aos demais poderes da Administração Pública ver seção IMPORTANTE SABER deste capítulo.

B. CERTO Compete ao Congresso Nacional sustar os excessos dos decretos regulamentares (inc. V do art. 49 da CF/88), sem prejuízo da atuação jurisdicional do Poder Judiciário, se provocado.

O controle legislativo, via Congresso Nacional, pode agir de ofício, mas o controle judiciário depende de provocação de interessado, ante o princípio da inércia inicial jurisdicional.

Comentário extra: Importante destacar que o controle **direto** de constitucionalidade realizado de forma concentrada pelo STF (inc. I do art. 102 da CF/88) não se limita a normas legais, mas **abrange ato normativo federal ou estadual, ou seja, ato regulamentar**.

Em relação ao Poder regulamentar, é importante destacar, até mesmo por respeito à garantia do princípio da legalidade (art. 5º, II, da CF/88) que todas as obrigações gerais dos administrados estão previstas em lei. Regulamentos, ainda que expedidos na forma de Decretos do Chefe do Executivo, somente podem dar maior aplicabilidade e efetividade para a concreção da vontade legal, não podendo transbordar sob pena de ilegitimidade.

Poder regulamentar é atividade administrativa normativa complementar à legislação exercida pelo Chefe do Executivo de cada pessoa política.

Regulamentos são normas administrativas, de caráter marcadamente instrumental, para fiel execução das leis (regulamentos de execução). São expedidos por muitas autoridades administrativas, cada qual em sua especial de área de atuação, mas quando expedidos pelo Chefe do Executivo, são vinculados por decreto.

Por sua vez, o **Poder Normativo** é a atividade administrativa normativa complementar à legislação (possuindo efeitos gerais e abstratos, sem contudo inovar na ordem jurídica, pois não pode instaurar situação jurídica nova), expedida para permitir a fiel execução das leis, através principalmente de regulamentar o modo de exercício de certos direitos e deveres, bem como o modo de atuação de ofício dos Agentes públicos encarregados da aplicação da vontade legal. Expressa-se através de resoluções, portarias, instruções normativas, deliberações e regimentos.

Quando exercida pelo Chefe do Poder Executivo de cada pessoa política é denominado **Poder Regulamentar**, pois o instrumento "decreto", vinculador do regulamento, é da competência privativa de tal autoridade.

Um ponto importante de aprendizado e domínio é o tema dos **decretos autônomos**. Em que pese parte da Doutrina não admiti-los – pois o Poder Regulamentar necessariamente aufere legitimidade do sistema legal, sendo, portanto, infralegal –, importantes doutrinadores os aceitam, bem como as Bancas examinadoras vêm reconhecendo sua existência e, frequentemente, o tema aparece nos certames.

Decretos autônomos são os expedidos pelo Presidente da República com fundamento diretamente em permissivo constitucional, **inovando na ordem jurídica**. Entretanto, possuem pequeno âmbito de aplicabilidade, pois **somente** podem ser utilizados visando: **I)** disciplinar a organização e funcionamento da administração pública federal, **não podendo** criar ou extinguir órgãos públicos, tampouco gerar aumento de despesa pública; e **II)** extinção de cargos ou funções **quando vagos**.

Quanto aos demais poderes da Administração Pública ver seção IMPORTANTE SABER deste capítulo.

C. CERTO Mecanismo judicial, com provocação popular, o mandado de segurança serve para reparar **ilegalidades e abusos** (arbitrariedades) na conduta administrativa.

Interposto pelo prejudicado (potencial ou efetivamente) perante o juízo da autoridade impetrada (ou seja, a responsável **diretamente** pela conduta supostamente irregular), o mandado de segurança é instrumento cuja **inicial já deve ser instruída com todo o acervo probante potencialmente demonstrativo da ilegalidade ou abuso que se pretende reparar**, já que o procedimento célere de julgamento não comporta dilação probatória. Interposto o mandado de segurança, a autoridade impetrada é intimada para prestar informações sobre sua conduta (sem prejuízo de concessão de liminares), seguindo-se sentença. Registre-se que a sentença sendo mandamental tem exigibilidade imediata, não suspendendo seus efeitos pela interposição de apelação.

Comentário extra: Os atuais requisitos (Lei n. 12.016/2009, que não estava em vigor quando da aplicação da prova) para ingresso do mandado de segurança são: **a)** ato de autoridade; **b)** ilegalidade ou abuso de poder; **c)** ameaça ou lesão a direito líquido e certo (significa aquele amplamente comprovado com a petição inicial e documentos que a instruem); e **d)** que a questão de direito não seja amparada por *habeas corpus* ou *habeas data*.

A fim de corrigir ato praticado no exercício de **função delegada** (Súmula 510 do STF: "Praticado o ato por autoridade, no exercício de competência delegada, contra ela cabe o mandado de segurança ou medida judicial"), a jurisprudência já admitiu mandado de segurança contra, por exemplo: Agentes financeiros que atuam pelo SFH (Sistema Financeiro da Habitação); estabelecimentos de ensino privados; sindicato (contribuição sindical) e sistema "s" (serviços sociais autônomos).

Destacamos ainda a Súmula 266 do STF: "Não cabe mandado de segurança contra lei em tese". **ATENÇÃO**: em casos excepcionais a jurisprudência admitiu mandado de segurança contra **lei de efeito concreto** (falta abstração e generalidade) e contra **lei autoexecutória** (independe de ato administrativo, como as proibitórias).

A fim de permitir um completo aprendizado do tema controle, destacamos que os **instrumentos jurisdicionais de controle administrativo são *habeas corpus***, mandado de segurança, ação popular, *habeas data*, mandado de injunção e ação civil pública, essa última de titularidade do Ministério Público.

Já os **instrumentos processuais de controle administrativo** são:

Direito de petição é mecanismo do administrado de apresentar pedidos à Administração Pública para que ela se manifeste sobre determinado tema, acolhendo ou rejeitando pedido. Trata-se de garantia constitucional.

Representação, faculdade para o administrado, mas obrigatória para os Agentes, servidores e empregados públicos, é a **notícia/denúncia de irregularidade** levada diretamente à Administração Pública. Essa, valendo-se dos Poderes de autotutela e hierárquico, investigará, analisará e poderá rever os atos noticiados como irregulares, bem como iniciar procedimento de apuração dolosa de falhas. A representação precisa ser assinada, pois a CF/88 veda o anonimato. Assevere-se, contudo, que mesmo nos casos de notícias de irregularidades que cheguem até a Administração Pública por meios transversos e apócrifos poderão ensejar investigação e análise em decorrência do poder de autotutela.

Em concursos públicos já foi apresentado o seguinte conceito: "Denúncia de irregularidades internas ou de abuso de poder na prática de atos da Administração, feita por qualquer pessoa à autoridade competente para conhecer e coibir a ilegalidade apontada".

Queixa administrativa criminal é a representação de irregularidade que potencialmente pode se encaixar em alguma conduta tipificada como delito. Cumpre destacar que a maioria dos desvios de condutas e falhas administrativas dolosas pode encontrar subsunção às previsões de crimes.

Direito de reconsideração, mais conhecido por pedido de reconsideração, é a faculdade que o administrado possui de requerer ao Agente responsável por determinada questão que lhe fora apresentada seu reexame. Ainda que não previsto em determinados diplomas legais (o § 1º do art. 56 da Lei n. 9.784/99 o prevê, sendo que se a autoridade não acatar o pedido de reconsideração, pedido será encaminhado para superior hierárquico), nada impede o Agente que emitiu o julgamento de revê-lo se entender que há razões para tanto. Mas **não suspende a exigibilidade da decisão anterior**, isto é, não tem efeito suspensivo.

Recurso hierárquico é o pedido de revisão de determinado julgamento exarado por autoridade ou Agente administrativo ao seu imediato superior.

Na Lei n. 9.784/99 há previsão de que os recursos tramitarão por até três instâncias administrativas (art. 57), o que é de salutar regramento, a fim de impedir a perpetuação das discussões, bem como a procrastinação de infundados debates.

Revisão, que pode ser esgrimida nos procedimentos que resultem em sanções para o administrado (art. 65 da Lei n. 9.784/99). Trata-se de processo autônomo que pode ser iniciado a qualquer tempo, a requerimento ou de ofício, desde que sejam apresentados fatos novos não conhecidos no momento da anterior sanção.

Reclamação administrativa é qualquer forma de manifestação de contrariedade ou discordância do administrado em face de conduta administrativa (oposição expressa a atos da Administração que afetem direitos ou interesses legítimos do administrado). Justamente por ter objeto tão amplo é a mais antiga. Sua vetusta previsão legal está no art. 6º do Decreto n. 20.910/32.

5. ERRADO As expressões-chave da questão, que permitem uma rápida e segura identificação do objeto questionado, são "sanções a particulares" e "não sujeitos a sua disciplina interna".

Particulares não sujeitos a disciplina interna da Administração Pública somente são atingidas pela conduta administrativa através do Poder de Polícia e não "poder disciplinar" como constou da questão.

É importantíssimo prestar a atenção ao termo "não sujeitos a sua disciplina interna".

Servidores sempre estão sujeitos à disciplina interna da Administração Pública a que servem. Entretanto, particulares em determinadas situações podem se vincular à disciplina interna da Administração Pública, passando à sujeição do poder disciplinar. Como exemplo, podemos citar a lição de Celso Antônio Bandeira de Mello, do usuário de biblioteca pública que deixa de devolver o livro no prazo fixado, e as lições de Maria Sylvia Zanella di Pietro e Flávia Cristina de Moura Andrade, dos estudantes de escolas públicas.

Em todos esses exemplos da Doutrina percebe-se que **os particulares estão em situação de sujeição à disciplina interna da Administração Pública**, fazendo incidir o Poder Disciplinar. Como a questão fez importantíssima ressalva de que os particulares **NÃO** estavam sujeitos à disciplina interna, o fundamento para serem sancionados legitimamente é o Poder de Polícia.

Comentário extra: Registre-se que parte da Doutrina entende que mesmo nessas situações se trata de poder de polícia, ao argumento de que o poder disciplinar tem como destinatários apenas servidores (lição com a qual não concordamos).

IMPORTANTE: Registre-se, ainda, que na Doutrina existe uma versão ampliada do conceito de *Poder de Polícia*, que atualmente vem sendo denominada acertadamente "limitações administrativas ao exercício das liberdades públicas", termo já utilizado em alguns concursos públicos. Nesse conceito **amplo**, encontramos não só as manifestações da Administração Pública (que justamente é o conceito estrito), como também **toda e qualquer atividade estatal de regulação das liberdades públicas**, seja por ato administrativo geral (regulamentos, portarias, instruções normativas etc.) ou específico, concreto (autorizações, permissões, licenças), seja por norma legal.

Uma curiosidade: Nos Estados Unidos da América a expressão "police power" é utilizada no aspecto amplo, abarcando qualquer atividade estatal de regulação de direitos privados. Precisamente por isso, "police power" designa principalmente normas legislativas regulatórias de direitos individuais ou coletivos particulares.

6. ERRADO O erro da assertiva está em sua segunda parte. Ao contrário do que constou na questão, não incide sobre qualquer direito, mas somente sobre o **exercício** dos direitos de liberdade e propriedade.

Comentário extra: A interpretação autêntica (isto é, aquela realizada pelo legislador no momento da promulgação da nova lei) do conteúdo do poder de polícia está no art. 78 do CTN. Sem prejuízo do bom nível do conceito legal, o **Poder de Polícia** é a atividade estatal que condiciona o **exercício** dos direitos de liberdade e propriedade a fim de ajustá-los às necessidades do bem comum e da função social.

É muito importante destacar que o Poder de Polícia **NÃO restringe direitos** – pois somente lei poderia fazê-lo (garantia constitucional do inc. II do art. 5º da CF/88) –, mas regulamenta e restringe o *exercício* (o uso e gozo) dos direitos de liberdade e propriedade dos particulares em prol do interesse coletivo.

Cumpre destacar que ao tempo que nos serviços públicos a Administração Pública atua através de **prestações**, no *Poder de Polícia* ela atua por meio de **prescrições**, ou seja, imposição de abstenções ou de condutas (*vide*, por exemplo, o comando do inc. XXIII do art. 5º c.c. art. 182, § 4º, da CF/88: limitação do exercício de propriedade através de uma obrigação de fazer; e o conceito de *poder de polícia* do art. 78 do CTN, que "regula a prática de ato ou **abstenção** de fato").

7. CERTO A questão tem por objeto os atributos do Poder de Polícia, nitidamente em relação a sua autoexecutoriedade.

O atributo da autoexecutoriedade permite à Administração Pública, quando atua com Poder de Polícia, agir de forma direta, rápida, firme e nos limites do estritamente necessário, de intervenção no exercício dos direitos individuais, principalmente em situações de emergência e perigo, sem a necessidade de se socorrer do Poder Judiciário para legitimar sua conduta.

A autoexecutoriedade, na lição de Maria Sylvia Zanella di Pietro, é indissociável do atributo da coercibilidade, a ponto de afirmar que "o ato de polícia só é autoexecutório porque dotado de força coercitiva".

Comentário extra: Além do atributo da autoexecutoriedade, os atributos do ato de poder de polícia que mais são cobrados em concursos públicos são: a coercibilidade e a discricionariedade.

Coercibilidade para fazer valer a observância do comando legal e do interesse geral. Poder de utilizar a força estatal, nos estritos limites da essencial necessidade, para aplicação e observância do **interesse geral**, que nada mais é do que o interesse expresso no comando da lei em prol do interesse coletivo, concretizado em atos administrativos. Hely Lopes Meirelles conceitua coercibilidade como "a imposição coativa das medidas adotadas pela Administração".

Discricionariedade para avaliar o grau de lesividade e periculosidade da conduta potencialmente lesiva do particular aos interesses públicos, bem como na escolha da pena administrativa a ser aplicada. Ainda, discricionariedade, sempre dentro das balizas dos princípios da razoabilidade e proporcionalidade, para avaliar a necessidade ou não de autoexecução de sua conduta preventiva ou repressiva (salvo quando a lei já determina a autoexecução).

Importante destacar que conquanto a *coercibilidade* seja marca essencial do *Poder de Polícia*, o mesmo não se verifica com a *discricionariedade*, já que nem sempre estará presente, pois se a lei já delineia totalmente todos os aspectos do exercício de liberdade e propriedade pelos particulares, inclusive qual a sanção e sua intensidade, então à Administração Pública somente caberá aplicar a lei quando verificada a hipótese de incidência. O ato, ainda que decorrente do Poder de Polícia (principalmente no aspecto repressivo), será então vinculado.

8. CERTO • 9. ERRADO Polícia administrativa encontra seu fundamento no Poder de Polícia, ou seja, na atividade estatal que condiciona o **exercício** dos direitos de liberdade e propriedade a fim de ajustá-los às necessidades do bem comum e da função social. Tal atividade compete a todas as autoridades administrativas e às polícias, podendo assumir feições de prevenção, fiscalização e repressão de **ilícitos administrativos**.

Já a polícia judiciária encontra seu fundamento no mandamento constitucional (CF/88, art. 144, inc. I), e é vocacionada para a preservação da ordem pública e da incolumidade das pessoas e do patrimônio, atuando sobre ilícitos penais.

Uma não excluiu a outra, sendo que ambas são da competência da polícia federal (sem prejuízo de outros órgãos).

Comentário extra: Se não são excludentes como identificar quando a Polícia Federal está agindo com base no Poder de Polícia administrativa ou com base na ordem pública? O melhor critério diferenciador é a existência (real ou potencial) de um **ilícito penal**. Se a conduta da Polícia Federal age visando repreender (ou evitar a ocorrência) de um **ilícito penal, então se trata de polícia judiciária**. Todos os outros casos são de polícia administrativa.

10. CERTO **Desapropriação** é a transferência compulsória de propriedade de bens do particular para o Estado, mediante processo administrativo específico, em razão de **interesse social** (de forte discricionariedade) ou **utilidade e necessidade** pública. É indenizável, salvo o único caso de confisco previsto constitucionalmente: art. 243 da CF/88, ou seja, cultivo ilegal de plantas psicotrópicas (também conhecida – ao nosso ver, de forma equivocada, pois não há qualquer indenização – como *indenização confiscatória*. Preferimos o termo "expropriação", muito mais adequado).

No caso apresentado na questão, as propriedades rurais da sociedade empresarial investigada não estavam realizando sua função social, em face principalmente da comprovação das condutas de desrespeito à legislação trabalhista através de trabalho escravo (incs. III e IV do art. 186 da CF/88).

Mas houve outro ponto fundamental que constou expressamente na questão, a fim de identificá-la como correta. Foi a expressão: "cujas dimensões ultrapassam os limites legais estabelecidos para a caracterização da pequena e média propriedade rural". Isso porque a pequena e média propriedade rural não são passíveis de desapropriação para fins da reforma agrária, nos precisos termos do art. 185, inc. I, da CF/88.

Comentário extra: Em toda modalidade de intervenção do Estado na propriedade privada, os fundamentos maiores que possibilitam a Administração Pública intervir na propriedade de bens de particulares são a *supremacia do interesse público sobre o privado* e *a função social da propriedade* (inc. XXIII do art. 5º e inc. III do art. 170 da CF/88). Em determinados e raros casos de punição (desapropriação urbanística) o fundamento também é uma falta/lesão/ilegalidade do particular aos interesses sociais.

Destaque-se que a competência para legislar sobre *propriedade, desapropriação* e *requisição* é da União, nos precisos termos dos incs. I a III do art. 22 da CF/88.

As demais modalidades de intervenção do Estado na propriedade privada são:

A. Servidão administrativa é direito real de uso permanente (enquanto houver interesse público) de bens particulares e públicos, visando à execução de obras e serviços públicos (passagens de fios da rede elétrica e colocação de placas de localização são exemplos de servidões). Só há indenização **se** demonstrado efetivo prejuízo. A União poderá instituir servidão administrativa sobre bens dos Estados e Municípios; e aqueles sobre esses;

B. Tombamento é uma afetação de determinado bem privado ou público, em razão de *valor histórico, arqueológico e paisagístico,* a um **regime especial** de uso, utilização e disposição, sem afetação de propriedade (§ 1º do art. 216 da CF/88). Sobre a indenização há dissenso na Doutrina. Para nós, deve haver indenização, pois se toda Sociedade se beneficia do tombamento, igualmente deve suportar os ônus desse benefício;

C. Requisição é a utilização unilateral de bens e serviços do particular pela Administração Pública, nos casos de calamidades públicas ou iminente perigo. Haverá indenização apenas se comprovado dano (inc. XXV do art. 5º da CF/88); e

D. Não há um conceito pacífico na Doutrina e Jurisprudência do que seja **ocupação temporária**. Portanto, uma forma segura, mas não completa, de conhecer seu significado é nos guiarmos pela interpretação autêntica (aquela realizada pelo legislador, no momento da prolação da lei), que nos é dada pelo art. 36 do Decreto-Lei n. 3.365/41: "É permitida a ocupação temporária, que será indenizada, afinal, por ação própria, de terrenos não edificados, vizinhos às obras e necessários à sua realização".

As características da ocupação temporária são: 1) afeta propriedades *imóveis*; 2) não é direito real; 3) não é permanente (ao contrário da servidão); 4) destina-se aos casos de obras e serviços públicos ordinários, normais, próprios do cotidiano administrativo (requisição é para casos de calamidades públicas ou perigo iminente (inc. XXV do art. 5º da CF); e 5) **só** há indenização ao particular se houver danos ao imóvel.

Em concursos públicos já foi conceituada como "Utilização transitória, remunerada ou gratuita, de bens particulares pelo Poder Público, para a execução de obras, serviços ou atividades públicas ou de interesse público, como modalidade de intervenção do Estado na propriedade".

RAIO-X

- Os temas princípios, poderes e intervenções na propriedade privada sempre são cobrados nos concursos públicos da Polícia Federal e equivalem aos seguintes percentuais das questões de Direito Administrativo:

Cargo	Questões do Tema	%
Agente	4	2,81
Escrivão	1	0,7
Delegado	8	5,6

- A maioria das questões é baseada em:

  ☒ doutrina ☒ legislação ☐ jurisprudência
- Das matérias apresentadas, o tema que mais é exigido em concursos públicos é Poder de Polícia, ante a amplitude, atributos e finalidade do seu correto exercício para o desenvolvimento harmônico e solidário de qualquer sociedade organizada.
- Conquanto tenha havido apenas uma questão sobre intervenção administrativa na propriedade privada, o tema vem sendo cada vez mais exigido em

concursos públicos, ante o crescente debate sobre função social da propriedade. Portanto, não deixe de dominar as espécies de intervenções e suas principais características diferenciadoras (todas apontadas dentro da questão pertinente).

IMPORTANTE SABER

- **Em relação ao objeto de estudo do Direito Administrativo:**
  - Em face da expressiva quantidade de informações e conhecimentos necessários a um bom desempenho nos concursos públicos, é muito útil a criação de mnemônicos e acrônimos a fim de permitir um registro mais permanente do conhecimento estudado. Para identificar o objeto do Direito Administrativo, apreenda o acrônimo FABE (procure lembrar da FAB (Força Aérea Brasileira) e ficará mais fácil assimilar o conteúdo, não necessitando decorar):

F	**F**inalidade da ação administrativa: satisfação dos interesses e necessidades coletivas pelo cumprimento e efetivação do comando legal, com forte senso de Justiça.
A	**A**tividade administrativa (ou função administrativa).
B	**B**ens da Administração Pública.
E	**E**strutura da Administração Pública.

- **Em relação aos princípios conformadores da atividade administrativa:**
  - Importante destacar que os princípios explícitos do art. 37 da CF/88 (que geram o acrônimo LIMPE de fácil assimilação: **L**egalidade, **I**mpessoalidade, **M**oralidade, **P**ublicidade e **E**ficiência) são parte do conjunto principiológico que informa e conforma toda a atividade administrativa. Inclusive alguns se apresentam de forma implícita, isto é, se revelam como presentes em determinadas condutas que somente são legítimas justamente por influência de específicos princípios.
  - O Princípio da Legalidade é diferente do Princípio da Juridicidade: nesse, além de abranger a conformidade dos atos com as regras jurídicas, há a exigência de a conduta administrativa observar também os princípios gerais de Direito, previstos, explícita ou implicitamente, na Constituição.
  - O Princípio da Motivação aparece na CF/88 expressamente no inc. X do art. 93, determinando que as decisões administrativas dos Tribunais serão motivadas. No entanto, não se aplica somente aos Tribunais, mas a toda Administração Pública. O que o inc. X do art. 93 faz é repisar uma garantia a fim de que não sobre qualquer dúvida sobre a possibilidade de sessões administrativas fechadas, bem como condutas administrativas sem motivação.
  - O Princípio da Moralidade pouco tem a ver com o senso de moralidade do Agente. Independentemente dessa, o que a Administração Pública, através de seus Agentes, deve conhecer e observar é o senso de moral da média da Sociedade.

- **Tabela básica de Princípios Administrativos**

Quadro sinótico	Características mínimas	Características especiais	Exceções	Previsão legal
Legalidade	Ao administrador somente é dado realizar o quanto previsto na lei.	Diferenciar do Princípio da Juridicidade: estar de acordo com a Lei e o Direito (Lei n. 9.784/99, art. 2º, parágrafo único, I).	Arts. 132 e 137 a 139 da CF/88 e art. 84, VI, da CF/88.	Lei n. 9.874/99
Impessoa-lidade	(1) A atuação deve voltar-se ao atendimento impessoal, geral; (2) não sendo a atuação atribuída ao Agente público, mas à entidade estatal.	Objetividade no atendimento. Publicidade apenas com caráter educativo, informativo ou de orientação social, dela não podendo constar		Lei n. 9.784/99: exige: "objetividade no atendimento do interesse público, vedada a promoção pessoal de Agentes ou autoridades"

Quadro sinótico	Características mínimas	Características especiais	Exceções	Previsão legal
Impessoalidade		nomes, símbolos ou imagens que caracterizem promoção pessoal de autoridades ou servidores públicos.		(art 2º, parágrafo único, III).
Moralidade	Necessidade de toda atividade administrativa atender a um só tempo à lei, à moral, à equidade, aos deveres de boa administração.	CF/88: art. 85, V: Crime de responsabilidade do Presidente. CF/88: art. 37, § 4º: Lei n. 8.429/92: quatro consequências: suspensão de direitos políticos; perda da função pública; indisponibilidade dos bens e ressarcimento ao erário. Garantia constitucional: Ação Popular: Lei n. 4.717/65.		A Administração Pública deve agir segundo padrões éticos de probidade, decoro e boa-fé (art. 2º, parágrafo único, IV, da Lei n. 9.784/99).
Publicidade	Obrigatoriedade da divulgação e o fornecimento de informações de todos os atos da Administração.	Condição de eficácia do ato. Garantias constitucionais: Direito de petição; Obtenção de certidões (gratuitas para a defesa de direitos e esclarecimento de situações de interesse pessoal). *Habeas Data*: Lei n. 9.507/97.	Art. 5º, XXXIII: "informações cujo sigilo seja imprescindível à **segurança** da sociedade e do Estado". Art. 5º, LX: "quando a defesa da intimidade ou o interesse social o exigirem" (Art. 139: Estado de Sítio).	Lei n. 9.784/99: divulgação oficial dos atos administrativos, ressalvadas as hipóteses de sigilo previstas na Constituição (art. 2º, parágrafo único, V); direito de ter ciência da tramitação de processos na condição de interessado, ter vista dos autos, obter cópias de documentos nele contidos e conhecer as decisões proferidas (art. 3º, II, e art. 46).
Eficiência	Atingir o máximo, com o uso do mínimo de recursos. Necessidade de adoção, pelo administrador, de	Aplicar ao caso concreto, dentre as medidas previstas em Lei, a que melhor satisfaça a finalidade com o menor ônus.		Decreto n. 3.507/2000: padrões de qualidade no atendimento ao público.

Quadro sinótico	Características mínimas	Características especiais	Exceções	Previsão legal
Eficiência	critérios técnicos e profissionais, que assegurem o melhor resultado possível, abolindo-se qualquer forma de atuação amadora, obrigando a entidade a organizar-se de modo eficiente. Busca da solução excelente.			CDC. Lei n. 8.987/95: Lei de Concessões e Permissões.
Supremacia do interesse público sobre o privado	Necessária supressão do direito do particular para atender ao interesse coletivo.	Preferência no atendimento do interesse público PRIMÁRIO em confronto com o interesse público SECUNDÁRIO.		CF/88: Função social da propriedade Desapropriação por interesse social ou necessidade pública Desapropriação para reforma agrária Requisição de imóvel de particular Defesa do meio ambiente Desenvolvimento urbano
Indisponibilidade	A Administração Pública não possui domínio dos interesses da coletividade. Indisponibilidade: vedação de renúncia, alienação, transação, constituir ônus.		Somente lei pode flexibilizar a indisponibilidade do interesse público.	Leis n. 9.099/95 e 10.259/2001.
Razoabilidade	Limites aceitáveis.	Origem americana.		Art. 2º, *caput*, da Lei n. 9.784/99.
Proporcionalidade	Principal fundamento: combate ao excesso de poder. Destina-se a conter atos, decisões e condutas de Agentes públicos que ultrapassam os limites adequados aos objetivos colimados.	Origem europeia.		
Motivação	Razões justificativas do ato.	Exige a indicação dos pressupostos de fato e de direito que		Previsão expressa na CF: Art. 93, X, da CF: "as decisões

DIREITO ADMINISTRATIVO

Quadro sinótico	Características mínimas	Características especiais	Exceções	Previsão legal
Motivação		determinarem a decisão administrativa. Teoria dos fatos determinantes. Ato em desconformidade com os motivos: invalidade. Ato sem motivação: nulidade.		administrativas dos tribunais serão motivadas e em sessão pública". Art. 2º, parágrafo único, VII, da Lei n. 9.784/99 e art. 50 da Lei n. 9.784/99.
Segurança Jurídica	Prestigia a estabilidade de relações jurídicas consolidadas, a confiança e a boa-fé dos administrados. Respeito ao ato jurídico perfeito, ao direito adquirido, à coisa julgada. Ideias de previsibilidade e regularidade nas relações com a Administração Pública.	Incidência da prescrição e da decadência: art. 54 da Lei n. 9.784/99: Direito de anular atos administrativos dos quais decorram efeitos favoráveis aos destinatários: 5 anos contados da data da prática, salvo comprovada má-fé.	Regime jurídico dos servidores públicos	Lei n. 9.784/99: Art. 2º, parágrafo único, XIII: vedação de aplicação retroativa de nova interpretação administrativa. Art. 50, VII: dever de motivar decisões que deixem de aplicar jurisprudência firmada sobre a questão.
Especialidade	As pessoas jurídicas criadas para a prestação de serviços públicos têm na lei que as instituiu ou autorizou sua constituição a descrição das funções que devem ser exercidas, bem como os fins específicos, cuja satisfação deve ser buscada.	Traz como consequência o Poder de Tutela.		
Continuidade do Serviço Público	Os serviços públicos buscam atender aos reclamos dos indivíduos em determinados setores sociais. Necessidades prementes e inadiáveis da sociedade, portanto, em regra, salvo intercorrências e paradas para reparo ou conservação, não	Agentes: CF: art. 37, VII: greve nos serviços públicos: regramento por lei específica. Setor Privado: CF: art. 9º, § 1º: a lei definirá os serviços ou atividades essenciais e disporá sobre o atendimento das necessidades inadiáveis da comunidade.	Paralisação temporária, para fins de reparos, expansão e melhoria. **Serviços remunerados por tarifa** (preço público: caráter negocial): suspensão no caso de inadimplemento: energia elétrica e telefones.	

Quadro sinótico	Características mínimas	Características especiais	Exceções	Previsão legal
Continuidade do Serviço Público	podem ser interrompidos.	CDC, art. 22: "quanto aos essenciais, contínuos". **Contratos administrativos**: Regra: não admissão da exceção de contrato não cumprido, por parte do particular.		

- **Em relação aos poderes concedidos à defesa do interesse público:**
  - A rigor, todos os poderes e prerrogativas concedidas à Administração Pública possuem um caráter instrumental. Ou seja, são instrumentos concedidos pela Constituição e sistema normativo para que o Estado possa cumprir com suas missões institucionais, na busca e realização do bom interesse coletivo. Assim, os poderes e prerrogativas somente se justificam quando utilizados na busca e concreção do bem comum. Fora dessa hipótese, estaremos diante de arbitrariedades, desvios e abusos.
  - Poder normativo NÃO se confunde com Poder regulamentar, sendo que somente o segundo é privativo do Chefe do Executivo.
  - No Poder hierárquico é possível, salvo exceções previstas no ordenamento, a delegação de competências mesmo que não haja relação de subordinação entre o delegante e o delegado.
  - Competências exclusivas de determinado cargo ou autoridade **não** podem ser objeto de delegação ou mesmo de avocação, nos precisos termos do inc. III do art. 13 da Lei n. 9.874/99.
  - Ocorrendo delegações legítimas, **a competência delegada não pode ser rejeitada** – tampouco a avocação –, sendo que **junto com a competência se delega também a responsabilidade**, ou seja, **o delegatário responde diretamente pelos atos produzidos**.
  - Subordinação não é o mesmo que vinculação. Como bem destacado pela Professora Flávia Cristina Moura de Andrade, a "subordinação é interna, decorre do poder hierárquico. A vinculação é externa e se relaciona com o princípio da tutela, sendo resultado do controle finalístico que a Administração direta exerce sobre a indireta".
  - O Poder discricionário confere uma margem de liberdade ao administrador, mas não ampla liberdade, já que os atos e poderes administrativos estão fortemente jungidos ao Princípio da Legalidade e somente existem para a satisfação do interesse público. Assim, há limites aos atos ou poderes discricionários, sendo que **dos cinco elementos essenciais do ato administrativo, somente dois são objeto de discricionariedade: motivo e objeto.** Os outros três elementos, ou seja, competência, finalidade e forma, são sempre vinculados. Essa a lição de Hely Lopes Meirelles.
  - **Mérito administrativo** é o aspecto do ato/poder discricionário consubstanciado na **conjunção** de dois elementos (dos cinco essenciais): **motivo e objeto**.
  - Não há qualquer hierarquia entre Poderes da República Federativa do Brasil no que se refere às funções institucionais, salvo uma **exceção**: existência de súmulas vinculantes do Supremo Tribunal Federal, conforme mandamento do art. 103-A da CF/88: nesses casos, a posição adotada pelo Poder Judiciário é vinculante da atuação administrativa de todas as pessoas políticas.
  - A delegação de Poder de Polícia, para Celso Antônio Bandeira de Mello, não é possível, pois importaria na transferência de parcela de poder, sendo apenas permitida se a delegação for realizada para pessoa pública da administração indireta, a exemplo das agências reguladoras (ver ADI 1.717/DF sobre a utilização de radares por pessoa privada, em que o Supremo apenas

reconheceu como válido o ato de tirar foto da ocorrência, mas não de aplicar sanções).

- Prazo prescricional das sanções fundamentadas em Poder de Polícia: nos precisos termos do art. 1º da Lei n. 9.873/99, o prazo prescricional para a atuação punitiva direta é de cinco anos contados da data da prática **ou** quando cessar a continuidade, **SALVO** se o fato também for crime, quando então passa a ter o prazo prescricional do crime (§ 2º). Referido prazo não se aplica aos processos tributários, nem aos disciplinares (art. 5º).
- Sanções decorrentes do Poder Disciplinar são *sanções administrativas*, ou seja, aquelas aplicadas por autoridade administrativa. Já quando a sanção é aplicada por autoridade judicial, estamos diante de sanções judiciais, tanto penais, civis e também administrativas. Importante destacar que esse critério diferenciador, ou seja, **definição da natureza jurídica das sanções pela autoridade competente para aplicá-la**, foi o consagrado na Doutrina como o elemento decisivo para a identificação, pois muito se discutira a respeito, havendo quem defendesse que o critério deveria ser ora o ordenamento em que a sanção estivesse prevista (se em legislação civil, a sanção seria civil e assim por diante), ora o fim visado pelo Agente (intenção), ora qual o interesse protegido pela norma lesada.
- Limitações administrativas são gerais, se assemelhando a atos normativos. Servidões administrativas são específicas, com destinatários certos, atingindo bens determinados.

LEGISLAÇÃO E SÚMULAS PERTINENTES

- **Especialmente relacionadas aos princípios e poderes:**
  - CF/88: art. 5º, XXXVII, XXXIII e LX; art. 37; § 9º do art. 14; art. 139; inc. I e *caput* do art. 23; incs. IV e VI, bem como parágrafo único do art. 84; parágrafo único e inc. II do art. 87.
  - Art. 19 do ADCT.
  - CTN, art. 78: definição legal de *poder de polícia*.
  - Lei n. 9.507/97.
  - Lei n. 9.637/98.
  - Lei n. 9.873/99, principalmente art. 1º.
  - Lei n. 9.784/99, principalmente arts. 2º, 11 a 17, 50, 53, e 121 a 142.
  - Decreto n. 3.507/2000.
  - Lei n. 9.790/99.
  - Lei n. 8.987/95, principalmente § 1º do art. 6º.
  - Lei n. 4.898/65: abuso de autoridade.
  - Lei n. 11.111/2005: disciplina a última parte do inciso XXXIII do art. 5º da CF/88: documentos públicos que contenham informações sobre a intimidade e vida privada, honra e imagem.
  - Lei n. 7.232/84, principalmente inc. VIII do art. 2º (Lei de Informática).
  - Lei n. 8.247/91: competitividade do setor de informática e automação.
  - **Súmula Vinculante 13 do STF:** A nomeação de cônjuge, companheiro ou parente em linha reta, colateral ou por afinidade, até o terceiro grau, inclusive, da autoridade nomeante ou de servidor da mesma pessoa jurídica investido em cargo de direção, chefia ou assessoramento, para o exercício de cargo em comissão ou de confiança ou, ainda, de função gratificada na administração pública direta e indireta em qualquer dos poderes da União, dos Estados, do Distrito Federal e dos Municípios, compreendido o ajuste mediante designações recíprocas, viola a Constituição Federal.
  - **Súmula 70 do STF:** É inadmissível a interdição de estabelecimento como meio coercitivo para cobrança de tributo.
  - **Súmula 346 do STF:** A Administração Pública pode declarar a nulidade dos seus próprios atos.
  - **Súmula 429 do STF:** A existência de recurso administrativo com efeito suspensivo não impede o uso do mandado de segurança contra omissão da autoridade.
  - **Súmula 430 do STF:** Pedido de reconsideração na via administrativa não interrompe o prazo para o mandado de segurança.
  - **Súmula 473 do STF:** A administração pode anular seus próprios atos quando eivados de vícios que os tornam ilegais, porque deles não se originam direitos; ou revogá-los, por motivo de conveniência ou oportunidade, respeitados os direitos adquiridos e ressalvada, em todos os casos, a apreciação judicial.
  - **Súmula 623 do STF:** Não gera por si só a competência originária do Supremo Tribunal Federal para conhecer do mandado de segurança com base no art. 102, I, *n*, da Constituição,

dirigir-se o pedido contra deliberação administrativa do tribunal de origem, da qual haja participado a maioria ou a totalidade de seus membros.

- **Súmula 645 do STF:** É competente o Município para fixar o horário de funcionamento de estabelecimento comercial.
- **Súmula 646 do STF:** Ofende o princípio da livre concorrência lei municipal que impede a instalação de estabelecimentos comerciais do mesmo ramo em determinada área.
- **Súmula 2 do STJ:** Não cabe o *habeas data* (CF, art. 5º, LXXII, *a*) se não houve recusa de informações por parte da autoridade administrativa.

• **Especialmente relacionadas com a intervenção do Estado na propriedade privada:**

- CF/88: arts. 23, III; 24, VII e §§ 1º a 4º; e 243.
- Decreto-Lei n. 25/36.
- Decreto-Lei n. 3.365/41.
- Lei n. 8.257/91.
- Lei Complementar n. 76/93.
- Lei n. 8.629/93.
- Lei Complementar n. 76/93: desapropriação para fins da reforma agrária.
- Lei n. 10.257/2001: Estatuto das Cidades.
- **Súmula Vinculante 17 do STF:** Durante o período previsto no § 1º do art. 100 da Constituição, não incidem juros de mora sobre os precatórios que nele sejam pagos.
- **Súmula 23 do STF:** Verificados os pressupostos legais para o licenciamento da obra, não o impede a declaração de utilidade pública para desapropriação do imóvel, mas o valor da obra não se incluirá na indenização quando a desapropriação for efetivada.
- **Súmula 157 do STF:** É necessária prévia autorização do Presidente da República para desapropriação, pelos Estados, de empresa de energia elétrica.
- **Súmula 164 do STF:** No processo de desapropriação, são devidos juros compensatórios desde a antecipada imissão de posse ordenada pelo Juiz por motivo de urgência.
- **Súmula 218 do STF:** É competente o juízo da Fazenda Nacional da capital do estado, e não o da situação da coisa, para a desapropriação promovida por empresa de energia elétrica, se a União Federal intervém como assistente.
- **Súmula 378 do STF:** Na indenização por desapropriação incluem-se honorários do advogado do expropriado.
- **Súmula 416 do STF:** Pela demora no pagamento do preço da desapropriação não cabe indenização complementar além dos juros.
- **Súmula 476 do STF:** Desapropriadas as ações de uma sociedade, o poder desapropriante imitido na posse pode exercer, desde logo, todos os direitos inerentes aos respectivos títulos.
- **Súmula 479 do STF:** As margens dos rios navegáveis são de domínio público, insuscetíveis de expropriação e, por isso mesmo, excluídas de indenização.
- **Súmula 561 do STF:** Em desapropriação, é devida a correção monetária até a data do efetivo pagamento da indenização, devendo proceder-se à atualização do cálculo ainda que por mais de uma vez.
- **Súmula 618 do STF:** Na desapropriação, direta ou indireta, a taxa dos juros compensatórios é de 12% (doze por cento) ao ano.
- **Súmula 652 do STF:** Não contraria a Constituição o art. 15, § 1º, do Decreto-Lei n. 3.365/41 (Lei da Desapropriação por utilidade pública).
- **Súmula 668 do STF:** É inconstitucional a lei municipal que tenha estabelecido, antes da Emenda Constitucional n. 29/2000, alíquotas progressivas para o IPTU, salvo se destinada a assegurar o cumprimento da função social da propriedade urbana.
- **Súmula 12 do STJ:** Em desapropriação, são cumuláveis juros compensatórios e moratórios.
- **Súmula 56 do STJ:** Na desapropriação para instituir servidão administrativa são devidos os juros compensatórios pela limitação de uso da propriedade.
- **Súmula 67 do STJ:** Na desapropriação, cabe a atualização monetária, ainda que por mais de uma vez, independente do decurso de prazo superior a um ano entre o cálculo e o efetivo pagamento da indenização.
- **Súmula 69 do STJ:** Na desapropriação direta, os juros compensatórios são devidos desde a antecipada imissão na posse e, na desapropriação indireta, a partir da efetiva ocupação do imóvel.
- **Súmula 70 do STJ:** Os juros moratórios, na desapropriação direta ou indireta, contam-se desde o trânsito em julgado da sentença.

- **Súmula 102 do STJ:** a incidência dos juros moratórios sobre os compensatórios, nas ações expropriatórias, não constitui anatocismo vedado em lei.
- **Súmula 113 do STJ:** os juros compensatórios, na desapropriação direta, incidem a partir da imissão na posse, calculados sobre o valor da indenização, corrigido monetariamente.
- **Súmula 114 do STJ:** os juros compensatórios, na desapropriação indireta, incidem a partir da ocupação, calculados sobre o valor da indenização, corrigido monetariamente.
- **Súmula 119 do STJ:** a ação de desapropriação indireta prescreve em vinte anos.
- **Súmula 131 do STJ:** nas ações de desapropriação incluem-se no cálculo da verba advocatícia as parcelas relativas aos juros compensatórios e moratórios, devidamente corrigidas.
- **Súmula 141 do STJ:** os honorários de advogado em desapropriação direta são calculados sobre a diferença entre a indenização e a oferta, corrigidas monetariamente.
- **Súmula 408 do STJ:** Nas ações de desapropriação, os juros compensatórios incidentes após a Medida Provisória n. 1.577, de 11-6-1997, devem ser fixados em 6% ao ano até 13-9-2001 e, a partir de então, em 12% ao ano, na forma da Súmula 618 do Supremo Tribunal Federal.

2. ESTRUTURA, ORGANIZAÇÃO E CONTROLE

QUESTÕES

I. PESSOAS, ÓRGÃOS E ADMINISTRAÇÃO DIRETA E INDIRETA

1. **(Escrivão – CESPE – 2004)** Com relação às entidades políticas, julgue o item que se segue.
   - A União, os estados e os municípios são pessoas jurídicas de direito público.
2. **(Agente – CESPE – 2004 – adaptada)** Com referência ao direito brasileiro, julgue o item que se segue.
   - Como o princípio da legalidade submete a administração pública às leis, o Poder Legislativo deve ser considerado hierarquicamente superior ao Poder Executivo.
3. **(Delegado – CESPE – 2013 – adaptada)** No que se refere à classificação do órgão público, julgue o item seguinte.
   - Os ministérios e as secretarias de Estado são considerados, quanto à estrutura, órgãos públicos compostos.

II. DESCONCENTRAÇÃO, DESCENTRALIZAÇÃO, ENTES ADMINISTRATIVOS E CONTROLE

4. **(Delegado – CESPE – 2004 – adaptada)** Acerca da organização administrativa e dos Agentes públicos, julgue o item a seguir.
   - É possível a existência, no plano federal, de entidades da administração indireta vinculadas aos Poderes Legislativo e Judiciário.
5. **(Escrivão – CESPE – 2004 – adaptada)** Acerca do direito administrativo, julgue o item a seguir.
   - Considerando que o Departamento de Polícia Federal (DPF) é um órgão do Ministério da Justiça, se for editada uma lei determinando que o DPF passará a ser órgão da Presidência da República, ele deixará de fazer parte da administração federal indireta e passará a integrar a administração direta da União.
6. **(Agente – CESPE – 2004 – adaptada)** Considerando que o Departamento de Polícia Federal (DPF) é um órgão do Ministério da Justiça, julgue o item a seguir.
   - Se fosse transformado em autarquia federal, o DPF passaria a integrar a administração indireta da União.
7. **(Escrivão – CESPE – 2004 – adaptada)** Acerca do direito administrativo, julgue o item a seguir.
   - Considerando que a Polícia Federal integra a administração pública federal e que as polícias civis integram a administração dos estados, é correto afirmar que um Agente de polícia federal é hierarquicamente superior a um Agente de polícia civil.

II.1. AUTARQUIAS

8. **(Agente – CESPE – 2004 – adaptada)** Julgue o item a seguir, considerando que o Departamento de Polícia Federal (DPF) é um órgão do Ministério da Justiça que tem competência para apurar infrações penais contra a ordem política e social ou em detrimento de bens, serviços e interesses da União ou de suas entidades autárquicas e empresas públicas:
   - O DPF não é uma autarquia especializada.
9. **(Delegado – CESPE – 2002 – adaptada)** A administração pública no Brasil evoluiu para contemplar diversas formas de descentralização dos serviços públicos, por meio da criação de entes para prestá-los, ora com personalidade de direito público, ora com personalidade de direito privado, trazendo, em consequência, proble-

mas relacionados ao regime jurídico a que devam estar subordinados. Acerca desse tema, julgue os itens que se seguem.

a) Os crimes praticados em detrimento de bens das agências reguladoras criadas pela União devem ser apurados pela Polícia Federal.

b) A agência reguladora pode ter capacidade tributária, nunca competência tributária, e pode executar seu crédito fiscal por meio de procuradoria própria.

10. (Delegado – CESPE – 2002 – adaptada) A administração pública no Brasil evoluiu para contemplar diversas formas de descentralização dos serviços públicos, por meio da criação de entes para prestá-los, ora com personalidade de direito público, ora com personalidade de direito privado, trazendo, em consequência, problemas relacionados ao regime jurídico a que devam estar subordinados. Acerca desse tema, julgue o item que se segue.

- O INSS, autarquia federal, está submetido à competência da justiça federal. Porém, quando figurar como réu em ação de acidente de trabalho, estará sujeito à competência da justiça estadual.

11. (Escrivão – CESPE – 2013 – adaptada) Com relação ao direito administrativo, julgue o item a seguir.

- O Banco Central do Brasil é uma autarquia federal e compõe a administração pública direta da União.

II.2. EMPRESAS ESTATAIS

12. (Agente – CESPE – 2004 – adaptada) Com referência ao direito brasileiro, julgue o item que se segue.

- A Polícia Federal é incompetente para investigar crimes cometidos contra sociedades de economia mista porque esse tipo de pessoa jurídica não integra a administração pública direta nem a indireta.

13. (Delegado – CESPE – 2013) Julgue o item que se segue, relativo à administração indireta e aos serviços sociais autônomos.

- A sociedade de economia mista é pessoa jurídica de direito privado que pode tanto executar atividade econômica própria da iniciativa privada quanto prestar serviço público.

14. (Agente – CESPE – 2012) A respeito da organização administrativa da União, julgue os itens seguintes.

a) Existe a possibilidade de participação de recursos particulares na formação do capital social de empresa pública federal.

b) O foro competente para o julgamento de ação de indenização por danos materiais contra empresa pública federal é a justiça federal.

15. (Agente – CESPE – 2009 – adaptada) No que se refere à organização administrativa da União e ao regime jurídico dos servidores públicos civis federais, julgue o item seguinte.

- A empresa pública e a sociedade de economia mista podem ser estruturadas mediante a adoção de qualquer uma das formas societárias admitidas em direito.

16. (Delegado – CESPE – 2002 – adaptada) A administração pública no Brasil evoluiu para contemplar diversas formas de descentralização dos serviços públicos, por meio da criação de entes para prestá-los, ora com personalidade de direito público, ora com personalidade de direito privado, trazendo, em consequência, problemas relacionados ao regime jurídico a que devam estar subordinados. Acerca desse tema, julgue o item que se segue.

- As empresas públicas federais não possuem o privilégio de prazos processuais especiais.

17. (Delegado – CESPE – 2004 – adaptada) Sabendo que a Caixa Econômica Federal (CAIXA) é empresa pública federal que explora atividade econômica própria das empresas bancárias, conclui-se que, se o Congresso Nacional aprovasse lei ordinária estabelecendo isenção do imposto sobre a renda em favor dela, essa lei seria inconstitucional, pois é constitucionalmente admissível que o Estado, em certos casos, explore atividade econômica, mas, ao fazê-lo, deve submeter-se, o máximo possível, ao regime jurídico próprio das empresas privadas, não sendo lícito que goze de privilégios fiscais não extensíveis a elas.

II.3. ORGANIZAÇÕES SOCIAIS

18. (Escrivão – CESPE – 2002) A gestão da administração é tema dos mais instigantes, vindo à tona com a reforma da administração pública brasileira impulsionada pela Emenda Constitucional n. 19/1998. A introdução, no ordenamento jurídico brasileiro, das agências executivas e das organizações sociais representou significativa mudança na estrutura e no modo da administração pública no Brasil. Associada a isso, a previsão da descentralização dos serviços públicos, por meio de convênios de transferência entre os entes federados, deu uma nova dinâmica ao modo de conduzir os serviços públicos. E possível dizer que as agências executivas e as organizações sociais, por meio do contrato de gestão, instalaram uma nova era na administração pública do Brasil.

Christine Oliveira Peter da Silva. A reforma administrativa e a Emenda n. 19/1998: uma análise panorâmica. In: *Revista Jurídica Virtual* (com adaptações).

Acerca das organizações sociais, mencionadas no texto acima, julgue os itens seguintes.

a) As organizações sociais são um modelo de parceria entre o Estado e a sociedade, regulado por meio dos contratos de gestão. O Estado continuará a fomentar as atividades geridas pelas organizações sociais publicizadas e exercerá sobre elas um controle estratégico: lhes cobrará os resultados necessários à consecução dos objetivos das políticas públicas.

b) Os responsáveis pela fiscalização da execução do contrato de gestão da administração federal com uma organização social, ao tomarem conhecimento da prática de qualquer irregularidade ou ilegalidade na utilização de recursos ou bens de origem pública por essa organização social, deverão dar ciência ao Tribunal de Contas da União, sob pena de responsabilidade solidária.

c) Não se deve entender o modelo proposto para as organizações sociais como um simples convênio de transferência de recursos. Os contratos e as vinculações mútuas serão mais profundos e permanentes, uma vez que as dotações destinadas a essas instituições integrarão o orçamento da União, cabendo a elas um papel central na implementação das políticas sociais do Estado.

d) As organizações sociais se encaixariam naquilo que o Plano Diretor da Reforma do Aparelho do Estado denomina de serviços exclusivos, que são aqueles que, por envolver o poder de Estado, o próprio Estado realiza ou subsidia. O Estado tem interesse nesses serviços porque os considera de alta relevância para os direitos humanos ou porque envolvem economias externas.

e) As organizações sociais são uma inovação constitucional, pois representam uma nova figura jurídica. Fazem parte da administração pública, embora constituam pessoas jurídicas de direito privado. A grande novidade repousa mesmo na sua constituição mediante decreto executivo.

II.4. INTERPOL

19. (Escrivão – CESPE – 2009) Julgue os seguintes itens, acerca da Organização Internacional de Polícia Criminal (INTERPOL).

a) A INTERPOL administra cinco presídios, um em cada continente, utilizados na guarda provisória de presos procurados pelas polícias nacionais e no encarceramento de criminosos de guerra.

b) A INTERPOL, que funciona como agência de ligação entre os organismos policiais dos países-membros, mantém base de dados que os auxilia no combate ao crime.

II.5. CONTROLE DA ADMINISTRAÇÃO

20. (Agente – CESPE – 2004 – adaptada) Considerando que o Departamento de Polícia Federal (DPF) é um órgão do Ministério da Justiça, julgue o item a seguir.

- Por pertencer o DPF ao Poder Executivo, os atos praticados por Agentes públicos lotados nesse órgão não são sujeitos a controle legislativo, mas apenas a controles administrativo e judicial.

21. (Agente – CESPE – 2002) Integra(m) o Sistema de Controle Interno do Poder Executivo Federal como

a) órgãos setoriais: as Secretarias de Controle Interno do Ministério da Integração Nacional, do Ministério das Relações Exteriores, da Casa Civil e da Procuradoria-Geral da República.

b) unidades setoriais: as Unidades de Controle Interno dos comandos militares como órgãos setoriais da Secretaria de Controle Interno do Ministério da Defesa.

c) unidades regionais dos órgãos setoriais: as Gerências Regionais de Controle Interno.

d) órgão de assessoramento jurídico: a Corregedoria-Geral da União.

e) órgão central: a Secretaria Federal de Controle Interno do Ministério da Fazenda, incumbida da orientação normativa e da supervisão técnica dos órgãos e das unidades que compõem o Sistema, sem prejuízo da subordinação ao órgão em cuja estrutura administrativa estiverem integrados.

GABARITO COMENTADO

1. CERTO Assertiva em total harmonia com as disposições do art. 41 do Código Civil, que concede personalidade de direito público interno também ao Distrito Federal, autarquias, associações públicas (o que envolve os consórcios públicos) e demais entidades criadas por lei e com caráter público (exemplo: fundações com personalidade de direito público).

Comentário extra: União, Estados, Distrito Federal e Municípios constituem as pessoas políticas, isto é, pessoas dotadas legitimamente de poder legislativo amplo, podendo dentro de suas esferas de competência criar normas de caráter geral e abstrato (leis) vinculadoras de particulares.

As demais pessoas de direito público interno (autarquias etc.) são entidades administrativas.

As pessoas políticas e os entes administrativos possuem em sua estrutura vários órgãos, ou seja, centros de competências distintas, cada qual com sua função específica e complementar aos demais, integrados de forma harmônica com a missão e objetivos de cada entidade.

A razão de tamanho poder ao Legislativo, em sede de controle, está na essência de esse Poder representar a vontade soberana do povo brasileiro (democracia). Assim, através do Legislativo, o povo estaria também a controlar e fiscalizar a atividade administrativa estatal.

2. ERRADO Os Poderes da República Federativa do Brasil são independentes e harmônicos entre si, conforme mandamento constitucional esculpido no art. 2º da CF/88.

Ainda que o Poder Legislativo tenha por competência originária e precípua a atividade legiferante, cujas leis são as balizas da atuação estatal (princípio da legalidade), tal fato não o torna superior ou mais importante que qualquer outro Poder, visto que o Poder Legislativo também é fiscalizado e se submete ao controle e balanços por parte dos demais Poderes. Ademais, as leis são expressão de soberania popular, isto é, são a tradução em forma de norma da vontade do povo brasileiro, expressada pelos seus representantes eleitos (democracia indireta e em alguns casos direta).

O povo brasileiro é o titular e a fonte de todos os poderes da República (parágrafo único do art. 1º da CF/88) e, para seu próprio bem e desenvolvimento solidário, os Poderes devem agir de forma harmônica e balanceada, sem superposições ou arbitrariedades.

Comentário extra: Como comentado, não há qualquer hierarquia entre Poderes da República Federativa do Brasil no que se refere às funções institucionais, **salvo uma exceção**: existência de súmulas vinculantes do Supremo Tribunal Federal, conforme mandamento do art. 103-A da CF/88: nesses casos, a posição adotada pelo Poder Judiciário é vinculante da atuação administrativa de todas as pessoas políticas.

3. CERTO Ministérios e Secretarias não detêm personalidade (portanto, não são pessoas, não são entidades), mas compõem a estrutura de determinada pessoa. No caso dos Ministérios esses são órgãos da União (que também possui Secretarias). No caso das Secretarias, estas são órgãos dos Estados, do DF e dos Municípios.

Órgãos **compostos** são os formados pela necessária reunião de mais de um centro de atribuições/competências específicas, sendo necessária a conjugação de ambas as vontades e atuações para a realização da conduta administrativa. Distinguem-se de órgãos **colegiados**, pois neste a pluralidade é de Agentes.

Comentário extra: Órgão é centro de competências/atribuições específicas dentro da estrutura do ente administrativo.

Hely Lopes Meirelles define órgãos como "centros de competência instituídos para o desempenho de funções estatais, através de seus Agentes, cuja atuação é imputada à pessoa jurídica a que pertencem". Maria Sylvia Zanella di Pietro apresenta o seguinte conceito: "uma unidade integrada que congrega atribuições exercidas pelos Agentes públicos que o integram com o objetivo de expressar a vontade do Estado".

4. CERTO Alternativa em harmonia com o *caput* do art. 37 da CF/88, que permite aos Poderes Legislativo e Judiciário de qualquer das pessoas políticas – não só no plano federal – ter entidades de administração indireta diretamente vinculadas a si.

Comentário extra: Questão difícil que exigiu dos Candidatos um forte conhecimento do regramento constitucional da Administração Pública, pois atualmente não há nenhuma entidade de administração indireta ligada aos Poderes Legislativo e Judiciário, bem como há em vigor pelo menos duas disposições legais que indicam que toda entidade da administração indireta deve estar vinculada a um Ministério (parágrafo único do art. 4º do Decreto-Lei n. 200/67) ou a órgão da Presidência da República (art. 49 da Lei n. 10.683/2003).

E como conciliar as aparentes contradições das disposições legais com o mandamento constitucional? Resposta: Pela lei que criar ou que autorizar a criação de uma entidade de administração indireta. Sim, pois é através da lei de criação que se dão os contornos, vinculações e finalidades da nova entidade, que estará em harmonia com a previsão constitucional e, sendo específica, terá aplicação, restando ao Decreto-lei n. 200/67 e à Lei n. 10.683/2003 apenas a aplicação subsidiária.

A fim de permitir um correto aprendizado da matéria, destacamos que **administração direta** é aquela atuação administrativa realizada pelas próprias pessoas *políticas*: União, Estados, Municípios e DF (todas de direito público), através de seus órgãos com competência para a atividade administrativa, ao passo que **administração indireta** é a atuação administrativa efetuada por pessoas *administrativas* – criadas, ou autorizada sua criação, por lei, para auxiliarem as pessoas políticas na melhor realização da função pública – que poderão ter personalidade de direito público (autarquias, associações públicas e fundações com personalidade de direito público) ou privado (empresas estatais e fundações).

Atenção: no conjunto de pessoas administrativas não entram particulares que podem exercer função administrativa **não privativa do Estado**, como os concessionários, os permissionários, as organizações sociais e as organizações privadas de interesse público.

5. ERRADO O DPF é órgão do Ministério da Justiça, que, por sua vez, é órgão da União, essa é a única dotada de personalidade jurídica. Como DPF e Ministérios são órgãos da União, suas atuações são imputadas a essa. União é pessoa política pertencente à Administração Direta.

A alteração hipotética mencionada na questão apenas mudará a vinculação de órgão a outro, permanecendo todos dentro da mesma pessoa (que, no caso, pertence à administração direta).

Comentário extra: Importante e oportuno mencionar que a *Teoria do Órgão* (Otto Gierke, Berlim, 1857) é justamente a mais aceita para explicar como a atuação de uma pessoa natural pode ser imputada ao Estado, pois considera o órgão como unidade integrante do próprio Estado. Assim, quando o Agente (pessoa natural) age, quem está a agir é o Estado, pois o Agente está inserido dentro dos órgãos das pessoas políticas e administrativas (essa concepção demonstra umas das vertentes do princípio da impessoalidade).

6. CERTO Autarquias são entes administrativos pertencentes à Administração Indireta.

Se um órgão, no caso o DPF, for, através de lei específica, transformado em autarquia, ocorrerá o fenômeno da **descentralização**, isto é, haverá a criação de uma nova pessoa dotada de personalidade, para a realização de um serviço especializado.

Comentário extra: Desconcentração é a divisão (diluição) de determinada competência de um órgão para outro ou outros. São criados novos órgãos dentro de uma mesma personalidade, mantendo com essa um vínculo de subordinação e hierarquia.

Descentralização é a criação de um novo centro de competência dotado de personalidade jurídica, com parcial transferência de competências da pessoa política instituidora para a nova entidade. A pessoa política cria uma nova pessoa administrativa para a realização de um dever ou objetivo público visado, com enfoque na **especialização** da prestação. O vínculo não é de hierarquia, mas de *tutela* ou *supervisão ministerial*, nitidamente voltado para a verificação de que a entidade criada está e se mantém afeta precisamente ao fim especial para o qual foi criada.

7. ERRADO Não há hierarquia entre administrações diretas. Apenas campos de atuações próprios ou concorrentes, pois todos são autônomos conforme expressamente previsto no *caput* do art. 18 da CF/88.

Registre-se ainda a proibição expressa em texto constitucional de que as pessoas políticas não podem criar preferências entre si (inc. III do art. 19), o que envolve hierarquias.

Comentário extra: Interessante notar que, por rigor técnico, também não há hierarquia entre administração direta ou indireta. O que há são vínculos de tutela e supervisão, mas não de hierarquia. A criação de nova pessoa jurídica para a realização de um serviço ou função especializada, necessariamente, é acompanhada de concessão de autonomia para realização dos fins para os quais fora criada.

O ente que a criou realiza tutela e supervisão, nitidamente visando fiscalizar se a nova criatura não está a se afastar das finalidades específicas que motivaram sua criação.

8. CERTO O DPF é um órgão do Ministério da Justiça, que, por sua vez, é órgão da União. O DPF não detém personalidade, atributo próprio da União e demais pessoas jurídicas.

Como comentado na questão n. 6, autarquias são a personificação de um serviço que passa a ser prestado de forma especializada.

Comentário extra: Autarquias de regime especial ou especializadas são as de fiscalização de profissão regulamentada, a exemplo da OAB, CREA e CRM, bem como as agências reguladoras e agências executivas.

O qualificativo "regime especial" decorre principalmente de maior liberdade gerencial, orçamentária e funcional prevista nas leis instituidoras, nitidamente quanto à estabilidade de seus dirigentes.

9.

A. CERTO Precisamente a primeira parte do inc. I do § 1º do art. 144 da CF/88.

Comentário extra: Agências reguladoras são entidades da administração indireta, com natureza de autarquia especial, criadas para regular, fiscalizar e controlar determinadas atividades social e economicamente relevantes que antes eram prestadas pelo Estado. Uma característica muito interessante das agências reguladoras é que suas decisões, que possuem potencialidade de afetar fortemente determinados nichos de mercado, têm natureza terminativa, ou seja, não passam por análise de outros órgãos da Administração Pública.

Diferem-se das agências executivas, na medida em que essas não têm como principal atividade regular e controlar particulares prestadores de serviços públicos, mas de prestar uma determinada atividade estatal que para se realizar em sua plenitude reclama melhor desenvoltura, principalmente pelo grau de liberdade em sua gestão, sendo o principal benefício o aumento dos limites para a dispensa de licitação. Advirta-se que as **agências executivas** não são criadas, sendo na verdade uma **qualificação** que se dá a uma autarquia ou a uma fundação governamental já existentes quando essas, contando com plano estratégico de reestruturação e desenvolvimento institucional, celebram **contrato de gestão** com o ministério supervisor.

ATENÇÃO: O contrato de gestão é disciplinado pela Lei n. 9.649/98 e regulamentado pelo Decreto n. 2.487/98, devendo ter a previsão de viger pelo menos um ano, sendo que enquanto a entidade se mantém dentro do plano de reestruturação e buscando os objetivos contratados, a qualificação permanece.

Encerrando-se o prazo do contrato de gestão, a entidade contratante retorna a sua anterior natureza, deixando de ser *especial* e de deter maior liberdade gerencial, administrativa e financeira.

No instrumento do contrato de gestão devem ser previstos alguns elementos, dito essenciais: **a)** quais elementos, e em que termos, serão afetados pela ampliação (e limites) da liberdade gerencial, orçamentária e financeira; **b)** metas a serem adimplidas em prazos estabelecidos; **c)** consequências e penalidades nos casos de descumprimento dos prazos e não atingimento das metas; **d)** os instrumentos de controle à disposição da administração direta; **e)** possibilidades e condições para revisão, renovação e rescisão do contrato.

B. CERTO Competência tributária é o poder de criar e majorar tributos previstos na Constituição. Pertence somente às pessoas políticas, isto é, União, Estados, Distrito Federal e Municípios (todos componentes da Administração Direta), conforme estabelece o art. 145 da CF/88.

A agência reguladora, sendo autarquia de regime especial, não possui o poder, a competência para criar ou majorar tributos. Tal somente pode exigir e arrecadar tributos criados pela pessoa jurídica de direito público competente a quem estão vinculadas (capacidade tributária).

Comentário extra: Sobre as características essenciais das agências reguladoras e executivas, ver comentário à questão anterior.

10. CERTO Precisamente a regra constitucional do inc. I do art. 109.

Além dos acidentes de trabalho, também são causas de deslocamento de competência da Justiça Federal para a Estadual: a) as ações de **falência;** b) **as ações previdenciárias nas localidades onde não for sede de vara federal** (com eventual recurso para o TRF); c) as execuções fiscais cujos domicílios tributários dos executados também não forem sede de vara federal, hipótese de competência delegada (com eventual recurso para o TRF competente).

A **regra** é que as ações em que figuram a União, suas entidades autárquicas (como no caso o Instituto Nacional do Seguro Social – INSS, mencionado na questão) e também as empresas públicas sejam processadas perante a Justiça Federal comum. Entretanto, além de acidentes de trabalho e falência, também as causas afetas às matérias da Justiça Eleitoral e do Trabalho excetuam essa regra.

Comentário extra: Importante destacar que as **autarquias somente** podem prestar serviços públicos, ou seja, **são a personificação de um serviço** (diferentemente da fundação, que é a *personificação de um* **patrimônio**).

Autarquias são criadas por lei **específica** de iniciativa privativa do chefe do Executivo (em todas as pessoas políticas). É a personificação de um serviço típico da Administração Pública.

Ato administrativo de autarquia é ato de autoridade, portanto passível de correção por mandado de segurança. Seus bens são públicos e, desde que ligados às suas atividades essenciais, possuem imunidade de **impostos** sobre patrimônio, renda e serviços (§ 2º do art. 150 da CF/88).

A responsabilidade pelos seus atos é direta e objetiva. Devem licitar, e o regime de seus servidores é o estatutário, sujeitos ao teto remuneratório e à improbidade administrativa, vedação de acumulações de cargos, empregos e funções (à exceção da OAB. Entendimento do STF exarado na ADI 3.026/DF. Na ocasião, o Supremo entendeu que a OAB é uma entidade ímpar que desempenha funções institucionais, além da fiscalização profissional). Os cargos de direção das autarquias são providos por nomeação em comissão.

Por fim, registre-se que autarquias possuem privilégios processuais.

11. ERRADO O erro está na segunda parte da assertiva, ao colocar a autarquia dentre a Administração Pública Direta.

Administração Pública Direita é somente composta por pessoas políticas, ou seja, União, Estados, DF e Municípios. Diz-se Administração Direta, pois são as pessoas políticas que prestam as atividades diretamente.

Já a Administração Pública Indireta são os demais entes dotados de personalidades, criados pelos entes políticos para o desenvolvimento de uma atividade específica.

Assim, como compõe o aparelho administrativo federal, detendo personalidade, criado por lei, com patrimônio público e prestando serviço público específico, o BACEN é sim uma autarquia, compondo a Administração Pública **Indireta.**

O BACEN é autarquia federal integrante do Sistema Financeiro Nacional. Foi criado pela Lei n. 4.595/64.

Comentário extra: O Banco Central do Brasil tem sua precípua competência fixada pela Constituição e ocupa lugar privilegiado no sistema das finanças públicas (art. 164 da CF/88). Com a promulgação da EC n. 62/2009, foi acrescida uma **importante função** a essa autarquia: **promover os leilões de precatórios** (ADCT, art. 97, § 9º, I).

12. ERRADO • 13. CERTO • 14. A. ERRADO • B. CERTO **Sociedade de economia mista** é pessoa jurídica de direito **privado**, cujo patrimônio é resultado da conjugação de capital público e privado. É criada sob a forma de **sociedade anônima**, para desenvolver, em regra, **atividades econômicas**. **Se prestar serviços públicos**, passará a ser fortemente regrada pelo art. 175 da CF/88. Na sua gestão tem de haver participação do poder público, que deterá a maioria das ações com direito a voto. Integra a administração indireta do ente que concorreu para a formação do capital da sociedade.

Portanto, se a sociedade de economia mista vítima de ação criminosa for prestadora de serviço público e vinculada à União (a perda patrimonial também será desta, já que contribuiu com recursos públicos para a formação do capital da sociedade mista lesado pela ação delituosa, atraindo a incidência do § 1º do art. 144 da CF/88), a Polícia Federal será a competente para apurar e investigar a conduta lesiva (o que não necessariamente atrai a competência da Justiça Federal, conforme Súmulas 517 e 556 do STF).

Já a **empresa pública** é pessoa jurídica de direito **privado**, cujo capital é **exclusivamente público** (podendo ser de várias pessoas políticas), criada para o desenvolvimento de atividades econômicas relevantes ou prestação de serviços públicos. No último caso, estará fortemente informada pelo art. 175 da CF/88.

No caso da questão sobre o foro judicial, como se trata de ação de indenização de danos morais contra empresa pública federal, por haver patrimônio público federal na composição do patrimônio da empresa, a União tem interesse na lide, atraindo assim a competência da Justiça Federal para processar e julgar a demanda.

15. ERRADO Enquanto a empresa pública pode se estruturar sob qualquer forma prevista em lei, inclusive sociedade simples ou anônima, **as sociedades de economia mista SOMENTE podem ser organizadas em forma de sociedade anônima**, pois essa forma de constituição permite que a entidade pública que a criou tenha a maioria das ações com direito a voto, resguardando assim o controle gerencial da sociedade.

Comentário extra: Como comentado na questão anterior, na gestão da sociedade de economia mista deve obrigatoriamente haver participação da entidade pública que contribuiu para a formação do capital da sociedade que necessariamente deterá a maioria das ações com direito a voto, resguardando assim o controle gerencial da sociedade.

Para que essa exigência legal (maioria das ações com direito a voto na propriedade da entidade de direito público) possa ser realizada, a sociedade de economia mista necessariamente necessita ser organizada em sociedade anônima.

16. CERTO As empresas públicas, sendo pessoas jurídicas de direito **privado**, não estão compreendidas na expressão "fazenda pública" do art. 188 do CPC, que concede prazos processuais especiais somente à Fazenda Pública em juízo.

Comentário extra: ATENÇÃO: Nem mesmo se a empresa pública for prestadora de serviços públicos haverá privilégios processuais, conforme decisão **recente** da primeira turma do STF no julgamento do RE 596729, Relator Min. Ricardo Lewandowski, no dia 19-10-2010.

Destaque-se que há mandamento constitucional que determina a submissão das empresas públicas ao regime próprio das empresas privadas (inc. II do § 1º do art. 172 da CF/88). **Entretanto**, tal mandamento é aplicável **apenas** às exploradoras de atividade econômica. Às empresas públicas prestadoras de serviços públicos

não é aplicável o referido inciso, conforme jurisprudência pacífica do STF.

17. CERTO A atuação do Estado como Agente econômico no sistema capitalista brasileiro, admitida apenas excepcionalmente, como quando necessária aos imperativos da segurança nacional ou a relevante interesse coletivo, conforme expressamente determina o *caput* do art. 173 da CF/88, somente é legítima **se não importar desequilíbrio de concorrência com os demais Agentes econômicos privados**.

Comentário extra: Não se admite a concessão de privilégios a empresas estatais exploradoras de atividade econômica, não extensíveis ao setor privado, sob pena de ofensa ao postulado da livre concorrência (art. 170, IV, da CF). Portanto, uma hipotética lei como a mencionada na questão seria fatalmente inconstitucional, por ofensa ao inc. II do § 1º do art. 173, bem como inc. IV do art. 170, ambos da Constituição.

Ver comentários à questão anterior.

18.

A. CERTO • B. CERTO • C. CERTO • D. ERRADO • E. ERRADO Os textos das questões **18. A, 18. B e 18. C** que estão corretos são quase a repetição literal da posição estatal estampada nos cadernos do MARE (atual MPOG, Ministério do Planejamento, Organização e Gestão) que apresentavam as organizações sociais como uma importante personagem na reforma de gestão administrativa do Estado.

Organização social é uma **qualificação** realizável através de um contrato de gestão entre uma associação ou fundação de direito privado sem fins lucrativos, pertencentes a particulares, e o Estado que a declara como de interesse social e de utilidade pública, por prestar serviços de interesse coletivo.

Na feliz lição de Maria Sylvia Zanella di Pietro, *trata-se de título jurídico outorgado e cancelado pelo poder público*.

As principais características das organizações sociais, bem como de todos os entes da administração direta e indireta estão didaticamente apresentadas no quadro de estrutura da seção IMPORTANTE SABER deste capítulo.

Comentário extra: O afirmado na questão **18. D** está totalmente incorreto. O correto é justamente o contrário, ou seja, as organização sociais, segundo o Plano Diretor da Reforma do Aparelho do Estado (publicado em 1995, na vigência do primeiro mandato do Presidente Fernando Henrique Cardoso), seriam a forma adequada de prestar serviços competitivos, não exclusivos do Estado, ou seja, aqueles não próprios do Estado que passariam para a iniciativa privada.

Serviços não exclusivos, pelo Plano citado, correspondem ao setor no qual o Estado atua **simultaneamente** com outras organizações públicas não estatais e privadas. O Estado não prestaria determinados serviços de forma exclusiva, mas continuaria a prestar os serviços que envolvem direitos humanos fundamentais, como os da educação e da saúde, **ou** serviços que geram economias externas relevantes. Exemplos de serviços não exclusivos: universidades, hospitais, centros de pesquisa e museus.

A questão **18. E** está totalmente errada. Primeiro porque não há qualquer inovação constitucional, mas sim institucional. Segundo, não pertencem à estrutura da Administração Pública. Por fim, não existe constituição de organização social, mas sim **qualificação** de uma pessoa jurídica **privada** como **"entidade de interesse social e utilidade pública" através de um contrato de gestão** (art. 11 da Lei n. 9.637/98).

Com o objetivo de permitir uma completa compreensão e conhecimento da matéria, destacamos que entidades **paraestatais**, também denominadas entidades do **terceiro setor**, é gênero que alberga os *serviços sociais autônomos*, as *organizações sociais* e as *OSCIPs* (Organizações da Sociedade Civil de Interesse Público). Somente numa concepção amplíssima pode-se também incluir as ONGs. Ainda, se receberem alguma verba federal ou algum incentivo fiscal federal deverão prestar contas ao TCU.

Para o Prof. Celso Antônio Bandeira de Mello, as paraestatais, ao exercerem atividade em colaboração com o Estado, este lhe concede uma especial proteção, concedendo-as uma parcela de poder de império, nitidamente os de cunho tributário.

Serviços sociais autônomos são entidades privadas sem fins lucrativos, **não** componentes da administração indireta, que desenvolvem atividades caracterizadas como serviço de utilidade pública, ministrando assistência ou ensino a certas categorias sociais ou grupos profissionais. Suas receitas advêm de contribuições parafiscais e ficam vinculadas aos objetivos institucionais definidos na lei que autorizou sua criação.

OSCIPs são entes de cooperação com o Estado, possuindo natureza jurídica de pessoa privada, constituída por particulares, sem qualquer necessidade de autorização estatal, e desempenham serviços sociais (portanto voltados para a Sociedade, e não para auferir lucros) (ver art. 1º da Lei n. 9.790/99) **não** exclusivos da Administração Pública. Sua atividade é incentivada pelo Estado, que também a fiscaliza. O instrumento para a criação do vínculo com o Poder Público é o *termo de parceria*, pelo qual também recebe uma qualificação especial daquele.

19.

A. ERRADO • B. CERTO A Interpol é uma agência internacional de cooperação entre as polícias judiciárias dos 190 países-membros, dentre os quais o Brasil é signatário.

Não administra qualquer presídio, tampouco possui qualquer atuação em crimes de guerra. Registre-se, aliás, que a principal norma internacional regente da Interpol (denominada "constituição") a impede de qualquer intervenção ou atividade de caráter militar, político, racial ou religioso (art. 3º).

IMPORTANTE destacar que a Interpol não envia Agentes para realizar prisões. Elas são realizadas por Agentes locais dos países e pelas normas regentes internas de cada país-membro.

Comentário extra: É responsável pela organização e manutenção de um banco de dados de criminosos e suspeitos envolvidos em delitos de caráter transnacional, nitidamente crime organizado, tais como: tráfico de drogas, armas e seres humanos (trabalho forçado, exploração sexual e extração de órgãos), cibercrimes (delitos cibernéticos, principalmente fraudes com a utilização da internet), corrupção, crimes financeiros (envio de capital sem comprovação de origem para outros países), pirataria marítima, investigações fugitivas (procura de presos evadidos), crimes farmacêuticos, furtos e roubos de obras de arte, crimes contra a propriedade intelectual, transporte além-fronteiras de carros roubados/furtados e crimes ambientais.

Uma das características marcantes da Interpol é oferecer treinamento especializado, apoio direcionado para determinadas áreas de investigação, fornecendo dados relevantes e canais de comunicação seguros.

Está localizada em Lyon (França) e mantém 7 escritórios regionais localizados nos países-membros e mais um na ONU.

O site oficial da Interpol é <http://www.interpol.int>.

20. ERRADO O Poder Legislativo tem duas funções precípuas: legislar e fiscalizar (arts. 49, X, e 71, *caput*, principalmente, incs. IX, X e XI).

O controle da administração pública pelo Poder Legislativo é amplo dentro das balizas estabelecidas na Constituição Federal: controle político e financeiro. O controle de um Poder da República sobre outro só pode estar legitimamente estabelecido na Constituição Federal, pois é exceção ao princípio de separação de poderes.

ATENÇÃO: exceções a princípios e normas constitucionais só podem ser encontrados na própria Constituição ou em tratados de direitos humanos internalizados pelo rito das emendas constitucionais. Portanto, Constituições estaduais e outras modalidades legislativas não podem instituir novas modalidades de controle.

Comentário extra: A atividade fiscalizadora do Poder Legislativo é auxiliada pelo Tribunal de Contas, que exerce controle externo, em auxílio ao Poder Legislativo, mas limitado aos aspectos contábil, financeiro, orçamentário, operacional e patrimonial das entidades administrativas. No caso de identificar ilegalidade nesses aspectos, o Tribunal de Contas não promoverá a anulação (como consta na alternativa), mas assinará prazo para que o órgão ou entidade adote as providências necessárias para o fiel cumprimento da lei (inc. IX do art. 71 da CF/88).

A doutrina, ainda que vacilante, se inclina para reconhecer que são órgãos de auxílio do Poder Legislativo. A rigor, os Tribunais de Contas se inserem na função administrativa do Estado, auxiliando todos os Poderes da República.

ATENÇÃO: Conquanto os Tribunais de Contas possam apreciar a inconstitucionalidade das leis (Súmula 347 do STF), seus atos são passíveis de revisão judicial, até mesmo os que julgam contas públicas.

Importante destacar que a fiscalização ampla da Administração Pública envolve: **a)** o poder-dever da própria administração em fiscalizar e rever seus próprios atos (Poder de Autotutela); **b)** o poder-dever de as entidades da administração direta fiscalizarem as atividades das entidades da administração indireta sujeitas a sua supervisão (Poder de Tutela); **c)** a fiscalização pelo Poder Legislativo; **d)** a fiscalização e revisão dos atos administrativos pelo Poder Judiciário, quando provocado; **e)** o controle popular.

Poder de autotutela é o poder da Administração Pública de perpétua vigilância, supervisão e correção de seus próprios atos, sendo um dos alicerces do controle administrativo. Enquanto não operadas decadências e prescrições, a Administração Pública poderá rever seus atos, buscando certificar-se da regularidade e legalidade deles, bem como se o mérito (conveniência e oportunidade) que justificou determinada concreção ainda se mantém.

21.

A. ERRADO À exceção da menção à Casa Civil, todos os demais órgãos estão errados.

Na verdade, os órgãos setoriais são Secretarias de Controle Interno (CISET) da Casa Civil, da Advocacia-Geral da União, do Ministério das Relações Exteriores e do Ministério da Defesa (inc. II do art. 8º do Decreto n. 3.591/2000).

Comentário extra: *vide* os comentários extras lançados na questão n. 20 *infra*.

B. CERTO A assertiva é quase a reprodução literal do inc. III do art. 8º do Decreto n. 3.591/2000.

Comentário extra: *vide* os comentários extras lançados na questao n. 20 *infra*.

C. ERRADO As mencionadas unidades regionais dos órgãos setoriais não existiam na época da aplicação da prova e tampouco existe previsão atual de sua existência (após Decreto n. 4.440/2002, que alterou dispositivos do Decreto n. 3.591/2000, regedor do Sistema de Controle Interno).

Atualmente, há previsão de unidades regionais de controle interno que exercerão as competências da Controladoria-Geral da União que lhes forem delegadas ou estabelecidas no regimento interno, nas respectivas unidades da federação onde forem instaladas.

Comentário extra: *vide* os comentários extras lançados na questão n. 20 *infra*.

D. ERRADO O órgão de assessoria jurídica do Sistema Interno de Controle é a Controladoria-Geral da União.

Comentário extra: *vide* os comentários extras lançados na questão n. 20 *infra*.

E. CERTO Na época da aplicação da prova, a afirmativa estava correta e em harmonia com a redação original do inc. I do art. 8º do Decreto n. 3.591/2000.

Entretanto, logo após houve alteração na estrutura do Sistema de Controle, cujo órgão central passou a ser da Controladoria-Geral da União, que assumiu a função normativa e a atividade de supervisão técnica dos órgãos componentes do sistema.

Comentário extra relativo às questões 21. A, B, C, D e E: A Controladoria-Geral da União, diferentemente da Secretaria Federal de Controle Interno, não está subordinada ao Ministério da Fazenda.

Importante destacar as finalidades do Sistema de Controle Interno do Poder Executivo Federal, todos em relação apenas à União: **a)** avaliação do cumprimento das metas estipuladas no Plano Plurianual (PPA), com o acompanhamento da execução dos programas de governo (que devem estar previstos no PPA) e dos três orçamentos (fiscal, previdenciário e de investimentos das Estatais); **b)** exercer o controle das operações de credito e concessao de garantias e avais; **c)** controlar os direitos e haveres; **d)** apoiar o controle externo (nitidamente do Poder Legislativo com auxílio do Tribunal de Contas); e **e)** o mais desafiador e difícil de ser implementado: **comprovação da legalidade e avaliação de resultados quanto à eficácia e à eficiência da gestão orçamentária, financeira e patrimonial** nos órgãos e nas entidades da Administração Pública Federal, bem como da aplicação de recursos públicos por entidades de direito privado.

Registre-se que, em regra, a Secretaria Federal de Controle Interno desempenhará as atividades de **controle interno de todos os órgãos e entidades do Poder Executivo Federal**.

Atuam através de auditorias e fiscalizações.

RAIO-X

- Os temas estrutura, organização e controle sempre são cobrados nos concursos públicos da Polícia Federal e equivalem aos seguintes percentuais das questões de Direito Administrativo:

Cargo	Questões do Tema	%
Agente	13	9,15
Escrivão	11	7,7
Delegado	8	5,63

- A maioria das questões é baseada em:

☒ doutrina ☒ legislação ☐ jurisprudência

- Das matérias apresentadas, o tema que é mais exigido em concursos públicos é estrutura dos órgãos e entidades da Administração Pública Federal.

IMPORTANTE SABER

1. EM RELAÇÃO À ESTRUTURA E ORGANIZAÇÃO

QUADRO SINÓTICO DA ESTRUTURA

	Administração Indireta			
	autarquia (salvo OAB)	empresa pública	sociedade de economia mista	fundação pública
personalidade	pública	privada		pública
criação	Lei	necessitam de autorização legislativa e são criadas pela inscrição de seus estatutos na Junta Comercial		Lei
bens	públicos	Particulares, mas se exploradora de serviço público, seus bens não poderão ser penhorados (continuidade do serviço).	particulares	públicos
responsabilidade	Direta e objetiva por comissão e subjetiva por omissão	Quando prestadora de serviços públicos: direta e objetiva por comissão e subjetiva por omissão. Se exercer empresa: subjetiva.	subjetiva	Direta e objetiva por comissão e subjetiva por omissão
serviço público	✓	✓	**N**	✓
atividade econômica	**N**	✓	✓	**N**

	Administração Indireta			
	autarquia (salvo OAB)	empresa pública	sociedade de economia mista	fundação pública
falência	**N**	**N**	**N**	**N**
servidores e trabalhadores	estatutários	celetista. Há necessidade de concurso e as demissões devem ser motivadas		estatutários
licitação	✓	✓ se prestadora de serviços públicos. **N** se exploradora de atividade econômica e o objeto a ser alienado ou adquirido estiver relacionado com a atividade-fim da empresa.		✓
fiscalização por Tribunal de Contas	✓	✓	✓	✓
imunidade tributária	✓	✓se prestadora de serviço público e somente nos atos diretamente ligados à prestação de serviço público.	**N**	✓
prerrogativas processuais	✓	**N**	**N**	✓
instrumento de vínculo	ϕ	ϕ	ϕ	ϕ
órgão autorizador	ϕ	ϕ	ϕ	ϕ
obtenção de qualificação	ϕ	ϕ	ϕ	ϕ
área de atuação	personificação de um serviço público	Prestação de serviços públicos e atividades econômicas de relevante interesse público e imperativos da segurança nacional	atividades econômicas de relevante interesse público e imperativos da segurança nacional	personificação de um patrimônio público

Legenda: ✓= sim; **N** = não; e ϕ = conjunto vazio, ou seja, que não se aplica.

- **Administração direta** é aquela atuação administrativa realizada pelas próprias pessoas *políticas*: União, Estados, Municípios e DF (todas de direito público), através de seus órgãos com competência para a atividade administrativa, ao passo que **administração indireta** é a atuação administrativa efetuada por pessoas *administrativas* – criadas por lei ou autorizada sua criação por essa, para auxiliarem as pessoas políticas na melhor realização da função pública – que poderão ter personalidade de direito público (autarquias, associações públicas e fundações com personalidade de direito público) ou privado (empresas estatais e fundações).
- A interpretação autêntica do que se entende por órgão nos é dada pelo § 2º do art. 1º da Lei n. 9.784/99, merecendo destaque o termo *unidade de atuação*.
- Órgão é centro de competências/atribuições específicas dentro da estrutura do ente administrativo.

- Hely Lopes Meirelles define órgãos como "centros de competência instituídos para o desempenho de funções estatais, através de seus agentes, cuja atuação é imputada à pessoa jurídica a que pertencem". Maria Sylvia Zanella di Pietro apresenta o seguinte conceito: "uma unidade integrada que congrega atribuições exercidas pelos agentes públicos que o integram com o objetivo de expressar a vontade do Estado".
- O princípio da especialidade é o forte norteador da descentralização administrativa, sendo que a entidade criada deverá ater-se aos fins específicos que inspiraram sua criação.
- Pessoas **estatais** são as pessoas políticas, dotadas de poder legislativo, isto é, do poder de criar o próprio direito dentro de uma esfera de ação delimitada na Constituição.
- Pessoas **autárquicas** são pessoas de direito público, prestadoras de serviços públicos sob regime exclusivamente de direito público, cuja execução é aperfeiçoada quando prestada de forma descentralizada e especializada.
- A interpretação autêntica (aquela realizada pelo legislador no próprio corpo da norma) do conceito de **autarquia** nos é dada pelo art. 5º do Decreto-Lei n. 200/67: **serviço autônomo**, criado por lei, com personalidade jurídica, patrimônio e receita próprios, para executar atividades típicas da Administração Pública, que requeiram, para seu melhor funcionamento, gestão administrativa e financeira descentralizada.

  Desse conceito, podemos extrair 3 elementos essenciais: personalidade jurídica, prestação de serviço público de forma autônoma e descentralização administrativa.
- **Agências reguladoras** são entidades da administração indireta, com natureza de autarquia especial, criadas para regular, fiscalizar e controlar determinadas atividades social e economicamente relevantes que antes eram prestadas pelo Estado. Diferem-se das agências executivas, na medida em que essas não têm como principal atividade regular e controlar particulares prestadores de serviços públicos, mas sim prestar uma determinada atividade estatal que para se realizar em plenitude reclama melhor desenvoltura, principalmente pelo grau de liberdade em sua gestão, sendo o principal benefício o aumento dos limites para dispensa de licitação. Advirta-se que as **agências executivas** não são, em regra, criadas, sendo na verdade uma qualificação que se dá a uma autarquia ou a uma fundação governamental já existentes, quando essas, contando com plano estratégico de reestruturação e desenvolvimento institucional, celebram **contrato de gestão** com o ministério supervisor.
- Criação de **empresas públicas e sociedades de economia mista** depende de lei autorizativa **específica**, atos constitutivos do Poder Executivo e registro desses atos no registro público competente.
- **Entidades empresariais**, dentro da estrutura organizacional da Administração Pública, são destinadas ao desempenho de atividade econômica, nos casos em que a CF/88 permite a exploração de tal atividade pela Administração indireta (a exploração de atividade econômica foi reservada pela Constituição à iniciativa privada, só se justificando seu exercício pelo Estado, nos termos de lei, quando necessária para segurança nacional ou relevante interesse público). Poderão prestar serviços públicos por delegação ou concessão, e, quando isso ocorre, se aproximam do regramento constitucional dado pelo art. 175, se afastando do regime do art. 173.
- As sociedades de economia mista, mesmo das quais a União faça parte, possuem foro processual na Justiça Estadual ordinária. O art. 109 da CF/88, que determina a competência da Justiça Federal, somente traz a menção às causas que envolvem empresas públicas federais. **Houve algumas discussões jurídicas sobre o foro processual quando a sociedade de economia mista prestava serviços públicos. Entretanto, tais discussões foram superadas com os enunciados das Súmulas 517 e 556 do STF.**
- **Fundação de apoio** é entidade de cooperação das instituições federais de pesquisa científica e ensino superior.
- **Fundação pública** é a personificação de um patrimônio público, afetando-o para determinado fim público de cunho social. É dotada de autonomia parcial, capacidade de autoadministração e se sujeita ao poder de tutela da entidade instituidora. Desempenha atividade própria de Estado. Seu regime é idêntico ao da autarquia, por isso mesmo sendo chamada de *autarquia fundacional*. É instituída diretamente pela lei, não necessitando de quaisquer registros nos cartórios de registros públicos. Seus atos são dotados dos atributos de presunção de veracidade e autoexecutoriedade; seus bens não podem ser penhorados; e as execuções contra si seguem o regime de precatórios.
- **Fundação privada governamental** é a personificação de um patrimônio público ou privado, recebendo a denominação de *fundação* ***corporativa***.

É regida principalmente pelo Código Civil, parcialmente derrogado por normas de direito público e por disposições contidas na lei instituidora. Se for da esfera federal, também será regrada pelo Decreto-Lei n. 200/67 e pela Lei n. 7.596/87.

Ainda que de personalidade privada, a fundação instituída ou mantida pelo poder público, se subordina a uma série de regramentos de direito público, principalmente: a) constituição e extinção autorizadas em lei; b) sujeição de ampla fiscalização de seus recursos, quer por meios administrativos internos, quer pelo poder de tutela, quer pelos tribunais de contas; c) exigência de licitações; d) gozar de imunidade tributária em relação às suas atividades essenciais; e e) **se** exercer função delegada do poder público, passa a ter legitimidade ativa para proposição de ação cível pública; é cabível ação popular contra atos lesivos ao seu patrimônio; e seus dirigentes passam a ter legitimidade para figurarem no polo passivo de mandado de segurança.

- Pessoas **paraestatais ou de cooperação** são pessoas de direito privado, não componentes da Administração Pública indireta, que exercem atividades não lucrativas de relevância para o interesse público. Por realizarem atividades importantes para o interesse coletivo, o Poder Público acompanha sua atuação e lhe concede incentivos. Recebem a denominação de *paraestatais* a fim de designar que atuam paralelamente ao Estado (e, portanto, não o compõe), e *de cooperação*, pois, ao atuarem prestando serviços relevantes ao interesse público, colaboram na promoção do bem-estar social.
- As paraestatais também são denominadas entidades do **terceiro setor**. Trata-se do gênero que alberga os *serviços sociais autônomos*, as *organizações sociais* e as *OSCIPs* (Organizações da Sociedade Civil de Interesse Público). Somente numa concepção amplíssima pode-se também incluir as ONGs. Ainda, se receberem alguma verba federal ou algum incentivo fiscal federal, deverão prestar contas ao TCU. Para o Prof. Celso Antônio Bandeira de Mello, as paraestatais, ao exercerem atividade em colaboração com o Estado, este lhes concede uma especial proteção, mediante uma parcela de poder de império, nitidamente de cunho tributário.
- *Entidades de apoio* são associações ou cooperativas de servidores com objetivo de prestação de serviço social não privativo do Estado. Realizam convênios com a Administração Pública.
- OSCIPs são entes de cooperação com o Estado, possuindo natureza jurídica de pessoa privada, constituída por particulares, sem qualquer necessidade de autorização estatal, e desempenham serviços sociais (portanto, voltados para a Sociedade e não para auferir lucros (ver art. 1º da Lei n. 9.790/99) **não** exclusivos da Administração Pública. Sua atividade é incentivada pelo Estado, que também as fiscaliza. O instrumento para a criação do vínculo com o Poder Público é o *termo de parceria*, pelo qual também recebem uma qualificação especial daquele.
- As entidades paraestatais (terceiro setor) aparecem na doutrina também sob a alcunha de *entidades públicas não estatais*.
- Os serviços sociais autônomos aparecem na doutrina também sob a alcunha de *pessoas de cooperação governamental*.
- A doutrina não é pacífica a respeito de agasalhar ou não os concessionários e permissionários sob a classificação de agentes delegados.
- Maria Sylvia Zanella di Pietro é firme na posição de que os concessionários e permissionários se incluem em tal categoria.
- Já Celso Antônio Bandeira de Mello distingue agentes delegados de função ou ofício público dos agentes concessionários e permissionários, ao ensinar que a atividade dos primeiros é jurídica e não material, como ocorre com os segundos. Para o mestre da PUCSP, os agentes delegados são os titulares de serventias da Justiça não oficializadas (notários e registradores), bem como "outros sujeitos que praticam, com o reconhecimento do Poder Público, certos atos dotados de força jurídica oficial, como ocorre com os diretores de Faculdades particulares reconhecidas".

2. EM RELAÇÃO AO CONTROLE DA ADMINISTRAÇÃO PÚBLICA

- A CF/88 determinou à Administração Pública uma gama expressiva de deveres e de objetivos, nitidamente o de satisfazer as necessidades coletivas essenciais, tratando de instrumentalizá-la com importantes poderes a fim de que possa realizar suas funções.
- Em decorrência, a atividade administrativa é amplíssima, interferindo de forma expressiva no cotidiano dos cidadãos e da nação, razão pela qual quanto maior for o controle dessa importante atividade, menor a possibilidade de violações e arbítrios, bem como maior a possibilidade de eficácia resultante do seu agir.
- O Supremo é pacífico em relação ao sistema de controle administrativo: a atuação do Tribunal de Contas da União no exercício da fiscalização contábil, financeira, orçamentária, operacional e

patrimonial das entidades administrativas **não se confunde com aquela atividade fiscalizatória realizada pelo próprio órgão administrativo**, uma vez que esta atribuição decorre da de **controle interno ínsito a cada Poder**, e aquela, do **controle externo a cargo do Congresso Nacional** (Pet 3.606-AgR, STF, Pleno, Rel. Min. Sepúlveda Pertence, julgamento em 21-9-2006, *DJ* de 27-10-2006).

- Os atos administrativos praticados antes da Lei n. 9.784/99 podem ser revistos pela Administração a qualquer tempo, pois antes não existia norma legal quanto a haver prazo para tal iniciativa. Dessa forma, **o prazo decadencial de 5 anos somente incide após o advento da referida lei** que o previu e o seu termo inicial é a data de sua vigência (STJ).

QUADRO SINÓTICO DE MECANISMOS DE CONTROLE ADMINISTRATIVO DA ADMINISTRAÇÃO PÚBLICA (CONTROLE INTERNO)

Mecanismo	Característica
Poder de autotutela (controle hierárquico)	Automático e decorrente do poder hierárquico, bem como por força do art. 74 da CF/88. Permite à Administração Pública rever a todo o momento (desde que não ocorrida a decadência e prescrição) os atos decorrentes de suas condutas, a fim de verificar a exatidão do cumprimento da vontade legal, com o alcance dos objetivos de superação das necessidades coletivas. **ATENÇÃO:** Importante mencionar que, em fevereiro de 2010, o Supremo flexibilizou a Súmula 473, para **explicitar que há necessidade de devido processo legal para desconstituir situações jurídicas já consolidadas que repercutem na esfera de direitos individuais dos administrados**.
Poder de tutela (controle finalístico)	Decorre de previsão legal (em regra) e permite à Administração Direta realizar a verificação de adequação das condutas das entidades da Administração Indireta **com as finalidades** que inspiraram sua criação. Alertamos para a necessidade, **em regra**, de previsão legal no ato de criação da entidade da Administração Indireta, pois o Prof. Celso Antônio Bandeira de Mello ensina que existe a tutela extraordinária, na qual, mesmo não havendo previsão legal, mas mediante atos nitidamente abusivos e desconformes com a finalidade especial da entidade, pode a Administração direta realizar a verificação de adequação da conduta daquela.
Direito de petição	Mecanismo para o administrado apresentar pedidos à Administração Pública para que ela se manifeste sobre determinado tema, acolhendo ou rejeitando pedido. Trata-se de garantia constitucional.
Representação	Denúncia formal e assinada de irregularidades internas ou de abuso de poder na prática de atos da Administração, feitas por quem quer que seja à autoridade competente para conhecer e coibir ilegalidades e desvios.
Pedido de reconsideração (direito de reconsideração)	Faculdade que o administrado possui de requerer ao agente responsável por determinada questão que lhe fora apresentada seu reexame. Não possui efeito suspensivo, salvo se a autoridade julgadora entender presentes pressupostos que podem ensejar algum tipo de dano ilegítimo e de difícil reparação.
Recurso hierárquico	Pedido de revisão de determinado julgamento exarado por autoridade ou agente administrativo ao seu imediato superior.
Reclamação	Qualquer forma de manifestação de contrariedade ou discordância do administrado em face de conduta administrativa.
Revisão	Permitida apenas nos procedimentos que resultem em sanções para o administrado. Trata-se de processo autônomo que pode ser iniciado a qualquer tempo, a requerimento ou de ofício, desde que sejam apresentados fatos novos não conhecidos no momento da anterior sanção.
Queixa administrativa criminal	Representação de irregularidade que potencialmente pode se encaixar em alguma conduta tipificada como delito.

- Quadro de referências de garantias constitucionais utilizadas como mecanismo de controle judicial e a CF/88:

Mandado de Segurança	art. 5º, LXIX
Mandado de Segurança Coletivo	art. 5º, LXX
Ação Popular	art. 5º, LXXIII
Habeas Data	art. 5º, LXXII
Mandado de Injunção	art. 5º, LXXI
Habeas Corpus	art. 5º, LXVIII

OBS.: Cumpre asseverar que o Prof. Celso Antônio Bandeira de Mello também elenca a ADI como forma de controle administrativo pelo Judiciário em casos em que haja omissão da Administração Pública em expedir providência normativa.

DIREITO ADMINISTRATIVO

QUADRO SINÓTICO DE CARACTERÍSTICAS E PODERES DE CPI

CPI	Características de acordo com a CF/88 e jurisprudência do Supremo	
Criação	Mínimo: 171 deputados ou 27 senadores	
Objeto	Fato determinado. Atente-se, no entanto, que o pleno do STF já decidiu que **o objeto da CPI pode ser aditado** para incluir a investigação de outros fatos de que só se teve notícia com as investigações em andamento (HC 71.039).	
Poderes	Próprios de investigação das autoridades judiciais. Pode haver alargamento a depender do regimento de cada casa legislativa. Nos precisos termos do art. 2º da Lei n. 1.579/52, a CPI poderá determinar diligências.	
	Determinar diligências	**SIM**
	Convocar ministros de Estado para depoimento	**SIM**
	Tomar depoimento de quaisquer autoridades federais, estaduais e municipais	**SIM**
	Ouvir indiciados	**SIM**
	Inquirir testemunhas sob compromisso de dizer a verdade	**SIM**
	Determinar a condução coercitiva de testemunhas	**SIM**
	Determinar a prisão de testemunha que se cala sobre assunto que pode levar à sua incriminação	**NÃO**
	Requisitar informações e documentos de entidades e órgãos da Administração Pública	**SIM**
	Determinar diligências a serem cumpridas por órgãos e entidades da Administração Pública, inclusive Receita Federal do Brasil e Polícia Federal	**SIM**
	Transportar-se para onde se fizer necessário	**SIM**
	Deixar de motivar suas decisões	**NÃO**
	Quebrar sigilo bancário, fiscal e de dados	**SIM**
	Quebrar histórico telefônico (sigilo telefônico)	**SIM**
	Realizar interceptação telefônica	**NÃO**
	Busca e apreensão em domicílio	**NÃO**

CPI	Características de acordo com a CF/88 e jurisprudência do Supremo	
Poderes	Realizar jurisdição	NÃO
	Impor penalidades	NÃO
	Convocar Magistrados para depor	Sim, **desde que** o magistrado tenha atuado em função administrativa.
	Decretar prisão	Não, **salvo** flagrante delito de falso testemunho
	Obter documentos sigilosos das instituições financeiras	Sim, **desde que** as solicitações sejam previamente aprovadas pelos plenários de cada casa ou do plenário de suas comissões (art. 4º, § 1º, da Lei Complementar n. 105/2001).
Prazo	Certo, mas pode haver prorrogação **dentro da mesma legislatura**.	

LEGISLAÇÃO E SÚMULAS PERTINENTES

1. EM RELAÇÃO À ESTRUTURA E ORGANIZAÇÃO

- CF/88: arts. 21, X; 37, I a XXII e § 6º; 49, X; 70 e 71; 174; 177, § 2º, III.
- CC: inc. IV do art. 41.
- Decreto-Lei n. 200/67.
- Lei n. 9.427/96.
- Lei n. 9.472/97.
- Lei n. 9.478/97.
- Lei n. 9.491/97.
- Lei n. 9.637/98: requisitos para qualificação como organização social.
- Lei n. 9.649/98: art. 51.
- Lei n. 9.784/99, principalmente § 2º do art. 1º: conceito legal de órgão, entidade e autoridade.
- Lei n. 9.790/99, principalmente art. 1º: entidade sem fim lucrativo. Combinar com o Decreto n. 3.100/99.
- Lei n. 10.683/2003.
- Lei n. 11.079/2004.
- Lei n. 11.107/2005: § 1º do art. 6º, que traz interessante determinação de que consórcios públicos com personalidade jurídica de direito público integram a administração indireta dos entes consorciados.
- Lei n. 12.396/2011: consórcio público APO: Autoridade Pública Olímpica (entes: a União, o Estado do Rio de Janeiro e o Município do Rio de Janeiro).
- Lei n. 12.897/2013: autoriza o Poder Executivo federal a instituir serviço social autônomo denominado Agência Nacional de Assistência Técnica e Extensão Rural – ANATER e dá outras providências.
- **Súmula Vinculante 27:** Compete à Justiça estadual julgar causas entre consumidor e concessionária de serviço público de telefonia, quando a ANATEL não seja litisconsorte passiva necessária, assistente, nem opoente.
- **Súmula 340 do STF:** Desde a vigência do Código Civil *[e aqui o Supremo se referia ao CC/16]*, os bens dominicais, como os demais bens públicos, não podem ser adquiridos por usucapião.
- **Súmula 477 do STF:** As concessões de terras devolutas situadas na faixa de fronteira, feitas pelos estados, autorizam, apenas, o uso, permanecendo o domínio com a União, ainda que se mantenha inerte ou tolerante, em relação aos possuidores.
- **Súmula 479 do STF:** As margens dos rios navegáveis são de domínio público, insuscetíveis de expropriação e, por isso mesmo, excluídas de indenização.
- **Súmula 516 do STF:** O Serviço Social da Indústria (SESI) está sujeito à jurisdição da Justiça Estadual.
- **Súmula 517 do STF:** As sociedades de economia mista só têm foro na Justiça Federal quando a União intervém como assistente ou opoente.
- **Súmula 556 do STF:** É competente a justiça comum para julgar as causas em que é parte sociedade de economia mista.

- **Súmula 620 do STF:** A sentença proferida contra Autarquias não está sujeita a reexame necessário, salvo quando sucumbente em execução de dívida ativa.
- **Súmula 644 do STF:** Ao titular do cargo de procurador de autarquia não se exige a apresentação de instrumento de mandato para representá-la em juízo.
- **Súmula 650 do STF:** Os incisos I e XI do art. 20 da Constituição Federal não alcançam terras de aldeamentos extintos, ainda que ocupados por indígenas em passado remoto.
- **Súmula 42 do STJ:** Compete à Justiça Comum Estadual processar e julgar as causas cíveis em que é parte sociedade de economia mista e os crimes praticados em seu detrimento.
- **Súmula 66 do STJ:** Compete à Justiça Federal processar e julgar execução fiscal promovida por Conselho de fiscalização profissional.
- **Súmula 232 do STJ** (também aplicável às autarquias): A Fazenda Pública, quando parte no processo, fica sujeita à exigência do depósito prévio dos honorários do perito.

2. EM RELAÇÃO AO CONTROLE DA ADMINISTRAÇÃO PÚBLICA

- CF/88: arts. 14; 37; 49; 61, § 2º; 70 a 75. Ainda, relativo às CPIs: art. 58, § 3º.
- CC: arts 98 a 103.
- Lei n. 1.579/52.
- Decreto-Lei n. 200/67: inc. V do art. 6º.
- Lei n. 4.717/65.
- Lei n. 4.898/65: representação contra abuso de autoridade.
- Lei n. 7.347/85.
- Lei n. 8.429/92.
- Lei n. 8.443/92.
- Lei n. 9.709/98.
- Lei n. 10.001/2000.
- Lei n. 10.180/2001: arts. 19 a 24.
- Lei Complementar n. 105/2001: sigilo.
- Lei n. 9.784/99 (processo administrativo federal): arts. 50, 53 a 68.
- Lei n. 8.429/92: improbidade administrativa: arts. 9º, 10, 11, 14 e 22.
- Lei n. 12.016/2009: mandado de segurança.
- Lei n. 12.527/2011 (LAI: Lei de Acesso à Informação): principalmente arts. 3º, V; 5º; 7º; 8º, § 4º; 12; 15 a 20; 22; 23, VIII e § 1º; 32; 35, § 1º; e 40.
- **Súmula 70 do STF:** É inadmissível a interdição de estabelecimento como meio coercitivo para cobrança de tributo.
- **Súmula 101 do STF:** O mandado de segurança não substitui a ação popular.
- **Súmula 266 do STF:** Não cabe mandado de segurança contra lei em tese.
- **Súmula 267 do STF:** Não cabe mandado de segurança contra ato judicial passível de recurso ou correição.
- **Súmula 268 do STF:** Não cabe mandado de segurança contra decisão judicial com trânsito em julgado.
- **Súmula 269 do STF:** O mandado de segurança não é substitutivo de ação de cobrança.
- **Súmula 271 do STF:** Concessão de mandado de segurança não produz efeitos patrimoniais em relação a período pretérito, os quais devem ser reclamados administrativamente ou pela via judicial própria.
- **Súmula 304 do STF:** Decisão denegatória de mandado de segurança, não fazendo coisa julgada contra o impetrante, não impede o uso da ação própria.
- **Súmula 330 do STF:** O Supremo Tribunal Federal não é competente para conhecer de mandado de segurança contra atos dos tribunais de justiça dos Estados.
- **Súmula 346 do STF:** A Administração Pública pode declarar a nulidade dos seus próprios atos.
- **Súmula 347 do STF:** O Tribunal de Contas, no exercício de suas atribuições, pode apreciar a constitucionalidade das leis e dos atos do Poder Público.
- **Súmula 429 do STF:** A existência de recurso administrativo com efeito suspensivo não impede o uso do mandado de segurança contra omissão da autoridade.
- **Súmula 430 do STF:** Pedido de reconsideração na via administrativa não interrompe o prazo para o mandado de segurança.
- **Súmula 473 do STF:** A administração pode anular seus próprios atos quando eivados de vícios que os tornam ilegais, porque deles não se originam direitos; ou revogá-los, por motivo de conveniência ou oportunidade, respeitados os direitos adquiridos e ressalvada, em todos os casos, apreciação judicial. (O Supremo já flexibilizou essa Súmula, para explicitar que há necessidade de devido processo legal para desconstituir situações

jurídicas já consolidadas que repercutem na esfera de direitos individuais dos administrados.)

- **Súmula 510 do STF:** Praticado o ato por autoridade no exercício de competência delegada, contra ela cabe o mandado de segurança ou a medida judicial.
- **Súmula 623 do STF:** Não gera por si só a competência originária do Supremo Tribunal Federal para conhecer do mandado de segurança com base no art. 102, I, *n*, da Constituição, dirigir-se o pedido contra deliberação administrativa do tribunal de origem, da qual haja participado a maioria ou a totalidade de seus membros.
- **Súmula 624 do STF:** Não compete ao Supremo Tribunal Federal conhecer originariamente de mandado de segurança contra atos de outros tribunais.
- **Súmula 625 do STF:** Controvérsia sobre matéria de direito não impede concessão de mandado de segurança.
- **Súmula 626 do STF:** A suspensão da liminar em mandado de segurança, salvo determinação em contrário da decisão que a deferir, vigorará até o trânsito em julgado da decisão definitiva de concessão da segurança ou, havendo recurso, até a sua manutenção pelo Supremo Tribunal Federal, desde que o objeto da liminar deferida coincida, total ou parcialmente, com o da impetração.
- **Súmula 629 do STF:** A impetração de mandado de segurança coletivo por entidade de classe em favor dos associados independe da autorização destes.
- **Súmula 630 do STF:** A entidade de classe tem legitimação para o mandado de segurança ainda quando a pretensão veiculada interesse apenas a uma parte da respectiva categoria.
- **Súmula 632 do STF:** É constitucional lei que fixa o prazo de decadência para a impetração de mandado de segurança.

3. ATOS ADMINISTRATIVOS

QUESTÕES

1. **(Delegado – CESPE – 2004 – adaptada)** A respeito dos atos administrativos e serviços públicos, julgue o item que se segue.
   - Os atos administrativos praticados pela administração pública sob regime de direito privado não gozam de presunção de legitimidade.
2. **(Delegado – CESPE – 2013 – adaptada)** Julgue o item a seguir, relativo a controle da administração.
   - O controle prévio dos atos administrativos é de competência exclusiva da própria administração pública, ao passo que o controle dos atos administrativos após sua entrada em vigor é exercido pelos Poderes Legislativo e Judiciário.
3. **(Escrivão – CESPE – 2002 – adaptada)** Acerca do direito administrativo, julgue o item.
   - Se a administração pública praticar ato que satisfaça a interesse seu mas que desatenda ao fim especificamente previsto na lei autorizadora do ato, terá havido ofensa ao princípio da finalidade, por desvio desta.
4. **(Delegado – CESPE – 2013 – adaptada)** Com relação aos atos administrativos, julgue o item subsequente.
   - Quando um ministério pratica ato administrativo de competência de outro, fica configurado vício de incompetência em razão da matéria, que pode ser convalidado por meio da ratificação.
5. **(Delegado – CESPE – 2004 – adaptada)** No tocante a abuso de poder e a ato administrativo, julgue o item a seguir.
   - O abuso de poder, na modalidade de desvio de poder, caracteriza-se pela prática de ato fora dos limites da competência administrativa do agente.
6. **(Escrivão – CESPE – 2002 – adaptada)** Em relação ao direito administrativo brasileiro, julgue o item que se segue.
   - Considere a seguinte situação hipotética: Em determinado município, o prefeito deliberou ampliar o hospital público, que não mais atendia à demanda dos munícipes. O promotor de justiça da comarca, após instaurar inquérito civil e não ter sucesso em recomendação que enviou à prefeitura, ajuizou ação civil pública procurando demonstrar que, apesar da necessidade da ampliação do hospital, o município carecia muito mais da construção de novas escolas. Dessa maneira, a ação buscava demonstrar que seria mais oportuna e conveniente a utilização dos recursos públicos na educação e não na saúde. Nessa situação, poderia o juiz de direito da comarca, se julgasse procedente o pedido da ação, revogar a decisão do prefeito e determinar à municipalidade a construção das escolas.
7. **(Escrivão – CESPE – 2004)** Acerca do direito administrativo, julgue o item a seguir.
   - Considerando que a Constituição da República determina que a lavra de recursos minerais somente poderá ser efetuada mediante autorização ou concessão da União, é correto afirmar que a expedição de autorização de lavra de recurso mineral é um ato administrativo que configura exercício de poder de polícia.
8. **(Agente – CESPE – 2004 – adaptada)** Julgue os itens abaixo, acerca da autorização do porte de arma de fogo.

a) A autorização de porte de arma de fogo constitui uma forma de delegação de serviço público.

b) A expedição de autorização de porte de arma de fogo constitui exercício de poder administrativo regulamentar.

9. **(Escrivão – CESPE – 2004)** A administração pode anular seus próprios atos, quando eivados de vícios que os tornem ilegais, porque deles não se originam direitos; ou revogá-los, por motivo de conveniência ou oportunidade, respeitados os direitos adquiridos, e ressalvada, em todos os casos, a apreciação judicial.

Súmula n. 473 do Supremo Tribunal Federal.

Tendo como referência inicial o texto acima, julgue os itens seguintes.

a) A administração pode revogar o ato ineficiente.

b) O ato ilegal anulado gera direito a indenização.

10. **(Delegado – CESPE – 2004 – adaptada)** No tocante a abuso de poder e a ato administrativo, julgue o item a seguir.

- Ocorre a extinção do ato administrativo por caducidade quando o ato perde seus efeitos jurídicos em razão de norma jurídica superveniente que impede a permanência da situação anteriormente consentida.

GABARITO COMENTADO

1. ANULADA Corretamente anulada ante o dissenso na Doutrina sobre a possibilidade de regime privado de ato administrativo. Não é pacífico nem se é possível a produção de ato administrativo em regime de direito privado. Alguns doutrinadores entendem que o ato administrativo pode ser prolatado dentro do regime de direito público (regra), como de direito privado (exceção e apenas em atos negociais em que estivesse em condições de igualdade com o particular).

Entretanto, também há na Doutrina a linha que ensina que mesmo quando age em regime de direito privado, há tantas derrogações de direito público (impostas pelo ordenamento e pelos princípios) que fica desnaturada qualquer relação de direito privado.

Nossa posição é de que quando a Administração Pública realiza um negócio jurídico consensual em reais condições de igualdade com o contratante, a estrutura negocial é essencialmente de direito privado (ainda que derrogado por princípios de direito público pelo fato de um dos contratantes ser o Estado), sendo as formas mais comuns os contratos de venda e compra, dação em pagamento, doação e permuta.

Mas, advirta-se, esses atos negociais, quando admitidos, são realizados em condições de igualdade com o particular, **não** se revestindo de qualquer presunção de legitimidade própria do ato administrativo realizado com fundamento em normas de direito público.

Comentário extra: O ato administrativo realizado dentro das normas de direito público aufere sua legitimidade do sistema jurídico. Legítima é a conduta administrativa produzida com eficácia e de acordo com o Direito, com o fim de promover o bem-estar social e superar as necessidades coletivas.

Em face do forte princípio da legalidade, a Administração Pública somente deve fazer o que a lei determina. Se assim é, então todo ato administrativo se presume em conformidade com a lei. A essa decorrência lógica e jurídica, dá-se o nome de **presunção de legitimidade**, pois se ato administrativo é apenas fruto da vontade legal, seu conteúdo e resultado são presumivelmente legítimos.

Atenção: A presunção de legitimidade (como ato produzido de acordo com a vontade do povo brasileiro corporificada em lei) permite que os demais atributos do ato administrativo possam se manifestar: a imperatividade e a autoexecutoriedade.

Essa presunção cede ante o exercício do poder de autotutela, judicial (quando provocado) e também Legislativo (sustar os atos regulamentares exorbitantes expedidos pelo Chefe do Poder Executivo; fiscalizar, com o auxílio do Tribunal de Contas, o emprego dos recursos públicos etc.), através da comprovação de que a conduta realizada contém vícios que a maculam de tal forma que não permite convalidação. A partir desse momento, o ato será anulado, cessando os efeitos até então produzidos, com eficácia retroativa (*ex tunc*).

Os demais atributos do ato administrativo são: **imperatividade e autoexecutoriedade**.

Autoexecutoriedade é o atributo que permite que a Administração Pública possa, **nos casos permitidos em lei** OU em **situações de emergência** à incolumidade pública, realizar **atos concretos de salvaguarda com invasão de esferas patrimoniais e libertais** dos particulares, que em situações regulares dependeriam de intervenção judicial. Muito útil em situações de emergências em que a Administração Pública precisa agir de forma ágil (por exemplo: interdição de prédio em perigo de ruína iminente), para imediata proteção administrativa de bem jurídico ameaçado ou lesado. Seu limite é efetuar os atos necessários até o estritamente suficiente para salvaguarda de bens jurídicos e remoção do perigo.

Imperatividade ou **coercibilidade** trazem consigo a ideia de *atos de império,* atos dotados de poder de força vinculante, ou seja, de vincular a atividade dos particulares independentemente da concordância ou adesão desses. Esse atributo é o que justifica a possibilidade de a Administração Pública **constituir obrigações aos particulares de forma unilateral**.

Registre-se que nem todo ato administrativo é dotado de imperatividade. Atos enunciativos, atos estritamente negociais, bem como aqueles que deferem direitos solicitados pelos administrados, não são exprimidos com Poder de Império.

Maria Sylvia Zanella di Pietro também elenca a *tipicidade* como atributo, ensinando que os atos administrativos devem corresponder a um tipo legal de comportamento, sendo vedada conduta inominada, funcionando como uma garantia ao administrado.

2. ERRADO A fiscalização ampla da Administração Pública envolve: **a)** o poder-dever da própria administração em fiscalizar e rever seus próprios atos (Poder de Autotutela); **b)** o poder-dever de as entidades da administração direta fiscalizarem as atividades das entidades da administração indireta sujeitas a sua supervisão (Poder de Tutela); **c)** a fiscalização pelo Poder Legislativo (exercido pelo Congresso Nacional com o auxílio dos tribunais de contas (inc. X do art. 49 e art. 71, ambos da CF/88); **d)** a fiscalização e revisão dos atos administrativos pelo Poder Judiciário, quando provocado; **e)** o controle popular.

Importante destacar que **a única entidade da Administração Pública indireta que não presta contas ao tribunal de contas é a OAB**, entidade ímpar na nação brasileira que desempenha funções institucionais, além da fiscalização profissional, conforme restou decidido no julgamento do ADin 3026/DF pelo **STF**.

Comentário extra: Poder de autotutela é o poder da Administração Pública de perpétua vigilância, supervisão e correção de seus próprios atos, sendo um dos alicerces do controle administrativo. Enquanto não operadas decadências e prescrições, a Administração Pública poderá rever seus atos, buscando certificar-se da regularidade e legalidade deles, bem como se o mérito (conveniência e oportunidade) que justificou determinada concreção ainda se mantém.

3. CERTO Na conduta administrativa é possível identificar dois interesses que devem ser geridos de forma harmônica: o interesse primário e o interesse secundário. O interesse primário é o interesse da sociedade, da coletividade como um todo. O interesse secundário é o interesse da própria Administração.

Em regra, ambos devem ser atingidos e ter suas necessidades superadas. De modo geral, o interesse da sociedade coincide com o interesse da Administração e a satisfação de um gera um efeito reflexo positivo para o outro.

Entretanto, **quando** numa situação concreta for verificado que **o atendimento do interesse secundário é colidente com o atendimento do interesse primário**, **esse deve prevalecer** e a Administração Pública **deve se abster** da prática do ato que pretendia executar mas que traria satisfação apenas ao seu interesse em prejuízo do interesse público (sob pena justamente de ofender o princípio da finalidade mencionado na questão). Os exemplos mais contundentes são a) a locação de prédios suntuosos para instalar repartições públicas e b) a contratação de sociedade especializada em determinado serviço por preço acima do mercado.

Comentário extra: Ainda, em relação ao tema desvio de finalidade, é importante destacar que o vício do ato administrativo no **desvio de poder é de finalidade**, enquanto o vício do abuso de poder é de competência.

Desvio de poder é o desvio de finalidade na prática administrativa. Ou seja, é a utilização ilegal ou ilegítima do aparato instrumental colocado à disposição da função pública para realização de fim diverso do que a realização dos interesses públicos e coletivos.

Registre-se que há posições na Doutrina defendendo que *excesso* e *desvio* de poder são formas de *abuso* de poder. Ainda é importante mencionar que, na lição de Hely Lopes Meirelles, os conceitos se entrelaçam: "o abuso de poder ocorre quando a autoridade, embora competente para praticar o ato, ultrapassa os limites de suas atribuições ou se desvia das finalidades administrativas". Seabra Fagundes ensina que, para fins de mandado de segurança, pouco importa a diferenciação.

4. ERRADO A Banca examinadora adotou a posição de parte da Doutrina (posição monista) que defende que vícios de competência material são erros graves que não comportariam convalidação, pois o ato nem sequer existe, pois foi praticado por pessoa que não detinha poder/dever de assim agir. O ato produzido, portanto, nem sequer existiria.

Mas é importante, a fim de permitir uma apreensão completa do tema que há na Doutrina (posição dualista), outras posições que firmes na segurança jurídica e no resguardo dos atos praticados por terceiros de boa-fé, que os atos anuláveis – não os nulos, que foram praticados por vício de motivo ou finalidade – são passíveis de convalidação.

Dos elementos do ato administrativo (competência, objeto, motivo, forma e finalidade) a Doutrina é pacífica que pelo menos dois deles não permitem convalidação: motivo e finalidade.

Saneamento ou convalidação é a expedição de outro ato válido com efeitos retroativos para alcançar as consequências geradas pelo antecedente ato viciado. **Somente** pode ser efetivado se (a) não houver prejuízos a terceiros e ao Estado, ou se há, esses são inferiores à pura invalidação do ato viciado; (b) que o ato maculado tenha sido produzido de boa-fé pelo agente; (c) não houver transcorrido prazo decadencial para o saneamento.

Importante também que parte da Doutrina ensina que a convalidação de atos com vício de competência ocorre por CONFIRMAÇÃO e não por ratificação como constou na questão.

Destacamos que os elementos do ato administrativo são as condições essenciais de sua constituição, sendo que a Lei n. 4.717/65 (LAP – Lei da Ação Popular) elenca os cinco elementos que servem de inspiração para a quase totalidade das Bancas examinadoras: *competência, objeto, motivo, forma* e *finalidade*. Se, como comentado, *são condições essenciais de constituição*, a falta de algum deles, ou mesmo vícios não convalidáveis nesses, implica não estarmos lidando com ato administrativo.

Pela Doutrina clássica, nitidamente Hely Lopes Meirelles, os elementos competência, finalidade e forma são sempre vinculados aos termos da lei. **O objeto e o motivo seriam os elementos que a Administração Pública dispõe para a prática do ato discricionário.**

Competência é (como comentado na questão anterior) a parcela de poder que deve estar acometido ao agente público quando da atuação em nome da Administração Pública. Assim, o ato administrativo para ser válido necessita ser praticado por agente capaz e competente para aquela conduta.

Objeto é o conteúdo do ato administrativo, ou seja, o efeito sensível da conduta. O fim visado pelo ato que se concretizou. Registre-se que Celso Antônio Bandeira de Mello cinde os conceitos de *conteúdo* e *objeto*. Para o nobre professor, aquele é a decisão sobre algo e o *objeto* é o "algo" sobre o qual se decide.

Motivo é a situação ou circunstância de fato e de direito que impulsiona a Administração Pública a produzir o ato.

Forma é o modelo prescrito em lei como meio de externar atos administrativos. Geralmente é na modalidade escrita, justamente para permitir registro e fiscalização.

Finalidade é a razão de existir do próprio Estado e Administração Pública. Ou seja, sempre buscar a realização das necessidades coletivas e a promoção do bem-estar geral do povo (interesse primário) ou da própria Administração (interesse secundário). Se o ato é praticado sem essa finalidade, já nasce viciado por desvio de finalidade.

Importante destacar que o **mérito administrativo** é o aspecto do ato/poder discricionário consubstanciado na **conjunção** de dois elementos (dos cinco essenciais): **motivo e objeto**.

Por fim, repita-se que eventual vício em dois dos elementos do ato administrativo **NÃO** permite reparo ou conserto (convalidação), causando a **nulidade** do ato administrativo: **finalidade** (que só pode ser a satisfação do interesse público ou do Estado quando o interesse estatal não colide com o da Sociedade) e **motivo**, que são as razões de fato e de direito que dão ensejo à conduta administrativa.

5. ERRADO Quando a autoridade competente pratica condutas adstritas às suas atribuições, mas motivada por fim escuso, não desejado pela lei e pelo interesse público, o ato é nulo por **desvio de finalidade**.

Já quando a autoridade pratica condutas exorbitando de suas atribuições, o ato é, em regra, nulo por **excesso (abuso) de poder**. Registre-se que os atos praticados com excesso/abuso de poder podem ser considerados como anuláveis a depender ou não da possibilidade de convalidação do ato pela autoridade competente.

Comentário extra: A interpretação autêntica do que seja desvio de poder ou de finalidade nos é dada pelo art. 2º, parágrafo único, e, da Lei n. 4.717/65: "Agente pratica o ato usando a fim diverso daquele previsto, explícita ou implicitamente, na regra de competência".

Da doutrina de Cretella Júnior extraímos os sintomas indicativos de um ato praticado com desvio de finalidade: a) motivação insuficiente; b) motivação contraditória; c) irracionalidade no procedimento, acompanhada da edição do ato; d) contradição do ato com as resultantes desse; e) camuflagem dos fatos; f) inadequação entre os motivos e os efeitos; e g) excesso de motivação.

6. ERRADO Ao agente competente (prefeito) cabia escolher, dentre as alternativas legais possíveis, bem como de acordo com o orçamento previsto e disponível, a que melhor satisfizesse o interesse público. No caso mencionado na questão, dentro das opões legais e legítimas, optou por ampliar o hospital público a fim de atender "à demanda dos munícipes". Tal opção levou ao investimento em saúde em detrimento da educação. A escolha (desde que atenda à determinação de investimento mínimo em educação da parcela de repasse da União e Estados) foi tomada dentre as opções de investimento possíveis com base inclusive nos elementos oportunidade e conveniência (binômio que imediatamente remete ao ato discricionário). Ou seja, o mérito do ato do prefeito foi a escolha de investir em saúde que também necessitava de atenção do Poder Público. Tal mérito (escolha) não pode ser substituído por outro agente (ainda que judicial), visto que fora emanado por autoridade competente e dentro de balizas legais e legítimas.

Comentário extra: A motivação do ato administrativo discricionário é muito importante e serve para que todos os interessados possam conhecer as razões e circunstâncias que permitiram à Administração Pública eleger dentre todas as condutas legalmente possíveis a que melhor se adequava para determinada situação.

Motivação é exposição dos motivos. Motivos são os pressupostos de fato e de direito que motivam a conduta.

A motivação – adequada e racional – do ato discricionário é elemento de controle da Administração Pública, permitindo a verificação da congruência entre a motivação declarada e os efeitos da conduta administrativa, bem como sua legalidade.

Atenção: todos os atos administrativos são passíveis de apreciação pelo Poder Judiciário, desde que provocado. Importante apreender que nos atos discricionários, a apreciação e análise judicial **não podem resultar em substituição do mérito administrativo**. Ou seja, o Poder Judiciário analisa amplamente o ato. Se entender que foi editado com ilegalidade, como, por exemplo, que a Administração Pública se valeu de uma opção não permitida na lei, o ato será anulado, pois ainda que nos atos discricionários o administrador tenha certa margem de liberdade para escolher dentre as opções possíveis a que melhor se adapta ao caso concreto, suas opções se limitam às balizas legais.

Se entender que o administrador realizou a escolha dentre as opções legalmente possíveis, mas identificar que a motivação para a prolação do ato esteve contaminada, bem como que o fim buscado não era satisfazer as necessidades coletivas e públicas, novamente terá que anular o ato por ilegalidade (desvio de finalidade).

Ainda, se verificar que um ato foi expedido com a motivação legítima e dentro das balizas legais, mas que no caso concreto houve **injustiça** na escolha/aplicação (por exemplo, cabe multa de R$ 500,00 a R$ 5.000,00 e a autoridade administrativa optou por aplicar R$ 5.000,00), **não poderá substituir o mérito administrativo pelo mérito judiciário**, devendo, portanto, anular o ato/multa, mas não revogá-lo (ou arbitrar outra multa ou importe que entenda mais justo para o caso concreto).

7. CERTO **Autorização** é ato unilateral, discricionário e constitutivo por meio do qual a Administração Pública faculta a prática de determinada conduta ou ato – e para Celso Antônio Bandeira de Mello: ou manifesta sua expressa concordância com ato de particular já praticado, a fim de lhe emprestar eficácia – em proveito do particular, **mas que sem a concordância ou autorização da Administração Pública seriam defesos em lei** (por exemplo, portar armas de fogo ou explorar recursos minerais).

Ao conceder autorização ou concessão para lavra de bens seus (art. 20, inc. IX, da CF/88), a Administração Pública emite sua concordância com a atividade do particular. Sem essa concordância expressa, a atividade de lavra é proibida (e se realizada, será ilícita). Na lição de Celso Antônio Bandeira de Mello já referida, a autorização empresta eficácia à atividade de lavra de recursos minerais por particular.

Comentário extra: A doutrina mais recente vem **diferenciando autorização de permissão** com a tônica no interesse que a utilização privativa visa atender. Assim, se o interesse com a utilização do bem público visa apenas ao interesse particular, é caso de autorização de uso. Se o interesse com a utilização do bem público vai além dos interesses do particular, atendendo também aos interesses da coletividade, proporcionando benefício de caráter geral, então é caso de permissão de uso. Assim, o fechamento de uma rua para a realização de uma festa necessitará de uma autorização de uso, ao passo que a realização de feiras livres importa em permissão de uso de bem público.

Em concursos públicos também já foi cobrada a diferenciação, sendo que os conceitos dados como corretos, com pequenas variações de uma Banca examinadora para outra, foram: **licença** é ato administrativo **vinculado** por meio do qual a Administração confere ao interessado consentimento para o desempenho de certa atividade. Já **autorização** é ato administrativo pelo qual a Administração consente que o particular exerça atividade ou utilize bem público no seu próprio interesse.

Por fim, registre-se que autorizações e permissões podem ser simples (sem prazo determinado) ou qualificadas (com prazo).

Em relação às modalidades de atos administrativos e suas principais características ver o **Quadro de atos em espécies** e o **Quadro sinótico de comparação entre autorização, permissão e concessão**, na seção IMPORTANTE SABER deste capítulo.

8.

A. ERRADO Delegação de serviço público é transferência de um serviço não exclusivo da Administração Pública para a responsabilidade e competência de terceiros, seja através de autorização, permissão, concessão ou mesmo de parcerias público-privadas (PPP). Os terceiros tanto podem ser particulares quanto entidades administrativas da Administração Indireta.

Na autorização, até mesmo pelo seu conceito e conteúdo (ato unilateral, discricionário e constitutivo por meio do qual a Administração Pública faculta a prática de determinada conduta ou ato), não há qualquer delegação de serviço público. Quem tem autorizado o porte de arma não realiza qualquer atividade administrativa, tampouco qualquer serviço público. Porta-a apenas em benefício próprio e para sua defesa. O julgamento da conveniência e oportunidade dessa autorização, bem como eventual reflexo no interesse público, compete à autoridade competente, que terá liberdade para, após o preenchimento dos requisitos legais, analisar e julgar o mérito administrativo dessa autorização, ou seja, a conveniência e oportunidade.

Comentário extra: Importante destacar que o art. 175 da CF/88 não elenca a autorização como modalidade regular de delegação de serviço público (ainda que os incs. XI e XII do art. 21 façam menção). No nosso entender, não é possível em regra autorização de serviço público, sendo possível apenas nos casos extraordinários e emergenciais, devidamente motivados e justificados e enquanto durar a emergência.

B. ERRADO **Poder administrativo regulamentar** é atividade administrativa normativa complementar à legislação exercida pelo Chefe do Executivo de cada pessoa política. **Regulamentos** são normas administrativas, de caráter marcadamente instrumental, para fiel execução das leis (regulamentos de execução). São expedidos por muitas autoridades administrativas, cada qual em sua especial de área de atuação, mas quando expedidos pelo Chefe do Executivo são vinculados por decreto.

Já a autorização é ato material (operação material, na lição de Maria Sylvia Zanella di Pietro), também fundamentado em Poder de Polícia, mas em sua faceta preventiva, e não regulamentar como constou na questão.

Comentário extra: Em relação ao Poder regulamentar, é importante destacar, até mesmo por respeito à garantia do princípio da legalidade (art. 5º, II, da CF/88), que todas as obrigações gerais dos administrados estão previstas em lei. Regulamentos, ainda que expedidos na forma de Decretos do Chefe do Executivo, somente podem dar maior aplicabilidade e efetividade para a concreção da vontade legal, não podendo transbordar sob pena de ilegitimidade. Aliás, compete **exclusivamente** ao Congresso Nacional sustar os excessos dos decretos regulamentares (inc. V do art. 49 da CF/88), sem prejuízo da atuação jurisdicional do Poder Judiciário, se provocado.

Importante também conhecer a diferença entre poder regulamentar e poder normativo. O poder regulamentar é apresentado como *poder regulamentar* **estrito**, ou seja, somente exercível pelo chefe do Executivo para baixar **decretos regulamentares**. Aquele (*poder normativo*), apresentado como *poder regulamentar* **amplo**, visando designar o poder exercido por outras autoridades que não o chefe do Executivo, ou seja, ministros, secretários, magistrados no exercício de função administrativa, chefes de departamentos etc.

9.

A. CERTO Revogação é a cessação de um ato administrativo legítimo e eficaz, por razões de oportunidade e conveniência, a julgo exclusivo da Administração Pública.

Se o ato legítimo e anteriormente eficiente (isto é, gera os efeitos que se espera dele) deixa de ser eficiente, como constou na questão, não há mais interesse em mantê-lo ativo, podendo a Administração Pública revogá-lo.

Comentário extra: Revogação e anulação são institutos jurídicos que não se confundem.

A anulação de um ato se deve a razões de ilegalidade e tem efeitos retrospectivos (*ex tunc*), nulificando todos os efeitos até então gerados (Súmula 473 do STF). Pode ser promovida tanto pela Administração que o produziu (autotutela) como pelo Poder Judiciário mediante provocação. Portanto, **invalidação** é a retirada do ato administrativo viciado por **ilegalidades**.

A revogação de um ato não guarda qualquer relação com situações de ilegalidade, mas sim com atos legítimos e eficazes que não mais interessam à coisa pública que continuem a gerar seus regulares efeitos. A revogação opera efeitos somente prospectivos, isto é, de sua prolação em diante (*ex nunc*). Os direitos adquiridos enquanto o ato estava vigente serão preservados, conforme já reconheceu o Supremo na supracitada súmula.

B. ERRADO Como comentado na questão anterior, a anulação de um ato se deve exclusivamente à identificação de que ele fora prolatado com vício de legalidade (em desacordo com a ordem legal vigente).

Sua anulação não gera direito à indenização, tampouco gera qualquer direito adquirido, visto que o ato fora produzido em desconformidade com a lei.

Comentário extra: O STF inclusive já sufragou esse entendimento na primeira parte da Súmula n. 473: "A administração pode **anular** seus próprios atos, quando eivados de vícios que os tornam **ilegais**, **porque deles não se originam direitos**; ou revogá-los, por motivo de conveniência ou oportunidade, respeitados os direitos adquiridos, e ressalvada, em todos os casos, apreciação judicial".

10. CERTO Caducidade é extinção de um ato administrativo válido e legítimo por incompatibilidade com uma nova e posterior ordem jurídica, ou seja, ocorre quando há uma inovação legislativa ou regimental com efeitos contrários e incompatíveis com o ato vigente. É o que ocorre, por exemplo, quando a Administração Pública decide transformar uma praça em parque, caducando assim a autorização ou permissão de uso especial do bem público para instalação de banca de jornais.

Comentário extra: Atenção: em relação a **CONTRATO ADMINISTRATIVO**, caducidade é sinônimo de cassação de ato administrativo, ou seja, decorrência de infração perpetrada pelo beneficiário.

Em relação a todas as formas de extinção do ato administrativo, ver quadro sinótico na seção IMPORTANTE SABER deste capítulo.

RAIO-X

- O tema "ato administrativo" sempre é cobrado nos concursos públicos da Polícia Federal e equivale aos seguintes percentuais das questões de Direito Administrativo:

Cargo	Questões do Tema	%
Agente	2	1,4
Escrivão	5	5,6
Delegado	5	5,6

- A maioria das questões é baseada em:

☒ doutrina ☒ legislação ☒ jurisprudência

- Das matérias questionadas em concurso atualmente, os elementos do ato administrativo e suas espécies, bem como as consequências de sua anulação e revogação vêm adquirindo destaque, razão pela qual é muito importante a apreensão dos quadros sinóticos colocados na seção IMPORTANTE SABER.

IMPORTANTE SABER

- Atentar para o fato de que os conceitos de *existência, validade, perfeição* e *eficácia* dos atos administrativos não se confundem, podendo se apresentar isoladamente:

	características
existência	Presença dos elementos essenciais. Sem eles nem sequer há ato.
validade	O ato atende às exigências legais e regulamentares. Está de acordo com todo o ordenamento, inclusive princípios.
perfeição	Conclusão do ciclo do processo de formação e exteriorização do ato.
eficácia	Qualidade de gerar efeitos jurídicos ordinários.

- Em relação à motivação dos atos administrativos, destacamos que na Doutrina há posições dissonantes.

A maioria ensina que nos atos discricionários deve haver clara motivação, a fim de permitir melhor controle, pois se a Administração Pública tem várias opções legais de conduta, deve explicitar claramente os pressupostos de fato e de direito que levaram à escolha de uma modalidade de conduta ou intervenção. A motivação dos atos vinculados não seria necessária, pois se a lei permite uma única conduta para a Administração Pública diante de um fato, ocorrência ou provocação, não haveria necessidade de explicitá-lo.

Outra corrente é frontalmente contrária a essa, entendendo que os atos vinculados necessitam de motivação, justamente para permitir a verificação se a conduta realizada está plenamente de acordo com a previsão legal. Já nos atos discricionários não haveria necessidade de motivação, pois qualquer das condutas permitidas pela lei será válida para legitimar a conduta eleita.

Para nós, temos que a motivação deve ser realizada tanto nos atos vinculados quanto discricionários. Ainda que a lei permita apenas uma conduta para a Administração Pública diante de determinada ocorrência, é necessário registrar que os pressupostos de fato realmente ocorreram, bem como mencionar qual legislação foi utilizada naquele caso (existe superposição de normas no Direito Brasileiro, com diplomas legais diversos regrando o mesmo assunto). Com a exposição dos motivos será possível a qualquer interessado conhecer quais as consequências legais e administrativas para determinada situação ou ocorrência, bem como conceder maior amplitude para a fiscalização.

Nos atos discricionários também há a necessidade de motivação, registrando os pressupostos de fato e de direito, nitidamente para permitir identificar quais os motivos que levaram a Administração Pública a adotar uma conduta dentre as legalmente previstas.

- Da motivação do ato (seja vinculado ou discricionário) advém a Teoria dos Motivos Determinantes. Para essa teoria, o ato só será válido se ligado intimamente às razões consignadas para a sua produção. Mesmo nos casos em que a lei não expressamente exige a motivação (no art. 50 da Lei n. 9.784/99 (LPA) encontramos um elenco de hipóteses em que a motivação é obrigatória), caso ela seja realizada, deverá haver íntima correspondência entre a exposição e o resultado da conduta.

QUADRO SINÓTICO DE CLASSIFICAÇÃO DE ATOS ADMINISTRATIVOS QUANTO AO CONTEÚDO

Ato	Utilidade	Mutualidade	Liberdade	Exemplo
Permissão	Faculta, de forma **precária**, ao particular o desempenho de uma atividade (na qual a Administração tem interesse em fiscalizar e acompanhar) ou a realização de determinado ato.	unilateral	vinculado para uso e atividade, mas **discricionário para permissão de serviços públicos**	Transporte de passageiros (táxi) (para alguns autores é uma autorização); instalação de banca de jornais.
Autorização	**1)** Faculta ao particular o desempenho de uma atividade de interesse primário do particular (na qual a Administração tem interesse em fiscalizar e acompanhar) ou a realização de determinado ato, com maior estabilidade do que uma permissão. Sem a autorização, a conduta ou ato visados pelo particular seriam ilícitos;	unilateral	discricionário	Porte de arma de fogo; venda de produtos alimentícios; utilização de praça para evento social, cultural ou esportivo; exploração precária dos serviços de telefonia.

Ato	Utilidade	Mutualidade	Liberdade	Exemplo
Autorização	**2)** Faculta também a utilização precária de determinado bem público.			
Concessão	Ato de ampliação da esfera jurídica do administrado; ou Contrato de prestação de serviço público; concessão de obra pública; ou uso especial de bem público, com assunção de responsabilidades.	Unilateral em determinados casos, como, por exemplo, concessão de prêmios e honrarias. Bilateral em outros determinados casos, como, por exemplo, concessão de obra pública ou de serviço público.	Discricionário, em regra.	Concessão de serviço público: precisa de licitação na modalidade *concorrência*. Concessão de cidadania e honras.
Licença	Faculta o desempenho de determinado ato ou atividade de forma mais estável do que uma autorização.	unilateral	vinculado	Construção de prédios e comercialização de gêneros alimentícios.
Homologação	Controle posterior a concreção do ato administrativo para lhe reconhecer expressa legalidade.	unilateral, pois realizado em âmbito interno	vinculado	licitação
Parecer	Emissão de opinião técnica sobre determinado assunto de competência afeta à área consultiva.	ϕ	facultativo; obrigatório; ou vinculante	licitação
Visto	Ato de controle interno (*interna corporis*) de aferição da legitimidade procedimental e operacional.	ϕ	facultativo ou obrigatório	visto de autoridades médias ligadas à operacionalização.
Admissão	Reconhecimento administrativo ao particular de direito a prestação de determinado serviço público	unilateral	vinculado	matrícula em escola pública.

Legenda: ϕ = conjunto vazio, ou seja, que não se aplica.

QUADRO SINÓTICO DE CLASSIFICAÇÃO DE ATOS ADMINISTRATIVOS QUANTO À FORMA DE EXTERIORIZAÇÃO

Forma	Características
Decreto	Ato normativo de efeitos gerais ou individuais, de competência do Chefe do Poder Executivo.
Resolução	Ato normativo expedido pelas altas autoridades de um órgão, para disciplinar matéria de sua competência exclusiva.
Portaria	Em regra, tratam de atos ordinatórios internos. Sendo ato *interna corporis*, **não** pode, apesar da *praxis* arbitrária, obrigar particulares.
Circular	Transmissão de ordens ou orientações uniformes no âmbito interno.
Despacho	Ato cujo objeto é uma decisão, com realização de jurisdição administrativa.
Alvará	Ato de autoridade que confere autorização ou licença para a prática de atividade pelo particular que a Administração Pública tem interesse.

QUADRO SINÓTICO DAS FORMAS DE EXTINÇÃO DOS ATOS ADMINISTRATIVOS

Extinção por	Características
Exaurimento de seus efeitos	Extinção pelo cumprimento dos efeitos normais e usuais, tais como cumprimento da ordem, modificação da realidade buscada, vencimento de prazo.
Revogação	Extinção dos efeitos (*ex nunc*) por não mais se encontrarem presentes as razões de mérito do ato administrativo, ou seja, não se revela mais oportuno ou conveniente manter os efeitos de ato anterior.
Anulação	Extinção (*ex tunc*) em razão de constatação de ilegalidade no ato.
Cassação	Descumprimento de obrigações fixadas ao destinatário. Cometimento de infração administrativa. É o que ocorre com a cassação da licença de condução de veículos automotores, em razão de pontuação de infrações.
Caducidade	Inovação legislativa ou regimental com efeitos contrários e incompatíveis com o ato vigente. É o que ocorre, por exemplo, quando a Administração Pública decide transformar uma praça em parque, caducando assim a autorização ou permissão de uso especial do bem público para instalação de banca de jornais. **Atenção**: em relação a **CONTRATO ADMINISTRATIVO**, caducidade é sinônimo de cassação de ato administrativo, ou seja, decorrência de infração perpetrada pelo beneficiário.
Contraposição (ou derrubada)	Extinção ordenada por atos cujos efeitos são contrapostos (antagônicos) ao que já existia. É o que ocorre, por exemplo, na demissão de servidor anteriormente nomeado.
Renúncia	Manifestação de vontade do beneficiário do ato em não desejar (ou não mais desejar) os benefícios de ato administrativo anterior que lhe aproveitava.

LEGISLAÇÃO E SÚMULAS PERTINENTES

- Lei n. 4.717/65, principalmente arts. 1º e 2º.
- Lei n. 9.784/99, principalmente arts. 53 e 54.
- Lei n. 6.453/77.
- **Súmula Vinculante 3:** Nos processos perante o Tribunal de Contas da União asseguram-se o contraditório e a ampla defesa quando da decisão puder resultar anulação ou revogação de ato administrativo que beneficie o interessado, exce-

tuada a apreciação da legalidade do ato de concessão inicial de aposentadoria, reforma e pensão.

- **Súmula 346 do STF:** A Administração Pública pode declarar a nulidade dos seus próprios atos.
- **Súmula 473 do STF:** A administração pode anular seus próprios atos quando eivados de vícios que os tornam ilegais, porque deles não se originam direitos; ou revogá-los, por motivo de conveniência ou oportunidade, respeitados os direitos adquiridos e ressalvada, em todos os casos, a apreciação judicial.

4. SERVIÇOS PÚBLICOS E LICITAÇÃO

QUESTÕES

I. SERVIÇOS PÚBLICOS

1. **(Escrivão – CESPE – 2002 – adaptada)** Em relação ao direito administrativo brasileiro, julgue o item que se segue.

   Considere a seguinte situação hipotética.

   Certa empresa era concessionária de serviço público de telefonia. Por motivos técnicos, divulgou, pela imprensa oficial e em veículos de imprensa de grande alcance, que determinadas centrais telefônicas ficariam inoperantes durante algumas horas em dia próximo, a fim de que, nelas, se fizessem serviços de manutenção preventiva.

   - Nessa situação, a despeito das cautelas adotadas pela empresa, é juridicamente correto afirmar que houve ofensa ao princípio da continuidade dos serviços públicos, o que, por sua vez, poderia justificar a aplicação de penalidade à empresa por parte do poder concedente.

2. **(Escrivão – CESPE – 2004)** No que se refere aos serviços públicos, bem como à concessão e à permissão de serviço público, julgue os itens a seguir.

   a) Os serviços públicos de competência municipal são enumerados taxativamente na Constituição Federal de 1988.

   b) O concessionário não se pode opor à encampação, sob o fundamento de direito adquirido.

3. **(Delegado – CESPE – 2004)** A respeito de serviços públicos e responsabilização da administração, julgue os itens seguintes.

   a) A permissão de serviço público, formalizada mediante celebração de contrato de adesão entre o poder concedente e a pessoa física ou jurídica que demonstre capacidade para o seu desempenho, por sua conta e risco, tem como características a precariedade e a possibilidade de revogação unilateral do contrato pelo poder concedente.

   b) Os serviços de utilidade pública têm característica de essencialidade e necessidade para os membros da coletividade, sendo prestados de forma direta, pela administração pública, ou indireta, por meio de concessionários, permissionários ou autorizatários.

4. **(Delegado – CESPE – 2013 – adaptada)** Com relação aos serviços públicos, julgue o item subsequente.

   - Em se tratando de permissão de serviço público, o serviço é executado em nome do Estado por conta e risco do permissionário, e é atribuído exclusivamente à pessoa jurídica.

5. **(Agente – Cespe – 2012 – adaptada)** No que se refere às licitações, julgue o item que se segue.

   - Os contratos de concessão de serviços públicos sempre exigem licitação prévia na modalidade concorrência.

6. **(Delegado – CESPE – 2004 – adaptada)** A respeito dos atos administrativos e serviços públicos, julgue o item que se segue.

   - O contrato de concessão de serviço público extingue-se pela rescisão quando a iniciativa de extinção do contrato é do poder concedente, em decorrência de descumprimento das normas contratuais pelo concessionário.

II. LICITAÇÃO E CONTRATO ADMINISTRATIVO

7. **(Agente – CESPE – 2002 – adaptada)** Julgue o item a seguir, quanto ao direito administrativo.

   - A Constituição da República exige licitação para os contratos de obras, serviços, compras e alienações, bem como para a concessão e a permissão de serviços públicos. Na hipótese de licitação para a concessão de serviços públicos, se, no certame, aparecerem interessados, mas nenhum for selecionado em decorrência da inabilitação ou da desclassificação, admite-se a dispensa da licitação.

8. (Agente – CESPE – 2012 – adaptada) No que se refere às licitações, julgue o item que se segue.

- Configura-se a inexigibilidade de licitação quando a União é obrigada a intervir no domínio econômico para regular preço ou normalizar o abastecimento.

9. (Escrivão – CESPE – 2013) No que se refere a licitações, julgue o item abaixo.

- Haverá dispensa de licitação nos casos em que houver fornecedor exclusivo de determinado equipamento.

10. (Delegado – CESPE – 2013 – adaptada) Com relação aos procedimentos licitatórios, julgue o item subsequente.

- O pregão, modalidade de licitação para aquisição de bens e serviços comuns, independentemente do valor estimado da contratação, aplica-se tanto aos órgãos da administração direta quanto às entidades integrantes da administração indireta, inclusive aos fundos especiais.

11. (Delegado – CESPE – 2013 – adaptada) Julgue o item a seguir, relativo a contratos administrativos.

- Considere que uma empresa vencedora de certame licitatório subcontrate, com terceiro, o objeto do contrato firmado com a administração pública, apesar de não haver previsão expressa para tanto no edital ou no contrato. Nessa situação, caso o contrato seja prestado dentro do prazo estipulado e com estrita observância aos critérios de qualidade impostos contratualmente, não poderá a administração rescindir o contrato unilateralmente, visto que não se configura hipótese de prejuízo ou descumprimento de cláusulas contratuais.

GABARITO COMENTADO

1. ERRADO Os serviços públicos buscam atender às necessidades prementes e inadiáveis da sociedade, bem como aos reclamos dos indivíduos em determinados setores sociais. Portanto, em regra, salvo intercorrências de força maior e caso fortuito e **paradas para reparo ou conservação**, não podem ser interrompidos.

Entretanto, tal princípio encontra exceções que são: paralisação temporária para fins de reparos, expansão e melhoria, bem como serviços **remunerados por tarifa** (preço público: caráter negocial), pois nesses casos é possível a suspensão no caso de inadimplemento. Os maiores exemplos são corte de energia elétrica e telefone.

Comentário extra: O princípio da continuidade do serviço determina que, **salvo** situações legalmente previstas ou em situações-limite decorrentes de força maior ou caso fortuito, o serviço público deve ser contínuo e permanente, justamente por ser o serviço público o principal mecanismo de superação das necessidades coletivas. Entretanto, como consignado *supra*, tal princípio possui temperamentos e flexibilizações, já que são totalmente legítimas as paradas provisórias para reparo, conservação ou expansão, bem como serviços remunerados por tarifa.

Tal princípio se aplica a todos os que se liguem à Administração Pública por um vínculo especial, como, por exemplo, um concessionário de serviços públicos (caso citado na questão). Advirta-se que uma das manifestações do Princípio da Continuidade do Serviço Público é que mesmo que a Administração Pública deixe de realizar os pagamentos mensais a que faz jus o concessionário de serviços, por um período, em regra, até 90 dias, esse deverá continuar a prestar os serviços que lhe foram delegados, justamente para que o interesse da população naquele serviço não seja afetado.

2.

A. ERRADO Além dos elencados pela CF/88, compete aos municípios a prestação de serviços **de interesse local** (inc. V do art. 30). O "interesse local" na prestação de determinado serviço será determinado pelo Executivo e Legislativo de cada um dos municípios, o que impede qualquer tentativa de elencar os serviços de competência municipal de forma taxativa.

Comentário extra: Os serviços públicos são prestados tanto de maneira direta pelas pessoas políticas (Administração Direta) como de forma indireta às entidades administrativas (Administração Indireta), e ainda de forma delegada (delegatários, concessionários e permissionários).

A CF/88 elenca os serviços cuja prestação é de competência da União, dos Estados, do Distrito Federal e dos Municípios. Em relação aos municípios, porém, a lista de serviço não é taxativa, justamente pela utilização do termo "serviços públicos de interesse local" (inc. V do art. 30).

A fim de permitir uma melhor apreensão do conteúdo, passamos a elencar de forma resumida os serviços que são da competência de cada ente político (lembrando sempre que as competências municipais não são taxativas):

União: telecomunicações; radiodifusão de sons e imagens; energia elétrica; aproveitamento energético de recursos hídricos; navegação aérea; aeroespacial e infraestrutura aeroportuária; transporte ferroviário, aquaviário, rodoviário interestadual e internacional de passageiros; portos marítimos, fluviais e lacustres; organização e manutenção do Poder Judiciário, o Ministério Público e a Defensoria Pública do Distrito Federal e dos Territórios; organização e manutenção da polícia civil, a polícia militar e o corpo de bombeiros militar do Distrito Federal; serviços oficiais de estatística, geografia, geologia e cartografia de âmbito nacional; classificação, para efeito indicativo, de diversões públicas e de programas de rádio e televisão; *defesa permanente contra as calamidades públicas*, especialmente as secas e as inundações; gerenciar os recursos hídricos e definir critérios de outorga de direitos de seu uso; instituição de diretrizes para o desenvolvimento urbano; instituição de princípios e diretrizes para o sistema nacional de viação; **executar os serviços de polícia marítima, aeroportuária e de fronteiras**; serviços nucleares como um todo; inspeção do trabalho; estabelecimento das áreas e as condições para o exercício da atividade de garimpagem, em forma associativa.

Estados: exploração direta, ou mediante concessão, dos serviços locais de **gás canalizado**.

Municípios: os **serviços públicos de interesse local**, incluído o de transporte coletivo (caráter essencial); programas de **educação infantil e de ensino fundamental**; serviços de **atendimento à saúde da população**; promoção do adequado ordenamento territorial, mediante planejamento e controle do uso, do parcelamento e da ocupação do solo urbano; proteção do patrimônio histórico-cultural local.

Ainda, é da **competência comum** a todas as pessoas políticas: conservação do patrimônio público; saúde, assistência pública e proteção das pessoas portadoras de deficiência; proteção dos documentos, das obras e outros bens de valor histórico, artístico e cultural, dos monumentos, das paisagens naturais notáveis e dos sítios arqueológicos; impedir a evasão, a destruição e a descaracterização de obras de arte e de outros bens de valor histórico, artístico ou cultural; meios de acesso à cultura, à educação e à ciência; **proteção do meio ambiente**; combate à poluição em qualquer de suas formas; preservação de florestas, fauna e flora; fomento da produção agropecuária e organização do abastecimento alimentar; construção de moradias; melhoria das condições habitacionais e de **saneamento básico**; combate à pobreza e marginalização; fiscalizar e acompanhar as concessões de direitos de pesquisa e exploração de recursos hídricos e minerais em seus territórios e promover a educação para a segurança do trânsito.

B. CERTO O concessionário não pode se opor à retomada do objeto do contrato por três razões principais. Primeiro, que a titularidade do serviço que lhe fora delegado pelo Poder Público é da pessoa delegante, que a qualquer momento pode entender que é mais vantajoso para o interesse público a prestação direta de um determinado serviço outrora delegado. Segundo, porque a retomada unilateral do objeto está prevista no art. 80 da Lei n. 8.666/93. Terceiro, porque a delegação do serviço pela concessão não gera direito adquirido. Também não pode se opor alegando prejuízo de investimentos não amortizados, pois esses lhe serão indenizados (art. 36 da Lei n. 8.987/95).

Comentário extra: Encampação é a retomada antecipada unilateral da prestação do serviço pela Administração Pública por razões de conveniência e oportunidade, com prévia indenização dos investimentos não amortizados e lucros cessantes (art. 37 da Lei n. 8.987/95). Depende de lei autorizativa **específica**.

ATENÇÃO: Encampação já apareceu em concursos públicos com o nome de *resgate*.

Importante destacar que a encampação é apenas uma das modalidades de rescisão antecipada do contrato e não está ligada a qualquer falta por parte do concessionário.

Quando ocorre, a rescisão administrativa **acarreta**: a retomada imediata do objeto contratual pela Administração Pública; ocupação e utilização do local, instalações, equipamentos, materiais e pessoal empregados na execução (princípio da continuidade da prestação do serviço público); retenção dos créditos decorrentes do contrato até o limite dos prejuízos causados.

Extinta a concessão, o serviço público não pode ser interrompido (princípio da continuidade dos serviços públicos. Ver Capítulo I) sob pena de prejuízo ao interesse público e à coletividade. Compete ao Estado, direta ou indiretamente, assumir a prestação do serviço, e, para prestá-lo adequada e imediatamente, necessita de todo um aparato instrumental. Em face dessa importante realidade, a Lei n. 8.987/95 determinou que, findando a concessão, os bens afetos à prestação serão incorporados ao patrimônio público e, caso não tenha havido a amortização integral do aparato ao particular no período da concessão, haverá indenização a ser prestada pelo Estado (princípio da proibição do enriquecimento ilícito).

Portanto, **reversão** é a incorporação pelo concedente dos bens do concessionário necessários à continuação da prestação do serviço público. Pode ensejar indenização.

3.

A. CERTO A Banca Examinadora demonstrou apreço à norma constitucional (art. 175) e o tratamento dado pela LCP (Lei n. 8.987/95), ao considerar a permissão de serviço público como um contrato de adesão.

A Doutrina mais tradicional se inclina pela natureza de **ato unilateral** e **precário**.

Comentário extra: Permissão de serviço público é a delegação da prestação de um determinado serviço não exclusivo do Estado a particular – por ato negocial, principalmente contrato de adesão que pode ser revogado unilateralmente pela Administração Pública a qualquer momento, ante sua precariedade – autorizando que a prestação seja remunerada por tarifa cobrada dos usuários daquele serviço. É regrada pelo art. 40 da Lei n. 8.987/95. Repita-se que a Doutrina mais tradicional aponta que a permissão é ato unilateral e precário, além de personalíssimo.

A delegação por permissão é sempre dependente de licitação.

A titularidade do serviço continua com o Estado e a prestação do serviço é realizada em nome e por risco do permissionário.

É mais adequada para situações em que o permissionário não tenha que realizar grandes investimentos para a prestação do serviço, pois como ato precário, ocorrida a revogação, pode ocorrer prejuízo ao permissionário. Entretanto, pela natureza da permissão, não caberia, em regra, indenização por parte do Estado.

Não obstante tal realidade, Hely Lopes Meirelles ensina que se a permissão for por prazo fixo (que denomina *permissão condicionada*) e ocorrer revogação antes do fim do prazo, haverá possibilidade de indenização.

B. ERRADO Serviços de utilidade pública não são essenciais ao desenvolvimento e superação das necessidades da Sociedade e por isso mesmo podem ser delegados a particulares. Como a própria denominação aponta, não são imprescindíveis, pois apenas agregam uma *utilidade pública*. Sua prestação é conveniente, pois são voltados para o atendimento de interesses comuns da coletividade.

Comentário extra: Justamente por não serem essenciais à satisfação das necessidades públicas são denominados serviços públicos **impróprios**, e só são cometidos ao Estado – e ainda de forma não exclusiva – porque o sistema jurídico assim o fez, ao vislumbrar que sua prestação traria utilidades públicas à Sociedade.

Para contrapor, destacamos que *serviços públicos* **próprios** são os que se relacionam intimamente com as atribuições do Poder Público, nos quais é marcante a utilização de supremacia sobre os administrados, razão pela qual **não** podem ser prestados por particulares (polícia, segurança, higiene, saúde pública).

Celso Antônio Bandeira de Mello conceitua serviço público como "toda atividade de oferecimento de utilidade ou comodidade material fruível diretamente pelos administrados, prestados pelo Estado ou por quem lhe faça as vezes, sob um regime de direito público – portanto consagrador de prerrogativas de supremacia e de restrições especiais – instituído pelo Estado em favor dos interesses que houver definido como próprios no sistema normativo".

Maria Sylvia Zanella di Pietro, por sua vez, conceitua serviço público como "toda atividade material que a lei atribui ao Estado para que a exerça diretamente ou por meio de seus delegados, com o objetivo de satisfazer concretamente às necessidades coletivas, sob regime jurídico total ou parcialmente público".

E o conceito clássico de serviço público nos é dado por Hely Lopes Meirelles, que define serviço público como "todo aquele prestado pela Administração ou por seus delegados, sob normas e controles estatais, para satisfazer necessidades essenciais ou secundárias da coletividade, ou simples conveniência do Estado".

Em todos os conceitos apresentados podemos destacar que Maria Sylvia Zanella di Pietro e Celso Antônio Bandeira de Mello seguem uma corrente legalista (formalista), ou seja, a lei define se determinado serviço é ou não público.

Na lição de Hely Lopes Meirelles, temos uma corrente subjetiva, ou seja, o serviço prestado pelo Estado determina que ele é público.

Há ainda uma terceira corrente doutrinária apontando que todo serviço cuja natureza atenda às necessidades da coletividade e sociedade é serviço público (corrente material ou essencialista).

4. ERRADO **Permissão de serviço público** é a delegação da prestação de um determinado serviço não exclusivo do Estado a particular – por ato negocial, principalmente contrato de adesão que pode ser revogado unilateralmente pela Administração Pública a qualquer momento, ante sua precariedade – autorizando que a prestação seja remunerada por tarifa cobrada dos usuários daquele serviço. É regrada pelo art. 40 da Lei n. 8.987/95. Repita-se que a Doutrina mais tradicional aponta que a permissão é ato unilateral e precário, além de personalíssimo.

A delegação por permissão é sempre dependente de licitação.

A titularidade do serviço continua com o Estado e a prestação do serviço é realizada em nome e por risco do permissionário.

É mais adequada para situações em que o permissionário não tenha que realizar grandes investimentos para a prestação do serviço, pois como ato precário, ocorrida a revogação, pode ocorrer prejuízo ao permissionário. Entretanto, pela natureza da permissão, não caberia, em regra, indenização por parte do Estado.

Não obstante tal realidade, Hely Lopes Meirelles ensina que se a permissão for por prazo fixo (que denomina *permissão condicionada*) e ocorrer revogação antes do fim do prazo, haverá possibilidade de indenização.

Comentário extra: Ver na seção IMPORTANTE SABER o Quadro sinótico de comparação entre autorização, permissão e concessão.

5. ANULADA A assertiva estava plenamente correta e de acordo com o art. 2º, II, da Lei de Concessões e Permissões (Lei n. 8.987/95). Mas, como geralmente ocorre em questões objetivas que se valem das expressões "sempre", "nunca", "nada", "tudo" e outras do gênero, abrem-se oportunidades para equívocos ou questionamentos, pois, no mais das vezes, haverá alguma doutrina que professa a existência de exceções às regras gerais (podem-se citar como exemplo casos de guerra ou grave perturbação da paz, que levariam à dispensa de licitação, nos moldes do inc. III do art. 24 da LLC). Daí por que a anulação da questão.

Sem prejuízo, a concessão em regra quase totalitária é precedida de licitação na modalidade

DIREITO ADMINISTRATIVO

concorrência, até mesmo por imposição do art. 2º, inc. II, da Lei de Concessões e Permissões.

A interpretação autêntica, ou seja, aquela realizada pelo legislador no corpo da própria lei que deseja fixar o entendimento, de concessão de serviço público, nos é dada pelo inc. II do art. 2º da LCP: a delegação de sua prestação, feita pelo poder concedente, **mediante licitação, na modalidade de concorrência**, à pessoa jurídica ou consórcio de empresas que demonstre capacidade para seu desempenho, por sua conta e risco e por prazo determinado.

Comentário extra: O concessionário atua em nome próprio por sua conta e risco (mas a titularidade do serviço continua com a Administração Pública, pois se trata apenas de uma concessão) e o contrato é *intuitu personae*, havendo vinculação do objeto do contrato ao contratado. No entanto, desde que previsto em edital ou no contrato, e **somente nesse caso**, o contratado poderá subcontratar parcialmente o objeto adjudicado, nos limites permitidos pela Administração Pública (art. 72 da LLC). Geralmente a possibilidade de subcontratação é prevista em obras de grande vulto, onde o consórcio vencedor pode, por exemplo, contratar uma sociedade especializada em fundações em determinados terrenos.

6. ERRADO Quando a rescisão é motivada por inadimplemento, ainda que parcial, por parte do concessionário, ocorre a **caducidade** da concessão. Nesse caso, há necessidade de regular processo administrativo com o devido contraditório e ampla defesa, visando à comprovação das irregularidades listadas no § 1º do art. 38 da LCP, em suma: prestação inadequada ou deficiente do serviço, mesmo quando intimada para regularizar o desempenho; descumprimento de obrigações legais, regulamentares ou contratuais; paralisação dos serviços sem justificativa (caso fortuito ou força maior); perda das condições econômicas, técnicas ou operacionais para a prestação eficiente do serviço; não cumprimento das sanções anteriores nos prazos estipulados; condenação judicial transitada em julgado por sonegação de tributos; e transferência da concessão ou do controle acionário sem prévia concordância da Administração Pública concedente.

Importante destacar que mesmo na situação de caducidade com falta reconhecida por parte do concessionário, poderá haver indenização **posterior** por parte do Estado das parcelas ainda não amortizadas e pelos bens reversíveis; claro que da indenização serão descontadas as sanções pecuniárias legitimamente impostas, bem como eventuais indenizações a danos gerados pela conduta faltosa do contratado.

7. ERRADO Quando ocorre a situação narrada na questão, em **qualquer licitação** – não apenas no caso de concessão ou permissão de serviços públicos –, ou seja, não seleção de nenhum candidato em decorrência da inabilitação ou desclassificação, ocorre a LICITAÇÃO **FRACASSADA** (ou frustrada), situação em que **não** há dispensa de licitar, devendo o procedimento licitatório ser regularmente repetido.

ATENÇÃO: É situação diversa da licitação **deserta**, onde não comparece qualquer interessado em contratar com o poder público determinado objeto, o que justifica a dispensa de licitação **desde que** atendidos 3 requisitos: a) licitação regular sem comparecimento de interessados; b) motivadamente haja justificativa de que novo procedimento licitatório pode ocasionar prejuízos à Administração Pública; e c) sejam mantidas as mesmas condições constantes no instrumento convocatório original.

Comentário extra: Como regra é obrigatória realização de procedimento licitatório público para contratação de obras, serviços, compras e alienações por parte do Poder Público, por expressa determinação constitucional: art. 37, XXI.

Entretanto, a própria Constituição ressalva que determinadas situações previstas em lei poderão deixar de exigir licitação. Importante destacar que uma regra constitucional somente pode ter exceções no próprio texto constitucional ou em tratado de defesa dos direitos humanos internalizados pelo procedimento de emenda à Constituição.

A LLC e outros diplomas legais estipulam situações em que a licitação deixa de ser obrigatória. São os casos de *inexigibilidade* ou *dispensa* de licitação.

Os casos de **inexigibilidade** são aqueles em que **não há possibilidade de competição** entre eventuais participantes interessados. Se não há possibilidade de competição, seja em decorrência de **objeto único** ou de **qualificações únicas da pessoa** a ser contratada, então o caso é de inexigibilidade. O art. 25 da LLC consigna os casos em que especialmente não há exigência de licitação. O rol é apenas exemplificativo, já que a regra é a impossibilidade de competição.

Os casos de *dispensa* são aqueles em que há possibilidade de competição entre eventuais interessados, mas que ou (a) a lei dispensa sua realização (denominada licitação **dispensada**) ou (b) é concedida uma margem de liberdade ao administrador para exercer discricionariedade (oportunidade e conveniência) de realizar ou não o procedimento licitatório (licitação **dispensável**).

Os casos de licitação **dispensada**, ou seja, aquelas situações em que a lei diretamente consigna que não cabe licitação, sem qualquer oportunidade de julgamento pela Administração Pública, estão elencados nos incisos I e II (e §§ 2º, 2º-A e 2º-B) do art. 17 da LLC.

Os casos de licitação dispensável estão elencados no art. 24 da LLC e **não** comportam ampliações.

Importante apreender que há **4 (quatro) grandes categorias de dispensa** de licitação: (1) em razão do **pequeno valor**, (2) em razão do **objeto**, (3) em razão da **pessoa** e (4) em situações **especiais** decorrentes de (4a) emergências ou (4b) comprovado desinteresse de particulares (licitação deserta).

8. ERRADO A situação narrada na assertiva é caso de DISPENSA de licitação (inc. VI do art. 24 da LLC), e não de inexigibilidade como constou.

Comentário extra: Como regra é obrigatória realização de procedimento licitatório público para contratação de obras, serviços, compras e alienações por parte do Poder Público, por expressa determinação constitucional: art. 37, XXI. Entretanto, a própria Constituição ressalva que determinadas situações previstas em lei poderão deixar de exigir licitação. Importante destacar que uma regra constitucional somente pode ter exceções no próprio texto constitucional ou em tratado de defesa dos direitos humanos internalizados pelo procedimento de emenda à Constituição.

A LLC e outros diplomas legais estipulam situações em que a licitação deixa de ser obrigatória. São os casos de *inexigibilidade* ou *dispensa* de licitação.

Os casos de **inexigibilidade** são aqueles em que **não há possibilidade de competição** entre eventuais participantes interessados. Se não há possibilidade de competição, seja em decorrência de **objeto único** ou de **qualificações únicas da pessoa** a ser contratada, então o caso é de inexigibilidade. O art. 25 da LLC consigna os casos em que especialmente não há exigência de licitação. O rol é apenas exemplificativo, já que a regra é a impossibilidade de competição.

Os casos de *dispensa* são aqueles em que há possibilidade de competição entre eventuais interessados, mas que ou (a) a lei dispensa sua realização (denominada licitação **dispensada**) ou (b) é concedida uma margem de liberdade ao administrador para exercer discricionariedade (oportunidade e conveniência) de realizar ou não o procedimento licitatório (licitação **dispensável**).

Os casos de licitação **dispensada**, ou seja, aquelas situações em que a lei diretamente consigna que não cabe licitação, sem qualquer oportunidade de julgamento pela Administração Pública, estão elencadas nos incisos I e II (e §§ 2º, 2º-A e 2º-B) do art. 17 da LLC.

9. ERRADO Na verdade é hipótese de inexigibilidade de licitação, já que por ser fornecedor exclusivo, não há oportunidade para competição (fundamental para a existência do certame licitatório).

Comentário extra: Importante destacar que é vedada, de forma quase absoluta, a preferência por marcas. O TCU em raras oportunidades, em casos muito específicos, aceitou a escolha e preferência de marca.

10. CERTO **Pregão** é modalidade destinada exclusivamente para a aquisição de bens e serviços comuns (aqueles cujo desempenho e qualidade possam ser objetivamente definidos no edital por meio de especificações usuais do mercado – art. 2º, § 1º, do Decreto n. 5.540/2005).

Na Administração Pública Federal é modalidade obrigatória a ser adotada para contratação desse tipo de objeto, adotando-se preferencialmente sua forma eletrônica (art. 4º do decreto citado). Sua estipulação não está na LLC, mas sim na Lei n. 10.520/2002.

O critério de julgamento sempre é o de menor preço lançado (inc. X do art. 4º).

11. ERRADO O procedimento licitatório é marcado pela pessoalidade na contratação de prestação de serviços. Isto é, em regra o vínculo formado é *intuitu personae*, nos precisos termos do art. 66 da LLC. Sendo personalíssimo o serviço ou fornecimento contratado deve ser prestado pelo contratante, SALVO quando o próprio edital de convocação para o certame preveja desde o início a possibilidade de subcontratação ou a Administração Pública consinta previamente tal subcontratação, nos moldes do art. 72 da LLC.

Quando o vencedor de um certame subcontrata terceiro para a prestação de objeto que lhe é próprio, deixa de cumprir com as cláusulas do certame e do contrato administrativo, razão suficiente para a recisão contratual por justa causa, sem prejuízo de aplicações de outras sanções, tais como multas.

Essa previsão é importante para evitar fraudes. Imagine-se que uma empresa tenha sido proibida de contratar com a Administração Pública por vícios em outra prestação anteriormente contratada. Então, visando contratar com o Poder Público, cria uma nova ou convida uma sociedade empresarial já existente a participar da licitação e vencê-la, ficando desde já acertado que quem prestará o objeto da contratação será a empresa banida. Ora, isso seria intolerável e caso venha a acontecer o contrato deverá ser rescindido e as sanções previstas aplicadas.

RAIO-X

- O tema **serviços públicos** é sempre cobrado em concursos públicos da Polícia Federal e equivale aos seguintes percentuais das questões de Direito Administrativo:

Cargo	Questões do Tema	%
Agente	3	2,1
Escrivão	4	2,8
Delegado	6	4,2

- A maioria das questões é baseada em:

  ☒ doutrina ☒ legislação ☐ jurisprudência

- Destacamos que é muito importante conhecer os princípios conformadores, as características e as situações que envolvem licitação, pois o tema vem ganhando cada vez mais destaque no ambiente jurídico, bem como cresceram exponencialmente os casos de investigação pela Polícia Federal de condutas ilícitas relacionadas às fraudes em licitações, configurando uma disciplina própria a ser cobrada nos concursos futuros.

IMPORTANTE SABER

1. EM RELAÇÃO AOS SERVIÇOS PÚBLICOS

- No que toca aos serviços públicos, compreender sua definição é essencial, a fim de maximizar as oportunidades de encontro da alternativa correta em provas de concursos públicos, principalmente devido ao fato de que os conceitos de serviço público são dinâmicos e não unânimes.
- Nem todo serviço apresentado como prestado pelo Estado pode se encaixar nos conceitos dinâmicos de serviço público. Portanto, atenção nas situações que envolvam desapropriações e gestão de bens públicos, que só adotando uma visão ampla (atentar para o enunciado) é que permite sua inclusão como serviços públicos. Maria Sylvia Zanella di Pietro adverte que as atividades decorrentes do Poder de Polícia também não se encaixam no conceito **restrito** de serviço público.
- A respeito do conceito de **serviço** público, visando possibilitar a maior oportunidade de aprendizado, colacionamos o respeitável entendimento de três grandes doutrinadores, sendo que Maria Sylvia Zanella di Pietro e Celso Antônio Bandeira de Mello são doutrinadores adotados alhures pelas Bancas Examinadoras:

  Para Di Pietro, serviço público "é toda atividade material que *a lei atribui* ao Estado para que exerça diretamente ou por meio de seus delegados, com o objetivo de satisfazer concretamente às necessidades coletivas, sob regime jurídico total ou parcialmente público".

Na Lição de Bandeira de Mello, serviço público é "toda atividade de oferecimento de utilidade ou comodidade material fruível diretamente pelos administrados, prestado pelo Estado ou por quem lhe faça as vezes, sob regime de direito público – portanto consagrador de prerrogativas de supremacia e de restrições especiais – instituído pelo Estado em favor dos interesses que houver definido como próprios *no sistema normativo*".

Hely Lopes Meirelles, autor clássico apreciado em concursos públicos de vocação mais formalista, define serviço público, "*todo aquele prestado pela Administração* ou por seus delegados, sob normas e controles estatais, para satisfazer necessidades essenciais ou secundárias da coletividade, ou simples conveniências do Estado".

Marçal Justen Filho: "Serviço público é uma atividade pública administrativa de satisfação concreta de necessidades individuais ou transindividuais, materiais ou imateriais, vinculadas diretamente a um direito fundamental, destinadas a pessoas indeterminadas e executada sob regime de direito público".

Em todos sublinhamos pontos que desejamos destacar. Nas lições de Maria Sylvia Zanella di Pietro e Celso Antônio Bandeira de Mello temos uma corrente legalista (formalista), ou seja, a lei define se determinado serviço é ou não público.

Na lição de Hely Lopes Meirelles, temos uma corrente subjetiva, ou seja, o serviço prestado pelo Estado determina que ele é público.

Há ainda uma terceira corrente doutrinária apontando que todo serviço cuja natureza atenda às necessidades da coletividade e sociedade é serviço público (corrente material ou essencialista).

- Pontos essenciais da Lei n. 8.987/95: a) a Administração Pública tem o dever inescusável de prestar os serviços públicos de forma transparente, legal e eficiente; b) toda promoção de serviço público enseja controle e fiscalização por parte da Administração e dos particulares; c) possibilidade de mudança do regime de prestação dos serviços a fim de rapidamente se adaptar às novas necessidades públicas e da coletividade.

- Alguns autores denominam *serviços públicos autorizados* os serviços prestados por particulares que dependam de autorização estatal. Maria Sylvia Zanella di Pietro ensina que essa denominação não é adequada, pois é uma atividade que a lei considera afeta aos particulares, só possuindo relevância em face de atender ao interesse geral da coletividade. Hely Lopes Meirelles dá os exemplos do que compreende como *serviços públicos autorizados*: despachantes, táxis e guarda particular de estabelecimento privado.

- Serviços públicos **compulsórios** são obrigatórios para todos os administrados (bem como para a Administração) e são remunerados por **taxas** (inc. II do art. 145 da CF/88), que é uma espécie tributária. A eventual inadimplência no pagamento pelo usuário não permite a suspensão da prestação do serviço público, justamente por ser obrigatório (esgoto etc.).

  Já serviços públicos de utilização **facultativa** só são cobrados quando da efetiva utilização por parte do usuário e é realizado por **tarifa** (art. 9º da Lei n. 8.987/95: LCP: Lei de Concessões e Permissões) **ou preço público**. A eventual inadimplência no pagamento pelo usuário permite a suspensão do serviço (transporte público, energia elétrica etc.).

- Em regra quase absoluta, toda concessão de serviço público, precedida ou não da execução de obra pública, será objeto de prévia licitação por **modalidade concorrência** (a outra modalidade possível, prevista em leis especiais, é leilão, em alguns casos principalmente voltados à difusão de rádio e telecomunicações), inclusive porque o instrumento convocatório deverá regulamentar aspectos fundamentais da delegação do serviço público.

- Nos contratos administrativos, o Poder Público, além de alterar unilateralmente o contrato **sempre** para melhor adequação às finalidades de interesse público, respeitando os direitos do contratado, ainda poderá **unilateralmente**: fiscalizar a execução do objeto contratado; aplicar sanções ou rescindir a avença, **sempre** motivando seus atos, por inexecução ou falha na execução; e nos casos de serviços **essenciais**: ocupar provisoriamente bens móveis e imóveis, utilizar pessoal e serviços vinculados ao objeto do contrato, quando há necessidade de acautelar apuração administrativa de faltas contratuais pelo contratado, bem como na hipótese de rescisão do contrato administrativo.

- O regime jurídico dos contratos administrativos (permissão e concessão de serviços públicos), previsto no art. 58 da LLC, confere ainda outras prerrogativas à Administração Pública: **(i)** rescisão unilateral por culpa do contratado, por caso fortuito ou força maior, ou, ainda, por relevante razão de evidente e contumaz interesse público de amplo conhecimento, devidamente motivada pela autoridade máxima da esfera administrativa contratante; **(ii)** poder de fiscalizar a execução do objeto contratado; **(iii)** aplicação de sanções por falhas, má execução ou inexecução total ou parcial do objeto; **(iv)** nos casos de prestação de serviços de caráter essencial, pode ainda ocupar provisoriamente bens móveis, imóveis, pessoal e serviços vinculados ao objeto do contrato, na hipótese da necessidade de acautelar apuração administrativa de faltas contratuais bem como na hipótese de rescisão do contrato administrativo.

QUADRO SINÓTICO DE COMPARAÇÃO ENTRE AUTORIZAÇÃO, PERMISSÃO E CONCESSÃO

Ato	Utilidade	Mutualidade	Liberdade	Exemplo
Autorização	**1)** Faculta ao particular o desempenho de uma atividade de interesse primário do particular (na qual a Administração tem interesse em fiscalizar e acompanhar) ou a realização de determinado ato, com maior estabilidade do que uma permissão. Sem a autorização, a conduta ou ato visados pelo particular seriam ilícitos; **2)** Faculta também a utilização precária de determinado bem público.	unilateral	discricionário e precário	Porte de arma de fogo; venda de produtos alimentícios; utilização de praça para evento social, cultural ou esportivo; exploração precária dos serviços de telefonia em situações emergenciais.
Permissão	Delegação da prestação de um determinado serviço não exclusivo do Estado a particular, autorizando que a prestação seja remunerada por tarifa cobrada dos usuários daquele serviço.	bilateral	discricionário e precário	serviços que não demandam vultosos investimentos por parte do permissionário.
Concessão	Contrato de prestação de serviço público; concessão de obra pública; ou uso especial de bem público, com assunção de responsabilidades.	bilateral	discricionário	Concessão de serviço público: precisa de licitação na modalidade *concorrência*.

- Concessão pode ser contrato ou ato a depender do regime jurídico e do fim visado pela conduta administrativa. Se for, por exemplo, concessão de obra pública ou utilização especial de bem público, será ato bilateral e, portanto, de natureza contratual. Nesses casos, dependerá de licitação na modalidade *concorrência* e terá prazo certo. Se for concessão de cidadania ou de prêmio, será ato unilateral, possuindo essa natureza jurídica. Na lição de Celso Antônio Bandeira de Mello, os atos unilaterais de concessão *são atos ampliativos da esfera jurídica de alguém*, como no exemplo dado de concessão de cidadania.
- Empresas estatais **prestadoras de serviços públicos** devem licitar pelas normas da Lei n. 8.666/93.

2. EM RELAÇÃO À LICITAÇÃO

- As modalidades de licitação são estipuladas na Lei n. 8.666/93 (LLC) e na Lei n. 10.522/2002 (Pregão), que determinam as hipóteses em que cada uma deve ser em regra observada. Também é na lei que estão as hipóteses em que determinada modalidade é vedada (a exemplo do § 5º do art. 23 da LLC), bem como os casos de fungibilidade entre modalidades (a exemplo do § 4º do mesmo artigo).

  Portanto, a determinação da modalidade da licitação é fixada em lei, sendo de ordinário ato plenamente vinculado. Destaque-se que a LLC **veda a combinação de modalidades**, bem como a **criação de novas** (§ 8º do art. 22).

- O sistema de Registro de Preços deve ser observado para **compras** de bens padronizados (compatibilidade de especificações técnicas e de desempenho) regularmente consumidos pela Administração Pública. A lei se refere apenas às *compras*, sendo que para parte da Doutrina – citando um dos mais expoentes, o nobre Prof. Celso Antônio Bandeira de Mello – a qual nos filiamos, também pode ser utilizado para contratação de serviços padronizados.

  Tecnicamente é um procedimento administrativo para situações de fornecimento contínuo, **não** sendo uma modalidade de licitação. Nesse procedimento, a Administração Pública, sabendo que vai necessitar de determinado bem ou serviço padronizado em sua atividade rotineira, passa a registrar os preços mais baixos ofertados por potenciais licitantes a fim de orientar sua futura escolha e contratação, antecedida da **modalidade concorrência**. O fornecedor registrado passa a ter preferência de contratação em igualdade de condições.

  Serve de indicativo da oferta de preços, sendo publicado **trimestralmente** na imprensa oficial, e o registro tem validade de um ano.

- **Tipos de licitação** são critérios prévios de **julgamento** das melhores propostas de contratação para a Administração Pública. Podem ser de **menor preço; melhor técnica; de técnica e preço; e de maior lance ou oferta**.

- A **vinculação ao edital de licitação**, conquanto importante regra, não inibe a Administração Pública de promover ajustes quando esses são necessários ao melhor atendimento do interesse público, já que dotada de prerrogativa de alterar **unilateralmente os termos do contrato** (**salvo** cláusulas econômico-financeiras e monetárias), sempre motivado pelo interesse público, mesmo depois de assinados, desde que respeite os direitos do contratado e preserve o equilíbrio econômico financeiro contratual.

- Enquanto válida adjudicação de determinada licitação, a Administração Pública não pode promover novo certame sobre o mesmo objeto.

- A **adjudicação** é ato declaratório proclamando o vencedor do certame. Não é a contratação em si, pois somente com a assinatura do contrato haverá vínculo entre contratante e contratada.

  Conquanto ato declaratório, a adjudicação, na lição de Hely Lopes Meirelles, já produz direitos: *o mais importante é impedir a Administração Pública de contratar o objeto da licitação com qualquer outro interessado que não seja o vencedor*; a aquisição do direito de contratar nos termos da proposta vencedora; vinculação do vencedor aos encargos mencionados no edital e aos prometidos na proposta vencedora; sujeição do adjudicatário às penas previstas no edital, bem como perdas de garantias ofertadas caso deixe de assinar o contrato.

  A Doutrina diverge sobre a adjudicação ser vinculada ou discricionária.

  Maria Sylvia Zanella di Pietro, firme no art. 49 da LLC, leciona que é *ato vinculado* ante a existência de apenas duas excludentes: anulação ou revogação do procedimento licitatório.

  Flávia Cristina Moura de Andrade, firme no art. 50 da LLC, leciona que a adjudicação é ato discricionário, pois não gera a obrigação de contratar por parte da Administração Pública, gerando apenas expectativa de direito para o vencedor, mas não o direito ao contrato. A Administração Pública, se for contratar o objeto licitado, terá então que fazê-lo com o adjudicatário. Acrescenta que a Administração Pública não poderá realizar nova abertura de licitação enquanto válida adjudicação anterior.

  Conquanto não afirme categoricamente, Celso Antônio Bandeira de Mello deixa entrever que é ato vinculado – desde que não haja fato "superveniente devidamente comprovado, pertinente e bastante para justificar" uma revogação – ao lecionar que os licitantes têm direito ao regular desenvolvimento do certame licitatório em todas as suas fases.

- As hipóteses regradas pelas alíneas *b* dos incisos I e II do art. 17 da LLC, ou seja, dispensa de licitação para doação de bem imóvel ou permuta de bem móvel foram objeto de análise e pronunciamento por parte do Supremo Tribunal Federal, que, em sistema de interpretação conforme a Constituição, esclareceu que **somente** são aplicáveis no âmbito de órgãos da União (ADI 927-MC).

- Licitação *dispensada* não é o mesmo que licitação *dispensável*. Naquela a Administração Pública não pode promover o certame (atuação vinculada), mas nesta a Administração poderá ou não licitar conforme entender pertinente (atuação discricionária).
- A possibilidade de dispensa de licitação para permuta de bem imóvel (alínea *c* do inc. I do art. 17) teve sua eficácia suspensa pelo Supremo (ADI 927-MC).
- Em regra, para alienação de bens **imóveis**, será necessária: a) existência de interesse público expressamente justificado; b) autorização legislativa; c) avaliação prévia; e d) licitação na modalidade concorrência. E no caso de bens imóveis da União, ainda será necessária autorização presidencial (art. 23 da Lei n. 9.636/98).
- Em regra, para alienação de bens **móveis**, será necessária: a) existência de interesse público expressamente justificado; b) avaliação prévia; e c) licitação.
- Venda de títulos pelo Tesouro ou venda de **ações** negociadas em bolsa não se submetem à licitação, mas sim à legislação própria.
- Na lei de consórcios públicos (Lei n. 11.107/2005) existe previsão de dispensa de licitação para a contratação do consórcio pela Administração direta ou indireta dos entes da federação (pessoas políticas) consorciados.
- Há necessidade de ato do Presidente da República declarando guerra ou situação de grave perturbação da ordem para fins de dispensa de licitação (inc. III do art. 24).
- Nos casos de emergência e calamidades públicas (enchentes, desabamentos etc.), pode haver dispensa de licitação para contratação de **compra de bens estritamente necessários ao atendimento da situação**, bem como **contratação de obras e serviços que possam ser concluídos no prazo máximo de 180 dias**.
- Visando facilitar a participação e chances de vitória de *microempresas* e *empresas de pequeno porte* em licitações, a Lei Complementar n. 123/2006 (arts. 42 e 43) trouxe regras especiais para comprovação de regularidade tributária.
- Agências executivas possuem o dobro de limite em valores para dispensa de licitação para compras e obras (art. 24 da Lei n. 8.666/93).
- Empresas estatais **prestadoras de serviços públicos** devem licitar pelas normas da Lei n. 8.666/93.
- Empresas estatais **exploradoras de atividade econômica** devem licitar, **salvo para desempenho de sua atividade-fim**. Poderá a licitação seguir estatuto próprio (inc. III do § 1º do art. 173 da CF/88), mas enquanto ele não existir, ficam submetidas às normas da Lei n. 8.666/93.

QUADRO SINÓTICO DE MODALIDADES DE LICITAÇÃO

<table>
<tr><th>Modalidade</th><th>Objeto</th><th>Valores</th><th>Especificidades</th></tr>
<tr><td rowspan="5">Concorrência</td><td>obras e serviços de engenharia</td><td>acima de R$ 1.500.000,00</td><td rowspan="5">Ampla publicidade.
Podem participar quaisquer interessados que preencham as condições estabelecidas no edital.
Não se exige prévio cadastramento.
Participação universal.</td></tr>
<tr><td>compras e serviços</td><td>acima de R$ 650.000,00</td></tr>
<tr><td>Compra e alienação de bens imóveis (salvo os obtidos pela Administração em processo judicial ou recebido em dação em pagamento).</td><td rowspan="2">Qualquer valor</td></tr>
<tr><td>Concessões de direito real de uso.</td></tr>
<tr><td>Licitações internacionais.</td><td>Os mesmos valores para obras e compras</td></tr>
</table>

Modalidade	Objeto	Valores	Especificidades
Tomada de preços	obras e serviços de engenharia	até R$ 1.500.000,00	Interessados previamente cadastrados no ramo do objeto a ser licitado ou que demonstrem interesse e qualificação em participar em até 3 dias antes do recebimento das propostas
	compras e serviços	até R$ 650.000,00	
	Licitações internacionais, quando a Administração dispuser de cadastro internacional.	Os mesmos valores para obras e compras	
Convite	obras e serviços de engenharia	até R$ 150.000,00	Convite endereçado a pelo menos 3 particulares cadastrados (ou não) no ramo do objeto a ser licitado. Outros cadastrados poderão participar manifestando interesse em até 24 h do recebimento das propostas. Não há fase de habilitação. Não há ampla publicidade, apenas fixação no local próprio e público da entidade licitante. Pode haver a substituição da comissão de licitação por um servidor especificamente designado para tal finalidade. Nos casos de convite, a Administração pode utilizar tomada de preços e concorrência.
	compras e serviços	até R$ 80.000,00	
	Licitações internacionais, quando não houver fornecedor do bem ou serviço no Brasil.	Os mesmos valores para obras e compras	
Concurso	Trabalho técnico, científico ou artístico.	São concedidos prêmios ou remuneração aos vencedores	Os prêmios e/ou remuneração serão estabelecidos no edital.
Leilão	Venda pelo melhor lanço igual ou superior ao da avaliação de: – bens móveis inservíveis para a Administração (precisa de declaração de uma comissão formada em regra por três servidores destinados para fim específico); – material e mercadorias apreendidas; – bens penhorados; – de imóveis cuja aquisição foi derivada de procedimento judicial ou recebido em dação em pagamento.	Qualquer valor	Dispensa-se habilitação prévia.
Pregão	Aquisição de bens e serviços comuns, cujos padrões de desempenho e qualidade possam ser objetivamente considerados e verificados.	Qualquer valor	Lei n. 10.520/2002. O critério de julgamento é sempre de menor preço lançado.

Modalidade	Objeto	Valores	Especificidades
Pregão	Especificações usuais.		Há inversão da ordem procedimental ordinária, com a fase de apresentação das propostas antes da fase de habilitação. Modalidade obrigatória para a Administração Pública Federal.
Consulta da Anatel	Bens e serviços não compreendidos nos casos de pregão.	Qualquer valor	Lei n. 9.742/97. Atendimento de peculiaridades próprias das Agências reguladoras.
Petrobras	aquisição de bens e serviços.	Qualquer valor	Lei n. 9.478/97. Procedimento simplificado, nos moldes do Decreto n. 2.745/98 da Presidência da República.
Sistema de registro de preços	Compras rotineiras de bens padronizados.	O valor mais baixo ofertado será registrado	Os registros dos preços são válidos por um ano.

TIPOS DE LICITAÇÃO

Tipo de licitação (critério de julgamento)	Hipóteses de aplicação		
Melhor técnica ou técnica e preço	Contratação de serviços de natureza eminentemente intelectual	Serviços de publicidade	Fornecimento de bens e execução de obras ou prestação de serviços **de grande vulto quando** haja expressiva dependência de tecnologia sofisticada e de domínio restrito
Técnica e preço	Bens e serviços de informática		
Melhor lance ou oferta	Alienação de bens ou Concessão de direito real de uso		
Menor preço	Residual, ou seja, em todas as licitações que não seja obrigatória a adoção dos outros tipos de licitação.		

LEGISLAÇÃO E SÚMULAS PERTINENTES

1. EM RELAÇÃO AOS SERVIÇOS PÚBLICOS

- CF/88: arts. 22; 37; 145; 173 e 175.
- Lei n. 8.987/95: Lei de Concessões e Permissões de Serviços Públicos: principalmente arts. 1º a 38.
- Lei n. 8.666/93: art. 78 e seus incisos e art. 79.
- Lei n. 9.074/95: arrolamento de serviços passíveis de concessão, bem como situações em que é possível a concessão através de leilão.
- Lei n. 9.472/97: telecomunicações.
- Lei n. 10.176/2001: capacitação e competitividade do setor de tecnologia de informação. Assim, para a Administração Pública Federal direta e indireta, a ordem de preferência para a aquisição de bens e serviços de informática e automação é: 1º) bens

e serviços com tecnologia desenvolvida no Brasil; 2º) bens e serviços produzidos de acordo com processo produtivo básico, na forma do Decreto n. 7.174/2010.

- Lei n. 11.079/2004: parceria público-privada.
- Lei n. 11.107/2005: consórcios realizando contratos de concessões.
- Lei n. 12.232/2010: serviços de publicidade por intermédio de agências de propaganda.
- Lei n. 12.276/2010: cessão onerosa do exercício de lavra e pesquisa de petróleo e gás natural.
- Lei n. 12.351/2010: exploração de petróleo e gás natural na zona do pré-sal.
- Lei n. 12.462/2011: Regime Diferenciado de Contratações Públicas – RDC.
- Lei n. 12.869/2013: dispõe sobre o exercício da atividade e a remuneração do permissionário lotérico.
- Decreto n. 7.174/2010: regulamenta a contratação de bens e serviços de informática e automação pela Administração Pública Federal direta e indireta.
- **Súmula Vinculante 19:** A taxa cobrada exclusivamente em razão dos serviços públicos de coleta, remoção e tratamento ou destinação de lixo ou resíduos provenientes de imóveis, não viola o art. 145, II, da Constituição Federal.
- **Súmula Vinculante 27:** Compete à Justiça estadual julgar causas entre consumidor e concessionária de serviço público de telefonia, quando a ANATEL não seja litisconsorte passiva necessária, assistente, nem opoente.
- **Súmula Vinculante 29:** É constitucional a adoção, no cálculo do valor de taxa, de um ou mais elementos da base de cálculo própria de determinado imposto, desde que não haja integral identidade entre uma base e outra.
- **Súmula 545 do STF:** Preços de serviços públicos e taxas não se confundem, porque estas, diferentemente daqueles, são compulsórias e têm sua cobrança condicionada à prévia autorização orçamentária, em relação à lei que as instituiu.
- **Súmula 670 do STF:** O serviço de iluminação pública não pode ser remunerado mediante taxa.

2. EM RELAÇÃO À LICITAÇÃO

- CF/88: art. 22, XXVII; art. 37, XXI; art. 173, III; art. 175.
- Lei n. 8.666/93, principalmente os arts. 1º a 26; 42, 45, 46 e 49.
- Lei n. 8.958/94: art. 1º-A: dispensa de licitação entre instituições federais de ensino superior de pesquisa e as fundações de apoio.
- Lei n. 9.472/97.
- Lei n. 9.478/97: art. 23 c.c. Decreto n. 2.745/98.
- Lei n. 10.176/2001: capacitação e competitividade do setor de tecnologia de informação. Assim, para a Administração Pública Federal direta e indireta, a ordem de preferência para a aquisição de bens e serviços de informática e automação é: 1º) bens e serviços com tecnologia desenvolvida no Brasil; 2º) bens e serviços produzidos de acordo com processo produtivo básico, na forma do Decreto n. 7.174/2010.
- Decreto n. 7.174/2010: regulamenta a contratação de bens e serviços de informática e automação pela Administração Pública Federal direta e indireta.
- Lei n. 10.520/2002.
- Lei n. 11.107/2005: art. 2º.
- Decreto n. 5.504/2005, principalmente por incluir na exigibilidade do pregão as entidades privadas não pertencentes à Administração Pública, quando o valor a ser gasto/investido for decorrente de recursos repassados pela União.
- MP n. 458/2009.
- Lei Complementar n. 123/2006: arts. 47 a 49.
- Decreto n. 6.505/2008: contratação de serviços e aquisição de bens pelos Correios (EBC).
- Lei n. 8.987/95.
- Lei n. 9.897/95: art. 15.
- Lei n. 9.986/2000: art. 17.
- Lei n. 11.079/2004: parceria público-privada.
- Lei n. 12.232/2010: serviços de publicidade por intermédio de agências de propaganda.
- Lei n. 12.276/2010: cessão onerosa do exercício de lavra e pesquisa de petróleo e gás natural.
- Lei n. 12.349/2010 (fruto da conversão da MP n. 495/2010): promoveu importantes alterações na LLC.
- Lei n. 12.351/2010: exploração de petróleo e gás natural na zona do pré-sal.
- Lei n. 12.462/2011: Regime Diferenciado de Contratações Públicas – RDC.
- **Súmula 247 do TCU:** É obrigatória a admissão da adjudicação por item e não por preço global, nos editais das licitações para a contratação de obras, serviços, compras e alienações, cujo objeto seja divisível, desde que não haja prejuízo para o conjunto ou complexo ou perda de economia de escala, tendo em vista o objetivo de propiciar a ampla participação de licitantes que, embora não dispondo de capacidade para a execução, forne-

cimento ou aquisição da totalidade do objeto, possam fazê-lo com relação a itens ou unidades autônomas, devendo as exigências de habilitação adequar-se a essa divisibilidade.

- **Súmula 248 do TCU:** Não se obtendo o número legal mínimo de três propostas aptas à seleção, na licitação sob a modalidade Convite, impõe-se a repetição do ato, com a convocação de outros possíveis interessados, ressalvadas as hipóteses previstas no § 7º, do art. 22, da Lei n. 8.666/93.

5. IMPROBIDADE ADMINISTRATIVA

DIREITO ADMINISTRATIVO

QUESTÕES

1. **(Agente – CESPE – 2009)** Quanto ao regime jurídico concernente aos funcionários policiais civis da União e do Distrito Federal, bem como às sanções aplicáveis aos agentes públicos, julgue o item a seguir.

   - Frustrar a licitude de processo licitatório ou dispensá-lo indevidamente constitui ato de improbidade administrativa e, por consequência, impõe a aplicação da lei de improbidade e a sujeição do responsável unicamente às sanções nela previstas.

2. **(Delegado – CESPE – 2013)** Um servidor público federal dispensou licitação fora das hipóteses previstas em lei, o que motivou o MP a ajuizar ação de improbidade administrativa, imputando ao servidor a conduta prevista no art. 10, VIII, da Lei n. 8.429/93, segundo o qual constitui ato de improbidade administrativa qualquer ação ou omissão, dolosa ou culposa, que enseje perda patrimonial, desvio, apropriação, malbaratamento ou dilapidação dos bens públicos, notadamente o ato que frustrar a licitude de processo licitatório ou dispensá-lo indevidamente.

   Com base nessa situação hipotética, julgue os itens que se seguem.

   a) Caso o MP também ajuíze ação penal contra o servidor, pelo mesmo fato, a ação de improbidade ficará sobrestada até a prolação da sentença penal a fim de se evitar *bis in idem*.

   b) Na hipótese de sentença condenatória, o juiz poderá, de acordo com a gravidade do fato, aplicar ao servidor pena de multa e deixar de aplicar-lhe a suspensão de direitos políticos, ambas previstas em lei.

   c) Caso o MP não tivesse ajuizado a referida ação, qualquer cidadão poderia ter ajuizado ação de improbidade subsidiária.

3. **(Escrivão – CESPE – 2004 – adaptada)** Julgue o item seguinte, relativo ao direito administrativo e às normas jurídicas sobre a polícia federal.

   - Pratica ato de improbidade administrativa que importa enriquecimento ilícito um escrivão da polícia federal que, durante o exercício do cargo, adquire imóveis e veículos cujo valor seja desproporcional à evolução do seu patrimônio e da sua renda.

4. **(Agente – CESPE – 2002 – adaptada)** Julgue o item a seguir, quanto ao direito administrativo.

   - Nos crimes de responsabilidade, tais como os atos que atentem contra a probidade na administração, o presidente da República será processado e julgado pelo Senado Federal. Trata-se, na hipótese, de um controle legislativo.

5. **(Delegado – CESPE – 2002 – adaptada)** Julgue os itens abaixo, relativos à improbidade administrativa, conforme disciplinada na Lei n. 8.429, de 2-6-1992.

   a) A ação pública de improbidade administrativa – de natureza civil e com legitimação ativa atribuída privativamente ao Ministério Público (MP) – objetiva punir os responsáveis e ressarcir o erário por danos sofridos pela conduta de agentes ímprobos.

   b) Entende-se por agentes públicos, para os fins legais, além dos servidores investidos em cargos ou empregos, também aqueles que, transitoriamente, com ou sem remuneração, exerçam funções em entidades da administração direta ou indireta.

c) Entre as sanções abstratamente cominadas aos agentes condenados por improbidade administrativa, estão a perda da função pública e a suspensão dos direitos políticos.

d) A ação de improbidade administrativa comporta pedido de antecipação de tutela, especialmente quando se postula a nulidade de ato administrativo cuja ilegalidade seja de plano comprovada.

6. **(Escrivão – CESPE – 2013 – adaptada)** Com relação ao direito administrativo, julgue o item a seguir.
   - O servidor público que revelar fato ou circunstância que tenha ciência em razão das suas atribuições, e que deva permanecer em segredo, comete ato de improbidade administrativa.

7. **(Escrivão – CESPE – 2013 – adaptada)** Com relação ao direito administrativo, julgue o item a seguir.
   - As penas aplicadas a quem comete ato de improbidade não podem ser cumuladas, uma vez que estaria o servidor sendo punido duas vezes pelo mesmo ato.

8. **(Agente – CESPE – 2012)** A respeito da improbidade administrativa, julgue o item abaixo.
   - Se o suposto autor do ato alegar que não tinha conhecimento prévio da ilicitude, o ato de improbidade restará afastado, por ser o desconhecimento da norma motivo para afastá-lo.

GABARITO COMENTADO

1. ERRADO O erro estava na segunda parte da questão que afirmava que as sanções a serem aplicadas no caso seriam unicamente aquelas previstas na LIA. Na verdade, é possível a punição de agentes ímprobos em **cada uma** das esferas jurídicas ofendidas. Assim, é possível que de uma única conduta haja aplicação **cumulativa** de penalidades administrativas, penais, civis e políticas (perda temporária ou suspensão dos direitos políticos), mesmo porque o § 4º do art. 37 da CF/88 expressamente consignou que as sanções por improbidade seriam aplicadas "sem prejuízo da ação penal cabível".

Comentário extra: A conduta de frustrar a licitude de processo licitatório ou dispensá-lo indevidamente (primeira parte da questão) realmente constitui ato de improbidade administrativa que causa lesão ao erário, conforme previsão do inc. VIII do art. 10 da LIA (8.429/92), **ao mesmo tempo em que configura crime** previsto na LLC (Lei de Licitações e Contratos n. 8.666/93) em seu art. 90 c.c. art. 82.

2.

A. ERRADO A conduta de frustrar a licitude de processo licitatório ou dispensá-lo indevidamente constitui ato de improbidade administrativa que causa lesão ao erário, conforme previsão do inc. VIII do art. 10 da LIA (n. 8.429/92). Destaque-se que a conduta também configura crime previsto na LLC (Lei de Licitações e Contratos n. 8.666/93) em seu art. 90 c.c. art. 82.

As sanções aplicadas ao servidor infrator podem ser de natureza civil, administrativa e penal que são independentes entre si (em regra, já que a absolvição criminal que negue a ocorrência do fato ou a autoria afasta as demais responsabilidades) e **podem se cumular**, sem que isso implique *bis in idem*, ou seja, penalização repetida (art. 121 da Lei n. 8.112/90). Portanto, eventual promoção de ação penal concomitante com a ação de improbidade não importa em sobrestamento desta. Também importante mencionar que não há a necessidade de a ação de improbidade ser precedida de inquérito policial.

Comentário extra: Reforçamos que as esferas de responsabilização (administrativa, civil, penal ou política) **são, em regra, independentes**. Entretanto, por força do art. 126 da Lei n. 8.112/90, quando na esfera criminal ocorre a absolvição **por negativa da ocorrência do fato ou de autoria** – ou seja, a sentença absolutória expressamente afirma a não ocorrência do fato delituoso ou que o acusado não é autor da conduta – os efeitos dessa absolvição se estendem à esfera administrativa, cessando a responsabilização. Insista-se: essa extensão automática dos efeitos da absolvição criminal somente se aplica à esfera administrativa, se o Poder Judiciário afirmar expressamente a não ocorrência do fato ou a não participação do acusado. Se a absolvição for por qualquer outro motivo, como, por exemplo, ausência de provas para uma condenação criminal, a independência da esfera administrativa fica resguardada e o agente pode vir a ser condenado em esfera civil ou administrativa.

B. CERTO Assertiva em consonância com o parágrafo único do art. 12 da LIA.

Comentário extra: Importante destacar que há uma gradação de severidade na aplicação das penas decorrentes de condutas de improbidade administrativa a depender da gravidade e dos interesses lesados pela conduta ímproba.

Assim, para os atos de improbidade que geram enriquecimento ilícito ao agente público (hipótese do enunciado), é prevista a suspensão dos direitos políticos por um período de 8 a 10 anos, a depender da extensão do dano causado e proveito patrimonial obtido ilicitamente (parágrafo único do art. 12 da Lei n. 8.429/92). Ainda, é prevista multa civil de até 3 vezes o valor do acréscimo patrimonial ilícito, a depender da extensão do dano causado e proveito patrimonial obtido ilicitamente (parágrafo único do art. 12 da Lei n. 8.429/92). Também a proibição de contratar com o Poder Público ou receber benefícios ou incentivos fiscais ou creditícios por 10 anos.

Aos atos de improbidade que causam prejuízo ao erário é prevista a suspensão dos direitos políticos por um período de 5 a 8 anos e multa civil de até 2 vezes o valor do dano, a depender das mesmas variantes mencionadas acima. Também a proibição de contratar com o Poder Público ou receber benefícios ou incentivos fiscais ou creditícios por 5 anos.

E, por fim, aos atos de improbidade que ofendem princípios da Administração Pública é prevista a suspensão dos direitos políticos por um período de 3 a 5 anos, bem como multa civil de até 100 vezes o valor da remuneração do servidor ímprobo. Também a proibição de contratar com o Poder Público ou receber benefícios ou incentivos fiscais ou creditícios por 3 anos.

C. ERRADO Destacamos que a natureza da ação de improbidade é de ação civil pública (posição pacífica). Portanto, lhe são aplicáveis não só as disposições da LIA, mas também de forma suplementar a Lei n. 7.347/85. Ainda há a possibilidade de aplicação de alguns dispositivos da Lei n. 4.717/65 (ação popular), conforme previsão do § 3º do art. 16 da LIA.

Portanto, a legitimidade ativa para a ação de improbidade administrativa pertence ao Ministério Público e/ou pessoa jurídica interessada (e no mais das vezes lesada) (art. 17 da LIA). Mas **qualquer pessoa** pode **representar** à autoridade competente para a instauração de investigação sobre as condutas tidas por ímprobas (art. 14).

A autoridade, ao identificar que o ato de improbidade causou lesão ao patrimônio público ou que importou em enriquecimento ilícito, deverá representar ao Ministério Público para que seja requerida em juízo a indisponibilidade dos bens do indiciado suficientes para o integral ressarcimento do dano ou no valor do acréscimo patrimonial ilícito (art. 7º).

Registre-se que se o Ministério Público não for o autor da ação, deverá obrigatoriamente (para não gerar nulidades) atuar como fiscal da lei. Ainda, as Procuradorias das pessoas jurídicas de direito público lesadas podem, em havendo necessidade, promover eventuais ações de ressarcimento dos danos causados ao patrimônio público.

3. CERTO Assertiva em concordância com o inc. VII do art. 9º da LIA.

Comentário extra: A Banca Examinadora demonstra apreço pelo texto legal. **E, para fins de concursos públicos, a lei é um porto seguro para amparar o encontro da resposta correta**. Entretanto, cumpre assinalar que, a rigor, um agente público que adquire para si ou para outrem bens de qualquer natureza cujo valor seja desproporcional à evolução do patrimônio ou à sua renda só pratica ato de improbidade **se** não conseguir comprovar a origem lícita dos recursos para a aquisição (que pode advir de um financiamento ou mesmo de doação ou recebimento de herança).

4. CERTO Assertiva em plena harmonia com o art. 2º da Lei n. 1.079/50.

Comentário extra: Importante destacar que Presidente da República atentar contra a probidade administrativa sempre foi considerado crime de responsabilidade desde a primeira Constituição da República do Brasil, em 1891.

Na CF/88 há expressa lista dos atos que importam em crimes de responsabilidade; no art. 85, V, consta a conduta de atentar contra a probidade na administração.

Também cumpre registrar que **estão sujeitos à Lei n. 1.079/50** os exercentes dos seguintes cargos: governador e secretário dos Estados; ministro de Estado; ministro do STF; procurador-geral da República. **Os prefeitos não estão nesta lista** porque os crimes de responsabilidade deles estão disciplinados no **Decreto-Lei n. 201/67**.

As penas previstas na Lei n. 1.079/50 são perda de cargo e inabilitação para o exercício de qualquer função pública pelo prazo de 5 anos.

Essas penas podem ser aplicadas sem prejuízo da aplicação das penas previstas na LIA (Lei n. 8.429/92).

5.

A. ERRADO O erro está na expressão "privativamente". Não só o Ministério Público, mas também a pessoa jurídica interessada (e no mais das vezes, lesada) detém legitimidade ativa para a propositura da ação civil pública de improbidade administrativa (art. 17 da LIA).

Registre-se que se o Ministério Público não for o autor da ação, deverá obrigatoriamente (para não gerar nulidades) atuar como fiscal da lei.

Ainda, as Procuradorias das pessoas jurídicas de direito público lesadas podem, em havendo necessidade, promover eventuais ações de ressarcimento dos danos causados ao patrimônio público.

Comentário extra: A natureza da ação de improbidade é de ação civil pública (posição pacífica). Portanto, lhe são aplicáveis não só as disposições da LIA, mas também de forma suplementar a Lei n. 7.347/85. Ainda há a possibilidade de aplicação de alguns dispositivos da Lei n. 4.717/65 (ação popular), conforme previsão do § 3º do art. 16 da LIA.

B. CERTO A redação da assertiva se amolda perfeitamente na previsão do art. 2º c.c. o art. 1º da LIA, abarcando também os que exercem função pública através de mandato.

Não só os agentes públicos são alcançáveis pela LIA, mas também terceiro (isto é, não agente público) que de qualquer forma concorra (ainda que apenas induzindo) para a conduta ímproba, bem como aquele que mesmo não tendo concorrido se beneficie de alguma forma com o resultado da conduta lesiva (art. 3º da LIA).

Comentário extra: O sujeito ativo dos atos de improbidade e, portanto, alcançável pelas sanções da Lei de Improbidade Administrativa (LIA), alberga um espectro amplo: são desde os agentes públicos, servidores ou não (ato de improbidade próprio), até os particulares que se beneficiarem (ato de improbidade **impróprio**).

O **conceito de agente público** nos é dado pelo art. 2º: o exercente **a qualquer título** de mandato, cargo, emprego ou função em entidade da administração direta, indireta, fundacional dos entes políticos, bem como em empresa incorporada ao patrimônio público ou que em sua criação haja recursos públicos superiores a 50% do patrimônio ou da receita anual.

IMPORTANTE: O **STF** já teve oportunidade de esclarecer se agentes políticos exercentes dos cargos de Ministros de Estado, Comandantes da Marinha, do Exército e da Aeronáutica (em regra), os membros dos Tribunais Superiores, os do Tribunal de Contas da União e os chefes de missão diplomática de caráter permanente são albergados pelos atos de improbidade, e na oportunidade a resposta **foi negativa** (Recl. 2.138-6). Na ocasião, o STF sedimentou que os atos de improbidade dos agentes políticos mencionados na alínea *c* do inc. I do art. 102 da CF/88, notadamente os que gerem enriquecimento ilícito no exercício de função ou cargo, podem resultar em crimes de responsabilidade, bem como as condutas deverão ser julgadas perante aquela corte maior. **ESSENCIAL destacar que para os parlamentares é plenamente aplicável a LIA, conforme entendimento do mesmo STF** (julgado de junho de 2007: questão de ordem 3923, cuja relatoria foi do Min. Joaquim Barbosa).

Para fins penais, também podemos nos valer da redação da assertiva, já que está em harmonia com o conceito de funcionário público do *caput* e § 1º do art. 327 do Código Penal.

C. CERTO Assertiva em completa harmonia com o mandamento constitucional do § 4º do art. 37, bem como inc. I do art. 12 da LIA.

Registre-se que ambas as penas somente poderão ser efetivadas com o trânsito em julgado da ação civil pública de improbidade (art. 20 da LIA).

Comentário extra: Importante destacar que há uma **gradação de severidade** na aplicação das penas decorrentes de condutas de improbidade administrativa a depender da gravidade e dos interesses lesados pela conduta ímproba.

Assim, para os atos de improbidade *que geram enriquecimento ilícito* ao agente público (hipótese do enunciado), é prevista a suspensão dos direitos políticos por um período de 8 a 10 anos, a depender da extensão do dano causado e proveito patrimonial obtido ilicitamente (parágrafo único do art. 12 da Lei n. 8.429/92). Ainda, é prevista multa civil de até 3 vezes o valor do **acréscimo patrimonial** ilícito, a depender da extensão do dano causado e proveito patrimonial obtido ilicitamente (parágrafo único do art. 12 da Lei n. 8.429/92).

Aos atos de improbidade que *causam prejuízo ao erário* é prevista a suspensão dos direitos políticos por um período de 5 a 8 anos e multa civil de até 2 vezes o **valor do dano**, a depender das mesmas variantes mencionadas acima.

E, por fim, aos atos de improbidade que *ofendem princípios da Administração Pública* é prevista a suspensão dos direitos políticos por um período de 3 a 5 anos, bem como multa civil de até 100 vezes o valor da remuneração do servidor ímprobo.

Atenção: é importante atentar para o fato de que a pena prevista e possível no que toca aos direitos políticos é de suspensão do exercício desses direitos, **jamais de cassação** deles.

Ver quadro sinótico das condutas ímprobas e suas consequências, na seção IMPORTANTE SABER, logo abaixo.

D. CERTO Para antecipar a tutela jurisdicional postulada na ação civil pública de improbidade é necessário pedido expresso da parte interessada instruído com prova inequívoca da ocorrência da conduta ímproba e de sua autoria, bem como o atendimento dos demais requisitos do art. 273 do Código de Processo Civil.

A possibilidade de antecipação de tutela em ação de improbidade já foi sufragada pelo STJ no julgamento do RE 131.853.

Comentário extra: Prova inequívoca é aquela que é capaz de gerar um convencimento seguro no Magistrado competente de que a parte postulante é titular do direito material invocado.

Ainda é possível a realização de medida cautelar em que a autoridade competente poderá determinar o afastamento preventivo do agente do exercício do cargo pelo prazo de 60 dias prorrogáveis uma única vez, sem prejuízo da remuneração, a fim de que esse não interfira na apuração do ilícito.

6. CERTO Assertiva em consonância com a previsão do inc. III do art. 11 da LIA, constituindo ato de improbidade administrativa que atenta contra os princípios da Administração Pública.

Comentário extra: Igual conduta também importa em ilicitude administrativa passível de demissão, conforme previsão do inc. IX do art. 132 da Lei n. 8.112/90.

7. ERRADO Assertiva em franca colidência com a previsão do art. 12 da LIA, que expressamente consigna que as sanções por improbidade podem ser aplicadas isolada ou cumulativamente, a depender da gravidade da conduta e do resultado desta.

As sanções aplicadas ao servidor infrator podem ser de natureza civil, administrativa e penal que são independentes entre si (em regra, já que a absolvição criminal que negue a ocorrência do fato ou a autoria afasta as demais responsabilidades) e **podem se cumular**, sem que isso implique *bis in idem*, ou seja, penalização repetida (art. 121 da Lei n. 8.112/90).

8. ERRADO Com base na literalidade do art. 10 da LIA, para a caracterização do ato de improbidade basta a presença de culpa na conduta.

Ainda, de acordo com o art. 3º da Lei de Introdução às Normas do Direito Brasileiro (Decreto-Lei n. 4.657/42), ninguém pode descumprir mandamento legal alegando desconhecê-lo.

RAIO-X

- O tema improbidade administrativa é sempre cobrado em concursos públicos da Polícia Federal e equivale aos seguintes percentuais das questões de Direito Administrativo:

Cargo	Questões do Tema	%
Agente	3	2,11
Escrivão	3	2,11
Delegado	7	5,63

- A maioria das questões é baseada em:
☐ doutrina ☒ legislação ☐ jurisprudência

IMPORTANTE SABER

- A ocorrência de dano não é requisito para aplicação das sanções previstas na lei de improbidade administrativa, pois mesmo atos que atentem contra princípios administrativos são passíveis de punição. Havendo dano, o agente será condenado na sua reparação. Ainda, há a precisão do inc. I do art. 21 da LIA.
- A natureza jurídica da ação de improbidade administrativa é ação civil pública especial.
- As entidades da Administração Pública que a Lei n. 8.249/92 (LIA) visa preservar são as mesmas objeto da Lei n. 4.717/65 (Lei de Ação Popular – LAP).
- Não é necessário decorar as condutas previstas na LIA. Basta uma análise das condutas tipificadas para se identificar qual esfera administrativa foi lesada. O que é necessário apreender é que os atos de improbidade administrativa são divididos em três grandes grupos: **I)** que importam ***enriquecimento ilícito*** = são condutas como receber, perceber, adquirir, aceitar, incorporar e usar algo de valor; **II)** que causam ***prejuízo ao erário*** = atos como facilitar, permitir condutas lesivas ao patrimônio público, bem como frustrar licitação, conceder irregularmente benefícios, liberar ilicitamente verbas, ou seja, tudo que afeta o erário, depauperando-o; e **III)** que ***atentam contra os princípios*** administrativos = classificação residual de condutas que não se enquadram tipicamente nas demais modalidades que vão de encontro às orientações e vetores dos princípios que regem a Administração Pública e seus agentes.
- O controle interno de cada órgão da Administração Pública (autotutela) não se confunde com o controle externo realizado pelo Congresso Nacional com o auxílio do Tribunal de Contas. São instâncias independentes que se complementam na busca da probidade administrativa, da transparência e legitimidade do gasto público, bem como da eficiência dos serviços públicos e prestações estatais. Assim, mesmo que um gestor tenha suas contas aprovadas por tribunal de contas, ainda assim poderá sofrer as consequências previstas na lei de improbidade. Inobstante essa realidade, o legislador determinou que a comissão processante de procedimentos administrativos que visem apurar a prática de ato de improbidade informe ao Ministério Público, bem como ao Tribunal ou Conselho de Contas (art. 15 da LIA), a fim de que esses possam acompanhar, se desejarem, ou realizem apurações próprias.

O termo "agente" possui largo espectro de aplicação, abarcando os políticos, servidores e **particulares em colaboração** com o poder público.

Agentes de colaboração são pessoas **particulares**, não vinculadas ao poder público por cargo (esse é reservado aos servidores), que prestam serviços à Administração Pública, **colaborando** na realização do interesse público.

Vinculam-se à Administração Pública por **contratos ou atos administrativos** (concessionários e permissionários); por **requisições** (jurados, auxiliares da Justiça Eleitoral nas eleições (mesários), praças do serviço militar obrigatório); por **concordância** ou **vontade própria** (gestores de situações anormais que envolvem interesse da Administração, como, por exemplo, interventores nomeados por Magistrados para administrarem uma concessionária com problemas. Também os leiloeiros); por **delegação** (desempenham atividade jurídica de forma transitória, como, por exemplo, um advogado contratado para realizar uma específica defesa).

Importante mencionar a situação dos titulares de serventias da Justiça não oficializadas, ou seja, dos notários e registradores. O vínculo é por *delegação antecedida de concurso público*. Assim, não ocupam cargo e permanecem como particulares com vínculo de delegação, conquanto sejam obrigados ao concurso público (art. 236 da CF/88).

Agente **político** é o titular de cargo estrutural à organização política da República.

Agente **honorífico** é o particular convocado para prestar serviços ao Estado e à Administração, sem qualquer remuneração e em caráter transitório.

Agente **delegado** possui duas acepções. Uma ampla, abarcando os particulares que, por delegação, exercem atividade pública, em nome próprio e por sua conta e risco, recebendo remuneração do Estado ou dos usuários dos serviços que presta (Flávia Cristina Moura de Andrade). E outra, mais restrita, abarcando apenas a atividade jurídica de forma transitória (Celso Antônio Bandeira de Mello).

Os **Magistrados** são membros do Poder Judiciário, um dos três Poderes da República do Brasil, e, portanto, fazem parte do arcabouço constitucional estruturante da República. Conquanto, no passado, houve grande discussão sobre os magistrados serem ou não agentes políticos, o Supremo Tribunal Federal afirmou tal realidade em seus julgados, pondo fim à celeuma.

Entretanto, cumpre destacar que há doutrinadores renomados que ensinam que apenas estão albergados na categoria de agentes políticos os chefes do Executivo, ministros e secretários e os membros do Poder Legislativo.

QUADRO SINÓTICO DAS CONDUTAS ÍMPROBAS E SUAS CONSEQUÊNCIAS

		CONDUTAS ÍMPROBAS		
	gênero de conduta ímproba	aferição de qualquer vantagem patrimonial ilícita em razão do exercício e cargo, mandato, função, emprego ou atividade pública	Causar lesão ao erário, ainda que culposa, principalmente perda patrimonial, desvio, apropriação, malbaratamento ou dilapidação do patrimônio público	Atentar contra os princípios da administração pública, violando os deveres de honestidade, imparcialidade, legalidade, lealdade às instituições da Administração Pública
CONSEQUÊNCIAS JURÍDICAS	perda dos bens e valores acrescidos ilicitamente ao patrimônio	ψ	ψ	
	ressarcimento integral do dano (quando houver)	ψ	ψ	ψ
	perda da função pública	ψ	ψ	ψ
	suspensão dos direitos políticos	de 8 a 10 anos	de 5 a 8 anos	de 3 a 5 anos
	multa	até 3 X o acréscimo patrimonial ilícito	até 2 X o valor do dano	até 100 X o valor da remuneração do servidor ímprobo
	proibição de contratar com o poder público	10 anos	5 anos	3 anos
	proibição de receber incentivos fiscais ou creditícios, ainda que por intermédio de interposta pessoa natural ou jurídica	10 anos	5 anos	3 anos

LEGISLAÇÃO E SÚMULAS PERTINENTES

- CF/88: arts. 14, § 9º; 15, V; 28, § 1º; 37, I, V, XI, XVII e §§ 3º, III, e 4º; 38, I, II e III; 40, § 4º; 42, § 4º; 48, X; 51, IV; 52, XIII; 54, I, *b*, e II, *b*; 61, § 1º, II, *a*; 85, V; inc. I do parágrafo único do art. 95; 142, § 3º, III; 169, §§ 1º e 6º (relativos à função pública).
- Lei Complementar n. 101/2000 (LRF).
- Lei n. 8.429/92 (LIA), principalmente art. 12, cuja alteração ocorreu em 2009.
- Lei n. 8.730/93: obrigatoriedade da declaração de bens e rendas para o exercício de cargos, empregos e funções nos três poderes da República.
- **Súmula Vinculante 13:** A nomeação de cônjuge, companheiro ou parente em linha reta, colateral ou por afinidade, até o terceiro grau, inclusive, da autoridade nomeante ou de servidor da mesma pessoa jurídica investido em cargo de direção, chefia ou assessoramento, para o exercício de cargo em comissão ou de confiança ou, ainda, de função gratificada na administração pública direta e indireta em qualquer dos Poderes da União, dos Estados, do Distrito Federal e dos Municípios, compreendido o ajuste mediante designações recíprocas, viola a Constituição Federal.
- **Súmula 18 do STF:** Pela falta residual não compreendida na absolvição pelo Juízo Criminal, é admissível a punição administrativa do servidor público.
- **Súmula 231 do TCU:** A exigência de concurso público para admissão de pessoal se estende a toda a Administração Indireta, nela compreendidas as autarquias, as fundações instituídas e mantidas pelo Poder Público, as Sociedades de Economia Mista, as Empresas Públicas e, ainda, as demais entidades controladas direta ou indiretamente pela União, mesmo que visem a objetivos estritamente econômicos, em regime de competitividade com a iniciativa privada.
- **Súmula 249 do TCU:** É dispensada a reposição de importâncias indevidamente percebidas, de boa-fé, por servidores ativos e inativos, e pensionistas, em virtude de erro escusável de interpretação de lei por parte do órgão/entidade, ou por parte de autoridade legalmente investida em função de orientação e supervisão, à vista da presunção de legalidade do ato administrativo e do caráter alimentar das parcelas salariais.

6. RESPONSABILIDADE CIVIL DO ESTADO

QUESTÕES

1. **(Agente – CESPE – 2002 – adaptada)** Julgue o item a seguir, quanto ao direito administrativo.
   - Considere a seguinte situação hipotética: João, assistente de transporte do Ministério da Saúde, conduzia regularmente um veículo oficial quando, inopinadamente, Anísio, que queria se suicidar, jogou-se na pista de rolamento contra o automotor, vindo a ser atropelado e morto. Antes do atropelamento, João, que estava empreendendo velocidade abaixo da permitida para o local, chegou a acionar o sistema de freios do veículo. Nessa situação, em face da responsabilidade objetiva do Estado, a família de Anísio fará jus à reparação civil do dano.

2. **(Escrivão – CESPE – 2004)** Acerca da responsabilidade civil do Estado, julgue o item a seguir.
   - Atos decorrentes de lei declarada inconstitucional não acarretam a obrigação de indenizar.

3. **(Delegado – CESPE – 2002 – adaptada)** Em consonância com a classificação de Celso Antônio Bandeira de Mello, os agentes públicos formam uma categoria a que pertencem os agentes políticos, os servidores públicos e os particulares em atuação colaboradora com o poder público. Com relação ao regime jurídico a que estão subordinados os agentes públicos, julgue o seguinte item.
   - Os atos lesivos a terceiros praticados em razão dos serviços públicos prestados por empregados de empresas concessionárias ou permissionárias não geram a responsabilidade objetiva do Estado.

4. **(Delegado – CESPE – 2004)** A respeito de serviços públicos e responsabilização da administração, julgue o item seguinte.
   - A responsabilidade civil do Estado por conduta omissiva não exige caracterização da culpa estatal pelo não cumprimento de dever legal, uma vez que a Constituição brasileira adota para a matéria a teoria da responsabilidade civil objetiva.

GABARITO COMENTADO

1. ERRADO A questão foi formulada de forma a gerar equívocos nos candidatos.

A banca examinadora descreveu uma situação que tendia a ser enquadrada na previsão do § 6º do art. 37 da CF/88, o que atrairia a responsabilidade estatal, pois o agente público conduzia veículo oficial (ou seja, estava no exercício de função pública).

Entretanto, na situação narrada na questão, não se vislumbra a presença de um elemento essencial da responsabilização: o nexo causal entre a atuação estatal e o evento danoso, que fora rompido pela **culpa exclusiva da vítima.**

A rigor, não houve sequer conduta por parte do Estado.

No evento trágico que vitimou o particular, não houve qualquer conduta por parte do agente, já que ele conduzia veículo automotor em velocidade abaixo da permitida e chegou a acionar o sistema de freios, quando foi surpreendido pelo desatino da vítima.

O veículo oficial foi apenas um instrumento do qual se valeu a vítima para atingir seu objetivo fatal, não havendo qualquer conduta por parte do condutor que pudesse configurar nexo causal com o evento lesivo. Nas palavras de Celso Antônio Bandeira de Mello, seria a *"inexistência de comportamento estatal produtor do dano"*.

Toda a culpa pelo evento é debitada exclusivamente à vítima, o que, repita-se, rompe o nexo de causalidade da responsabilidade objetiva.

Comentário extra: Na situação narrada na questão, identificamos que o condutor do veículo estava no exercício da função pública. Entretanto, destacamos que nem sempre é necessário que o agente causador do dano esteja no exercício de função pública (conquanto esta seja a regra), pois basta que se valha da condição de agente público para ter acesso indevido aos instrumentos do evento danoso para se configurar a responsabilidade estatal. É o caso de servidores que, se valendo dessa condição, têm acesso a veículos oficiais ou veículos sob guarda estatal e em sua condução terminam por causar danos a terceiros. Conquanto não estavam no exercício da função pública, se valeram dela para ter acesso aos veículos.

2. CERTO Na época da realização do certame essa era a posição dominante, porém não pacífica.

Naquela época (2004) havia na Doutrina quem ensinasse que da soberania do Poder Legislativo não poderia resultar danos específicos e especiais, já que a lei afetava a todos que se encontrassem na mesma situação jurídica sem distinção. Outros ensinavam que os particulares não poderiam ser lesados por atos de representantes (parlamentares) do povo, eleitos pelos próprios particulares.

Atualmente, essa linha doutrinária **está totalmente superada, sendo possível a responsabilização civil do Estado por atos decorrentes de comando legal declarado inconstitucional**.

A soberania é da República do Brasil e não de um dos seus poderes. Os agentes legiferantes (parlamentares) não são totalmente livres para legislar como desejam, pois devem estrita obediência às normas constitucionais.

Quando transbordam dos contornos constitucionais e promulgam leis inconstitucionais, sua aplicação gera dano (pelo menos jurídico) aos destinatários daquela norma inconstitucional e emergindo danos especiais de sua aplicação, resta configurada a responsabilidade estatal.

Comentário extra: Registre-se que na doutrina de Celso Antônio Bandeira de Mello encontramos lição que reforça nossa posição de que a atividade legislativa pode resultar em responsabilização do Estado quando seus agentes competentes cometem falhas expressivas na atividade legiferante, malferindo a Constituição. O mestre, ao ensinar quais agentes podem atrair responsabilidade estatal, afirma que "são todas aquelas que – em qualquer nível de escalão – tomam decisões ou realizam atividades da alçada do Estado, prepostas que estão ao desempenho de um mister público (jurídico ou material), isto é, havido pelo Estado como pertinente a si próprio".

Não há dúvida de que a atividade legiferante é um mister público, pertinente intimamente ao Estado. Assim, caso os agentes competentes (nitidamente os parlamentares) realizem a promulgação de norma jurídica em frontal colidência com a Constituição e a aplicação desta lei resulta efetivamente em danos, a responsabilidade estatal restará configurada.

Registre-se que há decisão do STF reconhecendo a responsabilização do Estado em face de ato danoso realizado com fundamento em lei declarada inconstitucional (RE 153.464, relatoria do Min. Celso de Mello).

Na Doutrina atual aceitam expressamente a responsabilização do Estado por atos gerados por leis inconstitucionais, dentre outros, Maria Sylvia Zanella di Pietro, Diógenes Gasparini, Cretella Júnior, Yussef Said Cahali e Odete Medauar.

3. ERRADO O afirmado na questão está em direta colisão com o mandamento constitucional do § 6º do art. 37, que expressamente determina a responsabilização das pessoas políticas, das pessoas jurídicas de direito público e das pessoas de direito privado **prestadoras de serviços públicos** por danos causados por agentes seus no exercício da função pública.

Comentário extra: A responsabilidade civil direta do Estado é circunscrita a danos gerados por condutas relacionadas à **prestação de serviço público**, tanto pelas entidades da administração pública direta quanto indireta.

Situação diversa é das entidades da administração indireta, nitidamente as empresas públicas e sociedades de economia mista, que exercem empresa explorando atividade econômica de produção ou comercialização de bens, pois estão sujeitas ao mesmo regime jurídico das sociedades empresárias privadas (com derrogação parcial por normas de direito público), concorrendo em igualdade com as demais sociedades empresariais no respectivo ramo de atuação. Se de sua atividade resultar danos a terceiros, poderão ser responsabilizadas por normas de direito civil próprias do regime privado de atuação empresarial.

Importante destacar que a responsabilidade civil extracontratual das pessoas jurídicas privadas prestadoras de serviço público **é a mesma para usuários e não usuários do serviço prestado: objetiva dentro da Teoria do Risco Administrativo**. O Supremo Tribunal Federal, revendo sua anterior posição consignada no RE 262.651/SP, **recentemente** alterou sua posição para sedimentar o aqui externado no RE 591.874/MS (Informativo STF 557, ao qual, pela importância da repercussão geral do tema, se remete a leitura).

Por fim, destacamos que a responsabilidade pelos danos causados por agente público no exercício regular de suas funções – bem como do particular prestador de serviços públicos – é direta, objetiva, do Estado e com os temperamentos da Teoria do Risco Administrativo. O Estado primeiramente indeniza o lesado e, posteriormente, poderá ingressar com ação de ressarcimento (direito de regresso) contra o agente causador, onde se discutirá se este agiu ou não com, pelo menos, culpa no episódio danoso. Ver a respeito o recente julgado do Supremo no RE 344.133, Rel. Min. Marco Aurélio, julgamento em 9-9-2008, Primeira Turma, *DJE* de 14-11-2008.

Essa realidade, na lição de Celso Antônio Bandeira de Mello, não inibe o lesado de buscar reparação ao seu dano, se assim preferir, diretamente contra o agente causador da lesão. Entretanto, o STF vem decidindo que a ação deve ser promovida apenas contra a pessoa jurídica e não contra o agente, ante o § 6º do art. 37 representar uma dupla garantia: a primeira, ao lesado, de buscar a reparação junto ao Estado sem discutir a presença de culpa; e a segunda, ao agente, que somente em ação de regresso poderá ser responsabilizado a ressarcir os cofres públicos pela indenização acaso perpetrada: RE 344.133 (Informativo STF 519) e RE 327.904.

4. ERRADO A adoção da **teoria da responsabilidade objetiva na modalidade risco administrativo se aplica a situações em que o dano advém de uma conduta comissiva** (agir), pois nestas a responsabilidade estatal se revela independentemente de análise de culpa.

Entretanto, em relação a **danos gerados de condutas omissivas (não agir), a responsabilidade é subjetiva**, ou seja, dependente da comprovação de pelo menos culpa administrativa por parte do Estado, nitidamente na modalidade *falta do serviço* (irregularidades na execução dos serviços, principalmente em decorrência de *inexistência do serviço, retardamento na prestação* ou *mau funcionamento*). É a lição de Oswaldo Aranha Bandeira de Mello: "A responsabilidade do Estado por omissão só pode ocorrer na hipótese de culpa anônima, da organização e funcionamento do serviço, que não funciona ou funciona mal ou em atraso, e atinge os usuários do serviço ou os nele interessados".

O Supremo já variou o entendimento, ora afirmando ser subjetiva (*RT* 753:156), ora objetiva (RE 109.615 e RE 363.999), mas **atualmente** se posiciona pela responsabilidade **subjetiva** (RREE 179.147/SP e 283.989/PR).

Alertamos o candidato para um equívoco repetido alhures de que o Prof. José dos Santos Carvalho Filho ensinaria que, mesmo nos casos de condutas omissivas, a responsabilidade seria objetiva, o que não é verdade. Uma leitura atenta da obra *Manual de direito administrativo* revela que o autor procura mesclar as duas responsabilidades, consignando que quando há o preen-

DIREITO ADMINISTRATIVO

chimento dos pressupostos da responsabilização subjetiva, também estão preenchidos os pressupostos da responsabilidade objetiva. Entretanto, ele se posiciona claramente pela responsabilização subjetiva nos casos de omissão. Conclui o nobre professor: "Quer-nos parecer, assim, que o Estado se sujeita à responsabilidade objetiva, mas, quando se tratar de conduta omissiva, estará ele na posição comum de todos, vale dizer, sua responsabilização se dará por culpa".

RAIO-X

- O tema responsabilidade extracontratual do Estado é sempre cobrado em concursos públicos da Polícia Federal e equivale aos seguintes percentuais das questões de Direito Administrativo:

Cargo	Questões do Tema	%
Agente	1	0,7
Escrivão	1	0,7
Delegado	2	1,4

- A maioria das questões é baseada em:

☒ doutrina ☒ legislação ☒ jurisprudência

IMPORTANTE SABER

- Somente há imputação do agir de uma pessoa ao Estado quando aquela age em nome deste (Teoria da Imputação, uma das vertentes do Princípio Constitucional da Impessoalidade (Ver lições do Capítulo I)). Ou seja, somente quando investida regularmente de parcela de poder estatal, exercendo função pública própria da esfera de sua competência, é que uma pessoa natural, agente público, terá seu comportamento imputado à pessoa jurídica.

  Não por outra razão que o § 6º do art. 37 da CF/88 determina que o Estado será responsável "pelos danos que seus agentes, *nessa qualidade*, causarem a terceiros...".

  Portanto, se autoridades ou quaisquer agentes públicos (ou particulares concessionários ou delegatários de prestação de serviços públicos) não estiverem no exercício de suas regulares funções e virem a causar algum dano, responderão de forma isolada.

  Inobstante essa realidade, é importante saber que existem raras situações em que mesmo não agindo no exercício de suas funções, um particular que é agente público pode vir a desenvolver atividade que potencialmente pode resvalar em responsabilização estatal. São os casos em que o causador do dano somente teve acesso a um elemento causal do dano por ser agente público. Por exemplo: policial que mesmo de folga ou não prestando serviço público retira viatura ou carro apreendido do pátio da corporação ou delegacia e vem a causar dano com o veículo. Ver a respeito os recentes julgados do Supremo nos **RE 418.023-AgR**, Rel. Min. Eros Grau, julgamento em 9-9-2008, Segunda Turma, *DJE* de 17-10-2008 e **RE 213.525-AgR**, Rel. Min. Ellen Gracie, julgamento em 9-12-2008, Segunda Turma, *DJE* de 6-2-2009.

- A teoria do risco administrativo, consagrada em sucessivos documentos constitucionais brasileiros desde a Carta Política de 1946, confere fundamento doutrinário à responsabilidade civil objetiva do poder público pelos danos a que os agentes públicos houverem dado causa, por ação ou por omissão. Essa concepção teórica, que informa o princípio constitucional da responsabilidade civil objetiva do poder público, faz emergir, da mera ocorrência de ato lesivo causado à vítima pelo Estado, o dever de indenizá-la pelo dano pessoal e/ou patrimonial sofrido, independentemente de caracterização de culpa dos agentes estatais ou de demonstração de falta do serviço público. Os elementos que compõem a estrutura e delineiam o perfil da responsabilidade civil objetiva do poder público compreendem (a) a alteridade do dano, (b) **a causalidade material entre o *eventus damni* e o comportamento positivo (ação) ou negativo (omissão) do agente público**, (c) **a oficialidade da atividade causal e lesiva, imputável a agente do poder público, que tenha, nessa condição funcional, incidido em conduta comissiva ou omissiva, independentemente da licitude, ou não, do comportamento funcional** (*RTJ* 140/636) e (d) **a ausência de causa excludente da responsabilidade estatal** (*RTJ* 55/503 – *RTJ* 71/99 – *RTJ* 91/377 – *RTJ* 99/1155 – *RTJ* 131/417) (**RE 109.615**, Rel. Min. Celso de Mello, julgamento em 28-5-1996, Primeira Turma, *DJ* de 2-8-1996). No mesmo sentido: AI 299.125, Rel. Min. Celso de Mello, decisão monocrática, julgamento em 5-10-2009,

DJE de 20-10-2009; RE 481.110-AgR, Rel. Min. Celso de Mello, julgamento em 6-2-2007, Segunda Turma, *DJ* de 9-3-2007.

- O STF recentemente reafirmou a possibilidade de reparação englobar ou se restringir a dano moral: RE 580252RG/MS, decisão de 17-2-2011.
- Na responsabilidade civil extracontratual do Estado, para danos originados por conduta **comissiva**, o fundamento é a responsabilidade objetiva, em regra quase absoluta baseada na **Teoria do Risco Administrativo** (a atividade administrativa em prol da coletividade gera necessariamente um risco que deve ser suportado igualmente). Por essa teoria, diferentemente da Teoria do Risco Integral (responsabilidade inexorável), existe a possibilidade de exclusão da responsabilidade estatal, e, portanto, do dever de indenizar, em razão da concreta demonstração por parte do Estado de **culpa exclusiva da vítima**, **caso fortuito** (imprevisibilidade) ou **força maior** (ainda que previsível, é irresistível). Ver a respeito o recente julgado do Supremo no **AI 636.814-AgR**, Rel. Min. Eros Grau, julgamento em 22-5-2007, Segunda Turma, *DJ* de 15-6-2007.

  ATENÇÃO: no caso de **atividades nucleares** a responsabilidade do Estado **é objetiva na modalidade risco integral**, não havendo como escapar da responsabilização por eventuais danos (Lei n. 6.453/77).
- Para ser responsabilizado em ação de regresso, o agente necessita ter agido pelo menos com culpa.
- O direito de regresso que as pessoas jurídicas de direito público possuem contra agente que causou o dano não necessariamente necessitaria ser exercido em uma ação judicial, pois é possível – conquanto improvável – que o agente responsável pela conduta venha a confessar sua culpa, bem como promover a reparação dos cofres públicos que arcaram com a primária indenização ao terceiro. A ação somente será necessária se o agente desejar discutir a presença de pelo menos culpa de sua parte na ocorrência lesiva a terceiro.

  Ocorrendo a necessidade de discussão judicial da presença de culpa ou dolo, por resistência do agente faltoso ou conflito de interesses, a Administração Pública deverá promover perante o Poder Judiciário a ação de reparação regressiva contra o agente, visando ressarcir os cofres públicos.

  A ação regressiva deverá ser proposta em até 60 dias do trânsito em julgado da decisão que responsabilizou e condenou a Administração Pública a reparar dano a terceiro, ainda que o causador do dano não exerça mais função pública (arts. 2º e 5º da Lei n. 4.619/65).

  Ainda que ultrapassado o prazo da ação regressiva, o Estado continua podendo demandar o ressarcimento, visto que a ação é imprescritível por força constitucional: art. 37, § 5º.
- Importante destacar que para se concretizar a responsabilidade civil do Estado por ato de seus agentes (inclusive os políticos) é necessário um dano jurídico certo e especialmente concreto que afete determinado particular ou determinada coletividade de forma gravosa (como a atividade administrativa é desenvolvida em favor de toda a coletividade, esta também deve suportar os eventuais ônus), ou seja, acarrete para determinada pessoa ou determinado número de particulares um dano ou prejuízo que lhes onera de forma extraordinária ou anormal. O Prof. Celso Antônio Bandeira de Mello ensina, com total propriedade, que "dano especial é aquele que onera a situação particular de um ou alguns indivíduos, não sendo, pois, um prejuízo genérico, disseminado pela Sociedade" e que "dano anormal é aquele que supera os meros agravos patrimoniais pequenos e inerentes às condições de convívio social".

  Ocorre que, em regra, o principal produto da atividade legiferante, ou seja, as leis são gerais, de efeitos abstratos e com destinatários indeterminados (pois visam atingir a todos que se encontrem em uma mesma situação ou estado jurídico). Assim, seus efeitos são sentidos (efetiva ou potencialmente) por um grande número (senão a totalidade) de destinatários, afetando múltiplas esferas jurídicas, o que, em princípio, impediria a ocorrência de um dano extraordinário ou anormal a determinado administrado/particular.

  Entretanto, há duas situações em que atos legislativos podem causar um dano extraordinário ou anormal: a) **leis de efeitos concretos**, pois aqui falta a impessoalidade e abstração (principalmente em desapropriações); e b) **lei declarada inconstitucional pelo Supremo**.

  Quando uma lei é promulgada (ainda que potencialmente inconstitucional) a Administração Pública imediatamente a aplica, pois cabe ao Executivo justamente transformar em realidade o comando legal (e o Princípio da Legalidade é um forte vetor da atividade administrativa). As entidades, órgãos e agentes não possuem qualquer liberdade (pelo menos em tese) para não aplicar a nova norma ao argumento de sua inconstitucionalidade, podendo inclusive ser responsabilizados na esfera disciplinar

DIREITO ADMINISTRATIVO

se não aplicá-la. Assim, o "dano" de uma lei inconstitucional é potencialmente mais gravoso e emerge da atividade executiva que realizou o comando viciado, sendo, portanto, objetiva.

- No tocante ao erro judiciário, a autoridade judicial, em regra, não tem responsabilidade civil por seus atos **jurisdicionais**. Portanto, eventual ação de reparação deve ser promovida contra o Estado (este poderá exercer direito de regresso contra o magistrado, nos casos de culpa ou dolo). O Supremo já afirmou que autoridades judiciárias, ou seja, os magistrados, são **agentes políticos**, investidos para o exercício de atribuições constitucionais, e dotados de **ampla liberdade** funcional (STF: RE 228.977; **RE 553.637-ED**, Rel. Min. Ellen Gracie, julgamento em 4-8-2009, Segunda Turma, *DJE* de 25-9-2009; **RE 228.977**, Rel. Min. Néri da Silveira, julgamento em 5-3-2002).
- "Responde o Estado pelos danos causados em razão de reconhecimento de firma considerada assinatura falsa. Em se tratando de atividade cartorária exercida à luz do art. 236 da CF, a responsabilidade objetiva é do notário, no que assume posição semelhante à das pessoas jurídicas de direito privado prestadoras de serviços públicos (...)" (**RE 201.595**, Rel. Min. Marco Aurélio, julgamento em 28-11-2000, Segunda Turma, *DJ* de 20-4-2001).
- Equação de responsabilidade objetiva pela Teoria do Risco Administrativo:

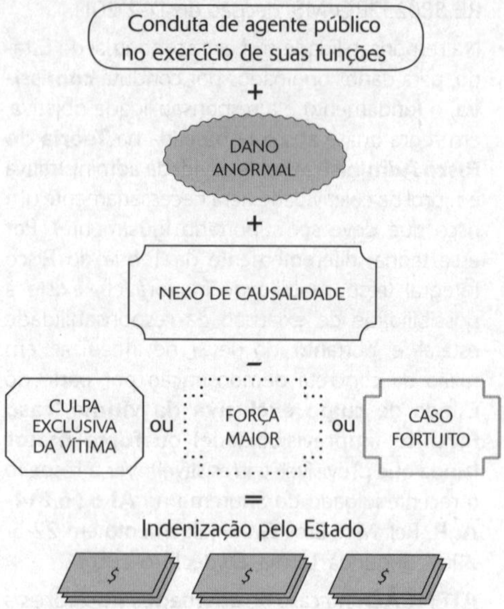

LEGISLAÇÃO E SÚMULAS PERTINENTES

- CF/88: arts. 5º, XXV; 21; 25; 32; § 6º do art. 37; e 216, § 1º.
- Lei n. 8.987/95, principalmente arts. 1º, 2º, 23, 29, 32, 35 e 38.
- Lei n. 11.079/2004: PPP: Parceria Público-Privada.
- Lei Complementar n. 101/2000, LRF: arts. 29, 30 e 32.
- CC: art. 403.
- Lei n. 4.717/65, principalmente arts. 1º e 2º.
- Lei n. 9.784/99, principalmente arts. 53 e 54.
- Lei n. 6.453/77.
- Lei n. 12.846/2013: Dispõe sobre a responsabilização administrativa e civil de pessoas jurídicas pela prática de atos contra a administração pública, nacional ou estrangeira.
- **Súmula Vinculante 11:** Só é lícito o uso de algemas em casos de resistência e de fundado receio de fuga ou de perigo à integridade física própria ou alheia, por parte do preso ou de terceiros, justificada a excepcionalidade por escrito, sob pena de responsabilidade disciplinar, civil e penal do agente ou da autoridade e de nulidade da prisão ou do ato processual a que se refere, sem prejuízo da responsabilidade civil do Estado.
- **Súmula 54 do STJ:** Os juros moratórios fluem a partir do evento danoso, em caso de responsabilidade extracontratual.

7. AGENTES PÚBLICOS

QUESTÕES

I. CLASSIFICAÇÃO DOS AGENTES

1. **(Agente – CESPE – 2004 – adaptada)** Julgue o item a seguir, considerando que o Departamento de Polícia Federal (DPF) é um órgão do Ministério da Justiça que tem competência para apurar infrações penais contra a ordem política e social ou em detrimento de bens, serviços e interesses da União ou de suas entidades autárquicas e empresas públicas.
   - O DPF integra o governo federal e, portanto, os ocupantes de cargos comissionados nele lotados são considerados agentes políticos.

2. **(Delegado – CESPE – 2004 – adaptada)** Com referência aos agentes públicos e ao regime jurídico único, julgue o item subsequente.
   - Um agente de fato necessário pratica atos e executa atividades em colaboração com o poder público, em situações excepcionais, como se fosse um agente público de direito, sendo suas ações, de regra, confirmadas pelo poder público.

II. VÍNCULO FUNCIONAL: CARGO, EMPREGO PÚBLICO E FUNÇÃO PÚBLICA

3. **(Delegado – CESPE – 2002 – adaptada)** Em consonância com a classificação de Celso Antônio Bandeira de Mello, os agentes públicos formam uma categoria a que pertencem os agentes políticos, os servidores públicos e os particulares em atuação colaboradora com o poder público. Com relação ao regime jurídico a que estão subordinados os agentes públicos, julgue o seguinte item.
   - Os estrangeiros podem ocupar função ou emprego público no Brasil.

4. **(Agente – CESPE – 2002)** A Lei n. 9.962, de 22/2/2000, disciplinou o regime de emprego público do pessoal da administração federal direta, autárquica e fundacional. A respeito dessa lei, julgue os itens que se seguem.
   a) O pessoal admitido para emprego público na administração federal direta terá sua relação de trabalho regida pela Consolidação das Leis do Trabalho e legislação trabalhista correlata, naquilo que a lei não dispuser em contrário.
   b) É permitido submeter ao regime de emprego público, por órgão, no máximo a metade dos cargos públicos de provimento em comissão.
   c) É vedado à administração pública rescindir contrato de trabalho por prazo indeterminado por insuficiência de desempenho de empregado que tenha sido admitido por concurso público, pois lhe é assegurada a estabilidade no emprego.
   d) A administração pública não poderá, por ato unilateral, rescindir contratos de trabalho por prazo indeterminado em razão da necessidade de redução do quadro de pessoal decorrente de excesso de despesa.
   e) A contratação de pessoal para emprego público deverá ser precedida de concurso público de provas ou de provas e títulos, ou de processo seletivo simplificado, constando de análise da experiência profissional e de entrevistas, conforme a natureza e a complexidade do emprego.

5. **(Escrivão – CESPE – 2004 – adaptada)** No item a seguir, é apresentada uma situação hipotética, seguida de uma assertiva a ser julgada.
   - Nelson foi recentemente contratado pela União para exercer função pública mediante contrato por tempo determinado para aten-

der a necessidade temporária de excepcional interesse público. Nessa situação, Nelson ocupa emprego público.

6. **(Delegado – CESPE – 2013 – adaptada)** No que se refere à atuação do servidor, julgue o item seguinte.

- O dispositivo constitucional que admite o afastamento do servidor do cargo, do emprego ou da função para o exercício de mandato é aplicável ao servidor contratado para atender a necessidade temporária de excepcional interesse público, já que exerce função pública.

III. DIREITOS E VANTAGENS

7. **(Agente – CESPE – 2009 – adaptada)** No que se refere à organização administrativa da União e ao regime jurídico dos servidores públicos civis federais, julgue o item seguinte.

- O vencimento, a remuneração e o provento não podem ser objeto de penhora, exceto no caso de prestação de alimentos resultante de decisão judicial.

8. **(Delegado – CESPE – 2002 – adaptada)** Em consonância com a classificação de Celso Antônio Bandeira de Mello, os Agentes públicos formam uma categoria a que pertencem os agentes políticos, os servidores públicos e os particulares em atuação colaboradora com o poder público. Com relação ao regime jurídico a que estão subordinados os agentes públicos, julgue o seguinte item.

- A Constituição de 1988 prevê, em caráter obrigatório, o regime de remuneração na forma de subsídio para todos os policiais federais.

9. **(Escrivão – CESPE – 2004 – adaptada)** Mário ocupava há 5 anos cargo público de analista judiciário no Superior Tribunal de Justiça quando foi nomeado para o cargo de escrivão de polícia federal. Um ano após tomar posse e entrar em exercício no novo cargo, Mário teve sérias dúvidas quanto a continuar exercendo as funções de escrivão. Para pensar melhor, solicitou a concessão de licença para tratar de interesses particulares. Tal pedido, porém, foi prontamente indeferido pela administração, com base no fato de Mário ainda encontrar-se em estágio probatório. Mário, então, solicitou a sua recondução ao cargo de analista judiciário anteriormente ocupado.

Tendo em vista essa situação hipotética, julgue o item que se segue, considerando que os escrivães de polícia federal são ocupantes de cargo público federal.

- A posse de Mário no cargo de escrivão acarretou a vacância do cargo de analista judiciário que ele ocupava.

10. **(Escrivão – CESPE – 2013 – adaptada)** Com relação ao direito administrativo, julgue o item a seguir.

- A posse de um candidato aprovado em concurso público somente poderá ocorrer pessoalmente.

11. **(Escrivão – CESPE – 2002 – adaptada)** Acerca do direito constitucional e do direito administrativo, julgue o seguinte item.

- Considere a seguinte situação hipotética: O funcionário público Aristóteles, que ocupava determinado cargo público, dele pediu exoneração, por haver sido aprovado em concurso público promovido pelo DPF. A funcionária pública Ceres, no exercício da função, contraiu moléstia grave e veio a falecer. O funcionário público Juscelino, por sua vez, foi promovido para cargo mais elevado na carreira de que fazia parte. Em cada uma das situações, houve vacância do cargo antes ocupado pelo funcionário; nos dois primeiros casos, ela deu-se com extinção do vínculo, ao contrário do último, em que houve manutenção do vínculo. No caso do funcionário Aristóteles, a vacância ocorreu por vontade do agente público.

12. **(Agente – CESPE – 2002 – adaptada)** Pedro e Ricardo, previamente ajustados e com unidade de desígnios, subtraíram do almoxarifado de uma agência da Empresa Brasileira de Correios e Telégrafos (ECT), em um final de semana, vários computadores e impressoras de propriedade da empresa. Pedro era funcionário público e aproveitou essa circunstância para ter acesso à garagem interna do órgão e transportar o produto do crime, assim como para ter a posse de cópia da chave da porta do almoxarifado, unidade onde estava lotado como atendente. Ricardo desconhecia o fato de seu comparsa ser funcionário público. Descoberta a subtração, instaurou-se um processo administrativo disciplinar em desfavor de Pedro. Após conclusão, o processo administrativo foi enca-

minhado ao MP. A propósito dessa situação hipotética, julgue os itens seguintes:

a) Ocorrendo a demissão de Pedro, haverá a vacância do cargo público que ocupava.

b) Teria sido ilícita a concessão a Mário da licença para tratar de interesses particulares por ele solicitada.

c) O estágio probatório dos servidores federais ocupantes de cargos de atividade policial tem duração de 2 anos, contados a partir do ingresso no curso de formação da Academia Nacional de Polícia.

d) Seria lícito o deferimento do pedido de recondução de Mário ao cargo de analista judiciário que ele anteriormente ocupava.

13. (Escrivão – CESPE – 2004 – adaptada) No item a seguir, é apresentada uma situação hipotética, seguida de uma assertiva a ser julgada.

- André foi aprovado em concurso público para provimento de cargo de escrivão de polícia federal, tendo sido recentemente nomeado. Porém, André não tem interesse em assumir imediatamente o cargo porque atualmente exerce cargo comissionado que lhe confere rendimento maior. Nessa situação, a legislação garante a André o direito de abdicar de sua nomeação e assumir a posição do último colocado entre os candidatos aprovados no referido concurso.

14. (Agente – CESPE – 2002 – adaptada) Julgue o item a seguir, quanto ao direito administrativo.

- Considere a seguinte situação hipotética: Célio era titular do cargo de nível médio de fiscal de tributos federais, extinto, juntamente com suas carreiras, pela Lei n. 2.000/2001. A referida lei criou, em substituição, a carreira de auditor fiscal da Receita Federal, com duzentos cargos de nível superior e com conteúdo ocupacional diverso, determinando o aproveitamento dos ocupantes dos cargos extintos nos ora criados. Nessa situação, houve uma forma de provimento derivado de cargo público perfeitamente permitido pelo Regime Jurídico Único e pela Constituição da República.

15. (Escrivão – CESPE – 2002 – adaptada) Em relação ao direito administrativo brasileiro, julgue o item que se segue.

- A legislação dos servidores públicos civis da União (Lei n. 8.112/1990) não trata de casos de vitaliciedade, mas, sim, de estabilidade, pois aqueles são previstos na própria Constituição da República.

16. (Escrivão – CESPE – 2004 – adaptada) A respeito do direito administrativo, julgue os itens que se seguem.

a) A legislação garante aos escrivães de polícia federal o direito de aposentar-se, com proventos integrais, aos trinta anos de contribuição.

b) Tem direito a licença-paternidade um escrivão de polícia federal que adota criança de sete anos de idade.

c) Faz jus a licença à adotante de trinta dias uma agente de polícia federal que adota criança de cinco anos de idade.

d) Tem direito a receber ajuda de custo um escrivão de polícia federal removido, a pedido, de Brasília – DF para Florianópolis – SC.

e) Considere a seguinte situação hipotética: Andreia, agente de polícia federal, foi removida, de ofício, de Manaus – AM para Macapá – AP, para onde mudou-se com seu marido e sua filha. Um ano depois, Andreia faleceu em decorrência de ferimento recebido durante operação policial realizada no Amapá, o que fez com que sua família decidisse imediatamente retornar a Manaus. Nessa situação, o Estado deve conceder transporte ao marido e à filha de Andreia, para seu regresso a Manaus.

17. (Agente – CESPE – 2004 – adaptada) Considerando que os agentes de polícia federal são servidores públicos federais que ocupam cargo de atividade policial, julgue os itens subsequentes.

a) Um agente de polícia federal pode ter seus direitos políticos suspensos e perder o cargo público que ocupa em decorrência da prática de ato de improbidade administrativa que importe enriquecimento ilícito.

b) Os agentes de polícia federal têm direito a férias anuais de 60 dias.

18. (Escrivão – CESPE – 2002 – adaptada) Em relação ao direito administrativo brasileiro, julgue os itens que se seguem.

a) O policial integrante do DPF não pode dele afastar-se para prestar serviço a nenhum outro órgão público, salvo mediante autorização do diretor-geral daquele; por outro lado, em caso de emergente necessidade da segurança nacional ou manutenção da ordem, o policial pode ter suspendido o gozo de férias, das quais usufruirá oportunamente.

b) Para ingressar no curso de formação profissional, realizado na Academia Nacional de Polícia, uma pessoa deve possuir temperamento adequado ao exercício da função policial.

19. (Escrivão – CESPE – 2004 – adaptada) Julgue os itens seguintes, relativos ao direito administrativo e às normas jurídicas sobre a polícia federal.

a) Sendo Rodrigo um brasileiro penalmente inimputável, é vedado à Academia Nacional de Polícia matricular Rodrigo em curso de formação para agente de polícia federal.

b) O ingresso na academia nacional de polícia é permitido a brasileiros naturalizados.

c) O agente de polícia federal, quando se aposenta por invalidez causada por acidente ocorrido em serviço, tem direito a receber adicional de 20% sobre os proventos.

20. (Escrivão – CESPE – 2004) Mário, servidor público federal estável, foi aprovado em concurso público e nomeado para o novo cargo igualmente regido pelo Regime Jurídico dos Servidores Públicos Civis da União.

A respeito dessa situação hipotética, julgue o item subsequente.

- Caso seja reprovado no estágio probatório, Mário será exonerado.

21. (Escrivão – CESPE – 2013 – adaptada) Com relação ao direito administrativo, julgue o item a seguir.

- A frequência aos cursos de formação profissional da Academia Nacional de Polícia, nos casos de primeira investidura em cargo de atividade policial, é considerada de efetivo exercício para fins de aposentadoria.

22. (Agente – CESPE – 2004) Antônio é um agente de polícia federal que se negou a cumprir ordem emanada de seu superior hierárquico, por ser ela manifestamente ilegal. Em represália, o superior hierárquico determinou, de ofício, a remoção do agente para outro estado da Federação.

Com relação à situação hipotética acima, julgue os itens seguintes, considerando que os agentes de polícia federal são ocupantes de cargo público federal.

a) Antônio praticou ato lícito ao negar-se a cumprir a ordem manifestamente ilegal.

b) Antônio somente teria direito a impugnar judicialmente o ato de remoção de ofício após esgotados os meios administrativos de impugnação do referido ato.

23. (Agente – CESPE – 2004 – adaptada) Julgue os itens a seguir, considerando que Kleber é servidor público federal administrativamente condenado a cinco dias de suspensão.

a) Kleber pode impugnar judicialmente a aplicação da mencionada penalidade, mesmo que se abstenha de oferecer recurso administrativo contra tal punição.

b) O ato de remoção caracteriza exercício de poder disciplinar.

c) O referido ato de remoção viola o princípio administrativo da finalidade.

d) O superior hierárquico do agente praticou crime de abuso de autoridade.

24. (Agente – CESPE – 2004 – adaptada) Acerca do direito administrativo, julgue o item seguinte.

- Considere a seguinte situação hipotética: Miriam, graduada em direito, é uma servidora pública da União que ocupa cargo de atividade policial. Nessa situação, Miriam pode acumular esse cargo público federal com um cargo de professora em uma universidade estadual.

25. (Delegado – CESPE – 2004 – adaptada) Acerca da organização administrativa e dos agentes públicos, julgue o item a seguir.

- A vacância é o ato administrativo pelo qual o servidor é destituído do cargo, emprego ou função e pode ocorrer com extinção do vínculo pela exoneração, demissão e morte, ou sem extinção do vínculo, pela promoção, aposentadoria, readaptação ou recondução.

26. (Delegado – CESPE – 2004 – adaptada) Com referência aos agentes públicos e ao regime jurídico único, julgue o item subsequente.

- A remoção e a redistribuição não constituem formas de provimento derivado, porque, nelas, há apenas o deslocamento do servidor, respectivamente, no âmbito do mesmo quadro ou para quadro diverso.

27. (Delegado – CESPE – 2002 – adaptada) Em consonância com a classificação de Celso Antônio Bandeira de Mello, os agentes públicos formam uma categoria a que pertencem os agentes políticos, os servidores públicos e os particulares em atuação colaboradora com o poder público. Com relação ao regime jurídico a que estão subordinados os agentes públicos, julgue os seguintes itens.

a) O direito de greve dos servidores públicos ainda não foi regulado por lei específica, a qual poderá instituir o direito de os respectivos sindicatos ajuizarem dissídios coletivos perante a justiça do trabalho, na hipótese de serem frustradas as tentativas de negociação direta.

b) Se invalidada por sentença judicial a demissão de policial, decorrente de condenação administrativa por abuso de autoridade, terá ele direito à reintegração na vaga que antes ocupava.

28. (Agente – CESPE – 2004 – adaptada) Com as mudanças nas regras do regime de previdência dos servidores públicos, diversos cargos na Polícia Federal tornaram-se vagos, em razão da aposentadoria de seus titulares. Com vistas a reduzir os gastos com pessoal, foi proposta a extinção desses cargos.

Considerando essa situação hipotética, julgue o item que se segue.

- Caso a Comissão de Segurança Pública e Combate ao Crime Organizado, da Câmara dos Deputados, atendendo a requerimento de um deputado ligado à Polícia Federal, considerasse a extinção de cargos uma atitude que comprometeria a eficácia do órgão, ela poderia, de forma fundamentada, convocar o diretor-geral da Polícia Federal para prestar, pessoalmente, informações sobre o assunto.

IV. INFRAÇÃO DISCIPLINAR

29. (Escrivão – CESPE – 2004) Em razão de seu cargo, um escrivão de polícia federal soube que, na semana que vem, será realizada uma operação voltada à prisão de integrantes de uma quadrilha ligada à prática de descaminho. Apesar de saber que tal fato deveria ser mantido em sigilo, o referido escrivão revelou o local e a hora da operação a um jornalista, de modo a possibilitar cobertura jornalística ao vivo das prisões.

Tendo em vista essa situação hipotética, julgue os itens a seguir.

a) Considere que o motivo de o escrivão ter revelado as informações foi o fato de o referido jornalista ter-lhe pago dinheiro para ser avisado, com antecedência, de operações policiais que provavelmente despertariam interesse da opinião pública. Nessa situação, o escrivão teria praticado ato de improbidade administrativa punível com sanções entre as quais estão a perda da função pública, a perda do dinheiro recebido do jornalista, a suspensão temporária de direitos políticos e o pagamento de multa civil.

b) Mesmo que o escrivão houvesse revelado a informação ao jornalista de maneira gratuita e somente com o objetivo de conferir maior visibilidade às ações da polícia federal, ele teria praticado infração administrativa punível com pena de demissão.

30. (Agente – CESPE – 2004 – adaptada) Julgue o item a seguir, considerando que Kleber é servidor público federal administrativamente condenado a cinco dias de suspensão.

- A aplicação da referida penalidade a Kleber caracteriza exercício de poder administrativo disciplinar.

31. (Escrivão – CESPE – 2004 – adaptada) Julgue o item seguinte, relativo ao direito administrativo e às normas jurídicas sobre a polícia federal.

- Em decorrência do princípio administrativo da impessoalidade, é vedado à administração federal considerar, na aplicação de penas disciplinares a ocupantes de cargos de atividade policial, os antecedentes do servidor e a repercussão social da infração.

32. (Escrivão – CESPE – 2004 – adaptada) No item a seguir é apresentada uma situação hipotética, seguida de uma assertiva a ser julgada, considerando que os escrivães de polícia federal são servidores públicos federais que ocupam, no Departamento de Polícia Federal (DPF), cargo de atividade policial.

- O superior hierárquico de um Agente de polícia federal flagrou-o cometendo infração à qual a legislação comina pena disciplinar de suspensão. Nessa situação, o superior hierárquico pode aplicar-lhe imediatamente pena de suspensão, desde que esta seja inferior a 15 dias.

33. (Agente – CESPE – 2004 – adaptada) Acerca do direito administrativo, julgue o item seguinte.

Considere a seguinte situação hipotética: Lauro é um agente de polícia federal condenado a pena disciplinar de suspensão de 12 dias, que foi convertida em pena de detenção disciplinar de 8 dias.

- Nessa situação, é ilícita a referida conversão, pois a Constituição da República veda expressamente a imposição a servidores públicos civis de penalidades administrativas que envolvam restrição à liberdade de locomoção.

GABARITO COMENTADO

1. ERRADO Os ocupantes de cargos dentro da estrutura do DPF são agentes administrativos, servidores públicos.

Diferem-se dos agentes políticos pois estes são titulares de cargo estrutural à organização política da República, geralmente situados no ápice da estrutura da pessoa política.

Comentário extra: Além dos agentes administrativos e agentes políticos, há ainda os honoríficos e os delegados.

Agente honorífico é o particular convocado para prestar serviços ao Estado e à Administração, sem qualquer remuneração e em caráter transitório.

Agente delegado possui duas acepções. Uma ampla, abarcando os particulares que, por delegação, exercem atividade pública, em nome próprio e por sua conta e risco, recebendo remuneração do Estado ou dos usuários dos serviços que presta (Flávia Cristina Moura de Andrade). E outra, mais restrita, abarcando apenas a atividade jurídica de forma transitória (Celso Antônio Bandeira de Mello).

Em relação aos agentes políticos, destaque-se que os Magistrados são membros do Poder Judiciário, um dos três Poderes da República do Brasil, e, portanto, fazem parte do **arcabouço constitucional estruturante da República**. Conquanto, no passado, houve grande discussão sobre os magistrados serem ou não agentes políticos, o Supremo Tribunal Federal afirmou tal realidade em seus julgados, pondo fim à celeuma.

Entretanto, cumpre destacar que há doutrinadores renomados que ensinam que apenas estão albergados na categoria de agentes políticos os chefes do Executivo, ministros e secretários e os membros do Poder Legislativo.

2. CERTO A confirmação pelo Poder Público da validade dos atos eficientes praticados pelo agente de fato advém da presunção de legitimidade do agir da Administração Pública, bem como da proteção à boa-fé dos administrados no aparato administrativo e ainda do princípio da segurança jurídica.

Agente de fato é aquele que, mesmo sem ser investido na função pública pelas vias corretas e legais, termina por executar com eficácia atividades próprias da Administração Pública.

Comentário extra: Cite-se como exemplo a situação de que determinado departamento de trânsito necessite de novos funcionários para auxiliar na expedição de CNHs (carteiras nacionais de habilitação para condução de veículos automores). Desrespeitando a Constituição, mas movidos pela necessidade extraordinária, contratam particulares para ajudarem na checagem dos requisitos, confecção e emissão de CNHs. Centenas de carteiras são regularmente expedidas em pouco tempo, todas com os requisitos legais atendidos (menos ser expedidas por agentes públicos competentes). Os particulares que atenderam aos requisitos legais e regularmente obtiveram suas CNHs não podem ser prejudicados se posteriormente há o reconhecimento de vício na investidura das pessoas que colaboraram na confecção e expedição de ditas carteiras, porque acreditaram na aparência de agente público daqueles particulares contratados irregularmente e porque estavam de boa-fé no recebimento das carteiras, já que completaram os requisitos legais para obtê-las.

ATENÇÃO: Essa confirmação só é possível se o ato, como registrado, não contenha outras máculas, bem como seja eficiente para superar uma situação emergencial e extraordinária.

3. CERTO Assertiva em harmonia com a previsão constitucional do inc. I do art. 37, que também se aplica aos cargos públicos.

Comentário extra: Importante destacar que o acesso de estrangeiros a cargos públicos se faz nos termos da legislação.

O STF já decidiu em 4 ocasiões recentes que o preceito constitucional relativo aos estrangeiros não é autoaplicável e consubstancia preceito constitucional dotado de eficácia limitada, **dependendo de regulamentação para produzir efeitos** (**RE 544.655-AgR** em 2008, **RE 602.912-AgR** e **AI 590.663-AgR**, ambos em 2010, e **RE 346.180-AgR** em 2011).

Inclusive em 2011 o STF afirmou que o § 6º do art. 243 da Lei n. 8.112/90 continua em vigor até a promulgação de norma referida no inc. I do art. 37 da CF/88 (**RE 346.180-AgR**).

4.

A. CERTO Redação quase idêntica ao art. 1º da Lei n. 9.962/2000.

Comentário extra: Não havia necessidade de que o art. 1º ressalvasse da aplicação da Lei n. 9.962/2000 as situações regradas em outras leis, pois é competência privativa da União legislar sobre Direito do Trabalho (inc. I do art. 22 da CF/88), sendo aplicável o princípio da especialidade, que se traduz na potencialidade de derrogação de normas da Lei n. 9.962/2000 aos empregados federais.

B. ERRADO A Lei n. 9.962/2000 não se aplica aos cargos em comissão, conforme vedação expressa da alínea *a* do § 2º do art. 1º dessa lei.

Comentário extra: Também não se aplica a Lei n. 9.962/2000 aos servidores públicos estatutários que são regidos pela Lei n. 8.112/90.

C. ERRADO O contrato de trabalho por prazo indeterminado pode ser rescindido por insuficiência de desempenho do contratato conforme previsão do art. 3º da Lei n. 9.962/2000.

Comentário extra: Também podem gerar a rescisão de contrato de trabalho por tempo indeterminado: **a)** falta grave nos moldes da CLT; e **b)** acumulação ilegal de cargos, empregos ou funções e por necessidade de redução de quadro de pessoal visando diminuição de despesa nos moldes da Lei Complementar n. 101/2000 (LRF).

A insuficiência de desempenho será apurada, em regra, em processo administrativo regular.

D. ERRADO • E. ERRADO O erro está na segunda parte da questão 4. E, já que **não** é possível a utilização de processo seletivo simplificado para empregos públicos. Na verdade a contratação de agentes para emprego público se faz por **concurso público** de provas ou de provas e títulos, a depender da natureza e a complexidade da função a ser desempenhada.

Comentário extra: Após a CF/88, somente há 3 formas de se exercer cargo público: a) concurso público; b) nomeação para os cargos em comissão de livre nomeação da autoridade competente; e c) processo seletivo simplificado para as situações extraordinárias e temporárias (inc. IX do art. 37 da CF/88). Registre-se em relação a essa última que, a rigor, quem se vincula ao Estado por tempo determinado para atendimento de necessidades temporárias e excepcionais não exerce cargo, mas tão só função pública (Lei n. 8.745/93).

Registre-se que não é possível a criação de empregos públicos por medida provisória, conforme art. 4º da Lei n. 9.962/2000 c.c. art. 246 da CF/88.

5. ERRADO Não ocupa emprego, tampouco cargo público, que exigem concurso público para acesso (salvo os cargos em comissão).

Apenas e tão somente exerce função pública para atendimento temporário de situação emergencial, sendo regrado pela Lei n. 8.745/93.

Comentário extra: A situação narrada na questão, ou seja, contratação de determinado particular para exercer função pública a fim de atender a temporária necessidade emergencial e extraordinária sem a necessidade de concurso público de provas ou provas e títulos (procedimento demorado incompatível com a situação de emergência) é permitida pelo inc. IX do art. 37 da CF/88.

6. ERRADO A contratação de pessoal para atender a necessidade temporária de excepcional interesse público importa em reconhecer a existência de uma situação extraordinária que impõe, a fim de não prejudicar o atendimento da população ou a continuidade da prestação de serviços públicos, a contratação por processo seletivo simplificado OU mesmo dispensa de processo seletivo (a depender da urgência) de pessoas que irão trabalhar na Administração Pública visando superar aquela situação excepcional.

Assim, a presença dos servidores assim contratados em suas funções, realizando os atos administrativos a que foram contratados, é essencial nessa modalidade de vínculo com a Administração Pública.

Portanto, afastamentos devem ser evitados ao máximo.

Importante destacar que a contratação de pessoal por tempo determinado por excepcional interesse público é regrado pela Lei n. 8.745/93 (já que o inc. IX do art. 37 assim determinara) e em seu art. 9º traz as vedações aos contratados.

Assim, conquanto servidores e exercentes de função pública (como constou na questão), tais servidores por tempo determinado não possuem todos os direitos dos demais servidores, devendo ter seus direitos e deveres regidos pela CF/88, Lei n. 8.745/93 e pelo contrato que firmarem no momento da contratação.

Caso o contratado venha a exercer algum tipo de mandato, o contrato de prestação de serviço temporário será rescindido.

7. CERTO O afirmado na questão é quase a redação literal do art. 48 da Lei n. 8.112/90.

Comentário extra: A contraprestação recebida pelo exercício da função pública, seja vencimento, remuneração ou provento, possui caráter alimentar e, assim sendo, não pode ser objeto de arresto, sequestro e penhora (além da vedação da lei específica, há ainda as vedações dos arts. 649, IV, 821 e 823 do Código de Processo Civil).

Vencimento é a retribuição pecuniária pelo exercício das funções inerentes ao cargo.

Remuneração é a soma do vencimento com as vantagens pecuniárias permanentes ou decorrentes de condições especiais de prestação do serviço. Somente lei **específica** pode fixar e alterar remuneração dos servidores públicos. Há ainda o sistema de **subsídio** para algumas categorias de agentes públicos (nitidamente os membros de Poder da República, Ministério Público, Advocacia-Geral da União, Ministros do TCU e servidores públicos policiais), que substitui a remuneração por uma **parcela única**.

Provento é a remuneração do servidor aposentado.

Pensão é benefício previdenciário pago aos dependentes do servidor falecido.

8. CERTO Assertiva em conformidade com a combinação do § 9º do art. 144 com o § 4º do art. 37, ambos da CF/88.

Comentário extra: Conforme comentado na questão anterior, **subsídio** é a remuneração expressa em parcela única, não cumulável com qualquer outra vantagem ou acréscimo, nos termos do § 4º do art. 37 da CF/88.

Contudo, registre-se que, por força do § 3º do mesmo artigo, mesmo os agentes remunerados por subsídios têm direito a perceber, além das verbas de cunho indenizatório, 13º salário, adicional de férias; adicional noturno; horas extras; salário-família; licenças remuneradas.

9. CERTO • 10. ERRADO • 11. CERTO • 12. A. CERTO Assertivas 9 e 11 em harmonia com a previsão do inc. VIII do art. 33 da Lei n. 8.112/90, e 10 com o *caput* do mesmo artigo. A vacância é ato administrativo que destitui o servidor de um cargo, emprego ou função. Pode decorrer de falecimento, exoneração, demissão (único com caráter de penalidade), aposentadoria, promoção e posse em outro cargo inacumulável.

Em relação à posse, ela também pode ocorrer por terceira pessoa dotada de procuração com poderes específicos, nos precisos termos do § 3º do art. 13 da Lei n. 8.112/90.

Comentário extra: A posse é ato formal pelo qual se investe alguém nas atribuições e funções de determinado cargo. A autoridade prepara o termo de posse e, com a assinatura do termo pelo empossado, o ato se aperfeiçoa.

Merece destaque a possibilidade de posse por procuração **específica** (§ 3º do art. 13 da Lei n. 8.112/90).

É fundamental compreender que a **investidura** em cargo público **ocorre com a posse** (art. 7º), antecedida de nomeação, que, por sua vez, é antecedida de aprovação em concurso de provas ou de provas e títulos (salvo cargos em comissão).

A fim de permitir uma completa apreensão do tema, registramos que a nomeação (principal ato de provimento) pode ocorrer **em caráter efetivo** ou **em comissão**. *Será em* **caráter efetivo quando** a investidura se faz em cargo isolado de provimento efetivo (ministro de uma das cortes superiores de Justiça) ou de carreira (técnico judiciário que ingressa em um nível inicial e com o tempo e desenvolvimento de funções vai ascendendo na carreira, mas sempre dentro do próprio cargo). *Será em* **comissão quando** o cargo é de confiança, provido por livre nomeação.

Já o efetivo desempenho das funções ocorre com a entrada em exercício.

12. B. CERTO • C. ERRADO O art. 91 veda expressamente a concessão de licença para tratamento de interesse particular ao servidor ocupante de cargo efetivo durante o período de estágio probatório.

Comentário extra: A vedação tem sua razão de ser, pois durante o estágio probatório o servidor está sendo constantemente avaliado e sua ausência prejudicaria totalmente as avaliações. A **finalidade do estágio probatório** é fornecer subsídios, elementos e fundamentos para a estabilização ou não do servidor. Entretanto, destacamos que estar em estágio probatório por si só não impede avanço na carreira, pois, havendo previsão legal no estatuto regente do cargo, será possível promoção na carreira.

ATENÇÃO: Conquanto o *caput* do art. 20 da Lei n. 8.112/90 faça menção a um período de estágio probatório de 24 meses, atualmente, por força constitucional (art. 41), a estabilidade somente é atingida com 3 anos de efetivo exercício.

Igual raciocínio deve ser aplicado no probatório de servidor policial. Pela previsão do art. 13 da Lei n. 4.878/65 era de 2 anos contados a partir da entrada em efetivo exercício (objeto da questão 12. A), entretanto atualmente é igualmente de 3 anos.

D. CERTO Assertiva em conformidade com o art. 29 c.c. o inc. IX do art. 8º da Lei n. 8.112/90.

Comentário extra: Recondução é o retorno do servidor **estável** ao cargo que antes ocupava. Ocorre em 3 situações: a) quando um servidor é reconduzido ao seu anterior cargo, em razão de inabilitação em estágio probatório do novo cargo; b) reintegração do servidor que ocupava o seu novo cargo anteriormente; e c) desistência de estágio probatório em novo cargo inacumulável de servidor que já era estável em cargo anterior. A terceira situação se aplica aos casos em que um servidor estável toma posse em novo cargo inacumulável e, no período do estágio probatório do novo cargo, resolve desistir do estágio em novo cargo e retornar (por recondução) ao cargo anterior.

Por oportuno, consignamos a Súmula 16 da AGU (Advocacia-Geral da União): O servidor estável investido em cargo público federal, em virtude de habilitação em concurso público, poderá desistir do estágio probatório a que é submetido com apoio no art. 20 da Lei n. 8.112, de 11 de dezembro de 1990, e ser reconduzido ao cargo inacumulável de que foi exonerado, a pedido.

Recondução é uma das formas de provimento derivado de cargo público.

13. ERRADO Ocorrida a nomeação, em regra, o servidor deve tomar posse do cargo em até 30 dias, assinando o respectivo termo (art. 13 da Lei n. 8.112/90).

Não tomando posse nesse prazo, a nomeação será tornada sem efeito (§ 6º do mesmo artigo).

Comentário extra: Não há a possibilidade de abdicar à nomeação. Uma vez ocorrida essa, a Lei n. 8.112/90 fixa os prazos para posse (até 30 dias) e exercício (até 15 após a posse).

14. ERRADO Não é possível tal provimento dos novos cargos por aproveitamento dos anteriores servidores, visto que os novos cargos trazem como exigência nível de instrução superior, quando o cargo de nível médio de fiscal exigia nível médio de instrução.

Comentário extra: O **aproveitamento** é a reinvestidura em novo cargo, compatível, tanto em remuneração quanto em qualificação e atribuições, com o que fora extinto. Geralmente a nova investidura ocorrerá em outro órgão ou entidade da Administração Pública (mas dentro da estrutura de cada Poder da República), já que no(a) anterior o cargo foi extinto.

Assim, o servidor não redistribuído ou colocado à disposição poderá ser mantido sob responsabilidade do órgão central de recursos humanos da Administração Pública Federal (SIPEC: Sistema de Pessoal Civil da Administração Federal), passando a ter **exercício provisório** em outro órgão ou entidade da Administração, até seu regular aproveitamento.

15. CERTO Os cargos passíveis de vitaliciamento estão exclusivamente previstos na Constituição, sendo aplicável **somente a magistrados e membros do Ministério Público**.

O diferencial entre vitaliciedade e estabilidade reside na garantia de que, uma vez vitaliciado em seu cargo efetivo, o exercente somente pode perdê-lo por sentença judicial transitada em julgado. Por seu turno, os agentes estáveis podem perder o cargo por outros meios legais.

Comentário extra: Estabilidade é garantia de que o servidor nomeado a cargo de provimento efetivo (concurso) e aprovado em estágio probatório após 3 anos de efetivo exercício (inclusive em avaliação especial de desempenho) permaneça no exercício e na posse de seu cargo, somente podendo ser destituído em virtude de (a) sentença judicial transitada em julgado, (b) processo administrativo, com contraditório e ampla defesa, e (c) procedimento administrativo de avaliação periódica de desempenho, na forma em que lei complementar estipular (§ 1º do art. 41 da CF/88).

Direitos decorrentes da estabilidade: a) perda do cargo somente por sentença judicial transitada em julgado ou por decisão em processo administrativo disciplinar ou procedimento de avaliação periódica de desempenho; b) disponibilidade; c) aproveitamento; e d) reintegração.

16.

A. ERRADO O erro estava na expressão "proventos integrais", pois com 30 anos de contribuição é possível apenas a aposentadoria voluntária com proventos **proporcionais**, conforme previsão da alínea *c* do inc. III do art. 186 da Lei n. 8.112/90. Para aposentar-se com proventos integrais, apenas de tempo de contribuição serão necessários 35 anos, além do complemento de outros requisitos.

Comentário extra: O tempo de contribuição previsto na Lei n. 8.112/90 é apenas um dos requisitos. Há outros estipulados na CF/88.

Pela Constituição são requisitos atuais para a aposentadoria **voluntária com vencimentos integrais** de servidor que ingressou no serviço público **após** a EC n. 41/2003: a) 35 anos de contribuição para o homem e 30 anos de contribuição para mulher; b) 10 anos de efetivo exercício; c) 5 anos no cargo efetivo em que se dará a aposentadoria; d) 60 anos de **idade** se homem e 55 para mulher.

Existe a possibilidade ainda de que a aposentação voluntária seja realizada com a **preponderância do requisito idade**, porém os vencimentos serão calculados de forma **proporcional** ao tempo de contribuição: 65 anos de idade para homem e 60 anos para mulher (conquanto não se exija tempo mínimo de contribuição, continua necessário contar com pelo menos 10 anos de serviço público e 5 anos no cargo em que se dará a aposentação).

ATENÇÃO: ainda é possível a aposentadoria **especial** para algumas categorias de servidores, como, por exemplo, os que exercem atividade de risco (ver §§ 4º e 5º do art. 40 da CF/88).

Como não foi editada a lei complementar a que se refere o § 4º do art. 40 da CF/88 (trabalho em condições especiais), o STF determinou que seja aplicada a regra do § 1º do art. 57 da Lei n. 8.213/91 (ver MI 721/DF, julgado em 2007).

B. CERTO • C. CERTO Questão 16. C em harmonia com o art. 208 da Lei n. 8.112/90.

Comentário extra: O art. 208 – licença-paternidade – não sofre restrição quanto ao requisito idade do adotando.

ATENÇÃO: Já a licença-maternidade para **adoção** ou **guarda** de menor tem variantes em relação à idade do adotando. Se menor de 1 ano de idade, a licença é de 90 dias (Decreto n. 6.691/2008). Se a criança tiver mais de um ano de idade, a licença é de 30 dias.

D. ERRADO • E. CERTO O erro da assertiva 16. D estava na expressão "a pedido". A rigor, nos precisos termos do art. 53 da Lei n. 8.112/90, somente as remoções "no interesse do serviço" geram direito à percepção de ajuda de custo.

Comentário extra: Ajuda de custo é uma vantagem recebida pelo servidor, mesmo os exercentes de cargo em comissão, destinada à compensação com os gastos despendidos pelo servidor para realizar mudança de domicílio em caráter permanente a fim de ter exercício em nova sede. É calculada sobre a remuneração do servidor, sendo que geralmente os regulamentos determinam o valor da compensação pelo número de dependentes do servidor cadastrados no banco de dados da Administração, limitados a três remunerações. Por ser uma compensação, uma espécie de indenização, tal verba não será objeto de tributação.

Igualmente também se destina à família do servidor para retorno em até um ano à localidade de origem, nos casos de falecimento do servidor na nova sede (objeto da questão 16. E).

Por força do art. 55 da mesma lei, não será paga aos servidores que se afastarem de seus cargos e sedes (ou reassumirem) em decorrência de mandato eletivo.

Ressalte-se que no caso de cônjuges, se o outro cônjuge também for removido para a mesma sede em decorrência de acompanhamento do cônjuge originariamente removido ou mesmo posteriormente por outro motivo, não haverá duplo pagamento de indenização/compensação.

A Lei n. 8.112/90 ainda prescreve outras indenizações: diárias, transporte e auxílio-moradia.

17.

A. CERTO Assertiva em completa harmonia com o art. 9º da Lei n. 8.429/92 (Lei de Improbidade Administrativa), bem como mandamento constitucional do § 4º do art. 37.

Para serem aplicadas é necessário o trânsito em julgado da ação civil pública de improbidade (art. 20 da LIA).

Comentário extra: As penalidades possíveis de serem aplicadas por ato de improbidade administrativa, sem prejuízo de eventual sanção penal, não dependem da ocorrência de enriquecimento ilícito (tal elemento é levado em conta na sanção a ser aplicada, bem como sua gradação), e são: suspensão dos direitos políticos, perda do cargo ou função, indisponibilidade dos bens e ressarcimento ao erário.

17. B. ERRADO • 18. A. ERRADO Nos termos do art. 77 da Lei n. 8.112/90 o período de férias a cada período aquisitivo é de 30 dias, que pode ser cumulado até no máximo dois períodos, sendo que na Lei n. 4.878/65 (lei especial em relação à Lei n. 8.112/90) não há qualquer dispositivo contrário ou derrogante.

Comentário extra: Na lei especial da Polícia Civil da União (Lei n. 4.878/65) não há fixação de período para gozo de férias, mas consta que o período das férias pode ser interrompido em virtude de emergente necessidade da segurança nacional ou manutenção da ordem. É procedida por convocação, razão pela qual ao entrar em gozo de férias o servidor deve informar ao seu imediato superior hierárquico o local onde pode ser encontrado durante o período de gozo (art. 21).

Em relação à primeira parte da questão 18. A, registramos que o erro está na autoridade que autoriza a prestação de serviços em outro órgão público. A autoridade competente para autorização não é o diretor-geral do Departamento de Polícia Federal, mas sim o Presidente da República (art. 11 da Lei n. 4.878/65).

18. B. CERTO • 19. A. CERTO • B. CERTO

Assertiva da questão 18. B em harmonia com o inc. VII do art. 9º da Lei n. 4.878/65.

Comentário extra: Para poder cursar a Academia Nacional de Polícia é necessário bem mais do que ter temperamento adequado à função policial, sendo necessário, além da prévia aprovação na primeira fase do concurso: a) ter nacionalidade brasileira (objeto da questão 19. B); b) ser maior de 18 anos; c) possuir todos os direitos políticos e estar com as obrigações militares cumpridas; d) possuir procedimento irrepreensível e idoneidade moral inatacável; e e) ter boa saúde, física e mental, comprovada por inspeção médica.

19. C. ERRADO Nos termos do art. 39 da Lei n. 4.878/65, os servidores da polícia federal que forem aposentados em virtude de acidente em serviço incorporarão aos proventos da inatividade a gratificação de função policial no valor que percebia ao aposentar-se.

Comentário extra: Tal incorporação não ocorre somente nos casos de aposentadoria em virtude de acidente de trabalho, mas também decorrente de doenças profissionais (aquelas adquiridas em função do exercício de determinada atividade insalubre), bem como acometimento de doenças incapacitantes, graves, contagiosas ou incuráveis (inc. I do art. 186 da Lei n. 8.112/90).

20. ERRADO Na situação narrada na assertiva, o servidor seria reconduzido ao cargo que ocupava anteriormente conforme previsão do art. 29 da Lei n. 8.112/90.

Comentário extra: Recondução é o retorno do servidor **estável** ao cargo que antes ocupava. Ocorre em 3 situações: a) quando um servidor é reconduzido ao seu anterior cargo, em razão de inabilitação em estágio probatório do novo cargo; b) reintegração do servidor que ocupava o seu novo cargo anteriormente; e c) desistência de estágio probatório em novo cargo inacumulável de servidor que já era estável em cargo anterior. A terceira situação se aplica aos casos em que um servidor estável toma posse em novo cargo inacumulável e, no período do estágio probatório do novo cargo, resolve desistir do estágio em novo cargo e retornar (por recondução) ao cargo anterior.

Ver comentários às questões 12. B, C e D.

21. ANULADA Corretamente anulada em face do fenômeno da não recepção pela atual CF/88. Os motivos oficiais para a anulação foram: "O dispositivo legal referente ao assunto abordado no item não foi recepcionado pela Constituição Federal de 1988 e, por essa razão, não poderia mais ser aplicado. Dessa forma, opta-se pela anulação do item".

22.

A. CERTO Ao mencionar que a ordem de superior hierárquico era manifestamente ilegal, a negativa de cumprimento está em conformidade com a previsão do inc. IV do art. 116 da Lei n. 8.112/90, que determina que o servidor deve cumprir e seguir ordens de superiores hierárquicos, desde que não sejam manifestamente ilegais.

Comentário extra: Não se trata de possibilidade, mas sim de dever, pois a Administração Pública somente pode realizar condutas em conformidade com o ordenamento jurídico e para o atendimento de necessidades coletivas e sociais (princípios da legalidade e finalidade pública), devendo o servidor que recebe ordem manifestamente ilegal não só deixar de cumpri-la, mas também **deverá** representar à autoridade imediatamente superior ao agente que emanou a ordem ilegal ou abusiva (na forma do inc. XII do art. 116 da Lei n. 8.112/90).

22. B. ERRADO • 23. A. CERTO Não há qualquer exigência de esgotamento das vias administrativas para acesso ao Poder Judiciário, já que, por força do Princípio da Inafastabilidade de Jurisdição e amplo acesso ao Judiciário (inc. XXXV do art. 5º da CF/88), o servidor poderá submeter questões administrativas relacionadas a assuntos de seu interesse diretamente ao Poder Judiciário.

Comentário extra: Conquanto a garantia de amplo acesso ao Poder Judiciário, poderá o servidor, se desejar, também impugnar sua remoção na via administrativa, nos termos da Lei n. 9.784/99.

23. B. ERRADO • C. CERTO O ato de remoção foi represália ao exercício regular de um direito, ou seja, o não cumprimento de ordem manifestamente ilegal, configurando, assim, desvio de poder, não tendo qualquer relação com o poder disciplinar da Administração Pública.

Comentário extra: A motivação do ato de remoção foi **retaliação** à conduta legítima do servidor que se negou a dar cumprimento à ordem ilegal. Portanto, a motivação do ato estava viciada, se desviando do princípio da finalidade pública, que determina que a conduta administrativa somente pode visar ao atendimento de necessidades públicas (ou pelo menos da Administração Pública) e desenvolvimento harmônico e solidário da Sociedade.

Desvio de poder é o desvio de finalidade na prática administrativa. Ou seja, é a utilização ilegal ou ilegítima do aparato instrumental colocado à disposição da função pública para realização de fim diverso do que a realização dos interesses públicos e coletivos.

Por fim, registre-se que o desvio de poder é considerado pela Lei de Ação Popular (Lei n. 4.717/65) como ato ilegal.

A interpretação autêntica do que seja desvio de poder ou de finalidade nos é dada pelo art. 2º, parágrafo único, e, da Lei n. 4.717/65: "Agente pratica o ato usando a fim diverso daquele previsto, explícita ou implicitamente, na regra de competência".

Ver comentários à questão n. 2 do Capítulo III.

D. ERRADO O ato do superior hierárquico foi praticado com **desvio de finalidade**, **não** de abuso de poder (autoridade), ensejador da potencialidade de tipificação no crime de abuso de autoridade.

Comentário extra: Enquanto no desvio de finalidade o vício é de motivação, no **abuso** de autoridade o vício do abuso de poder é de **competência**. No abuso de poder/autoridade há a prática de condutas **exorbitando das regulares atribuições conferidas ao cargo**, sendo o ato, em regra, nulo.

Registre-se que os atos praticados com excesso/abuso de poder podem ser considerados como anuláveis a depender ou não da possibilidade de convalidação do ato pela autoridade competente.

Entretanto, registramos que há posições na Doutrina defendendo que *excesso* e *desvio* de poder são formas de *abuso* de poder. Ainda é **importante** mencionar que, na lição de Hely Lopes Meirelles, os conceitos se entrelaçam: "o abuso de poder ocorre quando a autoridade, embora competente para praticar o ato, ultrapassa os limites de suas atribuições ou se desvia das finalidades administrativas".

24. ERRADO Assertiva em franca colidência com art. 4º da Lei n. 4.878/65, que determina que a atividade policial é de **dedicação exclusiva**.

Comentário extra: A acumulação ilegal de cargos configura ainda **transgressão disciplinar**, nos termos do inc. XLV do art. 43 da Lei n. 4.878/65.

25. ERRADO Conforme comentado nas questões 9, 11 e 12. A, a vacância é ato administrativo que destitui o servidor de um cargo, emprego ou função. Pode decorrer de falecimento, exoneração, demissão (único com caráter de penalidade), aposentadoria, promoção e posse em outro cargo inacumulável.

Comentário extra: Visando permitir uma completa apreensão do conteúdo da matéria, passamos a comentar cada um dos institutos mencionados na questão:

Promoção é a designação do servidor para titularizar cargo mais elevado dentro de sua carreia, com acréscimo de vencimentos e responsabilidades.

Reintegração é a reinvestidura do servidor estável ao cargo que antes ocupava, em virtude de invalidação de sua demissão, quer na seara administrativa ou na judicial, com ressarcimento de todas as vantagens (art. 28).

Recondução é o retorno do servidor ao cargo que antes ocupava. Ocorre quando um servidor é reconduzido ao seu anterior cargo, em razão de inabilitação em estágio probatório do novo cargo; ou reintegração do servidor que ocupava o seu novo cargo anteriormente.

Aposentadoria é o direito de perceber vencimentos legítimos (que passam a se denominar proventos) quando na inatividade. É causa de vacância do cargo público (inc. VII do art. 33 da Lei n. 8.112/90) e pode decorrer de tempo de efetivo exercício somado à idade e tempo de contribuição; de invalidez ou de idade avançada.

26. ANULADA Anulada em razão de que remoção e redistribuição são institutos diferentes, com finalidades distintas, sendo que somente na redistribuição ocorre deslocamento para entidade diversa do cargo originário.

Comentário extra: A interpretação autêntica do conteúdo de "remoção" nos é dada pelo art. 36 da Lei n. 8.112/90. **Remoção** é o deslocamento do servidor, a pedido ou de ofício, no âmbito do **mesmo** quadro, com ou sem mudança de sede.

Redistribuição é o deslocamento de cargo de provimento efetivo, ocupado ou vago no âmbito do quadro geral de pessoal, para outro órgão ou entidade do mesmo Poder, desde que atendidos os requisitos legais: a) interesse da Administração Pública ou b) pedido do interessado, motivado por várias razões, tais como razões de saúde e acompanhamento de cônjuge removido por interesse da Administração.

Importante destacar que os cargos públicos podem ser providos de forma originária ou derivada.

O provimento originário de cargos – diz-se *originário* para destacar que não há vínculo anterior com uma específica Administração Pública – é realizado através de *nomeação*, após aprovação em concurso público; *designação* (para os cargos em comissão) e *procedimento sumário* (para atendimento de necessidade temporária de excepcional interesse público (inc. IX do art. 37 da CF/88).

Já o provimento derivado, ou seja, aquele que ocorre por mecanismos internos à Administração Pública, quando já existe um vínculo anterior entre a Administração e o nomeando, é realizado através de promoção, *readaptação, reversão, reintegração e recondução*. Conquanto a Doutrina costume não citar, existe outra forma de provimento derivado: o *aproveitamento*.

27.

A. ERRADO O erro está na segunda parte do enunciado da questão.

A primeira parte, relativa à não existência de regulamentação específica de lei de greve para os servidores públicos, é verdadeira.

Mas, ao considerar errada a segunda parte da questão, a Banca examinadora adotou lição de Maria Sylvia Zanella di Pietro, que ensina que o futuro exercício do direito de greve pelos públicos poderá "quando muito, atuar como pressão sobre o Poder Público, mas não poderá levar os servidores a negociações coletivas, com ou sem participação dos sindicatos...".

Registre-se também que no caso de empresas públicas e sociedades de economia mista que explorem atividades essenciais cujos empregados públicos promoverem greve com possibilidade de lesão do interesse público, quem deterá competência para o ajuizamento de dissídio coletivo perante a Justiça do Trabalho é o MPT (Ministério Público do Trabalho), nos termos do § 3º do art. 114 da CF/88.

Comentário extra: Conquanto não haja lei específica regulamentando o direito de greve dos servidores públicos **civis** da União (a competência para legislar sobre o tema **não** é exclusiva da União, podendo cada ente político normatizar dentro das suas esferas de competência), o STF em 2008, no julgamento dos Mandados de Injunção 670/ES, 708/DF e 712/PA, ante a mora legislativa, terminou **por determinar a aplicação das Leis n. 7.701/88 e 7.783/89 aos conflitos e às ações judiciais que envolvam a interpretação do direito de greve dos servidores públicos civis**.

MUITA ATENÇÃO: questão ligada diretamente à Polícia Federal: em 2009, no julgamento da Rel. 6568, o STF restringiu a aplicação das referidas leis aos agentes que exerçam atividades **NÃO** relacionadas à manutenção da ordem pública. Nitidamente no que toca às **polícias civis**, a Corte Suprema entendeu que **suas atividades são análogas, para efeito de greve, aos policiais militares**, aos quais **é vedado o exercício de greve**.

B. CERTO Assertiva em harmonia com o art. 28 da Lei n. 8.112/90.

Comentário extra: Reintegração é a reinvestidura do servidor estável ao cargo que antes ocupava, em virtude de invalidação de sua demissão, quer na seara administrativa ou na judicial, **com** ressarcimento de todas as vantagens.

28. ERRADO As comissões parlamentares podem tão somente convocar Ministros de Estado para a prestação de informações relativas à pasta que controla, bem como suas atribuições inerentes ao cargo (inc. III do § 2º do art. 58 da CF/88).

No caso de outras autoridades, as comissões podem **solicitar** o depoimento (inc. V).

Comentário extra: A diferença principal entre *convocar* e *solicitar* está no caráter vinculativo expresso da convocação, cujo atendimento não pode ser negado, o que não ocorre nos casos de solicitação.

29.

A. CERTO Alternativa em conformidade com o inc. III do art. 11 c.c. art. 12, ambos da LIA (Lei de Improbidade Administrativa n. 8.429/92), bem como § 4º do art. 37 da CF/88.

Comentário extra: Revelar a terceiros não pertencentes da ação policial fato ou operação que deva ser mantida em sigilo, justamente para garantir a eficácia da conduta fiscalizatória e repressiva, principalmente motivado por recebimento ilícito de recursos financeiros, atenta contra os princípios da Administração Pública, se revelando como ato de improbidade administrativa.

B. CERTO Conquanto a motivação aqui seja diversa de recebimento ilícito de dinheiro, configura infração disciplinar revelar segredo que só teve conhecimento em razão do exercício do cargo, conforme previsão do inc. IX do art. 132 da Lei n. 8.112/90, passível de demissão.

Comentário extra: Demissão é consequência legalmente prevista para práticas de graves ilicitudes administrativas, tendo por objetivo extinguir o vínculo de trabalho entre o agente faltoso e a Administração Pública.

A demissão é aplicada nos casos de corrupção; crime contra a administração pública; improbidade administrativa; aplicação irregular de recursos financeiros públicos; lesão aos cofres públicos; dilapidação do patrimônio nacional; inassiduidade habitual (falta injustificada ao serviço por 60 dias **não consecutivos** no lapso temporal de 12 meses); abandono de cargo (ausência **intencional** por mais de 30 dias **consecutivos**); incontinência pública e conduta escandalosa na repartição: insubordinação grave em serviço; ofensa física, no exercício da função, a servidor ou particular (salvo legítima defesa); revelação de segredo que obteve em razão do cargo; acumulação ilegal de cargos, empregos ou funções públicas; utilizar o cargo para proveito próprio em prejuízo da dignidade da função pública; exercício de comércio ou de gerência de sociedade empresarial; patrocínio de interesse particular (salvo benefícios previdenciários e assistenciais); percepção de propina ou vantagem ilícita; aceite de comissão, emprego ou pensão de estado estrangeiro; prática de usura (empréstimo a juros); conduta funcional desidiosa; utilização para fins particulares de pessoal ou recursos materiais da Administração Pública.

30. CERTO O **Poder Disciplinar** é o poder-dever de apurar infrações às normas administrativas, bem como de aplicar sanções aos que estão ligados à Administração Pública por uma relação subordinativa especial, nitidamente os servidores e particulares sujeitos à disciplina administrativa.

Destacamos a necessidade de uma relação subordinativa especial, através de vínculo estatutário ou legal, para caracterizar a aplicação de sanção disciplinar, justamente para diferenciar das sanções decorrentes do Poder de Polícia.

Comentário extra: A discricionariedade do exercício do Poder Disciplinar é relativa à escolha da sanção a ser aplicada e de sua graduação, dentre as balizas estabelecidas na lei, principalmente levando-se em conta a natureza e gravidade da infração e extensão dos danos. Não há discricionariedade em punir ou não quando resta comprovada, em devido processo legal, a infração administrativa, pois o interesse público lesado pela conduta irregular é indisponível.

31. ERRADO Assertiva em frontal colidência com o mandamento legal consignado no art. 128 da Lei n. 8.112/90, que determina que na aplicação das penalidades administrativas aos servidores sejam considerados os seguintes fatores: a) natureza da infração; b) gravidade da infração; c) danos resultantes da ação infracional, nitidamente ao serviço público; d) circunstâncias agravantes e atenuante; e e) os antecedentes funcionais do infrator.

Comentário extra: Princípio da impessoalidade possui duas vertentes: a) informa que a Administração deve servir a todos, sem preferências ou aversões pessoais ou partidárias, exigindo objetividade no atendimento do interesse público; e b) a conduta do agente administrativo não é imputada diretamente a ele, mas à pessoa jurídica de direito público no qual ele está inserido em sua estrutura (também conhecida como Teoria do Órgão). A primeira vertente é justamente a ligada fortemente ao princípio da finalidade pública, significando que a conduta da Administração Pública somente se legitima na busca da realização do bem comum e coletivo (finalidade administrativa), sem visar prejudicar ou beneficiar destinatários determinados.

Ver comentários no Capítulo I.

32. ERRADO A autoridade competente para aplicação de sanção de **advertência ou de suspensão até 30 dias** (caso da questão) é o chefe da repartição ou outras autoridades na forma dos regimentos e regulamentos internos (inc. III do art. 141 da Lei n. 8.112/90).

Comentário extra: Na Polícia Federal, são competentes para aplicação de suspensão de até 30 dias os diretores dos órgãos centrais do Departamento Federal de Segurança Pública e da Polícia do Distrito Federal, os Delegados Regionais, conforme previsão do inc. V do art. 50 da Lei n. 4.878/65.

33. CERTO A fonte de inspiração da Banca examinadora foi a redação do art. 49 da Lei n. 4.878/65, que permitia em relação aos servidores da Polícia Federal, por ato motivado da autoridade competente demonstrativo do interesse público, que a pena de suspensão fosse convertida em detenção disciplinar de até 20 dias, que poderá ser realizada em casa ou outro local determinado naquela lei (art. 49).

Entretanto, em face da CF/88, tal dispositivo não foi recepcionado (note que não é situação de entender-se pela inconstitucionalidade, pois a legislação é anterior à Constituição), o que impede sua aplicação.

Comentário extra: Em relação às prisões administrativas, destaque-se que, conquanto tenham natureza jurídica de prisão administrativa, as detenções **militares** em decorrência de punições disciplinares **não são amparadas** por *Habeas Corpus*, nos precisos termos do § 2º do art. 142 da CF/88.

RAIO-X

- Agentes públicos é tema sempre cobrado em concursos públicos da Polícia Federal e equivale aos seguintes percentuais das questões de Direito Administrativo:

Cargo	Questões do Tema	%
Agente	24	16,9
Escrivão	22	15,4
Delegado	8	5,6

- A maioria das questões é baseada em:

☒ doutrina ☒ legislação ☒ jurisprudência

- Dentre o amplo campo do tema de agentes, aspectos sempre em destaque são os direitos e vantagens dos servidores públicos, bem como infrações disciplinares.

IMPORTANTE SABER

- A redação original do art. 39 da CF/88 foi assim promulgada: os entes políticos, cada qual no âmbito de sua competência, instituirão "**regime jurídico único** e planos de carreiras para os servidores da administração pública direta, das autarquias e das fundações públicas".

Pela redação original percebe-se que a Constituição fixou um **regime jurídico único** para os servidores de cada pessoa política.

Com a **EC n. 19** a redação foi alterada, **desaparecendo** a determinação do regime jurídico único. Quando da realização do certame, a nova redação do art. 39 era a que não mais trazia a obrigatoriedade do regime jurídico único, o que conduz a considerar a alternativa como certa na época.

Entretanto, a nova redação alterada **foi suspensa com efeitos *ex nunc* pelo Supremo** na cautelar da ADIn 2.135/4, **voltando a vigorar dali para frente a redação anterior**:

"Em conclusão de julgamento, o Tribunal deferiu parcialmente medida liminar em ação direta..., para suspender a vigência do art. 39, *caput*, da Constituição Federal, com a redação que lhe foi dada pela Emenda Constitucional 19/98 ('A União, os Estados, o Distrito Federal e os Municípios instituirão conselho de política de administração e remuneração de pessoal, integrado por servidores designados pelos respectivos Poderes'), mantida sua redação original, que dispõe sobre a instituição do regime jurídico único dos servidores públicos... Entendeu-se caracterizada a aparente violação ao § 2º do art. 60 da CF ('A proposta será discutida e votada em cada Casa do Congresso Nacional, em dois turnos, considerando-se aprovada se obtiver, em ambos, três quintos dos votos dos respectivos membros'), uma vez que o Plenário da Câmara dos Deputados mantivera, em primeiro turno, a redação original do *caput* do art. 39, e a comissão especial, incumbida de dar nova redação à proposta de emenda constitucional, suprimira o dispositivo, colocando, em seu lugar, a norma relativa ao § 2º, que havia sido aprovada em primeiro turno. Esclareceu-se que **a decisão terá efeitos *ex nunc*, subsistindo a legislação editada nos termos da emenda declarada suspensa**" (Informativo 474 do STF, ADin 2135/DF, 2-8-2006).

- A nomeação para cargo público pode ocorrer **em caráter efetivo** ou **em comissão**. *Será em* **caráter efetivo quando** a investidura se faz em cargo isolado de provimento efetivo (ministro de uma das cortes superiores de Justiça) ou de carreira (analista judiciário que ingressa em um nível inicial e com o tempo e desenvolvimento de funções vai ascendendo na carreira, mas sempre dentro do próprio cargo). *Será em* **comissão quando** o cargo é de confiança, provido por livre nomeação.
- Função de confiança e cargo em comissão **não** são semelhantes. Na função de confiança existe um vínculo prévio com a Administração, inexistente no cargo em comissão. O exercente da função já era servidor e passa a ter mais atribuições e responsabilidade quando no exercício de função de confiança.
- **Agentes de colaboração são** pessoas particulares, não vinculadas ao poder público por cargo (este é reservado aos servidores), que prestam serviços à Administração Pública, **colaborando** na realização do interesse público. Vinculam-se à Administração Pública por **contratos ou atos administrativos** (concessionários e permissionários); por **requisições** (jurados, auxiliares da Justiça Eleitoral nas eleições (mesários), praças do serviço militar obrigatório); por **concordância** ou **vontade própria** (gestores de situações anormais que envolvem interesse da Administração, como, por exemplo, interventores nomeados por Magistrados para administrarem uma concessionária com problemas. Também os leiloeiros); por **delegação** (desempenham atividade jurídica de forma transitória, como, por exemplo, um advogado contratado para realizar uma específica defesa).
- Importante conhecer a clássica classificação de Hely Lopes Meirelles relativa às vantagens pecuniárias do servidor: para o mestre, *vantagens pecuniárias* são acréscimos de estipêndio (vencimento), concedidas a título definitivo ou transitório em razão de *tempo de serviço* (adicional), *desempenho de funções especiais* (adicional), *desempenho de função pública em condições anormais* (gratificação), e, por fim, em razão de alguma *condição especial do servidor* (gratificação).

  Mas somente a lei dirá se um adicional ou gratificação específicas serão ou não incorporados aos vencimentos, na precisa redação do § 2º do art. 49 da Lei n. 8.112/90.
- Os estrangeiros podem ter acesso aos cargos públicos nos termos que norma legal dispuser. Como exemplo citamos o § 3º do art. 5º da Lei n. 8.112/90, que expressamente traz o acesso aos cargos em universidades e instituições de pesquisas federais pelos estrangeiros. Ainda, a Lei n. 8.745/93, que regula a contratação de servidor público temporário, expressamente permite a contratação temporária de professores e pesquisadores estrangeiros.

  Em regra, a CF/88 não faz distinções entre brasileiros natos ou naturalizados. Assim, eventuais exceções somente poderiam ser encontradas no texto constitucional ou em tratados de direitos humanos incorporados pela sistemática de emenda constitucional, em face de que somente norma constitucional pode excetuar norma de mesma estatura normativa.

  É o que ocorre com o § 3º do art. 12 da CF/88, que expressamente traz o rol de determinados cargos que somente poderão ser preenchidos por brasileiros **natos**: Presidente da República e seu vice; presidente de quaisquer das câmaras legislativas federais; ministro do STF; membros da carreira diplomática; oficial das forças armadas; e ministro de Estado da defesa (este último costuma ser pedido em concursos públicos).

  O mesmo ocorre com o art. 89 da CF/88, ao dispor sobre o Conselho da República acessível apenas a brasileiros natos.
- Os militares, até a EC n. 18/98, eram servidores, mas agora perfazem categoria própria, pois possuem regime jurídico próprio. Mas, atenção, algumas normas da Lei n. 8.112/90 podem ser aplicadas

aos militares: quando expressamente há previsão nesse sentido. Como exemplo citamos: incisos XI, XIII, XIV e XV do art. 37; §§ 1º e 2º do art. 40; § 3º do art. 142, todos da CF/88. Igualmente, em algumas situações, também se aplicam as normas destinadas aos empregados privados (incs. VIII, XII, XVII, XVIII, XIX e XXV do art. 7º da CF/88).

- Diárias são valores destinados a indenizar o servidor que a serviço público afaste-se em caráter eventual e transitório de sua sede e tenha despesas com locomoção, alimentação e pousada (art. 58 da Lei n. 8.112/90).

  Entretanto, se é da natureza do cargo o deslocamento para local diverso da sede, nitidamente os cargos de natureza fiscalizatória, não haverá indenização (§ 2º do art. 58), mesmo porque, sendo natural ao cargo, não haveria as marcas da eventualidade e transitoriedade mencionadas no *caput*.

  Também não haverá indenização por diárias de deslocamentos dentro de uma mesma região metropolitana, aglomeração urbana ou microrregião, constituídas por municípios limítrofes.

- **Disponibilidade** é transferência do servidor estável para a inatividade com proventos proporcionais. Pode decorrer (a) da extinção do cargo ou (b) reintegração de outro servidor, sendo impossibilitado o retorno do ocupante ao cargo que anteriormente ocupara ou em outro compatível.
- A pena de advertência, em regra, é aplicável aos casos de **a)** inobservância de dever funcional previsto em atos legais, regulamentares e *interna corporis*, **que não** justifiquem a aplicação de penalidade mais grave; **b)** ausência injustificada ou sem autorização do serviço durante o expediente; **c)** retirada injustificada e sem anuência da autoridade competente de documento ou objeto da repartição; **d)** recusa de fé a documento público; **e)** oposição injustificada ao andamento de documento, processo ou execução dos serviços; **f)** promoção de manifestação de apreço ou desapreço no recinto da repartição; **g)** cometer, entregar, encarregar a pessoa estranha à repartição, salvo nos casos previstos em lei, o desempenho de atribuições que sejam de sua responsabilidade ou de seu subordinado; **h)** exercer coação ou aliciar subordinados para se filiarem à associação profissional ou sindical, ou mesmo a partido político; **i)** manutenção de cônjuge, companheiro ou parente até o segundo grau civil em cargo em comissão sob sua chefia imediata; e **j)** recusa de atualizar dados cadastrais quando solicitado.
- **Demissão** é consequência legalmente prevista para práticas de graves ilicitudes administrativas, tendo por objetivo extinguir o vínculo de trabalho entre o agente faltoso e a Administração Pública.

  A demissão é aplicada nos casos de corrupção; crime contra a administração pública; improbidade administrativa; aplicação irregular de recursos financeiros públicos; lesão aos cofres públicos; dilapidação do patrimônio nacional; inassiduidade habitual (falta injustificada ao serviço por 60 dias **não consecutivos** no lapso temporal de 12 meses); abandono de cargo (ausência **intencional** por mais de 30 dias **consecutivos**); incontinência pública e conduta escandalosa na repartição: insubordinação grave em serviço; ofensa física, no exercício da função, a servidor ou particular (salvo legítima defesa); revelação de segredo que obteve em razão do cargo; acumulação ilegal de cargos, empregos ou funções públicas; utilizar o cargo para proveito próprio em prejuízo da dignidade da função pública; exercício de comércio ou de gerência de sociedade empresarial; patrocínio de interesse particular (salvo benefícios previdenciários e assistenciais); percepção de propina ou vantagem ilícita; aceite de comissão, emprego ou pensão de estado estrangeiro; prática de usura (empréstimo a juros); conduta funcional desidiosa; utilização para fins particulares de pessoal ou recursos materiais da Administração Pública.

- A prescrição das ações disciplinares é medida pela consequência legalmente prevista para inobservância de um dever funcional. Assim, se a consequência é a *demissão, cassação de aposentadoria ou destituição de cargo em comissão*, o prazo prescricional é de 5 anos, **sempre a contar da data em que a conduta foi conhecida**; se a consequência for *suspensão*, o prazo prescricional é de 2 anos; se a consequência for a advertência, o prazo se reduz para 180 dias. Por fim, se a conduta infracional administrativa for também ilícito penal, o prazo prescricional passa a ser o previsto para o crime. Ver quadro de prescrições na seção Importante saber.
- Em regra, a CF/88 não faz distinções entre brasileiros natos ou naturalizados. Assim, eventuais exceções somente poderiam ser encontradas no texto constitucional ou em tratados de direitos humanos incorporados pela sistemática de emenda constitucional, em face de que somente norma constitucional pode excetuar norma de mesma estatura normativa.

  É o que ocorre com o § 3º do art. 12 da CF/88, que expressamente traz o rol de determinados cargos que somente poderão ser preenchidos por brasileiros **natos**: Presidente da República e seu vice; presidente de quaisquer câmaras legislativas federais; ministro do STF; membros da carreira diplomática; oficial das forças armadas; e ministro de Estado da defesa (esse último costuma ser pedido em concursos públicos).

O mesmo ocorre com o art. 89 da CF/88 ao dispor sobre o Conselho da República acessível apenas a brasileiros natos.

- Direitos decorrentes da *estabilidade*: perda do cargo somente por sentença judicial transitada em julgado ou a) em processo administrativo disciplinar regular e b) procedimento de avaliação periódica de desempenho; disponibilidade; aproveitamento e reintegração.
- Ascensão e transferência eram formas de provimento derivado (quando já um vínculo anterior com a Administração Pública) que permitiam a ocupantes de determinados cargos ascender para cargos mais elevados na carreira seja por tempo de serviço ou por concurso interno. Com a nova ordem constitucional foram banidos do ordenamento pátrio. O STF os declarou inconstitucionais e o Senado regulamentou por resolução: ADIN 245 (DJ 13-8-1992) e Resolução n. 46/97 do Senado Federal.
- Não há qualquer possibilidade de uma sindicância resultar em prisão, ainda que temporária, do servidor investigado. **Sindicância é o procedimento de apuração de irregularidades administrativas de potenciais infrações cujas consequências possam resultar em advertência ou no máximo suspensão de exercício com prejuízo de remuneração de até 30 dias**. Se for detectado durante a sindicância que a conduta enseja aplicação de pena mais severa, o destino da sindicância será a instalação de um procedimento administrativo disciplinar. Portanto, se a consequência mais gravosa de uma sindicância é a suspensão do exercício das funções e perda da remuneração no período de suspensão (inc. II do art. 145), não há possibilidade de prisões temporárias, somente reservadas aos ilícitos penais. Nem mesmo, em sindicâncias, é possível a aplicação de medida cautelar de afastamento do servidor, ainda que visando impedir influências do investigado nas investigações, já que o afastamento cautelar somente é possível em processo administrativo disciplinar.
- O prazo para conclusão do processo administrativo disciplinar, em regra, é de 60 dias, prorrogáveis por igual período (art. 152 da Lei n. 8.112/90). Entretanto, é importante saber que existe um **rito sumário** de processo administrativo disciplinar para apuração de **acumulação ilegal de cargos públicos**, cujo prazo para sua conclusão é de 30 dias, prorrogáveis por 15 dias (§ 7º do art. 133). O procedimento sumário também é utilizado, com algumas variantes, na apuração de abandono de cargo e inassiduidade intencional (art. 140).
- STJ: MS 8.184-DF, informativo 201: "é lícito à autoridade administrativa competente divergir e aplicar penalidade mais grave que a sugerida no relatório da comissão disciplinar. A autoridade não se vincula à capitulação proposta, mas sim aos fatos".
- STJ: Quando se verifica a vitoriosa aprovação em um concorrido certame, dentro do número de vagas oferecidas, a frustração de uma expectativa legítima fundada em direito subjetivo já adquirido, que traz ao lume a possibilidade de o aprovado vir a auferir, com estabilidade e por meio de seu trabalho técnico, ganhos significativos, desde sempre pretendidos e perseguidos, dá suporte à pretensão de recebimento de **indenização por danos materiais**, à luz do art. 186 do Código Civil. Precedentes: EREsp 825.037/DF; REsp 1.117.974/RS; AgRg no Ag 976.341/DF; REsp 1.056.871/RS; REsp 825.037/DF (AgRg no REsp 1213075/PE – Relator Min. Benedito Gonçalves, 1ª Turma, 14-4-2011).

FLUXO DE INVESTIDURA EM CARGO PÚBLICO

QUADRO SINÓTICO DE LICENÇAS E AFASTAMENTOS DO SERVIDOR

Tipo	Direito à remuneração	Direito à contagem do tempo de serviço	Direito à contagem para promoção por *merecimento*	Direito à contagem de tempo para fins de disponibilidade e *aposentadoria*
Doença	S	Até o limite de 2 anos	S	S
Acidente de serviço	S	S	S	S
Doença em pessoa da família (por até 60 dias)	S	N	N	S
Afastamento do cônjuge ou companheiro, inclusive exterior, e exercício de mandato eletivo	N	N	N	N
Serviço militar	S	S	S	S
Atividade política	Não, mas pode perceber vencimentos por 3 meses, a partir do registro da candidatura até o 10º dia posterior ao da eleição	N	N	S
Capacitação (por até 3 meses)	S	S	S	S
Assuntos particulares (por até 3 anos consecutivos)	N	N	N	N
Mandato classista	N	S	N	S
Participar em programa de pós-graduação *stricto sensu*, doutorado ou mestrado, em instituição de ensino superior no País	S	S	S	S

QUADRO DAS CONDUTAS INFRACIONAIS ADMINISTRATIVAS E SUAS CONSEQUÊNCIAS

Conduta	CONSEQUÊNCIAS JURÍDICAS						
	Advertência	Suspensão	Demissão	Destituição do cargo em comissão	Cassação de aposentadoria ou disponibilidade	Indisponibilidade dos bens e ressarcimento ao erário	Incompatibilização para o exercício de cargo na AP Federal
Inobservância de dever funcional previsto em atos legais, regulamentares e *interna corporis*, que não justifiquem a aplicação de penalidade mais grave	ψ	Se reincidente					
Ausência injustificada ou sem autorização do serviço durante o expediente	ψ	Se reincidente					
Retirada injustificada e sem anuência da autoridade competente de documento ou objeto da repartição	ψ	Se reincidente					
Recusa de fé a documento público	ψ	Se reincidente					
Oposição injustificada ao andamento de documento, processo ou execução dos serviços	ψ	Se reincidente					
Promoção de manifestação de apreço ou desapreço no recinto da repartição	ψ	Se reincidente					
Cometer, entregar, encarregar a pessoa estranha à repartição, salvo nos casos previstos em lei, o desempenho de atribuições que seja de sua responsabilidade ou de seu subordinado	ψ	Se reincidente					
Exercer coação ou aliciar subordinados para se filiarem à associação profissional ou sindical, ou mesmo a partido político	ψ	Se reincidente					
Manutenção de cônjuge, companheiro ou parente até o segundo grau civil em cargo em comissão sob sua chefia imediata	ψ	Se reincidente					
Recusa de atualizar dados cadastrais quando solicitado	ψ	Se reincidente					

CONSEQUÊNCIAS JURÍDICAS							
Conduta	**Advertência**	**Suspensão**	**Demissão**	**Destituição do cargo em comissão**	**Cassação de aposenta-doria ou disponibilidade**	**Indisponibilidade dos bens e ressarcimento ao erário**	**Incompatibilização para o exercício de cargo na AP Federal**
Recusa injustificada de se submeter à inspeção médica determinada por autoridade competente		ψ		ψ			
Cometimento ou entrega a outro servidor de atribuições estranhas ao cargo que ocupa, salvo nas situações transitórias e emergenciais		ψ		ψ			
Exercício de atividades que são incompatíveis com o exercício do cargo ou função e ainda com o horário de trabalho		ψ		ψ			
Participar de gerência ou administração de sociedade privada, personificada ou não personificada, exercer o comércio, exceto na qualidade de acionista ou comanditário. Também não se aplica a vedação aos casos dos incs. I e II do parágrafo único do art. 117.			ψ	ψ	ψ		
Receber propina, comissão, presente ou vantagem de qualquer espécie, em razão de suas atribuições			ψ	ψ	ψ		
Aceitar comissão, emprego ou pensão de estado estrangeiro			ψ	ψ	ψ		
Praticar usura sobre qualquer de suas formas			ψ	ψ	ψ		
Proceder de forma desidiosa			ψ	ψ	ψ		
Utilizar pessoal ou recursos materiais da repartição em serviços ou atividades particulares			ψ	ψ	ψ		
Acumulação ilegal de cargos, empregos ou funções públicas			ψ	ψ	ψ		
Valer-se do cargo para lograr proveito pessoal ou de outrem, em detrimento da dignidade da função pública			ψ	ψ	ψ		Pelo prazo de 5 anos

CONSEQUÊNCIAS JURÍDICAS							
Conduta	**Advertência**	**Suspensão**	**Demissão**	**Destituição do cargo em comissão**	**Cassação de aposentadoria ou disponibilidade**	**Indisponibilidade dos bens e ressarcimento ao erário**	**Incompatibilização para o exercício de cargo na AP Federal**
Atuar como procurador ou intermediário junto a repartições públicas, tirante os casos de benefícios previdenciários ou assistenciais de parentes até o segundo grau, cônjuge ou companheiro			ψ	ψ	ψ		Pelo prazo de 5 anos
Improbidade administrativa			ψ	ψ	ψ	ψ	Permanente
Aplicação irregular de dinheiros públicos			ψ	ψ	ψ	ψ	Permanente
Lesão aos cofres públicos e dilapidação do patrimônio nacional			ψ	ψ	ψ	ψ	Permanente
Corrupção			ψ	ψ	ψ	ψ	Permanente
Crimes contra a Administração Pública			ψ	ψ	ψ	Se houver previsão na lei penal	Permanente

QUADRO DE PRAZOS PRESCRICIONAIS DAS AÇÕES DISCIPLINARES

	Prazos de prescrição. **Contam a partir da data que a infração se tornou conhecida.** **A abertura de sindicância ou instauração de processo administrativo disciplinar *interrompe* a prescrição *até* decisão final da autoridade competente para julgar.** **Se a infração for também prevista como crime, o prazo prescricional passa a ser da punição do crime.**		
Modalidade de pena	180 dias	2 anos	5 anos
Advertência	X		
Suspensão		X	
Demissão			X

LEGISLAÇÃO E SÚMULAS PERTINENTES

- CF/88: arts. 14, § 9º; 28, § 1º; 37, I, V, XI, XVII e §§ 3º, III, e 4º; 38, I, II e III; 40, § 4º; 42, § 4º; 48, X; 51, IV; 52, XIII; 54, I, *b*, e II, *b*; 61, § 1º, II, *a*; inc. I do parágrafo único do art. 95; 142, § 3º, III; 169, §§ 1º e 6º (relativos à função pública).
- CF/88: arts. 54, IV; 52, XVIII; 61, § 1º, II, *a*; e 114 (relativos ao emprego público).
- Lei n. 4.878/65: Regime jurídico dos Policiais Civis da União.
- Decreto n. 7.014/2009: disciplina a promoção funcional nos quadros do Departamento de Polícia Federal.
- Lei n. 6.944/2009: normas gerais de concursos públicos.
- Lei n. 8.112/90.
- Lei n. 8.730/93: obrigatoriedade da declaração de bens e rendas para o exercício de cargos, empregos e funções nos três poderes da República.
- Lei n. 8.745/93: contratação de servidores temporários.
- Decreto n. 2.794/98: art. 13.
- Lei n. 9.527/97.
- Lei n. 9.784/99: arts. 11 a 17 e 53 a 54.
- Lei n. 9.962/2000: regula o emprego público.
- Lei Complementar n. 101/2000 (LRF): arts. 18 a 21.
- Lei n. 11.526/2007: fixa a remuneração dos cargos e funções comissionadas da administração pública federal direta, autárquica e fundacional.
- Lei n. 12.527/2011 (LAI: Lei de Acesso à Informação): principalmente arts. 1º, V; 5º; 7º; 8º, § 4º; 12; 15 a 20; 22; 23, VIII e § 1º; 32; 35, § 1º; e 40.
- Decreto n. 7.203/2010: vedação do nepotismo.
- Decreto n. 7.777/2012: dispõe sobre as medidas para a continuidade de atividades e serviços públicos da administração pública federal durante greves, paralisações ou operações de retardamento de procedimentos administrativos promovidas pelos servidores públicos federais.
- Lei n. 12.618/2012: regime de previdência complementar do servidor público.
- Lei n. 12.855/2013: institui a indenização devida a ocupante de cargo efetivo das Carreiras e Planos Especiais de Cargos que especifica, em exercício nas unidades situadas em localidades estratégicas vinculadas à prevenção, controle, fiscalização e repressão dos delitos transfronteiriços.
- **Súmula Vinculante 5:** A falta de defesa técnica por advogado no processo administrativo disciplinar não ofende a Constituição.
- **Súmula Vinculante 13:** A nomeação de cônjuge, companheiro ou parente em linha reta, colateral ou por afinidade, até o terceiro grau, inclusive, da autoridade nomeante ou de servidor da mesma pessoa jurídica investido em cargo de direção, chefia ou assessoramento, para o exercício de cargo em comissão ou de confiança ou, ainda, de função gratificada na administração pública direta e indireta em qualquer dos Poderes da União, dos Estados, do Distrito Federal e dos Municípios, compreendido o ajuste mediante designações recíprocas, viola a Constituição Federal.
- **Súmula Vinculante 15:** O cálculo de gratificações e outras vantagens do servidor público não incide sobre o abono utilizado para se atingir o salário mínimo.
- **Súmula Vinculante 16:** Os arts. 7º, IV, e 39, § 3º (redação da EC 19/98), da Constituição, referem-se ao total da remuneração percebida pelo servidor público.
- **Súmula 11 do STF:** A vitaliciedade não impede a extinção do cargo, ficando o funcionário em disponibilidade, com todos os vencimentos.
- **Súmula 15 do STF:** Dentro do prazo de validade do concurso, o candidato aprovado tem direito à nomeação quando o cargo for preenchido sem observância da classificação.
- **Súmula 16 do STF:** Funcionário nomeado por concurso tem direito à posse.
- **Súmula 18 do STF:** Pela falta residual não compreendida na absolvição pelo Juízo Criminal, é admissível a punição administrativa do servidor público.
- **Súmula 19 do STF:** É inadmissível segunda punição de servidor público, baseada no mesmo processo em que se fundou a primeira.
- **Súmula 20 do STF:** É necessário processo administrativo com ampla defesa, para demissão de funcionário admitido por concurso.
- **Súmula 21 do STF:** Funcionário em estágio probatório não pode ser exonerado nem demitido sem inquérito ou sem as formalidades legais de apuração de sua capacidade.
- **Súmula 22 do STF:** O estágio probatório não protege o funcionário contra a extinção do cargo.

- **Súmula 36 do STF:** Servidor vitalício está sujeito à aposentadoria compulsória, em razão da idade.
- **Súmula 359 do STF:** Ressalvada a revisão prevista em lei, os proventos da inatividade regulam-se pela lei vigente ao tempo em que o militar, ou o servidor civil, reuniu os requisitos necessários (atenção: a redação da súmula foi alterada. **Esta é a redação atual**).
- **Súmula 678 do STF:** São inconstitucionais os incisos I e III do art. 7º da Lei n. 8.162/91, que afastam, para efeito de anuênio e de licença-prêmio, a contagem do tempo de serviço regido pela Consolidação das Leis do Trabalho dos Servidores que passaram a submeter-se ao Regime Jurídico Único.
- **Súmula 679 do STF:** A fixação de vencimentos dos servidores públicos não pode ser objeto de convenção coletiva.
- **Súmula 680 do STF:** O direito ao auxílio-alimentação não se estende aos servidores inativos.
- **Súmula 681 do STF:** É inconstitucional a vinculação do reajuste de vencimentos de servidores estaduais ou municipais a índices federais de correção monetária.
- **Súmula 682 do STF:** Não ofende a Constituição a correção monetária no pagamento com atraso dos vencimentos de servidores públicos.
- **Súmula 683 do STF:** O limite de idade para a inscrição em concurso público só se legitima em face do art. 7º, XXX, da Constituição, quando possa ser justificado pela natureza das atribuições do cargo a ser preenchido.
- **Súmula 684 do STF:** É inconstitucional o veto não motivado à participação de candidato a concurso público.
- **Súmula 685 do STF:** É inconstitucional toda modalidade de provimento que propicie ao servidor investir-se, sem prévia aprovação em concurso público destinado ao seu provimento, em cargo que não integra a carreira na qual anteriormente investido.
- **Súmula 686 do STF:** Só por lei se pode sujeitar a exame psicotécnico a habilitação de candidato a cargo público.
- **Súmula 726 do STF:** Para efeito de aposentadoria especial de professores, não se computa o tempo de serviço prestado fora da sala de aula.
- **Súmula 736 do STF:** Compete à Justiça do Trabalho julgar as ações que tenham como causa de pedir o descumprimento de normas trabalhistas relativas à segurança, higiene e saúde dos trabalhadores.
- **Súmula 147 do STJ:** Compete a Justiça Federal processar e julgar os crimes praticados contra funcionário público federal, quando relacionados com o exercício da função.
- **Súmula 170 do STJ:** Compete ao juízo onde primeiro for intentada a ação envolvendo acumulação de pedidos, trabalhista e estatutário, decidi-la nos limites da sua jurisdição, sem prejuízo do ajuizamento de nova causa, com o pedido remanescente, no juízo próprio.
- **Súmula 173 do STJ:** Compete a Justiça Federal processar e julgar o pedido de reintegração em cargo público federal, ainda que o servidor tenha sido dispensado antes da instituição do Regime Jurídico Único.
- **Súmula 218 do STJ:** Compete à Justiça dos Estados processar e julgar ação de servidor estadual decorrente de direitos e vantagens estatutárias no exercício de cargo em comissão.
- **Súmula 266 do STJ:** O diploma ou habilitação legal para o exercício do cargo deve ser exigido na posse e não na inscrição para o concurso público.
- **Súmula 377 do STJ:** O portador de visão monocular tem direito de concorrer, em concurso público, às vagas reservadas aos deficientes.
- **Súmula 378 do STJ:** Reconhecido o desvio de função, o servidor faz jus às diferenças salariais decorrentes.
- **Súmula 231 do TCU:** A exigência de concurso público para admissão de pessoal se estende a toda a Administração Indireta, nela compreendidas as autarquias, as fundações instituídas e mantidas pelo Poder Público, as Sociedades de Economia Mista, as Empresas Públicas e, ainda, as demais entidades controladas direta ou indiretamente pela União, mesmo que visem a objetivos estritamente econômicos, em regime de competitividade com a iniciativa privada.
- **Súmula 249 do TCU:** É dispensada a reposição de importâncias indevidamente percebidas, de boa-fé, por servidores ativos e inativos, e pensionistas, em virtude de erro escusável de interpretação de lei por parte do órgão/entidade, ou por parte de autoridade legalmente investida em função de orientação e supervisão, à vista da presunção de legalidade do ato administrativo e do caráter alimentar das parcelas salariais.

8. PROCESSO ADMINISTRATIVO

QUESTÃO

1. **(Delegado – CESPE – 2013 – adaptada)** Julgue o item a seguir, relativo a processos administrativos.
   - De acordo com a Lei n. 9.784/1999, que regula o processo administrativo no âmbito da administração pública federal, um órgão administrativo e seu titular poderão, se não houver impedimento legal e quando conveniente, em razão de circunstâncias de índole técnica, social, econômica, jurídica ou territorial, delegar parte da sua competência a outros órgãos, ainda que estes não lhe sejam hierarquicamente subordinados.

GABARITO COMENTADO

1. CERTO Redação é quase a reprodução literal do art. 12 da Lei n. 9.784/99, apenas sendo trocada a ordem de apresentação das palavras.

Comentário extra: a competência de cada entidade, órgão ou autoridade é irrenunciável, o que não impede a delegação de determinadas atribuições entre entes e órgãos, que não necessitam essencialmente de relação de subordinação entre eles.

Não podem ser objeto de delegação as competências exclusivas de um determinado órgão ou agente; as de caráter normativo e as de caráter jurisdicional em recursos (art. 13 da Lei n. 9.784/99).

Um aspecto de suma importância que envolve as delegações e avocações é o fato de que, havendo delegação/avocação legítima de atribuição, o órgão delegante **não** responde por vícios do ato emanado do órgão delegado. Tal entendimento restou pacificado pela posição reiterada do Supremo. Repita-se: ocorrendo delegações legítimas, **a competência delegada não pode ser rejeitada** – tampouco a avocação –, sendo que **junto com a competência se delega também a responsabilidade**, ou seja, **o delegatário responde diretamente pelos atos produzidos**.

RAIO-X

- Os temas princípios, poderes e intervenções na propriedade privada sempre são cobrados nos concursos públicos da Polícia Federal e equivalem aos seguintes percentuais das questões de Direito Administrativo:

Cargo	Questões do Tema	%
Agente	0	–
Escrivão	0	–
Delegado	1	0,7

- A maioria das questões é baseada em:

  ☒ doutrina ☒ legislação ☐ jurisprudência

- Conquanto tenha havido apenas uma questão sobre processo administrativo, o tema vem sendo cada vez mais exigido em concursos públicos, ante a função que o processo administrativo desenvolve para o contraditório e ampla defesa, bem como instrumento de documentação dos atos administrativos.

IMPORTANTE SABER

- A recente e importante LAI (Lei de Acesso à Informação, Lei n. 12.527/2011, que entrou em vigor em maio de 2012), não alterou o dever de sigilo profissional estampado em outras legislações específicas.

- Os termos "processo" e "procedimento" (e em alguns casos, o termo "rito") são muito utilizados como sinônimos. Maria Sylvia Zanella di Pietro os difere, ensinando que o processo é o conjunto dos atos materiais e jurídicos necessários para a instrução, preparação e fundamentação do ato visado para Administração Pública, ao passo que procedimento é o conjunto de formalidades que devem ser observadas para a prática ao ato administrativo. Hely Lopes Meirelles ensina que processo administrativo é apenas aquele que visa compor ou decidir sobre um litígio entre a Administração Pública e o servidor ou particular; para todos os demais casos, ensina que se trata de processos de expediente.
- Duas características importantes do processo administrativo: a) instaurado e impulsionado apenas para concretizar a vontade legal (legalidade objetiva) ou pacificar questões trazidas pelos administrados à apreciação da Administração; e b) busca a verdade material, ou seja, a Administração Pública tem o dever de buscar a verdade real, não se limitando ao contido nos autos do processo administrativo. Essa última característica é muito importante, pois legitima a juntada de documentos e produção de diligências pela Administração Pública, mesmo após a superação da fase de instrução do processo para o administrado, inclusive em fase recursal.
- Após a criação do excelente mecanismo da súmula vinculante (EC n. 45/2004), cujas preposições são vinculativas do agir administrativo, se destacam as alterações promovidas pela Lei n. 11.417/2006 na Lei n. 9.784/99 (LPA): a) caso o recorrente afirme que a decisão recorrida se aparta do enunciado de súmula vinculante, a autoridade prolatora da decisão atacada pode reconsiderar sua decisão, sendo que, se não o fizer, deverá indicar as razões pelas quais o caso julgado não se subsume na hipótese tratada na súmula vinculante (§ 3º do art. 56); b) o mesmo se aplica em relação à autoridade a quem foi encaminhado o recurso por ausência de reconsideração (art. 64-A); e c) caso haja acolhimento de reclamação pelo STF, além de ajustar o caso posto em exame administrativo à orientação da Suprema Corte, será dado ciência aos órgãos reclamados, que deverão ajustar suas futuras decisões em casos semelhantes ao reclamado, sob pena de responsabilização administrativa, cível e **penal** (art. 64-B).
- Nos processos administrativos há **tramitação prioritária**, desde que requerida, quando a parte ou interessado possui idade igual ou superior a 60 anos; portadora de deficiências; ou acometida de doenças incapacitantes (art. 69-A).
- Nos casos permitidos de delegação de competências, destacamos que essa delegação é sempre parcial (vedada a renúncia de competência) e temporária, bem como o ato delegatório deverá especificar expressamente a finalidade de tal ato, os poderes delegados e os limites de atuação do agente delegado.
- Possuem legitimação para o processo administrativo: os que o iniciarem sendo titulares de direitos ou interesses individuais ou representando os que possuem; os que mesmo sem terem iniciado o processo possuem direitos ou interesses que potencialmente podem ser afetados pela questão tratada no processo; as organizações e associações representativas (apenas direitos e interesses coletivos); e as pessoas ou as associações legalmente constituídas quanto a direitos ou interesses difusos.
- Recurso hierárquico é o pedido de revisão de determinado julgamento exarado por autoridade ou agente administrativo ao seu imediato superior. Na Lei n. 9.784/99 há previsão de que os recursos tramitarão por até três instâncias administrativas (art. 57), o que é de salutar regramento, a fim de impedir a perpetuação das discussões, bem como a procrastinação de infundados debates.

LEGISLAÇÃO E SÚMULAS PERTINENTES

- CF/88: art. 5º, incs. LIV e LV.
- Lei n. 9.784/99, principalmente arts. 1º a 42; 53 a 67 e 69-A.
- Lei n. 8.112/90: arts. 104 a 115.
- Lei n. 12.527/2011 (LAI: Lei de Acesso à Informação): principalmente arts. 3º, V; 5º; 7º; 8º, § 4º; 12; 15 a 20; 22; 23, inc. VIII e § 1º; 32; 35, § 1º; e 40.
- **SÚMULAS DO STF**
- **Súmula Vinculante 3:** Nos processos perante o Tribunal de Contas da União asseguram-se o contraditório e a ampla defesa quando da decisão puder resultar anulação ou revogação de ato administrativo que beneficie o interessado, exce-

tuada a apreciação da legalidade do ato de concessão inicial de aposentadoria, reforma e pensão.

- **Súmula Vinculante 21:** É inconstitucional a exigência de depósito ou arrolamento prévios de dinheiro ou bens para admissibilidade de recurso administrativo.
- **Súmula 429:** A existência de recurso administrativo com efeito suspensivo não impede o uso do mandado de segurança contra omissão da autoridade.
- **Súmula 430:** Pedido de reconsideração na via administrativa não interrompe o prazo para o mandado de segurança.
- **SÚMULAS DO STJ**
- **Súmula 2:** Não cabe o *habeas data* (CF, art. 5º, LXXII, *a*) se não houve recusa de informações por parte da autoridade administrativa.
- **Súmula 373:** É ilegítima a exigência de depósito prévio para admissibilidade de recurso administrativo.

BIBLIOGRAFIA RECOMENDADA

BIBLIOGRAFIA BÁSICA

- ANDRADE, Flávia Cristina Moura de. *Direito administrativo*. 5. ed. São Paulo: Revistas dos Tribunais, 2010.
- BANDEIRA DE MELLO, Celso Antônio. *Curso de direito administrativo*. 27. ed. São Paulo: Malheiros, 2010.
- DI PIETRO, Maria Sylvia Zanella. *Direito administrativo*. 24. ed. São Paulo: Atlas, 2011.
- MEIRELLES, Hely Lopes. *Direito administrativo brasileiro*. São Paulo: Malheiros, 2009.

BIBLIOGRAFIA COMPLEMENTAR

- ALEXANDRINO, Marcelo; PAULO, Vicente. *Direito administrativo descomplicado*. Niterói: Impetus, 2009.
- ANDRADE, Flávia Cristina Moura de; MAZZA. Alexandre. *Prática de direito administrativo*. 2. ed. São Paulo: Revista dos Tribunais, 2009 (Coleção Prática Forense).
- BULOS, Uadi Lammêgo. *Constituição Federal anotada*. 9. ed. São Paulo: Saraiva, 2009.
- CARVALHO FILHO, José dos Santos. *Manual de direito administrativo*. 23. ed. Rio de Janeiro: Lumen Juris, 2010.
- JUSTEN FILHO, Marçal. *Comentários à Lei de Licitações e Contratos Administrativos*. 14. ed. São Paulo: Dialética, 2010.
- ________. *Pregão – comentários à legislação do pregão comum e eletrônico*. 5. ed. São Paulo: Dialética, 2009.
- PAVIONE, Lucas dos Santos; ANDRADE, Flávia Cristina Moura de. *Improbidade administrativa* – leis especiais para concursos. 2. ed. Salvador: JusPodivm, 2011. v. 23.

DIREITO PENAL

BRUNO FONTENELE CABRAL

Delegado de Polícia Federal lotado na Corregedoria-Geral de Polícia Federal. Atual Chefe Substituto do Serviço de Estudo, Legislação e Parecer – SELP/COGER. Ex-analista do Supremo Tribunal Federal, lotado no Gabinete do Ministro Joaquim Barbosa. Ex-Chefe substituto da Seção de Agravo de Instrumento da 2ª Turma. Nomeado em 2004 para o cargo de Auditor Fiscal do Trabalho. Aprovado, dentro do número de vagas, para os cargos de Analista do MPOG e analista do TST. Possui graduação em Direito pelo Centro Universitário de Brasília (2002). Autor de 117 artigos publicados. Professor da Academia Nacional de Polícia (ANP).

RAFAEL PINTO MARQUES DE SOUZA

Delegado de Polícia Federal. Pós-Graduado em Direito (UCSAL/EMAB). Professor da Academia Nacional de Polícia. Possui diversos cursos de aperfeiçoamento policial ministrados no Brasil e no exterior.

1. PARTE GERAL DO DIREITO PENAL

QUESTÕES

1. **(Escrivão – CESPE – 2004)** No item a seguir, é apresentada uma situação hipotética, seguida de uma assertiva a ser julgada.
   - Lauro cumpre pena restritiva de liberdade em regime fechado. Nessa situação, Lauro pode negar-se a trabalhar dentro da penitenciária porque a Constituição da República veda a pena de trabalhos forçados.

2. **(Escrivão – CESPE – 2004)** Julgue os itens a seguir, referentes ao direito penal.
   a) O concurso de pessoas não se caracteriza quando o crime é praticado por duas pessoas e uma delas é inimputável.
   b) Erro de proibição é o erro relativo à ilicitude do fato e que tem como consequência penal a isenção de pena.

3. **(Agente – CESPE – 2004)** Acerca do direito penal brasileiro, julgue os itens subsequentes.
   a) No concurso de pessoas, o ajuste, a determinação ou instigação e o auxílio são puníveis mesmo que o crime não chegue a ser tentado.
   b) A embriaguez, voluntária ou culposa, pelo álcool ou substância de efeitos análogos, é causa de exclusão da imputabilidade penal.
   c) Os crimes contra a administração pública são classificados como crimes próprios, tendo em vista que é elementar do delito o sujeito ativo ser funcionário público.

4. **(Agente – CESPE – 2009)** Quanto à tipicidade, ilicitude, culpabilidade e punibilidade, julgue os itens a seguir.
   a) São elementos do fato típico: conduta, resultado, nexo de causalidade, tipicidade e culpabilidade, de forma que, ausente qualquer dos elementos, a conduta será atípica para o direito penal, mas poderá ser valorada pelos outros ramos do direito, podendo configurar, por exemplo, ilícito administrativo.
   b) Os crimes comissivos por omissão – também chamados de crimes omissivos impróprios – são aqueles para os quais o tipo penal descreve uma ação, mas o resultado é obtido por inação.
   c) Para que se configure a legítima defesa, faz-se necessário que a agressão sofrida pelo agente seja antijurídica, contrária ao ordenamento jurídico, configurando, assim, um crime.

5. **(Escrivão – CESPE – 2004)** No item seguinte, é apresentada uma situação hipotética, seguida de uma assertiva a ser julgada.
   - Leandro desferiu cinco facadas contra o tórax de Régis, com intenção de matá-lo, executando, assim, o plano que havia elaborado. No entanto, ao sair do local, mudou de ideia e resolveu socorrer Leandro, levando-o ao hospital e evitando que ele falecesse. Nessa situação, a ação de Leandro caracteriza desistência voluntária, pois, já tendo ultimado o processo de execução do crime, desenvolveu voluntariamente nova atividade, impedindo a produção do resultado, razão por que responderá por lesão corporal.

6. **(Escrivão – CESPE – 2004)** No item seguinte, é apresentada uma situação hipotética, seguida de uma assertiva a ser julgada.
   - Rui, mediante grave ameaça exercida com emprego de arma de fogo, subtraiu o aparelho celular e o relógio de César. Nessa situação, Rui praticou crime de roubo, que é um crime complexo, porque dois tipos penais caracterizam uma única descrição legal de crime.

7. **(Agente – CESPE – 2009)** Julgue o item abaixo, acerca do concurso de pessoa e sujeito ativo e passivo da infração penal.

DIREITO PENAL

- Com relação à responsabilidade penal da pessoa jurídica, tem-se adotado a teoria da dupla imputação, segundo a qual se responsabiliza não somente a pessoa jurídica, mas também a pessoa física que agiu em nome do ente coletivo, ou seja, há a possibilidade de se responsabilizar simultaneamente a pessoa física e a jurídica.

8. (Escrivão – CESPE – 2004) Acerca da imputabilidade penal, do erro de tipo e da exclusão de punibilidade, julgue os itens que se seguem.

a) Considere a seguinte situação hipotética.
Hiran, tendo ingerido voluntariamente grande quantidade de bebida, desentendeu-se com Caetano, seu amigo, vindo a agredi-lo e a causar-lhe lesões corporais. Nessa situação, considerando que, em razão da embriaguez completa, Hiran era, ao tempo da ação, inteiramente incapaz de entender a ilicitude de sua conduta e de determinar-se de acordo com este entendimento, pode-se reconhecer a sua inimputabilidade.

b) Ocorre erro de tipo quando o agente se equivoca escusavelmente sobre a licitude do fato, determinando a lei que, nesse caso, o agente fique isento de pena.

c) O perdão do ofendido é o ato por meio do qual o próprio ofendido ou o seu representante legal, após o início da ação penal, desiste de seu prosseguimento. Aceito pelo acusado, implicará a extinção da punibilidade, desde que o crime seja apurado por meio de ação penal privada.

9. (Agente – CESPE – 2004) No item seguinte, é apresentada uma situação hipotética, seguida de uma assertiva a ser julgada.

- Ao sair de sua casa, dando marcha a ré no seu carro, Marcelo não viu seu filho, que engatinhava próximo a um dos pneus traseiros do carro, e o atropelou. A criança faleceu em decorrência das lesões sofridas. Nessa situação, Marcelo praticou homicídio culposo, podendo o juiz deixar de aplicar a pena, pois as consequências da infração atingem Marcelo de forma tão grave que a sanção penal é desnecessária.

10. (Agente – CESPE – 2004) Em cada um dos itens seguintes, é apresentada uma situação hipotética, seguida de uma assertiva a ser julgada.

a) Fernando trabalhava em um circo como atirador de facas. Em uma de suas apresentações, deveria atirar uma faca em uma maçã localizada em cima da cabeça de Mércia. Acreditando sinceramente que não lesionaria Mércia, em face de sua habilidade profissional, atirou a faca. Com tal conduta, lesionou levemente o rosto da vítima, errando o alvo inicial. Nessa situação, Fernando praticou lesão corporal dolosa de natureza leve, na modalidade dolo eventual.

b) Bruno, vendo seu inimigo Rodolfo aproximar-se com um revólver em mãos e, supondo que seria morto, antecipou-se e desferiu contra ele um tiro fatal. Posteriormente, verificou-se que a arma que Rodolfo segurava era de brinquedo. Nessa situação, Bruno responderá por homicídio culposo.

11. (Escrivão – CESPE – 2004) No item a seguir, é apresentada uma situação hipotética, seguida de uma assertiva a ser julgada.

- Juliano foi preso em flagrante por ingressar no país portando cloreto de etila, uma substância definida como entorpecente em portaria expedida pelo Ministério da Saúde. O advogado de Juliano impugnou judicialmente a prisão, argumentando que, em respeito ao princípio da legalidade, uma substância somente pode ser definida como entorpecente mediante lei federal. Nessa situação, o argumento do advogado é improcedente.

12. (Agente – CESPE – 2004) Em cada um dos itens seguintes, é apresentada uma situação hipotética, seguida de uma assertiva a ser julgada.

a) Vítor desferiu duas facadas na mão de Joaquim, que, em consequência, passou a ter debilidade permanente do membro. Nessa situação, Vítor praticou crime de lesão corporal de natureza grave, classificado como crime instantâneo.

b) Raul, funcionário público, cumprindo ordem não manifestamente ilegal de seu superior hierárquico, acabou por praticar crime contra a administração pública. Nessa situação, apenas o superior hierárquico de Raul será punível, ficando Raul isento de pena.

c) Célio praticou crime punido com pena de reclusão de 2 a 8 anos, sendo condenado a 6 anos e 5 meses de reclusão em regime inicialmente semiaberto. Apelou da sentença penal condenatória, para ver sua pena diminuída. Pendente o recurso, entrou em vigor lei que reduziu a pena do crime praticado por Célio para reclusão de 1 a 4 anos. Nessa situação, Célio não será beneficiado com a redução da pena, em face do princípio da irretroatividade da lei penal previsto constitucionalmente.

d) Marcelo, com intenção de matar, efetuou três tiros em direção a Rogério. No entanto, acertou apenas um deles. Logo em seguida, um policial que passava pelo local levou Rogério ao hospital, salvando-o da morte. Nessa situação, o crime praticado por Marcelo foi tentado, sendo correto afirmar que houve adequação típica mediata.

13. (Agente – CESPE – 2004) Julgue os seguintes itens, à luz do direito penal.

a) Sujeito ativo do crime é aquele que realiza total ou parcialmente a conduta descrita na norma penal incriminadora, tendo de realizar materialmente o ato correspondente ao tipo para ser considerado autor ou partícipe.

b) O Código Penal, ao dispor que é isento de pena o agente que, por doença mental ou desenvolvimento mental incompleto ou retardado, era, ao tempo da ação ou da omissão, inteiramente incapaz de entender o caráter ilícito do fato ou de determinar-se de acordo com esse entendimento, adotou o critério biológico de exclusão da imputabilidade.

c) Segundo o Código Penal, a emoção e a paixão não são causas excludentes da imputabilidade penal.

d) A coação física e a coação moral irresistíveis afastam a própria ação, não respondendo o agente pelo crime. Em tais casos, responderá pelo crime o coator.

14. (Escrivão – CESPE – 2002 – adaptada) A respeito do direito administrativo e do direito penal, julgue os itens abaixo.

- As infrações penais são divididas pelos juristas em diversas classificações, consoante diferentes critérios. Uma delas denomina certos crimes como de mão própria, isto é, aqueles que somente podem ser perpetrados pelo próprio agente e de forma direta; exemplo dessa espécie é o falso testemunho. Por outro lado, nos crimes de mão própria, é juridicamente possível configurar-se caso de concurso de pessoas.

15. (Escrivão – CESPE – 2002) No atinente ao direito penal, julgue os itens a seguir.

a) Entende-se por sujeito passivo do delito o titular do bem jurídico lesado ou ameaçado; assim, se um indivíduo cometer homicídio contra uma criança, esta será o sujeito passivo do crime, sendo irrelevante, para esse fim, o fato de ela ser juridicamente incapaz.

b) A fim de evitar acusações indesejáveis contra o cidadão, a teoria da tipicidade das normas aceita pelo vigente Código Penal (CP) inclui nos tipos penais unicamente elementos objetivos, isto é, aqueles que se referem aos fatos concretos que configuram a lesão à norma penal, e não elementos subjetivos nem de nenhuma outra natureza.

c) Se um indivíduo praticou ato jurídico penalmente atípico, isso impede que se lhe atribua culpabilidade, sob a perspectiva do direito penal.

d) Considere a seguinte situação hipotética.

Perseu era escrivão de Polícia Federal e, atendendo a ordem de missão expedida pelo delegado competente, acompanhava equipe policial em diligência investigatória regular. Durante ela, encontraram um indivíduo em situação de flagrância e deram-lhe voz de prisão. O indivíduo resistiu e sacou arma de fogo, com a qual disparou contra a equipe. Não havendo alternativa, Perseu disparou contra o indivíduo, alvejando-o mortalmente. Nessa situação, ao ato de Perseu falta o elemento da ilicitude, de maneira que não é juridicamente correto imputar-lhe crime de homicídio.

e) Considere a seguinte situação hipotética.

Rosa, pessoa de pouca instrução, residia em uma gleba havia mais de trinta anos. Como a gleba jamais fora reivindicada por pessoa ou autoridade alguma, Rosa tinha a plena convicção de ser a gleba de sua propriedade. Dessa gleba, ela costumeiramente retirava alguma quantidade de madeira. Certo dia, compareceu ao local um funcionário, que comunicou a Rosa ser aquela área de propriedade da União. Por constatar a subtração da madeira, o funcionário representou a um procurador da República, para que Rosa fosse processada por furto. Após investigação, o procurador da República promoveu o arquivamento da representação, por entender que, diante da provada convicção de Rosa de ser sua a propriedade da terra, ela incorrera em erro sobre elemento do tipo de furto. Nessa situação, agiu de maneira juridicamente correta o procurador da República, uma vez que o furto somente é punível a título de dolo.

16. (Escrivão – CESPE – 2002) No item seguinte, é apresentada uma situação hipotética relativa ao direito penal, seguida de uma assertiva a ser julgada.

- Martiniano foi obrigado, por pessoas que se diziam amigos seus, a ingerir bebida alcoólica até ficar completamente embriagado. Em seguida, essas pessoas levaram-no consigo e, com ele, cometeram roubo contra agência bancária. Nessa situação, por não ser patológica, a embriaguez de Martiniano não lhe retira a imputabilidade nem diminui a pena aplicável ao ato.

17. (Escrivão – CESPE – 2002) Relativamente ao direito penal, julgue o item que se segue.

- Se um agente de polícia participar de investigações e operações policiais, sem autorização, ciente de que, em virtude de procedimento administrativo disciplinar, está cumprindo, naquele período, pena de suspensão, essa conduta poderá configurar infração administrativa, mas não crime.

18. (Escrivão – CESPE – 2004) Julgue o item a seguir, acerca dos direitos penal e processual penal, bem como da execução penal.

- As penitenciárias destinam-se a condenados a penas de reclusão ou de detenção, em regime fechado ou semiaberto.

19. (Delegado– CESPE – 2004) No item a seguir, é apresentada uma situação hipotética, seguida de uma assertiva a ser julgada.

- Para prenderem em flagrante pessoa acusada de homicídio, policiais invadiram uma residência em que entrara o acusado, danificando a porta de entrada e sem mandado de busca e apreensão. Nessa situação, os policiais não responderão pelo crime de dano, pois agiram em estrito cumprimento do dever legal, que é causa excludente da ilicitude.

20. (Delegado– CESPE – 2002) Em cada um dos itens subsequentes, é apresentada uma situação hipotética relativa à aplicação da lei penal no espaço, seguida de uma assertiva a ser julgada.

a) Em águas territoriais do Brasil, a bordo de um navio mercante que ostentava a bandeira da Argentina, um brasileiro praticou um homicídio contra um argentino, ambos tripulantes da embarcação. Nessa situação, aplicar-se-á a lei penal argentina.

b) Em alto-mar, a bordo de uma embarcação de recreio que ostentava a bandeira do Brasil, Júlio praticou um crime de latrocínio contra Lauro. Nessa situação, aplicar-se-á a lei penal brasileira.

c) Um navio mercante que ostentava a bandeira do Brasil naufragou em alto-mar. Sobre os destroços da embarcação, Leonardo ceifou a vida de Bento. Nessa situação, aplicar-se-á a legislação do primeiro país em que Leonardo descer à terra após o homicídio (prevenção).

d) Whesley, cônsul honorário no Brasil do país BBB, exasperou-se com a secretária no consulado daquela República por causa de um ex-namorado dela, tendo-a constrangido, mediante violência, a manter com ele conjunção carnal e cópula anal. Nessa situação, pelo fato de o autor dos eventos ser funcionário consular, aplicar-se-á a lei do país BBB.

e) Augusto, diplomata em serviço na embaixada do Brasil no país CCC, exigiu de alguns fornecedores estrangeiros a importância de US$ 1.200 para agilizar o pagamento de serviços prestados e de mercadorias adquiridas pela embaixada. Nessa situação, Augusto ficará sujeito à lei penal brasileira.

21. (Delegado – CESPE – 2004) Em cada um dos itens a seguir, é apresentada uma situação hipotética, seguida de uma assertiva a ser julgada.

a) Roberval foi definitivamente condenado pela prática de crime punido com reclusão de um a três anos. Após o cumprimento de metade da pena a ele aplicada, adveio nova lei, que passou a punir o crime por ele praticado com detenção de dois a quatro anos. Nessa situação, a lei nova não se aplicará a Roberval, tendo em vista que sua condenação já havia transitado em julgado.

b) Um cidadão sueco tentou matar o presidente do Brasil, que se encontrava em visita oficial à Suécia. Nessa hipótese, o crime praticado não ficará sujeito à lei brasileira.

22. (Delegado – CESPE – 2004) Com relação à parte geral do direito penal, julgue os seguintes itens.

a) O sujeito ativo que pratica crime em face de embriaguez voluntária ou culposa responde pelo crime praticado. Adota-se, no caso, a teoria da *conditio sine qua non* para se imputar ao sujeito ativo a responsabilidade penal.

b) De acordo com o sistema adotado pelo Código Penal, é possível impor aos partícipes da mesma atividade delituosa penas de intensidades desiguais.

23. (Delegado – CESPE – 2004) No item seguinte, é apresentada uma situação hipotética, seguida de uma assertiva a ser julgada.

- Laura, funcionária pública a serviço do Brasil na Inglaterra, cometeu, naquele país, crime de peculato. Nessa situação, o crime praticado por Laura ficará sujeito à lei brasileira, em face do princípio da extraterritorialidade.

24. (Delegado – CESPE – 2004) No item seguinte, é apresentada uma situação hipotética, seguida de uma assertiva a ser julgada.

- No dia 1º-3-1984, Jorge foi preso em flagrante por ter vendido lança-perfume (cloreto de etila), substância considerada entorpecente por portaria do Ministério da Saúde de 27/1/1983. Todavia, no dia 4/4/1984, houve publicação de nova portaria daquele Ministério excluindo o cloreto de etila do rol de substâncias entorpecentes. Posteriormente, em 13/3/1985, foi publicada outra portaria do Ministério da Saúde, incluindo novamente a referida substância naquela lista. Nessa situação, de acordo com o entendimento do STF, ocorreu a chamada *abolitio criminis*, e Jorge, em 4/4/1984, deveria ter sido posto em liberdade, não havendo retroação da portaria de 13/3/1985, em face do princípio da irretroatividade da lei penal mais severa.

25. (Delegado – CESPE – 2013) Considerando a distinção doutrinária entre culpabilidade de ato e culpabilidade de autor, julgue o seguinte item.

- Tratando-se de culpabilidade pelo fato individual, o juízo de culpabilidade se amplia à total personalidade do autor e a seu desenvolvimento.

26. (Delegado – CESPE – 2013) A respeito da pena pecuniária, julgue o item abaixo.

- A multa aplicada cumulativamente com a pena de reclusão pode ser executada em face do espólio, quando o réu vem a óbito no curso da execução da pena, respeitando-se o limite das forças da herança.

27. (Delegado – CESPE – 2013) Em relação ao concurso de agentes, à desistência voluntária e ao arrependimento eficaz, bem como à cominação das penas, ao erro do tipo e, ainda, à teoria geral da culpabilidade, julgue os itens subsecutivos.

a) No arrependimento eficaz, é irrelevante que o agente proceda *virtutis amore* ou *formidine poence*, ou por motivos subalternos, egoísticos, desde que não tenha sido obstado por causas exteriores independentes de sua vontade.

b) O indivíduo, maior e capaz, condenado, definitivamente, por diversos crimes, a pena unificada que perfaça, por exemplo, noventa anos de reclusão, fará jus ao livramento condicional somente após o cumprimento de um terço ou metade de noventa.

c) De acordo com a teoria extremada da culpabilidade, o erro sobre os pressupostos fáticos das causas descriminantes consiste em erro de tipo permissivo.

d) Configura autoria por convicção o fato de uma mãe, por convicção religiosa, não permitir a realização de transfusão de sangue indicada por equipe médica para salvar a vida de sua filha, mesmo ciente da imprescindibilidade desse procedimento.

28. (Delegado – CESPE – 2013) No que se refere à teoria geral do crime, julgue o próximo item.

- Segundo a teoria causal, o dolo causalista é conhecido como dolo normativo, pelo fato de existir, nesse dolo, juntamente com os elementos volitivos e cognitivos, considerados psicológicos, elemento de natureza normativa (real ou potencial consciência sobre a ilicitude do fato).

29. (Delegado – CESPE – 2013) Em relação aos efeitos da condenação, julgue o item que se segue.

- Considere que uma mulher, maior e capaz, chegue a casa, logo após ter sido demitida, e, nervosa, agrida, injustificada e intencionalmente, seu filho de dois anos de idade, cau-

DIREITO PENAL

sando-lhe lesões corporais de natureza leve. Nessa situação hipotética, caso essa mulher seja condenada pela referida agressão após o devido processo legal, não caberá, como efeito da condenação, a decretação de sua incapacidade para o exercício do poder familiar, nos termos do CP.

30. (Delegado – CESPE – 2013) No que se refere às causas de exclusão de ilicitude e à prescrição, julgue os seguintes itens.

a) Considere que João, maior e capaz, após ser agredido fisicamente por um desconhecido, também maior e capaz, comece a bater, moderadamente, na cabeça do agressor com um guarda-chuva e continue desferindo nele vários golpes, mesmo estando o desconhecido desacordado. Nessa situação hipotética, João incorre em excesso intensivo.

b) Suponha que determinada sentença condenatória, com pena de dez anos de reclusão, imposta ao réu, tenha sido recebida em termo próprio, em cartório, pelo escrivão, em 13/8/2011 e publicada no órgão oficial em 17/8/2011, e que tenha sido o réu intimado, pessoalmente, em 20/8/2011, e a defensoria pública e o MP intimados, pessoalmente, em 19/8/2011. Nessa situação hipotética, a interrupção do curso da prescrição ocorreu em 17/8/2011.

c) Considere que Jorge, Carlos e Antônio sejam condenados, definitivamente, a uma mesma pena, por terem praticado, em coautoria, o crime de roubo. Nessa situação, incidindo a interrupção da prescrição da pretensão executória da referida pena em relação a Jorge, essa interrupção não produzirá efeitos em relação aos demais coautores.

d) A detração é considerada para efeito da prescrição da pretensão punitiva, não se estendendo aos cálculos relativos à prescrição da pretensão executória.

e) Ocorre legítima defesa sucessiva, na hipótese de legítima defesa real contra legítima defesa putativa.

31. (Delegado – CESPE – 2013) Com relação aos crimes previstos no CP, julgue os itens que se seguem.

a) No estelionato perpetrado em detrimento de entidade de direito público, admite-se a incidência da figura privilegiada (pequeno valor do prejuízo) por ser circunstância de natureza objetiva.

b) A inserção, em documento público, de informações relativas a pessoa que não possua a qualidade de segurado obrigatório, com o objetivo de constituir prova perante a previdência social, configura falsidade ideológica, delito que se consuma no momento da inserção dos dados inverídicos, independentemente do uso posterior dessas informações.

c) A falsa atribuição de identidade só é caracterizada como delito de falsa identidade se feita oralmente, com o poder de ludibriar; quando formulada por escrito, constitui crime de falsificação de documento público.

d) Os delitos de inserção de dados falsos e de modificação ou alteração de dados não autorizada em sistema de informações só se configuram se praticados por funcionário público autorizado, com o fim específico de obter vantagem indevida para si ou para outrem, ou para causar dano, sendo as penas aumentadas de um terço até a metade se da modificação ou alteração resultar dano para a administração pública ou para o administrado.

e) O delito de sequestro e cárcere privado, inserido entre os crimes contra a pessoa, constitui infração penal de ação múltipla, e a circunstância de ter sido praticado contra menor de dezoito anos de idade qualifica o crime.

32. (Delegado – CESPE – 2013) Em cada item a seguir, é apresentada uma situação hipotética, seguida de uma assertiva a ser julgada com base no direito penal.

a) Um homem foi flagrado com arma de fogo de uso restrito, tendo a perícia técnica posteriormente atestado a cabal impossibilidade de o instrumento produzir disparos. Nessa situação, configura-se atípica a conduta de porte de arma, não podendo ser considerado o uso desse artefato para a prática de outra infração como majorante da pena pelo uso de arma.

b) O presidente de uma comissão parlamentar mista de inquérito, após as devidas formalidades, ordenou, de forma sigilosa e reservada, a interceptação telefônica e a quebra do sigilo de dados telefônicos de testemunha que se reservara o direito de permanecer calada perante a comissão. Nessa situação, a primeira medida é ilegal, visto que a interceptação telefônica se restringe à chamada reserva jurisdicional, sendo permitida, por outro lado, a quebra do sigilo de dados telefônicos da testemunha, medida que não se submete ao mesmo rigor da primeira, consoante entendimento da doutrina majoritária.

c) Três criminosos interceptaram um carro forte e dominaram os seguranças, reduzindo-lhes por completo qualquer possibilidade de resistência, mediante grave ameaça e emprego de armamento de elevado calibre. O grupo, entretanto, encontrou vazio o cofre do veículo, pois, por erro de estratégia, efetuara a abordagem depois que os valores e documentos já haviam sido deixados na agência bancária. Por fim, os criminosos acabaram fugindo sem nada subtrair. Nessa situação, ante a inexistência de valores no veículo e ante a ausência de subtração de bens, elementos constitutivos dos delitos patrimoniais, ficou descaracterizado o delito de roubo, subsistindo apenas o crime de constrangimento ilegal qualificado pelo concurso de pessoas e emprego de armas.

d) O prefeito de um município dispensou licitação, fora das hipóteses previstas na legislação de regência, para a contratação de pessoal e bens atinentes aos festejos de São João na cidade. Nessa situação, o delito abstratamente previsto é uma infração penal em branco, homogênea ou de complementação homóloga, para cuja caracterização é imprescindível a demonstração de prejuízo ou de dolo específico, por não ser delito de mera conduta.

33. (Escrivão – CESPE – 2013) No que concerne a infração penal, fato típico e seus elementos, formas consumadas e tentadas do crime, culpabilidade, ilicitude e imputabilidade penal, julgue os itens que se seguem.

a) Considere que João, maior de dezoito anos de idade, tenha praticado crime de natureza grave, sendo, por consequência, processado e, ao final, condenado. Considere, ainda, que, no curso da ação penal, tenha sido constatado pericialmente que João, ao tempo do crime, tinha reduzida a capacidade de compreensão ou vontade, comprovando-se a sua semi-imputabilidade. Nessa situação, caberá a imposição cumulativa de pena, reduzida de um terço a dois terços e de medida de segurança.

b) Considere que Aldo, penalmente capaz, após ser fisicamente agredido por Jeremias, tenha comprado um revólver e, após municiá-lo, tenha ido ao local de trabalho de seu desafeto, sem, no entanto, o encontrar. Considere, ainda, que, sem desistir de seu intento, Aldo tenha se posicionado no caminho habitualmente utilizado por Jeremias, que, sem nada saber, tomou direção diversa. Flagrado pela polícia no momento em que esperava por Jeremias, Aldo entregou a arma que portava e narrou que pretendia atirar em seu desafeto. Nessa situação, Aldo responderá por tentativa imperfeita de homicídio, com pena reduzida de um a dois terços.

c) Considere que Bartolomeu, penalmente capaz e mentalmente são, tenha praticado ato típico e antijurídico, em estado de absoluta inconsciência, em razão de estar voluntariamente sob a influência de álcool. Nessa situação, Bartolomeu será apenado normalmente, por força da teoria da *actio libera in causa*.

d) A responsabilidade penal da pessoa jurídica, indiscutível na jurisprudência, não exclui a responsabilidade de pessoa física, autora, coautora ou partícipe do mesmo fato delituoso, o que caracteriza o sistema paralelo de imputação ou da dupla imputação.

e) Considere que um estuprador, no momento da consumação do delito, tenha sido agredido pela vítima que antes tentara subjugar. A vítima, então, de posse de uma faca, fere e imobiliza o agressor, mas, pensando ainda estar sob o influxo do ataque, prossegue na reação, infligindo-lhe graves ferimentos. Nessa situação, não é cabível ao estuprador invocar legítima defesa em relação à vítima da tentativa de estupro, porquanto aquele que deu causa aos acontecimentos não pode valer-se da excludente, mesmo contra o excesso.

f) O peculato é conceituado doutrinariamente como crime funcional impróprio ou misto, porquanto na hipótese de não ser praticado por funcionário público, opera tipicidade relativa, passando a constituir tipo penal diverso.

g) A culpa inconsciente distingue-se da culpa consciente no que diz respeito à previsão do resultado: na culpa consciente, o agente, embora prevendo o resultado, acredita sinceramente que pode evitá-lo; na culpa inconsciente, o resultado, embora previsível, não foi previsto pelo agente.

34. (Escrivão – CESPE – 2013) Julgue os itens subsequentes, relativos à aplicação da lei penal e seus princípios.

a) Suponha que, no curso de determinado inquérito policial, tenha sido editada nova lei que, então, deixou de tipificar o fato, objeto da investigação, como criminoso. Nesse caso, o inquérito policial deve ser imediatamente encerrado, porquanto se opera a extinção da punibilidade do autor.

b) A contagem do prazo para efeito da decadência, causa extintiva da punibilidade, obedece aos critérios processuais penais, computando-se o dia do começo. Todavia, se este recair em domingos ou feriados, o início do prazo será o dia útil imediatamente subsequente.

c) Uma vez que as medidas de segurança não são consideradas penas, possuindo caráter essencialmente preventivo, a elas não se aplicam os princípios da reserva legal e da anterioridade.

d) No que diz respeito ao tema lei penal no tempo, a regra é a aplicação da lei apenas durante o seu período de vigência; a exceção é a extra-atividade da lei penal mais benéfica, que comporta duas espécies: a retroatividade e a ultra-atividade.

35. (Agente de Polícia Federal – CESPE – DPF/2012) Julgue os itens a seguir com base no direito penal.

a) Será submetido ao Código Penal brasileiro o agente, brasileiro ou não, que cometer, ainda que no estrangeiro, crime contra administração pública, estando a seu serviço, ou cometer crime contra o patrimônio ou a fé pública da União, de empresa pública ou de sociedade de economia mista. A circunstância de a conduta ser lícita no país onde foi praticada ou de se encontrar extinta a punibilidade será irrelevante para a responsabilização penal do agente no Brasil.

b) Conflitos aparentes de normas penais podem ser solucionados com base no princípio da consunção, ou absorção. De acordo com esse princípio, quando um crime constitui meio necessário ou fase normal de preparação ou execução de outro crime, aplica-se a norma mais abrangente. Por exemplo, no caso de cometimento do crime de falsificação de documento para a prática do crime de estelionato, sem mais potencialidade lesiva, este absorve aquele.

c) No que diz respeito ao concurso de pessoas, o sistema penal brasileiro adota a teoria monista, ou igualitária, mas de forma temperada, pois estabelece graus de participação do agente de acordo com a sua culpabilidade, inclusive em relação à autoria colateral ou acessória, configurada quando duas ou mais pessoas produzem um evento típico de modo independente uma das outras.

d) O fato de determinada conduta ser considerada crime somente se estiver como tal expressamente prevista em lei não impede, em decorrência do princípio da anterioridade, que sejam sancionadas condutas praticadas antes da vigência de norma excepcional ou temporária que as caracterize como crime.

GABARITO COMENTADO

1. ERRADO *Vide* art. 31 da Lei de Execução Penal: "O condenado à pena privativa de liberdade está obrigado ao trabalho na medida de suas aptidões e capacidade".

2.

A. ERRADO Basta a identificação dos corréus. Dessa forma, não importa o fato de um dos réus ser inimputável. Com este posicionamento, a 6ª Turma do STJ negou ordem ao HC 197.501/SP (10-5-2011). Para essa Turma do STJ, no entanto, para caracterizar o concurso de agentes, basta que duas ou mais pessoas concorram para o crime, sem a necessidade de serem estas pessoas imputáveis e independentemente de serem identificadas ou não. De acordo com o Min. Og Fernandes, "os motivos que impõem o agravamento da punição são o maior risco que a pluralidade de pessoas proporciona à integridade física e ao patrimônio alheios e o maior grau de intimidação infligido à vítima". Sobre o concurso de agentes, vale lembrar que sua importância no Direito penal está relacionada à prática de delitos monossubjetivos, eis que nos plurissubjetivos a pluralidade de pessoas integra o delito (por exemplo: art. 288 do CP – quadrilha ou bando). Pois bem. No crime de roubo, se comparado ao de furto, é perceptível o grau de reprovabilidade da conduta ante a violência que ele pratica para consumar seu intento, que é atingir o patrimônio da vítima. Portanto, com maior razão o agravamento da pena, se o sujeito além da violência inerente ao crime, ainda o faz por meio de concurso de agentes. Sem dúvida que a intimidação da vítima é maior com a presença de comparsas. Esta orientação do STJ é pacífica, inclusive no que tange à participação de menores. No julgamento do HC 86.185/DF, a mesma Sexta Turma do STJ afirmou que o agravamento da pena pela prática de roubo na companhia de inimputável é necessária e independe de prova da efetiva corrupção do menor (rel. Min. Og Fernandes, j. 10-6-2010).

B. ERRADO No caso de erro de proibição escusável ou inevitável, há excludente de culpabilidade. Se o erro de proibição for inescusável ou evitável, o agente responde com a pena diminuída de 1/6 a 1/3.

3.

A. ERRADO O art. 31 do Código Penal assim dispõe: "AO ajuste, a determinação ou instigação e o auxílio, salvo disposição expressa em contrário, não são puníveis, se o crime não chega, pelo menos, a ser tentado".

B. ERRADO Na embriaguez voluntária ou culposa, o agente responde pelo crime. A embriaguez que é causa de exclusão da imputabilidade penal é a embriaguez completa por caso fortuito e força maior.

C. CERTO Crimes próprios são aqueles que somente podem ser praticados por um determinado grupo de pessoas. Entre os exemplos de crimes próprios, pode-se mencionar os crimes contra a Administração Pública.

4.

A. ERRADO De acordo com a teoria adotada pelo Código Penal, a culpabilidade não é elemento do fato típico.

B. CERTO No crime comissivo por omissão (ou omissivo impróprio), o agente garantidor tem o dever de agir, por isso na sua omissão responde pelo resultado que deveria ter evitado. É a mãe que tem o dever de cuidar do filho que brinca na piscina; se ela se omite em socorrê-lo (podendo fazê-lo) responde pela morte se ela ocorrer.

C. ERRADO A agressão que autoriza a reação defensiva, na legítima defesa, não precisa ser um fato previsto como crime, isto é, não precisa ser um ilícito penal, mas deverá ser no mínimo um ato ilícito, em sentido amplo, por inexistir legítima defesa contra atos lícitos.

5. ERRADO Na desistência voluntária, o agente interrompe o processo de execução do crime.

6. CERTO O roubo é um crime complexo, que se caracteriza pela fusão de dois tipos penais: furto e constrangimento ilegal.

7. CERTO Há um precedente recente do STF no sentido do afastamento da aplicação da teoria da dupla imputação. Ou seja, o STF indica a possibilidade de condenação da pessoa jurídica, sem que haja condenação da pessoa física. O STF decidiu que é possível manter a condenação da pessoa jurídica mesmo que fique comprovado que seu representante legal não praticou o delito.

No julgamento do AgR no RE 628.582/RS, o Min. relator, Dias Toffoli, consignou em seu voto que: "(...) Ainda que assim não fosse, no que concerne à norma do § 3º do art. 225 da Carta da República, não vislumbro, na espécie, qualquer violação ao dispositivo em comento, pois a responsabilização penal da pessoa jurídica independe da responsabilização da pessoa natural.

Na época da presente questão, prevalecia o entendimento consagrado pelo STJ. De acordo com a "Teoria da Dupla Imputação", a responsabilidade penal da pessoa jurídica, nos crimes ambientais, só ocorre quando há, simultaneamente, a imputação do ente moral e da pessoa física que atua em seu nome ou ainda, em seu benefício. *Vide* os seguintes julgados do STJ:

"PROCESSUAL PENAL. RECURSO ESPECIAL. CRIMES CONTRA O MEIO AMBIENTE. DENÚNCIA REJEITADA PELO E. TRIBUNAL *A QUO*. SISTEMA OU TEORIA DA DUPLA IM-

PUTAÇÃO. **Admite-se a responsabilidade penal da pessoa jurídica em crimes ambientais desde que haja a imputação simultânea do ente moral e da pessoa física que atua em seu nome ou em seu benefício, uma vez que 'não se pode compreender a responsabilização do ente moral dissociada da atuação de uma pessoa física, que age com elemento subjetivo próprio',** cf. RESP 564960/SC, 5ª Turma, Rel. Ministro Gilson Dipp, *DJ* de 13-6-2005 (Precedentes). Recurso especial provido" (REsp 889.528/SC, 5ª Turma, rel. Min. Felix Fisher, j. 17-4-2007, v.u., *DJ* 18-6-2007, p. 303).

"PROCESSUAL PENAL. RECURSO ORDINÁRIO EM MANDADO DE SEGURANÇA. CRIMES CONTRA O MEIO AMBIENTE. DENÚNCIA. INÉPCIA. SISTEMA OU TEORIA DA DUPLA IMPUTAÇÃO. NULIDADE DA CITAÇÃO. PLEITO PREJUDICADO. I – Admite-se a responsabilidade penal da pessoa jurídica em crimes ambientais desde que haja a imputação simultânea do ente moral e da pessoa física que atua em seu nome ou em seu benefício, uma vez que 'não se pode compreender a responsabilização do ente moral dissociada da atuação de uma pessoa física, que age com elemento subjetivo próprio', cf. Resp 564.960/SC, 5ª Turma, Rel. Min. Gilson Dipp, *DJ* de 13-6-2005 (Precedentes). II – No caso em tela, o delito foi imputado tão somente à pessoa jurídica, não descrevendo a denúncia a participação de pessoa física que teria atuado em seu nome ou proveito, inviabilizando, assim, a instauração da *persecutio criminis in iudicio* (Precedentes). III – Com o trancamento da ação penal, em razão da inépcia da denúncia, resta prejudicado o pedido referente à nulidade da citação. Recurso provido" (RMS 20.601/SP, 5ª Turma, rel. Min. Felix Fisher, j. 29-6-2006, v.u., *DJ* 1º-8-2006, p. 304).

8.

A. ERRADO No caso em análise, trata-se de um caso de embriaguez preordenada, que é hipótese de incidência de agravante.

B. ERRADO O erro de tipo ocorre quando o agente pensa que está cometendo o crime, ou seja, tem a falsa noção da realidade que incide sobre os elementos do tipo penal.

Já o erro de proibição ocorre quando o agente pensa que está cometendo conduta lícita, mas na verdade trata-se de conduta típica, ou seja, o agente age sem consciência da ilicitude.

C. CERTO O perdão do ofendido se dá por meio de ato bilateral, ou seja, deve ser aceito pelo acusado. Ele é proposto após o início da ação penal e gera a extinção da punibilidade.

9. CERTO Trata-se da hipótese de perdão judicial. É a possibilidade de o juiz deixar de aplicar a pena, nos casos permitidos em lei.

10.

A. ERRADO O exemplo do atirador de facas é um caso clássico de culpa consciente, quando o agente prevê o resultado, mas espera sinceramente que este não ocorra.

B. ERRADO No caso em análise, ele responderá por homicídio doloso. No entanto, poderá se configurar a hipótese da legítima defesa putativa. A legítima defesa putativa se constitui na conduta do agente, que ao se imaginar em situação de legítima defesa, reage a esta suposta agressão injusta. São relevantes ao estudo da legítima defesa putativa os pressupostos da legítima defesa, quais sejam os elementos objetivos (existência de agressão injusta, atual ou iminente, moderação no uso dos meios necessários); e o elemento subjetivo (vontade do agente em se defender).

A legítima defesa putativa está inserida entre as descriminantes putativas, previstas no art. 20, § 1º, do Código Penal. As descriminantes putativas são divididas, doutrinariamente, entre as que ocorrem em relação a pressuposto fático de uma excludente de ilicitude, e, quando relacionadas ao limite ou à existência de uma causa de justificação.

No que se refere às discriminantes putativas fáticas, existe divergência doutrinária entre os juristas que adotam as diferentes teorias da culpabilidade, limitada ou extremada. A teoria limitada da culpabilidade é adotada expressamente pelo Código Penal, ao que se verifique o item 17 da Exposição de Motivos da Parte Geral.

11. CERTO O argumento do advogado não prospera, pois são admitidas no ordenamento jurídico brasileiro as leis penais em branco, que são aquelas em que a definição da conduta criminosa depende de um complemento dado por outra norma. Na lição de Binding, a norma penal em branco é um corpo errante em busca de alma.

12.

A. CERTO A lesão corporal é classificada como um crime instantâneo, pois a consumação ocorreu em um determinado instante. No caso em análise, como o crime deixou sequelas permanentes, seria mais bem classificado como crime instantâneo de efeitos permanentes.

B. CERTO Se a ordem não for manifestamente ilegal, somente o superior responde pelo crime. O subordinado fica isento de pena.

C. ERRADO No caso, ocorrerá a aplicação do princípio da retroatividade da lei penal mais benéfica.

D. CERTO Houve crime tentado, pois houve a realização incompleta do tipo penal. Ocorre no caso em que o agente não realiza todos os elementos do tipo penal, por circunstâncias alheias à sua vontade (policial leva a vítima ao hospital, salvando-a da morte). É chamado em latim de *conatus*.

13.

A. ERRADO O sujeito ativo é aquele que pratica a infração penal. Será considerado autor se executar ou realizar o núcleo do tipo penal. Será considerado coautor se realizar conjuntamente a conduta criminosa com outro. Por fim, será considerado partícipe, se apenas colaborar com a prática da infração penal, sem realizar o núcleo do tipo.

B. ERRADO Nosso Código Penal filiou-se ao critério biopsicológico, onde para a pessoa ser considerada inimputável, não basta a doença mental, devendo ainda ao tempo do crime, a pessoa não se encontrar em uma situação de entender e querer.

C. CERTO O art. 28 do Código Penal assim dispõe: "Não excluem a imputabilidade penal: (...) I – a emoção ou a paixão".

D. ERRADO Somente quando há coação física irresistível, há falar em afastamento da própria conduta. No caso de coação moral irresistível, o coator responde e o coagido é isento de pena.

14. CERTO De acordo com a doutrina majoritária, é impossível a coautoria em crimes de mão própria. Crime de mão própria é o que só pode ser cometido por específica pessoa, não admitindo outra em seu lugar. Exemplo: deserção (no Código Penal militar).

No entanto, o crime de falso testemunho, em que pese ser um crime de mão própria, comporta uma exceção quanto à impossibilidade de coautoria. Tal situação ocorrerá quando o advogado instruir a testemunha para mentir em juízo. Essa é a posição de grande parte da jurisprudência.

15.

A. CERTO Sujeito passivo é aquele que sofre lesão ou ameaça de lesão ao bem jurídico. É irrelevante que o sujeito passivo seja juridicamente capaz. Dessa forma, o incapaz e o nascituro podem ser sujeitos passivos de crime.

B. ERRADO A teoria da tipicidade aceita no Brasil estabelece que as elementares do tipo sejam as componentes fundamentais da figura típica. As elementares do tipo podem ser: 1) objetivas ou descritivas; 2) normativas; e 3) subjetivas.

C. CERTO O fato é considerado atípico quando a conduta praticada não está enquadrada em nenhum tipo penal. Se o fato é atípico, não há falar em culpabilidade do agente, pois para se falar em culpabilidade do agente, há a necessidade da prática de conduta típica e antijurídica.

D. CERTO Na situação exposta na questão, Perseu, escrivão de Polícia Federal, agiu em legítima defesa, causa excludente de ilicitude, razão pela qual não responde pelo crime de homicídio.

Cumpre lembrar que as excludentes de ilicitude são: 1) estado de necessidade, 2) legítima defesa, 3) estrito cumprimento do dever legal e 4) exercício regular do direito.

E. CERTO O procurador da República agiu de maneira correta. O elemento subjetivo do furto é o dolo que consiste na vontade de obter a coisa alheia para si ou para outrem. O furto não admite modalidade culposa.

16. ERRADO O art. 28 do Código Penal dispõe que: "Não excluem a imputabilidade penal: I – a emoção ou a paixão; II – a embriaguez, voluntária ou culposa, pelo álcool ou substância de efeitos análogos. § 1º É isento de pena o agente que, por embriaguez completa, proveniente de caso fortuito ou força maior, era, ao tempo da ação ou da omissão, inteiramente incapaz de entender o caráter ilícito do fato ou de determinar-se de acordo com esse entendimento. § 2º A pena pode ser reduzida de um a dois terços, se o agente, por embriaguez, proveniente de caso fortuito ou força maior, não possuía, ao tempo da ação ou da omissão, a plena capacidade de entender o caráter ilícito do fato ou de determinar-se de acordo com esse entendimento".

17. ERRADO No presente caso, o agente, apesar de ser servidor público, encontra-se suspenso de suas funções. Sendo assim, o agente pratica crime de usurpação de função pública.

É importante destacar que o sujeito ativo do crime de usurpação de função pública excepcionalmente pode ser um funcionário público. Guilherme de Souza Nucci afirma que o sujeito ativo desse delito pode ser qualquer pessoa, inclusive o servidor público "quando atue completamente fora da sua área de atribuição".

Do mesmo modo, ensina o mestre Julio Fabrini Mirabete, que o "sujeito ativo do crime é aquele que usurpa função pública, em regra o particular, mas nada impede que um funcionário público o faça, exercendo função que não lhe compete".

Na mesma linha entende Magalhães Noronha: "podem também ser praticados por funcionário público que, então, não age como tal; não atua no desempenho de suas funções, e é, por isso, considerado particular". E ainda é do mesmo entendimento, Rui Stoco, quando leciona que ao particular "se equipara quem, embora seja funcionário público, não está investido na função de que se trata".

18. ERRADO De acordo com o art. 87 da Lei de Execução Penal, a penitenciária destina-se ao condenado à pena de reclusão, em regime fechado.

19. CERTO A Constituição Federal autoriza exceção à inviolabilidade de domicílio na hipótese de prisão em flagrante. Sendo assim, configura-se a hipótese de estrito cumprimento do dever legal.

20.

A. ERRADO No que concerne à aplicação da lei penal no espaço, é importante destacar que a regra é a territorialidade, ou seja, a lei penal de um país é aplicada nos crimes cometidos em seu território. No Brasil, adota-se o princípio da territorialidade temperada. Ou seja, adota-se a territorialidade com algumas exceções.

As exceções ao princípio da territorialidade são as seguintes: 1) extraterritorialidade (possibilidade de a lei brasileira ser aplicada aos crimes ocorridos no exterior) e 2) intraterritorialidade (possibilidade de a lei penal estrangeira ser aplicada aos crimes ocorridos no Brasil).

A regra definida pelo Código Penal no caso de crimes cometidos em navios privados é a seguinte: 1) se o navio privado estiver em mar territorial estrangeiro, aplica-se a lei do local; 2) Se o navio privado estiver em alto-mar, aplica-se a lei da bandeira; 3) Se o navio estiver em água territorial brasileira, aplica-se a lei brasileira.

No caso em análise, o crime foi cometido a bordo de navio privado em águas territoriais do Brasil, portanto se aplica a lei brasileira.

B. CERTO No caso de crimes em alto-mar cometidos em embarcação privada. A regra é a seguinte:

1) Se o navio privado estiver em alto-mar, aplica-se a lei da bandeira. Dessa maneira, considerando que a bandeira do navio é brasileira, aplica-se na hipótese a lei brasileira.

C. ERRADO No caso de crime cometido em barco salva-vidas ou em destroços de navio naufragado aplica-se a lei da bandeira do navio. Na questão em análise, afirma-se que se aplica a lei do primeiro país que o autor do crime descer a terra.

D. ERRADO Na presente questão, afirmar que o crime foi praticado por brasileiro. Dessa forma, poderia ser aplicada a lei brasileira. O art. 7º do Código Penal assim dispõe: "Ficam sujeitos à lei brasileira, embora cometidos no estrangeiro: (...) II – os crimes: (...) *b*) praticados por brasileiro".

E. CERTO O diplomata Augusto praticou crime contra a Administração Pública. Nessa hipótese, ele estará sujeito à lei brasileira. Nesse sentido, o Código Penal assim estabelece: "Art. 7º Ficam sujeitos à lei brasileira, embora cometidos no estrangeiro: I – os crimes: (...) *c*) contra a administração pública, por quem está a seu serviço".

21.

A. ERRADO Mesmo após o trânsito em julgado, é possível a retroatividade da lei penal mais benéfica. Portanto, a lei mais benigna ao réu ou ao condenado tem extra-atividade, regendo situações ocorridas antes (retroatividade) e depois (ultratividade) de sua entrada em vigor. A retroatividade dessas leis é absoluta, pois não pode ser obstada nem pelo trânsito em julgado da sentença condenatória.

B. ERRADO O art. 7º do Código Penal assim dispõe: "Ficam sujeitos à lei brasileira, embora cometidos no estrangeiro: I – os crimes: *a*) contra a vida ou a liberdade do Presidente da República".

22.

A. ERRADO Na verdade, se adota a teoria da *actio libera in causa*.

Denomina-se *actio libera in causa* a ação de quem usa deliberadamente um meio para colocar-se em estado de incapacidade física ou mental, parcial ou plena, no momento da ocorrência do fato criminoso. É também a ação de quem, apesar de não ter a intenção de praticar o delito, podia prever que tal meio o levaria a cometê-lo. Em outras palavras, é a ação de se deixar ficar num estado de inconsciência, com a intenção de praticar um delito.

A teoria da *actio libera in causa* foi adotada na Exposição de Motivos original do CP de 1940, de modo que se considera imputável quem se põe em estado de inconsciência ou de incapacidade de autocontrole, seja dolosa ou culposamente, e nessa situação comete o crime. Ao adotar tal orientação, o CP adotou a doutrina da responsabilidade objetiva, pela qual deve o agente responder pelo crime. Portanto, essa teoria leva em conta os aspectos meramente objetivos do delito, sem considerar o lado subjetivo deste. Considera-se a responsabilidade penal objetiva quando o agente é considerado culpado apenas por ter causado o resultado. Em face do princípio constitucional do estado de inocência e da teoria finalista adotada pelo Código Penal, é inadmissível a responsabilidade penal objetiva, salvo nos casos da *actio libera in causa*. É que para a teoria finalista, não se pode dissociar a ação da vontade do agente, já que a conduta é precedida de um raciocínio que o leva a realizá-la ou não. O dolo e a culpa fazem parte da conduta, que é comportamento humano, voluntário e consciente, dirigido a uma finalidade.

B. CERTO O art. 29 do Código Penal assim dispõe: "Quem, de qualquer modo, concorre para o crime incide nas penas a este cominadas, na medida de sua culpabilidade".

23. CERTO O Código Penal assim estabelece: "Extraterritorialidade (...) Art. 7º Ficam sujeitos à lei brasileira, embora cometidos no estrangeiro: I – os crimes: (...) *c*) contra a administração pública, por quem está a seu serviço". Como o peculato (crime contra a administração pública) foi praticado por Laura, funcionária pública a serviço do Brasil, o crime praticado por Laura ficará sujeito à lei brasileira.

24. CERTO No período mencionado na questão houve descriminalização do cloreto de etila, isto é, *abolitio criminis*.

De acordo com o STF, a republicação não pode ter eficácia retroativa, por ser prejudicial aos réus. No mesmo sentido, conferir: STF, RE 163.851, rel. Min. Ilmar Galvão, *DJU* de 25-11-1994, p. 32310.

25. ERRADO A culpabilidade pelo fato, fundamento do direito penal do fato em oposição ao direito penal do homem, não considera a personalidade do agente, esse seria o direito penal do homem, ao contrário está relacionada com o fato típico e antijurídico.

26. ERRADO Princípio da pessoalidade das penas previsto no art. 5º, XLV, da Constituição.

27.

A. CERTO O art. 15 do CP não exige ou avalia a razão do arrependimento, somente exige que seja voluntário e eficaz.

B. CERTO O limite de execução de 30 anos previsto no art. 75 do CP não se aplica no cálculo dos benefícios de execução. Súmula 715 do STF: "**A pena unificada para atender ao limite de trinta anos de cumprimento, determinado pelo art. 75 do Código Penal, não é considerada para a concessão de outros benefícios, como o livramento condicional ou regime mais favorável de execução**".

C. ERRADO Toda descriminante putativa, na teoria extremada da culpabilidade, ocorre por erro de proibição indireto.

D. CERTO Autor por convicção é aquele que é movido por elementos relacionados à fé, às crenças ou ideologias que segue, mesmo sabendo que o fato é crime.

28. CERTO O dolo normativo, adotado pela teoria causalista, tem realmente elementos cognitivos e volitivos, acrescidos da CONSCIÊNCIA ATUAL da ilicitude, a CONSCIÊNCIA POTENCIAL só foi reconhecida pela teoria finalista.

29. CERTO O crime de lesão corporal leve, mesmo quando qualificado pela violência doméstica (art. 129, § 9º) tem pena de detenção, portanto não há como aplicar a consequência da condenação do art. 92, que somente se aplica aos crimes apenados com reclusão.

30

A. ERRADO O excesso intensivo é aquele que incide no meio utilizado para a legítima defesa. No caso descrito na questão o excesso é extensivo pois incidiu na moderação que não foi observada.

B. ERRADO A publicação ocorre com o recebimento em cartório, portanto no dia 13-8-2011.

C. CERTO Se a sentença está transitada em julgado, o que se extrai da expressão "definitivamente condenados", as causas interruptivas posteriores ao trânsito em julgado são as previstas no art. 117, V e VI, conforme prevê o § 1º do mesmo artigo, não se comunicam entre os agentes.

D. ERRADO A detração somente é considerada na sentença, portanto para a definição da pena final que pode ser utilizada para calcular a prescrição da pretensão punitiva nas modalidades retroativa e intercorrente, bem como para a prescrição da pretensão executória.

E. ERRADO A legítima defesa sucessiva consiste na sequência entre legítimas defesas reais, sendo a segunda o excesso da primeira e assim por diante.

31.

A. ERRADO Nada impede a combinação no mesmo caso concreto do privilégio previsto no art. 171, § 1º, com a causa de aumento de pena prevista no § 3º do mesmo artigo. Entretanto, o benefício considera também a primariedade do agente, o que configura requisito de natureza subjetiva.

B. ANULADA A inserção, em documento público, de informações relativas a pessoa que não possua a qualidade de segurado obrigatório, com o objetivo de constituir prova perante a previdência social, NÃO configura falsidade ideológica, mas sim falsificação de documento público. Em vez de ter sido anulada, o correto seria a mudança do gabarito.

Art. 297. **Falsificar, no todo ou em parte, documento público**, ou alterar documento público verdadeiro:

Pena – reclusão, de 2 (dois) a 6 (seis) anos, e multa.

§ 1º Se o agente é funcionário público, e comete o crime prevalecendo-se do cargo, aumenta-se a pena de sexta parte.

§ 2º Para os efeitos penais, equiparam-se a documento público o emanado de entidade paraestatal, o título ao portador ou transmissível por endosso, as ações de sociedade comercial, os livros mercantis e o testamento particular.

§ 3º **Nas mesmas penas incorre quem insere ou faz inserir**:

I – **na folha de pagamento ou em documento de informações que seja destinado a fazer prova perante a previdência social, pessoa que não possua a qualidade de segurado obrigatório**;

II – na Carteira de Trabalho e Previdência Social do empregado ou em documento que deva produzir efeito perante a previdência social, declaração falsa ou diversa da que deveria ter sido escrita;

III – em documento contábil ou em qualquer outro documento relacionado com as obrigações da empresa perante a previdência social, declaração falsa ou diversa da que deveria ter constado.

C. ERRADO O crime exige especial fim de agir, não aparece na questão, e se feita por escrito configura, a princípio, crime de falsidade ideológica.

D. ERRADO O crime previsto no art. 313-A do CP realmente só pode ser praticado pelo funcionário autorizado e exige finalidade de obtenção de vantagem ou de causar dano. O erro da questão está no aumento de pena, que não é previsto neste artigo. Na verdade, é causa de aumento de pena do art. 313-B.

E. ERRADO O crime previsto no art. 148 tem apenas uma conduta, por isso não é de ação múltipla.

32.

A. ERRADO É pacífico nos tribunais superiores que a configuração do crime de porte ou posse ilegal de arma de fogo independe da existência da munição. Por outro lado, para aumentar a pena de outros crimes seria necessário estar municiada sim.

B. CERTO

PODERES DA CPI (sem autorização judicial)	NÃO SÃO PODERES DA CPI (só com autorização judicial)
Prender em flagrante delito (ex.: por falso testemunho)	Determinar prisão temporária ou preventiva
Ouvir testemunhas – condução coercitiva e falso testemunho	Determinar busca e apreensão
Quebrar sigilo bancário, fiscal e telefônico (só a lista dos números chamados/recebidos)	Quebrar sigilo das comunicações telefônicas – conteúdo das conversas
Investigar fatos certos relacionados à Administração, por prazo determinado	Impedir que pessoa saia do País ou apreender passaporte
Ouvir indiciados ou investigados (garantido o direito a não autoincriminação)	Determinar medidas processuais de garantia, tais como: sequestro e indisponibilidade de bens (Informativo 158 do STF).
Determinar perícias, vistorias e exames	Tomar decisões imotivadas (Informativo 162 do STF)

C. ERRADO Houve tentativa de roubo.

D. CERTO A posição que prevalece na jurisprudência dos tribunais superiores exige o dolo específico e o dano ao Erário.

33.

A. ERRADO Nos termos do art. 98 do CP, caso necessite o condenado de especial tratamento curativo, a pena privativa de liberdade pode ser substituída pela internação, ou tratamento ambulatorial, não sendo possível a aplicação cumulativa com a pena privativa de liberdade, como indicado na questão.

B. ERRADO Nesse caso, não cabe a caracterização de homicídio, visto que os atos executórios deste delito não foram iniciados, estando o agente ainda em atos preparatórios.

C. CERTO A embriaguez voluntária, ainda que completa, não elide a punibilidade do agente. A única hipótese de embriaguez que isenta a pena, nos termos do art. 28 do CP é a proveniente de caso fortuito ou força maior, quando completa. Segundo Rogério Greco, devemos entender por *actio libera in causa* "os casos em que alguém, no estado de não imputabilidade, é causador, por ação ou omissão, de algum resultado punível, tendo se colocado naquele estado, ou propositadamente, com a intenção de produzir o evento lesivo, ou sem essa intenção, mas tendo previsto a possibilidade do resultado, ou, ainda, quando podia ou devia prever" (GRECO. *Código Penal comentado*, p. 89).

D. CERTO Hoje, a responsabilidade penal da pessoa jurídica é indiscutível na jurisprudência. No que se refere à dupla imputação, o STJ entende a necessidade de aplicação da teoria da dupla imputação. Já o STF tem uma decisão de Turma no sentido do afastamento da teoria da dupla imputação, permitindo a condenação da pessoa jurídica sem que haja a condenação da pessoa física.

E. ERRADO Neste caso, poderia o estuprador arguir a hipótese de legítima defesa sucessiva.

A legítima defesa sucessiva vai ocorrer em reação ao excesso da legítima defesa. Em outras palavras, caso a vítima esteja originariamente agindo amparada pela excludente de ilicitude da legítima defesa real, contra o estuprador, mas a vítima passar a agir em excesso desta legítima defesa, o estuprador poderá se valer da legítima defesa sucessiva para fazer cessar tal excesso. Segundo Greco, a legítima defesa sucessiva "é originária do excesso da legítima defesa, em que o agressor inicial se transforma em vítima e a vítima, a seu turno, se transforma em agressora" (GRECO. *Código Penal comentado*, p. 82).

F. CERTO Doutrinariamente, entende-se por crime funcional impróprio aquele: que pode ser cometido também pelo particular, mas com outro *nomen juris*. Ex.: a apropriação de coisa alheia pode configurar peculato, se cometida por funcionário público, ou a apropriação indébita, quando praticada exclusivamente por particular.

G. CERTO Trata-se dos conceitos clássicos de culpa consciente e inconsciente.

34.

A. CERTO A questão trata de hipótese de extinção de punibilidade. Nessa hipótese, fala-se que o inquérito será imediatamente encerrado. De fato, o inquérito não poderá prosseguir. O examinador não entrou em detalhes, pois não disse como o inquérito "será imediatamente encerrado". O candidato poderia interpretar que o Delegado de Polícia poderia simplesmente encerrar o inquérito (arquivá-lo), o que estaria errado. Nessa hipótese de extinção de punibilidade, o Delegado deve relatar o inquérito e submetê-lo ao Ministério Público ou ao Judiciário, conforme a vigência de regras de tramitação direta de inquérito entre a polícia e o MP.

B. ERRADO A contagem do prazo decadencial será feita com base nas regras de direito penal e não processual, conforme entendimento doutrinário e jurisprudencial.

C. ERRADO A questão é controversa, pois alguns doutrinadores de escol defendem a tese de que tais princípios são aplicáveis também às medidas de segurança.

D. CERTO Aplicação das regras inerentes a lei penal no tempo, prevista na CF/88 e no Código Penal.

35.

A. CERTO A questão encontra amparo no art. 7º do Código Penal: "Ficam sujeitos à lei brasileira, embora cometidos no estrangeiro: I – os crimes: [...] *b)* contra o patrimônio ou a fé pública da União, do Distrito Federal, de Estado, de Território, de Município, de empresa pública, sociedade de economia mista, autarquia ou fundação instituída pelo Poder Público; *c)* contra a administração pública, por quem está a seu serviço; [...] § 1º Nos casos do inciso I, o agente é punido segundo a lei brasileira, ainda que absolvido ou condenado no estrangeiro".

B. CERTO O princípio da consunção ou absorção é aplicável nos casos em que há uma sucessão de condutas com a existência de um nexo de dependência. De acordo com tal princípio, o crime mais grave absorve o crime menos grave. Ao contrário do que ocorre no princípio da especialidade, aqui não se reclama a comparação abstrata entre as leis penais. Comparam-se os fatos, inferindo-se que o mais grave consome os demais, sobrando apenas a lei penal que o disciplina.

C. ERRADO A teoria monista, também conhecida como unitária, preceitua que todos os participantes (autores ou partícipes) de uma infração penal responderão pelo mesmo crime, isto é, o crime é único. Haveria, assim, uma pluralidade de agentes e unidade de crimes. A teoria monista defende a unidade de infração e não de pena. Assim, a penalização será aplicada na medida da culpabilidade de cada agente.

D. ERRADO A questão exige a leitura do art. 3º do Código Penal, segundo o qual a lei excepcional ou temporária, embora decorrido o período de sua duração ou cessadas as circunstâncias que a determinaram, aplica-se ao fato praticado durante sua vigência.

RAIO-X

- O tema em estudo equivale aos seguintes percentuais de questões de direito penal:

Cargo	Questões do Tema	%
Agente	22	41,86
Escrivão	30	48,71
Delegado	33	26,00

- A maioria das questões é baseada em:

  ☒ doutrina ☒ legislação ☒ jurisprudência

IMPORTANTE SABER

- **No que se refere à aplicação da lei penal, é oportuna a lição do professor Damásio de Jesus, que assim dispõe:**
  - **1) Princípio da legalidade (reserva legal):** não há crime sem lei que o defina; não há pena sem cominação legal.
  - **2) Princípio da anterioridade:** não há crime sem lei "anterior" que o defina; não há pena sem "prévia" imposição legal.
  - **3) Sanção:** é o ato pelo qual o Chefe de Governo aprova e confirma uma lei; com ela, a lei está completa; para se tornar obrigatória, faltam-lhe a promulgação e a publicação.
  - **4) Promulgação:** é o ato pelo qual se atesta a existência da lei e se determina a todos que a observem; tem a finalidade de conferir-lhe o caráter de autenticidade; dela deriva o cunho de executoriedade.
  - **5) Publicação:** é o ato pelo qual se torna conhecida de todos, impondo sua obrigatoriedade.
  - **6) Revogação:** é expressão genérica que traduz a ideia de cessação da existência de regra obrigatória, em virtude de manifestação, nesse sentido, do poder competente; compreende: a *derrogação* (*revogação parcial*), quando cessa em parte a autoridade da lei; e a *ab-rogação (rev. total)*, quando se extingue totalmente; a revogação poder ser *expressa* (quando a lei, expressamente, determina a cessação da vigência da norma anterior) e *tácita* (quando o novo texto, embora de fora não expressa, é incompatível com o anterior ou regula inteiramente a matéria precedente).
  - **7) Leis temporárias:** são aquelas que trazem preordenada a data da expiração de sua vigência.
  - **8) Leis excepcionais:** são as que, não mencionando expressamente o prazo de vigência, condicionam a sua eficácia à duração das condições que as determinam (guerra, epidemia etc.).
  - **9) Princípio da irretroatividade da lei mais severa e da retroatividade da lei mais benigna:** constitui um direito subjetivo de liberdade, com fundamento no art. 5º, XXXVI e XL, da CF/88, diz aquele que a lei não prejudicará o direito adquirido; diz este que a lei penal não retroagirá, salvo para beneficiar o réu; a lei mais benigna prevalece sobre a mais severa.
  - **10) Ultra-atividade da lei:** ocorre quando a lei tem eficácia mesmo depois de cessada sua vigência, quando mais benéfica que a outra.
  - **11) Hipóteses de conflitos de leis penais no tempo:** a) a lei nova supre normas incriminadoras anteriormente existentes (*abolitio criminis*); b) a lei nova incrimina fatos antes considerados lícitos (*novatio legis* incriminadora); c) a lei nova modifica o regime anterior, agravando a situação do sujeito (*novatio legis in pejus*); d) a lei nova modifica o regime anterior, beneficiando o sujeito (*novato legis in mellius*).
  - **12) *Abolitio criminis*:** pode ocorrer que uma

lei posterior deixe de considerar como infração um fato que era anteriormente punido; a lei nova retira do campo da ilicitude penal a conduta precedentemente incriminada; "ninguém pode ser punido por fato que lei posterior deixa de considerar crime" (art. 2º do CP).

- **13) *Novatio legis* incriminadora:** ocorre quando um indiferente penal em face de lei antiga é considerado crime pela posterior; a lei que incrimina novos fatos é irretroativa, uma vez que prejudica o sujeito.
- **14) *Novatio legis in pejus:*** se lei posterior, sem criar novas incriminações ou abolir outras precedentes, agrava a situação do sujeito, não retroage; aplica-se o princípio da irretroatividade da lei mais severa.
- **15) *Novatio legis in mellius:*** se a lei nova, sem excluir a incriminação, é mais favorável ao sujeito, retroage; aplica-se o princípio da retroatividade da lei mais benigna.
- **16) Tempo do crime:** tempo do crime é o momento em que ele se considera cometido.
- **17) Teoria da atividade (art. 4º):** atende-se ao momento da prática da ação (ação ou omissão); considera-se praticado o crime no momento da ação ou omissão, ainda que seja outro o momento do resultado.
- **18) Teoria do resultado:** considera o *tempus delicti* o momento da produção do resultado.
- **19) Teoria mista (ubiquidade):** *tempus delicti* é, indiferentemente, o momento da ação ou do resultado.
- **20) Conflito aparente de normas:** a ordem jurídica, constituída de distintas disposições, é ordenada e harmônica; algumas leis são independentes entre si, outras se coordenam, de forma que se integram ou se excluem reciprocamente; não raro, precisa o intérprete resolver qual das normas do ordenamento jurídico é aplicável ao caso; ocorre, em princípio, quando há duas normas incriminadoras descrevendo o mesmo fato.
- **21) Princípios para a solução dos conflitos aparentes de normas:** a) da *especialidade* (a norma especial prevalece sobre a geral); b) da *subsidiariedade* (a infração de menos gravidade que a principal é absorvida por esta); c) da *consunção* (ocorre quando um fato definido por uma norma incriminadora é meio necessário ou uma fase de preparação ou execução de outro crime; sendo excluída pela norma a este relativa).
- **22) Princípio da territorialidade:** segundo ele, a lei penal só tem aplicação no território do Estado que a determinou, sem atender à nacionalidade do sujeito ativo do delito ou do titular do bem jurídico lesado.
- **23) Princípio da nacionalidade:** de acordo com ele, a lei penal do Estado é aplicável a seus cidadãos onde quer que se encontrem; divide-se em: a) princípio da nacionalidade ativa (aplica-se a lei nacional ao cidadão que comete crime no estrangeiro independentemente da nacionalidade do sujeito passivo); b) da personalidade passiva (exige que o fato praticado pelo nacional no estrangeiro atinja um bem jurídico do seu próprio Estado ou de um cocidadão).
- **24) Princípio da defesa:** leva em conta a nacionalidade do bem jurídico lesado pelo crime, independentemente do local de sua prática ou da nacionalidade do sujeito ativo.
- **25) Princípio da justiça penal universal:** preconiza o poder de cada Estado de punir qualquer crime, seja qual for a nacionalidade do delinquente e da vítima, ou local de sua prática.
- **26) Princípio da representação:** nos seus termos, a lei penal de determinado país é também aplicável aos delitos cometidos em aeronaves e embarcações privadas, quando realizados no estrangeiro e aí não venham a ser julgados.
- **27) Lugar do crime:** lugar do crime é o lugar onde ele se considera praticado.
- **28) Teoria da atividade:** de acordo com ela, é considerado lugar do crime aquele em que o agente desenvolveu a atividade criminosa, onde praticou os atos executórios.
- **29) Teoria do resultado:** *locus delicti* é o lugar da produção do resultado.
- **30) Teoria da ubiquidade (art. 6º do CP):** nos termos dela, lugar do crime é aquele em que se realizou qualquer dos momentos do *iter*, seja da prática dos atos executórios, seja da consumação.
- **31) Extraterritorialidade:** ressalva a possibilidade de renúncia de jurisdição do Estado mediante "convenções, tratados e regras de direito internacional"; o art. 7º prevê uma série de casos em que a lei penal brasileira tem aplicação nos delitos praticados no estrangeiro; é inaplicável nas contravenções.
- **32) Contagem de prazo:** há várias consequências jurídico-penais condicionadas ao fator tempo;

são reguladas pelo prazo, espaço de tempo, fixo e determinado, entre 2 momentos: o inicial e o final; termo é o instante determinado no tempo: fixa o momento da prática de um ato, designando, também, a ocasião de início do prazo; o prazo se desenvolve em 2 termos: o inicial e o final; o art. 10 do CP, estabelece regras a respeito; determina a primeira que o dia do começo inclui-se no cômputo do prazo; a segunda regra determina que os dias, os meses e os anos são contados pelo calendário comum.

- **33) Frações não computáveis da pena:** desprezam-se, nas penas privativas de liberdade e nas restritivas de direito, as frações de dias, e, na pena de multa, as frações de cruzeiro (art. 11).
- **34) Legislação especial:** as regras gerais do CP são aplicáveis aos fatos incriminados por lei especial, se esta não dispõe de modo diverso; regras gerais do Código são as normas não incriminadoras, permissivas ou complementares, previstas na Parte Geral ou Especial (art. 12).

- **No que se refere à teoria geral do crime, Mirabete ensina que:**
  - **1) Conceito material de crime:** delito é a ação ou omissão, imputável a uma pessoa, lesiva ou perigosa a interesse penalmente protegido, constituída de determinados elementos e eventualmente integrada por certas condições ou acompanhada de determinadas circunstâncias previstas em lei.
  - **2) Conceito formal:** crime é um fato típico e antijurídico; a culpabilidade constitui pressuposto da pena.
  - **3) Fato típico:** é o comportamento humano (positivo ou negativo) que provoca um resultado (em regra) e é previsto em lei penal como infração.
  - **4) Antijuricidade:** é a relação de contrariedade entre o fato típico e o ordenamento jurídico; a conduta descrita em norma penal incriminadora será ilícita ou antijurídica quando não for expressamente declarada lícita.
  - **5) Culpabilidade:** é a reprovação da ordem jurídica em face de estar ligado o homem a um fato típico e antijurídico; reprovabilidade que vem recair sobre o agente, porque a ele cumpria conformar a sua conduta com o mandamento do ordenamento jurídico, porque tinha a possibilidade de fazê-lo e não o fez, revelando no fato de não o ter feito uma vontade contrária àquela obrigação, i.e., no comportamento se exprime uma contradição entre a vontade do sujeito e a vontade da norma.
  - **6) Punibilidade:** entendida como aplicabilidade da pena, é uma consequência jurídica do crime e não o seu elemento constitutivo; a pena não é um momento precursor do *iter criminis*, mas o efeito jurídico do comportamento típico e ilícito, sendo culpado o sujeito.
  - **7) Pressupostos do crime:** são circunstâncias jurídicas anteriores à execução do fato, positivas ou negativas, a cuja existência ou inexistência é condicionada a configuração do título delitivo de que se trata; de modo que a falta desses antecedentes opera a trasladação do fato para outra figura delitiva.
  - **8) Pressupostos do fato:** são elementos jurídicos ou materiais anteriores à execução do fato, sem os quais a conduta prevista pela lei não constitui crime; sem eles o fato não é punível a qualquer título.
  - **9) Sujeito ativo do crime:** é quem pratica o fato descrito na norma penal incriminadora; só o homem possui a capacidade para delinquir.
  - **10) Capacidade penal:** é o conjunto das condições exigidas para que um sujeito possa tornar-se titular de direitos ou obrigações no campo de Direito Penal.
  - **11) Incapacidade penal:** ocorre nos casos em que não há qualidade de pessoa humana viva e quando a lei penal não se aplique a determinada classe de pessoas.
  - **12) Sujeito passivo do crime:** é o titular do interesse cuja ofensa constitui a essência do crime.
  - **13) Objeto do delito:** é aquilo contra o que se dirige a conduta humana que o constitui; para que seja determinado, é necessário que se verifique que o comportamento humano visa o objeto jurídico do crime e o bem ou interesse que a norma penal tutela; *objeto material* é a pessoa ou coisa sobre a qual recai a conduta do sujeito ativo.
  - **14) Título do delito:** é a denominação jurídica do crime (*nomem juris*) que pressupõe todos os seus elementos; o título pode ser: *genérico*, quando a incriminação se refere a um gênero de fatos, os quais recebem títulos particulares; ex.: o fato de matar alguém constitui crime contra a vida, que é seu título genérico; o *nomem juris* "homicídio" é seu título *específico*.
  - **15) Crimes comuns e especiais:** *comuns* são os descritos no Direito Penal comum; *especiais*, os definidos no Direito Penal especial.

- **16) Crimes comuns e próprios:** comum é o que pode ser praticado por qualquer pessoa; exs.: furto, estelionato, homicídio etc.; crime próprio é o que só pode ser cometido por uma determinada categoria de pessoas, pois pressupõe no agente uma particular condição ou qualidade pessoal.
- **17) Crimes de mão própria ou de atuação pessoal:** são os que podem ser cometidos pelo sujeito em pessoa; exs.: falso testemunho, incesto etc.
- **18) Crimes de dano:** são os que se só se consumam com a efetiva lesão do bem jurídico; exs.: homicídio, lesões corporais etc.
- **19) Crimes de perigo:** são os que se consumam tão só com a possibilidade do dano; exs: perigo de contágio venéreo, rixa, incêndio etc.; o perigo pode ser: a) presumido (é o considerado pela lei em face de determinado comportamento positivo ou negativo; é a lei que o presume *juris et de jure*) ou concreto (é o que precisa ser provado; precisa ser investigado e comprovado); b) individual (é o que expõe ao risco de dano o interesse de uma só pessoa ou de um limitado número de pessoas) ou comum (coletivo) (número indeterminado de pessoas).
- **20) Crimes materiais, formais e de mera conduta:** distinguimos os crimes formais dos de mera conduta; estes são sem resultado; aqueles possuem resultado, mas o legislador antecipa a consumação à sua produção; no *crime demera conduta* o legislador só descreve o comportamento do agente; *no crime formal* o tipo menciona o comportamento e o resultado, mas não se exige a sua produção para a consumação; exs.: crimes contra a honra, ameaça, etc.; no *crime material* o tipo menciona a conduta e o evento, exigindo a sua produção para a consumação; exs: homicídio, infanticídio, furto etc.
- **21) Crimes comissivos:** comissivos são os praticados mediante ação; o sujeito faz alguma coisa; dividem-se em comissivos propriamente ditos ou comissivos por omissão.
- **22) Crimes omissivos:** são os praticados mediante inação; o sujeito deixa de fazer alguma coisa; podem ser: a) *omissivos próprios*: são os que se perfazem com a simples abstenção da realização de um ato, independentemente de um resultado posterior; b) *omissivos impróprios*: são aqueles em que o sujeito, mediante uma omissão, permite a produção de um resultado posterior, que os condiciona; c) de *conduta mista*: são os omissivos próprios que possuem fase inicial positiva; há uma ação inicial e uma omissão final.
- **23) Crimes instantâneos:** são os que se completam num só momento; a consumação se dá num determinado instante, sem continuidade temporal; ex.: homicídio, em que a morte ocorre num momento certo.
- **24) Crimes permanentes:** são os que causam uma situação danosa ou perigosa que se prolonga no tempo; o momento consumativo se protrai no tempo; ex.: sequestro, cárcere privado; se caracteriza pela circunstância de a consumação poder cessar por vontade do agente; se divide necessariamente em permante e eventualmente permantente.
- **25) Crimes instantâneos de efeitos permanentes:** são os crimes em que a permanência dos efeitos não depende do agente; exs.: homicídio, furto, bigamia etc.; são crimes instantâneos que se caracterizam pela índole duradoura de suas consequências.
- **26) Crime continuado:** diz-se que há crime continuado quando o agente, mediante mais de uma ação ou omissão, pratica dois ou mais crimes da mesma espécie e, pelas condições de tempo, lugar, maneira de execução e outras semelhantes, devem os subsequentes ser havidos como continuação do primeiro (art. 71, *caput*, do CP).
- **27) Crimes condicionados e incondicionados:** *condicionados* são os que têm a punibilidade condicionada a um fato exterior e posterior à consumação (condição objetiva da punibilidade); *incondicionados* os que não subordinam a punibilidade a tais fatos.
- **28) Crimes simples e complexos:** *simples* é o que apresenta tipo penal único; *delito complexo* é a fusão de dois ou mais tipos penais; pode apresentar-se sob duas formas: a) *complexo em sentido lato* (amplo): quando um crime, em todas ou algumas das hipóteses contempladas na norma incrinadora, contém em si outro delito menos grave, necessariamente; não se condiciona à presença de dois ou mais delitos; basta um a que se acrescentam elementos típicos que, isoladamente, configuram indiferente penal; nesse caso, o delito de maior gravidade absorve o de menor intensidade penal; b) *em sentido estrito*: é formado da reunião de dois ou mais tipos penais; o legisla-

dor apanha a definição legal de crimes e as reúne, formando uma terceira unidade delituosa (subsidiariedade implícita).

- **29) Crimes progressivos:** ocorre quando o sujeito, para alcançar a produção de um resultado mais grave, passa por outro menos grave; o evento menos grave é absorvido pelo de maior gravidade.
- **30) Delito putativo:** ocorre quando o agente considera erroneamente que a conduta realizada por ele constitui crime, quando na verdade, é um fato atípico; só existe na imaginação do sujeito.
- **31) Delito putativo por erro de proibição:** ocorre quando o agente supõe violar uma norma penal que na verdade não existe; falta tipicidade à sua conduta, pois o fato não é considerado crime.
- **32) Delito putativo por erro de tipo:** há quando a errônea suposição do agente não recai sobre a norma, mas sobre os elementos do crime.
- **33) Delito putativo por obra de agente provocador (crime de flagrante provocado):** ocorre quando alguém, de forma insidiosa, provoca o agente à prática de um crime, ao mesmo tempo que toma providências para que este não se consume.
- **34) Crime de flagrante esperado:** ocorre quando, por exemplo, o indivíduo sabe que vai ser vítima de um delito e avisa a Polícia, que põe seus agentes de sentinela, os quais apanham o autor no momento da prática ilícita; não se trata de crime putativo, pois não há provocação.
- **35) Crime consumado e tentado:** diz-se *crime consumado* quando nele se reúnem todos os elementos de sua definição legal (art. 14, I); é também chamado crime perfeito; diz-se *tentado* quando, iniciada a execução, não se consuma, por circunstâncias alheias à vontade do agente (art. 14, II); é também denominado crime imperfeito.
- **36) Crimes unissubsistentes e plurissubsistentes:** unissubsistente é o que se realiza com só um ato; plurissubsistente é o que se perfaz com vários atos; o primeiro não admite tentativa, ao contrário do segundo.
- **37) Crime exaurido:** é aquele que depois de consumado atinge suas últimas consequências; estas podem constituir um indiferente penal ou condição de maior punibilidade.
- **38) Crimes dolosos, culposos e preterdolosos:** diz-se *doloso* quando o sujeito quer ou assume o risco de produzir o resultado (art. 18, I); é *culposo* quando o sujeito dá causa ao resultado por imprudência, negligência ou imperícia (art. 18, II); *preterdoloso* é aquele em que a ação causa um resultado mais grave que o pretendido pelo agente; o sujeito quer um *minus* e a sua conduta produz um *majus*, de forma que se conjugam a ação (antecedente) e a culpa no resultado (consequente).
- **39) Crimes habitual e profissional:** *habitual* é a reiteração da mesma conduta reprovável, de forma a constituir um estilo ou hábito de vida; ex.: curandeirismo; quando o agente pratica ações com intenção de lucro, fala-se em crime *profissional*; ex.: rufianismo.
- **40) Crimes hediondos:** são delitos repugnantes, sórdidos, decorrentes de condutas que, pela forma de execução ou pela gravidade objetiva dos resultados, causam intensa repulsa (Lei n. 8.072/90).
- **41) Elementos do fato típico:** para a integração do fato típico concorre, primeiramente, uma ação ou omissão, uma vez que, consistindo na violação de um preceito legal, supõe um *comportamento humano*; a ação humana, porém, não é suficiente para compor o primeiro requisito do crime; é necessário um *resultado*; todavia, entre a conduta e o resultado se exige uma *relação de causalidade*; finalizando, para que um fato seja típico, é necessário que os elementos acima expostos estejam descritos como crime.
- **42) Conduta:** é a ação ou omissão humana consciente e dirigida a determinada finalidade; seus elementos são: a) um ato de vontade dirigido a uma finalidade; b) atuação positiva ou negativa dessa vontade no mundo exterior; a vontade abrange o objetivo pretendido pelo sujeito, os meios usados na execução e as consequências secundárias da prática.
- **43) Resultado:** é a modificação do mundo exterior provocada pelo comportamento humano voluntário.
- **44) Relação de causalidade:** é o nexo de causalidade entre o comportamento humano e a modificação do mundo exterior; cuida-se de estabelecer quando o resultado é imputável ao sujeito, sem atinência à ilicitude do fato ou à reprovação social que ele mereça.
- **45) Superveniência causal:** a superveniência de causa relativamente independente exclui a

imputação quando, por si só, produziu o resultado; os fatos anteriores, entretanto, imputam-se a quem os praticou; junto à conduta do sujeito podem ocorrer outras condutas, condições ou circunstâncias que interfiram no processo causal (*causa*); a causa pode ser preexistente, concomitante ou superveniente, relativa ou absolutamente independente do comportamento do agente. Ex.: a) causa preexistente absolutamente independente da conduta do sujeito: A desfere um tiro de revólver em B, que vem a falecer pouco depois, não sem consequência dos ferimentos recebidos, mas porque antes ingerira veneno. b) causa concomitante absolutamente independente: A fere B no mesmo momento em que este vem a falecer exclusivamente por força de um colapso cardíaco. c) causa superveniente absolutamente independente: A ministra alimento na alimentação de B que, quando está tomando a refeição, vem a falecer em consequência de um desabamento. d) causa preexistente relativamente independente em relação à conduta do agente: A golpeia B hemofílico, que vem a falecer em consequência dos ferimentos. e) causa concomitante relativamente independente: A atira em B, no exato instante em que está sofrendo um colapso cardíaco, provando-se que a lesão contribuiu para a eclosão do êxito letal. f) causa superveniente relativamente independente: num trecho de rua, um ônibus que o sujeito dirige colide com um poste que sustenta fios elétricos, um dos quais, caindo ao chão, atinge um passageiro ileso e já fora do veículo, provocando a sua morte.

- **46) Tipicidade:** é a correspondência entre o fato praticado pelo agente e a descrição de cada espécie de infração contida na lei penal incriminadora.
- **47) Tipo:** é o conjunto dos elementos descritivos do crime contidos na lei penal; varia segundo o crime considerado.
- **48) Conceito de dolo:** dolo é a vontade de concretizar as características objetivas do tipo; constitui elemento subjetivo do tipo (implícito).
- **49) Elementos do dolo:** presentes os requisitos da consciência e da vontade, o dolo possui os seguintes elementos: a) consciência da conduta e do resultado; b) consciência da relação causal objetiva entre a conduta e o resultado; c) vontade de realizar a conduta e produzir o resultado.
- **50) Dolo direto e indireto:** no *dolo direto*, o sujeito visa a certo e determinado resultado, ex.: o agente desfere golpes de faca na vítima com intenção de matá-la; projeta-se de forma direta no resultado morte; há *dolo indireto* quando a vontade do sujeito não se dirige a certo e determinado resultado; possui duas formas: a) *dolo alternativo*: quando a vontade do sujeito se dirige a um outro resultado; ex.: o agente desfere golpes de faca na vítima com intenção alternativa: ferir ou matar; b) *dolo eventual*: ocorre quando o sujeito assume o risco de produzir o resultado, isto é, admite e aceita o risco de produzi-lo.
- **51) Dolo de dano e de perigo:** no *dolo de dano* o sujeito quer o dano ou assume o risco de produzi-lo (dolo direto ou eventual); no *de perigo* o agente não quer o dano nem assume o risco de produzi-lo, desejando ou assumindo o risco de produzir um resultado de perigo (o perigo constitui resultado).
- **52) Dolo genérico e específico:** *dolo genérico* é a vontade de realizar fato descrito na norma penal incriminadora; *dolo específico* é a vontade de praticar o fato e produzir um fim especial.
- **53) Noção de crime culposo:** quando se diz que a culpa é elemento do tipo, faz-ze referência à inobservância do dever de diligência; a todos no convívio social, é determinada a obrigação de realizar condutas de forma a não produzir danos a terceiros; é o denominado *cuidado objetivo*; a conduta torna-se típica a partir do instante em que não se tenha manifestado o cuidado necessário nas relações com outrem, ou seja, a partir do instante em que não corresponda ao comportamento que teria adotado uma pessoa dotada de discernimento e prudência, colocada nas mesmas circunstâncias que o agente; a inobservância do cuidado necessário objetivo é o elemento do tipo.
- **54) Elementos do fato típico culposo:** são seus elementos a conduta humana e voluntária de fazer ou não fazer, a inobservância do cuidado objetivo manifestada através da imprudência, negligência ou imperícia, a previsibilidade objetiva, a ausência de previsão, o resultado involuntário, o nexo de causalidade e a tipicidade.
- **55) Imprudência:** é a prática de um fato perigoso; ex.: dirigir veículo em rua movimentada com excesso de velocidade.

- **56) Negligência:** é a ausência de precaução ou indiferença em relação ao ato realizado; ex.: deixar arma de fogo ao alcance de uma criança.
- **57) Imperícia:** é a falta de aptidão para o exercício de arte ou profissão.
- **58) Culpa consciente e inconsciente:** na inconsciente o resultado não é previsto pelo agente, embora previsível; é a culpa comum que se manifesta pela imprudência, negligência ou imperícia; na consciente o resultado é previsto pelo sujeito, que espera levianamente que não ocorra ou que pode evitá-lo.
- **59) Culpa própria e imprópria:** *culpa própria* é a comum, em que o resultado não é previsto, embora seja previsível; nela o agente não quer o resultado nem assume o risco de produzi-lo; na *imprópria*, o resultado é previsto e querido pelo agente, que labora em erro de tipo inescusável ou vencível.
- **60) Compensação e concorrência de culpas:** a compensação de culpas é incabível em matéria penal; não se confunde com a concorrência de culpas; suponha-se que 2 veículos se choquem num cruzamento, produzindo ferimentos nos motoristas e provando-se que agiram culposamente; trata-se de concorrência de culpas; os dois respondem por crime de lesão corporal culposa.
- **61) Conceito de crime preterdoloso:** é aquele em que a conduta produz um resultado mais grave que o pretendido pelo sujeito; o agente quer um *minus* e sua conduta causa um *majus*, de maneira que se conjugam o dolo na conduta antecedente e a culpa no resultado (consequente).
- **62) Nexo objetivo e normativo:** no crime preterdoloso não é suficiente a existência de um nexo de causalidade objetiva entre a conduta antecedente e o resultado agravador; assim, a mera relação entre a conduta e o resultado (art. 13), embora necessária, não é suficiente, uma vez que se exige a *imputatio juris* (relação de causalidade subjetiva-normativa); é necessário que haja um liame normativo entre o sujeito que pratica o *primum delictum* e o resultado qualificador; este só é imputado ao sujeito quando previsível (culpa); no caso de lesão corporal seguida de morte, a lesão corporal é punida à título de dolo; a morte, a título de culpa; o dolo do agente só se estende à lesão corporal.
- **63) Conceito de erro de tipo:** é o que incide sobre as elementares ou circunstâncias da figura típica, sobre os pressupostos de fato de uma causa de justificação ou dados secundários da norma penal incriminadora; é o que faz o sujeito supor a ausência de elemento ou circunstância da figura típica incriminadora ou a presença de requisitos da norma permissiva; ex.: sujeito dispara um tiro de revólver no que supõe seja um animal bravio, vindo a matar um homem; o erro de tipo pode ser essencial e acidental.
- **64) Efeito:** o erro de tipo exclui sempre o dolo, seja evitável ou inevitável; como o dolo é elemento do tipo, a sua presença exclui a tipicidade do fato doloso, podendo o sujeito responder por crime culposo, desde que seja típica a modalidade culposa.
- **65) Erro de tipo essencial:** ocorre quando a falsa percepção impede o sujeito de compreender a natureza criminosa do fato; recai sobre os elementos ou circunstâncias do tipo penal ou sobre os pressupostos de fato de uma excludente da ilicitude; apresenta-se sob 2 formas: a) erro invencível ou escusável (quando não pode ser evitado pela norma diligência); b) erro vencível ou inescusável (quando pode ser evitado pela diligência ordinária, resultando de imprudência ou negligência.
- **66) Descriminantes putativas:** ocorrem quando o sujeito, levado a erro pelas circunstâncias do caso concreto, supõe agir em face de uma causa excludente de ilicitude; é possível que o sujeito, por erro plenamente justificado pelas circunstâncias, suponha encontrar-se em face de estado de necessidade, de legítima defesa, de estrito cumprimento do dever legal ou do exercício regular de direito; quando isso ocorre, aplica-se o disposto no art. 20, § 1º, 1ª parte: "é isento de pena quem, por erro plenamente justificado pelas circunstâncias, supõe situação de fato que, se existisse, tornaria a ação legítima; surgem as denominadas eximentes putativas ou causas putativas de exclusão da antijuricidade.
- **67) Erro provocado por terceiro:** responde pelo crime o terceiro que determina o erro (art. 20, § 2º); o erro pode ser espontâneo e provocado; há a forma espontânea quando o sujeito incide em erro sem a participação provocadora de terceiro; existe o erro provocado quando o sujeito a ele é induzido por conduta de terceiro; a provocação poder ser dolosa ou culposa; há provocação dolosa quando o erro é preordenado pelo terceiro, isto é, o terceiro conscientemente induz o sujeito a incidir em erro; o provocador responde pelo crime a título de

dolo; existe determinação culposa quando o terceiro age com imprudência, negligência ou imperícia.

- **68) Erro acidental:** é o que não versa sobre os elementos ou circunstâncias do crime, incidindo sobre dados acidentais do delito ou sobre a conduta de sua execução; não impede o sujeito de compreender o caráter ilícito de seu comportamento; o erro acidental não exclui o dolo; são casos de erro acidental: o erro sobre o objeto; sobre pessoa; na execução; resultado diverso do pretendido (*aberratio criminis*).
- **69) Erro sobre objeto (*error in objecto*):** ocorre quando o sujeito supõe que sua conduta recai sobre determinada coisa, sendo que na realidade incide sobre outra; é o caso do sujeito subtrair açúcar supondo tratar-se de farinha.
- **70) Erro sobre pessoa (*error in persona*):** ocorre quando há erro de representação, em face do qual o sujeito atinge uma pessoa supondo tratar-se da que pretendia ofender; ele pretende atingir certa pessoa, vindo a ofender outra inocente pensando tratar-se da primeira.
- **71) Erro na execução (*aberratio ictus*):** ocorre quando o sujeito, pretendendo atingir uma pessoa, vem a ofender outra; há disparidade entre a relação de causalidade pretendida pelo agente e o nexo causal realmente produzido; ele pretende que em consequência de seu comportamento se produza um resultado contra Antônio; realiza a conduta e causa evento contra Pedro.
- **72) Resultado diverso do pretendido (*aberratio criminis*):** *aberratio criminis* significa desvio do crime; há erro na execução do tipo; o agente quer atingir um bem jurídico e ofende outro (de espécie diversa).
- **73) Conceito de crime consumado:** determina o art. 14, I, do CP, que o crime se diz consumado quando nele se reúnem todos os elementos de sua definição legal; a noção da consumação expressa total conformidade do fato praticado pelo agente com a hipótese abstrata descrita pela norma penal incriminadora.
- **74) Crime exaurido:** o crime consumado não se confunde com o exaurido; o *iter criminis* se encerra com a consumação.
- **75) A consumação nos crimes materiais:** nos crimes materiais, de ação e resultado, o momento consumativo é o da produção deste; assim, consuma-se o homicídio com a morte da vítima.
- **76) Crimes culposos:** a consumação ocorre com a produção do resultado; assim, no homicídio culposo, o momento consumativo é aquele em que se verifica a morte da vítima.
- **77) Crimes de mera conduta:** a consumação se dá com a simples ação; na violação de domicílio, uma das formas de consumação é a simples entrada.
- **78) Crimes formais:** a consumação ocorre com a conduta típica imediatamente anterior à fase do evento, independentemente da produção do resultado descrito no tipo.
- **79) Crimes de perigo:** consumam-se no momento em que o sujeito passivo, em face da conduta, é exposto ao perigo de dano.
- **80) Crimes permanentes:** a consumação se protrai no tempo desde o instante em que se reúnem os seus elementos até que cesse o comportamento do agente.
- **81) Crime omissivo próprio:** tratando-se de crime que se perfaz com o simples comportamento negativo (ou ação diversa), não se condicionando à produção de um resultado ulterior, o momento consumativo ocorre no instante da conduta.
- **82) Crime omissivo impróprio:** a consumação se verifica com a produção do resultado, visto que a simples conduta negativa não o perfaz, exigindo-se um evento naturalístico posterior.
- **83) *Iter Criminis*:** é o conjunto das fases pelas quais passa o delito; compõe-se das seguintes etapas: a) cogitação; b) atos preparatórios; c) execução; d) consumação.
- **84) Conceito de tentativa:** é a execução iniciada de um crime, que não se consuma por circunstâncias alheias à vontade do agente; seus elementos são o início da execução e a não consumação por circunstâncias alheias à vontade do agente.
- **85) Tentativa perfeita e imperfeita:** quando o processo executório é interrompido por circunstâncias alheias à vontade do agente, fala-se em *tentativa imperfeita* ou tentativa propriamente dita; quando a fase de execução é integralmente realizada pelo agente, mas o resultado não se verifica por circunstâncias alheias à sua vontade, diz-se que há *tentativa perfeita* ou crime falho.
- **86) Infrações que não admitem tentativa:** a) os crimes culposos; b) os preterdolosos; c) as contravenções; d) os omissivos próprios; e) os

unissubsistentes; f) os crimes habituais; g) os crime que a lei pune somente quando ocorre o resultado, como a participação em suicídio; h) os permanentes de forma exclusivamente omissiva; i) os crimes de atentado.

- **87) Crime continuado:** só é admissível a tentativa dos crimes que o compõe; o todo não a admite.
- **88) Crime complexo:** a tentativa ocorre com o começo de execução do delito que inicia a formação da figura típica ou com a realização de um dos crimes que o integram.
- **89) Aplicação da pena:** pune-se a tentativa com a pena correspondente ao crime consumado, diminuída de um a dois terços; a diminuição de um a dois terços não decorre da culpabilidade do agente, mas da própria gravidade do fato constitutivo da tentativa; quanto mais o sujeito se aproxima da consumação, menor deve ser a diminuição da pena (1/3); quanto menos ele se aproxima da consumação, maior deve ser a atenuação (2/3).
- **90) Desistência voluntária:** consiste numa abstenção de atividade: o sujeito cessa o seu comportamento delituoso; assim, só ocorre antes de o agente esgotar o processo executivo.
- **91) Arrependimento eficaz:** tem lugar quando o agente, tendo já ultimado o processo de execução do crime, desenvolve nova atividade impedindo a produção do resultado.
- **92) Arrependimento posterior:** nos termos do art. 16 do CP, "nos crimes cometidos sem violência ou grave ameaça à pessoa, reparado o dano ou restituída a coisa, até o recebimento da denúncia ou da queixa, por ato voluntário do agente, a pena será reduzida de um a dois terços.
- **93) Crime impossível:** é também chamado de quase-crime; tem disciplina jurídica contida no art. 17 do CP: "não se pune a tentativa quando, por ineficácia absoluta do meio ou por absoluta impropriedade do objeto, é impossível consumar-se o crime"; há dois casos de crime impossível: a) por ineficácia absoluta do meio; b) por impropriedade absoluta do objeto; dá-se o primeiro quando o meio empregado pelo agente, pela sua própria natureza, é absolutamente incapaz de produzir o evento; ex.: o agente, pretendendo matar a vítima mediante uma dose de veneno, ministra açúcar em sua alimentação, supondo-o arsênico; dá-se o segundo caso quando inexiste o objeto material sobre o qual deveria recair a conduta, ou quando, pela situação ou condição, torna impossível a produção do resultado visado pelo agente; nos dois casos não há tentativa por ausência de tipicidade; para que ocorra o crime impossível, é preciso que a ineficácia do meio e a impropriedade do objeto sejam absolutas; se forem relativas, haverá tentativa.
- **94) Antijuricidade:** é a contradição do fato, eventualmente adequado ao modelo legal, com a ordem jurídica, constituindo lesão de um interesse protegido.
- **95) Causas de exclusão da antijuricidade:** a antijuricidade pode ser afastada por determinadas causas, as determinadas causas de exclusão de antijuricidade; quando isso ocorre, o fato permanece típico, mas não há crime, excluindo a ilicitude, e sendo ela requisito do crime, fica excluído o próprio delito; em consequência, o sujeito deve ser absolvido; são causas de exclusão de antijuricidade, previstas no art. 23 do CP: estado de necessidade; legítima defesa; estrito cumprimento de dever legal; exercício regular de direito.
- **96) Estado de necessidade:** é uma situação de perigo atual de interesses protegidos pelo direito, em que o agente, para salvar um bem próprio ou de terceiro, não tem outro meio senão o de lesar o interesse de outrem; perigo atual é o presente, que está acontecendo; iminente é o prestes a desencadear-se.
- **97) Legítima defesa:** nos termos do art. 25 do CP, entende-se como legítima defesa quem, usando moderadamente os meios necessários, repele injusta agressão, atual ou iminente, a direito seu ou de outrem.
- **98) Estrito cumprimento do dever legal e exercício regular de direito:** determina o art. 23, III, do CP que não há crime quando o sujeito pratica o fato em estrito cumprimento do dever legal; é causa de exclusão da antijuricidade; a excludente só ocorre quando há um dever imposto pelo direito objetivo; o art. 23, III, parte final, do CP determina que não há crime quando o agente pratica o fato no exercício regular de direito; desde que a conduta se enquadre no exercício de um direito, embora típica, não apresenta o caráter de antijurídica.
- **99) Conceito de Concurso de Agentes:** ocorre quando várias pessoas concorrem para a realização de uma infração penal (art. 29).
- **100) Concurso necessário e eventual:** os crimes podem ser monossubjetivos ou pluris-

subjetivos; os primeiros são aqueles que podem ser cometidos por um só sujeito; os segundos são os que exigem pluralidade de agentes; existem 2 espécies de concurso: necessário e eventual; cuida-se de concurso necessário no tocante aos crimes plurissubjetivos; fala-se em concurso eventual quando, podendo o delito ser praticado por uma só pessoa, é cometido por várias; no primeiro, o concurso de agentes é descrito pelo preceito primário da norma penal incriminadora, enquanto no segundo não existe essa previsão; quando a pluralidade de agentes é elemento do tipo, cada concorrente responde pelo crime, mas este só se integra quando os outros contribuem para a formação da figura típica; o princípio segundo o qual quem, de qualquer modo, concorre para o crime incide nas penas a ele cominadas (art. 29) somente é aplicável aos casos de concurso eventual, com exclusão do concurso necessário.

- **101) Autor:** é o sujeito que executa a conduta expressa pelo verbo típico da figura delitiva; é o que mata, subtrai, sequestra etc., praticando o núcleo do tipo; é também autor quem realiza o fato por intermédio de outrem (autor mediato).
- **102) Coautoria:** dá-se coautoria quando várias pessoas realizam as características do tipo; há diversos executores do tipo penal; por isso não há necessidade de aplicação do art. 29, *caput*, 1ª parte, do CP.
- **103) Participação:** dá-se quando o sujeito, não praticando atos executórios do crime, concorre de qualquer modo para a sua realização (art. 29); ele não realiza conduta descrita pelo preceito primário da norma, mas realiza uma atividade que contribui para a formação do delito.
- **104) Partícipe:** é o agente que acede sua conduta à realização do crime, praticando atos diversos dos do autor.
- **105) Requisitos do concurso de agentes:** para que haja participação, são necessários os seguintes requisitos: a) pluralidade de condutas; b) relevância causal de cada uma; c) liame subjetivo; d) identificação da infração para todos os participantes.
- **106) Da cooperação dolosamente distinta:** diz o § 2º do art. 29 do CP que, se algum dos concorrentes quis participar de crime menos grave, ser-lhe-á aplicada a pena deste; essa pena será aumentada até a metade na hipótese de ter sido previsível o resultado mais grave; esse dispositivo cuida da hipótese de o autor principal cometer delito mais grave que o pretendido pelo partícipe.
- **107) Participação impunível:** o art. 31 determina que o ajuste, a determinação ou instigação e o auxílio, salvo disposição em contrário, não são puníveis, se o crime não chega, pelo menos, a ser tentado; assim, são impuníveis as formas de concurso quando o delito não chega à fase de execução.
- **108) Momento da participação:** a participação pode ocorrer em qualquer das fases do *iter criminis*; considerada isoladamente a conduta do executor, pode acontecer inclusive antes da cogitação: caso de determinação ou induzimento; uma das consequências de configurar a participação partindo da relação de causalidade é a exclusão de qualquer conduta que não realize ou contribua para a produção do crime; em face disso, o fato que constitui a participação deve ser cometido antes ou durante a realização do delito; se posterior, não é participação no crime anterior, mas sim delito autônomo.
- **109) Autoria incerta:** dá-se quando, na autoria colateral, não se apura a quem atribuir a produção do evento; a autoria é conhecida; a incerteza recai sobre quem, dentre os realizadores dos vários comportamentos, produziu o resultado.
- **110) Participação mediante omissão:** ocorre quando existe a obrigação de impedir o delito, que o omitente permite ou procede de forma que ele se realize; existe nela um não fazer correlatado a uma obrigação de fazer impeditiva do crime, obrigação esta ligada às formas das quais advém o dever jurídico de obstar a prática do fato.
- **111) Comunicabilidade e incomunicabilidade de condições, elementares e circunstâncias:** segundo dispõe o art. 30, não se comunicam as circunstâncias e as condições de caráter pessoal, salvo quando elementares ao crime; *circunstâncias* são os dados acessórios que, agregados ao crime, têm função de aumentar ou diminuir a pena; não interferem na qualidade do crime, mas sim afetam a sua gravidade; *condições pessoais* são as relações do sujeito com o mundo exterior e com outras coisas, como as de estado civil, de parentesco, de profissão ou emprego; *elementares* são os elementos típicos do crime, dados que integram a definição da infração penal; observando que a participação

de cada concorrente adere à conduta e não à pessoa dos outros participantes, estabelecem-se as seguintes regras: 1ª) não se comunicam as condições ou circunstâncias de caráter pessoal; 2ª) a circunstância objetiva não pode ser considerada no fato do partícipe se não ingressou na esfera de seu conhecimento; 3ª) as elementares comunicam-se entre os fatos cometidos pelos participantes, desde que tenham ingressado na esfera de seu conhecimento; assim, quando um dado é simplesmente circunstância ou condição do crime, aplicam-se as duas primeiras regras; quando é elementar (elemento específico), aplica-se a última.

- **112) Autoria por convicção:** o autor por convicção e o autor de consciência não estão em contradição consigo próprios, uma vez que agem segundo as suas convicções, a sua consciência, conforme as suas visões de mundo, rejeitando a ordem jurídica por entenderem ser contrária aos seus entendimentos, às suas crenças, aos seus princípios éticos e morais.
- **113) Excesso intensivo e extensivo:** Excesso intensivo é aquele que se verifica a partir dos meios utilizados para repelir a agressão, ou ao grau de utilização deles. Já o excesso extensivo se configura quando a defesa se prolonga no tempo além do que dura a atualidade da agressão, ou seja, quando a agressão já tenha cessado e não exista mais o perigo de sua continuação. Conclui-se, portanto, que o excesso intensivo relaciona-se com os meios, e o extensivo com a continuidade no tempo.

• **No que tange à culpabilidade, Fernando Capez aponta que:**

- **1) Culpabilidade:** é o liame subjetivo entre o autor e o resultado, é o pressuposto da imposição da pena.
- **2) Imputabilidade:** imputar é atribuir a alguém a responsabilidade de alguma coisa; *imputabilidade penal* é o conjunto de condições pessoais que dão ao agente capacidade para lhe ser juridicamente imputada a prática de um fato punível.
- **3) Responsabilidade penal:** é a obrigação que alguém tem de arcar com as consequências jurídicas do crime; é o dever que tem a pessoa de prestar contas de seu ato; ele depende da imputabilidade do indivíduo, pois não pode sofrer as consequências do fato criminoso (ser responsabilizado) senão o que tem a consciência de sua antijuricidade e quer executá-lo.
- **4) Inimputabilidade:** é a incapacidade para apreciar o caráter ilícito do fato ou de determinar-se de acordo com essa apreciação; a imputabilidade é a regra; a ininputabilidade, a exceção.
- **5) Causas de exclusão da imputabilidade:** as causas de exclusão da imputabilidade são as seguintes: a) doença mental; b) desenvolvimento mental incompleto; c) desenvolvimento mental retardado; d) embriaguez completa, proveniente de caso fortuito ou força maior; excluem, por consequência, a culpabilidade; as 3 primeiras causas encontram-se no art. 26, *caput*; a quarta, no art. 28, § 1º.
- **6) Causas de exclusão da culpabilidade:** são as seguintes as causas excludentes da culpabilidade: a) erro de proibição (art. 21, *caput*); b) coação moral irresistível (art. 22, 1ª parte); c) obediência hierárquica (art. 22, 2ª parte); d) inimputabilidade por doença mental ou desenvolvimento mental incompleto ou retardado (art. 26, *caput*); e) inimputabilidade por menoridade penal (art. 27); f) inimputabilidade por embriaguez completa, proveniente de caso fortuito ou força maior.
- **7) Erro de proibição:** se o sujeito não tem possibilidade de saber que o fato é proibido, sendo inevitável o desconhecimento da proibição, a culpabilidade fica afastada; surge o erro de proibição: que incide sobre a ilicitude do fato; o sujeito, diante do erro, supõe lícito o fato por ele cometido.
- **8) Coação:** é o emprego de força física (coação física) ou de grave ameaça (coação moral) contra alguém, no sentido de que faça alguma coisa ou não; quando o sujeito pratica o fato sob coação física irresistível, não concorre a liberdade psíquica ou física; não há vontade integrante da conduta, pelo que não há o próprio comportamento, primeiro elemento do fato típico; então, não há crime por ausência de conduta, aplicando o disposto no art. 13, *caput*; logo, o art. 22, só cuida da coação moral irresistível; a coação que exclui a culpabilidade é a moral.
- **9) Obediência hierárquica:** ordem de superior hierárquico é a manifestação de vontade do titular de uma função pública a um funcionário que lhe é subordinado, no sentido de que realize uma conduta (positiva ou negativa); a ordem pode ser legal ou ilegal; quando é legal, nenhum crime comete o subordinado (nem o superior); quando a ordem é manifestamente ilegal, respondem pelo crime o superior e o subordinado.

- **10) Inimputabilidade por doença mental ou desenvolvimento mental incompleto ou retardado:** para que seja considerado inimputável não basta que o agente seja portador de "doença mental, ou desenvolvimento mental incompleto ou retardado"; é necessário que, em consequência desses estados, seja inteiramente incapaz de entender o caráter ilícito do fato ou de determinar-se de acordo com esse entendimento (no momento da conduta).
- **11) Requisitos normativos da inimputabilidade:** a capacidade psicológica manifesta-se por meio do entendimento e da vontade; há dois requisitos normativos de imputabilidade: o intelectivo e o volitivo; o primeiro diz respeito à capacidade de entendimento do caráter ilícito do fato, isto é, a capacidade de compreender que o fato é socialmente reprovável; o segundo diz respeito à capacidade de determinação, isto é, a capacidade de dirigir o comportamento de acordo com o entendimento de que ele (comportamento) é socialmente reprovável; faltando um dos requisitos, surge a inimputabilidade.
- **12) Embriaguez:** é a intoxicação aguda e transitória causada pelo álcool, cujos efeitos podem progredir de uma ligeira excitação inicial até o estado de paralisia e coma; possui as seguintes fases: excitação, depressão e fase do sono; a embriaguez pode ser completa e incompleta; completa corresponde ao segundo e terceiro períodos; a incompleta corresponde à primeira fase.
- **13) Embriaguez voluntária ou culposa:** há quando o sujeito ingere substância alcoólica com intenção de embriagar-se; a embriaguez culposa existe quando o sujeito não ingere substância alcoólica com a finalidade de embriagar-se, mas em face de excesso imprudente vem a embriagar-se.
- **14) Embriaguez acidental:** é acidental quando não voluntária nem culposa; pode ser proveniente de caso fortuito ou de força maior; é proveniente de caso fortuito quando o sujeito desconhece o efeito inebriante da substância que ingere, ou quando, desconhecendo uma particular condição fisiológica, ingere substância que contém álcool, ficando embriagado; há embriaguez proveniente de força maior no caso, por exemplo, de o sujeito ser obrigado a ingerir bebida alcoólica.
- **15) Sistema da embriaguez na legislação penal:** a) embriaguez voluntária: completa e incompleta (art. 28, II), não excluem a imputabilidade; b) culposa: completa e incompleta, não excluem a imputabilidade; c) embriaguez acidental proveniente de caso fortuito: a completa (art. 28, § 1º), exclui a imputabilidade; incompleta (art. 28, § 2º), o agente responde pelo crime com atenuação da pena; d) proveniente de força maior: completa, exclui a imputabilidade; incompleta, o agente responde pelo crime com atenuação da pena; e) embriaguez patológica (art. 26, *caput* ou parágrafo único): exclui a imputabilidade ou causa a diminuição da pena; f) preordenada (art. 61, II, *l*): circunstância agravante.
- A embriaguez é preordenada quando o sujeito se embriaga propositadamente para cometer um crime.

• **Em relação à sanção penal, Damásio de Jesus aponta que:**

- **1) Pena:** é a sanção aflitiva imposta pelo Estado, mediante ação penal, ao autor de uma infração (penal), como retribuição de seu ato ilícito, consistente na diminuição de um bem jurídico, e cujo fim é evitar novos delitos
- **2) Regimes penitenciários:** o art. 33 do CP prevê 3 espécies de regimes: o fechado, o semiaberto e o aberto; considera-se regime fechado a execução da pena privativa de liberdade em estabelecimento de segurança máxima ou média; no regime semiaberto, a execução da pena se faz em colônia agrícola ou estabelecimento similar; no regime aberto, a execução da pena ocorre em casa de albergado ou estabelecimento adequado.
- **3) Reclusão e detenção:** as penas privativas de liberdade são duas: reclusão e detenção; a pena de reclusão deve ser cumprida em regime fechado, semiaberto ou aberto; a de detenção deve ser cumprida em regime semiaberto ou aberto.
- **4) Distinções entre reclusão e detenção:** a) em relação ao regime de cumprimento da pena (*caput* do art. 33); b) no concurso material, a reclusão é executada em primeiro lugar (art. 69, *caput*); c) alguns efeitos da condenação só se aplicam à reclusão (art. 92, II); d) nas medidas de segurança, a internação é aplicável à reclusão; o tratamento ambulatorial, à detenção (art. 97, *caput*).
- **5) Início do cumprimento da pena:** em atenção a uma forma progressiva de execução, de acordo com o mérito do condenado, o início

do cumprimento da pena se dará da seguinte forma: a) o condenado a pena superior a 8 anos deverá começar a cumpri-la em regime fechado; b) o não reincidente, cuja pena seja superior a 4 anos e não exceda a oito, poderá, desde o princípio, cumpri-la em regime semiaberto; c) o não reincidente, cuja pena seja igual ou inferior a 4 anos, poderá, desde o início, cumpri-la em regime aberto.

- **6) Detração penal:** é o cômputo na pena privativa de liberdade e na medida de segurança do tempo de prisão provisória ou administrativa e o de internação em hospital ou manicômio.
- **7) Penas restritivas de direito** as penas restritivas de direitos, previstas na CF (art. 5º, XLVI), são as seguintes: prestação de serviços à comunidade, interdição temporária de direitos e limitação de fim de semana; adotado pelo CP o sistema das penas substitutivas, as privativas de direito são autônomas e substituem as privativas de liberdade, observadas as condições previstas no art. 44; as penas restritivas de direitos não podem ser cumuladas com as privativas de liberdade.
- **8) Conversão:** a pena restritiva de direitos, obrigatoriamente, converte-se em privativa de liberdade, pelo tempo da pena aplicada, nos termos previstos no art. 45 do CP; a conversão se faz pelo total da pena original.
- **9) Prestação de serviços à comunidade:** de acordo com o art. 46, a prestação de serviços à comunidade consiste na atribuição ao condenado de tarefas gratuitas junto a entidades assistenciais, hospitais, escolas, orfanatos e outros estabelecimentos congêneres, em programas comunitários ou estatais; a execução se faz nos termos da Lei de Execução Penal.
- **10) Interdição temporária de direitos:** as penas de interdição temporária de direitos estão previstas no art. 47 do CP; a execução de tais penas se realiza de acordo com os arts. 154 e 155 da Lei de Execução Penal.
- **11) Limitação de fim de semana:** segundo o art. 48, consiste na obrigação de permanecer, aos sábados e domingos, por 5 horas diárias, em casa de albergado ou outro estabelecimento adequado; a execução da limitação se faz nos termos da Lei de Execução Penal (arts. 151 a 153).
- **12) Medidas de segurança:** as penas e as medidas de segurança constituem as duas formas de sanção penal; enquanto a pena é retributiva-preventiva, tendendo a readaptar socialmente o delinquente, a medida de segurança possui natureza essencialmente preventiva, no sentido de evitar que um sujeito que praticou um crime e se mostra perigoso venha a cometer novas infrações penais; a reforma penal de 1984 extinguiu a imposição de medidas de segurança aos sujeitos imputáveis.
- **13) Sistema Vicariante:** após a Reforma do CPP de 1984, aplica-se somente a pena, ou a medida de segurança, nunca as duas.
- **14) Extinção da punibilidade:** extinta a punibilidade (art. 107), não se impõe medida de segurança, nem subsiste a que tenha sido imposta (art. 96, parágrafo único).
- **15) Circunstâncias:** tratando-se de crime, circunstância é todo fato ou dado que se encontra em redor do delito; é um dado eventual, que pode existir ou não, sem que o crime seja excluído.
- **16) Elementares:** o crime possui 2 requisitos: fato típico e antijuricidade; ao lado deles fala-se em elementos específicos, que são as várias formas pelas quais aqueles elementos genéricos expressam os diversos tipos penais; são as elementares.
- **17) Distinção entre uma elementar e uma circunstância:** o critério é de exclusão, de acordo com 2 princípios: 1º) quando, diante de uma figura típica, excluindo determinado elemento, o crime desaparece ou surge outro, estamos em face de uma elementar; 2º) quando, excluindo certo dado, não desaparece o crime considerado, não surgindo outro, estamos em face de uma circunstância.
- **18) Classificação:** as circunstâncias legais, previstas especificadamente pelo Código, estão contidas na Parte Geral e na Parte Especial; quando previstas na Geral, denominam-se circunstâncias gerais, comuns ou genéricas; na Especial, chamam-se específicas; as circunstâncias legais genéricas podem ser: a) agravantes (arts. 61 e 62); b) atenuantes (art. 65); c) causas de aumento ou de diminuição de pena (exs.: arts. 26, parágrafo único, e 60, § 1º); as circunstâncias legais especiais ou específicas podem ser: a) qualificadoras (exs.: arts. 121, § 2º; 155, § 4º); b) causas de aumento ou de diminuição de pena (exs.: arts. 121, §§ 1º e 4º; 129, § 4º, III); as circunstâncias ainda podem ser: a) antecedentes (embriaguez preordenada, 61, II, *l*); b) concomitantes (crueldade, art. 61, II, *d*); c) supervenientes (reparação do dano, art. 65, II, *b*, última figura).

- **19) Circunstâncias agravantes:** as circunstâncias agravantes da pena, de aplicação obrigatória, estão previstas nos art. 61 e 62 do CP; são de aplicação restrita, não admitindo ampliação por analogia.
- **20) Reincidência:** é, em termos comuns, repetir a prática do crime; apresenta-se em 2 formas: a) reincidência real (quando o sujeito pratica nova infração após cumprir, total ou parcialmente, a pena imposta em face de crime anterior); b) reincidência ficta (quando o sujeito comete novo crime após haver transitado em julgado sentença que o tenha condenado por delito anterior); o CP adotou a segunda teoria, conforme o dispõe o art. 63; a reincidência pressupõe uma sentença condenatória transitada em julgado por prática de crime.
- **21) Circunstâncias atenuantes:** estão dispostas no art. 65 do CP; são de aplicação em regra obrigatória, pois o *caput* do art. 65 reza: "são circunstâncias que sempre atenuam a pena..."; entretanto, há um caso em que as circunstâncias atenuantes não têm incidência: quando a pena-base foi fixada no mínimo legal; elas não podem atenuar a pena aquém do mínimo abstrato.
- **22) Causas de aumento e de diminuição de pena:** são causas de facultativo ou obrigatório aumento ou diminuição da sanção penal em quantidade fixada pelo legislador (um terço, um sexto, dobro etc.) ou de acordo com certos limites (um a dois terços, um sexto até a metade etc.); as causas de aumento são obrigatórias, salvo a prevista no art. 60, § 1º; as causas de diminuição de pena são obrigatórias ou facultativas, de acordo com a determinação do Código.
- **23) Circunstâncias qualificadoras:** qualificadoras são circunstâncias legais especiais ou específicas previstas na Parte Especial do CP que, agregadas à figura típica fundamental, têm função de aumentar a pena; diferem das circunstâncias qualificativas (arts. 61 e 62); além disso, em face das circunstâncias agravantes (qualificativas) o *quantum* da agravação fica a critério do juiz; quando, porém, o Código descreve uma qualificadora, expressamente menciona o mínimo e o máximo da pena agravada.
- **24) Cominação das penas:** cominação é a imposição abstrata das penas pela lei; o CP, nos arts. 53 a 58, determina regras a respeito; no tocante às penas privativas de liberdade, elas têm seus limites (máximo e mínimo) estabelecidos no preceito secundário de cada tipo penal incriminador (art. 53); as penas restritivas de direitos não estão previstas na Parte Especial do CP; adotado o sistema das penas substitutivas, são aplicáveis no lugar das privativas de liberdade, desde que fixadas na sentença (art. 54).
- **25) Juízo de culpabilidade como fundamento da imposição da pena:** a imposição da pena está condicionada à culpabilidade do sujeito; na fixação da sanção penal, sua qualidade e quantidade estão presas ao grau de censurabilidade da conduta (culpabilidade); a periculosidade constitui pressuposto da imposição das medidas de segurança.
- **26) Fixação da pena:** nos termos do art. 59, o juiz, atendendo à culpabilidade, aos antecedentes, à conduta social, à personalidade do agente, aos motivos, às circunstâncias e consequências do crime, bem como ao comportamento da vítima, estabelecerá, conforme seja necessário e suficiente para reprovação e prevenção do crime: I – as penas aplicáveis dentre as cominadas; II – a quantidade de pena aplicável, dentro dos limites previstos; III – o regime inicial de cumprimento da pena privativa de liberdade; IV – a substituição da pena privativa de liberdade aplicada, por outra espécie de pena, se cabível.
- **27) Fases da fixação da pena privativa de liberdade:** na opinião de Nelson Hungria: para a fixação da pena, o juiz deve considerar inicialmente as circunstâncias judiciais do art. 59, *caput*, para depois levar em consideração as circunstâncias legais genéricas agravantes e atenuantes (arts. 61, 62, 65 e 66), e finalmente aplicar as causas de aumento e diminuição da pena, previstas na Parte Geral ou Especial do CP; assim, para ele, são 3 as fases de fixação da pena: 1ª) o juiz fixa a pena-base, levando em conta as circunstâncias judiciais do art. 59, *caput*; 2ª) encontrada a pena-base, o juiz aplica as agravantes e atenuantes dos arts. 61, 62 e 65; 3ª) sobre a pena fixada na segunda fase, o juiz faz incidir as causas de aumento ou de diminuição; é claro que só existe a terceira fase quando houver causa de aumento ou de diminuição aplicável ao caso concreto.
- **28) Concurso de circunstâncias agravantes e atenuantes:** diz o art. 67 que no concurso de agravantes e atenuantes, a pena deve aproximar-se do limite indicado pelas circunstâncias preponderantes, entendendo-se como

tais as que resultam dos motivos determinantes do crime, da personalidade do agente e da reincidência; a menoridade prepondera sobre todas as outras circunstâncias, inclusive sobre a reincidência.

- **29) Concurso de causas de aumento e de diminuição:** o art. 68, parágrafo único, determina que no concurso de causas de aumento ou de diminuição previstas na Parte Especial, pode o juiz limitar-se a um só aumento ou a uma só diminuição, prevalecendo, todavia, a causa que mais aumente ou diminua; se concorrerem duas causas de aumento, uma prevista na Parte Geral e outra na Parte Especial do CP, o juiz deve proceder ao segundo aumento não sobre a pena-base, mas sobre o *quantum* já acrescido na primeira operação.
- **30) Concurso de qualificadoras:** no concurso de qualificadoras previstas no mesmo tipo penal, aplica-se uma só, servindo a outra de circunstância judicial de agravação da pena; assim, se o sujeito comete furto com destruição de obstáculo à subtração da coisa mediante concurso de agentes (art. 155, § 4º, I e IV), sofre uma só pena de reclusão de 2 a 8 anos, além da multa; a segunda qualificadora deve ser considerada como circunstância judicial de exasperação da pena nos termos do art. 59, *caput*, ingressando na expressão "circunstância" empregada no texto.
- **31) Fixação da pena de multa:** nos termos do art. 60, *caput*, na fixação da pena de multa, o juiz deve atender, principalmente, à situação econômica do réu.
- **32) Concurso de crimes:** quando duas ou mais pessoas praticam o crime surge o "concurso de agentes"; quando um sujeito, mediante unidade ou pluralidade de ações ou de omissões, pratica 2 ou mais delitos, surge o concurso de crimes ou de penas; é possível que o fato apresente concurso de agentes e de crimes; é o caso de duas ou mais pessoas, em concurso, praticarem dois ou mais crimes.
- **33) Sistema do cúmulo material:** considera que as penas dos vários delitos devem ser somadas; foi adotado entre nós no concurso material ou real (69, *caput*) e no concurso formal imperfeito (art. 70, *caput*, 2ª parte).
- **34) Sistema da absorção:** a pena mais grave absorve a menos grave.
- **35) Sistema da acumulação jurídica:** a pena aplicável não é da soma das concorrentes, mas é de tal severidade que atende à gravidade dos crimes cometidos.
- **36) Sistema de responsabilidade única e da pena progressiva única:** os crimes concorrem, mas não se acumulam, devendo-se aumentar a responsabilidade do agente ao crescer o número de infrações.
- **37) Sistema da exasperação da pena:** aplica-se a pena do crime mais grave, aumentada de um *quantum* determinado; foi adotado no concurso formal (art. 70) e no crime continuado (art. 71).
- **38) Concurso material:** ocorre quando o agente, mediante mais de uma ação ou omissão, pratica dois ou mais crimes, idênticos ou não (art. 69, *caput*); para que haja concurso material é preciso que o sujeito execute duas ou mais condutas (fatos), realizando dois ou mais crimes; o concurso material poder ser: a) homogêneo: quando os crime são idênticos; ou b) heterogêneos: quando não são idênticos; no concurso material as penas são cumuladas; tratando-se de penas de reclusão e de detenção, executa-se primeiro aquela; impostas penas restritivas de direitos, as compatíveis entre si devem ser cumpridas simultaneamente; se incompatíveis, sucessivamente.
- **39) Concurso formal:** ocorre quando o agente, mediante uma só ação ou omissão pratica dois ou mais crimes (art. 70, *caput*); difere do concurso material pela unidade de conduta: no concurso material o sujeito comete dois ou mais crimes por meio de duas ou mais condutas; no formal, com uma só conduta realiza dois ou mais delitos; ex.: a agente com um só tiro ou um golpe só, ofende mais de uma pessoa; pode ser homogêneo (quando os crimes se encontram descritos pela mesma figura típica, havendo diversidade de sujeitos passivos) ou heterogêneo (quando os crimes se acham definidos em normas penais diversas); pode haver concurso formal entre um crime doloso e outro culposo; na aplicação das penas privativas de liberdade, o Código determina duas regras: a) se as penas são idênticas, aplica-se uma só, aumentada de um sexto até metade; b) se as penas não são idênticas, aplica-se a mais grave, aumentada de um sexto até a metade.
- **40) Crime continuado:** ocorre quando o agente, mediante mais de uma ação ou omissão, pratica dois ou mais crimes da mesma espécie e, pelas condições de tempo, lugar,

maneira de execução e outras semelhantes, devem os subsequentes ser havidos como continuação do primeiro (art. 71, *caput*).

- **41) Suspensão Condicional da Execução da Pena (*Sursis*):** *sursis* quer dizer suspensão, derivando de *surseoir*, que significa suspender; permite que o condenado não se sujeite à execução da pena privativa de liberdade de pequena duração; o juiz não tem a faculdade de aplicar ou não o *sursis*: se presentes os pressupostos a aplicação é obrigatória; é tratado no CP (arts. 77 a 82) e na Lei de Execução Penal (arts. 156 e s.).
- **42) Requisitos:** de acordo com o art. 77, a execução da pena privativa de liberdade, não superior a 2 anos, poderá ser suspensa, por 2 a 4 anos, desde que: a) o condenado não seja reincidente em crime doloso; b) a culpabilidade, os antecedentes, a conduta social e personalidade do agente, bem como os motivos e as circunstâncias autorizem a concessão do benefício; c) não seja indicada ou cabível a substituição prevista no art. 44.
- **43) Período de prova e condições:** concedido o *sursis*, o condenado submete-se a um período de prova, por dois a quatro anos; sendo o condenado maior de setenta anos de idade, o prazo varia de quatro a seis anos, desde que a pena não seja superior a quatro anos; tratando-se de contravenção, o período varia de um a três anos; durante esse lapso de tempo deve cumprir determinadas condições sob pena de ver revogada a medida e ter de cumprir a sanção privativa de liberdade; essas condições são: a) legais: impostas pela lei (arts. 78, § 1º, e 81); b) judiciais: impostas pelo juiz na sentença.
- **44) Revogação:** se o condenado não cumprir as condições durante o período de prova, revoga-se o *sursis*, devendo cumprir por inteiro a pena que se encontrava com a execução suspensa.
- **45) Extinção da pena:** se o período de prova termina sem que haja ocorrido motivo para a revogação, não mais se executa a pena privativa de liberdade.
- **46) Livramento condicional:** o instituto não constitui mais um direito público subjetivo de liberdade do condenado, nem incidente de execução; é medida penal de natureza restritiva da liberdade, de cunho repressivo e preventivo; não é um benefício; a execução do livramento condicional está disciplinada na Lei de Execução Penal (arts. 131 e s.).
- **47) Pressupostos:** os requisitos encontram-se no art. 83: o juiz poderá conceder livramento condicional ao condenado a pena privativa de liberdade igual ou superior a dois anos, desde que: a) cumprida mais de 1/3 da pena se o condenado não for reincidente em crime doloso e tiver bons antecedentes; b) cumprida mais da metade se o condenado for reincidente em crime doloso; c) comprovado comportamento satisfatório durante a execução da pena, bom desempenho no trabalho que lhe foi atribuído e aptidão para prover à própria subsistência mediante trabalho honesto; d) tenha reparado, salvo efetiva impossibilidade de fazê-lo, o dano causado pela infração; e) cumprido mais de 2/3 da pena, nos casos de condenação por crime hediondo, prática de tortura, tráfico ilícito de entorpecentes e drogas afins, e terrorismo, se o apenado não for reincidente específico em crimes dessa natureza.
- **48) Concessão e período de prova:** o livramento condicional pode ser concedido mediante requerimento do sentenciado, de seu cônjuge ou de parente ou por iniciativa do Conselho Penitenciário; o período de prova corresponde ao tempo de pena que resta ao liberado cumprir.
- **49) Revogação:** revoga-se o livramento, se o liberado vem a ser condenado a pena privativa de liberdade, sem sentença irrecorrível: a) por crime cometido durante a vigência do benefício; b) por crime anterior, observado o disposto no art. 84; o juiz poderá, também, revogar o livramento, se o liberado deixar de cumprir qualquer das obrigações constantes da sentença, de observar proibições inerentes à pena acessória ou for irrecorrivelmente condenado, por crime ou contravenção, a pena que não seja privativa de liberdade (arts. 86 e 87).
- **50) Efeitos da revogação:** de acordo com o art. 88 do CP, revogado o livramento não poderá novamente ser concedido, e, salvo quando a revogação resulta de condenação por outro crime anterior àquele benefício, não se desconta na pena o tempo em que esteve solto o condenado; a LEP trata da matéria em 2 disposições; se a revogação for motivada por infração penal anterior à vigência do livramento, computar-se-á no tempo da pena o período em que esteve solto o liberado, sendo permitida, para a concessão de novo livramento, a soma do tempo das duas penas (art. 141); no caso de

revogação por outro motivo, não se computará na pena o tempo em que esteve solto o liberado, e tampouco se concederá, em relação à mesma pena, novo livramento (art. 142).

- **51) Extinção da pena:** se até o término do período de prova o livramento não é revogado, considera-se extinta a pena privativa de liberdade (art. 90); regra idêntica se encontra na LEP, no art. 146.
- **52) Efeitos civis da sentença penal:** condenação é o ato do juiz por meio do qual impõe uma sanção penal ao sujeito ativo de uma infração; a condenação penal irrecorrível produz efeitos principais e secundários; corresponde aos efeitos principais a imposição das penas privativas de liberdade, restritiva de direitos, pecuniária e eventual medida de segurança; o CPP, no art. 387, determina ao juiz, na sentença condenatória, impor as penas, fixando-lhes a quantidade e, se for o caso, a medida de segurança; a par dos efeitos principais a condenação penal produz outros, denominados secundários, reflexos ou acessórios, de natureza penal e extrapenal.
- **53) Condenação penal e reparação civil:** a sentença penal condenatória funciona como sentença meramente declaratória no tocante à indenização civil, pois nela não há mandamento expresso de o réu reparar o dano resultante do crime; a lei, porém, concede-lhe natureza de título executivo (CPP, art. 63; CPC, art. 584, II), pois seu conteúdo declaratório é completado pela norma que torna certa a obrigação de reparação do dano (CP, art. 91, I).
- **54) *Actio civilis ex delicto*:** o art. 1.525 do CC diz que a responsabilidade civil é independente da criminal; assim, o sujeito pode ser absolvido no juízo criminal em face da prática de um fato inicialmente considerado delituoso e, entretanto, ser obrigado à reparação do dano no juízo cível; o agente pode ser civilmente obrigado à reparação do dano, embora o fato causador não seja típico; assim, em regra, a responsabilidade do agente numa esfera não implica a responsabilidade em outra.
- **55) Confisco:** é a perda de bens do particular em favor do Estado; a CF, em seu art. 5º, XLVI, *b*, prevê a perda de bens como pena; o confisco permitido pelo CP não incide sobre bens particulares do sujeito, mas sim sobre instrumentos e produto do crime; só permitido em relação aos crimes, sendo inadmissível nas contravenções.
- **56) Conceito:** é a reintegração do condenado no exercício dos direitos atingidos pela sentença; a reabilitação não alcança somente as interdições de direitos, mas quaisquer penas (art. 93, *caput*); a reabilitação também pode extinguir os efeitos específicos da condenação (art. 92); ela não rescinde a condenação; assim, vindo o reabilitado a cometer delito dentro do prazo no art. 64, I, do CP, será considerado reincidente.
- **57) Condições:** poderá ser requerida decorridos 2 anos do dia em que for extinta, de qualquer modo, a pena principal ou terminar sua execução, computando-se o período de prova, sem revogação, desde que o condenado: a) tenha tido domicílio no Paíz no prazo acima citado; b) tenha dado, durante esse tempo, demonstração efetiva e constante de bom comportamento público e privado; c) tenha ressarcido o dano causado pelo crime ou demonstre a absoluta impossibilidade de fazer até o dia do pedido, ou exiba documento que comprove a renúncia da vítima ou novação da dívida (art. 94, *caput* e I a III).

• **No que tange à extinção da punibilidade, Damásio de Jesus ensina:**

- **1) Punibilidade:** com a prática do crime, o direito de punir do Estado, que era abstrato, torna-se concreto, surgindo a punibilidade, que é a possibilidade jurídica de o Estado impor a sanção; não é requisito do crime, mas sua consequência jurídica.
- **2) Causas extintivas da punibilidade:** é possível, não obstante pratique o sujeito uma infração penal, ocorra uma causa extintiva da punibilidade, impeditiva do *jus puniendi* do Estado; estão arroladas no art. 107 do CP; em regra, podem ocorrer antes da sentença final ou depois da sentença condenatória irrecorrível
- **3) Escusas absolutórias:** são causas que fazem com que a um fato típico e antijurídico, não obstante a culpabilidade do sujeito, não se associe pena alguma por razões de utilidade pública; são também chamadas de causas de exclusão ou de isenção de pena; situam-se na Parte Especial do CP.
- **4) Efeitos da extinção da punibilidade:** em regra, as causas extintivas de punibilidade só alcançam o direito de punir do Estado, subsistindo o crime em todos os seus requisitos e a sentença condenatória irrecorrível; é o que ocorre, por exemplo, com a prescrição da

pretensão executória, em que subsiste a condenação irrecorrível; excepcionalmente, a causa resolutiva do direito de punir apaga o fato praticado pelo agente e rescinde a sentença condenatória irrecorrível; é o que acontece com a *abolitio criminis* e a anistia; assim, os efeitos operam *ex tunc* ou *ex nunc*; no primeiro caso, têm efeito retroativo; no segundo, efeito para o futuro; em caso de concurso de agentes, as causas extintivas de punibilidade estendem-se a todos os participantes.

- **5) Perdão Judicial:** é o instituto pelo qual o juiz, não obstante comprovada a prática da infração penal pelo sujeito culpado, deixa de aplicar a pena em face de justificadas circunstâncias; constitui causa extintiva da punibilidade de aplicação restrita (art. 107, IX); significa que não é aplicável a todas as infrações penais, mas somente àquelas especialmente indicadas pelo legislador; o perdão judicial é de aplicação extensiva, não se restringindo ao delito de que se trata; ex.: o sujeito pratica, em concurso formal, 2 crimes culposos no trânsito, dando causa, num choque de veículos, à morte do próprio filho e lesões corporais num estranho; o benefício concedido em face do homicídio culposo, estende-se à lesão corporal culposa.
- **6) Morte do agente:** é a primeira causa extintiva da punibilidade (art. 107, I); sendo personalíssima a responsabilidade penal, a morte do agente faz com que o Estado perca o *jus puniendi*, não se transmitindo a seus herdeiros qualquer obrigação de natureza penal; deve ser provada por meio de certidão de óbito (CPP, art. 62) não tendo validade a presunção legal do art. 10 do CC.
- **7) Anistia:** é o esquecimento jurídico de uma ou mais infrações penais; deve ser concedida em casos excepcionais, para apaziguar os ânimos, etc.; aplica-se em regra, a crimes políticos, nada obstando que incida sobre delitos comuns; é de atribuição do Congresso Nacional (CF, art. 48, VIII); opera efeitos *ex tunc*, para o passado, apagando o crime, extinguindo a punibilidade e demais consequências de natureza penal.
- **8) Graça e indulto:** a graça se distingue do indulto, nos seguintes pontos: a graça é individual; o indulto, coletivo; a graça, em regra, deve ser solicitada; o indulto é espontâneo; o pedido de graça é submetido à apreciação do Conselho Penitenciário (art. 189 da LEP); a competência para concedê-los é do Presidente da República (CF, art. 84, XII).
- **9) Renúncia do direito de queixa:** é a abdicação do ofendido ou de seu representante legal do direito de promover a ação penal privada; só é possível antes do início da ação penal privada, antes do oferecimento da queixa; pode ser expressa ou tácita.
- **10) Perdão:** é o ato pelo qual, iniciada a ação penal privada, o ofendido ou seu representante legal desiste de seu prosseguimento; não se confunde com o perdão judicial; só é possível depois de iniciada a ação penal privada mediante o oferecimento da queixa; não produz efeito quando recusado pelo querelado; quando há dois ou mais querelados (concurso de agentes), o perdão concedido a um deles se estende a todos, sem que produza, entretanto, efeito em relação ao que o recusa (CPP, art. 51; CP, art. 106, I e III).
- **11) Decadência do direito de queixa e de representação:** a decadência constitui causa de extinção de punibilidade (art. 107, IV); o art. 103 diz que o ofendido decai do direito de queixa ou de representação se não exercer dentro do prazo de 6 meses, contados a partir do dia em que veio a saber quem é o autor do crime, ou, no caso da ação penal privada subsidiária da pública, do dia em que se esgotou o prazo para o oferecimento da denúncia; decadência é a perda do direito de ação do ofendido em face do decurso do tempo.
- **12) Perempção da ação penal:** é a perda do direito de demandar o querelado pelo mesmo crime em face da inércia do querelante, diante do que o Estado perde o *jus puniendi*; só é possível na ação penal exclusivamente privada; é o que se verifica do disposto no art. 60, *caput*, do CPP; cabe após o início da ação penal privada.
- **13) Retratação do agente:** retratar-se significa desdizer-se, retirar o que foi dito, confessar que errou; em regra, a retratação do agente não têm relevância jurídica, funcionando somente como circunstância judicial na aplicação da pena; excepcionalmente, o estatuto penal lhe empresta força extintiva de punibilidade (art. 107, VI).
- **14) Prescrição penal:** é a perda da pretensão punitiva ou executória do Estado pelo decurso do tempo sem o seu exercício; o decurso do tempo possui efeitos relevantes no ordenamento jurídico, operando nascimento, alteração, transmissão ou perda de direitos; no campo penal o transcurso do tempo incide sobre a conveniência política de ser mantida a perse-

cução criminal contra o autor de uma infração ou de ser executada a sanção em face de lapso temporal minuciosamente determinado pela norma; com a prescrição o Estado limita o *jus puniendi* concreto e o *jus punitionis* a lapsos temporais, cujo decurso faz com que considere inoperante manter a situação criada pela violação da norma de proibição violada pelo sujeito.

- **15) Prescrição da pretensão punitiva:** nela o decurso do tempo faz com que o Estado perca o direito de punir no tocante à pretensão do Poder Judiciário julgar a lide e aplicar a sanção abstrata; ocorre antes da sentença final transitar em julgado.
- **16) Prescrição da pretensão executória:** nela o decurso do tempo sem o seu exercício faz com que o Estado perca o direito de executar a sanção imposta na sentença condenatória; ocorre após o trânsito em julgado da sentença condenatória.

LEGISLAÇÃO E SÚMULAS PERTINENTES

- Código Penal (Parte Geral): arts. 1º a 40 do CP.
- **SÚMULAS DO STF**
- **Súmula 146 do STF:** A prescrição da ação penal regula-se pela pena concretizada na sentença, quando não há recurso da acusação.
- **Súmula 422 do STF:** A absolvição criminal não prejudica a medida de segurança, quando couber, ainda que importe privação da liberdade.
- **Súmula 497 do STF:** Quando se tratar de crime continuado, a prescrição regula-se pela pena imposta na sentença, não se computando o acréscimo decorrente da continuação.
- **Súmula 499 do STF:** Não obsta à concessão do *sursis*, condenação anterior à pena de multa.
- **Súmula 525 do STF:** A medida de segurança não será aplicada em segunda instância, quando só o réu tenha recorrido.
- **Súmula 604 do STF:** A prescrição pela pena em concreto é somente da pretensão executória da pena privativa de liberdade.
- **Súmula 611 do STF:** Transitada em julgado a sentença condenatória, compete ao Juízo das execuções a aplicação de lei mais benigna.
- **Súmula 711 do STF:** A lei penal mais grave aplica-se ao crime continuado ou ao crime permanente, se a sua vigência é anterior à cessação da continuidade ou da permanência.
- **Súmula 715 do STF:** A pena unificada para atender ao limite de trinta anos de cumprimento, determinado pelo art. 75 do Código Penal, não é considerada para a concessão de outros benefícios, como o livramento condicional ou regime mais favorável de execução.
- **Súmula 717 do STF:** Não impede a progressão de regime de execução da pena, fixada em sentença não transitada em julgado, o fato de o réu se encontrar em prisão especial.
- **Súmula 718 do STF:** A opinião do julgador sobre a gravidade em abstrato do crime não constitui motivação idônea para a imposição de regime mais severo do que o permitido segundo a pena aplicada.
- **Súmula 719 do STF:** A imposição do regime de cumprimento mais severo do que a pena aplicada permitir exige motivação idônea.
- **Súmula 723 do STF:** Não se admite a suspensão condicional do processo por crime continuado, se a soma da pena mínima da infração mais grave com o aumento mínimo de um sexto for superior a um ano.

2. CRIMES CONTRA O PATRIMÔNIO

QUESTÕES

1. **(Escrivão – CESPE – 2002)** No item seguintes, é apresentada uma situação hipotética relativa ao direito penal, seguida de uma assertiva a ser julgada.

   • Abílio era titular de uma empresa e, certo mês, efetuou a dedução, na folha de pagamentos, do percentual devido pelos empregados, o qual recolheu ao Instituto Nacional do Seguro Social (INSS). Contudo, não pagou o valor correspondente ao percentual devido pela própria empresa. Sabendo que a legislação previdenciária obriga os empregadores a deduzirem da remuneração de seus empregados um percentual, devido ao INSS e que, além disso, o próprio empregador é também obrigado a pagar a essa autarquia, com seus próprios recursos, determinado percentual da remuneração, então, nessa situação, Abílio não cometeu o delito denominado apropriação indébita previdenciária.

2. **(Agente – CESPE – 2002)** Acerca dos crimes contra o patrimônio, julgue os itens subsequentes.

   a) Considere a seguinte situação hipotética.
   Tício, com tinta spray, pichou toda a fachada do prédio da superintendência da Polícia Federal, recém-pintado, de propriedade privada e locado pelo Ministério da Justiça. Nessa situação, Tício responderá pelo crime de dano qualificado, cuja ação penal é pública incondicionada.

   b) Incide causa especial de aumento de pena na hipótese da prática de crime de estelionato em detrimento da Caixa Econômica Federal, majorando-se a reprimenda em um terço.

   c) Considere a seguinte situação hipotética.
   Gil, sócio-gerente da empresa Casa das Meias Ltda., emitiu três duplicatas com valores dez vezes superiores aos das vendas efetivamente realizadas, colocando-as em circulação no mercado. Posteriormente, para formalizar a contabilidade da empresa, Gil escriturou as duplicatas no livro de registro de duplicatas. Nessa situação, por ter escriturado os títulos de crédito em livro obrigatório na contabilidade, Gil não praticou o crime de duplicata simulada.

   d) Considere a seguinte situação hipotética.
   Marcelo, caixa de um supermercado, privou a liberdade de locomoção da filha de seu empregador, sequestrando-a, com o objetivo de obter para si a importância de R$ 20.000,00 como preço do resgate. Antes de receber a importância exigida, Marcelo foi preso em flagrante. Nessa situação, Marcelo responderá pela prática do crime de extorsão mediante sequestro, na forma consumada e, caso seja condenado definitivamente, poderá ocorrer a rescisão do contrato de trabalho pelo empregador por justa causa.

   e) Considere a seguinte situação hipotética.
   Beatriz adquiriu de uma pessoa desconhecida, pela importância de R$ 10,00, uma folha de cheque em branco e uma cédula de identidade. Posteriormente, dirigiu-se a uma loja e efetuou compras no valor de R$ 1.500,00, emitindo como pagamento a cártula adquirida anteriormente, com a falsificação da assinatura da correntista. O cheque foi devolvido pelo banco sacado por ter sido sustado pela titular da conta-corrente. Nessa situação, Beatriz praticou o crime de estelionato, na modalidade fraude no pagamento por meio de cheque.

3. **(Agente – CESPE – 2002)** Maria e Aparecida, previamente ajustadas e com unidade de

designios, subtraíram do interior de um escritório de contabilidade, de propriedade exclusiva de João, a importância de R$ 10.000,00. Maria estava separada judicialmente de João, que era irmão de Aparecida. Um empregado de João levou o fato ao conhecimento da autoridade policial, que instaurou inquérito policial. Considerando essa situação hipotética, julgue os itens a seguir.

a) Maria e Aparecida praticaram um crime de furto qualificado.

b) A ação penal do crime praticado é pública incondicionada.

c) A autoridade policial poderia instaurar o inquérito policial independentemente de qualquer manifestação por parte de João.

d) Ocorreria uma imunidade penal absoluta com relação a Maria, com isenção de pena, caso, no momento do fato delituoso, ela ainda estivesse casada e residindo com João.

e) Se o crime praticado fosse o de roubo, com o emprego de violência e grave ameaça contra João, a ação penal seria pública incondicionada.

4. **(Agente – CESPE – 2009)** Julgue o seguinte item, relativo a crimes contra a pessoa e contra o patrimônio.

- Diferenciam-se os crimes de extorsão e estelionato, entre outros aspectos, porque no estelionato a vítima quer entregar o objeto, pois foi induzida ou mantida em erro pelo agente mediante o emprego de fraude; enquanto na extorsão a vítima despoja-se de seu patrimônio contra a sua vontade, fazendo-o por ter sofrido violência ou grave ameaça.

5. **(Escrivão – CESPE – 2004)** Julgue os seguintes itens, relativos a crimes contra o patrimônio.

a) Considere a seguinte situação hipotética.

Carlos foi denunciado pelo crime de furto, por ter subtraído uma máquina fotográfica de Alberto, avaliada em R$ 80,00.

Nessa situação, no momento da prolação da sentença, o juiz, mesmo tendo constatado que Carlos tinha contra si outros três inquéritos policiais para a apuração de furtos por ele praticados, poderá reconhecer a presença do furto privilegiado ou furto mínimo, substituindo a pena de reclusão por detenção, aplicando redução de pena ou aplicando somente a pena de multa.

b) No crime de roubo e no crime de extorsão, o agente pode-se utilizar dos mesmos modos de execução, consistentes na violência ou grave ameaça. A diferença fundamental existente entre os dois delitos consiste em que, no crime de extorsão, pretende-se um comportamento da vítima, restando um mínimo de liberdade de escolha, enquanto no crime de roubo o comportamento é prescindível.

6. **(Agente – CESPE – 2004)** No item seguinte, é apresentada uma situação hipotética, seguida de uma assertiva a ser julgada.

- Carlos subtraiu R$ 10.000,00 de seu pai enquanto este dormia. Nessa situação, Carlos não é isento de pena.

7. **(Delegado – CESPE – 2002)** Acerca dos crimes contra o patrimônio e a administração pública, julgue o item abaixo.

- Considere a seguinte situação hipotética.

  Sílvio interceptou o veículo de Mariana e, mediante grave ameaça exercida com o emprego de um revólver, privou-a de sua liberdade de locomoção. O fato ocorreu em Brasília – DF. Oito horas após a abordagem, Sílvio entrou em contato com a família de Mariana e exigiu como condição para libertá-la a importância de R$ 150.000,00 em dinheiro, a ser entregue na cidade de Goiânia – GO. No dia seguinte, enquanto Mariana permaneceu no cativeiro em Brasília, Sílvio deslocou-se até a cidade de Goiânia, onde foi preso em flagrante no momento em que iria receber o dinheiro do resgate. Nessa situação, Sílvio responderá pelo crime de extorsão mediante sequestro, na forma consumada.

8. **(Delegado – CESPE – 2004)** No item a seguir, é apresentada uma situação hipotética acerca da parte especial do direito penal, seguida de uma assertiva a ser julgada.

- Com a utilização de uma arma de brinquedo, João subtraiu de uma pessoa o relógio e a carteira contendo documentos pessoais, cartões de crédito e R$ 300,00 em espécie. Nessa situação, de acordo com o entendimento do Superior Tribunal de Justiça (STJ), João responderá por crime de roubo qualificado pelo emprego de arma.

9. **(Delegado – CESPE – 2004)** No item seguinte, é apresentada uma situação hipotética, seguida de uma assertiva a ser julgada.

- Rômulo sequestrou Lúcio, exigindo de sua família o pagamento de R$ 100.000,00 como resgate. Nessa situação, o crime de extorsão mediante sequestro praticado por Rômulo é considerado crime habitual.

10. **(Delegado – CESPE – 2002)** No item que se segue, é apresentada uma situação hipotética, seguida de uma assertiva a ser julgada.

- Dorival alienou a Joaquim uma quitinete de que era proprietário, recebendo, no ato da lavratura da escritura de compra e venda, a importância de R$ 50.000,00 em dinheiro. Por estar passando por sérias dificuldades financeiras, Dorival, no mesmo dia, vendeu a mesma quitinete a Magda, recebendo, pela transação, a importância de R$ 40.000,00. Magda dirigiu-se ao cartório de registro de imóveis e providenciou a transcrição da escritura de compra e venda. Joaquim, quando tentou registrar a sua escritura, verificou que tinha sido vítima de uma fraude e dirigiu-se à autoridade policial, apresentando uma *delatio criminis*. A autoridade policial instaurou inquérito policial e indiciou Dorival pela prática do crime de estelionato, na modalidade de disposição de coisa alheia como própria. Sabendo que, para ocorrer a aquisição da propriedade imóvel, é necessária a transcrição do título de transferência no registro de imóveis, então, nessa situação, Dorival não praticou a infração penal pela qual a autoridade policial o indiciou.

11. **(Delegado – CESPE – 2002)** Aldo subtraiu um talonário de cheques pertencente à sua mulher, Laura, emitindo vários cheques a pessoas diversas.

Apresentados ao sacado, os cheques foram devolvidos por falta de provisão de fundos. Instaurado inquérito policial contra Laura, pela prática de estelionato, constatou-se, por perícia grafotécnica, que os cheques haviam sido firmados por seu marido. Remetidos os autos ao MP, este requereu o arquivamento do referido inquérito. A autoridade policial, com base na prova pericial, instaurou, então, inquérito policial contra Aldo, que foi objeto de novo pedido de arquivamento do MP.

Diante de tal situação hipotética, julgue o item seguinte.

- O MP agiu acertadamente ao requerer o arquivamento dos inquéritos instaurados contra Laura, por não ser autora do fato, e contra Aldo, já que a lei penal dispõe ser isento de pena quem pratica crime contra o patrimônio em prejuízo do cônjuge, na constância da sociedade conjugal.

12. **(Delegado – CESPE – 2004)** Em cada um dos itens a seguir, é apresentada uma situação hipotética, seguida de uma assertiva a ser julgada.

a) Júlio e Lúcio combinaram entre si a prática de crime de furto, ficando ajustado que aquele aguardaria no carro para assegurar a fuga e este entraria na residência – que, segundo pensavam, estaria vazia – para subtrair as joias de um cofre. Ao entrar na residência, Lúcio verificou que um morador estava presente. Lúcio, que tinha ido armado sem avisar Júlio, matou o morador para assegurar a prática do crime. Depois de fugirem, Júlio e Lúcio dividiram as joias subtraídas. Nessa situação, Júlio responderá pelo crime de furto, enquanto Lúcio responderá pelo crime de roubo.

b) Túlio constrangeu Wagner, mediante emprego de arma de fogo, a assinar e lhe entregar dois cheques seus, um no valor de R$ 1.000,00 e outro no valor de R$ 2.500,00. Nessa situação, Túlio praticou crime de roubo qualificado pelo emprego de arma de fogo.

13. **(Delegado – CESPE – 2002)** À luz dos direitos penal, processual penal e previdenciário, julgue os itens a seguir.

a) Considere a seguinte situação hipotética.

Pablo foi denunciado em dezembro de 1999 pela prática de crime contra a seguridade social, consistente em deixar de recolher, na época própria, contribuição ou outra importância devida à seguridade social e arrecadada dos segurados ou do **público (art. 95,** *d*, da Lei n. 8.212/91). Sabendo que o art. 3º da Lei n. 9.983, de 14-7-2000, revogou as alíneas do art. 95 da Lei n. 8.212/91 acrescentando à Parte Especial do Código Penal (CP) o seguinte dispositivo: "Art. 168-A. Deixar de repassar à previdência social as contribuições recolhidas dos contribuintes, no prazo e for-

DIREITO PENAL

ma legal ou convencional", então, nessa situação, e de acordo com o STJ, ocorreu a *abolitio criminis* em favor de Pablo, que é causa de extinção da punibilidade.

b) O sindicato não é enquadrado como empresa, associação ou entidade de qualquer natureza ou finalidade para fins previdenciários, uma vez que não realiza atividade com fins lucrativos.

c) Considere a seguinte situação hipotética.
Flávio deixou de recolher contribuições por ele devidas à seguridade social, que integraram custos relativos à venda de produtos. Antes do início de qualquer ação fiscal e do oferecimento de denúncia, Flávio, espontaneamente, declarou e confessou, perante a autarquia previdenciária, os valores não repassados, efetuando o integral pagamento das contribuições apropriadas e prestando as informações devidas.
Nessa situação, o juiz deverá declarar a extinção da punibilidade.

d) No caso de prática de crime de estelionato contra autarquia da previdência social, aplica-se a circunstância especial de aumento prevista no CP, ou seja, a pena aumenta-se de um terço.

e) Compete à justiça federal processar e julgar crime de estelionato praticado mediante a falsificação de guias de recolhimento de contribuições previdenciárias, independentemente da ocorrência de lesão patrimonial à autarquia da previdência social.

GABARITO COMENTADO

1. CERTO São quatro as condutas previstas no art. 168-A do Código Penal: a) deixar de repassar à Previdência Social as contribuições recolhidas dos contribuintes no prazo e forma legal ou convencional; b) deixar de recolher, no prazo legal, contribuição ou outra importância destinada à Previdência Social que tenha sido descontada de pagamento efetuado a segurados, a terceiros ou arrecadada do público; c) deixar de recolher contribuições devidas à Previdência Social que tenha integrado despesas contábeis ou custos relativos à venda de produtos ou à prestação de serviços; e d) deixar de pagar benefício devido a segurado, quando as respectivas cotas ou valores já tiverem sido reembolsados à empresa pela Previdência Social.

O elemento subjetivo do tipo do crime de apropriação indébita previdenciária é o dolo, ou seja, é a vontade livre e consciente do agente de deixar de repassar as contribuições descontadas e/ou recolhidas pelos contribuintes não sendo necessária a existência de qualquer outro elemento subjetivo ulterior ao dolo, tal qual o *animus rem sibe habendi* requerido na prática da apropriação indébita comum (art. 168 do CP).

2.

A. ERRADO No Brasil, a pichação não configura crime de dano, mas sim crime previsto no art. 65 da Lei n. 9.605/98 (Lei dos Crimes Ambientais). Houve uma alteração no crime do art. 65 (Lei n. 12.408/2011). A conduta de "grafitar" deixou de ser crime:

REDAÇÃO ANTERIOR: Art. 65. Pichar, **grafitar** ou por outro meio conspurcar edificação ou monumento urbano: Pena – detenção, de três meses a um ano, e multa. Parágrafo único. Se o ato for realizado em monumento ou coisa tombada em virtude do seu valor artístico, arqueológico ou histórico, a pena é de seis meses a um ano de detenção, e multa.

REDAÇÃO ATUAL: Art. 65. Pichar ou por outro meio conspurcar edificação ou monumento urbano: Pena – detenção, de 3 (três) meses a 1 (um) ano, e multa. § 1º Se o ato for realizado em monumento ou coisa tombada em virtude do seu valor artístico, arqueológico ou histórico, a pena é de 6 (seis) meses a 1 (um) ano de detenção e multa. § 2º **Não constitui crime a prática de grafite realizada com o objetivo de valorizar o patrimônio público ou privado mediante manifestação artística, desde que consentida pelo proprietário e, quando couber, pelo locatário ou arrendatário do bem privado e, no caso de bem público, com a autorização do órgão competente e a observância das posturas municipais e das normas editadas pelos órgãos governamentais responsáveis pela preservação e**

conservação do patrimônio histórico e artístico nacional.

B. CERTO A Caixa Econômica Federal é uma empresa pública federal e neste caso haverá o aumento de pena. Trata-se do art. 171, § 3º, do Código Penal, que assim dispõe: "Art. 171. Obter, para si ou para outrem, vantagem ilícita, em prejuízo alheio, induzindo ou mantendo alguém em erro, mediante artifício, ardil, ou qualquer outro meio fraudulento: (...) § 3º A pena aumenta-se de um terço, se o crime é cometido em detrimento de entidade de direito público ou de instituto de economia popular, assistência social ou beneficência".

C. ERRADO A consumação do crime de duplicata simulada ocorre com a emissão da duplicata, pouco importando se Gil tenha posteriormente escriturado os títulos de crédito em livro obrigatório de contabilidade. A escrituração, nesse caso, trata-se de um *post factum* impunível.

D. CERTO Marcelo praticou o crime de extorsão mediante sequestro na forma consumada. O recebimento da vantagem é mero exaurimento do crime, que se consuma com a privação de liberdade da vítima. No crime de extorsão mediante sequestro, definido como hediondo pelo art. 1º, IV, da Lei n. 8.072, ocorre a consumação com a simples privação do direito de locomoção da vítima, não se exigindo, a exemplo do que acontece com o crime de extorsão (Súmula 96 do STJ), a obtenção da vantagem pretendida pelo agente para que se caracterize. Sendo possível deduzir do depoimento das vítimas da extorsão que estas tiveram a liberdade de locomoção cerceada pelos acusados em troca de fornecimento de informações, justifica-se a pronúncia pelo crime do art. 159 do CP (TRF2, Recurso em Sentido Estrito, 1ª Turma Especializada, Des. Federal Aluisio Gonçalves de Castro Mendes, j. 21-3-2007).

E. ERRADO No presente caso, Beatriz praticou o crime de estelionato previsto no *caput* do art. 171 do Código Penal. Isso porque o cheque emitido por ela era falso. Se o cheque emitido fosse dela própria, ela responderia pela conduta descrita no art. 171, § 2º, VI, do Código Penal.

3.

A. CERTO O crime é de furto qualificado, pois houve o concurso de 2 pessoas. O art. 155 do Código Penal estabelece: "Subtrair, para si ou para outrem, coisa alheia móvel: Pena – reclusão, de um a quatro anos, e multa. (...) Furto qualificado § 4º A pena é de reclusão de dois a oito anos, e multa, se o crime é cometido: I – com destruição ou rompimento de obstáculo à subtração da coisa; II – com abuso de confiança, ou mediante fraude, escalada ou destreza; III – com emprego de chave falsa; IV – mediante concurso de duas ou mais pessoas".

B. CERTO O crime é de ação pública condicionada à representação. O art. 182 do Código Penal assim dispõe: "Somente se procede mediante representação, se o crime previsto neste título é cometido em prejuízo: I – do cônjuge desquitado ou judicialmente separado; II – de irmão, legítimo ou ilegítimo; III – de tio ou sobrinho, com quem o agente coabita".

C. ERRADO A autoridade policial somente poderia instaurar inquérito policial com a representação do ofendido.

O art. 182 do Código Penal assim dispõe: "Somente se procede mediante representação, se o crime previsto neste título é cometido em prejuízo: I – do cônjuge desquitado ou judicialmente separado; II – de irmão, legítimo ou ilegítimo; III – de tio ou sobrinho, com quem o agente coabita".

D. CERTO No caso de crime contra o patrimônio, o art. 181 do Código Penal assim dispõe: "É isento de pena quem comete qualquer dos crimes previstos neste título, em prejuízo: I – do cônjuge, na constância da sociedade conjugal; II – de ascendente ou descendente, seja o parentesco legítimo ou ilegítimo, seja civil ou natural".

Cumpre destacar que só há o término da sociedade conjugal com o divórcio.

E. CERTO Não se aplica os arts. 181 e 182 do Código Penal se o crime é de roubo ou de extorsão, ou, quando haja emprego de grave ameaça ou violência à pessoa. Sendo assim, o crime de roubo seria de ação penal pública incondicionada.

4. CERTO Em síntese, no estelionato a vítima dá o dinheiro espontaneamente sem saber que está sendo enganada e na extorsão ela é forçada a tanto.

5.

A. CERTO No STJ, a Súmula 444 estabelece que: "é vedada a utilização de inquéritos policiais e ações penais em curso para agravar a pena-base".

B. CERTO No crime de extorsão, a vítima entrega ao agente o bem jurídico. No roubo, o agente subtrai a coisa mediante violência. Perceba que a diferença concentra-se no fato de a extorsão exigir a participação ativa da vítima fazendo alguma coisa, tolerando que se faça ou deixando de fazer algo em virtude da ameaça ou da violência sofrida. Enquanto no roubo o agente atua sem a participação da vítima; na extorsão o ofendido colabora ativamente com o autor da infração penal. Exemplo: o agente para roubar um carro aponta um revólver para a vítima e a manda sair do carro. Na extorsão, o agente aponta o revólver para a vítima e a manda assinar folhas em branco do seu talonário de cheques. Nesse sentido, Guilherme de Souza Nucci, Cezar Roberto Bittencourt e outros.

6. ERRADO Trata-se de furto praticado contra ascendente sem violência ou grave ameaça. Nesse caso, Carlos é isento de pena nos termos do art. 181 do Código Penal: "É isento de pena quem comete qualquer dos crimes previstos neste título, em prejuízo: I – do cônjuge, na constância da sociedade conjugal; II – de ascendente ou descendente, seja o parentesco legítimo ou ilegítimo, seja civil ou natural".

7. CERTO É entendimento quase unânime que extorsão mediante sequestro trata-se de crime formal, consumando-se com a conduta forçada da vítima, independendo da obtenção concreta da vantagem visada. Súmula 96 do STJ: "O crime de extorsão consuma-se independentemente da obtenção da vantagem indevida". Também: "O recebimento ou não da vantagem constitui mero exaurimento, indiferente para a consumação do crime" (*RT* 723/601, 729/583).

8. ERRADO A 3ª Seção do Egrégio Superior Tribunal de Justiça cancelou a Súmula 174 (do STJ) que dizia: "No crime de roubo, a intimidação feita com arma de brinquedo autoriza o aumento da pena".

9. ERRADO O crime de extorsão mediante sequestro é classificado como um crime permanente. O crime permanente é aquele cuja consumação se prolonga no tempo.

10. CERTO A transferência da propriedade imóvel de fato se dá com o registro em cartório imobiliário da escritura lavrada em tabelionato. Logo, o crime cometido por Dorival foi mesmo o de estelionato, mas na modalidade "alienação ou oneração fraudulenta de coisa própria" ("vende, permuta, dá em pagamento ou em garantia coisa própria inalienável, gravada de ônus ou litigiosa, ou imóvel que prometeu vender a terceiro, mediante pagamento em prestações, silenciando sobre qualquer dessas circunstâncias").

11. ERRADO O crime cometido por Aldo é de falsidade documental (crime contra a fé publica) e não estelionato (crime contra o patrimônio), pois os cheques não eram próprios, mas sim de sua mulher.

12.

A. CERTO Para que os dois comparsas respondam pelo crime de roubo qualificado, haveria a necessidade de haver vínculo subjetivo entre os comparsas. No caso, ficou claro que Lúcio tinha ido armado sem avisar Júlio.

B. ERRADO No crime de extorsão, a vítima entrega ao agente o bem jurídico. No roubo, o agente subtrai a coisa mediante violência. Perceba que a diferença concentra-se no fato de a extorsão exigir a participação ativa da vítima fazendo alguma coisa, tolerando que se faça ou deixando de fazer algo em virtude da ameaça ou da violência sofrida. Enquanto no roubo o agente atua sem a participação da vítima; na extorsão o ofendido colabora ativamente com o autor da infração penal. Exemplo: o agente para roubar um carro aponta um revólver para a vítima e a manda sair do carro. Na extorsão, o agente aponta o revólver para a vítima e a manda assinar folhas em branco do seu talonário de cheques. Nesse sentido, Guilherme de Souza Nucci, Cezar Roberto Bittencourt e outros.

13.

A. ERRADO O fenômeno do *abolitio criminis* refere-se à hipótese de uma lei nova não mais considerar uma conduta como ilícito penal. Nesse sentido dispõe o art. 2º do Código Penal, nestas palavras: "Ninguém pode ser punido por fato que lei posterior deixa de considerar crime, cessando em virtude dela a execução e os efeitos penais da sentença condenatória". Não ocorreu a *abolitio criminis*. Ao tempo da prática, a conduta realizada por Pablo estava descrita no art. 95, *d*, da Lei n. 8.212/91. Conforme mencionado na questão, a Lei n. 9.983/2000 revogou a alínea *d* do art. 95 da Lei n. 8.212/91, contudo a conduta descrita passou a estar regida no art. 168-A do Código Penal. A essência do tipo penal foi mantida. Pelo exposto, a conduta de não recolher os valores arrecadados não deixou de ser considerada crime, apenas passou a ser prevista no Código Penal, com a respectiva sanção prevista nesse mesmo diploma legal. No presente caso, Pablo continuará a responder de acordo com o previsto no art. 95, *d*, da Lei n. 8.212/91, haja vista a Lei n. 9.983/2000 ser mais prejudicial ao infrator.

B. ERRADO A definição de empresa perante a previdência social está contida no art. 15 da Lei n. 8.212/91, nestas palavras: "Considera-se: I – empresa – a firma individual ou sociedade que assume o risco de atividade econômica urbana ou rural, com fins lucrativos ou não, bem como os órgãos e entidades da administração pública direta, indireta e fundacional; II – empregador doméstico – a pessoa ou família que admite a seu serviço, sem finalidade lucrativa, empregado doméstico. Parágrafo único. Equipara-se a empresa, para os efeitos desta Lei, o contribuinte individual em relação a segurado que lhe presta serviço, bem como a cooperativa, a associação ou entidade de qualquer natureza ou finalidade, a missão diplomática e a repartição consular de carreira estrangeiras".

Desse modo, não é a persecução de lucro elemento essencial para o enquadramento do contribuinte como empresa perante a Previdência Social. Conforme dispõe o parágrafo único, transcrito, a associação ou entidade de qualquer natureza, como o sindicato, é equiparado à empresa. Desse modo, o sindicato possui todas as obrigações tributárias (acessórias e principal) perante a Previdência Social.

C. CERTO A conduta prevista na questão é a hipótese de crime de Apropriação Indébita Previdenciária, prevista no inciso II do art. 168-A do Código Penal, nestas palavras: "Deixar de repassar à previdência social as contribuições recolhidas dos contribuintes, no prazo e forma legal ou convencional: Pena – reclusão, de 2 (dois) a 5 (cinco) anos, e multa. § 1º Nas mesmas penas incorre quem deixar de: (...) II – recolher contribuições devidas à previdência social que tenham integrado despesas contábeis ou custos relativos à venda de produtos ou à prestação de serviços".

Em relação ao crime de Apropriação Indébita Previdenciária é possível a extinção da punibilidade, para tanto o agente deve cumprir os seguintes requisitos, até o início da ação fiscal (art. 168-A, § 2º, do CP): Confissão e declaração espontânea; Pagamento das contribuições; Prestação das informações à Previdência Social. Uma vez que Flávio cumpriu todos os requisitos previstos para extinção da punibilidade, o juiz deve reconhecer tal fato.

D. CERTO O crime de estelionato é previsto no art. 171 do Código Penal. Em relação a esse crime há a previsão de causa de aumento de pena prevista no § 3º do art. 171 do Código Penal, nestas palavras: "Art. 171 (...) § 3º A pena aumenta-se de um terço, se o crime é cometido em detrimento de entidade de direito público ou de instituto de economia popular, assistência social ou beneficência. Uma vez que o INSS é pessoa jurídica de direito público, caso seja vítima do crime de estelionato, ao agente será imputada a causa de aumento de pena".

Nesse sentido já se posicionou o STJ na Súmula 24: "Aplica-se ao crime de estelionato, em que figure como vítima entidade autárquica da previdência social, a qualificadora do § 3º do art. 171 do Código Penal".

E. ERRADO Para definir a competência da Justiça Federal, em relação às infrações penais comuns em que a vítima é uma entidade autárquica, há observar o art. 109, IV, da Constituição Federal: "IV – os crimes políticos e as infrações penais praticadas em detrimento de bens, serviços ou interesse da União ou de suas entidades autárquicas ou empresas públicas, excluídas as contravenções e ressalvada a competência da Justiça Militar e da Justiça Eleitoral". Desse modo, será competente a Justiça Federal quando houver detrimento de bens, serviços ou interesse de entidade autárquica. No caso relatado, somente seria processado o feito perante a Justiça Federal caso tivesse ocorrido lesão patrimonial do INSS. Nesse sentido, dispõe a Súmula 107 do STJ: "Compete à Justiça Comum Estadual processar e julgar crime de estelionato praticado mediante falsificação das guias de recolhimento das contribuições previdenciárias, quando não ocorrente lesão a autarquia federal".

RAIO-X

- O tema em estudo equivale aos seguintes percentuais de questões de direito penal:

Cargo	Questões do Tema	%
Agente	12	27,90
Escrivão	3	7,69
Delegado	12	28,57

- A maioria das questões é baseada em:

☒ doutrina ☒ legislação ☒ jurisprudência

IMPORTANTE SABER

- Damásio de Jesus ensina que o **crime de furto** consiste na subtração de coisa alheia móvel para si ou para outrem sem a prática de violência ou de grave ameaça ou de qualquer espécie de constrangimento físico ou moral à pessoa. Significa a retenção da coisa com o fim de apoderar-se dela com ânimo definitivo. Quanto à objetividade jurídica do furto é preciso ressaltar uma divergência na doutrina: entende-se que é protegida diretamente a posse e indiretamente a propriedade ou, em sentido contrário, que a incriminação no caso de furto, visa essencial ou principalmente a tutela da propriedade e não da posse. É inegável que o dispositivo protege não só a propriedade como a posse, seja ela direta ou indireta além da própria detenção.
- **Qualquer pessoa pode praticar o crime de furto**. Vale a mesma coisa para o sujeito passivo do crime, sendo ela física ou jurídica, titular da posse, detenção ou da propriedade.
- **O núcleo do tipo é subtrair, que significa tirar**, retirar, abrangendo mesmo o apossamento à vista do possuidor ou proprietário. O crime de furto pode ser praticado também através de animais amestrados, instrumentos etc. Esse crime será de apossamento indireto, devido ao emprego de animais, caso contrário é de apossamento direto.
- **O objeto material do furto é a coisa alheia móvel**. Coisa em direito penal representa qualquer substância corpórea, seja ela material ou materializável, ainda que não tangível, suscetível de apreciação e transporte, incluindo aqui os corpos gasosos, os instrumentos, os títulos etc. O homem não pode ser objeto material de furto, conforme o fato, o agente pode responder por sequestro ou cárcere privado, conforme art. 148 do Código Penal Brasileiro, ou subtração de incapazes. Afirma-se na doutrina que somente pode ser objeto de furto a coisa que tiver relevância econômica, ou seja, valor de troca, incluindo no conceito, a ideia de valor afetivo (o que eu acho que não tem validade jurídica penal). Já a jurisprudência invoca o princípio da insignificância, considerando que se a coisa furtada tem valor monetário irrisório, ficará eliminada a antijuridicidade do delito e, portanto, não ficará caracterizado o crime.
- **Furto é crime material, que exige a ocorrência do resultado**. Coisa alheia é a que não pertence ao agente, nem mesmo parcialmente. Por essa razão não comete furto e sim o crime contido no art. 346 (Subtração ou Dano de Coisa Própria em Poder de Terceiro) do Código Penal Brasileiro, o proprietário que subtrai coisa sua que está em poder legítimo de outro. O crime de furto é cometido através do dolo, que é a vontade livre e consciente de subtrair, acrescido do elemento subjetivo do injusto também chamado de "dolo específico", que no crime de furto está representado pela ideia de finalidade do agente, contida da expressão "para si ou para outrem". Independe, todavia de objetivo de lucro por par-

te do agente, que pode atuar por vingança, capricho, liberalidade.

- O **furto de uso** é a subtração de coisa apenas para usufruí-la momentaneamente, está previsto no art. 155 do Código Penal Brasileiro; para que seja reconhecível o furto de uso e não o furto comum é necessário que a coisa seja restituída, devolvida, ao possuidor, proprietário ou detentor de que foi subtraída, isto é, que seja reposta no lugar, para que o proprietário exerça o poder de disposição sobre a coisa subtraída. Fora daí a exclusão do *animus furandi* dependerá de prova plena a ser oferecida pelo agente. Os tribunais têm subordinado o reconhecimento do furto de uso a efetiva devolução ou restituição, afirmando que há furto comum se a coisa é abandonada em local distante ou diverso ou se não é recolocada na esfera de vigilância de seu dono. Há ainda entendimentos que exigem que a devolução da coisa, além de ser feita no mesmo lugar da subtração, seja feita em condições de restituição da coisa em sua integridade e aparência interna e externa, assim como era no momento da subtração.
- O **Furto Noturno** está previsto no § 1º do art. 155: "a pena aumenta-se de um terço, se o crime é praticado durante o repouso noturno".
- O **Furto Privilegiado** está expresso no § 2º do art. 155: "Se o criminoso é primário, e é de pequeno valor a coisa furtada, o juiz pode substituir a pena de reclusão pela de detenção, diminuí-la de um a dois terços, ou aplicar somente a pena de multa". Vale dizer que é uma forma de causa especial de diminuição de pena. Existem requisitos para que se dê essa causa especial: O primeiro requisito para que ocorra o privilégio é ser o agente primário, ou seja, que não tenha sofrido em razão de outro crime condenação anterior transitada em julgado. O segundo requisito é ser de pequeno valor a coisa subtraída. A doutrina e a jurisprudência têm exigido além desses dois requisitos já citados, que o agente não revele personalidade ou antecedentes comprometedores, indicativos da existência de probabilidade de voltar a delinquir. A pena pode-se substituir a de reclusão pela de detenção, diminuí-la de um a dois terços, ou aplicar somente a multa. O § 3º do art. 155 faz menção à igualdade entre energia elétrica, ou qualquer outra que tenha valor econômico à coisa móvel, também a caracterizando como crime. A jurisprudência considera essa modalidade de furto como crime permanente, pois o agente pratica uma só ação que se prolonga no tempo.
- É importante destacar que o **furto de coisa comum** está definido no art. 156 do Código Penal Brasileiro, que diz: "Subtrair o condômino, coerdeiro, ou sócio, para si ou para outrem, a quem legitimamente a detém, a coisa comum: pena – detenção, de 6 (seis) meses à 2 (dois) anos, ou multa". A razão da incriminação é de que o agente subtraia coisa que pertença também a outrem. Este crime constitui caso especial de furto, distinguindo-se dele apenas as relações existentes entre o agente e o lesado ou os lesados. O **sujeito ativo somente pode ser o condômino, coproprietário, coerdeiro ou o sócio**. Esta condição é indispensável e chega a ser uma elementar do crime e portanto é transmitido ao partícipe estranho nos termos do art. 29 do Código Penal Brasileiro. Já o **sujeito passivo será sempre o condomínio, coproprietário, coerdeiro ou o sócio, não podendo excluir-se o terceiro possuidor legítimo** da coisa.
- O **crime de roubo** consiste em: "Subtrair coisa móvel alheia, para si ou para outrem, mediante grave ameaça ou violência a pessoa, ou depois de havê-la, por qualquer meio, reduzido à impossibilidade de resistência: pena – reclusão, de 4 (quatro) a 10 (dez) anos, e multa". Trata-se de crime contra o patrimônio, em que é atingido também a integridade física ou psíquica da vítima. É um crime complexo **(furto + constrangimento ilegal),** onde o objeto jurídico imediato do crime é o patrimônio, e tutela-se também a integridade corporal, a saúde, a liberdade e na hipótese de latrocínio a vida do sujeito passivo. O roubo também é um delito comum, podendo ser cometido por qualquer pessoa, dando-se o mesmo com o sujeito passivo. Pode ocorrer a hipótese de dois sujeitos passivos: um que sofre a violência e outro o titular do direito de propriedade. Como no Furto, a conduta é subtrair, tirar a coisa móvel alheia, mas faça-se necessário que o agente se utilize de violência, lesões corporais, ou vias de fato, como grave ameaça ou de qualquer outro meio que produza a possibilidade de resistência do sujeito passivo. A vontade de subtrair com emprego de violência, grave ameaça ou outro recurso análogo é o dolo do delito de roubo. Exige-se, porém, o elemento subjetivo do tipo, o chamado dolo específico, idêntico ao do furto, para si ou para outrem, em que se dá a subtração.
- **Roubo impróprio** encontra-se no art. 157, § 1º, do Código Penal Brasileiro: "na mesma pena incorre quem, logo depois de subtraída a coisa, emprega violência contra pessoa ou grave ameaça, a fim

de assegurar a impunidade do crime ou a detenção da coisa para si ou para terceiro". Nesse caso a violência ou a grave ameaça ocorre após a consumação da subtração, visando o agente assegurar a posse da coisa subtraída ou a impunidade do crime. A violência posterior ou o roubo para assegurar a sua impunidade deve ser imediato para caracterização do roubo impróprio. A consumação do roubo impróprio ocorre com a violência ou a grave ameaça desde que já ocorrida a subtração; não se consumando esta, tem se entendido que o agente deverá ser responsabilizado por tentativa de furto em concurso com o crime de lesões corporais.

SÚMULAS PERTINENTES

- **SÚMULAS DO STF**
- **Súmula 603 do STF:** A competência para o processo e julgamento de latrocínio é do Juiz singular e não do Tribunal do Júri.
- **Súmula 610 do STF:** Há crime de latrocínio, quando o homicídio se consuma, ainda que não realize o agente a subtração de bens da vítima.

3. CRIMES CONTRA A ADMINISTRAÇÃO PÚBLICA

QUESTÕES

1. **(Escrivão – CESPE – 2002)** No item seguinte, é apresentada uma situação hipotética relativa ao direito penal, seguida de uma assertiva a ser julgada.
   - Juliana era conhecida de Múcio, funcionário de autarquia federal, e sobre ele a primeira possuía grande ascendência. Juliana não era funcionária pública e, durante muito tempo, tentou convencê-lo a subtrair um equipamento, de pequeno porte mas valioso, que havia no ente público, até que Múcio anuiu e efetuou a subtração. Nessa situação, Múcio cometeu peculato e, pelo fato de esse delito ser próprio de funcionário público, Juliana não poderia ser punida como partícipe do crime.

2. **(Escrivão – CESPE – 2002)** Relativamente ao direito penal, julgue o item que se segue.
   - Considere a seguinte situação hipotética.

     Eduardo era servidor público e sabia que parente seu formulara requerimento administrativo, dirigido à autoridade com a qual ele trabalhava. Valendo-se de suas relações profissionais com a autoridade, Eduardo, em conversa com ela, procurou convencê-la de que o pleito merecia ser acolhido. De fato, o parente de Eduardo buscava obter vantagem a que realmente tinha direito.

     Nessa situação, Eduardo praticou o crime de advocacia administrativa, apesar de o requerimento buscar direito legítimo do requerente.

3. **(Escrivão – CESPE – 2002)** Relativamente ao direito penal, julgue os itens que se seguem.

   a) Considere a seguinte situação hipotética.

   Carla era delegada de polícia e, durante período de licença da função, exigiu de um criminoso determinado valor, alegando que, se não o recebesse, iria levar aos autos de um inquérito policial sob sua responsabilidade determinadas provas que o incriminariam. Este concordou com a exigência de propina feita pela servidora criminosa, mas não chegou a pagá-la, pois, antes disso, foi preso por outro delegado. Nessa situação, Carla não chegou a cometer crime algum, por dois motivos: fez a exigência fora da função, durante licença, e não chegou a receber a vantagem indevida.

   b) Se um desonesto auditor fiscal da Receita Federal aceitar oferta de propina, feita por contribuinte, para deixar de lançar tributo por este devido, não terá cometido o delito de corrupção passiva tipificado no CP.

4. **(Agente – CESPE – 2002)** Em uma auditoria realizada na sociedade comercial Mercaminas Ltda., Anísio, auditor fiscal da Receita Federal, constatou várias irregularidades na escrituração fiscal-contábil da empresa e uma sonegação de imposto de renda pessoa jurídica (IRPJ) no valor de R$ 300 mil. Verificou, ainda, que a empresa também tinha sonegado ICMS no período analisado. Ao tomar conhecimento das conclusões da auditoria, Benito, sócio-gerente da empresa, ofereceu a Anísio a importância de R$ 30 mil para não lavrar o auto de infração referente à sonegação do IRPJ. Anísio, após refletir um pouco, recebeu o valor oferecido e deixou de lavrar o auto de infração. Silvério, superior hierárquico de Anísio, por intermédio de uma representação, tomou ciência do recebimento da vantagem indevida pelo subalterno, assim como da omissão na lavratura do auto de infração, mas, por benevolência, deixou de responsabilizá-lo, bem como de levar o fato ao conhecimen-

to das autoridades competentes, arquivando o expediente. Anísio, em dois anos no exercício da função de auditor fiscal, amealhou um patrimônio em imóveis avaliado em R$ 4 milhões, oriundo das vantagens indevidamente recebidas e exigidas de contribuintes fiscalizados. Apesar da não instauração do procedimento administrativo fiscal, o Ministério Público Federal teve acesso a peças informativas que comprovavam a sonegação fiscal, o recebimento de vantagens indevidas por parte de Anísio e a evolução de seu patrimônio. Com relação a essa situação hipotética e à legislação pertinente, julgue os itens seguintes.

a) Anísio praticou o crime de corrupção ativa e, por não ter lavrado o auto de infração em razão da vantagem recebida, a pena da infração penal será aumentada em um terço.

b) Benito praticou o crime de corrupção passiva, que se consuma independentemente da aceitação pelo funcionário da vantagem que lhe é oferecida.

c) Silvério praticou o crime de condescendência criminosa.

5. **(Agente – CESPE – 2002)** Pedro e Ricardo, previamente ajustados e com unidade de desígnios, subtraíram do almoxarifado de uma agência da Empresa Brasileira de Correios e Telégrafos (ECT), em um final de semana, vários computadores e impressoras de propriedade da empresa. Pedro era funcionário público e aproveitou essa circunstância para ter acesso à garagem interna do órgão e transportar o produto do crime, assim como para ter a posse de cópia da chave da porta do almoxarifado, unidade onde estava lotado como atendente. Ricardo desconhecia o fato de seu comparsa ser funcionário público. Descoberta a subtração, instaurou-se um processo administrativo disciplinar em desfavor de Pedro. Após conclusão, o processo administrativo foi encaminhado ao MP.

   A propósito dessa situação hipotética, julgue o item seguinte.

   • Pedro e Ricardo responderão pelo crime de peculato-furto.

6. **(Escrivão – CESPE – 2004)** No item a seguir é apresentada uma situação hipotética, seguida de uma assertiva a ser julgada.

   • Foi aberto inquérito, na polícia federal, para investigar a participação de um célebre ator de televisão em crime de tráfico de substância entorpecente. Sabendo que essa investigação atrairia a atenção da mídia, um agente de polícia federal informou jornalistas das suspeitas existentes contra o referido ator, mostrando a eles os autos do inquérito policial em curso. Nessa situação, o referido agente de polícia comete infração penal.

7. **(Escrivão – CESPE – 2004)** No item seguinte, é apresentada uma situação hipotética, seguida de uma assertiva a ser julgada.

   • Roberto, funcionário público, e Bruno, estranho ao serviço público, exigiram, em razão da função de Roberto, vantagem indevida no valor de R$ 8.000,00. Nessa situação, tendo em vista que o fato de ser funcionário público é circunstância pessoal de Roberto, a qual não se comunica, apenas ele responderá pelo delito de concussão.

8. **(Escrivão – CESPE – 2004)** Em cada um dos itens seguintes, é apresentada uma situação hipotética, seguida de uma assertiva a ser julgada.

   a) Plínio, utilizando toda a munição de seu revólver, atirou seis vezes contra Túlio, com intenção de matá-lo, mas errou todos os tiros. Nessa situação, houve tentativa branca ou incruenta, devendo Plínio responder por tentativa de homicídio.

   b) Cecília colocou a mão no bolso esquerdo e, posteriormente, no bolso direito da roupa de uma transeunte, com a intenção de subtrair-lhe dinheiro. Não encontrou, contudo, qualquer objeto de valor. Nessa situação, houve crime impossível e, assim, Cecília não responderá por crime algum.

9. **(Agente – CESPE – 2009)** A respeito dos crimes contra o patrimônio e contra a administração pública, julgue o seguinte item.

   • Considere a seguinte situação hipotética.

   Tancredo recebeu, para si, R$ 2.000,00 entregues por Fernando, em razão da sua função pública de agente da Polícia Federal, para praticar ato legal, que lhe competia, como forma de agrado. Nessa situação, Tancredo não responderá pelo crime de corrupção passiva, o qual, para se consumar, tem como elementar do tipo a ilegalidade do ato praticado pelo funcionário público.

10. (Agente – CESPE – 2009) A respeito dos crimes contra o patrimônio e contra a administração pública, julgue o seguinte item.

- Caso um policial federal preste ajuda a um contrabandista para que este ingresse no país e concretize um contrabando, consumar-se-á o crime de facilitação de contrabando, ainda que o contrabandista não consiga ingressar no país com a mercadoria.

11. (Agente – CESPE – 2002) Em cada um dos itens abaixo, é apresentada uma situação hipotética, seguida de uma assertiva a ser julgada.

a) Jamil, funcionário da Secretaria do Tesouro Nacional (STN), autorizado a operar o SIAFI pelo titular da Divisão de Suporte e Atendimento a Usuários (DISUP) da Coordenação-Geral de Sistemas de Informática (COSIS) da STN, alterou indevidamente dados corretos existentes no sistema referentes a registros da execução orçamentária e financeira de determinada unidade gestora, objetivando, com isso, causar danos à administração pública. Nessa situação, como o SIAFI é o sistema informatizado que registra, controla e contabiliza toda a execução orçamentária, financeira e patrimonial do governo federal, Jamil praticou o crime de modificação ou alteração não autorizada de sistema de informações.

b) Muniz, funcionário da Secretaria de Orçamento Federal (SOF), com vontade livre e consciente, alterou o subsistema tabela de apoio do SIDOR, sem autorização ou solicitação do secretário de orçamento federal. Nessa situação, como o SIDOR é o sistema integrado de dados orçamentários da SOF, Muniz praticou o crime de modificação ou alteração não autorizada de sistema de informações.

c) Sérgio terminou um noivado de três anos com Carla, que, por vingança, compareceu perante a autoridade policial e apresentou uma representação, imputando-lhe a prática dos crimes de estupro e atentado violento ao pudor. Após a autoridade policial ter relatado o inquérito policial, antes de encaminhar os autos ao Poder Judiciário, Carla compareceu à delegacia e retratou-se, inocentando Sérgio. Nessa situação, Carla praticou o crime de comunicação falsa de crime.

d) Sebastião foi intimado a prestar declarações em um inquérito policial. Ao chegar à delegacia e verificar que a autoridade policial não estava presente, passou a ofendê-la e desprestigiá-la perante os agentes de polícia, chamando-a de preguiçosa e incompetente e dizendo palavras de baixo calão, ofendendo a dignidade e o decoro da sua função. Nessa situação, Sebastião praticou o crime de desacato.

12. (Escrivão – CESPE – 2004) Em cada um dos itens a seguir, é apresentada uma situação hipotética referente a crimes contra a administração pública e contra a ordem tributária, seguida de uma assertiva a ser julgada.

a) Paulo, engenheiro civil, em razão do exercício de atividade pública, exigiu para si, para conceder o habite-se requerido por particular perante a prefeitura, o pagamento de certa quantia em dinheiro. Nessa situação, a conduta de Paulo caracteriza crime de corrupção passiva.

b) Lino, figurando como réu em ação de execução, teve a penhora de seus bens ordenada judicialmente. No momento em que o oficial de justiça cumpria a determinação judicial, Lino opôs-se ao seu cumprimento, ameaçando a vida do servidor público e proferindo ofensas contra a sua honra, restando frustrada a execução do ato. Nessa situação, Lino praticou o crime de resistência em concurso com desacato.

13. (Delegado – CESPE – 2002) Acerca dos crimes contra o patrimônio e a administração pública, julgue os itens abaixo.

a) Considere a seguinte situação hipotética.

Nardel, assistente de transporte do Ministério da Saúde, previamente ajustado com Leandro, seu primo, que estava desempregado, parou em um estacionamento público um veículo oficial que transportava R$ 20.000,00 em medicamentos, deixando-o aberto e com a chave na ignição. Leandro, valendo-se da facilidade, estacionou uma caminhonete ao lado do veículo oficial e subtraiu todo o medicamento.

Nessa situação, Leandro responderá pelo crime de furto.

b) Por ser a concussão crime próprio, inadmissível é a participação de pessoa estranha ao quadro do funcionalismo público (particular).

c) O advogado que é designado pelo juiz, em audiência, para exercer a defesa de alguém (*ad hoc*) e, nessa condição, solicita vantagem indevida da parte adversa para deixar de praticar algum ato no processo não perpetra, de acordo com o STJ, o crime de corrupção passiva.

d) Considere a seguinte situação hipotética.

Luiz, empregado da ECT, empresa pública federal, apropriou-se da importância de R$ 2.000,00 referente à venda de selos, numerário de que tinha a posse em razão da função. Nessa situação, Luiz praticou o crime de apropriação indébita.

14. (Delegado – CESPE – 2002) Em cada um dos seguintes itens, é apresentada uma situação hipotética, seguida de uma assertiva a ser julgada.

a) Marilúcia ingressou com uma ação de perdas e danos em face de Letícia, que foi distribuída para tramitar perante a 2ª Vara Cível. A juíza titular do juízo era inimiga capital de Marilúcia e, por animosidade e desejo de vingança contra a desafeta, retardou o andamento regular do processo, não despachando e retendo indevidamente os autos em uma gaveta de seu gabinete. Nessa situação, a magistrada praticou o crime de prevaricação.

b) Em uma ação reivindicatória, Rui foi arrolado como testemunha da parte autora. Saneado o processo e fracassada a tentativa de conciliação, o magistrado designou a audiência de instrução e julgamento, sendo expedidos os mandados de intimação das testemunhas. Devidamente intimado do dia, hora e local da audiência, Rui deixou de comparecer, injustificadamente. Nessa situação, Rui responderá pelo crime de desobediência.

c) Proposta uma ação de prestação de contas, o juiz deferiu a prova pericial pugnada pelas partes e nomeou Antônio como perito, fixando o prazo para a entrega do laudo. Expirado o prazo assinalado, Antônio, que não se escusou do encargo, deixou de apresentar o laudo sem motivo legítimo. Nessa situação, Antônio responderá pelo crime de desobediência.

d) Libânio constituiu um advogado para propor uma ação negatória de paternidade, alegando sua impotência *generandi* ou *concipiendi*. Antes de ingressar com a petição inicial, a fim de induzir em erro o juiz e o perito, Libânio submeteu-se a uma operação destinada à esterilização. Nessa situação, Libânio responderá pelo crime de fraude processual.

e) O advogado da parte ré em uma ação de indenização em tramitação em Brasília-DF retirou os autos do cartório mediante termo de vista, pelo prazo de cinco dias. Ultrapassados trinta dias da retirada, o diretor da secretaria do juízo entrou em contato telefônico como procurador e solicitou a devolução dos autos, no prazo de 24 horas. Com a expiração do prazo, a retenção dos autos foi comunicada ao juiz. Nessa situação, para a configuração do crime de sonegação de papel ou objeto de valor probatório, será necessário que o advogado seja intimado no *Diário de Justiça* para devolver os autos no prazo fixado e deixe de fazê-lo.

15. (Delegado – CESPE – 2004) No item a seguir, é apresentada uma situação hipotética, seguida de uma assertiva a ser julgada.

- Tendo ocorrido crime de homicídio nos limites da circunscrição de um delegado de polícia, este se recusou a instaurar o respectivo inquérito policial sem apresentar justificativas para sua atitude. Nessa situação, o delegado praticou crime de prevaricação.

16. (Delegado – CESPE – 2002) Em consonância com a classificação de Celso Antônio Bandeira de Mello, os agentes públicos formam uma categoria a que pertencem os agentes políticos, os servidores públicos e os particulares em atuação colaboradora com o poder público. Com relação ao regime jurídico a que estão subordinados os agentes públicos, julgue o seguinte item.

- A prevaricação é crime próprio de funcionário público com vínculo efetivo. Assim, caso seja praticada por ocupante de emprego público, a mesma conduta incidirá em tipo penal diverso.

17. (Delegado – CESPE – 2004) No item a seguir, é apresentada uma situação hipotética acerca da parte especial do direito penal, seguida de uma assertiva a ser julgada.

- Mário, delegado de polícia, com o intuito de proteger um amigo, recusa-se a instaurar inquérito policial requisitado por promotor de justiça contra o referido amigo. Nessa hipótese, Mário praticou crime de desobediência.

18. **(Delegado – CESPE – 2004)** Célio, arrolado como testemunha em processo criminal em que se imputava ao réu crime de homicídio culposo, é instigado pelo advogado de defesa a fazer afirmações falsas acerca dos fatos, a fim de inocentar o réu, o que efetivamente vem a fazer. Com base na situação hipotética acima apresentada, julgue os itens que se seguem.

a) Célio praticou crime de falso testemunho qualificado, pois foi cometido com o fim de obter prova destinada a produzir efeito em processo penal.

b) De acordo com o entendimento dominante do Supremo Tribunal Federal (STF), como o delito praticado é de mão própria, não se admite coautoria ou participação, sendo atípica a conduta do advogado de defesa.

19. **(Delegado – CESPE – 2002)** No item que se segue, é apresentada uma situação hipotética, seguida de uma assertiva a ser julgada.

- Jofre, empregado do Banco do Brasil S.A. (BB), apropriou-se da importância de R$ 20.000,00 de que tinha a posse em razão da função. Nessa situação, e de acordo com o STF, Jofre praticou o crime de apropriação indébita.

20. **(Delegado – CESPE – 2002)** Jonas propôs ação de investigação de paternidade contra Túlio, alegando que o réu e sua mãe mantiveram relações sexuais que resultaram em sua concepção. Com base na farta prova testemunhal colhida, o juiz julgou procedente o pedido do autor e reconheceu a paternidade questionada. O réu, apesar de inconformado com a decisão, não interpôs nenhum recurso contra ela, mas dirigiu-se a um laboratório médico onde, juntamente com Jonas, submeteu-se à coleta de sangue com a finalidade de realizar exame de DNA para a determinação do vínculo de parentesco biológico entre eles.

O exame concluiu pela exclusão da paternidade de Túlio, que, sabendo que jamais havia mantido qualquer relacionamento íntimo com a mãe de Jonas, requereu a instauração de inquérito policial para apurar a prática do delito de falso testemunho por parte das testemunhas arroladas pelo autor que depuseram no processo, especialmente porque a sentença que julgou procedente a ação baseou-se nos depoimentos de tais testemunhas. Os réus foram condenados pela prática do crime de falso testemunho. Embasado na sentença penal condenatória e no resultado negativo do exame de DNA, Túlio propôs, no prazo legal, ação rescisória da sentença que reconhecera a paternidade em relação a Jonas. Com relação a essa situação hipotética, julgue o item que se segue.

- A partir da prolação da sentença cível, não mais se poderia instaurar a *persecutio criminis* relativa ao falso testemunho, eis que a lei penal prevê expressamente a possibilidade de o agente vir a retratar-se do depoimento prestado perante o juiz cível antes que este prolate sentença, ficando, desse modo, isento de pena. Assim, como corolário da garantia da ampla defesa, a prolação da sentença cível é fato impeditivo à instauração da ação penal relativa ao falso testemunho.

GABARITO COMENTADO

1. ERRADO É possível a participação de particular em crime de peculato. O peculato trata-se de um crime previsto no Código Penal Brasileiro próprio de funcionário público (aquele que, embora transitoriamente ou sem remuneração, exerce cargo, emprego ou função pública) contra a Administração Pública em geral, ou seja, esse crime só pode ser praticado por um servidor público, por exemplo, em sua função. No entanto, admite-se a participação de terceiros.

2. CERTO Inicialmente, é importante destacar que ao servidor público federal é proibido atuar como procurador junto às repartições públicas, sob pena do cometimento de infração disciplinar. O art. 117, XI, da Lei n. 8.112/90 é claro ao afirmar que: "Ao servidor é proibido: (...) XI – atuar, como procurador ou intermediário, junto a repartições públicas, salvo quando se tratar de benefícios previdenciários ou assistenciais de parentes até o segundo grau, e de cônjuge ou companheiro". Na seara penal, o crime de advocacia administrativa proíbe, de uma forma geral, o patrocínio de interesse privado perante a administração pública, valendo-se da qualidade de funcionário público. Sendo assim, no caso em análise, Eduardo praticou o crime de advocacia administrativa.

3.

A. ERRADO Trata-se da prática de crime de concussão. O art. 316 do Código Penal dispõe: "Exigir, para si ou para outrem, direta ou indiretamente, ainda que fora da função ou antes de assumi-la, mas em razão dela, vantagem indevida: Pena – reclusão, de dois a oito anos, e multa". Além disso, concussão é um crime formal que se consuma no momento da exigência da vantagem indevida, não se exigindo o recebimento da vantagem.

B. CERTO O presente caso exige especial atenção. Não houve crime de corrupção passiva, mas sim crime contra a ordem tributária previsto no art. 3º, II, da Lei n. 8.137/90.

4.

A. ERRADO Anísio é funcionário público e Auditor da Receita Federal. Na verdade, ele praticou o crime previsto no art. 3º, II, da Lei n. 8.137/90: "Dos crimes praticados por funcionários públicos: Art. 3º **Constitui crime funcional contra a ordem tributária**, além dos previstos no Decreto-Lei n. 2.848, de 7 de dezembro de 1940 – Código Penal (Título XI, Capítulo I): I – extraviar livro oficial, processo fiscal ou qualquer documento, de que tenha a guarda em razão da função; sonegá-lo, ou inutilizá-lo, total ou parcialmente, acarretando pagamento indevido ou inexato de tributo ou contribuição social; II – exigir, solicitar ou receber, para si ou para outrem, direta ou indiretamente, ainda que fora da função ou antes de iniciar seu exercício, mas em razão dela, vantagem indevida; ou aceitar promessa de tal vantagem, para deixar de lançar ou cobrar tributo ou contribuição social, ou cobrá-los parcialmente. Pena – reclusão, de 3 (três) a 8 (oito) anos, e multa. III – patrocinar, direta ou indiretamente, interesse privado perante a administração fazendária, valendo-se da qualidade de funcionário público. Pena – reclusão, de 1 (um) a 4 (quatro) anos, e multa".

B. ERRADO Benito, na verdade, praticou o crime de corrupção ativa, ao oferecer a vantagem indevida.

C. CERTO Silvério praticou o crime de condescendência criminosa, pois deixou, por indulgência, de responsabilizar subordinado que cometeu infração no exercício do cargo ou, quando lhe falte competência, não levar o fato ao conhecimento da autoridade competente.

5. ERRADO Se o particular desconhecia a condição de funcionário ou agente público, o comparsa responderá por crime impróprio (furto), não se aplicando o art. 30 do CP.

6. CERTO O agente comete o crime de "violação de sigilo funcional" ("revelar fato de que tem ciência em razão do cargo e que deva permanecer em segredo, ou facilitar-lhe a revelação"). Convém lembrar que o inquérito policial é um procedimento sigiloso, conforme determina o art. 20 do CPP. A conduta do agente pode prejudicar as investigações, repercutindo também na esfera administrativo-disciplinar e civil.

7. ERRADO A doutrina entende que é possível a participação de particular no crime de concussão. Ora, o concurso de pessoas é a consciente e voluntária participação de duas ou mais pessoas na realização de um delito comum. No caso do crime de concussão, é possível que terceiro não funcionário público responda por crime funcional, como coautor ou partícipe. O art. 30 do Código Penal determina a comunicação das circunstâncias de caráter pessoal, quando elementares do crime, a todas as pessoas que dele participarem. Apesar de a concussão ser classificada como delito próprio, exigindo que o agente ostente a condição de funcionário público, a circunstância, como é elementar do tipo, comunica-se ao coautor ou partícipe que a conheça. Então, a elementar do crime funcionário público comunica-se aos demais que não possuem essa qualidade, desde que tenham praticado o crime juntamente com funcionário público, e que tenham conhecimento de sua presença na figura do autor principal. O coautor ou partícipe deve ter dolo, ou seja, vontade e consciência para agir com o funcionário público.

Nesse sentido, Celso Delmanto ensina que, "apesar de ser um crime próprio, o particular pode ser coautor ou partícipe, desde que tenha conhecimento da condição de funcionário público do autor (art. 29 e 30 do CP)". Dessa forma, é preciso que a circunstância "ser funcionário público" esteja abrangida no dolo do terceiro, portanto, é preciso que ele saiba que atua com funcionário público. Se não souber, praticará outro tipo penal.

Segundo Júlio Fabbrini Mirabete, não está excluído a possibilidade de autoria por parte daquele que, embora não tenha ainda assumido a função, atue em razão dela. Pode o particular ser coautor ou partícipe, comunicando-se a ele a circunstância elementar de ser o agente funcionário público. Também, para Paulo José da Costa Júnior, o particular pode ser sujeito ativo de crime próprio, quando diz que, em havendo concurso de pessoas, sendo a condição de funcionário público elementar do crime, estender-se-á aos copartícipes, mesmo que particulares. Em outras palavras: o copartícipe de um crime de peculato, mesmo não sendo funcionário público (*extraneus*), é peculatário. Ainda: basta que um só dos concorrentes seja qualificado (*intraneus*) para que os demais respondam pelo mesmo tipo de crime. É a regra que deflui do art. 30 do Código Penal. Por fim, conforme entendimento de Damásio Evangelista de Jesus, "não é preciso que o terceiro conheça com pormenores técnicos a situação funcional do autor principal. Nesse ponto, vale o dolo eventual, bastando que saiba que o executor primário exerce um serviço de natureza pública".

8.

A. CERTO Tentativa branca ou incruenta é aquela em que não se lesiona o objeto material do crime.

B. ERRADO Cecília responderá pela tentativa de furto, pois não se trata da hipótese de crime impossível.

9. ERRADO A configuração do crime de corrupção passiva não exige que a prática do ato seja ilegal, mas apenas o recebimento de vantagem indevida por parte do servidor público, como forma de se resguardar a probidade administrativa.

10. CERTO O crime de facilitação do contrabando e descaminho é um crime formal, em que não se exige o ingresso da mercadoria no país.

11.

A. ERRADO Na verdade, Jamil praticou o crime de inserção de dados falsos em sistema de informação. "Art. 313-A. Inserir ou facilitar, o funcionário autorizado, a inserção de dados falsos, alterar ou excluir indevidamente dados corretos nos sistemas informatizados ou bancos de dados da Administração Pública com o fim de obter vantagem indevida para si ou para outrem ou para causar dano: Pena – reclusão, de 2 (dois) a 12 (doze) anos, e multa."

B. CERTO Muniz praticou o crime de modificação ou alteração não autorizada de sistema de informação. "Art. 313-B. Modificar ou alterar, o funcionário, sistema de informações ou programa de informática sem autorização ou solicitação de autoridade competente: Pena – detenção, de 3 (três) meses a 2 (dois) anos, e multa. Parágrafo único. As penas são aumentadas de um terço até a metade se da modificação ou alteração resulta dano para a Administração Pública ou para o administrado".

C. ERRADO Na verdade, trata-se do crime de denunciação caluniosa. "Art. 339 do Código Penal: Dar causa à instauração de investigação policial, de processo judicial, instauração de investigação administrativa, inquérito civil ou ação de improbidade administrativa contra alguém, imputando-lhe crime de que o sabe inocente: Pena – reclusão, de dois a oito anos, e multa. § 1º A pena é aumentada de sexta parte, se o agente se serve de anonimato ou de nome suposto. § 2º A pena é diminuída de metade, se a imputação é de prática de contravenção".

D. ERRADO O modo de execução do desacato é exclusivamente pessoal, exigindo a presença do ofendido no momento do crime.

12.

A. ERRADO A infração penal praticada por Paulo no presente caso é o crime de concussão

DIREITO PENAL

que, de acordo com o descrito no Código Penal, consiste no ato de exigir para si ou para outrem, dinheiro ou vantagem em razão da função, direta ou indiretamente, ainda que fora da função ou antes de assumi-la, mas em razão dela, vantagem indevida.

B. CERTO Os crimes de desacato e de resistência são abstratamente autônomos. A propósito, defende o saudoso Mirabete que há concurso material de crimes quando além do desacato ocorre desobediência ou resistência. Por esse pensamento, é impossível a aplicação do princípio da consunção, para que a resistência seja absorvida pelo desacato, pois as condutas e as finalidades são diversas em cada tipo. De fato, a resistência não é meio para a consumação do crime de desacato, como bem ponderou Mirabete: "Distingue-se o desacato da resistência; naquela há agressão com a intenção de ofender a dignidade ou o decoro do funcionário ou da Administração Pública; nesta, a violência é exercida para impedir o cumprimento de ordem legal".

13.

A. ERRADO A jurisprudência do STF é no sentido de que o particular pode figurar como coautor do crime descrito no § 1º do art. 312 do Código Penal (Peculato-furto). Isso porque, nos termos do art. 30 do CP, "não se comunicam as circunstâncias e as condições de caráter pessoal, salvo quando elementares do crime". Se a condição de funcionário público é elementar do tipo descrito no art. 312 do Código Penal, esta é de se comunicar ao coautor (particular), desde que ciente este da condição funcional do autor. Precedentes: HC 74.588/STF, rel. Min. Ilmar Galvão; e HC 70.610/STF, rel. Min. Sepúlveda Pertence.

B. ERRADO A doutrina entende que é possível a participação de particular no crime de concussão. Ora, o concurso de pessoas é a consciente e voluntária participação de duas ou mais pessoas na realização de um delito comum. No caso do crime de concussão, é possível que terceiro não funcionário público responda por crime funcional, como coautor ou partícipe. O art. 30 do Código Penal determina a comunicação das circunstâncias de caráter pessoal, quando elementares do crime, a todas as pessoas que dele participarem. Apesar de a concussão ser classificada como delito próprio, exigindo que o agente ostente a condição de funcionário público, a circunstância, como é elementar do tipo, comunica-se ao coautor ou partícipe que a conheça. Então, a elementar do crime funcionário público comunica-se aos demais que não possuem essa qualidade, desde que tenham praticado o crime juntamente com funcionário público, e que tenham conhecimento de sua presença na figura do autor principal. O coautor ou partícipe deve ter dolo, ou seja, vontade e consciência para agir com o funcionário público.

Nesse sentido, Celso Delmanto ensina que, "apesar de ser um crime próprio, o particular pode ser coautor ou partícipe, desde que tenha conhecimento da condição de funcionário público do autor (arts. 29 e 30 do CP)". Dessa forma, é preciso que a circunstância "ser funcionário público" esteja abrangida no dolo do terceiro, portanto, é preciso que ele saiba que atua com funcionário público. Se não souber, praticará outro tipo penal. Segundo Júlio Fabbrini Mirabete, não está excluída a possibilidade de autoria por parte daquele que, embora não tenha ainda assumido a função, atue em razão dela. Pode o particular ser coautor ou partícipe, comunicando-se a ele a circunstância elementar de ser o agente funcionário público.

Além disso, o particular pode ser sujeito ativo de crime próprio, quando diz que, em havendo concurso de pessoas, sendo a condição de funcionário público elementar do crime, estender-se-á aos copartícipes, mesmo que particulares. Em outras palavras: o copartícipe de um crime de peculato, mesmo não sendo funcionário público (*extraneus*), é peculatário. Ainda: basta que um só dos concorrentes seja qualificado (*intraneus*) para que os demais respondam pelo mesmo tipo de crime. É a regra que deflui do art. 30 do Código Penal. Por fim, conforme entendimento de Damásio Evangelista de Jesus, "não é preciso que o terceiro conheça com pormenores técnicos a situação funcional do autor principal. Nesse ponto, vale o dolo eventual, bastando que saiba que o executor primário exerce um serviço de natureza pública".

C. CERTO O crime de corrupção passiva está previsto no art. 317 do Código Penal, que assim dispõe: "Solicitar ou receber, para si ou para outrem, direta ou indiretamente, ainda que fora da função ou antes de assumi-la, mas em razão dela, vantagem indevida, ou aceitar promessa de tal vantagem: Pena – reclusão, de 1 (um) a 8 (oito) anos, e multa. O art. 317 não define que o sujeito ativo é o funcionário público, mas o título do capítulo fala em "crimes praticados por funcionários públicos".

Portanto, a corrupção passiva só pode ser praticada por funcionário público. Porém, a conduta descrita no art. 317 fala em "solicitar (...) ainda que fora da função", que seria o caso do funcionário público de férias, de licença, cumprindo pena administrativa etc. (mesmo nesses casos ele não deixa de ser funcionário público). A conduta ainda prevê que o crime pode ser praticado antes e o funcionário público assumir a função (é o caso, por exemplo, de um sujeito que passa num concurso público, já tomou posse, ainda não começou a trabalhar mas já sabe qual será a sua área de atuação, e quando irá começar a exercer o cargo; ele então, neste momento, comete o crime de corrupção passiva). Só pode ser sujeito passivo o funcionário público se o ato para o qual ele está se corrompendo for das suas atribuições (se o ato não é da sua atribuição, ele até poderá ser partícipe, mas não autor). É, portanto, um crime próprio. Este crime admite participação. É possível que o funcionário público se valha de um intermediário (por participação moral – induzindo, instigando – ou material – prestando auxílio). O corrupto responderá pelo crime de corrupção passiva. Aquele que aceita a solicitação do funcionário público e lhe dá a vantagem indevida (agente corruptor), em princípio, de acordo com o art. 29, responderia pelo mesmo crime (Teoria Monista ou Unitária – unidade de infração para todos os participantes, segundo a qual todos os que contribuírem para a prática de um crime responderão por este mesmo crime, na medida da sua culpabilidade). O art. 29 apresenta uma regra geral, mas há exceções – situações em que o legislador estabeleceu um crime para o autor e outro para os partícipes (exemplo: aborto – a mulher que consente responde por autoaborto e o terceiro que pratica o aborto responde por aborto praticado por terceiro). Assim ocorre no crime do art. 317 – responderiam todos por corrupção passiva, mas o legislador criou o crime de corrupção ativa (art. 333).

D. ERRADO É funcionário público equiparado aquele que exerce cargo, emprego ou função em entidade paraestatal e quem trabalha para empresa prestadora de serviços contratados ou conveniada para execução de atividade típica da administração pública.

Dessa forma, Luiz é funcionário público por equiparação e comete o crime de peculato-apropriação.

14.

A. CERTO A prevaricação é um crime funcional, ou seja, praticado por funcionário público contra a Administração Pública. A prevaricação consiste em retardar ou deixar de praticar devidamente ato de ofício, ou praticá-lo contra disposição expressa de lei, para satisfazer interesse ou sentimento pessoal. No presente caso, restou demonstrado que a magistrada deixou de despachar em razão de sentimento pessoal.

B. ERRADO Se a testemunha não comparecer, o juiz pode mandar conduzi-la por oficial de justiça, com auxílio de força policial se necessário (art. 218 do CPP). Apenas no caso de não comparecimento na segunda audiência, o juiz pode aplicar a multa do art. 453 do CPP e ainda processar a testemunha pelo crime de desobediência.

C. ERRADO O perito criminal não pode, em princípio, ser agente do crime de desobediência, dado que, além de equiparado a funcionário público – que, agindo nessa qualidade, não comete tal delito –, está submetido à sanção pecuniária pela não aceitação do encargo (art. 277 do CPP), o que, salvo ressalva expressa de lei, afasta a sanção pelo art. 330 do CP.

D. ERRADO Libânio não responderá pelo crime de fraude processual, pois o tipo penal pune a conduta de inovar artificialmente na pendência de processo civil ou administrativo, o estado de lugar, de coisa ou de pessoa, com o fim de induzir a erro o juiz ou o perito. Na hipótese em questão, está claro que Libânio submeteu-se a operação antes de ingressar com a petição inicial. Portanto, não estava em curso o processo civil.

E. CERTO **"Para a configuração do delito previsto no art. 356 do Código Penal não basta que o advogado haja retido os autos além do prazo legal; é mister que não restitua o processo após, para isso, intimado e decorrido o respectivo prazo**. A devolução realizada depois da denúncia não apaga a falta. Outrossim, a configuração do crime não está condicionada a prévia apuração pela Ordem dos Advogados da falta disciplinar, mormente quando ela for reconhecida pelo juiz do processo sonegado. Interpretação do art. 356 do CP c/c o art. 196 do CPC" (STF, RHC 61.750-6/PR, rel. Min. Soares Muñoz, 1ª T., j. 16-10-1984, *DJU* 31-10-1984).

15. CERTO O Delegado terá praticado o crime de prevaricação, que se trata de um crime funcional, ou seja, praticado por funcionário público contra a Administração Pública. A prevaricação consiste em retardar ou deixar de praticar devidamente ato de ofício, ou praticá-lo contra disposição expressa de lei, para satisfazer interesse ou sentimento pessoal. Importante ressaltar que não é admitida a modalidade culposa.

16. ERRADO O crime de prevaricação é aquele praticado por funcionário público. O art. 327 do Código Penal estabelece que: "Considera-se funcionário público, para os efeitos penais, quem, embora transitoriamente ou sem remuneração, exerce cargo, emprego ou função pública". Portanto, o ocupante de emprego público pode praticar o crime de prevaricação.

17. ERRADO Na verdade, Mário praticou o crime de prevaricação. O delito de desobediência tem como sujeito ativo qualquer pessoa (particular contra a administração), mesmo sendo funcionário público. No entanto, para que o funcionário público figure como sujeito ativo deste tipo, é indispensável que seja fora de sua função, logo, como se tratava de delegado de polícia (funcionário público) em exercício de sua função, enquadra-se no tipo penal do art. 319 do CP, prevaricação: "retardar ou deixar de praticar, indevidamente, ato de ofício, ou praticá-lo contra disposição expressa de lei, para satisfazer interesse ou sentimento pessoal". No caso, o Delegado deixou de atender requisição do Ministério Público em razão de amizade com o autor do delito (sentimento pessoal).

18.

A. CERTO Trata-se de falso testemunho qualificado. Cita-se o artigo do Código Penal: "Art. 342. Fazer afirmação falsa, ou negar ou calar a verdade como testemunha, perito, contador, tradutor ou intérprete em processo judicial, ou administrativo, inquérito policial, ou em juízo arbitral: § 1º As penas aumentam-se de um sexto a um terço, se o crime é praticado mediante suborno ou se cometido com o fim de obter prova destinada a produzir efeito em processo penal, ou em processo civil em que for parte entidade da administração pública direta ou indireta".

B. ERRADO De acordo com o STF, o crime de falso testemunho admite participação. O STF entende que é possível a participação no delito de falso testemunho, nos termos do art. 29 do CP, quando o advogado contribuiu moralmente para a realização do crime, salientando, no caso, a relevância do fato de ele ser advogado, figura indispensável à administração da justiça (RHC 81.327-SP, rel. Min. Ellen Gracie, 11-12-2001).

19. ERRADO Jofre pratica o crime de peculato, pois é equiparado a funcionário público para fins penais, nos termos do art. 327 do CP.

Comentário extra: a competência jurisdicional, contudo, é da Justiça comum estadual, pois o Banco do Brasil é sociedade de economia mista, não listada no rol contido no art. 109, IV, da CF/88.

20. ERRADO O art. 342, § 2º, do CPP, reza que o fato deixa de ser punível se, antes da sentença no processo em que ocorreu o ilícito, o agente se retrata ou declara a verdade. Logo, com a prolatação da sentença no processo cível, o fato é punível, ainda que haja retratação ou declaração da verdade.

RAIO-X

- O tema em estudo equivale aos seguintes percentuais de questões de direito penal:

Cargo	Questões do Tema	%
Agente	10	23,25%
Escrivão	10	25,64%
Delegado	16	38,09%

- A maioria das questões é baseada em:

☒ doutrina ☒ legislação ☒ jurisprudência

IMPORTANTE SABER

CRIMES PRATICADOS POR FUNCIONÁRIOS PÚBLICOS

Titulação do Crime	Capitulação Legal	Pena
Art. 312 – Peculato	**Apropriar-se** o funcionário público de dinheiro, valor ou qualquer outro bem móvel, público ou particular, ***de que tem a posse em razão do cargo***, ou **Desviá-lo**, em proveito próprio ou alheio	**Reclusão** de 2 a 12 anos, e multa
Peculato culposo	**Concorrer,** o funcionário, **culposamente para o crime de outrem**	**Detenção** de 3 meses a 1 ano
Art. 313 – Peculato mediante erro de outrem	**Apropriar-se** de dinheiro ou qualquer utilidade que, no exercício do cargo, **recebeu por erro de outrem**	**Reclusão** de 1 a 4 anos, e multa
Art. 313-A – Inserção de dados falsos em sistema de informações	**Inserir** ou **facilitar**, o funcionário autorizado, **a inserção de dados falsos, Alterar** ou **Excluir indevidamente dados corretos nos sistemas informatizados ou bancos de dados da Administração Pública** com o fim de obter vantagem indevida para si ou para outrem ou para causar dano	**Reclusão** de 2 a 12 anos, e multa
Art. 313-B – Modificação ou alteração não autorizada de sistema de informações	**Modificar** ou **alterar**, o funcionário, **sistema de informações ou programa de informática sem autorização ou solicitação** de autoridade competente	**Detenção** de 3 meses a 2 anos, e multa
Art. 314 – Extravio, sonegação ou inutilização de livro ou documento	**Extraviar livro oficial ou qualquer documento**, de que tem a guarda em razão do cargo; **Sonegá-lo ou Inutilizá-lo**, total ou parcialmente	**Reclusão** de 1 a 4 anos, se o fato não constitui crime mais grave
Art. 315 – Emprego irregular de verbas ou rendas públicas	Dar às verbas ou rendas públicas aplicação diversa da estabelecida em lei	**Detenção** de 1 a 3 meses, ou multa
Art. 316 – Concussão	**Exigir**, para si ou para outrem, direta ou indiretamente, ainda que fora da função ou antes de assumi-la, mas em razão dela, **vantagem indevida**	**Reclusão** de 2 a 8 anos, e multa

Titulação do Crime	Capitulação Legal	Pena
Excesso de exação	**Exigir tributo ou contribuição social que sabe ou deveria saber indevido**, ou, quando devido, **Empregar na cobrança meio vexatório ou gravoso, que a lei não autoriza**	**Reclusão** de 3 a 8 anos, e multa
	Desviar, em proveito próprio ou de outrem, o **que recebeu indevidamente para recolher aos cofres públicos**	**Reclusão** de 2 a 12 anos, e multa
Art. 317 – Corrupção passiva	**Solicitar** ou **Receber**, para si ou para outrem, direta ou indiretamente, ainda que fora da função ou antes de assumi-la, mas em razão dela, **vantagem indevida**, ou **Aceitar promessa de tal vantagem**	**Reclusão** de 1 a 8 anos, e multa
	Praticar, Deixar de praticar ou Retardar ato de ofício, com infração de dever funcional, cedendo a pedido ou influência de outrem	**Detenção** de 3 meses a 1 ano, ou multa
Art. 318 – Facilitação de contrabando ou descaminho	**Facilitar**, com infração de dever funcional, a prática de contrabando ou descaminho (art. 334)	**Reclusão** de 3 a 8 anos, e multa
Art. 319 – Prevaricação	**Retardar ou Deixar de Praticar**, indevidamente, **ato de ofício**, ou **Praticá-lo** contra disposição expressa de lei, para satisfazer interesse ou sentimento pessoal	**Detenção** de 3 meses a 1 ano, e multa
Art. 320 – Condescendência criminosa	**Deixar** o funcionário, por indulgência, **de responsabilizar subordinado** que cometeu infração no exercício do cargo ou, quando lhe falte competência, não levar o fato ao conhecimento da autoridade competente	**Detenção** de 15 dias a 1 mês, ou multa
Art. 321 – Advocacia administrativa	**Patrocinar**, direta ou indiretamente, **interesse privado perante a administração pública**, valendo-se da qualidade de funcionário	**Detenção** de 1 a 3 meses, ou multa.
Art. 322 – Violência arbitrária	**Praticar violência**, no exercício de função ou a pretexto de exercê-la	**Detenção** de 6 meses a 3 anos, além da pena correspondente à violência
Art. 323 – Abandono de função	**Abandonar cargo público**, fora dos casos permitidos em lei	**Detenção** de 15 dias a 1 mês, ou multa
Art. 324 – Exercício funcional ilegalmente antecipado ou prolongado	**Entrar no exercício de função pública antes de satisfeitas as exigências legais, ou Continuar a exercê-la, sem autorização**, depois de saber oficialmente que foi exonerado, removido, substituído ou suspenso	**Detenção** de 15 dias a 1 mês, ou multa

Titulação do Crime	Capitulação Legal	Pena
Art. 325 – Violação de sigilo funcional	**Revelar fato de que tem ciência em razão do cargo** e que deva permanecer em segredo, ou **Facilitar-lhe a revelação**	**Detenção** de 6 meses a 2 anos, ou multa, se o fato não constitui crime mais grave
Art. 326 – Violação do sigilo de proposta de concorrência	**Devassar o sigilo de proposta de concorrência pública**, ou proporcionar a terceiro o ensejo de devassá-lo	**Detenção** de 3 meses a 1 ano, e multa

CRIMES PRATICADOS POR PARTICULAR CONTRA A ADMINISTRAÇÃO PÚBLICA

Titulação do Crime	Capitulação Legal	Pena
Art. 328 – Usurpação de função pública	**Usurpar** o exercício de função pública:	**Detenção** de 3 meses a 2 anos, e multa
Art. 329 – Resistência	**Opor-se à execução** de ato legal, mediante violência ou ameaça a funcionário competente para executá-lo ou a quem lhe esteja prestando auxílio:	**Detenção** de 2 meses a 2 anos
Art. 330 – Desobediência	Desobedecer a ordem legal de funcionário público	**Detenção** de 15 dias a 6 meses, e multa
Art. 331 – Desacato	**Desacatar funcionário público** no exercício da função ou em razão dela	**Detenção** de 6 meses a 2 anos, ou multa
Art. 332 – Tráfico de influência	**Solicitar, exigir, cobrar** ou **obter**, para si ou para outrem, **vantagem ou promessa de vantagem**, a pretexto de influir em ato praticado por funcionário público no exercício da função	**Reclusão** de 2 a 5 anos, e multa
Art. 333 – Corrupção ativa	**Oferecer ou prometer vantagem** indevida a funcionário público, para determiná-lo a praticar, omitir ou retardar ato de ofício	**Reclusão** de 1 a 8 anos, e multa
Art. 334 – Contrabando ou descaminho	**Importar ou exportar mercadoria proibida** ou **iludir**, no todo ou em parte, o **pagamento de direito ou imposto devido** pela entrada, pela saída ou pelo consumo de mercadoria	**Reclusão** de 1 a 4 anos
Art. 335 – Impedimento, perturbação ou fraude de concorrência	**Impedir, perturbar ou fraudar concorrência pública** ou **venda em hasta pública**, promovida pela administração pública; **afastar ou procurar afastar concorrente ou licitante**, por meio de violência, grave ameaça, fraude ou oferecimento de vantagem	**Detenção** de 6 meses a 2 anos, ou multa, além da pena correspondente à violência

Titulação do Crime	Capitulação Legal	Pena
Art. 336 – Inutilização de edital ou de sinal	**Rasgar** ou, de qualquer forma, **inutilizar ou conspurcar edital** afixado por ordem de funcionário público; **violar ou inutilizar selo ou sinal** empregado, por determinação legal ou por ordem de funcionário público, para identificar ou cerrar qualquer objeto	**Detenção** de 1 mês a 1 ano, ou multa
Art. 337 – Subtração ou inutilização de livro ou documento	**Subtrair, ou inutilizar**, total ou parcialmente, livro oficial, processo ou documento confiado à custódia de funcionário, em razão de ofício, ou de particular em serviço público	**Reclusão** de 2 a 5 anos, se o fato não constitui crime mais grave
Art. 337-A Sonegação de contribuição previdenciária	**Suprimir ou reduzir** contribuição social previdenciária e qualquer acessório	**Reclusão** de 2 a 5 anos, e multa

LEGISLAÇÃO PERTINENTE

- Código Penal. Art. 320 a 337.

4. IMPROBIDADE ADMINISTRATIVA

QUESTÕES

1. **(Escrivão – CESPE – 2002 – adaptada)** A respeito do direito administrativo e do direito penal, julgue os itens abaixo.

   a) Se um empregado de uma sociedade de economia mista apropriar-se de bens do patrimônio dela, poderá responder penalmente por seu ato e também estará sujeito a ação por improbidade administrativa.

   b) Considere a seguinte situação hipotética. Josefa era dirigente de um órgão da administração pública indireta e recebeu propina de uma empresa com a finalidade de beneficiá-la em processo licitatório realizado por aquele órgão. Nessa situação, Josefa poderá ser punida por crime contra a administração pública, mas não por ato de improbidade administrativa, uma vez que o recebimento de propina, por si só, não causa dano ao erário.

2. **(Agente – CESPE – 2002)** Em uma auditoria realizada na sociedade comercial Mercaminas Ltda., Anísio, auditor fiscal da Receita Federal, constatou várias irregularidades na escrituração fiscal-contábil da empresa e uma sonegação de imposto de renda pessoa jurídica (IRPJ) no valor de R$ 300 mil. Verificou, ainda, que a empresa também tinha sonegado ICMS no período analisado. Ao tomar conhecimento das conclusões da auditoria, Benito, sócio-gerente da empresa, ofereceu a Anísio a importância de R$ 30 mil para não lavrar o auto de infração referente à sonegação do IRPJ. Anísio, após refletir um pouco, recebeu o valor oferecido e deixou de lavrar o auto de infração. Silvério, superior hierárquico de Anísio, por intermédio de uma representação, tomou ciência do recebimento da vantagem indevida pelo subalterno, assim como da omissão na lavratura do auto de infração, mas, por benevolência, deixou de responsabilizá-lo, bem como de levar o fato ao conhecimento das autoridades competentes, arquivando o expediente. Anísio, em dois anos no exercício da função de auditor fiscal, amealhou um patrimônio em imóveis avaliado em R$ 4 milhões, oriundo das vantagens indevidamente recebidas e exigidas de contribuintes fiscalizados. Apesar da não instauração do procedimento administrativo fiscal, o Ministério Público Federal teve acesso a peças informativas que comprovavam a sonegação fiscal, o recebimento de vantagens indevidas por parte de Anísio e a evolução de seu patrimônio. Com relação a essa situação hipotética e à legislação pertinente, julgue os itens seguintes.

   a) Constituem atos de improbidade administrativa por parte de Anísio o recebimento de vantagens patrimoniais indevidas para omitir atos de ofício e a aquisição de bens imóveis, no exercício do cargo e em razão dele, cujos valores sejam desproporcionais à sua renda.

   b) O MP tem legitimidade ativa para ingressar com a ação civil por ato de improbidade administrativa, visando à reparação do dano causado ao erário ou à decretação da perda dos bens havidos ilicitamente pelo agente.

GABARITO COMENTADO

1.

A. CERTO O art. 12 da lei de improbidade administrativa assim estabelece: "Independentemente das sanções penais, civis e administrativas previstas na legislação específica, está o responsável pelo ato de improbidade sujeito às seguin-

DIREITO PENAL

tes cominações, que podem ser aplicadas isolada ou cumulativamente, de acordo com a gravidade do fato".

Dessa forma, em razão da independência das instâncias civil, penal e administrativa, não impede que o agente responda penalmente e ainda esteja sujeito à ação de improbidade administrativa.

B. ERRADO O ato de improbidade administrativa pode ocorrer mesmo que não haja dano ao erário. Por exemplo, na hipótese do art. 9º da Lei de Improbidade Administrativa: "Constitui ato de improbidade administrativa importando enriquecimento ilícito auferir qualquer tipo de vantagem patrimonial indevida em razão do exercício de cargo, mandato, função, emprego ou atividade nas entidades mencionadas no art. 1º desta lei, e notadamente: I – receber, para si ou para outrem, dinheiro, bem móvel ou imóvel, ou qualquer outra vantagem econômica, direta ou indireta, a título de comissão, percentagem, gratificação ou presente de quem tenha interesse, direto ou indireto, que possa ser atingido ou amparado por ação ou omissão decorrente das atribuições do agente público; II – perceber vantagem econômica, direta ou indireta, para facilitar a aquisição, permuta ou locação de bem móvel ou imóvel, ou a contratação de serviços pelas entidades referidas no art. 1º por preço superior ao valor de mercado; III – perceber vantagem econômica, direta ou indireta, para facilitar a alienação, permuta ou locação de bem público ou o fornecimento de serviço por ente estatal por preço inferior ao valor de mercado; IV – utilizar, em obra ou serviço particular, veículos, máquinas, equipamentos ou material de qualquer natureza, de propriedade ou à disposição de qualquer das entidades mencionadas no art. 1º desta lei, bem como o trabalho de servidores públicos, empregados ou terceiros contratados por essas entidades; V – receber vantagem econômica de qualquer natureza, direta ou indireta, para tolerar a exploração ou a prática de jogos de azar, de lenocínio, de narcotráfico, de contrabando, de usura ou de qualquer outra atividade ilícita, ou aceitar promessa de tal vantagem; VI – receber vantagem econômica de qualquer natureza, direta ou indireta, para fazer declaração falsa sobre medição ou avaliação em obras públicas ou qualquer outro serviço, ou sobre quantidade, peso, medida, qualidade ou característica de mercadorias ou bens fornecidos a qualquer das entidades mencionadas no art. 1º desta lei; VII – adquirir, para si ou para outrem, no exercício de mandato, cargo, emprego ou função pública, bens de qualquer natureza cujo valor seja desproporcional à evolução do patrimônio ou à renda do agente público; VIII – aceitar emprego, comissão ou exercer atividade de consultoria ou assessoramento para pessoa física ou jurídica que tenha interesse suscetível de ser atingido ou amparado por ação ou omissão decorrente das atribuições do agente público, durante a atividade; IX – perceber vantagem econômica para intermediar a liberação ou aplicação de verba pública de qualquer natureza; X – receber vantagem econômica de qualquer natureza, direta ou indiretamente, para omitir ato de ofício, providência ou declaração a que esteja obrigado; XI – incorporar, por qualquer forma, ao seu patrimônio bens, rendas, verbas ou valores integrantes do acervo patrimonial das entidades mencionadas no art. 1º desta lei; XII – usar, em proveito próprio, bens, rendas, verbas ou valores integrantes do acervo patrimonial das entidades mencionadas no art. 1º desta lei".

2.

A. CERTO Além de constituir crime, a conduta de Anísio constitui ato de improbidade administrativa. O art. 9º da Lei n. 8.429/92 assim dispõe: "Constitui ato de improbidade administrativa importando enriquecimento ilícito auferir qualquer tipo de vantagem patrimonial indevida em razão do exercício de cargo, mandato, função, emprego ou atividade nas entidades mencionadas no art. 1º desta lei, e notadamente: I – receber, para si ou para outrem, dinheiro, bem móvel ou imóvel, ou qualquer outra vantagem econômica, direta ou indireta, a título de comissão, percentagem, gratificação ou presente de quem tenha interesse, direto ou indireto, que possa ser atingido ou amparado por ação ou omissão decorrente das atribuições do agente público".

B. CERTO A legitimidade do Ministério Público para ajuizar ação civil por ato de improbidade é objeto de controvérsias na doutrina. No entanto, a jurisprudência do STF e STJ é pacífica no sentido de admitir a legitimidade do MP para propor tais ações. Veja-se a ementa dos seguintes julgados:

"Recurso extraordinário. Ministério Público. Ação civil pública para proteção do patrimônio público. **O Plenário desta Corte, no RE 208.790, em hipótese análoga à presente, entendeu que é o Ministério Público legitimado para propor ação civil pública em defesa do patrimônio público**. O conteúdo desse acórdão está assim resumido em sua ementa: 'EMENTA: CONSTITUCIONAL. MINISTÉRIO PÚBLICO. AÇÃO CIVIL PÚBLICA PARA PROTEÇÃO DO PATRIMÔNIO PÚBLICO. ART. 129, III, DA CF. Legitimação extraordinária conferida ao órgão pelo dispositivo constitucional em referência, hipótese em que age como substituto processual de toda a coletividade e, consequentemente, na defesa do autêntico interesse difuso, habilitação que, de resto, não impede a iniciativa do próprio ente público na defesa de seu patrimônio, caso em que o Ministério Público intervirá como fiscal da lei, pena de nulidade da ação (art. 17, § 4º, da Lei n. 8.429/92). Recurso não conhecido'. Dessa orientação não divergiu o acórdão recorrido. Recurso extraordinário não conhecido" (RE 234.439).

"ADMINISTRATIVO E PROCESSUAL CIVIL. RECURSO ESPECIAL. PRECLUSÃO CONSUMATIVA. DIVERGÊNCIA JURISPRUDENCIAL NÃO DEMONSTRADA. FALTA DE PREQUESTIONAMENTO. SÚMULA 211/STJ. OFENSA A DISPOSITIVO CONSTITUCIONAL. FUNDAMENTO INATACADO. SÚMULA 283/STF. APELAÇÕES AUTÔNOMAS. PREPAROS INDEPENDENTES. MINISTÉRIO PÚBLICO. LEGITIMIDADE ATIVA. IMPROBIDADE ADMINISTRATIVA CARACTERIZADA. PREJUÍZO AOS COFRES PÚBLICOS. OCORRÊNCIA DE MÁ-FÉ. DOSIMETRIA DA SANÇÃO. 1. (...). 7. **O Ministério Público possui legitimidade ativa para açao civil pública visando ao ressarcimento de dano ao erário por ato de improbidade administrativa.** 8. Os atos previstos no art. 11 da Lei n. 8.429/92 configuram improbidade administrativa independentemente de dano material ao erário. No caso, ademais, as instâncias ordinárias atestaram a existência de prejuízo aos cofres públicos e que os agentes não atuaram de boa-fé. 9. A sanção por ato de improbidade deve ser ajustada ao princípio da razoabilidade. 10. Primeiro recurso especial parcialmente provido. Segundo recurso especial não conhecido" (REsp 1.003.179/RO).

"PROCESSUAL CIVIL. ADMINISTRATIVO. AÇÃO CIVIL PÚBLICA. LEGITIMIDADE ATIVA DO MINISTÉRIO PÚBLICO. ART. 129, III, DA CONSTITUIÇÃO FEDERAL. EX-PREFEITO. ATO DE IMPROBIDADE ADMINISTRATIVA. CONTRATAÇÃO DE ADVOGADO. INEXIGIBILIDADE DE LICITAÇÃO. COGNIÇÃO DE MATÉRIA FÁTICA. SÚMULA 07/STJ. AUSÊNCIA DE DANO AO ERÁRIO. APLICAÇÃO DAS PENALIDADES. PRINCÍPIO DA PROPORCIONALIDADE. 1. **O Ministério Público está legitimado à propositura da ação civil pública em defesa de qualquer interesse difuso ou coletivo, abarcando nessa previsão o resguardo do patrimônio público, com supedâneo no art. 1º, IV, da Lei n. 7.347/85, máxime diante do comando do art. 129, III, da Carta Maior, que prevê a ação civil pública, agora de forma categórica, como instrumento de proteção do patrimônio público e social** (Precedentes: REsp n. 686.993/SP, Rel. Min. Eliana Calmon, *DJU* de 25/05/2006; REsp n. 815.332/MG, Rel. Min. Francisco Falcão, *DJU* de 08/05/2006; e RESP 631.408/GO, Rel. Min. Teori Albino Zavascki, *DJU* de 30/05/2005) 2.(...) 11. Recurso especial parcialmente provido para afastar a condenação imposta à parte, ora recorrente" (REsp 861.566/GO).

Note que a legitimidade do Ministério Público para a defesa da probidade administrativa deve ser admitida, pois decorre da própria Constituição Federal: "Art. 37. A administração pública direta e indireta de qualquer dos Poderes da União, dos Estados, do Distrito Federal e dos Municípios obedecerá aos princípios de legalidade, impessoalidade, moralidade, publicidade e eficiência e, também, ao seguinte (...) Art. 127. O Ministério Público é instituição permanente, essencial à função jurisdicional do Estado, incumbindo-lhe a defesa da ordem jurídica, do regime democrático e dos interesses sociais e individuais indisponíveis (...) Art. 129. São funções institucionais do Ministério Público: III – promover o inquérito civil e a ação civil pública, para a proteção do patrimônio público e social, do meio ambiente e de outros interesses difusos e coletivos".

Ademais, a Lei Orgânica Nacional do Ministério Público (Lei n. 8.625/93), no mesmo sentido, dispõe: "Art. 25. Além das funções previstas nas Constituições Federal e Estadual, na Lei Orgânica e em outras leis, incumbe, ainda, ao Ministério Público: IV – promover o inquérito civil e a ação civil pública, na forma da lei: *b)* para a anulação ou declaração de nulidade de atos lesivos ao patrimônio público ou à moralidade administrativa do Estado ou de Município, de suas administrações indiretas ou fundacionais ou de entidades privadas de que participem".

A Lei Complementar n. 75/93, que tem aplicação subsidiária nos Ministérios Públicos dos Estados, em seu art. 6º, XIV, *f*, prevê expressamente a legitimidade do MP para a defesa da probidade administrativa: "Art. 6º Compete ao Ministério Público da União: XIV – promover outras ações necessárias ao exercício de suas funções institucionais, em defesa da ordem jurídica, do regime democrático e dos interesses sociais e individuais indisponíveis, especialmente quanto: *f)* à probidade administrativa".

Por fim, a Lei n. 8.429/92 dispõe: "Art. 16. Havendo fundados indícios de responsabilidade, a comissão representará ao Ministério Público ou à procuradoria do órgão para que requeira ao juízo competente a decretação do sequestro dos bens do agente ou terceiro que tenha enriquecido ilicitamente ou causado dano ao patrimônio público". "Art. 17. A ação principal, que terá o rito ordinário, será proposta pelo Ministério Público ou pela pessoa jurídica interessada, dentro de trinta dias da efetivação da medida cautelar. (...) 4º O Ministério Público, se não intervir no processo como parte, atuará obrigatoriamente, como fiscal da lei, sob pena de nulidade".

Assim, Hugo Nigro Mazzilli entende que o Ministério Público pode e deve propor a ação civil pública para a defesa da probidade administrativa. "Quando o Ministério Público defende o patrimônio público em juízo, em nada contraria sua natureza institucional, se será de todo ilógico que a Constituição e as leis legitimassem um único cidadão para defender o patrimônio de todos, mas negasse, essa possibilidade ao Ministério Público, encarregado que é de defender toda a coletividade" (MAZZILLI. *A defesa dos interesses difusos em juízo*, p. 208).

Ainda conforme Mazzilli (*A defesa dos interesses difusos em juízo*, p. 206), são três os argumentos contrários (e que devem ser repelidos) à legitimidade do MP para a ação civil pública contra atos de improbidade.

O primeiro menciona que o art. 129, III, da CF, seria norma programática, dependendo de lei infraconstitucional para sua regulamentação. Tal argumento deve ser de pronto repelido ante o advento da Lei de Improbidade Administrativa, da Lei Complementar n. 75/93, e da Lei n. 8.625/93. Conforme o segundo argumento, a defesa do patrimônio público não contemplaria interesses difusos ou coletivos, e por isso a civil pública não seria o instrumento adequado e não haveria qualquer outro instrumento para que o MP atuasse na proteção da probidade e do patrimônio público. Ademais, o terceiro argumento contrário à legitimação do MP para defender o patrimônio público sustenta que essa instituição estaria proibida de representar as entidades públicas em juízo, o que é feito pela advocacia da Fazenda, com legitimação ordinária para tal. Porém, esta atuação nem sempre é eficaz na proteção da probidade administrativa, pois "não raro o administrador em exercício causa o dano e, valendo-se dos controles hierárquicos sobre a Administração, impede que a máquina estatal se volte contra ele ou seus apaniguados" (MAZZILLI. *A defesa dos interesses difusos em juízo*, p. 206). Daí a importância da atuação do MP, que possui legitimidade extraordinária e baseada na própria ordem constitucional. Por fim, o STJ entendeu pela legitimidade ativa do Ministério Público para a propositura da ação civil pública por ato de improbidade.

RAIO-X

- O tema em estudo equivale aos seguintes percentuais de questões de direito penal:

Cargo	Questões do Tema	%
Agente	2	4,65%
Escrivão	2	5,12%
Delegado	–	–

- A maioria das questões é baseada em:
  ☒ doutrina ☒ legislação ☒ jurisprudência

IMPORTANTE SABER

- A probidade pode ser entendida como sinônimo de honestidade. O dever de probidade está intimamente ligado à conduta do administrador público como elemento essencial à legitimidade de seus atos. Os atos de improbidade administrativa acarretam várias sanções, como a suspensão dos direitos políticos e a perda da função pública, além do dever de realizar o ressarcimento do dano ao Erário, sem prejuízo da ação penal cabível (art. 37, § 4º, da CF). O agente ímprobo pode ter decretada, ainda, a indisponibilidade dos seus bens, que não é penalidade, mas medida cautelar que objetiva assegurar o cumprimento das sanções de caráter pecuniário. A lei que regula os atos de improbidade administrativa é a Lei n. 8.429/92.
- **Agente passivo:** Os atos de improbidade administrativa podem ser cometidos contra: qualquer órgão da administração direta, qualquer entidade da administração indireta, qualquer esfera de Governo ou Poder, empresa incorporada ao patrimônio público, entidade em que o Erário participe com mais de 50% do patrimônio ou receita anual, entidade que receba subvenção ou incentivo a entidade em que o Erário participe com menos de 50% do patrimônio ou receita anual.
- **Agente ativo:** Podem cometer atos de improbidade administrativa: qualquer agente público, qualquer um que concorra ou induza para o ato ou dele se beneficie sob qualquer forma.
- **CLASSIFICAÇÃO DOS ATOS DE IMPROBIDADE**

  A Lei n. 8.429/92 trata dos atos de improbidade administrativa, definindo três tipos de atos de improbidade:

  a) Atos que importam enriquecimento ilícito (art. 9º);

  b) Atos que causam prejuízo ao Erário (art. 10);

  c) Atos que atentam contra os princípios da Administração Pública (art. 11).

  As **penas cominadas pela Lei n. 8.429/92** independem da aplicação de outras sanções penais, civis e administrativas, quando for o caso.

As penas previstas na lei são:

a) Nos casos de enriquecimento ilícito:	**1)** perda dos valores acrescidos ilicitamente **2)** ressarcimento integral do dano (se houver) **3)** perda da função pública **4) suspensão dos direitos políticos de OITO a DEZ ANOS** e multa civil de até TRÊS VEZES o valor do acréscimo patrimonial **5)** proibição de contratar com o Poder Público por DEZ ANOS, proibição de receber benefícios ou incentivos fiscais ou creditícios por DEZ ANOS
b) Nos casos de prejuízo ao Erário:	**1)** ressarcimento integral do dano **2)** perda dos bens ou valores acrescidos ilicitamente (se houver) **3)** perda da função pública **4) suspensão dos direitos políticos de CINCO a OITO ANOS** e pagamento de multa civil de até DUAS VEZES o valor do dano **5)** proibição de contratar com o Poder Público por CINCO ANOS **6)** proibição de receber benefícios ou incentivos fiscais ou creditícios por CINCO ANOS

c) Nos casos de violação dos princípios da Administração Pública:	**1)** ressarcimento integral do dano (se houver) **2)** perda da função pública **3)** suspensão dos direitos políticos de TRÊS a CINCO ANOS **4)** pagamento de multa civil de até CEM VEZES a remuneração do agente **5)** proibição de contratar com o Poder Público por TRÊS ANOS **6)** proibição de receber benefícios ou incentivos fiscais ou creditícios por TRÊS ANOS **7)** Ressalte-se que as penas de perda da função pública e de suspensão dos direitos políticos só se efetivam com o trânsito em julgado da sentença condenatória

LEGISLAÇÃO PERTINENTE

- Lei n. 8.429/92. Arts. 9º a 11.

5. CRIMES CONTRA AS PESSOAS E OS COSTUMES

QUESTÕES

1. **(Escrivão – CESPE – 2002)** No item seguinte, é apresentada uma situação hipotética relativa ao direito penal, seguida de uma assertiva a ser julgada.
   - Rui era engenheiro e participava da construção de uma rodovia, para a qual seria necessária a destruição de uma grande rocha, com o uso de explosivos. Rui, contudo, por insuficiência de conhecimentos técnicos, não calculou bem a área de segurança para a explosão. Por isso, um fragmento da rocha acabou atingindo uma pessoa, a grande distância, matando-a. Nessa situação, devido ao fato de a morte haver decorrido do uso de explosivos, o caso é de homicídio qualificado.

2. **(Escrivão – CESPE – 2004)** Julgue o item a seguir, acerca dos direitos penal e processual penal, bem como da execução penal.
   - Diferentemente do atentado violento ao pudor, o estupro é um crime inafiançável e insuscetível de anistia ou graça.

3. **(Delegado – CESPE – 2004)** No item seguinte, é apresentada uma situação hipotética, seguida de uma assertiva a ser julgada.
   - O médico Caio, por negligência que consistiu em não perguntar ou pesquisar sobre eventual gravidez de paciente nessa condição, receita-lhe um medicamento que provocou o aborto. Nessa situação, Caio agiu em erro de tipo vencível, em que se exclui o dolo, ficando isento de pena, por não existir aborto culposo.

GABARITO COMENTADO

1. ERRADO Trata-se de hipótese do cometimento de crime de homicídio culposo. No caso, a lei possibilita aumentar a pena em 1/3, no caso de inobservância de regra técnica de profissão, arte ou ofício.

2. ERRADO – PREJUDICADA O crime de atentado violento ao pudor foi revogado expressamente pela lei n. 12.015/2009.

3. CERTO O erro de tipo vencível ou inescusável configura-se quando o erro podia ser evitado pela atenção do homem médio. Nesse caso, exclui o dolo, mas o sujeito responde por crime culposo, caso existente. Como não há aborto culposo, o agente fica isento de pena.

RAIO-X

- O tema em estudo equivale aos seguintes percentuais de questões de direito penal:

Cargo	Questões do Tema	%
Agente	–	–
Escrivão	2	5,12%
Delegado	1	2,08%

- A maioria das questões é baseada em:

☒ doutrina ☒ legislação ☒ jurisprudência

DIREITO PENAL

IMPORTANTE SABER

- Damásio de Jesus ensina que são os crimes contra a vida: homicídio; induzimento, instigação ou auxílio do suicídio; infanticídio e o aborto.

1. HOMICÍDIO

O art. 121, *caput*, tipifica o crime de homicídio simples.

a) A **objetividade jurídica** do tipo penal é a proteção do direito à vida, ou seja, o bem jurídico tutelado é a vida humana extrauterina.

b) O **sujeito ativo**, ou seja, aquele que pode praticar o delito, nesse caso pode ser qualquer pessoa. Por esse motivo classifica-se de crime comum.

c) O **sujeito passivo**, ou seja, a vítima pode ser qualquer pessoa também. O núcleo do tipo, que é o verbo, descreve a conduta, no presente caso é *matar*.

d) O homicídio pode ocorrer por **ação ou omissão** do agente. Ex.: "A" esfaqueia "B" com intenção de matar. "B" morre pela ação de "A". Já na omissão, "A" quer matar "B", que está sob sua guarda, e para isso deixa de alimentá-lo. "B" morre de inanição. "A" responde por homicídio por omissão.

e) A Lei n. 9.434/97 – Lei de transplante de órgãos – estabeleceu o conceito de morte como o momento em que cessa atividade encefálica. A morte da vítima é provada processualmente pelo laudo de exame necroscópico, também chamado de laudo cadavérico.

f) O **elemento subjetivo** (a vontade que está dentro da cabeça do agente) no crime de homicídio é a intenção de matar, o dolo, conhecido como *animus necandi*. Esse dolo pode ser direto (com intenção de matar) ou pode ser dolo eventual (quando o agente assume o risco de com a sua conduta produzir o resultado morte). Esse crime se classifica como crime material, ou seja, aquele que tem resultado naturalístico (com modificação do mundo exterior).

g) Admite-se a **tentativa** de homicídio, quando iniciada a execução do crime, esta não se consuma por *circunstâncias alheias* à vontade do agente. Ex.: "A" esfaqueia "B" em região de alta letalidade, que somente não vem a óbito devido a pronto atendimento médico. "A" responderá por tentativa de homicídio.

h) O homicídio simples pode ser considerado **hediondo** (art. 1º, I, da Lei n. 8.072/90), quando praticado em atividade típica de grupo de extermínio, ainda que por um só executor.

2. HOMICÍDIO PRIVILEGIADO

Art. 121. (...) § 1º **Se o agente comete o crime impelido por motivo de relevante valor social ou moral, ou sob o domínio de violenta emoção, logo em seguida a injusta provocação da vítima, o juiz pode reduzir a pena de 1/6 (um sexto) a 1/3 (um terço)**. Nesse tipo penal o legislador previu uma causa especial de diminuição de pena. São três as figuras alternativas previstas no § 1º:

a) **Relevante valor social:** relevante valor é um valor importante para a vida em sociedade. O relevante valor social é aquele que leva em consideração interesses não individuais. Ex: o cidadão que mata o traficante da localidade em que mora para evitar que ele faça mais viciados; o homicídio praticado contra um traidor da pátria.

b) **Relevante valor moral:** conforme já mencionado, relevante valor é um valor importante para a vida em sociedade, nesse caso diz respeito a interesses particulares, individuais do agente. Ex: Eutanásia, que é o homicídio misericordioso ou piedoso (elimina o agente a vida da vítima com o intuito de poupá-la de intenso sofrimento, abreviando-lhe sua existência).

c) **Agir sob o domínio de violenta emoção, logo em seguida a injusta provocação da vítima:** estar sob o domínio de violenta emoção é estar sob emoção intensa, absorvente, atuando o agente em verdadeiro choque emocional. Costuma-se dizer que o agente fica "cego" de emoção no momento da ação. É necessário que a reação seja logo em seguida à injusta provocação da vítima, ou seja, não podendo existir espaço de tempo entre a provocação e o crime. Ex: duas pessoas conversam tranquilamente, em determinado momento a vítima desfere um soco no rosto do agente, este esfaqueia a vítima "cego" de raiva. O homicídio é reação desproporcional ao soco, porém provocada injustamente pela vítima. Presente, assim, a causa de diminuição.

3. HOMICÍDIO QUALIFICADO

Art. 121. (...) § 2º Se o homicídio é cometido: I – mediante paga ou promessa de recompensa, ou por outro motivo torpe; II – por motivo fútil; III – com emprego de veneno, fogo, explosivo, asfixia, tortura, ou outro meio insidioso ou cruel, ou de que possa resultar perigo comum; IV – à traição, de emboscada, ou mediante dissimulação ou outro recurso que dificulte ou torne impossível a defesa do ofendido; V – para assegurar a execução, a ocultação, a impunidade ou vantagem de outro crime: Pena – reclusão, de 12 (doze) a 30 (trinta) anos.

O **homicídio qualificado é crime hediondo**, conforme art. 1º, I, da Lei n. 8.072/90.

Meios:

a) **Veneno –** é a substância que, introduzida no organismo, altera momentaneamente ou suprime definitivamente o metabolismo humano. O homicídio praticado com esse meio é chamado de *venefício.*

b) **Fogo/explosivo –** matar com fogo ou explosivo, pela intensa dor que causa à vítima e pela demonstração de crueldade do agente qualifica o homicídio.

c) **Asfixia –** é a supressão da respiração humana. Pode ser originada por processo mecânico ou tóxico.

d) **Tortura –** pela Convenção da Organização das Nações Unidas, Nova York, aprovada pelo Decreto n. 40/91, em seu art. 1º, o termo tortura é definido como "qualquer ato pelo qual dores e sofrimentos agudos, físicos ou mentais, são infligidos intencionalmente a uma pessoa a fim de obter dela, ou de uma terceira pessoa, informações ou confissões, de castigá-la por ato que ela ou uma terceira pessoa tenha cometido, ou seja, suspeita de ter cometido; de intimidar ou coagir esta pessoa ou outras pessoas; ou por qualquer motivo baseado em discriminação de qualquer natureza; (...)". Assim o agente deve ter a intenção ou assumir o risco de matar a vítima mediante tortura, pois se a intenção for torturar e ocorrer por culpa estrito senso a morte, o agente responderá pelo crime de tortura seguida de morte.

e) **Outro meio insidioso ou cruel –** o meio insidioso é aquele **meio dissimulado** que o agente utiliza sem que a vítima possa perceber a tempo de se defender. Ex.: colocar caco de vidro moído na bebida de alguém a matará sem que esta perceba. O meio cruel é aquele que aumenta o sofrimento da vítima além do necessário para a perpetuação do crime. Ex.: o agente pretende matar a vítima e com uma cadeira desfere 50 golpes, sendo a maioria deles após a vítima estar caída ao chão.

f) **Ou possa resultar perigo comum –** nesse caso, além de causar a morte da vida, o meio usado tem o potencial de causar situação de risco à vida ou integridade física de número elevado e indeterminado de pessoas. Ex.: provocar um desabamento para causar a morte da vítima.

Traição – é a deslealdade, ou seja, existe uma relação prévia de confiança da vítima para com o agente, e este aproveita dessa confiança (que diminuía a capacidade de defesa) para executar o homicídio. Ex.: matar a esposa que está dormindo ao seu lado.

Emboscada – é a conhecida tocaia. O agente espera a vítima em local dissimulado, onde possa diminuir a capacidade de defesa da vítima.

Dissimulação – é a utilização de um recurso qualquer pelo agente para aproximar-se da vítima, e com mais facilidade perpetrar o homicídio. Ex: agente que finge ser amigo da vítima para matá-la desprevenida.

Ou outro recurso que dificulte ou torne impossível a defesa do ofendido – esse outro meio deve ser apto a dificultar ou tornar impossível a defesa da vítima. Ex.: a surpresa quando o agente efetua disparo pelas costas da vítima.

4. HOMICÍDIO CULPOSO

"Art. 121. (...) § 3º Se o homicídio é colposo. Pena – detenção, de 1 (um) a 3 (três) anos".

O § 3º trata do homicídio culposo como aquele em que o agente não tem a intenção de matar nem assume o risco de produzir o resultado morte. A culpa em sentido estrito, para o direito penal, é aquela em que o agente age ou deixa de agir sem a devida atenção ao dever de cuidado objetivo. São as regras sociais e morais mínimas que são adotadas pelas pessoas para evitar que os crimes aconteçam. É o dever de não produzir dano a terceiros.

A culpa em sentido estrito se manifesta de três formas:

a) **Imprudência:** é a prática de um fato perigoso. É o fazer algo sem observar o devido cuidado objetivo. Ex.: O agente limpa uma arma carregada, e ela vem a disparar e matar alguém. O agente responde por homicídio culposo.

b) **Negligência:** é o não fazer algo que deveria ser feito em observância do dever de cuidado, com ausência de precaução. É uma omissão que resulta no resultado não intencional do agente. Ex: deixar uma arma de fogo ao alcance de uma criança. O agente não a guardou em lugar seguro, deixando de observar o cuidado objetivo. Essa arma dispara e mata a criança. Aquele que descuidou de sua arma responderá por homicídio culposo.

c) **Imperícia:** é a falta de aptidão para o exercício de arte ou profissão. Ex: o médico que mata, durante uma cirurgia, o paciente, por não ser apto para sua realização.

5. PERDÃO JUDICIAL

Art. 121 (...) § 5º Na hipótese de homicídio culposo, o juiz poderá deixar de aplicar a pena, se as consequências da infração atingirem o próprio agente de forma tão grave que a sanção penal se torne desnecessária.

6. INDUZIMENTO, INSTIGAÇÃO OU AUXÍLIO AO SUICÍDIO – ART. 122 CP

"Art. 122. Induzir ou instigar alguém a suicidar-se ou prestar-lhe auxílio para que o faça: Pena – reclusão, de 2 (dois) a 6 (seis) anos, se o suicídio se consuma; ou reclusão, de 1 (um) a 3 (três) anos, se da tentativa de suicídio resulta lesão corporal de natureza grave. Parágrafo único. A pena é duplicada: Aumento de pena I – se o crime é praticado por motivo egoístico; II – se a vítima é menor ou tem diminuída, por qualquer causa, a capacidade de resistência".

O art. 122, *caput*, tipifica o crime de induzimento, instigação ou auxílio ao suicídio. O suicídio é a deliberada destruição da própria vida.

a) A **objetividade jurídica** do tipo penal é a proteção do direito à vida, ou seja, o bem jurídico tutelado é a vida humana extrauterina.

b) O **sujeito ativo**, ou seja, aquele que pode praticar o delito, nesse caso pode ser qualquer pessoa, exceto o suicida. Por esse motivo classifica-se de crime comum.

c) O **sujeito passivo**, ou seja, a vítima pode ser qualquer pessoa também, capaz de ser induzida, instigada ou auxiliada a suicidar-se. Aquele que não tem capacidade de se autodeterminar não será vítima desse crime e sim de homicídio. Ex. Um adulto fala para uma criança de 10 anos pular de uma cobertura e ela pula e morre, será homicídio e não o tipo penal desse artigo.

d) O **elemento subjetivo** (a vontade que está dentro da cabeça do agente), nesse crime, é a de induzir, instigar ou auxiliar no suicídio. Deve ser uma vontade séria, sem nenhum tipo de tom de brincadeira.

e) **Induzir ao suicídio:** é criar na cabeça do suicida a ideia de tirar sua própria vida. A vítima sequer pensava nisso.

f) **Instigar ao suicídio:** é reforçar uma ideia de autodestruição que o suicida já tinha em mente.

g) **Auxiliar ao suicídio:** esse auxílio deve ser secundário, se a participação for direta, será homicídio (Ex: chutar o banquinho de quem está querendo se enforcar); É na prática fornecer meios ao suicida, por exemplo, emprestar uma arma de fogo.

7. INFANTICÍDIO – ART. 123

a) O art. 123 tipifica o crime de infanticídio.

b) A **objetividade jurídica** do tipo penal é a proteção do direito à vida do nascente ou neonato (recém-nascido), ou seja, o bem jurídico tutelado é a vida humana extrauterina a pouco saída do ventre materno.

c) O **sujeito ativo**, ou seja, aquele que pode praticar o delito, nesse caso **somente poderá ser a mãe** do nascente ou recém-nascido. Por esse motivo classifica-se de crime próprio.

d) O **sujeito passivo**, ou seja, a vítima é o nascente ou neonato.

e) O **elemento subjetivo** (a vontade que está dentro da cabeça do agente) nesse crime é a de matar o próprio filho, sob influência do estado puerperal, durante ou logo após o parto.

f) **Elementos normativos** (que estão descritos no tipo penal): **Parto:** inicia-se com a contração do útero e o deslocamento do feto, terminado com a expulsão da placenta. **Estado puerperal:** também chamado de puerpério. Para Damásio de Jesus, "é o conjunto das perturbações psicológicas e físicas sofridas pela mulher em face do fenômeno parto". Nesse caso é um estado de semi-imputabilidade, onde a mãe perde parcialmente sua inteira capacidade de autodeterminação. **Logo após o parto:** não há fixação precisa para essa expressão. A jurisprudência admite que enquanto durar o estado puerperal, será "logo após o parto". Obs: isso pode durar meses, dependendo da análise do caso concreto.

8. ABORTO – ARTS. 124 A 128

a) O art. 124 tipifica o crime de autoaborto (quando a própria gestante pratica a conduta) e o aborto consentido (quando a gestante consente validamente para que terceiro pratique a conduta). A **objetividade jurídica** do tipo penal é a proteção do direito à vida do feto, ou seja, o bem jurídico tutelado é a vida humana intrauterina. O aborto é a interrupção da gravidez com a destruição do produto da concepção. E a vida no sentido jurídico inicia-se desde a concepção. O **sujeito ativo**, ou seja, aquele que pode praticar o delito, nesse caso é a gestante. Por esse motivo classifica-se de crime próprio. O **sujeito passivo**, ou seja, a vítima é o feto, em qualquer fase de desenvolvimento intrauterino. E o sujeito passivo secundário é o Estado que tem o dever de proteger o direito à vida. O **elemento subjetivo** (a vontade que está dentro da cabeça do agente) nesse crime é a de matar o feto, interrompendo a gravidez. Pode ser dolo direto (com intenção de matar) ou dolo eventual (quando a gestante assume o risco do aborto).

b) ***Aborto provocado por terceiro:*** O art. 125 tipifica o crime de aborto provocado por terceiro sem o consentimento da gestante. A **objetividade jurídica** do tipo penal é a proteção do direito à vida do feto, ou seja, o bem jurídico tutelado é a vida humana intrauterina. O **sujeito ativo**, ou seja, aquele que pode praticar o delito, nesse caso, é a qualquer pessoa. Por esse motivo classifica-se de crime comum. O **sujeito passivo**, ou seja, a vítima é o feto, em qualquer fase de desenvolvimento intrauterino. E o sujeito passivo secundário é o Estado que tem o dever de proteger o direito à vida. O **elemento subjetivo** (a vontade que está dentro da cabeça do agente) nesse crime é a de matar o feto, interrompendo a gravidez. Pode ser dolo direto (com intenção de matar) ou dolo eventual (quando o agente assume o risco do aborto).

c) O art. 128 define as hipóteses de **aborto legal**, ou seja, aquele que poderá ser praticado por médico, auxiliado por sua equipe médica. Portanto, a enfermeira também não será punida, visto que a norma penal é extensiva a ela neste caso. O **aborto necessário**, previsto no inciso I, é aquele em que a gestante corre risco de morte atual, não necessitando de ordem judicial, mas o médico deverá relatar o ocorrido e enviar ao CFM. **Não há previsão legal para o aborto eugênico** (má-formação do feto que inviabiliza a vida extrauterina), mas existem casos em que foram concedidas ordens judiciais para tal intento, por questão de dignidade humana da gestante. Já o **aborto humanitário**, previsto no inciso II, também não precisa de autorização judicial, bastando apenas que a gestante comprove ao médico que a gravidez é proveniente de estupro. O consentimento válido é prévio da gestante, se incapaz, de seu representante legal, é fundamental para a prática da conduta.

LEGISLAÇÃO PERTINENTE

- Código Penal. Arts. 121 a 127.

6. CRIMES CONTRA A ORDEM TRIBUTÁRIA

QUESTÕES

1. **(Escrivão – CESPE – 2002)** Relativamente ao direito penal, julgue o item que se segue.

   Considere a seguinte situação hipotética.

   - Certo contribuinte apresentou à Secretaria da Receita Federal (SRF) declaração falsa do imposto sobre a renda, com valores inferiores aos reais dos rendimentos que percebera no exercício. As informações falsas, porém, não impediram o lançamento do tributo, mas apenas reduziram o valor que a SRF veio a lançar. Nessa situação, não chegou a haver crime contra a ordem tributária, mas simples débito fiscal.

2. **(Agente – CESPE – 2004)** No item seguinte, é apresentada uma situação hipotética, seguida de uma assertiva a ser julgada.

   - Júlio suprimiu tributo, elaborando documento que sabia ser falso. Nessa situação, caso Júlio seja servidor público e tenha praticado o fato no exercício de suas funções, sua pena será agravada de um terço até a metade.

3. **(Escrivão – CESPE – 2004)** Em cada um dos itens seguintes, é apresentada uma situação hipotética, seguida de uma assertiva a ser julgada.

   a) Sebastião suprimiu tributo, prestando declaração falsa às autoridades fazendárias. Nessa situação, se da conduta de Sebastião decorreu grave dano à coletividade, a pena poderá ser agravada, pelo juiz, de um terço até a metade.

   b) Afonso, comerciante, deixou de emitir nota fiscal, suprimindo ICMS devido ao fisco estadual. Denunciado por sonegação fiscal, promoveu o pagamento do tributo devido. Nessa situação, tendo em vista que o pagamento ocorreu após o oferecimento da denúncia, não ocorreu a extinção da punibilidade, incidindo, no caso, apenas a atenuante genérica consistente na reparação do dano.

4. **(Delegado – CESPE – 2002)** À luz dos direitos penal e tributário, julgue os itens abaixo.

   a) Considere a seguinte situação hipotética. Um indivíduo foi denunciado pela prática de crimes contra a ordem tributária, em continuidade delitiva. Algumas das condutas delituosas foram perpetradas na vigência da Lei n. 4.729/65 (*lex mitior*) e,outras, sob a égide da Lei n. 8.197/90 (*lex gravior*). Nessa situação, pelo fato de a lei penal não retroagir, salvo para beneficiar o réu, será reconhecida a ultra-atividade da Lei n. 4.729/65.

   b) Consoante entendimento do STF, a sonegação fiscal de lucro advindo de atividade criminosa – tráfico de entorpecentes –, envolvendo sociedades comerciais organizadas, com lucros vultosos subtraídos à contabilidade regular das empresas e à declaração de rendimentos, caracteriza, em tese, crime contra a ordem tributária.

GABARITO COMENTADO

1. ERRADO A conduta realizada pelo contribuinte constitui crime.

O ilícito penal do art. 1º, I, da Lei n. 8.137/90: "Constitui crime contra a ordem tributária suprimir ou reduzir tributo ou contribuição social e qualquer acessório, mediante as seguintes condutas: I – omitir informação ou prestar declaração falsa às autoridades fazendárias".

O crime em tela, por ser crime material, depende da efetiva exoneração do contribuinte de adimplir adequadamente a obrigação tributária, seja pela redução ou pela diminuição dos valores a serem repassados ao fisco.

O bem jurídico tutelado é a ordem tributária, a licitude na relação fisco-contribuinte, prestigiando a honestidade na arrecadação e no cumprimento dos enlaces obrigacionais, visando como lembram Alexandre de Moraes e Gianpaolo Poggio Smanio: "a tutela do Erário público, preservando-o de manobras fraudulentas ou de falsidades".

O imposto de renda é um tributo que tem como fato gerador, a ocorrência da angariação de receitas para o contribuinte. Anualmente, devem ser prestadas contas das relações que envolvem circulação de capitais ao Fisco, para que haja conhecimento da circulação de receitas ocorrida no território nacional. Ocorre que, o agente dolosamente introduziu em sua declaração anual, elementos inverídicos que se consubstanciam em despesas decorrentes de serviços médicos e educacionais que, à luz da realidade são inverídicos, com finalidade específica de por intermédio desses comprovantes de pagamento, obter ilicitamente uma redução nos valores a serem pagos a título de exação e, consequentemente, um decréscimo sensível nos valores obtidos como restituição.

A ação humana, a qual o tipo penal visa proibir é justamente a realização de declarações falsas ou a omissão de informações por parte do contribuinte ao Fisco, isso porque o quebramento do enlace tributário acarretaria queda na arrecadação e forneceria desprestígio ao Fisco. Ao vislumbrarmos o léxico, notamos que omitir é ocultar, é deixar de apresentar algo e fazer declaração falsa é prestar informações de cunho inverídico, havendo incompatibilidade entre realidade e apurado, é a oferta de informações distanciadas da verdade.

O dolo do tipo penal é específico, a saber: vontade livre e consciente de diminuir ou eliminar a tributação incidente, por meio da utilização de artifício fraudulento ou omissão de dados relevantes à caracterização dos fatos geradores do imposto a ser cobrado. A consumação do ilícito se dá com a obtenção efetiva da diminuição dos valores a serem repassados ao Fisco ou a extinção do crédito tributário com a apresentação de declaração que seja omissa ou inverídica a par da realidade experimentada. No caso dos crimes contra a ordem tributária, a verificação da efetiva obtenção ilícita de crédito se dá pela restituição do imposto de renda do ano Fiscal, onde a apresentação de dados afastados da verdade contraposta com a Representação Fiscal para fins Penais pode ser observada na diferença entre os valores declarados e os realmente percebidos e que permitiram uma redução nos valores tributários a serem efetivamente percebidos e que geraram um ilícito locupletamento em favor do contribuinte.

O objetivo dessa demonstração dos elementos da imputação é facilitar a diferenciação do art. 2º, I, da Lei n. 8.137/90 e afastar dúvidas sobre eventual irregularidade na subsunção típica.

O crime do art. 1º, I, da Lei n. 8.137/90 exige a ocorrência efetiva da redução de tributo pelas condutas descritas no tipo, ou seja, deve claramente existir a obtenção de decréscimo ou eliminação do crédito tributário (CRIME MATERIAL).

Já o crime do art. 2º, I, da Lei n. 8.137/90 é CRIME FORMAL, ou seja, independe da aferição de vantagem ilícita em desfavor do Fisco, bastando à prestação da informação e não demandando a efetiva percepção material do ardil aplicado. A diferença fundamental entre ambos os tipos penais está no grau de lesividade da conduta, pois no art. 2º o legislador contenta-se meramente com a prestação omissiva ou falsa de declaração.

2. CERTO *Vide* art. 12 da Lei n. 8.137/90: "São circunstâncias que podem agravar de 1/3 (um terço) até a metade as penas previstas nos arts. 1º, 2º e 4º a 7º: I – ocasionar grave dano à coletividade; II – ser o crime cometido por servidor público no exercício de suas funções".

3.

A. CERTO O art. 12 da Lei n. 8.137/90 assim dispõe: "Art. 12. São circunstâncias que podem agravar de 1/3 (um terço) até a metade as penas previstas nos arts. 1º, 2º e 4º a 7º: I – ocasionar grave dano à coletividade".

B. ERRADO Ocorre que, com a promulgação da Lei n. 10.684/2003, a extinção da punibilidade nos crimes contra a ordem tributária passou a ter novo regramento. O art. 9º, § 2º, do novo diploma, deixou de estipular um momento processual para o pagamento do débito, uma vez que seu texto previa que, quando a pessoa jurídica relacionada com o agente efetuasse o pagamento integral dos débitos oriundos de tributos e contribuições sociais, inclusive acessórios, haveria a extinção da punibilidade. Logo, ficou claro que o agente, nos termos do mencionado dispositivo legal, poderia ter a punibilidade extinta, desde que realizasse o pagamento do tributo devido, independentemente do momento do pagamento.

Nesse sentido, posicionou-se o Supremo Tribunal Federal, *in verbis*: "AÇÃO PENAL. CRIME TRIBUTÁRIO. TRIBUTO. PAGAMENTO APÓS O RECEBIMENTO DA DENÚNCIA. EXTINÇÃO DA PUNIBILIDADE. DECRETAÇÃO. HC CONCEDIDO DE OFÍCIO PARA TAL EFEITO. Aplicação retroativa do art. 9º da Lei federal n. 10.684/2003, cc. art. 5º, XL, da CF, e art. 61 do CPP. O pagamento do tributo, a qualquer tempo, ainda que após o recebimento da denúncia, extingue a punibilidade do crime tributário. Atualmente, o instituto da extinção da punibilidade pelo pagamento nos crimes contra a ordem tributária está previsto no art. 69 da Lei n. 11.941/2009. O novel dispositivo, no mesmo passo do diploma imediatamente anterior, reza que se extingue a punibilidade nos crimes contra a ordem tributária quando houver o pagamento integral dos débitos oriundos de tributos e contribuições sociais e acessórios, independentemente de prazo ou momento processual. Isso conclui que pode acontecer, inclusive, após o trânsito em julgado de condenação penal".

4.

A. ERRADO *Vide* Súmula 711 do Supremo Tribunal Federal, que tem a seguinte redação: "A lei penal mais grave aplica-se ao crime continuado ou ao crime permanente, se a sua vigência é anterior à cessação da continuidade ou da permanência".

B. CERTO Nesse sentido, é recomendada a leitura de julgado do STF: "Sonegação fiscal de lucro advindo de atividade criminosa: *non olet*. Drogas: tráfico de drogas, envolvendo sociedades comerciais organizadas, com lucros vultosos subtraídos à contabilização regular das empresas e subtraídos à declaração de rendimentos: caracterização, em tese, de crime de sonegação fiscal, a acarretar a competência da Justiça Federal e atrair pela conexão, o tráfico de entorpecentes: irrelevância da origem ilícita, mesmo quando criminal, da renda subtraída à tributação. A exoneração tributária dos resultados econômicos de fato criminoso – antes de ser corolário do princípio da moralidade – constitui violação do princípio de isonomia fiscal, de manifesta inspiração ética" (HC 77.530, rel. Min. Sepúlveda Pertence, 1ª Turma, j. 25-8-1998, *DJ* 18-9-1998).

RAIO-X

- O tema em estudo equivale aos seguintes percentuais de questões de direito penal:

Cargo	Questões do Tema	%
Agente	1	2,32%
Escrivão	3	7,69%
Delegado	2	4,76%

- A maioria das questões é baseada em:
  ☒ doutrina ☒ legislação ☒ jurisprudência

IMPORTANTE SABER

- O Supremo Tribunal Federal firmou o entendimento da necessidade da existência de crédito tributário imutável para o oferecimento de denúncia quanto ao sujeito passivo da relação jurídico-tributária, *in verbis*: "I. Crime material contra a ordem tributária (Lei n. 8.137/90, art. 1º): lançamento do tributo pendente de decisão definitiva do processo administrativo: falta de justa causa para a ação penal, suspenso, porém, o curso da prescrição enquanto obstada a sua propositura pela falta do lançamento definitivo. 1. Embora não condicionada a denúncia à representação da autoridade fiscal (ADInMC 1571), falta justa causa para a ação penal pela prática do crime tipificado

DIREITO PENAL

no art. 1º da L. 8.137/90 – que é material ou de resultado –, enquanto não haja decisão definitiva do processo administrativo de lançamento, quer se considere o lançamento definitivo uma condição objetiva de punibilidade ou um elemento normativo de tipo. 2. Por outro lado, admitida por lei a extinção da punibilidade do crime pela satisfação do tributo devido, antes do recebimento da denúncia (L. 9.249/95, art. 34), princípios e garantias constitucionais eminentes não permitem que, pela antecipada propositura da ação penal, se subtraia do cidadão os meios que a lei mesma lhe propicia para questionar, perante o Fisco, a exatidão do lançamento provisório, ao qual se devesse submeter para fugir ao estigma e às agruras de toda sorte do processo criminal. 3. No entanto, enquanto dure, por iniciativa do contribuinte, o processo administrativo suspende o curso da prescrição da ação penal por crime contra a ordem tributária que dependa do lançamento definitivo. Por ocasião desta decisão paradigma da Corte Suprema, modificações ocorreram quando na apreciação pelas autoridades competentes para a instauração ou não de medidas envolvendo aspectos criminais fundados em fatos tipicamente tributários, vez que o *decisum* acima citado reflete a todo vigor que os princípios e garantias constitucionais eminentes não permitem a antecipação da ação penal baseada num lançamento provisório".

Assim sendo, seja o lançamento definitivo uma condição objetiva de punibilidade ou um elemento normativo de tipo, sem a existência daquele não há falar em possibilidade da tipicidade da conduta presente no art. 1º da Lei n. 8.137/90, pois àquela assevera quanto a "tributos", estes definidos apenas como passíveis de supressão e/ou redução quando constituídos a termo, isto com a preclusão da possibilidade recursal pelo sujeito passivo da obrigação tributária.

Dessa forma, a condição objetiva de punibilidade do agente, segundo o entendimento do Supremo Tribunal Federal, é a decisão definitiva do procedimento administrativo, à qual, diga-se de passagem, pode julgar improcedente o lançamento até mesmo por vícios formais, deixando intacta a conduta típica. Enfim, o Supremo Tribunal Federal garantiu a necessidade de decisão definitiva sobre lançamento tributário para que se inicie qualquer procedimento criminal contra o sujeito passivo de uma relação jurídico-tributária, impedindo assim a viabilização de ocorrência de julgamentos baseados em montantes tributários provisórios, o qual possibilitaria a condenação criminal por um fato jurídico-tributário ainda não definitivamente constituído e imodificável, o que tornaria a tutela jurisdicional aplicada ao crime incoerente com a realidade fática relativa à tributação.

Assim, conclui-se que o lançamento é o instrumento de constituição do crédito tributário, mas para que haja a instauração de procedimentos e aplicação de penalidades na esfera criminal, necessário se faz a imutabilidade do crédito, em consonância ao determinado pelo art. 142 e seguintes do Código Tributário Nacional. Além disso, o afastamento do elemento do tipo da norma do art. 1º da Lei n. 8.137/90 é evidente quando para a apuração de seu fato típico e antijurídico ainda não há tributo exigível, mas apenas uma simples pretensão da Administração Pública ao seu recebimento, já que o contribuinte pode se utilizar de recursos para questionar a exação contra ele imposta. Ademais, o Supremo Tribunal Federal, ao proceder o julgamento do HC 8.6111/DF, pelo seu Tribunal Pleno, reforçou a necessidade do esgotamento das possibilidades recursais pelo sujeito passivo no que tange ao lançamento tributário efetuado para que haja qualquer ato e investigação criminal contra este instaurado. Por fim, a Corte Suprema, novamente em sede de *habeas corpus* (HC 86.504/RJ), declarou a nulidade da ação penal por ser deflagrada anteriormente ao exaurimento do processo administrativo constitutivo do crédito tributário.

LEGISLAÇÃO PERTINENTE

- Lei n. 8.137/90. Arts. 1º e 2º.

7. CRIMES CONTRA A ORGANIZAÇÃO DO TRABALHO

QUESTÕES

1. **(Escrivão – CESPE – 2004)** No item a seguir, é apresentada uma situação hipotética, seguida de uma assertiva a ser julgada.
   - Júlio é um escrivão de polícia federal que participou ativamente de uma suspensão coletiva de trabalho que provocou a interrupção, por dois dias consecutivos, de serviço público de interesse coletivo. Nessa situação, o ato de Júlio caracteriza infração administrativa, mas não constitui infração penal.

GABARITO COMENTADO

1. ERRADO Júlio cometeu o crime de paralisação de trabalho de interesse coletivo. O art. 201 do Código Penal estabelece que é crim e: "Participar de suspensão ou abandono coletivo de trabalho, provocando a interrupção de obra pública ou serviço de interesse coletivo: Pena – detenção, de seis meses a dois anos, e multa".

RAIO-X

- O tema em estudo equivale aos seguintes percentuais de questões de direito penal:

Cargo	Questões do Tema	%
Agente	–	–
Escrivão	1	2,56
Delegado	–	–

- A maioria das questões é baseada em:
  ☒ doutrina ☒ legislação ☒ jurisprudência

IMPORTANTE SABER

- Sobre o presente tema, é importante a leitura da legislação penal existente:

Atentado contra a liberdade de trabalho	**Art.197**. **Constranger** alguém, **mediante violência ou grave ameaça**: **I – a exercer** ou **não exercer** arte, ofício, profissão ou indústria, **ou a trabalhar ou não trabalhar** durante certo período ou em determinados dias: Pena – **detenção**, de 1 (um) mês a 1 (um) ano, e multa, além da pena correspondente à violência; **II – a abrir ou fechar** o seu estabelecimento de trabalho, ou **a participar de parede ou paralisação de atividade econômica**: Pena – **detenção**, de 3 (três) meses a 1 (um) ano, e multa, além da pena correspondente à violência.
Atentado contra a liberdade de contrato de trabalho e boicotagem violenta	**Art. 198. Constranger alguém**, mediante violência ou grave ameaça, **a celebrar contrato de trabalho**, ou a não fornecer a outrem ou não adquirir de outrem matéria-prima ou produto industrial ou agrícola: Pena – **detenção**, de 1 (um) mês a 1 (um) ano, e multa, além da pena correspondente à violência.

DIREITO PENAL

Atentado contra a liberdade de associação	**Art. 199**. **Constranger alguém**, mediante violência ou grave ameaça, **a participar ou deixar de participar de determinado sindicato ou associação profissional**: Pena – **detenção**, de 1 (um) mês a 1 (um) ano, e multa, além da pena correspondente à violência.
Paralisação de trabalho, seguida de violência ou perturbação da ordem	**Art. 200**. **Participar** de suspensão ou abandono coletivo de trabalho, praticando violência contra pessoa ou contra coisa: Pena – **detenção**, de 1 (um) mês a 1 (um) ano, e multa, além da pena correspondente à violência. Para que se considere coletivo o abandono de trabalho é indispensável o concurso de, pelo menos, três empregados.
Paralisação de trabalho de interesse coletivo	**Art. 201**. **Participar** de suspensão ou abandono coletivo de trabalho**, provocando a interrupção de obra pública ou serviço de interesse coletivo:** Pena – **detenção**, de 6 (seis) meses a 2 (dois) anos, e multa. Invasão de estabelecimento industrial, comercial ou agrícola. Sabotagem. **Art. 202. Invadir ou ocupar** estabelecimento industrial, comercial ou agrícola**, com o intuito de impedir ou embaraçar o curso normal do trabalho**, ou com o mesmo fim **danificar o estabelecimento** ou as coisas nele existentes ou delas dispor: Pena – **reclusão**, de 1 (um) a 3 (três) anos, e multa.
Frustração de direito assegurado por lei trabalhista	**Art. 203**. **Frustrar**, mediante fraude ou violência, **direito assegurado** pela legislação do trabalho: Pena – **detenção**, de 1 (um) a 2 (dois) anos, e multa, além da pena correspondente à violência. Na mesma pena incorre quem: **I** – obriga ou coage alguém a usar mercadorias de determinado estabelecimento, para impossibilitar o desligamento do serviço em virtude de dívida; **II** – impede alguém de se desligar de serviços de qualquer natureza, mediante coação ou por meio da retenção de seus documentos pessoais ou contratuais. A **pena é aumentada de um sexto a um terço** se a **vítima é menor de dezoito anos, idosa, gestante, indígena ou portadora de deficiência física ou mental.**
Frustração de lei sobre a nacionalização do trabalho	**Art. 204**. **Frustrar**, mediante fraude ou violência, **obrigação legal relativa à nacionalização do trabalho:** Pena – **detenção**, de 1 (um) mês a 1 (um) ano, e multa, além da pena correspondente à violência.
Exercício de atividade com infração de decisão administrativa	**Art. 205**. **Exercer atividade**, de que está impedido por decisão administrativa: Pena – **detenção**, de 3 (três) meses a 2 (dois) anos, ou multa.
Aliciamento para o fim de emigração	**Art. 206**. **Recrutar trabalhadores**, mediante fraude, com o fim de levá-los para território estrangeiro. Pena – **detenção**, de 1 (um) a 3 (três) anos, e multa.
Aliciamento de trabalhadores de um local para outro do território nacional	**Art. 207**. **Aliciar trabalhadores**, com o fim de levá-los de uma para outra localidade do território nacional: Pena – **detenção**, de um a três anos, e multa. Incorre na mesma pena quem recrutar trabalhadores fora da localidade de execução do trabalho, dentro do território nacional, mediante fraude ou cobrança de qualquer quantia do trabalhador, ou, ainda, não assegurar condições do seu retorno ao local de origem. A **pena é aumentada de um sexto a um terço** se a vítima é menor de 18 anos, idosa, gestante, indígena ou portadora de deficiência física ou mental.

LEGISLAÇÃO PERTINENTE

- Código Penal. Arts. 197 a 207.

BIBLIOGRAFIA RECOMENDADA

BIBLIOGRAFIA BÁSICA

- CAPEZ, Fernando. *Curso de direito penal*. 18. ed. São Paulo: Saraiva, 2013.

BIBLIOGRAFIA COMPLEMENTAR

- ALVES, Rogério Pacheco. *Improbidade administrativa*. 7. ed. São Paulo: Saraiva, 2013.
- BITENCOURT, Cezar Roberto. *Crimes contra a ordem tributária*. São Paulo: Saraiva, 2013.

LEGISLAÇÃO ESPECIAL

BRUNO FONTENELE CABRAL

Delegado de Polícia Federal lotado na Corregedoria-Geral de Polícia Federal. Atual Chefe Substituto do Serviço de Estudo, Legislação e Parecer – SELP/COGER. Ex-analista do Supremo Tribunal Federal, lotado no Gabinete do Ministro Joaquim Barbosa. Ex-Chefe substituto da Seção de Agravo de Instrumento da 2ª Turma. Nomeado em 2004 para o cargo de Auditor Fiscal do Trabalho. Aprovado, dentro do número de vagas, para os cargos de Analista do MPOG e analista do TST. Possui graduação em Direito pelo Centro Universitário de Brasília (2002). Autor de 117 artigos publicados. Professor da Academia Nacional de Polícia (ANP).

RAFAEL PINTO MARQUES DE SOUZA

Delegado de Polícia Federal. Pós-Graduado em Direito (UCSAL/EMAB). Professor da Academia Nacional de Polícia. Possui diversos cursos de aperfeiçoamento policial ministrados no Brasil e no exterior.

1. TRÁFICO E USO DE SUBSTÂNCIAS ENTORPECENTES (LEI N. 11.343/2006)

QUESTÕES

1. **(Agente – CESPE – 2004)** No item a seguir, é apresentada uma situação hipotética, seguida de uma assertiva a ser julgada.
   - Um policial rodoviário federal verificou que determinado motorista levava um pacote de substância entorpecente em um fundo falso do porta-luvas do seu automóvel. Nessa situação, o automóvel deverá ser imediatamente apreendido, pois sobre ele recairá pena de perdimento em favor da União.

2. **(Agente – CESPE – 2009)** Considerando a legislação penal especial, julgue os seguintes itens.

   a) Nos crimes de tráfico de substâncias entorpecentes, é isento de pena o agente que, em razão da dependência ou sob o efeito, proveniente de caso fortuito ou força maior, de droga, era, ao tempo da ação ou da omissão, qualquer que tenha sido a infração penal praticada, inteiramente incapaz de entender o caráter ilícito do fato ou de determinar-se de acordo com esse entendimento.

   b) É atípica, por falta de previsão na legislação pertinente ao assunto, a conduta do agente que simplesmente colabora, como informante, com grupo ou associação destinada ao tráfico ilícito de entorpecentes.

3. **(Agente – CESPE – 2004)** Um agente de polícia federal, irritado com a postura arrogante de um traficante de substâncias entorpecentes preso durante uma operação na fronteira, por iniciativa própria, durante interrogatório levado a efeito no local da prisão, agrediu o preso fisicamente para obter informações que possibilitassem encontrar o laboratório onde a droga era processada. O fato ocorreu na presença do delegado que chefiava as operações, o qual não autorizou ou incentivou a atitude do subordinado e se afastou do local logo após o início das agressões. Ao final, a informação buscada foi obtida e a operação atingiu sucesso total, com a apreensão de grande quantidade de cocaína e a destruição do laboratório de refino da droga. Com base na situação hipotética descrita acima, julgue o item subsequente.
   - Considerando que o traficante preso não tivesse familiares, a sua prisão e o local onde ele se encontrava deveriam ter sido comunicados ao juiz competente e à pessoa pelo preso indicada.

4. **(Escrivão – CESPE – 2004)** Acerca do direito penal e do direito processual penal, julgue o item seguinte.
   - O tráfico internacional de entorpecentes, por ser um crime inafiançável, é considerado um crime hediondo.

5. **(Agente – CESPE – 2004)** No item a seguir, é apresentada uma situação hipotética, seguida de uma assertiva a ser julgada.
   - Mário, jovem de 20 anos de idade, está injetando em sua namorada, que tem 18 anos de idade, uma dose de cocaína que ele adquiriu e preparou para ambos utilizarem juntos. Nessa situação, apenas ele comete infração penal.

6. **(Escrivão – CESPE – 2002 – adaptada)** No que diz respeito ao Estatuto da Criança e do Adolescente, ao inquérito policial e à legislação relativa a entorpecentes, julgue os itens seguintes.

   a) Se o dono de um imóvel consentir que nele se consumam ilegalmente substâncias entorpecentes, estará sujeito às penas previstas para o tráfico dessas substâncias.

   b) No caso de prisão em flagrante por crime previsto na legislação que pune os delitos

LEGISLAÇÃO ESPECIAL

relacionados a entorpecentes, deve realizar-se, já no momento da lavratura do auto de prisão, exame pericial que ateste, em caráter definitivo, a natureza da substância proibida, sob pena de a prisão ter de ser relaxada pela autoridade judiciária.

7. **(Agente – CESPE – 2002)** Alexandre, funcionário público federal, expunha à venda, em uma via pública, oferecendo aos transeuntes que passavam, papelotes de 10 g contendo a substância *Cannabis sativa*, vulgarmente conhecida por maconha. A polícia foi comunicada do fato, mas não compareceu ao local. Antes de ele efetivar qualquer venda, alguns pedestres efetuaram a prisão de Alexandre, encaminhando-o à superintendência da Polícia Federal. Na superintendência, a substância entorpecente foi apreendida, e foi lavrado o auto de prisão em flagrante. A comunicação da prisão foi realizada à justiça comum. Pelo fato de Alexandre ser primário, ter bons antecedentes, emprego fixo e residir no distrito da culpa, o seu advogado postulou a liberdade provisória, que foi indeferida. O órgão do Ministério Público (MP) ofereceu denúncia em desfavor de Alexandre, que foi recebida pelo magistrado sem observar o rito dos crimes de responsabilidade dos funcionários públicos, ou seja, o denunciado não foi notificado para apresentar defesa preliminar antes do recebimento da exordial acusatória. Com base nessa situação hipotética, julgue os itens subsequentes.

a) Alexandre praticou o crime de tráfico ilícito de entorpecentes, na sua forma tentada, uma vez que não chegou a comercializar a substância entorpecente, difundindo-a ilicitamente.

b) Tratando-se de crime de tráfico interno de entorpecente, ou seja, realizado no território nacional, a competência para processar e julgar Alexandre será da justiça comum, sendo irrelevante o fato de o réu ser funcionário público federal.

c) A liberdade provisória é incabível a Alexandre.

8. **(Agente– CESPE – 2002)** Bento, após fazer uso de substância entorpecente, consumindo um cigarro de maconha, foi preso em flagrante por agentes de polícia. Na delegacia, os agentes, com o intuito de obterem informações a respeito do nome do traficante que fornecia a substância entorpecente, colocaram Bento em um pau de arara e deram-lhe choques elétricos, causando-lhe intenso sofrimento físico. Em face dos constrangimentos, Bento assinou um termo de declarações indicando o nome do traficante, Ivo, e o local onde era realizada a difusão ilícita do tóxico, tendo os agentes, em decorrência das informações, apreendido 10 kg de maconha e prendido em flagrante o traficante. Foi lavrado o auto de prisão em flagrante de Ivo pela prática de tráfico ilícito de entorpecente. O advogado de Ivo impetrou uma ordem de *habeas corpus* objetivando a nulidade do flagrante, alegando constrangimento ilegal. Com relação a essa situação hipotética, julgue os itens que se seguem:

a) Bento praticou o crime de porte de substância entorpecente para uso.

b) Em face da apreensão da substância entorpecente e da prisão do traficante Ivo, as declarações prestadas por Bento são provas lícitas.

c) Anulado o auto de prisão em flagrante em sede de *habeas corpus* por vício de forma, não poderá a autoridade judiciária decretar a prisão preventiva de Ivo se presentes os requisitos legais.

9. **(Delegado – CESPE – 2002)** Em cada um dos itens seguintes, é apresentada uma situação hipotética relativa à Lei de Entorpecentes (Lei n. 6.368/1976), seguida de uma assertiva a ser julgada.

a) Diniz era proprietário de um barco, no qual foram encontrados e apreendidos cerca de oitenta quilos de cocaína, apanhada em Belém – PA para ser levada para o Suriname, onde parte seria vendida; a outra parte do entorpecente seguiria para os Estados Unidos da América e a Europa. A substância entorpecente pertencia a Diniz. Nessa situação, Diniz responderá pelo crime de tráfico internacional de entorpecente, com circunstância especial de aumento de pena, sendo a justiça federal competente para processar e julgar a ação penal.

b) Pedro efetuou a postagem, nos correios, de dois embrulhos contendo cinquenta gramas de maconha, que seriam remetidos a Miguel para consumo. A droga foi interceptada ainda na agência dos correios e apreendida antes da remessa ao destinatário. Nessa situação, e conforme entendimento do Superior Tribunal de Justiça (STJ), Pedro responderá pelo crime de tráfico ilícito de entorpecente, na forma consumada.

c) Cláudio adquiriu no comércio da cidade argentina de *Paso de Los Libres* quinhentos frascos do produto conhecido como lança-perfume, cuja composição contém a substância cloreto de etila, introduzindo-os no território nacional com a finalidade de revenda. No momento em que adentrava no município de Luziânia – GO transportando o entorpecente, Cláudio foi preso em flagrante. Nessa situação, e de acordo com o entendimento majoritário do STJ, Cláudio responderá perante a justiça federal pelo crime de tráfico internacional de entorpecente.

d) Sinval, agente de polícia, tomou conhecimento, por meio de um informante, que João, traficante, detinha no interior de sua residência, em depósito, grande quantidade de cocaína para ser comercializada no município. Sem mandado de busca e permissão dos moradores, Sinval adentrou na residência e apreendeu dez quilos de cocaína, acondicionada em pequenos sacos, efetuando a prisão em flagrante de João. Nessa situação, a apreensão da droga e a prisão de João foram lícitas, uma vez que a diligência prescindia de mandado judicial.

e) Adauta foi denunciada pelo MP pela prática do crime de tráfico ilícito de entorpecente, em razão de ter sido presa em flagrante, no dia 18-6-2000, trazendo consigo, para fins de difusão ilícita, setecentos frascos da substância entorpecente denominada cloreto de etila, vulgarmente conhecida como lança-perfume, proibida em todo o território nacional pela Portaria n. 344, de 12-5-1998, da Secretaria de Vigilância Sanitária do Ministério da Saúde (SVS/MS), alterada pela Resolução n. 480, de 23-9-1999, da ANVISA. A Resolução RDC n. 104, publicada no *DOU* de 7-12-2000, excluiu o cloreto de etila da lista das substâncias psicotrópicas de uso proscrito no Brasil (lista F2 da Portaria SVS/MS n. 344/98) para incluí-la na lista D2 (insumos químicos utilizados como precursores da fabricação e síntese de entorpecentes). Posteriormente, em 15-12-2000, foi republicada a Resolução RDC n. 104, com a inclusão do cloreto de etila na lista de substâncias de uso proscrito (lista B1). Nessa situação, em relação à Adauta, verificou-se a *abolitio criminis*, que é causa de extinção da punibilidade.

10. (Delegado – CESPE – 2013) Julgue os itens seguintes com base na Lei n. 11.343/2006.

a) A autoridade de polícia judiciária deve comunicar ao juiz competente a prisão em flagrante no prazo improrrogável de cinco dias, remetendo-lhe cópia do auto lavrado, do qual será dada vista ao MP em até vinte e quatro horas.

b) Conforme entendimento pacificado do STJ, a eventual ilegalidade da prisão cautelar por excesso de prazo para conclusão da instrução criminal deve ser analisada à luz do princípio da razoabilidade, sendo permitida ao juízo, em hipóteses excepcionais, a extrapolação dos prazos previstos na lei processual penal.

c) O crime de tráfico de drogas é inafiançável e o acusado desse crime, insuscetível de *sursis*, graça, indulto ou anistia, não podendo as penas a que eventualmente seja condenado ser convertidas em penas restritivas de direitos.

d) É legal a manutenção da custódia cautelar sob o único fundamento da vedação da liberdade provisória a acusados de delito de tráfico de drogas, consoante a jurisprudência STF.

11. (Escrivão| – CESPE – 2013) No que concerne aos aspectos penais e processuais da Lei de Drogas e das normas de controle e fiscalização sobre produtos químicos que direta ou indiretamente possam ser destinados à elaboração ilícita de substâncias entorpecentes, psicotrópicas ou que determinem dependência física ou psíquica, julgue os itens seguintes.

a) Para comercializar produtos químicos que possam ser utilizados como insumo na elaboração de substâncias entorpecentes, o comerciante deverá ser cadastrado no Departamento de Polícia Federal e possuir licença de funcionamento, concedida pelo mesmo departamento.

b) Considere que determinado cidadão esteja sendo processado e julgado por vender drogas em desacordo com determinação legal. Nessa situação, se o réu for primário e tiver bons antecedentes, sua pena poderá ser reduzida, respeitados os limites estabelecidos na lei.

GABARITO COMENTADO

1. ERRADO Nem sempre será aplicada a pena de perdimento do veículo apreendido.

É oportuna a leitura da Lei n. 11.343/2006, que assim dispõe: "Art. 62. **Os veículos**, embarcações, aeronaves e quaisquer outros meios de transporte, os maquinários, utensílios, instrumentos e objetos de qualquer natureza, utilizados para a prática dos crimes definidos nesta Lei, após a sua regular apreensão, **ficarão sob custódia da autoridade de polícia judiciária**, excetuadas as armas, que serão recolhidas na forma de legislação específica. § 1º Comprovado o interesse público na utilização de qualquer dos bens mencionados neste artigo, a autoridade de polícia judiciária poderá deles fazer uso, sob sua responsabilidade e com o objetivo de sua conservação, mediante autorização judicial, ouvido o Ministério Público. § 2º Feita a apreensão a que se refere o *caput* deste artigo, e tendo recaído sobre dinheiro ou cheques emitidos como ordem de pagamento, a autoridade de polícia judiciária que presidir o inquérito deverá, de imediato, requerer ao juízo competente a intimação do Ministério Público. (...) Art. 63. **Ao proferir a sentença de mérito, o juiz decidirá sobre o perdimento do produto, bem ou valor apreendido, sequestrado ou declarado indisponível**".

Ou seja, **o juiz "decidirá" sobre o perdimento do veículo apreendido.** Por exemplo, pode ocorrer uma situação em que o veículo não pertença ao criminoso. Nesse caso, poderá ser restituído o veículo a terceiro de boa-fé. Assim, a pena de perdimento não será aplicada em todos os casos, há exceções.

2.

A. CERTO *Vide* art. 45 da Lei n. 11.343/2006: "É isento de pena o agente que, em razão da dependência, ou sob o efeito, proveniente de caso fortuito ou força maior, de droga, era, ao tempo da ação ou da omissão, qualquer que tenha sido a infração penal praticada, inteiramente incapaz de entender o caráter ilícito do fato ou de determinar-se de acordo com esse entendimento".

B. ERRADO A conduta do informante está descrita no art. 37 da Lei n. 11.343/2006, que assim dispõe: "Colaborar, como informante, com grupo, organização ou associação destinados à prática de qualquer dos crimes previstos nos arts. 33, *caput* e § 1º, e 34 desta Lei: Pena reclusão, de 2 a 6 anos, e pagamento de 300 a 700 dias-multa".

3. CERTO O art. 306 do CPP é claro ao dispor que: "A prisão de qualquer pessoa e o local onde se encontre serão comunicados imediatamente ao juiz competente, ao Ministério Público e à família do preso ou à pessoa por ele indicada".

4. ERRADO O tráfico internacional de entorpecentes não é considerado hediondo em razão de ser inafiançável. Ele é considerado hediondo por estar previsto na Lei dos Crimes Hediondos.

O art. 2º da Lei n. 8.072/90 dispõe que: "Os crimes hediondos, a prática da tortura, o tráfico ilícito de entorpecentes e drogas afins e o terrorismo são insuscetíveis de: I – anistia, graça e indulto; II – fiança".

5. CERTO A conduta do uso de drogas para consumo próprio prevê, tão somente, penas alternativas, tais como, advertência sobre os efeitos das drogas, prestação de serviços à comunidade ou medida educativa de comparecimento a programa ou curso educativo. Assim, não se fala mais em pena privativa de liberdade para o usuário de drogas.

Corrente majoritária: O STF, no julgamento do RE 430.105-9, firmou entendimento no sentido de que a simples despenalização não deve ser compreendida como descriminação, de forma que, referida conduta continua sendo crime, apenas não mais punida com prisão, mas outros tipos de pena.

Corrente minoritária: Luiz Flávio Gomes entende que houve descriminalização formal e, ao mesmo tempo, despenalização. Primeiro, acabou-se com o caráter criminoso do fato e, em seguida, evitou-se a pena de prisão para o usuário de drogas. Um dos principais fundamentos para a defesa da descriminalização está no próprio conceito de crime trazido no art. 1º da LICP (Lei de Introdução ao Código Penal), segundo o qual se considera crime a infração penal a que a lei comina pena de reclusão ou detenção, alternativa ou cumulativamente com a pena de multa. Dessa forma, fica evidente que não se cogita a existência de crime na conduta trazida pelo art. 28 da Lei n. 11.343/2006.

6.

A. CERTO A conduta prevista na assertiva estava tipificada no art. 12, § 2º, II, da revogada Lei n. 6.368/76. Atualmente, a mesma conduta encontra-se tipificada no art. 33, § 1º, III, da Lei n. 11.343/2006.

B. ERRADO O art. 22, §§ 1º e 2º, da revogada Lei n. 6.368/76 previa que para a lavratura do auto de prisão em flagrante era suficiente o laudo de constatação firmado por perito oficial ou, na falta deste, por pessoa idônea escolhida de preferência entre as que tiverem habilitação técnica. Havia também a previsão de que se o laudo de constatação fosse realizado por perito oficial, este não ficaria impedido de participar da elaboração do laudo definitivo. Atualmente, os mesmos comandos foram mantidos no art. 50, §§ 1º e 2º, da Lei n. 11.343/2006.

7.

A. ERRADO O crime de tráfico de substância entorpecente foi consumado, uma vez que vender, expor à venda, oferecer e ter a substância em depósito já são condutas suficientes para perfazer o tipo penal na sua modalidade consumada.

B. CERTO O tráfico interno de substância entorpecente não gera prejuízo direto a bens, serviços ou interesses da União, fixando-se a competência da Justiça comum estadual para julgar o delito.

C. ERRADO Na época da questão, o crime de tráfico de drogas era equiparado a hediondo, por força do art. 2º, *caput*, da Lei n. 8.072/90. Logo, ainda que a revogada Lei n. 6.368/76 fosse omissa com relação à impossibilidade de concessão de liberdade provisória, o art. 2º, II, da Lei n. 8.072/90 dispunha sobre a impossibilidade de concessão de fiança e liberdade provisória para esse crime.

Em 2006, o art. 44 da Lei n. 11.343/2006 estabeleceu que o crime de tráfico de drogas é inafiançável e insuscetível de *sursis*, graça, indulto, anistia e liberdade provisória, vedada a conversão de sua pena em restritiva de direitos.

Comentário extra: Atualmente, a vedação absoluta da concessão de liberdade provisória prevista na Lei n. 11.343/2006 foi afastada pelo STF.

O STF passou a afastar a prisão *ex lege* no caso de tráfico de drogas, ao estabelecer que **a vedação legal da liberdade provisória prevista na Lei de Drogas (art. 44 da Lei n. 11.343/2006) era incompatível com a presunção de inocência e a garantia do devido processo legal e da ampla defesa.** Nesse sentido, é importante a leitura dos seguintes julgamentos do STF:

"*HABEAS CORPUS*. VEDAÇÃO LEGAL ABSOLUTA, EM CARÁTER APRIORÍSTICO, DA CONCESSÃO DE LIBERDADE PROVISÓRIA. LEI DE DROGAS (ART. 44). INCONSTITUCIONALIDADE. OFENSA AOS POSTULADOS CONSTITUCIONAIS DA PRESUNÇÃO DE INOCÊNCIA, DO *DUE PROCESS OF LAW*, DA DIGNIDADE DA PESSOA HUMANA E DA PROPORCIONALIDADE. O SIGNIFICADO DO PRINCÍPIO DA PROPORCIONALIDADE (...) CARÁTER EXTRAORDINÁRIO DA PRIVAÇÃO CAUTELAR DA LIBERDADE INDIVIDUAL. NÃO SE DECRETA PRISÃO CAUTELAR, SEM QUE HAJA REAL NECESSIDADE DE SUA EFETIVAÇÃO, SOB PENA DE OFENSA AO *STATUS LIBERTATIS* DAQUELE QUE A SOFRE. (...) Essa vedação apriorística de concessão de liberdade provisória, reiterada no art. 44 da Lei n. 11.343/2006 (Lei de Drogas), tem sido repelida pela jurisprudência do Supremo Tribunal Federal, que a considera incompatível, independentemente da gravidade objetiva do delito, com a presunção de inocência e a garantia do *due process*, dentre outros princípios consagrados pela Constituição da República. Foi por tal razão, como precedentemente referido, que o Plenário do Supremo Tribunal Federal, ao julgar a ADI 3.112/DF, Rel. Min. RICARDO LEWANDOWSKI, declarou a inconstitucionalidade do art. 21 da Lei n. 10.826/2003 (Estatuto do Desarmamento), em decisão que, no ponto, está assim ementada: '(...) V – Insusceptibilidade de liberdade provisória quanto aos delitos elencados nos arts. 16, 17 e 18. Inconstitucionalidade reconhecida, visto que o texto magno não autoriza a prisão *ex lege*, em face dos princípios da presunção de inocência e da obrigatoriedade de fundamentação dos mandados de prisão pela autoridade judiciária competente'. Essa mesma situação registra-se em relação ao art. 7º da Lei do Crime Organizado (Lei n. 9.034/95), cujo teor normativo também reproduz a mesma proibição que o art. 44 da Lei de Drogas estabeleceu, *a priori*, em caráter abstrato, a impedir, desse modo, que o magistrado atue, com autonomia, no exame da pretensão de deferimento da liberdade provisória. Essa repulsa a preceitos legais, como esses que venho de referir, encontra apoio em autorizado magistério doutrinário (LUIZ FLÁVIO GOMES, em obra escrita com Raúl Cervini, *Crime Organizado*, p. 171-178, item n. 4, 2. ed., 1997, RT; GERALDO PRADO e WILLIAM DOUGLAS, *Comentários* à Lei contra o Crime Organizado, p. 87-91, 1995, Del Rey; ROBERTO DELMANTO JUNIOR, *As modalidades de prisão provisória e seu prazo de duração*, p. 142-150, item n. 2, *c*, 2. ed., 2001, Renovar; e ALBERTO SILVA FRANCO, *Crimes Hediondos*, p. 489-500, item n. 3.00, 5. ed., 2005, RT, v.g.). Vê-se, portanto, que o Poder Público, especialmente em sede processual penal, não pode agir imoderadamente, pois a atividade estatal, ainda mais em tema de liberdade individual, acha-se essencialmente condicionada pelo princípio da razoabilidade. Como se sabe, a exigência de razoabilidade traduz limitação material à ação normativa do Poder Legislativo. O exame da adequação de determinado ato estatal ao princípio da proporcionalidade, exatamente por viabilizar o controle de sua razoabilidade, com fundamento no art. 5º, LV, da Carta Política, inclui-se, por isso mesmo, no âmbito da própria fiscalização de constitucionalidade das prescrições normativas emanadas do Poder Público. Esse entendimento é prestigiado pela jurisprudência do Supremo Tribunal Federal, que, por mais de uma vez, já advertiu que o Legislativo não pode atuar de maneira imoderada, nem formular regras legais cujo conteúdo revele deliberação absolutamente divorciada dos padrões de razoabilidade. Coloca-se em evidência, neste ponto, o tema concernente ao princípio da proporcionalidade, que se qualifica – enquanto coeficiente de aferição da razoabilidade dos atos estatais (CELSO ANTÔNIO BANDEIRA DE MELLO, *Curso de Direito Administrativo*, p. 56-57, itens n. 18-19, 4. ed., 1993, Malheiros; LÚCIA VALLE FIGUEIREDO, *Curso de Direito Administrativo*, p. 46, item n. 3.3, 2. ed., 1995, Malheiros) – como postulado básico de contenção dos excessos do Poder Público. Essa é a razão pela qual a doutrina, após destacar a ampla incidência desse postulado sobre os múltiplos aspectos em que se desenvolve a atuação do Estado – inclusive sobre a atividade estatal de produção normativa – adverte que o princípio da proporcionalidade, essencial à racionalidade do Estado Democrático de Direito e imprescindível à tutela mesma das liberdades fundamentais, proíbe o excesso e veda o arbítrio do Poder, extraindo a sua justificação dogmática de diversas cláusulas constitucionais, notadamente daquela que veicula, em sua dimensão substantiva ou material, a garantia do *due process of law* (RAQUEL DENIZE STUMM, *Princípio da Proporcionalidade no Direito Constitucional Brasileiro*, p. 159-170, 1995, Livraria do Advogado Editora; MANOEL GONÇALVES FERREIRA FILHO, *Direitos Humanos Fundamentais*, p. 111-112, item n. 14, 1995, Saraiva; PAULO BONAVIDES, *Curso de Direito Constitucional*, p. 352-355, item n. 11, 4. ed., 1993, Malheiros). (...) Daí a advertência de que a interdição legal *in abstracto*, vedatória da concessão de liberdade provisória, como na hipótese prevista no art. 44 da Lei n. 11.343/2006, incide na mesma censura que o Plenário do Supremo Tribunal Federal estendeu ao art. 21 do Estatuto do Desarmamento, considerados os múltiplos postulados constitucionais violados por semelhante regra legal, eis que o legislador não pode substituir-se ao juiz na aferição da existência, ou não, de situação configuradora da necessidade de utilização, em cada situação concreta, do instrumento de tutela cautelar penal. Igual objeção pode ser oposta ao E. Superior Tribunal de Justiça, cujo entendimento, fundado em juízo meramente conjectural (sem qualquer referência a situações concretas) no sentido de que '(...) a vedação imposta pelo art. 2º, II, da Lei n. 8.072/90 é (...) fundamento idôneo para a não concessão da liberdade provisória nos casos de crimes hediondos ou a ele equiparados, dispensando, dessa forma, o exame dos pressupostos de que trata o art. 312 do CPP' (fls. 257), constitui, por ser destituído de base empírica, presunção arbitrária que não pode legitimar a privação cautelar da liberdade individual. O Supremo Tribunal Federal, de outro lado, tem advertido que a natureza da infração penal não se revela circunstância apta a justificar, só por si, a privação cautelar do *status libertatis* daquele que sofre a persecução criminal instaurada pelo Estado. Esse entendimento vem sendo observado em sucessivos julgamentos proferidos no âmbito desta Corte, mesmo que se trate de réu processado por suposta prática de crimes hediondos ou de delitos a estes equiparados (HC 80.064/SP, Rel. p/ o acórdão Min. SEPÚLVEDA PERTENCE; HC 92.299/SP, Rel. Min. MARCO AURÉLIO; HC 93.427/PB, Rel. Min. EROS GRAU; RHC 71.954/PA, Rel. Min. SEPÚLVEDA PERTENCE; RHC 79.200/BA, Rel. Min. SEPÚLVEDA PERTENCE, v.g.): 'A gravidade do crime imputado, um dos malsinados crimes hediondos (Lei n. 8.072/90), não basta à justificação da prisão preventiva, que tem natureza cautelar, no interesse do desenvolvimento e do resultado do processo, e só se legitima quando a tanto se mostrar necessária: não serve a prisão preventiva, nem a Constituição permitiria que para isso fosse utilizada, a punir sem processo, em atenção à gravidade do crime imputado, do qual, entretanto, ninguém será considerado culpado até o trânsito em julgado de sentença penal condenatória (CF, art. 5º, LVII)' (*RTJ* 137/287, Rel. Min. SEPÚLVEDA PERTENCE). 'A ACUSAÇÃO PENAL POR CRIME HEDIONDO NÃO JUSTIFICA A PRIVAÇÃO ARBITRÁRIA DA LIBERDADE DO RÉU. A prerrogativa jurídica da liberdade – que possui extração constitucional (CF, art. 5º, LXI e LXV) – não pode ser ofendida por atos arbitrários do Poder Público' (...)" (HC 96.715-MC, rel. Min. Celso de Mello, j. 19-12-2008, *DJ* 3-2-2009).

"*HABEAS CORPUS*. PENAL, PROCESSUAL PENAL E CONSTITUCIONAL. TRÁFICO DE ENTORPECENTES. SEGREGAÇÃO CAUTELAR. GARANTIA DA ORDEM PÚBLICA. AUSÊNCIA DE INDICAÇÃO DE SITUAÇÃO FÁTICA. LIBERDADE PROVISÓRIA INDEFERIDA COM FUNDAMENTO NO ART. 44 DA LEI N. 11.343. INCONSTITUCIONALIDADE: NECESSIDADE DE ADEQUAÇÃO DESSE PRECEITO AOS ARTS. 1º, III, E 5º, LIV E LVII, DA CONSTITUIÇÃO DO BRASIL. EXCEÇÃO À SÚMULA 691/STF. 1. Liberdade provisória indeferida com fundamento na vedação contida no art. 44 da Lei n. 11.343/2006, sem indicação de situação fática vinculada a qualquer das hipóteses do art. 312 do Código de Processo Penal 2. Entendimento respaldado na inafiançabilidade do crime de tráfico de entorpecentes, estabelecida no art. 5º, XLIII, da Constituição do Brasil. Afronta escancarada aos princípios da presunção de inocência, do devido processo legal e da dignidade da pessoa humana. 3. Inexistência de antinomias na Constituição. Necessidade de adequação, a esses princípios, da norma infraconstitucional e da veiculada no art. 5º, XLIII, da Constituição do Brasil. A regra estabelecida na Constituição, bem assim na legislação infraconstitucional, é a liberdade. A prisão faz exceção a essa regra, de modo que, a admitir-se que o art. 5º, XLIII, estabelece, além das restrições nele contidas, vedação à liberdade provisória, o conflito entre normas estaria instalado. 4. A inafiançabilidade não pode e não deve – considerados os princípios da presunção de inocência, da dignidade da pessoa humana, da ampla defesa e do devido processo legal – constituir causa impeditiva da liberdade provisória. 5. Não se nega a acentuada nocividade da conduta do traficante de entorpecentes. Nocividade aferível pelos malefícios provocados no que concerne à saúde pública, exposta a sociedade a danos concretos e a riscos iminentes. Não obstante, a regra consagrada no ordenamento jurídico brasileiro é a liberdade; a prisão, a exceção. A regra cede a ela em situações marcadas pela demonstração cabal da necessidade da segregação *ante tempus*. Impõe-se porém ao Juiz o dever de explicitar as razões pelas quais alguém deva ser preso ou mantido preso cautelarmente. 6. Situação de flagrante constrangimento ilegal a ensejar exceção à Súmula 691/STF. Ordem concedida (...)" (HC 100.745, rel. Min. Eros Grau, 2ª Turma, j. 9-3-2010, *DJ* 16-4-2010).

8.

A. ERRADO Na questão em análise, BENTO não cometeu o crime de posse de substância entorpecente para uso, pois o enunciado da questão é claro que ele foi preso após o consumo de um cigarro de maconha. Dessa forma, não havendo mais a substância entorpecente, não há falar na posse de substância entorpecente para uso (falta materialidade).

Por fim, é interessante destacar o seguinte ponto. No que se refere à revogação do crime de posse de substância entorpecente para uso, há duas correntes:

Corrente minoritária (Luiz Flávio Gomes): Há autores, como Luiz Flávio Gomes, que entendem que a Lei n. 11.343/2006 revogou expressamente a Lei n. 6.368/76, instituindo novas normas reguladoras para a questão de tóxicos no Brasil. Dentre as várias modificações introduzidas pela nova lei, interessa, em particular, o art. 28. Isso porque o referido dispositivo legal revogou o antigo art. 16 da Lei n. 6.368/76, que se referia ao crime de porte de substância entorpecente para uso próprio, sem, contudo, cominar-lhe pena de detenção ou reclusão. As sanções previstas têm cunho socioeducativo, como a prestação de serviços à comunidade, a admoestação verbal ou o comparecimento a programa ou curso. A Lei de Introdução ao Código Penal define, no art. 1º, que se considera crime a infração penal a que a lei comina pena de reclusão ou de detenção, quer isoladamente ou cumulativamente com a pena de multa. O mesmo dispositivo legal estabelece como contravenção penal a infração a que a lei penal comina, isoladamente, penas de prisão simples, ou de multa, ou ambas, cumulativa ou alternativamente. **Em virtude do exposto, não há como ser negada a ocorrência da *abolitio criminis*.** Essa é a conclusão a qual se chega após se interpretar a norma contida no art. 28 da Lei n. 11.343/2006.

Corrente majoritária (STF/CESPE/Concursos): A posse de drogas para consumo pessoal continua sendo crime sob a égide da lei nova, tendo ocorrido, contudo, uma despenalização, cuja característica marcante seria a exclusão de penas privativas de liberdade como sanção principal ou substitutiva da infração penal. No HC 116.531/SP, relatado pela Min. Laurita Vaz, o STJ, aplicando entendimento proveniente do STF, entendeu que não ocorreu *abolitio criminis* na conduta prevista no art. 28 da Lei n. 11.343/2006.

O Plenário do Supremo Tribunal Federal, por ocasião do julgamento de Questão de Ordem suscitada nos autos do RE 430105 QO/RJ, rejeitou as teses de *abolitio criminis* e infração penal *sui generis* para o crime previsto no art. 28 da Lei n. 11.343/2006, afirmando a natureza de crime da conduta perpetrada pelo usuário de drogas, não obstante a despenalização.

B. ERRADO As provas obtidas por meio de tortura são ilícitas. Prova ilícita é aquela "colhida com infringência às normas ou princípios colocados pela Constituição e pelas leis, frequentemente para a proteção das liberdades públicas e, especialmente, dos direitos de personalidade e, mais especificamente, do direito à intimidade".

C. ERRADO A anulação do auto de prisão em flagrante não impede a decretação de prisão preventiva, pois os requisitos da prisão preventiva são diversos dos requisitos autorizadores da prisão em flagrante.

9.

A. CERTO O delito era previsto no art. 12, *caput*, c/c art. 18, I, da revogada Lei n. 6.368/76. Atualmente, o mesmo delito está tipificado no art. 33, *caput*, c/c art. 40, I, da Lei n. 11.343/2006.

A causa especial de aumento de pena continuou relacionada à transnacionalidade do delito. Durante a vigência da Lei n. 6.368/76, a jurisprudência do STJ era pacífica no sentido de que a competência para julgamento dos crimes de tráfico internacional de substâncias entorpecentes era da Justiça Federal por força do art. 109, V, da CF/88.

Após a publicação da Lei n. 11.343/2006, o seu art. 70 fixou expressamente a competência da Justiça Federal.

B. ERRADO Conforme precedente do STJ, a hipótese é de crime tentado (tentativa perfeita), pois a remessa da droga pelos Correios não chegou a ser efetivada (REsp 162.009/SP).

C. ERRADO Conforme precedentes jurisprudenciais do STF e do STJ, a procedência externa da substância entorpecente abstratamente considerada não é suficiente para fixar a competência da Justiça Federal para o julgamento do crime. Assim sendo, como a assertiva não menciona qualquer outra circunstância que remeta à transnacionalidade da conduta, a questão há de ser tratada como tráfico interno, de competência da Justiça estadual.

D. CERTO A hipótese é de prisão em flagrante de crime permanente, não havendo necessidade de mandado judicial.

E. CERTO A banca examinadora (CESPE) considerou a questão em análise correta, adotando o entendimento do STF. No entanto, deve-se ficar atento ao enunciado da questão na hora da prova, principalmente nos casos em que o STF e o STJ divergem de posicionamento. Para o STF, houve *abolitio criminis* no caso do cloreto de etila. Já para o STJ, não houve *abolitio criminis* no caso do cloreto de etila. No que se refere à ocorrência de *abolitio criminis* no caso do cloreto de etila, há duas correntes:

1ª Corrente (STJ): De acordo com remansosa jurisprudência do STJ, a hipótese não é de *abolitio criminis*, pois a Resolução RDC n. 104, publicada no *DOU* de 7-12-2000, foi adotada pelo Diretor-Presidente da ANVISA *ad referendum* de sua diretoria colegiada, que, posteriormente, não a referendou por incompetência da autoridade que a editou. Dessa forma, o ato foi considerado nulo, não produzindo efeitos jurídicos.

2ª Corrente (STF/CESPE/Concursos): De acordo com a jurisprudência do STF, a hipótese é de *abolitio criminis*. *Vide* Informativo 578/STF e HC 94.397/BA, rel. Min. Cezar Peluso, j. 9-3-2010.

10.

A. ERRADO Segundo o art. 50 da Lei n. 11.343 (e o art. 306 do CPP): "Art. 50. Ocorrendo prisão em flagrante, a autoridade de polícia judiciária fará, imediatamente, comunicação ao juiz competente, remetendo-lhe cópia do auto lavrado, do qual será dada vista ao órgão do Ministério Público, em 24 (vinte e quatro) horas".

B. CERTO RECURSO EM *HABEAS CORPUS*. CRIME CONTRA A VIDA. TENTATIVA DE HOMICÍDIO QUALIFICADO. ALEGAÇÃO DE CONSTRANGIMENTO ILEGAL. PLEITO PELA REVOGAÇÃO DA PRISÃO PREVENTIVA. CIRCUNSTÂNCIAS AUTORIZADORAS PRESENTES. CONDIÇÕES PESSOAIS FAVORÁVEIS. IRRELEVÂNCIA. EXCESSO DE PRAZO. INOCORRÊNCIA. EXTENSÃO DO BENEFÍCIO CONCEDIDO AOS CORRÉUS. AUSÊNCIA DE SEMELHANÇA FÁTICA. PRECEDENTES. 1. A necessidade da segregação cautelar encontra-se fundamentada na garantia da ordem pública, decorrente da periculosidade do recorrente, caracterizada pela reiteração de práticas delituosas. 2. O Superior Tribunal de Justiça, em orientação uníssona, entende que, persistindo os requisitos autorizadores da segregação cautelar (art. 312 do CPP), é despiciendo o recorrente possuir condições pessoais favoráveis. 3. Improcede a alegação de delonga excessiva para o encerramento da instrução criminal, diante da complexidade dos fatos, pluralidade de réus, que somam quatro, e quantidade de vítimas, de modo que constata-se que o processo segue seu curso dentro da razoabilidade, restando plausível, no momento, o não reconhecimento da ilegalidade aduzida. 4. O Tribunal *a quo*, seguindo a esteira de compreensão deste Sodalício, negou ao paciente a extensão do benefício de responder ao processo em liberdade, concedido aos corréus, por excesso de prazo da prisão cautelar, sob o fundamento de que a situação do paciente é diferente, pois foi capturado tempos depois, ou seja, não está segregado pelo mesmo prazo dos demais. 5. Recurso em *Habeas corpus* a que se nega provimento, com a determinação que o Juízo processante implemente celeridade ao julgamento da ação penal (RHC 37.492/ES, rel. Campos Marques (Desembargador convocado do TJPR), 5ª Turma, j. 25-6-2013, *DJ* 1º-7-2013).

C. ERRADO O entendimento jurisprudencial é pela possibilidade de substituição da pena por restritiva de direitos desde que preenchidos os requisitos do art. 44 do Código Penal.

D. ERRADO O STF declarou a inconstitucionalidade da vedação absoluta da liberdade provisória no tráfico de entorpecentes. *Vide* comentários da questão 11.

11.

A. CERTO *Vide* arts. 1º, 3º e 4º: "Art. 1º Estão sujeitos a controle e fiscalização, na forma prevista nesta Lei, em sua fabricação, produção, armazenamento, transformação, embalagem, compra, venda, comercialização, aquisição, posse, doação, empréstimo, permuta, remessa, transporte, distribuição, importação, exportação, reexportação, cessão, reaproveitamento, reciclagem, transferência e utilização, todos os produtos químicos que possam ser utilizados como insumo na elaboração de substâncias entorpecentes, psicotrópicas ou que determinem dependência física ou psíquica". (...) "Art. 3º **Compete ao Departamento de Polícia Federal o controle e a fiscalização dos produtos químicos** a que se refere o art. 1º desta Lei e a aplicação das sanções administrativas decorrentes". "Art. 4º Para exercer qualquer uma das atividades sujeitas a controle e fiscalização relacionadas no art. 1º, a pessoa física ou jurídica deverá se cadastrar e requerer licença de funcionamento ao Departamento de Polícia Federal, de acordo com os critérios e as formas a serem estabelecidas na portaria a que se refere o art. 2º, independentemente das demais exigências legais e regulamentares".

B. CERTO *Vide* art. 33 da Lei n. 11.343/2006: "Importar, exportar, remeter, preparar, produzir, fabricar, adquirir, vender, expor à venda, oferecer, ter em depósito, transportar, trazer consigo, guardar, prescrever, ministrar, entregar a consumo ou fornecer drogas, ainda que gratuitamente, sem autorização ou em desacordo com determinação legal ou regulamentar: (...) § 4º Nos delitos definidos no *caput* e no § 1º deste artigo, as penas poderão ser reduzidas de um sexto a dois terços, vedada a conversão em penas restritivas de direitos, desde que o agente seja primário, de bons antecedentes, não se dedique às atividades criminosas nem integre organização criminosa".

RAIO-X

- O tema em estudo equivale aos seguintes percentuais das questões de Direito Processual Penal:

Cargo	Questões do Tema	%
Agente	11	34,37
Escrivão	5	13,63
Delegado	9	20,00

- A maioria das questões é baseada em:

☐ doutrina ☒ legislação ☒ jurisprudência

IMPORTANTE SABER

- **1. Prisão *ex lege* (prisão decorrente de lei – vedação absoluta de liberdade provisória):**

CABRAL, BF & CANGUSSU, DDD (2012) ensinam que a prisão *ex lege* é aquela modalidade de prisão imposta por força de lei, que prescinde de análise pelo Poder Judiciário, em que a lei estabelece uma vedação absoluta em relação à concessão de liberdade para determinados crimes. Há registrar que a prisão *ex lege* verifica-se, por exemplo, nos casos em que o legislador veda de maneira peremptória e absoluta a concessão de liberdade provisória. Sobre o presente tema, cumpre afirmar que há diversos exemplos de dispositivos legais que impunham a prisão *ex lege* no ordenamento jurídico pátrio (*vide* art. 2º, II, da Lei n. 8.072/90 – redação original; art. 7º da Lei n. 9.034/95; art. 21 da Lei n. 10.826/2003; e art. 44 da Lei n. 11.343/2006).

No que tange à constitucionalidade do art. 21 da Lei n. 10.826/2003 ("Art. 21. Os crimes previstos nos arts. 16, 17 e 18 são insuscetíveis de liberdade provisória"), por exemplo, cabe mencionar que o referido artigo foi declarado inconstitucional pelo Plenário do Supremo Tribunal Federal, ao julgar a ADI 3.112/DF, rel. Min. Ricardo Lewandowski. Na ocasião, firmou-se o seguinte posicionamento: "AÇÃO DIRETA DE INCONSTITUCIONALIDADE. Lei n. 10.826/2003. ESTATUTO DO DESAR-

MAMENTO. INCONSTITUCIONALIDADE FORMAL AFASTADA. (...) AÇÃO JULGADA PARCIALMENTE PROCEDENTE QUANTO À PROIBIÇÃO DO ESTABELECIMENTO DE FIANÇA E LIBERDADE PROVISÓRIA. (...) IV – A proibição de estabelecimento de fiança para os delitos de "porte ilegal de arma de fogo de uso permitido" e de "disparo de arma de fogo", mostra-se desarrazoada, porquanto são crimes de mera conduta, que não se equiparam aos crimes que acarretam lesão ou ameaça de lesão à vida ou à propriedade. V – Insusceptibilidade de liberdade provisória quanto aos delitos elencados nos arts. 16, 17 e 18. Inconstitucionalidade reconhecida, visto que o texto magno não autoriza a prisão *ex lege*, em face dos princípios da presunção de inocência e da obrigatoriedade de fundamentação dos mandados de prisão pela autoridade judiciária competente. VI – Identificação das armas e munições, de modo a permitir o rastreamento dos respectivos fabricantes e adquirentes, medida que não se mostra irrazoável. VII – A idade mínima para aquisição de arma de fogo pode ser estabelecida por meio de lei ordinária, como se tem admitido em outras hipóteses. VIII – Prejudicado o exame da inconstitucionalidade formal e material do art. 35, tendo em conta a realização de referendo. IX – Ação julgada procedente, em parte, para declarar a inconstitucionalidade dos parágrafos únicos dos arts. 14 e 15 e do art. 21 da Lei n. 10.826, de 22 de dezembro de 2003 (ADI 3.112, rel. Min. Ricardo Lewandowski, Tribunal Pleno, j. 2-5-2007, *DJ* 26-10-2007).

Já no que concerne à vedação da liberdade provisória que era prevista no art. 7º da Lei n. 9.034/95 ("Art. 7º Não será concedida liberdade provisória, com ou sem fiança, aos agentes que tenham tido intensa e efetiva participação na organização criminosa"), o Supremo Tribunal Federal firmou o seguinte entendimento: "*HABEAS CORPUS*. ESTRANGEIRO NÃO DOMICILIADO NO BRASIL. CONDIÇÃO JURÍDICA QUE NÃO O DESQUALIFICA COMO SUJEITO DE DIREITOS E TITULAR DE GARANTIAS CONSTITUCIONAIS E LEGAIS. PLENITUDE DE ACESSO, EM CONSEQUÊNCIA, AOS INSTRUMENTOS PROCESSUAIS DE TUTELA DA LIBERDADE. RESPEITO, PELO PODER PÚBLICO, ÀS PRERROGATIVAS JURÍDICAS QUE COMPÕEM O PRÓPRIO ESTATUTO CONSTITUCIONAL DO DIREITO DE DEFESA. VEDAÇÃO LEGAL ABSOLUTA, EM CARÁTER APRIORÍSTICO, DA CONCESSÃO DE LIBERDADE PROVISÓRIA. LEI DO CRIME ORGANIZADO (ART. 7º). INCONSTITUCIONALIDADE. OFENSA AOS POSTULADOS CONSTITUCIONAIS DA PRESUNÇÃO DE INOCÊNCIA, DO *DUE PROCESS OF LAW*, DA DIGNIDADE DA PESSOA HUMANA E DA PROPORCIONALIDADE. O SIGNIFICADO DO PRINCÍPIO DA PROPORCIONALIDADE, VISTO SOB A PERSPECTIVA DA 'PROIBIÇÃO DO EXCESSO': (...) A vedação apriorística de concessão de liberdade provisória é repelida pela jurisprudência do Supremo Tribunal Federal, que a considera incompatível, independentemente da gravidade objetiva do delito, com a presunção de inocência e a garantia do *due process*", dentre outros princípios consagrados pela Constituição da República. Foi por tal razão que o Plenário do Supremo Tribunal Federal, ao julgar a ADI 3.112/DF, Rel. Min. Ricardo Lewandowski, declarou a inconstitucionalidade do art. 21 da Lei n. 10.826/2003 (Estatuto do Desarmamento), em decisão que, no ponto, está assim ementada: '(...) V – Insusceptibilidade de liberdade provisória quanto aos delitos elencados nos arts. 16, 17 e 18. Inconstitucionalidade reconhecida, visto que o texto magno não autoriza a prisão *ex lege*, em face dos princípios da presunção de inocência e da obrigatoriedade de fundamentação dos mandados de prisão pela autoridade judiciária competente' (...)" (HC 94.404-MC, rel. Min. Celso de Mello, j. 19-8-2008, *DJ* 26-8-2008).

No entanto, no que se refere à constitucionalidade do art. 44 da Lei n. 11.343/2006 ("Art. 44. Os crimes previstos nos arts. 33, *caput*, e § 1º, e 34 a 37 desta Lei são inafiançáveis e insuscetíveis de *sursis*, graça, indulto, anistia e liberdade provisória, vedada a conversão de suas penas em restritivas de direitos"), a jurisprudência do Excelso Pretório era no sentido de que o não cabimento da liberdade provisória se fundamentava no art. 5º, XLIII, da CF/88 ("Art. 5º (...) XLIII – a lei considerará crimes inafiançáveis e insuscetíveis de graça ou anistia a prática da tortura, o tráfico ilícito de entorpecentes e drogas afins, o terrorismo e os definidos como crimes hediondos, por eles respondendo os mandantes, os executores e os que, podendo evitá-los, se omitirem"), o entendimento do STF era no seguinte sentido:

"*HABEAS CORPUS*. PENAL E PROCESSUAL PENAL. TRÁFICO DE ENTORPECENTES. PRISÃO EM FLAGRANTE. LIBERDADE PROVISÓRIA. NÃO CABIMENTO (CONSTITUIÇÃO DO BRASIL, ART. 5º, XLIII). EXCESSO DE PRAZO. INSTRUÇÃO CRIMINAL EM FASE CONCLUSI-

LEGISLAÇÃO ESPECIAL

VA. AUSÊNCIA DE DESÍDIA DO PODER JUDICIÁRIO. PRISÃO RESULTANTE DE SENTENÇA PROFERIDA EM PROCESSO DIVERSO. 1. A jurisprudência do Supremo Tribunal Federal está alinhada no sentido do não cabimento da liberdade provisória no caso de prisão em flagrante por tráfico de entorpecentes – interpretação respaldada no art. 5º, XLIII, da Constituição do Brasil. 2. Excesso de prazo. Inexistência: o encerramento da instrução criminal depende, no caso, apenas das alegações finais de corréu, não havendo desídia por parte do Poder Judiciário. 3. Paciente que, ademais, encontra-se preso em consequência de sentença condenatória proferida em uma das diversas ações penais a que responde. Ordem indeferida" (HC 95.539, rel. Min. Eros Grau, 2ª Turma, j. 25-11-2008, *DJ* 24-4-2009).

"*HABEAS CORPUS*. PROCESSUAL PENAL. TRÁFICO DE DROGAS. PRISÃO EM FLAGRANTE. RELAXAMENTO. CRIME HEDIONDO. LIBERDADE PROVISÓRIA. INADMISSIBILIDADE. VEDAÇÃO CONSTITUCIONAL. DELITOS INAFIANÇÁVEIS. ART. 5º, XLIII, DA CONSTITUIÇÃO FEDERAL. ESPECIALIDADE DA LEI N. 11.343/2006. PRESSUPOSTOS DO ART. 312 DO CÓDIGO DE PROCESSO PENAL. DEMONSTRAÇÃO. ORDEM DENEGADA. I – A vedação à liberdade provisória para o delito de tráfico de drogas advém da própria Constituição, a qual prevê a inafiançabilidade (art. 5º, XLIII). II – A Lei n. 11.343/2006 é especial em relação à Lei dos Crimes Hediondos, não existindo antinomia no sistema jurídico. III – Presentes os requisitos autorizadores da prisão cautelar previstos no art. 312 do Código de Processo Penal, em especial o da garantia da ordem pública, existindo sólidas evidências da periculosidade da paciente, supostamente envolvida em gravíssimo delito de tráfico de drogas, ao qual se irroga, ainda, a reiteração das condutas criminosas. IV – Ordem denegada" (HC 99.890, rel. Min. Ricardo Lewandowski, 1ª Turma, j. 24-11-2009, *DJ* 11-12-2009).

Ocorre que tal posicionamento do STF foi acertadamente revisto e a Suprema Corte brasileira passou a afastar a *prisão ex lege* no caso de tráfico de drogas, ao estabelecer que a vedação legal da liberdade provisória prevista na Lei de Drogas (art. 44 da Lei n. 11.343/2006) era incompatível com a presunção de inocência e a garantia do devido processo legal e da ampla defesa. Nesse sentido, é importante a leitura dos seguintes julgamentos do STF:

"*HABEAS CORPUS*. VEDAÇÃO LEGAL ABSOLUTA, EM CARÁTER APRIORÍSTICO, DA CONCESSÃO DE LIBERDADE PROVISÓRIA. LEI DE DROGAS (ART. 44). INCONSTITUCIONALIDADE. OFENSA AOS POSTULADOS CONSTITUCIONAIS DA PRESUNÇÃO DE INOCÊNCIA, DO *DUE PROCESS OF LAW*, DA DIGNIDADE DA PESSOA HUMANA E DA PROPORCIONALIDADE. O SIGNIFICADO DO PRINCÍPIO DA PROPORCIONALIDADE (...) CARÁTER EXTRAORDINÁRIO DA PRIVAÇÃO CAUTELAR DA LIBERDADE INDIVIDUAL. NÃO SE DECRETA PRISÃO CAUTELAR, SEM QUE HAJA REAL NECESSIDADE DE SUA EFETIVAÇÃO, SOB PENA DE OFENSA AO *STATUS LIBERTATIS* DAQUELE QUE A SOFRE. (...) Essa vedação apriorística de concessão de liberdade provisória, reiterada no art. 44 da Lei n. 11.343/2006 (Lei de Drogas), tem sido repelida pela jurisprudência do Supremo Tribunal Federal, que a considera incompatível, independentemente da gravidade objetiva do delito, com a presunção de inocência e a garantia do *due process*, dentre outros princípios consagrados pela Constituição da República. Foi por tal razão, como precedentemente referido, que o Plenário do Supremo Tribunal Federal, ao julgar a ADI 3.112/DF, Rel. Min. Ricardo Lewandowski, declarou a inconstitucionalidade do art. 21 da Lei n. 10.826/2003 (Estatuto do Desarmamento), em decisão que, no ponto, está assim ementada: '(...) V – Insusceptibilidade de liberdade provisória quanto aos delitos elencados nos arts. 16, 17 e 18. Inconstitucionalidade reconhecida, visto que o texto magno não autoriza a prisão *ex lege*, em face dos princípios da presunção de inocência e da obrigatoriedade de fundamentação dos mandados de prisão pela autoridade judiciária competente'. Essa mesma situação registra-se em relação ao art. 7º da Lei do Crime Organizado (Lei n. 9.034/95), cujo teor normativo também reproduz a mesma proibição que o art. 44 da Lei de Drogas estabeleceu, *a priori*, em caráter abstrato, a impedir, desse modo, que o magistrado atue, com autonomia, no exame da pretensão de deferimento da liberdade provisória. Essa repulsa a preceitos legais, como esses que venho de referir, encontra apoio em autorizado magistério doutrinário (Luiz Flávio Gomes, em obra escrita com Raúl Cervini, *Crime Organizado*, p. 171-178, item n. 4, 2. ed., 1997, RT; Geraldo Prado e William Douglas, *Comentários à Lei contra o Crime Organizado*, p. 87-91, 1995, Del Rey; Roberto Delmanto Junior, *As modalidades de prisão provisória e seu prazo de duração*, p. 142-150, item n. 2, *c*, 2. ed., 2001, Renovar; e Alberto Silva Franco, *Crimes Hediondos*, p. 489-500, item n. 3.00, 5.

ed., 2005, RT, v.g.). Vê-se, portanto, que o Poder Público, especialmente em sede processual penal, não pode agir imoderadamente, pois a atividade estatal, ainda mais em tema de liberdade individual, acha-se essencialmente condicionada pelo princípio da razoabilidade. Como se sabe, a exigência de razoabilidade traduz limitação material à ação normativa do Poder Legislativo. O exame da adequação de determinado ato estatal ao princípio da proporcionalidade, exatamente por viabilizar o controle de sua razoabilidade, com fundamento no art. 5º, LV, da Carta Política, inclui-se, por isso mesmo, no âmbito da própria fiscalização de constitucionalidade das prescrições normativas emanadas do Poder Público. Esse entendimento é prestigiado pela jurisprudência do Supremo Tribunal Federal, que, por mais de uma vez, já advertiu que o Legislativo não pode atuar de maneira imoderada, nem formular regras legais cujo conteúdo revele deliberação absolutamente divorciada dos padrões de razoabilidade. Coloca-se em evidência, neste ponto, o tema concernente ao princípio da proporcionalidade, que se qualifica – enquanto coeficiente de aferição da razoabilidade dos atos estatais (Celso Antônio Bandeira De Mello, *Curso de Direito Administrativo*, p. 56-57, itens n. 18-19, 4. ed., 1993, Malheiros; Lúcia Valle Figueiredo, *Curso de Direito Administrativo*, p. 46, item n. 3.3, 2. ed., 1995, Malheiros) – como postulado básico de contenção dos excessos do Poder Público. Essa é a razão pela qual a doutrina, após destacar a ampla incidência desse postulado sobre os múltiplos aspectos em que se desenvolve a atuação do Estado – inclusive sobre a atividade estatal de produção normativa – adverte que o princípio da proporcionalidade, essencial à racionalidade do Estado Democrático de Direito e imprescindível à tutela mesma das liberdades fundamentais, proíbe o excesso e veda o arbítrio do Poder, extraindo a sua justificação dogmática de diversas cláusulas constitucionais, notadamente daquela que veicula, em sua dimensão substantiva ou material, a garantia do *due process of law* (Raquel Denize Stumm, *Princípio da Proporcionalidade no Direito Constitucional Brasileiro*, p. 159-170, 1995, Livraria do Advogado Editora; Manoel Gonçalves Ferreira Filho, *Direitos Humanos Fundamentais*, p. 111-112, item n. 14, 1995, Saraiva; Paulo Bonavides, *Curso de Direito Constitucional*, p. 352-355, item n. 11, 4. ed., 1993, Malheiros). (...) Daí a advertência de que a interdição legal *in abstracto*, vedatória da concessão de liberdade provisória, como na hipótese prevista no art. 44 da Lei n. 11.343/2006, incide na mesma censura que o Plenário do Supremo Tribunal Federal estendeu ao art. 21 do Estatuto do Desarmamento, considerados os múltiplos postulados constitucionais violados por semelhante regra legal, eis que o legislador não pode substituir-se ao juiz na aferição da existência, ou não, de situação configuradora da necessidade de utilização, em cada situação concreta, do instrumento de tutela cautelar penal. Igual objeção pode ser oposta ao E. Superior Tribunal de Justiça, cujo entendimento, fundado em juízo meramente conjectural (sem qualquer referência a situações concretas) no sentido de que '(...) a vedação imposta pelo art. 2º, II, da Lei n. 8.072/90 é (...) fundamento idôneo para a não concessão da liberdade provisória nos casos de crimes hediondos ou a ele equiparados, dispensando, dessa forma, o exame dos pressupostos de que trata o art. 312 do CPP' (fls. 257), constitui, por ser destituído de base empírica, presunção arbitrária que não pode legitimar a privação cautelar da liberdade individual. O Supremo Tribunal Federal, de outro lado, tem advertido que a natureza da infração penal não se revela circunstância apta a justificar, só por si, a privação cautelar do *status libertatis* daquele que sofre a persecução criminal instaurada pelo Estado. Esse entendimento vem sendo observado em sucessivos julgamentos proferidos no âmbito desta Corte, mesmo que se trate de réu processado por suposta prática de crimes hediondos ou de delitos a estes equiparados (HC 80.064/SP, Rel. p/ o acórdão Min. Sepúlveda Pertence; HC 92.299/SP, Rel. Min. Marco Aurélio; HC 93.427/PB, Rel. Min. Eros Grau; RHC 71.954/PA, Rel. Min. Sepúlveda Pertence; RHC 79.200/BA, Rel. Min. Sepúlveda Pertence, v.g.): 'A gravidade do crime imputado, um dos malsinados crimes hediondos (Lei n. 8.072/90), não basta à justificação da prisão preventiva, que tem natureza cautelar, no interesse do desenvolvimento e do resultado do processo, e só se legitima quando a tanto se mostrar necessária: não serve a prisão preventiva, nem a Constituição permitiria que para isso fosse utilizada, a punir sem processo, em atenção à gravidade do crime imputado, do qual, entretanto, ninguém será considerado culpado até o trânsito em julgado de sentença penal condenatória (CF, art. 5º, LVII)' (*RTJ* 137/287, Rel. Min. Sepúlveda Pertence). 'A ACUSAÇÃO PENAL POR CRIME HEDIONDO NÃO JUSTIFICA A PRIVAÇÃO ARBITRÁRIA DA LIBERDADE DO RÉU. A prerrogativa jurídica da liberdade – que possui extração constitucional (CF, art. 5º, LXI e LXV) – não pode ser ofendida por atos arbitrários do Poder

Público' (...)" (HC 96.715-MC, rel. Min. Celso de Mello, j. 19-12-2008, *DJ* 3-2-2009).

"*HABEAS CORPUS*. PENAL, PROCESSUAL PENAL E CONSTITUCIONAL. TRÁFICO DE ENTORPECENTES. SEGREGAÇÃO CAUTELAR. GARANTIA DA ORDEM PÚBLICA. AUSÊNCIA DE INDICAÇÃO DE SITUAÇÃO FÁTICA. LIBERDADE PROVISÓRIA INDEFERIDA COM FUNDAMENTO NO ART. 44 DA LEI N. 11.343. INCONSTITUCIONALIDADE: NECESSIDADE DE ADEQUAÇÃO DESSE PRECEITO AOS ARTS. 1º, III, E 5º, LIV E LVII, DA CONSTITUIÇÃO DO BRASIL. EXCEÇÃO À SÚMULA 691/STF. 1. Liberdade provisória indeferida com fundamento na vedação contida no art. 44 da Lei n. 11.343/2006, sem indicação de situação fática vinculada a qualquer das hipóteses do art. 312 do Código de Processo Penal 2. Entendimento respaldado na inafiançabilidade do crime de tráfico de entorpecentes, estabelecida no art. 5º, XLIII, da Constituição do Brasil. Afronta escancarada aos princípios da presunção de inocência, do devido processo legal e da dignidade da pessoa humana. 3. Inexistência de antinomias na Constituição. Necessidade de adequação, a esses princípios, da norma infraconstitucional e da veiculada no art. 5º, XLIII, da Constituição do Brasil. A regra estabelecida na Constituição, bem assim na legislação infraconstitucional, é a liberdade. A prisão faz exceção a essa regra, de modo que, a admitir-se que o art. 5º, XLIII, estabelece, além das restrições nele contidas, vedação à liberdade provisória, o conflito entre normas estaria instalado. 4. A inafiançabilidade não pode e não deve – considerados os princípios da presunção de inocência, da dignidade da pessoa humana, da ampla defesa e do devido processo legal – constituir causa impeditiva da liberdade provisória. 5. Não se nega a acentuada nocividade da conduta do traficante de entorpecentes. Nocividade aferível pelos malefícios provocados no que concerne à saúde pública, exposta a sociedade a danos concretos e a riscos iminentes. Não obstante, a regra consagrada no ordenamento jurídico brasileiro é a liberdade; a prisão, a exceção. A regra cede a ela em situações marcadas pela demonstração cabal da necessidade da segregação *ante tempus*. Impõe-se porém ao Juiz o dever de explicitar as razões pelas quais alguém deva ser preso ou mantido preso cautelarmente. 6. Situação de flagrante constrangimento ilegal a ensejar exceção à Súmula 691/STF. Ordem concedida (...)" (HC 100.745, rel. Min. Eros Grau, 2ª Turma, j. 9-3-2010, *DJ* 16-4-2010).

Também é importante mencionar a lição de GOMES & RUDGE (2009), que sustentam a tese que a prisão *ex lege* não encontra respaldo nos princípios estabelecidos pelo art. 5º, LVII, LXI e LXV, da CF/88. Cita-se trecho de obra que reflete o pensamento dos ilustres autores: "A questão que se coloca é a seguinte: poderia uma lei infraconstitucional proibir a liberdade provisória genericamente, tendo em vista o atual ordenamento constitucional? Absolutamente não! É que, entre os direitos e garantias fundamentais do art. 5º, o constituinte colocou a liberdade do indivíduo como regra, e a prisão, como exceção, consagrando o princípio da não culpabilidade (presunção de inocência) e da obrigatoriedade de fundamentação dos mandados de prisões. (...) A prisão provisória é medida excepcional, ou seja, só deve ser decretada quando necessária para preservar a eficácia do processo penal principal e nas hipóteses previstas em lei".

Outro ponto importante está relacionado à vedação da liberdade provisória que se encontrava prevista na Lei n. 8.072/90 (Lei dos Crimes Hediondos). Sobre o presente tema, RAMOS (2009) ensina que: "O cerne da questão diz respeito ao cabimento da liberdade provisória nos crimes hediondos. O art. 2 º, II, da Lei n. 8.072/90 (Lei dos Crimes Hediondos), em sua redação original, vedava expressamente a concessão de fiança e liberdade provisória nos crimes hediondos e equiparados. Porém, a Constituição Federal, em seu art. 5º, XLIII, veda apenas a concessão de fiança (e não de liberdade provisória) nos crimes hediondos e equiparados: 'XLIII – a lei considerará crimes inafiançáveis e insuscetíveis de graça ou anistia a prática da tortura, o tráfico ilícito de entorpecentes e drogas afins, o terrorismo e os definidos como crimes hediondos, por eles respondendo os mandantes, os executores e os que, podendo evitá-los, se omitirem'. Assim, o que fez o constituinte foi restringir a concessão de fiança a certos crimes, mas de forma alguma objetivou proibir a liberdade provisória, pois esta pode ser concedida com ou sem fiança, nos termos da lei processual penal, conforme art. 5º, LXVI, da CF: 'LXVI – ninguém será levado à prisão ou nela mantido, quando a lei admitir a liberdade provisória, com ou sem fiança'. Nesta linha, o legislador revogou o inciso II do art. 2º da Lei n. 8.072/90 (Lei dos Crimes Hediondos) na parte em que vedada a liberdade provisória nos crimes hediondos e equiparados. 'Art. 2º Os crimes hediondos, a prática da tortura, o tráfico ilícito de entorpecentes e drogas afins e o terrorismo são insuscetíveis de: I – anistia, graça e indulto; II – fiança e liberdade provisória II – fiança'. Ora, no atual ordenamento constitucional a liberdade é a regra, e qualquer espécie de prisão cautelar deve ser devidamente fundamentada nos termos do art. 312 do Código de Processo Penal. O STF já se manifestou inúmeras vezes nesse sentido. No HC 95.464/SP, o Ministro Celso de Mello enfatizou: 'A PRISÃO CAUTELAR CONSTITUI MEDIDA DE NATUREZA EXCEPCIONAL' e 'A GRAVIDADE EM ABSTRATO DO CRIME NÃO CONSTITUI FATOR DE LEGITIMAÇÃO DA PRIVAÇÃO CAUTELAR DA LIBERDADE' (STF HC 95.464/SP, rel. Min. Celso de Mello). Portanto, qualquer prisão cautelar deve ser devidamente fundamentada com base em elementos reais, que serão analisados em cada caso concreto, de modo que a gravidade em abstrato do crime (seja hediondo ou não) não serve de fundamento para a restrição do *status libertatis* de alguém, sob pena de constrangimento ilegal. Porém, a questão não é pacífica nem mesmo dentro do próprio STJ. A Sexta Turma, conforme verificamos no julgamento deste HC (HC 121.920/MG) e em precedentes, entende que não há óbice à concessão de liberdade provisória sem fiança nos crimes hediondos e equiparados, pois a Constituição e a Lei n. 11.464/2007 proíbem apenas a liberdade provisória com fiança: "PROCESSUAL PENAL. TENTATIVA DE HOMICÍDIO. DEFEITOS DO FLAGRANTE QUE FICARAM SUPERADOS COM A PRONÚNCIA. NEGATIVA DE LIBERDADE PROVISÓRIA SEM FUNDAMENTAÇÃO IDÔNEA. PROIBIÇÃO CONSTITUCIONAL DE LIBERDADE PROVISÓRIA COM FIANÇA QUE NÃO SE ESTENDE ÀS DEMAIS FORMAS DE LIBERDADE PROVISÓRIA. LEI N. 11.464/2007 QUE SÓ PROÍBE A FIANÇA, REVOGANDO IMPLICITAMENTE A PROIBIÇÃO CONTIDA NA LEI N. 11.343/2006, DADA SUA APLICAÇÃO GERAL EM RELAÇÃO AOS CRIMES HEDIONDOS PREVISTOS EM QUALQUER ESTATUTO. ORDEM CONCEDIDA, SALVO PRISÃO POR MOTIVO DIVERSO, DEVIDAMENTE FUNDAMENTADA. 1. Defeitos do flagrante ficam superados com a pronúncia, pois esta passa a constituir o novo título para a segregação provisória. 2. O princípio constitucional de inocência impede a prisão cautelar quando não se encontrarem presentes os seus requisitos, fundados em fatores concretos. 3. A proibição da liberdade provisória com fiança não compreende a da liberdade provisória sem a fiança. 4. A Lei n. 11.464/2007 não impede a concessão da liberdade provisória nos crimes hediondos, sendo de alcance geral em relação a todos os crimes dessa natureza. 5. Ordem concedida para conceder a liberdade provisória, mediante assinatura de termo de compromisso de comparecimento a todos atos processuais, salvo prisão por motivo diverso, devidamente fundamentada (HC 124.123/TO, rel. Jane Silva (Desembargadora convocada do TJMG), 6ª Turma, j. 6-2-2009). No entanto, a Quinta Turma possui entendimento diverso, não admitindo a liberdade provisória nos crimes hediondos e equiparados, pois a vedação à liberdade provisória sem fiança estaria implícita na vedação da liberdade provisória com fiança: "PROCESSUAL PENAL. *HABEAS CORPUS*. ROUBO CIRCUNSTANCIADO, TENTATIVA DE HOMICÍDIO E FORMAÇÃO DE QUADRILHA. PRISÃO EM FLAGRANTE. LIBERDADE PROVISÓRIA. VEDAÇÃO LEGAL. EXCESSO DE PRAZO. PLURALIDADE DE RÉUS E CARTAS PRECATÓRIAS. PRECEDENTES DO STJ. SENTENÇA DE PRONÚNCIA. VERBETE SUMULAR 21/STJ. CONSTRANGIMENTO ILEGAL NÃO CONFIGURADO. ORDEM DENEGADA. 1. O inciso XLIII do art. 5º da Constituição Federal estabelece que os crimes definidos como hediondos constituem crimes inafiançáveis. 2. Não sendo possível a concessão de liberdade provisória com fiança, com maior razão é a não concessão de liberdade provisória sem fiança (...)" (HC 88.957/RS, rel. Min. Arnaldo Esteves Lima, 5ª Turma, j. 4-12-2008). Note que o problema está na interpretação da norma, devendo prevalecer a interpretação que atenda à máxima efetividade dos direitos fundamentais. Ou seja, devemos considerar a interpretação que privilegia o direito à liberdade do indivíduo, direito este que só pode ser excepcionado pela própria Constituição, que diz: 'Art. 5º, LXI – ninguém será preso senão em flagrante delito ou por ordem escrita e fundamentada de autoridade judiciária competente, salvo nos casos de transgressão militar ou crime propriamente militar, definidos em lei'".

LEGISLAÇÃO PERTINENTE

- Lei n. 11.343/2006. Arts. 28; 33, § 1º, III; 37; 40, I; 44 e 45; 50, §§ 1º e 2º; 70.
- Lei n. 8.072/90, art. 2º.

2. CRIMES HEDIONDOS (LEI N. 8.072/90)

QUESTÕES

1. **(Agente – CESPE – 2004)** No item a seguir, é apresentada uma situação hipotética, seguida de uma assertiva a ser julgada.
   - Adriano é chefe de uma quadrilha que sequestrou um famoso artista e libertou-o vivo e sem qualquer ferimento, após o pagamento do resgate. Na situação descrita, Adriano praticou crime hediondo, pois extorsão mediante sequestro é crime hediondo mesmo quando não qualificada por lesão corporal ou morte do sequestrado.
2. **(Escrivão – CESPE – 2002 – adaptada)** Em relação ao direito penal e à execução penal, julgue os itens abaixo.
   a) Se um indivíduo for condenado por homicídio cometido mediante emboscada, esta qualificadora, na forma da lei, se for reconhecida pelo órgão julgador, caracterizará o crime como hediondo.
   b) Considere a seguinte situação hipotética. Quatro indivíduos compunham grupo de extermínio procurado havia tempo pela polícia. Em certo momento, um dos integrantes do grupo dirigiu-se à polícia e, voluntariamente, forneceu informações e provas que possibilitaram a prisão do grupo. Nessa situação, de acordo com a Lei dos Crimes Hediondos, o integrante do grupo de extermínio que colaborou com a polícia judiciária deverá ser denunciado e processado pelo Ministério Público (MP), mas deverá ficar isento de pena, ao ser sentenciado.
3. **(Delegado – CESPE – 2004)** Em cada um dos itens a seguir, é apresentada uma situação hipotética, seguida de uma assertiva a ser julgada.
   a) Hugo é um agente de polícia civil que realizou interceptação de comunicação telefônica sem autorização judicial. Nessa situação, o ato de Hugo, apesar de violar direitos fundamentais, não constitui crime hediondo.
   b) Antenor foi condenado a 18 anos de reclusão pelo homicídio qualificado de um delegado de polícia federal. Nessa situação, Antenor somente pode progredir para o regime semiaberto após cumprir 12 anos de pena em regime fechado.

GABARITO COMENTADO

1. CERTO *Vide* Lei dos Crimes Hediondos, que assim dispõe: "Art. 1º. São considerados hediondos os seguintes crimes, todos tipificados no Decreto-Lei n. 2.848, de 7 de dezembro de 1940 – Código Penal, consumados ou tentados: (Redação dada pela Lei n. 8.930, de 1994) (...) **IV – extorsão mediante sequestro** e na forma qualificada (art. 159, *caput*, e §§ 1º, 2º e 3º); (Inciso incluído pela Lei n. 8.930, de 1994)".

2.

A. CERTO O crime de homicídio qualificado em razão de emboscada (art. 121, § 2º, IV, do CP) é considerado crime hediondo (art. 1º, I, da Lei n. 8.072/90).

B. ERRADO O integrante colaborador deverá ter a pena reduzida de um a dois terços, conforme o parágrafo único do art. 8º da Lei n. 8.072/90.

3.

A. CERTO A conduta de Hugo viola direito fundamental previsto no art. 5º da CF/88: "XII

LEGISLAÇÃO ESPECIAL

– é inviolável o sigilo da correspondência e das comunicações telegráficas, de dados e das comunicações telefônicas, salvo, no último caso, por ordem judicial, nas hipóteses e na forma que a lei estabelecer para fins de investigação criminal ou instrução processual penal". No entanto, a conduta de Hugo não se enquadra no rol de crimes previstos na Lei n. 8.072/90".

B. ERRADO Agora, o art. 2º da Lei n. 8.072/90 (Lei dos Crimes Hediondos) tem nova redação, dada pela Lei n. 11.464/2007. Com a publicação da Lei n. 11.464/2007, passou-se a permitir expressamente a progressão de regime prisional quando se tratar de condenação por crime hediondo e seus equiparados (tortura, tráfico ilícito de entorpecentes e drogas afins e terrorismo), uma vez que o novo § 1º do art. 2º da Lei dos Crimes Hediondos diz que a pena por tais crimes será cumprida inicialmente em regime fechado. O § 2º, do mencionado artigo, estabelece a quantidade que deve ser cumprida da pena, para que seja possível a progressão do regime (ou seja, 2/5 para apenados primários e 3/5 para reincidentes).

Comentário extra: Esse já era o entendimento adotado pelo STF antes da publicação da Lei n. 11.464/2007, declarando a inconstitucionalidade do dispositivo que previa o cumprimento da pena integralmente em regime fechado, em razão da violação ao princípio constitucional da individualização da pena.

RAIO-X

- O tema em estudo equivale aos seguintes percentuais das questões de Direito Processual Penal:

Cargo	Questões do Tema	%
Agente	1	3,12
Escrivão	2	9,09
Delegado	2	8,00

- A maioria das questões é baseada em:

☐ doutrina ☒ legislação ☐ jurisprudência

LEGISLAÇÃO PERTINENTE

- Lei n. 8.072/90, arts. 1º, 2º e 8º.

3. CRIMES DE PRECONCEITO DE RAÇA E COR (LEI N. 7.716/89)

QUESTÕES

1. **(Escrivão – CESPE – 2002 – adaptada)** Em relação ao direito penal e à execução penal, julgue o item abaixo.
   - Considere a seguinte situação hipotética. Um indivíduo pouco esclarecido resolveu escrever pequeno livro, exaltando o que considerava serem virtudes do regime nazista alemão. A publicação chegou ao conhecimento do MP, que requisitou à polícia judiciária a instauração de inquérito policial e requereu judicialmente a apreensão do material. Posteriormente, encerradas as investigações, o MP ofereceu denúncia, e o indivíduo foi condenado por ofensa à lei que pune os crimes resultantes de preconceito de raça e de cor (Lei n. 7.716/89). Nessa situação, estritamente de acordo com a citada lei, era cabível a apreensão do material, conforme requerera o MP, mesmo não se tendo ainda instaurado o inquérito; além disso, transitada em julgado a sentença condenatória, deveria o juiz determinar a destruição da publicação.
2. **(Escrivão – CESPE – 2004)** No item a seguir, é apresentada uma situação hipotética, seguida de uma assertiva a ser julgada.
   - Um determinado hotel negou-se a hospedar uma família de índios, alegando que não havia nenhum quarto vago. Posteriormente, restou demonstrado que existiam vagas e que a recusa derivou do fato de que o gerente do hotel tinha proibido a hospedagem de índios no estabelecimento. Nessa situação, o referido gerente comete infração penal.
3. **(Delegado – CESPE – 2004)** No item a seguir, é apresentada uma situação hipotética, seguida de uma assertiva a ser julgada.
   - Pedro pediu em casamento Carolina, que tem 16 anos de idade, e ela aceitou. O pai de Carolina, porém, negou-se a autorizar o casamento da filha, pelo fato de o noivo ser negro. Todavia, para não ofender Pedro, solicitou a Carolina que lhe dissesse que o motivo da sua recusa era o fato de ele ser ateu. Nessa situação, o pai de Carolina cometeu infração penal.

GABARITO COMENTADO

1. ERRADO É o que dispõe o art. 1º, 20, § 3º e § 4º da Lei n. 7.716/89, que define os crimes resultantes de preconceito de raça ou de cor.

2. CERTO É o que dispõe o art. 7º da Lei n. 7.716/89, que define os crimes resultantes de preconceito de raça ou de cor.

3. CERTO Trata-se de crime previsto na Lei n. 7.716/89, que assim dispõe: "Art. 14. Impedir ou obstar, por qualquer meio ou forma, o casamento ou convivência familiar e social. Pena: reclusão de dois a quatro anos".

RAIO-X

- O tema em estudo equivale aos seguintes percentuais das questões de Direito Processual Penal:

Cargo	Questões do Tema	%
Agente	–	–
Escrivão	2	9,09
Delegado	1	4,00

LEGISLAÇÃO ESPECIAL

- A maioria das questões é baseada em:

☐ doutrina ☒ legislação ☐ jurisprudência

IMPORTANTE SABER

- O povo judeu e racismo para efeitos da Lei n. 7.716/89.

No histórico julgamento do HC 82.424/RS, o STF entendeu que os judeus são uma raça para fins de aplicação da Lei n. 7.716/89, adotando mais um conceito cultural do que um conceito antropológico, uma vez que os judeus são, reconhecidamente, um povo.

"**EMENTA: *HABEAS-CORPUS*. PUBLICAÇÃO DE LIVROS: ANTISSEMITISMO. RACISMO. CRIME IMPRESCRITÍVEL. CONCEITUAÇÃO. ABRANGÊNCIA CONSTITUCIONAL. LIBERDADE DE EXPRESSÃO. LIMITES. ORDEM DENEGADA.**

(...)

- Raça humana. Subdivisão. Inexistência. Com a definição e o mapeamento do genoma humano, cientificamente não existem distinções entre os homens, seja pela segmentação da pele, formato dos olhos, altura, pelos ou por quaisquer outras características físicas, visto que todos se qualificam como espécie humana. Não há diferenças biológicas entre os seres humanos. Na essência são todos iguais.
- Raça e racismo. A divisão dos seres humanos em raças resulta de um processo de conteúdo meramente político-social. Desse pressuposto origina-se o racismo que, por sua vez, gera a discriminação e o preconceito segregacionista.
- Fundamento do núcleo do pensamento do nacional-socialismo de que os judeus e os arianos formam raças distintas. Os primeiros seriam raça inferior, nefasta e infecta, características suficientes para justificar a segregação e o extermínio: inconciabilidade com os padrões éticos e morais definidos na Carta Política do Brasil e do mundo contemporâneo, sob os quais se ergue e se harmoniza o estado democrático. Estigmas que por si só evidenciam crime de racismo. Concepção atentatória dos princípios nos quais se erige e se organiza a sociedade humana, baseada na respeitabilidade e dignidade do ser humano e de sua pacífica convivência no meio social. Condutas e evocações aéticas e imorais que implicam repulsiva ação estatal por se revestirem de densa intolerabilidade, de sorte a afrontar o ordenamento infraconstitucional e constitucional do País.
- Adesão do Brasil a tratados e acordos multilaterais, que energicamente repudiam quaisquer discriminações raciais, aí compreendidas as distinções entre os homens por restrições ou preferências oriundas de raça, cor, credo, descendência ou origem nacional ou étnica, inspiradas na pretensa superioridade de um povo sobre outro, de que são exemplos a xenofobia, "negrofobia", "islamafobia" e o antissemitismo.
- A Constituição Federal de 1988 impôs aos agentes de delitos dessa natureza, pela gravidade e repulsividade da ofensa, a cláusula de imprescritibilidade, para que fique, *ad perpetuam rei memoriam*, verberado o repúdio e a abjeção da sociedade nacional à sua prática.
- Racismo. Abrangência. Compatibilização dos conceitos etimológicos, etnológicos, sociológicos, antropológicos ou biológicos, de modo a construir a definição jurídico-constitucional do termo. Interpretação teleológica e sistêmica da Constituição Federal conjugando fatores e circunstâncias históricas, políticas e sociais que regeram sua formação e aplicação, a fim de obter-se o real sentido e alcance da norma.
- Direito comparado. A exemplo do Brasil as legislações de países organizados sob a égide do estado moderno de direito democrático igualmente adotam em seu ordenamento legal punições para delitos que estimulem e propaguem segregação racial. Manifestações da Suprema Corte Norte-Americana, da Câmara dos Lordes da Inglaterra e da Corte de Apelação da Califórnia nos Estados Unidos que consagraram entendimento que aplicam sanções àqueles que transgridem as regras de boa convivência social com grupos humanos que simbolizem a prática de racismo".

LEGISLAÇÃO PERTINENTE

- Lei n. 7.716/89, art. 7º, 14 e 20.

4. APRESENTAÇÃO E USO DE DOCUMENTO DE IDENTIFICAÇÃO PESSOAL (LEI N. 5.553/68)

QUESTÕES

1. **(Escrivão CESPE – 2002 – adaptada)** No item a seguir, é apresentada uma situação hipotética relativa à legislação penal, seguida de uma assertiva a ser julgada.
   - Um cidadão foi intimado para depor como testemunha em um inquérito policial e apresentou, como documento de identificação, cópia autenticada de sua cédula de identidade civil, cujo original afirmou estar perdido. O delegado que o ouviu resolveu apreender a citada cópia, embora não houvesse suspeita de inidoneidade dela. Nessa situação, o delegado agiu de maneira ilegal.
2. **(Agente – CESPE – 2004)** No item a seguir, é apresentada uma situação hipotética, seguida de uma assertiva a ser julgada.
   - Tendo em vista o número crescente de furtos nas dependências de certo hospital, a empresa que o administra determinou que, para nele ingressar, os visitantes deveriam deixar na portaria do prédio um documento de identidade, que lhes seria devolvido apenas quando eles saíssem. Nessa situação, a referida empresa praticou ato ilícito.
3. **(Agente – CESPE – 2004)** No item a seguir, é apresentada uma situação hipotética, seguida de uma assertiva a ser julgada.
   - Uma determinada empresa, no momento da contratação de seus empregados, exige deles que deixem suas carteiras de trabalho depositadas no departamento de pessoal, durante toda a vigência do contrato, para facilitar a anotação dos reajustes salariais e de eventuais mudanças nas funções exercidas pelo empregado. Nessa situação, é ilícita a referida exigência da empresa.

GABARITO COMENTADO

1. CERTO A apreensão de documentos de identificação pessoal, ainda que apresentado por fotocópia autenticada ou pública-forma, contraria o art. 1º da Lei n. 5.553/68, que dispõe sobre a apresentação e uso de documentos de identificação pessoal. Logo, a conduta da autoridade policial foi ilegal.

2. CERTO A retenção de documentos é um procedimento ilegal e caracteriza contravenção penal punida com detenção de um a três meses ou multa, nos termos dos arts. 1º e 3º da Lei n. 5.553/68, que dispõe sobre a apresentação e uso de documentos de identificação pessoal.

3. CERTO A conduta da empresa é ilícita e se encontra prevista no art. 1º da Lei n. 5.553/68, que assim dispõe: "A nenhuma pessoa física, bem como a nenhuma pessoa jurídica, de direito público ou de direito privado, é lícito reter qualquer documento de identificação pessoal, ainda que apresentado por fotocópia autenticada ou pública-forma, inclusive comprovante de quitação com o serviço militar, título de eleitor, carteira profissional, certidão de registro de nascimento, certidão de casamento, comprovante de naturalização e carteira de identidade de estrangeiro".

RAIO-X

- O tema em estudo equivale aos seguintes percentuais das questões de Direito Processual Penal:

LEGISLAÇÃO ESPECIAL

Cargo	Questões do Tema	%
Agente	2	6,25
Escrivão	1	4,54
Delegado	–	–

- A maioria das questões é baseada em:

☐ doutrina ☒ legislação ☐ jurisprudência

LEGISLAÇÃO PERTINENTE

- Lei n. 5.553/68, art. 1º.

5. ABUSO DE AUTORIDADE (LEI N. 4.898/65)

QUESTÕES

1. **(Escrivão – CESPE – 2002 – adaptada)** Em cada um dos itens a seguir, é apresentada uma situação hipotética relativa à legislação penal, seguida de uma assertiva a ser julgada.

a) Um cidadão foi vítima de abuso de autoridade e pretende indenização do Estado pela lesão que sofreu. Nessa situação, na forma da lei que reprime o abuso de autoridade, ele somente poderá ajuizar a ação adequada depois de apurar-se, na via administrativa, a ocorrência do fato.

b) Júlia foi vítima de abuso de autoridade por parte de agentes públicos federais e representou ao MPF para que este promovesse a responsabilização penal daqueles. À representação, anexou as provas de que dispunha e indicou o modo de obter outras. O procurador da República a quem a representação foi enviada considerou haver indícios suficientes dos fatos e ofereceu denúncia. O juiz federal que recebeu os autos rejeitou a denúncia, sob o fundamento de ser indispensável a apuração do fato, seja pela administração pública, seja por meio de inquérito policial. Nessa situação, o juiz federal equivocou-se, pois deveria ter recebido a denúncia.

GABARITO COMENTADO

1.

A. ERRADO A ação poderá ser ajuizada independentemente da apuração administrativa, conforme determina o art. 9º da Lei n. 4.898/65 ("simultaneamente com a representação dirigida à autoridade administrativa ou independentemente dela, poderá ser promovida pela vítima do abuso, a responsabilidade civil ou penal ou ambas, da autoridade culpada").

B. CERTO A apuração do fato na via administrativa, inclusive por meio de inquérito policial, não obsta o recebimento da denúncia, conforme dispõe o art. 12 da Lei n. 4.898/65 ("a ação penal será iniciada, independentemente de inquérito policial ou justificação por denúncia do Ministério Público, instruída com a representação da vítima do abuso").

RAIO-X

- O tema em estudo equivale aos seguintes percentuais das questões de Direito Processual Penal:

Cargo	Questões do Tema	%
Agente	–	–
Escrivão	2	9,09
Delegado	–	–

- A maioria das questões é baseada em:

☐ doutrina ☒ legislação ☐ jurisprudência

LEGISLAÇÃO PERTINENTE

- Lei n. 4.898/65, art. 9º e 12.

LEGISLAÇÃO ESPECIAL

6. CRIMES DE TORTURA (LEI N. 9.455/97)

QUESTÕES

1. **(Agente – CESPE – 2009)** Julgue o item seguinte, relativo a crimes de tortura e ambientais.
   - A prática do crime de tortura torna-se atípica se ocorrer em razão de discriminação religiosa, pois, sendo laico o Estado, este não pode se imiscuir em assuntos religiosos dos cidadãos.

2. **(Agente – CESPE – 2004)** Um agente de polícia federal, irritado com a postura arrogante de um traficante de substâncias entorpecentes preso durante uma operação na fronteira, por iniciativa própria, durante interrogatório levado a efeito no local da prisão, agrediu o preso fisicamente para obter informações que possibilitassem encontrar o laboratório onde a droga era processada. O fato ocorreu na presença do delegado que chefiava as operações, o qual não autorizou ou incentivou a atitude do subordinado e se afastou do local logo após o início das agressões. Ao final, a informação buscada foi obtida e a operação atingiu sucesso total, com a apreensão de grande quantidade de cocaína e a destruição do laboratório de refino da droga. Com base na situação hipotética descrita acima, julgue o item subsequente.
   - Como a conduta do agente é tipificada como tortura na lei federal que disciplina a matéria, trata-se de crime inafiançável e insuscetível de graça ou anistia, por ele respondendo, nesse caso, apenas o agente, uma vez que a iniciativa da prática do crime foi sua e não houve ordem ou incentivo para a sua conduta por parte do delegado que chefiava as operações, o que impede a qualificação dessa autoridade como mandante do crime.

3. **(Agente – CESPE – 2004)** No item a seguir, é apresentada uma situação hipotética, seguida de uma assertiva a ser julgada.
   - Agentes de polícia civil prenderam um ladrão de automóveis em flagrante delito e, para conseguir informações sobre a quadrilha de que ele participava, disseram-lhe que ele sofreria graves consequências caso não entregasse imediatamente seus cúmplices. Intimidado, o preso entregou o nome de seus comparsas. Nessa situação, os policiais não cometeram crime de tortura, que somente se consuma com a violência, não bastando para a sua caracterização a existência de uma ameaça, ainda que grave.

4. **(Agente– CESPE – 2002)** Bento, após fazer uso de substância entorpecente, consumindo um cigarro de maconha, foi preso em flagrante por agentes de polícia. Na delegacia, os agentes, com o intuito de obterem informações a respeito do nome do traficante que fornecia a substância entorpecente, colocaram Bento em um pau de arara e deram-lhe choques elétricos, causando-lhe intenso sofrimento físico. Em face dos constrangimentos, Bento assinou um termo de declarações indicando o nome do traficante, Ivo, e o local onde era realizada a difusão ilícita do tóxico, tendo os agentes, em decorrência das informações, apreendido 10 kg de maconha e prendido em flagrante o traficante. Foi lavrado o auto de prisão em flagrante de Ivo pela prática de tráfico ilícito de entorpecente. O advogado de Ivo impetrou uma ordem de *habeas corpus* objetivando a nulidade do flagrante, alegando constrangimento ilegal.

   a) Os agentes de polícia que participaram da oitiva de Bento praticaram crime de tortura, sendo que a condenação, caso advenha, acarretará a perda do cargo público.

   b) Por tratar-se de crime equiparado a hediondo, a pena privativa de liberdade imposta aos agentes, se condenados pela prática de

LEGISLAÇÃO ESPECIAL

tortura, deverá ser cumprida em regime integralmente fechado.

5. **(Escrivão – CESPE – 2002 – adaptada)** Em cada um dos itens a seguir, é apresentada uma situação hipotética relativa à legislação penal, seguida de uma assertiva a ser julgada.

a) Um grupo de religiosos radicais capturou uma pessoa de outra religião e contra ela praticou longa sessão de ofensas, ameaças e castigos físicos. A vítima, posteriormente, comunicou o fato à polícia judiciária, que o apurou. O promotor de justiça que recebeu o inquérito ofereceu denúncia contra o grupo pelos crimes de ameaça e lesões corporais, afastando a imputação de tortura pelo fato de os integrantes do grupo não serem funcionários públicos. Nessa situação, o promotor de justiça incidiu em erro, pois a lei que reprime a tortura não pune apenas agentes públicos, mas pode também alcançar particulares.

b) Um agente de polícia resolveu torturar um preso sob sua guarda, e, antes que isso ocorresse, o delegado responsável tomou conhecimento da intenção do agente. O delegado não concordava com a tortura e não a praticou, mas nada fez para evitá-la. Nessa situação, tanto o agente quanto o delegado poderiam ser responsabilizados penalmente, com base na lei que define os crimes de tortura.

6. **(Escrivão – CESPE – 2004)** No item a seguir, é apresentada uma situação hipotética, seguida de uma assertiva a ser julgada.

- Um agente de polícia civil foi condenado a 6 anos de reclusão pela prática de tortura contra preso que estava sob sua autoridade. Nessa situação, o policial condenado deve perder seu cargo público e, durante 12 anos, ser-lhe-á vedado exercer cargos, funções ou empregos públicos.

7. **(Delegado – CESPE – 2004)** No item a seguir, é apresentada uma situação hipotética, seguida de uma assertiva a ser julgada.

- Um agente penitenciário submeteu a intenso sofrimento físico um preso que estava sob sua autoridade, com o objetivo de castigá-lo por ter incitado os outros detentos a se mobilizarem para reclamar da qualidade da comida servida na penitenciária. Nessa situação, o referido agente cometeu crime inafiançável.

8. **(Delegado – CESPE – 2004)** No item a seguir, é apresentada uma situação hipotética, seguida de uma assertiva a ser julgada.

- Como forma de punir um ex-membro de sua quadrilha que o havia delatado à polícia, um traficante de drogas espancou um irmão do delator, em plena rua, quando ele voltava do trabalho para casa. Nessa situação, o referido traficante praticou crime de tortura.

GABARITO COMENTADO

1. ERRADO O Art. 1º da Lei n. 9.455/97 reza que: "Constitui crime de tortura: I – constranger alguém com emprego de violência ou grave ameaça, causando-lhe sofrimento físico ou mental: *a*) com o fim de obter informação, declaração ou confissão da vítima ou de terceira pessoa; *b*) para provocar ação ou omissão de natureza criminosa; *c*) em razão de discriminação racial ou religiosa".

2. ERRADO O art. 1º da Lei n. 9.455/97 estabelece que: "Constitui crime de tortura: (...) § 2º Aquele que se omite em face dessas condutas, quando tinha o dever de evitá-las ou apurá-las, incorre na pena de detenção de um a quatro anos".

3. ERRADO Art. 1º da Lei n. 9.455/97 é claro ao dispor que: "Constitui crime de tortura: (...) I – constranger alguém com emprego de violência ou grave ameaça, causando-lhe sofrimento físico ou mental".

4.

A. CERTO *Vide* art. 1º da Lei n. 9.455/97, em que se afirma que: "Constitui crime de tortura: I – constranger alguém com emprego de violência ou grave ameaça, causando-lhe sofrimento físico ou mental: (...) § 5º A condenação acarretará a perda do cargo, função ou emprego público e a interdição para seu exercício pelo dobro do prazo da pena aplicada".

B. ERRADO De acordo com a Lei n. 11.464/2007, que deu nova redação ao art. 2º da Lei n. 8.072/90, a pena será cumprida inicialmente em regime fechado. Contudo, antes da publicação da Lei n. 11.464/2007, ainda que a lei de crimes hediondos previsse que a pena fosse cumprida integralmente em regime fechado, o STF entendia que o dispositivo era inconstitucional por afrontar a individualização da pena.

5.

A. CERTO Embora a maioria dos casos em que se aplica a lei de tortura seja para reprimir a conduta de agentes públicos, algumas circunstâncias tipificadas na lei não exigem condição especial do agente (crimes impróprios), a exemplo da tortura praticada em razão de intolerância religiosa ou racial (art. 1º, I, *c*, da Lei n. 9.455/97).

B. CERTO Como a autoridade policial podia e deveria evitar a prática de tortura pelo seu agente, também responderá criminalmente pelo crime de tortura, a teor do art. 1º, II e § 1º, da Lei n. 9.455/97 ("na mesma pena incorre quem submete pessoa presa ou sujeita a medida de segurança a sofrimento físico ou mental, por intermédio da prática de ato não previsto em lei ou não resultante de medida legal").

6. CERTO É o que dispõe o art. 1º, § 5º, da Lei n. 9.455/97, que define os crimes de tortura. A condenação acarretará a perda do cargo, função ou emprego público e a interdição para seu exercício pelo dobro do prazo da pena aplicada.

7. CERTO O art. 1º, § 6º, da Lei n. 9.455/97 estabelece que o crime de tortura é inafiançável e insuscetível de graça ou anistia.

8. ERRADO Para determinar se o crime cometido é de tortura ou mera lesão corporal ou abuso de autoridade, essencial é a utilização do princípio da especialidade. Segundo Damásio de Jesus, "diz-se que uma norma penal incriminadora é especial em relação à outra, geral, quando possui em sua definição legal todos os elementos típicos desta, e mais alguns, de natureza objetiva ou subjetiva, denominados especializantes, apresentando, por isso, um *minus* ou um *plus* de severidade. A norma especial, ou seja, a que acresce elemento próprio à descrição legal do crime previsto na geral, prefere esta: *lex specialis derogat generali, semper specialia generalibus insunt, generi per speciem derogantur*".

Em relação ao crime de lesões corporais que, prescrito no Código Penal brasileiro nos termos do art. 129, é crime "ofender a integridade corporal ou a saúde de outrem", o crime de tortura é crime especial, pois o tipo penal previsto tem mais elementos típicos, objetivos e subjetivos, que esta. Ou seja: sempre que o juiz se deparar com um caso em que reste comprovado que houve ofensa à integridade corporal ou à saúde de outrem, mas que contenha outros elementos (ou a severidade do sofrimento, ou cometido por agente público, ou por pessoa que detinha "poder, guarda ou autoridade", entre outros elementos típicos do tipo penal tortura), o juiz deve enquadrar a conduta dentro do tipo penal de tortura, pois esse crime abrange o crime de "lesões corporais", de acordo com o princípio da consunção (*lex consumens derogat legi consumptae*).

RAIO-X

- O tema em estudo equivale aos seguintes percentuais das questões de Direito Processual Penal:

Cargo	Questões do Tema	%
Agente	5	15,62
Escrivão	3	13,63
Delegado	2	8,00

- A maioria das questões é baseada em:

  ☐ doutrina ☒ legislação ☐ jurisprudência

LEGISLAÇÃO PERTINENTE

- Lei n. 9.455/97, art. 1º.
- Lei n. 8.072/90, art. 2º.

7. ESTATUTO DA CRIANÇA E DO ADOLESCENTE (LEI N. 8.069/90)

QUESTÕES

1. **(Agente – CESPE – 2009)** Considerando a legislação penal especial, julgue o seguinte item.
   - Antes da sentença, a internação do adolescente infrator poderá ser determinada pelo juiz por prazo indeterminado.

2. **(Agente – CESPE – 2004)** Três agentes de polícia federal verificaram que dois rapazes estavam disparando o conteúdo de um extintor de incêndio em um índio idoso e gritando "saia da nossa cidade, seu índio bêbado... aqui não é lugar de vagabundo". Imediatamente, os agentes intervieram, fazendo cessar a agressão e pretendendo efetuar a prisão em flagrante dos agressores. Assustados, os dois rapazes tentaram evadir-se, mas a fuga foi impedida pelos agentes, que usaram de força física para segurá-los. Nesse momento, os rapazes se identificaram como primos e apresentaram carteiras de identidade que indicavam que ambos tinham apenas 17 anos de idade. Os policiais, então, apreenderam em flagrante os dois rapazes, que, após serem informados de seus direitos, solicitaram que a apreensão fosse imediatamente comunicada ao comerciante Júlio, tio dos dois. Considerando a situação hipotética apresentada acima, julgue os itens que se seguem:
   a) A apreensão dos referidos adolescentes foi ilegal porque não se tratava de crime hediondo.
   b) Após a referida apreensão, era dever dos policiais informar os rapazes sobre seus direitos, bem como imediatamente comunicar a realização da apreensão tanto a Júlio quanto à autoridade judiciária competente.

3. **(Agente – CESPE – 2004)** No item a seguir, é apresentada uma situação hipotética, seguida de uma assertiva a ser julgada.
   - Sabendo que Patrícia está prestes a viajar de carro de São Paulo para Brasília, um amigo pediu-lhe que levasse consigo Antônio, que é filho dele e tem 17 anos de idade. Patrícia aceitou o pedido, mas solicitou a seu amigo que lhe conferisse uma autorização por escrito, com firma reconhecida em cartório, para evitar problemas na condução de Antônio. Nessa situação, a autorização solicitada por Patrícia é desnecessária para que Antônio possa viajar com ela de maneira regular.

4. **(Escrivão – CESPE – 2002 – adaptada)** No que diz respeito ao Estatuto da Criança e do Adolescente, ao inquérito policial e à legislação relativa a entorpecentes, julgue o item seguinte.
   - Considere a seguinte situação hipotética: Bartolomeu era advogado e costumava prestar assistência jurídica a estrangeiros. Certo dia, recebeu mensagem eletrônica de casal residente na Europa, com interesse em adotar criança brasileira. O casal propôs-lhe localizar criança com certas características e este aceitou, mediante determinado preço. Bartolomeu então procurou mulheres pobres que houvessem parido recentemente e ofereceu certa quantia em reais a uma delas, em troca da criança. Acertadas as condições, o casal veio ao Brasil, e Bartolomeu ajuizou requerimento de adoção. Nessa situação, Bartolomeu não praticou crime algum, pois apenas agiu como advogado.

5. **(Escrivão – CESPE – 2004)** No item a seguir, é apresentada uma situação hipotética, seguida de uma assertiva a ser julgada.
   - Marcelo viajará do Pará para o Maranhão, levando consigo sua filha Anita e uma sobrinha, ambas com 11 anos de idade. Nessa situação, para conduzir licitamente as crianças, Marcelo precisa de autorização escrita

LEGISLAÇÃO ESPECIAL

tanto da mãe de Anita quanto dos pais de sua sobrinha, ou dos responsáveis por ela.

6. **(Delegado – CESPE – 2004)** No item a seguir, é apresentada uma situação hipotética, seguida de uma assertiva a ser julgada.
   - Um agente de polícia federal verificou que o adolescente Juliano havia acabado de adquirir 30 g de maconha para seu consumo pessoal e que ele trazia consigo a droga. Nessa situação, seria ilícito que o referido agente apreendesse Juliano em flagrante, porque adolescentes somente podem ser apreendidos em flagrante pela prática de atos infracionais que envolvam violência ou ameaça a terceiros.
7. **(Delegado – CESPE – 2004)** No item a seguir, é apresentada uma situação hipotética, seguida de uma assertiva a ser julgada.
   - Rodrigo compareceu ao Aeroporto Internacional de Belém com seu filho Gustavo, de 8 anos de idade, para juntos embarcarem em um voo com destino à Venezuela, onde deveriam se encontrar com a mãe da criança, que havia viajado uma semana antes e deixado com Rodrigo uma autorização por escrito, sem firma reconhecida, para que ele levasse Gustavo à capital venezuelana. Nessa situação, o embarque de Gustavo deve ser autorizado porque, estando ele acompanhado de seu pai, o reconhecimento de firma na autorização é uma formalidade dispensável.
8. **(Escrivão – CESPE – 2013)** Em relação ao Estatuto da Criança e do Adolescente, julgue o próximo item.
   - Suponha que um cidadão tenha sido preso, mediante determinação judicial, por supostamente ter filmado cena de sexo explícito envolvendo adolescentes. Nessa situação, se o cidadão comprovar que tudo não passava de simulação, não haverá crime e ele deverá ser posto em liberdade.

GABARITO COMENTADO

1. ERRADO O art. 108 do ECA dispõe que: "A internação, antes da sentença, pode ser determinada pelo prazo máximo de quarenta e cinco dias".

2.

A. ERRADO O art. 103 do ECA dispõe que: "Considera-se ato infracional a conduta descrita como crime ou contravenção penal (...) Art. 106. Nenhum adolescente será privado de sua liberdade senão em flagrante de ato infracional ou por ordem escrita e fundamentada da autoridade judiciária competente".

B. ERRADO O Estatuto da Criança e do Adolescente dispõe que:

"Art. 106. Nenhum adolescente será privado de sua liberdade senão em flagrante de ato infracional ou por ordem escrita e fundamentada da autoridade judiciária competente. Parágrafo único. O adolescente tem direito à identificação dos responsáveis pela sua apreensão, devendo ser informado acerca de seus direitos".

"Art. 107. A apreensão de qualquer adolescente e o local onde se encontra recolhido serão *incontinenti* comunicados à autoridade judiciária competente e à família do apreendido ou à pessoa por ele indicada".

3. CERTO Os Adolescentes entre 12 e 18 anos não precisam de qualquer autorização para viajar sozinhos em território nacional. Somente haverá a necessidade de autorização para viajar sozinho para o exterior (*vide* arts. 83 e 84 do Estatuto da Criança e do Adolescente – ECA).

4. ERRADO Bartolomeu e a mãe da criança praticaram o crime previsto no art. 238, *caput* e parágrafo único, da Lei n. 8.069/90 (ECA), que prevê a pena de reclusão de 1 a 4 anos e multa para a conduta de prometer ou efetivar a entrega de filho ou pupilo a terceiro, mediante paga ou recompensa, incidindo nas mesmas penas quem oferece ou efetiva a paga ou recompensa.

5. ERRADO A autorização da mãe de Anita é dispensável, vez que ela viaja com o seu pai dentro do território nacional (art. 83, § 1º, *b*, 1, da Lei n. 8.069/90 – ECA)

Comentário extra: Se assertiva tratasse de viagem internacional, seria de fato necessária a autorização escrita da mãe de Anita, mas Marcelo somente poderia viajar acompanhado de sua sobrinha autorizado judicialmente (art. 83, § 2º c/c art. 84, ambos da Lei n. 8.069/90 – ECA).

6. ERRADO O art. 103 do ECA dispõe que:

"Considera-se ato infracional a conduta descrita como crime ou contravenção penal (...) Art. 106. Nenhum adolescente será privado de sua liberdade senão em flagrante de ato infracional ou por ordem escrita e fundamentada da autoridade judiciária competente".

7. ERRADO *Vide* art. 84 do ECA:

"Art. 84. Quando se tratar de viagem ao exterior, a autorização é dispensável, se a criança ou adolescente: I – estiver acompanhado de ambos os pais ou responsável; II – viajar na companhia de um dos pais, autorizado expressamente pelo outro através de documento com firma reconhecida".

8. ERRADO O ECA estabelece que o ato de "SIMULAR" é também crime. Simular a participação de criança ou adolescente em cena de sexo explícito ou pornográfica por meio de adulteração, montagem ou modificação de fotografia, vídeo ou qualquer outra forma de representação visual. Pena – reclusão, de 1 a 3 anos, e multa.

Logo, erra a questão ao afirmar que se o cidadão nela citado comprovar que tudo não passava de simulação, não haverá crime e ele deverá ser posto em liberdade. (*Vide* Lei n. 8.069/1990, art. 241-C)

Art. 241-C. **Simular a participação de criança** ou adolescente em cena de sexo explícito ou pornográfica por meio de adulteração, montagem ou modificação de fotografia, vídeo ou qualquer outra forma de representação visual: (Incluído pela Lei n. 11.829, de 2008)

Pena – reclusão, de 1 (um) a 3 (três) anos, e multa. (Incluído pela Lei n. 11.829, de 2008)

Parágrafo único. Incorre nas mesmas penas quem vende, expõe à venda, disponibiliza, distribui, publica ou divulga por qualquer meio, adquire, possui ou armazena o material produzido na forma do *caput* deste artigo. (Incluído pela Lei n. 11.829, de 2008)

RAIO-X

- O tema em estudo equivale aos seguintes percentuais das questões de Direito Processual Penal:

Cargo	Questões do Tema	%
Agente	4	12,50
Escrivão	3	9,09
Delegado	2	8,00

- A maioria das questões é baseada em:
  ☐ doutrina ☒ legislação ☐ jurisprudência

LEGISLAÇÃO PERTINENTE

- Lei n. 8.069/90, arts. 83, 84, 103, 106, 107, 108 e 238. *Vide* Lei n. 8.069/90, arts. 240 e 241-C.

8. EXECUÇÃO PENAL (LEI N. 7.210/84)

QUESTÕES

1. **(Escrivão– CESPE – 2002 – adaptada)** Em relação ao direito penal e à execução penal, julgue os itens abaixo.

   a) A fuga constitui falta disciplinar para o preso, nos termos da Lei de Execuções Penais; se, porém, uma fuga for descoberta antes de consumar-se, os presos nela envolvidos não poderão sofrer sanção, pois as faltas disciplinares não se punem na forma tentada.

   b) Se um preso trabalhar 120 dias durante a execução da pena, terá direito a remir 60 dias dela, por decisão judicial, salvo se vier a ser condenado por falta grave.

GABARITO COMENTADO

1.

A. ERRADO O parágrafo único do art. 49 da Lei n. 7.210/84 (Lei de Execuções Penais) estabelece que, nos casos de faltas disciplinares, pune-se a tentativa com a sanção correspondente à falta consumada.

B. ERRADO A razão é de 1 dia remido para cada 3 dias trabalhados (art. 126, § 1º, II, da Lei n. 7.210/84), devendo o benéfico ser declarado pelo juiz de execuções penais, ouvido o Ministério Público e a defesa (art. 126, § 8º, da Lei n. 7.210/84).

Antes da publicação da Lei n. 12.433/2011, o cometimento de falta grave por parte do condenado fazia com que ele perdesse o direito ao tempo remido, começando o novo período a partir da data da infração disciplinar.

Atualmente, o art. 127 da LEP prevê que, em caso de falta grave, o juiz poderá revogar até 1/3 (um terço) do tempo remido, observado o disposto no art. 57, recomeçando a contagem a partir da data da infração disciplinar.

RAIO-X

- O tema em estudo equivale aos seguintes percentuais das questões de Direito Processual Penal:

Cargo	Questões do Tema	%
Agente	–	–
Escrivão	2	9,09
Delegado	–	–

- A maioria das questões é baseada em:
  ☐ doutrina ☒ legislação ☐ jurisprudência

IMPORTANTE SABER

1. EXECUÇÃO PENAL E A LEI N. 12.433/2011:

A Lei n. 12.433/2011 trouxe importantes inovações ao instituto da remição, tais como a possibilidade de o condenado auferir o benefício por meio do estudo, inclusive cumulativamente com o trabalho.

"Art. 126. O condenado que cumpre a pena em regime fechado ou semiaberto poderá remir, por trabalho ou por estudo, parte do tempo de execução da pena.

§ 1º A contagem de tempo referida no *caput* será feita à razão de:

I – 1 (um) dia de pena a cada 12 (doze) horas de frequência escolar – atividade de

ensino fundamental, médio, inclusive profissionalizante, ou superior, ou ainda de requalificação profissional – divididas, no mínimo, em 3 (três) dias;

II – 1 (um) dia de pena a cada 3 (três) dias de trabalho.

§ 2º **As atividades de estudo a que se refere o § 1º deste artigo poderão ser desenvolvidas de forma presencial ou por metodologia de ensino a distância** e deverão ser certificadas pelas autoridades educacionais competentes dos cursos frequentados.

§ 3º Para fins de cumulação dos casos de remição, as horas diárias de trabalho e de estudo serão definidas de forma a se compatibilizarem.

§ 4º O preso impossibilitado, por acidente, de prosseguir no trabalho ou nos estudos continuará a beneficiar-se com a remição.

§ 5º O tempo a remir em função das horas de estudo será acrescido de 1/3 (um terço) no caso de conclusão do ensino fundamental, médio ou superior durante o cumprimento da pena, desde que certificada pelo órgão competente do sistema de educação.

§ 6º O condenado que cumpre pena em regime aberto ou semiaberto e o que usufrui liberdade condicional poderão remir, pela frequência a curso de ensino regular ou de educação profissional, parte do tempo de execução da pena ou do período de prova, observado o disposto no inciso I do § 1º deste artigo.

§ 7º O disposto neste artigo aplica-se às hipóteses de prisão cautelar.

§ 8º A remição será declarada pelo juiz da execução, ouvidos o Ministério Público e a defesa." (NR)

"Art. 127. Em caso de falta grave, o juiz poderá revogar até 1/3 (um terço) do tempo remido, observado o disposto no art. 57, recomeçando a contagem a partir da data da infração disciplinar." (NR)

"Art. 128. O tempo remido será computado como pena cumprida, para todos os efeitos." (NR)

"Art. 129. A autoridade administrativa encaminhará mensalmente ao juízo da execução cópia do registro de todos os condenados que estejam trabalhando ou estudando, com informação dos dias de trabalho ou das horas de frequência escolar ou de atividades de ensino de cada um deles.

§ 1º O condenado autorizado a estudar fora do estabelecimento penal deverá comprovar mensalmente, por meio de declaração da respectiva unidade de ensino, a frequência e o aproveitamento escolar.

§ 2º Ao condenado dar-se-á a relação de seus dias remidos." (NR)

LEGISLAÇÃO PERTINENTE

- Lei n. 7.210/84, arts. 49; 57; 126 e 127.

9. LAVAGEM DE DINHEIRO (LEI N. 9.613/98 ALTERADA PELA LEI N. 12.683/2012)

QUESTÕES

1. **(Delegado – CESPE – 2004)** No item a seguir, é apresentada uma situação hipotética, seguida de uma assertiva a ser julgada.
   - Os altos preços verificados nas exportações de determinada empresa importadora atraíram a atenção da Polícia Federal, que descobriu que os artigos eram exportados com valores bastante acima dos praticados pelo mercado, como forma de fazer ingressar no país, de maneira aparentemente lícita, rendimentos obtidos a partir de tráfico internacional de drogas. Nessa situação, os responsáveis pelas referidas exportações cometeram crime de lavagem de dinheiro.

2. **(Delegado – CESPE – 2002 – adaptada)** Acerca dos crimes contra o meio ambiente e de lavagem de dinheiro, julgue o item a seguir.
   - O depósito de cheques de terceiros recebidos pelo agente, como produto de concussão, em contas correntes de pessoas jurídicas às quais contava ele ter acesso, basta para caracterizar a figura de lavagem de capitais mediante ocultação da origem, da localização e da propriedade dos valores respectivos.

3. **(Delegado – CESPE – 2013)** No que se refere aos crimes de lavagem de dinheiro, julgue os itens subsecutivos com base no direito processual penal.

   a) Compete à justiça federal processar e julgar os acusados da prática de crimes de lavagem de dinheiro, uma vez que a repressão a esses crimes é imposta por tratado internacional.

   b) A simples existência de indícios da prática de um dos crimes que antecedem o delito de lavagem de dinheiro, conforme previsão legal, autoriza a instauração de inquérito policial para apurar a ocorrência do referido delito, não sendo necessária a prévia punição dos acusados do ilícito antecedente.

   c) Conforme a jurisprudência do STJ, não impede o prosseguimento da apuração de cometimento do crime de lavagem de dinheiro a extinção da punibilidade dos delitos antecedentes.

   d) No que se refere à legitimidade para o polo passivo da ação penal por lavagem de capitais, é dispensável a participação do acusado do crime de lavagem de dinheiro nos delitos a ele antecedentes, sendo suficiente que ele tenha conhecimento da ilicitude dos valores, dos bens ou de direitos cuja origem, localização, disposição, movimentação ou propriedade tenha sido ocultada ou dissimulada.

GABARITO COMENTADO

1. CERTO O crime de lavagem de dinheiro caracteriza-se por um conjunto de operações comerciais ou financeiras que buscam a incorporação na economia de cada país, de modo transitório ou permanente, de recursos, bens e valores de origem ilícita e que se desenvolvem por meio de um processo dinâmico que envolve, teoricamente, três fases independentes que, com frequência, ocorrem simultaneamente. O art. 1º da Lei n. 9613/98 assim estabelecia:

> "Art. 1º Ocultar ou dissimular a natureza, origem, localização, disposição, movimentação ou propriedade de bens, direitos ou valores provenientes, direta ou indiretamente, de crime: I – **de tráfico ilícito de substâncias entorpecentes ou drogas afins**".

LEGISLAÇÃO ESPECIAL

Comentário: É muito importante saber as recentes alterações promovidas pela **Lei n. 12.683/2012** ao crime de lavagem de dinheiro. A nova lei exige apenas a existência de crime antecedente, mas não estabelece mais um rol fechado de crimes. Eis as alterações promovidas pela nova lei:

> Art. 1º Esta Lei altera a Lei n. 9.613, de 3 de março de 1998, para tornar mais eficiente a persecução penal dos crimes de lavagem de dinheiro.
>
> Art. 2º A Lei n. 9.613, de 3 de março de 1998, passa a vigorar com as seguintes alterações:
>
> "Art. 1º Ocultar ou dissimular a natureza, origem, localização, disposição, movimentação ou propriedade de bens, direitos ou valores provenientes, direta ou indiretamente, de infração penal.
>
> **I – (revogado);**
>
> **II – (revogado);**
>
> **III – (revogado);**
>
> **IV – (revogado);**
>
> **V – (revogado);**
>
> **VI – (revogado);**
>
> **VII – (revogado);**
>
> **VIII – (revogado).**
>
> Pena: reclusão, de 3 (três) a 10 (dez) anos, e multa.

2. CERTO É o que determinava o art. 1º, V, da Lei n. 9.613/98, pois é evidente a dissimulação da natureza e da origem dos valores provenientes de crime contra a Administração Pública (concussão).

Comentário: É muito importante saber as recentes alterações promovidas pela **Lei n. 12.683/2012** ao crime de lavagem de dinheiro. Eis o teor da referida lei:

> Art. 1º Esta Lei altera a Lei n. 9.613, de 3 de março de 1998, para tornar mais eficiente a persecução penal dos crimes de lavagem de dinheiro.
>
> Art. 2º A Lei n. 9.613, de 3 de março de 1998, passa a vigorar com as seguintes alterações:
>
> "Art. 1º Ocultar ou dissimular a natureza, origem, localização, disposição, movimentação ou propriedade de bens, direitos ou valores provenientes, direta ou indiretamente, de infração penal.
>
> I – (revogado);
>
> II – (revogado);
>
> III – (revogado);
>
> IV – (revogado);
>
> V – (revogado);
>
> VI – (revogado);
>
> VII – (revogado);
>
> VIII – (revogado).
>
> Pena: reclusão, de 3 (três) a 10 (dez) anos, e multa.

3.

A. ERRADO A competência para a lavagem de capitais depende da competência do crime antecedente.

B. CERTO O inquérito ou mesmo o processo por lavagem de capitais independe do processamento do crime antecedente.

> "Art. 2º O processo e julgamento dos crimes previstos nesta Lei: (...) II – independem do processo e julgamento das infrações penais antecedentes, ainda que praticados em outro país, cabendo ao juiz competente para os crimes previstos nesta Lei a decisão sobre a unidade de processo e julgamento"

C. CERTO É o posicionamento jurisprudencial em face do mesmo dispositivo indicado na questão anterior, e do § 1º do art. 2º da lei de lavagem:

> § 1º A denúncia será instruída com indícios suficientes da existência da infração penal antecedente, sendo puníveis os fatos previstos nesta Lei, ainda que desconhecido ou isento de pena o autor, ou extinta a punibilidade da infração penal antecedente.

D. CERTO No que se refere à legitimidade para o polo passivo da ação penal por lavagem de capitais, é dispensável a participação do acusado do crime de lavagem de dinheiro nos delitos a ele antecedentes, sendo suficiente que ele tenha conhecimento da ilicitude dos valores, dos bens ou de direitos cuja origem, localização, disposição, movimentação ou propriedade tenha sido ocultada ou dissimulada.

RAIO-X

- O tema em estudo equivale aos seguintes percentuais de questões de direito penal:

Cargo	Questões do Tema	%
Agente	–	–
Escrivão	–	–
Delegado	6	8,00

- A maioria das questões é baseada em:
☒ doutrina ☒ legislação ☒ jurisprudência

IMPORTANTE SABER

- É muito importante saber as recentes alterações promovidas pela Lei n. 12.683/2012 ao crime de lavagem de dinheiro. Citam-se trechos da nova lei:

Art. 1º Esta Lei altera a Lei n. 9.613, de 3 de março de 1998, para tornar mais eficiente a persecução penal dos crimes de lavagem de dinheiro.

Art. 2º A Lei n. 9.613, de 3 de março de 1998, passa a vigorar com as seguintes alterações:

"Art. 1º Ocultar ou dissimular a natureza, origem, localização, disposição, movimentação ou propriedade de bens, direitos ou valores provenientes, direta ou indiretamente, de infração penal.

I – (revogado);

II – (revogado);

III – (revogado);

IV – (revogado);

V – (revogado);

VI – (revogado);

VII – (revogado);

VIII – (revogado).

Pena: reclusão, de 3 (três) a 10 (dez) anos, e multa.

§ 1º Incorre na mesma pena quem, para ocultar ou dissimular a utilização de bens, direitos ou valores provenientes de infração penal:

....

§ 2º Incorre, ainda, na mesma pena quem:

I – utiliza, na atividade econômica ou financeira, bens, direitos ou valores provenientes de infração penal;

....

§ 4º A pena será aumentada de um a dois terços, se os crimes definidos nesta Lei forem cometidos de forma reiterada ou por intermédio de organização criminosa.

§ 5º **A pena poderá ser reduzida de um a dois terços e ser cumprida em regime aberto ou semiaberto, facultando-se ao juiz deixar de aplicá-la ou substituí-la, a qualquer tempo, por pena restritiva de direitos, se o autor, coautor ou partícipe colaborar espontaneamente com as autoridades, prestando esclarecimentos que conduzam à apuração das infrações penais, à identificação dos autores, coautores e partícipes, ou à localização dos bens, direitos ou valores objeto do crime.**" (NR)

(...)

"Art. 4º **O juiz, de ofício, a requerimento do Ministério Público ou mediante representação do delegado de polícia, ouvido o Ministério Público em 24 (vinte e quatro) horas, havendo indícios suficientes de infração penal, poderá decretar medidas assecuratórias de bens, direitos ou valores do investigado ou acusado, ou existentes em nome de interpostas pessoas, que sejam instrumento, produto ou proveito dos crimes previstos nesta Lei ou das infrações penais antecedentes.**

§ 1º **Proceder-se-á à alienação antecipada para preservação do valor dos bens sempre que estiverem sujeitos a qualquer grau de deterioração ou depreciação, ou quando houver dificuldade para sua manutenção.**

(...)

"Art. 7º ....

I – a perda, em favor da União – e dos Estados, nos casos de competência da Justiça Estadual –, de todos os bens, direitos e valores relacionados, direta ou indiretamente, à prática dos crimes previstos nesta Lei, inclusive aqueles utilizados para prestar a fiança, ressalvado o direito do lesado ou de terceiro de boa-fé;

....

§ 1º A União e os Estados, no âmbito de suas competências, regulamentarão a forma de destinação dos bens, direitos e valores cuja perda houver sido declarada, assegurada, quanto aos processos de competência da Justiça Federal, a sua utilização pelos órgãos federais encarregados da prevenção, do combate, da ação penal e do julgamento dos crimes previstos nesta Lei, e, quanto aos processos de competência da Justiça Estadual, a preferência dos órgãos locais com idêntica função.

§ 2º Os instrumentos do crime sem valor econômico cuja perda em favor da União ou do Estado for decretada serão inutilizados ou doados a museu criminal ou a entidade pública, se houver interesse na sua conservação." (NR)

"Art. 8º O juiz determinará, na hipótese de existência de tratado ou convenção internacional e por solicitação de autoridade estrangeira competente, medidas assecuratórias sobre bens, direitos ou valores oriundos de crimes descritos no art. 1º praticados no estrangeiro.

....

§ 2º Na falta de tratado ou convenção, os bens, direitos ou valores privados sujeitos a medidas assecuratórias por solicitação de autoridade estrangeira competente ou os recursos provenientes da sua alienação serão repartidos entre o Estado requerente e o Brasil, na proporção de metade, ressalvado o direito do lesado ou de terceiro de boa-fé." (NR)

(...)

"CAPÍTULO X

DISPOSIÇÕES GERAIS"

"Art. 17-A. Aplicam-se, subsidiariamente, as disposições do Decreto-Lei no 3.689, de 3 de outubro de 1941 (Código de Processo Penal), no que não forem incompatíveis com esta Lei."

"Art. 17-B. **A autoridade policial e o Ministério Público terão acesso, exclusivamente, aos dados cadastrais do investigado que informam qualificação pessoal, filiação e endereço, independentemente de autorização judicial, mantidos pela Justiça Eleitoral, pelas empresas telefônicas, pelas instituições financeiras, pelos provedores de internet e pelas administradoras de cartão de crédito**."

"Art. 17-C. Os encaminhamentos das instituições financeiras e tributárias em resposta às ordens judiciais de quebra ou transferência de sigilo deverão ser, sempre que determinado, em meio informático, e apresentados em arquivos que possibilitem a migração de informações para os autos do processo sem redigitação."

"Art. 17-D. **Em caso de indiciamento de servidor público, este será afastado, sem prejuízo de remuneração e demais direitos previstos em lei, até que o juiz competente autorize, em decisão fundamentada, o seu retorno**."

"Art. 17-E. A Secretaria da Receita Federal do Brasil conservará os dados fiscais dos contribuintes pelo prazo mínimo de 5 (cinco) anos, contado a partir do início do exercício seguinte ao da declaração de renda respectiva ou ao do pagamento do tributo."

LEGISLAÇÃO PERTINENTE

- Lei n. 12.683/12, arts. 17-A, 17-B, 17-C e 17-D.

10. CRIMES CONTRA O MEIO AMBIENTE (LEI N. 9.605/98)

QUESTÕES

1. **(Delegado – CESPE – 2004)** No item a seguir, é apresentada uma situação hipotética, seguida de uma assertiva a ser julgada.
   - Um delegado de polícia federal determinou abertura de inquérito para investigar crime ambiental, apontando como um dos indiciados a madeireira Mogno S.A. Nessa situação, houve irregularidade na abertura do inquérito porque pessoas jurídicas não podem ser consideradas sujeitos ativos de infrações penais.
2. **(Delegado – CESPE – 2004)** No item a seguir, é apresentada uma situação hipotética, seguida de uma assertiva a ser julgada.
   - Bartolomeu, pessoa com baixo grau de instrução, foi preso em flagrante pela prática de ato definido como crime contra a fauna. Nessa situação, o baixo grau de instrução de Bartolomeu não exclui a sua culpabilidade, mas constitui circunstância que atenuaria a sua pena no caso de eventual condenação penal.
3. **(Delegado – CESPE – 2002 – adaptada)** Acerca dos crimes contra o meio ambiente e de lavagem de dinheiro, julgue os itens a seguir.
   a) Considere a seguinte situação hipotética: Paulo, cortando clandestinamente várias madeiras de lei, promoveu um desmatamento com queimada e cozimento de carvão em mata localizada em sua propriedade rural, sem a devida autorização legal. Nessa situação, Paulo praticou crime contra a flora e deverá ser processado e julgado perante a justiça federal.
   b) Considere a seguinte situação hipotética: Sílvio e Henrique, representantes legais da sociedade comercial denominada Madeireira Brasil Ltda., determinaram que os empregados da empresa cortassem árvores em uma floresta considerada de preservação permanente, sem autorização da autoridade competente, para que as madeiras fossem posteriormente comercializadas. Nessa situação, a pessoa jurídica poderá ser responsabilizada penalmente e, na hipótese de condenação, ser imposta pena de prestação de serviços à comunidade.
   c) Considere a seguinte situação hipotética: Em uma blitz, Tiago foi preso em flagrante por ter em cativeiro, para a venda, trinta canários-da-terra. Nessa situação, e de acordo com o atual entendimento do STJ, Tiago responderá por crime contra a fauna perante a justiça federal.
   d) Considere a seguinte situação hipotética: Instaurou-se inquérito policial contra Jorge, sendo ele indiciado pela prática de crime contra a flora (art. 46, parágrafo único, da Lei n. 9.605, de 12/2/1998), por haver sido flagrado, em 23/9/1997, transportando uma partida de toras de madeira com uma autorização de transporte de produto florestal inválida. Por ocasião da infração penal, estava em vigor a Lei n. 4.771/1965, que previa como mera contravenção penal o transporte de madeira sem licença válida. Nessa situação, em face do princípio da irretroatividade da lei penal mais gravosa, a Lei n. 9.605/1998 não poderá ser aplicada.
4. **(Escrivão – CESPE – 2013)** A respeito dos crimes contra o meio ambiente, julgue o item a seguir, com base na Lei n. 9.605/1998.
   - Um cidadão que cometer crime contra a flora estará isento de pena se for comprovado que ele possui baixa escolaridade.

GABARITO COMENTADO

1. ERRADO *Vide* art. 3º da Lei n. 9.605/98, que assim dispõe: "Art. 3º As pessoas jurídicas serão responsabilizadas administrativa, civil e penalmente conforme o disposto nesta Lei, nos casos em que a infração seja cometida por decisão de seu representante legal ou contratual, ou de seu órgão colegiado, no interesse ou benefício da sua entidade".

2. CERTO O art. 14 da Lei n. 9.605/98 estabelece que: "São circunstâncias que atenuam a pena: I – baixo grau de instrução ou escolaridade do agente".

3.

A. ERRADO A competência é da Justiça estadual, vez que o dano ambiental foi causado dentro de propriedade privada, ainda que integrante de área de proteção ambiental criada por meio de decreto federal. Em regra, a competência para o julgamento dos crimes ambientais é da Justiça Estadual. A fixação da competência da Justiça Federal somente se justifica nas hipóteses de lesão direta e imediata a bens, serviços ou interesses da União, suas entidades autárquicas, empresas públicas ou fundações de direito público. Em que pese o IBAMA ser o órgão responsável pela fiscalização da preservação do meio ambiente, essa circunstância por si só não é apta a atrair a competência da Justiça Federal para o julgamento da respectiva ação penal. Precedentes do STJ.

B. CERTO O art. 225, § 3º, da CF/88 estabeleceu a possibilidade de as pessoas jurídicas responderem criminalmente pelas condutas e atividades consideradas lesivas ao meio ambiente. O art. 21 da Lei n. 9.605/98 permite que sejam aplicadas às pessoas jurídicas as penas de: a) multa; b) restritivas de direitos; e c) prestação de serviços à comunidade.

Comentário extra: "Admite-se a responsabilidade penal da pessoa jurídica em crimes ambientais desde que haja a imputação simultânea do ente moral e da pessoa física que atua em seu nome ou em seu benefício, uma vez que não se pode compreender a responsabilização do ente moral dissociada da atuação de uma pessoa física, que age com elemento subjetivo próprio." (REsp n. 889.528/SC, rel. Ministro Felix Fischer, *DJU* de 18-6-2007).

Comentário extra: O STF tem uma decisão de Turma que afasta a aplicação da teoria da dupla imputação.

C. ERRADO Após o cancelamento da Súmula 91 do STJ, a competência para julgamento dos crimes cometidos contra a fauna passou a ser, em regra, da Justiça Estadual, diante da inexistência de lesão direta e específica a bens, serviços ou interesses da União, suas entidades autárquicas, empresas públicas ou fundações de direito público.

D. CERTO A conduta foi cometida sob a égide da Lei n. 4.771/65 (Código Florestal), devendo ser obedecido o princípio da irretroatividade da lei penal mais gravosa.

4. ERRADO *Vide* art. 14, I, da Lei n. 9.605/98. Na verdade, trata-se de circunstância que atenua a pena.

> Art. 14. São circunstâncias que atenuam a pena:
>
> **I – baixo grau de instrução ou escolaridade do agente;**
>
> II – arrependimento do infrator, manifestado pela espontânea reparação do dano, ou limitação significativa da degradação ambiental causada;
>
> III – comunicação prévia pelo agente do perigo iminente de degradação ambiental;
>
> IV – colaboração com os agentes encarregados da vigilância e do controle ambiental.

RAIO-X

- O tema em estudo equivale aos seguintes percentuais de questões de direito penal:

Cargo	Questões do Tema	%
Agente	–	–
Escrivão	1	–
Delegado	6	24,00

- A maioria das questões é baseada em:

☒ doutrina ☒ legislação ☒ jurisprudência

LEGISLAÇÃO E SÚMULAS PERTINENTES

- Constituição Federal, art. 225, § 3º.
- Lei n. 9.605/1998, arts. 3º; 14; 21 e 46.
- Súmula 91 do STJ (cancelada).

11. CRIMES PRATICADOS POR ORGANIZAÇÕES CRIMINOSAS (LEI N. 9.034/95 REVOGADA PELA LEI N. 12.850/2013)

QUESTÕES

1. **(Agente – CESPE – 2004)** No item a seguir, é apresentada uma situação hipotética, seguida de uma assertiva a ser julgada.
   - Antenor foi condenado a pena de reclusão por crime decorrente de organização criminosa. Nessa situação, ele deverá cumprir toda sua pena em regime fechado e, portanto, ser-lhe-á vedado trabalhar dentro ou fora da penitenciária, durante o cumprimento da pena.

2. **(Agente – CESPE – 2004)** A Lei n. 9.034/1995, que dispõe acerca da utilização de meios operacionais para prevenção e repressão de ações praticadas por organizações criminosas, em seu art. 2º, determina que são permitidos, como procedimentos de investigação e formação de provas, a captação, a interceptação pelo ambiente, o registro e a análise de sinais eletromagnéticos, ópticos e acústicos, e a infiltração de agentes de polícia ou de inteligência em tarefas de investigação. Em ambos os casos, a lei destaca que os procedimentos devem ser precedidos por circunstanciada autorização judicial.

   Com referência ao texto acima e às organizações criminosas nele mencionadas, julgue os itens a seguir.

   a) Se a organização criminosa se constituir em grupo armado com intuito de praticar crimes contra a ordem constitucional e o estado democrático, seus crimes serão considerados inafiançáveis e imprescritíveis, por força de expressa disposição constitucional.

   b) O Congresso Nacional poderia, por meio de decreto legislativo, sustar o dispositivo do Decreto do Poder Executivo que, regulamentando a referida lei, previsse a possibilidade de ser executada, em caráter excepcional, uma infiltração na organização criminosa sem prévia autorização judicial.

   c) É da competência exclusiva do presidente da República comutar a pena cominada a um integrante de organização criminosa que sofresse condenação penal transitada em julgado.

   d) No caso de a organização criminosa ter sido constituída para a prática de tráfico ilícito de entorpecentes e drogas afins e para a sua comercialização local, o combate a essas ações criminosas será da competência exclusiva da Polícia Federal.

3. **(Escrivão – CESPE – 2004)** No item a seguir, é apresentada uma situação hipotética, seguida de uma assertiva a ser julgada.
   - Renato é réu em processo penal relativo a crime praticado em organização criminosa. Nessa situação, é irrelevante para a fixação da pena de Renato o fato de ele ter colaborado espontaneamente com a polícia, oferecendo informações que conduziram à prisão do chefe da quadrilha de que ele participava.

GABARITO COMENTADO

1. ERRADO O art. 10 da Lei n. 9.034/95 estabelecia que: "Os condenados por crime decorrentes de organização criminosa iniciarão o cumprimento da pena em regime fechado".

Comentário extra: na época, a Lei n. 9.034/97 estava em vigor. Atualmente, a referida lei foi revogada pela Lei n. 12.850/2013.

2.

A. CERTO *Vide* art. 5º, XLIV, da CF/88, que assim dispõe: "constitui crime inafiançável e imprescritível a ação de grupos armados, civis ou

LEGISLAÇÃO ESPECIAL

militares, contra a ordem constitucional e o Estado Democrático".

B. CERTO *Vide* art. 49 da CF/88: "É da competência exclusiva do Congresso Nacional: (...) V – sustar os atos normativos do Poder Executivo que exorbitem do poder regulamentar ou dos limites de delegação legislativa".

C. ERRADO Art. 84, CF.

"**Compete privativamente ao Presidente da República:** XII – conceder indulto e **comutar penas, com audiência, se necessário, dos órgãos instituídos em lei**; Parágrafo único. O Presidente da República poderá delegar as atribuições mencionadas nos incisos VI, XII e XXV, primeira parte, aos Ministros de Estado, ao Procurador-Geral da República ou ao Advogado-Geral da União, que observarão os limites traçados nas respectivas delegações".

D. ERRADO A polícia civil também tem atribuição para o combate ao tráfico ilícito de entorpecentes.

O art. 64 da Lei n. 11.343/2006 estabelece que:

"***A União***, por intermédio da Senad, ***poderá firmar convênio*** com os Estados, com o Distrito Federal e com organismos orientados para a prevenção do uso indevido de drogas, a atenção e a reinserção social de usuários ou dependentes e a ***atuação na repressão*** à produção não autorizada e ***ao tráfico ilícito de drogas***, com vistas na liberação de equipamentos e de recursos por ela arrecadados, para a implantação e execução de programas relacionados à questão das drogas".

3. ERRADO O art. 6º da Lei n. 9.034/95 estabelecia que nos crimes praticados por organização criminosa, a pena será reduzida de um a dois terços, quando a colaboração espontânea do agente levar ao esclarecimento de infrações penais e sua autoria. No caso da assertiva sob análise, a colaboração também cumpriu o requisito da efetividade, já que muniu a polícia de informações que a conduziram à prisão do chefe da quadrilha.

Comentário: a Lei n. 9.034/97 foi revogada pela Lei n. 12.850/2013. *Vide* art. 4º da nova lei:

Art. 4º O juiz poderá, a requerimento das partes, conceder o perdão judicial, reduzir em até 2/3 (dois terços) a pena privativa de liberdade ou substituí-la por restritiva de direitos daquele que tenha colaborado efetiva e voluntariamente com a investigação e com o processo criminal, desde que dessa colaboração advenha um ou mais dos seguintes resultados.

RAIO-X

- O tema em estudo equivale aos seguintes percentuais de questões de direito penal:

Cargo	Questões do Tema	%
Agente	5	15,62
Escrivão	1	4,54
Delegado	–	–

- A grande maioria das questões é baseada em:

☒ doutrina ☒ legislação ☒ jurisprudência

IMPORTANTE SABER

- A Lei n. 9.034/97 foi revogada expressamente pela lei n. 12.850/2013, que assim estabelece (Comentários em *itálico*):

Art. 1º Esta Lei define organização criminosa e dispõe sobre a investigação criminal, os meios de obtenção da prova, infrações penais correlatas e o procedimento criminal a ser aplicado.

(Definição de Organização Criminosa)

§ 1º **Considera-se organização criminosa a *associação de 4 (quatro) ou mais pessoas estruturalmente ordenada e caracterizada pela divisão de tarefas, ainda que informalmente, com objetivo de obter, direta ou indiretamente, vantagem de qualquer natureza, mediante a prática de infrações penais cujas penas máximas sejam superiores a 4 (quatro) anos, ou que sejam de caráter transnacional.***

§ 2º Esta Lei se aplica também:

I – às infrações penais previstas em tratado ou convenção internacional quando, iniciada a execução no País, o resultado tenha ou devesse ter ocorrido no estrangeiro, ou reciprocamente;

II – às organizações terroristas internacionais, reconhecidas segundo as normas de direito internacional, por foro do qual o Brasil faça parte, cujos atos de suporte ao terrorismo, bem como os atos preparatórios ou de execução de atos terroristas, ocorram ou possam ocorrer em território nacional.

Art. 2º Promover, constituir, financiar ou integrar, pessoalmente ou por interposta pessoa, organização criminosa:

Pena – reclusão, de 3 (três) a 8 (oito) anos, e multa, sem prejuízo das penas correspondentes às demais infrações penais praticadas.

§ 1º Nas mesmas penas incorre quem impede ou, de qualquer forma, embaraça a investigação de infração penal que envolva organização criminosa.

§ 2º ***As penas aumentam-se até a metade se na atuação da organização criminosa houver emprego de arma de fogo.***

§ 3º ***A pena é agravada para quem exerce o comando, individual ou coletivo, da organização criminosa, ainda que não pratique pessoalmente atos de execução.***

§ 4º A pena é aumentada de 1/6 (um sexto) a 2/3 (dois terços):

I – se há participação de criança ou adolescente;

II – se há concurso de funcionário público, valendo-se a organização criminosa dessa condição para a prática de infração penal;

III – se o produto ou proveito da infração penal destinar-se, no todo ou em parte, ao exterior;

IV – se a organização criminosa mantém conexão com outras organizações criminosas independentes;

V – se as circunstâncias do fato evidenciarem a transnacionalidade da organização.

§ 5º ***Se houver indícios suficientes de que o funcionário público integra organização criminosa, poderá o juiz determinar seu afastamento cautelar do cargo, emprego ou função, sem prejuízo da remuneração, quando a medida se fizer necessária à investigação ou instrução processual.***

§ 6º ***A condenação com trânsito em julgado acarretará ao funcionário público a perda do cargo, função, emprego ou mandato eletivo e a interdição para o exercício de função ou cargo público pelo prazo de 8 (oito) anos subsequentes ao cumprimento da pena.***

§ 7º ***Se houver indícios de participação de policial nos crimes de que trata esta Lei, a Corregedoria de Polícia instaurará inquérito policial e comunicará ao Ministério Público, que designará membro para acompanhar o feito até a sua conclusão.***

CAPÍTULO II
DA INVESTIGAÇÃO E DOS MEIOS DE OBTENÇÃO DA PROVA

Art. 3º Em qualquer fase da persecução penal, serão permitidos, sem prejuízo de outros já previstos em lei, os seguintes meios de obtenção da prova:

I – colaboração premiada;

II – captação ambiental de sinais eletromagnéticos, ópticos ou acústicos;

III – ação controlada;

IV – acesso a registros de ligações telefônicas e telemáticas, a dados cadastrais constantes de bancos de dados públicos ou privados e a informações eleitorais ou comerciais;

V – interceptação de comunicações telefônicas e telemáticas, nos termos da legislação específica;

VI – afastamento dos sigilos financeiro, bancário e fiscal, nos termos da legislação específica;

VII – infiltração, por policiais, em atividade de investigação, na forma do art. 11;

VIII – cooperação entre instituições e órgãos federais, distritais, estaduais e municipais na busca de provas e informações de interesse da investigação ou da instrução criminal.

Seção I
Da Colaboração Premiada

(Possibilidade de Colaboração Premiada – Delação Premiada)

Art. 4º O juiz poderá, a requerimento das partes, conceder o perdão judicial, reduzir em até 2/3 (dois terços) a pena privativa de liberdade ou substituí-la por restritiva de direitos daquele que tenha colaborado efetiva e voluntariamente com a investigação e com o processo criminal, desde que dessa colaboração advenha um ou mais dos seguintes resultados:

LEGISLAÇÃO ESPECIAL

I – a identificação dos demais coautores e partícipes da organização criminosa e das infrações penais por eles praticadas;

II – a revelação da estrutura hierárquica e da divisão de tarefas da organização criminosa;

III – a prevenção de infrações penais decorrentes das atividades da organização criminosa;

IV – a recuperação total ou parcial do produto ou do proveito das infrações penais praticadas pela organização criminosa;

V – a localização de eventual vítima com a sua integridade física preservada.

§ 1º Em qualquer caso, a concessão do benefício levará em conta a personalidade do colaborador, a natureza, as circunstâncias, a gravidade e a repercussão social do fato criminoso e a eficácia da colaboração.

§ 2º Considerando a relevância da colaboração prestada, o Ministério Público, a qualquer tempo, **e o delegado de polícia, nos autos do inquérito policial, com a manifestação do Ministério Público, poderão requerer ou representar ao juiz pela concessão de perdão judicial ao colaborador**, ainda que esse benefício não tenha sido previsto na proposta inicial, aplicando-se, no que couber, o art. 28 do Decreto-Lei n. 3.689, de 3 de outubro de 1941 (Código de Processo Penal).

§ 3º O prazo para oferecimento de denúncia ou o processo, relativos ao colaborador, poderá ser suspenso por até 6 (seis) meses, prorrogáveis por igual período, até que sejam cumpridas as medidas de colaboração, suspendendo-se o respectivo prazo prescricional.

§ 4º Nas mesmas hipóteses do *caput*, o Ministério Público poderá deixar de oferecer denúncia se o colaborador:

I – não for o líder da organização criminosa;

II – for o primeiro a prestar efetiva colaboração nos termos deste artigo.

§ 5º Se a colaboração for posterior à sentença, a pena poderá ser reduzida até a metade ou será admitida a progressão de regime ainda que ausentes os requisitos objetivos.

§ 6º O juiz não participará das negociações realizadas entre as partes para a formalização do acordo de colaboração, que ocorrerá entre o delegado de polícia, o investigado e o defensor, com a manifestação do Ministério Público, ou, conforme o caso, entre o Ministério Público e o investigado ou acusado e seu defensor.

§ 7º Realizado o acordo na forma do § 6º, o respectivo termo, acompanhado das declarações do colaborador e de cópia da investigação, será remetido ao juiz para homologação, o qual deverá verificar sua regularidade, legalidade e voluntariedade, podendo para este fim, sigilosamente, ouvir o colaborador, na presença de seu defensor.

§ 8º O juiz poderá recusar homologação à proposta que não atender aos requisitos legais, ou adequá-la ao caso concreto.

§ 9º Depois de homologado o acordo, o colaborador poderá, sempre acompanhado pelo seu defensor, ser ouvido pelo membro do Ministério Público ou pelo delegado de polícia responsável pelas investigações.

§ 10. As partes podem retratar-se da proposta, caso em que as provas autoincriminatórias produzidas pelo colaborador não poderão ser utilizadas exclusivamente em seu desfavor.

§ 11. A sentença apreciará os termos do acordo homologado e sua eficácia.

§ 12. Ainda que beneficiado por perdão judicial ou não denunciado, o colaborador poderá ser ouvido em juízo a requerimento das partes ou por iniciativa da autoridade judicial.

§ 13. **Sempre que possível, o registro dos atos de colaboração será feito pelos meios ou recursos de gravação magnética, estenotipia, digital ou técnica similar, inclusive audiovisual, destinados a obter maior fidelidade das informações.**

§ 14. Nos depoimentos que prestar, o colaborador renunciará, na presença de seu defensor, ao direito ao silêncio e estará sujeito ao compromisso legal de dizer a verdade.

§ 15. Em todos os atos de negociação, confirmação e execução da colaboração, o colaborador deverá estar assistido por defensor.

§ 16. **Nenhuma sentença condenatória será proferida com fundamento apenas nas declarações** de agente colaborador.

Art. 5º São direitos do colaborador:

I – usufruir das medidas de proteção previstas na legislação específica;

II – ter nome, qualificação, imagem e demais informações pessoais preservados;

III – ser conduzido, em juízo, separadamente dos demais coautores e partícipes;

IV – participar das audiências sem contato visual com os outros acusados;

V – não ter sua identidade revelada pelos meios de comunicação, nem ser fotografado ou filmado, sem sua prévia autorização por escrito;

VI – cumprir pena em estabelecimento penal diverso dos demais corréus ou condenados.

Art. 6º O termo de acordo da colaboração premiada deverá ser feito por escrito e conter:

I – o relato da colaboração e seus possíveis resultados;

II – as condições da proposta do Ministério Público ou do delegado de polícia;

III – a declaração de aceitação do colaborador e de seu defensor;

IV – as assinaturas do representante do Ministério Público ou do delegado de polícia, do colaborador e de seu defensor;

V – a especificação das medidas de proteção ao colaborador e à sua família, quando necessário.

Art. 7º O pedido de homologação do acordo será sigilosamente distribuído, contendo apenas informações que não possam identificar o colaborador e o seu objeto.

§ 1º As informações pormenorizadas da colaboração serão dirigidas diretamente ao juiz a que recair a distribuição, que decidirá no prazo de 48 (quarenta e oito) horas.

§ 2º O acesso aos autos será restrito ao juiz, ao Ministério Público e ao delegado de polícia, como forma de garantir o êxito das investigações, assegurando-se ao defensor, no interesse do representado, amplo acesso aos elementos de prova que digam respeito ao exercício do direito de defesa, devidamente precedido de autorização judicial, ressalvados os referentes às diligências em andamento.

§ 3º O acordo de colaboração premiada deixa de ser sigiloso assim que recebida a denúncia, observado o disposto no art. 5º.

Seção II

(Possibilidade de Ação Controlada)

Da Ação Controlada

Art. 8º Consiste a ação controlada em retardar a intervenção policial ou administrativa relativa à ação praticada por organização criminosa ou a ela vinculada, desde que mantida sob observação e acompanhamento para que a medida legal se concretize no momento mais eficaz à formação de provas e obtenção de informações.

§ 1º O retardamento da intervenção policial ou administrativa será previamente comunicado ao juiz competente que, se for o caso, estabelecerá os seus limites e comunicará ao Ministério Público.

§ 2º A comunicação será sigilosamente distribuída de forma a não conter informações que possam indicar a operação a ser efetuada.

§ 3º Até o encerramento da diligência, o acesso aos autos será restrito ao juiz, ao Ministério Público e ao delegado de polícia, como forma de garantir o êxito das investigações.

§ 4º Ao término da diligência, elaborar-se-á auto circunstanciado acerca da ação controlada.

Art. 9º Se a ação controlada envolver transposição de fronteiras, o retardamento da intervenção policial ou administrativa somente poderá ocorrer com a cooperação das autoridades dos países que figurem como provável itinerário ou destino do investigado, de modo a reduzir os riscos de fuga e extravio do produto, objeto, instrumento ou proveito do crime.

Seção III

(Regulamentação da Infiltração de Agentes)

Da Infiltração de Agentes

Art. 10. **A infiltração de agentes de polícia em tarefas de investigação, representada pelo delegado de polícia ou requerida pelo Ministério Público, após manifestação técnica do delegado de polícia quando solicitada no curso de inquérito policial, será precedida de circunstanciada, motivada e sigilosa autorização judicial, que estabelecerá seus limites.**

§ 1º Na hipótese de representação do delegado de polícia, o juiz competente, antes de decidir, ouvirá o Ministério Público.

§ 2º Será admitida a infiltração se houver indícios de infração penal de que trata o art. 1º e se a prova não puder ser produzida por outros meios disponíveis.

§ 3º A infiltração será autorizada pelo prazo de até 6 (seis) meses, sem prejuízo de eventuais renovações, desde que comprovada sua necessidade.

§ 4º Findo o prazo previsto no § 3º, o relatório circunstanciado será apresentado ao juiz competente, que imediatamente cientificará o Ministério Público.

§ 5º No curso do inquérito policial, o delegado de polícia poderá determinar aos seus agentes, e o Ministério Público poderá requisitar, a qualquer tempo, relatório da atividade de infiltração.

Art. 11. O requerimento do Ministério Público ou a representação do delegado de polícia para a infiltração de agentes conterão a demonstração da necessidade da medida, o alcance das tarefas dos agentes e, quando possível, os nomes ou apelidos das pessoas investigadas e o local da infiltração.

Art. 12. O pedido de infiltração será sigilosamente distribuído, de forma a não conter informações que possam indicar a operação a ser efetivada ou identificar o agente que será infiltrado.

§ 1º As informações quanto à necessidade da operação de infiltração serão dirigidas diretamente ao juiz competente, que decidirá no prazo de 24 (vinte e quatro) horas, após manifestação do Ministério Público na hipótese de representação do delegado de polícia, devendo-se adotar as medidas necessárias para o êxito das investigações e a segurança do agente infiltrado.

§ 2º Os autos contendo as informações da operação de infiltração acompanharão a denúncia do Ministério Público, quando serão disponibilizados à defesa, assegurando-se a preservação da identidade do agente.

§ 3º Havendo indícios seguros de que o agente infiltrado sofre risco iminente, a operação será sustada mediante requisição do Ministério Público ou pelo delegado de polícia, dando-se imediata ciência ao Ministério Público e à autoridade judicial.

Art. 13. O agente que não guardar, em sua atuação, a devida proporcionalidade com a finalidade da investigação, responderá pelos excessos praticados.

Parágrafo único. Não é punível, no âmbito da infiltração, a prática de crime pelo agente infiltrado no curso da investigação, quando inexigível conduta diversa.

Art. 14. São direitos do agente:

I – recusar ou fazer cessar a atuação infiltrada;

II – ter sua identidade alterada, aplicando-se, no que couber, o disposto no art. 9º da Lei no 9.807, de 13 de julho de 1999, bem como usufruir das medidas de proteção a testemunhas;

III – ter seu nome, sua qualificação, sua imagem, sua voz e demais informações pessoais preservadas durante a investigação e o processo criminal, salvo se houver decisão judicial em contrário;

IV – não ter sua identidade revelada, nem ser fotografado ou filmado pelos meios de comunicação, sem sua prévia autorização por escrito.

Seção IV
Do Acesso a Registros, Dados Cadastrais, Documentos e Informações

(Conferiu ao delegado de polícia e ao ministério público o acesso a dados cadastrais dos investigados independentemente de autorização judicial)

Art. 15. O delegado de polícia e o Ministério Público terão acesso, independentemente de autorização judicial, apenas aos dados cadastrais do investigado que informem exclusivamente a qualificação pessoal, a filiação e o endereço mantidos pela Justiça Eleitoral, empresas telefônicas, instituições financeiras, provedores de internet e administradoras de cartão de crédito.

Art. 16. As empresas de transporte possibilitarão, pelo prazo de 5 (cinco) anos, acesso direto e permanente do juiz, do Ministério Público ou do delegado de polícia aos bancos de dados de reservas e registro de viagens.

Art. 17. As concessionárias de telefonia fixa ou móvel manterão, pelo prazo de 5 (cinco) anos, à disposição das autoridades mencionadas no art. 15, registros de identificação dos números dos terminais de origem e de destino das ligações telefônicas internacionais, interurbanas e locais.

LEGISLAÇÃO PERTINENTE

- Constituição Federal, arts. 5º, XLIV; 49, V e 84, XII.
- Lei n. 12.850/13, art. 15.

12. CRIMES CONTRA O SISTEMA FINANCEIRO NACIONAL (LEI N. 7.492/86)

QUESTÕES

1. **(Agente – CESPE – 2004)** No item a seguir, é apresentada uma situação hipotética, seguida de uma assertiva a ser julgada.
   - Sabrina recebeu, de fonte anônima, um e-mail indicando que um determinado banco privado estava prestes a falir e que as pessoas que não retirassem seu dinheiro imediatamente correriam o risco de sofrer sérios prejuízos. Temendo que fosse verdadeira a notícia, ela reenviou essa mensagem a todos os seus contatos. Porém, foi logo demonstrado que a informação era absolutamente falsa. Nessa situação, Sabrina cometeu o crime de divulgação de informação falsa sobre instituição financeira.

2. **(Escrivão – CESPE – 2004)** Acerca do direito penal e do direito processual penal, julgue o item seguinte.
   - Se a empresa Alfa S.A. mantiver, no exterior, depósito bancário não declarado à repartição competente da administração pública federal, essa empresa será sujeito ativo de crime contra o sistema financeiro nacional.

GABARITO COMENTADO

1. ERRADO Para cometer o crime de divulgação de informação falsa sobre instituição financeira, previsto no art. 3º da Lei n. 7.492/86, Sabrina precisaria ter agido com dolo, e os elementos constantes da situação descrita não caracterizam dolo, nem direto nem eventual. O art. 3º da Lei n. 7.429/86 dispõe: "Divulgar informação falsa ou prejudicialmente incompleta sobre instituição financeira: Pena – Reclusão, de 2 (dois) a 6 (seis) anos, e multa"

2. ERRADO O crime de manter depósitos não declarados no exterior (parágrafo único do art. 22 da Lei n. 7.492/86) só se aperfeiçoa quando, findo o prazo legal para a declaração de renda e de bens (ajuste anual), o agente deixa de comunicar à Receita Federal a existência do depósito.

RAIO-X

- O tema em estudo equivale aos seguintes percentuais de questões de direito penal:

Cargo	Questões do Tema	%
Agente	1	3,12
Escrivão	1	4,54
Delegado	–	–

- A maioria das questões é baseada em:
  ☒ doutrina ☒ legislação ☒ jurisprudência

IMPORTANTE SABER

- Inicialmente, cumpre a análise do art. 9º da Lei n. 7.492/86. A primeira questão que os delitos contra o sistema financeiro traz é aquela atinente à exata delimitação do bem jurídico pelos crimes deste jaez. Há um embate sobre qual seria o espectro da tutela penal nos tipos penais incriminadores dos delitos contra o sistema financeiro nacional. Inicialmente têm-se aqueles que entendem que o bem jurídico protegido seria a "tutela da política econômica do Estado", mas vislumbram

LEGISLAÇÃO ESPECIAL

em um segundo plano outros bens, tais quais, a fé pública e o patrimônio. O delito tem como sujeito ativo qualquer pessoa por ser uma infração penal comum. Os sujeitos passivos do delito, para um setor da doutrina, são o Estado e os investidores lesados, mas, outra fração do pensamento penal entende que o bem jurídico seria apenas o Estado "prejudicado na boa execução de sua política econômica". O tipo objetivo e potencialidade lesiva da conduta é a conduta de "Fraudar, com a inserção ou com a atitude de fazer inserir, através de declaração falsa ou diversa da que dele deveria constar deve trazer consigo o condão de prejudicar efetivamente os sujeitos passivos do delito, pois a exposição do bem jurídico ao risco de lesão demanda que a conduta ao menos tenha aptidão, ou seja, capacidade de afetar a fé pública dos documentos e o patrimônio dos investidores. O tipo subjetivo é doloso, ou seja, demanda consciência e vontade de inserir ou fazer inserir em documento comprobatório de investimento em títulos ou valores mobiliários, declaração falsa ou diversa daquela que dele deveria constar. A consumação do delito ocorre com a conduta de fraudar, onde na conduta de inserir ocorre exatamente no momento que o agente finaliza o documento apontando nele aspectos que burlam a veracidade dos dados que deveriam efetivamente integrá-lo, noutro giro, a conduta de fazer inserir gera que a consumação ocorra com terceira pessoa inserindo declarações inverídicas no corpo do documento, independentemente de causar efetivo prejuízo. Segundo uma corrente doutrinária, a tentativa é admissível em todas as modalidades, mas, por razões evidentes, na conduta de inserir o agente está elaborando o documento, sendo o autor direto do documento e enquanto está elaborando seu conteúdo e ele poderá ser livremente alterado sem que ganhe relevância penal sua conduta até mesmo porque não há efetiva inserção do documento no mercado que importe em fraude à fiscalização ou ao investidor, com a ressalva da possibilidade de arrependimento eficaz ou desistência voluntária.

- Sobre o art. 10 da Lei n. 7492, cumpre destacar que o bem jurídico é a execução satisfatória da política econômica do governo. Na modalidade de fazer inserir, o delito é comum, mas, na conduta de omitir deve-se buscar na lei quem deixou de agir quando a lei determinava uma atividade, o qual é localizado na lei ou em algum ato interno da instituição donde se extrai a obrigação de evitar o resultado ou ter criado o risco de sobrevinda do resultado. O concurso de agente é possível, porém, com a ressalva de que na conduta omissiva apenas na modalidade de participação e não coautoria do delito. O sujeito passivo é igual ao do delito supramencionado. O delito em tela não utiliza o verbo inserir, em contrariedade à previsão objetiva do art. 9º, Lei n. 7.492/86, o que gera uma lacuna de punibilidade, podendo se enquadrar eventualmente em outro tipo penal. Trata-se de lei penal em branco no que pertine ao "elemento exigido pela legislação em demonstrativos contábeis", onde se infere que a partícula legislação é interpretada como lei ou como ato infralegal que regulamente a matéria, por exemplo, portarias do CVM, Lei das Sociedades Anônimas (art. 176). O delito é um tipo doloso comissivo e omissivo restando certo que não é demandado elemento especial do injusto penal pela ausência da partícula, por exemplo, "com o fim de". A consumação do fazer inserir dá-se com a devida inserção por parte de terceiro a quem incumbe realizá-lo. A modalidade omissiva se perfaz no exato instante em que o omitente deveria incluir o elemento determinado pela lei e queda-se inerte em tal atitude. A tentativa só é admissível na modalidade fazer inserir, restando ela vedada na forma omissiva por se tratar de delito omissivo próprio. Cuida-se de delito de mera atividade, mas há quem defenda sê-lo, na verdade, formal, o qual prescinde de qualquer produção de resultado concreto de prejuízo a quem quer que seja.
- O art. 11 da Lei n. 7.492/86 apresenta o crime de "caixa dois", ou seja, pune a movimentação escusa de recursos sem que haja qualquer espécie de registro da atividade independentemente da finalidade, que pode ser satisfazer despesas não demonstráveis, majorar indevidamente os lucros de diretores ou gerentes sem a devida incidência tributária. A coautoria não é admitida, mas não há óbice quanto à eventual configuração da participação. O sujeito passivo é o Estado e as pessoas eventualmente afetadas, físicas ou jurídicas, podendo eventualmente cogitar em entes despersonalizados como o espólio, a massa falida. A conduta de manter é um delito habitual, pois no cerne demanda a reiteração sequenciada de comportamentos contínuos, a realização permanente do injusto. Movimentar, por seu turno, dispensa a habitualidade contentando-se a lei com apenas um único comportamento. As locuções "recurso ou valor" são elementos normativos do tipo penal que apontam, respectivamente, o valor monetário concreto ou algo transformável em

ativos financeiros, digno de apreciação econômica. Em sentido similar ao tipo penal anterior, a expressão "exigida pela legislação" aponta a presença de lei penal em branco que demanda complemento em lei ou ato normativo. A consumação no verbo "manter" se dá no momento em que as condutas de movimentar recursos ou valores ganham especial habitualidade e reiteração legalmente exigida. A conduta de "movimentar" consuma-se no instante em que o agente movimenta o recurso ou valor paralelamente à contabilidade demandada por lei. A tentativa é inadmissível em ambas as formas, uma vez que os delitos são, respectivamente, de mera atividade e habituais, malgrado haja opinião divergente admitindo-a na modalidade de movimentar. O delito do art. 11 da Lei n. 7.492/86 comporta o concurso de delitos quando analisado com outros tipos penais incriminadores dependendo do dolo do agente a ser apurado em cada caso. A formação de "caixa dois" pode ser além de delito antecessor da lavagem de capitais, uma forma autônoma de crime em concurso formal com o branqueamento de ativos ou com o delito de manipulação do mercado de capitais (art. 27-C, Lei n. 6.385/76).

- O art. 12 da Lei n. 7.492/86 visa proteger o patrimônio dos investidores, interessados diretos na escorreita administração da instituição financeira, e a Administração Pública, sendo, portanto, um delito pluriofensivo. O sujeito ativo demanda uma condição especial, a saber, a condição de ex-administrador de instituição financeira (delito especial próprio), não sendo de mão própria pela lei não determinar qualquer qualidade subjetivamente ligada ao autor do delito. A coautoria resta vedada, porém nada impede a presença da participação. O ex-administrador pode dar ensejo à tipificação da conduta contra seus sucessores legais sem que haja qualquer embaraço de ordem jurídico-penal, uma vez que na falta do administrador quem ocupará o cargo irá fazê-lo em atendimento a regra legal, por exemplo, administrador judicial na falência, nos lindes da Lei n. 11.105/2005, liquidante, diretores, gerentes, interventor. A conduta incriminada é deixar de praticar algum ato, o qual deveria fazer por comando legal, onde se cuida de um delito omissivo próprio. Trata-se de lei penal em branco que deverá vir complementada em outro texto legal. O tipo penal é doloso, porém não requer elemento subjetivo do injusto e não há previsão para a modalidade culposa. O delito se perfaz com a não apresentação dos documentos nos moldes do apresentado no tipo, a saber, nos prazos e condições fixados em lei, independentemente de causar qualquer prejuízo a quem quer que seja por se cuidar de delito de mera conduta. A tentativa é inadmissível por ser delito omissivo próprio.

LEGISLAÇÃO PERTINENTE

- Lei n. 7.492/86, arts. 3º e 22.

13. CRIMES ELEITORAIS (LEI N. 4.737/65)

QUESTÃO

1. **(Escrivão – CESPE – 2004 – adaptada)** Julgue o item a seguir, acerca da tentativa de violação do sigilo do voto, que é um crime eleitoral punível com detenção de até dois anos.
   - Trata-se de crime de ação penal pública.

GABARITO COMENTADO

1. CERTO Os crimes eleitorais são de ação penal pública incondicionada, de acordo com o art. 355 do Código Eleitoral (Lei n. 4.737/65).

RAIO-X

- O tema em estudo equivale aos seguintes percentuais de questões de direito penal:

Cargo	Questões do Tema	%
Agente	–	–
Escrivão	1	4,54
Delegado	–	

- A maioria das questões é baseada em:

☒ doutrina ☒ legislação ☒ jurisprudência

IMPORTANTE SABER

- O Plenário do Supremo Tribunal Federal (STF) suspendeu cautelarmente a eficácia do art. 8º da Resolução 23.396/2013 do Tribunal Superior Eleitoral (TSE), que regulamenta a tramitação da notícia-crime e do inquérito policial eleitoral.
- A decisão ocorreu no julgamento de cautelar na Ação Direta de Inconstitucionalidade (ADI) 5.104. O dispositivo prevê que "o inquérito policial eleitoral somente será instaurado mediante determinação da Justiça Eleitoral, salvo a hipótese de prisão em flagrante".
- A ação foi proposta pelo procurador-geral da República, que requereu a concessão de liminar para suspender os efeitos dos arts. 3º a 13 da resolução. Para o autor, os dispositivos questionados seriam incompatíveis com os princípios da legalidade, do acusatório e o da inércia da jurisdição.
- A decisão foi por maioria. Ficaram parcialmente vencidos os ministros Luís Roberto Barroso (relator), Luiz Fux, Marco Aurélio e Joaquim Barbosa, que deferiam a liminar em maior extensão, e integralmente vencidos os ministros Dias Toffoli e Gilmar Mendes, que indeferiam a liminar. Os ministros Teori Zavascki, Rosa Weber, Cármen Lúcia, Ricardo Lewandowski e Celso de Mello integraram a maioria, votando pela suspensão apenas do art. 8º da norma questionada na ADI.
- Ministro Relator Roberto Barroso

  O ministro Roberto Barroso, relator da ação, explicou que o sistema acusatório no Brasil permite preservar a necessária neutralidade do Estado-juiz, evitando risco de pré-compreensões sobre a matéria que virá a ser julgada. Além disso, permite a chamada paridade de armas, ou o equilíbrio de forças entre acusação e defesa, que devem ficar equidistantes do Estado-juiz. Dessa forma, a Justiça Eleitoral deve manter sua "necessária neutralidade" no tocante a procedimentos investigatórios.

  O relator se manifestou no sentido de conceder parcialmente a medida cautelar para suspender a eficácia dos arts. 5º, 6º, 8º e 11 da resolução, e para que fosse dada interpretação conforme a Constituição aos arts. 3º, 4º e 10. Os arts. 7º e 9º foram considerados constitucionais pelo ministro.

- Ministro Teori Zavascki

  Ao abrir divergência parcial, o ministro Teori Zavascki entendeu ser cabível unicamente a suspensão cautelar do art. 8º da resolução, que condiciona a abertura de inquérito policial eleitoral à determinação da Justiça Eleitoral. O ministro ressaltou que, por configurar uma inovação em relação às normas vigentes em eleições anteriores, este seria o único dispositivo que poderia representar alguma possibilidade de dano que justifique sua impugnação, pois subtrai do Ministério Público sua função constitucional. Segundo ele, essa inovação pode representar a existência de vício de constitucionalidade formal, com a criação de norma processual sem a observância do princípio da legalidade, e também material, ao impor restrições às funções constitucionais do Ministério Público.

- Ministra Rosa Weber

  A ministra Rosa Weber aderiu à divergência aberta pelo ministro Teori Zavascki para suspender exclusivamente o art. 8º da resolução. Segundo ela, todos os demais preceitos, além de serem normas de repetição, estão sendo observados em pleitos anteriores sem que se tenha verificado a necessidade de que fossem alterados.

- Ministro Luiz Fux

  Para o ministro Luiz Fux, que seguiu integralmente o voto do relator, a instauração de inquérito policial eleitoral apenas mediante autorização da Justiça Eleitoral contraria o dispositivo constitucional que permite o início das investigações pelo Ministério Público sem intervenção judicial. Ele destacou que, em decisões precedentes, o STF considerou que a investigação direta pelo Ministério Público, além de constitucional, assegura plena independência na condução das diligências.

- Ministra Cármen Lúcia

  Acompanhando o posicionamento do ministro Teori Zavascki, a ministra Cármen Lúcia entendeu que a competência do Ministério Público para apurar crimes eleitorais é restringida pelo art. 8º da resolução questionada, o que afronta a Constituição Federal. "O ponto nuclear do debate é o direito de o cidadão ter eleições honestas, corretas, com lisura, e que eventuais falhas possam ser avaliadas e sanadas", afirmou em seu voto.

- Ministro Lewandowski

  Para o ministro Ricardo Lewandowski, o art. 8º da resolução afronta dispositivo explícito da Constituição Federal que autoriza o Ministério Público a requisitar diligências investigatórias e a instauração de inquérito policial. "Requisitar é uma expressão plena de significado, que não se confunde com requerer, que depende da autorização de alguma autoridade. Aqui se trata de uma prerrogativa do Ministério Público, de caráter incondicionado", destacou. Em seu voto, seguiu a divergência parcial iniciada pelo ministro Teori Zavascki.

- Ministro Marco Aurélio

  O ministro Marco Aurélio acompanhou integralmente o voto do relator, Roberto Barroso, deferindo a liminar para suspender, além do art. 8º, outros artigos da resolução. Segundo seu voto, o TSE não pode atuar como legislador positivo. "Não vejo a Justiça Eleitoral como um 'superórgão', ela se submete também à legislação, e o poder que ela tem é de expedir instruções para permitir a execução do código eleitoral".

- Ministro Celso de Mello

  Também para o ministro Celso de Mello, as normas publicadas pelo TSE se destinam a dar execução à lei eleitoral, e sua prevalência pressupõe sua legalidade e constitucionalidade, ambas, sustenta, à primeira vista atingidas pelo art. 8º da resolução questionada. Ao prever autorização do Judiciário para a abertura de investigação criminal no âmbito eleitoral, o ministro entende que o dispositivo ofende as normas que tratam das atribuições do Ministério Público. Ele acompanhou o voto do ministro Teori Zavascki.

- Ministro Joaquim Barbosa

  Ao votar pela suspensão total das normas impugnadas, o presidente do Tribunal, ministro Joaquim Barbosa, ressaltou que o regramento relativo à instauração de inquéritos não é proveniente do sistema normativo eleitoral, mas sim do sistema processual penal. Segundo ele, o estabelecimento de regras para a instauração e tramitação do inquérito policial eleitoral extrapola o poder regulamentar complementar conferido à Justiça Eleitoral. No seu entendimento, as normas impugnadas violam as prerrogativas de requisitar diligências investigatórias e de instaurar inquérito policial atribuídas pela Constituição Federal ao Ministério Público. "Não se pode admitir que um ato normativo infraconstitucional, como é a resolução, suprima ou restrinja os poderes constitucionalmente atribuídos ao *parquet*", argumentou.

- Dias Toffoli

  O ministro Dias Toffoli votou pelo indeferimento da liminar, sustentando em seu voto que a resolução do TSE traz normas que existem por razões históricas, a fim de garantir as atribuições da Justiça Eleitoral na organização e supervisão do processo eleitoral, dando a ela, inclusive, o papel de Polícia Judiciária quanto à apuração dos crimes eleitorais. "Não há na norma questionada cerceamento ao poder investigatório", afirmou. "As razões de ser do texto são históricas, dada a necessidade de supervisão do Poder Judiciário, a fim de evitar que partes não imparciais, como o Ministério Público e a Polícia, possam intervir no processo eleitoral".

- Gilmar Mendes

A posição foi adotada também pelo ministro Gilmar Mendes, para quem o modelo da Justiça Eleitoral é peculiar, e eliminá-lo significaria desconsiderar resoluções anteriores do TSE. Para o ministro, não cabe neste momento a suspensão da norma, pois o modelo vigente implica uma disciplina institucional.

LEGISLAÇÃO PERTINENTE

- Código Eleitoral, art. 355.

14. INTERCEPTAÇÃO DAS COMUNICAÇÕES TELEFÔNICAS (LEI N. 9.296/96)

QUESTÕES

1. **(Escrivão – CESPE – 2004)** Julgue o item a seguir, acerca da tentativa de violação do sigilo do voto, que é um crime eleitoral punível com detenção de até dois anos.
   - Seria ilícita decisão judicial que autorizasse a interceptação de comunicações telefônicas no curso de investigação relativa à prática desse crime.

GABARITO COMENTADO

1. CERTO A Lei n. 9.296/96 assim dispõe:

"Art. 2º Não será admitida a interceptação de comunicações telefônicas quando ocorrer qualquer das seguintes hipóteses: (...) III – o fato investigado constituir infração penal punida, no máximo, com pena de detenção".

RAIO-X

- O tema em estudo equivale aos seguintes percentuais de questões de direito penal:

Cargo	Questões do Tema	%
Agente	–	–
Escrivão	1	4,54
Delegado	–	–

- A grande maioria das questões é baseada em:

☒ doutrina ☒ legislação ☒ jurisprudência

IMPORTANTE SABER

- Inicialmente, só se admite a interceptação telefônica para crimes punidos com **reclusão**. Além disso, somente pode haver interceptação telefônica para fins de **investigação ou instrução criminal**.
- Outro ponto importante é que constitui crime fazer a interceptação fora das hipóteses previstas em lei. Deve-se ter em mente que a **interceptação será concedida por até 15 dias, renovável por igual prazo, comprovada a indispensabilidade da medida** (Lei n. 9.296/96).
- Ademais, o resultado da interceptação telefônica é sigiloso.
- No que se refere à necessidade, ou não, de transcrição completa das conversas telefônicas interceptadas, o entendimento que prevalecia é que a transcrição seja efetuada somente das partes relacionadas com a investigação, ressalvando-se que as gravações, na sua integralidade, não podem ser destruídas ou inutilizadas, devendo permanecer custodiadas à disposição da Justiça. Nesse sentido, *vide* acórdão da Quinta Turma do STJ sobre o tema ora abordado:

  "**INTERCEPTAÇÃO TELEFÔNICA. ART. 6º, §§ 1º E 2º, DA LEI N. 9.296/96. DESNECESSIDADE DE REDUÇÃO A TERMO DE TODO O CONTEÚDO DAS CONVERSAS INTERCEPTADAS, UMA VEZ QUE AS PARTES TIVERAM ACESSO À INTEGRALIDADE DAS GRAVAÇÕES. INOBSERVÂNCIA DE VIOLAÇÃO AOS PRINCÍPIOS DO CONTRADITÓRIO E DA AMPLA DEFESA**" Veja-se também a ementa do acórdão do STF nesse sentido: (HC 83515/RS, de 16-9-2004, Tribunal Pleno):

  "*HABEAS CORPUS* 83.515-5 RIO GRANDE DO SUL. RELATOR: MIN. NELSON JOBIM (...) INTERCEPTAÇÃO TELEFÔNICA. PRAZO DE VALIDADE. ALEGAÇÃO DE EXISTÊNCIA

LEGISLAÇÃO ESPECIAL

DE OUTRO MEIO DE INVESTIGAÇÃO. FALTA DE TRANSCRIÇÃO DE CONVERSAS INTERCEPTADAS NOS RELATÓRIOS APRESENTADOS AO JUIZ. AUSÊNCIA DE CIÊNCIA DO MINISTÉRIO PÚBLICO ACERCA DOS PEDIDOS DE PRORROGAÇÃO. APURAÇÃO DE CRIME PUNIDO COM PENA DE DETENÇÃO.

1. É possível a prorrogação do prazo de autorização para a interceptação telefônica, mesmo que sucessivas, especialmente quando o fato é complexo a exigir investigação diferenciada e contínua. Não configuração de desrespeito ao art. 5º, *caput*, da Lei n. 9.296/96.

2. A interceptação telefônica foi decretada após longa e minuciosa apuração dos fatos por CPI estadual, na qual houve coleta de documentos, oitiva de testemunhas e audiências, além do procedimento investigatório normal da polícia. Ademais, a interceptação telefônica é perfeitamente viável sempre que somente por meio dela se puder investigar determinados fatos ou circunstâncias que envolverem os denunciados.

3. **Para fundamentar o pedido de interceptação, a lei apenas exige relatório circunstanciado da polícia com a explicação das conversas e da necessidade da continuação das investigações. Não é exigida a transcrição total dessas conversas o que, em alguns casos, poderia prejudicar a celeridade da investigação e a obtenção das provas necessárias** (art. 6º, § 2º, da Lei n. 9.296/96).

4. Na linha do art. 6º, *caput*, da Lei n. 9.296/96, a obrigação de cientificar o Ministério Público das diligências efetuadas é prioritariamente da polícia. O argumento da falta de ciência do MP é superado pelo fato de que a denúncia não sugere surpresa, novidade ou desconhecimento do procurador, mas sim envolvimento próximo com as investigações e conhecimento pleno das providências tomadas.

5. Uma vez realizada a interceptação telefônica de forma fundamentada, legal e legítima, as informações e provas coletas dessa diligência podem subsidiar denúncia com base em crimes puníveis com pena de detenção, desde que conexos aos primeiros tipos penais que justificaram a interceptação. Do contrário, a interpretação do art. 2º, III, da Lei n. 9.296/96 levaria ao absurdo de concluir pela impossibilidade de interceptação para investigar crimes apenados com reclusão quando forem estes conexos com crimes punidos com detenção. *Habeas corpus* indeferido".

- **No entanto, em 8-2-2013, o Supremo Tribunal Federal confirmou, por maioria de votos, a decisão do ministro Marco Aurélio, que garantiu ao deputado federal Sebastião Bala Rocha (PDT-AP) o direito à transcrição integral das interceptações telefônicas feitas no âmbito da Ação Penal 508**, a que responde pela suposta prática de crimes de corrupção e formação de quadrilha.
- O processo tem origem na investigação de obras de construção e reforma do Hospital Especialidades, em Macapá (AP), e do Terminal Rodoviário de Laranjal do Jari (AP). O MPF questionou a decisão que determinou a transcrição integral. Segundo Marco Aurélio, a formalidade é essencial à validação da interceptação telefônica como prova. A Lei n. 9.296/1996, que regulamenta a interceptação telefônica, determina que sempre que houver a gravação da comunicação, será determinada sua transcrição. Ao analisar o caso concreto, o ministro afirmou que a regra não foi observada. Não houve, portanto, transcrição integral de nenhum debate ou conversa envolvendo o réu e os demais envolvidos, constando em parte do processo apenas trechos de diálogos, obtidos em dias e horários diversos. O ministro Marco Aurélio afirmou que o precedente do STF em relação à Operação Furacão, o Inquérito 2.424, foi uma exceção. No caso, não foi concedida a transcrição integral das interceptações, mas apenas o acesso à versão em áudio. "**Lembro que no precedente da Operação Furacão não se observou o prazo referente à interceptação e foram obtidos mais de 40 mil horas de gravação. O tribunal, diante dessa peculiaridade, determinou a entrega da mídia. Mas penso que esse não é caso concreto**", disse. A posição do ministro Marco Aurélio foi acompanhada pelos ministros Cármen Lúcia, Dias Toffoli, Ricardo Lewandowski e Joaquim Barbosa (presidente). O ministro Teori Zavascki abriu divergência no caso com base em jurisprudência do Plenário. Segundo o ministro, a transcrição deve alcançar as partes que interessam ao processo, sem a necessidade de transcrever aquilo que não interessa – sem prejuízo de acesso à versão em áudio das interceptações. "Nada impede que se dê acesso amplo, aos interessados, da totalidade da mídia", afirmou. Seguiram a mesma posição os ministros Rosa Weber, Luiz Fux e Gilmar Mendes. Com informações da Assessoria de Imprensa do STF.

LEGISLAÇÃO PERTINENTE

- Lei n. 9.296/96, art. 2º.

15. CÓDIGO DE PROTEÇÃO E DEFESA DO CONSUMIDOR (LEI N. 8.078/90)

QUESTÃO

1. **(Agente – CESPE – 2004)** No item a seguir, é apresentada uma situação hipotética, seguida de uma assertiva a ser julgada.
   - Caso o banco haja notificado o Serviço de Proteção ao Crédito para que lá conste o nome de Laura como emitente de cheque sem fundo, poderá esta, com base nas normas que regem o direito do consumidor, pleitear contra aquela instituição bancária indenização por danos morais.

GABARITO COMENTADO

1. CERTO Até 2006, havia uma discussão doutrinária acerca da aplicabilidade do CDC aos bancos, em que pese o disposto no art. 3º, § 2º, do CDC, que estabelece que "serviço é qualquer atividade fornecida no mercado de consumo, mediante remuneração, inclusive as de natureza bancária, financeira, de crédito e securitária, salvo as decorrentes das relações de caráter trabalhista". Após o julgamento da ADIN 2.591/DF, o STF entendeu pela constitucionalidade do mencionado dispositivo, pacificando a questão. No caso contido na assertiva, a responsabilidade do banco está prevista no art. 5º, X, da CF/88 e no art. 6º, VI, do CDC.

RAIO-X

- O tema em estudo equivale aos seguintes percentuais de questões de direito do consumidor.

Cargo	Questões do Tema	%
Agente	1	3,12
Escrivão	-	-
Delegado	-	-

- A maioria das questões é baseada em:
  ☒ doutrina ☒ legislação ☒ jurisprudência

LEGISLAÇÃO PERTINENTE

- Código de Defesa do Consumidor, arts. 3º, § 2º e 6º, VI.

16. JUIZADOS ESPECIAIS (LEI N. 9.099/95)

QUESTÃO

1. **(Delegado – CESPE – 2004)** Com base no entendimento do STF, julgue o item a seguir.
   - Considere a seguinte situação hipotética: Determinado indivíduo reúne todos os requisitos objetivos e subjetivos permissivos da suspensão condicional do processo. Não obstante, e apesar de haver o juiz intimado o Ministério Público para manifestar-se sobre o assunto, o promotor de justiça recusou-se a oferecer a proposta de suspensão do processo.

   Nessa situação, se o juiz dissentir da conduta do promotor, deverá encaminhar os autos ao procurador-geral de justiça.

GABARITO COMENTADO

1. CERTO Com base na jurisprudência do STF, o juiz não é parte legítima para propor a suspensão condicional do processo de ofício ou a requerimento da defesa (art. 89, *caput*, da Lei n. 9.099/95). Havendo recusa por parte do promotor de justiça em propor a suspensão condicional do processo, a questão deverá ser apreciada pelo respectivo Procurador-Geral, aplicando-se analogicamente o art. 28 do CPP.

RAIO-X

- O tema em estudo equivale aos seguintes percentuais de questões de direito penal:

Cargo	Questões do Tema	%
Agente	–	–
Escrivão	–	–
Delegado	1	4,00

- A maioria das questões é baseada em:
  ☒ doutrina ☒ legislação ☒ jurisprudência

IMPORTANTE SABER

- É importante destacar que, para ser considerado crime de menor potencial ofensivo, a pena deve ser calculada levando-se em consideração as causas especiais de aumento e de diminuição de pena, inclusive a tentativa e o arrependimento posterior, todos previstos no CP. Inicialmente, cumpre destacar que a quantidade de aumento ou de diminuição, dependendo da hipótese, pode ser fixa ou variável. De qualquer forma, essas causas, assim como as qualificadoras, refletem-se na pena cominada *in abstrato*.
- Sendo assim, *as causas de aumento e de diminuição, bem como as qualificadoras, devem ser consideradas no cálculo da pena máxima em abstrato, o mesmo não ocorrendo com as agravantes* e *atenuantes genéricas* (arts. 61, 62, 65 e 66 do CP), até porque, em face delas, não há cominação de pena (Súmula 231 do STJ).
- As causas especiais de aumento de pena devem ser consideradas no máximo e as causas especiais de diminuição devem ser consideradas no mínimo legal.
- Ainda, nos casos de concurso material e concurso formal de crimes, ou em se tratando de continuidade delitiva, também devem ser considerados

os respectivos aumentos, no máximo, em face do entendimento jurisprudencial e da Súmula 243 do STJ.

LEGISLAÇÃO PERTINENTE

- Lei n. 9.099/95, art. 89.
- Código de Processo Penal, art. 28.

17. ESTATUTO DO DESARMAMENTO (LEI N. 10.826/2003)

QUESTÕES

1. (Escrivão – CESPE – 2004) No item a seguir, é apresentada uma situação hipotética, seguida de uma assertiva a ser julgada.

- Assustado com o aumento do número de roubos em sua região, Haroldo, que vive em uma fazenda situada no interior do estado do Amazonas, decidiu adquirir de seu vizinho Moacyr uma arma de fogo de uso permitido. A arma de Moacyr é devidamente registrada e Haroldo pretende mantê-la no interior de sua casa, com finalidade de proteger-se contra eventuais agressores. Nessa situação, a compra da referida arma efetuada por Haroldo precisa ser previamente autorizada pelo Sistema Nacional de Armas.

2. (Agente – CESPE – 2004 – adaptada) Julgue os itens abaixo, acerca da autorização do porte de arma de fogo.

a) No Brasil, existem dois tipos de autorização de porte de arma de fogo: uma é a autorização regional, limitada ao território de um estado ou do Distrito Federal, cuja expedição compete à polícia civil da respectiva unidade da Federação; outra é a autorização nacional, cuja expedição compete à Polícia Federal.

b) Por ser o policiamento ostensivo competência das polícias militares estaduais, é vedado aos integrantes das guardas municipais o porte de arma durante o serviço.

3. (Agente – CESPE – 2012) À luz da lei dos crimes ambientais e do Estatuto do Desarmamento, julgue os itens seguintes.

a) Se o rebanho bovino de determinada propriedade rural estiver sendo constantemente atacado por uma onça, o dono dessa propriedade, para proteger o rebanho, poderá, independentemente de autorização do poder público, abater o referido animal silvestre.

b) Responderá pelo delito de omissão de cautela o proprietário ou o diretor responsável de empresa de segurança e transporte de valores que deixar de registrar ocorrência policial e de comunicar à Polícia Federal, nas primeiras vinte e quatro horas depois de ocorrido o fato, a perda de munição que esteja sob sua guarda.

GABARITO COMENTADO

1. CERTO É o que dispõe o art. 5º, *caput* e § 1º, da Lei n. 10.826/2003 (Estatuto do Desarmamento). "O certificado de Registro de Arma de Fogo, com validade em todo o território nacional, autoriza o seu proprietário a manter a arma de fogo exclusivamente no interior de sua residência ou domicílio, ou dependência desses, ou, ainda, no seu local de trabalho, desde que seja ele o titular ou o responsável legal pelo estabelecimento ou empresa." "O certificado de registro de arma de fogo será expedido pela Polícia Federal e será precedido de autorização do Sinarm" (§ 1º).

2.

A. ERRADO *Vide* art. 10 da Lei n. 10.826/2003: "Art. 10. A autorização para o porte de arma de fogo de uso permitido, em todo o território nacional, é de competência da Polícia Federal e somente será concedida após autorização do Sinarm. § 1º A autorização prevista neste artigo poderá ser concedida com eficácia temporária e territorial limitada, nos termos de atos regulamentares, e dependerá de o requerente: I – demonstrar a sua efetiva necessidade por exercício

LEGISLAÇÃO ESPECIAL

de atividade profissional de risco ou de ameaça à sua integridade física; II – atender às exigências previstas no art. 4º desta Lei; III – apresentar documentação de propriedade de arma de fogo, bem como o seu devido registro no órgão competente. § 2º A autorização de porte de arma de fogo, prevista neste artigo, perderá automaticamente sua eficácia caso o portador dela seja detido ou abordado em estado de embriaguez ou sob efeito de substâncias químicas ou alucinógenas".

B. ERRADO A Lei n. 11.706/2008 alterou a redação original da Lei n. 10.826/2003 e passou a permitir o porte de arma de fogo pela guarda municipal: "§ 7º Aos integrantes das guardas municipais dos Municípios que integram regiões metropolitanas será autorizado porte de arma de fogo, quando em serviço".

3.

A. ERRADO O art. 37 da Lei n. 9.605/98 – Meio Ambiente, dispõe que

> "Não é crime o abate de animal, quando realizado: I (...) e (II) para proteger lavouras, pomares e rebanhos da ação predatória ou destruidora de animais, **desde que legal e expressamente autorizado pela autoridade competente**".

B. CERTO Omissão de cautela:

> "Art. 13. Deixar de observar as cautelas necessárias para impedir que menor de 18 (dezoito) anos ou pessoa portadora de deficiência mental se apodere de arma de fogo que esteja sob sua posse ou que seja de sua propriedade:
>
> Pena – detenção, de 1 (um) a 2 (dois) anos, e multa.
>
> Parágrafo único. Nas mesmas penas incorrem o proprietário ou diretor responsável de empresa de segurança e transporte de valores que deixarem de registrar ocorrência policial e de comunicar à Polícia Federal perda, furto, roubo ou outras formas de extravio de arma de fogo, acessório ou munição que estejam sob sua guarda, nas primeiras 24 (vinte quatro) horas depois de ocorrido o fato".

RAIO-X

- O tema em estudo equivale aos seguintes percentuais de questões de direito penal:

Cargo	Questões do Tema	%
Agente	4	6,25
Escrivão	1	4,54
Delegado	–	–

- A maioria das questões é baseada em:

  ☒ doutrina ☒ legislação ☒ jurisprudência

IMPORTANTE SABER

- **O Plenário do Supremo Tribunal Federal (STF) declarou a inconstitucionalidade de três dispositivos do Estatuto do Desarmamento (Lei n. 10.826/2003).**
- A Ação Direta de Inconstitucionalidade (ADI) 3.112 foi proposta pelo Partido Trabalhista Brasileiro (PTB). Por maioria de votos, os ministros anularam dois dispositivos do Estatuto que proibiam a concessão de liberdade, mediante o pagamento de fiança, no caso de porte ilegal de arma (parágrafo único do art. 14) e disparo de arma de fogo (parágrafo único do art. 15). Nesses pontos, foi acolhido entendimento apresentado no parecer do Ministério Público Federal (MPF), que apontou que o porte ilegal e o disparo de arma de fogo "constituem crimes de mera conduta que, embora reduzam o nível de segurança coletiva, não se equiparam aos crimes que acarretam lesão ou ameaça de lesão à vida ou à propriedade".
- **Também foi considerado inconstitucional o art. 21 do Estatuto, que negava liberdade provisória aos acusados de posse ou porte ilegal de arma de uso restrito, comércio ilegal de arma e tráfico internacional de arma. A maioria dos ministros considerou que o dispositivo viola os princípios da presunção de inocência e do devido processo legal (ampla defesa e contraditório). "Não confio em uma disposição legal que restringe a liberdade provisória", disse o ministro Cezar Peluso**. O art. 35 da lei foi considerado prejudicado por todos os ministros. Em outras palavras, ele não chegou a ser apreciado por ter

perdido o objeto (não tem mais validade no mundo jurídico). Esse dispositivo condicionava, à realização de plebiscito, a proibição ou não da comercialização de arma de fogo e munição, em todo o território nacional. Realizado em outubro de 2005, o plebiscito determinou a manutenção do comércio. **Vício formal:** A ação do PTB pedia que a íntegra do Estatuto do Desarmamento fosse considerada inconstitucional por vício formal de iniciativa. No caso, o partido alegava que o Congresso Nacional teria invadido a competência privativa do Presidente da República, já que a Constituição Federal (art. 61, § 1º, II, *a* e *e*) diz que é de competência privativa do chefe do Poder Executivo determinar a criação, a estruturação e as atribuições dos Ministérios e órgãos da administração pública. O relator das ADIs, Ministro Ricardo Lewandowski, disse que a Constituição não foi violada porque a lei, como um todo, não trata da "criação de órgãos, cargos, funções ou empregos públicos, nem sobre a sua extinção". Ainda segundo ele, os dispositivos do Estatuto "não desbordam do poder [do Congresso Nacional] de apresentar ou emendar projetos de lei". Ultrapassada essa questão, o Ministro Lewandowski passou à análise dos 17 dispositivos questionados nas ações. Desses, os que mais geraram debates foram os que, ao final, foram considerados inconstitucionais. Ao todo, dez ministros participaram do julgamento. Cinco deles seguiram totalmente o voto do relator. São eles Cármen Lúcia Antunes Rocha, Eros Grau, Joaquim Barbosa, Cezar Peluso e Ellen Gracie. O ministro Carlos Ayres Britto foi o primeiro a abrir dissidência sobre os dispositivos que proibiam a concessão de liberdade, mediante o pagamento de fiança, no caso de porte ilegal de arma (parágrafo único do art. 14) e disparo de arma de fogo de uso permitido (parágrafo único do art. 15). Ele não viu inconstitucionalidade nesse ponto, afirmando que foi facultado ao "legislador ordinário" elencar os crimes que não são passíveis de pagamento de fiança em lei. Seguiram a dissidência outros dois ministros – Gilmar Mendes e Sepúlveda Pertence. Segundo esse último, o Código Penal não tem rol fechado sobre inafiançabilidade. O Ministro Marco Aurélio só concordou com a inconstitucionalidade no caso da vedação de pagamento de fiança para o porte ilegal de arma de uso permitido. Ele disse que não se poderia equiparar um caso com o outro. "São dois tipos de gradação diversa, apenados da mesma forma. Não há proporcionalidade", disse. Assim, o parágrafo único do art. 14 foi considerado inconstitucional por 7 votos a 3. Já o parágrafo único do art. 15 foi cassado por 6 votos a 4. Com relação ao art. 21, que vedava liberdade provisória no caso de três tipos de crime relacionados a armas de fogo, somente o Ministro Marco Aurélio divergiu parcialmente do relator. Ele considerou inconstitucional a vedação de liberdade provisória no caso de posse ou porte ilegal de arma de fogo de uso restrito, mantendo a proibição quanto aos crimes de comércio ilegal de arma de fogo e tráfico internacional de armas.

LEGISLAÇÃO PERTINENTE

- Lei n. 10.826/2003, art. 5º.

18. LEIS ESPECIAIS DIVERSAS

QUESTÕES

1. **(Escrivão – CESPE – 2002)** Relativamente ao direito penal, julgue o item que se segue.

   Considere a seguinte situação hipotética.

   - Certo contribuinte apresentou à Secretaria da Receita Federal (SRF) declaração falsa do imposto sobre a renda, com valores inferiores aos reais dos rendimentos que percebera no exercício. As informações falsas, porém, não impediram o lançamento do tributo, mas apenas reduziram o valor que a SRF veio a lançar. Nessa situação, não chegou a haver crime contra a ordem tributária, mas simples débito fiscal.

2. **(Agente – CESPE – 2004)** No item seguinte, é apresentada uma situação hipotética, seguida de uma assertiva a ser julgada.

   - Júlio suprimiu tributo, elaborando documento que sabia ser falso. Nessa situação, caso Júlio seja servidor público e tenha praticado o fato no exercício de suas funções, sua pena será agravada de um terço até a metade.

3. **(Escrivão – CESPE – 2004)** No item seguinte, é apresentada uma situação hipotética, seguida de uma assertiva a ser julgada.

   - Sebastião suprimiu tributo, prestando declaração falsa às autoridades fazendárias. Nessa situação, se da conduta de Sebastião decorreu grave dano à coletividade, a pena poderá ser agravada, pelo juiz, de um terço até a metade.

4. **(Escrivão – CESPE – 2004)** No item a seguir, é apresentada uma situação hipotética referente a crimes contra a administração pública e contra a ordem tributária, seguida de uma assertiva a ser julgada.

   - Afonso, comerciante, deixou de emitir nota fiscal, suprimindo ICMS devido ao fisco estadual. Denunciado por sonegação fiscal, promoveu o pagamento do tributo devido. Nessa situação, tendo em vista que o pagamento ocorreu após o oferecimento da denúncia, não ocorreu a extinção da punibilidade, incidindo, no caso, apenas a atenuante genérica consistente na reparação do dano.

5. **(Delegado – CESPE – 2002)** À luz dos direitos penal e tributário, julgue os itens abaixo.

   a) Considere a seguinte situação hipotética. Um indivíduo foi denunciado pela prática de crimes contra a ordem tributária, em continuidade delitiva. Algumas das condutas delituosas foram perpetradas na vigência da Lei n. 4.729/1965 (*Lex mitior*) e, outras, sob a égide da Lei n. 8.197/1990 (*Lex gravior*). Nessa situação, pelo fato de a lei penal não retroagir, salvo para beneficiar o réu, será reconhecida a ultra-atividade da Lei n. 4.729/1965.

   b) Consoante entendimento do STF, a sonegação fiscal de lucro advindo de atividade criminosa – tráfico de entorpecentes –, envolvendo sociedades comerciais organizadas, com lucros vultosos subtraídos à contabilidade regular das empresas e à declaração de rendimentos, caracteriza, em tese, crime contra a ordem tributária.

6. **(Delegado – CESPE – 2002)** Agentes públicos da Secretaria da Receita Federal (SRF) e do INSS realizaram operação conjunta de fiscalização na Viação Aérea Matrix S.A. (VAM), com o objetivo de apurar sua situação fiscal e previdenciária. Durante a fiscalização, os agentes públicos não apenas descobriram uma série de irregularidades previdenciárias e fiscais, mas também identificaram que a situação econômico-financeira da VAM era precária, estando a empresa à beira da falência.Com relação à situação hipotética apresentada acima, julgue os itens a seguir.

a) Em adição à situação hipotética proposta, considere que Luís, um dos fiscais da SRF envolvidos na fiscalização da VAM, tenha exigido R$ 10.000,00 de Sérgio, o presidente da empresa, para não tornar pública a informação de que a VAM estava próxima da falência. Nesse caso, é correto afirmar que a conduta de Luís configura crime de corrupção passiva e que, caso Luís viesse a tornar públicas as informações acerca do estado da VAM, ele cometeria crime de violação de sigilo profissional, além de violar a regra administrativa que determina que os agentes da SRF não podem divulgar informações sobre a situação econômica ou financeira das entidades, obtidas em razão do ofício, nem mesmo a outros órgãos da administração pública.

b) Não configuraria elisão fiscal o fato de a VAM reduzir fraudulentamente o valor do imposto de importação por meio de falsificação dos contratos de compra e venda de alguns aviões importados.

7. **(Escrivão – CESPE – 2013)** No que tange à segurança de estabelecimentos financeiros, julgue o item abaixo, com base na Lei n. 7.102/1983.
   - Em estabelecimentos financeiros estaduais, a polícia militar poderá exercer o serviço de vigilância ostensiva, desde que autorizada pelo governador estadual.

8. **(Escrivão – CESPE – 2013)** No que diz respeito às infrações penais de repercussão interestadual ou internacional (Lei n. 10.446/2002), julgue o item seguinte.
   - Caso determinada contravenção penal tenha repercussão interestadual, poderá o Departamento de Polícia Federal do Ministério da Justiça, sem prejuízo da responsabilidade dos órgãos de segurança pública, proceder à sua investigação.

9. **(Escrivão – CESPE – 2013)** Julgue o item abaixo, a respeito da deportação de estrangeiro prevista na Lei n. 6.815/1980.
   - Estrangeiro que se encontre em situação irregular no Brasil poderá ser deportado para outro país que não o de sua nacionalidade ou procedência.

10. **(Agente – CESPE – 2012)** A respeito das leis especiais, julgue os itens a seguir.

a) Considere que determinado cidadão australiano deseje vir de férias ao Brasil, por um período de trinta dias, onde pretende ministrar aulas remuneradas de surfe e comercializar aparelhos eletrônicos oriundos da Austrália. Nessa situação, caso não haja acordo internacional entre Brasil e Austrália para a dispensa de visto, o governo brasileiro poderá conceder o visto de turista ao referido cidadão.

b) O policial condenado por induzir, por meio de tortura praticada nas dependências do distrito policial, um acusado de tráfico de drogas a confessar a prática do crime perderá automaticamente o seu cargo, sendo desnecessário, nessa situação, que o juiz sentenciante motive a perda do cargo.

c) Ainda que se instale em cidade interiorana e apresente reduzida circulação financeira, a cooperativa singular de crédito estará obrigada a contratar vigilantes, independentemente de se provar que a contratação inviabilizará economicamente a manutenção do estabelecimento.

GABARITO COMENTADO

1. ERRADO A conduta realizada pelo contribuinte constitui crime. O ilícito penal do art. 1º, inciso I, da Lei n. 8.137/90: "Constitui crime contra a ordem tributária suprimir ou reduzir tributo ou contribuição social e qualquer acessório, mediante as seguintes condutas: I – omitir informação ou prestar declaração falsa às autoridades fazendárias". O crime em tela, por ser crime material, depende da efetiva exoneração do contribuinte de adimplir adequadamente a obrigação tributária, seja pela redução ou pela diminuição dos valores a serem repassados ao fisco.

O bem jurídico tutelado é a ordem tributária, a licitude na relação fisco-contribuinte, prestigiando a honestidade na arrecadação e no cumprimento dos enlaces obrigacionais, visando como lembram Alexandre de Moraes e Gianpaolo Poggio Smanio: "a tutela do Erário público, preservando-o de manobras fraudulentas ou de falsidades".

O imposto de renda é um tributo que tem como fato gerador, a ocorrência da angariação de receitas para o contribuinte. Anualmente, devem ser prestadas contas das relações que envolvem circulação de capitais ao Fisco, para que haja conhecimento da circulação de receitas ocorrida no território nacional. Ocorre que, o agente dolosamente introduziu em sua declaração anual, elementos inverídicos que se consubstanciam em despesas decorrentes de serviços médicos e educacionais que, à luz da realidade são inverídicos, com finalidade específica de por intermédio desses comprovantes de pagamento, obter ilicitamente uma redução nos valores a serem pagos a título de exação e, consequentemente, um decréscimo sensível nos valores obtidos como restituição.

A ação humana, no qual o tipo penal visa proibir é justamente a realização de declarações falsas ou a omissão de informações por parte do contribuinte ao Fisco, isso porque o quebramento do enlace tributário acarretaria queda na arrecadação e forneceria desprestígio ao Fisco. Ao vislumbrarmos o léxico, notamos que omitir é ocultar, é deixar de apresentar algo e fazer declaração falsa é prestar informações de cunho inverídico, havendo incompatibilidade entre realidade e apurado, é a oferta de informações distanciadas da verdade. O dolo do tipo penal é específico, a saber: vontade livre e consciente de diminuir ou eliminar a tributação incidente, por meio da utilização de artifício fraudulento ou omissão de dados relevantes à caracterização dos fatos geradores do imposto a ser cobrado.

A consumação do ilícito se dá com a obtenção efetiva da diminuição dos valores a serem repassados ao Fisco ou a extinção do crédito tributário, com a apresentação de declaração que seja omissa ou inverídica a par da realidade experimentada. No caso dos crimes contra a ordem tributária, a verificação da efetiva obtenção ilícita de crédito se dá pela restituição do Imposto de Renda do ano Fiscal, onde a apresentação de dados afastados da verdade contraposta com a Representação Fiscal para fins Penais pode ser observada com a diferença entre os valores declarados e os realmente percebidos e que permitiram uma redução nos valores tributários a serem efetivamente percebidos e que geraram um ilícito locupletamento em favor do contribuinte.

O objetivo dessa demonstração dos elementos da imputação é facilitar a diferenciação do art. 2º, I, da Lei n. 8.137/90 e afastar dúvidas sobre eventual irregularidade na subsunção típica.

O art. 1º, I, da 8.137/90 (Crime Material) estabelece como requisito fulcral para adequação típica a ocorrência efetiva da redução de tributo pelas condutas descritas no tipo, ou seja, deve claramente existir a obtenção de decréscimo ou eliminação do crédito tributário, **enquanto o art. 2º, inciso I, da Lei n. 8.137/90 é um crime formal**, ou seja, independe da aferição de vantagem ilícita em desfavor do Fisco, bastando à prestação da informação e não demandando a efetiva percepção material do ardil aplicado. A diferença fundamental entre ambos os tipos penais está no grau de lesividade da conduta, pois no art. 2º, o legislador contenta-se meramente com a prestação omissiva ou falsa de declaração.

2. CERTO *Vide* art. 12 da Lei n. 8.137/90:

> "São circunstâncias que podem agravar de 1/3 (um terço) até a metade as penas previstas nos arts. 1º, 2º e 4º a 7º: I – ocasionar grave dano à coletividade; II – ser o crime cometido por servidor público no exercício de suas funções".

3. CERTO O art. 12 da Lei n. 8.137/90 assim dispõe:

> "Art. 12. São circunstâncias que podem agravar de 1/3 (um terço) até a metade as penas previstas nos arts. 1º, 2º e 4º a 7º: I – ocasionar grave dano à coletividade".

4. ERRADO Ocorre que, com a promulgação da Lei n. 10.684/2003, a extinção da punibilidade nos crimes contra a ordem tributária passou a ter novo regramento. O art. 9º, § 2º, do novo diploma, deixou de estipular um momento processual para o pagamento do débito, uma vez que seu texto previa que, quando a pessoa jurídica relacionada com o agente efetuasse o pagamento integral dos débitos oriundos de tributos e contribuições sociais, inclusive acessórios, haveria a extinção da punibilidade. Logo, ficou claro que o agente, nos termos do mencionado dispositivo legal, poderia ter a punibilidade extinta, desde que realizasse o pagamento do tributo devido, independentemente do momento do pagamento.

Nesse sentido se posicionou o Supremo Tribunal Federal, *in verbis*:

LEGISLAÇÃO ESPECIAL

"AÇÃO PENAL. CRIME TRIBUTÁRIO. TRIBUTO. PAGAMENTO APÓS O RECEBIMENTO DA DENÚNCIA. EXTINÇÃO DA PUNIBILIDADE. DECRETAÇÃO. HC CONCEDIDO DE OFÍCIO PARA TAL EFEITO. Aplicação retroativa do art. 9º da Lei federal n. 10.684/2003, cc. art. 5º, XL, da CF, e art. 61 do CPP. O pagamento do tributo, a qualquer tempo, ainda que após o recebimento da denúncia, extingue a punibilidade do crime tributário. Atualmente, o instituto da extinção da punibilidade pelo pagamento nos crimes contra a ordem tributária está previsto no art. 69 da Lei n. 11.941/2009. O novel dispositivo, no mesmo passo do diploma imediatamente anterior, reza que se extingue a punibilidade nos crimes contra a ordem tributária quando houver o pagamento integral dos débitos oriundos de tributos e contribuições sociais e acessórios, independentemente de prazo ou momento processual. Isso conclui que pode acontecer, inclusive, após o trânsito em julgado de condenação penal".

5.

A. ERRADO *Vide* Súmula 711 do Supremo Tribunal Federal, que tem a seguinte redação: "A lei penal mais grave aplica-se ao crime continuado ou ao crime permanente, se a sua vigência é anterior à cessação da continuidade ou da permanência".

B. CERTO Nesse sentido, é recomendada a leitura de julgado do STF:

"EMENTA: Sonegação fiscal de lucro advindo de atividade criminosa: "non olet". Drogas: tráfico de drogas, envolvendo sociedades comerciais organizadas, com lucros vultosos subtraídos à contabilização regular das empresas e subtraídos à declaração de rendimentos: caracterização, em tese, de crime de sonegação fiscal, a acarretar a competência da Justiça Federal e atrair pela conexão, o tráfico de entorpecentes: irrelevância da origem ilícita, mesmo quando criminal, da renda subtraída à tributação. A exoneração tributária dos resultados econômicos de fato criminoso – antes de ser corolário do princípio da moralidade – constitui violação do princípio de isonomia fiscal, de manifesta inspiração ética" (HC 77.530, rel. Min. Sepúlveda Pertence, 1ª Turma, j. 25-8-1998, *DJ* 18-9-1998, P. 00007, EMENT. VOL. 01923-03, P. 00522).

6.

A. ERRADO A conduta do fiscal que exige recursos amolda-se no crime previsto no art. 3º, II, da Lei n. 8.137/90, que assim dispõe:

"Art. 3º Constitui crime funcional contra a ordem tributária, além dos previstos no Decreto-Lei n. 2.848, de 7 de dezembro de 1940 – Código Penal (Título XI, Capítulo I): (...) II – exigir, solicitar ou receber, para si ou para outrem, direta ou indiretamente, ainda que fora da função ou antes de iniciar seu exercício, mas em razão dela, vantagem indevida; ou aceitar promessa de tal vantagem, para deixar de lançar ou cobrar tributo ou contribuição social, ou cobrá-los parcialmente. Pena – reclusão, de 3 (três) a 8 (oito) anos, e multa".

B. CERTO A evasão fiscal é o uso de meios fraudulentos e ilícitos para evitar o pagamento de taxas, impostos e outros tributos. Pode ser feita por meio da omissão de informações, prestação de declarações falsas e a produção de documentos que contenham informações falsas ou distorcidas, como a contratação de notas fiscais, faturas, duplicatas.

Já a elisão fiscal configura-se num planejamento que utiliza métodos legais para diminuir o peso da carga tributária num determinado orçamento. Respeitando o ordenamento jurídico, o administrador faz escolhas prévias (antes dos eventos que sofrerão agravo fiscal) que permitem minorar o impacto tributário nos gastos do ente administrado.

Dessa forma, na hipótese em análise, não restou caracterizada uma tentativa de elisão fiscal em virtude da fraude empregada.

7. CERTO Texto de lei. Devendo ser feita a ressalva que o texto legal fala que o serviço de vigilância ostensiva poderá ser desempenhado pelas Polícias Militares a critério do governo da respectiva unidade da federação, enquanto na questão fala em governador.

Na questão é dito que a autorização é conferida pelo governador estadual quando na verdade o texto legal nos informa que compete ao governo da respectiva unidade da federação.

Art. 3º, parágrafo único, da Lei n. 7.102/83.

"Parágrafo único. Nos estabelecimentos financeiros estaduais, o serviço de vigilância ostensiva poderá ser desempenhado pelas Polícias Militares, a critério do Governo da respectiva Unidade da Federação".

8. ERRADO Errado, pois a Lei n. 10.446/2002 não trata de contravenção penal:

"Art. 1º Na forma do inciso I do § 1º do art. 144 da Constituição, quando houver repercussão interestadual ou internacional que exija repressão uniforme, poderá o Departamento de Polícia Federal do Ministério da Justiça, sem prejuízo da responsabilidade dos órgãos de segurança pública arrolados no art. 144 da Constituição Federal, em especial das Polícias Militares e Civis dos Estados, proceder à investigação, dentre outras, das **seguintes infrações penais**:

I – sequestro, cárcere privado e extorsão mediante sequestro (arts. 148 e 159 do Código Penal), se o agente foi impelido por motivação política ou quando praticado em razão da função pública exercida pela vítima;

II – formação de cartel (incisos I, *a*, II, III e VII do art. 4º da Lei n. 8.137, de 27 de dezembro de 1990); e

III – relativas à violação a direitos humanos, que a República Federativa do Brasil se comprometeu a reprimir em decorrência de tratados internacionais de que seja parte; e

IV – furto, roubo ou receptação de cargas, inclusive bens e valores, transportadas em operação interestadual ou internacional, quando houver indícios da atuação de quadrilha ou bando em mais de um Estado da Federação".

9. CERTO Nos termos do art. 58, parágrafo único da Lei n. 6.815/80, a deportação pode ocorrer para outro país diverso da nacionalidade ou procedência do estrangeiro.

"Art. 58. A deportação consistirá na saída compulsória do estrangeiro. Parágrafo único. A deportação far-se-á para o país da nacionalidade ou de procedência do estrangeiro, ou para outro que consinta em recebê-lo".

10.

A. ERRADO Segundo o enunciado, poderá ser concedido ao cidadão australiano o visto de turista. De acordo com a Lei n. 6.815/80 (Estatuto do Estrangeiro), o visto de turista só poderá ser concedido ao estrangeiro que venha ao Brasil em caráter recreativo ou de visita, o que não é cabido quando tenha intenção de exercer aqui atividade remunerada (art. 9º).

B. CERTO De acordo com a Lei n. 9.455/97, a condenação acarretará a perda automática do cargo. Na doutrina, o tema é controvertido.

C. ERRADO A questão cobra o texto da Lei n. 7.102/83, que versa sobre segurança para estabelecimentos financeiros. Tal norma prevê que, considerando a reduzida circulação financeira, requisitos próprios de segurança para as cooperativas singulares de crédito e suas dependências, será dispensado sistema de segurança para o estabelecimento que se situe dentro de qualquer edificação que possua estrutura de segurança instalada nos moldes da legislação (Lei n. 7.102/83, art. 1º, § 2º).

RAIO-X

- O tema em estudo equivale aos seguintes percentuais de questões:

Cargo	Questões do Tema	%
Agente	4	2,32%
Escrivão	6	7,69%
Delegado	4	4,76%

- A grande maioria das questões é baseada em:

☒ doutrina ☒ legislação ☒ jurisprudência

IMPORTANTE SABER

- O Supremo Tribunal Federal firmou o entendimento da necessidade da existência de crédito tributário imutável para o oferecimento de denúncia quanto ao sujeito passivo da relação jurídico-tributária, *in verbis*: "EMENTA. I. Crime material contra a ordem tributária (L. 8.137/90, art. 1º): lançamento do tributo pendente de decisão definitiva do processo administrativo: falta de justa causa para a ação penal, suspenso, porém, o curso da prescrição enquanto obstada a sua propositura pela falta do lançamento definitivo. 1. Embora não condicionada a denúncia à representação da autoridade fiscal (ADInMC 1571), falta justa causa para a ação penal pela prática do crime tipificado no art. 1º da L. 8.137/90 – que é material ou de resultado –, enquanto não haja decisão definitiva do processo

LEGISLAÇÃO ESPECIAL

administrativo de lançamento, quer se considere o lançamento definitivo uma condição objetiva de punibilidade ou um elemento normativo de tipo. 2. Por outro lado, admitida por lei a extinção da punibilidade do crime pela satisfação do tributo devido, antes do recebimento da denúncia (L. 9.249/95, art. 34), princípios e garantias constitucionais eminentes não permitem que, pela antecipada propositura da ação penal, se subtraia do cidadão os meios que a lei mesma lhe propicia para questionar, perante o Fisco, a exatidão do lançamento provisório, ao qual se devesse submeter para fugir ao estigma e às agruras de toda sorte do processo criminal. 3. No entanto, enquanto dure, por iniciativa do contribuinte, o processo administrativo suspende o curso da prescrição da ação penal por crime contra a ordem tributária que dependa do lançamento definitivo".

Por ocasião desta decisão paradigma da Corte Suprema, modificações ocorreram quando na apreciação pelas autoridades competentes para a instauração ou não de medidas envolvendo aspectos criminais fundados em fatos tipicamente tributários, vez que o *decisum* acima citado reflete a todo vigor que os princípios e garantias constitucionais eminentes não permitem a antecipação da ação penal baseada num lançamento provisório. Assim sendo, seja o lançamento definitivo uma condição objetiva de punibilidade ou um elemento normativo de tipo, sem a existência daquele não há que se falar em possibilidade da tipicidade da conduta presente no art. 1º da Lei n. 8.137/90, pois àquela assevera quanto à "tributos", estes definidos apenas como passíveis de supressão e/ou redução quando constituídos a termo, isto com a preclusão da possibilidade recursal pelo sujeito passivo da obrigação tributária.

Dessa forma, a condição objetiva de punibilidade do agente, segundo o entendimento do Supremo Tribunal Federal, é a decisão definitiva do procedimento administrativo, à qual, diga-se de passagem, pode julgar improcedente o lançamento até mesmo por vícios formais, deixando intacta a conduta típica. Enfim, o Supremo Tribunal Federal garantiu a necessidade de decisão definitiva sobre lançamento tributário para que se inicie qualquer procedimento criminal contra o sujeito passivo de uma relação jurídico-tributária, impedindo assim a viabilização de ocorrência de julgamentos baseados em montantes tributários provisórios, o qual possibilitaria a condenação criminal por um fato jurídico-tributário ainda não definitivamente constituído e imodificável, o que tornaria a tutela jurisdicional aplicada ao crime incoerente com a realidade fática relativa à tributação.

Dessa forma, conclui-se que o *lançamento é o instrumento de constituição do crédito tributário, mas para que haja a instauração de procedimentos e aplicação de penalidades na esfera criminal, necessário se faz a imutabilidade do crédito*, em consonância ao determinado pelo art. 142 e seguintes do Código Tributário Nacional. Além disso, o afastamento do elemento do tipo da norma do art. 1º da Lei n. 8.137/90 é evidente quando para a apuração de seu fato típico e antijurídico ainda não há tributo exigível, mas apenas uma simples pretensão da Administração Pública ao seu recebimento, já que o contribuinte pode se utilizar de recursos para questionar a exação contra ele imposta. Ademais, o Supremo Tribunal Federal, ao proceder o julgamento do *Habeas Corpus* n. 8.6111/DF pelo seu Tribunal Pleno, reforçou a necessidade do esgotamento das possibilidades recursais pelo sujeito passivo no que tange ao lançamento tributário efetuado para que haja qualquer ato e investigação criminal contra este instaurado. Por fim, a Corte Suprema, novamente em sede de *Habeas Corpus* (n. 86.504/RJ), declarou a nulidade da ação penal por ser deflagrada anteriormente ao exaurimento do processo administrativo constitutivo do crédito tributário.

LEGISLAÇÃO PERTINENTE

- Lei n. 8.137/90, arts. 1º e 2º.

BIBLIOGRAFIA RECOMENDADA

BIBLIOGRAFIA BÁSICA

- DELMANTO, Roberto; DELMANTO JÚNIOR, Roberto; ALMEIDA, Fábio Machado. *Leis Penais Especiais*. 2. ed. São Paulo: Saraiva, 2014.
- GRINOVER, Ada Pellegrini. *Código Brasileiro de Defesa do Consumidor*. 7. ed. Forense Universitária, 2013.
- FRANCO, Paulo Alves. *Estatuto do Desarmamento Anotado*. São Paulo: Saraiva, 2013.

BIBLIOGRAFIA COMPLEMENTAR

- LIMA, Marcellus Polastri. *Juizados Especiais Criminais*. 2. ed. Atlas, 2013.

CRIMINOLOGIA

BRUNO FONTENELE CABRAL Delegado de Polícia Federal lotado na Corregedoria-Geral de Polícia Federal. Atual Chefe substituto do Serviço de Estudo, Legislação e Parecer – SELP/COGER. Ex-analista do Supremo Tribunal Federal lotado no Gabinete do Ministro Joaquim Barbosa. Ex-Chefe substituto da Seção de Agravo de Instrumento da 2ª Turma. Nomeado em 2004 para o cargo de Auditor Fiscal do Trabalho. Aprovado, dentro do número de vagas, para os cargos de Analista do MPOG e analista do TST. Possui graduação em Direito pelo Centro Universitário de Brasília (2002). Autor de 117 artigos publicados. Professor da Academia Nacional de Polícia (ANP).

RAFAEL PINTO MARQUES DE SOUZA Delegado de Polícia Federal. Pós-Graduado em Direito (UCSAL/EMAB). Professor da Academia Nacional de Polícia. Possui diversos cursos de aperfeiçoamento policial ministrados no Brasil e no exterior.

1. CRIMINOLOGIA

QUESTÕES

1. **(Delegado – CESPE – 2013)** Julgue os itens a seguir, relacionados aos modelos teóricos da criminologia.

   a) O surgimento das teorias sociológicas em criminologia marca o fim da pesquisa etiológica, própria da escola ou do modelo positivista.

   b) De acordo com o interacionismo simbólico, ou simplesmente interacionismo, cuja perspectiva é macrossociológica, deve-se indagar como se define o criminoso, e não quem é o criminoso.

   c) O positivismo criminológico caracteriza-se, entre outros aspectos, pela negação do livre arbítrio, pela crença no determinismo e pela adoção do método empírico-indutivo, ou indutivo-experimental, também apresentado como indutivo-quantitativo, embasado na observação dos fatos e dos dados, independentemente do conteúdo antropológico, psicológico ou sociológico, como também a neutralidade axiológica da ciência.

   d) As ideias sociológicas que fundamentam as construções teóricas de Merton e Parsons obedecem ao modelo da denominada sociologia do conflito.

   e) A teoria funcionalista da anomia e da criminalidade, introduzida por Emile Durkheim no século XIX, contrapunha à ideia da propensão ao crime como patologia a noção da normalidade do desvio como fenômeno social, podendo ser situada no contexto da guinada sociológica da criminologia, em que se origina uma concepção alternativa às teorias de orientação biológica e caracterológica do delinquente.

2. **(Delegado – CESPE – 2013)** No que se refere à prevenção da infração penal, julgue os próximos itens.

   a) Ações como controle dos meios de comunicação e ordenação urbana, orientadas a determinados grupos ou subgrupos sociais, estão inseridas no âmbito da chamada prevenção secundária do delito.

   b) As modalidades preventivas nas quais se inserem os programas de policiamento orientado à solução de problemas e de policiamento comunitário, assim como outros programas de aproximação entre polícia e comunidade, podem ser incluídas na categoria de prevenção primária.

   c) Na terminologia criminológica, criminalização primária equivale à chamada prevenção primária.

   d) A prevenção terciária, considerada intervenção tardia e parcial, destina-se exclusivamente à população carcerária, objetivando evitar a reincidência, mas não atua nas condições gerais que favorecem a ocorrência de episódios violentos.

GABARITO COMENTADO

1.

A. ERRADO O surgimento das teorias sociológicas em criminologia **NÃO** marca o fim da pesquisa etiológica. A etiologia do crime ainda é fundamental para se saber a origem do crime. Isso jamais acabou na ciência da Criminologia. A Polícia Federal e os órgãos de segurança continuam a pesquisar a origem, as causas e consequências da atividade criminosa.

B. ERRADO A **TEORIA DO INTERACIONISMO SIMBÓLICO, TEORIA DO *LABELLING APPROACH*, ROTULAÇÃO SO-**

CRIMINOLOGIA

CIAL OU ETIQUETAMENTO representou uma profunda mudança no pensamento criminológico, descentralizando os estudos no fenômeno delitivo em si e passando o enfoque para a reação social proveniente da ocorrência de um determinado delito. Os principais expoentes desta teoria são **ERVING GOFFMAN e HOWARD BECKER**.

O método utilizado é a observação direta e o trabalho de campo. De acordo com essa teoria, não se pode compreender o crime ao se prescindir da própria reação social, do processo social de definição ou seleção de certas pessoas e condutas etiquetadas como delitivas. Podemos dizer que no processo de criminalização do indivíduo existe: o desvio primário, correspondente a primeira ação delitiva do sujeito, que geralmente tem como finalidade resolver alguma necessidade, seja ela econômica ou para acomodar sua conduta às expectativas de um determinado grupo. O desvio secundário, que está ligado à repetição de atos delitivos, especialmente a partir da forçada associação do indivíduo com sujeitos delinquentes. O pensamento central dessa corrente é dizer que uma vez rotulado como "criminoso", o indivíduo dificilmente voltará a se adaptar ao meio social, a prisão cumpre uma função reprodutora, ou seja, a pessoa rotulada como delinquente assume o papel que lhe é consignado.

C. CERTO O positivismo criminológico caracteriza-se, entre outros aspectos, pela negação do livre arbítrio, pela crença no determinismo e pela adoção do método empírico-indutivo, ou indutivo-experimental, também apresentado como indutivo-quantitativo, embasado na observação dos fatos e dos dados, independentemente do conteúdo antropológico, psicológico ou sociológico, como também a neutralidade axiológica da ciência.

D. ERRADO A ideia da Sociologia do Conflito é de Karl Marx.

E. CERTO A teoria funcionalista da anomia e da criminalidade, introduzida por Emile Durkheim no século XIX, contrapunha à ideia da propensão ao crime como patologia à noção da normalidade do desvio como fenômeno social, podendo ser situada no contexto da guinada sociológica da criminologia, em que se origina uma concepção alternativa às teorias de orientação biológica e caracterológica do delinquente.

2.

A. CERTO Ações como controle dos meios de comunicação e ordenação urbana, orientadas a determinados grupos ou subgrupos sociais, estão inseridas no âmbito da chamada prevenção secundária do delito.

B. ERRADO **Prevenção Primária** ressalta a educação, a habitação, o trabalho, a inserção do homem no meio social, a qualidade de vida, como elementos essenciais para a prevenção do crime, elementos estes que operam sempre a longo e médio prazo e se dirigem a todos os cidadãos. São estratégias de política econômica, social e cultural, cujo objetivo primário seria oferecer qualidade de vida ao cidadão, e último seria dotar o cidadão de capacidade social para superar eventuais conflitos de forma produtiva.

Prevenção Secundária atua mais tarde, nem quando nem onde o conflito criminal se produz ou é gerado, mas onde se manifesta ou se exterioriza. Atua a curto e médio prazo e se orienta seletivamente a grupos concretos, ou seja, grupos ou subgrupos que ostentam maiores riscos de padecer ou protagonizar o problema criminal. Exemplo: a política legislativa penal e a ação policial, políticas de ordenação urbana, controle dos meios de comunicação.

Prevenção Terciária tem um destinatário perfeitamente identificável, o recluso, o condenado, e um objetivo certo, qual seja o de evitar a reincidência através de sua ressocialização.

C. ERRADO O item está errado porque os conceitos de criminalização primária e prevenção primária não são equivalentes. Zaffaroni (2003) ensina:

Criminalização Primária: "é o ato e o efeito de sancionar uma lei penal material que incrimina ou permite a punição de certas pessoas".

Criminalização Secundária: "é a ação punitiva (...) quando as agências policiais detectam uma pessoa que se supõe tenha praticado certo ato criminalizado primariamente".

Prevenção Primária ressalta a educação, a habitação, o trabalho, a inserção do homem no meio social, a qualidade de vida, como elementos essenciais para a prevenção do crime, elementos estes que operam sempre a longo e médio prazo e se dirigem a todos os cidadãos. São estratégias de política econômica, social e cultural, cujo objetivo primário seria oferecer qualidade de vida ao cidadão, e último seria dotar o cidadão de capacidade social para superar eventuais conflitos de forma produtiva.

D. CERTO O item está correto porque a prevenção terciária, considerada intervenção tardia e parcial, destina-se exclusivamente à população carcerária, objetivando evitar a reincidência, mas não atua nas condições gerais que favorecem a ocorrência de episódios violentos. A prevenção terciária tem um destinatário perfeitamente identificável, o recluso, o condenado, e um objetivo certo, qual seja o de evitar a reincidência por meio de sua ressocialização.

RAIO-X

- O tema em estudo equivale aos seguintes percentuais das questões de Criminologia:

Cargo	Questões do Tema	%
Delegado	9	7,5%

- A maioria das questões é baseada em:

☒ doutrina ☐ legislação ☐ jurisprudência

IMPORTANTE SABER

- **De acordo com os ensinamentos de Lélio Braga Calhau (2009)**, passa-se a se fazer breves apontamentos sobre criminologia:
- **Criminologia:** é um conjunto de conhecimentos que estudam o fenômeno e as causas da criminalidade, a personalidade do delinquente e sua conduta delituosa e a maneira de ressocializá-lo. É a Ciência que como todas as que abordam algum aspecto da criminalidade deve tratar do delito, do delinquente e da pena.
- **Há três correntes na criminologia:**
  a. Clínica;
  b. Sociológica; e
  c. Jurídica.
- **Criminologia radical** busca esclarecer a relação entre crime e a formação econômico-social, tendo como conceitos fundamentais relações de produção e as questões de poder econômico e político.
- **Criminologia da reação social:** é definida como uma atividade intelectual que estuda os processos de criação das normas penais e das normas sociais que estão relacionados com o comportamento desviante.
- **Criminologia organizacional:** compreende os seguintes fenômenos: a) formação de leis, b) infração às leis e c) reação às violações das leis.
- **Criminologia clínica:** destina-se ao estudo dos casos particulares com a finalidade de estabelecer diagnósticos e prognósticos de tratamento, numa identificação entre a delinquência e a doença.
- **Objeto da moderna criminologia:** é o crime, suas circunstâncias, seu autor, sua vítima e o controle social. Deverá orientar a política criminal na prevenção especial e direta dos crimes socialmente relevantes, na intervenção relativa às suas manifestações e aos seus efeitos graves para determinados indivíduos e famílias. Deverá orientar também a Política social na prevenção geral e indireta das ações e omissões que, embora não previstas como crimes, merecem a reprovação máxima.
- **Cesare Lombroso (1876):** Sua tese principal era a do delinquente nato. Já existiram várias tendências causais na criminologia. A criminologia deveria procurar a causa do delito na sociedade. Para erradicar o delito, deveríamos encontrar a eventual causa no próprio criminoso e não no meio. Investiga as características do criminoso nato (delinquente possui determinados traços morfológicos).
- **Comportamento humano:** Um dos aspectos da Criminologia são os distúrbios da personalidade. Exemplos:
  a. Neuroses;
  b. Psicoses;
  c. Personalidades psicopáticas;
  d. Transtornos da sexualidade ou parafilias.
- **Neuroses:** são estados mentais da pessoa humana, que a conduzem à ansiedade, a distúrbios emocionais como: medo, raiva, rancor, sentimentos de culpa. Pode-se afirmar que as neuroses são afecções muito difundidas, sem base anatômica

CRIMINOLOGIA

conhecida e que, apesar de intimamente ligadas à vida psíquica do paciente, não lhe alteram a personalidade como as psicoses, e consequentemente se acompanham de consciência penosa e frequentemente excessiva do estado mórbido.

- **Psicoses:** são conjuntos de doenças caracterizadas por distúrbios emocionais do indivíduo e sua relação com a realidade social e o convívio em sociedade. Exemplos:

a. Psicoses paranoicas: são transtornos mentais marcados por concepções delirantes permitindo manifestações de autofilia e egocentrismo, conservando-se claros pensamentos, vontade e ações. Os paranoicos fantasiam, e nos seus delírios relacionam o seu bem-estar ou a dor com as pessoas que lhes rodeiam, atribuindo a estas a causa de seu estado. Temos como exemplos, a paranoia do ciúme, a de perseguição, a erótica.

b. Psicose maníaco-depressiva: é marcada por crises de excitação psicomotora e estado depressivo. A fase maníaca é caracterizada por hiperatividade motora e psíquica, com agitação e exaltação da afetividade e do humor. O maníaco não permanece quieto, é eufórico. A melancólica ou depressiva caracteriza-se pela inibição ou diminuição das funções psíquicas e motoras. O indivíduo apresenta um quadro marcado pela tristeza, pessimismo, sentimento de culpa. As tentativas de suicídio são frequentes nesta fase melancólica

c. Psicose carcerária: é decorrente da privação da liberdade do indivíduo submetido a estabelecimentos carcerários que não dispõem, em sua grande maioria, de condições adequadas de espaço, iluminação e alimentação. A pessoa acometida deste mal manifesta a síndrome crepuscular de Ganser, apresentando sintomas com as seguintes características: estranhas alterações da conduta motora e verbal do indivíduo que, quando interrogado, encerra-se em impenetrável mutismo ou passa a exibir respostas, como se estivera acometido de um estado deficitário orgânico, não raro acompanhado de sintomas depressivos ou catatônicos.

- **Personalidade psicopática:** é caracterizada por uma distorção do caráter do indivíduo. Os indivíduos acometidos por tal personalidade geralmente apresentam o seguinte quadro característico:

a. Inteligentes,

b. Amorais,

c. Inconstantes,

d. Insinceros;

e. Ausência de vergonha e remorso;

f. Egocêntricos,

g. Inclinados a condutas mórbidas.

- **Tipos de personalidade psicótica:**

a. Explosivos ou epileptoides: são indivíduos que manifestam em seu comportamento a habitualidade de um estado colérico, raivoso, agressivo, tanto verbalmente como fisicamente.

b. Perversos ou amorais: Os perversos ou amorais são maldosos, cruéis, destrutivos. Tais características revelam-se precocemente em crianças, nas tendências à preguiça, inércia, indocilidade, impulsividade, indiferença, propensos à criminalidade infantojuvenil. Na fase adulta, o indivíduo possui grau elevado de inteligência, podendo ser observadas mentiras, calúnias, delações, furtos, roubos.

c. Fanáticos e os mitomaníacos: Os fanáticos tendem a um ânimo constante de euforismo, extrema exaltação daquilo que desejam. Lutam por seus ideais de forma impulsiva, sem limites, sem controle. São capazes de praticar qualquer ato delinquente na busca incessante por seus objetivos. Os mitomaníacos, por sua vez, são acometidos de um desequilíbrio da inteligência no tocante à realidade. São propensos à mentira, à simulação, à fantasia. Conseguem distorcer, de forma quase convincente, a realidade dos fatos, podendo chegar a extremos de delírios e devaneios.

- **Sexualidade anômala ou transtornos da sexualidade:** são distúrbios caracterizados por degeneração psíquica ou por fatores orgânicos glandulares.

a. Sadismo (algolagnia ativa): é transtorno sexual em que o indivíduo inflige sofrimentos físicos à parceira para obter o prazer sexual.

b. Masoquismo (algolagnia passiva): é transtorno sexual em que o indivíduo só consegue sentir prazer sexual ao sofrer, ao ser humilhado.

c. Pedofilia: é a parafilia caracterizada pela atração por parceiros sexuais crianças ou adolescentes.

d. Vampirismo: é a aberração na qual a gratificação é alcançada com o degenerado sugando o sangue de seu parceiro sexual.

e. Necrofilia: trata-se de transtorno caracterizado por prática de relações sexuais com cadáver.

- **História natural do delito:** O crime, por incrível que pareça, não é necessariamente nocivo para o sistema social, o que faz Durkheim apontar a funcionalidade do crime. Durkheim promoveu a despatologização do crime e assinalou o funcionalismo do crime e da pena. O crime é indispensável à evolução normal da moral e do direito. É fator de saúde pública. É fundamental o legado de Durkheim para se entender o crime, o criminoso e o castigo nas sociedades contemporâneas. Sua teoria sistêmica veio contrariar o determinismo positivo lombrosiano dominante à sua época.

- **Delito:** é a representação dos conflitos sociais mais agudos, por agredir sentimentos como a moral e ética social.
- **Premissa do Crime:** é o fato social. A premissa do crime é o fato social, porque este sintetiza a tipicidade, a antijuridicidade e a culpabilidade, sem que a recíproca se mostre verdadeira. É o fato social que controla e catalisa a punibilidade, marca registrada do crime ou delito. Fato social, ou seja: atitude, comportamento ou realidade intrinsecamente cativos ou persuasivos na vida de relação dos indivíduos.Como fenômeno jurídico (ou antijurídico, pouco importa), depende o crime, para subsistir, da resistência que lhe opõe a ordem social estabelecida.
- **3 (três) conceitos de delito:**

  a. Material: está vinculado ao ato que possui danosidade social ou que provoque lesão a um bem jurídico.

  b. Formal: está ligado ao fato de existir uma lei penal que descreva determinado ato como infração criminal.

  c. Analítico: expõe os elementos estruturais e aspectos essenciais do conceito de crime.
- **Criminologia moderna:** não mais se assenta no dogma de que convivemos em uma sociedade consensual. Pelo contrário, vivemos em uma sociedade conflitiva. Não basta afirmar que crime é o conceito legal. Isso não explica tudo e não ajuda em quase nada na percepção da origem do crime. O crime é complexo, ele pode ter origens das mais diversas como o excessivo desnível social de uma localidade, defeitos hormonais, ou problemas de ordem psíquica.
- **Criminologia moderna:** busca se antecipar aos fatos que precedem o conceito jurídico-penal de delito. O Direito Penal só age após a execução (ex.: tentativa) ou na consumação do crime. A Criminologia busca entender a dinâmica do crime e intervir nesse processo com o intuito de dissuadir o agente de praticar o crime, o que pode ocorrer das mais variadas formas.
- **Sociologia criminal:** já utiliza outro parâmetro, bastante em voga na atualidade: o de conduta desviada ou desvio. Esse critério utiliza como paradigma as expectativas da sociedade.
- **Condutas desviadas:** são aquelas que infringem o padrão de comportamento esperado pela população num determinado momento. É um conceito que não se confunde com o de crime, mas que o abrange. Podemos definir o desvio como o que não está em conformidade com determinado conjunto de normas aceitas por um número significativo de pessoas de uma comunidade ou sociedade. Desvio e crime não são sinônimos. O conceito de desvio é mais vasto do que o de crime, que se refere apenas à conduta inconformista que viola uma lei. Muitas formas de comportamento desviante não são sancionadas pela lei. O conceito de desvio pode aplicar-se tanto ao comportamento do indivíduo, como às atividades dos grupos. O conceito de desvio tem íntima relação com a política de controle da criminalidade conhecida como tolerância zero. O controle da criminalidade naquele modelo começa na repressão de condutas desviadas.
- **Delinquente:** O delito foi o objeto principal de estudo da Escola Clássica criminal. Foi com o surgimento da Escola Positiva que houve um giro de estudo, abandonando-se a centralização na figura do crime e passando o núcleo das pesquisas para a pessoa do delinquente.
- **Escola Positiva:** surgiu no contexto de um acelerado desenvolvimento das ciências sociais (Antropologia, Psiquiatria, Psicologia, Sociologia, Estatística etc.). Esse fato determinou de forma significativa uma nova orientação nos estudos criminológicos. Ao abstrato individualismo da Escola Clássica, a Escola Positiva opôs a necessidade de defender mais enfaticamente o corpo social contra a ação do delinquente, priorizando os interesses sociais em relação aos indivíduos.
- **Psicologia Criminal:** destina-se a estudar a personalidade do criminoso. A personalidade refere-se, usualmente, aos processos estáveis e relativamente coesos de comportamento, pensamento, reação e experiência, que são característicos de uma determinada pessoa. Por intermédio dessas características poderemos compreender e até prever grande parte do comportamento do indivíduo. O estudo da personalidade das pessoas em conflito com a lei pode contribuir efetivamente para se entender o fenômeno criminal. Uma das maiores contribuições criminológicas que a Psicologia pode dar nesse sentido é ajudar na criação de programas que auxiliem a redução da *reincidência criminal*, campo que ainda não foi explorado totalmente.

- **Escola Penal:** o elenco de soluções típicas do problema penal abrangendo-o em todos os seus aspectos principais, quais sejam: o delinquente, a responsabilidade penal, o crime e a pena.
- **Escola Clássica, idealista, filosófico-jurídica, crítico-forense:** é individualista e liberal, considerando o crime fenômeno jurídico e a pena, meio retributivo. Para a Escola Clássica, a pena é um mal imposto ao indivíduo que merece um castigo de uma falta considerada crime, que voluntária ou conscientemente, cometeu.
- **Escola Positiva:** é determinista e defensivista, encarando o crime como fenômeno social e a pena como meio de defesa da sociedade e de recuperação do indivíduo. Para a Escola Positiva, o crime é um fenômeno natural e social, e a pena meio de defesa social. Enquanto os clássicos aceitam a responsabilidade moral, para os positivistas todo homem é responsável, porque vive e enquanto vive em sociedade (responsabilidade legal ou social).
- **Escola Intermediária:** embora acolhendo o princípio da responsabilidade moral, a escola não aceita que a responsabilidade moral fundamente-se no livre arbítrio, substituindo-o pelo "determinismo psicológico". Desta forma, a sociedade não tem o direito de punir, mas somente o de defender-se nos limites do justo.
- **Escola da Nova Defesa Social:** depois da 2ª Guerra Mundial, reagindo ao sistema unicamente retributivo, surge a Escola do Neodefensivismo Social. Segundo seus postulados, não visa punir a culpa do agente criminoso, apenas proteger a sociedade das ações delituosas. Essa concepção rechaça a ideia de um direito penal repressivo, que deve ser substituído por sistemas preventivos e por intervenções educativas e reeducativas, postulando não uma pena para cada delito, mas uma medida para cada pessoa.

  a. Finalidades da pena:

  i. Não é exclusivamente de natureza retributiva, visando também a tutelar os membros da sociedade;

  ii. É imposta para a ressocialização do criminoso;

  iii. A máquina judiciária criminal deve ter em mira o homem, no sentido de que a execução da pena tenha um conteúdo humano.

- **Finalidade das penas:**

  a. Teoria Retributiva: parte do princípio autoritário de que a pena é sempre merecida pelo infrator. A sanção penal é essencialmente retributiva, porque opera causando um mal ao transgressor. Destina-se à reposição do *status quo ante* por meio da reposição, indenização ou da restituição. A pena tem como fim fazer Justiça, nada mais. A culpa do autor deve ser compensada com a imposição de um mal, que é a pena, e o fundamento da sanção estatal está no questionável livre arbítrio, entendido como a capacidade de decisão do homem para distinguir entre o justo e o injusto. Na teoria retributiva, a pena encontra seu fundamento somente em sua referência ao delito. Assim como a boa ação merece reconhecimento, a má ação requer reprovação e compensação.

  b. Teorias Relativas: baseiam a pena por seus efeitos preventivos. Distinguem dois tipos deprevenção: a geral, e a especial.

  i. Prevenção Geral: é a intimidação, ameaça com sanções os prováveis infratores. **Dispõe-se a intimidar todos os membros da comunidade** jurídica pela ameaça da pena.

  ii. Prevenção Especial: atua diretamente sobre o autor da violação penal, para que não volte a delinquir, tentando corrigir os que são possíveis de ressocialização e isolar os irrecuperáveis. **Dirige-se exclusivamente ao delinquente**, para que este não volte a delinquir.

  c. Teorias Mistas ou **Sincréticas:** mesclam as retributivas e as relativas, afirmando que a pena é retribuição, sem olvidar dos fins preventivos (buscam reunir em um conceito único os fins da pena). As teorias mistas ou sincréticas acolhem a retribuição e o princípio da culpabilidade como critérios limitadores da intervenção da pena.

- **Fatores condicionantes: biológicos, psicológicos e sociais:**

  a. Lombroso (1876): entendia ser possível detectar no criminoso determinados sinais de natureza física e psíquica. Esses sinais caracterizariam o chamado criminoso nato (forma da calota craniana e da face, dimensões do crânio, maxilar inferior proeminente, sobrancelhas fartas, molares muito salientes, orelhas grandes e deformadas, corpo assimétrico, grande envergadura dos braços, mãos e pés, pouca sensibilidade à dor, crueldade, leviandade, tendência à superstição, precocidade sexual etc.). Os sinais indicariam um regresso atávico, tendo em conta sua clara aproximação com as formas humanas primitivas. Ademais, Lombroso intentou demonstrar uma ligação entre a epilepsia e a insanidade moral. Percebe-se claramente o conteúdo determinista das teorias lombrosianas, o qual conduziria a importantes conclusões e consequências para a Política Criminal.

b. Crítica a Lombroso: Lombroso foi criticado por estudos posteriores que comprovaram a inexistência de indícios seguros a demonstrarem qualquer diferença fisiológica, física ou psíquica entre homens que perpetraram atos criminosos e indivíduos cumpridores da lei.

- **Teorias Estrutural-Funcionalistas:** afirmam que o crime é produzido pela própria estrutura social, inclusive exercendo certa função no interior do sistema, de maneira que não deve ser visto como uma anomalia ou moléstia social.
- **Teoria da Associação Diferencial:** segundo essa construção teórica, a criminalidade, a exemplo de qualquer outro modelo de comportamento humano, é aprendida conforme as convivências específicas às quais o sujeito se expõe em seu ambiente social e profissional.
- **Teoria das Subculturas Criminais:** sujeito aprenderia o crime de acordo com sua convivência em certos ambientes, assumindo as características de determinados grupos aos quais estaria preso por uma aproximação voluntária, ocasional ou coercitiva. Dessa forma, tal teoria teria a vantagem de poder explicar a criminalidade das classes baixas tanto quanto a das classes altas. Nesse processo de convívio – aprendizado – os infratores menos privilegiados praticariam usualmente os mesmos crimes, uma vez que estariam conectados ao convívio de pessoas de seu nível social e só teriam oportunidade de aprender essas determinadas espécies de condutas delitivas, não lhes sendo possibilitado o acesso a conhecimentos e condicionamentos que os tornassem aptos a outras condutas mais sofisticadas. De outra banda, os mais abastados teriam acesso ao aprendizado de outras modalidades criminosas ligadas naturalmente ao seu meio social.
- **Teoria das Técnicas de Neutralização:** (Gresham M. Sykes e David Matza). Trata-se de uma correção da Teoria das Subculturas Criminais, mediante a complementação implantada pelo acréscimo dos estudos das "técnicas de neutralização". Estas seriam maneiras de promover a racionalização da conduta marginal, as quais seriam apreendidas e usadas lado a lado com os modelos de comportamento e valores desviantes, de forma a neutralizar a atuação eficaz dos valores e regras sociais, aos quais o delinquente, de uma forma ou de outra, adere. Na verdade, aquele indivíduo que vive mergulhado em uma subcultura criminal não perde totalmente o contato com a cultura oficial e, de alguma forma, sofre a influência e presta reconhecimento a algumas de suas regras.
- **Técnicas de neutralização:**

a. Exclusão da própria responsabilidade: o infrator enxerga-se como vítima das contingências, surgindo muito mais como sujeito passivo quanto ao seu encaminhamento para o agir criminoso.

b. Negação da ilicitude: o criminoso interpreta suas atuações apenas como proibidas, mas não criminosas, imorais ou destrutivas, procurando redefini-las com eufemismos.

c. Negação da vitimização: a vítima da ação delituosa é apontada como merecedora do mal ou do prejuízo que lhe foi impingido.

d. Condenação dos que condenam: atribuem-se qualidades negativas às instâncias oficiais responsáveis pela repressão criminal.

e. Apelo às instancias superiores: sobre valorização conferida a pequenos grupos marginais a que o desviado pertence, aderindo às suas normas e valores alternativos, em prejuízo das regras sociais normais. Note-se que a mais destacável "técnica de neutralização" é a própria criação de uma subcultura. Esta é a maior ensejadora de abrandamentos de consciência e defesas contra remorsos, na medida em que o apoio e aprovação por parte de outras pessoas integrantes do grupo, ocasionam um sentimento de integração que não se poderia obter no seio da sociedade calcada nas normas e valores oficiais.

- **Criminologia Crítica:** é com ela que se leva a efeito o abandono da mais constante premissa da Criminologia Tradicional, qual seja, aquela de ser o crime uma realidade ontologicamente reificada. A partir das ideias trazidas à tona pela revisão criminológica crítica, o crime passa a ser visto como uma realidade meramente normativa, moldada pelo Sistema Social responsável pela edição, vigência e aplicação das leis penais. Por reflexo disso o criminoso deixa de ser encarado como um "anormal" e o crime como manifestação patológica. A explicação para a criminalidade é agora procurada no desvelar da atuação do Sistema Penal que a define e reage contra ela, iniciando pelas normas abstratamente previstas, até chegar à efetiva atuação das agências oficiais de repressão e prevenção que aplicam as leis. Vislumbra-se que a indicação de alguém como criminoso é dependente da ação ou omissão das agências estatais responsáveis pelo controle social. Percebe-se que muitos indivíduos praticantes de atos desviantes não são tratados como criminosos, até que sejam alcançados pela atuação das referidas agências, as quais são pautadas por uma conduta e exercem um papel altamente seletivo. Ser ou não ser criminoso é algo que não está ligado à presença ou não de alguma doença ou anormalidade, mas sim ao fato de haver ou não o indivíduo sido retido pelas malhas das agências seletivas que agem baseadas em orientações normativas e sociais. Propõem as Teorias da Criminologia Radical o abandono do velho modelo etiológico, visando erigir um novo paradigma crítico do Sistema Penal, inclusive propiciando um sério questionamento de sua legitimidade.

- **Criminologia Crítica:** é caracterizada por certo matiz marxista, pois parte da ideia de que o Sistema Punitivo é construído e funciona com apoio em uma ideologia da sociedade de classes. Dessa forma, seu principal objetivo longe estaria da defesa social ou da preocupação com a criação ou manutenção de condições para um convívio harmônico entre as pessoas. O verdadeiro fim oculto de todo Sistema Penal seria a sustentação dos interesses das classes dominantes. Qualquer instrumento repressivo de controle social revelaria a atuação opressiva de umas classes sobre as outras. Por isso, seria o Direito Penal elitista e seletivo, recaindo pesadamente sobre os pobres e raramente atuando contra os integrantes das classes dominantes, os quais, aliás, seriam aqueles que redigem as leis e as aplicam. O Direito é visto como absolutamente despido de qualquer finalidade de transformação social. Ao contrário, é encarado como um instrumento de manutenção e reforço do "status quo" social, conservando e alimentando desigualdades pelo exercício de um poder de dominação e força. Impõe-se uma conscientização da gigantesca diferença de intensidade da atuação do Direito Penal sobre setores desvalidos da sociedade, enquanto apresenta-se bastante leniente e omisso perante condutas gravíssimas ligadas às classes dominantes.
- **"Teoria do Labeling Approach" ou "Teoria da Reação Social":** o "Labeling Approach" ou "etiquetamento" indica que um fato só é tomado como criminoso após a aquisição desse "status" por meio da criação de uma lei que seleciona certos comportamentos como irregulares, de acordo com os interesses sociais. Em seguida, a atribuição a alguém da pecha (etiqueta) de criminoso depende novamente da atuação seletiva das agências estatais. Passa a ser objeto de estudo da Criminologia a descoberta dos mecanismos sociais responsáveis pela definição dos desvios e dos desviantes; os efeitos dessa definição e os atores que interagem nessas complexas relações. Deixa-se de lado a ilusão do crime como entidade natural pré-jurídica e do criminoso como portador de anomalias físicas ou psíquicas. Essa nova linha de reflexões produz uma derrocada no mito do Sistema Penal como recuperador dos desviados. Contrariamente, entende-se que a atuação rotuladora do Sistema Penal exerce forte pressão para a permanência do indivíduo no papel social (marginal e marginalizado) que lhe é atribuído. O sujeito estigmatizado ao invés de se recuperar, ganharia um reforço de sua identidade desviante. Na realidade, o Sistema Penal assim concebido passa a ser entendido como um criador e reprodutor da violência e da criminalidade.
- **Nova Criminologia:** põe em cheque a ideia de que as normas de convívio social derivam de certo consenso em torno de valores e objetivos comuns. Aí está o ponto de contato com a "Sociologia do Conflito" (Karl Marx), que apregoa ser tal concepção uma mera ficção erigida com a finalidade de legitimar a ordem social. Na realidade, essa ordem social seria produto não de consenso, mas do conflito de interesses de grupos antagônicos, prevalecendo a vontade daqueles que lograram exercer maior dominação.
- **Condicionantes Biológicos:**

a. Fatores bioquímicos: os estudos neste grupo causal procuram dosar alguma substância possivelmente envolvida com o comportamento violento, como por exemplo, o colesterol, a glicose, hormônios e alguns neurotransmissores.

b. Fatores neurológicos: os estudos associam desordens do comportamento com eventuais alterações cerebrais, essencialmente no hemisfério esquerdo. Os estudos parecem apontar na identificação das disfunções neuropsicológicas relacionadas ao comportamento violento estar presente no lobo frontal e nos lobos temporais.

c. Fatores psicofisiológicos: o enfoque psicofisiológico baseia-se essencialmente na avaliação da função cerebral (fisiopatologia), como por exemplo, a Atividade Elétrica da Pele, o Eletroencefalograma e o Eletrocardiograma, trabalhando, sobretudo em contexto laboratorial.

- **Condicionantes Psicológicos:**

a. Personalidade: é a síntese de todos os elementos que concorrem para a conformação mental de uma pessoa. Na constituição da personalidade interferem ou atuam múltiplas variáveis de ordem biopsíquica (constituição biopsíquica) somadas às experiências vividas *(integração)*.

b. A estrutura da personalidade é integrada por:

i. Tipo morfológico: conformação básica;

ii. Tipo temperamental: disposição emocional básica;

iii. Caráter: conjunto de experiências vividas.

c. Personalidades Patológicas

i. Oligofrenias: atrasos ou debilidades mentais são insuficiências congênitas, caracterizadas pelo não desenvolvimento da inteligência; diferem das demências, caracterizadas por deterioração da inteligência normalmente desenvolvida.

ii. Alienações: são alterações psíquicas que tornam o indivíduo impossibilitado de manter uma vida normal e de participar da vida em sociedade (vida coletiva e social), resultando daí as designações alienação ou alienados.

iii. Demências: são caracterizadas por um enfraquecimento (deterioração) intelectual progressivo, global e incurável. Podem ser exemplificadas pelas senis (arteriosclerose, demência e Alzheimer) e pelos traumatismos.

iv. Personalidades Psicopáticas: as determinadas por conduta anormal, social ou não (*reação antissocial*). São indivíduos cronicamente antissociais, sempre em dificuldades, que não tiram proveito das experiências vividas, nem das punições sofridas e que não mantém lealdade real a qualquer pessoa, grupo ou código. Apresenta ausência de sentimentos, incluindo sentimento de culpa, tendência à impulsividade, agressividade, falta de motivação e intolerância à frustração. Normalmente são religiosos. São semi-imputáveis, em regra. Os criminosos em série geralmente são psicopatas.

v. Personalidade Delinquente: os indivíduos com personalidade delinquente são portadores de defeitos graves de caráter, quase sempre estruturados e geralmente irreversíveis. Considerados delinquentes essenciais, primários ou verdadeiros, são também conhecidos como portadores de personalidades dissociais.

vi. Neuroses: manifestam-se por alterações frequentes, geralmente sem base anatômica conhecida, que não alteram a personalidade. Caracterizam-se por perturbações afetivas, inadaptação à realidade e sensação de insuficiência afetiva e social, dentre outras. São exemplificadas por *distúrbios neurovegetativos* (azia, dor e/ou batedeira no peito etc.), doenças *psicossomáticas* (gastrite, colite etc.), fobias (medo de altura, de pontas, de aranha etc.), *histeria, angústia e compulsão,* dentre outras. As pessoas portadoras de neuroses são pessoas capazes, pois a personalidade está preservada.

- **Condicionantes Sociais:**

A "condição social" abarca uma gama de características, quais sejam:

a. Condição econômica – renda insuficiente ou inexistente (oportunidade de trabalho);

b. Formação de caráter – estrutura familiar na qual foi criado e na qual vive atualmente, (educação-escola / creche);

c. Condições dignas de moradia – habitação com infraestrutura adequada (ser humano);

- **Classificação dos Criminosos:**

a. Impetuosos: agem em curto-circuito, por amor à honra, sem premeditação, fruto de uma anestesia momentânea do senso crítico. Dentre os delitos que praticam, relacionam-se principalmenteo crime passional e alguns tipos de assassinatos e de agressão física. Em geral é um criminoso honesto, principalmente quando se trata de um delito passional dos amantes, dos maridos e das mulheres traídas.

b. Ocasionais: são os levados pelas condições pessoais e influências do meio. Os fatores têm muito peso. Os delitos que mais praticam são o furto e o estelionato.

c. Habituais: são aqueles cujos marginais são incapazes de readquirir uma existência honesta. A emenda é a exceção. Cometem toda a sorte de delitos como assaltos, tráfico de drogas e assassinatos em série.

d. Fronteiriços: não são propriamente doentes mentais e também não são normais. Apresentam permanentes deformidades do senso ético-moral, distúrbio de afeto e da sensibilidade cujas alterações psíquicas os levam ao delito. A característica principal dos criminosos fronteiriços é a extrema frieza e insensibilidade moral com que tratam as vítimas.

e. Loucos Criminosos: os delitos que praticam podem ser divididos em dois grandes grupos:

i. Aqueles que agem graças a um processo lento e reflexivo

ii. Aqueles que agem por impulso momentâneo.

- **Vitimologia:** o estudo científico da extensão, natureza e causas da vitimização criminal, suas consequências para as pessoas envolvidas e as reações àquela pela sociedade, em particular pela polícia e pelo sistema de justiça criminal, assim como pelos trabalhadores voluntários e colaboradores profissionais. A definição abrange tanto a vitimologia penal quanto a geral ou vitimologia orientada para a assistência.

- A **vulnerabilidade** da vítima decorre de diversos fatores (de ordem física, psicológica, econômica e outras), o que faz com que o **risco de vitimização** seja diferencial, para cada pessoa e delito. Nesse sentido, o exame dos recursos sociais efetivos da vítima também deve ser levado em conta.
- **Vítimas:**
- **Tipologia das Vítimas (Classificações de Benjamín Mendelsohn)**

a. Vítima completamente inocente ou vítima ideal: é a vítima inconsciente que se colocaria em 0% absoluto da escala de Mendelsohn. E a que nada fez ou nada provocou para desencadear a situação criminal, pela qual se vê danificada. Ex.: incêndio.

b. Vítima de culpabilidade menor ou vítima por ignorância: neste caso se dá certo impulso involuntário ao delito. O sujeito por certo grau de culpa ou por meio de um ato pouco reflexivo causa sua própria vitimização. Ex.: mulher que provoca um aborto por meios impróprios pagando com sua vida, sua ignorância.

c. Vítima tão culpável como o infrator ou vítima voluntária: aquelas que cometem suicídio jogando coma sorte. Ex.: roleta russa, suicídio por adesão, vítima que sofre de enfermidade incurável e que pede que a matem, não podendo mais suportar a dor (eutanásia) a companheira (o) que pactua um suicídio; os amantes desesperados; o esposo que mata a mulher doente e se suicida.

d. Vítima mais culpável que o infrator:

i. Vítima provocadora: aquela que por sua própria conduta incita o infrator a cometer a infração. Tal incitação cria e favorece a explosão prévia à descarga que significa o crime.

ii. Vítima por imprudência: é a que determina o acidente por falta de cuidados. Ex.: quem deixa o automóvel mal fechado ou com as chaves no contato.

e. Vítima mais culpável ou unicamente culpável.

i. Vítima infratora: cometendo uma infração o agressor cai vítima exclusivamente culpável ou ideal, trata-se do caso de legitima defesa, em que o acusado deve ser absolvido.

ii. Vítima simuladora: o acusador que premedita e irresponsavelmente joga a culpa ao acusado, recorrendo a qualquer manobra com a intenção de fazer justiça num erro.

- As vítimas podem ser classificadas em três grandes grupos para efeitos de aplicação da pena ao infrator:

a. Primeiro grupo: vítima inocente: não há provocação nem outra forma de participação no delito, mas sim puramente vitimal.

b. Segundo grupo: estas vítimas colaboraram na ação nociva e existe uma culpabilidade recíproca, pela qual a pena deve ser menor para o agente do delito (vítima provocadora)

c. Terceiro grupo: são as vítimas as que cometem por si a ação nociva e o não culpado deve ser excluído de toda pena.

- **Direitos das vítimas:** consistem em tratamento justo e respeito à sua dignidade e privacidade; proteção contra agressor; informação sobre a tramitação processual, e garantia de presença em corte; acesso ao acusador público; restituição das coisas indevidamente tomadas ou apreendidas; informação sobre a condenação, a sentença, a prisão e a libertação do agressor.
- **Prevenção do Delito:** A base da sistemática prevencionista está no conceito de Criminologia Prevencionista.
- **Criminologia Prevencionista:** é uma ciência humana e social que estuda o homem criminoso e os fatores criminógenos ou causas que contribuem para a formação de seu caráter perigoso e/ou antissocial. Além disso, estuda a criminalidade, como o conjunto de criminosos e seus crimes, numa determinada região e num determinado tempo, suas geratrizes, sua nocividade ou periculosidade e suas oscilações em decorrência de medidas que se programem contra ela. Ademais, estuda a solução, que só poderá ser alcançada em nível de segurança pública e paz social, pela prevenção do crime.
- **Princípios Básicos da Criminologia Prevencionista:**

a. Existencialismo absoluto da relação causa-efeito

b. Só pela prevenção será possível neutralizar as causas ou fatores criminógenos.

c. A solução para o problema criminal está em transformar o mau caráter para bom caráter.

- **Política Criminal de Prevenção do Delito**
- **Prevenção do delito:** constitui um objetivo importante do sistema penal. A prevenção do delito representa uma das funções mais importantes e tradicionais da polícia.
- **Políticas criminais para a prevenção de delitos:**

a. Investimentos em pesquisas sistemáticas: que coloquem suas conclusões à disposição dos segmentos da sociedade, preocupados com a qualidade de vida humana e com a redução nos níveis de violência;

b. Prevenção primária: através de programas político-sociais que se orientem para a valorização da cidadania, dando atendimento às necessidades básicas como emprego, educação, saúde, habitação, lazer etc.

c. Reestruturação urbana dos espaços conflitivos: por meio de alterações positivas no habitat físico e ambiental, com implicações na ativa prevenção do delito e dos riscos para o delinquente, porém, fomentando-se atitudes positivas de solidariedade e responsabilidade, pois a barreira física apenas leva a outros delitos e ao desenvolvimento de técnicas ofensivas mais elaboradas;

d. Prevenção de reincidência dos condenados através da ressocialização: apesar de ser um programa de tratamento, indiretamente também é preventivo devido à enorme reincidência – há muito mais delitos que delinquentes;

e. Substitutivos penais para os infratores eventuais de crimes sem gravidade;

f. Ações públicas e comunitárias dirigidas ao jovem grupo mais vulnerável à criminalidade em geral;

g. Desenvolvimento de pesquisas independentes de vitimização;

h. Campanhas de prevenção vitimária, articuladas pelos meios de comunicação, de mudança de comportamento das pessoas integrantes dos chamados "grupos de risco", potencialmente sujeitas a vitimização;

i. Programas de mudança de mentalidade da polícia e da sociedade em geral sobre a necessidade de reportagem dos crimes para a redução da criminalidade oculta;

j. Programas de sensibilização e solidariedade à vítima, especialmente dos crimes sexuais;

k. Reavaliação do conteúdo disciplinar das escolas de formação de policiais (civil e militar), dando maior ênfase às humanidades; e

l. Implantação definitiva da polícia comunitária.

- **Tipos de prevenção:**

a. Prevenção primária: ressalta a educação, a habitação, o trabalho, a inserção do homem no meio social, a qualidade de vida, como elementos essenciais para a prevenção do crime, elementos estes que operam sempre a longo e médio prazo e se dirigem a todos os cidadãos. São estratégias de política econômica, social e cultural, cujo objetivo primário seria oferecer qualidade de vida ao cidadão e por último seria dotar o cidadão de capacidade social para superar eventuais conflitos de forma produtiva.

b. Prevenção secundária: atua mais tarde, nem quando nem onde o conflito criminal se produziu é gerado, mas onde se manifesta ou se exterioriza. Opera a curto e médio prazo e se orienta seletivamente a grupos concretos, ou seja, grupos ou subgrupos que ostentam maiores riscos de padecer ou protagonizar o problema criminal. Exemplos: a política legislativa penal e a ação policial, políticas de ordenação urbana e controle dos meios de comunicação.

c. Prevenção terciária: tem um **destinatário perfeitamente identificável, o recluso, o condenado,** e um objetivo certo, qual seja o de evitar a reincidência através de sua ressocialização.

- **Programas de prevenção:**

a. Prevenção sobre áreas geográficas: é nos núcleos urbanos industrializados que se identifica a concentração dos mais elevados índices de criminalidade, por serem áreas muito deterioradas, pobres de infraestrutura e com significativos níveis de desorganização social.

b. Prevenção dirigida à reflexão axiológica: seria a revisão de atitudes, de valores e de pautas de comportamento. Para evitar certos comportamentos no futuro, faz-se necessário substituir os valores sociais que os sustentam no presente. A criminalidade dos jovens e crianças é um exemplo, pois o crime é aprendido, segundo a teoria do Aprendizado Social (ou da Associação Diferencial).

c. Prevenção do delito de inspiração político-social: Segundo Durkheim, o crime é um fato social. O homem não vive num ambiente de eleição, mas sujeito a uma ordem imposta, estabelecendo-se assim as condições para a produção do crime. Introduzindo a teoria da anomia, Durkheim explica que o crime é uma manifestação de um desregulamento social. O crime é fruto da estimulação de desejos decorrentes da modernização. Merton (1957) reformulou a teoria de Durkheim trazendo uma nova abordagem. Segundo ele, a motivação para a delinquência decorreria da impossibilidade de o indivíduo atingir as metas desejadas por ele, como o sucesso econômico. Esse modelo de explicação funcionalista consiste em reportar o crime a uma possível contradição entre estrutura social e estrutura cultural.

d. Prevenção vitimária: é a prevenção a partir da vítima, verificando a sua potencial vitimal. A partir da consciência do papel ativo da vítima na dinâmica do delito, a prevenção vitimária sugere uma intervenção nos grupos de vítimas potenciais que ostentam, por diversos motivos, tais como condição social, física, idade, sexo ou origem, maiores riscos de sofrerem agressões.

- **Histórico das penas:**

a. Idade Média: com o fortalecimento da Igreja Católica, são criados o Santo Ofício e a Inquisição, tendo como finalidade caçar os inimigos da fé católica através de um processo sem contraditório, no qual o acusador e o juiz eram a mesma pessoa (presente ainda hoje no inquérito policial).

b. Ostentação dos suplícios (séculos XVII e XVIII): tornou-se comum o uso do corpo do condenado para demonstrar o poder do soberano num espetáculo de suplício em praça pública, buscando o medo e o testemunho das pessoas, sendo a pena de morte para aqueles crimes mais graves antecipada pela aplicação de uma série de técnicas para aumentar a dor e o sofrimento do sujeito.

c. Iluminismo: Em meados do século XVIII, há o desenvolvimento de um conjunto de críticas àquele sistema punitivo cruel e irracional, momentos em que se clamou pelo humanismo e por um necessário limite ao Estado. Trata-se de um movimento que teve como base o Contratualismo, desenvolvido por Rousseau, Hobbes e Locke, e que influenciou autores dentro do direito penal. A 'escola clássica', como estes ficaram conhecidos, inclui Carrara, Feuerbach e, principalmente, Beccaria que, no seu livro "Dos delitos e das penas", critica a pena de morte, a denúncia anônima, a tortura, os crimes de perigo abstrato, dentre outras práticas desumanas da época.

d. Positivismo: é considerada a primeira escola de Criminologia. Com a Revolução Industrial no século XIX, o desenvolvimento do capitalismo e das ciências naturais, bem como o aumento da criminalidade, nasce o estudo científico do crime e, principalmente, do criminoso. Com o amparo científico de se possibilitar a identificação do criminoso pela sua aparência e conduta, o direito penal se vê legitimado a punir condutas que possam exteriorizar esta periculosidade, modelando-se a um "***direito penal do autor***", ou seja, ***pune-se pelo que o sujeito é e não pelo que ele fez***, sendo o crime um sintoma de um "estado do autor", sempre inferior ao das demais pessoas consideradas normais.

e. Escola de Chicago: principalmente nas décadas de 30 e 40, foi o berço da moderna sociologia americana e uma das primeiras a desenvolver trabalhos criminológicos diferentes do positivismo, tendo como seus principais autores Park, Shaw e Burgess.

- **Teoria da anomia:** Trata-se da ausência de reconhecimento dos valores inerentes a uma norma, fazendo com que esta perca sua coercitibilidade, pois o agente não reconhece legitimidade na sua imposição, considerando assim o crime um fenômeno normal na sociedade, pois sempre, em determinado momento, haverá alguém que não conheça a autoridade da norma. Isto acaba sendo funcional, pois é necessário constantemente se analisar e refletir sobre os valores normatizados face às mudanças sociais. Segundo Durkheim, a divisão do trabalho na sociedade capitalista não respeita as aptidões de cada um, o que não produz solidariedade, fazendo com que a vontade do homem se eleve ao dever de cumprir a norma. Para ele, anormal não é o crime, mas o seu incremento ou sua queda, pois sem ele a sociedade permaneceria imóvel, primitiva, sem perspectivas. Durkheim afirma que a pena é relevante, sendo uma reação necessária que atualiza os sentimentos coletivos e recorda a vigência de certos valores e normas. Já segundo Merton, anomia é o sintoma do vazio produzido quando os meios socioestruturais não satisfazem as expectativas culturais da sociedade, fazendo com que a falta de oportunidades leve à prática de atos irregulares, muitas das vezes ilegais, para atingir a meta cobiçada. Os dois pontos principais da teoria da anomia são a desmistificação do crime. O outro ponto é o alerta quanto à valorização do consumo desregrado, processo no qual somos bombardeados por promessas de felicidade e sucesso se comprarmos o produto certo.

- **Teoria do conflito:** parte da premissa de que o crime é um fato político, ou seja, o crime não existe como fato natural, mas sim pela desobediência a uma norma elaborada através de decisões políticas, as quais geralmente refletem ou defendem os interesses da classe dominante, sendo a lei um instrumento de controle social que visa satisfazer esses interesses. Essa teoria desmistifica o conceito de que, por vivermos numa democracia, as leis produzidas e as decisões tomadas por nossos governantes são a princípio legítimas, por representarem a vontade e os interesses do povo. Acreditar em tal premissa seria no mínimo ingenuidade. Isso se dá principalmente pelo fato de que quem se encontra no poder, lá deseja permanecer e porque camadas marginais sempre foram um incômodo. Assim, verifica-se uma relação de conflito permanente, onde a lei e a pena seria tão somente um novo grau deste mesmo conflito de poder, onde as autoridades agem mediante a criação, interpretação e aplicação coativa das normas.

- **Teorias do processo social:** (Sutherland)

  Teoria da aprendizagem social ou associação diferencial: O crime é um hábito adquirido, uma resposta a situações reais que o sujeito aprende com o contato com valores, atitudes e pautas de condutas criminais no curso de processos de interação com seus semelhantes, dependendo do grau de intimidade dos contatos e sua frequência.

  b. Teoria do etiquetamento (*labellingapproach*): a desviação é uma qualidade atribuída por processos de interação altamente seletivos e discriminatórios. O objeto de seu estudo não é o crime e nem o criminoso, mas sim os processos de criminalização, ou seja, os critérios utilizados pelo sistema penal no exercício do controle social para definir o desviado como tal. Este estudo se inicia com a constatação de um fenômeno denominado cifra negra, que representa o número de crimes que são efetivamente praticados e que não aparecem nas estatísticas oficiais, o que demonstra que apesar de todos nós já termos praticado algum crimes na vida (ameaça, crime contra a honra, apropriação indébita de um livro) observa-se que apenas uma pequena parcela dos delitos serão investigados e levarão a um processo judicial que repercute em uma condenação criminal. Com isso, o risco de ser etiquetado, ou seja, "aparecer no claro das estatísticas", não depende da conduta, mas da situação do indivíduo na pirâmide social. Por isso o sistema penal é seletivo, pois funciona segundo os estereótipos do criminoso, os quais são confirmados pelo próprio sistema.

- **Política de tolerância zero:** em Nova York é criada a política de tolerância zero para combater a criminalidade. Uma das principais características desta política é o maior rigor na punição de crimes menores para prevenir crimes mais graves, ferindo, na maioria das vezes, o princípio da proporcionalidade. Nesse modelo americano que muitas vezes é alardeado como único remédio contra a criminalidade, percebe-se uma política seletiva e excludente, que funciona apenas como instrumento de controle social, repercutindo no Brasil, em face de inexistência de investimentos materiais no sistema, em normas penais simbólicas, repressivas e irracionais.

- **Abolicionismo penal (Louk Hulsman):** verificando a seletividade do direito penal, a falência da pena privativa de liberdade e o mito da imparcialidade do juiz, essa teoria defende que o sistema penal deve ser abolido e o conflito entregue de volta à sociedade para que as partes possam compô-la. Como já constatado pela cifra negra, a maior parte dos crimes não são descobertos ou ficam impunes e, ainda assim, a sociedade sobrevive. Os malefícios causados por um sistema penal seletivo recaem com todo o seu peso sobre um desafortunado, uma vez que tal violência não trará qualquer benefício para a coletividade, pelo contrário, apenas aumentará a exclusão. Por isso, segundo o abolicionismo, todo o sistema penal deve ser abolido para que a sociedade possa solucionar seus próprios conflitos através de juntas de conciliação, associações de bairros e lides na esfera civil.

- **Garantismo penal (Luigi Ferrajoli):** buscando um meio-termo, é edificada uma teoria de constitucionalização do direito penal chamada garantismo penal. Essa teoria diz que, apesar da crise do sistema penal, sua inexistência seria muito mais prejudicial. O garantismo penal concorda com todas as críticas feitas pelo abolicionismo, acreditando que este fez, de fato, um excelente diagnóstico, porém pecou no prognóstico, pois sem o sistema penal retornaríamos à vingança. Ele defende que, para se legitimar o sistema penal, este deve estar fundamentado segundo os princípios de um Estado Democrático de Direito e segundo os preceitos contratualistas do iluminismo, tendo como fim limitar o seu poder punitivo através de um direito penal mínimo, sendo uma garantia do indivíduo contra os possíveis arbítrios do Estado.

- **Teorias justificativas da pena:** ao longo da história, surgiram várias teorias que tentaram definir o fundamento da pena:

  a. Teoria absoluta: presente na Idade Média, entende a pena como um instrumento de castigo, aplicado tão somente para retribuir o mal causado pelo delito. Posteriormente, já no Estado burguês, a pena visava retribuir a desordem à ordem pública.

  b. Teoria relativa da prevenção geral: para a escola clássica, a pena é um instrumento de intimidaçao, usado para inibir os demais membros da sociedade a praticarem crimes.

CRIMINOLOGIA

c. Teoria relativa da prevenção especial: Origina-se com o Positivismo. Segundo essa teoria, a pena é dirigida ao condenado, visando a sua ressocialização, intimidação ou neutralização, quando incorrigível.

d. Teoria mista: Busca conjugar todas as outras teorias.

e. Teoria garantista: Visa substituir a vingança privada.

- **História da pena de prisão:**

a. Até o século XIX a prisão funcionava, na maioria das vezes, de forma cautelar, para conter o sujeito que aguardava a sua sentença ou a aplicação da pena propriamente dita.

b. No Direito Canônico foi criada a penitência do claustro, a qual deu origem à expressão penitenciária.

c. Na Idade Média havia a prisão de Estado, voltada para os inimigos do poder.

d. Nos séculos XVI e XVII foram muito utilizadas as penas de galés, nas quais o criminoso era condenado a trabalhos forçados, preso em correntes.

- **Sistema carcerário:**

a. Segundo o art. 1º da Lei de Execução Penal (Lei n. 7.210/84), o nosso ordenamento adotou a teoria relativa da prevenção especial, segundo a qual a pena deve buscar a ressocialização do condenado.

- **Criminalização primária:** é o ato e o efeito de sancionar uma lei penal material que incrimina ou permite a punição de certas pessoas.
- **Criminalização secundária:** é a ação punitiva exercida *in concreto* sobre as pessoas.
- **Vitimização primária:** processo pelo qual uma pessoa sofre de modo direto ou indireto os efeitos nocivos derivados do crime ou fato traumático, sejam esses materiais (ex.: prejuízo econômico de um roubo) ou psíquicos (ex.: transtornos por estresse pós-traumático).
- **Vitimização secundária:** abrange os custos pessoais derivados da intervenção do sistema legal que, paradoxalmente, os padecimentos da vítima (ex.: a dor que causa a ela reviver a cena do crime ao declará-lo perante o juiz; o sentimento de humilhação que experimenta quando a defesa do acusado a culpa com o argumento que foi ela própria que com sua conduta provocou o delito; o impacto traumatizante que podem causar na vítima os interrogatórios policiais, o exame médico-forense ou o reencontro com o agressor em juízo etc.).
- **Vitimização terciária:** é o conjunto de custos da penalização sobre quem a suporta pessoalmente ou sobre terceiros (ex.: preso que sofre tortura ou é vítima de erro judiciário).
- Art. 8º da Lei de Execução Penal: O condenado ao cumprimento de pena privativa de liberdade, em regime fechado, será submetido a exame criminológico para a obtenção dos elementos necessários a uma adequada classificação e com vistas à individualização da execução. Parágrafo único. Ao exame de que trata este artigo poderá ser submetido o condenado ao cumprimento da pena privativa de liberdade em regime semiaberto.
- No art. 5º, inciso XLVI, da Constituição Federal, encontra-se positivado o princípio da individualização da pena. Em linhas gerais, essa norma determina que as sanções impostas aos infratores devem ser personalizadas e particularizadas de acordo com a natureza e as circunstâncias dos delitos e à luz das características pessoais do infrator. Assim, as penas devem ser justas e proporcionais, vedado qualquer tipo de padronização.
- Com base no princípio da individualização da pena, o STF proferiu julgamentos de grande repercussão nacional em matéria criminal. Na jurisprudência atual da Suprema Corte, não têm sido toleradas normas legais que usurpem do juiz a possibilidade de individualizar a pena de acordo com o caso concreto.
- No bojo do HC 82.959-7, relatado pelo Min. Marco Aurélio, sagrou-se vencedora a tese de que é inconstitucional o § 2º do art. 2º da Lei n. 8.072/90, que, em sua redação original, vedava a progressão de regime em crimes hediondos. Para a Suprema Corte, em certos casos, é possível que pessoa condenada por crime hediondo, por apresentar bom comportamento carcerário e mérito individual, faça jus aos regimes prisionais semiabertos e abertos, respectivamente.
- No âmbito do HC 97256/RS, o Plenário, por seis votos a quatro, entendeu que a norma contida no art. 44 da Lei de Drogas, ao proibir a concessão de penas restritivas de direitos aos condenados pelos crimes de tráfico, violou a da individualização da pena, pois é vedado ao legislador subtrair dos magistrados o poder-dever de aplicar a sanção mais adequada e suficiente para punir o réu.

LEGISLAÇÃO PERTINENTE

- Lei n. 7.210/84 (Lei de Execução Penal) – art. 8º

- CF/88, art. 5º, XLVI
- STF: HC 82.959-7 e HC 97.256/RS

BIBLIOGRAFIA RECOMENDADA

BIBLIOGRAFIA BÁSICA

- CABRAL, Bruno Fontenele. *"Zero tolerance". Efetividade da aplicação de políticas de tolerância zero nas escolas norte-americanas.* Jus Navigandi, Teresina, ano 16, n. 2751, 12 jan. 2011. Disponível em: <http://jus.com.br/artigos/18252>. Acesso em: 29 mar. 2014.

BIBLIOGRAFIA COMPLEMENTAR

- CALHAU, Lélio Braga. *Resumo de Criminologia.* Col. Síntese Jurídica, 8. ed. Impetus, 2013.
- RUBIN, Daniel Sperb. *Janelas quebradas, tolerância zero e criminalidade.* Jus Navigandi, Teresina, ano 8, n. 62, 1 fev. 2003. Disponível em: <http://jus.com.br/artigos/3730>. Acesso em: 29 mar. 2014.
- SÁ, Alvino Augusto. *Algumas considerações psicológicas sobre a vítima e a vitimização.* Disponível em: <http://www.novacriminologia.com.br/artigos/leiamais/default.asp?id=2114>. Acesso em: 29 mar. 2014.

PROCESSO PENAL

BRUNO FONTENELE CABRAL

Delegado de Polícia Federal lotado na Corregedoria-Geral de Polícia Federal. Atual Chefe substituto do Serviço de Estudo, Legislação e Parecer – SELP/COGER. Ex-analista do Supremo Tribunal Federal lotado no Gabinete do Ministro Joaquim Barbosa. Ex-Chefe substituto da Seção de Agravo de Instrumento da 2ª Turma. Nomeado em 2004 para o cargo de Auditor Fiscal do Trabalho. Aprovado, dentro do número de vagas, para os cargos de Analista do MPOG e analista do TST. Possui graduação em Direito pelo Centro Universitário de Brasília (2002). Autor de 117 artigos publicados. Professor da Academia Nacional de Polícia (ANP).

RAFAEL PINTO MARQUES DE SOUZA

Delegado de Polícia Federal. Pós-Graduado em Direito (UCSAL/EMAB). Professor da Academia Nacional de Polícia. Possui diversos cursos de aperfeiçoamento policial ministrados no Brasil e no exterior.

1. INQUÉRITO POLICIAL

QUESTÕES

1. **(Agente – CESPE – 2009 – adaptada)** Julgue os itens subsequentes quanto à prisão em flagrante, prova e inquérito policial.
   a) O término do inquérito policial é caracterizado pela elaboração de um relatório e por sua juntada pela autoridade policial responsável, que não pode, nesse relatório, indicar testemunhas que não tiverem sido inquiridas
   b) No inquérito policial, o ofendido, ou seu representante legal, e o indiciado poderão requerer qualquer diligência, que será realizada, ou não, a juízo da autoridade.
2. **(Agente – CESPE – 2009 – adaptada)** Acerca do inquérito policial, julgue os itens que se seguem.
   a) O inquérito policial tem natureza judicial, visto que é um procedimento inquisitório conduzido pela polícia judiciária, com a finalidade de reunir elementos e informações necessárias à elucidação do crime.
   b) Depois de ordenado o arquivamento do inquérito pela autoridade judiciária, por falta de base para a denúncia, a autoridade policial não poderá proceder a novas pesquisas se de outras provas tiver notícia, salvo com expressa autorização judicial.
3. **(Agente – CESPE – 2004 – adaptada)** Julgue os seguintes itens, referentes a inquérito policial.
   a) Considere a seguinte situação hipotética: um promotor de justiça requereu o arquivamento de um inquérito policial fundamentado na prescrição da pretensão punitiva. Nessa situação, caso o juiz discorde, considerando improcedentes as razões invocadas, deverá encaminhar os autos a outro promotor para que este ofereça a denúncia.
   b) O inquérito policial é público, não podendo a autoridade policial impor sigilo, ainda que necessário à elucidação do fato.
4. **(Escrivão – CESPE – 2004 – adaptada)** Acerca do inquérito policial, julgue o item subsequente.
   - O prazo para a conclusão do inquérito policial referente a crimes de competência da justiça federal é de 10 dias, se o réu estiver preso, e de 30 dias, se estiver em liberdade.
5. **(Agente – CESPE – 2004 – adaptada)** Com relação ao inquérito policial, julgue o seguinte item.
   - Verificando que o fato evidentemente não constitui crime, o delegado poderá mandar arquivar o inquérito policial, desde que o faça motivadamente.
6. **(Escrivão – CESPE – 2002 – adaptada)** No que diz respeito ao Estatuto da Criança e do Adolescente, ao inquérito policial e à legislação relativa a entorpecentes, julgue os itens seguintes.
   a) Se, no curso de um inquérito policial, o advogado do indiciado protocolizar petição com virulentas ofensas contra o juiz da causa, em virtude da atuação deste, deverá o delegado responsável pela investigação, de ofício e imediatamente, instaurar novo inquérito para apurar o crime contra a honra do magistrado em razão da função.
   b) Se, ao final do inquérito policial, o delegado ficar convencido de que o ato foi inequivocamente praticado em situação de legítima defesa, deverá lançar relatório minucioso das investigações nos autos e, em seguida, arquivá-los; nesse caso, o inquérito poderá ser desarquivado, desde que surjam novas provas.

7. **(Delegado – CESPE – 2002 – adaptada)** Em cada um dos itens subsequentes, é apresentada uma situação hipotética relativa ao inquérito policial, seguida de uma assertiva a ser julgada.

a) O órgão do Ministério Público Federal requereu o arquivamento de inquérito policial relatado, sob o fundamento de que o fato suficientemente apurado não constituía crime, era atípico. O juiz federal acolheu o pedido e determinou o arquivamento dos autos. Nessa situação, e de acordo com o STF, a decisão que deferiu o arquivamento faz coisa julgada, não podendo serem desarquivados os autos e ser instaurada ação penal, mesmo diante de outros elementos de prova que venham a surgir posteriormente.

b) A autoridade policial recebeu uma *notitia criminis* anônima imputando a um indivíduo a prática de crimes de concussão. Nessa situação, apesar do princípio da obrigatoriedade, caberá à autoridade policial preliminarmente proceder com cautela às investigações preliminares, no sentido de apurar a verossimilhança das informações recebidas, para, havendo indícios da ocorrência dos ilícitos penais, instaurar o procedimento regular (inquérito policial).

c) Instaurado inquérito policial para apurar crime de homicídio e a sua autoria, o órgão do MP requereu ao juiz a reprodução simulada da infração penal, diligência que foi deferida com a devolução dos autos à delegacia. Nessa situação, caberá à autoridade policial notificar o suposto autor do ilícito penal a participar da reconstituição simulada dos fatos, sob pena de ser autuado em flagrante pela prática do crime de desobediência.

8. **(Delegado – CESPE – 2004 – adaptada)** Com relação ao direito processual penal, julgue os itens subsequentes.

a) No inquérito policial em que figure como indiciado um inimigo do delegado de polícia responsável pelas investigações, o Ministério Público oporá exceção de suspeição em relação a esse delegado.

b) Considere que o delegado de polícia de determinada circunscrição tenha ordenado diligências em outra, sem ter expedido carta precatória, requisições ou solicitações. Nessa situação, não houve nulidade no inquérito policial respectivo.

9. **(Escrivão de Polícia Federal – CESPE – DPF/2013)** Acerca do inquérito policial, julgue os itens seguintes.

a) O valor probatório do inquérito policial, como regra, é considerado relativo, entretanto, nada obsta que o juiz absolva o réu por decisão fundamentada exclusivamente em elementos informativos colhidos na investigação.

b) O princípio que rege a atividade da polícia judiciária impõe a obrigatoriedade de investigar o fato e a sua autoria, o que resulta na imperatividade da autoridade policial de instaurar inquérito policial em todos os casos em que receber comunicação da prática de infrações penais. A ausência de instauração do procedimento investigativo policial enseja a responsabilidade da autoridade e dos demais agentes envolvidos, nos termos da legislação de regência, vez que resultará em arquivamento indireto de peça informativa.

c) A conclusão do inquérito policial é precedida de relatório final, no qual é descrito todo o procedimento adotado no curso da investigação para esclarecer a autoria e a materialidade. A ausência desse relatório e de indiciamento formal do investigado não resulta em prejuízos para persecução penal, não podendo o juiz ou órgão do Ministério Público determinar o retorno da investigação à autoridade para concretizá-los, já que constitui mera irregularidade funcional a ser apurada na esfera disciplinar.

10. **(Delegado de Polícia Federal – CESPE – DPF/2013)** Em cada um dos itens, é apresentada uma situação hipotética, seguida de uma assertiva a ser julgada em relação ao inquérito policial e suas peculiaridades, às atribuições da Polícia Federal e ao sistema probatório no processo penal brasileiro.

a) No curso de inquérito policial presidido por delegado federal, foi deferida a interceptação telefônica dos indiciados, tendo sido a transcrição dos dados em laudo pericial juntada em apenso aos autos do inquérito, sob segredo de justiça. Encaminhado o procedimento policial ao Poder Judiciário, o juiz permitiu o acesso da imprensa ao conteúdo dos dados da interceptação e a sua divulgação, sob o fundamento de interesse público à informação. Nessa situação hipotética, independentemente da autorização judicial de acesso da imprensa aos dados da interceptação telefônica, a divulgação desse conteúdo é ilegal e invalida a prova colhida, uma vez que o procedimento em questão, tanto na fase inquisitorial quanto na judicial, é sigiloso, por expressa regra constitucional.

b) Um homem penalmente capaz foi preso e autuado em flagrante pela prática de tráfico ilícito de entorpecentes. Ao final do processo-crime, o juiz da causa determinou a juntada do laudo toxicológico definitivo, o que não ocorreu. Nessa situação, de acordo com a jurisprudência do STJ, não poderá o juiz proferir sentença condenatória valendo-se apenas do laudo preliminar da substância entorpecente.

c) Uma quadrilha efetuou ilegalmente diversas transações bancárias na modalidade de saques e transferências eletrônicas em contas de inúmeros clientes de determinada agência do Banco do Brasil. A instituição financeira ressarciu todos os clientes lesados e arcou integralmente com os prejuízos resultantes das fraudes perpetradas pelo grupo. Nessa situação hipotética, cabe à Polícia Federal a instauração do inquérito policial, porquanto a ela compete, com exclusividade, a apuração de crimes praticados contra bens e serviços da União.

d) Um delegado da Polícia Federal instaurou inquérito policial, mediante portaria, para investigar a conduta de deputado federal suspeito da prática de crimes contra a administração pública. Intimado para oitiva nos autos, o parlamentar impetrou *habeas corpus* contra o ato da autoridade policial, sob o argumento de usurpação de competência originária do STF. Nessa situação hipotética, assiste razão ao impetrante, visto que, para a instauração do procedimento policial, é necessário que a autoridade policial obtenha prévia autorização da Câmara dos Deputados ou do STF.

e) José foi indiciado em inquérito policial por crime de contrabando e, devidamente intimado, compareceu perante a autoridade policial para interrogatório. Ao ser indagado a respeito de seus dados qualificativos para o preenchimento da primeira parte do interrogatório, José arguiu o direito ao silêncio, nada respondendo. Nessa situação hipotética, cabe à autoridade policial alertar José de que a sua recusa em prestar as informações solicitadas acarreta responsabilidade penal, porque a lei é taxativa quanto à obrigatoriedade da qualificação do acusado.

f) Uma quadrilha, em determinado lapso temporal, realizou, em larga escala, diversos roubos de cargas e valores transportados por empresas privadas em inúmeras operações interestaduais, o que ensejou a atuação da Polícia Federal na coordenação das investigações e a instauração do competente inquérito policial. Nessa situação hipotética, findo o procedimento policial, os autos deverão ser remetidos à justiça estadual, pois a atuação da Polícia Federal não transfere à justiça federal a competência para processar e julgar o crime.

11. (Agente de Polícia Federal – CESPE – DPF/2012) Com base no direito processual penal, julgue o item que se segue.

- O Código de Processo Penal determina expressamente que o interrogatório do investigado seja o último ato da investigação criminal antes do relatório da autoridade policial, de modo que seja possível sanar eventuais vícios decorrentes dos elementos informativos colhidos até então bem como indicar outros elementos relevantes para o esclarecimento dos fatos.

12. (Agente de Polícia Federal – CESPE – DPF/2012) Com base no direito processual penal, julgue o item que se segue.

- Como o sistema processual penal brasileiro assegura ao investigado o direito de não produzir provas contra si mesmo, a ele é conferida a faculdade de não participar de alguns atos investigativos, como, por exemplo, da reprodução simulada dos fatos e do procedimento de identificação datiloscópica e de reconhecimento, além do direito de não fornecer material para comparação em exame pericial.

13. (Escrivão de Polícia Federal – CESPE – DPF/2013) No curso de uma investigação federal de grande porte, o juízo federal autorizou medida de busca e apreensão de bens e documentos, conforme descrito em mandado judicial, atendendo a representação da autoridade policial. Na realização da operação, houve dificuldade de identificação e de acesso ao imóvel apresentado na diligência, por estar situado em zona rural.

Nesse mesmo dia, no entanto, durante a realização de outras diligências empreendidas no curso de operação policial de grande porte, os agentes chegaram ao sobredito imóvel no período noturno. Apresentaram-se, então, ao casal de moradores e proprietários do bem, realizando a leitura do mandado, com a exibição do mesmo, obedecendo às demais formalidades legais para o cumprimento da ordem judicial. Desse modo, solicitaram autorização dos moradores para o ingresso no imóvel e realização da diligência.

Considerando a situação hipotética acima, julgue os próximos itens, com base nos elementos de direito processual.

a) Na execução regular da diligência, caso haja suspeita fundada de que a moradora oculte consigo os objetos sobre os quais recaia a busca, poderá ser efetuada a busca pessoal, independentemente de ordem judicial expressa, ainda que não exista mulher na equipe policial, de modo a não retardar a diligência.

b) Existindo o consentimento do marido para a entrada dos policiais no imóvel, com oposição expressa e peremptória da esposa, o mandado não poderá ser cumprido no período noturno, haja vista a necessidade de consentimento de ambos os cônjuges e moradores.

GABARITO COMENTADO

1.

A. ERRADO A autoridade policial está obrigada a consignar no relatório as testemunhas que não foram inquiridas e o local onde podem ser encontradas, sendo conveniente informar, também, os motivos que ensejaram o não cumprimento da diligência (art. 10, § 2º, do CPP).

B. CERTO É o que determina o art. 14 do CPP. Vale lembrar que o Ministério Público e o juiz poderão requisitar à autoridade policial a realização de diligências, que deverão ser cumpridas.

2.

A. ERRADO O inquérito policial é procedimento de natureza eminentemente administrativa, conduzido pelos órgãos policiais que integram o Poder Executivo, mas controlado externamente pelo Ministério Público, sob a supervisão do Poder Judiciário.

B. ERRADO Não há necessidade de autorização judicial, conforme ditame do art. 18 do CPP ("depois de ordenado o arquivamento do inquérito pela autoridade judiciária, por falta de base para a denúncia, a autoridade policial poderá proceder a novas pesquisas, se de outras provas tiver notícia").

3.

A. ERRADO Nesse caso, o juiz, que é fiscal do princípio da obrigatoriedade da ação penal, deverá aplicar o art. 28 do CPP, remetendo os autos do inquérito ao respectivo procurador-geral de justiça, que poderá adotar uma das seguintes providências: a) requisitar à polícia a realização de diligências; b) manter o arquivamento, obrigando o juiz a arquivar os autos; c) designar outro promotor de justiça para oferecer a denúncia por delegação, oficiando o promotor de justiça de maneira obrigatória.

B. ERRADO O sigilo no inquérito policial deverá ser observado como forma de garantia de apuração da verdade real e de preservação da intimidade, da vida privada, da honra e da imagem do investigado, resguardando-se, dessa forma, o princípio constitucional da presunção da inocência (art. 5º, X e LVII, da CF/88).

O art. 20 do CPP dispõe que: "A autoridade assegurará no inquérito o sigilo necessário à elucidação do fato ou exigido pelo interesse da sociedade". **O advogado, no entanto, pode ter acesso aos autos do inquérito, não existindo sigilo absoluto do procedimento.**

Comentário extra: Dispõe o enunciado da Súmula vinculante 14 do STF: "É direito do defensor, no interesse do representado, ter acesso amplo aos elementos de prova que, já documentados em procedimento investigatório realizado por órgão com competência de polícia judiciária, digam respeito ao exercício do direito de defesa".

4. ERRADO O prazo é de 15 dias nos casos de indiciado preso (art. 66 da Lei n. 5.010/66). Nos casos de indiciado solto, o prazo é de 30 dias para a conclusão do inquérito policial, aplicando-se analogicamente a segunda parte do art. 10 do CPP.

5. ERRADO O inquérito policial jamais poderá ser arquivado pela autoridade policial, conforme preceitua o art. 17 do CPP.

6.

A. ERRADO A instauração do inquérito policial não poderia ter se dado de ofício. Tratando-se de crime contra a honra, o inquérito deve ser instaurado a requerimento do ofendido. Contudo, considerando que a ofensa foi praticada contra magistrado em razão do seu ofício, o inquérito policial também pode ser instaurado mediante requisição ministerial, após representação do magistrado (art. 5º, §§ 4º e 5º, do CPP e art. 145, *caput* e parágrafo único, do CP).

B. ERRADO O erro na assertiva é em razão de que o inquérito policial jamais pode ser arquivado por decisão da autoridade policial (art. 17 do CPP).

7.

A. CERTO O STF entende que o arquivamento do inquérito policial com base em atipicidade, excludente de culpabilidade ou excludente de punibilidade, fazem coisa julgada formal e material (HC 84.156/MT e 80.560/GO).

Ao contrário, o arquivamento fundamentado em eventual excludente de ilicitude não se mantém diante do aparecimento de novas provas, fazendo apenas coisa julgada formal (HC 95.211/ES).

B. CERTO O STF firmou o entendimento de que, apesar do anonimato, a delação anônima pode dar ensejo a abertura de um procedimento de verificação preliminar que, a depender do resultado e diante da verossimilhança das alegações, pode ser apto a revestir de justa causa a instauração de inquérito policial.

Nessa linha de raciocínio, a denúncia anônima não pode ensejar a imediata instauração de inquérito policial, salvo quando instruída com documentos produzidos pelo próprio acusado ou quando estes mesmos constituírem o corpo de delito.

C. ERRADO A reprodução simulada dos fatos (art. 7º do CPP) é diligência que está em harmonia com o princípio da verdade real que norteia o direito processual penal brasileiro. Porém, em razão do princípio constitucional da presunção de inocência ou da não culpabilidade, o indiciado não está obrigado a participar da reconstituição do crime, pois ninguém pode ser obrigado a produzir prova contra si ("*Nemo tenetur se detegere*").

8.

A. ERRADO Conforme ditame do art. 107 do CPP, não se poderá opor suspeição às autoridades policiais nos atos do inquérito, mas elas deverão se declarar suspeitas quando ocorrer motivo legal. A razão do dispositivo é justamente porque as autoridades policiais não possuem competência jurisdicional.

B. CERTO Inexiste nulidade, pois as autoridades policiais não estão submetidas às regras de competência jurisdicional *ratione loci*.

9.

A. CERTO "Art. 155. O juiz formará sua convicção pela livre apreciação da prova produzida em contraditório judicial, não podendo fundamentar sua decisão exclusivamente nos elementos informativos colhidos na investigação, ressalvadas as provas cautelares, não repetíveis e antecipadas. Apesar da redação da lei dizer que o juiz não deve decidir com base nos elementos exclusivos do inquérito policial, o entendimento doutrinário e jurisprudencial é que o juiz não pode condenar exclusivamente com base nessas provas, pois não foram submetidas ao contraditório e a ampla defesa, mas ele pode absolver com base nesses mesmos elementos".

B. ERRADO O Delegado de Polícia não é obrigado a instaurar o inquérito policial em todos os casos em que receber a notícia crime, como exemplo, podemos citar os requerimentos que podem ser indeferidos pelo delegado. Art. 5º, § 2º: *Do despacho que indeferir o requerimento de abertura de inquérito caberá recurso para o chefe de Polícia.*

C. CERTO A questão é polêmica. O relatório policial, assim como o próprio inquérito que ele arremata, não é peça indispensável para o oferecimento da denúncia (STF – Tribunal Pleno. Inq. 2.245/MG. Rel. Min. Joaquim Barbosa. j. 28-8-2007.)

Todavia, o fato de não haver nulidade não significa dizer que o MP ou o próprio juiz estejam impedidos de determinar a remessa dos autos para que a autoridade policial faça o que ela tem que fazer em função do princípio da oficiosidade.

10.

A. ERRADO A divulgação do conteúdo da interceptação para a imprensa, ainda que através de ordem judicial, é manifestamente ilegal. Contudo, tal ato não tornaria ilícito ou invalida a prova, somente sujeitando o responsável pela divulgação às sanções penais e administrativas cabíveis.

B. CERTO Esse é o entendimento do STJ: *HABEAS CORPUS*. IMPETRAÇÃO ORIGINÁRIA. SUBSTITUIÇÃO AO RECURSO ESPECIAL CABÍVEL. IMPOSSIBILIDADE. RESPEITO AO SISTEMA RECURSAL PREVISTO NA CARTA MAGNA. NÃO CONHECIMENTO. 1. Nos termos do inciso III do art. 105 da Constituição Federal, o Superior Tribunal de Justiça é competente para julgar, em recurso especial, as causas decididas, em única ou última instância, pelos Tribunais Regionais Federais ou pelos tribunais dos Estados, do Distrito Federal e Territórios, nas hipóteses descritas de forma taxativa nas suas alíneas *a*, *b* e *c*. 2. Com o intuito de homenagear o sistema criado pelo Poder Constituinte Originário para a impugnação das decisões judiciais, necessária a racionalização da utilização do *habeas corpus*, o qual não deve ser admitido para contestar decisão contra a qual exista previsão de recurso específico no ordenamento jurídico. 3. Em se tratando de direito penal, destinado a recuperar as mazelas sociais e tendo como regra a imposição de sanção privativa de liberdade, o direito de locomoção, sempre e sempre, estará em discussão, ainda que de forma reflexa. Tal argumento, entretanto, não pode mais ser utilizado para que todas as matérias que envolvam a *persecutio criminis in judictio* até a efetiva prestação jurisdicional sejam trazidas para dentro do *habeas corpus*, cujas limitações cognitivas podem significar, até mesmo, o tratamento inadequado da providência requerida. 4. Tendo em vista que a impetração aponta como ato coator acórdão proferido por ocasião do julgamento de apelação criminal, contra a qual seria cabível a interposição do recurso especial, depara-se com flagrante utilização inadequada da via eleita, circunstância que impede o seu conhecimento. 5. Como o *writ* foi impetrado antes da alteração do entendimento jurisprudencial desta Corte Superior de Justiça, o alegado constrangimento ilegal será enfrentado para que se analise a possibilidade de eventual concessão de *habeas corpus* de ofício. TRÁFICO DE ENTORPECENTES (ARTIGO 33, COMBINADO COM O ARTIGO 40, INCISO IV, AMBOS DA LEI N. 11.343/2006). ALEGADA FALTA DE COMPROVAÇÃO DA MATERIALIDADE DELITIVA. SENTENÇA CONDENATÓRIA PROFERIDA SEM A JUNTADA DO LAUDO TOXICOLÓGICO DEFINITIVO. CONSTRANGIMENTO ILEGAL EVIDENCIADO. CONCESSÃO DA ORDEM DE OFÍCIO. 1. **Conquanto para a admissibilidade da acusação seja suficiente o laudo de constatação provisória, exige-se a presença do laudo definitivo para que seja prolatado um édito repressivo contra o denunciado pelo crime de tráfico de entorpecentes.** 2. No caso dos autos, **tem-se que o paciente foi condenado sem que fosse anexado ao feito o indispensável laudo definitivo, o que é causa de nulidade absoluta do processo, e não de absolvição, como pretendido pela impetrante.** Precedentes. 3. *Writ* não conhecido. Ordem concedida de ofício para anular a sentença condenatória, determinando-se a juntada do laudo toxicológico definitivo, abrindo-se vista às partes para se manifestarem sobre o documento antes da prolação de sentença (HC 196.625/RJ, Rel. Ministro Jorge Mussi, QUINTA TURMA, j. 12-3-2013, *DJe* 26-3-2013).

C. ERRADO De acordo com o art. 109, IV, da CF/88, são da competência da Justiça Federal as infrações penais praticadas em detrimento de bens, serviços ou interesse da União ou de suas entidades autárquicas ou empresas públicas.

O Banco do Brasil é sociedade de economia mista, e, independentemente da discussão acerca do(s) lesado(s) no caso concreto, a hipótese seria de competência da justiça estadual. Além disso, a atribuição da polícia federal para a investigação penal inclui aquelas infrações de competência da justiça federal, mas não está a elas adstritas. Mas a hipótese também não se encontra dentre as indicadas na Lei n. 10.446/2002.

D. ERRADO De acordo com o STF, compete à própria Corte a presidência da investigação de detentor de foro por prerrogativa para o STF, não podendo o Delegado de Polícia conduzir a referida investigação.

Contudo, seja para fins de investigação, ou mesmo para o recebimento de eventual denúncia, dispensável a prévia autorização da casa legislativa desde a Emenda Constitucional 35.

E. CERTO É divergente a doutrina acerca do silêncio do acusado quanto à sua qualificação, sendo posicionamento majoritário o de que o réu somente teria direito de permanecer em silêncio em relação aos fatos, o que inclusive foi o posicionamento adotado pelo CPP no art. 186, com a redação que lhe foi dada pela Lei n. 10.792/2003. Da mesma forma, as disposições do CPP quanto ao direito ao silêncio e interrogatório devem ser observadas pelo delegado quando do interrogatório policial (art. 6º, V, do CPP).

F. CERTO A hipótese é da atribuição da Polícia Federal (art. 1º, IV, da Lei n. 10.446/2002), mas de competência da justiça estadual.

11. ERRADO **ATENÇÃO:** O CPP determina que o interrogatório do réu seja o último ato na fase de instrução processual (CPP, art. 400). O mesmo não ocorre quando se fala do inquérito policial.

12. ERRADO O direito ao silêncio só se aplica ao interrogatório, não sendo cabível quando da qualificação do acusado, que se dá por meio da identificação datiloscópica, dentre outros. Vê-se do teor do Código Processual Penal, em seu "art. 186. **Depois de devidamente qualificado e cientificado do inteiro teor da acusação** (...)". Conforme o texto legal, nota-se que se trata de norma cogente, não sendo facultado ao acusado o direito de escolha.

13.

A. CERTO Está dentro dos limites da busca pessoal.

B. CERTO O ingresso dos policiais num domicílio à noite somente é possível (a) com o consentimento do morador; (b) em caso de flagrante delito; (c) para prestar socorro ou (d) em caso de desastre.

Na primeira hipótese, é de se exigir que não haja oposição de nenhum dos cônjuges que morem na residência, pois ambos são titulares do direito à inviolabilidade, não sendo possível afirmar que o consentimento de um, com a expressa oposição do outro, seja suficiente, ainda mais num contexto em que está estabelecida constitucionalmente a igualdade de direitos entre os cônjuges.

RAIO-X

- O tema em estudo equivale aos seguintes percentuais das questões de Direito Processual Penal:

Cargo	Questões do Tema	%
Agente	10	23,33
Escrivão	07	10,71
Delegado	11	8,77

- A grande maioria das questões é baseada em:

  ☒ doutrina ☒ legislação ☒ jurisprudência

- Foram exigidos conhecimentos variados relativos às fases do inquérito policial, quais sejam a instauração (inclusive notícias-crime), instrução e conclusão, os quais constam, em sua maioria, no Código de Processo Penal.
- Foi exigido também conhecimento doutrinário relativo à natureza do inquérito policial, as hipóteses de arquivamento e os possíveis desfechos após o seu encaminhamento ao Poder Judiciário/Ministério Público.
- Nas questões da prova de Delegado de Polícia Federal, exigiu-se um maior conhecimento em jurisprudência do STF e do STJ.

IMPORTANTE SABER

- **Inquérito Policial**

  O inquérito policial, do ponto de vista processual penal, é o conjunto de atos, diligências e investigações policiais formalizadas e ordenadas em um só procedimento, com o objetivo de comprovar a existência de uma infração penal, sua materialidade e sua autoria.

De acordo com a jurisprudência do STF, o sigilo do inquérito policial não é absoluto, devendo ser observadas as garantias dos investigados e dos seus patronos.

O inquérito policial tem a natureza jurídica de um procedimento administrativo de caráter informativo e preparatório da ação penal, não podendo ser instaurado a partir de notícia de crime anônima.

Vale ressaltar, ainda, que os elementos de informação, isoladamente considerados, não são aptos a fundamentar uma condenação. No entanto, não devem ser completamente desprezados, podendo se somar à prova produzida em juízo para formar a convicção do juiz.

- **Suspeição e impedimento da autoridade policial**

No que se refere ao cabimento da alegação de impedimento da autoridade policial, há três correntes doutrinárias. A primeira corrente entende que se não é cabível a alegação de suspeição da autoridade policial, também não será possível o cabimento da alegação de impedimento, por consequência lógica.

Já a segunda corrente doutrinária entende que, diante da omissão da legislação acerca do impedimento da autoridade policial, aplicam-se por analogia as disposições previstas no CPP para a autoridade judicial, que assim estabelecem.

Por fim, a terceira corrente adota o entendimento de que, no que se refere à alegação de impedimento da autoridade policial, poderia ser aplicado, por analogia, as normas constantes na Lei n. 9.784/99 (arts. 18 a 21), que trata sobre o processo administrativo federal.

LEGISLAÇÃO E SÚMULA PERTINENTES

- Constituição Federal, a,rt. 5º, X e LVII.
- Código de Processo Penal, arts. 5º, §§ 4º e 5º; 7º; 10, § 2º; 14; 17; 18; 20; 28 e 107.
- Código Penal, art. 145, *caput* e parágrafo único.
- Lei n. 5.010/66, art. 66.
- **Súmula Vinculante 14 do STF:** É direito do defensor, no interesse do representado, ter acesso amplo aos elementos de prova que, já documentados em procedimento investigatório realizado por órgão com competência de polícia judiciária, digam respeito ao exercício do direito de defesa.

2. AÇÃO PENAL

QUESTÕES

1. **(Escrivão – CESPE – 2002 – adaptada)** No que se refere ao direito processual penal, julgue os itens que se seguem.
   a) Considere a seguinte situação hipotética: Danilo, pessoa violenta, tentou assassinar sua esposa, Julieta, durante briga do casal. Julieta registrou a ocorrência, e instaurou-se inquérito policial, que foi oportunamente remetido ao MP. O promotor de justiça ofereceu denúncia em face de Danilo por tentativa de homicídio. Iniciado o processo, Julieta procurou o promotor de justiça, dizendo-lhe que se reconciliara com o marido, que desejava "retirar a queixa" e que gostaria de encerrar o processo. Nessa situação, considerando a natureza da ação penal, o pedido de Julieta não poderia ser atendido.
   b) Considere a seguinte situação hipotética. Eros foi vítima de injúria praticada por Isabel no dia 1º de janeiro de 2001, em sua presença. Eros requereu a instauração de inquérito policial e, com base nele, seu advogado ofereceu queixa contra Isabel no dia 1º de outubro de 2001. Nessa situação, considerando a natureza da ação penal, a queixa oferecida por Eros, se houvesse cumprido os requisitos processuais, deveria ser recebida pelo juiz competente.
2. **(Escrivão – CESPE – 2004 – adaptada)** Acerca do direito processual penal, julgue os seguintes itens.
   a) Se, em crime de ação penal privada, o ofendido formular requerimento para a abertura do inquérito, e o delegado de polícia, por despacho, indeferir o referido requerimento, caberá recurso ao chefe de polícia por parte do ofendido.
   b) A ação penal será pública em qualquer crime praticado em detrimento do patrimônio ou interesse da União.
3. **(Agente – CESPE – 2004 – adaptada)** Quanto a ação penal, julgue os itens que se seguem.
   a) Na ação penal pública condicionada à representação, a representação do ofendido é condição objetiva de procedibilidade.
   b) Considere a seguinte situação hipotética: Milton e Renato praticaram, conjuntamente, um crime de ação penal privada contra Adolfo. Nessa situação, Adolfo não poderá escolher qual deles processar: ou processa ambos ou não processa nenhum deles.
4. **(Escrivão – CESPE – 2004 – adaptada)** Acerca do inquérito policial, julgue o item subsequente.
   - Considere a seguinte situação hipotética: João, promotor de justiça, tendo recebido inquérito policial instaurado para apurar o crime de extorsão mediante sequestro, promoveu o seu arquivamento, que foi homologado judicialmente. Nessa situação, não concordando com o pedido formulado, o ofendido, entendendo que a infração penal encontra-se devidamente caracterizada no que diz respeito à materialidade e autoria, poderá ajuizar ação penal privada subsidiária da pública, desde que o faça dentro do prazo de 6 meses contados da data em que veio a saber quem é o autor do fato.
5. **(Agente – CESPE – 2004 – adaptada)** Com referência à ação penal, julgue os itens que se seguem.
   a) Oferecida a representação pelo ofendido, o Ministério Público não é obrigado a intentar a ação penal pública condicionada à representação.

b) Na ação penal privada personalíssima, a titularidade é exclusiva do ofendido, não se transmitindo, em caso de morte, aos seus herdeiros ou sucessores.

6. **(Delegado – CESPE – 2004 – adaptada)** Acerca do direito processual penal, julgue o item que se segue.
   - Em crime de ação penal pública condicionada à representação, o delegado de polícia não poderá prender o autor do crime em flagrante sem a referida representação.

7. **(Delegado de Polícia Federal – CESPE – DPF/2013)** Fábio, delegado, tendo recebido denúncia anônima na qual seus subordinados eram acusados de participar de esquema criminoso relacionado ao tráfico ilícito de substâncias entorpecentes, instaurou, de imediato, inquérito policial e requereu a interceptação das comunicações telefônicas dos envolvidos, que, devidamente autorizada pela justiça estadual, foi executada pela polícia militar.

   No decorrer das investigações, conduzidas a partir da interceptação das comunicações telefônicas, verificou-se que os indiciados contavam com a ajuda de integrantes das Forças Armadas para praticar os delitos, utilizando aviões da Aeronáutica para o envio da substância entorpecente para o exterior.

   O inquérito passou a tramitar na justiça federal, que prorrogou, por diversas vezes, o período de interceptação. Com a denúncia na justiça federal, as informações colhidas na intercepção foram reproduzidas em CD-ROM, tendo sido apenas as conversas diretamente relacionadas aos fatos investigados transcritas nos autos.

   Acerca dessa situação hipotética e do procedimento relativo às interceptações telefônicas, julgue o item.
   - Na situação considerada, ainda que o CD-ROM com o conteúdo das conversas telefônicas tenha sido juntado aos autos da ação penal, houve violação aos princípios constitucionais do contraditório e da ampla defesa, dada a ausência de transcrição integral do conteúdo interceptado.

8. **(Delegado de Polícia Federal – CESPE – DPF/2013)** Acerca da custódia cautelar e suas modalidades, dos atos processuais e seus sujeitos, bem como da ação penal, julgue o item que se segue.
   - Em se tratando de ações penais privadas, prevalece, no processo penal, a competência de foro, com preponderância do interesse do queixoso no que diz respeito à distribuição territorial da competência.

GABARITO COMENTADO

1.

A. CERTO O crime de homicídio na modalidade tentada é de ação pública incondicionada, que é regida pelos princípios da obrigatoriedade e indisponibilidade, entre outros.

B. ERRADO Os crimes contra a honra têm o seu processamento regido por rito especial, devendo o juiz tentar reconciliar as partes antes do recebimento da denúncia (arts. 519 e 520 do CPP).

2.

A. CERTO É a exata dicção do art. 5º, II, § 2º, do CPP.

B. CERTO A ação penal será sempre pública, pois o prejuízo será suportado pela pessoa jurídica de direito público interno. Sendo o crime cometido em desfavor da União, a competência para o seu julgamento será sempre da Justiça Federal (art. 109, IV, da CF/88).

3.

A. CERTO Sem a representação, o inquérito policial sequer será iniciado, bem como a denúncia não poderá ser oferecida pelo membro do Ministério Público. É o que determinam os arts. 5º, § 4º, e 24, ambos do CPP.

Comentário extra: Outra condição objetiva de procedibilidade nas ações penas públicas condicionadas é a requisição do Ministro de Estado da Justiça.

B. CERTO Vige, no caso, o princípio da indivisibilidade da ação penal (art. 48 do CPP).

4. ERRADO A ação privada subsidiária da pública somente é cabível nos casos de inércia do órgão ministerial (art. 100, § 3º, do CP). MIRABETE sustenta que a ação privada subsidiária da pública poderá ser proposta após o pedido de arquivamento que ainda não foi apreciado pelo juiz, se o Ministério Público somente se manifestou pelo arquivamento após o prazo legal.

5.

A. CERTO O Ministério Público é o "dono" da ação penal e a representação oferecida pelo ofendido é apenas uma condição objetiva de procedibilidade. Se não há indícios mínimos de autoria e materialidade delitivas, o Ministério Público não estará obrigado a oferecer a denúncia.

B. CERTO Considerando que a ação depende de queixa do contraente enganado, a sucessão no polo ativo da lide resta impossível (art. 236 do CP).

Após a revogação do crime de adultério por meio da Lei n. 11.106/2005, remanesce para a doutrina apenas o crime de "induzimento a erro essencial e ocultação de impedimento" como única hipótese de ação penal privada personalíssima existente no nosso ordenamento jurídico.

6. ERRADO O art. 301 do CPP não faz qualquer distinção entre delitos de ação pública (condicionada e incondicionada) e delitos de ação privada. Assim sendo, após a prisão em flagrante, a autoridade policial deverá ouvir o ofendido ou quem tenha qualidade para representá-lo, fazendo constar as suas declarações no auto, que funcionarão como requerimento de instauração de inquérito policial, concluindo, então, a lavratura do auto (art. 5º, II, § 4º, do CPP).

7. ERRADO **Entendeu o STF que a defesa pode pleitear, durante o curso da ação penal, a transcrição integral das conversas interceptadas, mas não cabe ao delegado, em fase policial, fazê-lo, devendo apenas transcrever aquelas conversas de interesse para a investigação.**

O Supremo Tribunal Federal confirmou, por maioria de votos, a decisão do ministro Marco Aurélio que garantiu ao deputado federal Sebastião Bala Rocha (PDT-AP) o direito à transcrição integral das interceptações telefônicas feitas no âmbito da Ação Penal 508, a que responde pela suposta prática de crimes de corrupção e formação de quadrilha.

O processo tem origem na investigação de obras de construção e reforma do Hospital Especialidades, em Macapá (AP), e do Terminal Rodoviário de Laranjal do Jari (AP). O MPF questionou a decisão que determinou a transcrição integral.

Segundo Marco Aurélio, **a formalidade é essencial à validação da interceptação telefônica como prova. A Lei n. 9.296/1996, que regulamenta a interceptação telefônica, determina que sempre que houver a gravação da comunicação, será determinada sua transcrição.**

Ao analisar o caso concreto, o ministro afirmou que a regra não foi observada. Não houve, portanto, transcrição integral de nenhum debate ou conversa envolvendo o réu e os demais envolvidos, constando em parte do processo apenas trechos de diálogos, obtidos em dias e horários diversos.

O ministro Marco Aurélio afirmou que o precedente do STF em relação à Operação Furacão, o Inquérito 2.424, foi uma exceção. **No Operação Furação não foi concedida a transcrição integral das interceptações, mas apenas o acesso à versão em áudio (CD-ROM).**

O ministro Teori Zavascki abriu divergência no caso com base em jurisprudência do Plenário. Segundo o ministro, a transcrição deve alcançar as partes que interessam ao processo, sem a necessidade de transcrever aquilo que não interessa – sem prejuízo de acesso à versão em áudio das interceptações. "Nada impede que se dê acesso amplo, aos interessados, da totalidade da mídia", afirmou. Seguiram a mesma posição os ministros Rosa Weber, Luiz Fux e Gilmar Mendes.

8. ERRADO Nas ações penais privadas vigora o foro de eleição, podendo a vítima querelante oferecer a queixa no **local da infração** ou do **domicílio do réu**, e não naquele de seu interesse, o que poderia levar a conclusão de que ele poderia escolher qualquer local.

RAIO-X

- O tema em estudo equivale aos seguintes percentuais das questões de Direito Processual Penal:

Cargo	Questões do Tema	%
Agente	4	13,33
Escrivão	5	17,85
Delegado	3	1,75

- A grande maioria das questões é baseada em:

  ☒ doutrina ☒ legislação ☐ jurisprudência

- Foram exigidos os conhecimentos relativos aos princípios da ação penal pública e as condições objetivas de procedibilidade. Foram exigidos, também, conhecimentos relativos à ação privada subsidiária da pública e à ação privada personalíssima.
- Na questão da prova de Delegado de Polícia Federal, os conhecimentos sobre ação penal foram combinados com conhecimentos relativos à prisão em flagrante.

IMPORTANTE SABER

- **Ação Penal e Prisão em Flagrante**

Nos casos de crimes de ação pública condicionada ou de ação privada, a prisão em flagrante poderá ser executada sem qualquer óbice. Contudo, a manutenção da prisão e a lavratura do auto de prisão em flagrante na unidade policial dependerão da manifestação do ofendido ou do seu representante, a depender do caso.

LEGISLAÇÃO PERTINENTE

- Código de Processo Penal, arts. 5º, §§ 2º e 4º; 24, 48, 301, 519 e 520
- Código Penal, arts. 100, § 3º; e 236.

3. JURISDIÇÃO E COMPETÊNCIA

QUESTÕES

1. **(Escrivão – CESPE – 2002 – adaptada)** No que se refere ao direito processual penal, julgue os itens que se seguem.

   a) Considere a seguinte situação hipotética: A polícia descobriu um cadáver na comarca de Belo Horizonte – MG e a perícia constatou que a morte não ocorrera naquela localidade. Posteriormente, as investigações identificaram Juvenal, residente e domiciliado na comarca de Diadema – MG, como autor do crime. Jamais se descobriu, porém, onde realmente o homicídio ocorrera. Nessa situação, o juízo competente para o julgamento da ação penal seria, necessariamente, o da comarca onde o corpo foi localizado.

   b) Considere a seguinte situação hipotética. Afrodite recebeu financiamento do Banco do Brasil S.A., ao amparo de linha de crédito com verbas federais, para plantar lavoura de mandioca. Todavia, desviou os recursos do financiamento para a compra de uma casa na praia. Essa conduta configura crime contra o sistema financeiro nacional, cuja competência para julgamento é de juiz federal. Iniciadas as investigações, Afrodite assassinou um servidor público federal que as conduzia, crime cujo julgamento compete ao tribunal do júri federal.

   Nessa situação, considerando que houvesse conexão entre os delitos, tanto o crime contra o sistema financeiro nacional quanto o homicídio deveriam ser julgados conjuntamente pelo tribunal do júri federal.

2. **(Agente – CESPE – 2002 – adaptada)** Pedro e Ricardo, previamente ajustados e com unidade de desígnios, subtraíram do almoxarifado de uma agência da Empresa Brasileira de Correios e Telégrafos (ECT), em um final de semana, vários computadores e impressoras de propriedade da empresa. Pedro era funcionário público e aproveitou essa circunstância para ter acesso à garagem interna do órgão e transportar o produto do crime, assim como para ter a posse de cópia da chave da porta do almoxarifado, unidade onde estava lotado como atendente. Ricardo desconhecia o fato de seu comparsa ser funcionário público. Descoberta a subtração, instaurou-se um processo administrativo disciplinar em desfavor de Pedro. Após conclusão, o processo administrativo foi encaminhado ao MP. A propósito dessa situação hipotética, julgue o item seguinte.

   - Será da justiça federal a competência para processar e julgar Pedro e Ricardo pela prática da infração penal.

3. **(Escrivão – CESPE – 2004 – adaptada)** Acerca do direito processual penal, julgue o seguinte item.

   - Considere a seguinte situação hipotética: Na fronteira do Brasil com a Venezuela, mas ainda em território nacional, na cidade de Pacaraima, em Roraima, Otávio desferiu cinco facadas contra Armindo, que conseguiu correr e faleceu na cidade de Santa Helena, na Venezuela. Nessa situação, como o crime se consumou na Venezuela, não há competência jurisdicional do Brasil para processar e julgá-lo.

4. **(Escrivão – CESPE – 2004 – adaptada)** No que se refere à competência e à prisão processual, julgue o item que se segue.

   - Compete à justiça federal o julgamento dos crimes e contravenções praticados contra interesse da União ou de suas entidades autárquicas ou empresas públicas.

5. **(Delegado – CESPE – 2004 – adaptada)** Acerca do direito processual penal, julgue o item que se segue.
   - Se um indivíduo praticar crime de estelionato mediante uso de cheque sem provisão de fundos, a competência para processar e julgar o crime será do foro do local em que o cheque foi emitido, e não o do local da recusa ao pagamento.

6. **(Delegado – CESPE – 2004 – adaptada)** De acordo com o entendimento do STF, julgue os itens a seguir.
   a) A inobservância da competência penal por prevenção gera nulidade absoluta do processo.
   b) Considere que a Constituição de um estado brasileiro determina que o secretário de Estado de Educação será julgado pelo tribunal de justiça. Nessa situação, prevalecerá a competência do tribunal do júri em caso de crime de homicídio cometido pelo referido secretário em concurso de agentes com pessoa sem foro por prerrogativa de função.

7. **(Delegado – CESPE – 2002)** Em cada um dos itens abaixo, é apresentada uma situação hipotética concernente à competência no processo penal, seguida de uma assertiva a ser julgada.
   a) Maria, diretora de um hospital privado vinculado por convênio à assistência médica da seguridade social, exigiu do genitor de um paciente internado em estado grave na unidade de terapia intensiva (UTI), sem recursos financeiros, um depósito a título de caução, no valor de R$ 600,00, e a importância de R$ 1.500,00, por ocasião da baixa hospitalar, a título de despesas da UTI. Nessa situação, e de acordo com os entendimentos do STF e do STJ, a justiça federal será competente para processar e julgar a infração penal praticada por Maria.
   b) Ítalo, mediante grave ameaça exercida com o emprego de uma arma de fogo, subtraiu do cofre de uma agência da Caixa Econômica Federal (CAIXA) a importância de R$ 60.000,00 em dinheiro. Nessa situação, será da justiça federal a competência para processar e julgar Ítalo pela prática do crime de roubo.
   c) Sebastião, funcionário público da Secretaria de Saúde, desviou da repartição municipal a importância de R$ 200.000,00 de que tinha a posse em razão do cargo, verba proveniente do orçamento da União Federal, fiscalizada pelo Ministério da Saúde e destinada ao Sistema Único de Saúde (SUS), mediante o convênio FAE/PNAE com as prefeituras. Nessa situação, por terem os valores desviados integrado o patrimônio municipal, caberá à justiça comum processar e julgar Sebastião pelo crime de peculato.
   d) Léa fez uso de histórico escolar e de guia de transferência falsos, de estabelecimento de ensino superior particular sediado no município de Goiânia – GO, perante entidade de ensino superior privada com sede em Brasília-DF, visando, com isso, ao ingresso nesta. Nessa situação, e de acordo com o entendimento do STF, a competência para processar e julgar Léa será da justiça federal.
   e) Renato, após arrombar a porta e adentrar em uma agência franqueada da Empresa Brasileira de Correios e Telégrafos (ECT), de propriedade privada, subtraiu em proveito próprio a importância de R$ 5.000,00. Nessa situação, caberá à justiça federal processar e julgar Renato pelo crime de furto qualificado.

8. **(Delegado – CESPE – 2002 – adaptada)** No item subsequente, é apresentada uma situação hipotética relativa ao inquérito policial, seguida de uma assertiva a ser julgada.
   - A autoridade policial federal recebeu uma *delatio criminis* contra um magistrado federal, imputando-lhe a prática de crime de corrupção passiva. Nessa situação, em face do requerimento da vítima, a autoridade policial deverá instaurar inquérito policial e, após relatá-lo com a conclusão das investigações, encaminhar os autos ao Tribunal Regional Federal (TRF).

9. **(Delegado – CESPE – 2002 – adaptada)** Com fulcro nos direitos administrativo, constitucional, penal e processual penal, julgue os itens a seguir.
   a) Compete à justiça federal processar e julgar o crime de porte ilegal de arma de fogo de procedência estrangeira.
   b) No crime de contrabando ou descaminho, a competência para processar e julgar a ação penal é do juízo federal do local onde foram apreendidos os objetos introduzidos ilegalmente no país.

GABARITO COMENTADO

1.

A. ERRADO Não sendo conhecido o lugar da infração, a competência regular-se-á pelo domicílio ou residência do réu (art. 72 do CPP).

B. CERTO No concurso entre a competência do júri e a de outro órgão da jurisdição comum, prevalecerá a competência do júri (art. 78, I, do CPP).

2. CERTO Houve ofensa a bem de empresa pública federal, razão pela qual a competência é da Justiça Federal (art. 109, IV, da CF/88).

3. ERRADO A questão versa sobre a extraterritorialidade penal que, na hipótese, é condicionada em razão do princípio da personalidade, pois a CF/88, em regra, proíbe a extradição de nacionais (art. 5º, LI). Nesse caso, há competência jurisdicional do Brasil, desde que atendidas às condições previstas nos arts. 7º, II, *b*, c/c art. 7º, § 2º, ambos do CP.

4. ERRADO As contravenções penais são infrações de menor potencial ofensivo, sendo julgadas pela Justiça comum estadual (juizados especiais criminais), por força do art. 109, IV, da CF/88 e do art. 61 da Lei n. 9.099/95. Súmula 38 do STJ.

Comentário extra: Se a contravenção for praticada por autoridade federal que detenha foro por prerrogativa de função junto a um dos tribunais regionais federais, o seu julgamento será de competência da Justiça Federal.

5. ERRADO A competência para julgar o crime de estelionato mediante uso de cheque sem provisão de fundos é do local da recusa do pagamento por parte do sacado (banco), ou seja, a competência é do local onde a conta corrente foi aberta, conforme o teor do verbete da Súmula 521 do STF;

6.

A. ERRADO O desrespeito à competência firmada por prevenção gera nulidade relativa. Se a impugnação não for apresentada na forma e no momento processual adequados, ocorre a preclusão, devendo ser também comprovado o efetivo prejuízo à parte requerente. Precedentes do STF e do STJ (art. 563 do CPP).

B. CERTO Nos casos de crimes dolosos contra a vida, prevalece a competência constitucional do tribunal do júri (art. 5º, XXXVIII, *d*) em face de constituição estadual. A incidência do dispositivo constitucional citado somente será afastada diante de comando diverso de mesma hierarquia, ou seja, que também tenha sede constitucional. Por exemplo, se um governador de estado comete crime de homicídio, o julgamento ficará a cargo do STJ, pois o art. 105, I, afasta a incidência do art. 5º, XXXVIII, *d*, ambos da CF/88. Precedentes do STF.

7.

A. ERRADO Nesse caso, conforme entendimento jurisprudencial pacificado, não há lesão a bem, serviços ou interesses da União, suas autarquias ou empresas públicas, mas sim lesão a particular, o que atrai a competência da Justiça estadual para processar e julgar a infração penal praticada por Maria.

B. CERTO O fato constitui, em tese, crime de roubo contra empresa pública federal (CAIXA), o que atrai a competência da Justiça Federal para processar e julgar o delito (art. 109, IV, da CF/88).

C. ERRADO A competência é da Justiça Federal, pois os recursos do SUS são da União e a sua aplicação no município está sujeita à fiscalização por parte do Ministério da Saúde. Precedentes do STF e do STJ.

D. CERTO As entidades de ensino superior privadas também integram o sistema federal de ensino, a teor do art. 16, II, da Lei n. 9.394/96 (Lei de Diretrizes e Bases da Educação nacional – LDB), sujeitando-se à fiscalização do Ministério da Educação (União). Assim, o crime de falsificação de documentos expedidos por essas instituições é de competência da Justiça Federal.

Comentário extra: Os crimes de falsificação e uso de documentação falsa expedida por instituições privadas de ensino fundamental e médio são de competência da Justiça estadual. Súmula 104 do STJ.

PROCESSO PENAL

E. ERRADO Nos casos em que a exploração da atividade é feita diretamente por particulares através de franquias, a competência para processar e julgar o crime é da Justiça estadual, vez que, nesse caso, a exploração da atividade por parte da ECT é apenas indireta. Precedentes do STJ.

8. ERRADO Considerando o foro por prerrogativa de função, a instauração do inquérito policial contra Juiz Federal só poderá ser determinada pelo TRF ao qual o magistrado esteja vinculado, a teor do art. 33, parágrafo único, da Lei Complementar n. 35/79 (Lei Orgânica da Magistratura Nacional – LOMAN).

Nesse caso, as diligências de polícia judiciária serão cumpridas pela Polícia Federal, sob a supervisão do Desembargador Federal relator durante todo o seu transcurso.

Comentário extra: Com exceção dos magistrados e membros do Ministério Público, a legislação é lacônica acerca da investigação em desfavor de autoridades que possuem prerrogativa de função. Nos casos de parlamentares, por exemplo, a jurisprudência atual do STF (PET 3825 QO/MT) posiciona-se no sentido de que a Polícia Federal não pode instaurar inquéritos policiais de ofício contra essas autoridades, modificando entendimento anterior da mesma Corte (HC 80592/PR). Ainda com relação à investigação contra parlamentares, o STF também decidiu que a competência para o indiciamento não é da polícia judiciária, anulando indiciamento realizado por Delegado de Polícia Federal (PET 3825 QO/MT).

9.

A. ERRADO O fato de a procedência da arma de fogo ser estrangeira, por si só, não afeta bens, serviços ou interesses da União, ensejando a competência da Justiça estadual para processar e julgar o crime de porte ilegal dessa arma. Precedentes do STJ.

B. CERTO É o teor da Súmula 151 do STJ.

RAIO-X

- O tema em estudo equivale aos seguintes percentuais das questões de Direito Processual Penal:

Cargo	Questões do Tema	%
Agente	1	3,33
Escrivão	4	14,28
Delegado	11	19,29

- A maioria das questões é baseada em:

☒ doutrina ☒ legislação ☒ jurisprudência

- Foram exigidos conhecimentos acerca das regras gerais de competência estabelecidas no Código de Processo Penal, além daquelas com sede constitucional, tendo sido cobrado conhecimento relativo a conflito aparente de normas constitucionais sobre a matéria.
- O candidato também não deve perder de vista o teor do art. 109 da Constituição Federal, que estabelece a competência da Justiça Federal, além do direito sumular e da jurisprudência do STF e do STJ.

LEGISLAÇÃO E SÚMULAS PERTINENTES

- Constituição Federal, art. 5º, XXXVIII, *d*, e LI; art. 105, I, e art. 109, IV.
- Código de Processo Penal, arts. 7º, 72, 78 e 563.
- Lei Complementar n. 35/79, art. 33.
- Lei n. 9.099/95, art. 61.
- Lei n. 9.394/96, art. 16, II.
- **Súmula 521 do STF:** O foro competente para o processo e julgamento dos crimes de estelionato, sob a modalidade da emissão dolosa de cheque sem provisão de fundos, é o do local onde se deu a recusa do pagamento pelo sacado.
- **Súmula 38 do STJ:** Compete à Justiça Estadual Comum, na vigência da Constituição de 1988, o processo por contravenção penal, ainda que praticada em detrimento de bens, serviços ou interesse da União ou de suas entidades.
- **Súmula 151 do STJ:** A competência para o processo e julgamento por crime de contrabando ou descaminho define-se pela prevenção do Juízo Federal do lugar da apreensão dos bens.

4. PROVA

QUESTÕES

1. **(Escrivão – CESPE – 2002 – adaptada)** No que se refere ao direito processual penal, julgue o item que se segue.
   - Devido ao princípio constitucional da presunção de inocência, compete ao MP produzir a prova da materialidade e da autoria do delito, de modo que o réu não precisa provar que é inocente; pela mesma razão – e também para não afetar a exigência de imparcialidade do órgão julgador –, não cabe ao juiz, segundo o Código de Processo Penal (CPP), determinar a produção de provas que possam vir a justificar a condenação do acusado.
2. **(Escrivão – CESPE – 2002 – adaptada)** No que diz respeito à prova e à prisão no direito processual penal, julgue o item abaixo.
   - A despeito da natureza científica de boa parte das provas periciais, o fato de determinada perícia indicar que o réu foi o autor dos atos materiais em que se baseou a acusação não implicará necessariamente a condenação do acusado.
3. **(Escrivão – CESPE – 2004 – adaptada)** Acerca do direito processual penal, julgue o seguinte item.
   - Havendo divergência entre os peritos de um laudo pericial, deverão eles chegar a uma conclusão antes de apresentar o laudo, pois não se admite mais de uma resposta para um único quesito.
4. **(Agente – CESPE – 2009 – adaptada)** Julgue o item subsequente quanto a prisão em flagrante, prova e inquérito policial.
   - Não se admite a acareação entre o acusado e a pessoa ofendida, considerando-se que o acusado tem o direito constitucional ao silêncio, e o ofendido não será compromissado.
5. **(Agente – CESPE – 2004 – adaptada)** A respeito do direito processual penal brasileiro, julgue o item a seguir.
   - Para apurar se a lesão corporal foi de natureza grave, a falta de exame de corpo de delito complementar não poderá ser suprida por prova testemunhal.
6. **(Escrivão – CESPE – 2004 – adaptada)** No que se refere à produção de provas, julgue o item abaixo.
   - Quando a infração penal deixa vestígios, é indispensável a realização do exame de corpo de delito. O exame, contudo, poderá ser suprido pela prova testemunhal na hipótese de desaparecimento dos vestígios.
7. **(Agente – CESPE – 2004 – adaptada)** Com relação ao inquérito policial, julgue o seguinte item.
   - A reprodução simulada dos fatos ou reconstituição do crime pode ser determinada durante o inquérito policial, caso em que o indiciado é obrigado a comparecer e participar da reconstituição, em prol do princípio da verdade real.
8. **(Agente – CESPE – 2009 – adaptada)** Considerando o estabelecido no Código de Processo Penal, julgue o item abaixo, a respeito da prova.
   - Excepcionalmente, o juiz, por decisão fundamentada, de ofício ou a requerimento das partes, poderá realizar o interrogatório do réu preso por meio de sistema de videoconferência.
9. **(Delegado – CESPE – 2002 – adaptada)** No âmbito da jurisdição constitucional das liberdades, a proscrição da prova ilícita no processo é tema recorrente, seja porque o aparelho poli-

cial brasileiro ainda se entremostra arbitrário, seja porque há dificuldades, em certos casos, de avaliar-se a extensão dos efeitos que a inadmissão da prova tida por ilícita acarreta para a investigação e persecução criminal. Na esteira da doutrina dominante e das decisões do Supremo Tribunal Federal (STF), julgue os itens abaixo, relativos a esse assunto.

a) Por não se tratar de hipótese de interceptação telefônica sem autorização judicial, a conversa informal mantida pelo indiciado com policiais, na delegacia, pode ser gravada por estes, e a eventual confissão de prática delituosa constante na gravação é tida por prova válida para sustentar pedido de prisão temporária do confesso.

b) O privilégio contra a autoincriminação (*nemo tenetur se detegere*) impõe ao inquiridor o dever de advertir o interrogado do seu direito ao silêncio; a falta dessa advertência faz ilícita a prova que, contra si mesmo, forneça o acusado, ainda quando observadas as formalidades procedimentais do interrogatório.

c) Em se tratando de crimes hediondos, tem plena aplicação o princípio da proporcionalidade na valoração da admissibilidade da prova, pois a busca da verdade real tem prevalência constitucional. Disso resultam constantes mitigações, pelo STF, à garantia constitucional segundo a qual são inadmissíveis no processo as provas obtidas por meios ilícitos.

d) A doutrina dos frutos da árvore envenenada (*fruits of the poisonous tree*) está relacionada à questão da contaminação gerada pela prova ilícita em face das provas dela derivadas.

10. (Delegado – CESPE – 2002) A respeito da prova no processo penal, julgue os itens a seguir.

a) Deixando o crime vestígios materiais, é indispensável o exame de corpo de delito direto elaborado por peritos para se comprovar a materialidade do crime, sob pena de nulidade. A falta desse exame, entretanto, não impede a propositura da ação penal.

b) Considere a seguinte situação hipotética: Um indivíduo adentrou em uma agência da CAIXA e, mediante ameaça exercida com o emprego de uma metralhadora, subtraiu do caixa a importância de R$ 10.000,00 em espécie. Ao sair da agência, ele foi preso em flagrante, tendo a arma de fogo sido extraviada no caminho para a delegacia. Nessa situação, em face da não apreensão da arma e da não realização de perícia nela, não será cabível o reconhecimento da causa de aumento do crime de roubo (roubo qualificado com o emprego de arma).

c) O laudo pericial assinado por dois peritos oficiais no qual somente uma das assinaturas está legível é nulo de pleno direito.

d) Considere a seguinte situação hipotética: Marta foi indiciada em inquérito policial instaurado para apurar o crime de estelionato, na modalidade de fraude no pagamento por meio de cheque. A autoridade policial, visando submeter a cártula a exame grafotécnico, notificou Marta para comparecer à delegacia a fim de fornecer padrões gráficos do próprio punho. Nessa situação, como o objetivo do exame pericial é proporcionar a comparação entre o escrito comprovadamente feito pelo punho da indiciada e aquele cuja autoria está sendo pesquisada e que constitui o corpo de delito, a autoridade policial não poderá compelir Marta a comparecer à delegacia e a lançar as assinaturas.

e) Considere a seguinte situação hipotética: Ana foi agredida fisicamente por Marcos com socos e pontapés, sofrendo lesões corporais de natureza leve. Passados dois meses do evento, Ana compareceu perante a autoridade policial e apresentou representação contra o agressor. Na ocasião, entretanto, os vestígios das lesões tinham desaparecido. Nessa situação, será possível o exame de corpo de delito de forma indireta por meio da prova testemunhal.

(Escrivão de Polícia Federal – CESPE – DPF/2013) A respeito da prova no processo penal, julgue os itens subsequentes.

f) A consequência processual da declaração de ilegalidade de determinada prova obtida com violação às normas constitucionais ou legais é a nulidade do processo com a absolvição do réu.

g) O exame caligráfico ou grafotécnico visa certificar, por meio de comparação, que a letra inserida em determinado escrito pertence à pessoa investigada. Esse exame pode ser utilizado como parâmetro para as perícias de escritos envolvendo datilografia ou impressão por computador.

h) A confissão extrajudicial do réu e outros elementos indiciários de participação no crime nos autos do processo são subsídios suficientes para autorizar-se a prolação de sentença condenatória.

GABARITO COMENTADO

1. CERTO O CPP possui forte viés inquisitivo, em descompasso com a Constituição Federal de 1988, que consagra o sistema acusatório e o garantismo. Pelo texto do CPP, a colheita de provas será iniciada pelo inquérito policial, procedimento de natureza eminentemente inquisitorial e sigilosa. Além disso, baseado no princípio da verdade real, o CPP autoriza o juiz, de ofício, a requisitar a instauração de inquérito policial, a determinar a produção de provas e a decretar a prisão preventiva (arts. 5º, I; 156 e 311, todos do CPP).

2. CERTO O juiz formará sua convicção pela livre apreciação da prova produzida em contraditório judicial, não podendo fundamentar sua decisão exclusivamente nos elementos colhidos durante a fase de investigação, ressalvadas as provas cautelares, não repetíveis e antecipadas (art. 155 do CPP). É o chamado princípio do "livre convencimento motivado" ou da "persuasão racional".

3. ERRADO "Se houver divergência entre os peritos, serão consignadas no auto do exame as declarações e respostas de um e de outro, ou cada um redigirá separadamente o seu laudo, e a autoridade nomeará um terceiro; se este divergir de ambos, a autoridade poderá mandar proceder a novo exame por outros peritos" (art. 180 do CPP).

4. ERRADO A acareação entre acusado e ofendido está autorizada pelo art. 229 do CPP. De fato, está correta a afirmação de que o acusado tem o direito constitucional ao silêncio (*Nemo tenetur se detegere* – art. 5º, LXIII) e de que o ofendido não presta compromisso, além de não estar obrigado a dizer a verdade, pois presta "declarações" e não "depoimento" (art. 201 do CPP). Também não se poderá cogitar sobre o cometimento do crime de falso testemunho.

5. ERRADO A prova testemunhal poderá suprir a falta do exame de corpo de delito, a teor do art. 167 do CPP. Contudo, a falta deste não poderá ser suprida pela confissão do acusado (art. 158 do CPP).

6. CERTO É o que dispõe o art. 167 do CPP ("Não sendo possível o exame de corpo de delito, por haverem desaparecido os vestígios, a prova testemunhal poderá suprir-lhe a falta").

7. ERRADO O indiciado não está obrigado a participar da reprodução ou reconstituição simulada dos fatos, pois, conforme determina o art. 5º, LXIII, da CF/88, ninguém está obrigado a produzir prova contra si mesmo (princípio da não autoincriminação ou *nemo tenetur se detegere*).

8. CERTO É o que dispõe o art. 185, § 2º, do CPP, com redação dada pela Lei n. 11.900/2009.

Comentário extra: Outra hipótese possível da utilização da videoconferência está prevista no art. 217 do CPP: "se o juiz verificar que a presença do réu poderá causar humilhação, temor, ou sério constrangimento à testemunha ou ao ofendido, de modo que prejudique a verdade do depoimento, fará a inquirição por videoconferência e, somente na impossibilidade dessa forma, determinará a retirada do réu, prosseguindo na inquirição, com a presença do seu defensor".

9.

A. ERRADO A gravação a que faz alusão a assertiva é clandestina, além de não atender ao princípio constitucional da não autoincriminação (*nemo tenetur se detegere* – art. 5º, LXIII) e ao requisito legal da "indispensabilidade da prova" (art. 5º da Lei n. 9.296/96, parte final).

Tem-se uma gravação sem que a investigação policial sequer tenha sida iniciada, podendo o mesmo resultado ser obtido pelos meios legais e procedimentais à disposição da polícia, tal como o interrogatório no bojo de um inquérito policial. A gravação constante da assertiva pode ser considerada, portanto, prova ilícita (art. 5º, LVI, da CF/88). Precedente do STF (HC 80.949/RJ).

B. CERTO A advertência visa justamente garantir ao acusado o direito fundamental de não produzir prova contra si mesmo (art. 5º, LXIII). A polícia deve advertir o acusado de maneira prévia, clara e expressa, inclusive registrando-a no corpo do interrogatório.

Comentário extra: Nos Estados Unidos, o famoso caso "MIRANDA X STATE OF ARIZONA" (1966) contribuiu para o amplo alcance dado ao direito de não se autoincriminar ou de não produzir prova contra si mesmo. Ernesto Miranda confessou os crimes de estupro e rapto após longo interrogatório policial, mas sua defesa alegou que ele não fora informado sobre o seu direito de permanecer calado e de ser acompanhado por advogado. A Suprema Corte norte-americana decidiu em favor do acusado por 5 a 4.

C. ERRADO O equívoco está na segunda parte da assertiva. Como cediço, as liberdades públicas não são absolutas e, diante de princípios constitucionais de maior relevo, devem ser sopesadas, podendo ceder espaço a estes. A admissibilidade da prova obtida por meios ilícitos é excepcional e tem como objetivo mitigar, em casos de maior gravidade, a rigidez e as distorções que a inadmissibilidade pura e simples desse tipo de prova pode acarretar. Nesses casos, a prova ilícita deve ser indispensável para assegurar o princípio ou direito mais valorado, sendo produzida sempre em favor do réu.

Comentário extra: O princípio da proporcionalidade foi importado do direito alemão e foi consagrado no art. 5º, LIV, da Constituição Federal de 1988 ("devido processo legal" substantivo ou material).

D. CERTO São as chamadas "provas ilícitas por derivação" (art. 157, § 1º, do CPP). Contudo, hoje em dia são aceitas algumas limitações a essa teoria de acordo com: a) a inexistência de "nexo de causalidade" e a obtenção da prova através de fonte independente; b) a inevitabilidade da descoberta ou do achado da prova; e c) a limitação da contaminação em virtude da convalidação do vício originário.

Comentário extra: A doutrina dos frutos da árvore envenenada foi aplicada pela primeira vez nos Estados Unidos no julgamento do caso "SilverthorneLumberCo. x United States", em 1920. Já o termo "fruitsofthepoisonoustree" foi utilizado pela primeira vez no caso "Nardone x United States", em 1939.

10.

A. CERTO O exame de corpo de delito direto poderá ser substituído pelo exame indireto, que é aquele realizado a partir de fotos e imagens do vestígio deixado (art. 158 do CPP). Ainda, não sendo mais possível a realização do exame de corpo de delito, por haverem desaparecido os vestígios, a prova testemunhal poderá suprir-lhe a falta (art. 167 do CPP).

B. ERRADO O reconhecimento da causa de aumento poderá ser feito por meio de prova testemunhal. Precedentes do STF e do STJ.

C. ERRADO A nulidade é relativa e não absoluta, devendo ser comprovado o prejuízo à defesa. Precedentes do STJ.

Comentário extra: É importante destacar que houve alterações significativas no CPP introduzidas pela Lei n. 11.690/2008. Em primeiro lugar, o CPP passou a estabelecer que o exame de corpo de delito e outras perícias serão realizados por apenas um perito oficial. Na falta de perito oficial, o exame pericial será realizado por duas pessoas idôneas, portadoras de diploma de curso superior, preferencialmente na área específica, dentre as que tiverem habilitação técnica relacionada com a natureza do exame.

D. CERTO Deve ser obedecido o princípio constitucional de não produzir prova contra si (*Nemo tenetur se detegere*). Precedentes do STF e do STJ.

E. CERTO O exame de corpo de delito direto poderá ser substituído pelo exame indireto, que é aquele realizado a partir de fotos e imagens do vestígio deixado (art. 158 do CPP).

Ainda, não sendo mais possível a realização do exame de corpo de delito, por haverem desaparecido os vestígios, a prova testemunhal poderá suprir-lhe a falta (art. 167 do CPP).

F. ERRADO Errado, pois não gera a nulidade do processo e absolvição do réu.

G. CERTO Nucci entende que o exame caligráfico ou grafotécnico visa certificar, por meio de comparação, que a letra inserida em determinado escrito pertence à pessoa investigada. Esse exame pode ser utilizado como parâmetro para as perícias de escritos envolvendo datilografia ou impressão por computador

H. ERRADO Está errado por falar em "outros elementos indiciários".

RAIO-X

- O tema em estudo equivale aos seguintes percentuais das questões de Direito Processual Penal:

Cargo	Questões do Tema	%
Agente	4	13,33
Escrivão	7	14,28
Delegado	9	15,78

- A maioria das questões é baseada em:

  ☒ doutrina ☒ legislação ☒ jurisprudência

- Considerando a função desempenhada pelo Delegado de Polícia Federal durante a instrução do inquérito policial, o tema foi mais recorrente nas questões destinadas aos candidatos ao referido cargo.
- Foram exigidos dos candidatos conhecimentos teóricos no que diz respeito às provas ilícitas.
- Também mereceram destaque os dispositivos do CPP relacionados à prova pericial.

LEGISLAÇÃO PERTINENTE

- Constituição Federal, art. 5º, LIV, LVI, e LXIII
- Código de Processo Penal, arts. 5º, I; 155; 156; 157, § 1º; 158; 167; 180; 185, § 2º; 201, 229 e 311.
- Lei n. 9.296/96, art. 5º.

5. PRISÃO EM FLAGRANTE

QUESTÕES

1. **(Escrivão – CESPE – 2002 – adaptada)** No que diz respeito à prova e à prisão no direito processual penal, julgue os itens abaixo.

   a) Considere a seguinte situação hipotética: Uma equipe de policiais federais encontrava-se em plantão e foi comunicada de que algumas pessoas haviam acabado de cometer roubo contra agência da CAIXA. Após algumas horas de diligências e buscas, encontraram o grupo de criminosos com objetos que deram certeza aos policiais de eles haverem cometido o crime. A equipe, então, levou o grupo ao DPF, onde foi autuado em flagrante pelo delegado de Polícia Federal. Nessa situação, agiu de maneira juridicamente válida o delegado ao lavrar o auto de prisão em flagrante.

   b) Se um indivíduo praticar crime de sequestro e este se prolongar por mais de uma semana, a polícia pode validamente realizar a prisão em flagrante do sequestrador mesmo se somente o conseguir capturar ao final desse período, pois, nesse caso, o estado de flagrância perdurará.

2. **(Escrivão – CESPE – 2004 – adaptada)** Acerca do direito processual penal, julgue o seguinte item.

   • No caso de flagrante delito, se não houver testemunhas da infração, não se poderá lavrar o auto de prisão em flagrante.

3. **(Agente – CESPE – 2009 – adaptada)** Julgue o item subsequente quanto a prisão em flagrante, prova e inquérito policial.

   • Não há crime quando a preparação do flagrante pela polícia torna impossível a sua consumação.

4. **(Agente – CESPE – 2009 – adaptada)** Julgue o item a seguir, acerca das prisões cautelares.

   • Por completa falta de amparo legal, não se admite o flagrante forjado, que constitui, em tese, crime de abuso de poder, podendo ser penalmente responsabilizado o agente que forjou o flagrante.

5. **(Agente – CESPE – 2004 – adaptada)** A respeito do direito processual penal brasileiro, julgue o item a seguir.

   • Considera-se em flagrante delito quem é encontrado, logo depois da infração, com instrumentos, armas, objetos ou papéis que façam presumir ser ele infrator.

6. **(Escrivão – CESPE – 2004 – adaptada)** No que se refere à competência e à prisão processual, julgue o item que se segue.

   • Considere a seguinte situação hipotética: Enzo subtraiu da residência de Lúcia, mediante violência, uma caixa contendo joias e dinheiro. Assim que ele deixou a residência, Lúcia acionou a polícia, que, em busca realizada nas proximidades do local, encontrou-o portando os bens subtraídos. Nessa situação, é correto afirmar que houve a consumação do roubo, e que o agente foi preso em flagrante delito.

7. **(Agente – CESPE – 2002 – adaptada)** Alexandre, funcionário público federal, expunha à venda, em uma via pública, oferecendo aos transeuntes que passavam, papelotes de 10 g contendo a substância Cannabis sativa, vulgarmente conhecida por maconha. A polícia foi comunicada do fato, mas não compareceu ao local. Antes de ele efetivar qualquer venda, alguns pedestres efetuaram a prisão de Alexandre, encaminhando-o à superintendência da Polícia Federal. Na superintendência, a substância en-

torpecente foi apreendida, e foi lavrado o auto de prisão em flagrante. A comunicação da prisão foi realizada à justiça comum. Pelo fato de Alexandre ser primário, ter bons antecedentes, emprego fixo e residir no distrito da culpa, o seu advogado postulou a liberdade provisória, que foi indeferida. O órgão do Ministério Público (MP) ofereceu denúncia em desfavor de Alexandre, que foi recebida pelo magistrado sem observar o rito dos crimes de responsabilidade dos funcionários públicos, ou seja, o denunciado não foi notificado para apresentar defesa preliminar antes do recebimento da exordial acusatória. Com base nessa situação hipotética, julgue o item subsequente.

- Em face da ocorrência do flagrante próprio, qualquer pessoa do povo poderia efetuar a prisão de Alexandre.

8. **(Delegado – CESPE – 2002)** No que concerne ao auto de prisão em flagrante, julgue os seguintes itens.

a) Havendo autoridade policial na circunscrição, a lavratura de auto de prisão em flagrante em local diverso da prisão ocasiona a sua nulidade, em face da incompetência *ratione loci*.

b) Na lavratura do auto de prisão em flagrante, para integrar o mínimo legal, a autoridade policial poderá ouvir o condutor do preso como testemunha, considerando-o como testemunha numerária.

c) Não invalida a prisão em flagrante a audiência do conduzido no leito de hospital, subsequentemente à lavratura do auto na delegacia, quando impossibilitado de ser interrogado por ter sido baleado durante perseguição policial.

d) A ausência de comunicação da prisão em flagrante imediatamente à autoridade judiciária competente ocasiona a nulidade do auto.

e) O juiz, após receber a comunicação do flagrante, está obrigado a fundamentar o despacho homologatório.

9. **(Delegado – CESPE – 2002 – adaptada)** No item subsequente, é apresentada uma situação hipotética relativa ao inquérito policial, seguida de uma assertiva a ser julgada.

- Manoel foi preso em flagrante pela prática do crime de latrocínio, identificando-se civilmente por ocasião da lavratura do auto de prisão por meio da apresentação da cédula de identidade, regularmente expedida pela Secretaria de Segurança Pública. Nessa situação, a autoridade policial não poderá submeter Manoel à identificação criminal.

10. **(Delegado – CESPE – 2002)** Acerca da prisão em flagrante e seus desdobramentos, julgue os itens que se seguem.

a) Considere a seguinte situação hipotética: Roberto, funcionário público, desviou, em proveito próprio, a importância de R$ 50.000,00 de que tinha a posse em razão do cargo que exercia. No mesmo dia, arrependido, Roberto compareceu espontaneamente perante a autoridade policial e comunicou a ocorrência e a autoria da infração penal. Nessa situação, em face da quase flagrância, caberá à autoridade policial efetuar a prisão em flagrante de Roberto.

b) Considere a seguinte situação hipotética: Tomando conhecimento de que uma grande quantidade de cocaína estava em depósito em determinada residência para difusão ilícita, agentes de polícia passaram-se por eventuais compradores de droga e, ao terem acesso ao interior da casa visada, efetuaram a prisão em flagrante de vários traficantes, apreendendo vinte quilos da substância entorpecente. Nessa situação, pelo fato de a ação delituosa ter sido provocada e induzida pelos agentes disfarçados, ocorreu flagrante preparado.

c) É cabível a prisão em flagrante em crime de ação penal privada.

d) Considere a seguinte situação hipotética: Um deputado federal foi surpreendido e detido por agentes de polícia, em um restaurante, no momento em que efetuou seis disparos de revólver contra um desafeto, ceifando-lhe a vida. A autoridade policial autuou o parlamentar em flagrante delito, remetendo os autos, em dezesseis horas, à Câmara dos Deputados. Nessa situação, a Câmara dos Deputados, pelo voto secreto da maioria de seus membros, resolverá sobre a prisão e autorizará, ou não, a formação de culpa.

e) Considere a seguinte situação hipotética. Intimado para prestar declarações em um inquérito policial, um cidadão desacatou a autoridade policial que o presidia, rasgando peças dos autos e atirando-as ao chão, além de proferir palavras de baixo calão à sua pessoa. Nessa situação, a autoridade policial poderá presidir a lavratura do auto de prisão em flagrante.

11. (Delegado – CESPE – 2004 – adaptada) Acerca do direito processual penal, julgue o item que se segue.

- Considere a seguinte situação: Em crime de extorsão mediante sequestro, a vítima foi abordada pelos sequestradores e consequentemente privada de sua liberdade no dia 2/2/2004, tendo o crime perdurado até 30/8/2004, quando a vítima foi posta em liberdade após o pagamento do preço do resgate. Nessa situação, de acordo com o Código de Processo Penal, a prisão em flagrante só poderia ser feita até o dia 12/2/2004, após o que seria necessária ordem judicial para se efetuar a prisão.

12. (Delegado – CESPE – 2002 – adaptada) Em cada um dos itens que se seguem, é apresentada uma situação hipotética, seguida de uma assertiva a ser julgada.

- Dimas, psicopata com interdição decretada, matou Jair, fato esse presenciado por um agente de polícia. Nessa situação, o agente de polícia deverá efetuar a prisão de Dimas, em face do flagrante próprio.

13. (Escrivão de Polícia Federal – CESPE – DPF/2013) No que tange à prisão em flagrante, à prisão preventiva e à prisão temporária, julgue o item que se segue, à luz do Código de Processo Penal (CPP).

- O CPP dispõe expressamente que na ocorrência de prisão em flagrante tem a autoridade policial o dever de comunicar o fato, em até vinte e quatro horas, ao juízo competente, ao Ministério Público, à família do preso ou à pessoa por ele indicada e, ainda, à defensoria pública, se o aprisionado não indicar advogado no ato da autuação.

14. (Agente de Polícia Federal – CESPE – DPF/2012) Ainda com base no direito processual penal, julgue o item a seguir.

- Considere que, no curso de investigação policial para apurar a prática de crime de extorsão mediante sequestro contra um gerente do Banco X, agentes da Polícia Federal tenham perseguido os suspeitos, que fugiram com a vítima, por dois dias consecutivos. Nessa situação, enquanto mantiverem a privação da liberdade da vítima, os suspeitos poderão ser presos em flagrante, por se tratar de infração permanente.

15. (Delegado de Polícia Federal – CESPE – DPF/2013) Acerca da custódia cautelar e suas modalidades, dos atos processuais e seus sujeitos, bem como da ação penal, julgue o item que se segue.

- Suponha que um agente penalmente capaz pratique um roubo e, perseguido ininterruptamente pela polícia, seja preso em circunscrição diversa da do cometimento do delito. Nessa situação, a autoridade policial competente para a lavratura do auto de prisão em flagrante é a do local de execução do delito, sob pena de nulidade do ato administrativo.

GABARITO COMENTADO

1.

A. CERTO É a dicção exata do art. 302, IV, do CPP, que dispõe sobre o "flagrante presumido" ou "ficto"

> Art. 302. Considera-se em flagrante delito quem:
>
> I – está cometendo a infração penal;
>
> II – acaba de cometê-la;
>
> III – é perseguido, logo após, pela autoridade, pelo ofendido ou por qualquer pessoa, em situação que faça presumir ser autor da infração;
>
> **IV – é encontrado, logo depois, com instrumentos, armas, objetos ou papéis que façam presumir ser ele autor da infração.**

B. CERTO O crime de sequestro e cárcere privado (art. 148 do CP) é considerado crime permanente (art. 303 do CPP).

2. ERRADO A falta de testemunhas da infração não impedirá o auto de prisão em flagrante; mas, nesse caso, com o condutor, deverão assiná-lo pelo menos duas pessoas que hajam testemunhado a apresentação do preso à autoridade (art. 304, § 2º, do CPP).

Comentário extra: Nos casos em que o condutor figure como testemunha no auto de prisão em flagrante, entende-se que não há violação ao

PROCESSO PENAL

art. 304 do CPP. Policiais condutores também podem figurar como "testemunhas numerárias". Ver também o § 2º do art. 304 do CPP. Precedentes do STF e do STJ.

3. CERTO "Flagrante preparado", "flagrante provocado" ou "delito putativo por obra do agente provocador" é o flagrante em que o agente (sujeito ativo do crime) atua por indução de terceiro. Por exemplo, o policial induz o criminoso a cometer um crime. Nesse sentido, a súmula 145 do STJ estabelece que "Não há crime quando a preparação do flagrante pela polícia torna impossível a sua consumação". Diante do postulado da súmula, existe flagrante provocado quando o agente é induzido à prática de um crime pela suposta vítima, por terceiro ou pela polícia, que nesse caso são chamados de "agentes provocadores". Esta situação não se confunde com o "flagrante esperado" em que a atividade policial é de mera observação, sem instigar o mecanismo causal da infração, com o intuito de surpreender o agente no momento da prática do crime.

4. CERTO O "flagrante" forjado é crime de abuso de autoridade tipificado na Lei n. 4.898/65. O caso típico ocorre quando policiais "plantam" substâncias entorpecentes nas vestes, nos pertences ou no automóvel da vítima. É conduta que inclusive repercute nos estatutos disciplinares de todos os órgãos policiais, tendo também repercussão na esfera cível. O "flagrante" forjado enseja o relaxamento da prisão ilegal pelo juiz.

5. CERTO É o que diz o art. 302, IV, do CPP ("flagrante ficto" ou presumido).

6. CERTO A assertiva está correta diante da dicção do art. 302, IV, do CPP. A hipótese é de "flagrante ficto" ou presumido.

7. CERTO Considerando que Alexandre estava cometendo a infração penal, qualquer do povo poderia prendê-lo (art. 301 c/c art. 302, I, ambos do CPP).

8.

A. ERRADO Inexiste nulidade, pois as autoridades policiais não estão submetidas às regras de competência jurisdicional em razão do local. Precedentes do STJ.

B. CERTO Nos casos em que o condutor figure como testemunha no auto de prisão em flagrante, entende-se que não há violação ao art. 304 do CPP. Policiais condutores também podem figurar como "testemunhas numerárias". Precedentes do STF e do STJ.

Comentário extra: A falta de testemunhas da infração não impedirá o auto de prisão em flagrante. Contudo, nesse caso, com o condutor, deverão assiná-lo pelo menos duas pessoas que hajam testemunhado a apresentação do preso à autoridade (art. 304, § 2º, do CPP).

C. CERTO As nulidades que podem macular o auto de prisão em flagrante estão relacionas aos direitos constitucionais do conduzido de ter, no prazo legal, a prisão comunicada à autoridade judiciária, à sua família ou pessoa indicada, além da assistência de advogado ou comunicação da prisão, também no prazo legal, à Defensoria Pública. Poderá também gerar nulidade ao flagrante deixar de cientificar o conduzido acerca dos seus direitos constitucionais, além da não expedição da nota de culpa. Precedente do STF (RHC 62855/SP).

D. ERRADO A comunicação poderá ser feita em até 24 horas após a lavratura do auto de prisão em flagrante (art. 306, § 1º, do CPP).

E. ERRADO Em que pese o teor da parte final do *caput* do art. 310 do CPP, o despacho homologatório no auto de prisão em flagrante serve para que o juiz verifique se as formalidades constitucionais e legais foram cumpridas pela autoridade policial. Assim, esse despacho só é revestido de natureza decisória quando relaxa a prisão, hipótese em que o juiz estará obrigado a fundamentá-lo. Precedentes do STJ.

9. ERRADO A Constituição Federal reza que o civilmente identificado não será submetido à identificação criminal, salvo nas hipóteses previstas em lei (art. 5º, LVIII). Contudo, o art. 3º, I, da revogada Lei n. 10.054/2000 excepcionava essa regra nos casos de homicídio doloso, crimes contra o patrimônio praticados mediante violência ou grave ameaça, crime de receptação qualificada, crimes contra a liberdade sexual ou crime de falsificação de documento público. O art. 3º da Lei n. 12.037/2009, ora vigente, também estabelece hipóteses de exceção à regra constitucional, mas sem fazer alusão a tipos penais específicos.

10.

A. ERRADO Em que pese o comparecimento em sede policial e a confissão espontânea terem se dado durante as primeiras 24 horas do cometimento do crime, não há mais estado de flagrância, pois essa ação não se enquadra nas hipóteses previstas no art. 302 do CPP. A situação de "quase flagrância" ou "flagrante impróprio" (art. 302, III, do CPP) não está relacionada a aspectos temporais, mas sim à perseguição do agente e a presunção de que ele seja o autor da infração.

B. ERRADO A hipótese é de prisão em flagrante delito. Nesse caso, o flagrante sequer pode ser considerado "esperado", pois a conduta de apenas manter em depósito substância entorpecente já é considerada crime. Os policiais nem mesmo precisavam se passar por compradores da droga, pois o crime em comento é de natureza permanente, autorizando-os, inclusive, a arrombar as portas e efetuar a prisão (art. 303 do CPP).

Comentário extra: "Flagrante preparado", "flagrante provocado" ou "delito putativo por obra do agente provocador" é o flagrante em que o agente (sujeito ativo do crime) atua por indução de terceiro. Por exemplo, o policial induz o criminoso a cometer um crime. Nesse sentido, a súmula 145 do STJ estabelece que "não há crime quando a preparação do flagrante pela polícia torna impossível a sua consumação". Diante do postulado da súmula, existe flagrante provocado quando o agente é induzido à prática de um crime pela suposta vítima, por terceiro ou pela polícia, que nesse caso são chamados de "agentes provocadores". Esta situação não se confunde com o "flagrante esperado" em que a atividade policial é de mera observação, sem instigar o mecanismo causal da infração, com o intuito de surpreender o agente no momento da prática do crime.

C. CERTO O art. 301 do CPP não faz qualquer distinção entre delitos de ação pública (condicionada e incondicionada) e delitos de ação privada. Assim sendo, após a prisão em flagrante, a autoridade policial deverá ouvir a vítima do crime ou quem tenha qualidade para propor a respectiva ação privada, fazendo constar as suas declarações no auto, que funcionarão como requerimento de instauração de inquérito policial, concluindo, então, a lavratura do auto (art. 5º, § 5º, do CPP).

D. CERTO Essa era a exata dicção do art. 53, § 3º, da CF/88, antes da promulgação da Emenda n. 35, de 20/12/2001, alteração que não foi objeto de consideração nesse concurso, vez que a prova foi aplicada em janeiro/2002. Após a promulgação da referida emenda, o auto de prisão em flagrante será remetido dentro de vinte e quatro horas à Casa respectiva, para que, pelo voto da maioria de seus membros, resolva sobre a prisão. A deliberação, portanto, passou a ser realizada por voto "aberto".

Comentário extra: A EC n. 35/2001 acabou com a necessidade de licença prévia da respectiva Casa para que parlamentar fosse processado criminalmente, mas possibilitou que, no prazo de 45 dias após a comunicação pelo STF, o Poder Legislativo suste o andamento da ação até decisão final, por voto da maioria dos membros da respectiva Casa. A sustação se dará por iniciativa de partido político nela representado e findará, obrigatoriamente, com o término do mandato. A prescrição do crime se manterá suspensa, como já era previsto antes da EC n. 35/2001.

E. CERTO Embora não recomendável, o art. 307 do CPP não veda tal conduta por parte da autoridade policial, especialmente em cidades onde só exista uma única autoridade policial. O impedimento do mencionado dispositivo legal vale nos casos em que, em tese, o auto de prisão em flagrante seja lavrado por autoridade judiciária, quando esta estará impedida de apreciá-lo. Esse dispositivo não tem mais aplicação, pois, na prática, se a infração penal for praticada na presença de autoridade judiciária, ou contra esta, o magistrado dará voz de prisão e determinará a condução do preso à presença da autoridade policial, que presidirá o auto.

11. ERRADO O crime de extorsão mediante sequestro é crime de natureza permanente, podendo a prisão em flagrante ser realizada enquanto a vítima estiver no cárcere ou mesmo "logo após", ou "logo depois", da vítima ter sido posta em liberdade (art. 302 do CPP).

12. CERTO A interdição cível não isenta o réu de responsabilidade penal, uma vez que aquela restringe-se à responsabilidade pela prática de atos da vida civil. A imputabilidade penal, ou seja, se ao tempo da ação ou da omissão, o indiciado era inteiramente incapaz de entender o caráter ilícito do fato ou de determinar-se de acordo com esse entendimento, será verificada durante a instrução do processo penal. Precedentes do STJ.

Comentário extra: A doutrina denomina "flagrante próprio" a prisão em flagrante executada com base nos arts. 302, I e II, do CPP (aquele que "está cometendo a infração penal" ou "acaba de cometê-la").

13. ERRADO *Vide* art. 306 c/c 306, § 1º, do CPP:

> *Art. 306.* ***A prisão de qualquer pessoa e o local onde se encontre serão comunicados imediatamente ao juiz competente, ao Ministério Público e à família do preso ou à pessoa por ele indicada*** *(Redação dada pela Lei n. 12.403, de 2011).*
>
> § 1º Em até 24 (vinte e quatro) horas após a realização da prisão, será encaminhado ao juiz competente o auto de prisão em flagrante e, caso o autuado não informe o nome de seu advogado, *cópia integral para a Defensoria Pública (Redação dada pela Lei n. 12.403, de 2011).*
>
> § 2º No mesmo prazo, será entregue ao preso, mediante recibo, a nota de culpa, assinada pela autoridade, com o motivo da prisão, o nome do condutor e os das testemunhas *(Redação dada pela Lei n. 12.403, de 2011).*

14. CERTO Os crimes permanentes são delitos cujo resultado se prolonga no tempo. De acordo com o art. 303 do CPP, nesses casos, a prisão poderá ocorrer a qualquer momento, enquanto ainda estiver sendo realizado o crime. Em outras palavras, enquanto não cessar a permanência, entende-se que o agente se encontra em flagrante delito. São exemplos de delitos permanentes: extorsão mediante sequestro (art. 159 do CP), sequestro (art. 148 do CP) e ocultação de cadáver (art. 221 do CP).

15. ERRADO O auto de prisão em flagrante será lavrado no local em que se proceder a captura e não no local do crime.

RAIO-X

- O tema em estudo equivale aos seguintes percentuais das questões de Direito Processual Penal:

Cargo	Questões do Tema	%
Agente	5	13,33
Escrivão	5	14,28
Delegado	14	22,80

- A maioria das questões é baseada em:

☒ doutrina ☒ legislação ☒ jurisprudência

- Foi exigido dos candidatos o conhecimento das hipóteses de prisão em flagrante previstas no art. 302 do CPP, além de conhecimentos doutrinários relativos ao flagrante forjado e preparado.
- Ainda, foram cobrados dos candidatos conhecimentos relativos aos procedimentos e a formalização do auto de prisão em flagrante.

IMPORTANTE SABER

- **Flagrante retardado, diferido, postergado, "de ação controlada" ou discricionário.**

É o flagrante que tem previsão na legislação extravagante. No flagrante retardado, a polícia é obrigada a efetuar a prisão em flagrante, mas tem a liberdade para decidir quanto ao momento mais oportuno para agir, com a finalidade de colher elementos de prova mais robustos, ou melhor, conhecer o *modus operandi* da organização criminosa. No caso da Lei n. 9.034/95, por exemplo, a polícia não precisa de autorização judicial para postergar o flagrante. Já na hipótese da Lei n. 11.343/2006, há a necessidade de autorização judicial para se retardar o flagrante.

Convém observar que nesses casos o crime já foi cometido, ao contrário do flagrante esperado, em que o crime ainda irá ocorrer. A polícia, portanto, está legalmente respaldada para retardar a prisão em flagrante para a melhor identificação de todos os envolvidos na conduta criminosa.

LEGISLAÇÃO E SÚMULA PERTINENTES

- Constituição Federal, art. 5º, LVIII, e art. 53.
- Código de Processo Penal, arts. 301; 302; 303; 304, § 2º; 306, § 1º; 307 e 310
- Lei n. 12.037/2009, art. 3º.
- **Súmula 145 do STJ:** No transporte desinteressado, de simples cortesia, o transportador só será civilmente responsável por danos causados ao transportado quando incorrer em dolo ou culpa grave.

6. PRISÃO PREVENTIVA

QUESTÕES

1. **(Escrivão – CESPE – 2002 – adaptada)** No que diz respeito à prova e à prisão no direito processual penal, julgue os itens abaixo.

   a) Considere a seguinte situação hipotética: Isabela já fora condenada, por sentença passada em julgado, pela prática de roubo, cuja pena cumprira. Além disso, figurava como ré em diversas ações penais por essa espécie de crime. Certo dia, o promotor de justiça recebeu mais um inquérito policial em que a polícia judiciária reunira provas de Isabela persistir nessa atividade criminosa. Por isso, juntamente com a denúncia, o membro do MP requereu a prisão preventiva dela. Nesse caso, à luz do CPP, não havia fundamento para a autoridade judiciária decretar a prisão preventiva de Isabela, pois, como ela cumprira a pena da única condenação que sofrera, o fato de responder a outros processos não justificaria a prisão.

   b) Um cidadão foi denunciado pelo MP sob a acusação de haver cometido crime de lesões corporais. No curso do processo, veio aos autos prova de as lesões haverem surgido como consequência do estrito cumprimento do dever legal do acusado. Não obstante, o membro do MP entendeu, a certa altura, cabível a decretação da prisão preventiva do réu, motivo por que a requereu. Nessa situação, em face da prova mencionada, a prisão preventiva não poderia ser validamente decretada.

2. **(Escrivão – CESPE – 2004)** Acerca do direito processual penal, julgue o seguinte item.

   • A prisão preventiva não pode ser decretada no curso do processo criminal, pois é instituto típico do inquérito policial. É decretada pelo juiz, de ofício, a requerimento do Ministério Público, ou do querelante, ou mediante representação da autoridade policial, e é cabível quando se tratar de crimes dolosos ou culposos punidos com reclusão.

3. **(Agente – CESPE – 2009 – adaptada)** Julgue o item a seguir, acerca das prisões cautelares.

   • Assemelham-se as prisões preventiva e temporária porque ambas podem ser decretadas em qualquer fase da investigação policial ou da ação penal. No entanto, a prisão preventiva pressupõe requerimento das partes, ao passo que a prisão temporária pode ser decretada de ofício pelo juiz.

4. **(Agente – CESPE – 2004)** A respeito do direito processual penal brasileiro, julgue o item a seguir.

   • Não é cabível prisão preventiva de acusado de prática de contravenção penal.

5. **(Agente – CESPE – 2004 – adaptada)** Acerca de prisão e de *habeas corpus*, julgue o item a seguir.

   • A prisão preventiva poderá ser decretada como garantia da ordem pública, da ordem econômica, por conveniência da instrução criminal, ou para assegurar a aplicação da lei penal, quando houver prova da existência do crime e indício suficiente de autoria, em caso de crime doloso ou culposo, punidos com detenção, quando se apurar que o indiciado é vadio ou, havendo dúvida sobre a sua identidade, não fornecer ou não indicar elementos para esclarecê-la.

6. **(Delegado – CESPE – 2004 – adaptada)** Com relação ao direito processual penal, julgue o item subsequente.

   • Em face de crime de ação penal privada, é cabível a decretação de prisão preventiva.

7. **(Delegado – CESPE – 2002 – adaptada)** A respeito das prisões preventiva e temporária, julgue os itens a seguir.

a) A falta de inquérito policial impede a decretação da prisão preventiva, mesmo que embasada em peças informativas da existência do crime e em indícios da autoria apresentados pelo órgão do MP.

b) Considere a seguinte situação hipotética: Marina foi denunciada perante a justiça comum pela prática do crime de peculato, tendo sido decretada a sua prisão preventiva em atendimento a representação da autoridade policial. Cumprido o mandado de prisão, a ré foi interrogada, tendo, no prazo da defesa prévia, arguido a incompetência do juiz *ratione materiae*. O juiz acatou a exceção e remeteu os autos à justiça federal. Nessa situação, presentes os requisitos legais, o juiz federal deverá renovar o despacho da custódia cautelar.

c) De acordo com a jurisprudência majoritária, a prisão preventiva pode ser decretada para garantir a ordem pública em face da periculosidade do agente, demonstrada pela gravidade, pela violência ou pelas circunstâncias em que o crime foi perpetrado.

d) A simples fuga do acusado do distrito da culpa, tão logo descoberto o crime, não justifica o decreto de prisão preventiva para garantir a aplicação da lei penal e a conveniência da instrução criminal.

8. **(Delegado – CESPE – 2004)** Acerca do direito processual penal, julgue o item que se segue.

- É cabível a prisão preventiva de indivíduo acusado da prática de homicídio culposo, desde que a prisão seja decretada para assegurar a aplicação da lei penal e que haja prova do crime e indícios de autoria.

9. **(Escrivão de Polícia Federal – CESPE – DPF/2013)** No que tange à prisão em flagrante, à prisão preventiva e à prisão temporária, julgue os itens que se seguem, à luz do Código de Processo Penal (CPP).

a) A atual sistemática da prisão preventiva impõe a observância das circunstâncias fáticas e normativas estabelecidas no CPP e, sobretudo, em qualquer das hipóteses de custódia preventiva, que o crime em apuração seja doloso punido com pena privativa de liberdade máxima superior a quatro anos.

b) Admite-se a prisão preventiva para todos os crimes em que é prevista prisão temporária, sendo esta realizada com o objetivo específico de tutelar a investigação policial.

10. **(Agente de Polícia Federal – CESPE – DPF/2012)** Ainda com base no direito processual penal, julgue os itens a seguir.

a) A legislação processual obsta a decretação da prisão preventiva e temporária no caso de o acusado apresentar-se espontaneamente em juízo ou perante a autoridade policial, prestar declarações acerca dos fatos apurados e entregar o passaporte, assim como no caso de o juiz verificar, pelas provas constantes dos autos, que o agente praticou o fato em estado de necessidade, legítima defesa ou no estrito cumprimento do dever legal.

b) A prisão preventiva, admitida nos casos de crimes dolosos punidos com pena privativa de liberdade máxima superior a quatro anos, pode ser decretada em qualquer fase da persecução penal, desde que haja prova da existência do crime e indício suficiente de autoria.

GABARITO COMENTADO

1.

A. ERRADO Nesse caso, a prisão preventiva é decretada para garantia da ordem pública (art. 312 do CPP), à luz da reincidência e da reiteração na prática delituosa.

Comentário: *Vide* nova redação do Art. 312: *A prisão preventiva poderá ser decretada como garantia da ordem pública, da ordem econômica, por conveniência da instrução criminal, ou para assegurar a aplicação da lei penal, quando houver prova da existência do crime e indício suficiente de autoria. (Redação dada pela Lei n. 12.403, de 2011).Parágrafo único. A prisão preventiva também poderá ser decretada em caso de descumprimento de qualquer das obrigações impostas por força de outras medidas cautelares (art. 282, § 4º) (Incluído pela Lei n. 12.403, de 2011).*

B. CERTO Em nenhum caso, a prisão preventiva será decretada se o juiz verificar pelas provas constantes dos autos ter o agente praticado o fato sob estado de necessidade, legítima defesa, estrito cumprimento do dever legal ou no exercício regular de direito. *Vide* art. 314 do CPP:

Comentário: *Vide* nova redação do art. 314 do CPP: A prisão preventiva em nenhum caso será decretada se o juiz verificar pelas provas constantes dos autos ter o agente praticado o fato nas condições previstas nos incisos I, II e III do *caput* do art. 23 do Decreto-Lei n. 2.848, de 7 de dezembro de 1940 – Código Penal. (Redação dada pela Lei n. 12.403, de 2011).

2. ERRADO Há alguns erros na assertiva, senão vejamos: A prisão preventiva pode ser decretada em qualquer fase da investigação policial (inquérito) ou do processo penal (art. 311 do CPP). A prisão preventiva é cabível apenas nos crimes dolosos punidos com pena privativa de liberdade máxima superior a 4 (quatro) anos. Excepcionalmente, caberá a prisão preventiva nos crimes culposos punidos com reclusão no caso de descumprimento de qualquer das obrigações impostas por força de outras medidas cautelares (art. 282, § 4º, do CPP), nos crimes envolvendo violência doméstica e familiar contra a mulher, criança, adolescente, idoso, enfermo ou pessoa com deficiência, para garantir a execução das medidas protetivas de urgência, ou quando houver dúvida sobre a identidade civil da pessoa ou quando esta não fornecer elementos suficientes para esclarecê-la (art. 313 do CPP).

Comentário: *Vide* nova redação do CPP:

> *Art. 311. Em qualquer fase da investigação policial ou do processo penal, caberá a prisão preventiva decretada pelo juiz, de ofício, se no curso da ação penal, ou a requerimento do Ministério Público, do querelante ou do assistente, ou por representação da autoridade policial (Redação dada pela Lei n. 12.403, de 2011).*
>
> *Art. 312. A prisão preventiva poderá ser decretada como garantia da ordem pública, da ordem econômica, por conveniência da instrução criminal, ou para assegurar a aplicação da lei penal, quando houver prova da existência do crime e indício suficiente de autoria (Redação dada pela Lei n. 12.403, de 2011).*
>
> *Parágrafo único. A prisão preventiva também poderá ser decretada em caso de descumprimento de qualquer das obrigações impostas por força de outras medidas cautelares (art. 282, § 4º) (Incluído pela Lei n. 12.403, de 2011).*
>
> *Art. 313. Nos termos do art. 312 deste Código, será admitida a decretação da prisão preventiva: (Redação dada pela Lei n. 12.403, de 2011).*
>
> *I – nos crimes dolosos punidos com pena privativa de liberdade máxima superior a 4 (quatro) anos; (Redação dada pela Lei n. 12.403, de 2011).*
>
> *II – se tiver sido condenado por outro crime doloso, em sentença transitada em julgado, ressalvado o disposto no inciso I do* caput *do art. 64 do Decreto-Lei no 2.848, de 7 de dezembro de 1940 – Código Penal; (Redação dada pela Lei n. 12.403, de 2011).*
>
> *III – se o crime envolver violência doméstica e familiar contra a mulher, criança, adolescente, idoso, enfermo ou pessoa com deficiência, para garantir a execução das medidas protetivas de urgência; (Redação dada pela Lei n. 12.403, de 2011).*
>
> *Parágrafo único. Também será admitida a prisão preventiva quando houver dúvida sobre a identidade civil da pessoa ou quando esta não fornecer elementos suficientes para esclarecê-la, devendo o preso ser colocado imediatamente em liberdade após a identificação, salvo se outra hipótese recomendar a manutenção da medida (Incluído pela Lei n. 12.403, de 2011).*
>
> *Art. 314. A prisão preventiva em nenhum caso será decretada se o juiz verificar pelas provas constantes dos autos ter o agente praticado o fato nas condições previstas nos incisos I, II e III do* caput *do art. 23 do Decreto-Lei n. 2.848, de 7 de dezembro de 1940 – Código Penal (Redação dada pela Lei n. 12.403, de 2011).*

3. ERRADO Existem vários equívocos na assertiva, senão vejamos: A prisão temporária é decretada somente na fase de investigação policial (inquérito), não podendo ser concedida de ofício pelo juiz (arts. 1º, I, e 2º, ambos da Lei n. 7.960/85). Já a prisão preventiva pode ser decretada em qualquer fase da investigação policial ou da ação penal, podendo ser decretada de ofício pelo juiz (art. 311 do CPP).

Comentário: Vide nova redação do art. 311. *Em qualquer fase da investigação policial ou do processo penal, caberá a prisão preventiva decretada pelo juiz, de ofício, se no curso da ação penal, ou a requerimento do Ministério Público, do querelante ou do assistente, ou por representação da autoridade policial (Redação dada pela Lei n. 12.403, de 2011).*

4. CERTO No sistema penal brasileiro, contravenção ("crime-anão") se diferencia de crime. As contravenções são punidas com prisão simples e multa (art. 5º do Decreto-Lei n. 3.688/41). Assim, conforme previsto no art. 313 do CPP, não há fundamento para a decretação de prisão preventiva diante da prática de contravenção penal.

Comentário: *Vide* nova redação do art. 313.

Nos termos do art. 312 deste Código, será admitida a decretação da prisão preventiva: (Redação dada pela Lei n. 12.403, de 2011).

I – nos crimes dolosos punidos com pena privativa de liberdade máxima superior a 4 (quatro) anos; (Redação dada pela Lei n. 12.403, de 2011).

II – se tiver sido condenado por outro crime doloso, em sentença transitada em julgado, ressalvado o disposto no inciso I do caput *do art. 64 do Decreto-Lei n. 2.848, de 7 de dezembro de 1940 – Código Penal; (Redação dada pela Lei n. 12.403, de 2011).*

III – se o crime envolver violência doméstica e familiar contra a mulher, criança, adolescente, idoso, enfermo ou pessoa com deficiência, para garantir a execução das medidas protetivas de urgência; (Redação dada pela Lei n. 12.403, de 2011).

Parágrafo único. Também será admitida a prisão preventiva quando houver dúvida sobre a identidade civil da pessoa ou quando esta não fornecer elementos suficientes para esclarecê-la, devendo o preso ser colocado imediatamente em liberdade após a identificação, salvo se outra hipótese recomendar a manutenção da medida (Incluído pela Lei n. 12.403, de 2011).

5. ERRADO A assertiva deve ser respondida à luz dos arts. 312 e 313 do CPP, alterados pela Lei n. 12.403/2011. A prisão preventiva decretada em virtude de ser o indiciado vadio deixou de existir desde a publicação da citada Lei. A prisão preventiva somente é cabível para crimes doloso punidos com pena privativa de liberdade máxima superior a 4 (quatro) anos, nos termos do art. 313 do CPP. Contudo, há jurisprudência do STJ que reconhece como legítima a prisão preventiva decretada no caso de crime de homicídio culposo, diante da necessidade de assegurar a aplicação da lei penal e garantir a ordem pública (HC 39696/MG, Min. Laurita Vaz, DJ 05/09/2005 p. 442).

Comentário extra: Após a publicação da Lei n. 12.403/2011, a prisão preventiva também poderá ser decretada, independentemente do dolo do agente: a) em caso de descumprimento de qualquer das obrigações impostas por força de outras medidas cautelares (art. 282, § 4º, do CPP); b) nos crimes que envolvam violência doméstica e familiar contra a mulher, criança, adolescente, idoso, enfermo ou pessoa com deficiência, para garantir a execução das medidas protetivas de urgência; ou c) nos casos de dúvida sobre a identidade civil da pessoa ou quando esta não fornecer elementos suficientes para esclarecê-la (art. 313 do CPP).

6. CERTO O art. 311 do CPP não faz qualquer distinção entre delitos de ação pública (condicionada e incondicionada) e delitos de ação privada. Assim sendo, a prisão preventiva poderá ser decretada de ofício pelo juiz ou a requerimento da autoridade policial ou do querelante.

Comentário: *Vide* nova redação do art. 311. *Em qualquer fase da investigação policial ou do processo penal, caberá a prisão preventiva decretada pelo juiz, de ofício, se no curso da ação penal, ou a requerimento do Ministério Público, do querelante ou do assistente, ou por representação da autoridade policial (Redação dada pela Lei n. 12.403, de 2011).*

7.

A. ERRADO A assertiva evoca a jurisprudência do STJ no julgamento do RHC 3.682/RJ, que considerou irrelevante a existência de inquérito policial para a decretação de prisão preventiva, tendo em vista a gravidade das alegações. Ousamos discordar desse entendimento, pois, até mesmo como garantia para o próprio cidadão, a prisão preventiva só deve ser decretada no bojo de um inquérito policial ou de uma ação penal.

Comentário extra: Embora o inquérito policial seja indispensável na grande maioria dos casos para o oferecimento da denúncia, prevalece o entendimento na doutrina, na jurisprudência e nas bancas de concursos públicos de que o inquérito policial é dispensável para o oferecimento da ação penal. Porém, a dispensabilidade do inquérito policial somente pode ser considerada quando não houver indícios suficientes de autoria e de materialidade delitivas.

B. CERTO Conforme precedentes do STJ, constitui-se constrangimento ilegal a prisão preventiva decretada por juiz absolutamente incompetente, sendo inadmissível a sua convalidação ou ratificação face à natureza decisória do ato. No caso em questão, o Juiz federal deverá renová-la mediante decisão fundamentada, de efeitos *ex nunc*, ainda que proferida com base nos mesmos fundamentos do decreto anterior.

C. CERTO A gravidade em abstrato do delito cometido, por si só, não é suficiente para embasar a decretação da prisão. Contudo, quando a gravidade do delito está associada à periculosidade do agente e às circunstâncias do seu cometimento, há a possibilidade de ameaça a ordem pública, fundamentando, assim, a expedição da ordem de prisão. Precedentes do STJ.

D. ERRADO A assertiva contraria o art. 312, *caput*, do CPP, vez que a evasão do distrito da culpa, por si só, é razão suficiente para fundamentar a decretação da prisão preventiva para assegurar a aplicação da lei penal.

8. ERRADO A prisão preventiva somente é cabível para crimes dolosos punidos com pena privativa de liberdade máxima superior a 4 (quatro) anos, nos termos do art. 313 do CPP. Contudo, há jurisprudência do STJ que reconhece como legítima a prisão preventiva decretada no caso de crime de homicídio culposo, diante da necessidade de assegurar a aplicação da lei penal e garantir a ordem pública (HC 39696/MG, Min. Laurita Vaz, *DJ*, 5-9-2005 p. 442).

Comentário extra: Após a publicação da Lei n. 12.403/2011, a prisão preventiva também poderá ser decretada: a) em caso de descumprimento de qualquer das obrigações impostas por força de outras medidas cautelares (art. 282, § 4º, do CPP); b) nos crimes que envolvam violência doméstica e familiar contra a mulher, criança, adolescente, idoso, enfermo ou pessoa com deficiência, para garantir a execução das medidas protetivas de urgência; ou c) nos casos de dúvida sobre a identidade civil da pessoa ou quando esta não fornecer elementos suficientes para esclarecê-la (art. 313 do CPP).

9.

A. ERRADO Não é em qualquer hipótese que o crime deve ser punido com pena superior a 4 anos.

Vide Art. 313. *Nos termos do art. 312 deste Código, será admitida a decretação da prisão preventiva: I – nos crimes dolosos punidos com pena privativa de liberdade máxima superior a 4 (quatro) anos; II – se tiver sido condenado por outro crime doloso, em sentença transitada em julgado, ressalvado o disposto no inciso I do caput do art. 64 do Decreto-Lei n. 2.848, de 7 de dezembro de 1940 – Código Penal; III – se o crime envolver violência doméstica e familiar contra a mulher, criança, adolescente, idoso, enfermo ou pessoa com deficiência, para garantir a execução das medidas protetivas de urgência; IV – (revogado). Parágrafo único. Também será admitida a prisão preventiva quando houver dúvida sobre a identidade civil da pessoa ou quando esta não fornecer elementos suficientes para esclarecê-la, devendo o preso ser colocado imediatamente em liberdade após a identificação, salvo se outra hipótese recomendar a manutenção da medida."* (NR)

B. CERTO Ora, a questão diz que é admitida a prisão temporária em todas as hipóteses que se admite a prisão preventiva. Só que a lei da prisão temporária, Lei n. 7.960/89, elenca em seu art. 1º, III, os crimes passíveis daquela prisão.

Na letra "o", constam os crimes contra o sistema financeiro. Por sua vez, a Lei n. 7.492/86, que tipifica os mencionados crimes, em seus arts. 16 e 18, sanciona os crimes tipificados com menos de quatro anos de pena máxima.

10.

A. ERRADO O erro está na afirmação de que a apresentação espontânea, segundo a legislação, obsta (impede) a prisão preventiva. Com base nas lições doutrinárias e jurisprudenciais temos registros de que em face da prisão em flagrante, a hipótese seja considerada uma atipicidade processual. Por outro lado, há permissão legal por meio dos arts. 311 e 313 do Código Processual Penal, no caso da preventiva.

B. CERTO A questão encontra respaldo por partes, em vários dispositivos do Código de Processo Penal, a saber: A prisão preventiva, admitida nos casos de crime dolosos punidos com pena privativa de liberdade máxima superior a quatro anos (art. 313); pode ser decretada em qualquer fase da persecução penal (art. 311); desde que haja prova da existência do crime e indício suficiente de autoria (art. 312).

RAIO-X

- O tema em estudo equivale aos seguintes percentuais das questões de Direito Processual Penal:

Cargo	Questões do Tema	%
Agente	5	10,00
Escrivão	5	10,71
Delegado	6	10,52

- A grande maioria das questões é baseada em:
☐ doutrina ☒ legislação ☒ jurisprudência

IMPORTANTE SABER

- **Prisão Preventiva e a Lei n. 12.304/2011**

É a mais importante das medidas cautelares de restrição à liberdade. De acordo com a nova redação do art. 282, § 6º, do CPP (Lei n. 12.304/2011), houve uma enorme restrição das hipóteses de decretação desse tipo de prisão, pois agora ela somente poderá ser determinada quando não for cabível sua substituição por outra medida cautelar prevista no art. 319 do CPP.

- **Prisão domiciliar (prisão substitutiva de prisão preventiva)**

A prisão domiciliar consiste no recolhimento do indiciado ou acusado em sua residência, só podendo dela ausentar-se com autorização judicial. De acordo com a nova redação do art. 318 do CPP, dada pela Lei n. 12.403/2011, o juiz poderá substituir a prisão preventiva pela prisão domiciliar, nos seguintes casos: a) preso maior de 80 anos, b) preso portador de doença grave debilitante, c) quando o preso é imprescindível para cuidar especialmente de menor de 6 anos de idade ou com deficiência e d) gestante a partir do 7º (sétimo) mês ou a qualquer tempo, nos casos de gravidez de alto risco.

LEGISLAÇÃO PERTINENTE

- Código de Processo Penal, arts. 282, 311, 312, 313 e 314.
- Decreto-Lei n. 3.688/41, art. 5º.

7. PRISÃO TEMPORÁRIA

QUESTÕES

1. **(Escrivão – CESPE – 2004 – adaptada)** Acerca do direito processual penal, julgue o seguinte item.
   - A prisão temporária deve ser decretada pelo juiz, em face da representação da autoridade policial ou de requerimento do Ministério Público, e tem o prazo de 5 dias, prorrogáveis por igual período em caso de extrema e comprovada necessidade, exceto no caso dos crimes hediondos, em que o prazo é diferenciado.
2. **(Agente – CESPE – 2004 – adaptada)** A respeito do direito processual penal brasileiro, julgue o item a seguir.
   - A prisão temporária não pode ser decretada de ofício pelo juiz.
3. **(Escrivão – CESPE – 2004 – adaptada)** No que se refere à competência e à prisão processual, julgue o item que se segue.
   - Considere a seguinte situação hipotética: Miguel teve sua prisão temporária decretada em razão de existirem fundadas razões de que praticara o crime de formação de quadrilha ou bando. Nessa situação, decorrido o prazo de 5 dias, Miguel deverá ser imediatamente posto em liberdade, somente sendo possível manter a restrição de liberdade se tiver havido a decretação de sua prisão preventiva.
4. **(Agente – CESPE – 2004 – adaptada)** Acerca de prisão e de *habeas corpus*, julgue o item a seguir.
   - Na prisão temporária, decorrido o prazo de 5 dias de detenção, o preso deverá ser posto imediatamente em liberdade, salvo se já tiver sido decretada sua prisão preventiva.
5. **(Delegado – CESPE – 2004 – adaptada)** Com relação ao direito processual penal, julgue o item subsequente.
   - Considere a seguinte situação hipotética: Evandro é acusado de prática de homicídio doloso simples contra a própria esposa. Nessa situação, recebida a denúncia pelo juiz competente, é cabível a decretação da prisão temporária de Evandro, com prazo de 30 dias, prorrogável por igual período, haja vista tratar-se de crime hediondo.
6. **(Delegado – CESPE – 2002 – adaptada)** A respeito das prisões preventiva e temporária, julgue o item a seguir.
   - Justifica-se a decretação da prisão temporária de pessoa envolvida em crimes de roubo e homicídio qualificado que, por se encontrar foragida, impede a autoridade policial de concluir o inquérito policial.

GABARITO COMENTADO

1. CERTO É a dicção do art. 2º da Lei n. 7.960/85 c/c o art. 2º, § 4º, da Lei n. 8.072/90, alterada pela Lei n. 11.464/2007. Nos casos dos crimes hediondos, o prazo da prisão temporária é de 30 (trinta) dias, prorrogáveis por igual período em caso de extrema e comprovada necessidade.

2. CERTO Somente a requerimento da autoridade policial ou do Ministério Público, no âmbito de uma investigação policial (inquérito) (art. 2º da Lei n. 7.960/89).

3. ERRADO A prisão temporária poderá ser prorrogada por igual período em caso de extrema e comprovada necessidade (art. 2º da Lei n. 7.960/89). Logo, o preso deverá ser posto

PROCESSO PENAL

em liberdade ao final dos cinco primeiros dias de prisão, caso a mesma não tenha sido prorrogada ou não tenha sido decretada a sua prisão preventiva (art. 2º, § 7º, da Lei n. 7.960/89).

4. CERTO A assertiva está correta, mas foi mal formulada. A prisão temporária poderá ser prorrogada por igual período em caso de extrema e comprovada necessidade (art. 2º da Lei n. 7.960/89). Logo, o preso deverá ser posto em liberdade ao final dos cinco primeiros dias de prisão, caso a mesma não tenha sido prorrogada ou não tenha sido decretada a sua prisão preventiva (art. 2º, § 7º, da Lei n. 7.960/89).

5. ERRADO A prisão temporária só poderá ser decretada durante a fase investigativa (inquérito policial) (art. 1º, I, da Lei n. 7.960/89). Iniciada a ação penal com o recebimento da denúncia, somente será cabível a decretação da prisão preventiva.

6. CERTO A prisão temporária é prisão de natureza cautelar decretada na fase da investigação policial (inquérito), a teor do art. 1º, I, da Lei n. 7.960/89. Os delitos de roubo e homicídio qualificado estão no rol de crimes que autorizam a decretação da medida (art. 1º, III, *a* e *c*, da Lei n. 7.960/89).

RAIO-X

- O tema em estudo equivale aos seguintes percentuais das questões de Direito Processual Penal:

Cargo	Questões do Tema	%
Agente	2	6,66
Escrivão	2	7,14
Delegado	2	3,50

- A maioria das questões é baseada em:

☐ doutrina ☒ legislação ☐ jurisprudência

IMPORTANTE SABER

- **A prisão temporária**

Anote-se que o juiz não poderá decretá-la de ofício por disposição expressa do art. 2º da Lei n. 7.960/89. O prazo de duração da prisão temporária é de 5 (cinco) dias, podendo ser prorrogado por igual período em caso de extrema e comprovada necessidade.

Quando se tratar de crimes hediondos, ela terá o prazo de 30 (trinta) dias, prorrogável por igual período em caso de extrema e comprovada necessidade. Findo esse período, não sendo possível a sua prorrogação ou não havendo motivos para a representação pela prisão preventiva, deve o investigado ser colocado imediatamente em liberdade, com a concomitante comunicação da soltura ao juízo que decretou a prisão temporária (art. 2º, § 7º, da Lei n. 7.960/89).

LEGISLAÇÃO PERTINENTE

- Lei n. 7.960/89, arts. 1º e 2º.
- Lei n. 8.072/90, art. 2º.

8. PROCESSO DOS CRIMES DE RESPONSABILIDADE DOS FUNCIONÁRIOS PÚBLICOS

QUESTÕES

1. **(Agente – CESPE – 2002 – adaptada)** Pedro e Ricardo, previamente ajustados e com unidade de desígnios, subtraíram do almoxarifado de uma agência da Empresa Brasileira de Correios e Telégrafos (ECT), em um final de semana, vários computadores e impressoras de propriedade da empresa. Pedro era funcionário público e aproveitou essa circunstância para ter acesso à garagem interna do órgão e transportar o produto do crime, assim como para ter a posse de cópia da chave da porta do almoxarifado, unidade onde estava lotado como atendente. Ricardo desconhecia o fato de seu comparsa ser funcionário público. Descoberta a subtração, instaurou-se um processo administrativo disciplinar em desfavor de Pedro. Após conclusão, o processo administrativo foi encaminhado ao MP.
   a) Oferecida denúncia pelo órgão do MP e tratando-se de crime funcional, o juiz, antes de recebê-la, deverá determinar a notificação de Pedro para, dentro do prazo de quinze dias, responder por escrito.
   b) Mesmo comprovada a autoria da subtração dos equipamentos em sede de processo administrativo disciplinar, com a observância do contraditório e da ampla defesa, Pedro não estará sujeito à pena disciplinar de demissão antes do término do processo-crime.

2. **(Escrivão – CESPE – 2004 – adaptada)** Acerca do *habeas corpus* e do procedimento nos crimes de responsabilidade dos servidores públicos, julgue o item seguinte.
   - Nos processos referentes a crimes afiançáveis de responsabilidade dos servidores públicos, o juiz, antes de receber a denúncia ou queixa, deverá notificar o acusado para apresentação de defesa preliminar.

3. **(Agente – CESPE – 2002)** Alexandre, funcionário público federal, expunha à venda, em uma via pública, oferecendo aos transeuntes que passavam, papelotes de 10 g contendo a substância Cannabis sativa, vulgarmente conhecida por maconha. A polícia foi comunicada do fato, mas não compareceu ao local. Antes de ele efetivar qualquer venda, alguns pedestres efetuaram a prisão de Alexandre, encaminhando-o à superintendência da Polícia Federal. Na superintendência, a substância entorpecente foi apreendida, e foi lavrado o auto de prisão em flagrante. A comunicação da prisão foi realizada à justiça comum. Pelo fato de Alexandre ser primário, ter bons antecedentes, emprego fixo e residir no distrito da culpa, o seu advogado postulou a liberdade provisória, que foi indeferida. O órgão do Ministério Público (MP) ofereceu denúncia em desfavor de Alexandre, que foi recebida pelo magistrado sem observar o rito dos crimes de responsabilidade dos funcionários públicos, ou seja, o denunciado não foi notificado para apresentar defesa preliminar antes do recebimento da exordial acusatória. Com base nessa situação hipotética, julgue o item subsequente.
   - Por ser Alexandre funcionário público, a autoridade judiciária teria de observar, sob pena de nulidade absoluta, o rito para o processo e o julgamento dos crimes de responsabilidade dos funcionários públicos.

4. **(Delegado – CESPE – 2002 – adaptada)** Com fulcro nos direitos administrativo, constitucional, penal e processual penal, julgue o item a seguir.
   - Considere a seguinte situação hipotética: Um indivíduo foi denunciado pela prática do crime de peculato. Após receber a notificação prévia, ele apresentou a defesa preliminar, tendo o juiz, em despacho fundamenta-

do, recebido a vestibular acusatória. Nessa situação, poderá o juiz criminal, após o recebimento da denúncia e a requerimento do MP, determinar o afastamento do réu do exercício do cargo.

GABARITO COMENTADO

1.

A. CERTO É o que determina o art. 514 do CPP, que estabelece rito especial para o processamento de crimes funcionais (arts. 312 a 326 do CP).

B. ERRADO Não havendo sentença penal reconhecendo a inexistência do fato ou a negativa de autoria, as instâncias administrativa e criminal não se comunicam.

2. CERTO É o que determina o art. 514 do CPP, vez que os crimes de responsabilidade dos servidores públicos são apurados por meio de procedimento especial.

3. ERRADO O crime em questão não possui qualquer vinculação com as funções públicas exercidas por Alexandre (crime impróprio), motivo pelo qual não será processado pelo rito especial estabelecido para os crimes de responsabilidade de funcionários públicos.

4. ERRADO O afastamento cautelar de servidor público acusado de praticar crimes contra a administração pública não encontra respaldo no CPP. Contudo, em 2007 o STJ afastou servidores públicos federais dos seus cargos por 60 dias, aplicando-se subsidiariamente o art. 147 da Lei n. 8.112/90, em sede de decisão monocrática (INQ 544/BA).

Comentário extra: O art. 20 da Lei n. 8.429/92 prevê o afastamento do agente público acusado de praticar atos de improbidade administrativa.

Comentário extra: é possível que a autoridade policial faça representação e solicite o afastamento cautelar do servidor público (Lei n. 12.403).

Comentário extra: além disso, a Lei n. 12.683 prevê a possibilidade de afastamento do servidor público no caso de indiciamento no crime de lavagem de dinheiro.

RAIO-X

- O tema em estudo equivale aos seguintes percentuais das questões de Direito Processual Penal:

Cargo	Questões do Tema	%
Agente	3	10,00
Escrivão	1	3,57
Delegado	1	1,75

- A maioria das questões é baseada em:

☒ doutrina ☒ legislação ☒ jurisprudência

IMPORTANTE SABER

- **O Procedimento especial previsto para os crimes funcionais**

  Os crimes submetidos ao procedimento especial estudado nesse capítulo estão tipificados nos arts. 312 a 326 do CP.

  Considerando a função pública exercida pelo indiciado/acusado no cometimento de qualquer dos crimes previstos acima, o juiz não deverá receber a denúncia sem antes notificar o servidor para prestar as informações que entender pertinentes à sua defesa, no prazo de 15 dias.

LEGISLAÇÃO PERTINENTE

- Código de Processo Penal, art. 514.
- Código Penal, arts. 312 a 326.

9. *HABEAS CORPUS*

QUESTÕES

1. **(Escrivão – CESPE – 2004 – adaptada)** Acerca do direito processual penal, julgue o seguinte item.
   - Dar-se-á *habeas corpus* sempre que alguém sofrer ou se achar na iminência de sofrer violência ou coação ilegal na sua liberdade de ir e vir, inclusive nos casos de punição administrativa e disciplinar.
2. **(Escrivão – CESPE – 2004 – adaptada)** Acerca do *habeas corpus* e do procedimento nos crimes de responsabilidade dos servidores públicos, julgue o item seguinte.
   - Considere a seguinte situação hipotética: Osório, primário, foi preso em flagrante quando do cometimento do crime de estelionato, cuja pena mínima é inferior a 2 anos de reclusão. Nessa situação, não tendo sido admitida a prestação de fiança, caberá a impetração de *habeas corpus* para cessar a restrição à liberdade de locomoção.
3. **(Agente – CESPE – 2004 – adaptada)** Acerca de prisão e de *habeas corpus*, julgue os itens a seguir.
   a) Considera-se coação ilegal, passível de *habeas corpus*, a manutenção do acusado em cárcere quando houver cessado o motivo que autorizou a coação.
   b) Se o *habeas corpus* for concedido em virtude de nulidade do processo, este será renovado.
4. **(Delegado – CESPE – 2002 – adaptada)** No âmbito da jurisdição constitucional das liberdades, a proscrição da prova ilícita no processo é tema recorrente, seja porque o aparelho policial brasileiro ainda se entremostra arbitrário, seja porque há dificuldades, em certos casos, de avaliar-se a extensão dos efeitos que a inadmissão da prova tida por ilícita acarreta para a investigação e persecução criminal. Na esteira da doutrina dominante e das decisões do Supremo Tribunal Federal (STF), julgue os itens abaixo, relativos a esse assunto.
   a) O *habeas corpus* é meio processual idôneo à impugnação de provas ilícitas já realizadas, bem assim para postular-se seu desentranhamento de autos de investigação, mesmo quando desta não possa resultar condenação à pena privativa de liberdade.
   b) Considere a seguinte situação hipotética: A promotoria de justiça do patrimônio público instaurou, por portaria, inquérito civil para apurar atos de improbidade administrativa atribuídos a deputado federal, que teriam causado danos ao erário. Nessa situação, uma vez que compete originariamente ao STF processar e julgar parlamentar federal por crime, em virtude da prerrogativa de foro, qualquer medida investigatória de caráter pré-processual deve ser adotada perante o órgão judiciário competente, o STF, sob pena de configurar constrangimento ilegal passível de *habeas corpus* a ser impetrado perante a referida corte.
5. **(Delegado – CESPE – 2002 – adaptada)** Com fulcro nos direitos administrativo, constitucional, penal e processual penal, julgue o item a seguir.
   - Considere a seguinte situação hipotética: O MP ingressou com uma ação civil pública em face de Jorge, por ele ter praticado atos de improbidade administrativa que ocasionaram danos ao erário. Pelos mesmos fatos, foi instaurada uma ação penal contra Jorge, sendo-lhe imputada a pratica do crime de concussão. A pretensão deduzida na ação

civil pública foi julgada improcedente, estando o processo em grau de recurso. Nessa situação, em sede de *habeas corpus*, será possível o trancamento da ação penal por falta de justa causa.

6. **(Delegado – CESPE – 2004 – adaptada)** Com base no entendimento do STF, julgue o item a seguir.

   - É incabível *habeas corpus* em relação a decisão condenatória a pena exclusivamente de multa.

GABARITO COMENTADO

1. ERRADO A redação da assertiva possui uma atecnia, visto que punição disciplinar é espécie de punição administrativa. A questão busca saber se o candidato conhece o teor do art. 142, § 2º, da CF/88, que dispõe que "não caberá *habeas corpus* em relação a punições disciplinares militares".

Comentário extra: A jurisprudência do STF evoluiu para a admissibilidade do *habeas corpus* impetrado contra punição disciplinar militar, desde que limitado apenas a análise dos pressupostos de legalidade do ato (hierarquia da autoridade julgadora, nexo causal entre o ato e a função militar, suscetibilidade da aplicação da pena em âmbito disciplinar). Questões de mérito permanecem excluídas de apreciação pela via do *habeas corpus*. Precedentes do STF.

2. CERTO O *habeas corpus* é cabível sempre que alguém sofrer ou se achar ameaçado de sofrer violência ou coação em sua liberdade ambulatorial (ir, vir e permanecer), por ilegalidade ou abuso de poder. Antes da publicação da Lei n. 12.403/2011, a autoridade policial só poderia arbitrar fiança no caso de crimes cuja pena fosse de detenção. Atualmente, a fiança pode ser arbitrada pela autoridade policial sempre que a pena privativa de liberdade máxima do crime não exceda 4 anos.

3.

A. CERTO É a dicção do art. 648, IV, do CPP:

> Art. 648. A coação considerar-se-á ilegal:
>
> I – quando não houver justa causa;
>
> II – quando alguém estiver preso por mais tempo do que determina a lei;
>
> III – quando quem ordenar a coação não tiver competência para fazê-lo;
>
> ***IV – quando houver cessado o motivo que autorizou a coação;***
>
> V – quando não for alguém admitido a prestar fiança, nos casos em que a lei a autoriza;
>
> VI – quando o processo for manifestamente nulo;
>
> VII – quando extinta a punibilidade.

B. CERTO É a dicção do art. 652 do CPP: "Art. 652. Se o *habeas corpus* for concedido em virtude de nulidade do processo, este será renovado".

4.

A. ERRADO O equívoco está na parte final da assertiva, pois o *habeas corpus* é remédio constitucional que somente pode ser manejado diante da violação ou ameaça de violação à liberdade ambulatorial do indivíduo (ir, vir e permanecer) por ato ilegal ou abusivo de autoridade pública ou particular. Essa liberdade somente está ameaçada diante da previsão de penas privativas de liberdade (art. 5º, LXVIII). Precedentes do STJ.

B. ERRADO As duas partes da assertiva estão corretas, desde que consideradas isoladamente. Ocorre que os atos de improbidade administrativa abstratamente considerados não são considerados crimes pela legislação brasileira, repercutindo apenas nas esferas cível e política. Além do mais, não há dispositivo legal estabelecendo foro por prerrogativa de função em ações de improbidade administrativa.

Comentário extra: A jurisprudência do STF mitigou esse entendimento, vez que aquela Corte entendeu que compete ao próprio STF julgar ação de improbidade administrativa proposta contra um de seus membros (Questão de Ordem na Pet. 3.211-0, Rel. Min. Carlos Alberto Menezes Direito, DJe 27-6-2008).

Por sua vez, o STJ também reconheceu a sua competência para julgar ação de improbidade administrativa proposta contra governador de estado (Rcl 2.790/SC, Rel. Min. Teori Albino Zavascki, j. 2-12-2009).

5. ERRADO Não havendo sentença penal reconhecendo a inexistência do fato ou a negativa de autoria, as instâncias cível e criminal não se comunicam. Precedentes do STJ.

6. CERTO O *habeas corpus* é remédio constitucional que somente pode ser manejado diante da violação ou ameaça de violação à liberdade ambulatorial (ir, vir e permanecer) por ato ilegal ou abusivo de autoridade pública ou particular. No âmbito criminal e a partir da publicação da Lei n. 9.268/96, essa liberdade somente está ameaçada diante da previsão de penas privativas de liberdade (art. 5º, LXVIII). Enunciado da Súmula 693 do STF.

RAIO-X

- O tema em estudo equivale aos seguintes percentuais das questões de Direito Processual Penal:

Cargo	Questões do Tema	%
Agente	2	6,66
Escrivão	2	7,14
Delegado	4	7,01

- A maioria das questões é baseada em:

☐ doutrina ☒ legislação ☒ jurisprudência

IMPORTANTE SABER

- A finalidade precípua do *habeas corpus* é proteger a liberdade ambulatorial (ir, vir e permanecer) de quem a perdeu ou se acha ameaçado de perdê-la, por ilegalidade ou abuso de poder. Quando a coação está consumada o *habeas corpus* é dito "liberatório" ou "repressivo" e a ordem judicial (*writ*) é cumprida por meio de "mandado de soltura"; se a coação for em forma de ameaça, o *habeas corpus* é dito "preventivo" e cumprido por meio de "salvo-conduto". O CPP disciplina o processo de *habeas corpus*, que pode ser impetrado por qualquer pessoa, em seu favor ou de outrem.
- Atualmente, também tem sido admitido o manejo do *habeas corpus* para a tutela da liberdade de locomoção mesmo quando o cerceamento é causado por particular, ou seja, não figurando como autoridade coatora um agente público, como por exemplo nos casos de internação de pessoa em estabelecimentos médicos e psiquiátricos de natureza privada, conforme preconizado na "teoria da eficácia horizontal dos direitos fundamentais".
- Eventualmente, a autoridade policial poderá figurar como autoridade coatora em *habeas corpus* impetrado em defesa do investigado que, em tese, poderá vir a ter a sua liberdade de ir e vir cerceada em razão do inquérito policial, seja de maneira cautelar, seja de maneira definitiva quando do trânsito em julgado da decisão final proferida na ação penal inaugurada com base no inquérito.
- Esses *habeas corpus* impetrados na fase policial buscam trancar o inquérito, pois as penas cominadas aos delitos investigados são privativas de liberdade, o que mediatamente afetaria a liberdade de locomoção do investigado. Nesses casos, o presidente do inquérito policial deverá prestar as informações requisitadas pelo juízo no prazo estabelecido.

LEGISLAÇÃO E SÚMULA PERTINENTES

- Constituição Federal, art. 5º, LXVIII, e art. 142, § 2º.
- Código de Processo Penal, arts. 648, IV, e 652.
- **Súmula 693 do STF:** Não cabe *habeas corpus* contra decisão condenatória a pena de multa, ou relativo a processo em curso por infração penal a que a pena pecuniária seja a única cominada.

10. PROCESSO COMUM E JÚRI

QUESTÕES

1. **(Delegado – CESPE – 2002 – adaptada)** Art. 186 do Código de Processo Penal (CPP): Antes de iniciar o interrogatório, o juiz observará ao réu que, embora não esteja obrigado a responder às perguntas que lhe forem formuladas, o seu silêncio poderá ser interpretado em prejuízo da própria defesa.

   Art. 5, LXIII, da Constituição da República de 1988: O preso será informado de seus direitos, entre os quais o de permanecer calado, sendo-lhe assegurada a assistência da família e de advogado.

   A partir do conteúdo das normas acima transcritas, julgue os itens a seguir.

   a) A norma transcrita do CPP não foi inteiramente recepcionada pela Constituição de 1988. Assim, a parte final deve ser declarada inconstitucional pelo STF, no âmbito de processo objetivo, para ser definitivamente expurgada do sistema jurídico.

   b) As comissões parlamentares de inquérito, posto que detenham poderes instrutórios próprios das autoridades judiciais, não podem processar nem julgar. Logo, nelas não há acusados, de modo que a norma citada do CPP mantém-se hígida e aplicável integralmente aos seus procedimentos.

   c) A correção da norma transcrita do CPP pode ser levada a efeito pelo Poder Legislativo por meio de lei ordinária com validade nacional, cuja iniciativa é facultada também ao povo.

2. **(Delegado – CESPE – 2004 – adaptada)** Acerca do direito processual penal, julgue o item que se segue.

   • Considere que, em um procedimento de júri popular, durante os debates, tenha resultado o conhecimento de que o crime de homicídio em questão foi praticado com emprego de explosivo, o que não havia sido articulado no libelo. Nessa situação, ainda que haja requerimento do Ministério Público, o juiz não poderá formular quesito relativo à citada agravante.

3. **(Delegado – CESPE – 2004 – adaptada)** Com relação ao direito processual penal, julgue o item subsequente.

   • É pacífico o entendimento jurisprudencial no sentido de que é inconstitucional a prisão decorrente de sentença de pronúncia, nos procedimentos do júri popular.

GABARITO COMENTADO

1.

A. ERRADO O equívoco estava na parte final da assertiva, pois a "não recepção" constitucional é incompatível com o processo objetivo (ação direta de inconstitucionalidade). A nova redação do art. 186, *caput* e parágrafo único, do CPP, dada pela Lei n. 10.792, de 1º-12-2003, reconheceu que o interrogatório do indiciado/réu deve ser considerado como meio de defesa, e não mais como um mero meio de prova. Contudo, o legislador ordinário descuidou-se ao não revogar, nessa mesma oportunidade, o art. 198 do CPP.

B. ERRADO Em que pese o ditame contido no art. 6º da Lei n. 1.579/52, que estabelece que, nos casos em que a legislação for omissa, a comissão parlamentar de inquérito deverá aplicar o CPP, o direito constitucional ao silêncio é outorgado a todos os investigados, acusados e réus no âmbito de quaisquer dos poderes da República (*Nemo tenetur se detegere* – art. 5º, LXIII).

PROCESSO PENAL

C. CERTO Foi exatamente o que ocorreu com a sanção da Lei n. 10.792/2003, que alterou dispositivos do CPP.

2. ERRADO Essa era a dicção do antigo art. 484, parágrafo único, II, do CPP ("se resultar dos debates o conhecimento da existência de alguma circunstância agravante, não articulada no libelo, o juiz, a requerimento do acusador, formulará o quesito a ela relativo"). Contudo, a partir da edição da Lei n. 11.689/2008, as circunstâncias atenuantes e agravantes não mais serão objeto da quesitação formulada pelo juiz ao corpo de jurados (art. 483 c/c art. 492, I, *b*, ambos do CPP).

3. ERRADO Havia divergência na jurisprudência sobre a constitucionalidade da prisão decorrente de sentença de pronúncia, em razão do princípio constitucional da presunção de inocência, já que a antiga redação do art. 408 do CPP parecia autorizar a decretação automática da prisão em comento pelo simples fato de o réu ter sido pronunciado.

Com a publicação da Lei n. 11.689/2008, o art. 413, § 3º, do CPP, adotou o posicionamento jurisprudencial majoritário de que a prisão decorrente da sentença de pronúncia não é automática, dependendo a sua liberdade de outros requisitos além da primariedade e bons antecedentes.

Atualmente, a prisão decorrente da sentença de pronúncia só poderá ser decretada se presentes os pressupostos e requisitos para a decretação da prisão preventiva.

RAIO-X

- O tema em estudo equivale aos seguintes percentuais das questões de Direito Processual Penal:

Cargo	Questões do Tema	%
Agente	–	–
Escrivão	–	–
Delegado	5	8,77

- A maioria das questões é baseada em:

☐ doutrina ☒ legislação ☐ jurisprudência

LEGISLAÇÃO PERTINENTE

- Código de Processo Penal, arts. 186, 198, 413, 483, 484 e 492.

11. ATOS PROCESSUAIS, CUSTÓDIA CAUTELAR E PRINCÍPIOS

QUESTÕES

1. **(Delegado de Polícia Federal – CESPE – DPF/2013)** Acerca da custódia cautelar e suas modalidades, dos atos processuais e seus sujeitos, bem como da ação penal, julgue os itens que se seguem.

   a) Considere que, no curso de inquérito policial em que se apure crime de ação pública incondicionada, quando da primeira remessa dos autos ao Poder Judiciário com solicitação de retorno para novas diligências, a vítima do delito requeira a sua habilitação nos autos como assistente de acusação. Nessa situação, o pedido deve ser negado, visto que a figura do assistente é admitida no processo somente após o recebimento da denúncia e antes do trânsito em julgado da sentença.

   b) Nos casos de crimes afiançáveis de responsabilidade do funcionário público, a legislação processual antecipa o contraditório antes de inaugurada a ação penal, com a apresentação da defesa preliminar.

   c) Suponha que a instrução criminal de um processo tenha sido presidida pelo juiz titular de determinada vara e que, na fase decisória, a sentença condenatória tenha sido proferida por juiz substituto, diverso do que tenha colhido as provas e acompanhado a instrução processual. Suponha, ainda, que a defesa, no prazo legal, tenha apelado da decisão sob a argumentação de nulidade absoluta da sentença condenatória em face de ter sido proferida por juiz que não presidira à instrução. Nessa situação hipotética, não assiste razão à defesa, visto que não vigora, no processo penal, o princípio da identidade física do juiz.

2. **(Delegado de Polícia Federal – CESPE – DPF/2013)** Considere a seguinte situação hipotética.

   - João, penalmente capaz, no decorrer de uma discussão de trânsito, agrediu Manuel, tendo a agressão causado ferimentos de natureza leve na vítima. Apresentadas as partes à autoridade policial, Manuel representou criminalmente contra o autor do fato, tendo sido lavrado o competente termo circunstanciado. Na fase judicial, o MP propôs ao autor a transação penal com a aplicação imediata de pena de multa, o que foi aceito por João, com a consequente homologação do acordo pelo juiz da causa. Transitada em julgado a decisão homologatória, João deixou de efetuar o pagamento da multa. Nessa situação hipotética, ao MP cabem o oferecimento da denúncia em detrimento de João e a instauração da competente ação penal.

3. **(Delegado de Polícia Federal – CESPE – DPF/2013)** Fábio, delegado, tendo recebido denúncia anônima na qual seus subordinados eram acusados de participar de esquema criminoso relacionado ao tráfico ilícito de substâncias entorpecentes, instaurou, de imediato, inquérito policial e requereu a interceptação das comunicações telefônicas dos envolvidos, que, devidamente autorizada pela justiça estadual, foi executada pela polícia militar.

   No decorrer das investigações, conduzidas a partir da interceptação das comunicações telefônicas, verificou-se que os indiciados contavam com a ajuda de integrantes das Forças Armadas para praticar os delitos, utilizando aviões da Aeronáutica para o envio da substância entorpecente para o exterior.

   O inquérito passou a tramitar na justiça federal, que prorrogou, por diversas vezes, o período de interceptação. Com a denúncia na justiça federal, as informações colhidas na intercepção foram reproduzidas em CD-ROM, tendo sido apenas as conversas diretamente relacionadas aos fatos investigados transcritas nos autos.

Acerca dessa situação hipotética e do procedimento relativo às interceptações telefônicas, julgue os itens.

a) Ao instaurar imediatamente inquérito policial e requerer as interceptações telefônicas para averiguar as acusações contra seus comandados, o delegado em questão agiu corretamente, em obediência ao princípio da moralidade administrativa.

b) Apesar de a lei prever o prazo máximo de quinze dias para a interceptação telefônica, renovável por mais quinze, não há qualquer restrição ao número de prorrogações, desde que haja decisão fundamentando a dilatação do período.

c) Segundo o entendimento do STF, é permitido, em caráter excepcional, à polícia militar, mediante autorização judicial e sob supervisão do MP, executar interceptações telefônicas, sobretudo quando houver suspeita de envolvimento de autoridades policiais civis nos delitos investigados, não sendo a execução dessa medida exclusiva da autoridade policial, visto que são autorizados, por lei, o emprego de serviços e a atuação de técnicos das concessionárias de serviços públicos de telefonia nas interceptações.

d) Autorizadas por juízo absolutamente incompetente, as interceptações telefônicas conduzidas pela autoridade policial são ilegais, por violação ao princípio constitucional do devido processo legal.

4. **(Agente de Polícia Federal – CESPE – DPF/2012)** Com base no direito processual penal, julgue o item que se segue.

- De acordo com inovações na legislação específica, a perícia deverá ser realizada por apenas um perito oficial, portador de diploma de curso superior; contudo, caso não haja, na localidade, perito oficial, o exame poderá ser realizado por duas pessoas idôneas, portadoras de diploma de curso superior, preferencialmente na área específica. Nessa última hipótese, serão facultadas a participação das partes, com a formulação de quesitos, e a indicação de assistente técnico, que poderá apresentar pareceres, durante a investigação policial, em prazo máximo a ser fixado pela autoridade policial.

5. **(Agente de Polícia Federal – DPF/2012)** Com base no direito processual penal, julgue o item que se segue.

- O sistema processual vigente prevê tratamento especial ao ofendido, especialmente no que se refere ao direito de ser ouvido em juízo e de ser comunicado dos atos processuais relativos ao ingresso e à saída do acusado da prisão, à designação de data para audiência e à sentença e respectivos acórdãos. Além disso, ao ofendido é conferido o direito da preservação da intimidade, da vida privada, da honra e da imagem, o que, entretanto, não obsta a acareação entre ele e o acusado.

6. **(Agente de Polícia Federal – CESPE – DPF/2012)** Ainda com base no direito processual penal, julgue o item a seguir.

- De acordo com o sistema processual penal brasileiro, qualquer pessoa poderá ser testemunha e a ninguém que tenha conhecimento dos fatos será dado o direito de se eximir da obrigação de depor, com exceção das pessoas proibidas de depor porque, em razão de função, ministério, ofício ou profissão, devam guardar segredo, salvo se desobrigadas pela parte interessada, e dos doentes e deficientes mentais e menores de quatorze anos de idade.

7. **(Delegado de Polícia Federal – CESPE – DPF/2013)** Acerca da custódia cautelar e suas modalidades, dos atos processuais e seus sujeitos, bem como da ação penal, julgue o item que se segue.

- As intimações e os comunicados de atos processuais, no âmbito dos juizados especiais criminais, podem ser feitos, de forma válida, por meio de correspondência ou qualquer outro meio idôneo de comunicação para cientificar seus destinatários, como por exemplo, por telegrama, por fax ou por telefonema.

GABARITO COMENTADO

1.

A. CERTO É majoritário o entendimento de que o assistente de acusação somente poderá ser admitido após o recebimento da denúncia e até o trânsito em julgado da decisão. Arts. 268 e 269 do CPP:

"Art. 268. Em todos os termos da ação pública, poderá intervir, como assistente do Ministério Público, o ofendido ou seu representante legal, ou, na falta, qualquer das pessoas mencionadas no art. 31.

Art. 269. O assistente será admitido enquanto não passar em julgado a sentença e receberá a causa no estado em que se achar".

B. CERTO *Vide* art. 514 do CPP:

"Art. 514. Nos crimes afiançáveis, estando a denúncia ou queixa em devida forma, o juiz mandará autuá-la e ordenará a notificação do acusado, para responder por escrito, dentro do prazo de quinze dias.

Parágrafo único. Se não for conhecida a residência do acusado, ou este se achar fora da jurisdição do juiz, ser-lhe-á nomeado defensor, a quem caberá apresentar a resposta preliminar".

C. ERRADO O CPP adota, desde a reforma pela Lei n. 11.719/2008, o princípio da identidade física do juiz (art. 399, § 2º, do CPP).

2. ERRADO O atual entendimento jurisprudencial é no sentido de que o descumprimento do acordo firmado na transação penal torna o referido acordo nulo, com a consequente possibilidade de oferecimento da denúncia. a hipótese foi, inclusive, objeto de decisão em repercussão geral.

"EMENTA: AÇÃO PENAL. Juizados Especiais Criminais. Transação penal. Art. 76 da Lei n. 9.099/95. Condições não cumpridas. Propositura de ação penal. Possibilidade. Jurisprudência reafirmada. Repercussão geral reconhecida. Recurso extraordinário improvido. Aplicação do art. 543-B, § 3º, do CPC. Não fere os preceitos constitucionais a propositura de ação penal em decorrência do não cumprimento das condições estabelecidas em transação penal" (STF. RE 602072 QO-RG, Rel. Min. Cezar Peluso, j. 19-11-2009, DJe-035 DIVULG 25-2-2010 PUBLIC 26-2-2010 EMENT VOL-02391-10 PP-02155 LEXSTF v. 32, n. 375, 2010, p. 451-456 RJTJRS v. 45, n. 277, 2010, p. 33-36).

3.

A. ERRADO O problema aqui é o "imediatamente", uma vez que vem entendendo a jurisprudência que a denúncia anônima permitiria a instauração da investigação quando corroborada por diligências prévias.

"EMENTA: *Habeas corpus*. CONSTITUCIONAL. PROCESSUAL PENAL. INQUÉRITO. ALEGAÇÃO DE NULIDADE DECORRENTE DA EVENTUAL INCOMPETÊNCIA DO SUPERIOR TRIBUNAL DE JUSTIÇA. DESEMBARGADOR APOSENTADO. PRERROGATIVA DE FORO DOS CORRÉUS. CONEXÃO. COMPETÊNCIA DO SUPERIOR TRIBUNAL DE JUSTIÇA. *Habeas corpus*. LIMITES. LIBERDADE DE LOCOMOÇÃO PRESERVADA. REINTEGRAÇÃO DO PACIENTE AOS QUADROS DO PODER JUDICIÁRIO. IMPOSSIBILIDADE. ORDEM DENEGADA. 1. Não se comprova a presença de constrangimento ilegal a ferir direito do Paciente nem ilegalidade ou abuso de poder a ensejar a concessão da presente ordem de *habeas corpus*. 2. É firme a jurisprudência deste Supremo Tribunal no sentido de que "nada impede a deflagração da persecução penal pela chamada 'denúncia anônima', desde que esta seja seguida de diligências realizadas para averiguar os fatos nela noticiados". Precedentes. 3. Pelo que se tem nos autos, no início das investigações não se apuravam irregularidades cometidas por autoridades judiciárias, mas sim por terceiros que, supostamente, estariam se aproveitando de sua posição próxima àquelas autoridades para receber vantagem em troca da manipulação de decisões judiciais. 4. A ocorrência de duas ou mais infrações, supostamente praticadas por várias pessoas em concurso, algumas inclusive com prerrogativa de foro, embora diverso o tempo e o lugar, resulta tanto na conexão subjetiva concursal quanto na reunião dos inquéritos separadamente instaurados na instância competente, atendendo às exigências dos arts. 76, inc. I, e 78, inc. III, do Código de Processo Penal 5. A apuração unificada, especialmente quando se cogita da existência de uma quadrilha envolvendo juízes e desembar-

PROCESSO PENAL

gadores, justifica a tramitação do inquérito policial sob a competência do Superior Tribunal de Justiça, na forma estabelecida nos arts. 84 e seguintes do Código de Processo Penal, no art. 105, inc. I, alínea *a*, da Constituição da República, e na Súmula 704 deste Supremo Tribunal. 6. O *habeas corpus* destina-se exclusivamente à proteção da liberdade de locomoção quando ameaçada ou violada por ilegalidade ou abuso de poder. Precedente. 7. O pedido de reintegração de Magistrado afastado por decisão do Superior Tribunal de Justiça envolve direito estranho à liberdade de ir e vir, não podendo ser abrigado em *habeas corpus*. Precedente. 8. Ordem denegada" (STF. HC 105484, Rel. Min. Cármen Lúcia, Segunda Turma, j. 12-3-2013, DJe-069 DIVULG 15-4-2013 PUBLIC 16-4-2013).

B. CERTO Entendimento pacífico

C. CERTO *Vide* Informativo n. 666:

"Polícia militar e execução de interceptação telefônica – 1 HC – 96986 **A 2ª Turma indeferiu *habeas corpus* em que se alegava nulidade de interceptação telefônica realizada pela polícia militar em suposta ofensa ao art. 6º da Lei n. 9.296/96** ("Deferido o pedido, a autoridade policial conduzirá os procedimentos de interceptação, dando ciência ao Ministério Público, que poderá acompanhar a sua realização"). Na espécie, diante de ofício da polícia militar, dando conta de suposta prática dos crimes de rufianismo, manutenção de casa de prostituição e submissão de menor à exploração sexual, a promotoria de justiça requerera autorização para interceptação telefônica e filmagens da área externa do estabelecimento da paciente, o que fora deferida pelo juízo" (HC 96986/MG, rel. Min. Gilmar Mendes, 15-5-2012).

D. ERRADO Na verdade, a primeira violação é ao princípio do juiz natural e não ao devido processo legal. Item polêmico.

4. ERRADO O item está errado. A primeira parte da questão está correta, tendo respaldo de acordo com o CPP:

"Art. 159. O exame de corpo de delito e outras perícias serão realizados por perito oficial, portador de diploma de curso superior.

§ 1º Na falta de perito oficial, o exame será realizado por 2 (duas) pessoas idôneas, portadoras de diploma de curso superior preferencialmente na área específica, dentre as que tiverem habilitação técnica relacionada com a natureza do exame".

O que está errado é que não há previsão de participação das partes na **investigação policial** (Inquérito), só havendo tal premissa assegurada quando estiver na **fase processual**, consoante o que versa o CPP, "Art. 159, § 5º Durante o curso do **processo judicial**, é permitido às partes, quanto à perícia: (...)".

5. CERTO Essas regras estão explicitadas no Código de Processo Penal, pois com o advindo da reforma do CPP foi atribuída ampla proteção e tratamento digno ao ofendido, "que será comunicado dos atos processuais relativos ao ingresso e à saída do acusado da prisão, à designação de data para audiência e à sentença e respectivos acórdãos que a mantenham ou modifiquem".

Vide o CPP, art. 201, § 2º: "Também está admitida a acareação entre acusados, entre acusado e testemunha, entre testemunhas, entre acusado ou testemunha e a pessoa ofendida, e entre as pessoas ofendidas, sempre que divergirem, em suas declarações, sobre fatos ou circunstâncias relevantes" (CPP, art. 229).

6. ERRADO De acordo com o sistema processual penal brasileiro, qualquer pessoa poderá ser testemunha e a ninguém que tenha conhecimento dos fatos será dado o direito de se eximir da obrigação de depor, com exceção das pessoas proibidas de depor porque, em razão de função, ministério, ofício ou profissão, devam guardar segredo, salvo se desobrigadas pela parte interessada, e dos doentes e deficientes mentais e menores de quatorze anos de idade.

7. CERTO O art. 67 da Lei n. 9.099/95 indica que **as intimações poderão se realizar até mesmo por qualquer meio idôneo de co-**

municação. Da mesma forma o art. 65 se refere à instrumentalidade dos atos em sede de juizados. Isso faria da assertiva uma questão correta.

Contudo, a citação, que é também um ato de comunicação, inclusive o mais importante deles, em sede de juizados, somente se dá de forma pessoal, na secretaria do juizado.

> "Art. 62. O processo perante o Juizado Especial orientar-se-á pelos critérios da oralidade, informalidade, economia processual e celeridade, objetivando, sempre que possível, a reparação dos danos sofridos pela vítima e a aplicação de pena não privativa de liberdade.
>
> Art. 65. **Os atos processuais serão válidos sempre que preencherem as finalidades para as quais foram realizados, atendidos os critérios indicados no art. 62 desta Lei.**
>
> § 1º Não se pronunciará qualquer nulidade sem que tenha havido prejuízo.
>
> § 2º A prática de atos processuais em outras comarcas poderá ser solicitada por qualquer meio hábil de comunicação.
>
> § 3º Serão objeto de registro escrito exclusivamente os atos havidos por essenciais. Os atos realizados em audiência de instrução e julgamento poderão ser gravados em fita magnética ou equivalente.
>
> Art. 66. **A citação será pessoal e far-se-á no próprio Juizado, sempre que possível, ou por mandado.**
>
> Parágrafo único. **Não encontrado o acusado para ser citado, o Juiz encaminhará as peças existentes ao Juízo comum para adoção do procedimento previsto em lei**".

RAIO-X

- O tema em estudo equivale aos seguintes percentuais das questões de Direito Processual Penal:

Cargo	Questões do Tema	%
Agente	3	–
Escrivão	–	–
Delegado	9	4,35%

- A maioria das questões é baseada em:
  ☐ doutrina ☒ legislação ☐ jurisprudência

LEGISLAÇÃO PERTINENTE

- Código de Processo Penal, arts. 62, 66 e 67.

BIBLIOGRAFIA RECOMENDADA

BIBLIOGRAFIA BÁSICA

- TOURINHO FILHO, Fernando da Costa. *Manual de Processo Penal*. 16. ed. São Paulo: Saraiva, 2013.

BIBLIOGRAFIA COMPLEMENTAR

- CABRAL, Bruno Fontenele; SOUZA, Rafael Pinto Marques. *Manual Prático de Polícia Judiciária*. 2. ed. Salvador: JusPodivm, 2013.

DIREITO TRIBUTÁRIO

MILTON BANDEIRA NETO

Procurador da Fazenda Nacional. Graduado em Direito pela Universidade Federal de Viçosa (UFV). Pós-graduado em Direito Público. Pós-granduando em Direito Constitucional. Coautor das obras: Carreiras Específicas – AGU – Direito Tributário e Carreiras Específicas – OAB – Direito Tributário, ambas publicadas pela Editora Saraiva.

1. LIMITAÇÕES AO PODER DE TRIBUTAR

QUESTÕES

1. **(Delegado – CESPE – 2002 – adaptada)** Dispõe a Constituição da República que todos "têm direito ao meio ambiente ecologicamente equilibrado, bem de uso comum do povo e essencial à sadia qualidade de vida, impondo-se ao poder público e à coletividade o dever de defendê-lo e preservá-lo para as presentes e futuras gerações". A respeito desse direito, julgue o item a seguir.
   - É inconstitucional, por ofensa ao princípio da legalidade estrita, que rege o direito tributário, dispositivo por meio do qual o Ministério do Meio Ambiente, sem lei que o autorize, institua taxa para inspeção de importações e exportações de produtos da indústria pesqueira, a ser cobrada pelo Instituto Brasileiro do Meio Ambiente e dos Recursos Naturais Renováveis (IBAMA)
2. **(Delegado – CESPE – 2004 – adaptada)** Considere que a União tenha instituído a cobrança de CPMF durante o período de 2 anos e, 1 mês antes de findar o prazo de vigência, em outubro, tenha prorrogado a cobrança por mais 6 meses. Em face dessa consideração, julgue o item a seguir.
   - A prorrogação é possível, uma vez que, no caso, não se aplica o princípio da anterioridade nonagesimal.
3. **(Delegado – CESPE – 2004 – adaptada)** Considerando o texto da questão anterior, que trata da prorrogação da CPMF, julgue o item seguinte.
   - A cobrança devida pela prorrogação não poderá ser realizada no mesmo exercício financeiro, tendo em vista o princípio da anterioridade.

Texto CE

A Agência Nacional de Telecomunicações (ANATEL), uma autarquia federal vinculada ao Ministério das Comunicações, é sediada no DF, mas, por exercer atividades em todo o território nacional, possui unidades regionais em vários pontos do país.

Para estabelecer sua unidade no município Beta, no Espírito Santo (ES), a ANATEL decidiu adquirir um imóvel localizado no centro da cidade. Porém, o único imóvel disponível e adequado era o edifício Serra Negra, que ainda estava em construção e somente ficaria pronto em um ano. Frente a essa dificuldade, a autarquia optou por adquirir o prédio em construção e, provisoriamente, instalar sua unidade regional em um imóvel alugado.

Assim, em agosto de 2000, a ANATEL alugou, pelo prazo de quinze meses, metade das salas de um edifício comercial de propriedade de Douglas Gonçalves, sendo que a outra metade desse imóvel era locada por Douglas ao Banco do Brasil S.A. (BB). Nesse mesmo mês, a ANATEL estabeleceu com a Incorporadora e Construtora Real Ltda. contrato de compromisso de compra e venda do edifício Serra Negra, que deveria ser entregue à Agência em 5-8-2001.

Na celebração do compromisso de compra e venda, foi exigido da ANATEL o pagamento do imposto sobre a transmissão *inter vivos* de bens imóveis e de direitos a eles relativos (ITBI), imposto cujo fato gerador é definido no Código Tributário Nacional (CTN) como a transmissão, a qualquer título, da propriedade ou do domínio útil de bens imóveis, bem como de direitos reais sobre imóveis, exceto os direitos reais de garantia.

No âmbito de Beta, o ITBI foi instituído pela Lei n. 12/1999, uma lei ordinária municipal que estabelece como fato gerador do ITBI apenas a transmissão da propriedade por ato *inter vivos*, não definindo, como fato gerador, a transmissão do domínio útil nem de qualquer outro direito real. Embora essa lei disponha expressamente que o contrato de promessa de compra e venda não é fato gerador do ITBI, ela determina que o promitente comprador deve recolher o imposto relativo à futura transmissão da propriedade, garantindo-lhe o direito de restituição do valor pago, caso o contrato definitivo de compra e venda não seja celebrado. Além disso, a referida lei municipal define como contribuintes do ITBI o adquirente ou o cessionário do bem ou direito alienado e também determina que "o transmitente ou o cedente respondem solidariamente pelo pagamento do imposto devido pelo contribuinte inadimplente". Entendendo ser inconstitucional a cobrança desse imposto, a ANATEL decidiu contestá-la judicialmente.

Em fevereiro de 2001, o município Beta cobrou do BB o Imposto Predial e Territorial Urbano (IPTU) sobre as salas alugadas de Douglas. A Receita Municipal argumentou que Douglas estava em atraso e que, como o CTN define como contribuinte do IPTU "o proprietário do imóvel, o titular do seu domínio útil, ou o seu possuidor a qualquer título", texto esse que é repetido pela lei municipal que regula esse imposto, o tributo poderia ser cobrado do BB, dado que o locatário é detentor da posse direta do bem e, portanto, enquadra-se no conceito de "possuidor a qualquer título".

4. (Delegado – CESPE – 2002 – adaptada) Considerando a situação hipotética descrita no texto CE e as informações nele contidas, julgue o item a seguir.

- É inconstitucional o município Beta exigir da ANATEL o pagamento do ITBI, pois pessoa jurídica de direito público que faz parte da administração federal indireta, tais como as autarquias, fundações públicas e empresas públicas, não pode ser sujeito passivo de impostos municipais.

5. (Delegado – CESPE – 2002 – adaptada) Considerando ainda o texto CE, julgue o item a seguir.

- Apesar de a ANATEL ser imune ao pagamento do ITBI relativo à aquisição do edifício Serra Negra, ela não poderia ingressar com ação direta de inconstitucionalidade perante o STF, postulando a declaração da inconstitucionalidade da Lei n. 12/1999, sem redução de texto, para fixar a exegese segundo a qual o município Beta não poderia cobrar ITBI relativo a patrimônio de autarquias.

6. (Delegado – CESPE – 2002 – adaptada) Considerando ainda o texto CE, julgue o item a seguir.

- Caso a ANATEL decida impugnar judicialmente a cobrança do ITBI, ela deverá ingressar com ação perante a justiça federal de primeira instância, pois, no caso em exame, o critério pessoal de determinação da competência deveria prevalecer sobre o critério material.

7. (Delegado – CESPE – 2002 – adaptada) Considerando ainda o texto CE, julgue o item a seguir.

- A Lei n. 12/1999 é inconstitucional, pois a Constituição da República veda aos municípios a instituição, mediante lei ordinária, de tributo referente a fato gerador que não tenha efetivamente ocorrido.

8. (Delegado – CESPE – 2002 – adaptada) Ainda considerando a situação hipotética descrita no texto CE e as informações nele contidas, julgue o item que se segue.

- Caso o Poder Judiciário declare inconstitucional que o município Beta exija da ANATEL pagamento do ITBI referente à aquisição do edifício Serra Negra, esse imposto poderá ser exigido da Incorporadora e Construtora Real Ltda., pois a Lei n. 12/99 estabelece responsabilidade solidária do alienante pelo recolhimento desse tributo, o que significa que o valor do imposto pode ser cobrado tanto do contribuinte quanto do responsável, não cabendo invocação de benefício de ordem.

9. (Delegado – CESPE – 2002 – adaptada) Ainda considerando a situação hipotética descrita no texto CE e as informações nele contidas, julgue o item que se segue.

- Caso o BB comprasse as salas que lhe eram alugadas por Douglas, esse banco tornar-se-ia responsável pelo pagamento da dívida tributária relativa ao IPTU incidente sobre esses imóveis, mesmo que Douglas houvesse declarado expressamente, no contrato de compra e venda dos referidos bens, que ele havia quitado todos os débitos tributários e previdenciários pendentes sobre os imóveis.

10. **(Delegado – CESPE – 2002 – adaptada)** Ainda considerando a situação hipotética descrita no texto CE e as informações nele contidas, julgue o item que se segue:

- Embora o direito civil considere o locatário como detentor da posse direta do bem alugado, a inadimplência de Douglas não autoriza o município a exigir do BB o pagamento do IPTU relativo às salas que aluga de Douglas. E ainda que o BB houvesse estabelecido, no contrato de locação com Douglas, que o banco se responsabilizaria pelo pagamento do IPTU relativo ao tempo de locação, isso não o tornaria sujeito passivo do imposto nem lhe traria responsabilidade alguma no campo tributário.

11. **(Delegado – CESPE – 2002 – adaptada)** Ainda considerando a situação hipotética descrita no texto CE e as informações nele contidas, julgue o item que se segue:

- Em Beta, tanto os contratos de promessa de compra e venda como os contratos de constituição de hipoteca são isentos do pagamento do ITBI.

12. **(Delegado – CESPE – 2002 – adaptada)** Acerca do direito tributário, julgue o item a seguir.

- Como o imposto sobre propriedade de veículos automotores (IPVA) somente pode ser instituído pelos estados e pelo DF, tratados internacionais e leis federais, sejam elas ordinárias ou complementares, não podem conceder isenções relativamente a esse tributo.

GABARITO COMENTADO

1. CERTO O principio da legalidade tributária vem descrito no art. 150, I, da CF, nos seguintes termos: é **vedado** à União, aos Estados, ao Distrito Federal e aos Municípios **exigir ou aumentar *tributo* sem lei que o estabeleça**. Ressalte-se que o princípio da legalidade já estava previsto no art. 5, II, da CF, segundo o qual *ninguém será obrigado a fazer ou deixar de fazer alguma coisa senão em virtude de lei*. Parece que o constituinte originário entendeu por bem reforçar a garantia com princípio da legalidade tributária.

Atualmente o **STF** reconhece no ordenamento jurídico brasileiro cinco espécies tributárias (teoria pentapartida ou quinquipartida): impostos, **taxas**, contribuição de melhoria, empréstimos compulsórios e contribuições especiais. Nos termos do art. 145, II, da CF: a União, os Estados, o Distrito Federal e os Municípios poderão instituir os seguintes tributos: (...) **taxas**, em razão do exercício do **poder de polícia** ou pela utilização, efetiva ou potencial, de **serviços públicos** específicos e divisíveis, prestados ao contribuinte ou postos a sua disposição. Portanto, **duas situações podem ensejar a cobrança de taxas**: **exercício do poder de polícia** (taxa de polícia); e utilização, efetiva ou potencial, de **serviço público** específico e divisível, prestado ao contribuinte ou posto a sua disposição (taxa de serviço). Do citado art. 145, II, da CF, podemos verificar que a **competência para instituição de taxas é comum entre os entes federados** (União, Estados, Municípios e DF). Assim, o ente que prestar o serviço público específico e divisível ***ou*** exercer o poder de polícia poderá cobrar a respectiva taxa. Entretanto, **Ministério do Meio Ambiente *não* é ente federado (político), *não* possui competência tributária**, dessa forma **não** poderá instituir taxa (deveria ter sido instituída através de lei pela União). Caso a taxa tivesse sido instituída através de lei pela União, o IBAMA (autarquia federal, pessoa jurídica de direito público) poderia cobrar a taxa.

Comentário extra: taxa é espécie de tributo vinculado. Tributos vinculados são aqueles que para sua instituição é necessária atividade estatal em relação ao contribuinte, isto é, seu fato gerador é justamente a atividade estatal específica que deu ensejo à sua cobrança, têm caráter retributivo (contraprestacional).

O exercício de atividade de fiscalização é exemplo dos mais corriqueiros do exercício do poder de polícia que dá ensejo à instituição de taxa de polícia, como é o caso da taxa de fiscalização dos mercados de títulos e valores mobiliários cobrada pela CVM.

2. CERTO A extinta CPMF era **tributo** da espécie **contribuição de seguridade social** instituída com base no art. 74 do ADCT, artigo este incluído pela EC 12/96. A hipótese de incidência (fato gerador) era qualquer movimentação financeira, mesmo saques em conta corrente, caderneta de poupança ou movimentação entre contas do mesmo titular. **Sendo contribuição de seguridade social, estava submetida ao princípio da anterioridade nonagesimal** (ou noventena) segundo o qual: "**As contribuições sociais de que trata este artigo só poderão ser exigidas após decorridos noventa dias da data da publicação da lei que as houver instituído ou modificado**" (art. 195, § 6º, da CF). Apesar dessa previsão constitucional, o **STF** entendeu que a Emenda Constitucional n. 42/2003 que **prorrogou a CPMF e manteve alíquota de 0,38%** para o exercício de 2004 **não pode ser equiparada à majoração do tributo**, não incidindo o princípio da anterioridade nonagesimal (RE 566.032, *DJE* 22-10-2009). Dessa forma, para o STF, prorrogação **não** se equipara a instituição ou modificação (leia-se aumento) para fins de aplicação do princípio da anterioridade nonagesimal ou noventena.

Comentário extra: a EC 42/2003 acrescentou a alínea "c" ao art. 150, III, da CF, determinando ser vedada a cobrança de tributos "**antes de decorridos noventa dias da data em que haja sido *publicada a lei* que os instituiu ou aumentou**, observado o disposto na alínea *b* (princípio da anterioridade do exercício financeiro). **Assim, o princípio da anterioridade nonagesimal ou noventena que antes era previsto apenas para as contribuições sociais passou a incidir sobre os tributos em geral**.

3. ERRADO O princípio da anterioridade – também chamado de anterioridade geral ou do exercício financeiro, para diferenciá-lo da anterioridade nonagesimal ou noventena – determina que "é ***vedado*** à União, aos Estados, ao Distrito Federal e aos Municípios ***cobrar tributos* no mesmo exercício financeiro em que haja sido *publicada a lei* que os *instituiu* ou *aumentou*** (art. 150, III, *b* da CF). Simplificando, a lei que criar ou aumentar determinado tributo somente poderá ser aplicada aos fatos geradores do ano corrente caso tenha sido publicada ao menos no ano anterior. No caso das **contribuições para a seguridade social**, a Constituição trouxe, originalmente, regra específica para elas – anterioridade nonagesinal ou noventena (art. 195, § 6º, da CF). Dessa forma, **não é aplicável o princípio da anterioridade geral ou do exercício financeiro às contribuições de seguridade social**.

Comentário extra: outras exceções ao princípio da anterioridade geral: **II**; **IE**; **IPI**; **IOF**; **Empréstimo Compulsório**; guerra externa ou calamidade – art. 148, I, da CF; **CIDE-combustíveis** – no caso de **restabelecimento** de alíquota – art. 177, § 4º, I, *b*, da CF; e **ICMS monofásico sobre combustíveis** e lubrificantes – também no caso de restabelecimento de alíquota – art. 155, § 4º, IV, *c*, da CF.

4. ERRADO As imunidades são limitações à competência **tributária previstas diretamente na Constituição**. São divididas pela doutrina em: **objetivas** (incidentes sobre objetos determinados, ex: livros); **subjetivas** (pessoas determinadas, ex: imunidade tributária recíproca – art. 150, VI, *a*, da CF); ou **mistas** (levam-se em conta os dois parâmetros anteriores, por exemplo, o ITR sobre pequenas glebas rurais cujo proprietário não possua outra). Dispõe o art. 150, VI, *a*, da CF: "É vedado à União, aos Estados, ao Distrito Federal e aos Municípios instituir **IMPOSTOS** sobre **patrimônio**, **renda** ou **serviços, uns dos outros"**. A seu turno, o art. 150, § 2º, da CF, estende a imunidade às **autarquias** e **fundações públicas** nos seguintes termos: "é extensiva às **autarquias** e às **fundações instituídas e mantidas pelo Poder Público**, no que se refere ao **patrimônio**, à **renda** e aos **serviços**, ***vinculados a suas finalidades essenciais* ou *às delas decorrentes*"**. **Atenção:** somente **IMPOSTOS**. Outros tributos, a exemplo das taxas, podem ser cobrados. O ***erro* da questão está em considerar também imune as EMPRESAS PÚBLICAS**, que, apesar do nome, **são pessoas jurídicas de direito privado.** **Atenção:** o **STF**, ultimamente, tem entendido que a imunidade tributária recíproca alcança também as **empresas públicas** e as **sociedades de economia mista** (pessoas jurídicas de direito privado) ***prestadoras de serviços públicos obrigatórios***, tendo reconhecido a imunidade dos **Correios (ECT)**, da **INFRAERO**, da CAERD (Companhia de Água e Esgoto de Rondônia, sociedade de economia mista).

Comentário extra: não confundir imunidades com isenções apesar da falta de técnica da Constituição Federal: **imunidade** é prevista diretamente na **CF**, impede a atuação do legislador; já a **isenção** é prevista na **lei**.

5. CERTO A imunidade tributária recíproca, como visto, estende-se às autarquias e fundações instituídas e mantidas pelo Poder Público (alguns autores a chamam de imunidade tributária recíproca extensiva), **não podendo ser cobrados IMPOSTOS** sobre seu **patrimônio**, **renda** ou **serviços vinculados às suas finalidades essenciais** (art. 150, § 2º, da CF). Caso o município Beta viesse cobrar ITBI da ANATEL, essa autarquia federal poderia entrar com **ação declaratória**, **ação anulatória de débito fiscal** ou mesmo **mandado de segurança** na **Justiça Federal** para ver seu direito garantido. Todavia, como sabido, **não** cabe ação direta de inconstitucionalidade perante o STF **contra lei municipal**.

Comentário extra: a imunidade aqui tratada aplica-se **exclusivamente** a **IMPOSTOS**, não impede a cobrança de taxas, contribuições e outros tributos incidentes sobre as pessoas políticas, suas autarquias e fundações públicas.

6. CERTO Nos termos do art. 109 da CF/88, competem aos juízes federais processar e julgar: I – as causas em que a União, entidade autárquica ou empresa pública federal forem interessadas na condição de autoras, rés, assistentes ou oponentes, exceto as de falência, as de acidentes de trabalho e as sujeitas à Justiça Eleitoral e à Justiça do Trabalho (...). No âmbito do **Processo Judicial Tributário não é diferente. A competência para julgar as causas que envolvam a União, as autarquias e as empresas públicas federais, em regra, será da Justiça Federal, critério em razão da pessoa** (*ratione personae*).

Comentário extra: Competência delegada. O § 3º do art. 109 da CF determina que "serão processadas e julgadas na **justiça estadual**, no **foro do domicílio dos segurados** ou **beneficiários**, as causas em que forem parte **instituição de previdência social e segurado**, sempre que a comarca **não** seja sede de vara do juízo federal, e, se verificada essa condição, **a lei poderá permitir que outras causas sejam também processadas e julgadas pela justiça estadual**". Nesses casos, apesar do processo tramitar perante o juízo estadual (competência delegada), eventual recurso deverá ser endereçado ao Tribunal Regional Federal respectivo (art. 109, § 4, da CF).

7. ERRADO O **princípio da irretroatividade** informa que é **vedada a cobrança de tributo em relação a fatos geradores** ocorridos **antes da *vigência* da lei** que os **instituiu** ou **aumentou** (art. 150, III, *a*, da CF). Nesse ponto, **podemos verificar o desacerto da questão**. Isso porque **uma lei não poderia instituir tributo em relação a fato gerador já ocorrido** (princípio da irretroatividade).

Comentário extra: fato gerador da obrigação principal é a situação definida em lei como necessária e suficiente à sua ocorrência (art. 114 do CTN). Melhor seria dizer que a situação definida em lei consubstancia uma hipótese de incidência (ou fato gerador abstrato), com efeito, o vocábulo "fato" dá a impressão de algo concreto, não abstrato como uma definição legal deve ser. Por isso, a doutrina prefere o termo hipótese de incidência. Contudo, o termo "fato gerador" é amplamente utilizado nos concursos públicos, além de ser a terminologia utilizada pelo CTN.

8. ERRADO Nos termos do art. 121 do CTN, o **sujeito passivo** da obrigação tributária pode ser **contribuinte** ou **responsável**. Será um **contribuinte** quando tenha **relação pessoal** e **direta** com a situação que constitua o respectivo **fato gerador** (art. 121, I. do CTN). Sera um **responsável** quando, sem revestir a condição de contribuinte, sua obrigação decorra de **disposição expressa de lei** (art. 121, II, do CTN). Por outro lado, **responsabilidade tributária é matéria a ser tratada por lei complementar** (reservada à lei complementar), isto é, normas gerais de direito tributário, nos termos do art. 146, III, da CF. Nesse sentido, STJ, AgRg no REsp 1.241.432/SC, *DJe* 16-5-2011.

Comentário extra: o **STF**, em julgado admitido com repercussão geral (art. 543-B do CPC), pacificou o entendimento de que é inconstitucional o art. 13 da Lei n. 8.620/93, na parte em que estabeleceu que os sócios das empresas por cotas de responsabilidade limitada respondem solidariamente, com seus bens pessoais, pelos débitos junto à Seguridade Social. (RE 562.276/PR, rel. Min. Ellen Gracie, Tribunal Pleno, j. 3-11-2010, *DJe* 9-2-2011). 2. Asseverou-se, no mencionado julgado, que o art. 13 da Lei n. 8.620/93, ao vincular à simples condição de sócio a obrigação de responder solidariamente pelos débitos da sociedade limitada perante a Seguridade Social, **teria estabelecido exceção desautorizada à norma geral de direito tributário consubstanciada no art. 135, III, do CTN, o que demonstraria a invasão da esfera reservada à lei complementar pelo art. 146, III, da CF**. (...) (AgRg no REsp 1.241.432/SC, *DJe* 16-5-2011).

9. CERTO **A regra em Direito Tributário é que as convenções particulares *não* podem ser opostas ao Fisco** (art. 123 do CTN), na verdade, **são ineficazes perante a Fazenda Pública.** Não obstante, as convenções continuam existentes, válidas e eficazes entre os particulares contratantes. Nos termos do art. 123 do CTN: "Salvo disposição de lei em contrário, as convenções particulares, relativas à responsabilidade pelo pagamento de tributos, **não podem ser opostas à Fazenda Pública**, para modificar a definição legal do sujeito passivo das obrigações tributárias correspondentes".

Comentário extra: de acordo com art. 130 do CTN, aquele que adquire um imóvel passa a ser responsável pelos tributos que recaiam sobre o bem, em seus termos: "os créditos tributários relativos a impostos cujo fato gerador seja a propriedade, o domínio útil ou a posse de bens imóveis, e bem assim os relativos a taxas pela prestação de serviços referentes a tais bens, ou a contribuições de melhoria, **subrogam-se na pessoa dos respectivos adquirentes**, ***salvo*** quando **conste do título a prova de sua quitação**". Outra exceção é a **arrematação em hasta pública**, quando a sub-rogação **não** se dá na pessoa do adquirente, e **sim no respectivo preço** (valor da arrematação).

10. CERTO O **STJ** entende que o **locatário não pode ser considerado sujeito passivo do IPTU**, pois, **não se** enquadra, nos termos do art. 121 do CTN, no conceito de contribuinte ou responsável tributário (AgRg no REsp 705.377/SP, *DJe* 17-12-2008). Nos termos do art. 34 do CTN, o "contribuinte do imposto (*IPTU*) é o proprietário do imóvel, o titular do seu domínio útil, ou o seu possuidor a qualquer título". Por outro lado, as convenções particulares **não** podem modificar a definição legal de sujeito passivo para imputar responsabilidade tributária (art. 123 do CTN).

Comentário extra: na mesma linha de raciocínio, a jurisprudência do **STJ** entende que o locatário **não tem legitimidade ativa para a ação de repetição de indébito tributário do IPTU**, uma vez que, à luz do art. 34 do CTN, o "contribuinte do imposto é o proprietário do imóvel, o titular do seu domínio útil, ou o seu possuidor a qualquer título", não se admitindo, por outro lado, nos termos do art. 123 do CTN, que convenções particulares, relativas à responsabilidade pelo pagamento de tributos, possam modificar a definição legal do sujeito passivo das **obrigações tributárias correspondentes** (AgRg no AgRg no REsp 1.131.379/RJ, *DJe* 25-3-2010).

11. ERRADO A doutrina conceitua **isenção** como **a dispensa legal de pagamento do tributo devido**. As **isenções são previstas diretamente em leis, decorrem do poder de tributar, isto é, quem tem o poder de tributar também tem o poder de isentar.** Na isenção, **ocorre o fato gerador**, **surge a obrigação tributária, mas a lei impede que o lançamento seja feito**, assim **não** surge o crédito tributário, daí ser **HIPÓTESE DE EXCLUSÃO**

do crédito tributário. **Verifica-se da leitura do texto CE que tanto o contrato de promessa de compra e venda quanto os contratos de constituição de hipoteca *não* foram definidos como fatos geradores do ITBI** no município Beta. A situação se enquadra no conceito de **NÃO INCIDÊNCIA**, isto é, o legislador **não previu aquele fato como gerador de obrigação tributária**. Dessa forma, como não ocorre o fato gerador (pressuposto), por óbvio, não poderia haver isenção no caso.

12. CERTO **Princípio da vedação às isenções heterônomas:** "É vedado à União instituir isenções de tributos da competência dos Estados, do Distrito Federal ou dos Municípios" (art. 151, III, da CF). O princípio, decorrente do princípio federativo, impede que a União conceda isenções de tributos que **são da competência de outros entes federativos**. Isso porque quem tem o poder de tributar também tem o poder de isentar, não sendo plausível que determinado ente da federação institua isenção de tributo que não é de sua competência. O **gabarito oficial considerou *correta* a assertiva**, entretanto, acreditamos que ela deveria ser considerada **ERRADA** em virtude da inclusão no texto da assertiva de **tratados internacionais**. O **STF** entende que o princípio da vedação às isenções heterônomas **não impede que a República Federativa do Brasil, em suas relações externas como Estado soberano, firme tratados internacionais prevendo isenções de tributos estaduais e municipais** (STF, RE 229.096, *DJ* 10-4-2008). No mesmo sentido, RE 543.943 AgR, *DJe* 14-2-2011: "A cláusula de vedação inscrita no art. 151, inciso III, da Constituição – que proíbe a concessão de isenções tributárias heterônomas – é inoponível ao Estado Federal brasileiro (vale dizer, à República Federativa do Brasil), incidindo, unicamente, no plano das relações institucionais domésticas que se estabelecem entre as pessoas políticas de direito público interno".

Comentário extra: a Constituição prevê ainda **duas exceções** ao referido princípio: a possibilidade da União, por meio de lei complementar, excluir a incidência de **ICMS** e **ISS** nas exportações de produtos para o exterior (art. 155, § 2º, XII, *e* e art. 156, § 3º, II). No caso do ICMS, esta permissão perdeu sentido, isso porque as exportações, a partir da EC 42/03, são imunes à sua incidência (art. 155, § 2º, X, *a*, da CF).

RAIO-X

- O tema em estudo equivale aos seguintes percentuais das questões de Direito Tributário:

Cargo	Questões do Tema	%
Agente	0	0
Escrivão	0	0
Delegado	12	34,28%

- A maioria das questões é baseada em:
  ☐ doutrina ☒ legislação ☐ jurisprudência
- Da analise dos editais passados para as carreiras da Polícia Federal, verifica-se que para o cargo de Delegado Federal são cobrados praticamente todos os tópicos fundamentais de Direito Tributário, por isso a necessidade do candidato ter uma boa noção de toda a matéria.
- Ademais, verifica-se, cada vez mais, a cobrança da jurisprudência dos tribunais superiores (STF/STJ), pelo que o candidato deverá estar atento à consolidação da jurisprudência no âmbito dessas cortes.
- Já para os cargos de Agente e Escrivão, os editais passados somente trazem o tópico "impostos", demonstrando menor peso da matéria tributária para o provimento desses cargos.
- Atenção: a análise dos editais passados não é garantia absoluta da incidência de determinadas matérias nas provas, é uma referência para o candidato na hora de preparar seu estudo, devendo o concursando sempre estar atento ao edital regulador do seu certame.
- O Superior Tribunal de Justiça, nos últimos anos, sumulou diversas matérias que até então eram controvertidas tanto na doutrina quanto na jurisprudência, a maior parte delas de interesse ao Direito Tributário e ao Direito Processual Tributário, por isso tão importante a memorização dos enunciados, principalmente os recentes.

IMPORTANTE SABER

- As limitações ao poder de tributar consistem em instrumentos voltados a conter a competência tributária, seria uma espécie de estatuto do contribuinte. Esses instrumentos são materializados em princípios e regras trazidos pela própria Constituição, com o fim de proteger o contribuinte da ação estatal.
- Os princípios da irretroatividade, da anterioridade do exercício financeiro e da noventena são corolários do princípio da não surpresa que, por sua vez, é decorrente do princípio maior da segurança jurídica.
- São **exceções clássicas** ao princípio da legalidade: **II, IE, IPI e IOF**. Essas exceções têm de ser repetidas como um mantra (II, IE, IPI e IOF), pois são reiteradamente cobradas em concursos públicos.
- Não confundir imunidades com isenções apesar da falta de técnica da Constituição Federal: **imunidade** é prevista diretamente na **Constituição**, impede a atuação do legislador, exclui a hipótese de incidência; **isenção** é prevista na **lei**, não exclui a hipótese de incidência, mas impede o lançamento tributário, constitui exclusão do crédito tributário.
- Nova imunidade para CDs e DVDs: é vedado à União, Estados, DF e Municípios instituir **IMPOSTOS** sobre fonogramas e videofonogramas musicais produzidos no Brasil contendo obras musicais ou literomusicais de autores brasileiros e/ou obras em geral interpretadas por artistas brasileiros bem como os suportes materiais ou arquivos digitais que os contenham, salvo na etapa de replicação industrial de mídias ópticas de leitura a laser (art. 150, VI, *e*, da CF).

LEGISLAÇÃO E SÚMULAS PERTINENTES

- Constituição Federal, arts. 149, § 2º, I; 150 a 152; 153, §§ 3º e 4º; 155, § 2º, X; 156, §§ 2º e 3º, I; 184, § 5º; 195, II; 195, §§ 6º e 7º; e 226.
- **Súmula Vinculante 12 do STF:** A cobrança de taxa de matrícula nas universidades públicas viola o disposto no art. 206, IV, da Constituição Federal.
- **Súmula 69 do STF:** A Constituição Estadual não pode estabelecer limite para o aumento de tributos municipais.
- **Súmula 70 do STF:** É inadmissível a interdição de estabelecimento como meio coercitivo para cobrança de tributo.
- **Súmula 75 do STF:** Sendo vendedora uma autarquia, a sua imunidade fiscal não compreende o imposto de transmissão *inter vivos*, que é encargo do comprador.
- **Súmula 336 do STF:** A imunidade da autarquia financiadora, quanto ao contrato de financiamento, não se estende à compra e venda entre particulares, embora constantes os dois atos de um só instrumento.
- **Súmula 668 do STF:** É inconstitucional a lei municipal que tenha estabelecido, antes da Emenda Constitucional 29/2000, alíquotas progressivas para o IPTU, salvo se destinada a assegurar o cumprimento da função social da propriedade urbana.
- **Súmula 669 do STF:** Norma legal que altera o prazo de recolhimento da obrigação tributária não se sujeita ao princípio da anterioridade.
- **Súmula 670 do STF:** O serviço de iluminação pública não pode ser remunerado mediante taxa.
- **Súmula 724 do STF:** Ainda quando alugado a terceiros, permanece imune ao IPTU o imóvel pertencente a qualquer das entidades referidas pelo art. 150, VI, *c*, da Constituição, desde que o valor dos aluguéis seja aplicado nas atividades essenciais de tais entidades.
- **Súmula 730 do STF:** A imunidade tributária conferida a instituições de assistência social sem fins lucrativos pelo art. 150, VI, *c*, da Constituição, somente alcança as entidades fechadas de previdência social privada se não houver contribuição dos beneficiários.
- **Súmula 160 do STJ:** É defeso, ao Município, atualizar o IPTU, mediante decreto, em percentual superior ao índice oficial de correção monetária.

2. COMPETÊNCIA TRIBUTÁRIA

QUESTÕES

1. **(Delegado – CESPE – 2002)** Ainda considerando a situação hipotética descrita no texto CE e as informações nele contidas, julgue o item que se segue.
   - Embora a lei tributária municipal não possa contrariar as definições do CTN acerca de fato gerador e contribuintes do ITBI, não é inválida a Lei n. 12/1999 pelo motivo de definir o fato gerador do ITBI de maneira mais restrita que o CTN.
2. **(Delegado – CESPE – 2004 – adaptada)** Acerca de legislação tributária, julgue o item seguinte.
   - A hierarquia entre as leis federais, estaduais e municipais independe da matéria veiculada, revogando, a primeira, as demais.
3. **(Delegado – CESPE – 2002)** A administração pública no Brasil evoluiu para contemplar diversas formas de descentralização dos serviços públicos, por meio da criação de entes para prestá-los, ora com personalidade de direito público, ora com personalidade de direito privado, trazendo, em consequência, problemas relacionados ao regime jurídico a que devam estar subordinados. Acerca desse tema, julgue o item que se segue.
   - A agência reguladora pode ter capacidade tributária, nunca competência tributária, e pode executar seu crédito fiscal por meio de procuradoria própria.

GABARITO COMENTADO

1. CERTO **Questão com certo grau de complexidade**. O Código Tributário Nacional foi editado em 1966, quando ainda em vigor a Constituição de 1946 (reformada pela EC 18/65). Nessa época, a Constituição conferia aos Estados o ITBI (que atualmente é de competência dos Municípios), tendo por fatos geradores tanto a transmissão de bens *inter vivos* quanto *causa mortis*. Dessa forma, o art. 35 do CTN, que define o fato gerador do ITBI, incluiu tanto a transmissão *inter vivos* quanto *causa mortis*. Ocorre que a **Constituição de 1988** acabou dividindo esses fatos geradores em **dois** tributos: **a)** de um lado, atribuiu aos **municípios** o **novo ITBI** (imposto sobre a transmissão *inter vivos* de bens imóveis e de direitos a eles relativos) incidente sobre a **transmissão de bens imóveis e de direitos a eles relativos**, a título **oneroso** e por atos ***inter vivos***; **b)** de outro, outorgou aos **Estados** a instituição do **ITCMD** ou **ITCD** (imposto de transmissão *causa mortis* ou doação) sobre a **transmissão *causa mortis* e doação**, de **quaisquer bens** ou **direitos**. Segundo Kiyoshi Harada, "o art. 35 do CTN restou recepcionado pela Constituição de 1998, que se limitou a **subdividir o imposto em transmissão** *inter vivos* a título oneroso, de um lado, e de outro lado, em *inter vivos* a título gratuito e transmissão *causa mortis*". Com efeito, **não** é inválida lei municipal instituir ITBI de **maneira mais restrita que o CTN**, mesmo porque a própria Constituição de 1988 restringiu, demonstrando estar correta a assertiva.

2. ERRADO **Não confundir: competência tributária** (poder atribuído pela Constituição a cada ente federativo para instituir e dispor sobre tributos) com **competência para legislar sobre direito tributário** (competência legislati-

DIREITO TRIBUTÁRIO

va). A **competência** para **legislar sobre direito tributário** foi prevista pelo art. 24, I, da CF: "Compete à União, aos Estados e ao Distrito Federal **legislar concorrentemente** sobre: (...) Direito Tributário". Dessa forma, é competência **concorrente** – art. 24 da CF, estando ela repartida entre entes políticos (União, Estados e DF), cabendo à União legislar, por **lei complementar**, **sobre normas gerais** (art. 146 da CF). Nos termos do art. 24, § 1º, da CF: "No âmbito da legislação concorrente, a competência da **União limitar-se-á a estabelecer normas gerais**". **Aqui está o *desacerto da questão*, a divisão da competência para legislar sobre direito tributário *depende da matéria veiculada*.**

Comentário extra: cabe aos demais entes federados (Estados, municípios e DF) legislar sobre normas específicas. Todavia, na falta de normas gerais editadas pela União, os demais entes federados poderão legislar de forma plena. Pelo menos até que a União edite a norma geral, momento em que as normas dos demais entes que contrariarem as normas gerais da União estarão suspensas. Trata-se de suspensão, porque, no caso de revogação da norma geral da União, aquelas normas suspensas voltarão a ter eficácia.

3. CERTO **Competência tributária é o poder conferido pela Constituição aos entes políticos para instituir e dispor sobre tributos.** Nos termos do art. 6º do CTN: "A atribuição constitucional de competência tributária compreende a competência legislativa plena, ressalvadas as limitações contidas na Constituição Federal, nas Constituições dos Estados e nas Leis Orgânicas do Distrito Federal e dos Municípios, e observado o disposto nesta Lei". **Capacidade tributária ativa** é a atribuição administrativa conferida para arrecadar, fiscalizar ou mesmo executar leis, serviços, atos ou decisões administrativas. Se por um lado a **competência tributária é indelegável**, por outro as **funções de arrecadar** ou **fiscalizar** tributos, **executar leis**, serviços, atos ou decisões administrativas **podem ser *delegadas*** por uma **pessoa jurídica de direito público a outra** (art. 7º do CTN). É o que a doutrina chama de **delegação da capacidade tributária ativa**. Destarte, **correta a assertiva** quando afirma poder ter a agência reguladora capacidade tributária ativa não podendo nunca ter competência tributária.

Comentário extra: importante dizer que na maioria das vezes a competência tributária (poder de instituir o tributo) e a capacidade tributária ativa (atribuição administrativa) estarão reunidas na mesma pessoa jurídica, por exemplo, os Municípios instituem e cobram o IPTU, os Estados o IPVA e a União o IR.

RAIO-X

- O tema em estudo equivale aos seguintes percentuais das questões de Direito Tributário:

Cargo	Questões do Tema	%
Agente	0	0
Escrivão	0	0
Delegado	3	8,57%

- A maioria das questões é baseada em:

☐ doutrina ☒ legislação ☐ jurisprudência

IMPORTANTE SABER

- **Competência tributária** é o **poder** atribuído pela Constituição a cada ente federativo (União, Estados, DF e Municípios) para instituir e dispor sobre tributos. Não confundir com **competência para legislar sobre direito tributário**, que é competência **legislativa**.
- O Código Tributário Nacional foi editado como lei ordinária em 25-10-66 (à época a Constituição em vigor – CF/46 – não previa a figura da lei complementar), porém foi recepcionado já pela Constituição de 1967 com ***status*** de lei complementar, mantendo-o sob a égide da Constituição de 1988.
- Somente a União possui **competência residual** para instituição de **impostos** (não de tributos) **não previstos no texto da Constituição** (art. 154, I, da CF), assim também com relação às contribuições para seguridade social residuais (art. 195, § 4º, da CF).
- A competência para instituição dos **impostos** é **privativa** de cada ente político (mais precisamen-

te seria exclusiva pela impossibilidade de delegação, embora a terminologia "privativa" seja amplamente utilizada em provas e prevista na CF).

- **Competência tributária é sempre indelegável**, no entanto a **capacidade tributária ativa** pode ser **delegada**, nesse caso poderá ser configurada a parafiscalidade (delegação da capacidade tributária ativa inclusive com a disponibilidade dos recursos arrecadados).

LEGISLAÇÃO E SÚMULAS PERTINENTES

- Constituição Federal, artigos: 22, I, 146, I e III, *a*; 147 a 149-A; 153 a 162.
- CTN, arts. 6º a 15.
- Lei Complementar n. 101/2000, art. 11.
- **Súmula Vinculante 29 do STF:** É constitucional a adoção, no cálculo do valor de taxa, de um ou mais elementos da base de cálculo própria de determinado imposto, desde que não haja integral identidade entre uma base e outra.
- **Súmula 539 do STF:** É constitucional a lei do município que reduz o imposto predial urbano sobre imóvel ocupado pela residência do proprietário que não possua outro.
- **Súmula 578 do STF:** Não podem os Estados, a título de ressarcimento de despesas, reduzir a parcela de 20% do produto da arrecadação do imposto de circulação de mercadorias, atribuída aos Municípios pelo art. 23, § 8º, da Constituição Federal (hoje 25%, art. 159, § 3º, da CF).
- **Súmula 589 do STF:** É inconstitucional a fixação de adicional progressivo do imposto predial e territorial urbano em função do número de imóveis do contribuinte.
- **Súmula 595 do STF:** É inconstitucional a taxa municipal de conservação de estradas de rodagem cuja base de cálculo seja idêntica à do imposto territorial rural.
- **Súmula 656 do STF:** É inconstitucional a lei que estabelece alíquotas progressivas para o imposto de transmissão *inter vivos* de bens imóveis – ITBI com base no valor venal do imóvel.
- **Súmula 399 do STJ:** Cabe à legislação municipal estabelecer o sujeito passivo do IPTU.
- **Súmula 447 do STJ:** Os Estados e o Distrito Federal são partes legítimas na ação de restituição de imposto de renda retido na fonte proposta por seus servidores.
- **Súmula 449 do STJ:** A vaga de garagem que possui matrícula própria no registro de imóveis não constitui bem de família para efeito de penhor.

3. LEGISLAÇÃO E INTERPRETAÇÃO TRIBUTÁRIA

QUESTÕES

1. **(Delegado – CESPE – 2002 – adaptada)** Julgue o item que se segue.
   - Lei federal ordinária não pode alterar o CTN no tocante à definição do contribuinte do ITBI, mas pode modificar esse código no tocante ao estabelecimento dos requisitos relativos ao termo de inscrição da dívida ativa, pois essa matéria não é especificamente reservada à lei complementar pela Constituição da República

2. **(Delegado – CESPE – 2002 – adaptada)** Acerca do direito tributário, julgue o item a seguir:
   - Considere que um tratado internacional celebrado entre Brasil, Argentina e Uruguai estabeleceu em 5% o valor do imposto de importação incidente sobre carne bovina comercializada entre os países signatários do acordo; porém, em virtude de alterações na conjuntura econômica brasileira, foi editada lei complementar federal fixando em 11% a alíquota do imposto de importação sobre carne bovina importada de qualquer procedência.

     Nessa situação, a lei que majorou a alíquota do imposto de importação é inconstitucional porque, de acordo com a Constituição da República, as convenções internacionais acerca de matéria tributária são fonte formal de direito positivo com patamar hierárquico superior ao das leis internas e, portanto, devem ser observadas pela legislação federal que lhe sobrevenha.

3. **(Delegado – CESPE – 2002 – adaptada)** Acerca do direito tributário, julgue o item a seguir:
   - Na exegese das normas que estabelecem fatos geradores de tributos, é admitida a interpretação extensiva, mas é vedada a utilização de analogia que resulte em exigência de tributo não previsto em lei.

4. **(Delegado – CESPE – 2004)** Acerca de legislação tributária, julgue o item seguinte.
   - Considere a seguinte situação hipotética. Após reiteradas vezes e pelo período de quatro anos, a autoridade administrativa fiscal deixou de exigir os juros incidentes sobre o atraso de até dez dias no pagamento da taxa anual de alvará de funcionamento para o setor de distribuição de autopeças, apesar de não existir previsão legal.

     Nessa situação, os contribuintes na mesma condição têm direito à referida dispensa, em virtude de as práticas reiteradas observadas pela autoridade administrativa constituírem normas complementares da legislação tributária.

5. **(Delegado – CESPE – 2004 – adaptada)** Acerca da legislação tributária, julgue o item a seguir.
   - A lei não descreve atos ilícitos como hipótese de incidência do tributo, entretanto, a autoridade fazendária poderá exigir o tributo decorrente da venda dos psicotrópicos.

GABARITO COMENTADO

1. ERRADO O Código Tributário Nacional, instituído pela União no ano de 1966, possui ***status* de lei complementar**.

Dizemos possui *status* de lei complementar porque o CTN **não foi editado como lei complementar, ao tempo em que foi editado, quando ainda em vigor a Constituição de 1946, nem existia essa espécie normativa.**

DIREITO TRIBUTÁRIO

Ocorre que, diante do fenômeno da recepção, o CTN adquiriu *status* de lei complementar, isto é, foi recepcionado já pela Constituição de 1967 com *status* de lei complementar, mantendo-o sob a égide da Constituição de 1988. Assim, **o CTN somente pode ser alterado por lei complementar.**

2. ERRADO Nos termos do **art. 98 do CTN**, "os tratados e as convenções internacionais revogam ou modificam a legislação tributária interna, e serão observados pela que lhes sobrevenha". Entretanto, o **STF** possui precedente firmado no sentido de que "**os *tratados* ou convenções internacionais, uma vez regularmente incorporados ao direito interno, situam-se, no sistema jurídico brasileiro, nos mesmos planos de validade, de eficácia e de autoridade em que se posicionam as *leis ordinárias*, havendo, em consequência, entre estas e os atos de direito internacional público, mera *relação de paridade normativa***" (ADI 1.480). Consequentemente, uma **lei posterior** poderia inovar o ordenamento jurídico, sendo considerada, nos termos do precedente citado, constitucional. De qualquer forma, a questão proposta pela banca encontra-se blindada. Isso porque afirmou: *de acordo com a **Constituição da República**, as convenções internacionais acerca de matéria tributária são fonte formal de direito positivo com patamar hierárquico superior ao das leis internas.* **A CF/88 *não* afirma serem as convenções internacionais fonte formal de direito positivo com patamar hierárquico superior à leis internas**, dessa forma, ERRADA está a assertiva.

Comentário extra: no mesmo precedente, o **STF** fixou entendimento no sentido de que "os **tratados internacionais** celebrados pelo Brasil – ou aos quais o Brasil venha a aderir – ***não* podem**, em consequência, **versar matéria** posta sob reserva constitucional de **lei complementar**" (ADI 1.480).

3. CERTO Não confundir analogia com interpretação extensiva. A **analogia** é técnica de integração da legislação tributária, aplicável em caso de lacuna no ordenamento jurídico, mediante aplicação de um dispositivo de lei a situação de fato nela não prevista. A **interpretação extensiva** visa desvendar o sentido e o alcance da norma, definindo sua extensão. Segundo o § 1º do art. 108 do CTN, o emprego da **analogia *não*** poderá resultar na exigência de **tributo não previsto em lei**. A jurisprudência do **STJ é pacífica em admitir interpretação extensiva na interpretação dos fatos geradores de tributos**, senão vejamos: "A jurisprudência do STJ pacificou-se no sentido de reconhecer que a Lista de Serviços anexa ao Decreto-Lei n. 406/68, para efeito de incidência de ISS sobre serviços bancários, é taxativa, mas admite **leitura extensiva** de cada item a fim de enquadrar serviços idênticos aos expressamente previstos" (AgRg no REsp 1.231.334, *DJe* 1º-4-2011)

Comentário extra: se por um lado o § 1º do art. 108 do CTN prevê que o emprego da **analogia *não*** poderá resultar na exigência de **tributo não previsto em lei**, por outro o § 2º prevê que o emprego da **equidade *não*** poderá resultar na **dispensa do pagamento de tributo devido**. Muito comum em provas de concurso a troca da restrição da equidade pela da analogia. Recomenda-se a leitura atenta do art. 108 do CTN, dispositivo com alta incidência em concursos públicos.

4. CERTO Segundo o art. 96 do CTN, a **legislação tributária compreende**: **leis**; **tratados**; **decretos**; e as **normas complementares.** As normas complementares estão previstas no art. 100 do CTN, são elas: atos normativos expedidos por autoridade administrativa; decisões de órgãos singulares ou coletivos de jurisdição administrativa; **práticas reiteradamente observadas pelas autoridades administrativas**; e convênios que entre si celebrem a União, Estados, DF e Municípios. A observância das normas referidas no art. 100 do CTN – normas complementares – ***exclui* a imposição de *penalidades***, a ***cobrança de juros*** de ***mora*** e a ***atualização do valor monetário da base de cálculo* do tributo**. Entretanto, o **tributo continua sendo devido.**

Comentário extra: a expressão "legislação tributária" engloba tantos atos normativos primários (aqueles que ***inovam*** o ornamento jurídico – ex: leis) como atos normativos secundários (aqueles que ***não inovam*** o ordenamento jurídico, apenas regulamentam as disciplinas legais, detalhando comandos e procedimentos – ex: decretos e normas complementares).

5. CERTO O tributo incide sobre um fato econômico neutro (ex: compra e venda; auferir renda; operação financeira etc.). **Não importa se esse fato econômico foi decorrente de atividade lícita ou ilícita,** aplica-se o princípio da ***pecunia non olet*** – dinheiro não tem cheiro –, pouco importando se os rendimentos tiveram origem lícita ou ilícita. Nos termos do art. 118 do CTN, o "**fato gerador deve ser interpretado abstraindo-se da validade jurídica dos atos praticados e dos efeitos dos fatos efetivamente ocorridos**". Dessa forma, se uma pessoa auferir renda, mesmo que ilegalmente, haverá incidência de imposto de renda (IR) sobre seus rendimentos.

Comentário extra: até porque seria injusto o Estado tributar quem auferiu renda legalmente e não o fazer com relação àquele que a auferiu ilegalmente. A questão da ilegalidade, no caso, é alheia à seara tributária, devendo ser resolvida, caso for, pela seara criminal.

RAIO-X

- O tema em estudo equivale aos seguintes percentuais das questões de Direito Tributário:

Cargo	Questões do Tema	%
Agente	0	0
Escrivão	0	0
Delegado	5	14,28%

- A maioria das questões é baseada em:
  ☐ doutrina ☒ legislação ☐ jurisprudência

IMPORTANTE SABER

- Regra geral: a legislação tributária aplica-se aos fatos geradores futuros e pendentes. A aplicação retroativa (exceções) vem disciplinada no art. 106 do CTN (recomenda-se a leitura atenta deste artigo).
- Segundo o art. 96 do CTN, a **legislação tributária compreende**: **leis**; **tratados**; **decretos**; e as **normas complementares** (essas últimas são previstas no art. 100 do CTN: atos normativos expedidos por autoridade administrativa; decisões de órgãos singulares ou coletivos de jurisdição administrativa; práticas reiteradamente observadas pelas autoridades administrativas; e convênios que entre si celebrem a União, Estados, DF e Municípios).
- Atenção na diferenciação entre **interpretação** (busca do conteúdo e do alcance da norma) e **integração** (suprimento de eventuais lacunas).
- A regra da interpretação benigna em caso de dúvida na interpretação da legislação tributária **só vale para infrações e penalidades**.
- O **STF** entende que as matérias não constantes do rol do art. 97 do CTN **não estão abarcadas pelo princípio da legalidade, destarte tais matérias podem ser disciplinadas por atos infralegais. Ler atenciosamente o art. 97 do CTN**, de grande incidência em provas de concurso.

LEGISLAÇÃO E SÚMULAS PERTINENTES

- Constituição Federal, artigos: **62,** § 2º; **146**; **150**, I e III, *a* e *b*; **155**, §§ 1º, IV, 2º, V e XII, *g*, 4º, IV e 6º, I.
- CTN, arts. 2º; 96 a 112; 118; e 120.
- LICN (antiga LICC): arts. 1º e 3º.
- **Súmula Vinculante 7 do STF:** A norma do § 3º do art. 192 da Constituição, revogada pela Emenda Constitucional n. 40/2003, que limitava a taxa de juros reais a 12% ao ano, tinha sua aplicação condicionada à edição de lei complementar.
- **Súmula 112 do STF:** O imposto de transmissão *causa mortis* é devido pela alíquota vigente ao tempo da abertura da sucessão.
- **Súmula 575 do STF:** A mercadoria importada de país signatário do (GATT), ou membro da (ALALC), estende-se a isenção do imposto de circulação de mercadorias concedida a similar nacional.
- **Súmula 584 do STF:** Ao imposto de renda calculado sobre os rendimentos do ano-base, aplica-se a lei vigente no exercício financeiro em que deve ser apresentada a declaração.

- **Súmula 160 do STJ:** É defeso, ao Município, atualizar o IPTU, mediante decreto, em percentual superior ao índice oficial de correção monetária.
- **Súmula 353 do STJ:** As disposições do Código Tributário Nacional não se aplicam às contribuições para o FGTS.
- **Súmula 360 do STJ:** O benefício da denúncia espontânea não se aplica aos tributos sujeitos a lançamento por homologação regularmente declarados, mas pagos a destempo.
- **Súmula 399 do STJ:** Cabe à legislação municipal estabelecer o sujeito passivo do IPTU.

4. OBRIGAÇÃO TRIBUTÁRIA E CRÉDITO TRIBUTÁRIO

QUESTÕES

1. **(Delegado – CESPE – 2004 – adaptada)** No que se refere a lançamentos no âmbito do direito tributário, julgue o item seguinte.
   - A competência da autoridade administrativa para constituir crédito tributário por meio do lançamento limita a função judicial, quando provocada pela fazenda pública, a dizer o direito aplicável, sendo-lhe vedado proferir sentença que declare o crédito tributário, com o objetivo de cobrança executiva.
2. **(Delegado – CESPE – 2004 – adaptada)** Considere a seguinte situação hipotética.
   - Após responder consulta à associação de importadores de que seu produto enquadrou-se na alíquota de 3% do IPI, a autoridade administrativa, em novo entendimento, passou a aplicar a alíquota de 5%, tendo em vista decisão judicial em processo movido por associado. Nessa situação, haverá incidência da nova alíquota aos fatos geradores anteriores ao novo entendimento, cobrando-se o crédito suplementar.
3. **(Delegado – CESPE – 2004 – adaptada)** Julgue o item a seguir.
   - Justifica-se o lançamento com base em pauta de valores elaborada pela autoridade administrativa quando o contribuinte for omisso na informação do preço de venda do bem.

GABARITO COMENTADO

1. CERTO Nos termos do art. 142 do CTN: "**Compete privativamente à autoridade administrativa constituir o crédito tributário pelo lançamento**, assim entendido o procedimento administrativo tendente a verificar a ocorrência do fato gerador da obrigação correspondente, determinar a matéria tributável, calcular o montante do tributo devido, identificar o sujeito passivo e, sendo caso, propor a aplicação da penalidade cabível". **Essa exclusividade vincula também a autoridade judicial.** Verificada qualquer **irregularidade** no **lançamento**, o juiz poderá **reconhecer a nulidade** deste, determinando que a autoridade administrativa proceda a novo lançamento, **mas *não* poderá decidir acerca da existência ou não do crédito tributário**. Nesse sentido, o **STF** entende que o crime de sonegação fiscal, definido no art. 1º da Lei n. 8.137/90, somente se consuma com o lançamento definitivo do crédito tributário (término do processo administrativo fiscal), pois **o juiz *não* tem competência para decidir acerca da existência ou não do crédito tributário.**

2. ERRADO A questão contraria o disposto no art. 146 do CTN: "A **modificação introduzida**, de ofício ou em consequência de **decisão administrativa** ou **judicial**, nos **critérios jurídicos** adotados pela autoridade administrativa no **exercício do lançamento somente pode ser efetivada**, em relação a um **mesmo sujeito passivo**, quanto a **fato gerador ocorrido posteriormente à sua introdução**". Destarte, a modificação de entendimento para nova alíquota somente poderia ser aplicada aos **fatos geradores posteriores**.

3. CERTO A utilização de **pauta fiscal** pela administração tributária é uma **forma de arbitramento da base de cálculo** do tributo para fins de **lançamento por arbitramento**. Nos

DIREITO TRIBUTÁRIO

termos do art. 148 do CTN: "**Quando o cálculo do tributo tenha por base**, ou tome em consideração, o **valor ou o preço de bens, direitos, serviços** ou **atos jurídicos**, a autoridade lançadora, mediante processo regular, **arbitrará aquele valor ou preço, sempre que sejam *omissos* ou *não mereçam fé*** as **declarações** ou os **esclarecimentos prestados**, ou os documentos expedidos **pelo sujeito passivo** ou pelo **terceiro** legalmente obrigado, **ressalvada, em caso de contestação**, avaliação **contraditória**, administrativa ou judicial". As ***pautas fiscais***, *que contêm os 'preços normais' de determinados bens e que, ao serem utilizadas,* ***seja por determinação legal, seja pela impossibilidade de se encontrar o valor real do bem***, *exemplificam o lançamento por arbitramento* (Ricardo Alexandre, *Direito tributário esquematizado*, 4. ed., 2010, p. 387). **A questão exemplifica situação na qual é possível a utilização da pauta fiscal** – omissão do preço de venda do bem –, **situação corriqueira no caso de bagagem internacional desacompanhada de nota fiscal**, quando a administração tributária utiliza-se de pauta fiscal para arbitrar a base de cálculo do tributo e proceder ao lançamento.

Comentário extra: o uso da pauta fiscal, afirmam Alexandrino e Paulo (*Manual de direito tributário*, 5. ed., 2007), como foi originalmente concebido (usada como presunção absoluta de valor de certos bens adotados como base de cálculo) foi considerado **inconstitucional pelo STF**. No mesmo sentido, a Súmula 431 do STJ: **É ilegal a cobrança de ICMS com base no valor da mercadoria submetido ao regime de pauta fiscal**.

RAIO-X

- O tema em estudo equivale aos seguintes percentuais das questões de Direito Tributário:

Cargo	Questões do Tema	%
Agente	0	0
Escrivão	0	0
Delegado	3	8,57%

- A maioria das questões é baseada em:

  ☐ doutrina ☒ legislação ☐ jurisprudência

IMPORTANTE SABER

- **Sujeito ativo da obrigação tributária** é sempre o ente público que promove a arrecadação, fiscalização e cobrança do tributo, nos termos do art. 7º do CTN (capacidade tributária ativa).
- **Sujeito passivo é aquele obrigado ao pagamento do tributo ou penalidade pecuniária** (art. 121 do CTN), pode ser o **contribuinte,** possui relação direta e pessoal com o fato gerador, **ou** o **responsável** que, sem ser contribuinte, tenha sua obrigação decorrente expressamente da lei (art. 123 do CTN).
- Qualquer pessoa, menor ou maior, capaz ou incapaz, seja física ou jurídica, mesmo sociedades irregulares ou de fato possui capacidade tributária ativa, dessa forma, pode realizar fato gerador de obrigação tributária.
- Salvo disposição de lei em contrário, as **convenções particulares**, relativas à responsabilidade pelo pagamento de tributos, **não podem ser opostas à Fazenda Pública**, para modificar a definição legal do sujeito passivo das obrigações tributárias correspondentes (art. 123 do CTN).
- **Importante:** são solidariamente obrigadas as pessoas que tenham interesse comum na situação que constitua o fato gerador da obrigação principal **e** as pessoas expressamente designadas na lei (art. 124 do CTN). A solidariedade **não** comporta benefício de ordem (art. 124, parágrafo único do CTN).
- Consequências da solidariedade (125 do CTN): o **pagamento efetuado por um dos obrigados aproveita aos demais**; isenção ou remissão de crédito exonera todos os obrigados, **salvo se outorgada pessoalmente a um deles**, subsistindo, nesse caso, a solidariedade quanto aos demais pelo saldo; **interrupção da prescrição** em favor ou contra um dos obrigados **favorece ou prejudica aos demais.**
- Domicílio tributário: a regra é a eleição pelo sujeito passivo, as regras trazidas pelo art. 127 do CTN **são supletivas**.
- Em Direito Tributário não vale a regra prevista na legislação civil de que o acessório segue o principal; mesmo nos casos onde não existe a obrigação principal (ex: imunidade), haverá necessidade de cumprimento da obrigação acessória (ex: escriturar livros).

- A **doutrina** entende que o **CTN cometeu uma impropriedade** quando disse que **a obrigação acessória converte-se em principal**, na verdade, ocorre que o **descumprimento** da obrigação acessória é fato gerador da obrigação tributária de pagar a **multa** (penalidade pecuniária).
- **Norma geral antielisão fiscal**: a autoridade administrativa poderá **desconsiderar atos** ou **negócios jurídicos** praticados com a finalidade de **dissimular** a **ocorrência do fato gerador** do tributo ou a natureza dos elementos constitutivos da obrigação tributária, observados os procedimentos a serem estabelecidos em lei ordinária (art. 116, parágrafo único, do CTN).
- Atentar para a **diferença** entre **elisão**, **evasão**, e **elusão** fiscal. **Elisão** é conduta **lícita** do contribuinte, normalmente anterior ao fato gerador, que visa a reduzir a carga tributária sobre a operação desejada – planejamento tributário; **Evasão** é a conduta **ilícita** do contribuinte, normalmente posterior ao fato gerador, que visa a ocultar a ocorrência do fato gerador. **Elusão**, também chamada de elisão ineficaz, é a conduta do contribuinte que **simula** negócio jurídico, aparentemente lícito, para **ocultar** a ocorrência do fato gerador.

LEGISLAÇÃO E SÚMULAS PERTINENTES

- CTN, arts. 113 a 127 do CTN, em especial os arts. 118, 121, **123**, 124 e 125.
- Lei n. 9.393/96, art. 4º.
- **Súmula 583 do STF:** Promitente-comprador de imóvel residencial transcrito em nome de autarquia é contribuinte do imposto predial e territorial urbano.
- **Súmula 386 do STJ:** São isentas de imposto de renda as indenizações de férias proporcionais e o respectivo adicional.
- **Súmula 396 do STJ:** A Confederação Nacional da Agricultura tem legitimidade ativa para a cobrança da contribuição sindical rural.
- **Súmula 399 do STJ:** Cabe à legislação municipal estabelecer o sujeito passivo do IPTU.
- **Súmula 432 do STJ:** As empresas de construção civil não estão obrigadas a pagar ICMS sobre mercadorias adquiridas como insumos em operações interestaduais.

5. RESPONSABILIDADE TRIBUTÁRIA

QUESTÕES

1. **(Delegado – CESPE – 2002 – adaptada)** À luz dos direitos penal e tributário, julgue o item abaixo.
   - Os gerentes de pessoas jurídicas de direito privado são pessoalmente responsáveis pelos créditos correspondentes a obrigações tributárias resultantes de atos praticados com excesso de poderes ou infração de lei, contrato social ou estatutos.
2. **(Delegado – CESPE – 2004 – adaptada)** A fiscalização tributária apreendeu em estabelecimento farmacêutico controle paralelo de vendas de três anos anteriores à fiscalização, sem emissão de notas fiscais, de cápsulas para emagrecimento compostas de substância capaz de causar dependência psíquica e acionou imediatamente a polícia, que efetuou a prisão em flagrante do sócio-gerente por tráfico de entorpecente, já que tal substância estava estocada em prateleira, vindo a ser proferida sentença condenatória com trânsito em julgado. Com base na situação hipotética acima, julgue o item a seguir.
   - A responsabilidade penal tributária e a tributária penal não se confundem, apesar de ambas adotarem a responsabilidade subjetiva.
3. **(Delegado – CESPE – 2004 – adaptada)** Com base ainda na situação hipotética referida na questão anterior, julgue o item a seguir.
   - Na hipótese considerada, se o produto comercializado for sujeito a substituição tributária, não gerará, para a farmácia, obrigação de recolher ICMS.

GABARITO COMENTADO

1. CERTO O **CTN** divide as hipóteses de responsabilidade tributária em **três modalidades**: responsabilidade de **sucessores** (arts. 129 a 133); responsabilidade de **terceiros** (arts. 134 e 135); e responsabilidade por **infrações** (art. 136 a 138). O Código Tributário Nacional trata da **responsabilidade de terceiros** em dois artigos (134 e 135). A diferença essencial entre os dois remonta ao fato de que na responsabilidade tributária prevista no **art. 134 do CTN o terceiro age de forma *regular*** – nos atos que intervier ou pelas suas omissões; já na responsabilidade trazida pelo **art. 135 o terceiro age *irregularmente*** – com excesso de poderes ou violação da lei, contrato social ou estatuto. O art. 135, III, do CTN versa hipótese de responsabilidade dos sócios-gerentes de pessoas jurídicas de direito privado. Nos termos do artigo: "**São pessoalmente responsáveis pelos créditos correspondentes a obrigações tributárias resultantes de atos praticados com excesso de poderes ou infração de lei, contrato social ou estatutos**: (...) III. os **diretores, gerentes** ou **representantes de pessoas jurídicas de direito privado**".

Comentário extra: é pacífica a jurisprudência do **STJ** no sentido de que a **simples falta de pagamento do tributo *não* configura**, por si só, nem em tese, circunstância que acarreta a **responsabilidade** subsidiária do sócio prevista no **art. 135 do CTN** (AgRg no Ag 1.356.565, *DJe* 26-5-2011).

2. ERRADO Realmente, responsabilidade penal tributária e tributária penal não se confundem. A **responsabilidade penal tributária** relaciona-se aos **crimes tributários**. Já a **responsabilidade tributária penal**, também denominada

DIREITO TRIBUTÁRIO

responsabilidade por infração tributária, relaciona-se às **multas de natureza administrativa**, em razão do **não pagamento do tributo** ou do **descumprimento de obrigações acessórias**. Nos termos do art. 136 do CTN, salvo disposição de lei em contrário, a **responsabilidade por infrações da legislação tributária *independe* da intenção** do agente ou do responsável e da efetividade, natureza e extensão dos efeitos do ato. Portanto, para o **CTN**, salvo disposição de lei em contrário, a responsabilidade por infrações – **responsabilidade tributária penal** – independe da existência de dolo ou culpa por parte do infrator, sendo, em regra, ***objetiva***, demonstrando desacerto da questão.

3. CERTO A substituição tributária é técnica de otimização de arrecadação, concentrando o recolhimento dos tributos no menor número de sujeitos passivos possível. Na **substituição tributária**, no momento da ocorrência do fato gerador o sujeito passivo da obrigação tributária é o responsável, podendo ela ser **progressiva** (para frente) ou **regressiva** (para trás). Nos termos do art. 150, § 7º, da CF: "A lei poderá atribuir a sujeito passivo de obrigação tributária a condição de responsável pelo pagamento de imposto ou contribuição, cujo fato gerador deva ocorrer posteriormente, assegurada a imediata e preferencial restituição da quantia paga, caso não se realize o fato gerador presumido". Aqui está a famosa **substituição tributária progressiva** ou para frente: nessa modalidade, a **lei antecipa o surgimento da obrigação tributária** – os fatos geradores ainda não ocorreram. O **responsável tributário** (ex.: distribuidora) deverá promover o recolhimento do tributo com relação a fatos geradores que ocorrerão no futuro e serão realizados por outras pessoas (na questão: farmácia). Nesse caso, fala-se então em "**fato gerador presumido**". **Na questão, o recolhimento do tributo (ICMS) seria de responsabilidade do fabricante ou distribuidora, desobrigando a farmácia.**

Comentário extra: por outro lado, na **substituição tributária regressiva** (para trás ou diferida) a **lei adia o surgimento da obrigação tributária – os fatos geradores ocorreram no passado** (acontece justamente o contrário que na substituição para frente). O responsável tributário deverá promover o recolhimento do tributo com relação a fatos geradores ocorridos no passado realizados por outras pessoas.

RAIO-X

- O tema em estudo equivale aos seguintes percentuais das questões de Direito Tributário:

Cargo	Questões do Tema	%
Agente	0	0
Escrivão	0	0
Delegado	3	8,57%

- A maioria das questões é baseada em:

☐ doutrina ☒ legislação ☐ jurisprudência

IMPORTANTE SABER

- **Responsável tributário** é aquele que **não** possui relação pessoal e direita com o fato gerador, embora seja vinculado a ele, integrando a relação jurídico-tributária como sujeito passivo do tributo.
- Lembrar que o sujeito passivo da obrigação tributária pode ser **contribuinte** (relação pessoal e direta com o fato gerador) ou **responsável**.
- As **convenções entre particulares**, salvo disposição de lei em contrário, **não podem ser opostas ao Fisco** (são ineficazes contra a Fazenda Pública), entretanto permanecem válidas e eficazes entre os particulares contratantes.
- Em Direito Tributário, a regra é que a responsabilidade por infrações **independe** da intenção do agente ou responsável, da efetividade, da natureza ou extensão dos efeitos do ato. Não se perquiri a culpa do infrator.
- A Lei Complementar n. 123/2006 (art. 9º, §§ 3º e 4º) trouxe **nova hipótese de responsabilidade tributária específica para sócios e administradores** de **microempresas** e **empresas de pequeno porte** no caso de **baixa nos registros** dos órgãos públicos **sem o recolhimento dos tributos devidos**.

- **Importante:** o art. 13 da Lei n. 8.620/93 previa responsabilidade pessoal dos sócios da sociedade por cotas de responsabilidade limitada com relação às contribuições sociais. Ocorre que a Lei n. 11.941/2009 revogou expressamente esse dispositivo. Ademais, o STJ já vinha entendendo que tal responsabilidade, aplicável aos créditos para com a Seguridade Social, somente estaria configurada quando ocorresse uma das situações previstas no art. 135, III, do CTN (RE 1.141.128). Muito importante a leitura do **art. 135 do CTN**.

LEGISLAÇÃO E SÚMULAS PERTINENTES

- CF, art. 150, § 7º.
- CTN, arts. 128 a 138 e 208, em especial os arts. **123, 133, 135 e 138**.

- **SÚMULAS DO STJ**
- **Súmula 251:** A meação só responde pelo ato ilícito quando o credor, na execução fiscal, provar que o enriquecimento dele resultante aproveitou ao casal.
- **Súmula 360:** O benefício da denúncia espontânea não se aplica aos tributos sujeitos a lançamento por homologação regularmente declarados, mas pagos a destempo.
- **Súmula 375:** O reconhecimento da fraude à execução depende do registro da penhora do bem alienado ou da prova de má-fé do terceiro adquirente.
- **Súmula 430:** O inadimplemento da obrigação tributária pela sociedade não gera, por si só, a responsabilidade solidária do sócio-gerente.
- **Súmula 435:** Presume-se dissolvida irregularmente a empresa que deixar de funcionar no seu domicílio fiscal, sem comunicação aos órgãos competentes, legitimando o redirecionamento da execução fiscal para o sócio-gerente.

6. SUSPENSÃO, EXTINÇÃO E EXCLUSÃO DO CRÉDITO TRIBUTÁRIO

QUESTÕES

1. **(Delegado – CESPE – 2013)** Com a finalidade de gerar créditos fictícios para sua empresa, determinado empresário formalmente constituído criou outra sociedade comercial em nome de dois empregados seus, analfabetos. No contrato social dessa sociedade, um dos empregados consta como sócio administrador e o outro, como sócio. A confecção do contrato social e a utilização dos créditos fictícios ficaram a cargo do contador da empresa, que tinha consciência dos fatos.

   Considerando essa situação hipotética, julgue o item que se segue com base na legislação tributária vigente.

   • Se o uso do crédito fictício só for constatado pela autoridade tributária após cinco anos da data do fato gerador, o lançamento será considerado homologado e o crédito, definitivamente extinto.

2. **(Delegado – CESPE – 2002)** À luz dos direitos penal e tributário, julgue o item abaixo.

   • O parcelamento do débito é causa de exclusão do crédito tributário.

3. **(Delegado – CESPE – 2002)** Vanessa, que tem 24 anos de idade e reside em Belo Horizonte, é professora particular de música desde janeiro de 2000, atuando nessa área como profissional autônoma, e, há seis meses, exerce a função de síndica do prédio em que mora, recebendo remuneração pelo exercício de ambas as atividades. Contudo, até o presente momento, Vanessa não se inscreveu na previdência social nem recolheu nenhuma contribuição previdenciária. Alem disso, Vanessa nunca pagou imposto de renda (IR) nem o imposto sobre serviços de qualquer natureza (ISS) que incide sobre a remuneração recebida na qualidade de trabalhadora autônoma. Julgue o item subsequente, relativos à situação hipotética apresentada.

   • Caso uma lei municipal isente os professores de música de Belo Horizonte do pagamento do ISS, ocorrerá exclusão tanto do crédito tributário referente a Vanessa quanto das obrigações acessórias que a legislação municipal lhe atribuir, pois, de acordo com o princípio tributário da subsidiariedade, a dispensa da obrigação principal implica a dispensa das obrigações acessórias.

GABARITO COMENTADO

1. ERRADO A questão versa sobre caso típico de tributos constituídos através da sistemática do lançamento por homologação, na qual o contribuinte apura o montante devido, faz a declaração e recolhe os valores respectivos. Nos termos do art. 150, § 4º, do CTN, se a lei não fixar prazo para a homologação, será ele de cinco anos, a contar da ocorrência do fato gerador, **salvo** se comprovada a ocorrência de dolo, fraude ou simulação. Assim, incorreta a questão.

Comentário extra: a maioria da doutrina entende que nos casos de dolo, fraude ou simulação, o prazo para constituição do crédito tributário seguirá a sistemática geral prevista no art. 173, I, do CTN, qual seja o prazo de cinco anos contados do primeiro dia do exercício seguinte àquele no qual o lançamento poderia ter sido efetuado.

2. ERRADO As causas de suspensão, extinção e exclusão do crédito tributário estão previstas nos arts. **151**, **156** e **175** do CTN. Nas provas, como na questão sob exame, são reiteradamente cobradas suas disposições em uma mesma questão para que o candidato aponte a resposta correta, daí a necessidade de fixação desse conteúdo.

Lembrar: as causas de suspensão, extinção e exclusão do crédito tributário estão submetidas à **reserva legal**, devendo ser disciplinadas por lei, nos termos do art. 97, VI, do CTN. **Dica para não confundir os institutos:**

A) isenção e **anistia são as únicas hipóteses de EXCLUSÃO DO CRÉDITO TRIBUTÁRIO**;

B) as hipóteses de suspensão e **extinção decorrem da lógica**, por exemplo:

- **pagamento** = **EXTINÇÃO**;
- **parcelamento** = ***SUSPENSÃO***;
- **remissão** (perdão) = **EXTINÇÃO**;
- **liminar** em mandado de segurança ou outra ação (decisão não definitiva) = ***SUSPENSÃO***;
- **depósito** do montante integral (somente o depósito) = ***SUSPENSÃO***;
- **conversão** do depósito **em renda** = **EXTINÇÃO**;
- compensação (encontro de dívidas) = **EXTINÇÃO**;
- moratória (alargamento do prazo) = ***SUSPENSÃO***.

Como visto, parcelamento é causa de suspensão do crédito tributário, **não** de exclusão como faz crer a questão.

Comentário extra: parcelamento é **benefício fiscal facultado** pelo credor (Fisco) ao devedor (contribuinte ou responsável), prorrogando o prazo para pagamento da dívida em mais de uma prestação, dessa forma, é faculdade do devedor aderir ou não. Nos termos do art. 155-A do CTN, **o parcelamento será concedido na forma e condições estabelecidas por lei específica.** O parcelamento, **salvo disposição de lei em contrário**, **não** exclui a incidência de **juros** e **multas** (art. 155-A, § 1º, do CTN). Dessa forma, caso a lei específica que conceda o parcelamento for omissa quanto à incidência de juros e multas eles **serão devidos**.

3. ERRADO Como visto na questão anterior, isenção e anistia são únicas formas de exclusão do crédito tributário. Para a doutrina, exclusão do crédito tributário representa o impedimento legal de constituição do crédito, ou seja, hipóteses em que a lei impede que seja feito o lançamento (Alexandrino; Paulo, 2007, p. 329). Na **exclusão do crédito tributário** (por isenção ou anistia) ***não*** **há dispensa do cumprimento das obrigações acessórias** dependentes da obrigação principal cujo crédito seja excluído, ou dela consequente (art. 175, parágrafo único, do CTN). Aqui está o **desacerto** da questão quando afirma, **erroneamente**, que "ocorrerá exclusão tanto do crédito tributário referente a Vanessa quanto das obrigações acessórias que a legislação municipal lhe atribuir". Lembre-se, em Direito Tributário, diferentemente do Direito Civil, **as obrigações acessórias independem da obrigação principal**, podendo até existir obrigação acessória sem que exista a obrigação principal (ex: obrigação de escriturar livros dos entes imunes). Lembre-se, ainda, que as **obrigações acessórias são aquelas obrigações instrumentais**, de **fazer** (positivas) ou **não fazer** (negativas), **previstas no interesse do Fisco**, diversas da obrigação de entregar dinheiro.

Comentário extra: a doutrina conceitua **ISENÇÃO** como **a dispensa legal** de **pagamento do tributo devido**. As **isenções são previstas diretamente em leis, decorrem do poder de tributar, isto é, quem tem o poder de tributar também tem o poder de isentar.** Conceitua-se **ANISTIA** como **o perdão legal das infrações já praticadas.** Anistia e isenção não se confundem: a primeira – **anistia** – **exclui o crédito relativo à penalidade pecuniária**; a segunda – **isenção** – **exclui o crédito relativo ao tributo** (art. 175 do CTN).

RAIO-X

- O tema em estudo equivale aos seguintes percentuais das questões de Direito Tributário:

Cargo	Questões do Tema	%
Agente	0	0
Escrivão	0	0
Delegado	2	5,71%

- A maioria das questões é baseada em:

☐ doutrina ☒ legislação ☐ jurisprudência

IMPORTANTE SABER

- O Para não confundir os institutos da suspensão, extinção e exclusão do crédito tributário, necessário saber que **isenção** e **anistia** são as únicas hipóteses de **exclusão do crédito tributário**; **as hipóteses de suspensão e extinção decorrem da lógica**. Exemplos: pagamento = extinção; parcelamento = suspensão; remissão (perdão) = extinção; liminar em mandado de segurança (decisão não definitiva) = suspensão; depósito do montante integral (somente o depósito) = suspensão; conversão do depósito em renda = extinção; compensação (encontro de dívidas) = extinção; moratória (alargamento do prazo) = suspensão.
- **1. Suspensão do Crédito Tributário:**

  As causas de suspensão, extinção e exclusão do crédito tributário (arts. **151**, **156** e **175** do CTN) são reiteradamente colocadas em uma mesma questão para que o candidato aponte a resposta correta, daí a necessidade de fixação desse conteúdo.

  O depósito do montante integral é causa de suspensão do crédito tributário, mas a conversão desse depósito em renda é causa de extinção do crédito.

  A suspensão do crédito tributário somente retira a possibilidade do Fisco cobrar a dívida durante a suspensão (exigibilidade), mas o crédito devidamente constituído continua líquido e certo.
- **2. Extinção do Crédito Tributário**

  Decadência – regra geral: cinco anos contados do primeiro dia do exercício seguinte àquele em que poderia ter sido efetuado o lançamento (art. 173, I do CTN).

  Decadência – exceções: art. 173, I, do CTN, *data em que se tornar definitiva a decisão que houver anulado, por vício formal, o lançamento anteriormente efetuado*; e **art. 173, parágrafo único, do CTN,** *O direito a que se refere este artigo extingue-se definitivamente com o decurso do prazo nele previsto, contado da data em que tenha sido iniciada a constituição do crédito tributário pela notificação, ao sujeito passivo, de qualquer medida preparatória indispensável ao lançamento* (antecipação da contagem do prazo).

  Decadência – lançamento por homologação: o art. 150, § 4º, do CTN traz regra específica para os tributos sujeitos à sistemática do lançamento por homologação, qual seja: **salvo disposição de lei em contrário, considera-se feita a homologação e definitivamente extinto o crédito tributário em cinco anos, contados do fato gerador**.

  Só se fala em **decadência** antes da constituição definitiva do crédito tributário (perda do direito do Fisco constituir o crédito tributário).

  Após a constituição definitiva, só se perquire acerca da prescrição (perda do direito de promover a ação de execução fiscal). Lembrar que em Direito Tributário a **prescrição** também **extingue o próprio crédito**.

  Atentar que a compensação em Direito Tributário exige autorização legal, os créditos a serem compensados **têm de ser líquidos e certos**, mas podem ser **vencidos ou vincendos** (só podem ser vincendos os créditos do sujeito passivo para com o Fisco). É **vedada** a compensação mediante o aproveitamento de **tributo**, **objeto de contestação judicial** pelo sujeito passivo, **antes do trânsito em julgado** da respectiva decisão judicial (art. 170-A do CTN).
- **3. Exclusão do Crédito Tributário**

  Na exclusão do crédito tributário, ocorre o fato gerador e surge a obrigação tributária, entretanto o lançamento é impedido pela lei (não surge o crédito tributário).

  Não confundir isenção, anistia e imunidades: **isenção** é dispensa **legal** de pagamento do tributo devido; **anistia** é perdão **legal** de infrações já praticadas; já a **imunidade** é prevista diretamente na **Constituição, não** ocorre o fato gerador nem surge a respectiva obrigação tributária.

LEGISLAÇÃO E SÚMULAS PERTINENTES

- **Suspensão do Crédito Tributário**
  - CF, art. 150, § 6º.
  - CTN, arts. 151 a 155-A.
  - **Súmula Vinculante 21 do STF:** É inconstitucional a exigência de depósito ou arrolamento prévios de dinheiro ou bens para admissibilidade de recurso administrativo.
  - **SÚMULAS DO STJ**
  - **Súmula 112 do STJ:** O depósito somente suspende a exigibilidade do crédito tributário se for integral e em dinheiro.

- **Súmula 373 do STJ:** É ilegítima a exigência de deposito prévio para admissibilidade de recurso administrativo.

• **Extinção do Crédito Tributário**

- CF, art. 146, III, *b*.
- CTN, arts. 156 a 174.
- **Súmula Vinculante 8 do STF:** São inconstitucionais o parágrafo único do art. 5º do Decreto-Lei n. 1.569/77 e os arts. 45 e 46 da Lei n. 8.212/91, que tratam de prescrição e decadência de crédito tributário.
  Com a edição desta súmula vinculante, os prazos decadenciais e prescricionais das contribuições previdenciárias, que haviam sido ampliados para 10 anos, voltaram à regra geral do CTN, qual seja 5 anos.
- **Súmula 162 do STJ:** Na repetição de indébito tributário, a correção monetária incide a partir do pagamento indevido.
- **Súmula 212 do STJ:** A compensação de créditos tributários não pode ser deferida em ação cautelar ou por medida liminar cautelar ou antecipatória.
- **Súmula 213 do STJ:** O mandado de segurança constitui ação adequada para a declaração do direito à compensação tributária.
- **Súmula 314 do STJ:** Em execução fiscal, não localizados bens penhoráveis, suspende-se o processo por um ano, findo o qual se inicia o prazo da prescrição quinquenal intercorrente.
- **Súmula 437 do STJ:** A suspensão da exigibilidade do crédito tributário superior a quinhentos mil reais para opção pelo Refis pressupõe a homologação expressa do comitê gestor e a constituição de garantia por meio do arrolamento de bens.
- **Súmula 460 do STJ:** É incabível o mandado de segurança para convalidar a compensação tributária realizada pelo contribuinte.
  Atenção: a Súmula 213 do STJ (acima transcrita) não foi revogada pelo novo verbete n. 460 do STJ, conforme ressaltou o Min. Castro Moreira: "se a compensação foi efetuada pela contribuinte *sponte propria* (por sua própria iniciativa), mostra-se incabível que o Judiciário obste o Fisco de promover atos de fiscalização, cabendo à Administração verificar a existência ou não de créditos a serem compensados". Destarte, pode o MS ser utilizado para garantir o direito à compensação tributária (S. 213), só não pode ser utilizado para convalidar a compensação já realizada pelo contribuinte (S. 460).
- **Súmula 464 do STJ:** A regra de imputação de pagamentos estabelecida no art. 354 do Código Civil não se aplica às hipóteses de compensação tributária.

• **Exclusão do Crédito Tributário**

- CTN, arts. 175 a 182.
- **Súmula 93 do STF:** Não está isenta do imposto de renda a atividade profissional do arquiteto.
- **Súmula 544 do STF:** Isenções tributárias concedidas sob condição onerosa não podem ser livremente suprimidas.
- **Súmula 20 do STJ:** A mercadoria importada de país signatário do GATT é isenta do ICM, quando contemplado com esse favor o similar nacional.
- **Súmula 178 do STJ:** O INSS não goza de isenção do pagamento de custas e emolumentos, nas ações acidentárias e de benefícios propostas na Justiça Estadual.
- **Súmula 184 do STJ:** A microempresa de representação comercial é isenta do imposto de renda.
- **Súmula 437 do STJ:** A suspensão da exigibilidade do crédito tributário superior a quinhentos mil reais para opção pelo Refis pressupõe a homologação expressa do comitê gestor e a constituição de garantia por meio do arrolamento de bens.

7. TRIBUTOS EM ESPÉCIE

QUESTÕES

1. **(Delegado – CESPE – 2004 – adaptada)** Com base ainda na situação hipotética referida na questão 25, julgue o item a seguir:
   - Se o estabelecimento em consideração for uma farmácia de manipulação e tiver fabricado as cápsulas apreendidas, o município poderá cobrar o ICMS devido sobre as vendas realizadas.
2. **(Delegado – CESPE – 2002)** À luz dos direitos penal e tributário, julgue o item abaixo.
   - Consoante entendimento do STF, os emolumentos judiciais são tributos da espécie taxa.
3. **(Delegado – CESPE – 2002)** Acerca do direito tributário, julgue o item a seguir.
   - A Constituição da República estabelece que **é** defeso taxas terem base de cálculo própria de impostos, mas não proíbe que dois impostos tenham a mesma base de cálculo nem a mesma alíquota.

GABARITO COMENTADO

1. ERRADO A questão tenta levar o candidato a erro, quanto afirma: "Se o estabelecimento em consideração for uma farmácia de manipulação e tiver fabricado as cápsulas apreendidas, o município poderá cobrar o ICMS devido sobre as vendas realizadas", isso porque, como sabido, o **ICMS** é tributo da competência dos **Estados** e **DF**.

Comentário extra: ponto interessante é saber se as farmácias de manipulação devem recolher ICMS ou ISS (Imposto sobre Serviços). O **STJ** entendeu que "os serviços prestados por farmácias de manipulação, que preparam e fornecem medicamentos sob encomenda, **submetem-se à exclusiva incidência do ISS**" (REsp 975.105/RS, *DJe* 9-3-2009).

2. CERTO A jurisprudência do **Supremo Tribunal Federal** firmou orientação no sentido de que as **custas judiciais, bem como os emolumentos** concernentes aos **serviços notariais** e **registrais,** possuem **natureza tributária**, qualificando-se como taxas remuneratórias de serviços públicos, sujeitando-se, em consequência, quer no que concerne à sua instituição e majoração, quer no que se refere à sua exigibilidade, ao regime jurídico-constitucional pertinente a essa especial modalidade de tributo vinculado (ADI 1378-MC, *DJe* 30-5-97).

Comentário extra: o STF reconhece atualmente no ordenamento jurídico brasileiro cinco espécies tributárias **(teoria pentapartida** ou **quinquipartida)**: **impostos, taxas, contribuição de melhoria, empréstimos compulsórios e contribuições especiais. Quanto às taxas,** duas situações (fatos geradores) podem ensejar sua instituição: **o exercício do poder de polícia (taxa de polícia)**; **e** a **utilização, efetiva ou potencial, de serviço público (taxa de serviço)**. Com efeito, trata-se de **tributo vinculado** a uma atividade estatal para com o contribuinte. **Súmula 667 do STF:** "Viola a garantia constitucional de acesso à jurisdição a taxa judiciária calculada sem limite sobre o valor da causa".

3. ANULADA As taxas **não** podem ter **base de cálculo** própria dos **impostos**, assim dispõe o art. 145, § 2º, da CF. Já o **CTN**, em seu

DIREITO TRIBUTÁRIO

art. 77, parágrafo único, determina que a taxa ***não*** *pode ter* ***base de cálculo*** *ou* ***fato gerador*** *idênticos aos que correspondam a imposto nem ser calculada em função do capital das empresas.* Por outro lado, a CF/88 (art. 154, I), dispõe que "a União poderá instituir, mediante lei complementar, impostos não previstos no artigo anterior, desde que sejam não cumulativos e não tenham fato gerador ou base de cálculo próprios dos discriminados nesta Constituição". **São os famosos impostos residuais**. **Acreditamos que aqui está o motivo da anulação**, pois a questão **não** se referia especificamente seja aos **impostos discriminados** na Constituição, seja aos **impostos residuais** (art. 154, I, da CF). No primeiro caso (**discriminados**), os fatos geradores e base de cálculo estão estabelecidos na própria Constituição, não havendo porque existir vedação de que *dois impostos tenham a mesma base de cálculo*; no segundo (**residuais**), há previsão expressa de que dois impostos **não** podem ter a mesma **base de cálculo** ou fato gerador. **Quanto à alíquota, nada impede a coincidência de valor**. A alíquota é tão somente um percentual que incide sobre a base de cálculo para determinação do valor do tributo.

Comentário extra: Súmula Vinculante 29 do STF: "É constitucional a adoção, no cálculo do valor de taxa, de um ou mais elementos da base de cálculo própria de determinado imposto, desde que não haja integral identidade entre uma base e outra".

RAIO-X

- O tema em estudo equivale aos seguintes percentuais das questões de Direito Tributário:

Cargo	Questões do Tema	%
Agente	0	0
Escrivão	0	0
Delegado	3	8,57%

- A maioria das questões é baseada em:

☐ doutrina ☒ legislação ☐ jurisprudência

IMPORTANTE SABER

- Como se pode observar, algumas questões são retiradas dos enunciados das súmulas do STF e STJ, transcrevendo-as muitas vezes. Portanto, imprescindível sua leitura atenta e memorizada. Atentar ao fato de que, em 2010, **foram editadas mais de 20 súmulas tributárias pelo STJ e algumas vinculantes pelo STF**.
- A União, somente ela, **possui competência residual** para instituir mediante **lei complementar impostos não previstos na Constituição**, desde que sejam **não cumulativos** e **não** tenham **fato gerador** ou **base de cálculo** próprios dos discriminados na Constituição (art. 154, I, da CF).
- II, IE, IPI e IOF **não** precisam respeitar o princípio da anterioridade. Desses impostos, somente o IPI tem que respeitar a noventena ou anterioridade nonagesimal.
- O ITR é essencialmente um imposto extrafiscal, suas alíquotas são fixadas proporcionalmente de acordo com o grau de utilização da terra, na verdade de forma inversamente proporcional (quanto maior o grau de utilização menor é a alíquota), visando desestimular a manutenção de propriedades improdutivas (art. 153, § 4º, I, da CF). **Não há progressividade quanto ao valor do imóvel**.
- Sistemática do ICMS nas operações interestaduais: quando o adquirente **não for contribuinte do ICMS e for destinatário final** da mercadoria ou serviço, o imposto será devido ao Estado de origem do produto segundo sua alíquota interna. Caso o adquirente seja **contribuinte do ICMS e destinatário final,** a arrecadação será dividida entre os Estados de origem (receberia o equivalente à alíquota interestadual) e o Estado de destino (receberia a diferença entre sua alíquota interna e a interestadual). Se for **contribuinte do ICMS e não destinatário final**, o Estado de origem recebe a alíquota interestadual e o adquirente terá direito de abater esse valor nas próximas operações – não cumulatividade (art. 155, § 2º, VII, *b*, da CF).
- Os serviços de **transporte interestadual e intermunicipal e o de comunicação** estão no campo da incidência do **ICMS**. Os **demais serviços**, desde que definidos em **lei complementar**, estão no campo de incidência do **ISS** (ISQN) de competência dos municípios e DF.

LEGISLAÇÃO E SÚMULAS PERTINENTES

- CF, arts. 145, 148, 149, 149-A, 153 a 156, 158 e 195.
- ADCT, art. 88.
- CTN, arts. 16, 18 a 20, 22 a 24, 27, 29, 30 a 42, 44 a 47, 49, 51, 63, 64, 66.
- **Súmula Vinculante 12 do STF:** A cobrança de taxa de matrícula nas universidades públicas viola o disposto no art. 206, IV, da Constituição Federal.
- **Súmula Vinculante 19 do STF:** A taxa cobrada exclusivamente em razão dos serviços públicos de coleta, remoção e tratamento ou destinação de lixo ou resíduos provenientes de imóveis, não viola o art. 145, II, da Constituição Federal.
- **Súmula Vinculante 29 do STF:** É constitucional a adoção, no cálculo do valor de taxa, de um ou mais elementos da base de cálculo própria de determinado imposto, desde que não haja integral identidade entre uma base e outra.
- **Súmula Vinculante 31 do STF:** É inconstitucional a incidência do Imposto sobre Serviços de Qualquer Natureza – ISS sobre operações de locação de bens móveis.
- **Súmula Vinculante 32 do STF:** O ICMS não incide sobre alienação de salvados de sinistro pelas seguradoras.
- **Súmula 115 do STF:** Sobre os honorários do advogado contratado pelo inventariante, com a homologação do juiz, não incide o imposto de transmissão *causa mortis*.
- **Súmula 331 do STF:** É legítima a incidência do imposto de transmissão *causa mortis* no inventário por morte presumida.
- **Súmula 539 do STF:** É constitucional a lei do município que reduz o imposto predial urbano sobre imóvel ocupado pela residência de proprietário que não possua outro.
- **Súmula 573 do STF:** Não constitui fato gerador do imposto de circulação de mercadorias a saída física de máquinas, utensílios e implementos a título de comodato.
- **Súmula 588 do STF:** O imposto sobre serviços não incide sobre os depósitos, as comissões e taxas de desconto, cobrados pelos estabelecimentos bancários.
- **Súmula 589 do STF:** É inconstitucional a fixação de adicional progressivo do Imposto Predial e Territorial Urbano em função do número de imóveis do contribuinte.
- **Súmula 590 do STF:** Calcula-se o imposto de transmissão *causa mortis* sobre o saldo credor da promessa de compra e venda de imóvel, no momento da abertura da sucessão do promitente-vendedor.
- **Súmula 659 do STF:** É legítima a cobrança da COFINS, do PIS e do FINSOCIAL sobre as operações relativas a energia elétrica, serviços de telecomunicações, derivados de petróleo, combustíveis e minerais do País.
- **Súmula 661 do STF:** Na entrada de mercadoria importada do exterior, é legítima a cobrança do ICMS por ocasião do desembaraço aduaneiro.
- **Súmula 662 do STF:** É legítima a incidência do ICMS na comercialização de exemplares de obras cinematográficas, gravados em fitas de videocassete.
- **Súmula 664 do STF:** É inconstitucional o inciso V do art. 1º da Lei n. 8.033/90, que instituiu a incidência do imposto nas operações de crédito, câmbio e seguros – IOF sobre saques efetuados em caderneta de poupança.
- **Súmula 665 do STF:** É constitucional a taxa de fiscalização dos mercados de títulos e valores mobiliários instituída pela Lei n. 7.940/1989.
- **Súmula 666 do STF:** A contribuição confederativa de que trata o art. 8º, IV, da Constituição, só é exigível dos filiados ao sindicato respectivo.
- **Súmula 667 do STF:** Viola a garantia constitucional de acesso à jurisdição a taxa judiciária calculada sem limite sobre o valor da causa.
- **Súmula 668 do STF:** É inconstitucional a lei municipal que tenha estabelecido, antes da Emenda Constitucional 29/2000, alíquotas progressivas para o IPTU, salvo se destinada a assegurar o cumprimento da função social da propriedade urbana.
- **Súmula 670 do STF:** O serviço de iluminação pública não pode ser remunerado mediante taxa.
- **Súmula 129 do STJ:** O exportador adquire o direito de transferência de crédito do ICMS quando realiza a exportação do produto e não ao estocar a matéria-prima.
- **Súmula 138 do STJ:** O ISS incide na operação de arrendamento mercantil de coisas móveis.
- **Súmula 155 do STJ:** O ICMS incide na importação de aeronave, por pessoa física, para uso próprio.

- **Súmula 156 do STJ:** A prestação de serviço de composição gráfica, personalizada e sob encomenda, ainda que envolva fornecimento de mercadorias, está sujeita, apenas, ao ISS.
- **Súmula 163 do STJ:** O fornecimento de mercadorias com a simultânea prestação de serviços em bares, restaurantes e estabelecimentos similares constitui fato gerador do ICMS a incidir sobre o valor total da operação.
- **Súmula 166 do STJ:** Não constitui fato gerador do ICMS o simples deslocamento de mercadoria de um para outro estabelecimento do mesmo contribuinte.
- **Súmula 167 do STJ:** O fornecimento de concreto, por empreitada, para construção civil, preparado no trajeto até a obra em betoneiras acopladas a caminhões, é prestação de serviço, sujeitando-se apenas à incidência do ISS.
- **Súmula 185 do STJ:** Nos depósitos judiciais, não incide o imposto sobre Operações Financeiras.
- **Súmula 215 do STJ:** A indenização recebida pela adesão a programa de incentivo à demissão voluntária não está sujeita à incidência do imposto de renda.
- **Súmula 262 do STJ:** Incide o imposto de renda sobre o resultado das aplicações financeiras realizadas pelas cooperativas.
- **Súmula 274 do STJ:** O ISS incide sobre o valor dos serviços de assistência médica, incluindo-se neles as refeições, os medicamentos e as diárias hospitalares.
- **Súmula 334 do STJ:** O ICMS não incide no serviço dos provedores de acesso à Internet.
- **Súmula 350 do STJ:** O ICMS não incide sobre o serviço de habilitação de telefone celular.
- **Súmula 386 do STJ:** São isentas de imposto de renda as indenizações de férias proporcionais e o respectivo adicional.
- **Súmula 391 do STJ:** O ICMS incide sobre o valor da tarifa de energia elétrica correspondente à demanda de potência efetivamente utilizada.
- **Súmula 395 do STJ:** O ICMS incide sobre o valor da venda a prazo constante da nota fiscal.
- **Súmula 424 do STJ:** É legítima a incidência do ISS sobre os serviços bancários congêneres da lista anexa ao Decreto-lei n. 406/68 e à Lei Complementar n. 56/87.
- **Súmula 431 do STJ:** É ilegal a cobrança de ICMS com base no valor da mercadoria submetido ao regime de pauta fiscal.
- **Súmula 432 do STJ:** As empresas de construção civil não estão obrigadas a pagar ICMS sobre mercadorias adquiridas como insumos em operações interestaduais.
- **Súmula 433 do STJ:** O produto semielaborado, para fins de incidência de ICMS, é aquele que preenche cumulativamente os três requisitos do art. 1º da Lei Complementar n. 65/91.
- **Súmula 458 do STJ:** A contribuição previdenciária incide sobre a comissão paga ao corretor de seguros.
- **Súmula 463 do STJ:** Incide imposto de renda sobre os valores percebidos a título de indenização por horas extraordinárias trabalhadas, ainda que decorrentes de acordo coletivo.
- **Súmula 468 do STJ:** A base de cálculo do PIS, até a edição da MP n. 1.212/95, era o faturamento ocorrido no sexto mês anterior ao do fato gerador.

8. ADMINISTRAÇÃO TRIBUTÁRIA E OUTROS TEMAS

QUESTÕES

1. **(Delegado – CESPE – 2013)** Com a finalidade de gerar créditos fictícios para sua empresa, determinado empresário formalmente constituído criou outra sociedade comercial em nome de dois empregados seus, analfabetos. No contrato social dessa sociedade, um dos empregados consta como sócio administrador e o outro, como sócio. A confecção do contrato social e a utilização dos créditos fictícios ficaram a cargo do contador da empresa, que tinha consciência dos fatos.

   Considerando essa situação hipotética, julgue o item que se segue com base na legislação tributária vigente.

   - A administração tributária poderá requisitar o auxílio da força policial para garantir, em caso de oposição, o direito de fiscalizar todos os livros e documentos das referidas empresas.

2. **(Delegado – CESPE – 2004 – adaptada)** Após regularmente intimados pela autoridade administrativa para apresentarem a documentação fiscal da empresa, os sócios não atenderam à notificação no prazo de 15 dias. Em razão disso, os agentes da fiscalização requisitaram auxílio policial, adentrando o estabelecimento comercial, onde, imediatamente, passaram a apreender notas fiscais e documentos de controle paralelo. Com tal documentação, e em virtude da fraude descoberta, o lançamento tributário veio a ser realizado. Considerando a situação hipotética acima, julgue o item subsequente.

   - A autoridade policial não poderia negar o auxílio requisitado, já que ocorreu embaraço à fiscalização.

3. **(Delegado – CESPE – 2004 – adaptada)** Considerando ainda a situação descrita na questão anterior, julgue o item a seguir.

   - O descumprimento da notificação nos termos apresentados caracteriza, em tese, crime contra a ordem tributária.

4. **(Delegado – CESPE – 2002)** Acerca do direito tributário, julgue o item a seguir.

   - A constituição do crédito tributário relativo a impostos federais, tais como o imposto sobre a propriedade territorial rural (ITR) e o imposto sobre as operações de crédito, câmbio e seguro, ou relativas a títulos ou valores mobiliários (IOF), dá-se por meio do ato administrativo que inscreve o valor devido na dívida ativa da União, pois é apenas nesse momento que o sujeito passivo do tributo pode ser executado judicialmente pelo não pagamento do débito fiscal.

5. **(Delegado – CESPE – 2002)** Vanessa, que tem 24 anos de idade e reside em Belo Horizonte, é professora particular de música desde janeiro de 2000, atuando nessa área como profissional autônoma, e, há seis meses, exerce a função de síndica do prédio em que mora, recebendo remuneração pelo exercício de ambas as atividades. Contudo, até o presente momento, Vanessa não se inscreveu na previdência social nem recolheu nenhuma contribuição previdenciária. Além disso, Vanessa nunca pagou imposto de renda (IR) nem o imposto sobre serviços de qualquer natureza (ISS) que incide sobre a remuneração recebida na qualidade de trabalhadora autônoma. Julgue o item subsequente, relativo à situação hipotética apresentada.

   - Caso Vanessa venha a recair em insolvência civil, a cobrança dos créditos tributários por ela devidos não se submeterão ao concurso de credores e terão preferência frente a todos os outros créditos, com exceção dos trabalhistas, tendo preferência inclusive frente aos créditos previdenciários e aos dotados de garantia real.

6. **(Delegado – CESPE – 2013)** Com base na legislação tributária, julgue o item a seguir.

- É legalmente aceito que, aberto regular processo administrativo, a autoridade administrativa busque junto à autoridade administrativa tributária, informações fiscais para apurar infração administrativa.

GABARITO COMENTADO

1. CERTO As autoridades administrativas federais poderão requisitar o auxílio da força pública federal, estadual ou municipal e, reciprocamente, quando vítimas de embaraço ou desacato no exercício de suas funções, ou quando necessário à efetivação de medida prevista na legislação tributária, ainda que não se configure fato definido em lei como crime ou contravenção (art. 200 do CTN).

Comentário extra: portanto, a administração tributária de quaisquer entes da federação (União, Estados, Municípios e DF) poderão requisitar auxílio da força policial (federal, estadual, municipal ou distrital) em situações como embaraço, desacato ou efetivação de medidas previstas na legislação tributária, ainda que o fato não seja definido como infração penal.

2. ERRADO As autoridades fiscais quando no exercício de suas funções, especialmente fiscalização, podem requisitar à autoridade policial auxílio quando vítimas de embaraço ou desacato (art. 200 do CTN). Não obstante a possibilidade de requisição, os direitos e garantias fundamentais dos administrados devem ser respeitados – no caso, a proteção ao domicílio. Como se sabe, a inviolabilidade de domicílio somente é excepcionada nos casos de flagrante delito, prestação de socorro ou por ordem judicial (art. 5º, XI, da CF/88). Na situação proposta, a autoridade policial poderia negar o auxílio requisitado.

3. CERTO Nos termos do art. 1º da Lei n. 8.137/90, "constitui crime contra a ordem tributária suprimir ou reduzir tributo, ou contribuição social e qualquer acessório, mediante as seguintes condutas: (...) V – negar ou deixar de fornecer, quando obrigatório, nota fiscal ou documento equivalente, relativa a venda de mercadoria ou prestação de serviço, efetivamente realizada, ou fornecê-la em desacordo com a legislação". Nos termos do parágrafo único do dispositivo, "A falta de atendimento da exigência da autoridade, no prazo de 10 (dez) dias, que poderá ser convertido em horas em razão da maior ou menor complexidade da matéria ou da dificuldade quanto ao atendimento da exigência, caracteriza a infração prevista no inciso V".

4. ERRADO Na lição de Hugo de Brito Machado: "Crédito tributário é o vínculo jurídico, de natureza obrigacional, por força do qual o Estado (sujeito ativo) pode exigir do particular, o contribuinte ou responsável (sujeito passivo), o pagamento do tributo ou da penalidade pecuniária (objeto da relação obrigacional)" (MACHADO, 2002, p. 151). Nos termos do art. 142 do CTN: "Compete privativamente à **autoridade administrativa constituir o crédito tributário pelo lançamento**, assim entendido o **procedimento administrativo** tendente a verificar a **ocorrência do fato gerador** da obrigação correspondente, **determinar a matéria tributável**, **calcular** o montante do **tributo devido**, **identificar o sujeito passivo** e, sendo o caso, propor a **aplicação da penalidade cabível**". Entretanto, **não só pelo lançamento se constitui o crédito tributário**, existem outras formas de constituição, como a **entrega de declarações** (ex: Declaração de Débitos e Créditos Tributários Federais – DCTF) e até mesmo por **ato judicial** (ex: sentença trabalhista que formaliza créditos relativos à contribuições previdenciárias). **A inscrição em dívida ativa da União é ato posterior à constituição do crédito tributário**. Nos termos do art. 201 do CTN, "Constitui dívida ativa tributária a proveniente de crédito dessa natureza, regularmente inscrita na repartição administrativa competente, **depois de esgotado o prazo fixado, para pagamento, pela lei ou por decisão final proferida em processo regular**". Com efeito, **o crédito tributário somente será inscrito em dívida ativa da União depois esgotado prazo para seu pagamento, demonstrando que a**

constituição do crédito tributário precede a inscrição. Por outro lado, é a partir da inscrição em dívida ativa que o Fisco poderá cobrar judicialmente o crédito inadimplido, momento em que poderá propor execução fiscal devidamente aparelhada com certidão da dívida ativa da União (título executivo extrajudicial).

5. ERRADO O **crédito tributário prefere a qualquer outro**, seja qual for sua natureza ou o tempo de sua constituição, **ressalvados** os **créditos** decorrentes da **legislação do trabalho** ou do **acidente de trabalho** (art. 186 do CTN). A seu turno, os **créditos previdenciários** (decorrentes de contribuições para a seguridade social) **são espécies de contribuições especiais**, conforme entendimento do STF, **possuindo**, inequivocamente, **natureza tributária**. Quanto à preferência sobre os **créditos dotados de garantia real**, **não** sendo caso de **falência**, o **crédito tributário possui preferência legal** por força do art. 186 do CTN acima transcrito.

Comentário extra: em caso de **FALÊNCIA**, além dos **créditos** decorrentes da **legislação do trabalho** ou do **acidente de trabalho**, o **crédito tributário não** prefere aos **créditos extraconcursais** ou às **importâncias passíveis de restituição**, nos termos da lei falimentar, **nem aos créditos com garantia real**, no limite do valor do bem gravado; a ***multa tributária prefere apenas aos créditos subordinados***.

6. CERTO Em termos gerais, é vedada a divulgação, por parte da Fazenda Pública ou de seus servidores, de informação obtida em razão do ofício sobre a situação econômica ou financeira do sujeito passivo ou de terceiros e sobre a natureza e o estado de seus negócios ou atividades (art. 198, *caput*, do CTN). Excetuam-se, entre outros, solicitações de autoridade administrativa no interesse da Administração Pública, desde que seja comprovada a instauração regular de processo administrativo, no órgão ou na entidade respectiva, com o objetivo de investigar o sujeito passivo a que se refere a informação por prática de infração administrativa.

Comentário extra: recomenda-se a leitura com atenção das disposições do art. 198 do CTN, especialmente seus parágrafos, que contêm exceções à vedação da divulgação de informações pela autoridade fiscal.

RAIO-X

- O tema em estudo equivale aos seguintes percentuais das questões de Direito Tributário:

Cargo	Questões do Tema	%
Agente	0	0
Escrivão	0	0
Delegado	4	11,42%

- A maioria das questões é baseada em:

  ☐ doutrina ☒ legislação ☐ jurisprudência

IMPORTANTE SABER

- Atentar às diversas alterações sofridas pelo art. 100 da Constituição, operadas pela EC 62/2009, no que toca ao regime de precatórios, em especial os §§ 9º e 10. O STF, em 2013, julgou inconstitucionais as diversas alterações promovidas pela EC 62/2009, entre elas: os §§ 9º, 10 e 12 dos arts. 100 da CF, e 97 do ADCT (ADI 4.357 e 4.425).
- Muito importante a memorização dos arts. 37, XVII e XVIII e 145, § 1º, ambos da CF/88.
- A dívida ativa da Fazenda Pública compreende créditos **tributários** e **não tributários**, **atualização monetária, juros, multa de mora e demais encargos** previstos em lei ou contrato (art. 2º, § 2º, da Lei n. 6.830/80).
- Informações não abrangidas pelo sigilo fiscal: **representações fiscais para fins penais**; **inscrições na Dívida Ativa da Fazenda Pública**; **parcelamento ou moratória** (art. 183, § 3º, do CTN).

LEGISLAÇÃO E SÚMULAS PERTINENTES

- CF, arts. 37, XVII e XVIII, 145, § 1º, 146, III, *d*, 167, IV e 240.
- ADCT, art. 94.
- CTN, arts. 138, 194 a 208.

- Lei Complementar n. 105/2001, especialmente arts. 1º, 5º, 6º e 11.
- **Súmula Vinculante 17 do STF:** Durante o período previsto no § 1º do art. 100 da Constituição, não incidem juros de mora sobre os precatórios que nele sejam pagos.
- **Súmula Vinculante 24 do STF:** Não se tipifica crime material contra a ordem tributária, previsto no art. 1º, incisos I a IV, da Lei n. 8.137/90, antes do lançamento definitivo do tributo.
- **Súmula Vinculante 25 do STF:** É ilícita a prisão civil de depositário infiel, qualquer que seja a modalidade do depósito.
- **Súmula Vinculante 28 do STF:** É inconstitucional a exigência de depósito prévio como requisito de admissibilidade de ação judicial na qual se pretenda discutir a exigibilidade de crédito tributário.
- **Súmula 70 do STF:** É inadmissível a interdição de estabelecimento como meio coercitivo para cobrança de tributo.
- **Súmula 323 do STF:** É inadmissível a apreensão de mercadorias como meio coercitivo para pagamento de tributos.
- **Súmula 439 do STF:** Estão sujeitos à fiscalização tributária ou previdenciária quaisquer livros comerciais, limitado o exame aos pontos objeto da investigação.
- **Súmula 546 do STF:** Cabe a restituição do tributo pago indevidamente, quando reconhecido por decisão que o contribuinte "de jure" não recuperou do contribuinte "de facto" o "quantum" respectivo.
- **Súmula 547 do STF:** Não é lícito à autoridade proibir que o contribuinte em débito adquira estampilhas, despache mercadorias nas alfândegas e exerça suas atividades profissionais.
- **Súmula 139 do STJ:** Cabe à Procuradoria da Fazenda Nacional propor execução fiscal para a cobrança de crédito relativo ao ITR.
- **Súmula 162 do STJ:** Na repetição de indébito tributário, a correção monetária incide a partir do pagamento indevido.
- **Súmula 188 do STJ:** Os juros moratórios, na repetição do indébito tributário, são devidos a partir do trânsito em julgado da sentença.
- **Súmula 355 do STJ:** É válida a notificação do ato de exclusão do Programa de Recuperação Fiscal (Refis) pelo *Diário Oficial* ou pela Internet.
- **Súmula 392 do STJ:** A Fazenda Pública pode substituir a certidão de dívida ativa (CDA) até a prolação da sentença de embargos, quando se tratar de correção de erro material ou formal, vedada a modificação do sujeito passivo da execução.
- **Súmula 393 do STJ:** A exceção de pré-executividade é admissível na execução fiscal relativamente às matérias conhecíveis de ofício que não demandem dilação probatória.
- **Súmula 394 do STJ:** É admissível, em embargos à execução fiscal, compensar os valores de imposto de renda retidos indevidamente na fonte com os valores restituídos apurados na declaração anual.
- **Súmula 400 do STJ:** O encargo de 20% previsto no Decreto-lei n. 1.025/69 é exigível na execução fiscal proposta contra a massa falida.
- **Súmula 406 do STJ:** A Fazenda Pública pode recusar a substituição do bem penhorado por precatório.
- **Súmula 409 do STJ:** Em execução fiscal, a prescrição ocorrida antes da propositura da ação pode ser decretada de ofício (art. 219, § 5º, do CPC).
- **Súmula 411 do STJ:** É devida a correção monetária ao creditamento do IPI quando há oposição ao seu aproveitamento decorrente de resistência ilegítima do Fisco.
- **Súmula 419 do STJ:** Descabe a prisão civil do depositário judicial infiel.
- **Súmula 425 do STJ:** A retenção da contribuição para a seguridade social pelo tomador do serviço não se aplica às empresas optantes pelo Simples.
- **Súmula 437 do STJ:** A suspensão da exigibilidade do crédito tributário superior a quinhentos mil reais para opção pelo Refis pressupõe a homologação expressa do comitê gestor e a constituição de garantia por meio do arrolamento de bens.
- **Súmula 446 do STJ:** Declarado e não pago o débito tributário pelo contribuinte, é legítima a recusa de expedição de certidão negativa ou positiva com efeito de negativa.
- **Súmula 448 do STJ:** A opção pelo Simples de estabelecimentos dedicados às atividades de creche, pré-escola e ensino fundamental é admitida somente a partir de 24-10-2000, data de vigência da Lei n. 10.034/2000.
- **Súmula 449 do STJ:** A vaga de garagem que possui matrícula própria no registro de imóveis não constitui bem de família para efeito de penhora.

- **Súmula 461 do STJ:** O contribuinte pode optar por receber, por meio de precatório ou por compensação, o indébito tributário certificado por sentença declaratória transitada em julgado.
- **Súmula 464 do STJ:** A regra de imputação de pagamentos estabelecida no art. 354 do Código Civil não se aplica às hipóteses de compensação tributária.

BIBLIOGRAFIA RECOMENDADA

BIBLIOGRAFIA BÁSICA

- ALEXANDRE, Ricardo. *Direito tributário esquematizado*. 8. ed. atual. ampl. São Paulo: Saraiva, 2014.
- ALEXANDRINO, Marcelo; VICENTE, Paulo. *Direito tributário na Constituição e no STF*. 16. ed. Rio de Janeiro: Impetus, 2011.

BIBLIOGRAFIA COMPLEMENTAR

- PAULSEN, Leandro. *Direito tributário*: Constituição e Código Tributário à luz da doutrina e jurisprudência. 16. ed. Porto Alegre: Livraria do Advogado, 2014.
- PAULSEN, Leandro. *Direito processual tributário*. 8. ed. ver. e atual. Porto Alegre: Livraria do Advogado, 2014.

NOÇÕES DE ADMINISTRAÇÃO

ADRIANO KÖKÉNY Procurador da Fazenda Nacional. Pós-Graduado em Direito Administrativo pela UNB. Pós-Graduado em Direito Tributário pela UNB. Coautor e colaborador de diversas obras da Coleção Carreiras Específicas publicadas pela Editora Saraiva.

1. NOÇÕES DE ADMINISTRAÇÃO DE PROCESSOS E PESSOAS, NOÇÕES DE ARQUIVOLOGIA E ADMINISTRAÇÃO FINANCEIRA E ORÇAMENTÁRIA

QUESTÕES

I. NOÇÕES DE ADMINISTRAÇÃO (Princípios da Administração; abordagens clássica, burocrática e sistêmica da administração; sistemas de administração federal; funções da administração: planejamento, organização, direção, liderança e controle; estrutura organizacional; cultura organizacional; ética no serviço público)

1. **(Escrivão – CESPE – 2004)** Com relação ao planejamento e ao comportamento organizacional, julgue os itens a seguir.
   a) No enfoque da teoria de liderança caminho-meta, quando existe conflito substancial dentro de um grupo de trabalho, a liderança diretiva é inadequada por gerar pouca satisfação ao empregado.
   b) Entre as vantagens do planejamento estratégico, incluem-se a minimização de eventuais erros na realização das tarefas, o auxílio no processo de tomada de decisão e o estabelecimento de diretrizes para a organização.

2. **(Agente – CESPE – 2004)** Com relação à administração geral, julgue os itens abaixo.
   a) Pessoas mais motivadas intrinsecamente tendem a estar mais comprometidas com o trabalho e a estabelecer relação mais profunda com a organização e com as pessoas que a compõem.
   b) No contexto organizacional, a percepção seletiva não constitui barreira para a comunicação eficaz.

3. **(Agente – CESPE – 2009)** Julgue os itens a seguir, acerca do comportamento organizacional.
   a) Segundo a teoria dos dois fatores de Herzberg, uma vez disponibilizados, os fatores ligados ao ambiente do trabalho garantem, de forma duradoura, a satisfação e a consequente motivação para um bom desempenho do funcionário em seu trabalho.
   b) Ao considerar a teoria da equidade como forma de maximizar o desempenho dos colaboradores que lhe estão subordinados, o gestor público deve levar em conta que qualquer injustiça sentida em relação às recompensas pode motivar essas pessoas a agirem de forma a restaurar o senso de equidade percebida.

4. **(Agente – CESPE – 2004)** Tendo em vista aspectos da administração relativos a processo e comportamento organizacional, julgue os itens a seguir.
   a) Do ponto de vista motivacional, referir-se a condicionamento é equivalente a referir-se ao controle do indivíduo na organização.
   b) No âmbito do controle de desempenho, os padrões de desempenho podem ser utilizados para medir resultados, mas não com fins motivacionais.

5. **(Escrivão – CESPE – 2004)** Acerca da administração geral, julgue os itens a seguir.
   a) Há uma tendência de valorização de líderes mais sensíveis e compreensivos para com a diversidade cultural existente nos locais de trabalho, que sejam fonte de visão e de inspiração para seus seguidores.
   b) Uma das etapas mais importantes da elaboração do planejamento estratégico é o diagnóstico estratégico, em que a organização, logo após definir suas políticas e estratégias, levanta e analisa seus pontos fortes, fracos, oportunidades e ameaças.

6. **(Escrivão – CESPE – 2013)** A administração pública brasileira evoluiu muito no último século. Abandonou o patrimonialismo, embora

ainda persistam alguns traços desse modelo, e cada vez mais o país se aproxima do gerencialismo. No que se refere à administração pública, julgue os itens subsecutivos.

a) A última reforma administrativa amplamente divulgada pelo governo, em meados da década de 90 do século passado, recebeu de todos os setores da sociedade críticas que podem ser explicadas por dois principais motivos: a resistência ao novo e o fato de o Estado não ser visto, historicamente no Brasil, como um órgão que se coloca ao lado da sociedade, mas acima dela.

b) De acordo com Bresser Pereira, boa parte do treinamento administrativo e de consultoria dos anos 50 do século passado foi influenciada pelo racionalismo em busca de eficiência e eficácia e pela clara distinção entre política e administração.

c) A visão técnico-voluntarista da reforma associa a disciplina administrativa à esfera governamental e à esfera política e condiciona a sua efetividade à vontade e à disposição dos servidores públicos de endossar a abordagem prescrita e colocá-la em prática.

d) Apesar de ainda estar vigente no Estado brasileiro, a administração pública burocrática é um modelo já ultrapassado e, portanto, deve ser suplantado por completo pelo modelo de administração pública gerencial, que tem por objetivo principal a efetividade das ações governamentais e das políticas públicas.

7. (Escrivão – CESPE – 2013) A partir da década de 40 do século passado, o modelo POSDCORB (planning, organizing, staffing, directing, coordinating, reporting, budegeting), de Gullick, influenciou os tratados de administração pública e, até hoje, revela-se como fonte de inspiração para os principais autores do setor. A respeito desse assunto, julgue os próximos itens.

a) À medida que as tarefas fiquem mais complexas e a sua realização exija diversas habilidades diferentes, a departamentalização rígida e funcional, é a mais recomendada, pois facilita os mecanismos de controle.

b) Elementos como símbolos materiais, rituais, linguagem integram um sistema de valores que são compartilhados pelos membros de uma organização e definem a cultura da instituição.

8. (Escrivão – CESPE – 2013) Acerca de ética no serviço público, julgue os seguintes itens.

a) A comissão de ética pode aplicar pena de censura e suspensão a servidor que, de maneira habitual, apresentar-se embriagado ao serviço ou fora dele.

b) A constituição da comissão de ética deverá ser comunicada formalmente, com indicação de seus membros titulares e respectivos suplentes, à Secretaria de Administração Federal da Presidência da República.

9. (Agente – CESPE – 2012) Julgue os itens seguintes, referentes a administração e processo administrativo.

a) Na estruturação do Departamento de Polícia Federal, composto de órgãos como as Diretorias Técnico-Científica, de Inteligência Policial, de Gestão de Pessoal e a de Administração e Logística Policial, entre outros, foi adotada a denominada departamentalização funcional.

b) O agente da Polícia Federal ciente de fato contrário ao interesse público deve comunicá-lo a seus superiores e exigir que sejam tomadas as providências cabíveis ao caso concreto.

c) Se adotar a abordagem burocrática, o gestor, com o objetivo de definir as futuras promoções na organização, avaliará seus subordinados considerando aspectos relacionados ao mérito.

d) A criação do Departamento Administrativo do Serviço Público (DASP), que propiciou a efetiva implantação do modelo denominado administração pública gerencial, ocorreu no governo do presidente Juscelino Kubitschek.

e) A matriz SWOT consiste em ferramenta típica de planejamento operacional.

II. ARQUIVOLOGIA

10. (Escrivão – CESPE – 2009) Acerca das tipologias documentais e dos suportes físicos, julgue os próximos itens.

a) Ofícios, memorandos, cartas, telegramas e e-mails são tipologias documentais.

b) Documentos iconográficos são aqueles em formatos e dimensões variáveis, com representações geográficas, arquitetônicas ou de engenharia.

c) A microfilmagem é grande aliada da redução de espaço ocupado pelos documentos arquivísticos em papel, bem como da preservação dos documentos originais. Entretanto, no caso dos documentos considerados de valor permanente, a microfilmagem não permite a eliminação dos documentos originais.

d) Uma base de dados desenvolvida em uma instituição pública com vistas a atender, racionalizar e implementar uma de suas funções deve ser considerada como parte dos arquivos dessa instituição.

e) A luz solar, o ar seco, a elevada umidade, o mofo, as grandes variações de temperatura e a poeira são, a médio e longo prazos, prejudiciais à conservação dos documentos.

11. (Escrivão – CESPE – 2009) Acerca de arquivologia, julgue os itens a seguir.

a) O documento de arquivo somente adquire sentido se relacionado ao meio que o produziu, e o seu conjunto tem de retratar a estrutura e as funções do órgão que acumulou esse documento.

b) O princípio de respeito aos fundos é fundamental para a ordenação dos acervos arquivísticos de terceira idade, o que torna evidente que a estrutura e o funcionamento da administração são os elementos que guiam o arranjo dos documentos.

c) A instabilidade institucional, uma das principais características da administração pública brasileira, geralmente motivada pela fusão, separação, extinção e criação de órgãos públicos, enseja uma série de problemas para a gestão dos arquivos desses órgãos. Para lidar com esses problemas, o princípio da pertinência é o conceito adequado.

d) Um dos critérios para que uma instituição pública ou privada constitua um fundo de arquivo é possuir atribuições precisas e estáveis, definidas por um texto com valor legal ou regulamentar.

e) O tamanho do acervo documental e a sua complexidade definem se o fundo de arquivo de uma instituição pública ou privada é um fundo fechado ou aberto.

12. (Escrivão – CESPE – 2009) A respeito do gerenciamento da informação e da gestão de documentos, julgue os itens seguintes.

a) As informações contidas nos documentos de arquivo são produzidas no ambiente interno da organização ou são recebidas do ambiente externo e têm uma relação direta ou indireta com a missão dessa organização.

b) A teoria dos valores de documentos, concebida por Schellenberg, apesar da sua importância para a avaliação de documentos, não permite definir se o documento é da fase corrente, da intermediária ou da permanente.

c) Documentos de arquivo produzidos ou recebidos por uma instituição pública ou privada, com valor administrativo, legal ou fiscal, considerados como parte do arquivo intermediário dessa instituição, são também considerados de valor secundário.

d) O protocolo é a porta de entrada e de saída dos documentos de uma instituição e, por suas características, faz parte das atividades dos arquivos correntes.

e) Uma das funções do diagnóstico da situação arquivística é reunir informações suficientes para a elaboração do código de classificação e da tabela de temporalidade de documentos de arquivo.

f) O acesso aos documentos recolhidos ao arquivo permanente, por natureza, é restrito, e esses documentos podem ser consultados apenas com autorização da instituição que os acumulou.

III. ADMINISTRAÇÃO FINANCEIRA E ORÇAMENTÁRIA

III.1. PRINCÍPIOS ORÇAMENTÁRIOS

13. (Escrivão – CESPE – 2004 – adaptada) Considerando que o processo de elaboração e execução do orçamento público no Brasil segue determinadas normas, princípios e técnicas, julgue o item subsequente.

- A Lei Orçamentária Anual será informada pelos princípios da anualidade, da publicidade, da universalidade, da unidade e do orçamento bruto.

14. (Agente – CESPE – 2004 – adaptada) Considerando as características, os princípios, as técnicas e as normas próprias da administração financeira e orçamentária do setor público federal brasileiro, julgue o item subsequente.

- O princípio da não vinculação das receitas de impostos pode aceitar novas exceções desde que haja alteração no texto constitucional.

15. (Agente – CESPE – 2002 – adaptada) Existe uma articulação no Congresso para elevar um pouco mais a receita da Contribuição de Intervenção no Domínio Econômico (CIDE) que incidirá sobre os combustíveis a partir de janeiro de 2002. A nova contribuição substituirá a Parcela de Preço Específica (PPE). Na proposta orçamentária que o governo encaminhou ao Congresso, a receita prevista para a CIDE é de R$ 6 bilhões, mas o relator da Comissão Mista de Orçamento do Congresso elevou essa previsão de receita para R$ 7,25 bilhões. Agora, a CIDE está sendo apontada como a única alternativa ainda existente para pagar o aumento do salário mínimo em 2002.

Na verdade, a arrecadação poderá ser maior que essa, pois tudo vai depender das alíquotas que incidirão sobre os combustíveis. Há, no entanto, um problema. Os recursos da contribuição são vinculados às áreas de transportes e meio ambiente.

A solução seria fazer uma substituição integral dos recursos do Tesouro que são destinados às duas áreas por receitas da CIDE. Se a receita da nova contribuição for superior às despesas das duas áreas, bastará ao governo utilizar parte dos recursos no superávit primário, como explicou uma fonte da área econômica. Essa mágica liberaria outros recursos tributários para o salário mínimo. Como se vê, está em curso um forte aumento da carga tributária por meio da CIDE.

(Ribamar Oliveira. *Valor Econômico*, 10-12-2001).

Considerando o texto acima, julgue o item seguinte:

- A vinculação da CIDE às áreas de transportes e meio ambiente modifica o dispositivo constitucional que define o princípio da não afetação.

III.2. DIRETRIZES ORÇAMENTÁRIAS E ORÇAMENTO

16. (Agente – CESPE – 2004 – adaptada) Considerando as características, os princípios, as técnicas e as normas próprias da administração financeira e orçamentária do setor público federal brasileiro, julgue o item subsequente.

- A elaboração e a execução orçamentárias são processadas em um mesmo sistema informatizado, o que garante celeridade e uniformidade.

17. (Delegado – CESPE – 2013 – adaptada) No que concerne ao direito financeiro, julgue o seguinte item.

- Cabe à comissão mista permanente de senadores e deputados federais examinar e emitir parecer sobre as contas apresentadas pelo presidente da República.

18. (Escrivão – CESPE – 2004 – adaptada) Considerando as especificidades próprias da administração financeira e orçamentária do setor público federal brasileiro quanto a princípios, técnicas e normas, julgue o seguinte item:

- A classificação funcional, utilizada pela União, deve ser também utilizada pelos estados e municípios, observando as mesmas categorias.

19. (Agente – CESPE – 2009 – adaptada) A respeito da administração financeira e orçamentária, julgue o item que se segue.

- É função do Ministério da Justiça fazer que o governo federal contemple em seu orçamento, que terá vigência de quatro anos, os recursos necessários ao pleno funcionamento do Departamento de Polícia Federal.

III.3. SIDOR, SIAFI E CONTA ÚNICA DO TESOURO

20. (Escrivão – CESPE – 2004 – adaptada) Considerando que o processo de elaboração e execução do orçamento público no Brasil segue determinadas normas, princípios e técnicas, julgue o item subsequente.

- A conta única do tesouro nacional é operacionalizada por meio do Sistema Integrado de Administração Financeira (SIAFI) do governo federal.

21. (Agente – CESPE – 2009 – adaptada) A respeito da administração financeira e orçamentária, julgue o item que se segue.

- Com o advento do Sistema Integrado de Administração Financeira do Governo Federal (SIAFI), houve grande centralização da gestão de recursos, o que permitiu a padronização dos métodos e rotinas de trabalho e restringiu a gestão e o controle do ordenador de despesas, com a perda da individualização dos recursos para cada unidade gestora.

22. (Agente – CESPE – 2012 – adaptada) No que se refere a administração financeira e orçamentária, julgue o item que se segue.

- O gestor público que pretenda sacar recursos da Conta Única do Tesouro deverá realizá-lo por intermédio de ordem bancária, diretamente no SIAFI. Para a efetivação de pagamentos, esses recursos são disponibilizados no Banco do Brasil S.A.

III.4. RECEITA PÚBLICA (CATEGORIAS, FONTES, ESTÁGIOS E DÍVIDA ATIVA)

23. (Agente – CESPE – 2002 – adaptada) Existe uma articulação no Congresso para elevar um pouco mais a receita da Contribuição de Intervenção no Domínio Econômico (CIDE) que incidirá sobre os combustíveis a partir de janeiro de 2002. A nova contribuição substituirá a Parcela de Preço Específica (PPE). Na proposta orçamentária que o governo encaminhou ao Congresso, a receita prevista para a CIDE é de R$ 6 bilhões, mas o relator da Comissão Mista de Orçamento do Congresso elevou essa previsão de receita para R$ 7,25 bilhões. Agora, a CIDE está sendo apontada como a única alternativa ainda existente para pagar o aumento do salário mínimo em 2002.

Na verdade, a arrecadação poderá ser maior que essa, pois tudo vai depender das alíquotas que incidirão sobre os combustíveis. Há, no entanto, um problema. Os recursos da contribuição são vinculados às áreas de transportes e meio ambiente.

A solução seria fazer uma substituição integral dos recursos do Tesouro que são destinados às duas áreas por receitas da CIDE. Se a receita da nova contribuição for superior às despesas das duas áreas, bastará ao governo utilizar parte dos recursos no superávit primário, como explicou uma fonte da área econômica. Essa mágica liberaria outros recursos tributários para o salário mínimo. Como se vê, está em curso um forte aumento da carga tributária por meio da CIDE.

(Ribamar Oliveira. *Valor Econômico*, 10-12-2001).

Considerando o texto acima, julgue os itens seguintes.

a) A ação do Congresso Nacional em reestimar a receita da CIDE para pagar o aumento do salário mínimo em 2002 justifica-se pelo fato de os benefícios previdenciários estarem, no Brasil, parcialmente atrelados ao valor do salário mínimo.

b) A classificação das receitas que permite controlar a obediência às vinculações definidas na legislação é denominada classificação por fontes de receita.

c) A necessidade de se reestimarem receitas para cobrir igual ampliação de despesas é necessária para o atendimento das metas fiscais estabelecidas na Lei de Diretrizes Orçamentárias, exigência da Lei de Responsabilidade Fiscal.

d) A previsão de arrecadação da CIDE deve levar em consideração o fato de ela só poder ser arrecadada 180 dias após a sua instituição, conforme determina a Constituição da República.

24. (Agente – CESPE – 2009 – adaptada) A respeito da administração financeira e orçamentária, julgue os itens que se seguem.

a) O recurso financeiro proveniente de outra pessoa de direito público pode ser classificado como receita de capital.

b) O estágio de execução da receita classificado como arrecadação ocorre com a transferência dos valores devidos pelos contribuintes ou devedores à conta específica do Tesouro.

c) É vedado ao servidor público receber três suprimentos de fundos simultaneamente, mesmo que desenvolva missões distintas.

d) Nem todas as receitas são recolhidas à conta única do Tesouro, podendo ser revertidas a outras conta correntes.

25. (Agente – CESPE – 2012 – adaptada) No que se refere à administração financeira e orçamentária, julgue o item que se segue.

- A alienação de bem da administração pública não é classificada como receita efetiva.

III.5. DESPESA PÚBLICA (Categorias; estágios; suprimento de fundos; restos a pagar; despesas de exercícios anteriores)

26. (Agente – CESPE – 2004 – adaptada) Considerando as características, os princípios, as técnicas e as normas próprias da administração financeira e orçamentária do setor público federal brasileiro, julgue o item subsequente.

- A liquidação da despesa ocorre no momento em que o credor recebe o valor que lhe é devido pelo setor público.

27. (Agente – CESPE – 2004 – adaptada) Considerando as normas, os princípios e as técnicas aplicáveis ao processo de elaboração e execução do orçamento público no Brasil, julgue os itens subsequentes.

a) A liquidação da despesa deve sempre preceder ao seu empenho.

b) A despesa orçamentária que percorre os estágios de empenho e liquidação pode ser inscrita como restos a pagar, que não podem, nesse caso, ser cancelados.

28. (Agente – CESPE – 2012 – adaptada) No que se refere a administração financeira e orçamentária, julgue o item que se segue.

- Ao fornecedor que deseje ver inscrito em restos a pagar os valores devidos pela administração pública na condição de despesa já processada será suficiente provar que foi realizado o pertinente empenho da despesa.

29. (Escrivão – CESPE – 2013 – adaptada) No que concerne à administração financeira e orçamentária do Estado brasileiro, julgue os itens subsecutivos.

a) O regime de adiantamento denominado suprimento de fundos, uma vez que se destina à realização de despesas que não podem seguir o trâmite normal, prescinde de nota de empenho.

b) Um servidor designado pelo ordenador de despesas poderá realizar, com suprimento de fundos, o pagamento de despesas do vice-presidente da República durante viagens nacionais.

30. (Escrivão – CESPE – 2004 – adaptada) Considerando as especificidades próprias da administração financeira e orçamentária do setor público federal brasileiro quanto a princípios, técnicas e normas, julgue os seguintes itens.

a) O empenho da despesa gera direito líquido e certo ao credor, razão por que, depois de efetuado, não pode ser cancelado ou alterado.

b) O pagamento de restos a pagar caracteriza-se por ser extraorçamentário.

31. (Escrivão – CESPE – 2004 – adaptada) Considerando que o processo de elaboração e execução do orçamento público no Brasil segue determinadas normas, princípios e técnicas, julgue os itens subsequentes.

a) O pagamento de despesas inscritas em restos a pagar prescreve após o período de cinco anos contados da data da emissão do empenho.

b) No âmbito federal, a despesa pública, na Lei Orçamentária Anual, é classificada por funções, que se subdividem em programas.

32. (Agente – CESPE – 2009 – adaptada) A respeito da administração financeira e orçamentária, julgue o item que se segue.

- Ao elaborar o planejamento orçamentário do seu órgão, o agente público deve considerar que as obrigações de seu ente público com terceiros compõem a dívida ativa da União.

33. (Escrivão – CESPE – 2013 – adaptada) No que concerne à administração financeira e orçamentária do Estado brasileiro, julgue o item subsecutivo.

- De acordo com o Manual Técnico de Orçamento, dívida ativa corresponde a um crédito da fazenda pública, de natureza tributária ou não tributária, que é cobrado por meio da emissão de certidão de dívida ativa da fazenda pública da União, e equivale a um título executivo.

34. (Escrivão – CESPE – 2002 – adaptada) Existem dois tipos de punições para o não cumprimento das regras estabelecidas na Lei de Responsabilidade Fiscal: as punições fiscais, que correspondem ao impedimento do punido para o recebimento de transferências voluntárias, a contratação de operações de crédito e a obtenção de garantias para a sua contratação; e as sanções penais, que envolvem o pagamento de multa com recursos próprios (podendo chegar a 30% dos vencimentos anuais), a inabilitação para o exercício da função pública por um período de até cinco anos, a perda do cargo público e a cassação de mandato, e, finalmente, a prisão.

Edson Ronaldo Nascimento. Punições para o descumprimento da Lei de Responsabilidade Fiscal.

O texto acima refere-se à legislação relativa à responsabilidade fiscal, que revolucionou a administração financeira e orçamentária no Brasil. Com referência a esse assunto, os atos da administração financeira e orçamentária que, no Brasil, estão caracterizados apenas como crime de responsabilidade incluem

a) ordenar operação de crédito com inobservância de limite estabelecido em resolução do Senado Federal.

b) prestar garantia em operação de crédito sem que tenha sido constituída contra garantia em valor igual ou superior ao valor da garantia prestada, na forma da lei.

c) autorizar a inscrição em restos a pagar, de despesa que não tenha sido previamente empenhada.

d) deixar de promover o cancelamento do montante de restos a pagar inscrito em valor superior ao permitido em lei.

e) deixar de promover a liquidação integral de operação de crédito por antecipação de receita orçamentária, inclusive os respectivos juros e demais encargos, até o encerramento do exercício financeiro.

III.6. LOA (LEI ORÇAMENTÁRIA ANUAL)

35. (Escrivão – CESPE – 2004 – adaptada) Considerando as especificidades próprias da administração financeira e orçamentária do setor público federal brasileiro quanto a princípios, técnicas e normas, julgue o seguinte item.

- Alterações no projeto de lei orçamentária após seu envio ao Congresso Nacional só podem ser efetuadas por iniciativa do Poder Legislativo.

36. (Delegado – CESPE – 2013 – adaptada) No que concerne ao direito financeiro, julgue o seguinte item.

- Exige-se, para a aprovação de emendas que acrescentem despesas a projeto de lei orçamentária anual, além da compatibilidade com o plano plurianual e com a lei de diretrizes orçamentárias, a indicação dos recursos necessários para custeá-las, que podem provir, por exemplo, da anulação de despesas, independentemente de sua natureza.

GABARITO COMENTADO

1.

A. ERRADO O enfoque da teoria de liderança caminho-meta é justamente o contrário do afirmado na questão. Ou seja, tal teoria prescreve que a responsabilidade do líder é justamente aumentar a motivação de seus subordinados, a fim de atingir os objetivos tanto da organização como os individuais de cada profissional.

Comentário extra: criada e desenvolvida na década de 1970 por Robert House, a teoria da liderança caminho-meta, além de se fundamentar na responsabilidade da liderança diretiva em motivar seus subordinados, traçou quatro espécies de liderança: a) diretiva, b) apoiadora, c) participativa e d) orientada para os resultados.

B. ANULADA Corretamente anulada ante a vastidão do tema *planejamento estratégico,* que, a depender da teoria adotada ou do enfoque que for dado, pode ou não abarcar as vantagens citadas na questão.

Comentário extra: De forma bem sintética e direta, *planejamento estratégico* é um processo contínuo de tomada de decisões gerenciais nitidamente vocacionadas à gestão de pessoas, instituições e instrumentos, envolvendo análises estruturais de diversos aspectos (de ambiente de trabalho a nicho de atuação da instituição), visando ao contínuo aperfeiçoamento do objeto social de uma organização, bem como do nível de satisfação dos agentes envolvidos.

2.

A. CERTO Assertiva de fácil identificação pela correção de seu enunciado por ser intuitivo que pessoas mais motivadas apresentem um relacionamento mais saudável e duradouro com a organização para a qual trabalham, assim como com os colegas de trabalho.

Motivação intrínseca deriva dos fatores relativos ao ambiente de trabalho, ao cargo ocupado e à tarefa desempenhada. Esses dois últimos, mais passíveis de controle por parte do profissional, tendem à valorização profissional, o que pode culminar em autorrealização.

Comentário extra: Entre os expoentes das teorias motivacionais pode-se destacar Abraham Maslow (*psicologia humanista*), David McClelland (*motivação do sucesso e consciência*), John Stacy Adams (*Teoria da Equidade*) e Frederick Herzberg (*teoria dos dois fatores*).

B. ERRADO Percepção seletiva é apoderar-se do que ocorre no mundo externo, selecionando itens, pessoas e interesses para lhes dedicar atenção, em prejuízo de outros temas que a pessoa julga menos importantes, pelo menos num determinado período de tempo.

Pode se configurar como barreira à comunicação eficaz em face de que as comunicações emanadas pela gerência (ou pelo corpo diretivo) aos destinatários (geralmente corpo operacional) podem não despertar a atenção necessária e, portanto, não ser seu conteúdo apreendido ou compreendido, prejudicando a comunicação, elemento essencial de uma estrutura organizacional. O mesmo vale para a via inversa, ou seja, comunicações do corpo operacional ao corpo diretivo podem não despertar a atenção necessária nos destinatários, trazendo insatisfação e prejudicando a organização.

Comentário extra: A percepção seletiva pode também ser um elemento de ganho operacional e gerencial se o foco for nos assuntos da organização e temas correlatos, bem como bem-estar dos agentes daquela organização. A percepção das pessoas comumente é seletiva, já que é necessário filtrar, separar assuntos e temas para que seja dedicada a atenção necessária.

Portanto, é a correção da atenção (filtragem de estímulos) aos assuntos e temas corretos que pode contribuir ou prejudicar a comunicação eficaz em uma estrutura organizacional e operacional.

3.

A. ERRADO Os dois fatores da teoria de Frederick Herzberg são: a) os fatores do ambiente de trabalho (denominados *fatores higiênicos)* e b) os fatores *motivacionais*.

Os fatores ligados ao ambiente de trabalho (higiênicos) quando ótimos apenas evitam a insatisfação das pessoas inseridas naquele ambiente, mas quando ruins ou péssimos geram níveis de insatisfação. Dos fatores extrínsecos (ou seja, do ambiente) os mais citados são: remuneração, políticas e diretrizes da organização, supervisão e tipos de lideranças e, claro, aspectos físicos do local de trabalho.

Já os fatores motivacionais são considerados intrínsecos pois se relacionam com as tarefas desenvolvidas e com o perfil do cargo ocupado, e como tais são do controle do indivíduo. Os fatores mais citados são sentimentos de crescimento individual, de reconhecimento profissional e promoções na carreira.

Comentário extra: A grande contribuição da teoria dos dois fatores foi identificar que os fatores de satisfação estão ligados às tarefas desempenhadas e consequente reconhecimento, enquanto os fatores que geram insatisfação estão mais relacionados com o ambiente laboral.

Ou seja, os principais fatores de satisfação não são os mesmos de insatisfação profissional.

B. CERTO Desenvolvida pelo psicólogo John Stacy Adams na década de 1960, a Teoria da Equidade é focada na percepção do indivíduo sobre a razoabilidade e justiça nas relações de trabalho dentro da organização a que o indivíduo pertence. Adams teoriza que um importante fator de motivação é a percepção de que há justiça e razoabilidade no trato profissional quando comparado o desempenho das tarefas de um indivíduo e os consequentes benefícios dele advindos com outras pessoas em situações idênticas ou similares.

Comentário extra: a motivação, de acordo com Adams, depende do equilíbrio entre o que a atividade desenvolvida agrega à estrutura organizacional e a retribuição desse desempenho, nitidamente quando comparado com outros colegas no mesmo ambiente de trabalho (comparação social no trabalho).

A motivação surge e é mantida quando os profissionais têm a percepção de que seus esforços serão reconhecidos e retribuídos de forma justa, bem como que outros profissionais em situações idênticas terão o mesmo tratamento (equidade).

4.

A. CERTO Na teoria clássica, o condicionamento de indivíduos compreende a modelagem comportamental visando desenvolver ou fomentar determinados comportamentos tidos pela organização como importantes, ao passo que desestimula a prática de outros.

B. ERRADO Motivação está intrinsecamente relacionada com desempenho, sendo um fator importante de medição, análise e norte para as estruturas organizacionais.

5.

A. CERTO Trata-se de um misto do líder apoiador com o líder participativo da Teoria do Caminho-Objetivo (ou caminho-meta) citado na questão n. 1.a. A junção desses dois perfis de liderança resulta em um líder carismático das teorias modernas, principalmente da Teoria Transacional e Transformadora da Liderança (James McGregor Burns, 1978).

Comentário extra: de acordo com as teorias da Administração, o comportamento de um líder é fundamentalmente influenciado por duas variantes: a) características pessoais dos subordinados e b) exigências externas que incidem nos subordinados e na organização.

B. ERRADO O diagnóstico estratégico é realizado em etapa anterior (e não posterior como constou na questão) à definição e fixação de políticas e estratégias de atuação e motivação.

Primeiro se analisa um complexo de dados e levantamentos de várias áreas internas, bem como do ambiente externo, para só depois definir políticas e/ou estratégias.

6.

A. ANULADO A assertiva se apresentou de forma correta. Entretanto, a utilização das expressões "todos", "nenhuma", "sempre" e "nunca" e outras de igual gênero, em quase a totalidade de questões, abre oportunidades a equívocos e questionamentos, razão pela qual a Banca examinadora anulou a questão. Os motivos oficiais para a anulação foram: "A redação do item generaliza quando menciona que as reformas citadas sofreram críticas de 'todos' os setores da sociedade. Dessa forma, optar-se-ia pela alteração do gabarito. Porém, conforme previsto em edital, no tópico 18.6.1, existe a possibilidade apenas de anulação dos itens. Diante disso, opta-se pela anulação".

B. CERTO Lição de acordo com a clássica obra *A organização Burocrática*, de Luiz Carlos Bresser Pereira.

C. ERRADO Os erros da questão estão em condicionar a implementação e o sucesso dos planos administrativos de governo ao convencimento e disposição dos servidores públicos, bem como em consignar que a última grande reforma administrativa, ocorrida em 1995, tinha uma visão técnico-voluntarista. Na verdade, a visão da reforma foi toda técnico-gerencial.

D. ERRADO Os modelos de administração burocráticos e gerenciais coexistem, tendo cada um sua esfera de atuação e eficácia.

Pelo PDRAE (Plano Diretor de Reforma do Aparelho do Estado), foram estabelecidas três formas de Administração Pública:

a) Administração Pública Patrimonialista: no patrimonialismo, o aparelho do Estado funciona como uma extensão do poder do soberano, e os seus auxiliares, servidores, possuem *status* de nobreza real. Os cargos são considerados prebendas. A *res publica* não é diferenciada das *res principis*. Em consequência, a corrupção e o nepotismo são inerentes a esse tipo de administração. No momento em que o capitalismo e a democracia se tornam dominantes, o mercado e a sociedade civil passam a se distinguir do Estado. Neste novo momento histórico, a administração patrimonialista torna-se uma excrescência inaceitável.

b) Administração Pública Burocrática: surge na segunda metade do século XIX, na época do Estado liberal, como forma de combater a corrupção e o nepotismo patrimonialista. Constituem princípios orientadores do seu desenvolvimento a profissionalização, a ideia de carreira, a hierarquia funcional, a impessoalidade, o formalismo, em síntese, o poder racional-legal. Os controles administrativos visando evitar a corrupção e o nepotismo são sempre *a priori*. Parte-se de uma desconfiança prévia nos administradores públicos e nos cidadãos que a eles dirigem demandas. Por isso são sempre necessários controles rígidos dos processos, como, por exemplo, na admissão de pessoal, nas compras e no atendimento a demandas.

c) Administração Pública Gerencial: emerge na segunda metade do século XX como resposta, de um lado, à expansão das funções econômicas e sociais do Estado, e, de outro, ao desenvolvimento tecnológico e à globalização da economia mundial, uma vez que ambos deixaram à mostra os problemas associados à adoção do modelo anterior. A eficiência da administração pública – a necessidade de reduzir custos e aumentar a qualidade dos serviços, tendo o cidadão como beneficiário – torna-se então essencial. A reforma do aparelho do Estado passa a ser orientada predominantemente pelos valores da eficiência e qualidade na prestação de serviços públicos e pelo desenvolvimento de uma cultura gerencial nas organizações.

Na administração pública gerencial a estratégia volta-se (1) para a definição precisa dos objetivos que o administrador público deverá atingir em sua unidade, (2) para a garantia de autonomia do administrador na gestão dos recursos humanos, materiais e financeiros que lhe forem colocados à disposição para que possa atingir os objetivos contratados e (3) para o controle ou cobrança *a posteriori* dos resultados. Adicionalmente, pratica-se a competição administrada no interior do próprio Estado, quando há a possibilidade de estabelecer concorrência entre unidades internas. No plano da estrutura organizacional, a descentralização e a redução dos níveis hierárquicos tornam-se essenciais. Em suma, afirma-se que a administração pública deve ser permeável à maior participação dos agentes privados e/ou das organizações da sociedade civil e deslocar a ênfase dos procedimentos (meios) para os resultados (fins).

Comentário extra: O paradigma gerencial contemporâneo, fundamentado nos princípios da confiança e da descentralização da decisão, exige formas flexíveis de gestão, horizontalização de estruturas, descentralização de funções, incentivos à criatividade. Contrapõe-se à ideologia do formalismo e do rigor técnico da burocracia tradicional. À avaliação sistemática, à recompensa pelo desempenho e à capacitação permanente, que já eram características da boa administração burocrática, acrescentam-se os princípios da orientação para o cidadão-cliente, do controle por resultados e da competição administrada.

7.

A. CERTO • B. ERRADO O acróstico POSDCORB (*planning, organizing, staffing, directing, coordinating, reporting* e *budgeting*) deriva das cinco funções do administrador definidas por Fayol.

Luther Gulick, autor de teorias clássicas de Administração, propõe sete elementos da Administração: a) planejamento (*planning*). É a tarefa de traçar as linhas gerais do que deve ser feito e dos métodos de fazê-lo, a fim de atingir os objetivos da empresa; b) organização (*organizing*). É o estabelecimento da estrutura formal de autoridade, por meio da qual as subdivisões de trabalho são integradas, definidas e coordenadas para o objetivo em vista; c) assessoria (*staffing*). É a função de preparar e treinar o pessoal e manter condições favoráveis de trabalho; d) direção (*directing*). É a tarefa contínua de tomar decisões e incorporá-las em ordens e instruções específicas e gerais, e ainda a de funcionar como líder da instituição; e) coordenação (*coordinating*). É o estabelecimento de relações entre as várias partes do trabalho; f) informação (*reporting*). É o esforço de manter informados, a respeito do que se passa, aqueles perante quem o chefe é responsável; pressupõe a existência de registros, documentação, pesquisa e inspeções; e g) orçamento (*budgeting*). É a função relacionada à elaboração, execução e fiscalização orçamentárias, ou seja, o plano fiscal, a contabilidade e o controle.

Comentário extra: As palavras *planning, organizing, staffing, directing, coordinating, reporting* e *budgeting* formam o acróstico POSDCORB, que Gulick utiliza para memorizar os elementos da Administração. Gulick enumera planejamento, organização, comando e coordenação mencionados por Fayol. O que diferencia são os elementos *staffing, reporting* e *budgeting* que são novos.

8.

A. ERRADO O erro está na expressão "suspensão". De acordo com o art. XXII do Anexo do Decreto n. 1.171/94, que estatuiu o Código de Ética Profissional do Servidor Público Civil do Poder Executivo Federal, a única sanção aplicável pela Comissão de Ética é a de censura, e como ocorre com qualquer aplicação estatal de sanções deve ser amplamente motivada e antecedida de ampla defesa. Não há qualquer possibilidade de a Comissão de Ética aplicar qualquer outro tipo de sanção.

B. CERTO A redação é quase a reprodução literal do art. 2º e seu parágrafo único do Decreto n. 1.171/94, que estatuiu o Código de Ética Profissional do Servidor Público Civil do Poder Executivo Federal.

Acrescente-se apenas que cada órgão e cada entidade da Administração Pública Federal deverá possuir Comissão de Ética formada por três servidores ou empregados titulares de cargo efetivo ou emprego permanente.

9.

A. CERTO A estrutura **funcional** é focada em especializações (produção, RH, tecnologia etc.), havendo, em regra, um órgão de decisão em cada função, além de um órgão decisional geral, o que gera que os membros da organização tenham mais de um chefe ou mais de um responsável para quem se reportar.

São vários centros de decisão, um para cada função (especialização) da organização, o que facilita o trabalho em equipe e permite maior flexibilização à entidade.

Comentário extra: outras formas de estrutura organizacional: linear, linear *staff*, orientada por projetos, colegiada, matricial, atomizada e holográfica, sendo as duas últimas não tradicionais.

B. ANULADO A razão da correta anulação está na utilização da expressão "exigir".

Nos precisos termos do inc. VI do art. 116 da Lei n. 8.112/90, qualquer agente público que tenha conhecimento de ato ou fato contrário ao interesse público deve realizar comunicação ao ser superior imeditato, a fim de que este possa adotar as medidas necessárias, caso cabidas.

C. CERTO O modelo administrativo burocrático visa defender a sociedade contra o poder arbitrário. Veio em substituição do modelo patrimonialista, no qual houve muita confusão entre o público e o privado. Estrutura-se a partir de uma rígida hierarquia funcional, com controle formal de processos de tomada de decisão. O foco é o "como" (controle do meio de atuação ou controle de processos), a observância do atendimento às prescrições legais em todos os momentos de atuação dos agentes de Estado, sendo de menor importância o "o quê" (controle finalístico ou controle de resultados). A legalidade é o seu princípio de máxima relevância.

Um de seus pilares, a par da legalidade, era a **profissionalização do funcionário burocrático**, que exerceria seu cargo, também com vistas a promoções (focadas estas no mérito do trabalho desenvolvido e nos resultados alcançados), em razão de sua competência técnica, comprovada por um processo objetivo de seleção.

D. ERRADO Previsto na Constituição de 1937, o DASP era um órgão criado em 1938, na administração do então Presidente Getúlio Vargas (e não de JK, como constou na assertiva). Era parte integrante do planejamento estratégico do Governo, fornecendo elementos para constante aperfeiçoamento da máquina pública, além de assessorar tecnicamente o presidente da República e elaborar proposta orçamentária que seria encaminhada ao Poder Legislativo.

Foi do DASP a primeira elaboração de um estatuto jurídico para os funcionários públicos, ficando responsável pelos concursos de ingresso na Administração Pública Federal.

Foi extinto em 1986 pela Lei n. 93.211, sendo substituído pela SEDAP – Secretaria Pública da Presidência da República.

E. ERRADO A matriz SWOT é típica de planejamento estratégico (e não operacional, como constou na questão), sendo uma ferramenta destinada à realização de análise ambiental (ou de cenários).

SWOT é um acrônimo formado pela conjugação dos fatores em análise: **S**trengths: forças, **W**eaknesses: fraquezas, **O**pportunities: oportunidades e **T**hreats: ameaças.

Tem como objetivos: fazer um diagnóstico da entidade, indicando os pontos positivos, apontando pontos de melhorias e alertando sobre riscos; estabelecer prioridades de atuação pela identificação de elementos essenciais para a gestão da entidade; analisar os riscos reais e potenciais e quais as medidas a serem adotadas para a resolução.

10.

A. ERRADO • B. ERRADO Os documentos listados na questão podem ser classificados como documentos textuais, sem entretanto possuírem características de tipologias documentais. **Documentos textuais são** aqueles que trazem a informação na forma escrita. Diferem-se dos documentos iconográficos (fotografias), sonoros (sons e gravações), cartográficos (mapas e perfis, assim como as representações geográficas, micrográficos (microfilmes) e informáticos (mídias digitais).

Comentário extra: Tipologia documental é uma das formas de classificação dos documentos **baseada no aspecto formal**, bem como em sua **função** (objetivo buscado com a utilização de determinado documento). O exemplo mais citado é o contrato (aspecto formal) sendo que a destinação do contrato vai revelar sua função: contrato de venda e compra; contrato de mútuo etc.

Contrato é o aspecto **formal**; "venda e compra", bem como "mútuo" são as **funções** do documento.

C. CERTO O valor histórico-cultural de um documento não é medido apenas pelo seu conteúdo, mas também pela sua origem e forma, daí a necessidade de preservar documentos de valor permanente.

Microfilmagem é o processo de reprodução em filme, de documentos, dados e imagens, por meios fotográficos ou eletrônicos, em diferentes graus de redução.

Comentário extra: De acordo com o inc. I do art. 2º da Resolução n. 19/2003 do CONARQ (Conselho Nacional de Arquivos), considera-se documento público de valor permanente aquele que deve ser preservado pelo seu valor histórico, probatório e informativo.

Registre-se também que a preservação de documentos de valor permanente é determinação legal: Lei n. 8.159/91, nitidamente art. 10, que traz a imprescritibilidade e inalienabilidade de tais documentos.

D. CERTO Base de dados é um banco de informações organizadas a respeito de um ou muitos assuntos de interesse de uma organização ou mesmo de uma sociedade. É um instrumento ou meio de armazenamento de informações, assim como qualquer outro suporte fático, como papel ou mídia eletrônica. Compõe o arquivo da instituição ou organização pois visa armazenar dados ou mesmo documentos escaneados que venham a auxiliar a administração e o gerenciamento da organização, assim como permitir o levantamento de dados para pesquisas de várias naturezas (técnicas, educacionais, históricas) representando um acervo arquivístico e um patrimônio documental que integra a memória da instituição a qual pertence.

E. CERTO É recomendação do CONARQ (Conselho Nacional de Arquivos) que as condições adequadas de temperatura e de umidade relativa do ar são elementos vitais para prolongar a sobrevivência dos registros.

Se os níveis de **umidade** relativa (UR) são muito baixos (abaixo de 40%), aumenta-se o risco de quebra das fibras e esfarelamento dos materiais orgânicos fibrosos. Quando muito altos (acima de 65%) fica favorecido o crescimento de micro-organismos e o aparecimento de térmitas (cupins). Assim, a faixa segura de umidade relativa é entre 45% e 55%.

A **temperatura** deve também estar relacionada com a umidade relativa, sendo que a ideal para documentos fica na casa de 20º C, devendo ser evitadas variações bruscas.

Em relação à **luz solar**, mesmo considerando os efeitos benéficos da luz solar como agente microbicida, o acervo deve ficar protegido de suas radiações. Por isso, o CONARQ recomenda limitar a área de aberturas a 20% das áreas de fachada, bem como a instalação de persianas e filtros.

11.

A. CERTO Um arquivo não é a coleção desordenada de documentos e informações, mas sim uma coletânea de informações e documentos ordenados e corretamente catalogados a fim de adquirem algum sentido prático e/ou histórico. Portanto, um documento sozinho pode não significar muito, pois é da relação dos aspectos de origem, função, finalidade, bem como do conjunto em que está inserido que emerge seu real valor e sentido.

Comentário extra: A interpretação autêntica, ou seja, aquela realizada pelo legislador no mesmo corpo legal e no momento de promulgação da lei, do que seja *arquivo* nos é dada pelo art. 2º da Lei n. 8.159/91: conjunto de documentos produzidos e recebidos por órgãos públicos, instituições de caráter público e entidades privadas, em decorrência do exercício de atividades específicas, bem como por pessoa física, qualquer que seja o suporte da informação ou a natureza dos documentos.

B. CERTO Também conhecido como princípio da Proveniência, o Princípio de Respeito aos Fundos estabelece que as origens dos documentos de um determinado acervo arquivístico não devem ser misturadas, preservando uma identidade do sobconjunto em que está inserido.

Isto é, os documentos de determinada origem devem ser arquivados em conjunto, mas separados de outros com origem diversa.

O Princípio de Respeito aos Fundos a par do Princípio da Ordem Original é muito importante para a classificação dos documentos de um arquivo, pois contribui para a identificação do universo criacional ou de produção de uma mesma fonte.

Comentário extra: O Princípio de Respeito aos Fundos foi desenvolvido na França por Natalis de Wailly, que ensinava que se deve "...reunir os documentos por fundos, isto é, reunir todos os títulos provindos de uma corporação, instituição, família ou indivíduo, e dispor em determinada ordem os diferentes fundos (...) Documentos que apenas se refiram a uma instituição, corporação ou família não devem ser confundidos com o fundo dessa instituição, dessa corporação ou dessa família...".

C. ERRADO Para situações de instabilidade organizacional, servem melhor à Arquivologia os Princípios da Proveniência (respeito aos fundos mencionados na questão anterior) e o Princípio da Reversibilidade (segundo o qual todo procedimento empreendido em acervos arquivísticos pode ser revertido quando necessário).

Comentário extra: o Princípio da Pertinência, também conhecido como Princípio Temático, estabelece que os documentos devem ser re ou classificados por assunto (por tema) se apartando da classificação pela origem (*respeito aos fundos* da questão anterior).

Em tema de princípios de Arquivologia ainda merecem menção: a) o da cumulatividade; b) unicidade; e c) organicidade.

D. CERTO Em sede regulamentar, trata-se em regra do regimento interno da seção ou departamento de arquivo ou mesmo da instituição ou organização.

No Brasil, a principal norma a reger os arquivos públicos e privados é a Lei n. 8.159/91, que dispõe sobre a Política Nacional de Arquivos Públicos e Privados.

E. ERRADO O que define se um fundo de arquivo de uma instituição ou organização é aberto ou fechado é a possibilidade ou não de agregar novos documentos ao fundo em face de a entidade produtora estar ou não em atividade.

Se há a possibilidade de se agregar novos documentos e informações, então do fundo do arquivo é aberto. Caso contrário é fechado.

12.

A. CERTO Como comentado em questão anterior, um arquivo não é a coleção de documentos de forma desenfreada e sem organização, mas sim um importante mecanismo de registro ordenado e vinculado da produção, relações e estória pertinentes à missão e finalidade de uma organização, instituição ou sociedade.

Comentário extra: diferentemente de outros perfis de coleções ou de bibliotecas, os arquivos não são um conjunto de documentos formado em face de finalidade específica, mas sim representam o resultado da atividade de determinada pessoa, organização ou entidade.

B. ERRADO • C. ERRADO • D. CERTO

Schellenberg formulou a teoria dos valores dos documentos apregoando que estes deveriam ser ordenados e guardados a depender do valor contido ou representado por eles.

O renomado arquivista estabeleceu dois tipos de valores a serem aplicados aos registros: valor primário e valor secundário.

Valor **primário** de um documento está relacionado com as utilizações imediatas – disponíveis e de ordem administrativa, legal, fiscal ou operacional – que lhe deram os respectivos criadores (por utilizações devem ser entendidas as razões e finalidades para as quais determinado documento foi criado).

Valor **secundário** de um documento, por sua vez, se baseia em suas potenciais utilizações não imediatas, mais vocacionadas para a pesquisa. Somente documentos com valor secundário, ou seja, que possuem valor para pesquisa, devem ser arquivados por um período mais extenso.

Ou seja, é justamente o valor para fins científicos e históricos de um documento que determinará como e por quanto tempo tal documento deve ser arquivado, o que se encaixa perfeitamente na teoria que enxerga três idades (ou três fases) nos registros dos documentos.

No arquivo **corrente** (1ª idade) devem ser registrados, organizados e guardados os documentos de uso imediato, de fácil acesso e de consulta contínua por usuários imediatos, bem como pelos criadores dos documentos.

No arquivo **intermediário** (2ª idade) ficam arquivados os documentos e registros de pouco uso que ficam aguardando a triagem, identificação e destinação. Findo determinado prazo, se determinado documento tem valor secundário (teoria de Schellenberg) ele seguirá para o arquivo permanente, caso contrário seguirá para descarte (destruição).

No arquivo **permanente** (3ª idade) ficam arquivados apenas os documentos que possuam valor secundário, ou seja, que apresentam características e vocação para utilização de consulta científica ou histórica.

E. CERTO Função de diagnóstico é realizada pela avaliação dos documentos pertencentes a determinado conjunto arquivístico, a fim de se definir seus valores, ou seja, se é pertinente e por quanto tempo se dará a guarda de determinado(s) documento(s).

Pelo Dicionário Brasileiro de Terminologia Arquivística (DBTA), a função de diagnóstico ou avaliação estabelece os prazos de guarda e a destinação, de acordo com os valores que lhes são atribuídos.

Comentário extra: *Tabela de Temporalidade Documental*, na definição do DBTA, é o instrumento de destinação, aprovado por autoridade competente, que determina prazos e condições de guarda tendo em vista a transferência, o recolhimento, o descarte ou a eliminação de documentos.

Ver os comentários da questão anterior.

F. ERRADO Como comentado nas questões anteriores, o arquivo permanente é composto por registros e documentos dotados de valor secundário, ou seja, aqueles que potencialmente podem ser consultados para fins de pesquisas científicas, culturais e históricas.

A natureza de tais documentos (como constou na questão) por si só não gera o acesso restrito, sob pena de prejudicar eventuais pesquisas sobre eles, sendo que disponibilizar documentos ordenados e catalogados para pesquisa é um dos objetivos do acervo arquivístico.

Tal realidade não impede que o gestor do arquivo venha a restringir o acesso – em diferentes níveis – a determinados documentos com alto valor histórico ou em estado delicado de conservação (o que não impede de disponibilizar uma cópia – física ou digital – do conteúdo do documento para pesquisas).

13. CERTO Os princípios da unidade, universalidade (que abarca o princípio do orçamento bruto, que é princípio contábil) e anualidade são mencionados expressamente na Lei Geral de Direito Financeiro para controle e execução de orçamentos (Lei n. 4.320/64). Já o princípio da publicidade é constitucional, abarcando toda a conduta administrativa e financeira dos entes políticos (*caput* do art. 37), havendo previsão expressa para os projetos de leis orçamentárias (§ 3º do art. 165 e § 7º do art. 166).

Comentário extra: o referido princípio do orçamento bruto, em nossa firme posição, não existe como princípio autônomo, tratando-se de um princípio contábil inserido no princípio da universalidade orçamentária. É de natureza contábil pois determina que as parcelas de despesas e receitas sejam fixadas ou estimadas sem quaisquer deduções (ou seja, *em bruto*).

Por força do *Princípio da Unidade*, o orçamento é uno, ainda que possa ser corporificado em três orçamentos (investimento das estatais, fiscal e da Seguridade Social). Não se trata de uma unidade em um único documento, mas sim unidade de orientação política e estatal, a fim de incorporar harmonia aos três orçamentos.

O *princípio da universalidade*, positivado constitucionalmente (§ 5º do art. 165), orienta que todas as receitas e despesas, de qualquer natureza, origem e destino, estejam previstas em lei orçamentária.

Há de se destacar que o atual entendimento do Supremo é de que o princípio da universalidade espraia seus efeitos por todas as receitas e despesas, inclusive a dos fundos, empréstimos e subsídios, sem possibilidade de exceção (ADI 3949, julgado pelo Pleno em 2008).

O *princípio da anualidade orçamentária* (que não guarda qualquer relação com o superado princípio da anualidade tributária) determina que a lei orçamentária deve ter sua vinculação a um determinado período temporal, no caso, de um exercício financeiro (Lei n. 4.320/64) que coincide com o exercício civil (1º de janeiro a 31 de dezembro de cada ano).

14. CERTO O princípio da não vinculação (conhecido amplamente como princípio da não afetação), previsto no inc. IV do art. 167 da CF/88, veda a vinculação da receita dos **impostos** a qualquer órgão, fundo ou despesa, ressalvadas as situações previstas no próprio texto constitucional.

Importante destacar que as exceções às regras constitucionais somente podem ser encontradas no próprio texto constitucional ou em tratados de direitos humanos incorporados pelo procedimento de emenda constitucional.

Portanto, da forma como constou na questão, há a possibilidade da previsão de novas exceções ao presente princípio desde que haja nova redação constitucional com a inserção de nova(s) exceção(ões) formalmente na Constituição.

Comentário extra: destaque-se que constitucionalmente há 11 (onze) exceções ao princípio da não vinculação: **a)** repartições do produto da arrecadação de impostos, ou seja, repasses da União aos FPE (Fundo de Participação dos Estados) e FPM (Fundo de Participação dos Municípios); **b)** manutenção e desenvolvimento do ensino; **c)** ações e serviços públicos de saúde; **d)** aparelhamento e realização de atividades da administração tributária (Fundaf); **e)** prestação de garantia, contragarantia ou efetivação de pagamento à União, com a vinculação das receitas próprias dos impostos estaduais e municipais; **f)** prestação de garantias às operações de crédito, leia-se empréstimos, por antecipação de receitas; **g)** vinculação de recursos da receita líquida tributária dos Estados e DF ao *"programa de apoio à inclusão e promoção social"* e ao *"fundo estadual de fomento à cultura"*; **h)** criação e vinculação de **tributos** federais ao *"fundo de combate e erradicação da pobreza"*; **i)** criação de fundos de combate à pobreza pelos Estados e Municípios com destinação de parte dos recursos do ICMS ou ISS sobre produtos e serviços supérfluos (ADCT, art. 82); **j)** criação pelos Estados e DF do *FUNDEB – Fundo de manutenção e desenvolvimento da educação básica e valorização dos profissionais da Educação*, que, mesmo sendo fundo apenas contábil, pode contar com a vinculação de **tributos** estaduais e distritais; e, finalmente, **k)** DRU – Desvinculação de Receitas da União, que nos últimos anos tem ganhado destaque no Congresso e na mídia.

IMPORTANTE: em **dezembro de 2011** houve a aprovação da EC n. 68 (que alterou o art. 76 do ADCT), **prorrogando a DRU** (Desvinculação das Receitas da União) até **31 de dezembro de 2015**. Portanto, estão desvinculadas de qualquer órgão, fundo ou despesa, **20%** da arrecadação **tributária** (o que envolve qualquer tributo, não somente impostos) da União.

A EC 56, em 2007, já tinha prorrogado a DRU até 2011, desvinculação que se mantém em face da nova emenda constitucional.

15. ERRADO Como comentado na questão supra, o princípio da não afetação envolve, em regra, **impostos**, não se relacionando com as demais modalidades de tributos, como a CIDE, que possui natureza jurídica de contribuição de intervenção no domínio econômico.

Comentário extra: Registre-se que o presente princípio é fortemente destinado ao legislador no momento da confecção dos PPA (Plano Plurianuais), LDO (Lei de Diretrizes Orçamentárias) e LOA (Lei orçamentária anual) impedindo de vincular receitas de impostos a certa e específica destinação (salvo, como comentado na questão anterior, as exceções constitucionais).

16. ERRADO O erro da questão está na expressão "mesmo sistema".

A elaboração orçamentária compreende vários atos que se inter-relacionam e se harmonizam num mesmo processo (ou procedimento). Esses atos partem de vários agentes competentes e são fiscalizados e chancelados pelas autoridades dos Poderes da República, cada qual com seu sistema eletrônico e jurídico de elaboração e acompanhamento.

Comentário extra: Como são múltiplos os atos de elaboração e execução orçamentária, a utilização de aparatos de informática e registros eletrônicos é de fundamental valia, mas cada esfera de Poder mantém seus registros de elaboração e execução, que sofrem a fiscalização do Poder Legislativo com o auxílio dos tribunais de contas.

17. CERTO Alternativa em consonância com a previsão constitucional do inc. I do § 1º do art. 166.

Comentário extra: o exame e a emissão de parecer sobre os projetos das leis orçamentárias **e eventuais emendas** (PPA, LDO e LOA) são realizados por comissão parlamentar **mista**. À comissão mista permanente de senadores e deputados, no que toca ao Direito Financeiro, também compete examinar e emitir parecer sobre as contas anuais do Presidente da República, bem como examinar e emitir parecer sobre os planos e programas nacionais, regionais e setoriais previstos na CF/88 e, ainda, exercer o acompanhamento e a fiscalização orçamentária.

18. CERTO Determinação contida no art. 3º da Portaria n. 42/99 do MPOG, que se fundamenta no poder regulamentar federal em matéria de Direito Financeiro do art. 113 da Lei n. 4.320/64 (NGDF: Normas Gerais de Direito Financeiro, também conhecida por LGF: Lei Geral de Finanças). A adoção dessa forma de classificação é obrigatória para todos os entes políticos visando consolidar em âmbito nacional os gastos do setor público.

Comentário extra: A atual classificação orçamentária é denominada "**funcional**" e foi instituída pela Portaria n. 42/99 do MPOG. É estruturada num rol de funções e subfunções prefixadas, que servem como agregador dos gastos públicos por área de ação governamental.

19. ERRADO O erro da questão está na expressão "terá vigência de quatro anos", quando na realidade, por imposição do princípio da anualidade mencionado no art. 2º da LGF, os orçamentos terão vigência de um exercício financeiro que no caso do Brasil coincide com o ano civil.

Comentário extra: Ver comentários à questão n. 13.

20. CERTO • 21. ERRADO • 22. CERTO

SIAFI é o Sistema Integrado de Administração Financeira do Governo Federal, que é operacionalizado através da utilização de uma conta única da Secretaria do Tesouro Nacional (ou seja, uma única origem) onde são registradas todas as aplicações de recursos financeiros (nitidamente pagamentos), bem como os dados do agente competente que registrou a aplicação, a fim de permitir uma melhor eficiência (mandamento constitucional), bem como aplicação correta dos recursos públicos.

Comentário extra: o SIAFI compreende e coordena os sistemas de programação financeira, de execução orçamentária e de controle interno do Poder **Executivo** e fornece informações gerenciais e oficiais para os demais órgãos e entidades administrativas.

Registre-se que a utilização de conta única (princípio da unidade de caixa) é mandamento do art. 1º do Decreto n. 93.872/86, comportando raras exceções.

23.

A. CERTO Benefícios previdenciários são aqueles pagos pelo Estado a beneficiários que se encontram em alguma das situações legais previstas para a concessão e se destinam principalmente a garantir uma vida digna quando ocorrem situações de incapacidade, morte ou idade avançada.

Alguns benefícios são concedidos para **substituir os ganhos do trabalho** dos segurados quando estes estavam na ativa e por isso não podem ser fixados em padrão menor que de um salário mínimo.

Daí a correta afirmação da questão de que os benefícios previdenciários são parcialmente atrelados ao salário mínimo.

Os benefícios previdenciários também, por mandamento constitucional, são reajustados a fim de minimizar os efeitos corrosivos da inflação (§ 4º do art. 201 da CF/88), o que gera impacto orçamentário exigindo das pessoas políticas contínuos estudos de reestimação de receitas e busca de novas fontes de custeio a fim de poder arcar com os reajustes dos benefícios.

Comentário extra: como destacado, somente alguns benefícios, como por exemplo aposentadoria, são vocacionados a substituir os recursos que o segurado obtia na atividade laboral. Como substitutos do salário de contribuição, esses benefícios não podem ser fixados em patamar inferior a um salário mínimo. Portanto, é totalmente possível e legítima a existência de benefícios previdenciários inferiores a um salário mínimo. Basta que o benefício não seja destinado a substituir rendimentos salariais ou decorrentes de trabalho, como por exemplo o salário-família.

B. CERTO A classificação por fontes de receita visa categorizar as entradas de recursos públicos baseados em suas origens, nitidamente em suas categorias econômicas.

É a classificação do art. 11 da Lei n. 4.320/64 (LGF), que categoriza as entradas como *receitas correntes* ou *receitas de capital*.

Receitas correntes são periódicas e englobam os recursos obtidos pelo exercício da competência de tributação; dos preços públicos; da exploração dos bens dominiciais, inclusive atividade agropecuária; da exploração econômica (imperativos de segurança nacional ou relevante interesse público); bem como as transferências de outros entes públicos ou privados para atendimento das despesas correntes.

Receitas de capital possuem origem nas operações de realização de recursos financeiros provenientes da constituição de dívidas; nas conversões em espécie; nas transferências de outros entes públicos ou privados para atendimento das despesas de Capital; bem como no *superávit* do orçamento do exercício atual.

Comentário extra: Alerte-se que a posição oficial do MPOG (Ministério do Planejamento, Orçamento e Gestão) é mais ampla, fazendo uma correlação entre a origem e a destinação da receita. Entende aquele órgão que as fontes de recursos constituem-se de determinados agrupamentos de natureza de receitas, **atendendo a uma determinada regra de destinação legal**.

C. CERTO Assertiva em harmonia com a previsão do § 1º do inc. III do art. 4º da LRF (Lei Complementar n. 101/2000).

Comentário extra: A LRF determina que quando for elaborada a LDO (Lei de Diretrizes Orçamentárias) haja a previsão das metas e riscos fiscais (art. 4º).

Ocorrendo aumento de despesas não previstas, há a necessidade de reestimação de receitas para comportar a ampliação dos gastos, tudo visando a uma melhor gestão dos recursos públicos, bem como que as metas fixadas junto com a LDO possam se converter em um real objetivo a ser buscado pelo Poder Público, e não uma peça de ficção.

Registre-se que o Poder Legislativo somente pode promover reestimativa de receita quando comprovado erro ou omissão de ordem técnica ou legal (§ 1º do art. 12 da LRF).

D. ERRADO CIDE possui natureza de contribuição de intervenção no domínio econômico, podendo ser exigida no exercício financeiro seguinte ao da publicação da lei que a instituiu ou a majorou, sendo respeitados pelo menos 90 dias da publicação da referida lei (alíneas *b* e *c* do inc. III do art. 150 c.c. art. 149, ambos da CF/88).

Comentário extra: Na época da realização da prova, ou seja, em 2002, não existia a exigência de pelo menos 90 dias entre a publicação da lei e a exigência da contribuição, que veio ao mundo jurídico com a Emenda Constitucional n. 42, de 2003.

24.

A. CERTO Assertiva em harmonia com o § 2º do art. 11 da LGF.

Comentário extra: Receita de capital pode tanto advir de transferências de outros entes públicos e **privados para atendimento de despesas de capital** como de operações de realização de recursos financeiros provenientes da constituição de dívidas e conversões em espécie, podendo ainda resultar de *superávit* do orçamento do exercício atual.

B. ERRADO Pelo Código de Contabilidade da União, instituído pelo Decreto n. 4.536/22, os estágios da execução da receita pública são divididos em três: fixação, arrecadação e recolhimento.

A *arrecadação* citada na questão é o estágio em que o contribuinte liquida suas obrigações para com o ente público, ou seja, realiza pagamento.

A situação descrita na questão, ou seja, transferência dos valores pagos pelos contribuintes ao Tesouro se denomina *recolhimento*.

Comentário extra: Há outro estágio previsto, mas que nem sempre se realiza, que é o estágio do *lançamento*. Este está presente nos impostos diretos (IRPF, IPVA e IPTU) e nas receitas não tributárias que dependem de um acertamento que individualiza tanto a relação do particular para com o Estado como a espécie, o valor e o vencimento do crédito. São casos de aluguéis, arrendamentos e outras rendas.

C. CERTO Assertiva em harmonia com a previsão da alínea *a* do § 3º do Decreto n. 93.872/86, que veda a concessão de um terceiro suprimento a agente que já seja responsável por dois suprimentos.

Comentário extra: Há outras vedações à concessão de suprimento: a) servidor que não tenha prestado contas de anterior suprimento; b) servidor que não teve suas contas aprovadas (servidor em alcance); e, **em regra**, c) servidor que tenha a seu cargo e guarda ou a utilização do material a adquirir.

D. CERTO Questão difícil pois, para ser identificada como certa, necessitava conhecimento das exceções ao princípio da unidade de caixa estabelecido no art. 1º do Decreto n. 93.872/86.

As exceções são todas de natureza operacional, ou seja, situações **excepcionais** (MP 2.170/2001, ainda em vigência, já que anterior à EC 32), em que não é possível a utilização da conta única do Tesouro, podendo ser citadas como exemplo as contas de empresas estatais independentes, bem como as contas de unidades gestoras em locais distantes sem infraestrutura para a utilização do SIAFI.

Comentário extra: A regra quase absoluta é de utilização da conta única conforme determinação do art. 1º do Decreto n. 93.872/86 c.c. art. 56 da LGF (Lei n. 4.320/64).

A existência de exceções não ofende o mandamento constitucional do § 3º do art. 164, pois referido parágrafo traz expressamente a previsão de ressalvas previstas em lei.

25. ERRADO A alienação de patrimônio público de bens dominiais é classificada, nos termos do § 4º do art. 11 da Lei n. 4.320/64 (Normas Gerais de Direito Financeiro), como "receitas de capital" pela "alienação de bens".

Não se trata de uma receita efetiva, pois o valor recebido não é "novo" para o patrimônio público (o bem alienado já compunha o esquadro patrimonial público), mas sim a transformação em dinheiro de um bem material agora alienado. Ou seja, não há ingresso de recursos.

26. ERRADO Na fase de liquidação são verificados todos os documentos e títulos comprobatórios do crédito objeto de empenho anterior, a fim de permitir maior controle, bem como checagens de equívocos ou fraudes. A fase que efetivamente liquida a dívida, realiza a despesa, é a fase de pagamento, prevista no art. 62 da Lei n. 4.320/64.

Comentário extra: Os quatro estágios legais (Lei n. 4.320/64) da realização das despesas públicas são, em ordem de ocorrência: empenho, liquidação, ordenação e pagamento.

27. A. ERRADO • B. ANULADO • 28. ERRADO • 29. A. ANULADO • B. CERTO • 30. ERRADO O empenho precede à liquidação, e não o inverso, como constou na questão 27. a.

Nos precisos termos do art. 58 da Lei n. 4.320/64, o empenho de uma despesa é ato de autoridade competente que cria a obrigação de pagamento para o Estado. É a **primeira** fase do processo de pagamento estatal.

No gabarito preliminar a resposta 29. a constava como errada. A explicação da Banca examinadora para a anulação da questão foi: "Na redação do item, a relação entre o suprimento de fundos com o empenho e a nota de empenho não ficou objetiva, impossibilitando seu julgamento objetivo, motivo pela qual se opta por sua anulação".

Em relação à questão 29. b, nos precisos termos do art. 9º do Decreto n. 5.992/2006, as despesas com os deslocamentos nacionais de presidente e vice-presidente (inclusive dos integrantes da comitiva oficial que os estiver acompanhando) são custeadas por recursos orçamentários consignados à Presidência e Vice-Presidência da República e são realizadas mediante a concessão de suprimento de fundos a servidor certo e determinado pelo ordenador de despesas, mas sempre se observando o art. 47 do Decreto n. 93.872/86.

Comentário extra: O empenho é condição essencial para a realização de qualquer despesa (art. 60) e somente será realizado se previsto dentro dos limites dos créditos concedidos na lei orçamentária anual (art. 59).

Se corporifica em uma "nota de empenho" onde consta a individualização dos elementos essenciais da despesa (favorecido, importância e especificação). **Expedida a nota de empenho, haverá dedução de sua importância do saldo da dotação própria**. Entretanto, **não gera direito adquirido ao pagamento**, podendo ser revogada (oportunidade e conveniência) ou anulada (ilegalidades) nas fases subsequentes da realização da despesa ou mesmo ter seu pagamento postergado (inscrição em restos a pagar).

30. B. CERTO • 31. A. ERRADO Assertiva 30. b em harmonia com o parágrafo único do art. 103 da LGF.

"Restos a pagar" são despesas empenhadas mas não pagas até o último dia do exercício financeiro em que ocorreu o empenho (art. 36 da LGF).

O seu efetivo pagamento se realizará em exercício financeiro posterior ao do empenho, **mas à conta de exercício em que foi realizado o empenho**, razão pela qual é "extraorçamentário" pois seu pagamento não afeta o orçamento do exercício financeiro em que foi realizado.

Comentário extra: o efetivo pagamento dos "restos a pagar" não deve afetar o universo orçamentário em que foi realizado (portanto, extraorçamentário). Primeiro porque são resgatadas com recursos do orçamento em que ocorreu o empenho e segundo porque o orçamento do(s) exercício(s) posterior(es) não pode(m) ter suas fontes de financiamento comprometidas por empenhos não realizados em sua vigência, a fim de não comprometer os programas de trabalho previstos na lei orçamentária de cada exercício.

31. B. ERRADO Uma das classificações de despesas possíveis é denominada **funcional--programática** e foi instituída pela Portaria n. 42/99 do MPOG, fundada no art. 8º, § 2º, da LGF. É estruturada num rol de funções e subfunções prefixadas, que servem como agregador dos gastos públicos por área de ação governamental. Tal classificação permite a vinculação das dotações orçamentárias a objetivos de governo que, por sua vez, eram viabilizados pelos programas de governo. Essa estruturação é obrigatória para todos os entes políticos, já que visa consolidar em âmbito nacional os gastos do setor público.

Comentário extra: Programas são instrumentos de organização da atuação estatal articulada (proporcionam maior racionalidade, eficiência e transparência na aplicação dos recursos). Esses programas regem um conjunto de *ações* vocacionadas para a concretização de um objetivo comum e atendimento de uma necessidade pública. São classificados em dois tipos: a) finalísticos; e b) de Apoio às Políticas Públicas e Áreas Especiais.

Ações – organizadas em forma de *programas* – são operações materiais que resultam na produção de um bem ou serviço, compreendendo, ainda, as transferências obrigatórias e voluntárias.

Em suma, **programa** é o módulo integrador das *ações*, que, por sua vez, são os instrumentos de realização dos programas.

Ainda existe outro tipo de classificação de despesa fundado no art. 12 da LGF: despesas **correntes** e despesas **de capital**. As despesas correntes (manutenção das atividades ordinárias do Estado) são subdivididas em despesas de custeio ou transferências correntes. As despesas de capital (resultam num aumento de patrimônio público ou aumento da capacidade produtiva), por sua vez, são subdivididas em investimentos, inversões financeiras e transferência de capital.

32. ERRADO • 33. CERTO **Dívida ativa é** o conjunto de créditos em favor do ente público que não foram pagos pelos particulares no prazo de liquidação, inscritos em sistema próprio de apuração e controle.

Assim, são créditos em favor do ente, não o inverso, como constou na questão.

Comentário extra: A inscrição de débitos fiscais em dívida ativa não altera sua natureza. Apenas permite o controle de legalidade dos lançamentos tributários e créditos não tributários, a execução judicial do valor do débito e realiza a alteração quanto à competência para a exigência, saindo do FISCO e passando para as Procuradorias. A titularidade do crédito continua com o ente tributante.

ATENÇÃO: A Lei n. 6.830/80 (Lei de Execuções Fiscais) é o diploma que rege as execuções em juízo de valores inscritos em dívida ativa de todos os entes políticos e de suas respectivas autarquias, fundações e fundos, **o que afasta sua utilização para execução de valores cuja cobrança esteja a cargo de entidades de direito privado**, conquanto estatais, como sociedades de economia mista e empresas públicas.

Importante mencionar que conquanto seja denominada Lei de Execuções Fiscais, a Lei n. 6.830/80 se presta para a execução de **qualquer valor** inscrito em dívida ativa da Fazenda Pública, ainda que não possuam natureza tributária (§§ 1º e 2º do art. 2º da LEF).

34.

A. ERRADO Constitui crime contra as finanças públicas, entre outras condutas, ordenar, autorizar ou realizar operação de crédito fora dos limites estabelecidos pelo Senado em resolução (Código Penal, art. 359-A, parágrafo único, inc. I).

B. ERRADO A prestação de garantia graciosa também constitui crime contra as finanças públicas, nos precisos termos do art. 359-E do Código Penal.

C. ERRADO A questão é a repetição quase absoluta da redação do art. 359-B do Código Penal (que também consigna a conduta de *ordenar*), configurando crime contra as finanças públicas.

Comentário extra: A inscrição, gestão e controle dos "restos a pagar" também estão inseridos no complexo de responsabilidade na gestão fiscal mencionado no § 1º do art. 1º da LRF, sofrendo fiscalização pelo Poder Legislativo com auxílio dos Tribunais de Contas (art. 59, inc. II). Registre-se que "restos a pagar" estão compreendidos dentro da *dívida flutuante*.

D. ERRADO A questão é a repetição quase literal da redação do art. 359-F do Código Penal (que também consigna as condutas de *deixar de ordenar e de autorizar*), configurando crime contra as finanças públicas.

E. CERTO Redação quase literal do item 8º do art. 10 da Lei n. 1.079/50, que define os crimes de responsabilidade.

Comentário extra: A conduta configura crime de responsabilidade contra a lei orçamentária. Entre outras condutas também configuram o mesmo gênero de crime de responsabilidade: a) deixar de apresentar ao Congresso Nacional proposta de orçamento da República no período dos dois primeiros meses de cada sessão legislativa; b) exceder ou transportar verbas do orçamento sem autorização legal; c) realizar estorno de verbas em desacordo com a legislação; d) infringir a lei orçamentária; **e) captar recursos por antecipação de receita de tributo cujo fato imponível (fato gerador em concreto) ainda não tenha se realizado**; f) ordenar ou autorizar a destinação de recursos para fins diversos do que os previstos na lei específica que autorizou a emissão de títulos públicos.

35. ERRADO A iniciativa das leis orçamentárias (PPA, LDO e LOA) é privativa do chefe do Executivo conforme o art. 165, incs. I a III, da CF/88. Entretanto, mesmo após o envio dos projetos mencionados, o chefe do executivo pode, através de mensagem enviada ao Congresso, propor modificações nesses projetos, ENQUANTO não houver **início** de votação pela Comissão Mista do Orçamento, **da parte** que o chefe do Executivo deseja alterar, nos precisos termos do § 5º do art. 166 da CF/88.

Comentário extra: Em regra, o Chefe do Executivo pode propor alterações aos projetos de lei de natureza orçamentária que foram encaminhados ao Congresso para votação. Como esses projetos passam primeiro pela análise e votação da Comissão Mista do Congresso (formada por integrante das duas casas legislativas, daí *"mista"*), a parte final do § 5º do art. 166 da CF/88 fixa um termo, uma linha temporal demarcatória, que blinda os dispositivos dos projetos ou partes destes de propostas de alterações por iniciativa do chefe do Executivo: o início de votação pela Comissão Mista **dos dispositivos** que o Executivo desejaria ver alterados.

Atenção ao termo: não é o início da votação dos projetos de lei de natureza orçamentária que impede propostas de alterações pelo Executivo. É O **INÍCIO DE VOTAÇÃO DA PARTE QUE SE DESEJA ALTERAR**. Ou seja, se a votação começou pela parte de receitas, o Executivo ainda poderá encaminhar propostas de alterações de despesas e de inversões financeiras, ou até mesmo de previsão de receitas sobre as quais ainda não teve início a votação pela Comissão Mista.

A abertura do orçamento anual para a inclusão de créditos especiais (para despesas sem previsão de fundos) e suplementares (insuficiência de fundos) é realizada através de decreto do chefe do Poder Executivo, desde que autorizado em lei, ou no caso dos extraordinários (que são classificados como especiais) por medida provisória, mas sempre dependente da existência de recursos disponíveis no orçamento (superávit financeiro do exercício anterior; excesso de arrecadação; ou cancelamentos de anulação, ainda que parcial, de dotações orçamentárias) e devida motivação (arts. 42 e 43 da Lei n. 4.320/64). Para se configurar o *excesso de arrecadação*, há que deduzir do montante os recursos relativos aos créditos extraordinários.

36. ERRADO O erro da assertiva está em consignar que os recursos podem provir de anulações de despesas independentemente de sua natureza.

Na verdade, para haver a apresentação de emendas ao projeto de LOA, há sim a necessidade de se indicar os recursos necessários a fazer frente à nova despesa que necessariamente devem vir de anulações de despesas, sendo VEDADAS anulações que incidam sobre a) dotações para pessoal (com os encargos incluídos); b) serviço da dívida; e c) transferências constitucionais obrigatórias para os Estados, DF e Municípios, nos precisos termos do inc. II do § 3º do art. 166 da CF/88.

Comentário extra: A prerrogativa do Poder Legislativo para apresentar emendas à LOA, precisamente por não traduzir corolário do poder de iniciar o processo de formação das leis (*RTJ* 36/382, 385 – *RTJ* 37/113 – RDA 102/261), **pode ser legitimamente exercida pelos membros do Legislativo**, ainda que se cuide de proposições constitucionalmente sujeitas à cláusula de reserva de iniciativa (ADI 865/MA, Rel. Min. Celso de Mello), **desde que** – respeitadas as limitações estabelecidas na Constituição da República – as emendas parlamentares (a) **não** importem em aumento da despesa prevista no projeto de lei, (b) guardem **afinidade** lógica (relação de pertinência) com a proposição original e (c) tratando-se de **projetos orçamentários** (CF, art. 165, I, II e III), observem as restrições fixadas no art. 166, §§ 3º e 4º, da Carta Política (ADI 1.050-MC, Rel. Min. Celso de Mello, julgamento em 21-9-1994, Plenário, *DJ* de 23-4-2004).

RAIO-X

- Conquanto Administração Financeira e Orçamentária, bem como Arquivologia, sejam temas inseridos dentro de Administração Pública, optamos por realizar um raio-x em separado a fim de permitir identificar com eficácia a importância de cada tema nos estudos preparatórios, razão última desta seção.

- **Noções de Administração:**

Cargo	Questões do Tema	%
Agente	11	14,28
Escrivão	12	15,58
Delegado	0	–

- **Arquivologia:**

Cargo	Questões do Tema	%
Agente	0	–
Escrivão	16	20,7
Delegado	0	–

- **Administração Financeira e Orçamentária:**

Cargo	Questões do Tema	%
Agente	18	23,3
Escrivão	18	23,3
Delegado	2	2,6

- A maioria de cada tema das questões é baseada em:

☒ doutrina ☒ legislação ☐ jurisprudência

- Verifica-se que, considerados os temas em separado, houve mais incidência de questão de Administração Financeira e Orçamentária e Arquivologia do que Noções de Administração.

IMPORTANTE SABER

1. EM RELAÇÃO A NOÇÕES DE ADMINISTRAÇÃO:

- O maior expoente da Administração **Clássica** foi Fayol.
- Da Administração **Científica** foi Taylor.
- Da Administração **Burocrática** foi Weber.

2. EM RELAÇÃO À ARQUIVOLOGIA:

- Organicidade, tema de suma importância em arquivologia, é qualidade segundo a qual os arquivos refletem a estrutura, funções e atividades da entidade criadora ou acumuladora em suas relações internas e externas.

3. EM RELAÇÃO À ADMINISTRAÇÃO FINANCEIRA E ORÇAMENTÁRIA:

- Em face de as normas de estrutura da programação orçamentária serem constitucionalizadas (sendo normas materialmente constitucionais, pois dizem respeito diretamente ao exercício de Poder), quase a totalidade das questões de Direito Financeiro possui inspiração no texto constitucional.
- A segunda fonte de inspiração é a Lei Geral de Finanças (LGF) – ou Lei Geral Orçamentária – de n. 4.320/64, promulgada em Constituição anterior.
- A jurisprudência do Supremo é a terceira fonte, em face do forte regramento constitucional dos orçamentos.
- Os princípios de Direito Financeiro de maior ocorrência em provas de concurso assim como os que merecem destaque são:

Princípios de maior ocorrência em concursos	**Não afetação das receitas.**
	Exclusividade orçamentária.
	Legalidade.
	Especialidade.
	Unidade.

<table>
<tr><td rowspan="3">Princípios importantes que merecem atenção. Potencialmente podem ser objeto de questionamentos.</td><td>Superlegalidade: conquanto com nome pomposo, significa que as normas de Direito Financeiro devem ser produzidas em conformidade com a Constituição da República.</td></tr>
<tr><td>Clareza orçamentária: determina que o orçamento seja organizado de forma transparente, sem classificações tortuosas e atécnicas, condenando qualquer tentativa de previsão de incentivos de forma camuflada ou dissimulada (mesmo na forma de renúncia de receitas e de subvenções). Esse princípio encontra normatização nos arts. 70 e 165, § 6º, da CF/88.</td></tr>
<tr><td>Publicidade: determina a divulgação na impressa oficial das leis orçamentárias, bem como dos relatórios bimestrais da execução orçamentária (art. 165, § 3º, da CF).</td></tr>
</table>

- Os princípios da unidade, universalidade e anualidade possuem densidade normativa: art. 2º da Lei n. 4.320/64.
- Sobre o Princípio da Legalidade, importante mencionar lição do Prof. Ricardo Lobo Torres, no sentido de que esse princípio só ganhou maior intensidade quando do advento da ordem liberal do Estado de Direito (bifurcação entre legalidade tributária e orçamentária), sendo que antes o orçamento servia mais para autorizar a cobrança dos tributos do que como instrumento legislativo de controle da Administração.
- O princípio da universalidade abarca todos os órgãos, entidades da administração direta e indireta, fundações públicas e fundos.
- O princípio da especialidade (ou da especialização) orienta que os orçamentos devem ser formalizados discriminando e especificando os quantitativos de créditos, os órgãos e entidades que serão beneficiados pelos créditos, bem como o tempo e forma de realização das despesas.
- O princípio da exclusividade determina que, em regra, o orçamento ou a LOA não conterá dispositivos estranhos à previsão da receita e à fixação de despesas, visando sobretudo extirpar do orçamento dispositivos que permitam a burla de sua harmônica execução. No entanto, referido princípio encontra normatização no § 8º do art. 165 da CF/88.
- Importante destacar que o princípio da exclusividade possui **exceções**. Assim, dispositivos como relativos à **abertura de créditos suplementares** e **contratação de operações de crédito** podem estar contidos na LOA. A rigor, créditos suplementares possuem a mesma natureza das despesas que autorizaram sua abertura, portanto são normas de *fixação de despesa*. De igual forma, operações de crédito, nitidamente empréstimos, também possuem natureza de *antecipação de receita*, ingressando no orçamento fiscal.
- Despesa pública somente pode ser realizada com prévia autorização legal, conforme expressamente consignado nos arts. 165, § 8º, e 167, V, da CF/88. Ainda tratando de ato administrativo, a realização de despesa se encontra sob influência do princípio da expressa legalidade do *caput* do art. 37 da CF/88. Atos que se apartam da previsão de receita, fixação e realização de despesa são estranhos às normas orçamentárias, razão pela qual não são incluídos em lei orçamentária. Atos como os de "restituição de valores, caução, depósitos, fiança, consignações" são regidos por normas de Direito Tributário ou Econômico e em determinados casos se aproximam de normas de natureza negocial e contratual regidas por normas de Direito Privado.
- Despesas periódicas que suprem necessidades públicas estáveis necessitam de previsão e estipulação da forma como serão efetivadas na Lei Orçamentária Anual (LOA), a fim de corroborar com o planejamento operacional, execução harmônica das políticas públicas e com o controle dos gastos públicos.

FLUXOGRAMA DE VINCULAÇÃO VERTICAL DA LEGISLAÇÃO ORÇAMENTÁRIA

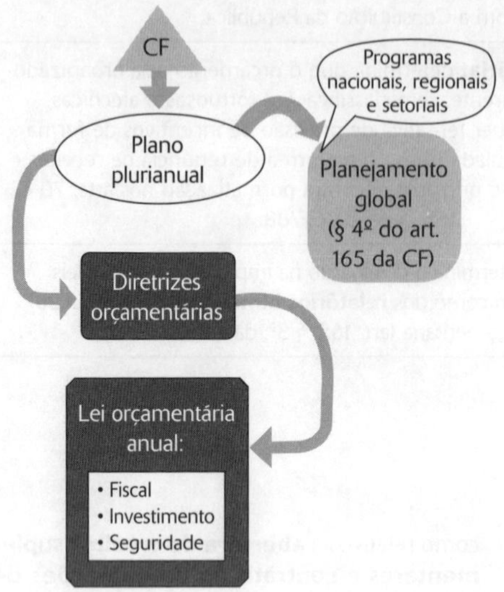

- Previsão orçamentária é realizada através de planejamento, pois as despesas, receitas e recursos de investimentos são estabelecidos em planos pluri e anuais.
- O atual Plano Plurianual, para os exercícios de 2012 a 2015, está consignado na Lei n. 12.593/2012.
- Até que uma nova lei complementar geral de finanças públicas estabeleça de forma diferente, nos termos do inc. I do art. 35 do ADCT, o projeto do plano plurianual para vigência até o final do primeiro exercício financeiro do mandato presidencial subsequente, será encaminhado pelo Chefe do Executivo (iniciativa privativa) ao Congresso até quatro meses antes do encerramento do primeiro exercício financeiro e devolvido para sanção até o encerramento da sessão legislativa.
- O Plano plurianual traduz a forma prevista, ou seja, o programa previsto, para o desenvolvimento social, financeiro e econômico da nação, da superação das desigualdades regionais, bem como para a promoção ou permanência da estabilização econômica.
- Até que uma nova lei complementar geral de finanças públicas estabeleça de forma diferente, nos termos do inc. II do art. 35 do ADCT, o projeto da lei de diretrizes orçamentárias será encaminhado pelo Chefe do Executivo (iniciativa privativa) ao Congresso até oito meses e meio antes do encerramento do exercício financeiro e devolvido para sanção até o encerramento do primeiro período da sessão legislativa.
- A LDO não vincula o Poder Legislativo, nem mesmo em relação às alterações da legislação tributária. Isto é, não obriga o Legislativo a efetivar as alterações nas leis tributárias, tampouco a inibe de inovar ou majorar tributos (posição do Prof. Ricardo Lobo Torres que foi adotada pelos examinadores da CESPE. Apenas visando implementação de um conhecimento amplo, consignamos que existe doutrina que defende a vinculação do Legislativo nas questões tributárias, como o faz, por exemplo, o Prof. Ives Gandra da Silva Martins).

PRINCIPAIS LEIS ORÇAMENTÁRIAS E SUAS CARACTERÍSTICAS

Aspectos	PPA	LDO	LOA	LGF	LRF
Espécie normativa	Ordinária	Ordinária	Ordinária	Ordinária, mas recepcionada pela CF/88 com *status* de LC	Lei Complementar
Iniciativa do projeto	Chefe do executivo	Chefe do executivo	Chefe do executivo	Congressistas ou chefe do executivo	Congressistas ou chefe do executivo
Passível de sanção ou veto?	Sim	Sim	Sim	Sim, como qualquer lei complementar	Sim, como qualquer lei complementar

Aspectos	PPA	LDO	LOA	LGF	LRF
Início da vigência	Data da publicação	Deve ser elaborada e publicada no primeiro semestre. O § 2º do art. 57 impede a interrupção da sessão legislativa sem aprovação da LDO.	Indeterminada, conquanto seja desejada sua publicação em data anterior ao exercício em que será aplicada.	Foi objeto de *vacatio legis* da LINDB: 45 dias a contar da publicação.	Data da publicação.
Término da vigência	Último dia do primeiro ano de exercício do mandato presidencial	Último dia do último exercício a que se refere.	Último dia do exercício financeiro, o que coincide com o exercício civil = 31 de dezembro.	Indeterminada	Indeterminada
Estrutura	Fixa os programas de governo de longo/médio prazos.	Fixa os programas de governo de curto prazo. Há previsão na LRF que determina que seja feito planejamento trienal.	Operacional	Estabelece as estruturas de orçamentos de todos os entes políticos e entidades da administração indireta.	Administrativa
Destaques	Previsão de despesas de capital e dos programas de duração continuada.	Prioridades e metas da administração. Ênfase nas despesas de capital para o para o exercício financeiro subsequente.	Fixação dos orçamentos fiscal, de investimento das estatais e da Seguridade Social.	Condições para a realização de despesas. Classificação das receitas e despesas.	Previsão de metas de resultado. Transparência na gestão fiscal. Nulifica atos praticados sem a observância de seus comandos.
Limitação de especificidade	Conteúdo conformado pelo § 1º do art. 165 da CF/88.	Conteúdo conformado pelo § 2º do art. 165 da CF/88.	Conteúdo conformado pelo § 8º do art. 165 da CF/88.	Conteúdo conformado pelos incisos I e II do § 9º do art. 165 da CF/88.	Sem especificidade
Cria direitos subjetivos	Não	Não	Não	Não	Não
Capacidade revogatória de outras leis	Não	Não	Não	Sim	Sim

Aspectos	PPA	LDO	LOA	LGF	LRF
Vincula o Legislativo na feitura das leis orçamentárias?	Não	Não (nem mesmo em relação à alteração das leis tributárias)	Não	Não	Não
Vincula o Legislativo em sua atividade administrativa?	Sim	Sim	Sim	Sim	Sim

- **Orçamento:**
  - **O orçamento possui duas funções:**

    a) ***política***: afirmando-se o império da lei, bem como funcionando como forma de controle do Legislativo sobre os gastos do Executivo e do Judiciário;

    b) ***econômica***: atingimento do equilíbrio econômico através de orçamentos cíclicos, com adoção de superávit (notadamente o primário) e de déficit (notadamente na previdência social). Entretanto, insta destacar que atualmente é recomendado o equilíbrio orçamentário como pressuposto do equilíbrio econômico.
  - Além de prever as receitas e fixar as despesas públicas, o orçamento é instrumento de redistribuição de rendas e riquezas, entrega das prestações educacional, saúde e seguridade, promoção do desenvolvimento econômico e harmonização da economia nacional.
- **Fases de execução orçamentária:**

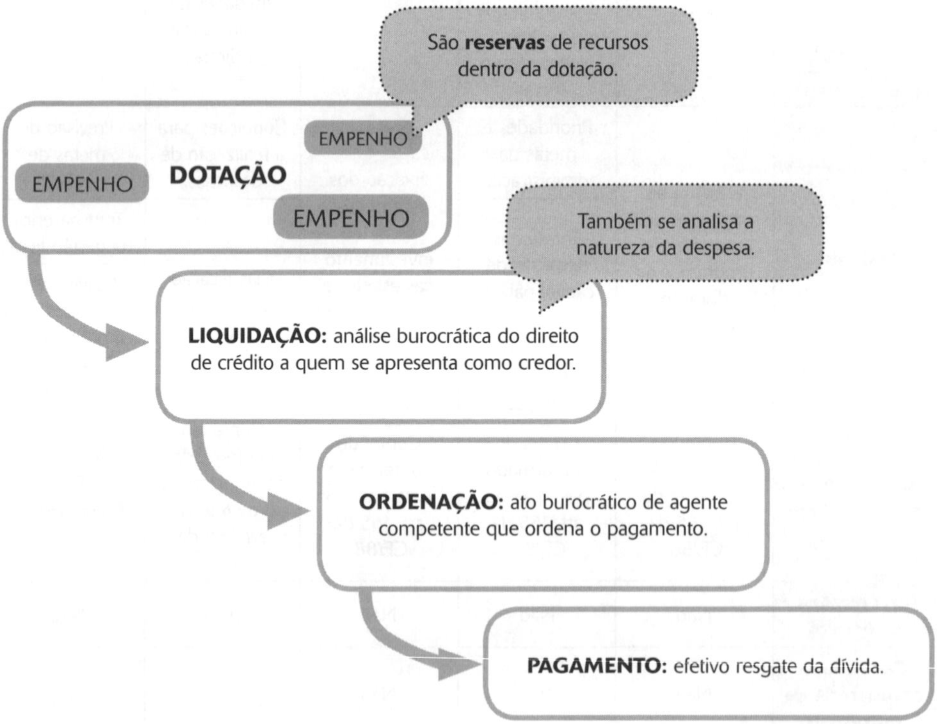

- **Tribunais de Contas**
  - Os Tribunais de Contas são órgãos do Poder Legislativo, mas **não** se subordinam a este por nenhuma ordem hierárquica (ver ADI 4.190).
  - Os membros de Tribunal de Contas possuem todas as **garantias** dos membros do Poder Judiciário, mas não todas as **competências**, sendo-lhes **vedado** determinar quebra de sigilo fiscal ou bancário.
  - Qualquer órgão ou entidade, ainda que de personalidade privada, como as sociedades de economia mista e empresas públicas, que receba receitas públicas federais é passível de fiscalização pelo TCU, **à exceção da Ordem dos Advogados do Brasil**. A OAB, conquanto autarquia especial, e portanto dentro da esfera de fiscalização dos tribunais de contas, não presta contas ao TCU como restou afirmado no julgamento pelo Pleno do STF na ADI 3.026/DF (8.6.2006). O fundamento do julgado foi de que a OAB é um órgão ímpar na estrutura da administração indireta, por deter competências especiais não concedidas a outras autarquias.
- **Receitas e créditos públicos**
  - Receita é a *entrada nova de recursos,* ***sem*** *pendência de quaisquer condições ou reservas, que* ***acresce*** *ao patrimônio público existente*. Essa definição serve inclusive para demonstrar a diferença entre *receita* e *ingresso*, pois este engloba valores que serão restituídos, a exemplo dos empréstimos.
  - Entre as receitas ordinárias, a classificação mais adotada é a que as distingue entre originárias (provenientes da exploração de patrimônio próprio do ente político, decorrentes principalmente de preços públicos e compensações financeiras), derivadas (decorrentes do patrimônio dos particulares, nitidamente tributos (Séc. XVIII, Estado Fiscal) e multas (estas não se incluem no conceito do art. 3º do CTN).

QUADRO ESQUEMATIZANTE DOS CRÉDITOS PÚBLICOS

<table>
<tr><th colspan="2">Crédito</th><th>Característica</th></tr>
<tr><td colspan="2">Orçamentário</td><td>Dotação incluída no orçamento</td></tr>
<tr><td rowspan="3">Adicionais</td><td>Suplementar</td><td>Reforço na dotação</td></tr>
<tr><td>Especiais</td><td>Para suprir despesas para as quais não haja dotação específica.</td></tr>
<tr><td>Extraordinárias (somente esses podem ser autorizados por medida provisória).</td><td>Para suprir despesas urgentes e imprevisíveis.</td></tr>
</table>

QUADRO DEMONSTRATIVO DE PREÇO PÚBLICO E TAXA

Característica	Preço público	Taxa
Prestação pecuniária	Sim	Sim
Proporcionalidade entre o custo do serviço prestado e o investimento exigido	Sim	Sim
Modalidade de receita	Não tributária	Tributária
Contraprestação de serviços	Divisíveis não essenciais prestados	Essenciais e divisíveis prestados ou colocados à disposição
Podem ser atribuídos a sociedades empresariais privadas	Sim	Não
Envolve a prestação de serviços ligados à garantia de direitos fundamentais e à soberania nacional	Não	Sim
Pode ser decorrente de venda de bens dominiciais?	Sim	Não
Intervenção na economia	Sim	Não
Podem ser cobrados por órgãos da administração direta?	Sim	Sim

Característica	Preço público	Taxa
Podem ser cobrados por entidades da administração indireta?	Sim	Não
Orientação pelos princípios tributários?	Não	Sim
Remunera potencialmente o quê?	Prestação de serviços públicos com aproximação maior a direitos econômicos e sociais.	Prestação de serviços públicos divisíveis, não essenciais, de aproximação maior com a tutela de liberdades.
Relação contratual?	Sim, mas com forte influxo de normas de direito público.	Não
Interesse público	Secundário	Primário

- Os "créditos suplementares" são vigentes no exercício financeiro em que foram abertos.
- Os *fundos especiais*, que podem ter meios de controle especiais, são corporificados com receitas especificamente vinculadas a determinados objetivos ou serviços e, em regra, quando apresentem saldo positivo ao final do exercício, tal saldo é transferido para o exercício seguinte.

• **Dívida pública**

QUADRO ESQUEMATIZADO DE INCLUSÃO NO CONCEITO DE DÍVIDA PÚBLICA

Operações	Dívida Pública?
Emissão de moeda	Não
Captação de recursos via empréstimos no mercado interno	Sim
Captação de recursos via empréstimos no mercado externo	Sim
Oferta de títulos públicos no mercado de capitais	Sim
Concessão de garantia	Sim
Concessão de aval	Sim
Aluguéis	Não
Inversões financeiras	Não
Aquisição de bens	Não

- **Banco Central**

O Banco Central do Brasil tem sua precípua competência fixada pela Constituição e ocupa lugar privilegiado no sistema das finanças públicas (art. 164 da CF/88). Com a promulgação da EC 62/2009 foi acrescida uma **importante função** a essa autarquia: **promover os leilões de precatórios** (ADCT, art. 97, § 9º, inc. I). Como é um tema muito recente e controverso, destacamos a importância da leitura da EC 62/2009.

LEGISLAÇÃO E SÚMULAS PERTINENTES

ADMINISTRAÇÃO FINANCEIRA E ORÇAMENTÁRIA

- CF/88: arts. 37, X, 21, VII, 48, XIV, 52, III, *d*, 84, XIV, 100, 157 a 159 e 164 a 169. ADCT: art. 78.
- CF, art. 165, § 9º: traz o **princípio da reserva de lei complementar**. Somente essa modalidade de norma pode traçar normas gerais regedoras de PPA, LDO, LOA e gestão financeira e patrimonial.
- Lei n. 1.079/50: art. 10, inc. VIII.
- Lei n. 4.320/64: arts. 2º a 15, 36, 40 a 58 e 70 e 71 e Portaria n. 42/99 do Ministério do Planejamento, Orçamento e Gestão (MPOG).
- Decreto-Lei n. 200/67, arts. 69, 70, 73 e 75.
- Lei n. 4.595/64.
- Lei n. 6.830/80: arts. 1º a 3º.
- Decreto n. 1.171/94 (Código de Ética Profissional).
- Lei Complementar n. 101/2000, arts. 1º, 2º, II, 11, 14 a 24, principalmente arts. 48, 48-A e 59, merecendo destaque os arts. 1º, 4º, 5º, 15 a 19, 21, 34, 35, 49 e 56.
- Lei n. 8.443/92, art. 1º, I.

- Lei n. 11.593/2012: atual PPA para o período de 2012 a 2015.
- Lei n. 12.798/2013: LOA de 2013.
- Lei n. 12.919/2013: atual LDO.
- Lei n. 12.952/2014: atual LOA.
- **Súmula 42 do STF:** É legítima a equiparação de juízes do tribunal de contas, em direitos e garantias, aos membros do poder judiciário.
- **Súmula 347 do STF:** O Tribunal de Contas, no exercício de suas atribuições, pode apreciar a constitucionalidade das leis e dos atos do poder público.
- **Súmula 545 do STF:** Preços de serviços públicos e taxas não se confundem, porque estas, diferentemente daqueles, são compulsórias e têm sua cobrança condicionada à prévia autorização orçamentária, em relação à lei que as instituiu.
- **Súmula 733 do STF:** Não cabe recurso extraordinário contra decisão proferida no processamento de precatórios.
- **Súmula 328 do STJ:** Na execução contra instituição financeira, é penhorável o numerário disponível, excluídas as reservas bancárias mantidas no Banco Central.
- **Súmula 8 do TCU:** Compete ao Tribunal de Contas o julgamento da regularidade das contas globais das entidades criadas pelo Poder Público, sob a forma de Fundação, com personalidade jurídica de direito privado, quando recebam subvenções ou transferências à conta do Orçamento da União.
- **Súmula 9 do TCU:** Está sujeito ao Tribunal de Contas o julgamento da regularidade das contas das entidades concessionárias de serviços públicos, quanto aos recursos provenientes de transferência do Orçamento Federal e administração eventual de bens da União, não mais cabendo a observância do disposto no Decreto-lei n. 426, de 12-5-38, art. 20, § 4º, Decreto n. 17.788, de 8-2-45, art. 2º, § 1º, e Lei n. 830, de 23-9-49, art. 71.
- **Súmula 72 do TCU:** Nas tomadas de contas dos ordenadores de despesas ou prestações de contas de Administradores responsáveis, sob a jurisdição do Tribunal de Contas da União, devem ser incluídos todos os recursos geridos pela Unidade ou Entidade e provenientes ou não do Orçamento.
- **Súmula 73 do TCU:** Estão sujeitos à prestação de contas, perante o Tribunal de Contas da União, quer isolada ou globalmente, quer em confronto ou em conjunto com as contas do ordenador das despesas ou Administrador responsável, a movimentação e aplicação dos Fundos contábeis de natureza financeira e destinação específica, cujos recursos, provenientes ou não do Orçamento, sejam administrados ou geridos por órgão ou entidade da administração federal ou Fundação instituída pelo Poder Público.
- **Súmula 91 do TCU:** A falta de remessa, em tempo hábil e para os devidos fins, aos órgãos competentes de Controle Interno, dos Orçamentos e Balanços das Entidades da Administração Indireta e outras organizações, sob a fiscalização do Estado, sujeita os seus Administradores ou responsáveis pela omissão às sanções ou penalidades cabíveis, na forma da lei.

ARQUIVOLOGIA:

- Decreto n. 93.872/86: principalmente artigos: unificação dos recursos de caixa do Tesouro Nacional.
- Decreto n. 4.553/2002: trata dos documentos e materiais de caráter sigiloso para a Administração Pública.
- Lei n. 8.159/91: principalmente arts. 1º, 10 e 25 (dispõe sobre a Política Nacional de Arquivos Públicos e Privados).
- Lei n. 12.527/2011 (LAI: Lei de Acesso à Informação): principalmente arts. 3º, V, 5º, 7º, 8º, § 4º, 12, 15 a 20, 22, 23, VIII e § 1º, 32, 35, § 1º, e 40.

BIBLIOGRAFIA RECOMENDADA

BIBLIOGRAFIA BÁSICA

- BALEEIRO, Aliomar. *Uma introdução à Ciência das Finanças.* 16. ed. Rio de Janeiro: Forense, 2008.
- HARADA, Kiyoshi. *Direito Financeiro e Tributário.* 19. ed. São Paulo: Atlas, 2010.
- PETTER, Lafayete Josué. *Direito Financeiro*. 6. ed. Porto Alegre: Verbo Jurídico, 2011.
- ROSA JR., Luiz Emydio Franco. *Manual de Direito Financeiro e Direito Tributário*. 18. ed. São Paulo: Renovar, 2010.
- TORRES, Ricardo Lobo. *Curso de Direito Financeiro e Tributário.* São Paulo: Renovar, 2010.

BIBLIOGRAFIA COMPLEMENTAR

- ATALIBA, Geraldo. *Empréstimos públicos e o seu regime jurídico*. São Paulo: Revista dos Tribunais, 1973.
- BARROS JR., Carlos Schmidt. Orçamento – Natureza Jurídica. *RDA* 83/204.
- BASTOS, Celso Ribeiro. *Curso de Direito Financeiro e Tributário*. São Paulo: Saraiva, 2002.
- BRITTO, Carlos Ayres. *O regime constitucional dos Tribunais de Contas*. Cadernos de soluções constitucionais. São Paulo, 2003.
- CARVALHO FILHO, José dos Santos. *Manual de Direito Administrativo*. Rio de Janeiro: Lumen Juris, 2009.
- HARADA, Kiyoshi. *Prática do Direito Tributário e Financeiro*. São Paulo: Juarez de Oliveira, 2005.
- JUND, Sérgio. *Direito Financeiro e Orçamento Público*. 2. ed. Rio de Janeiro: Campus, 2007.
- MARTINS, Ives Gandra da Silva (coord.). *Comentários ao Código Tributário Nacional*. São Paulo: Saraiva, 2006.
- ______; NASCIMENTO, Carlos Valder do. *Comentários à Lei de Responsabilidade Fiscal*. São Paulo: Saraiva, 2007.
- OLIVEIRA, Régis Fernandes de. *Curso de Direito Financeiro*. 3. ed. São Paulo: Revista dos Tribunais, 2010.
- TORRES, Ricardo Lobo. *Tratado de Direito Constitucional Financeiro e Tributário*. São Paulo: Renovar, 2005.
- ______. *Sistemas Constitucionais Tributários*. Rio de Janeiro: Forense, 1986.

DIREITO PREVIDENCIÁRIO

FLÁVIA CRISTINA MOURA DE ANDRADE

Procuradora Federal. Professora exclusiva do Damásio Educacional, ministrando aulas de Direito Administrativo e Direito Previdenciário nos Cursos Preparatórios para Concursos Públicos e Exame da OAB. Coordenadora e autora de diversos livros jurídicos.

1. DIREITO PREVIDENCIÁRIO

QUESTÕES

1. **(Delegado – CESPE – 2013)** Em virtude de agravamento de doença, Maria, que exerceu por vinte anos, como empregada de uma fábrica de roupas, a função de costureira, foi considerada incapaz para o trabalho e insuscetível de reabilitação para o exercício de qualquer atividade que lhe garantisse a subsistência, tendo sido aposentada por invalidez.

   Com base nessa situação hipotética, julgue o item a seguir.

   - Caso Maria comprove necessitar de assistência permanente de outra pessoa, ela fará jus ao valor da aposentadoria por ela recebida acrescido de 25%, ainda que ultrapasse o teto de pagamento de benefícios do RGPS, acréscimo que cessará com sua morte, visto que não é incorporável ao valor da pensão a ser paga a seus dependentes.

2. **(Delegado – CESPE – 2013)** Julgue o seguinte item, relativo à decadência dos benefícios previdenciários.

   - O direito de requerer pensão por morte decai após dez anos da morte do segurado.

3. **(Delegado – CESPE – 2013)** Acerca das normas que regem os segurados da previdência social, julgue o item abaixo.

   - Caso um delegado da Polícia Federal eleito deputado no estado onde atue como delegado opte pelo exercício do mandato eletivo, ele não poderá se filiar ao RGPS dada a sua vinculação a regime próprio.

4. **(Delegado – CESPE – 2004)** Em cada um dos itens a seguir, é apresentada uma situação hipotética acerca das regras legais que tratam da solidariedade no âmbito da seguridade social, seguida de uma assertiva a ser julgada.

   a) Na condição de proprietário de obra residencial fiscalizada pelo INSS, Paulo foi autuado, juntamente com o construtor que havia contratado, em razão da ausência de recolhimentos das contribuições previdenciárias sobre os salários pagos aos trabalhadores no local. Embora Paulo tivesse afirmado – e comprovado – à fiscalização que o contrato firmado com o construtor, devidamente registrado em cartório, previa a responsabilidade exclusiva deste último pelas obrigações previdenciárias, foi considerado responsável pelo débito referido. Nessa situação, não se pode creditar qualquer responsabilidade a Paulo, em razão do contrato por ele celebrado, sendo evidente o equívoco da fiscalização do INSS.

   b) Embora integrantes do mesmo grupo econômico, duas empresas vinculadas a segmentos empresariais distintos foram acionadas judicialmente para pagamento das dívidas previdenciárias de uma terceira empresa, também pertencente ao mesmo grupo. Nas contestações que apresentaram, as duas empresas suscitaram preliminar de ilegitimidade passiva *ad causam*, aduzindo que as pessoas jurídicas não se confundiam com seus respectivos sócios e que não tiveram qualquer ingerência na gestão da empresa devedora principal. Nessa situação, à luz da legislação aplicável, as preliminares serão rechaçadas, com o consequente reconhecimento da responsabilidade solidária das duas empresas.

5. **(Delegado – CESPE – 2004)** Acerca dos institutos da prescrição e da decadência no âmbito da seguridade social, julgue os itens seguintes.

   a) Encerrada a polêmica acerca da licitude da constituição de crédito previdenciário contra determinada pessoa jurídica, com a declaração de nulidade do lançamento respectivo por vício formal, o órgão responsável pela seguridade social deverá realizar, no prazo máximo de dez anos, novo lançamento daquele crédito, sob pena de decadência.

b) Considere a seguinte situação hipotética.

Com o trânsito em julgado de uma sentença trabalhista, proferida em favor de sindicato que atuou na condição de substituto processual dos integrantes da respectiva categoria, foi liquidado o débito e fixado o valor da contribuição previdenciária correspondente. Contudo, por insuficiência de bens da empresa devedora, o crédito previdenciário não foi satisfeito.

Nessa situação, uma vez que foi devidamente quitado o débito trabalhista, terá o INSS o prazo de cinco anos para ingressar em juízo, visando a satisfação de seu crédito, sob pena de prescrição da pretensão correspondente.

6. **(Delegado – CESPE – 2004)** Em cada um dos itens a seguir, é apresentada uma situação hipotética acerca das regras legais que definem a condição de segurado da previdência social, seguida de uma assertiva a ser julgada.

a) Em razão de não conseguir emprego em sua cidade natal, Paulo recolheu suas economias e dirigiu-se para o estado de Rondônia, a fim de trabalhar, por 3 meses, no garimpo de diamantes, em área demarcada como reserva indígena. Ao chegar àquele estado, comprou os equipamentos necessários, contratou dois ajudantes e deu início às atividades. Nessa situação, é correto afirmar que Paulo é segurado obrigatório da previdência social, como contribuinte individual, enquanto seus ajudantes são segurados obrigatórios na condição de empregados.

b) Contratada para exercer o cargo em comissão de assessora executiva na Presidência da República, Márcia não mantém qualquer vínculo efetivo com a administração pública. Nessa situação, em razão da natureza precária da investidura no referido cargo, Márcia não se enquadra na condição de segurada obrigatória da previdência social.

7. **(Delegado – CESPE – 2004)** Em cada um dos itens seguintes, é apresentada uma situação hipotética relativa ao conceito de salário de contribuição, seguida de uma assertiva a ser julgada.

a) Carlos advogava para diversas empresas na justiça do trabalho, sem manter vínculo de emprego, auferindo valores fixos mensais de cada uma delas. Nessa situação, o salário de contribuição de Carlos corresponde à soma de todas as remunerações percebidas, independentemente de qualquer limite.

b) Alguns sindicatos patronais e de trabalhadores firmaram convenções coletivas de trabalho que dispõem sobre a concessão mensal de pequenos reajustes salariais, da ordem de 1%, a título de antecipação do futuro reajuste devido por ocasião da data-base. Acertaram, ainda, que tais valores não seriam considerados para efeito de férias, gratificação natalina e contribuições previdenciárias. Nessa situação, em razão do *status* constitucional conferido à negociação coletiva, não há como incidir a exação previdenciária sobre os reajustes indicados, cujos valores não podem ser qualificados como salário de contribuição dos trabalhadores beneficiados.

8. **(Delegado – CESPE – 2002)** Alex e seu irmão Daniel constituíram a microempresa Pizzaria Dominó Ltda. (PD), uma sociedade comercial que visa atuar na produção e entrega de pizzas. Nessa pessoa jurídica, ambos os irmãos são remunerados pelas suas atividades na pizzaria, mas enquanto Daniel é simplesmente sócio cotista, Alex é o sócio-gerente.

Para iniciar a produção, a microempresa alugou uma sala onde foi instalada uma cozinha industrial, sendo que, para construir os balcões da pizzaria, estabeleceram contrato de empreitada com o marceneiro Isaías.

Para promover o serviço de entrega, a sociedade comprou duas motocicletas e contratou dois empregados, para proceder às entregas, Eva e Élder, tendo sido a primeira contratada por prazo indeterminado e o segundo, por prazo determinado de um ano. Em contraprestação a seu trabalho, cada um recebe um salário de R$ 500,00, além das gorjetas recebidas dos clientes, que nunca ultrapassam, se somadas, R$ 400,00 por mês para cada um.

Para fins tributários e previdenciários, a PD optou pelo Sistema Integrado de Pagamento de Impostos e Contribuições das Microempresas e das Empresas de Pequeno Porte (SIMPLES), inscrevendo-se como microempresa no Cadastro Geral de Contribuintes do Ministério da Fazenda (CGC/MF).

Com relação à situação hipotética apresentada acima, julgue os seguintes itens.

a) Isaías, Daniel e Élder são segurados obrigatórios do INSS, os dois primeiros na qualidade de contribuintes individuais e o último na qualidade de empregado.

b) Considerando que Eva tem como única fonte de renda o seu trabalho na PD, é correto afirmar que o seu salário de contribuição será a totalidade dos rendimentos auferidos durante o mês, incluindo o décimo terceiro salário, as gorjetas recebidas dos clientes e, se for o caso, o salário-maternidade.

c) Caso Eva seja demitida e interrompa o recolhimento de contribuições previdenciárias, conservará ela a qualidade de segurada por três meses, período dentro do qual terá direito aos mesmos benefícios a que faria jus se continuasse empregada. Porém, se findo esse prazo Eva não conseguir outro emprego e desejar continuar mantendo a sua qualidade de segurada da previdência, ela terá de filiar-se como segurada facultativa.

d) Por ser optante do SIMPLES, a PD não precisaria recolher de forma específica a contribuição para financiamento da seguridade social (COFINS), pois essa contribuição está incluída entre os tributos pagos de forma unificada pelo optante do SIMPLES. Porém, a opção pelo SIMPLES não desonera a PD do dever de arrecadar e recolher ao INSS a contribuição para a seguridade social relativa a Élder.

e) Em adição à situação hipotética acima, considere que Alex, julgando excelente o trabalho prestado por Isaías à PD, convidou o marceneiro para reformar os armários da casa em que ele vive com sua família, proposta essa que foi prontamente aceita. Alex e Isaías estabeleceram, então, contrato civil de empreitada de lavor, por meio da qual Alex comprometeu-se a comprar os materiais necessários e pagar a Isaías a quantia de R$ 500,00 pela mão de obra. Nesse caso, é incorreto afirmar que Alex enquadra-se no conceito previdenciário de empresa, pois não atua com finalidade lucrativa; porém, é correto afirmar que ele se enquadra no conceito previdenciário de empregador doméstico e que, portanto, tem a obrigação de recolher ao INSS a contribuição previdenciária respectiva.

9. **(Delegado – CESPE – 2002)** Agentes públicos da Secretaria da Receita Federal (SRF) e do INSS realizaram operação conjunta de fiscalização na Viações Aéreas Matrix S.A. (VAM), com o objetivo de apurar sua situação fiscal e previdenciária. Durante a fiscalização, os agentes públicos não apenas descobriram uma série de irregularidades previdenciárias e fiscais, mas também identificaram que a situação econômico-financeira da VAM era precária, estando a empresa à beira da falência.

Com relação à situação hipotética apresentada acima, julgue os itens a seguir.

a) Caso as informações prestadas pela VAM acerca da remuneração paga aos empregados não coincidam com a realidade efetivamente constatada pelos fiscais, o INSS poderá lançar, de ofício, a importância que reputar devida, cabendo à VAM o ônus da prova em contrário.

b) Se a fiscalização identificar que, nos últimos nove anos, a VAM não recolheu a contribuição a cargo da empresa, incidente sobre décimo terceiro salário pago aos seus empregados, o INSS poderá cobrar todo o valor sonegado, corrigido monetariamente e acrescido de juros de mora e multa, pois a constituição de créditos previdenciários é sujeita a prazo prescricional de dez anos.

10. **(Delegado – CESPE – 2002)** Bartolomeu e Adriana, ambos segurados obrigatórios da previdência social na qualidade de contribuintes individuais, constituem uma união estável e têm dois filhos, ambos estudantes economicamente dependentes dos pais: Flávia, de doze anos de idade, e Gustavo, de dezesseis. Além dos filhos, também vive na residência do casal a mãe de Adriana, Irene, que depende economicamente da filha. Para auxiliar a família nos serviços domésticos, o casal contratou, em julho de 2000, Rosana como empregada, pagando-lhe remuneração mensal de R$ 500,00, regularmente registrada em sua carteira de trabalho e previdência social (CTPS).

Adriana envolveu-se em um acidente automobilístico em agosto de 2001, tendo sofrido traumatismos múltiplos que exigiram a sua internação em hospital por três meses, mas, felizmente, os ferimentos não deixaram sequelas que limitassem quaisquer de suas atividades habituais. Na mesma semana em que ocorreu o acidente, foi requerida perante o INSS a concessão de auxílio-doença para Adriana. Findo o período de internação, Adriana voltou para casa, mas, por determinação médica, permaneceu em repouso por mais dois meses, antes de retomar suas atividades profissionais.

Em face da situação hipotética apresentada, julgue os itens seguintes.

a) Considerando que Adriana era segurada da previdência social há apenas seis meses, é correto afirmar que mesmo assim ela teria o direito de receber benefício de auxílio-doença durante todo o tempo em que permaneceu impossibilitada de trabalhar, a contar da data em que ocorreu o acidente.

b) Caso Adriana viesse a falecer em virtude do acidente, os seus dependentes teriam direito ao benefício de pensão por morte, cuja renda mensal corresponderia ao valor total da aposentadoria a que Adriana teria direito se estivesse aposentada por invalidez na data de sua morte, quantia essa que deveria ser dividida igualmente entre Bartolomeu, Gustavo, Flávia e Irene.

c) Caso Rosana viesse a ser demitida sem justa causa em agosto de 2001, teria direito ao aviso prévio e à percepção do seguro-desemprego.

d) Ao contrário de Flávia, Gustavo tem direito a filiar-se ao regime geral de previdência social, na qualidade de segurado facultativo; porém, caso Gustavo proceda à sua filiação, o que deve ser feito mediante a inscrição na previdência social e recolhimento da primeira contribuição, ele perderá a qualidade de dependente de seus pais perante o direito previdenciário.

11. (Delegado – CESPE – 2002) Vanessa, que tem 24 anos de idade e reside em Belo Horizonte, é professora particular de música desde janeiro de 2000, atuando nessa área como profissional autônoma, e, há seis meses, exerce a função de síndica do prédio em que mora, recebendo remuneração pelo exercício de ambas as atividades. Contudo, até o presente momento, Vanessa não se inscreveu na previdência social nem recolheu nenhuma contribuição previdenciária. Além disso, Vanessa nunca pagou imposto de renda (IR) nem o imposto sobre serviços de qualquer natureza (ISS) que incide sobre a remuneração recebida na qualidade de trabalhadora autônoma.

Julgue o item subsequente, relativo à situação hipotética apresentada.

- Apesar de não se ter inscrito no regime geral de previdência social, Vanessa é filiada à previdência desde o momento em que passou a exercer a atividade de professora de música e, portanto, tem o dever jurídico de recolher ao INSS as contribuições em atraso, corrigidas monetariamente, contribuições essas que têm como base de cálculo a soma das remunerações mensais recebidas em ambas as suas atividades, até o limite do salário de contribuição máximo definido na legislação previdenciária.

GABARITO COMENTADO

1. CERTO A questão trata da chamada, pela doutrina, "grande invalidez" e se encontra integralmente prevista no art. 45 da Lei n. 8.213/91.

Comentário extra: as hipóteses da grande invalidez estão previstas no anexo I do Decreto n. 3.048/99.

2. ERRADO O início do pagamento da pensão por morte é regulado pelo art. 74 da Lei n. 8.213/91.

Por esse artigo: "A pensão por morte será devida ao conjunto dos dependentes do segurado que falecer, aposentado ou não, a contar da data: I – do óbito, quando requerida até trinta dias depois deste; II – do requerimento, quando requerida após o prazo previsto no inciso anterior; III – da decisão judicial, no caso de morte presumida".

Portanto, o dependente poderá fazer o requerimento da pensão mesmo após 10 anos do óbito do segurado.

Comentário extra: a concessão da pensão por morte não será protelada pela falta de habilitação de outro possível dependente, e qualquer inscrição ou habilitação posterior que importe em exclusão ou inclusão de dependente só produzirá efeito a contar da data da inscrição ou habilitação.

3. CERTO A questão exigia do candidato o conhecimento do texto do art. 11, I, *j*, da Lei n. 8.213/91, que determina ser empregado "o exercente de mandato eletivo federal, estadual ou municipal, desde que não vinculado a regime próprio de previdência social". Portanto, como a questão fala claramente que o deputado tem regime próprio, ele não poderia se filiar ao RGPS.

Comentário extra: embora o art. 11, I, *h*, da Lei n. 8.213/91 tenha o mesmo texto do dispositivo citado acima, a alínea a ser citada em eventual prova discursiva deve ser a *j*.

4.

A. ERRADO Existem várias hipóteses de responsabilidade solidária previstas no direito previdenciário, quais sejam:

a) responsabilidade solidária do proprietário, do incorporador, do dono da obra ou condômino da unidade imobiliária com o construtor e o subempreiteiro (art. 30, VI, da Lei n. 8.212/91). Essa é a hipótese de responsabilidade solidária abordada na questão;

b) responsabilidade solidária das empresas que integram o mesmo grupo econômico (art. 30, IX, da Lei n. 8.212/91);

c) responsabilidade solidária dos produtores rurais integrantes do consórcio simplificado (art. 25-A, § 3º, da Lei n. 8.212/91);

d) responsabilidade solidária dos administradores de autarquias e fundações públicas, criadas e mantidas pelo Poder Público, de empresas públicas e de sociedades de economia mista sujeitas ao controle da União, dos Estados, do Distrito Federal ou dos Municípios (art. 42 da Lei n. 8.212/91);

e) responsabilidade solidária da Administração Pública com o contratado pelos encargos previdenciários resultantes da execução do contrato (art. 31 da Lei n. 8.212/91);

f) responsabilidade solidária do operador portuário com o orgão gestor de mão de obra pelo pagamento das contribuições relativas à requisição da mão de obra dos trabalhadores avulsos (art. 2º, § 4º, da Lei n. 9.719/98).

De acordo com o art. 30, VI, da Lei n. 8.212/91, a única forma de garantia destinada a afastar a responsabilização do devedor solidário é a retenção. A afirmativa fala de uma exclusão da responsabilidade oriunda de um contrato, o que não é possível.

Comentário extra: de acordo com o art. 30, VII, da Lei n. 8.212/91, exclui-se da responsabilidade solidária perante a seguridade social o adquirente de prédio ou unidade imobiliária que realizar a operação com empresa de comercialização ou incorporador de imóveis, ficando estes solidariamente responsáveis com o construtor.

B. CERTO A questão aborda a responsabilidade solidária das empresas que integram o mesmo grupo econômico prevista no art. 30, IX, da Lei n. 8.212/91, sendo correto o reconhecimento da responsabilidade solidária das duas empresas para com a terceira devedora.

Comentário extra: o disposto na legislação previdenciária a respeito da solidariedade entre empresas de mesmo grupo econômico vai ao encontro do disposto na legislação trabalhista, dado que o art. 2º, § 2º, da CLT dispõe que "Sempre que uma ou mais empresas, tendo, embora, cada uma delas, personalidade jurídica própria, estiverem sob a direção, controle ou administração de outra, constituindo grupo industrial, comercial ou de qualquer outra atividade econômica, serão, para os efeitos da relação de emprego, solidariamente responsáveis a empresa principal e cada uma das subordinadas".

5.

A. CERTO A questão foi elaborada em uma época em que ainda existia a discussão doutrinária e jurisprudencial sobre a constitucionalidade ou não do disposto nos arts. 45 e 46 da Lei n. 8.212/91, que fixavam, respectivamente, um prazo de 10 anos de decadência e prescrição das contribuições previdenciárias.

Atualmente esta afirmativa seria considerada errada tendo em vista que a Súmula Vinculante 8 pôs fim à discussão ao dispor que "São inconstitucionais o parágrafo único do art. 5º do Decreto-Lei n. 1.569/1977 e os arts. 45 e 46 da Lei n. 8.212/1991, que tratam de prescrição e decadência de crédito tributário".

Portanto, atualmente os prazos considerados são os dispostos nos arts. 173 e 174 do CTN, que determinam 5 anos de decadência e prescrição.

Comentário extra: o contribuinte individual que pretenda contar como tempo de contribuição, para fins de obtenção de benefício no RGPS ou de contagem recíproca do tempo de contribuição, período de atividade remunerada alcançada pela decadência deverá indenizar o INSS.

B. ERRADO Pelas mesmas razões apresentadas nos comentários da questão anterior, atualmente esta afirmação estaria correta.

Comentário extra: nas sentenças judiciais ou nos acordos homologados em que não figurarem, discriminadamente, as parcelas legais relativas às contribuições sociais, estas incidirão sobre o valor total apurado em liquidação de sentença ou sobre o valor do acordo homologado.

6.

A. CERTO A banca examinadora apresentou como gabarito preliminar "certo", alterando posteriormente para "errado".

Acreditamos que a alteração se deu em razão de Paulo ter trabalhado em área demarcada como reserva indígena, ou seja, em área ilegal.

No entanto, defendemos que esse fato não impede, a princípio, a filiação em razão de a contribuição ser classificada como um tributo e, como tal, estar ligada ao princípio do *non olet*.

De qualquer forma, a banca, como dito acima, alterou seu posicionamento.

Com relação às demais afirmações trazidas pelo enunciado, não vislumbramos erro.

De acordo com o disposto no art. 11, V, *b*, da Lei n. 8.213/91, Paulo se enquadra perfeitamente na qualidade de segurado obrigatório contribuinte individual. O referido artigo prevê ser contribuinte individual "a pessoa física, proprietária ou não, que explora atividade de extração mineral – garimpo, em caráter permanente ou temporário, diretamente ou por intermédio de prepostos, com ou sem o auxílio de empregados, utilizados a qualquer título, ainda que de forma não contínua".

Por outro lado, conforme previsto no art. 15, parágrafo único, da Lei n. 8.212/91, Paulo é equiparado a empresa pois o dispositivo legal determina que equipara-se a empresa o contribuinte individual em relação a segurado que lhe presta serviço.

Consequentemente, os ajudantes contratados por Paulo são segurados obrigatórios empregados pois podem ser enquadrados no art. 11, I, *a*, da Lei n. 8.213/91, que determina ser empregado "aquele que presta serviço de natureza urbana ou rural a empresa, em caráter não eventual, sob sua subordinação e mediante remuneração, inclusive como diretor empregado."

Comentário extra: o conceito de empresa para o direito previdenciário é bem elástico, envolvendo inclusive órgãos e entidades da administração pública direta, indireta e fundacional (art. 15 da Lei n. 8.212/91).

B. ERRADO Afirmação errada em virtude do previsto no art. 11, I, *e*, da Lei n. 8.213/91, que dispõe ser segurado obrigatório na categoria empregado "o servidor público ocupante de cargo em comissão, sem vínculo efetivo com a União, Autarquias, inclusive em regime especial, e Fundações Públicas Federais".

Comentário extra: ainda que ocupante de cargo efetivo, um servidor de estado, Distrito Federal ou município pode ser enquadrado como segurado obrigatório empregado no RGPS desde que não esteja amparado por regime próprio de previdência social (art. 9º, I, *j*, do Decreto n. 3.048/99).

7.

A. ERRADO De acordo com o disposto no enunciado, Carlos é segurado obrigatório na categoria contribuinte individual e, portanto, tem seu salário de contribuição limitado ao teto previdenciário (art. 28, III, da Lei n. 8.212/91).

Comentário extra: fica a empresa obrigada a arrecadar a contribuição do segurado contribuinte individual a seu serviço, descontando-a da respectiva remuneração, e a recolher o valor arrecadado juntamente com a contribuição a seu cargo até o dia 20 (vinte) do mês seguinte ao da competência, ou até o dia útil imediatamente anterior se não houver expediente bancário naquele dia (art. 4º da Lei n. 10.666/2003).

B. ERRADO Os sindicatos não têm o poder de excluir determinadas verbas da base de cálculo das contribuições previdenciárias.

A Constituição Federal dispõe em seu art. 201, § 11, que "os ganhos habituais do empregado, a qualquer título, serão incorporados ao salário para efeito de contribuição previdenciária e consequente repercussão em benefícios, nos casos e na forma da lei".

Comentário extra: o art. 28, § 9º, da Lei n. 8.212/91 traz as verbas que não integram o salário de contribuição.

8.

A. CERTO Realmente, o marceneiro Isaías e o sócio-cotista Daniel podem ser enquadrados como contribuintes individuais de acordo com o art. 11, V, *g* e *f*, da Lei n. 8.213/91, enquanto o empregado por prazo determinado Élder é segurado empregado (art. 11, I, *a*, da Lei n. 8.213/91).

Comentário extra: o exercente de mandato eletivo federal, estadual ou municipal, desde que não vinculado a regime próprio de previdência social, é segurado obrigatório empregado.

B. CERTO Afirmativa correta tendo em vista que Eva é segurada obrigatória empregada e para essa categoria é considerada salário de contribuição "a remuneração auferida em uma ou mais empresas, assim entendida a totalidade dos rendimentos pagos, devidos ou creditados a qualquer título, durante o mês, destinados a retribuir o trabalho, qualquer que seja a sua forma, inclusive as gorjetas, os ganhos habituais sob a forma de utilidades e os adiantamentos decorrentes de reajuste salarial, quer pelos serviços efetivamente prestados, quer pelo tempo à disposição do empregador ou tomador de serviços nos termos da lei ou do contrato ou, ainda, de convenção ou acordo coletivo de trabalho ou sentença normativa" (art. 28, I, da Lei n. 8.212/91).

Também está correto afirmar que o salário-maternidade é base para cálculo das contribuições, sendo, na verdade, o único benefício enquadrado como salário de contribuição.

Comentário extra: o décimo-terceiro salário integra o salário de contribuição, mas não será utilizado para o cálculo de benefício.

C. ERRADO A questão aborda o instituto conhecido como período de graça comentado no tópico "Importante Saber" abaixo.

Na verdade, no caso em tela, o período de graça não será de 3 meses, embora não seja possível afirmar qual seria esse prazo por falta de dados no enunciado. Seria necessário saber qual o número de contribuições que Eva verteu para a Previdência sem perder a qualidade de segurada, bem como se a segurada recebeu seguro-desemprego ou se cadastrou no SINE para afirmarmos de forma exata qual o período de graça. Em todo caso, com certeza não é de 3 meses.

Comentário extra: embora com divergências doutrinárias, alguns autores defendem que em razão do disposto no art. 15, § 4º, da Lei n. 8.213/91, os prazos dos períodos de graça podem ser acrescidos de 45 dias.

D. CERTO O fato de a empresa optar pelo SIMPLES não retira dela a responsabilidade prevista no art. 30, I, *a*, da Lei n. 8.212/91, qual seja, a de recolher a contribuição do empregado e repassá-la à Secretaria da Receita Federal do Brasil.

Comentário extra: o art. 17 da Lei Complementar n. 123/2006 elenca algumas microempresas ou empresas de pequeno porte que não poderão recolher os impostos e contribuições na forma do SIMPLES Nacional.

E. ERRADO O simples fato de o marceneiro estar prestando um serviço dentro da casa de Alex não o torna um empregado doméstico e, portanto, não faz de Alex um empregador doméstico. A Lei n. 8.212/91, no seu art. 12, II, conceitua como empregado doméstico "aquele que presta serviço de natureza contínua a pessoa ou família, no âmbito residencial desta, em atividades sem fins lucrativos". O serviço prestado pelo marceneiro não se encaixa nesse conceito, posto se tratar de um contribuinte individual prestando serviço a alguém.

Comentário extra: de acordo com o disposto no art. 15, *caput*, da Lei n. 8.212/91, o fato de uma pessoa jurídica não ter finalidade lucrativa não a exclui do conceito de empresa para fins previdenciários.

9.

A. CERTO O art. 6º da Lei n. 10.593/2002 traz as atribuições do Auditor Fiscal, estando, entre elas, a de constituir, mediante lançamento, o crédito tributário e de contribuições. Tendo em vista ser o lançamento um ato administrativo, é dotado de presunção de legitimidade, cabendo ao contribuinte o ônus da prova em contrário.

Comentário extra: com a criação da Secretaria da Receita Federal do Brasil pela lei citada acima (Lei n. 11.457/2007), foi extinta a Secretaria da Receita Previdenciária.

B. ERRADO A questão foi considerada errada ao afirmar que "a constituição de créditos previdenciários é sujeita a prazo prescricional de dez anos". A constituição de crédito equivale ao lançamento e, portanto, trata-se de prazo decadencial. Prescricional é o prazo para cobrar o tributo não pago.

Comentário extra: A Súmula Vinculante 8 pacificou a discussão que reinava sobre o prazo prescricional e decadencial relativo às contribuições previdenciárias, fixando-os em 5 anos.

10.

A. CERTO O auxílio-doença decorrente de acidente de qualquer natureza não exige carência, portanto o fato de Adriana ser segurada há apenas seis meses não impede o recebimento desse benefício.

Como Adriana é contribuinte individual, de acordo com o art. 60 da Lei n. 8.213/91, o auxílio-doença será devido a contar da data do início da incapacidade e será pago enquanto ela permanecer incapaz.

Comentário extra: quando o auxílio-doença não decorrer de acidente de qualquer natureza, ou de doença do trabalho, ou de doença profissional, ou ainda de uma das chamadas doenças graves, será exigida carência de 12 contribuições.

B. ERRADO Com o falecimento de Adriana apenas os seus dependentes de 1ª classe receberiam a pensão por morte. Portanto, apenas Bartolomeu, Gustavo e Flávia teriam direito ao benefício. Irene, mãe de Adriana, é dependente de 2ª classe e, portanto, não entraria como beneficiária da pensão de sua filha.

Comentário extra: dependentes de 1ª classe têm presunção de dependência econômica do segurado.

C. ERRADO A empregada doméstica tem direito ao aviso prévio, mas só terá direito ao seguro-desemprego a empregada doméstica que preencher os requisitos do Decreto n. 3.361/2000.

Comentário extra: não esqueça que empregado doméstico ainda não tem direito ao salário-família. Embora a EC 72 tenha previsto o pagamento desse benefício, isso ainda não foi regulamentado.

D. ERRADO Como Gustavo tem 16 anos e é estudante, poderia se filiar como segurado facultativo mediante inscrição e primeiro recolhimento. No entanto, essa filiação não o faria perder a qualidade de dependente de seus pais.

Comentário extra: a idade mínima para fins previdenciários é de 16 anos, salvo no caso do aprendiz.

11. CERTO Como Vanessa é segurada obrigatória, sua filiação se inicia com o exercício da atividade remunerada.

Para o contribuinte individual – caso de Vanessa – o salário de contribuição é a soma das remunerações mensais recebidas de uma ou mais empresas ou pelo exercício de sua atividade por conta própria, durante o mês, observado o limite máximo conhecido como teto previdenciário (art. 28, III, da Lei n. 8.212/91).

Comentário extra: o salário-maternidade é considerado salário de contribuição.

RAIO-X

- A maioria das questões é baseada em:

  ☐ doutrina ☒ legislação ☐ jurisprudência

- As questões de Direito Previdenciário exigem do candidato um bom conhecimento do texto legal.

IMPORTANTE SABER

I. SEGURIDADE SOCIAL

A Seguridade Social pode ser classificada da seguinte forma:

SEGURIDADE SOCIAL

- **SAÚDE** – arts. 196 a 200 da CF/88 – acesso independe de pagamento e é irrestrito.
- **PREVIDÊNCIA SOCIAL** – arts. 201 e 202 da CF/88 – sistema contributivo e de filiação obrigatória, observados critérios que preservem o equilíbrio financeiro e atuarial.
- **ASSISTÊNCIA SOCIAL** – arts. 203 e 204 da CF/88 – independe de contribuição, mas precisa comprovar necessidade.

Os princípios da Seguridade Social são:

- **1. Princípio do solidarismo ou da solidariedade**: o financiamento do sistema deve ser suportado por toda a sociedade, adotando o sistema de repartição simples e impedindo a adoção de um sistema de capitalização. Dentro da Previdência Social, podemos afirmar que não existe a correlação exata entre o valor contribuído e o recebido em forma de benefícios. Também é possível citar a solidariedade entre gerações.
- **2. Universalidade da cobertura e do atendimento**: a universalidade de cobertura (objetiva) determina que a Seguridade Social tem como objetivo cobrir todos os riscos sociais. Já a universalidade de atendimento (subjetiva) orienta que o sistema deve atender a todas as pessoas.
- **3. Uniformidade e equivalência dos benefícios e serviços às populações urbanas e rurais**: determina que as prestações securitárias devem ser idênticas para trabalhadores rurais ou urbanos, não sendo lícita a criação de diferenças.
- **4. Seletividade e distributividade na prestação dos benefícios e serviços**: a seletividade procura mitigar a universalidade de cobertura (selecionar as prestações mais importantes), enquanto a distributividade ameniza a da universalidade de atendimento (distribuir para os mais necessitados). Ex.: salário-família é pago apenas para alguns segurados de baixa renda.
- **5. Irredutibilidade do valor dos benefícios**: embora não exista um posicionamento pacífico sobre se essa irredutibilidade se refere a valor nominal (de face) ou real (poder aquisitivo), parece-nos mais adequado adotar a irredutibilidade do valor nominal em razão de decisão do STF (STF, RE 263.252/PR, 1ª T., rel. Min. Moreira Alves, *DJ* 23-6-2000).

  Vale dizer que no art. 2º da Lei n. 8.213/91, que trata dos princípios da Previdência Social consta no inciso V "irredutibilidade do valor dos benefícios de forma a preservar-lhes o poder aquisitivo".
- **6. Equidade na forma de participação no custeio**: impõe que as contribuições sejam cobradas de acordo as possibilidades de cada um dos contribuintes. É a aplicação do princípio da capacidade contributiva ao Direito Previdenciário. Também decorre desse princípio o entendimento de que "quem gera mais riscos deve pagar mais". Ex.: alíquotas diferentes do SAT.
- **7. Diversidade da base de financiamento**: determina que a base de financiamento da Seguridade Social deve ser a mais variada possível, de modo que oscilações setoriais não venham a comprometer a arrecadação de contribuições.
- **8. Caráter democrático e descentralizado da administração**: objetiva a participação de toda a sociedade na administração da Seguridade Social, mediante **gestão quadripartite**, com participação dos trabalhadores, empregadores, aposentados e do governo.
- **9. Preexistência da fonte de custeio**: determina que nenhum benefício ou serviço da Seguridade Social poderá ser criado, majorado ou estendido sem a correspondente fonte de custeio total.

II. BENEFICIÁRIOS DO RGPS

Os beneficiários são divididos em duas categorias: segurados e dependentes, que, por sua vez, comportam novas subdivisões conforme disposto abaixo.

Beneficiários	• Segurados	• **Obrigatórios:** ○ Empregado ○ Empregado doméstico ○ Contribuinte individual ○ Trabalhador avulso ○ Segurado especial

Beneficiários	• Segurados	• **Facultativos:** não exercem atividade remunerada e devem ter 16 anos ou mais. Estão dispostos no art. 11 do Decreto n. 3.048/99. Ex.: dona de casa, estudante, presidiário.
	• Dependentes	• **1ª Classe:** chamados preferenciais, possuem presunção legal de dependência econômica. São o cônjuge, a companheira, o companheiro e o filho não emancipado, de qualquer condição, menor de 21 anos ou inválido ou que tenha deficiência intelectual ou mental que o torne absoluta ou relativamente incapaz, assim declarado judicialmente.
		• **2ª Classe :** necessitam comprovar dependência econômica. São os pais.
		• **3ª Classe:** necessitam comprovar dependência econômica. São os irmãos não emancipados, de qualquer condição, menores de 21 anos ou inválidos ou que tenham deficiência intelectual ou mental que os tornem absoluta ou relativamente incapazes, assim declarados judicialmente.

Algumas regras sobre a relação entre os segurados e seus dependentes:

a) a ordem de vocação é determinada no momento do evento gerador;

b) classe superior exclui classe inferior;

c) participantes de mesma classe concorrem entre si;

d) quando um dependente perde essa qualidade, sua cota será distribuída aos restantes;

- A parte individual da pensão do dependente com deficiência intelectual ou mental que o torne absoluta ou relativamente incapaz, assim declarado judicialmente, que exerça atividade remunerada, será reduzida em 30%, devendo ser integralmente restabelecida em face da extinção da relação de trabalho ou da atividade empreendedora.
- Aposentado que retorna à atividade volta a contribuir como segurado obrigatório.
- Desaposentação é o ato de desfazimento da aposentadoria por vontade do titular, para fins de aproveitamento do tempo de filiação em contagem para nova aposentadoria, no mesmo ou em outro regime previdenciário. O INSS não admite a desaposentação (art. 181-B do Decreto n. 3.048/99 – ato jurídico perfeito). Esse assunto foi reconhecido como de repercusão geral (RE 661.256).
- Segurado filiado a Regime Próprio de Previdência Social (RPPS) que exerce, ao mesmo tempo, atividade remunerada abrangida pelo RGPS será, obrigatoriamente, filiado aos dois regimes.
- Inscrição e filiação:

a) filiação: é o nascimento do vínculo jurídico que se estabelece entre o segurado e a previdência, do qual decorrem direitos e obrigações. Para o segurado obrigatório decorre do exercício da atividade remunerada, mas para o segurado facultativo só se aperfeiçoa a partir da inscrição e do primeiro recolhimento.

b) inscrição: é o ato pelo qual o segurado é cadastrado no RGPS, mediante comprovação de dados pessoais e de outros elementos necessários. É a formalização do vínculo da filiação.

III. PRESTAÇÕES PREVIDENCIÁRIAS DO RGPS

Informações gerais:

- 1. É vedada a utilização de requisitos e critérios diferenciados para a concessão de aposentadoria, ressalvados os casos de atividades exercidas sob condições especiais que sejam prejudiciais à saúde ou à integridade física e quando se tratar de segurados portadores de deficiência, nos termos definidos em lei complementar (Lei Complementar n. 142/2013).
- 2. Nenhum benefício que substitua o salário de contribuição ou o rendimento do trabalho do segurado terá valor mensal inferior ao salário mínimo.
- 3. Para efeito de aposentadoria, é assegurada a contagem recíproca do tempo de contribuição entre os regimes previdenciários.
- 4. Além dos benefícios, a Previdência Social coloca à disposição de segurados e dependentes os serviços: **serviço social** e **habilitação e reabilitação profissional** (arts. 88 e 89 da Lei n. 8.213/91).

IV. MANUTENÇÃO, PERDA E RESTABELECIMENTO DA QUALIDADE DE SEGURADO

Em regra uma pessoa mantém a condição de segurado enquanto contribui. No entanto, a legislação prevê, em alguns casos, a manutenção dessa qualidade sem a necessidade de contribuições. É o chamado período de graça, previsto no art. 15 da Lei n. 8.213/91. Os períodos de graça são:

Situação do segurado	Manutenção da qualidade de segurado
1. Em gozo de benefício.	Sem limite de prazo.
2. Segurado que deixar de exercer atividade remunerada ou estiver suspenso ou licenciado sem remuneração*.	Até 12 meses após a cessação das contribuições.
3. Segurado acometido de doença de segregação compulsória.	Até 12 meses após cessar a segregação.
4. Segurado detido ou recluso.	Até 12 meses após o livramento.
5. Segurado incorporado às Forças Armadas para prestar serviço militar.	Até 3 meses após o licenciamento.
6. Segurado facultativo.	Até 6 meses após a cessação das contribuições.

* No caso da situação 2 (segurado que deixou de exercer atividade remunerada), temos uma ampliação do período de graça da seguinte forma:

Segurado da 2ª situação

- até 120 contribuições
  - Prazo: 12 meses
  - Recebeu seguro-desemprego ou se cadastrou no Ministério do Trabalho – Prazo: 24 meses
- mais de 120 contribuições
  - Prazo: 24 meses
  - Recebeu seguro-desemprego ou se cadastrou no Ministério do Trabalho – Prazo: 36 meses

V. CARÊNCIA

A carência é o tempo correspondente ao número mínimo de contribuições mensais indispensáveis para que o beneficiário faça jus ao benefício, consideradas a partir do transcurso do primeiro dia dos meses de suas competências.

Os períodos de carência dos benefícios previdenciários são:

Benefício	Carência
Auxílio-doença comum ou previdenciário.	12 contribuições
Auxílio-doença acidentário (acidente, doença profissional ou doença do trabalho).	Não tem carência
Auxílio-doença – doenças graves (art. 151 da Lei n. 8.213/91 + hepatopatia grave – Portaria Interministerial n. 2.998, de 23-8-2001).	Não tem carência
Aposentadoria por invalidez comum ou previdenciária.	12 contribuições
Aposentadoria por invalidez acidentária (acidente, doença profissional ou doença do trabalho).	Não tem carência
Aposentadoria por invalidez – doenças graves (art. 151 da Lei n. 8.213/91 + hepatopatia grave – Portaria Interministerial n. 2.998, de 23-8-2001).	Não tem carência

Benefício	Carência
Aposentadoria por idade	180 contribuições
Aposentadoria por tempo de contribuição	180 contribuições
Aposentadoria especial	180 contribuições
Salário-maternidade	Contribuinte individual e facultativo: 10 contribuições. Empregado, empregado doméstico e trabalhador avulso: dispensados do período de carência. Segurado especial: comprovação do exercício de atividade rural nos últimos 10 meses imediatamente anteriores ao requerimento do benefício.

Benefícios em que não é exigida a carência: Pensão por morte, auxílio-reclusão, salário-família e auxílio-acidente.

VI. SALÁRIO DE CONTRIBUIÇÃO, SALÁRIO DE BENEFÍCIO, FATOR PREVIDENCIÁRIO E RENDA MENSAL INICIAL

• A. SALÁRIO DE CONTRIBUIÇÃO

É o valor que serve de base de incidência das alíquotas das contribuições previdenciárias, sendo também utilizado para o cálculo de alguns benefícios. Tem definição diversa para cada tipo de segurado (art. 28 da Lei n. 8.212/91).

Parcelas que não integram o salário de contribuição (indenizatórias) estão previstas no art. 28, § 9º, da Lei n. 8.212/91, sendo comum a incidência de questões sobre esse dispositivo legal.

• B. SALÁRIO DE BENEFÍCIO

É o valor-base utilizado para cálculo da renda mensal dos benefícios de prestação continuada, inclusive os regidos por normas especiais, exceto o salário-família, a pensão por morte, o salário-maternidade e os demais benefícios de legislação especial. É calculado conforme quadro abaixo:

Benefício	Cálculo do salário de benefício
• Aposentadoria por idade • Aposentadoria por tempo de contribuição	• Média aritmética simples dos maiores salários de contribuição correspondentes a 80% de todo período contributivo multiplicada pelo fator previdenciário (na aposentadoria por idade a aplicação do fator é opcional). • Para os filiados até 28-11-1999, o período básico de cálculo será contado a partir de julho de 1994 (implantação do real).
• Aposentadoria por invalidez • Aposentadoria especial • Auxílio-doença • Auxílio-acidente	• Média aritmética simples dos maiores salários de contribuição correspondentes a 80% de todo período contributivo. • Para os filiados até 28-11-1999, o período básico de cálculo será contado a partir de julho de 1994 (implantação do real). • Aqui não se aplica o fator previdenciário.

• C. FATOR PREVIDENCIÁRIO

Estabelecido pela Lei n. 9.876/99, é um coeficiente atuarial criado como uma forma de o Poder Público estimular as pessoas a se aposentarem mais tarde (4 ou 5 anos para manter os valores de uma aposentadoria concedida antes de 1999). Será aplicado no cálculo da aposentadoria por tempo de contribuição de forma obrigatória e na aposentadoria por idade de forma opcional. As variáveis utilizadas no cálculo do fator previdenciário são: a) a idade do segurado na data da aposentadoria; b) o tempo que ele contribuiu para a previdência; c) a sua expectativa de sobrevida, ou seja, o prazo médio durante o qual o benefício será pago (calculado pelo IBGE).

- **D. RENDA MENSAL INICIAL**

A RMI corresponde à primeira parcela do benefício de prestação continuada a ser pago pela Previdência Social. Esse valor vai depender da espécie do benefício e do valor do salário de benefício.

Benefício	Renda mensal inicial
Auxílio-doença	91% do salário de benefício
Aposentadoria especial	100% do salário de benefício
Aposentadoria por invalidez	100% do salário de benefício
Aposentadoria por tempo de contribuição	100% do salário de benefício
Auxílio-acidente	50% do salário de benefício
Aposentadoria por idade	70% do salário de benefício mais 1% por grupo de 12 contribuições mensais até o máximo de 100%

VII. FINANCIAMENTO DA SEGURIDADE SOCIAL

O art. 195 da CF traz as principais fontes de custeio da Seguridade Social:

"Art. 195. A seguridade social será financiada por toda a sociedade, de forma direta e indireta, nos termos da lei, mediante recursos provenientes dos **orçamentos** da União, dos Estados, do Distrito Federal e dos Municípios, e das seguintes **contribuições sociais**:

I – **do empregador, da empresa e da entidade a ela equiparada** na forma da lei, incidentes sobre:

a) a folha de salários e demais rendimentos do trabalho pagos ou creditados, a qualquer título, à pessoa física que lhe preste serviço, mesmo sem vínculo empregatício;

b) a receita ou o faturamento (COFINS – Contribuição para o Financiamento da Seguridade Social);

c) o lucro (CSLL – Contribuição Sobre o Lucro Líquido);

II – do **trabalhador e dos demais segurados** da previdência social, não incidindo contribuição sobre aposentadoria e pensão concedidas pelo regime geral de previdência social de que trata o art. 201;

III – sobre a **receita de concursos de prognósticos**;

IV – **do importador** de bens ou serviços do exterior, ou de quem a lei a ele equiparar".

A União é responsável pela cobertura de eventuais insuficiências financeiras da seguridade social quando decorrentes do pagamento de benefícios de prestação continuada da previdência social, na forma da Lei Orçamentária Anual (art. 16, parágrafo único, da Lei n. 8.212/91).

A. CONTRIBUIÇÕES DOS SEGURADOS

São chamadas, juntamente com as contribuições das empresas sobre a folha de pagamentos, de previdenciárias.

Os aposentados e pensionistas estão imunes com relação aos valores pagos a título de aposentadoria e pensão, mas devem continuar a contribuir caso exerçam atividade remunerada.

Cuidado: os inativos e pensionistas dos RPPS podem vir a contribuir nos termos do art. 40, § 18, da CF/88.

B. CONTRIBUIÇÕES DOS CONCURSOS DE PROGNÓSTICOS

De acordo com o art. 26, § 1º, da Lei n. 8.212/91 são considerados concursos de prognósticos todos e quaisquer concursos de sorteios de números, loterias, apostas, inclusive as realizadas em reuniões hípicas, nos âmbitos federal, estadual, do Distrito Federal e municipal.

C. CONTRIBUIÇÕES DOS EMPREGADORES DOMÉSTICOS

O empregador doméstico (art. 15, II, da Lei n. 8.212/91) é a pessoa ou família que admite a seu serviço, sem finalidade lucrativa, empregado doméstico. É diferente do conceito de empresa, pois o empregador doméstico não desenvolve atividade econômica. A contribuição do empregador doméstico tem alíquota de 12% e está sujeita ao teto previdenciário.

D. CONTRIBUIÇÕES DAS EMPRESAS

1. Empresa (art. 15, I, da Lei n. 8.212/91): a firma individual ou sociedade que assume o risco de atividade econômica urbana ou rural, com fins lucrativos ou não, bem como os órgãos e entidades da administração pública direta, indireta e fundacional.

2. **Equiparam-se a empresa** para fins previdenciários: o contribuinte individual em relação a segurado que lhe presta serviço (ex.: advogado que contrata secretária para auxiliá-lo no escritório), bem como a cooperativa, a associação ou entidade de qualquer natureza ou finalidade, a missão diplomática e a repartição consular de carreira estrangeiras; o OGMO e o proprietário ou dono de obra de construção civil, quando pessoa física, em relação a segurado que lhe presta serviço.

- 3. **Cooperativa**: também é considerada empresa para fins previdenciários, independentemente de não perseguir finalidade lucrativa. Mas só vai contribuir quando remunerar segurados a seu serviço (ex.: empregados que trabalham no setor administrativo), e não em relação aos serviços prestados a terceiros pelos seus cooperados.

As contribuições patronais são:

- **1. Contribuição sobre a folha de pagamento dos empregados e trabalhadores avulsos**

a) 20% sobre o total das remunerações pagas, devidas ou creditadas a qualquer título, durante o mês, aos segurados empregados e trabalhadores avulsos que lhe prestem serviços. No caso de banco e instituições financeiras em geral, será devida contribuição adicional de 2,5% (art. 22, § 1º, da Lei n. 8.212/91).

b) 1%, 2% ou 3% referente ao **SAT/GILRAT,** dependendo de o risco de acidentes de trabalho ser leve, médio ou grave, respectivamente. O grau de risco é avaliado segundo a atividade preponderante, ou seja, a que tiver maior número de funcionários. O grau de risco pode ser reduzido em 50% ou aumentado em 100% a depender do FAP – Fator Acidentário de Prevenção.

c) As alíquotas do SAT/GILRAT serão acrescidas em **6%, 9% ou 12%** se a atividade exercida pelo segurado ensejar a concessão de aposentadoria especial após 25, 20 ou 15 anos de contribuição, respectivamente.

- **2. Contribuição sobre a remuneração dos contribuintes individuais**

a) 20% sobre o total das remunerações pagas ou creditadas a qualquer título, no decorrer do mês, aos segurados contribuintes individuais que lhe prestem serviços. No caso de banco e instituições financeiras em geral, será devida contribuição adicional de 2,5% (art. 22, § 1º, Lei n. 8.212/91).

b) As cooperativas de produção devem pagar adicional de 6%, 9% ou 12% no caso de exercício de atividade que autorize a concessão de aposentadoria especial após 25, 20 ou 15 anos de contribuição, respectivamente.

- **3. Contribuição sobre os serviços prestados por cooperativas de trabalho**

a) 15% sobre o valor bruto da nota fiscal ou fatura de prestação de serviços de cooperados por intermédio de cooperativas de trabalho.

b) As empresas que contratam profissionais filiados às cooperativas de trabalho para exercerem atividades sob condições especiais que prejudiquem a saúde ou a integridade física contribuem, adicionalmente, com a alíquota de 5%, 7% ou 9% nos casos de aposentadoria especial de 25, 20 ou 15 anos de contribuição, respectivamente.

OBSERVAÇÕES GERAIS SOBRE CUSTEIO

- **1. Instituição de novas contribuições para a seguridade social – lei ordinária ou complementar?** Posição majoritária entende que se a União for instituir uma contribuição de seguridade social sobre uma base de cálculo já autorizada nos incisos do art. 195 da CF ela só precisará de lei ordinária; agora, se a União precisar instituir outra contribuição social (nova fonte) de seguridade social, incidente sobre uma base de cálculo não autorizada nesses dispositivos, ela terá que editar uma lei complementar, por força do art. 195, § 4º, da CF/88.
- **2. Da vedação de contratar ou receber benefícios** – A pessoa jurídica em débito com o sistema da seguridade social, como estabelecido em lei, não poderá contratar com o Poder Público nem dele receber benefícios ou incentivos fiscais ou creditícios.
- **3. Da anterioridade nonagesimal em matéria de contribuições sociais** – As contribuições sociais de que trata o art. 195 da CF só poderão ser exigidas após decorridos noventa dias da data da publicação da lei que as houver instituído ou modificado, não se lhes aplicando o disposto no art. 150, III, *b*.
- **4. Imunidade das beneficentes** – São isentas (a CF fala em isenção quando o correto seria imunidade) de contribuição para a seguridade social as entidades beneficentes de assistência social que atendam às exigências estabelecidas em lei.
- **5. Progressividade das contribuições sociais** – As contribuições sociais previstas no art. 195, I, da CF poderão ter alíquotas ou bases de cálculo diferenciadas, em razão da atividade eco-

nômica, da utilização intensiva de mão de obra, do porte da empresa ou da condição estrutural do mercado de trabalho.

LEGISLAÇÃO E SÚMULAS PERTINENTES

- Constituição Federal, arts. 194 a 204.
- Lei n. 8.212/91.
- Lei n. 8.213/91.
- Lei n. 10.666/2003.
- Decreto n. 3.048/99.
- Lei Complementar n. 142/2013.

SÚMULAS DO SUPREMO TRIBUNAL FEDERAL

- **Súmula vinculante 22:** A Justiça do Trabalho é competente para processar e julgar as ações de indenização por danos morais e patrimoniais decorrentes de acidente de trabalho propostas por empregado contra empregador, inclusive aquelas que ainda não possuíam sentença de mérito em primeiro grau quando da promulgação da Emenda Constitucional 45/2004.
- **Súmula vinculante 8:** São inconstitucionais o parágrafo único do art. 5º do Decreto-Lei n. 1.569/77 e os arts. 45 e 46 da Lei n. 8.212/91, que tratam de prescrição e decadência de crédito tributário.
- **Súmula vinculante 3:** Nos processos perante o Tribunal de Contas da União asseguram-se o contraditório e a ampla defesa quando da decisão puder resultar anulação ou revogação de ato administrativo que beneficie o interessado, excetuada a apreciação da legalidade do ato de concessão inicial de aposentadoria, reforma e pensão.
- **Súmula 730:** A imunidade tributária conferida a instituições de assistência social sem fins lucrativos pelo art. 150, VI, *c*, da Constituição, somente alcança as entidades fechadas de previdência social privada se não houver contribuição dos beneficiários.
- **Súmula 729:** A decisão na ADC-4 não se aplica à antecipação de tutela em causa de natureza previdenciária.
- **Súmula 726:** Para efeito de aposentadoria especial de professores, não se computa o tempo de serviço prestado fora da sala de aula.

  No julgamento da ADI 3.772 (*DJe* n. 59/2009), o Supremo Tribunal Federal, em sessão plenária, por maioria, decidiu que as funções de direção, coordenação e assessoramento pedagógico integram a carreira do magistério, desde que exercidos, em estabelecimentos de ensino básico, por professores de carreira, excluídos os especialistas em educação, fazendo jus aqueles que as desempenham ao regime especial de aposentadoria estabelecido nos arts. 40, § 4º, e 201, § 1º, da Constituição Federal.
- **Súmula 689:** O segurado pode ajuizar ação contra a instituição previdenciária perante o juízo federal do seu domicílio ou nas varas federais da Capital do Estado-Membro.
- **Súmula 688:** É legítima a incidência da contribuição previdenciária sobre o 13º salário.
- **Súmula 687:** A revisão de que trata o art. 58 do ADCT não se aplica aos benefícios previdenciários concedidos após a promulgação da Constituição de 1988.
- **Súmula 613:** Os dependentes de trabalhador rural não têm direito à pensão previdenciária, se o óbito ocorreu anteriormente à vigência da Lei Complementar n. 11/71.
- **Súmula 225:** Não é absoluto o valor probatório das anotações da carteira profissional.

SÚMULAS DO SUPERIOR TRIBUNAL DE JUSTIÇA

- **Súmula 507:** A acumulação de auxílio-acidente com aposentadoria pressupõe que a lesão incapacitante e a aposentadoria sejam anteriores a 11-11-97, observado o critério do art. 23 da Lei n. 8.213/91 para definição do momento da lesão nos casos de doença profissional ou do trabalho.
- **Súmula 505:** A competência para processar e julgar as demandas que têm por objeto obrigações decorrentes dos contratos de planos de previdência privada firmados com a Fundação Rede Ferroviária de Seguridade Social – REFER é da Justiça estadual.
- **Súmula 483:** O INSS não está obrigado a efetuar depósito prévio do preparo por gozar das prerrogativas e privilégios da Fazenda Pública.
- **Súmula 460:** É incabível o mandado de segurança para convalidar a compensação tributária realizada pelo contribuinte.
- **Súmula 458:** A contribuição previdenciária incide sobre a comissão paga ao corretor de seguros.
- **Súmula 456:** É incabível a correção monetária dos salários de contribuição considerados no cálculo do salário de benefício de auxílio-doença,

aposentadoria por invalidez, pensão ou auxílio-reclusão concedidos antes da vigência da CF/1988.

- **Súmula 427:** A ação de cobrança de diferenças de valores de complementação de aposentadoria prescreve em cinco anos contados da data do pagamento.
- **Súmula 425:** A retenção da contribuição para a seguridade social pelo tomador do serviço não se aplica às empresas optantes pelo Simples.
- **Súmula 423:** A Contribuição para Financiamento da Seguridade Social – Cofins incide sobre as receitas provenientes das operações de locação de bens móveis.
- **Súmula 416:** É devida a pensão por morte aos dependentes do segurado que, apesar de ter perdido essa qualidade, preencheu os requisitos legais para a obtenção de aposentadoria até a data do seu óbito.
- **Súmula 352:** A obtenção ou a renovação do Certificado de Entidade Beneficente de Assistência Social (CEBAS) não exime a entidade do cumprimento dos requisitos legais supervenientes.
- **Súmula 351:** A alíquota de contribuição para o Seguro de Acidente do Trabalho (SAT) é aferida pelo grau de risco desenvolvido em cada empresa, individualizada pelo seu CNPJ, ou pelo grau de risco da atividade preponderante quando houver apenas um registro.
- **Súmula 340:** A lei aplicável à concessão de pensão previdenciária por morte é aquela vigente na data do óbito do segurado.
- **Súmula 336:** A mulher que renunciou aos alimentos na separação judicial tem direito à pensão previdenciária por morte do ex-marido, comprovada a necessidade econômica superveniente.
- **Súmula 321:** O Código de Defesa do Consumidor é aplicável à relação jurídica entre a entidade de previdência privada e seus participantes.
- **Súmula 310:** O Auxílio-creche não integra o salário de contribuição.
- **Súmula 291:** A ação de cobrança de parcelas de complementação de aposentadoria pela previdência privada prescreve em cinco anos.
- **Súmula 290:** Nos planos de previdência privada, não cabe ao beneficiário a devolução da contribuição efetuada pelo patrocinador.
- **Súmula 289:** A restituição das parcelas pagas a plano de previdência privada deve ser objeto de correção plena, por índice que recomponha a efetiva desvalorização da moeda.
- **Súmula 272:** O trabalhador rural, na condição de segurado especial, sujeito à contribuição obrigatória sobre a produção rural comercializada, somente faz jus à aposentadoria por tempo de serviço, se recolher contribuições facultativas.
- **Súmula 242:** Cabe ação declaratória para reconhecimento de tempo de serviço para fins previdenciários.
- **Súmula 226:** O Ministério Público tem legitimidade para recorrer na ação de acidente do trabalho, ainda que o segurado esteja assistido por advogado.
- **Súmula 204:** Os juros de mora nas ações relativas a benefícios previdenciários incidem a partir da citação válida.
- **Súmula 178:** O INSS não goza de isenção do pagamento de custas e emolumentos, nas ações acidentárias e de benefícios propostas na Justiça Estadual.
- **Súmula 175:** Descabe o depósito prévio nas ações rescisórias propostas pelo INSS.
- **Súmula 149:** A prova exclusivamente testemunhal não basta à comprovação da atividade rurícola, para efeito da obtenção de benefício previdenciário.
- **Súmula 111:** Os honorários advocatícios, nas ações previdenciárias, não incidem sobre as prestações vencidas após a sentença.
- **Súmula 110:** A isenção do pagamento de honorários advocatícios, nas ações acidentárias, é restrita ao segurado.
- **Súmula 85:** Nas relações jurídicas de trato sucessivo em que a Fazenda Pública figure como devedora, quando não tiver sido negado o próprio direito reclamado, a prescrição atinge apenas as prestações vencidas antes do quinquênio anterior à propositura.
- **Súmula 44:** A definição, em ato regulamentar, de grau mínimo de disacusia, não exclui, por si só, a concessão do benefício previdenciário.
- **Súmula 15:** Compete à Justiça Estadual processar e julgar os litígios decorrentes de acidente do trabalho.

SÚMULAS DA TURMA NACIONAL DE UNIFORMIZAÇÃO DE JURISPRUDÊNCIA

- **Súmula 77:** O julgador não é obrigado a analisar as condições pessoais e sociais quando não reconhecer a incapacidade do requerente para a sua atividade habitual.

- **Súmula 76:** A averbação de tempo de serviço rural não contributivo não permite majorar o coeficiente de cálculo da renda mensal inicial de aposentadoria por idade previsto no art. 50 da Lei n. 8.213/91.
- **Súmula 75:** A Carteira de Trabalho e Previdência Social (CTPS) em relação à qual não se aponta defeito formal que lhe comprometa a fidedignidade goza de presunção relativa de veracidade, formando prova suficiente de tempo de serviço para fins previdenciários, ainda que a anotação de vínculo de emprego não conste no Cadastro Nacional de Informações Sociais (CNIS).
- **Súmula 73:** O tempo de gozo de auxílio-doença ou de aposentadoria por invalidez não decorrentes de acidente de trabalho só pode ser computado como tempo de contribuição ou para fins de carência quando intercalado entre períodos nos quais houve recolhimento de contribuições para a previdência social.
- **Súmula 72:** É possível o recebimento de benefício por incapacidade durante período em que houve exercício de atividade remunerada quando comprovado que o segurado estava incapaz para as atividades habituais na época em que trabalhou.
- **Súmula 71:** O mero contato do pedreiro com o cimento não caracteriza condição especial de trabalho para fins previdenciários.
- **Súmula 70:** A atividade de tratorista pode ser equiparada à de motorista de caminhão para fins de reconhecimento de atividade especial mediante enquadramento por categoria profissional.
- **Súmula 68:** O laudo pericial não contemporâneo ao período trabalhado é apto à comprovação da atividade especial do segurado.
- **Súmula 65:** Os benefícios de auxílio-doença, auxílio-acidente e aposentadoria por invalidez concedidos no período de 28-3-2005 a 20-7-2005 devem ser calculados nos termos da Lei n. 8.213/91, em sua redação anterior à vigência da Medida Provisória n. 242/2005.
- **Súmula 63:** A comprovação de união estável para efeito de concessão de pensão por morte prescinde de início de prova material.
- **Súmula 62:** O segurado contribuinte individual pode obter reconhecimento de atividade especial para fins previdenciários, desde que consiga comprovar exposição a agentes nocivos à saúde ou à integridade física.
- **Súmula 55:** A conversão do tempo de atividade especial em comum deve ocorrer com aplicação do fator multiplicativo em vigor na data da concessão da aposentadoria.
- **Súmula 54:** Para a concessão de aposentadoria por idade de trabalhador rural, o tempo de exercício de atividade equivalente à carência deve ser aferido no período imediatamente anterior ao requerimento administrativo ou à data do implemento da idade mínima.
- **Súmula 53:** Não há direito a auxílio-doença ou a aposentadoria por invalidez quando a incapacidade para o trabalho é preexistente ao reingresso do segurado no Regime Geral de Previdência Social.
- **Súmula 52:** Para fins de concessão de pensão por morte, é incabível a regularização do recolhimento de contribuições de segurado contribuinte individual posteriormente a seu óbito, exceto quando as contribuições devam ser arrecadadas por empresa tomadora de serviços.
- **Súmula 51:** Os valores recebidos por força de antecipação dos efeitos de tutela, posteriormente revogada em demanda previdenciária, são irrepetíveis em razão da natureza alimentar e da boa-fé no seu recebimento.
- **Súmula 50:** É possível a conversão do tempo de serviço especial em comum do trabalho prestado em qualquer período.
- **Súmula 49:** Para reconhecimento de condição especial de trabalho antes de 29-4-95, a exposição a agentes nocivos à saúde ou à integridade física não precisa ocorrer de forma permanente.
- **Súmula 47:** Uma vez reconhecida a incapacidade parcial para o trabalho, o juiz deve analisar as condições pessoais e sociais do segurado para a concessão de aposentadoria por invalidez.
- **Súmula 46:** O exercício de atividade urbana intercalada não impede a concessão de benefício previdenciário de trabalhador rural, condição que deve ser analisada no caso concreto.
- **Súmula 45:** Incide correção monetária sobre o salário-maternidade desde a época do parto, independentemente da data do requerimento administrativo.
- **Súmula 44:** Para efeito de aposentadoria urbana por idade, a tabela progressiva de carência prevista no art. 142 da Lei n. 8.213/91 deve ser aplicada em função do ano em que o segurado completa a idade mínima para concessão do benefício, ainda que o período de carência só seja preenchido posteriormente.

- **Súmula 41:** A circunstância de um dos integrantes do núcleo familiar desempenhar atividade urbana não implica, por si só, a descaracterização do trabalhador rural como segurado especial, condição que deve ser analisada no caso concreto.
- **Súmula 37:** A pensão por morte, devida ao filho até os 21 anos de idade, não se prorroga pela pendência do curso universitário.
- **Súmula 36:** Não há vedação legal à cumulação da pensão por morte de trabalhador rural com o benefício da aposentadoria por invalidez, por apresentarem pressupostos fáticos e fatos geradores distintos.
- **Súmula 34:** Para fins de comprovação do tempo de labor rural, o início de prova material deve ser contemporâneo à época dos fatos a provar.
- **Súmula 33:** Quando o segurado houver preenchido os requisitos legais para concessão da aposentadoria por tempo de serviço na data do requerimento administrativo, esta data será o termo inicial da concessão do benefício.
- **Súmula 31:** A anotação na CTPS decorrente de sentença trabalhista homologatória constitui início de prova material para fins previdenciários.
- **Súmula 30:** Tratando-se de demanda previdenciária, o fato de o imóvel ser superior ao módulo rural não afasta, por si só, a qualificação de seu proprietário como segurado especial, desde que comprovada, nos autos, a sua exploração em regime de economia familiar.
- **Súmula 29:** Para os efeitos do art. 20, § 2º, da Lei n. 8.742, de 1993, incapacidade para a vida independente não é só aquela que impede as atividades mais elementares da pessoa, mas também a impossibilita de prover ao próprio sustento.
- **Súmula 27:** A ausência de registro em órgão do Ministério do Trabalho não impede a comprovação do desemprego por outros meios admitidos em Direito.
- **Súmula 26:** A atividade de vigilante enquadra-se como especial, equiparando-se à de guarda, elencada no item 2.5.7. do Anexo III do Decreto n. 53.831/64.
- **Súmula 25:** A revisão dos valores dos benefícios previdenciários, prevista no art. 58 do ADCT, deve ser feita com base no número de salários mínimos apurado na data da concessão, e não no mês de recolhimento da última contribuição.
- **Súmula 24:** O tempo de serviço do segurado trabalhador rural anterior ao advento da Lei n. 8.213/91, sem o recolhimento de contribuições previdenciárias, pode ser considerado para a concessão de benefício previdenciário do Regime Geral de Previdência Social (RGPS), exceto para efeito de carência, conforme a regra do art. 55, § 2º, da Lei n. 8.213/91.
- **Súmula 22:** Se a prova pericial realizada em juízo dá conta de que a incapacidade já existia na data do requerimento administrativo, esta é o termo inicial do benefício assistencial.
- **Súmula 20:** A Lei n. 8.112, de 11 de dezembro de 1990, não modificou a situação do servidor celetista anteriormente aposentado pela Previdência Social Urbana.
- **Súmula 19:** Para o cálculo da renda mensal inicial do benefício previdenciário, deve ser considerada, na atualização dos salários de contribuição anteriores a março de 1994, a variação integral do IRSM de fevereiro de 1994, na ordem de 39,67% (art. 21, § 1º, da Lei n. 8.880/94).
- **Súmula 18:** Provado que o aluno aprendiz de Escola Técnica Federal recebia remuneração, mesmo que indireta, à conta do orçamento da União, o respectivo tempo de serviço pode ser computado para fins de aposentadoria previdenciária.
- **Súmula 17:** Não há renúncia tácita no Juizado Especial Federal, para fins de competência.
- **Súmula 14:** Para a concessão de aposentadoria rural por idade, não se exige que o início de prova material corresponda a todo o período equivalente à carência do benefício.
- **Súmula 10:** O tempo de serviço rural anterior à vigência da Lei n. 8.213/91 pode ser utilizado para fins de contagem recíproca, assim entendida aquela que soma tempo de atividade privada, rural ou urbana, ao de serviço público estatutário, desde que sejam recolhidas as respectivas contribuições previdenciárias.
- **Súmula 9:** O uso de Equipamento de Proteção Individual (EPI), ainda que elimine a insalubridade, no caso de exposição a ruído, não descaracteriza o tempo de serviço especial prestado.
- **Súmula 8:** Os benefícios de prestação continuada, no regime geral da Previdência Social, não serão reajustados com base no IGP-DI nos anos de 1997, 1999, 2000 e 2001.
- **Súmula 6:** A certidão de casamento ou outro documento idôneo que evidencie a condição de trabalhador rural do cônjuge constitui início razoável de prova material da atividade rurícola.
- **Súmula 5:** A prestação de serviço rural por menor de 12 a 14 anos, até o advento da Lei n. 8.213,

de 24 de julho de 1991, devidamente comprovada, pode ser reconhecida para fins previdenciários.

- **Súmula 4:** Não há direito adquirido, na condição de dependente de pessoa designada, quando o falecimento do segurado deu-se após o advento da Lei n. 9.032/95.
- **Súmula 2:** Os benefícios previdenciários, em maio de 1996, deverão ser reajustados na forma da Medida Provisória 1.415, de 29 de abril de 1996, convertida na Lei n. 9.711, de 20 de novembro de 1998.
- **Súmula 1:** A conversão dos benefícios previdenciários em URV, em março/94, obedece às disposições do art. 20, incisos I e II, da Lei n. 8.880/94 (MP n. 434/94).

BIBLIOGRAFIA RECOMENDADA

BIBLIOGRAFIA BÁSICA

- AMADO, Frederico Augusto Di Trindade. *Curso de direito e processo previdenciário*. 5. ed. Salvador: JusPodivm, 2014.
- SANTOS, Marisa Ferreira dos. *Direito previdenciário – Col. Esquematizado*. 3. ed. São Paulo: Saraiva, 2013.

BIBLIOGRAFIA COMPLEMENTAR

- IBRAHIM, Fábio Zambitte. *Curso de direito previdenciário*. 18. ed. Niterói: Impetus, 2013.
- LAZARI, João Batista; CASTRO, Carlos Alberto Pereira de. *Manual de direito previdenciário*. 16. ed. São Paulo: Forense, 2014.

DIREITO CIVIL

WAGNER INÁCIO Advogado, Mestre e Doutorando em Direito. Professor Universitário e em Cursos Preparatórios em Minas Gerais. Autor de livros jurídicos.

1. DIREITO CIVIL

QUESTÕES

1. **(Delegado de Polícia Federal – CESPE – DPF/2013)** Com base na Lei de Introdução às Normas do Direito Brasileiro, julgue o item a seguir.
   - A revogação de uma norma pela superveniência de outra que disponha sobre a mesma matéria poderá atingir as situações já consumadas sob a égide da lei antiga, afetando os efeitos pretéritos produzidos ou incidindo sobre os efeitos presentes ou futuros de situações passadas ocorridas na vigência da norma revogada.

2. **(Delegado de Polícia Federal – CESPE – DPF/2013)** A respeito da pessoa natural e da propriedade, julgue o item que se segue.
   - Como causa de perda de propriedade de bem móvel, o abandono pode ser presumido, desde que presente a intenção do proprietário; como causa de perda de propriedade de imóvel, será o abandono absolutamente presumido ante o inadimplemento de ônus fiscais, depois de cessados os atos de posse.

3. **(Delegado de Polícia Federal – CESPE – DPF/2013)** Se o beneficiário de ato jurídico praticado por incapaz provar ter agido de boa-fé, o ato será anulado somente em caso de o incapaz ser interditado por ocasião de sua prática.

4. **(Delegado de Polícia Federal – CESPE – DPF/2004– adaptada)** Utilize o caso seguinte para solucionar as questões propostas.

   A empresa Lambda foi regularmente constituída como uma sociedade, com sede na capital de determinado estado da Federação, local onde funcionava sua administração, não tendo sido eleito domicílio especial no seu ato constitutivo. Em agosto de 2003, foi decretada, com fundamento na Lei n. 8.866/1994, a prisão de Teodoro, sócio-gerente da Lambda, em razão de a empresa não haver recolhido ao tesouro estadual nem depositado os valores do imposto sobre operações relativas à circulação de mercadorias e sobre prestações de serviços de transporte interestadual e intermunicipal e de comunicação (ICMS) recebido de terceiros.

   Em decorrência de maus-tratos sofridos durante o tempo em que esteve na prisão, Teodoro teve de ser interditado, mediante processo judicial, por enfermidade ou deficiência mental que lhe subtraíram totalmente o necessário discernimento para a prática de atos da vida civil.

   Posteriormente, o policial acusado de haver praticado os maus-tratos contra Teodoro foi absolvido, no processo criminal, da acusação de lesão corporal, ante a ausência de prova de que a incapacidade civil de Teodoro se dera em consequência de lesões praticadas pelo policial. A sentença absolutória transitou em julgado.

   Em face da situação hipotética descrita, bem como da legislação, da jurisprudência e da doutrina pertinentes, julgue os itens seguintes.

   a) De acordo com a Lei de Introdução ao Código Civil, uma lei nova, que estabeleça disposições gerais ou especiais a par das já existentes, não revoga nem modifica a lei anterior; desse modo, o advento do novo Código Civil brasileiro não derrogou nem ab-rogou as disposições da Lei n. 8.866/94.

   b) A empresa Lambda é uma pessoa jurídica de direito privado, com domicílio na capital do estado da Federação onde funciona a sua administração e pode sofrer danos decorrentes de lesão a direitos da personalidade, como, por exemplo, de ofensa à sua honra.

c) Com a interdição, Teodoro tornou-se absolutamente incapaz de exercer pessoalmente os atos da vida civil, passando a ter como residência e domicílio, por força de disposição expressa do Código Civil, a residência e o domicílio do seu representante legal.

d) Nos termos da legislação atualmente vigente, não correrá contra Teodoro o prazo prescricional estabelecido para a pretensão de reparação de dano, uma vez que o Código Civil estabelece expressamente que os prazos de prescrição não correm contra nenhum incapaz.

e) É possível a Teodoro obter judicialmente indenização por danos materiais e morais em consequência dos maus-tratos sofridos na prisão, uma vez que é admissível a cumulação de indenização por prejuízos materiais e morais, ainda que decorrentes do mesmo fato.

f) Ainda que o Estado seja condenado a pagar indenização a Teodoro, não poderá mais ingressar com ação regressiva contra o policial acusado de haver praticado os maus-tratos, visto que, conforme disposto no Código Civil, apesar de a responsabilidade civil independer da criminal, as questões atinentes ao fato ou à autoria, que se acharem decididas no juízo criminal, não poderão mais ser questionadas no juízo cível.

g) Considerando que o depositário infiel, no caso, é uma pessoa jurídica, a Lei n. 8.866/1994 não admite a decretação da prisão civil de seus administradores ou gerentes; assim, a prisão de Teodoro somente poderia ter sido efetivada com fundamento na teoria da desconsideração da personalidade jurídica, prevista no Código Civil.

5. **(Delegado de Polícia Federal – CESPE – DPF/2004– adaptada)** Utilize o caso seguinte para solucionar as questões propostas.

Em fevereiro de 2004, Jerônimo, de boa-fé, adquiriu da empresa Épsilon, mediante contrato de compra e venda, um veículo usado, que foi pago em seis prestações mensais. Não se tratava de nenhum veículo raro, com características especiais de interesse de colecionadores. No contrato, ficou expresso que o negócio seria desfeito, e o veículo restituído à empresa, no caso de atraso de três prestações consecutivas. Não havia, porém, cláusula referente à responsabilidade pela evicção. O certificado de registro de veículo foi emitido em nome de Jerônimo. O referido automóvel foi apreendido, em 1º/4/2004, pela autoridade policial, em uma *blitz*, por se tratar de veículo que havia sido furtado. No momento da apreensão, o carro era dirigido por Bruno, de 17 anos de idade, filho de Jerônimo. Bruno apresentou à autoridade policial uma carteira nacional de habilitação falsa e uma escritura pública de emancipação concedida por seus pais. Verificou-se depois que a escritura pública não havia sido registrada no competente registro civil. No dia 15/4/2004, o veículo desapareceu do depósito do Departamento Estadual de Trânsito (DETRAN), onde fora guardado. Uma sindicância interna concluiu que o servidor público responsável pela guarda e vigilância do veículo havia agido com negligência.

O DETRAN daquela unidade da Federação era um órgão da administração direta do estado, tendo sido transformado em autarquia, por meio de uma lei estadual publicada em 10/4/2004. Essa lei, todavia, era omissa quanto à data de sua entrada em vigor.

Considerando a situação hipotética descrita, julgue os itens seguintes.

a) O DETRAN da referida unidade da Federação, tendo, na data do desaparecimento do veículo, personalidade jurídica de direito público interno, responde perante o proprietário, independentemente de dolo ou culpa, pelo desaparecimento do veículo, sendo cabível ação regressiva contra o servidor responsável pelo dano, tendo em vista a constatação de sua culpa no episódio.

b) A escritura pública de emancipação de Bruno, da forma como se apresenta na hipótese considerada, habilita-o, desde logo, para a prática de todos os atos da vida civil, à exceção daqueles atos jurídicos regulados em legislação especial que exige requisitos específicos de idade superior a 17 anos.

c) Sendo o depositário infiel, no caso em questão, uma pessoa jurídica, é possível que, com fundamento em dispositivos da Lei n. 8.866/1994 e em decorrência do desaparecimento do bem do depósito do DETRAN, seja decretada pelo juiz a prisão civil do servidor público responsável pela gerência ou administração do depósito onde estava guardado o veículo.

d) Sob a ótica da revendedora, o veículo automotor em questão é um bem móvel, fungível e juridicamente consumível. A transferência do domínio do automóvel adquirido para Jerônimo deu-se pela simples tradição, uma vez que o registro no DETRAN é uma providência meramente administrativa que não interfere na essência do negócio jurídico.

e) O contrato de compra e venda firmado entre Jerônimo e a empresa Épsilon tem natureza de negócio jurídico bilateral, comutativo, oneroso, *inter vivos*, receptício e condicionado. Em decorrência desse contrato, até que fossem pagas todas as prestações, Jerônimo tinha apenas a propriedade resolúvel do bem adquirido.

f) É cabível ação de indenização movida por Jerônimo contra a empresa Épsilon, visto que fica configurada evicção quando ocorre perda definitiva da propriedade do bem, em decorrência de mera apreensão por autoridade policial, sendo prescindível, no caso, prévia sentença judicial.

g) Eventual alegação de Bruno, no sentido de que houve coação ilegal por parte dos policiais, não deve ser acolhida, visto que a solicitação, pela autoridade policial, de documentos de propriedade de veículo e comprovante de habilitação para dirigi-lo não caracteriza, por si só, ato de ilegalidade que enseje indenização por danos materiais ou morais. Ante a responsabilidade objetiva do Estado, todavia, competirá ao ente público provar na justiça que seus agentes não causaram dano a Bruno.

6. **(Delegado de Polícia Federal –CESPE – DPF/2004– adaptada)** No item que se segue, é apresentada uma situação hipotética, seguida de uma assertiva a ser julgada.

   • Em um lugar ermo, José, mediante grave ameaça exercida por meio da simulação de porte de arma de fogo, subtraiu de Benedito, seu vizinho, uma bicicleta. Benedito não levou o fato ao conhecimento da autoridade policial e presenciava, diariamente, a utilização da *res furtiva* por José. Nessa situação, Benedito perderá a posse civil da bicicleta, caso não promova a ação de reintegração em tempo hábil (ano e dia).

7. **(Delegado de Polícia Federal – CESPE – DPF/2004– adaptada)** No item que se segue, é apresentada uma situação hipotética, seguida de uma assertiva a ser julgada.

   • André, legítimo possuidor e proprietário de uma gleba de terra localizada no município de Formosa – GO, efetuou disparos de arma de fogo contra dez pessoas que tentaram invadir a sua propriedade rural, em noite muito escura, tendo causado lesões corporais em um dos invasores, que foi atingido por um projétil no braço. Nessa situação, André utilizou-se do desforço imediato, conduta essa amparada pela lei civil.

8. **(Delegado de Polícia Federal – CESPE – DPF/2004– adaptada)** No item que se segue, é apresentada uma situação hipotética, seguida de uma assertiva a ser julgada.

   • Dorival alienou a Joaquim uma quitinete de que era proprietário, recebendo, no ato da lavratura da escritura de compra e venda, a importância de R$ 50.000,00 em dinheiro. Por estar passando por sérias dificuldades financeiras, Dorival, no mesmo dia, vendeu a mesma quitinete a Magda, recebendo, pela transação, a importância de R$ 40.000,00. Magda dirigiu-se ao cartório de registro de imóveis e providenciou a transcrição da escritura de compra e venda. Joaquim, quando tentou registrar a sua escritura, verificou que tinha sido vítima de uma fraude e dirigiu-se à autoridade policial, apresentando uma *delatio criminis*. A autoridade policial instaurou inquérito policial e indiciou Dorival pela prática do crime de estelionato, na modalidade de disposição de coisa alheia como própria. Sabendo que, para ocorrer a aquisição da propriedade imóvel, é necessária a transcrição do título de transferência no registro de imóveis, então, nessa situação, Dorival não praticou a infração penal pela qual a autoridade policial o indiciou.

9. **(Delegado de Polícia Federal – CESPE – DPF/2004– adaptada)** Aldo subtraiu um talonário de cheques pertencente à sua mulher, Laura, emitindo vários cheques a pessoas diversas. Caso o banco haja notificado o Serviço de Proteção ao Crédito para que lá conste o nome de Laura como emitente de cheque sem fundo, poderá esta, com base nas normas que regem o direito do consumidor, pleitear contra aquela instituição bancária indenização por danos morais.

GABARITO COMENTADO

1. CERTO A irretroatividade da lei, mormente o respeito ao ato jurídico perfeito, não impede que a nova lei alcance os efeitos de situações já consolidadas, desde que estes efeitos não estejam ligados diretamente à existência e causa principal do ato. Como exemplo, pode-se perceber que as quitações parciais de entrega de um contrato, havendo novo regramento que exija forma pública para tais atos, deverão, a partir da vigência da nova lei, obedecer tal dispositivo. De outro tanto, quando as enfiteuses deixaram de existir no Código Reale, as que já haviam sido constituídas a seu tempo tiveram sua existência respeitada.

Comentário extra: Primeiramente deve-se observar que a **retroatividade**, em tema de Direito Civil, **não pode ser presumida**, devendo constar expressamente de disposição legal e sempre tomada como medida excepcional. Esta compreensão está estampada no Agravo de Instrumento apreciado pelo STF, que tem a seguinte ementa:

> **AGRAVO DE INSTRUMENTO N. 244.578-RS REL. MIN. CELSO DE MELLO. 23-6-99.** Contrato. Depósitos em caderneta de poupança. Ato jurídico perfeito. Princípio constitucional da intangibilidade das situações definitivamente consolidadas (CF, art. 5º, XXXVI). Impossibilidade da incidência de lei nova destinada a reger os efeitos futuros de contratos anteriormente celebrados. **Hipótese de retroatividade mínima vedada** pela Constituição da República. Precedentes do STF. Agravo improvido.

Para melhor compreender a **retroatividade mínima**, citada na decisão acima, observe-se que todo ato tem um complexo de efeitos que fazem parte de sua própria essência. São sim, efeitos, mas que estão intimamente ligados à existência do ato, à causa mesma dele, e que se promanam ao longo do tempo. Tenha-se uma adoção, realizada ao tempo do Código de Menores e, portanto, revogável. Quando da nova regulamentação advinda com o ECA esta não se tornaria plena. Este o entendimento do STJ.

> **RECURSO ESPECIAL N. 26834-RJ. RELATOR MIN. SÁLVIO DE FIGUEIREDO TEIXEIRA. 21-6-99.** Direito Civil. Adoção simples concretizada em 1981. Revogabilidade. Superveniência do Estatuto da Criança e do Adolescente. Irretroatividade. Recurso não conhecido. O advento do Estatuto da Criança e do Adolescente (Lei n. 8.069/90) não teve o condão de tornar irrevogável adoção simples de menor impúbere realizada sob a égide do revogado Código de Menores (Lei n. 6.697/79). Aplicação dos princípios *tempus regitactum* e da irretroatividade das leis. Por unanimidade, não conhecer do recurso.

Vale notar que, por vezes, em busca da valorização da pessoa e do respeito à autonomia do sujeito, a tese acaba vacilando em sentido oposto, como na hoje quase pacificada posição que reconhece a possibilidade de modificação de regime de bens em matrimônios realizados ao tempo do Código de 1916 (quando o regime adotado era imodificável).

Desta forma, excetuando-se situações especiais, deve-se atentar que se os efeitos estiverem intimamente ligados à essência do ato também estarão protegidos face à retroatividade da lei nova.

2. CERTO Toda espécie de propriedade deve atender à sua função social. Mais, todo direito subjetivo tem sobre si o peso de uma função social. Não se pode falar em existência de direito sem que este atenda às perspectivas da sociedade em relação ao seu exercício.

A partir desta clausulação social, o Código Civil de 2002 buscou solidificar sistemas que exijam do proprietário a destinação positiva de seu bem, evitando-se o enriquecimento através da simples especulação imobiliária.

O abandono consiste em ato material que consubstancia a vontade de não mais querer a coisa. Não se resume ao não utilizar, devendo-se somar a isto a intenção clara de não desejar mais a coisa. A doutrina mais balizada reconhece a impossibilidade de que se presuma tal ato, o que denota um desacerto do art. 1.276, CC, ao firmar formas de presunção de abandono. Nesta situação, o Código autoriza sua arrecadação como bem do erário público, e enquanto isto não se der, será o bem coisa de ninguém (*res nullius*).

As formas de presunção de abandono (**derrelição pura ou abdicativa**) ganharam, com o art. 1.276, § 2º, uma forma absoluta, nascida do não pagamento das obrigações que pendam sobre o imóvel em relação ao fisco, desde que cumulado com o fim dos atos de posse.

3. ERRADO A anulação dos atos jurídicos praticados por incapazes não está atrelada, apenas, à interdição. Quando da sentença de interdição é possível que o magistrado fixe atos que serão objeto de anulação e a eventual boa-fé do terceiro não lhe garantirá a permanência jurídica do ato. Ainda, os casos de incapacidade não se resumem aos que são interditados, visto que os incapazes em razão da idade não necessitam de manifestação do Estado-Juiz para se enquadrarem como tal.

4.

A. CERTO A Lei de Introdução ao Código Civil (atualmente denominada **Lei de Introdução às normas do Direito Brasileiro**) estabelece uma lógica para a **revogação de normas**. De acordo com este corpo legislativo, a norma **posterior revoga a anterior, exceto se se tratarem de normas com níveis de especializações diferentes**. Assim, uma **norma geral posterior não revoga uma norma específica anterior**. Assim também a **relação contrária não estabelece revogação** (lei especial posterior e lei geral anterior). Isto se encontra no art. 2º, §§ 1º e 2º.

A temática é tratada pela Lei n. 8.866/94, que constitui em depositário todo aquele que recolhe ou retenha imposto, taxa ou contribuição em favor da Fazenda Pública. A não efetivação deste deve, nos termos desta lei, gerar prisão civil (**o que não mais é aceito**).

Atente-se que, em dezembro de 2009 o **STF** aprovou a Súmula Vinculante 25 (PSV 31), que estabelece que "É ilícita a prisão civil do depositário infiel, qualquer que seja a modalidade do depósito." Deve-se ter muito cuidado, pois o enunciado pode levar a crer na despenalização de delitos atrelados a uma relação de depósito, o que não é verdade. Apenas o delito civil deixa de poder ser apenado com a prisão, restando incólumes as disposições penais sobre a matéria. Assim, se a condição de depositário infiel constituir crime (como, no caso, a conduta tipificada no art. 168-A CP), será apenado normalmente, não existindo, apenas, a prisão de natureza civil (que passa a ser aceita somente para o devedor de alimentos).

Comentário extra: Da norma que foi retirada por **completo** do sistema legal ocorre o fenômeno chamado **ab-rogação**; quando apenas **parcialmente** seu conteúdo normativo foi revogado ocorre **derrogação**. O sistema ainda veda que uma norma revogada seja restabelecida automaticamente quando da revogação da norma que a revogou (o que se chama **repristinação tácita**).

Se a lei A revogou a lei B, o surgimento da lei C que revoga B, não retoma a vigência de A.

A repristinação expressa é possível, pois uma lei pode determinar que outra, já revogada, tenha, novamente, efeitos. Agora, a lei C que revoga B determina o retorno à vigência da lei A.

B. CERTO A pessoa jurídica pode possuir proteção aos direitos da personalidade, como preceitua o art. 52, do CC (desde que respeitado o requisito da especialidade, visto somente serem atribuídos a ela os direitos inerentes à sua destinação e condição de ser uma ficção jurídica). Claramente observada esta aplicação específica ou "no que couber" pelo **STJ** no REsp 1032014, julgado em 2009 que menciona expressamente que "certos direitos de personalidade são extensíveis às pessoas jurídicas, nos termos do art. 52 do CC/2002 e, entre eles, se encontra a identidade").

Mas o que são direitos da personalidade?

Com o surgimento de um sistema civil pautado na Constituição, era necessário que se criasse uma rede protetiva completa, alcançando não apenas os direitos de caráter patrimonial como também todos os que extrapolavam esta esfera.

Era necessária uma **proteção total** ao **sujeito de direito**. Era necessário envolver corpo, mente e espírito. Esta proteção total surgiu com a consagração pelo Código Civil dos **direitos da personalidade**, que, embora de denominação confusa (pois existem até mesmo para sujeitos de direito que **não possuem personalidade** – como os **nascituros**), aplicando-se de forma limitada, naquilo que couber, às **pessoas jurídicas** (art. 52 do CC).

São atributos destes direitos (estes atributos não se aplicam aos efeitos dos direitos da personalidade): **a) Absolutismo** (são oponíveis em face de qualquer um, seja um ente privado ou público), **b) Irrenunciabilidade** (como atributos da personalidade, não podem ser destacados das pessoas – mas seus efeitos sim, como a exploração econômica do nome de um artista); **c) Intransmissibilidade** (como não pode ser destacado da pessoa, não pode ser transferido de uma pessoa a outra); **d) Imprescritibilidade** (todo direito intransmissível é também imprescritível, isto determina que o não uso de um direito da personalidade, não implica a sua perda. Assim, também, o uso indevido de um direito da personalidade alheio – como o nome – não implica a possibilidade de usucapião).

Estes atributos já foram reconhecidos pelo **STJ**, como se pode notar na ementa do REsp 807.849 de 2010 (Informativo **STJ** 425).

A sistemática do Código Civil estabelece que os direitos da personalidade podem ser protegidos tanto de maneira **repressiva** (após o dano) ou de forma **preventiva** (sempre que houver fundado receio de dano).

Assim é porque em tema de direitos que envolvam aspectos não materiais da pessoa a indenização é impossível, sendo, no máximo, factível a minoração do dano. Indenização significa tornar indene, ressarcir completamente o dano. É impossível indenizar um dano moral, um dano à personalidade. O que pode ocorrer é uma compensação, no sentido de minorar os prejuízos sofridos.

Podem-se destacar como principais direitos da personalidade: **a) Direito à vida e à integridade física, b) Direito à integridade moral** – o alcance desta tutela é **amplo e diversificado**, protegendo tanto **a imagem, as criações intelectuais, quanto a voz da pessoa**. Em se tratando de tutela da imagem, vale destacar que tanto a imagem-retrato, fotografia ou qualquer outro modo de identificação direta da pessoa, quanto a imagem-reputação (conjunto de atributos pelos quais a pessoa é reconhecida na sociedade) são tutelados, **c) Direito à identidade** – este direito possui dois reflexos básicos: a faculdade de conhecer sua **ascendência genética** e o **nome civil**.

Comentário extra: Nestas questões surge uma clara discussão sobre a diferença entre *pessoa e sujeito* de direito. Trata-se de uma relação de espécie e gênero. Sujeito (gênero) é todo aquele ente ou entidade a que o Direito atribui capacidade para ter direitos e obrigações na ordem civil. A ele o sistema atribui a qualidade de se contrair obrigações, além de poder exigir o cumprimento de créditos que possua. Sendo proprietário, poderá, portanto, figurar nas mais diferentes relações jurídicas.

Não se pode, contudo, confundir sujeito com pessoa. Toda pessoa é um sujeito de direito, mas nem todo sujeito de direito é pessoa. **Personalidade** é um atributo entregue pelo Direito a certos entes que passam não apenas a poder exercer direitos e obrigações na órbita civil, mas se apresentam como pessoas, titulares especiais do universo privado.

Os entes **despersonalizados humanos** são os **nascituros**, visto que, apesar de ainda não serem pessoas (uma vez que a personalidade da pessoa natural só se inicia com o nascimento com vida – art. 2º CC), já têm eles direitos e até mesmo obrigações (de exigibilidade suspensa) na órbita civil.

Por sua vez, **os não humanos** abrangem a **massa falida**, o **espólio**, as **sociedades em comum** (designação do Código Civil para as *sociedades de fato* – que não possuem registro sequer iniciado – e para as sociedades irregulares – sociedades que não concluíram o trâmite registral apesar de já o ter iniciado), o **condomínio**, dentre outros. Estes entes, no mais das vezes, terão obrigações no contexto civil, mas muitos direitos lhe são proibidos (não podem solicitar falência, por exemplo).

A pessoa, assim, não é o único ente que pode ser titular de direitos e obrigações. Isto se dá por que o que qualifica um sujeito de direito não é a **personalidade,** mas sim a **capacidade de direito**,a aptidão genérica de ser titular de direitos e obrigações na órbita civil. Quando se é pessoa já se tem, **automaticamente**, capacidade de direito. Mas esta capacidade pode ser dada pelo Direito a quem ele assim aprouver.

Importante destacar ainda que o nome civil é um dos principais direitos da personalidade atualmente compreendidos no sistema. Ele é o elemento capaz de possibilitar o direito à identidade, a que um indivíduo tenha sua singularidade reconhecida por todos. Determina a denominação um critério de identificação do indivíduo, tanto na sociedade quanto em sua família.

Assim, não apenas se tem um nome, mas um direito ao nome, de modo que ninguém pode nascer sem que posteriormente que lhe seja atribuída uma identificação. O nome civil é composto por vários elementos, tanto essenciais quanto secundários, quais sejam:

Elementos essenciais:	**Prenome** – (ou nome individual ou nome próprio) – identifica o indivíduo na família; **Nome** – (ou patronímico, cognome, sobrenome ou apelido de família) – identifica o indivíduo na sociedade.
Elementos secundários (podem ou não compor o nome):	**Agnome** – partícula, componente do nome, utilizada para diferenciar parentes com mesmo nome, possibilitando que o nome completo seja diferente: Júnior, Filho, Sobrinho, Neto etc. **Alcunha ou Epíteto** – é o que vulgarmente se denomina apelido, baseado em características singulares ou especiais da pessoa, não se deve confundi-lo com os apelidos de família, que são o cognome ou sobrenome.
Nome vocatório	Ocorre quando uma parcela do nome (ou um apelido) vem a qualificar e identificar a pessoa, no mais das vezes se desconhecendo o real nome do indivíduo: Pontes de Miranda (Francisco Cavalcante Pontes de Miranda) etc.
Títulos nobiliárquicos ou honoríficos	(barão, duque, dentre outros); títulos eclesiásticos (padre, bispo, pastor, missionário etc.); identidades oficiais (promotor, defensor público, juiz, delegado etc.); títulos acadêmicos ou estudantis (doutor, mestre, especialista e outros mais).

C. ERRADO A questão se refere à Teoria da Pessoa. Tanto os *absolutamente* quanto os *relativamente* incapazes possuem **domicílio** legal (onde estiverem seus representantes), mas **não necessitam de residência obrigatória**. Esta diferença é sutil, mas muito importante, uma vez que o Código Civil não se ocupa de regulamentar a residência, mas apenas o domicílio).

Devem-se diferenciar os seguintes conceitos:

A. Domicílio: local jurídico e social da pessoa. É a fusão do requisito objetivo (**residência**) e o requisito **subjetivo** (desejo de se fixar no local – *animus manendi*) – sempre será necessária esta soma, assim, para que se possa mudar do domicílio é necessário exteriorizar tal desejo, comunicando às autoridades locais seu intento;

B. Habitação: localização temporária e esporádica da pessoa (um quarto de hotel para determinado período);

C. Residência: local em que a pessoa se encontra diuturnamente, tratando-se do suporte físico do domicílio.

Comentário extra: Incapacidades – O Direito deve se ocupar em proteger **certas pessoas**. Pessoas que, apesar de possuírem em sua totalidade a capacidade de direito, não tem, de forma temporária ou definitiva, meios físico-mentais para gerir sua existência sem que corram graves riscos.

Às pessoas que não podem, pelas razões reconhecidas pela lei, **gerir sua existência jurídica**, o Direito formulou a *Teoria das Incapacidades*, que regulamenta como reconhecer tais impossibilidades, como classificá-las e quais meios de realização de direitos por partes de tais pessoas.

Elas (as incapacidades) só podem ser oriundas de **duas fontes diretas**: **a sentença ou a lei**.

Veja-se que a **lei** sempre é **fonte indireta das incapacidades**, mas aqui se está a tratar de qual instrumento concreto reconhece a existência da incapacidade. Para os **indígenas,** na forma da Lei n. 6.001/73 (Estatuto do Índio), o sistema civil reconhece a necessidade de tutela sem qualquer intervenção prévia do Poder Judiciário.

Assim, todo índio é considerado incapaz, sendo tutelado pela Fundação Pública Federal competente (FUNAI). Atos praticados pelos silvícolas sem a devida assistência são considerados nulos – art. 8º – (a nulidade derivada da não assistência cria um problema sério ao se classificar o tipo de incapacidade do indígena, como se verá à frente). Para que o índio deixe de ser incapaz será necessária uma decisão do Judiciário que reconheça sua possibilidade de liberação do regime tutelar.

A outra forma de reconhecimento da incapacidade diretamente pela lei se dá em relação aos **menores** que até os 16 anos são considerados absolutamente incapazes e dos 16 aos 18 anos são tratados como relativamente incapazes. Nesse ponto não é necessária legislação especial que cubra o assunto, pois os absolutamente incapazes se encontram no art. 3º do Código Civil, enquanto os relativamente incapazes estão no art. 4º.

Aos menores a lei reserva um tratamento especial pois eles são automaticamente inseridos e retirados do sistema de proteção. Inseridos aos nascerem, retirados ao completarem as respectivas idades (**16 para deixarem de ser absolutamente incapazes e 18 para se tornarem plenamente capazes**). Além disso, somente eles podem se beneficiar de um atalho para a plena capacidade, o instituto da emancipação (que será visto mais a frente).

A **sentença** se apresenta como instrumento hábil para a proteção dos que são interditados. A **interdição é processo judicial**, com participação necessária do Ministério Público, que altera o estado da pessoa, logo, não pode correr à revelia, sendo obrigatória a nomeação de um curador do interditando durante o processo, sempre que o Ministério Público não puder exercer tal função (art. 1770 do CC).

As **causas de interdição** podem originar a incapacidade absoluta (CC, art. 3º, II e III) ou a incapacidade relativa (CC, art. 4º, II, III e IV).

Absolutamente incapazes: O primeiro grupo de pessoas que pode ser interditada e perder sua capacidade totalmente é o ***dos que, por enfermidade ou deficiência mental, não tiverem o necessário discernimento para a prática desses atos***. A enfermidade ou deficiência mental deve ser de tal monta que não reste ao judiciário outro caminho que não o de excluir totalmente a capacidade do interditando. Por isso, deve-se tomar cuidado com esta causa, visto que um enfermo mental pode ser considerado, em sentença, tanto absolutamente quanto relativamente incapaz. Somente o caso concreto irá determinar a extensão da incapacidade.

Ao lado destes, estão ***os que, mesmo por causa transitória, não puderem exprimir sua vontade***. O Código Civil possibilita que alguém que, por uma causa transitória ou não, esteja privado de sua consciência, possa ser interditado. É o caso patente do que se encontre **em estado de coma**. Ele poderá ser interditado, sendo considerado, por lógica, absolutamente incapaz, e terá nomeado um curador que o representará nos atos da vida civil, realizando direitos e cumprindo obrigações.

Relativamente incapazes: Chega-se aos relativamente incapazes mediante sentença. Os primeiros são ***os ébrios habituais, os viciados em tóxicos, e os que, por deficiência mental, tenham o discernimento reduzido***. Deve-se atentar para o que foi dito em relação aos problemas de natureza mental, visto que, por exemplo, um toxicômano que venha a sofrer um alto grau de debilidade mental, pode ser interditado como absolutamente incapaz e não apenas como relativamente incapaz. Mais uma vez vale frisar, nestas circunstâncias, será o caso concreto que irá determinar o grau de debilidade, se amplo aplica-se o CC art. 3º, II; se menor, o CC, art. 4º, II.

Segue-se pelos relativamente incapazes e tem-se agora ***os excepcionais, sem desenvolvimento mental completo***. Eles, os excepcionais, não se confundem com os casos já tratados, pois o Código se ocupou de classificar cuidadosamente os que tenham, por exemplo, Síndrome de Down ou Autismo, visto que com os atuais caminhos terapêuticos nem sempre será necessária a interdição e se esta se der por forçosa, será possível a perda parcial da capacidade (sendo, assim, relativamente incapaz).

Por fim, chega-se aos **mais relativos dos relativamente incapazes**, os **pródigos**. Pródigo é aquele que gasta seu patrimônio de forma desregrada, pondo em risco seu sustento e o de sua família. Aqui o Estado intervém na vida privada para evitar problemas de cunho social. O pródigo somente será incapaz de assuntos de ordem patrimonial, podendo realizar todos os outros atos que não criem diretamente efeitos patrimoniais.

Comentário Extra 2: Domicílio: Trata-se de um vínculo jurídico especial estabelecido em relação ao local em que se estabelece a residência habitual. **Abrange as relações sociais e jurídicas** de uma pessoa, do que decorre a possibilidade de que se tenha mais de um domicílio. Não existe, no Brasil, **possibilidade de que uma pessoa não possua domicílio** (lembrando que as pessoas jurídicas têm sede, que é o mesmo conceito, apenas com outro nome), **pois mesmo o que não possui pouso certo será considerado domiciliado onde for localizado** (e para fins processuais, onde for acionado).

Espécies de domicílio:

a) Domicílio de origem: primeiro domicílio de uma pessoa; coincide com o domicílio dos pais, visto que o incapaz recebe, legalmente, o domicílio de seus representantes;

b) Domicílio legal ou necessário: são formas especiais de domicílios apontadas pela Lei, art. 7º, § 7º da LICC e 76 do CC – podendo ser resumidos nas seguintes formas, nos termos da lei, "domicílio do incapaz é o do seu representante ou assistente; o do servidor público, o lugar em que exercer permanentemente suas funções; o do militar, onde servir, e, sendo da Marinha ou da Aeronáutica, a sede do comando a que se encontrar imediatamente subordinado; o do marítimo, onde o navio estiver matriculado; e o do preso, o lugar em que cumprir a sentença" (CC, art.76, parágrafo único).

Também possuem **domicílio legal** as pessoas jurídicas de direito público interno, pois o Distrito Federal é domicílio da União; as capitais, dos Estados; e em relação aos Municípios, o local onde funcionar sua administração;

c) Domicílio voluntário: trata-se do domicílio escolhido pela pessoa, não havendo impedimento mesmo que se trate de caso de domicílio legal. Assim, um funcionário público pode ter domicílio legal e um ou mais domicílios voluntários.

O domicílio voluntário, por vezes, é subsidiariamente substituído por um legal, como no caso do agente diplomático, que, "citado no estrangeiro, alegar extraterritorialidade sem designar onde tem, no país, o seu domicílio, poderá ser demandado no Distrito Federal ou no último ponto do território brasileiro onde o teve" (art. 77 do CC);

d) Domicílio de eleição – trata-se do local designado pelas partes para que se discutam questões advindas de uma relação contratual (art. 78 do CC).

D. ERRADO Esta questão busca um pequeno deslize do concursando, pois existe o não início do prazo de prescrição, mas isto não se aplica a todos os incapazes, apenas aos absolutamente incapazes. É o que determina o art. 198, I, ao determinar que não corre a prescrição contra os incapazes listados no art. 3º do Código Civil (os absolutamente incapazes). Os relativamente incapazes, contra quem correrão os prazos normalmente, estão listados no art. 4º do CC.

São três os artigos que tratam da suspensão (o prazo já iniciado para de correr, voltando de onde parou quando terminar a causa de suspensão) ou do impedimento (o prazo sequer inicia sua contagem) do curso dos prazos prescricionais, arts. 197, 198 e 199 do CC. São eles:

a) entre os **cônjuges**, na constância da **sociedade conjugal** (lembrando que sociedade conjugal não se confunde com vínculo conjugal. Este termina apenas com a anulação do casamento, com a morte de um – ou ambos – dos cônjuges, ou com o divórcio. Já aquela – a sociedade conjugal – além de poder terminar por força de qualquer das causas anteriormente listadas, também terminará se houver separação judicial ou extrajudicial – que não deixaram de existir no Brasil como bem entendido pela V Jornada de Direito Civil da CJF no Enunciado 514);

b) entre **ascendentes e descendentes**, durante o **poder familiar** (só os pais possuem poder familiar, e poderá ocorrer suspensão/destituição/extinção nos casos dos arts. 1.637 e 1.638 do CC ou no art. 24 do ECA). Para os fins desta obra vale a pena atentar que a condenação irrecorrível a pena de prisão superior a 2 anos é causa de suspensão do poder familiar (art. 1.637 do CC);

c) entre tutelados ou curatelados e seus tutores ou curadores, durante a tutela ou curatela;

d) contra os absolutamente incapazes;

e) contra os que estiverem **fora** do País em **serviço público** da **União (e territórios)**, dos **Estados** ou dos **Municípios**. E, por extensão lógica para os que estiverem a serviço do **Distrito Federal**.

f) contra os que se acharem servindo nas Forças Armadas, **mas apenas em tempo de guerra**. Atente-se que se não se tratar de tempo de guerra, mas houver o deslocamento do militar, pode ser aplicada a letra "e".

g) se o negócio estiver sob **condição suspensiva** (ainda não há efeitos sendo produzidos). A condição resolutória não implica qualquer alteração da prescrição, que corre normalmente;

h) não estando vencido o **prazo** para o pagamento;

i) pendendo **ação** de **evicção**.

Já as causas de interrupção (em que o prazo, uma vez terminada a causa, retorna a contagem do zero) estão nos arts. 202 a 204 do CC.

A prescrição atinge a **pretensão**. Pode ser **interrompida** (despreza-se o tempo transcorrido e a contagem recomeça do início), **impedida** (o prazo não se inicia) e suspensa (a contagem é estancada e reinicia ao final da causa suspensiva). Pode haver renúncia, desde que não prejudique terceiros e **somente** após escoado o prazo prescricional. Não podem os prazos de prescrição ser alterados pelas partes. Pode ser alegada, por quem aproveite, em qualquer grau de jurisdição, além de ser apontada ***ex officio*** **pelo magistrado**.

A decadência atinge o próprio DIREITO (a essência da relação jurídica). **Não se aplicam, salvo disposição legal, as normas sobre interrupção, suspensão e impedimento aplicáveis à prescrição** (lembre-se que existem exceções legais, como a do absolutamente incapaz). É nula a renúncia à decadência fixada em lei. Quando estabelecida em lei, o juiz deve reconhecer de ofício a decadência. Se for convencional, apenas a parte a quem aproveita pode alegá-la em qualquer grau de jurisdição; o juiz só pode reconhecer *ex officio* a decadência decorrente de lei.

E. CERTO O dano moral e material originados de um mesmo fato **são perfeitamente cumuláveis**, como expressamente estabelecido na **Súmula 37 do STJ**.

Não há como se discutir o liame de indenização sem que haja dano. Sem o prejuízo, seja moral ou material, não há importância em se discutir a responsabilidade civil. Não se olvide que responsabilidade pode existir sem dano, pois a conduta humana traz em si esta ideia, mas a responsabilidade civil, esta, só se apresenta na ocorrência de dano.

O dano indenizável surge da infração voluntária ou não a uma norma preexistente, decorrendo, sempre, de uma conduta, seja ilícita ou, em casos excepcionais, lícita.

Outro ponto de destaque é o fato de que não necessita ser o dano proveniente de uma agressão ao patrimônio, em sentido econômico, pois mesmo uma infração aos direitos da personalidade (arts. 11 a 21 do CC/2002) gera o direito a se requerer reparação ou indenização civil. Lado outro, não divergem dano moral e material pelo bem alcançado ou atingido, mas sim o efeito provocado pelo dano. Veja-se que uma batida em um veículo, que é direito de propriedade, vinculado ao patrimônio, pode decorrer um dano tanto material quanto moral, ou mesmo os dois.

Tem-se, por fim, que o dano deve existir, não importando o seu volume, pois mesmo o menor dos prejuízos importa no dever de indenizar.

São requisitos do dano: o interesse jurídico legítimo e a subsistência do dano, que não pode ter sido reparado pelo autor.

Perdas e danos: O dano material é classicamente restrito à noção de perdas e danos. Termo célebre, que se especifica sobre dois pilares:	Dano emergente:	Os danos efetivamente sofridos, demonstráveis por mera prestação de contas, os prejuízos que surgem, que flagram do ato. São também conhecidos como danos positivos.
	Lucros cessantes:	Apurados mediante técnicas periciais e de projeção, avaliando-se o que a vítima presumivelmente deixou de ganhar. Não se trata de dano eventual. São denominados danos negativos.

F. ERRADO **Responsabilidade civil**

Por fim, vale recordar que apesar de independentes, como ressalta o art. 935 CC/2002, as decisões no juízo criminal podem influenciar no juízo cível, caracterizando a *actio civile ex delicto*. Esta influência somente pode decorrer da certeza de autoria ou de materialidade. Restando insuficientes as provas, situação capaz de absolver no processo penal, poderá ser manejada ação civil para se buscar demonstrar o nexo causal entre a conduta e o dano.

Dano causado x **dano sofrido:** Vale ainda destacar que pode-se conceber responsabilidade por dois vetores. Um partindo do resultado (**dano** como **pressuposto**) outro do autor (**culpa** como **pressuposto**). Assim, se se concebe a Teoria Geral da Responsabilidade Civil como um meio de construção e instrumentalização de fatores de reparação, tem-se um sistema pautado na figura da vítima; lado outro, se se pauta na discussão de quem será ordenado a indenizar, foca-se o autor.

G. ERRADO **Prisão Civil**

Ao tempo da prova, **quando ainda era possível a decretação da prisão civil de depositário infiel** (visto que, como dito acima, a Súmula vinculante 25 pacificou o tema, gerando assim possibilidade de Reclamação junto ao **STF** em caso de decisão que agrida a referida súmula), encontrava-se incorreto o enunciado uma vez que é contrário ao art. 7º da Lei n. 8.866/94, que determina, *in verbis*: "Art. 7º. Quando o depositário infiel for pessoa jurídica, a prisão referida no § 2º do art. 4º será decretada contra seus **diretores**, **administradores**, **gerentes** ou **empregados** que movimentem recursos financeiros isolada ou conjuntamente."

5.

A. ERRADO Conforme o art. 44 do Código Civil, são pessoas jurídicas de direito público interno a União, os Estados, o Distrito Federal e os Territórios, os Municípios, as autarquias, inclusive as associações públicas e as demais entidades de caráter público criadas por lei. Os órgãos, como é cediço em Direito Administrativo, são unidades de competências e atribuições, sendo destituídos de personalidade jurídica (por eles respondem a pessoa jurídica à qual estão atrelados como parte e todo). Como a lei que converteu o DETRAN apresentado na questão em autarquia não mencionava sua data de entrada em vigor, a ela se aplica a LINDB, que determina que a *vacatio legis* será de 45 dias (art. 1º, § 1º da LINDB). Assim, ao tempo da conduta do agente, 15-4-2004, o DETRAN ainda era um órgão da Administração Pública Direta.

Comentário extra: ***Vacatio legis*****:** trata-se do período de suspensão dos efeitos de uma norma que, não sendo apontado em seu corpo, será de 45 (quarenta e cinco) dias para a vigência interna e de 3 meses para os brasileiros que estiverem fora do Brasil. A correção de texto de uma norma, **antes de sua entrada em vigor**, promove o reinício de sua contagem. **Se ela já estiver em vigor**, considera-se a correção lei nova.

Os prazos assinalados em uma norma para seu início de vigência **incluem o dia de início** (**publicação**) e **o dia de término,** passando a lei a ter plena vigência no dia subsequente ao do cômputo total do prazo (art. 8º, § 1º, da Lei Complementar n. 95/98).

B. ERRADO **Teoria das Pessoas**

O Registro em Cartório de Registro Civil de Pessoas Naturais é essencial à eficácia das escrituras de emancipação (art. 9º, II, CC e art. 91, parágrafo único da Lei n. 6.015/73). A necessidade de registro para a produção de efeitos se aplica tanto às emancipações efetivadas pelos pais quanto às determinadas pelos juízes (aplicáveis quando solicitada a emancipação pelos tutores).

Emancipação é instituto jurídico de concessão da plena capacidade **civil antes da maioridade**. Só se aplica aos que possuem incapacidade derivada do elemento temporal (menores). As causas estão elencadas no art. 5º, devendo-se fazer as seguintes observações:

– Os pais **podem emancipar** os menores de 18 anos e maiores de 16 anos apenas se **dirigindo ao Ofício Cartorial**, mediante extração de certidão de emancipação e necessário registro, no Cartório de Registro Civil das Pessoas Naturais. **Mesmo emancipado**, o menor ainda cria vínculo de responsabilidade para seus pais, que responderão subsidiariamente pelos prejuízos causados por aquele.

– Os tutores **apenas solicitam a emancipação**, que será determinada pelo Juiz.

Estas causas são chamadas voluntárias. Existem causas legais como o casamento (lembrando que se emancipa pelo casamento e não para o casamento), o estabelecimento civil ou empresarial com economia própria ou a relação de emprego que garanta a sobrevivência, a colação de grau em curso superior e o exercício de emprego público efetivo (hoje, para isso, é necessária a idade de 18 anos, quando já será maior a pessoa).

A emancipação, em qualquer de suas formas, é **irrevogável**. Mas isso não quer dizer que o ato que lhe deu origem não seja **anulável**. Sendo determinada a anulação do ato, salvo o casamento putativo (casamento nulo ou anulável em que ao menos um dos cônjuges está de boa-fé – produzirá efeitos para o que assim estiver), **desfaz-se a emancipação**, por **ausência de causa**.

C. ERRADO **Prisão Civil**

A Lei n. 8.866/94 não trata de todos os tipos de depósito, relação esta regulada genericamente pelo Código Civil. No caso apresentado na questão não se aplica a referida lei, que determina e qualifica como "depositário da Fazenda Pública, observado o disposto nos arts. 1.282, I, e 1.283 do Código Civil, a pessoa a que a legislação tributária ou previdenciária imponha a obrigação de reter ou receber de terceiro, e recolher aos cofres públicos, impostos, taxas e contribuições, inclusive à Seguridade Social."

Vale recordar que, como já observado acima, não é mais cabível a prisão civil do depositário infiel, por força da Súmula Vinculante 25.

Comentário extra: O contrato é convenção, um acordo entre, pelo menos, duas partes (não existe contrato em que figure uma única parte), incluída entre os negócios jurídicos bilaterais e que visa constituir, modificar ou extinguir direitos. Um contrato é um negócio jurídico por que às partes é dada a possibilidade de buscar na lei os efeitos desejados para a efetiva satisfação dos envolvidos (as partes "negociam" com a lei, buscando os efeitos que desejam). O **acordo** que põe fim a uma relação contratual, é chamado **distrato**. Quando qualquer das partes tem a faculdade de extinguir a relação, apenas com sua vontade, é denominado **denúncia**.

Os contratos possuem elementos subjetivos e objetivos:

Elemento subjetivo: toda relação contratual necessita, **obrigatoriamente**, de um mínimo de **duas partes**, daí se afirmar que **todo contrato é bilateral em sua gênese – formação** – (**podendo ser bilateral ou unilateral em sua funcionalidade – efeitos**). Assim, um mútuo é bilateral em sua gênese (tem duas partes) e unilateral em sua funcionalidade (separa direitos para uma parte e deveres para a outra). **Parte não se confunde com pessoa**. Cada parte pode ser composta por mais de uma pessoa.

Elemento objetivo: o objeto **imediato** de um contrato, por ser este uma espécie de **obrigação**, envolve um **dar, um fazer ou um não fazer**. **Mediatamente**, os contratos terão por **objeto** os **bens da vida** (uma casa em uma compra e venda, um valor em dinheiro no contrato de seguro etc.).

Ao lado desses dois elementos, unindo-os, figura o nexo ou **liame jurídico**, que estabelece o conjunto de direitos e deveres das partes.

D. ERRADO Os veículos automotores, por possuírem numeração única de CHASSI, são considerados bens infungíveis, ou seja, não podem ser substituídos por outro de mesma qualidade. **A fungibilidade** é uma característica dos bens baseada na possibilidade de troca/substituição – se um bem possui características naturais, pessoais, históricas, sentimentais ou obrigacionais que o tornam único, trata-se de um **bem infungível**.

A **infungibilidade**, assim, pode decorrer: **da natureza e da volição (vontade).** É assim que bens aparentemente fungíveis passam a infungíveis. Uma nota de um real não é infungível, mas a nota de um real dada a você por seu avô no leito de morte torna-se infungível pela vontade (**razões pessoais**).

A classificação como fungíveis/infungíveis somente se aplica ao bens **móveis**, pois, **para a lei**, todos os **imóveis** são **infungíveis**. As **obrigações de fazer** também podem ser **fungíveis** ou **infungíveis**, sendo essas últimas comumente chamadas de **personalíssimas**, pois só podem ser executadas pelo devedor (pintura de um quadro por renomado artista).

Comentário extra: Os bens são os objetos mais comuns das relações jurídicas. Tanto assim que o crédito, envolva ele qualquer dar, fazer ou não fazer, é um direito e, logo, um bem.

O **conjunto** de **todos** os **bens**, direitos e deveres (atenção – os deveres também fazem parte do patrimônio) de uma pessoa é o **patrimônio**, do que se perceber ser de extrema dificuldade imaginar alguém (pessoa) que não tenha patrimônio (atente-se, contudo, que não existe dispositivo legal que imponha a todos um patrimônio), **sendo isto uma construção jurídico-doutrinária**. É importante analisar as demais classificações dos bens.

Móveis ou imóveis: Bens podem ser móveis ou imóveis por diversos fundamentos. **Primeiramente** deve-se ter em mente o critério **econômico-funcional**. Se um bem pode ser deslocado de seu atual local sem prejuízo ao seu valor econômico ou à sua função, trata-se de um **bem móvel**. Do **contrário**, será **imóvel**. Existem, contudo:

- **Bens móveis por determinação legal:** são presunções legais; nesse aspecto são móveis as energias, os direitos pessoais e as ações que lhes asseguram (uma ação de indenização é, assim, móvel).

Qualquer bem ou **direito** pode ser classificado como **móvel** ou **imóvel** e todos os direitos e ações que recaiam sobre bens móveis (uma bicicleta é móvel, o direito de propriedade sobre ela é móvel e a ação reivindicatória é móvel também).

- **Bens móveis por antecipação:** todo imóvel objeto de uma relação jurídica obrigacional (contrato, por exemplo) que vise esse bem num futuro quando ele for mobilizado (uma floresta cujo objeto de contrato é a madeira) será considerado, para o contrato, móvel. Logo, não há necessidade de escritura pública ou de outorga conjugal (se não houver outro requisito legal).
- **Bens imóveis por determinação legal:** assim como existem móveis presumidos por lei, também há imóveis oriundos de presunção. A herança (e o direito à sucessão aberta) e os direitos e ações que recaem sobre bens imóveis (uma casa, o direito de posse sobre ela e a ação possessória são imóveis) constituem esta classe.
- **Bens imóveis por acessão física:** qualquer bem que se agregar a um imóvel principal será imóvel também (mesmo que transitoriamente). Assim, as estátuas de um jardim são imóveis por acessão física.

Divisíveis ou indivisíveis: são bens que podem ser fracionados sem perda da função socioeconômica; a indivisibilidade pode decorrer da vontade ou da lei, e não apenas da natureza do objeto.

Consumíveis ou inconsumíveis: a primeira noção que nos passa é a da consuntibilidade de fato ou natural, em que o uso normal do bem importa em sua destruição imediata. Existe, porém, a consuntibilidade jurídica em que um bem é disponibilizado para alienação, o que o torna consumível durante este período.

Bens relativamente considerados: além dos **bens individualmente considerados** (mobilidade, fungibilidade e consuntibilidade), existem classificações que necessitam de um vínculo entre bens determinados, ou seja, considera-os de forma **relativa**. Portanto, esta classificação somente poderá ser indagada **se houver mais um bem**, apresentado de forma vinculada a outro, gerando os bens principais e acessórios.

Principais e acessórios (*"o acessório segue o principal"*): um bem que não necessite do outro para sua existência funcional é um bem principal ("bem cuja existência não pressupõe a existência de nenhum outro). Se, do contrário, necessitar do outro bem para sua existência funcional, existirá um bem acessório ("cuja existência pressupõe a do principal"). Desta classificação surgem categorias importantes:

- **Frutos:** são todos os acessórios que surgem do bem principal e a sua percepção (colheita) não afeta a substância do bem a que se vincula – são, assim, energias renováveis produzidas pelo principal. São **espécies** de frutos: 1. Frutos **colhidos** ou percebidos (já foram separados do principal); 2. Frutos **pendentes** (ainda não percebidos por que não estão preparados para tanto); 3. Frutos **percipiendos** (não foram ainda colhidos, mas já estão prontos para serem); 4. Frutos **antecipados** (foram colhidos antes do momento correto) e 5. Frutos **estantes** (frutos colhidos e armazenados, levando-se em consideração que armazenar é um termo físico, os juros agregados ao capital e mantidos na conta poupança são frutos estantes).
- **Produto:** diferentemente dos frutos, são acessórios provenientes do bem principal que, uma vez colhidos, provocam a redução do mesmo. O principal sofre constante redução (ou se desfaz de imediato). Existem produtos naturais (como os recursos minerais, ouro, petróleo etc.) e civis (como a antiga correção monetária – hoje não mais aplicada às cadernetas de poupança – que origina a tabela de correção dos Tribunais).
- **Pertença** (antiga classe dos imóveis por acessão intelectual – que não existe na sistemática do CC/2002): é a classe mais interessante, pois estão destinadas ao aformoseamento, utilidade e melhoria do bem principal. Observe que são uma espécie determinada de bens, que não seguem o principal (se houver negócio jurídico que envolva o bem principal, deverão ser englobadas pontualmente as pertenças, sob pena de em relação a elas não produzir efeitos o referido negócio).

Comentário extra: Vale destacar que o registro no DETRAN é formalidade administrativa, que não é essencial para a transferência da propriedade do veículo, o que se pode observar na redação da **Súmula 132 do STJ**. Eventual registro tanto no DETRAN quanto no Cartório de Títulos possibilita a oposição frente a terceiros (**Súmula 489 do STF**), mas não é, como dito, requisito de validade para a transferência da propriedade que se faz pela tradição do Recibo de Propriedade assinado.

E. CERTO A classificação apresentada para o contrato de compra e venda está em acordo com o que doutrina e lei estabelecem para essa forma de negócio jurídico. É **bilateral** por que produz direitos e deveres para ambas as partes; **comutativo**, porque há relação entre o que se paga e o que se recebe, havendo uma previsão justa para os pagamentos das partes (sei previamente o que me será dado e quanto – ou o que – pagarei por isso); *intervivos* por que destinado a produzir efeitos quando da vida das partes (negócio jurídico *causa mortis* ocorrem nos testamentos); **receptício**, uma vez que a vontade de uma parte é direcionada à outra, necessitando desta para produzir seus efeitos; **condicionado**, porque o não pagamento implicará o desfazimento do negócio, como afirmado na questão.

Comentário extra: Aprofundando as classificações apresentadas:

Unilaterais e Bilaterais: esta classificação se refere **à execução dos contratos** (ou fase funcional), pois, como já visto, os **contratos em sua origem só admitem ser bilaterais**. Quando de sua **funcionalidade**, o contrato pode apresentar **direitos e deveres para ambas ou para apenas uma das partes**. Se apresentar direitos e deveres para ambas as partes será **bilateral** (como o contrato de mandato); do contrário, será **unilateral** (como o mútuo comum).

Deve-se atentar que existem contratos que **normalmente devem se desenrolar como unilaterais**, mas podem ocorrer fatos que os tornem bilaterais imperfeitos, como o contrato de depósito na forma do art. 643. Logo, **bilateral imperfeito é** o contrato unilateral que, em razão de acontecimento extraordinário, se torna bilateral, criando direitos e deveres para ambas as partes

Onerosos e gratuitos: gratuitos são os contratos em que a carga de ônus recai sobre apenas uma das partes, ficando a outra com todos os benefícios. Assim, existe uma redução patrimonial para um enquanto outro apenas aproveita um incremento econômico.

Não existe relação entre as duas classificações apresentadas. Sendo um contrato unilateral não se pode afirmar que sempre ele será gratuito (o mútuo feneratício – empréstimo com juros – é unilateral mas é oneroso). Assim também, um contrato bilateral nem sempre será oneroso (o mandato é bilateral e, em regra, gratuito).

Comutativos e Aleatórios: comutativo é o contrato em que **há correspondência entre o que se paga e o que se recebe** e **desta correspondência as partes já têm ciência desde o momento em que celebram o acordo**. Aleatório é **o contrato em que pode ocorrer variação no que se paga e/ou no que se recebe**. Assim, no início da avença as partes não sabem quanto irão receber ou quanto irão desembolsar. Com isto, eventual desigualdade entre o que se pagou e o que se recebeu, se compreendida dentro da álea (aleatoriedade contratual), não importará qualquer nulidade ou prejuízo ao acordo.

DIREITO CIVIL

Há duas formas de contratos aleatórios:

Emptios pei (compra da esperança): art. 458 do CC	Nessa forma de contrato aleatório, **a parte que compra a esperança aceita que o bem adquirido venha em qualquer quantidade, mesmo que nada venha**. É o caso do seguro, quando se paga o prêmio aceita-se que nada se venha a receber, caso não ocorra sinistro. A álea recai sobre a existência da coisa.
Emptio rei (spei) speratae (compra da coisa esperada): art. 459 do CC	Já nessa forma há necessidade de que venha em favor do adquirente alguma quantidade (predeterminada) da coisa adquirida. Assim, haverá pagamento (e somente haverá) **se a coisa for entrega e, pelo menos, uma quantidade mínima estabelecida**. A álea recai sobre a quantidade da coisa adquirida.

Contratos de execução imediata, de execução diferida e de trato sucessivo: a normal execução de um contrato é a imediata ou instantânea. Uma vez ocorrido o acordo é normal que ele se solucione no mesmo instante (você vai a uma lanchonete, pede uma bala e paga).

Mas existem contratos que **podem prolongar sua execução no tempo**, por que envolvem **prestações que vão se repetir por determinado** (ou mesmo indeterminado) **prazo**, conhecidos como contratos de trato continuado. Há, ainda, contratos que **serão quitados em parcelas ou em pagamento único**, mas cujo **adimplemento deverá ocorrer em tempo distante em relação à formação contratual** (o famoso, 30, 60 e 90, como exemplo). Esses são contratos de execução diferida.

Contratos consensuais, formais e reais: os contratos podem ser formar com a simples fusão de vontade, sendo assim contratos meramente consensuais – exemplo temos na compra e venda, art. 481 do CC; podem necessitar uma forma específica – como a doação, art. 541 do CC –, tanto a escrita ou, em situações mais excepcionais, a escrita pública. Veja que os contratos formais que exigem forma pública são exceções, conforme se pode verificar no art. 108 do CC. Por fim, os contratos reais envolvem a entrega da coisa como necessária à sua formação. No contrato de mútuo, enquanto não for entregue a coisa fungível (dinheiro, por exemplo) não está formado o contrato. Daí estas espécies de contratos não admitirem promessas ou pré-contratos (veja-se, como exem plo dessa espécie o comodato, art. 579 do CC).

A classificação em receptícios e não receptícios da vontade não se aplica aos contratos, mas sim aos negócios jurídicos (estes abrangem os contratos, os testamentos e os atos unilaterais). Quando receptício, o negócio jurídico requer a adesão da vontade alheia para produzir efeitos (contratos, por exemplo). Se for não receptício (confissão de dívida, promessa de recompensa, etc.) não requer uma adesão à vontade do emissor, pois já produz efeitos desde a declaração.

Visando explorar contratos que poderão ser objeto do concurso para a polícia federal, são apresentadas características de alguns acordos mais comuns e que podem gerar consequências penais (o que lhes dá interesse para o concursando):

COMPRA E VENDA	
Conceito	Trata-se de avença em que uma parte deseja adquirir uma coisa (bem **tangível, coisa**, de **existência concreta** – a aquisição de direitos se regula pela **cessão de crédito**), denominada comprador, de outra, que deseja a obtenção de um valor, denominada vendedor.
Características	Contrato **bilateral funcional**, em **regra comutativo** (podendo, excepcionalmente, aleatório) e **oneroso**.
Detalhes	a) tem como principal efeito a **transmissão** da **propriedade**; b) envolve uma **obrigação de dar**; c) se apenas uma das partes tiver domínio sobre a fixação do preço, o contrato será **nulo**; d) **se não houver consentimento** de todos os descendentes (e respectivos cônjuges), **será anulável a compra e venda entre ascendente e descendente**; e) é lícita a compra e venda entre cônjuges, **desde que não se refira a bens que estão em comunhão**; f) os riscos da coisa correm por conta de seu proprietário, até que ocorra a transmissão (excetua-se o disposto no art. 524, pois na compra e venda com reserva de domínio os riscos não correm por conta do proprietário, mas sim por conta do adquirente, assim que ocorre a transferência de posse – veja que a propriedade, nessa forma de compra e venda, só será transmitida com o pagamento integral do preço); g) **troca ou permuta** é uma forma contratual derivada da compra e venda, aplicando-se a ela as disposições referentes à tal forma, ressalvados dois pontos: a troca entre ascendentes e descendentes para ser anulável deve ser de valores desiguais e os custos (entrega e transferência) serão divididos igualmente, ressalvada disposição das partes em contrário; h) **retrovenda** – esta cláusula dá ao vendedor de coisa imóvel o direito de recobrá-la, dentro de um prazo máximo de 3 anos. O vendedor original tem direito de buscar judicialmente o bem, mesmo contra o terceiro adquirente, e o seu direito é cessível a terceiros e transmissível aos herdeiros; i) **preempção ou preferência** – esta cláusula dá direito ao vendedor original ter preferência no caso de o comprador original desejar vender da coisa. Perdura, para móveis, durante seis meses e para imóveis, dois anos; j) **venda com reserva de domínio** – nesta modalidade, o comprador somente adquirirá a propriedade com o pagamento integral das parcelas, pois o vendedor, apesar de haver transferido a posse (entregou a coisa), reservou para si o domínio; l) **venda sobre documentos** – aqui, apenas a tradição da coisa é simbolização por um conjunto de documentos, o que pode-se observar na entrega de um *ticket* que dê acesso à coisa depositada, por exemplo.

DOAÇÃO	
Conceito	Nesta forma contratual um doador transfere a propriedade de bem móvel ou imóvel para um donatário.
Características	Contrato **gratuito** (baseado em uma liberalidade, mas podendo ter modulação de efeitos através de encargo), **unilateral funcional** e **formal** (art. 541). **Excepcionalmente este contrato pode ser real**, desde que ocorra a tradição imediata de coisa de pequeno valor (art. 541, parágrafo único, do CC).
Detalhes	A) a doação **deve ser aceita**, mas existem **regulamentações específicas**. Assim, a doação feita ao **nascituro** será **aceita** pelo seu **representante legal** (art. 542) e se feita a **absolutamente incapaz** e for **pura** e **simples**, será **dispensada aceitação**; B) a doação feita de ascendente a descendente é considerada **adiantamento** de **legítima (exceto se determinar o ascendente que a doação saiu de sua parte disponível)**, assim também a de um cônjuge ao outro em relação aos bens excluídos da meação; c) é possível ao doador determinar que os bens voltem ao seu patrimônio caso sobreviva ao donatário, isto é chamado de **cláusula de reversão** e cria uma **sucessão anômala** (porque os bens não vão seguir a ordem de vocação do art. 1.829); C) a doação a entidade futura caducará em dois anos se ela não for constituída; D) as doações podem ser revogadas por ingratidão (quando o donatário, por exemplo, atenta contra a vida do doador – casos no art. 557) ou por encargo não cumprido, observe-se que nem toda doação pode ser revogada por ingratidão, na forma do art. 564 ("I – as doações puramente remuneratórias; II – as oneradas com encargo já cumprido; III – as que se fizerem em cumprimento de obrigação natural; IV – as feitas para determinado casamento").

CONTRATO ESTIMATÓRIO	
Conceito	Nesse contrato o consignatário recebe bens do consignante para vender, tendo a possibilidade de devolvê-los. Para facilitar a compreensão é comum em festas de fundos de formaturas o recebimento de bens (bebidas, por exemplo) que, se não forem vendidos, serão restituídos.
Características	Contrato **bilateral**, **comutativo**, **oneroso**.
Detalhes	A coisa consignada se torna um patrimônio afetado, pois "O consignante não pode dispor da coisa antes de lhe ser restituída ou de lhe ser comunicada a restituição" e "a coisa consignada não pode ser objeto de penhora ou sequestro pelos credores do consignatário, enquanto não pago integralmente o preço" (arts. 536 e 537 do CC).

LOCAÇÃO DE COISAS	
Conceito	Na locação o locador se obriga ceder ao locatário, por tempo determinado ou indeterminado, o uso e a fruição de coisa infungível, de forma onerosa. Veja-se que este contrato não se aplica à locação de imóveis urbanos regulamentados pela lei de locação (Lei n. 8.245/91).
Características	Contrato **oneroso**, **bilateral**, **consensual**, de **trato sucessivo**.
Detalhes	A) neste contrato, de natureza consensual, a parte locadora se compromete à entrega do bem (ocorre transferência de **posse**, sendo o **locador possuidor indireto** e o **locatário**, **possuidor direto**), logo é possível um contrato preliminar de locação; B) se a locação for por tempo certo, o pedido antecipado do bem irá provocar por parte do locador o pagamento de perdas e danos, além da multa prevista no contrato. Enquanto isto não se der, tem direito de retenção o locatário; C) esta forma contratual, se determinada a certo tempo, não necessita de notificação ao locatário para que restitua a coisa, o prazo "interpela o homem", mas se ele continuar na

DIREITO CIVIL

LOCAÇÃO DE COISAS	
Detalhes	posse sem contestação do locador, entender-se-á prorrogada por tempo indeterminado a locação; D) locador ou locatário vierem a falecer, será transmitido aos herdeiros este direito, se a locação for por tempo determinado.

DEPÓSITO	
Conceito	O depositário assume a responsabilidade de guardar um objeto móvel do depositante, até que este, *ad nutum*, requeira a devolução.
Características	Contrato **real** e **gratuito** (em regra, pois se as partes ajustarem ou o depósito se praticar por profissão ou mercancia, poderá ser **remunerado**).
Detalhes	A) existem duas formas de depósito – o de coisas **infungíveis**, denominado regular e o de coisas **fungíveis**, denominado **irregular**; B) a embalagem ou receptáculo do bem dado em depósito não pode ser violada; C) se o bem foi depositado em interesse de terceiro, é necessária a ciência deste para a entrega do bem; D) se a coisa se tornar contenciosa (houver qualquer disputa sobre ela ou for de origem suspeita) o depositário deverá entregar a coisa em Depósito Público; E) o depósito pode ser voluntário se decorre da vontade das partes ou necessário se for oriundo de obrigação legal ou por época de calamidade pública; F) interessante notar que a bagagem dos viajantes ou hóspedes que restarem são equiparadas a depósitos necessários; G) o depósito necessário não é presumido gratuito.

MANDATO	
Conceito	Por este contrato uma parte (mandante) concede a outra (mandatário) poderes para realizar atos ou administrar interesses. Fisicamente, quem pratica o ato é o mandatário; juridicamente, o mandante.
Características	Contrato **personalíssimo**, **consensual** (deve-se atentar para a aderência de forma, pois a procuração – instrumento do contrato de mandato – deve ter a forma do contrato final que será realizado – para celebrar uma escritura pública, mandato por instrumento público), em **regra gratuito** (admitindo a forma onerosa) e **bilateral**.
Detalhes	A) o menor, relativamente incapaz (maior de 16, menor de 18), pode ser mandatário, mas não pode ser mandante (art. 666 do CC); B) não cabe mandato em atos personalíssimos ou existenciais como testar; C) os poderes de um mandato envolvem, em regra, apenas a administração. Para poder alienar, gravar de ônus, transigir ou realizar qualquer ato além da mera administração, é necessário que o instrumento contenha expressamente tais poderes; D) o mandatário tem direito de retenção para obrigar ao mandante o pagamento do que é devido em razão do mandato; E) todos os atos praticados pelo mandatário além dos poderes que lhe forem conferidos, estarão subordinados à gestão de negócios, enquanto não ratificados pelo mandante; F) é proibida a compensação, por parte do mandatário, dos prejuízos que causou com os lucros que obteve; G) em regra é possível o substabelecimento (que gera responsabilidade para o procurador sempre que aquele que o substituiu proceder com culpa), salvo menção expressa de proibição;

MANDATO	
Detalhes	H) muita atenção para o mandato "a meio caminho", conforme o art. 674 do CC, pois "Embora ciente da morte, interdição ou mudança de estado do mandante, deve o mandatário concluir o negócio já começado, se houver perigo na demora"; I) o mandato se extingue: "I – pela revogação ou pela renúncia; II – pela morte ou interdição de uma das partes; III – pela mudança de estado que inabilite o mandante a conferir os poderes, ou o mandatário para os exercer; IV – pelo término do prazo ou pela conclusão do negócio."

TRANSPORTE	
Conceito	Neste contrato uma parte (o transportador) se obriga a levar o passageiro ou coisa de um a outro determinado lugar, mediante pagamento. Carona não gera contrato de transporte (conforme se observa do art. 736 do CC). Qualquer dano provocado ao caroneiro, estará submetido à responsabilidade extracontratual.
Características	Contrato **bilateral**, **oneroso** e **consensual**.
Detalhes	A) no transporte de pessoas, não chegando o viajante ao destino, inadimpliu o transportador com o que lhe cabia; B) o contrato pode (não é requisito de validade) ser **instrumentalizado** – modo mais comum, **bilhete de passagem**; C) é ineficaz cláusula que afaste a responsabilidade do transportador; D) a conduta culposa de terceiro não elide a responsabilidade do transportador (atente-se para a discussão jurisprudencial acerca do fortuito interno e externo), que deverá indenizar o passageiro-vítima e regredir contra o terceiro-agressor; E) a coisa transportada deve ser especificamente discriminada, de modo a não se confundir com outras; F) esta forma contratual possibilita ao transportador emitir um título denominado "conhecimento de transporte" estudado na teoria dos títulos de crédito; G) as bagagens estão atreladas ao transporte de pessoas, pois seguem com elas.

FIANÇA	
Conceito	Neste contrato um terceiro se compromete a arcar com o pagamento de determinada obrigação contraída pelo devedor (assume uma responsabilidade sem débito).
Características	Contrato **unilateral**, em **regra gratuito**, **formal** (tem de ser escrito), **personalíssimo** e **acessório** (está vinculado a um mútuo ou outro contrato que necessite de uma garantia – como a locação).
Detalhes	A) na fiança, garantia pessoal, a garantia dada alcança todo o patrimônio do fiador, mas não vincula nenhum bem de forma real ou gera privilégio de execução; B) não se pode interpretar extensivamente uma fiança dada; C) a fiança não requer participação do devedor, podendo ser estipulada entre credor e fiador diretamente; D) se não houver limitação, a fiança abrange todos os acessórios da dívida principal; E) em regra, tem o fiador o "benefício de ordem", pois primeiro deve-se buscar o pagamento no patrimônio do devedor, e só depois no do fiador;

FIANÇA	
Detalhes	F) uma fiança sobre uma obrigação nula é nula também, exceto se a nulidade decorrer apenas da incapacidade do devedor; G) a fiança gera solidariedade entre os fiadores, salvo adoção do "benefício da divisão"; H) se um dos fiadores for insolvente, sua cota será redistribuída aos demais; I) se o credor paralisar injustamente a execução já iniciada contra o devedor, o fiador pode dar nela andamento; J) em fianças por prazo indeterminado o fiador pode se exonerar, ficando responsável durante 60 (sessenta) dias após a notificação de retirada feita ao credor; K) a obrigação decorrente da fiança passa aos herdeiros, dentro das forças da herança; L) o fiador pode opor suas exceções pessoais ao credor, além das que forem do devedor e puderem promover a extinção do débito/responsabilidade; M) o fiador fica exonerado se o atraso na execução (depois de requerido o benefício de ordem – neste caso, benefício de excussão), sempre que o atraso possibilitar a insolvência do devedor; N) é anulável a fiança prestada sem consentimento conjugal, na forma do art. 1.647 do CC (recorde-se que o consentimento não é exigido no regime de separação total), sendo o prazo de 2 (dois) anos, contados a partir da dissolução da sociedade conjugal (separação, anulação, divórcio ou morte).

F. ERRADO A legitimidade da alienação é garantida pela proteção da **evicção**. Sempre que alguém vier a perder a propriedade de um bem em razão de uma **sentença judicial** cuja causa é anterior à aquisição, o alienante deverá ressarcir os prejuízos advindos desta situação ao adquirente.

Note, a alienação é o ponto determinante para este instituto. Se a causa for a ela anterior não haverá evicção, mas, mesmo sendo a sentença posterior à alienação, em sendo a causa anterior, haverá evicção. A evicção abrange, salvo disposição em contrário: indenização integral do que pagou; indenização dos frutos que tiver sido obrigado a restituir; indenização pelas despesas dos contratos e pelos prejuízos que diretamente resultarem da evicção; indenização das custas judiciais e dos honorários do advogado por ele constituído. O preço é sempre o do momento em que ocorreu a evicção.

A evicção faz parte dos sistemas de garantias dos contratos, sendo uma **garantia jurídica contratual.**

São requisitos da evicção:

- Contrato oneroso
- Perda por sentença
- Causa anterior à aquisição

Efeitos da evicção:

- Se for perda total, reclamará o valor da coisa.
- Se a perda for parcial poderá optar pelo desfazimento ou pelo abatimento.

Comentário extra: Cuidado com o art. 449 do CC. Ele pode levar a crer que é possível afastar a garantia contra a evicção. **O que se pode é apenas reduzi-la ao limite do valor da coisa, a parte irá afastá-la, mas haverá uma indenização residual.** Mas isso só ocorrerá se o adquirente não tinha ciência do risco ou se sabendo dele, não o assumiu. Do contrário, continua havendo responsabilidade pela evicção.

Comentário extra: Além das garantias jurídicas existem garantias físico-jurídicas, como a proteção em face de vícios redibitórios. Os vícios redibitórios possibilitam à parte que venha a adquirir um bem com defeitos parciais ou totais, efetivar a redibição (desfazimento, anulação) do acordo, se se tratar de um **contrato comutativo**. À parte vitimada são dados dois caminhos possíveis: o da **redibição (desfazimento)**, através da ação redibitória, ou pedir o **abatimento** no valor pago (e consequente devolução do *quantum*) através da ação estimatória ou *quanti minoris*, todas as ações aqui citadas tem prazo de

30 dias para coisas móveis e de um ano para as imóveis (sendo que o prazo para a **redibitória** tem natureza **decadencial** e para a ***quanti minoris*** é **prescricional**). Se já estava na posse do bem os prazos se contam pela metade, a partir da alienação. Se os vícios forem de difícil constatação (um equipamento complexo, com vários comandos, por exemplo) os prazos serão, para móveis 6 meses, para os imóveis, continuam em 1 ano, mas estes prazos só começam a ser computados a partir da ciência do vício. A culpa do alienante não interfere na existência da evicção, mas agrava a situação, gerando perdas e danos.

São requisitos para a caracterização dos vícios redibitórios:

- Contrato comutativo;
- Defeito oculto;
- Desconhecimento do vício quando da alienação;
- Preexistência do vício em relação à alienação;
- Redução ou extinção da eficiência.

G. ERRADO A responsabilidade objetiva não implica inversão do ônus da prova, assim, permanece para o requerente da indenização o dever de prova, a conduta, o dano e o nexo. Em se tratando de responsabilidade objeta, não será necessário demonstrar culpa do suposto autor do dano.

Comentário extra: Vale analisar quais as principais teorias que envolvem esta parte do Direito Civil.

Teoria da Culpa (responsabilidade subjetiva): A culpa pode ser compreendida como a inobservância de um dever objetivo de cuidado. Em fórmula consagrada, mas de compreensão duvidosa, muitos definem culpa como negligência, imprudência e imperícia. Negligencia quem se omite, quando deveria agir; é imprudente aquele que age sem estar preparado para tal ou quando deveria permanecer inerte e é imperito quando atua mesmo não tendo a qualificação técnica específica para o ato. É a base da noção de ato ilícito estabelecida pelo art. 186 do CC, valendo lembrar que, de acordo com a fórmula dos arts. 187 e 927 do CC o ato ilícito pode estar ligado à responsabilidade objetiva.

Doutrina do Risco ou da Responsabilidade Objetiva: Como reação para as concepções subjetivas da responsabilidade e a instabilidade criada pela incerteza da definição de culpa, surgem as ideias objetivas da responsabilidade, em que se parte de uma conduta que causa um dano, sem se perquirir culpa. Atente-se que um dos meios de defesa que pode se alegado em juízo é a culpa exclusiva da vítima. Nesta situação o que ocorre é que a conduta da vítima criou o dano e não a conduta do suposto agressor. Outras formas de defesa são a alegação de caso fortuito ou conduta de terceiro. O Código Civil de 2002, em seu art. 927, adotou a teoria da responsabilidade civil objetiva em sua modalidade de risco-criado, vez que haverá responsabilidade sempre que o risco for inerente (da natureza) à atuação do agente. Convivem, portanto, a teoria objetiva e subjetiva no Código Civil.

A **inversão do ônus** da prova não é uma teoria independente, mas uma fase de transição entre estas duas teorias em que se buscou dar melhor proteção à vítima. Por ser medida processual, pode ser aplicada tanto em uma teoria quanto na outra.

Comentário extra: Como o dano já foi explicado acima, importante que os demais elementos da responsabilidade sejam analisados.

A base de todo o sistema de responsabilidade civil, seja ele subjetivista ou objetivista fixa-se sobre a tríade **conduta-nexo-dano**. Apesar de em uma visão mais avançada a responsabilidade objetiva aceitar a discussão da indenização sem a comprovação do nexo causal (em caso de acidentes nucleares – todos que desenvolverem câncer em determinada área, se foram expostos, deverão ser indenizados), não se pode olvidar que o trio supramencionado é a base genérica de toda a responsabilidade civil moderna.

Conduta: Os atos de vontade são a base estrutural da **conduta**, valendo diferenciar esta da **ação** e do **fato**. A ação traz em si a noção de atitude positiva, fazer, realizar algo, tendo como antônimo a omissão. Já o fato é um acontecimento que foge à expectativa humana, não é algo desejado ou determinado pela vontade humana. A conduta, por sua vez, nasce da vontade direcionada ou não a um fim específico, e pode se resumir em um fazer ou em um não fazer. Conduta, além de abarcar a ação e a omissão, necessita, sempre, de um vontade direcionada a um resultado.

Veja-se que, com isto, o **dolo e a culpa são diferentes**. Enquanto em um tem-se uma vontade direcionada, um fim lesivo, na outra, o que ocorre é a inobservância de um dever de cuidado. Quanto menor a culpa, menor poderá ser a indenização (art. 944, parágrafo único, do CC).

A conduta não precisa ser ilícita: Cuidado, não é a ação ilícita pressuposto da responsabilidade civil, mas apenas de um de seus tipos, pois o Código Civil está farto de afirmações de responsabilidade em que se destaca a licitude do ato. Veja-se que o Código Civil afirma não serem ilícitos atos praticados em estado de necessidade (art. 188, I), mas determina o dever de indenizar (arts. 929 e 930). Isto se dá por que se ao indivíduo que causou o dano para se salvar de perigo iminente é complexo imputar responsabilidade, *a fortiori*, àquele que nada tinha a ver com a situação, é injusto determinar que arroste o prejuízo decorrente, sem ter contra quem promover ação. Mesmo mote, este, que no mais das vezes não estará presente ao acontecimento, teria sua pretensão dificultada, pelo fato de não conhecer o real criador do perigo, ou mesmo podendo este não existir.

A **conduta culposa** sempre deve ser **ilícita**, pois a simples culpa já lhe torna ilícita, na forma do art. 186 do CC.

Por vezes o Código Civil constrói o que se denomina de **nexo pessoal de imputação**, como se vê no art. 932, em que se afirma que, por exemplo, os patrões são responsáveis pelos danos causados por seus funcionários ocorridos em razão da função desempenhada. Neste caso ocorrem duas relações: o funcionário tem sua culpa avaliada (aqui, não se está discutindo responsabilidade advinda do Código de Defesa do Consumidor, mas danos civis comuns, como um abalroamento com o "carro da empresa") e depois, uma vez determinada a culpa, o patrão (comitente) responderá objetivamente. **Culpa do preposto, objetiva responsabilidade do comitente.**

Nexo causal: Não basta, para a Teoria Geral da Responsabilidade civil, contudo, avaliar apenas a existência de uma conduta e de um dano. **Mister que se possa vincular a conduta ao dano**, ou seja, é necessário referenciar a conduta frente ao dano.

Não é qualquer vínculo de atribuição que satisfaz o requisito do nexo de causalidade. É preciso que se esteja certo de que sem o fato, o dano não teria ocorrido. Neste sentido, não basta uma mera coincidência tempo-espaço entre dano e conduta.

E, mesmo que esta conduta tivesse o sincero desejo de produzir o resultado, não há como se determinar a causalidade físico-jurídica, fazendo com que o elemento volitivo se torne de somenos importância. Assim, se se ministra veneno a alguém, *cum animus necandi*, e ao mesmo tempo, o prédio em que a pessoa está desaba lhe causando a morte, não há como se atribuir àquela conduta (envenenamento) o dano ocorrido (morte).

Muitas das vezes é fácil vincular-se uma conduta a um dano, vez que apenas uma conduta se avalia e apenas um dano se tem. Mas há casos outros em que os acontecimentos fáticos são muitos, havendo vários nexos possíveis ou a construção de um único, a partir de vários laços fáticos. São os complicados casos de **causalidade múltipla.**

Nestes casos, deve o operador jurídico determinar qual, dentre todos os acontecimentos tem a marca da causalidade, determina o surgimento do dano ou aquele ou aqueles fatos que importam para o Direito.

6. CERTO A questão envolve o anterior Código Civil (Lei n. 3.071, de 1º de janeiro de 1916), visto que à data do concurso era ele vigente. Mas, mesmo neste contexto, o prazo de ano e dia não destruía a posse de alguém, apenas impedia as denominadas liminares de força nova, disto resulta que a assertiva estaria incorreta, pois não há este prazo. Pode-se defender que a não atuação em tempo hábil implicaria a perda da posse, o que estaria próximo do que afirma a doutrina. Ao tempo do concurso, a única alternativa viável era compreender-se que somente seria possessória a maneja com força nova, perdendo esta natureza as que o fossem após o prazo de ano e dia, contudo, isto entra em conflito com art. 924 do CPC.

Na atualidade pode-se entender que a não proteção da posse (o que é corroborado pelo enunciado 328 da CJF), a desídia do possuidor quando é esbulhado, não buscando recuperar sua posse implicará a perda da posse, mas sem este lapso de ano e dia. Assim, a conduta omissiva caracteriza abandono.

São apresentados artigos cuja leitura serve de apoio ao entendimento.

Art. 924 do CPC – Regem o procedimento de manutenção e de reintegração de posse as normas da seção seguinte, quando intentado dentro de ano e dia da turbação ou do esbulho; passado esse prazo, será ordinário, não perdendo, contudo, o caráter possessório.

Art. 507 do CC/16 – Na posse de menos de ano e dia, nenhum possuidor será **manutenido**, ou **reintegrado** judicialmente, **senão contra os que não tiverem melhor posse**.

Parágrafo único. Entende-se melhor a posse que se fundar em justo título; na falta de título, ou sendo os títulos iguais, a mais antiga; se da mesma data, a posse atual. Mas, se todas forem duvidosas, será sequestrada a coisa, enquanto se não apurar a quem toque.

Art. 508 do CC/16 – Se a posse **for de mais de ano e dia**, o possuidor será **mantido sumariamente**, até ser **convencido pelos meios ordinários**.

Art. 1.223 do CC/02 – Perde-se a **posse** quando **cessa**, embora **contra a vontade do possuidor**, o **poder sobre o bem**, ao qual se refere o art. 1.196.

Art. 1.224 do CC/02 – Só se considera perdida a posse para quem **não presenciou o esbulho**, quando, **tendo notícia dele**, se abstém de retornar a coisa, ou, **tentando recuperá-la**, é **violentamente repelido**.

Comentário extra: A **posse** é definida pelo exercício de uma **das faculdades inerentes à propriedade**. É considerado no Brasil **tanto um direito quanto um fato**. Pode ser resumida, aproveitando-se clássica lição de Ihering como a "exteriorização do domínio".

Teorias sobre a posse: várias são as ideias sobre o conceito e requisitos da posse. Duas, contudo, se tornaram famosas. A subjetivista de *Frederich Carl von Savigny* e a objetivista de *Rudolf von Ihering* (adotada como regra pelo Código Civil).

Savigny	Esta teoria fragmenta a posse em *corpus* e *animus*	***Corpus* ou elemento material: é o contato direto com a coisa, tanto para utilizá-la quanto para protegê-la. Sem este contato direto haveria, para** Savigny, um "nada jurídico", não sendo, para ele, possível ser possuidor ser ter o contato direto com a coisa.
		***Animus* ou elemento psíquico**: é a vontade de ser dono da coisa, de ter a coisa como sua, denominada pelo autor *animus domini*. Se faltar este *animus*, tem-se mera detenção. Assim, o locatário, o comodatário e outros, para Savigny, por não terem *animus*, não são possuidores.

Ihering	Segue também a fragmentação em *corpus* e *animus*	***Corpus* ou elemento material:** o *corpus* exterioriza a ação daquele que procede como se dono fosse. Se você é visto ao volante de um automóvel, procede como se dono fosse, e é, para Ihering, até que se demonstre uma causa impeditiva, possuidor.
		***Animus* ou elemento psíquico**: vontade de proceder para com a coisa como se dono fosse, *affectio tenendi*, independentemente de se querer ser dono. Importante destacar que o *animus* pode ser extraído do *corpus*, pois o modo como procede o sujeito denota, para Ihering, esta vontade de proceder como se proprietário fosse.

Na teoria de **Ihering (teoria objetiva)**, não haverá posse quando houver uma limitação legal, que, no caso brasileiro são: a) fâmulo da posse (aquele que cuida, guarda posse alheia); b) o violento ou o clandestino; c) o permitido e o tolerado (quem recebeu autorização especial, que não visa transmitir posse, para se valer do bem). Todos estes casos serão **detenção** para o Código Civil. Vale destacar que há contratos que tem por objeto a transferência da posse, como a locação e o comodato.

A teoria de **Savigny** é **utilizada** de **forma excepcional**, ao determinar a necessidade de *animus domini* para o **usucapião**. Assim, a posse *ad usucapionen* é baseada em Savigny.

7. ERRADO A questão envolve a "legítima defesa" da posse, em que o possuidor exerce a autotutela de seu patrimônio respeitados dois requisitos: imediatismo e proporcionalidade. O imediatismo, ou requisito temporal, requer que o agente atue imediatamente para realizar a proteção. Já a proporcionalidade está relacionada aos meios (quais e como) e à agressão. O meio deve ser o necessário para repelir a agressão, mas sempre o menos lesivo. A lesividade tanto é intrínseca (o meio em si – qual meio usado) quanto funcional (qual a utilização feita do meio – como). Na questão poderia ter se valido o agente de disparos para o alto, ou alertas, mas desferiu os disparos diretamente contra os invasores, o que demonstra uso desnecessário.

Comentário extra: Propriedade é o mais sólido dos direitos reais, apresentando-se como o centro do direito das coisas.

A propriedade no CC/02 refere-se basicamente às coisas corpóreas, vez que as incorpóreas estão abrangidas pelas Leis n. 9.279/96 (Lei de Patentes e Marcas), 9.609/98 (Programas de Computador) e 9.610 (Direitos autorais).

Elementos componentes (art. 1228 e parágrafos do CC): não existe um conceito coerente de propriedade, daí o Código Civil optar por delinear seus componentes, também chamados "faculdades". São elas agrupadas em: – elementos internos, econômicos ou conteúdo material da propriedade (USAR, GOZAR E DISPOR); – elemento jurídico interno (REINVINDICAR) e; – elemento jurídico externo (FUNÇÃO SOCIAL).

Direito de usar (*ius utendi*): o direito de **utilizar-se da coisa** ocorre de duas formas básicas: através do uso **direto** (o titular exerce o direito por si mesmo) ou através do uso **indireto** (quando o titular, ao invés de se valer diretamente do bem, cede este a terceiro, ficando com valores desta transação advindos). Esta forma indireta pode ser confundida com a fruição.

O uso pode, também, ser **meramente potencial**. Assim, o proprietário de uma casa de praia, que a utiliza durante um período determinado do ano (janeiro, por exemplo), mas que não deixa de ter o uso potencial no restante do ano.

Em havendo ausência de uso, o Código Civil permite a arrecadação do bem e, após três anos, será o bem transferido à propriedade do Município ou Distrito Federal.

O não cumprimento dos encargos fiscais, somado à cessação da posse, **são presunção absoluta de abandono** (art. 1.276, § 2º, do CC).

Na atual sistemática, em que se dá grande valor à **função social da propriedade** (o que se verá de forma mais detida adiante), deve-se destacar as sanções estabelecidas pela Lei n. 10.257/2001 (Estatuto da Cidade), que em seus arts. 5º a 8º estabelece um *iter* que pode desembocar na perda da propriedade:

Etapa 1: Parcelamento, edificação ou utilização compulsórios – se a municipalidade detecta um imóvel não utilizado em área demarcada pelo plano diretor (veja que é necessária a existência de um plano diretor), publicará lei específica determinando a utilização compulsória do bem, seja através de parcelamento ou de edificação, estabelecendo prazos para cumprimento da obrigação. Será efetivada notificação ao proprietário, averbada na matrícula do imóvel (no Cartório de Registro de Imóveis). O proprietário terá prazo de, no mínimo, 1 (um) ano para protocolar plano de utilização e de, no mínimo, 2 (dois) anos para iniciar o plano, após sua aprovação. Se houver alienação do bem após a notificação, o novo proprietário ficará vinculado aos deveres estabelecidos, sem nova contagem de prazo (continuará o prazo já iniciado), tratando-se, assim, de obrigação ***propter rem***.

Etapa 2: Se houver descumprimento do que foi determinado (tanto dos prazos quanto do que foi apresentado no plano) será aplicado sobre o imóvel **IPTU progressivo no tempo**, por um período de cinco anos consecutivos. Esta alíquota progressiva pode, no máximo, dobrar de um ano para o outro, até um limite de 15%. Após os cinco anos, não havendo qualquer atendimento por parte do proprietário, o município irá manter a alíquota máxima até que seja cumprida a obrigação. É ainda possível que se adote a etapa 3.

Etapa 3: Em permanecendo a inércia do proprietário o Município poderá desapropriar o imóvel efetuando o pagamento por meio de **títulos da dívida pública**, com resgate em até 10 anos. Isto é uma sanção rígida, visto que a desapropriação normal é feita com pagamento prévio em moeda. Daí ser chamada esta forma de desapropriação estabelecida pelo Estatuto da Cidade de desapropriação-sanção.

EM RESUMO Medidas do Estatuto da Cidade em face da subutilização da propriedade	
Primeira medida	Lei específica que obriga ao parcelamento do solo.
Segunda medida	IPTU progressivo no tempo (por, no mínimo, 5 anos), não podendo a alíquota mais que dobrar de um exercício para o outro.
Terceira medida	Desapropriação-sanção – em títulos da dívida municipal, resgatáveis em 10 anos.

Direito de Gozar (*ius fruendi*): o direito de usar envolve o aproveitamento dos frutos e produtos do bem.

Direito de Dispor (*ius abutendi*): o direito de dispor envolve a faculdade de **transferir a terceiro a titularidade da coisa** ou de **abdicar de uma das demais faculdades inerente à propriedade** (o que se denomina "gravar de ônus real"). Quando se transfere um usufruto ou um direito de uso, ou quando se constitui uma garantia sobre o bem o que se está fazendo é exercer o direito de dispor.

A disposição pode ser **material**, por meio da **perda** ou do **abandono**. Também pode ser **jurídica**, realizada pela alienação do bem (**disposição jurídica total**) ou pelo gravar de ônus (**disposição jurídica parcial**).

Direito de reivindicar (*actio reivindicandi – ius persequendi*): não se trata de direito de reaver, pois isto é impossível (imagine que você teve sua bicicleta furtada, se tivesse o direito de reaver era apenas desejar que o bem retornaria ao seu poder). O que se tem é o direito de **reivindicar** ("chamar pela coisa").

Quando se é esbulhado em sua posse, tendo seu bem surrupiado, o Direito cria a faculdade de buscar pela coisa, chamando juridicamente por ela, **por meio das mais variadas ações** (tanto de cunho petitório – baseada na propriedade – quanto possessório). Apenas como exemplo, pode-se citar a **ação reivindicatória**, promovida pelo proprietário não possuidor contra o possuidor que é proprietário.

Função social da propriedade: com a Constituição Federal de 1988 ganhou relevo, sobre todos os direitos subjetivos, a função social. Função social não significa que cada um deve utilizar sua propriedade em favor dos demais, ou que se deve doar parte dos bens para o público.

Na realidade, função social é corresponder às expectativas da sociedade sobre um determinado direito. **O que se espera de uma propriedade urbana?** Que ela atenta à moradia ou ao comércio local. **E da propriedade rural?** Que ela seja produtiva ou sirva ao lazer. Logo, sendo estas situações satisfeitas, tem-se uma indicação de função social sendo cumprida.

A função social **permeia todos as demais faculdades**.

Comentário extra: Características da Propriedade

Exclusividade: não pode um mesmo bem estar submetido a duas titularidades integrais ao mesmo tempo. Portanto, duas pessoas não podem ser proprietárias de um mesmo bem no mesmo momento.

Perpetuidade: a propriedade é, hoje, o único direito real perpétuo, que pode ser integralmente transferido aos herdeiros. A perpetuidade determina que a propriedade é irrevogável e não limitável no tempo. Detectam-se duas exceções:

Propriedade resolúvel (art. 1.359 do CC):	**Propriedade revogável ou *ad tempus* ou temporária (art. 1.360 do CC):**
forma de propriedade que possui do seu título constitutivo prazo ou condição de sua extinção. Os direitos constituídos durante o período em que pendia a condição ou termo serão desfeitos, **não havendo falar de proteção aos terceiros** (que, no caso, sabiam desta possibilidade).	aqui a causa de extinção da propriedade não consta do título (como a revogação da doação por ingratidão, a perda de um bem da herança por petição de um novo herdeiro), **e os terceiros de boa-fé estarão protegidos.**

Elasticidade: com essa característica percebe-se que a propriedade é capaz de se comprimir e se estender, de acordo com o número de faculdades que nela se encontrem. Quando se cede o usufruto de um bem a um terceiro a propriedade perde, temporariamente, as faculdades de uso e gozo (na realidade elas estão comprimidas). Quando a força de compressão cessa, a **propriedade limitada** volta a se tornar **plena** (ou **alodial**).

8. CERTO Deve-se atentar que Joaquim adquiriu o bem quando ela ainda era de Dorival, visto que, no caso em tela a forma de transmissão da propriedade imóvel foi o registro ou transcrição.

Comentário extra: Formas de aquisição da propriedade imóvel: os direitos obrigacionais têm forma múltipla e não prefixada para sua aquisição. Decorrem da vontade, de modo iminente. Os direitos reais decorrem da lei e só do que consta da lei. O antigo Código listava, em seu art. 530, as formas de aquisição. O CC/2002 procedeu de maneira diversa, vez que há vários modos, todos listados na lei, que extravasam os lindes de um artigo.

REGISTRO	
Conceito	**É sistema baseado em um órgão público ou privado** sob coordenação **pública** (é o caso do Brasil, em que os cartórios são privados e vinculados às Corregedorias de Justiça).
Sistemas	Existem três sistemas principais acerca do registro: **a) Romano** (soma entre título e registro (força bivalente). Existem nulidades do título e do registro e ambas podem ser alegadas. É o sistema que mais se aproxima do brasileiro); **b) Francês** (registro é mero instrumento de publicidade); **c) Alemão** (independência entre registro e título. Há necessidade de uma segunda convenção, denominada convenção jurídico-real).
Atributos	**1. Constitutividade:** é o registro que constitui o direito real. Enquanto não houver registro, haverá apenas direito na esfera obrigacional; **2. Prioridade** ou **preferência** (protocolo): a ordem de notação nasce quando da apresentação do título ao oficial registrador, em que ele receberá um assento no livro de prenotação. Mesmo que a análise seja concluída depois de outros títulos referentes ao mesmo bem imóvel; **3. Força probante:** o registro serve de meio de prova, valendo destacar que esta força é meramente relativa, admitindo prova em contrário. A única forma de registro que não admite prova em contrário é o Registro Torrens (forma registral especial efetivada mediante processo); **4. Continuidade:** há uma cadeia de eventos que deve ser respeitada para que não ocorram vícios no registro. Se A é proprietário, ele deve transferir a B seu título e este para C. Se C apresenta um título que lhe foi transferido por D e este não pertencia à cadeia de proprietário ou titulares, não haverá continuidade, logo não poderá o título de C ser registrado, sob pena de nulidade/ineficácia;

REGISTRO	
Atributos	**5. Publicidade:** além de constituir os direitos reais, o registro possibilita que terceiros tenham acesso ao seu conteúdo, podendo se informar sobre quais as verdades jurídicas existentes em relação a determinado bem. Disto resultado um dos porquês de o penhor, hoje, ter em todas as suas formas obrigatoriedade de registro; **6. Legalidade:** recai sobre a conduta do notário assim como do oficial de registro estrita legalidade, não podendo ele exorbitar dos mandamentos da lei. É a partir do princípio da legalidade que se pode instaurar o procedimento de **dúvida**, sempre que não se concordar com a conduta do tabelião ou registrador; **7. Especialidade:** a descrição do imóvel deve ser perfeita para ser assentada no registro, assim evitam-se dúvidas ou possibilidades de ambiguidades.
Os vícios originários do título são insanáveis, mesmo pelas sucessivas alienações recobertas pela boa-fé. Não se pode, contudo, confundir a impossibilidade de sanatório dos títulos com vícios graves e a possibilidade de usucapião. Se houver a anulação de um título aquisitivo e a parte prejudicada por esta anulação alegar usucapião, não haverá convalescimento do título originário, mas sim formação de um novo título, decorrente do usucapião.	

9. ERRADO **Responsabilidade Civil**

Esta questão pode ser apresentar como uma grande pegadinha. A inserção nos cadastros de proteção ao crédito (SPC ou SERASA), se ocorrer após a notificação do furto ou roubo ou apropriação indébita (ou qualquer outra forma indevida de apropriação de bens alheios), gera dano moral presumido. Ocorre que, no caso, não há esta informação, do que se conclui estar errada a afirmativa.

Dano moral – Cheque – Furto – Notificação hábil – Inscrição no SPC – Culpa "Recurso – Cheque – Furto – Notificação hábil – Inscrição no SPC – Irregularidade – Dano moral configurado – Responsabilidade do comerciante – Aplicação do Código de Defesa do Consumidor – Provimento negado. Responde com culpa o estabelecimento que, quando da apresentação do cheque para pagamento, não toma as devidas cautelas para se certificar da autenticidade do título. *In casu*, o cheque era furtado e mesmo após a comunicação do fato pelo autor, o réu procedeu a negativação do seu nome agindo ilicitamente. Daí, restou configurado o dano moral" (8ª Turma, Recursal Cível de Belo Horizonte – Rec. n. 071676-5).

Em temática de dano moral, deve-se atentar para as Súmulas do **STJ** 227, 326, 362, 370, 385, 387 e 388.

RAIO-X

- Os diversos temas tratados no presente capítulo compreendem 100% das questões de Direito Civil:

Cargo	Questões do Tema	%
Agente	0	0
Escrivão	0	0
Delegado	3	2,5

- A maioria das questões é baseada em:
  ☐ doutrina ☒ legislação ☐ jurisprudência
- Direito Civil é uma disciplina que apresenta crescente inserção nas provas para Delegado Federal, visto que muitos dos conceitos do Direito são extraídos do universo privatístico. O candidato com uma preparação baseada nos conceitos deste ramo poderá encontrar um caminho que o diferencie dos demais, uma vez que poderá obter valiosos pontos.
- Nas questões da prova de Delegado da Polícia Federal exigiu-se um conhecimento um pouco mais aprofundado do tema em estudo, haja vista a presença de alguns itens baseados em jurisprudência do **STF** e **STJ**.

IMPORTANTE SABER

- Visando explorar ao máximo as potencialidades da disciplina, vale a pena uma revisão rápida dos principais conceitos dos diversos ramos do Direito Civil. Depois, o leitor poderá analisar mais detidamente pontos primordiais do Direito de Família e do Direito das Sucessões.

- Capacidade de Direito não se confunde com capacidade de exercício (ou de fato) – enquanto esta é graduada e cria a situação de absoluta ou relativamente incapaz, aquela não tem gradação e todas as pessoas a possuem.
- Só podem ser emancipados os incapazes por idade.
- Existe a morte real (com cadáver), a morte presumida do art. 7º (justificação de óbito – assim também o art. 88 da Lei n. 6.015/73) e a morte presumida por ausência.
- A morte presumida por ausência somente ocorre após a abertura da sucessão definitiva.
- A justificação de óbito é dada por sentença de forma célere.
- SÃO AVERBADOS – sentença de nulidade ou anulação do casamento, de divórcio, separação judicial e restabelecimento da sociedade conjugal.
- SÃO REGISTRADOS – nascimentos, casamentos, óbitos, emancipação por outorga dos pais ou sentença, interdição, sentença de ausência e de morte presumida.
- A averbação é uma inscrição em um registro pré-existente; o registro é uma nova informação. O registro é ato primário, a averbação é ato secundário que lhe modifica o conteúdo.
- Fases da ausência – curadoria dos bens, sucessão provisória e sucessão definitiva.
- Os herdeiros necessários não precisam dar caução para entrar na sucessão provisória dos bens do ausente.
- A desconsideração da personalidade jurídica só se aplica às pessoas jurídicas. Pessoas físicas não podem sofrer "desconsideração da personalidade".
- Abuso da personalidade jurídica mediante desvio de finalidade por confusão patrimonial são os casos que possibilitam a desconsideração.
- Erro é a compreensão equivocada e desculpável (escusável) da realidade – sem qualquer interferência externa.
- Dolo é a indução à compreensão enganada de elementos da realidade. Se recair sobre elementos essenciais, possibilita a anulação do negócio. Se sobre elementos acidentais, somente possibilita pedido de perdas e danos.
- No estado de perigo a necessidade é de cunho pessoal (do negociante ou de alguém de sua família ou que lhe seja próximo – neste último caso a critério do juiz).
- Na lesão a necessidade é de natureza patrimonial, e a parte favorecida pode impedir a anulação do negócio se concordar em reduzir seu proveito obtido.
- O negócio oneroso praticado por quem esteja insolvente ou que o torne insolvente são anuláveis.
- Gera invalidade – incapacidade absoluta do agente, objeto ilícito, impossível e indeterminado (ILIMIND), motivo determinante para ambas as partes ilícito, não correspondência à forma legal, preterição de solenidade essencial, fraude à lei, proibido por lei e o negócio simulado absolutamente.
- Abusa do direito aquele que exerce-o fora de seus limites econômicos, sociais, ou em desrespeito à boa-fé ou aos bons costumes.
- O pagamento ao credor putativo é válido. Mas o pagamento feito ao credor de que se saiba ser incapaz de quitar somente valerá se provado que o valor reverteu em favor dele.
- A regra do Código Civil é a quesibilidade – o pagamento deve ser efetivado no domicílio do devedor. A dívida portável, efetivada no domicílio do credor, é exceção.
- **Direito de Família**

  Como este ramo constrói conceitos que influenciam em temas como nepotismo, suspeição etc., são apresentados pontos fundamentais para o estudo do candidato.
- Regimes:
- A outorga uxória ou marital se aplica exclusivamente, para o Código Civil, **ao casamento**, não sendo **necessária no caso de adoção do regime da Separação Total de Bens**. Sempre que houver recusa injustificada (ou o cônjuge não puder autorizar), poderá a parte prejudicada requerer o suprimento judicial de autorização.

Regime da comunhão parcial	É o regime subsidiário brasileiro, em que podem ser criados até três complexos patrimoniais – dois das partes e um comum, formado por bens onerosamente adquiridos após a união, que ficam em comunhão, sendo denominados aquestos. Sobre estes será extraída a eventual meação. O Código, após traçar a regra cria **duas exceções** uma de **exclusão** e uma de **comunhão.**

<table>
<tr><td rowspan="3">Regime da comunhão parcial</td><td>O que é excluído da comunhão?
1. bens provenientes de liberalidades/sucessão;
2. bens sub-rogados de bens particulares;
3. obrigações anteriores ao matrimônio que com ele não tenham vínculo;
4. obrigações de atos ilícitos – ressalvado proveito mútuo;
5. todos os bens da esfera íntima e profissional;
6. os proventos salariais ou de natureza previdenciária.</td></tr>
<tr><td>O que entra na comunhão de forma excepcional?
1. qualquer bem adquirido de forma onerosa, não importando se em nome de apenas um dos cônjuges;
2. bens provenientes de fato eventual – se uma das partes da união ganha na loteria, este prêmio entra na comunhão. Mas se a parte é vencedora de um concurso de monografias (em que as qualidades pessoais são importantes), não há comunhão;
3. bens provenientes de sucessão/liberalidade em favor de ambos os cônjuges/companheiros;
4. benfeitorias em bens particulares;
5. frutos de bens comuns ou particulares.</td></tr>
<tr><td>Se houver dúvida quanto ao momento de aquisição de um bem móvel, ele será presumido comum. Em relação ao patrimônio comum, a administração compete a qualquer um dos cônjuges/companheiros. Se dessa administração houver dívidas sobre o patrimônio do administrador recairão tais deveres. O patrimônio do outro somente será responsável se houver proveito de sua parte. As obrigações que se estabelecem em favor da família sempre são comuns, assim também as decorrentes de lei ou de gastos com os bens comuns.</td></tr>
</table>

<table>
<tr><td rowspan="3">Regime da comunhão universal</td><td>Nele, em regra, tem-se um único complexo patrimonial, mas pode ocorrer a formação de até três complexos. De acordo com a regra geral comunicam-se todos os bens presentes e futuros. Deve-se atentar para as exceções, que aqui, são efetivamente excepcionais.</td></tr>
<tr><td>O que é excluído da comunhão?
1. bens clausulados com incomunicabilidade;
2. bens em fideicomisso;
3. dívidas anteriores ao matrimônio;
4. todos os bens da esfera íntima e profissional;
5. os proventos salariais ou de natureza previdenciária.</td></tr>
<tr><td>Os frutos dos bens incomunicáveis não possuem esta mesma característica, logo, o aluguel de um imóvel clausulado com a incomunicabilidade será comum, apesar de o bem em si não ter esta característica.</td></tr>
</table>

<table>
<tr><td rowspan="2">Regime da participação final nos aquestos</td><td>É regime inserido no sistema civil pelo Código de 2002, funciona como separação total mitigada e se resolve como comunhão parcial. Ao longo da união os bens estarão em patrimônios separados, sem comunhão. Quando da dissolução da união, serão apurados os aquestos e devidamente divididos;
A mitigação citada vem da alienação dos imóveis, pois só será livre se houver disposição expressa no pacto antenupcial, não havendo, necessária será a outorga;
A Administração dos bens móveis é livre e sua alienação também.</td></tr>
<tr><td>O que é excluído da comunhão?
As dívidas contraídas na constância do regime, em regra, não se comunicam. Existe a possibilidade de prova em contrário, determinando-se que o outro auferiu benefício com a referida dívida. Qualquer pagamento em sub-rogação será resolvido quando da dissolução.</td></tr>
</table>

<table>
<tr><td rowspan="2">Separação total</td><td>Neste regime vige a livre administração e disposição de bens. Se as partes não convencionarem de forma diferente, as despesas serão de responsabilidade comum, sendo divididas entre elas. Neste regime não há exigência de outorga conjugal.</td></tr>
<tr><td>Na separação total não há comunhão, logo não há meação. Mas na separação obrigatória, forma impositiva do regime em comento, por força do Enunciado 377 da Súmula do STF há comunicação de aquestos, in verbis, "no regime de separação legal de bens, comunicam-se os adquiridos na constância do casamento".</td></tr>
</table>

- **Parentesco**

É vínculo especial que pode gerar efeitos sucessórios e de alimentos. Podendo ser:

i) Civil: em decorrência, por exemplo, da adoção.

ii) Consanguíneo (ou natural): quando há vínculo de sangue (também chamado natural).

iii) Por Afinidade: decorrente do casamento ou da união estável, unindo o marido/companheiro aos parentes da esposa/companheira. É ilimitado na linha reta (tanto ascendente quanto descendente), mas na linha colateral só vai até os irmãos (logo, somente há este tipo de parentes na linha colateral no cunhadio). **Não gera efeitos sucessórios nem dever alimentar**.

Não se deve esquecer que, com o fim do matrimônio ou da união estável, cessa o parentesco por afinidade na linha colateral, permanecendo na linha reta (assim, não existe ex-sogra ou ex-enteada).

iv) Por socioafetividade: esta forma de parentesco é de construção doutrinária e jurisprudencial, nascida de uma evolução da teoria da posse de estado, em que uma pessoa recebe o tratamento, o nome e a fama de ser parente de outra, sendo que não há vínculo civil ou natural entre elas.

- **Linhas de parentesco:**

Reta	quando as pessoas envolvidas pertencem a um mesmo tronco familiar **e** descendem umas das outras. Pode ser uma **linha reta ascendente** (pais, avós etc.) ou **descendente** (netos, bisnetos etc.). Na linha reta ascendente, tem-se a **linha reta materna** e a **linha reta paterna**. Na linha reta descendente tem-se a subdivisão em **estirpes**. Esta linha, para todos os efeitos, é **ilimitada**.
Colateral	é a linha que reúne entre indivíduos que, sem descenderem uns dos outros, têm todavia um ascendente comum. Esta linha sofre limitação para o parentes, para a sucessão e para o dever de alimentos. É a regra do **4-4-2**; a) são parente colaterais até o **4º grau**; b) sucedem os colaterais até o **4º grau** e; c) são devidos alimentos entre os colaterais até o **2º grau.**

As linhas são preenchidas por **graus de parentesco**, que são o **número de gerações** que separam os parentes. A cada parente que se passa para chegar ao outro, tem-se um grau. Assim, entre netos e avós há dois graus, o pai e o avô. Logo, neto e avô são parentes em linha reta (porque um descende do outro) de 2º grau.

Entre colaterais, **aplica-se a mesma regra**. Para detectar o parentesco entre irmãos, conta-se o pai e o irmão, dois graus, logo, irmãos são colaterais (não descendem um do outro) de 2º grau.

Importante salientar que **companheiros e cônjuges não são, entre si, parentes, mas sim contratantes.**

- **Filiação:** é forma especial de parentesco, pois reúne a mais próxima das relações sócio-jurídicas. Sobre ela pende a necessária igualdade constitucional dos filhos, estampada no art. 226, § 6º, da CF/88.

A filiação pode ser advinda da relação **biológica**, da **socioafetividade** (ainda em construção pelos Tribunais) e da **presunção legal**.

Quanto à **maternidade**, o parto faz presumi-la, já em relação à **paternidade**, necessário que se demonstre relações com a mãe da criança (denominada presunção *pater is est quem nuptiae desmontrat)*, determinando o Código que se presumem "concebidos na constância do casamento os filhos: I – nascidos cento e oitenta dias, pelo menos, depois de estabelecida a convivência conjugal; II – nascidos nos trezentos dias subsequentes à dissolução da sociedade conjugal, por morte, separação judicial, nulidade e anulação do casamento; III – havidos por fecundação artificial homóloga, mesmo que falecido o marido; IV – havidos, a qualquer tempo, quando se tratar de embriões excedentários, decorrentes de concepção artificial homóloga; V – havidos por inseminação artificial heteróloga, desde que tenha prévia autorização do marido." (art. 1.597 do CC)

A **inseminação homóloga** é a feita com os gametas dos envolvidos, já na **heteróloga** um dos gametas não pertence ao par andrógino. No Brasil não é aceita a adoção embrionária, em que o casal adota um embrião de outro par.

Já a **barriga de aluguel** (denominada **Gravidez em Substituição**) é permitida desde que mulher que empresta o ventre (o termo aluguel não se aplica, visto não poder ser onerosa a relação) seja parente colateral até o **segundo grau** da **mãe genética**.

- **Sucessão** é a **continuação** de **direitos** e/ou **deveres** de uma determinada pessoa. Pode ocorrer por ato *inter vivos* (como na compra e venda, o casamento com comunhão etc.) ou por *causa mortis* (em razão do falecimento de alguém).

Pode uma **sucessão** se dar por **título singular** (continuação da figuração jurídica em relação a um bem específico – compra de uma bicicleta, recebimento de uma casa em legado) ou por **título universal** (casamento com comunhão universal, ser herdeiro).

A sucessão *causa mortis*, interesse desta parte do Direito Civil, possui duas figuras primordiais: o **autor da herança** (*de cujus* ou falecido) e os **sucessores**. Estes últimos, podem ser classificar da seguinte forma:

i) Herdeiro – **sucessor** que recebe uma cota parte patrimonial. Não há especificação de bens para um herdeiro, ele sempre estará vinculado a um **percentual abstrato da herança**. Pode ser um **herdeiro legítimo** (decorrente da lei – art. 1.829 do CC) ou **testamentário** (criado pela vontade do testador);

ii) Legatário – sucessor que recebe um bem específico ou a cota parte de um bem específico (20% da casa de praia, por exemplo).

iii) Prelegatário (ou **herdeiro precípuo**) – trata-se da conformação em um mesmo sucessor das qualidades de **herdeiros** e **legatário**.

iv) Estado – trata-se de um sucessor que não tem qualquer qualidade de herdeiro ou legatário, não podendo renunciar, ser excluído da sucessão e recebe apenas a parte líquida da herança.

- Os **herdeiros** e **legatário** recebem, no momento da **abertura da sucessão** (morte do autor da herança) a **propriedade** dos bens que compõem a **herança**. Esta transmissão imediata é decorrência do **princípio da *saisine***. A posse somente será dada aos herdeiros, pois os legatários buscarão a posse de seus bens quando do pagamento dos **legados** pelos **herdeiros**.

Importante observar que se houver entre o autor da herança e o suposto sucessor um caso de **comoriência** (morte em que não se pode precisar quem veio a falecer primeiro, sendo presumida simultânea), não haverá entre eles sucessão.

A **sucessão hereditária tem por objeto** todos os direitos e obrigações que não tenham natureza personalíssima.

- **Capacidade e Vocação Sucessória:** haverá a capacidade sucessória se não se tratar de pessoa excluída da sucessão (**indignidade**, **deserdação** ou **renúncia**). Para suceder deverá o pretenso sucessor respeitar a regra da coexistência (estar vivo quando da abertura da sucessão). Caso não mais esteja vivo, poderá, em havendo quem possa e deseje **representar**, ser considerado **herdeiro premorto**.

Já a possibilidade de vocação sucessória está atrelada à ordem estabelecida pelo art. 1.829 do CC, sendo que dentro de uma mesma classe (**descendentes**, **ascendentes** ou **colaterais**) os de grau mais próximo serão chamados e, em havendo quem se **habilite**, serão afastados os demais graus.

- **Deserdação:** única forma voluntária e heterônoma de se afastar herdeiro necessário, tratando-se de disposição testamentária que exclui os herdeiros necessários (art. 1.845 do CC) de sua legítima. Não pode ser utilizada em face de herdeiro meramente legítimo (não necessário), hoje, os colaterais, pois em relação a estes basta efetivar disposição integral do patrimônio para que não recebem qualquer bem do monte.

Deve haver promoção de ação específica para se detectar se está presente, ao menos, uma das causas autorizadas em lei (arts. 1.961, 1.962 e 1.814 do CC). Em sendo o testamento nulo ou revogado, a deserdação seguirá o mesmo destino. O deserdado poderá ser **representado**.

- **Indignidade:** trata-se de forma de exclusão legal da sucessão, não sendo necessária qualquer manifestação por parte do autor da herança (quando em vida). Pode, no entanto, ocorrer o perdão pelo ato, por meio de testamento. É necessário, assim como na deserdação, que se proceda a ação específica para apuração da suposta causa legal, com prazo de decadência de 4 anos. Esta ação não pode ser requerida pelos credores de quem se beneficia com a exclusão.

  As causas são, em síntese do que prevê o art. 1.814 do CC, atentado contra a vida, contra a honra ou contra a liberdade de testar. Pode atingir tanto os herdeiros legítimos quanto os testamentários. Também pode atingir os legatários.

  Quando ocorre a exclusão por indignidade, o que for assim reconhecido não poderá mais receber nestes bens, mesmo que em uma futura sucessão (imagine que a filha é excluída da sucessão de sua mãe, a neta – filha da filha – recebe os bens, na futura sucessão da neta não poderá a filha excluída receber os bens). Os bens não entregues aos excluídos ficam marcados e são chamados de **bens ereptícios**. Mesmo a administração destes bens está vedada ao indigno.

  O indigno, pode, contudo, representar o auto da herança em que foi excluído em outra sucessão.

- **Renúncia:** o herdeiro deve aceitar a herança para poder dela participar. A aceitação pode ser expressa ou tácita (comportamento concludente, como utilizar-se dos bens deixados pelo *de cujus*). Uma vez aceita, aplica-se a propriedade, retroage seus efeitos ao momento da abertura da sucessão, em razão do princípio da *saisine*.

  Pode ser fixado prazo para que ocorra a aceitação (tanto a pedido dos credores do possível herdeiro, quanto pelos demais herdeiros), neste caso, se não se manifestar em 30 dias, presume-se que o herdeiro aceitou. Se o herdeiro falecer antes de aceitar, este direito passa aos seus sucessores por direito de transmissão (art. 1.809 do CC).

  Já a renúncia é o ato jurídico consistente em repudiar a herança aberta, não possibilitando, também, aos seus próprios herdeiros direito de representação. Só existe **renúncia expressa** por termo nos autos ou por escrito público. A doutrina estabelece **duas espécies de renúncia**, uma chamada **propriamente dita** (que é, efetivamente renúncia) e outra, **renúncia translatícia** (que é misto de aceitação com cessão de direitos hereditários).

  É necessária a outorga do cônjuge por cotejo entre os arts. 80, I, e 1.647, I, do CC. Caso a renúncia prejudique os credores do renunciante, podem estes solicitar ao juiz do inventário que lhes possibilite a aceitação em substituição (isto não faz deles herdeiros, tendo apenas direitos patrimoniais).

- **Cessão de Direito Hereditários:** a transmissão dos direitos provenientes da partilha pode ocorrer depois de aberta a sucessão e antes da partilha, não sendo necessário aguardar-se a abertura do inventário. Esta cessa, feita por escritura pública, não transmite a qualidade de herdeiro para o terceiro, pois aquele continua vinculado à sucessão em matéria pessoal.

- **Formas de vocação: além da capacidade** é necessário que se seja convocado para a sucessão. Isto se dá por meio da vocação hereditária. Sempre que se falar em herança, deve-se ter em mente o direito (**título**) e a **forma de partilha**.

  Os descendentes podem ser chamados a uma sucessão por direito próprio (em que irão partilhar por cabeça – cada um significando um sucessor) ou por direito de representação (em que irão partilhar por estirpe). Na partilha por estirpe o representante não vale um sucessor, pois serão reunidos todos os representantes de um mesmo representado para equivaler a um sucessor. Os três filhos representarão o pai e ocuparão o lugar dele na sucessão (não três lugares).

- Os **ascendentes** somente sucedem por direito próprio (não existe representação na linha ascendente). Mas a herança será fragmentada por linhas (se houver herdeiros em um mesmo grau na linha materna e paterna). Se só houver herdeiros de um lado da sucessão (só o pai ou só a mãe), não haverá esta divisão, tudo irá para a linha em que há herdeiros. Achando-se um sucessor de grau menor, não se procuram outros (não havendo pais, achado um avô, não se procuram bisavós).

  O cônjuge sempre partilha por cabeça e sempre participa por direito próprio (não há representação de cônjuge).

  Os colaterais (**limitados ao 4º grau**) podem ser chamados por direito próprio (quando partilharão por cabeça) ou por direito de representação (realizando partilha por estirpe). Na linha colateral a única hipótese de representação é para os filhos de irmãos. Um irmão falece, sendo que um de seus irmãos é premorto. Os filhos deste serão chamados a representá-lo na sucessão daquele.

EM RESUMO – Direitos e partilha na sucessão legítima		
Classe	**Título do direito que será convocado**	**Forma da partilha**
Descendente	Direito próprio	Por cabeça
Descendente	Direito de representação	Por estirpe
Ascendente	Direito próprio (sempre)	Por linhas
Cônjuge	Direito próprio (sempre)	Por cabeça
Colaterais	Direito próprio	Por cabeça
Colaterais	Direito de representação (único caso – filhos de irmãos)	Por estirpe

Regra básica da vocação: havendo a classe de grau menor ela prefere às demais; O grau mais próximo exclui o mais remoto. Não se representa quem renúncia, mas se representa quem é indigno/deserdado (a pena civil não pode ultrapassar a figura do apenado). Para ser representante de alguém é necessário ser descendente dele, não descendente do *de cujus*.

Percentuais de participação hereditária:

A. Descendentes	Não pode haver diferença entre os descendentes em relação à legítima, sempre recebendo cada um deles o mesmo percentual. Pode, contudo, o testador retirar de sua parte disponível bens para contemplar os filhos de forma diferente.
B. Ascendentes	Cada ascendente recebe em igualdade de condições dentro de sua linha. Assim, ascendentes de linhas diferentes podem receber percentuais diferentes.
C. Cônjuge	Primeiramente, deve-se verificar se ele terá direito a herdar, pois não participará da vocação se for separado judicialmente ou separado de fato a mais de dois anos (nesta situação poderá ele provar ser inocente na separação, por meio de ação autônoma). Se for possível sua participação, poderá apresentar-se em três situações diversas: **1. Em concorrência com os descendentes**: não poderá herdar se for casado com o autor da herança no regime da comunhão universal, separação obrigatória de bens e no da comunhão parcial de bens se não houver bens particulares do autor da herança. Partilhará com os descendentes por cabeça, tendo direito a uma cota reserva de 1/4 se for ascendente dos com quem concorrer. Se houver filhos comuns e filhos só do autor da herança não terá reserva, recebendo em igualdade de condições; **2. Em concorrência com os ascendentes**: nesta situação não importará o regime de bens, herdando o cônjuge em igualdade de condições quando concorrer com ascendentes de primeiro grau e tendo reserva de 50% em concorrência com ascendentes de grau superior; **3. Sem concorrentes**: não havendo descendentes ou ascendentes, o cônjuge sobrevivente, em qualquer regime, herdará a integralidade dos bens.
D. Companheiro	O companheiro (será utilizado no masculino para simplificar o texto, não havendo direitos diferentes entre companheiros e companheiras). Segundo o art. 1.790 do CC, a herança em que pode participar o companheiro resume-se aos bens adquiridos onerosamente na constância da união. Deve-se atentar que se refere o artigo apenas à parcela de bens que tocar ao *de cujus*. Poderá concorrer com outros parentes na forma seguinte: **1. Com filhos comuns**: terá direito à igualdade de cotas. **2. Com filhos só do autor da herança**: terá direito à metade do que cada um receber. **3. Com ascendentes e colaterais (até o 4º grau)** – terá direito a 1/3 dos bens. **4.** Não havendo nenhum parente sucessível, receberá a integralidade dos bens.

LEGISLAÇÃO E SÚMULAS PERTINENTES

- Lei n. 10.406/2002: Código Civil, principalmente arts. 1º ao 39.
- Lei n. 6.015/73: Lei de Registros Públicos, principalmente arts. 50 a 94.
- **Súmula Vinculante 25:** É ilícita a prisão civil de depositário infiel, qualquer que seja a modalidade do depósito.
- **Súmula 377 do STF:** No regime de separação legal de bens, comunicam-se os adquiridos na constância do casamento.
- **Súmula 489 do STF:** A compra e venda de automóvel não prevalece contra terceiros de boa-fé, se o contrato não foi transcrito no Registro de Títulos e Documentos.
- **Súmula 37 do STJ:** São cumuláveis as indenizações por dano material e dano moral oriundos do mesmo fato.
- **Súmula 132 do STJ:** A ausência de registro da transferência não implica a responsabilidade do antigo proprietário por dano resultante de acidente que envolva o veículo alienado.
- **Súmula 227 do STJ:** A pessoa jurídica pode sofrer dano moral.
- **Súmula 326 do STJ:** Na ação de indenização por dano moral, a condenação em montante inferior ao postulado na inicial não implica sucumbência recíproca.
- **Súmula 362 do STJ:** A correção monetária do valor da indenização do dano moral incide desde a data do arbitramento.
- **Súmula 370 do STJ:** Caracteriza dano moral a apresentação antecipada de cheque pré-datado.
- **Súmula 385 do STJ:** Da anotação irregular em cadastro de proteção ao crédito, não cabe indenização por dano moral, quando preexistente legítima inscrição, ressalvado o direito ao cancelamento.
- **Súmula 387 do STJ:** É lícita a cumulação das indenizações de dano estético e dano moral.
- **Súmula 388 do STJ:** A simples devolução indevida de cheque caracteriza dano moral.
- **Súmula 402 do STJ:** O contrato de seguro por danos pessoais compreende os danos morais, salvo cláusula expressa de exclusão.
- **Súmula 403 do STJ:** Independe de prova do prejuízo a indenização pela publicação não autorizada de imagem de pessoa com fins econômicos ou comerciais.
- **Súmula 410 do STJ:** A prévia intimação pessoal do devedor constitui condição necessária para a cobrança de multa pelo descumprimento de obrigação de fazer ou não fazer.
- **Súmula 419 do STJ:** Descabe a prisão civil do depositário judicial infiel.
- **Súmula 420 do STJ:** Incabível, em embargos de divergência, discutir o valor de indenização por danos morais.
- **Súmula 449 do STJ:** A vaga de garagem que possui matrícula própria no registro de imóveis não constitui bem de família para efeito de penhora.
- **Súmula 465 do STJ:** Ressalvada a hipótese de efetivo agravamento do risco, a seguradora não se exime do dever de indenizar em razão da transferência do veículo sem a sua prévia comunicação.
- **Súmula 478 do STJ:** Na execução de crédito relativo a cotas condominiais, este tem preferência sobre o hipotecário.
- **Súmula 479 do STJ:** As instituições financeiras respondem objetivamente pelos danos gerados por fortuito interno relativo a fraudes e delitos praticados por terceiros no âmbito de operações bancárias.
- **Súmula 496 do STJ:** Os registros de propriedade particular de imóveis situados em terrenos de marinha não são oponíveis à União.

BIBLIOGRAFIA RECOMENDADA

BIBLIOGRAFIA BÁSICA

- ROSENVALD, Nelson; CHAVES, Cristiano. *Curso de Direito Civil* – v. 1, v. 2, v. 4, v. 5, v. 6. Salvador: JusPodivm, 2012.
- DIAS, Wagner Inácio Freitas et alii. *Código Civil Comentador para Concursos*. Salvador: JusPodivm, 2013.

BIBLIOGRAFIA COMPLEMENTAR

- AMARAL, Francisco. *Direito Civil – introdução*. 5. ed. Rio de Janeiro: Renovar, 2003. 659p.

- FACHIN, Luiz Edson. *Teoria Crítica do Direito Civil.* Rio de Janeiro: Renovar, 2003. 378p.
- MARTINS COSTA, Judith. *Comentários ao novo Código Civil.* v. 5. t. I. Rio de Janeiro: Forense, 2003. 768p.
- _______ (org.). *A reconstrução do Direito Privado.* São Paulo: Revista dos Tribunais, 2002. 861p.
- _______. *A boa-fé no direito privado:* sistema e tópica no processo obrigacional. São Paulo: Revista dos Tribunais, 2000. 543p.
- NEGREIROS, Teresa. *Teoria do Contrato – novos paradigmas.* Rio de Janeiro: Renovar, 2002. 529p.
- PEREIRA, Caio Mário da Silva. *Instituições de Direito Civil.* v. 1. 20. ed. [atual. Maria Celina Bodin de Moraes]. Rio de Janeiro: Forense, 2004. 718p.
- MOREIRA ALVES, Leonardo Barreto; EHRHARDT JR., Marcos. *Leituras Complementares de Direito Civil* – Direito das Famílias. Salvador: JusPodivm.

DIREITO EMPRESARIAL

WAGNER INÁCIO

Advogado, Mestre e Doutorando em Direito. Professor Universitário e em Cursos Preparatórios em Minas Gerais. Autor de livros jurídicos.

1. DIREITO EMPRESARIAL

QUESTÕES

1. **(Delegado de Polícia Federal – CESPE – DPF/2013)** No que concerne ao empresário e às sociedades empresárias, julgue o próximo item.

   • Ao empresário individual não é permitida a realização da atividade-fim *intuitu personae*, uma vez que ele é o organizador da atividade empresarial. Por isso, ele deve contratar pessoas para desempenhar esse tipo de atividade.

2. **(Delegado de Polícia Federal – CESPE – DPF/2013)** Com relação aos títulos de crédito, julgue o item abaixo.

   • O devedor que, como forma de pagamento de um negócio celebrado, transfere ao credor, por simples tradição, títulos de crédito emitidos por terceiros, sem endossá-los, não possui responsabilidade solidária pelo pagamento da cártula.

3. **(Delegado de Polícia Federal – CESPE – DPF/2013)** Julgue o item seguinte, relativo ao direito empresarial.

   • O delegado, no desempenho de sua função institucional de investigação de infração legal, deve diferenciar se o ato ilegal foi praticado por pessoa jurídica empresa ou por pessoa física ou jurídica empresário, pois a empresa não se confunde com a pessoa que a compõe, tendo personalidade jurídica distinta da de seus sócios.

4. **(Delegado de Polícia Federal – CESPE – DPF/2013)** Apesar de os gregos e os fenícios serem historicamente associados a atividades de compra e troca, o surgimento do direito comercial de forma organizada corresponde à ascensão da classe burguesa na Idade Média. À medida que artesãos e comerciantes europeus se reuniam em corporações de ofícios, surgiam normas destinadas a disciplinar os usos e costumes comerciais da época.

5. **(Delegado de Polícia Federal – CESPE – DPF/2013)** Uma sociedade estrangeira não pode funcionar no Brasil sem autorização do governo do estado onde será instalada e sem certidão de nada consta emitida pela Polícia Federal, por meio de sua superintendência local.

6. **(Delegado de Polícia Federal – CESPE – DPF/2013)** De acordo com a legislação empresarial vigente, julgue o item a seguir.

   • O denominado cheque pré-datado, apesar de usual no comércio brasileiro, não está previsto na legislação, segundo a qual o cheque é uma ordem de pagamento à vista, estando a instituição bancária obrigada a pagá-lo no ato de sua apresentação, de modo que a instituição não pode ser responsabilizada pelo pagamento imediato de cheques datados com lembrete de desconto para data futura.

7. **(Delegado de Polícia Federal – CESPE – DPF/2013)** Em caso de falência de sociedades, diretor e gerente equiparam-se ao falido para todos os efeitos penais, na medida da culpabilidade de cada um dos envolvidos, estando sujeitos, em caso de condenação, à inabilitação para o exercício da atividade empresarial, que deve ser certificada pelo delegado que tenha acompanhado o inquérito.

8. **(Delegado – CESPE – 2002 – adaptada)** Aldo subtraiu um talonário de cheques pertencente à sua mulher, Laura, emitindo vários cheques a pessoas diversas.

   Apresentados ao sacado, os cheques foram devolvidos por falta de provisão de fundos.

Instaurado inquérito policial contra Laura, pela prática de estelionato, constatou-se, por perícia grafotécnica, que os cheques haviam sido firmados por seu marido.

Remetidos os autos ao MP, este requereu o arquivamento do referido inquérito. A autoridade policial, com base na prova pericial, instaurou, então, inquérito policial contra Aldo, que foi objeto de novo pedido de arquivamento do MP.

Se um dos prejudicados com o recebimento do cheque falsificado propuser ação de cobrança, Laura será parte legítima para figurar no polo passivo da demanda, já que, como titular da conta, é objetivamente responsável pelos danos causados a terceiro.

9. **(Delegado – CESPE – 2004 – adaptada)** No item a seguir, é apresentada uma situação hipotética acerca de títulos de crédito e (ou) direito de empresa, seguida de uma assertiva a ser julgada.

   - Determinada sociedade por quotas de responsabilidade limitada emitiu nota promissória, a qual fora, posteriormente, avalizada por Paulo, um de seus sócios. Nessa situação, Paulo poderá ser executado individualmente, antes mesmo da execução da sociedade, emitente do título.

10. **(Delegado – CESPE – 2004 – adaptada)** No item a seguir, é apresentada uma situação hipotética acerca de títulos de crédito e (ou) direito de empresa, seguida de uma assertiva a ser julgada.

    - Determinada sociedade empresária emitiu cheque, o qual se encontra vencido há 45 dias, sem protesto. Nessa situação, a sociedade empresária não poderá impetrar concordata preventiva.

11. **(Delegado – CESPE – 2004 – adaptada)** No item a seguir, é apresentada uma situação hipotética acerca de títulos de crédito e (ou) direito de empresa, seguida de uma assertiva a ser julgada.

    - Determinada sociedade em comum, formada por A, B e C, contraiu dívidas que não foram suportadas por seu patrimônio. Os sócios A e B não dispunham de recursos ou bens que pudessem saldar as referidas dívidas. Nessa situação, C responderá solidária e ilimitadamente, com seus bens pessoais, pelas dívidas da sociedade.

12. **(Delegado – CESPE – 2004 – adaptada)** No item a seguir, é apresentada uma situação hipotética acerca de títulos de crédito e (ou) direito de empresa, seguida de uma assertiva a ser julgada.

    - Ana e Beatriz decidiram constituir determinada sociedade em conta de participação, sendo Ana sócia ostensiva e Beatriz, oculta. Nessa situação, o contrato social da sociedade não poderá ser registrado, sob pena de terceiros tomarem conhecimento da identidade da sócia oculta.

13. **(Delegado – CESPE – 2004 – adaptada)** No item a seguir, é apresentada uma situação hipotética acerca de títulos de crédito e (ou) direito de empresa, seguida de uma assertiva a ser julgada.

    - André e Bosco são sócios de determinada sociedade empresária atuante no ramo de serviços de limpeza e conservação. Após várias décadas de funcionamento e tendo o referido nome se consolidado na praça de atuação, os sócios decidiram alienar o nome empresarial a um grupo de pessoas que pretende atuar no ramo de serviços prestados pela sociedade empresária. Nessa situação, André e Bosco estarão legalmente impedidos de efetuar a alienação do nome empresarial da sociedade por eles constituída.

14. **(Delegado – CESPE – 2004 – adaptada)** Com referência ao instituto do conselho de administração à luz da legislação pertinente, julgue o item abaixo.

    - O conselho de administração é órgão de existência facultativa nas sociedades anônimas de capital aberto, nas sociedades de economia mista e nas de capital autorizado.

15. **(Delegado – CESPE – 2004 – adaptada)** Quanto ao instituto dos títulos de crédito, do direito de empresa e do direito falimentar, no item que se segue, é apresentada uma situação hipotética, seguida de uma assertiva a ser julgada.

    - Alberto, Bruno e Carlos eram sócios de determinada sociedade por quotas de responsabilidade limitada. Carlos faleceu, deixando um único herdeiro e sucessor de apenas 15 anos de idade e que deseja compor a sociedade no lugar de seu falecido pai. Nessa situação, o herdeiro de Carlos não poderá continuar a empresa, por ser absolutamente incapaz.

16. (Delegado – CESPE – 2004 – adaptada) Quanto ao instituto dos títulos de crédito, do direito de empresa e do direito falimentar, no item que se segue, é apresentada uma situação hipotética, seguida de uma assertiva a ser julgada.

- Ana e Carolina celebraram contrato de compra e venda de automóvel, no valor de R$ 48.000,00. Para garantir a efetividade da avença, Carolina emitiu cheque pré-datado correspondente ao valor do automóvel. Por solicitação de Ana, o referido título de crédito foi avalizado por José, garantindo apenas o montante de R$ 10.000,00. Nessa situação, o aval prestado por José para garantir parte da dívida é perfeitamente válido.

17. (Delegado – CESPE – 2004 – adaptada) Quanto ao instituto dos títulos de crédito, do direito de empresa e do direito falimentar, no item que se segue, é apresentada uma situação hipotética, seguida de uma assertiva a ser julgada.

- Em uma situação em que João, empresário, tenha decidido casar-se e tenha celebrado, com sua futura mulher, pacto pré-nupcial, este deverá ser arquivado e averbado no Registro Público de Empresas Mercantis.

18. (Delegado – CESPE – 2004 – adaptada) Quanto ao instituto dos títulos de crédito, do direito de empresa e do direito falimentar, no item que se segue, é apresentada uma situação hipotética, seguida de uma assertiva a ser julgada.

- Após trâmite processual regular, foi declarada a falência de Pedro. Nessa situação, se Pedro se abstiver de cumprir quaisquer das obrigações impostas pela lei de falências, a ele poderá ser decretada prisão, que não poderá exceder de sessenta dias, a requerimento de qualquer credor.

19. (Delegado – CESPE – 2004 – adaptada) Quanto ao instituto dos títulos de crédito, do direito de empresa e do direito falimentar, no item que se segue, é apresentada uma situação hipotética, seguida de uma assertiva a ser julgada.

- No curso de determinado processo de falência, houve indícios da ocorrência de crime falimentar, razão por que foi instaurado inquérito judicial. Nessa situação, o referido inquérito possui caráter meramente investigatório, não havendo, por isso, necessidade de intimação pessoal do devedor falido.

20. (Delegado – CESPE – 2004 – adaptada) Quanto ao instituto dos títulos de crédito, do direito de empresa e do direito falimentar, no item que se segue, é apresentada uma situação hipotética, seguida de uma assertiva a ser julgada.

- Adolfo é sócio de determinada sociedade anônima e devedor inadimplente de Amauri, que contra ele promoveu execução forçada para que fosse satisfeito seu crédito. Nessa situação, não poderão ser penhorados bens de André relativos à sociedade anônima, uma vez que as ações da sociedade são impenhoráveis.

GABARITO COMENTADO

1. ANULADA **Gabarito preliminar: CERTO.** Justificativa da Banca para anulação: O item está correto de acordo com o CC e abalizada doutrina. Porém, há discordância doutrinária sobre o assunto. Diante disso, opta-se pela anulação.

Um dos requisitos para o exercício da empresa é que este ocorra de modo organizado. Neste sentido, a contratação de pessoas que irão estruturar o empreendimento é fundamental. Contudo há que se discutir se isto impediria que a atividade-fim, o ponto nodal da empresa, pudesse ser exercida pelo empresário de forma personalíssima.

Para se observar a discussão doutrinária, vale perceber que, segundo Marlon Tomazette, "não basta o exercício de uma atividade econômica para a qualificação de uma pessoa como empresário, é essencial também que este seja o responsável pela organização dos fatores da produção para o bom exercício da atividade. E essa organização deve ser de fundamental importância, assumindo prevalência sobre a atividade pessoal do sujeito. A organização pode ser do trabalho alheio, de bens e de um e outro juntos. Normalmente a organização não significa a presença de habilidades técnicas ligadas à atividade-fim, mas sim uma qualidade de iniciativa, de decisão, capacidade de escolha de homens e bens, intuição, entre outros dados"[1].

DIREITO EMPRESARIAL

1 TOMAZETTE, Marlon. *Curso de direito empresarial*: teoria geral e direito societário (v. 1). 5. ed. São Paulo: Atlas, 2013, p. 45.

Alessandro Sanches, por sua vez, entende que ao se analisar a noção de organização deve-se perceber que o empresário se apresenta *implementando os fatores de produção como o emprego de capital, direção do* ***trabalho alheio ou próprio****, uso da tecnologia e insumos como um conjunto de atos para a organização da atividade empresária*[2].

Por fim, Silvio de Salvo Venosa entende que "o **empresário se vale do trabalho de outras pessoas**, capitaliza-se com recursos próprios ou de terceiros e com esse capital e trabalho busca um fim produtivo, com intuito de lucro. Sem essa organização, a atividade econômica não será considerada profissional e, portanto, não será abrangida pelo direito empresarial[3]".

2. CERTO O endosso é forma especial de transmissão do título, passando o endossante a responder pelo pagamento do débito, caso o devedor principal não o faça, como coobrigado secundário.

Contudo, sendo o título um bem móvel, a tradição é dele uma das formas de transmissão. Da leitura dos arts. 914 do CC e 15 da LUG (Lei Uniforme de Genebra), percebe-se que, havendo simples tradição, não haverá responsabilidade pelo pagamento por parte do endossante.

3. ANULADA **Gabarito preliminar: CERTO.** Justificativa da Banca para anulação: A utilização do termo "pessoa jurídica empresa" prejudicou o julgamento objetivo do item, motivo pelo qual se opta por sua anulação.

A questão traz uma estrutura completamente equivocada. A empresa é atividade a ser desempenhada; o empresário (seja ele pessoa física ou jurídica) é que reúne os elementos necessários para o desenvolvimento da empresa. No Brasil não se adota a ideia de personificação da Empresa, o que não mudou com o surgimento da EIRELI, pois apesar de o título da pessoa fazer menção a Empresa (Empresa Individual de Responsabilidade Limitada), esta, nestas terras, continua a ser a atividade exercida.

4. CERTO As grandes corporações de ofício foram fundamentais para que se firmassem as bases sobre as quais se desenvolveria o comércio moderno. Com o fim das invasões sobre a Europa e a retomada das grandes rotas terrestres, fez-se necessária a circulação de valores de forma ágil e segura. As *lettere de scambio* vão gerar velocidade ao acompanhar as caravanas mercantis e ainda darão a segurança necessária, pois se evitava levar somas altas pelas ermas estradas.

Comentário extra: Marlon Tomazzete informa que *apesar de já existirem várias regras sobre o comércio, o direito comercial só surge na Idade Média, como um direito autônomo, passando por uma grande evolução, que pode ser dividida em três fases: o sistema subjetivo, o sistema objetivo e o sistema subjetivo moderno*[4].

Sistema subjetivo – com a crise do sistema feudal entre os séculos XI e XII, o direito comercial se apresenta como o direito do comerciante, sendo que a partir das grandes corporações, esta classe se firma em influência política e poder econômico.

Sistema objetivo – o sistema subjetivo não pode acompanhar o desenvolvimento social, sendo que a necessidade de aplicação das regras do Direito Comercial a situações que envolviam comerciantes e não comerciantes fez surgir a noção de ato de comércio, prevista pontualmente em lei.

Sistema subjetivo moderno – com o estabelecimento da modernidade e no caminhar do mundo contemporâneo, o dinamismo e a celeridade das relações passaram a exigir mais do que simples definições legais estanques de atos de

2 ANCHEZ, Alessandro. *Direito empresarial I*: teoria geral do direito empresarial, concorrência e propriedade intelectual. São Paulo: Saraiva, 2012, p. 23 (Coleção saberes do direito; v. 27).

3 VENOSA, Silvio de Salvo; RODRIGUES, Cláudia. *Direito civil; direito empresarial* (v. 8). 4. ed. São Paulo: Atlas, 2012, p. 21.

4 TOMAZETTE, Marlon. *Curso de direito empresarial*: teoria geral e direito societário (v. 1). 5. ed. São Paulo: Atlas, 2013, p. 5.

comércio. Passa-se a focar a atividade, criando-se a figura do empresário. Desta forma, a figura do empresário passa a definir a aplicação da normatização especial.

5. ERRADO *A sociedade estrangeira, qualquer que seja o seu objeto, não pode, sem autorização do Poder Executivo, funcionar no País, ainda que por estabelecimentos subordinados, podendo, todavia, ressalvados os casos expressos em lei, ser acionista de sociedade anônima brasileira.*

A questão em tela envolve, de forma direta, a soberania nacional, logo, não se pode deixar a cabo de um único Estado-membro dar a resposta final sobre a referida implantação. E para cada novo estabelecimento, necessária nova autorização, evitando-se a supressão de parte da indústria brasileira.

6. CERTO O cheque pré-datado (também conhecido como pós-datado) foge à regra legal, visto que o art. 32 da Lei do Cheque (Lei n. 7.357/85) estabelece este título como uma ordem de pagamento à vista (tanto de apresentação quanto de fundos), determinando como não escrita qualquer menção diferente. Contudo, a prática comercial criou estas figuras, deixando claro o bifrontismo deste título.

De um lado, enquanto título de crédito sacado contra um determinado Banco, deverá ser pago por este, sempre à vista (respeitado limite decadencial para a apresentação). De outro, será também indicativo de uma relação contratual entre as partes, sendo entre elas possível invocar indenização em caso de apresentação precoce do título.

7. ERRADO Os efeitos decorrentes da condenação (inabilitação etc.) não são automáticos, devendo ser expressamente motivados pelo Magistrado em sua sentença.

Comentário extra: A sentença que decreta a falência, concede a recuperação judicial ou concede a recuperação extrajudicial é condição objetiva de punibilidade das infrações penais apresentadas pela Lei Falimentar e de Recuperações (Lei n. 11.101/2005). Como efeitos da sentença, que não são automáticos, devendo ser motivados expressamente na sentença, tem-se: *i) a inabilitação para o exercício de atividade empresarial; ii) o impedimento para o exercício de cargo ou função em conselho de administração, diretoria ou gerência das sociedades sujeitas a esta Lei; iii) a impossibilidade de gerir empresa por mandato ou por gestão de negócio.* Estes efeitos irão perdurar por 5 anos após a extinção da punibilidade, podendo também cessar pela reabilitação penal.

8. ERRADO Conforme **posicionamento solidificado no STJ** a condição de cotitular não obriga o sujeito em uma ação de cobrança. Isto porque a Lei do Cheque (Lei n. 7.357/85) determina, em seu art. 51, serem responsáveis para com o favorecido todos os obrigados pelo cheque. E estes, conforme art. 47, I e II, são o emitente, o endossante e o avalista. O cotitular não figura na regra legal, estando impedida a presunção de solidariedade conforme art. 265 do CC.

Vale destacar que o endossante e seus avalistas somente podem ser executados se o cheque foi apresentado dentro do prazo de apresentação e há comprovação da recusa do pagamento (protesto, declaração do sacado – escrita e datada, sobre a cártula, com a data da apresentação – ou por declaração escrita e datada de câmara de compensação).

Se for apresentado fora do prazo, a ação de cobrança somente poderá ser promovida em face do emitente e seus avalistas. Atente-se que existem avalistas do emitente, e avalistas dos endossantes.

Comentário extra: Os títulos de crédito próprios são a letra de câmbio, a nota promissória, o cheque e a duplicata. Além destes, existem os títulos impróprios ou atípicos. A eles são aplicáveis princípios gerais, que regulamentam tanto o título quanto o direito nele consubstanciado. Estes princípios são a cartularidade, autonomia e literalidade (todos contidos no art. 887 do CC).

Cartularidade – é necessário um documento físico para que o direito nele se mencione. A posse dele configurará, salvo títulos nominativos, quem é seu titular.

Autonomia – os negócios jurídicos que promovam a circulação do título são autônomos entre si, além do que o título se desliga do negócio jurídico que o originou (abstração), eventuais nulidades nos negócios não afetam o título.

Literalidade – a extensão do direito (crédito), sua forma e local de pagamento estão literalmente descritos na cártula. Qualquer discussão cambial deverá se limitar ao que está escrito no título.

9. CERTO Diferentemente da fiança civil, **o aval atribui ao responsável uma condição equivalente à de devedor**, **não** possibilitando a ele o benefício de ordem. Este benefício, existente na fiança, determina que primeiro devem ser excutidos bens do devedor, para, só depois, buscarem-se bens do fiador. Já o avalista não tem tal direito, estando em condição de equivalência perante o emitente, podendo ser executado antes ou conjuntamente com este.

Comentário extra: o aval é um instituto cambial específico. Pode ser "em branco" quando não aponta quem é seu avalizado (a simples assinatura no anverso do título já torna o indivíduo avalista do sacador; se dada no verso, deve ser acompanhada de "por aval" ou "bom para aval"). "Em preto" é o aval dado de forma específica, em favor de uma pessoa determinada (sacador, endossante, avalista) e pode ser dado tanto no verso quanto no anverso, sempre com a expressão "por aval" identificando o avalizado.

Existe também o aval antecipado, que é a garantia dada a uma relação cambiária ainda não aceita. O aval ainda pode ser sucessivo ou simultâneo. Neste, todos os avalistas estão em uma mesma situação, sendo a relação regulada pela regra geral das obrigações solidárias (passiva). No sucessivo, um avalista o é de outro avalista, sendo a relação regulada pelas regras cambiárias.

10. ERRADO A questão envolve Direito não mais vigente, sendo que na época da aplicação da prova (em 2004) a assertiva se apresentou como errada, pois não ocorrendo protesto não haveria restrição à concordata.

Importante: atualmente o processo de recuperação judicial substituiu as novas concordatas, buscando-se, em caso de falência, o restabelecimento da estrutura empresarial.

Comentário extra: A Lei de Recuperações e Falências (Lei n. 11.101/2005) determina que somente o empresário está submetido a seus regramentos. Seja este empresário individual ou coletivo (sociedade empresária).

Estão também fora da abrangência da lei algumas atividades empresariais, como as sociedades de economia mista, as instituições financeiras, cooperativas de crédito, empresas públicas, empresas de consórcio, de previdência privada, de planos de saúde, de capitalização e seguradoras.

Atração (indivisibilidade) do juízo falimentar – o pedido de falência ou de recuperação judicial determina o juízo prevento, a partir da sua distribuição. Este juízo tem competência para conhecer dos pedidos relativos ao falido. Deve o pedido ser efetivado no local do estabelecimento principal do devedor ou da filial no Brasil (no caso de empresária com sede em outro país). Esta atração é denominada "juízo universal da falência".

A **indivisibilidade** do juízo falimentar não abrange: ações trabalhistas (apenas o conhecimento, pois o crédito deverá ser habilitado no juízo falimentar para ser executado), as fiscais e as em que o falido for autor ou litisconsorte ativo. Já a **universalidade** do juízo faz com que todos os créditos, obrigatoriamente, sejam submetidos à classificação concursal.

Recuperação judicial: O processo de recuperação visa possibilitar que a empresa alcance sua função social (respeitando a economia, a lei, a ética no tratamento de clientes, concorrentes e funcionários e atuando socialmente), evitando-se o fechamento de postos de trabalho e a redução da circulação de riquezas. Pode ocorrer sob três formas: processo judicial – COMUM e POR PLANO ESPECIAL – ou extrajudicial. Todas possuem em comum os seguintes requisitos:

a) Não pode solicitar a recuperação o falido (em já sendo, deverá demonstrar por sentença com trânsito em julgado que suas obrigações encontram-se extintas);

b) Não pode ter sido condenado por crime previsto na LRF (arts. 168 a 178), ou, se for administrador ou sócio controlador, não ter sido pessoa condenada nesta função.

c) O quadro sinótico seguinte esclarecerá as demais diferenciações entre as formas:

	PLANO ESPECIAL	PLANO COMUM	EXTRAJUDICIAL
Decurso mínimo do último pedido de recuperação	8 anos	5 anos	2 anos
Volume de negócios	Só ME ou EPP	Qualquer volume	Qualquer volume
Credores envolvidos	Só quirografários	Todos do art. 83, II, IV, V, VI e VIII, ou "grupo de credores de mesma natureza e sujeito a semelhantes condições de pagamento"	Dos créditos submetidos ao juízo falimentar e que comportem transação podem ser incluídos mesmo os não vencidos.
Suspensão da prescrição e do curso de ações individuais	Só das ações dos quirografários	Só para os sujeitos a pedido de homologação	Todos e todas as ações, pelo prazo de 180 dias.
Modalidades saneadoras	Dilação do prazo de pagamento. Até 36 vezes, com juros de 12% a.a.	São permitidas várias formas, como as listadas no art. 50 (enumeração meramente exemplificativa)	Como se trata de um acordo com os credores, são livres as estipulações, desde que se respeitem as vedações legais: a) não poderá contemplar o pagamento antecipado de dívidas nem tratamento desfavorável aos credores que a ele não estejam sujeitos; e b) não acarretará suspensão de direitos, ações ou execuções, nem a impossibilidade do pedido de decretação de falência pelos credores não sujeitos ao plano de recuperação extrajudicial.

11. CERTO A *Sociedade em comum*, denominação adotada pelo Código Civil, não tem personalidade jurídica, sendo seus sócios solidária e ilimitadamente responsáveis. Esta forma abarca tanto as sociedades que ainda estão em trâmite de regularização (antigas "sociedades irregulares") quanto as que nem sequer tiveram seus atos levados a registro (sociedades de fato).

A atual regulamentação cria uma situação diversificada entre os sócios que são tratadores dos que não são. **Tratadores** são os que negociam com terceiros, que aparecem de forma direta. Os não tratadores têm direito a invocar o benefício de ordem, na forma do art. 1.024 do CC c/c art. 990 do CC. Com isto, continuam sendo solidária e ilimitadamente responsáveis em relação

DIREITO EMPRESARIAL

ao *quantum*. Já no tocante à preferência, a responsabilidade se apresenta de forma subsidiária: primeiro devem ser excutidos os bens da sociedade e dos sócios tratadores, para só depois serem buscados os dos não tratadores.

Comentário extra: Observe-se que o Código Civil criou um patrimônio afetado ou especial em favor da sociedade em comum, constituído pelos haveres e deveres da sociedade não personificada.

Importante destacar que os terceiros poderão lançar mão de quaisquer meios para fazer prova da existência da sociedade, enquanto os sócios somente poderão fazê-lo por escrito.

12. ERRADO O registro das sociedades "em conta de participação" é facultativo, sendo que toda a responsabilidade é atribuída ao sócio ostensivo. Vedado é ao oculto aparecer nos acordos perante terceiros. Mesmo havendo registro, e aqui reside a clara diferença em relação às sociedades em comum, pois enquanto estas últimas não têm personalidade por força de um vício em seu trâmite (que ou não se iniciou ou está incompleto), aquelas primeiras não possuirão NUNCA personalidade jurídica, visto que o sistema assim as trata.

Comentário extra: registro, a par do que se possa imaginar é possível, visto que a questão não menciona em qual Ofício Registrário se efetivaria e o Cartório de Notas, de Registro Civil de Imóveis e o Registro Mercantil poderiam arquivar atos referentes a uma "em conta de participação", e mesmo que isto ocorra, por força do art. 993 do CC. Ela, portanto, está fora da regra estabelecida pelo art. 985 do CC, de que o registro atribui personalidade jurídica.

13. CERTO A alienação singular do nome empresarial é vedada pelo art. 1.164 do Código Civil. Permite-se, porém, a expressão "sucessor" quando do trespasse do estabelecimento comercial. **Trespasse** é a alienação dos elementos materiais do estabelecimento comercial.

Esta questão envolve controvérsia doutrinária, havendo defensores da possibilidade de alienação do nome empresarial. Contudo, no caso em tela, poderia haver prejuízo aos clientes, que confundiriam "alhos e bugalhos", devendo o candidato buscar a letra da lei em seu socorro.

Comentário extra: O nome empresarial é um direito de natureza pessoal, com claros reflexos patrimoniais. Pode se manifestar sob a forma de firma individual ou denominação.

A firma é composta pela integralidade ou por parte dos nomes dos sócios. Já a denominação é uma criação fantástica, de fantasia!

Como é composto o nome empresarial das diversas sociedades?

Sociedade anônima – utiliza **denominação** que deve ser acompanhada das expressões "companhia" (ou CIA.) ou "sociedade anônima" (ou S.A.). A expressão Companhia não pode vir ao final.

Cooperativas – devem usar em sua **denominação** a palavra Cooperativa.

Comandita por ações – pode usar tanto **firma** quanto **denominação**, mas que deve ser acompanhada da expressão "Comandita por ações", de forma extensa ou abreviada. Sendo utilizada firma somente os nomes dos sócios-diretores ou gerentes poderão figurar.

Sociedade em nome coletivo – somente **firma**.

Comandita simples – adotam **firma** na qual não podem constar os nomes dos sócios **comanditados** (que respondem ilimitadamente). Se um comanditário vier a figurar na denominação passará a responder ilimitadamente.

Sociedade Limitada – pode adotar **firma** ou **denominação**, sempre seguida da expressão "limitada". A omissão desta expressão gera responsabilidade ilimitada para os sócios.

Sociedade em conta de participação – nem firma nem denominação.

EIRELI (empresa individual de responsabilidade limitada) – pode adotar tanto firma quanto denominação, sendo obrigatório o acompanhamento pela expressão "EIRELI".

14. ERRADO Conforme art. 138, § 2º, da Lei n. 6.404/76, o Conselho de Administração é órgão **obrigatório** nas sociedades de capital aberto e nas de capital autorizado.

Comentário extra: As sociedades por ações constituem uma classificação especial dentro das sociedades empresariais (e elas são **sempre**

empresariais, não importando o objeto). Nelas, em regra, é livre o trânsito de sócios, com a negociação de ações.

A **responsabilidade** de **cada sócio**, qualidade esta nascida da aquisição de uma ação (menor porção do capital social), **vai até o limite do volume subscrito** e/ou já **quitado** (integralizado).

Existem duas formas de sociedades empresariais: as **comanditas por ações** e as **Sociedades Anônimas** (dentro destas podem-se encontrar, ainda, as Sociedades de Economia mista, estudadas pelo Direito Administrativo).

As **Anônimas** podem ser de **capital fechado** ou **aberto**. As de capital aberto podem negociar seus papéis (variadas formas de **valores mobiliários**, como **debêntures, ações** etc.) na Bolsa de Valores ou no mercado balcão (negociações entre as partes intermediadas por uma instituição financeira).

15. ERRADO O incapaz pode ser representado (se absolutamente incapaz) ou assistido (se relativamente incapaz) para dar continuidade à empresa, em duas situações: a) já era empresário e se tornou incapaz; b) é sucessor legítimo ou por testamento do anterior empresário conforme art. 974 do CC.

A situação apresentada é **excepcional**, visto que a regra utilizada pelo Código Civil determina que podem ser empresários todos os que estiverem no pleno gozo de sua capacidade civil (aqui, capacidade de exercício), além de não poderem ser impedidos pela lei. Exemplos dos impedidos são os Magistrados e Membros do Ministério Público que não podem exercer a empresa em nome próprio ou participar de sociedade empresarial, **salvo** na condição de cotista ou acionista, sem poderes administrativos. Tendo em foco o objetivo da presente obra, vale recordar que os Servidores Públicos Federais estão impedidos na forma do art. 117, X, da Lei n. 8.112/90.

Comentário extra: O Brasil, a partir do Código Civil de 2002, passou a adotar a Teoria da Empresa para qualificar as atividades mercantis. Com isto, abandonou a Teoria dos atos de comércio, vinculadas à noção de comerciante.

O empresário tanto pode ser *individual* quanto *coletivo* (sociedades empresariais). Com a Lei n. 12.441/2011, criou-se a figura de EIRELI (empresa individual de responsabilidade limitada), que não é uma sociedade empresarial, mas sim uma pessoa jurídica nascida ou convertida a partir da existência de uma única **pessoa física**. São suas características:

- **Criação** de uma **pessoa** e um **patrimônio separado** da pessoa física, o que possibilita, nos casos legais, a aplicação da teoria da desconsideração da personalidade jurídica;
- **Cada pessoa física** somente poderá ser titular **de uma EIRELI**, tendo responsabilidade limitada;
- A formação de uma EIRELI pode se dar de **forma originária** (criação direta da pessoa) ou através da concentração de cotas de uma sociedade em uma única pessoa (formação por **conversão** ou **derivada**). Vale destacar que não importa o motivo da concentração das cotas;
- O **capital** da EIRELI não poderá ser **inferior** a **100** vezes o **salário mínimo** nacional.

16. CERTO A Lei do Cheque possibilita, em seu art. 29, o aval parcial. Vale destacar que o Código Civil **veda** tal situação, mas como se trata de norma geral, **não tem** o condão de modificar a Lei Complementar.

Comentário extra: É de suma importância atentar para as diferenças entre as principais formas de títulos de crédito.

Nota promissória	Promessa de pagamento a tempo certo.	• denominação "nota promissória" • promessa pura e simples de pagar • nome do tomador ou beneficiário • assinatura do emitente • data de emissão • lugar de emissão	• Não existe aceite de nota promissória, já que o sacado é o próprio emitente. • O lugar de emissão poderá ser suprido pelo lugar ao lado do nome do subscritor.

Duplicata	Título de natureza causal, sacado para representar fatura de crédito proveniente de compra e venda ou prestação serviços.	• deve conter a palavra "duplicata" • nome e domicílio do vendedor • nome e domicílio do comprador • número de ordem • número da fatura • data de emissão da duplicata • data de vencimento, ou menção de que se trata de título à vista • valor a ser pago, em algarismos e por extenso • lugar do pagamento • cláusula à ordem • a declaração do reconhecimento de sua exatidão e da obrigação de pagá-la, a ser assinada pelo comprador, como aceite cambial • assinatura de quem a emite	• Este título é causal porque está ligado a um negócio jurídico base, que cria a fatura.

17. CERTO Trata-se de terminação direta do art. 979 do CC, que ainda especifica que devem ser arquivados e averbados "o título de doação, herança, ou legado, de bens clausulados de incomunicabilidade ou inalienabilidade".

Comentário extra: O **pacto antenupcial** é o instrumento para que os nubentes possam escolher e definir os limites do regime patrimonial de seu casamento (**na união estável** será realizada a escolha **através do contrato que a criar**, ou será determinado o regime subsidiário – comunhão parcial – se não houver contrato, que pode ser público ou particular).

O pacto antenupcial, que é realizado sempre por **escrito público**, tem sua eficácia suspensa até a celebração do matrimônio. Se não for realizado em **escrito público** será **inválido** e se não ocorrer matrimônio será **ineficaz**.

Pode conter disposições de natureza **pessoal e patrimonial**, mas nenhuma delas pode contrapor-se às determinações de ordem pública.

Apesar de ser um escrito público, sua eficácia está restrita, em regra, aos nubentes. Para que **possa valer contra terceiros** será necessário que ocorra o seu registro no **Cartório de Registro de Imóveis**.

Vale destacar ainda o Registro de Empresas (ou Registro Mercantil), regulado pela Lei n. 8.934/94, e conforme seu art. 32, são efetivados os seguintes atos:

A matrícula e seu cancelamento	dos leiloeiros, tradutores públicos e intérpretes comerciais, trapicheiros e administradores de armazéns-gerais.
O arquivamento	a) dos documentos relativos à constituição, alteração, dissolução e extinção de firmas mercantis individuais, sociedades mercantis e cooperativas; b) dos atos relativos a consórcio e grupo de sociedade de que trata a Lei das SA's; c) dos atos concernentes a empresas mercantis estrangeiras autorizadas a funcionar no Brasil; d) das declarações de microempresa; e) de atos ou documentos que, por determinação legal, sejam atribuídos ao Registro Público de Empresas Mercantis e Atividades Afins ou daqueles que possam interessar ao empresário e às empresas mercantis.
A autenticação	dos instrumentos de escrituração das empresas mercantis registradas e dos agentes auxiliares do comércio, na forma de lei própria.

18. ERRADO A questão afronta a Súmula 280 do STJ, que determina: "O art. 35 do Decreto-Lei n. 7.661, de 1945, que estabelece a prisão administrativa, foi revogado pelos incisos LXI e LXVII do art. 5º da Constituição Federal de 1988". A atual lei de falências **atribui** ao **descumprimento** dos **preceitos** durante o período de recuperação a **conversão** do **rito** em **falência**.

Crimes falimentares	
1. Praticar, **antes ou depois** da **sentença** que decretar a **falência**, **conceder** a **recuperação judicial** ou **homologar** a **recuperação extrajudicial**, ato **fraudulento** de que **resulte** ou **possa resultar** prejuízo aos credores, com o fim de obter ou assegurar vantagem indevida para si ou para outrem.	• reclusão, de 3 (três) a 6 (seis) anos, e multa. • A pena será aumentada de 1/6 a 1/3 se o agente: a) elabora escrituração contábil ou balanço com dados inexatos; b) omite, na escrituração contábil ou no balanço, lançamento que deles deveria constar, ou altera escrituração ou balanço verdadeiros; c) destrói, apaga ou corrompe dados contábeis ou negociais armazenados em computador ou sistema informatizado; d) simula a composição do capital social; e) destrói, oculta ou inutiliza, total ou parcialmente, os documentos de escrituração contábil obrigatórios. • A pena é aumentada de 1/3 (um terço) até metade se o devedor manteve ou movimentou recursos ou valores paralelamente à contabilidade exigida pela legislação. • Concurso – Nas mesmas penas incidem os contadores, técnicos contábeis, auditores e outros profissionais que, de qualquer modo, concorrerem para as condutas criminosas descritas neste artigo, na medida de sua culpabilidade. • Tratando-se de falência de microempresa ou de empresa de pequeno porte, e não se constatando prática habitual de condutas fraudulentas por parte do falido, poderá o juiz reduzir a pena de reclusão de 1/3 (um terço) a 2/3 (dois terços) ou substituí-la pelas penas restritivas de direitos, pelas de perda de bens e valores ou pelas de prestação de serviços à comunidade ou a entidades públicas.
2. Violar, explorar ou divulgar, sem justa causa, sigilo empresarial ou dados confidenciais sobre operações ou serviços, contribuindo para a condução do devedor a estado de inviabilidade econômica ou financeira.	• reclusão, de 2 (dois) a 4 (quatro) anos, e multa.
3. Divulgar ou propalar, por qualquer meio, informação falsa sobre devedor em recuperação judicial, com o fim de levá-lo à falência ou de obter vantagem.	• reclusão, de 2 (dois) a 4 (quatro) anos, e multa.
4. Sonegar ou omitir informações ou prestar informações falsas no processo de falência, de recuperação judicial ou de recuperação extrajudicial, com o fim de induzir a erro o juiz, o Ministério Público, os credores, a assembleia-geral de credores, o Comitê ou o administrador judicial.	• reclusão, de 2 (dois) a 4 (quatro) anos, e multa.

Crimes falimentares	
5. Praticar, antes ou depois da sentença que decretar a falência, conceder a recuperação judicial ou homologar plano de recuperação extrajudicial, ato de disposição ou oneração patrimonial ou gerador de obrigação, destinado a favorecer um ou mais credores em prejuízo dos demais. Nas **mesmas penas** incorre o credor que, em conluio, possa beneficiar-se de ato previsto neste tipo.	• reclusão, de 2 (dois) a 5 (cinco) anos, e multa.
6. Apropriar-se, desviar ou ocultar bens pertencentes ao devedor sob recuperação judicial ou à massa falida, inclusive por meio da aquisição por interposta pessoa.	• reclusão, de 2 (dois) a 4 (quatro) anos, e multa.
7. Adquirir, receber, usar, ilicitamente, bem que sabe pertencer à massa falida ou influir para que terceiro, de boa-fé, o adquira, receba ou use.	• reclusão, de 2 (dois) a 4 (quatro) anos, e multa.
8. Apresentar, em falência, recuperação judicial ou recuperação extrajudicial, relação de créditos, habilitação de créditos ou reclamação falsas, ou juntar a elas título falso ou simulado.	• reclusão, de 2 (dois) a 4 (quatro) anos, e multa.
9. Exercer atividade para a qual foi inabilitado ou incapacitado por decisão judicial, nos termos desta Lei.	• reclusão, de 1 (um) a 4 (quatro) anos, e multa.
10. Adquirir o juiz, o representante do Ministério Público, o administrador judicial, o gestor judicial, o perito, o avaliador, o escrivão, o oficial de justiça ou o leiloeiro, por si ou por interposta pessoa, bens de massa falida ou de devedor em recuperação judicial, ou, em relação a estes, entrar em alguma especulação de lucro, quando tenham atuado nos respectivos processos.	• reclusão, de 2 (dois) a 4 (quatro) anos, e multa.
11. Deixar de elaborar, escriturar ou autenticar, antes ou depois da sentença que decretar a falência, conceder a recuperação judicial ou homologar o plano de recuperação extrajudicial, os documentos de escrituração contábil obrigatórios.	• detenção, de 1 (um) a 2 (dois) anos, e multa, se o fato não constitui crime mais grave.

19. ERRADO O art. 106 da antiga lei de falências determinava que deveria ser aberto prazo para que o falido pudesse apresentar sua defesa. Atualmente, a Lei n. 11.101/2005, em seu art. 187, converteu a conflituosa figura do inquérito judicial em inquérito policial.

Comentário extra: Em relação aos crimes, são equiparados (na medida de sua culpabilidade), ao devedor ou falido, os seus sócios, diretores, gerentes, administradores (também o administrador judicial) e conselheiros, de fato ou de direito.

As infrações mencionadas pela lei só são puníveis se houver sentença que decreta a falência, concede a recuperação judicial ou a extrajudicial (trata-se de condição objetiva de punibilidade).

Uma vez condenado pelos crimes previstos na Lei de Falências decorrerão os seguintes efeitos:

a) a inabilitação para o exercício de atividade empresarial;

b) o impedimento para o exercício de cargo ou função em conselho de administração, diretoria ou gerência das sociedades sujeitas a esta Lei;

c) a impossibilidade de gerir empresa por mandato ou por gestão de negócio.

d) Os efeitos de que trata este artigo não são automáticos, devendo ser motivadamente declarados na sentença, e perdurarão até 5 (cinco) anos após a extinção da punibilidade, podendo, contudo, cessar antes pela reabilitação penal.

O termo inicial da prescrição dos crimes falimentares (que segue a regra de prazos do CP) dá-se no dia da decretação da falência, da concessão da recuperação judicial ou da homologação do plano de recuperação extrajudicial. Deve-se atentar que há uma possibilidade de interrupção da contagem, pois "a decretação da falência do devedor interrompe a prescrição cuja contagem tenha iniciado com a concessão da recuperação judicial ou com a homologação do plano de recuperação extrajudicial".

Segue um quadro com a síntese do procedimental penal.

Competência	Juiz criminal da jurisdição onde foi decretada a falência, concedida a recuperação judicial ou homologado o plano de recuperação extrajudicial.
Ação penal	Os crimes previstos na Lei n. 11.101/2005 são de ação penal pública incondicionada.
Ação privada subsidiária	Se o prazo estabelecido no art. 187, § 1º ("O prazo para oferecimento da denúncia regula-se pelo art. 46 do Decreto-Lei n. 3.689, de 3 de outubro de 1941 – Código de Processo Penal, salvo se o Ministério Público, estando o réu solto ou afiançado, decidir aguardar a apresentação da exposição circunstanciada de que trata o art. 186 desta Lei, devendo, em seguida, oferecer a denúncia em 15 (quinze) dias.").
Rito	Após o recebimento da denúncia ou queixa, o processo seguirá o rito Sumário.
Lacunas	O CPP é fonte subsidiária para suprimento de lacunas na Lei n. 11.101/2005, EM MATÉRIA PENAL. Em matéria civil ou empresarial, o CPC é a fonte.

20. ERRADO As ações são penhoráveis. Assim é por não haver qualquer vedação expressa em lei para tal pedido, valendo, portanto, a regra da penhorabilidade.

Comentário extra: Espécies acionárias – A Lei n. 6.404/76 cria basicamente três formas acionárias:

a) **Ordinárias** – somente podem existir em companhias fechadas, podem ser de uma ou mais classes, que abordem a conversibilidade ou não em preferenciais, a exigência ou não de nacionalidade brasileira do acionista, ou o direito a voto em separado para a eleição de determinados cargos de órgãos administrativos.

b) **Preferenciais** – podem ser emitidas por companhias fechadas ou abertas, não podendo as preferenciais que não têm direito a voto (ou o têm de forma limitada) ser superiores a 50% do total de ações emitidas. Podem ser de uma ou mais classes, tendo prioridade na distribuição de dividendo, fixo ou mínimo; prioridade no reembolso do capital, com prêmio ou sem ele; ou estas duas juntas. Devem atribuir, para serem negociadas no mercado de valores, pelo menos uma das seguintes vantagens (excetuadas as que podem ser atribuídas pelo estatuto):

b.1) direito de participar do dividendo a ser distribuído, correspondente a, pelo menos, 25% (vinte e cinco por cento) do lucro líquido do exercício;

b.2) direito ao recebimento de dividendo, por ação preferencial, pelo menos 10% (dez por cento) maior do que o atribuído a cada ação ordinária; ou

b.3) direito de serem incluídas na oferta pública de alienação de controle, nas condições previstas no art. 254-A, assegurado o dividendo pelo menos igual ao das ações ordinárias.

c) **De fruição** – nascem da amortização de ações ordinárias e preferenciais. O estatuto ou a assembleia-geral extraordinária podem determinar a amortização de ações e sua conversão em ações-fruição (somente se a ação for integralmente amortizada e não pode haver amortização de todas as ações de uma classe), desde que não ocorra redução do capital social, mantendo-as em circulação. A amortização antecipa para o sócio o que receberia em caso de liquidação da companhia.

DIREITO EMPRESARIAL

RAIO-X

- O tema em estudo equivale aos seguintes percentuais das questões de Direito Empresarial:

Cargo	Questões do Tema	%
Agente	0	0
Escrivão	0	0
Delegado	7	5,8

- Em 2004 foram 13 questões sobre o tema. Em 2002 a participação de Direito Empresarial foi de 0,5%. Em 2013, o Direito Empresarial representou 7 das 120 questões, ou seja, 5,8% do total.
- A maioria das questões é baseada em:

☐ doutrina ☒ legislação ☐ jurisprudência

- O conteúdo de Direito Empresarial (que ganha proporcionalmente destaque) vem sofrendo grandes alterações, devendo o candidato atentar para a temática dos títulos de crédito e para a inovação da EIRELI que ingressou recentemente nos sistema jurídico. A análise das Súmulas do STF e STJ é muito importante, visto que muito do que é disciplinado pela lei recebe interpretação diferenciada pelos Tribunais.

IMPORTANTE SABER

- Ao lado das ações, há outros valores mobiliários que merecem destaque. São eles: debêntures, partes beneficiárias e bônus de subscrição.

a) **Debêntures** – dão ao titular direito de crédito junto à Companhia, podendo ou não ser conversíveis em ações. Podem ser emitidas tanto por companhias fechadas quanto abertas.

b) **Partes beneficiárias** – dão ao titular direito de participação nos lucros, limitado a 10%. Podem ser emitidas tanto por companhias fechadas quanto abertas.

c) **Bônus de subscrição** – reservam ao titular o direito de aquisição de ações. Só podem ser emitidos por companhias de capital autorizado.

LEGISLAÇÃO E SÚMULAS PERTINENTES

- Lei n. 6.404/76 (Lei das S.A.).
- Lei n. 8.934/94: (Lei do Registro Público de Empresas Mercantis).
- Lei n. 10.406/2002 (Código Civil).
- Lei n. 11.101/2005 (Lei de Recuperações e Falências).
- Lei n. 12.441/2011.
- **Súmula 153 do STF:** Simples protesto cambiário não interrompe a prescrição.
- **Súmula 189 do STF:** Avais em branco e superpostos consideram-se simultâneos e não sucessivos.
- **Súmula 190 do STF:** O não pagamento de título vencido há mais de trinta dias sem protesto não impede a concordata preventiva.
- **Súmula 193 do STF:** Para a restituição prevista no art. 76, § 2º, da Lei de Falências, conta-se o prazo de quinze dias da entrega da coisa e não da sua remessa.
- **Súmula 260 do STF:** O exame de livros comerciais, em ação judicial, fica limitado às transações entre os litigantes.
- **Súmula 265 do STF:** Na apuração de haveres, não prevalece o balanço não aprovado pelo sócio falecido, excluído ou que se retirou.
- **Súmula 386 do STF:** Pela execução de obra musical por artistas remunerados é devido direito autoral, não exigível quando a orquestra for de amadores.
- **Súmula 387 do STF:** A cambial emitida ou aceita com omissões, ou em branco, pode ser completada pelo credor de boa-fé antes da cobrança ou do protesto.
- **Súmula 390 do STF:** A exibição judicial de livros comerciais pode ser requerida como medida preventiva.
- **Súmula 417 do STF:** Pode ser objeto de restituição, na falência, dinheiro em poder do falido, recebido em nome de outrem, ou do qual, por lei ou contrato, não tivesse ele a disponibilidade.
- **Súmula 486 do STF:** Admite-se a retomada para sociedade da qual o locador, ou seu cônjuge, seja sócio com participação predominante no capital social.
- **Súmula 495 do STF:** A restituição em dinheiro da coisa vendida a crédito, entregue nos quinze dias anteriores ao pedido de falência ou de concordata, cabe, quando, ainda que consumida ou transformada, não faça o devedor prova de haver sido alienada a terceiro.
- **Súmula 600 do STF:** Cabe ação executiva contra o emitente e seus avalistas, ainda que não

apresentado o cheque ao sacado no prazo legal, desde que não prescrita a ação cambiária.

- **Súmula 645 do STF:** É competente o município para fixar o horário de funcionamento de estabelecimento comercial.
- **Súmula 646 do STF:** Ofende o princípio da livre concorrência lei municipal que impede a instalação de estabelecimentos comerciais do mesmo ramo em determinada área.
- **Súmula 8 do STJ:** Aplica-se a correção monetária aos créditos habilitados em concordata preventiva, salvo durante o período compreendido entre as datas de vigência da Lei n. 7.274, de 10-12-84, e do Decreto-Lei n. 2.283, de 27-2-86.
- **Súmula 25 do STJ:** Nas ações da Lei de Falências o prazo para a interposição de recurso conta-se da intimação da parte.
- **Súmula 26 do STJ:** O avalista do título de crédito vinculado a contrato de mútuo também responde pelas obrigações pactuadas, quando no contrato figurar como devedor solidário.
- **Súmula 29 do STJ:** No pagamento em juízo para elidir falência, são devidos correção monetária, juros e honorários de advogado.
- **Súmula 36 do STJ:** A correção monetária integra o valor da restituição, em caso de adiantamento de câmbio, requerida em concordata ou falência.
- **Súmula 63 do STJ:** São devidos direitos autorais pela retransmissão radiofônica de músicas em estabelecimentos comerciais.
- **Súmula 88 do STJ:** São admissíveis embargos infringentes em processo falimentar.
- **Súmula 133 do STJ:** A restituição da importância adiantada, à conta de contrato de câmbio, independe de ter sido a antecipação efetuada nos quinze dias anteriores ao requerimento da concordata.
- **Súmula 219 do STJ:** Os créditos decorrentes de serviços prestados à massa falida, inclusive a remuneração do síndico, gozam dos privilégios próprios dos trabalhistas.
- **Súmula 228 do STJ:** É inadmissível o interdito proibitório para proteção do direito autoral.
- **Súmula 248 do STJ:** Comprovada a prestação dos serviços, a duplicata não aceita, mas protestada, é título hábil para instruir pedido de falência.
- **Súmula 258 do STJ:** A nota promissória vinculada a contrato de abertura de crédito não goza de autonomia em razão da iliquidez do título que a originou.
- **Súmula 261 do STJ:** A cobrança de direitos autorais pela retransmissão radiofônica de músicas, em estabelecimentos hoteleiros, deve ser feita conforme a taxa média de utilização do equipamento, apurada em liquidação.
- **Súmula 264 do STJ:** É irrecorrível o ato judicial que apenas manda processar a concordata preventiva.
- **Súmula 280 do STJ:** O art. 35 do Decreto-lei n. 7.661, de 1945, que estabelece a prisão administrativa, foi revogado pelos incisos LXI e LXVII do art. 5º da Constituição Federal de 1988.
- **Súmula 283 do STJ:** As empresas administradoras de cartão de crédito são instituições financeiras e, por isso, os juros remuneratórios por elas cobrados não sofrem as limitações da Lei de Usura.
- **Súmula 297 do STJ:** O Código de Defesa do Consumidor é aplicável às instituições financeiras.
- **Súmula 299 do STJ:** É admissível a ação monitória fundada em cheque prescrito.
- **Súmula 305 do STJ:** É descabida a prisão civil do depositário quando, decretada a falência da empresa, sobrevém a arrecadação do bem pelo síndico.
- **Súmula 307 do STJ:** A restituição de adiantamento de contrato de câmbio, na falência, deve ser atendida antes de qualquer crédito.
- **Súmula 361 do STJ:** A notificação do protesto, para requerimento de falência de empresa devedora, exige a identificação da pessoa que a recebeu.
- **Súmula 389 do STJ:** A comprovação do pagamento do "custo do serviço" referente ao fornecimento de certidão de assentamentos constantes dos livros da companhia é requisito de procedibilidade da ação de exibição de documentos ajuizada em face da sociedade anônima.
- **Súmula 451 do STJ:** É legítima a penhora da sede do estabelecimento comercial.
- **Súmula 475 do STJ:** Responde pelos danos decorrentes de protesto indevido o endossatário que recebe por endosso translativo título de crédito contendo vício formal extrínseco ou intrínseco, ficando ressalvado seu direito de regresso contra os endossantes e avalistas.
- **Súmula 476 do STJ:** O endossatário de título de crédito por endosso-mandato só responde por danos decorrentes de protesto indevido se extrapolar os poderes de mandatário.

- **Súmula 478 do STJ:** Na execução de crédito relativo a cotas condominiais, este tem preferência sobre o hipotecário.
- **Súmula 480 do STJ:** O juízo da recuperação judicial não é competente para decidir sobre a constrição de bens não abrangidos pelo plano de recuperação da empresa.
- **Súmula 497 do STJ:** Os créditos das autarquias federais preferem aos créditos da Fazenda estadual desde que coexistam penhoras sobre o mesmo bem.

BIBLIOGRAFIA RECOMENDADA

BIBLIOGRAFIA BÁSICA

- NEGRÃO, Ricardo. *Direito empresarial* – estudo unificado – 3. ed. São Paulo: Saraiva, 2011.
- RAMOS, André Luiz Santa Cruz. *Direito empresarial* – v. 9 – Col. OAB. Salvador: Juspodivm.
- SANCHEZ, Alessandro. *Direito empresarial I*: teoria geral do direito empresarial, concorrência e propriedade intelectual. São Paulo: Saraiva, 2012 (Coleção saberes do direito; v. 27).
- TOMAZETTE, Marlon. *Curso de direito empresarial*: teoria geral e direito societário (v. 1). 5. ed. São Paulo: Atlas, 2013.
- VENOSA, Silvio de Salvo; RODRIGUES, Cláudia. *Direito civil*; direito empresarial (v. 8). 4. ed. São Paulo: Atlas, 2012.

BIBLIOGRAFIA COMPLEMENTAR

- MAMEDE, Gladston. *Direito empresarial brasileiro* (coleção). São Paulo: Atlas.

PROCESSO CIVIL

VITOR TADEU CARRAMÃO MELLO

Procurador da Fazenda Nacional. Mestre (UGF) e Doutorando (UVA) em Direito Público. Professor Universitário.

1. PROCESSO CIVIL

QUESTÕES

I. COMPETÊNCIA

1. **(Delegado – CESPE – 2002)** Em relação à competência, julgue os itens subsequentes:

   a) Não sendo acatada, no foro federal, a denunciação da lide feita à União, incumbe ao juiz federal tão somente devolver os autos ao juiz estadual de origem, uma vez cessada a causa que determinara a sua competência.

   b) Tramitando o processo no foro do domicílio do réu, se este mudar de endereço no curso da ação, poderá, no prazo de quinze dias, e desde que não tenha sido prolatada sentença, opor exceção, pleiteando a remessa dos autos ao foro do seu novo domicílio.

   c) O tribunal de justiça, reconhecendo a incompetência do juízo estadual em relação ao feito objeto de recurso, deverá anulá-lo, promovendo sua remessa ao juízo federal competente, em vez de remeter os autos ao TRF para a apreciação do recurso interposto.

   d) Em ação de reintegração de posse, a assistência simples de empresa pública federal desloca a competência para a justiça federal.

   e) Sendo o TRF competente, originariamente, para processar e julgar determinado mandado de segurança, então haverá recurso de ofício para o STJ em face de acórdão concessivo da ordem mandamental requerida.

2. **(Delegado – CESPE – 2004)** Considere que A proponha contra B ação para reparação de dano causado em acidente de veículo ocorrido na cidade do Rio de Janeiro. Em face dessa consideração, julgue os itens a seguir, relativos à competência.

   a) A competência para processar e julgar o feito será da justiça estadual, exceto se o autor ou réu forem a União, autarquia ou empresa pública federal, quando então ação deverá tramitar pela justiça federal.

   b) A ação poderá ser proposta na cidade do Rio de Janeiro, ainda que B resida em São Paulo, não se aplicando, na hipótese, a regra geral de competência pelo domicílio do réu.

   c) As partes podem, desde que estejam de comum acordo, estabelecer o foro competente para a causa, elegendo, por exemplo, o juízo da 1 Vara Cível para processar o feito, sendo previsto no Código de Processo Civil o foro de eleição quando se tratar de competência territorial.

3. **(Delegado – CESPE – 2004)** Em relação à competência, julgue os itens a seguir.

   a) Sendo proposta demanda perante juízo incompetente em razão do território, por exemplo, sendo o réu domiciliado em São Paulo e a ação, proposta em Campinas, pode ocorrer de o órgão jurisdicional tornar-se competente se o réu não opuser exceção no prazo legal.

   b) Em ação que verse sobre propriedade, posse ou demarcação de terra, o autor poderá optar por demandar no foro do domicílio do réu ou no foro do local do imóvel objeto da demanda, pois a hipótese é de competência territorial e, portanto, relativa.

4. **(Delegado – CESPE – DPF/2013)** A respeito de competência, julgue os itens subsecutivos.

   a) No que se refere ao processamento e ao julgamento de guarda e alimentos de menor de idade residente no Brasil, a competência será concorrente entre a jurisdição brasileira e a estrangeira se o pai do menor, réu no processo, residir em outro país.

   b) Em regra, a competência da justiça federal decorre da identidade das partes envolvidas na relação processual, de modo que a natureza da lide pode não ser fator determinante para a fixação da competência.

II. RECURSOS

5. **(Delegado – CESPE – 2002)** Em relação a recursos, julgue os itens que se seguem.

a) Em face do princípio do dispositivo, que rege o processo civil brasileiro, o juízo de admissibilidade dos recursos pelo tribunal não pode ser feito de ofício, dependendo sempre de requerimento da parte contrária, salvo quando se tratar de questão relativa à tempestividade ou ao preparo.

b) O pedido de reconsideração feito ao juiz pela parte prejudicada pela decisão suspende o prazo para a interposição de recurso cabível, que somente voltará a correr a partir da intimação da decisão judicial acerca da reconsideração requerida.

c) A parte que, sendo vencedora na demanda, desejar arguir preliminar de inadmissibilidade do recurso da parte contrária deverá fazê-lo nas contrarrazões, e não interpor recurso adesivo.

d) De regra, o princípio da fungibilidade recursal só é aplicável no âmbito dos recursos ordinários, pois os recursos especial e extraordinário têm seus requisitos rigidamente elencados no texto constitucional.

e) Com a nova sistemática processual relativa aos recursos, ainda que o agravo de instrumento seja interposto diretamente perante o órgão *ad quem*, subsiste a possibilidade do juízo de retratação do órgão prolator da decisão recorrida.

III. CONDIÇÕES DA AÇÃO, PRESSUPOSTOS PROCESSUAIS E INTERVENÇÃO DE TERCEIROS

6. **(Delegado – CESPE – 2002)** Julgue os itens a seguir, relativos às condições da ação e aos pressupostos processuais.

a) O Distrito Federal (DF) é parte ilegítima ativa para postular direito possessório, se o bem objeto da reintegração de posse encontrar-se sob domínio e responsabilidade de empresa pública cuja maior participação societária pertence ao DF.

b) É juridicamente impossível o pedido de reparação por danos morais formulado por pessoa jurídica, já que esta não possui honra, atributo exclusivo da pessoa natural.

c) O Estado responde por danos morais e materiais em relação à família de detento que se encontrava sob a sua custódia, falecido em decorrência de incêndio provocado por agente penitenciário em estabelecimento prisional, ainda que não fique comprovado que este agiu com culpa para o evento danoso.

d) O pai, representante legal do filho menor, não é parte na relação jurídica processual e não age em juízo em seu próprio nome para defender direito do representado.

e) Toda ação movida contra espólio constitui hipótese de litisconsórcio passivo necessário, devendo constar no polo passivo da demanda o inventariante e cada um dos herdeiros, sob pena de nulidade do feito.

7. **(Delegado – CESPE – 2002 – adaptada)** Julgue os itens a seguir:

a) Sendo denegada a ordem em mandado de segurança por falta de direito líquido e certo do impetrante, pode este renovar o pedido, fazendo uso das vias ordinárias, uma vez que, não ensejando o rito do mandado de segurança a ampla cognição judicial, a sentença nele proferida não faz coisa julgada material.

b) Sabendo que a Lei n. 9.278/1996 disciplinou as consequências de natureza patrimonial no caso de uniões estáveis – condomínio em partes iguais dos bens adquiridos na constância da união estável –, é correto afirmar que ela tem aplicação retroativa, atingindo todas as uniões existentes a partir da promulgação da Constituição da República de 1988.

c) As ações que tenham por objeto direito do consumidor tramitam sempre pelo rito sumário, independentemente do valor da causa.

d) O cheque prescrito perde o atributo da executoriedade dos títulos executivos, mas pode ser cobrado por outras vias, inclusive pela ação monitória.

e) O gestor de sociedade de economia mista não pode responder a mandado de segurança, na condição de autoridade coatora.

8. **(Delegado – CESPE – 2004)** Em cada um dos itens a seguir, é apresentada uma situação hipotética a respeito de condições da ação, seguida de uma assertiva a ser julgada.

a) O cônjuge que pretende desfazer seu casamento em razão de ser o outro adúltero propôs ação de anulação de casamento. Nessa situação, ocorreu carência de ação por falta de interesse de agir.

b) Um locador que pretende recuperar a posse do imóvel locado propôs ação de reintegração de posse para postular o despejo do locatário. Nessa situação, ocorreu carência da ação por ilegitimidade *ad causam* ativa e passiva.

c) Um proprietário propôs ação reivindicatória contra o detentor da posse para reaver o imóvel. Nessa situação, não há vício em relação às condições da ação, as partes são legítimas, o pedido é juridicamente possível e está presente o interesse de agir.

IV. JUIZ, PARTES E PROCURADORES

9. (Delegado – CESPE – 2004) Em relação a juiz, partes e procuradores, julgue os itens que se seguem:

a) O advogado não pode, em nenhuma hipótese, receber a citação inicial e confessar ou reconhecer a procedência do pedido, atos que somente podem ser praticados pessoalmente pela parte.

b) Para ter eficácia, a procuração outorgada por instrumento particular ao advogado não necessita ostentar o reconhecimento de firma do outorgante.

c) Configura hipótese de impedimento, e não de suspeição, o fato de o advogado da parte ser cônjuge do juiz de direito a quem foi distribuído o processo.

d) As citações e intimações devem ser feitas no horário de funcionamento do fórum, quando há expediente forense. Assim, é nula a citação feitas às 6 horas da manhã, porque, nesse horário, ainda não se iniciou o expediente no palácio da justiça ou no fórum.

e) Tanto no processo civil como no direito civil, quando o ato solene é praticado sem que se observe estritamente a forma prevista em lei, a consequência é sempre a invalidade do ato.

10. (Delegado – CESPE – 2004) No que se refere a juiz, partes e a procuradores, julgue os itens seguintes.

a) O advogado somente tem o direito de examinar em cartório autos relativos a processos nos quais seja procurador de uma das partes e só está autorizado a retirá-los do cartório se lhe competir manifestar-se no processo, ou seja, se estiver correndo prazo para a prática de algum ato processual de sua atribuição.

b) É admissível litisconsórcio por afinidade de questões de direito, como no caso de diversos contribuintes que se unem para demandar em face da fazenda pública, com o fim de se prevenirem da cobrança de tributo cuja inconstitucionalidade se argui.

c) Na assistência simples, a intervenção não impede o assistido de praticar atos dispositivos, como renúncia, assistência e outros equiparados.

V. FAZENDA PÚBLICA EM JUÍZO

11. (Delegado – CESPE – 2002) A administração pública no Brasil evoluiu para contemplar diversas formas de descentralização dos serviços públicos, por meio da criação de entes para prestá-los, ora com personalidade de direito público, ora com personalidade de direito privado, trazendo, em consequência, problemas relacionados ao regime jurídico a que devam estar subordinados. Acerca desse tema, julgue os itens que seguem.

a) Tendo em vista que a competência absoluta deve ser examinada de ofício, então é nula a sentença proferida por juiz federal sempre que uma das partes for entidade da administração pública indireta, com personalidade de direito privado.

b) O INSS, autarquia federal, está submetido à competência da justiça federal. Porém, quando figurar como réu em ação de acidente de trabalho, estará sujeito à competência da justiça estadual.

c) As empresas públicas federais não possuem o privilégio de prazos processuais especiais.

VI. AÇÃO RESCISÓRIA

12. (Delegado – CESPE – 2002) Jonas propôs ação de investigação de paternidade contra Túlio, alegando que o réu e sua mãe mantiveram relações sexuais que resultaram em sua concepção. Com base na farta prova testemunhal colhida, o juiz julgou procedente o pedido do autor e reconheceu a paternidade questionada. O réu, apesar de inconformado com a decisão, não interpôs nenhum recurso contra ela, mas dirigiu-se a um laboratório médico onde, juntamente com Jonas, submeteu-se à coleta de sangue com a finalidade de realizar exame de DNA para a determinação do vínculo de parentesco biológico entre eles.

O exame concluiu pela exclusão da paternidade de Túlio, que, sabendo que jamais havia mantido qualquer relacionamento íntimo com a mãe de Jonas, requereu a instauração de inquérito policial para apurar a prática do delito de falso testemunho por parte das testemunhas arroladas pelo autor que depuseram no processo, especialmente porque a sentença que julgou procedente a ação baseou-se nos depoimentos de tais testemunhas. Os réus foram condenados pela prática do crime de falso testemunho. Embasado na sentença penal condenatória e no resultado negativo do exame de DNA, Túlio propôs, no prazo legal, ação rescisória da sentença que reconhecera a paternidade em relação a Jonas.

Com relação a essa situação hipotética, julgue os itens que se seguem.

a) Falta ao autor interesse de agir para a rescisória porque, não havendo recorrido da sentença rescindenda, demonstrou haver com ela se conformado. Além disso, ele não atendeu ao requisito de exaurimento das instâncias, exigível para a admissibilidade da rescisória.

b) O juízo que prolatou a sentença rescindenda em primeiro grau, na hipótese, está prevento para conhecer e julgar a rescisória, tendo em vista a clara conexão existente entre ambas as ações.

c) Se o réu da rescisória houver mudado de endereço, poderá opor exceção de incompetência relativa, pleiteando que a rescisória tramite no foro de seu domicílio, já que o investigante conserva o foro privilegiado também para a rescisória.

d) Com a decisão penal transitada em julgado, na ação rescisória não se poderá discutir a existência da falsidade, devendo a defesa do réu, *de meritis*, cingir-se à demonstração de que a sentença rescindenda não se haja fundada na prova declarada falsa, ou seja, à comprovação de que houvera outro fundamento suficiente para a decisão.

13. (Delegado – CESPE – 2002) Aldo subtraiu um talonário de cheques pertencente à sua mulher, Laura, emitindo vários cheques a pessoas diversas.

Apresentados ao sacado, os cheques foram devolvidos por falta de provisão de fundos. Instaurado inquérito policial contra Laura, pela prática de estelionato, constatou-se, por perícia grafotécnica, que os cheques haviam sido firmados por seu marido. Remetidos os autos ao MP, este requereu o arquivamento do referido inquérito. A autoridade policial, com base na prova pericial, instaurou, então, inquérito policial contra Aldo, que foi objeto de novo pedido de arquivamento do MP.

Diante de tal situação hipotética, julgue os itens seguintes.

a) Se um dos prejudicados com o recebimento do cheque falsificado propuser ação de cobrança, Laura será parte legítima para figurar no polo passivo da demanda, já que, como titular da conta, é objetivamente responsável pelos danos causados a terceiro.

b) Laura, desejando precaver-se de prejuízos que eventualmente suportará com a procedência da ação de cobrança contra si proposta, deverá, no prazo de resposta, denunciar a lide a Aldo para que, na mesma sentença, o juiz fixe a responsabilidade deste em relação ao objeto da ação.

c) Se Aldo for demandado por um dos que receberam cheque falsificado, deverá nomear Laura à autoria, tendo em vista ser ela a titular da conta bancária.

14. (Delegado – CESPE – 2002) Célia foi vítima de erro decorrente de imperícia do médico em cirurgia plástica a que se submetera para a correção do abdome, o que lhe deixou grave sequela estética e funcional. Com a condenação do médico por crime de lesões corporais culposas, o MP pleiteou, no juízo cível, o ressarcimento do dano em favor de Célia, juridicamente pobre, pleiteando a condenação do médico ao pagamento de R$ 35.000,00, a título de danos materiais, e de R$ 60.000,00, por danos morais. O médico contestou a ação, alegando a ilegitimidade ativa do MP, arguindo para tanto a inconstitucionalidade do art. 68 do Código de Processo Penal (CPP) – que confere ao MP a legitimidade para promover a ação civil *ex delicto* – diante da nova ordem constitucional vigente, já que a promoção de ação civil, nesses moldes, não está entre as atribuições previstas no art. 129 da Constituição da República. No mérito, o cirurgião contestou os valores pleiteados. O juiz cível acatou a arguição de inconstitucionalidade e decretou a extinção do feito por ilegitimidade ativa do MP para a causa. Irresignado com a decisão, o MP interpôs apelação da sentença, sustentando sua legitimidade para promover a ação. Diante dessa situação hipotética, julgue os itens subsequentes.

a) Tratando-se de apelação interposta contra sentença que indeferiu a inicial por ilegitimidade ativa, o apelado não será intimado para ofertar resposta, tendo em vista a nova sistemática processual introduzida com a reforma de 1994.

b) O tribunal de justiça deverá, se quiser manter a sentença de ilegitimidade do *parquet*, fundada na inconstitucionalidade do art. 68 do CPP, instaurar o incidente previsto para tais hipóteses, remetendo os autos ao pleno ou ao órgão especial do tribunal, em observância ao princípio da reserva de plenário.

c) Se o tribunal entender ser o MP parte legítima para propor a ação, ao dar provimento ao apelo, deverá cassar a sentença recorrida e determinar o retorno dos autos à instância inferior, para prosseguimento do feito, não podendo julgar o mérito da causa, ainda que entenda que o dano está devidamente comprovado pela prova produzida no processo penal.

d) O entendimento do STF é no sentido de que ainda vigora o art. 68 do CPP, detendo o MP legitimidade para a propositura de ação civil *ex delicto*, desde que, na localidade, não haja defensoria pública organizada, de direito e de fato, nos moldes previstos na Constituição da República.

e) Se o tribunal, por maioria, der provimento ao recurso, não poderá o apelado interpor contra o acórdão recurso extraordinário ou especial, sem que antes interponha embargos infringentes, atendendo ao requisito do exaurimento de instância.

VII. AÇÕES AUTÔNOMAS DE IMPUGNAÇÃO

15. (Delegado – CESPE – DPF/2013) No que se refere ao *habeas data* e ao *habeas corpus*, julgue os itens seguintes.

a) De acordo com o STJ, o *habeas data* é instrumento idôneo para a obtenção de acesso aos critérios utilizados em correção de prova discursiva aplicada em concursos públicos.

b) O *habeas corpus* constitui a via adequada para o devedor de pensão alimentícia pedir o afastamento de sua prisão, alegando incapacidade de arcar com o pagamento dos valores executados.

VIII. TUTELAS DE URGÊNCIA

16. (Delegado – CESPE – DPF/2013) Julgue o item a seguir, relativo às tutelas de urgência.

- A antecipação dos efeitos da tutela, por ser medida voltada ao procedimento comum ordinário ou sumário, não se apresenta viável em ações sob procedimento especial.

GABARITO COMENTADO

1.

A. CERTO A competência funcional para o julgamento das demandas incidentais é, por força do art. 109 do CPC, do juízo da causa principal. Entretanto, é possível que este juízo não tenha competência objetiva (em razão da matéria ou da pessoa) para o processamento ou julgamento do feito.

A incompetência absoluta para o conhecimento ou julgamento de embargos de terceiro ou denunciação da lide implica a remessa dos autos, com as demandas principal e incidental, ao juízo competente. É o que pode acontecer se, em processo que tramita na Justiça Estadual, houver embargos de terceiro propostos por um ente federal ou em face de um deles seja proposta uma denunciação da lide – em ambos os casos, os autos serão remetidos à Justiça Federal.

Comentário extra: Acolhida a denunciação, o processo continuará seu curso na Justiça Federal; rejeitada, os autos devem retornar à Justiça Estadual, resguardada a competência funcional (recursal) do Tribunal Regional Federal da respectiva região para apreciar eventuais recursos dessa decisão. O juiz estadual não está autorizado a continuar o julgamento do processo sob o argumento de que não é caso de denunciação da lide, rejeitando-a; deve remeter os autos à Justiça Federal, para que lá se averigue a admissibilidade da denunciação.

B. ERRADO A questão está errada, tendo em vista o disposto no art. 87 do CPC, que consagra o princípio da *perpetuatio jurisdictionis*, que consiste na regra segundo a qual a competência é fixada no momento da propositura da demanda, com a sua distribuição (quando há mais de um juiz ou de um escrivão, art. 263 c/c art. 251 do CPC) ou com o despacho inicial, e não mais se modifica.

Neste exato momento, firma-se e perpetua-se a competência do juízo e nenhuma modificação do estado de fato (ex. mudança de domicílio do réu) ou de direito (ex. ampliação do teto da competência do órgão em razão do valor da causa) superveniente poderá alterá-la.

Comentário extra: O Superior Tribunal de Justiça, aplicando tal princípio, assim entende em sede de execução fiscal, no Enunciado n. 58 da Súmula do STJ: Proposta a execução fiscal, a posterior mudança de domicílio do executado não desloca a competência já fixada.

C. CERTO A questão está correta, pois a incompetência de juízo é absoluta, tendo em vista que se trata de competência funcional, nos termos do art. 93 do CPC.

Comentário extra: Ressalte-se que, não obstante o acima exposto, não tem o TRF competência para julgar recurso interposto contra decisão de juiz estadual sem investidura federal, conforme o Enunciado 55 da Súmula da Jurisprudência Predominante do STJ: Tribunal Regional Federal não é competente para julgar recurso de decisão proferida por juiz estadual não investido de jurisdição federal.

D. CERTO Consoante o art. 109, I, da Constituição, a Justiça Federal é competente para julgar as causas em que a União, suas autarquias e empresas públicas federais atuem na condição de autoras ou assistentes. Assim, a assistência simples de empresa pública federal desloca a competência para a Justiça Federal.

E. ERRADO O art. 105, II, *b*, da Constituição Federal assim dispõe que compete ao Superior Tribunal de Justiça julgar, em recurso ordinário, os mandados de segurança decididos em única instância pelos Tribunais Regionais Federais ou pelos tribunais dos Estados, do Distrito Federal e Territórios, quando denegatória a decisão.

Comentário extra: Não se trata de recurso de ofício; e sim, de recurso ordinário previsto na Constituição.

2.

A. CERTO A questão está certa, pois a competência da Justiça Federal é enunciada taxativamente no art. 109 da Constituição. O enunciado da questão se refere ao art. 109, I, da Lei Maior, espécie de síntese de competência da Justiça Federal.

Comentário extra: A competência da Justiça Estadual é residual: não se enquadrando a causa em nenhuma hipótese de competência da Justiça Federal, Trabalhista, Eleitoral ou Militar, a competência será da Justiça Estadual, o que ocorre *in casu*.

B. CERTO A questão está certa, pois, de acordo com o art. 100, parágrafo único, do CPC, nas ações de reparações de dano sofrido em razão de delito ou acidente de veículos, será competente o foro do domicílio do autor ou do local do fato.

Destaca-se que em ação decorrente de acidente de veículo, trata-se de competência firmada em razão da matéria, portanto, absoluta, que não pode ser objeto de cláusula de eleição de foro.

Comentário extra: Como o fato ocorreu no Rio de Janeiro, a ação pode ser intentada nesta cidade, independentemente do domicílio do réu.

C. ERRADO A questão está errada, pois, segundo o art. 111 do CPC, a competência em razão da matéria e da hierarquia é inderrogável por convenção das partes; tratando-se, portanto, de competência absoluta.

Comentário extra: Em ação decorrente de acidente de veículo, trata-se de competência firmada em razão da matéria, portanto, absoluta, que não pode ser objeto de cláusula de eleição de foro.

3.

A. CERTO A incompetência territorial é relativa, e, portanto, prorrogável. Corroboram esta assertiva o art. 111 do CPC, que dispõe ser modificável a competência em razão do valor e do território, bem como o art. 114, que dispõe sobre a prorrogação da competência relativa se o juiz dela não declinar ou se o réu não opuser exceção declinatória nos casos e prazos legais.

B. ERRADO A questão está errada, pois, consoante o art. 95 do CPC, nas ações fundadas em direito real sobre imóveis é competente o foro da situação da coisa. Pode o autor, entretanto, optar pelo foro do domicílio ou de eleição, não recaindo litígio sobre direito de propriedade, vizinhança, servidão, posse, divisão e demarcação de terras e nunciação de obra nova.

Comentário extra: A hipótese de competência em ação que verse sobre propriedade é em razão da matéria e não do território, e, portanto, absoluta.

4.

A. CERTO É competência concorrente das Justiças brasileira e estrangeira processar e julgar ação de guarda e visitação de menor domiciliado com um dos genitores no Brasil, sendo o genitor domiciliado no exterior, nos termos do art. 88, I, do CPC.

O art. 88 do CPC estabelece que podem ser atribuídas à jurisdição nacional as causas em que "I – o réu, qualquer que seja a sua nacionalidade, estiver domiciliado no Brasil; II – no Brasil tiver de ser cumprida a obrigação; III – a ação se originar de fato ocorrido ou de ato praticado no Brasil".

No caso de competência internacional concorrente, a decisão proferida em outro país pode ter validade no território nacional, desde que seja ela devidamente homologada pelo Superior Tribunal de Justiça (art. 105, I, *i*, da CRFB).

Comentário extra: Não obstante isso, a mera propositura de demanda perante tribunal estrangeiro, a respeito de causa que poderia, por competência concorrente, ser conhecida pela jurisdição estrangeira, não induz litispendência nem impede que a autoridade brasileira conheça da mesma causa e das que lhe forem conexas (art. 90 do CPC).

B. CERTO A competência da Justiça Federal é definida pela própria Constituição da República. Pode ser competência *ratione personae* (art. 109, I, II e VIII) e competência *ratione materiae* (art. 109, III, X e XI).

No que tange aos critérios de determinação de competência, há várias regras norteadoras em matéria civil, no que concerne à competência interna, que podem ser de natureza objetiva funcional ou territorial. Para determinação da competência, internamente, devem ser observados os seguintes critérios:

a) **objetivo**: funda-se no valor da causa, natureza da ação ou qualidade da parte;

b) **funcional**: orienta-se pelo foro e juiz (no primeiro grau) e, no segundo grau, tribunal, câmara, relator. Regulam as atribuições dos diversos órgãos e seus componentes, como, no primeiro grau, qual o foro ou qual o juiz; no caso de tribunal, qual a câmara, o relator, qual a turma ou a seção. É a chamada competência funcional, que se estabelece de acordo com a função;

c) **territorial**: tem por base o domicílio da parte, a localização da coisa ou o local do fato. Também conhecida como competência de foro, refere-se aos limites territoriais de atuação de cada órgão.

5.

A. ERRADO O princípio dispositivo é aplicado quando o legislador atribui às partes tarefas relacionadas à condução e instrução do processo, em oposição ao princípio inquisitivo. Não se trata, portanto, de um princípio absoluto, como qualquer princípio.

Comentário extra: Consoante a melhor doutrina processual, os requisitos de admissibilidade dos recursos se classificam em dois grupos: 1) requisitos intrínsecos (concernentes à própria existência do poder de recorrer): cabimento, legitimação, interesse e existência de fato impeditivo ou extintivo do poder de recorrer; 2) requisitos extrínsecos (relativos ao modo do exercício do direito de recorrer): preparo, tempestividade e regularidade. Todos esses requisitos, tanto os extrínsecos como os intrínsecos, são matéria de ordem pública e podem ser conhecidos de ofício em qualquer grau de jurisdição.

B. ERRADO O pedido de reconsideração não possui natureza recursal, sendo uma mera petição dirigida ao juiz, e, assim, não possui efeito suspensivo.

Comentário extra: É aplicável, por analogia, a Súmula 430 do STF, a qual dispõe que pedido de reconsideração na via administrativa não interrompe o prazo para o mandado de segurança.

C. ERRADO Consoante art. 500 do CPC, o recurso adesivo será interposto perante a autoridade competente para admitir o recurso principal, no prazo de que a parte dispõe para responder, só sendo admissível na apelação, nos embargos infringentes, no recurso extraordinário e no recurso especial. **Tal recurso somente é possível em caso de sucumbência recíproca: ambos os litigantes são em parte vencedores e vencidos.** Por tal razão, não se admite recurso adesivo do réu, contra sentença que julgou totalmente improcedente o pedido do autor, pela falta de interesse agir. Tal fato se reforça com base no art. 515 do CPC, que dispõe que a apelação devolve ao tribunal todos os fundamentos. Basta ao réu alegar a ilegitimidade em sede de contrarrazões.

Comentário extra: Pela mesma razão de não ter havido sucumbência recíproca, não é cabível recurso adesivo em reexame necessário.

D. CERTO A questão está certa, pois o princípio da fungibilidade, a despeito de inexistência de previsão expressa no CPC, possui como requisitos para que um recurso seja recebido no lugar de outro a dúvida objetiva, inexistência de erro grosseiro da parte e observância do prazo daquele que deveria ter sido interposto. Os recursos extraordinário e especial são, segundo a moderna doutrina processual, recursos objetivos, que tutelam o ordenamento jurídico como um todo, e não meros interesses das partes. Sendo assim, os requisitos do recurso extraordinário estão elencados no art. 102, § 3º, da CF/88 e detalhados nos arts. 543-B e 543-C do CPC (repercussão geral). Por seu turno, o art. 543-C do CPC elenca uma sistemática parecida no âmbito do recurso especial no Superior Tribunal de Justiça, denominada recursos repetitivos.

Comentário extra: Além dos requisitos legais e constitucionais, os recursos especial e extraordinário apresentam uma série de outros requisitos cristalizados em jurisprudência e súmulas do STF e STJ, tais quais: inexistência de matéria de fato, prequestionamento da decisão recorrida e esgotamento de todos os recursos nas instâncias ordinárias. A título de exemplo, citam-se a Súmula 7 do STJ, segundo a qual "a pretensão de simples reexame de prova não enseja recurso especial", e as Súmulas 207 e 211 do STJ, abordadas no final dos comentários.

E. CERTO A questão está certa, pois, conforme o art. 527, IV, do CPC, "recebido o agravo de instrumento, e distribuído *incontinenti*, o relator poderá requisitar informações ao juiz da causa, que as prestará no prazo de 10 (dez) dias. A possibilidade de retratação é prevista expressamente no art. 529 do CPC, que dispõe que "se o juiz comunicar que reformou inteiramente a decisão, o relator considera prejudicado o agravo".

Comentário extra: A retratação do juiz de primeiro grau, do mesmo modo que a prolação de sentença antes do julgamento do agravo, acarreta a perda de objeto do agravo, ante a inexistência de interesse processual.

6.

A. CERTO A questão está certa, pois, consoante a doutrina administrativista, a empresa pública integra a Administração Indireta e possui personalidade jurídica de direito privado, com as derrogações de direito público. Assim sendo, a própria empresa pública possui legitimidade para postular reintegração de posse, ainda que a participação societária maior pertença ao Distrito Federal.

Comentário extra: A Lei n. 9.469/97, em seu art. 5º, autoriza a União intervir como assistente simples nas causas em que figurarem como autoras ou rés autarquias, fundações públicas, sociedades de economia mista e **empresas públicas** federais, cuja decisão possa ter reflexos, ainda que indiretos, de natureza econômica, independentemente da demonstração de interesse jurídico, para esclarecer questões de fato e de direito, podendo juntar documentos e memoriais reputados úteis ao exame da matéria e, se for o caso, recorrer, hipótese em que, para fins de deslocamento de competência, serão consideradas partes.

B. ERRADO A questão está errada, pois, consoante a doutrina civilista, a pessoa jurídica possui uma honra objetiva, consistente na sua imagem perante a sociedade e os credores. A violação da honra objetiva da pessoa jurídica, mediante, por exemplo, a divulgação de uma notícia falsa, enseja a condenação por dano moral.

Comentário extra: Tal entendimento encontra-se cristalizado no enunciado da Súmula 227 do STJ, segundo o qual "a pessoa jurídica pode sofrer dano moral".

C. CERTO A questão está certa, pois, consoante o art. 37, § 6º, da CF/88, a responsabilidade civil do Estado é de natureza objetiva, independentemente de culpa, fundada no risco administrativo. Tem-se, no caso, a responsabilidade do Estado pela falta do serviço público, ou seja, o serviço funcionou mal como um todo.

Comentário extra: Constituem excludentes da responsabilidade do Estado a força maior e a culpa da vítima, sendo que esta só é excludente se exclusiva da vítima; se concorrente, a responsabilidade do Estado se reparte com a da vítima.

Sobre a responsabilidade civil extracontratual do Estado, ver comentários pertinentes no capítulo próprio de Direito Administrativo, onde são expostas todas as teorias pertinentes.

D. CERTO O instituto da representação processual pressupõe a defesa de direito alheio em nome alheio, diferentemente da legitimação extraordinária. Neste sentido, claro é o art. 6º do CPC, o qual dispõe que "ninguém poderá pleitear, em nome próprio, direito alheio, salvo quando autorizado por lei". Na mesma linha de raciocínio, o art. 8º do *Codex* Processual estatui a representação e assistência dos incapazes.

Comentário extra: A representação é instituto de direito civil e pressupõe a incapacidade absoluta, enquanto a assistência pressupõe a incapacidade relativa. Em ambos os casos, sob o prisma do direito processual, é o próprio titular do direito que postula o direito, com representação ou assistência.

E. ERRADO Em regra, a representação é exclusiva do inventariante para discutir questões em que o espólio deve figurar como autor ou réu, como, por exemplo, cobrança de uma dívida, ação de despejo, requerimento de falência. A opção do legislador foi facilitar o acesso à justiça, tanto em benefício do próprio espólio como também da parte contrária.

Se houver conflito de interesses em uma determinada ação que envolva o espólio como um todo e o inventariante, deverá o juiz do inventário nomear outro herdeiro para representar a universalidade do espólio ou, na falta, todos os interessados devem figurar como parte.

Nessa hipótese, caso não se disponha o inventariante a solucionar a nomeação de herdeiro para substituí-lo na representação do espólio, poderá outro herdeiro ou legatário diretamente interessado requerer no juízo do inventário a remoção do inventariante (art. 995 do CPC), sem prejuízo de sua responsabilidade pelos danos que causar (art. 986 do CPC, por analogia), bem como da possibilidade de ser condenado como litigante de má-fé (art. 17 do CPC).

Em qualquer das hipóteses anteriormente mencionadas – seja naquela de representação exclusiva, seja no caso de conflito de interesses –, haverá sempre a possibilidade da intervenção de qualquer coerdeiro ou legatário diretamente interessado, na qualidade de assistente litisconsorcial (art. 54 do CPC).

O inventariante deverá permanecer como representante legal do espólio até que ocorra a partilha com a entrega aos herdeiros ou legatários da totalidade dos bens da herança, ou seja, até o trânsito em julgado da sentença que julgar a partilha, sem qualquer ressalva e desde que não existam bens a sobrepartilhar. A partir desse evento, o espólio deverá ser substituído como parte pelos seus sucessores.

A representação também poderá ser exercida pelos herdeiros individualmente quando a questão controvertida tiver por base a própria herança em si, como, por exemplo, na hipótese prevista no parágrafo único do art. 1.791 do Código Civil, que permite a qualquer coerdeiro reclamar a universalidade da herança ao terceiro que indevidamente a possua. Outro exemplo ocorre na ação proposta pelo companheiro para reclamar parte dos bens, componentes do acervo hereditário.

Quando o inventariante for dativo, deverão figurar como partes, em litisconsórcio necessário, todos os herdeiros e sucessores do falecido, conforme o § 1º do art. 12 do Código de Processo Civil, segundo o qual quando o inventariante for dativo, todos herdeiros e sucessores do falecido serão autores ou réus nas ações em que o espólio for parte.

Comentário extra: Se a hipótese fosse a do espólio figurar como autor, poderia qualquer herdeiro ou sucessor interessado requerer o suprimento judicial da autorização do outro herdeiro que se recusasse a propor conjuntamente a ação sem justo motivo, ou se lhe fosse impossível de dá-la, da mesma forma que a lei permite o suprimento da autorização do cônjuge que se recusa a participar como autor nas ações que versem sobre direitos reais imobiliários (art. 11 c/c art. 10, ambos do Código de Processo Civil).

7.

A. ERRADO Sendo rejeitado o pedido do impetrante, havendo sentença denegatória (de mérito), recaindo sobre a decisão irrecorrida ou julgados todos os recursos interpostos, a coisa julgada material, a decisão torna-se imutável, inquestionável perante as partes e perante o próprio Poder Judiciário, vedando, consequentemente, a impetração de mandado de segurança ou qualquer outra "ação" para discutir aquele mesmo pedido à luz da mesma causa de pedir entre as mesmas partes (art. 301, §§ 1º a 3º, do CPC).

Comentário extra: Situação diversa ocorre quando o ***mandamus*** é extinto sem resolução de mérito por ausência de prova pré-constituída. Neste sentido assim entendeu o STJ, nos autos do REsp 1149379/MG, julgado em 2010, que comporta a seguinte ementa: PROCESSUAL CIVIL. MANDADO DE SEGURANÇA. AUSÊNCIA DE PROVA PRÉ-CONSTITUÍDA. CONDIÇÃO DA AÇÃO. EXTINÇÃO DO FEITO SEM RESOLUÇÃO DO MÉRITO, NOS TERMOS DO ART. 267, VI, DO CPC.

B. ERRADO Vigora, no caso, o princípio da irretroatividade das leis, segundo o qual as leis passam a vigorar a partir de sua publicação, salvo expressa previsão legal.

Comentário extra: Como se trata de norma de direito material e não de direito processual, não se tem a aplicação imediata da lei.

C. ERRADO O art. 275 do Código de Processo Civil estabelece como causas em que se adotará o procedimento sumário:

> *I – nas causas cujo valor não exceda a 60 (sessenta) vezes o valor do salário mínimo;*

Aqui vale o salário mínimo da data do ajuizamento da ação, não importando se depois o salário mínimo sofrer alterações, seja aumento, seja diminuição.

> *II – nas causas, qualquer que seja o valor:*

Não importa o valor da causa; não há teto.

> *a) de arrendamento rural e de parceria agrícola;*
>
> (ver Estatuto da Terra e Decreto n. 59.566/66).

O arrendamento rural é a locação de imóvel rural, enquanto a parceria agrícola constitui sociedade para o desenvolvimento de atividade agropecuária.

> *b) de cobrança ao condômino de quaisquer quantias devidas ao condomínio.*

Aqui não confundir com o disposto no art. 585, V, do CPC. Assim:

- Condômino – locador x Condômino – locatário = execução (art. 585, V, do CPC).
- Condomínio x Condômino-proprietário = procedimento sumário (art. 275, II, *b*, do CPC).

> *c) de ressarcimento por danos em prédio urbano ou rústico;*
>
> *d) de ressarcimento por danos causados em acidente de veículo de via terrestre;*
>
> *e) de cobrança de seguro, relativamente aos danos causados em acidente de veículo, ressalvados os casos de processo de execução;*
>
> *f) de cobrança de honorários dos profissionais liberais, ressalvado o disposto em legislação especial;*
>
> *g) que versem sobre revogação de doação;*
>
> *h) nos demais casos previstos em lei.*
>
> Ex. acidente de trabalho (art. 129 da Lei n. 8.213/91) e revisionais de aluguel (art. 68 da Lei n. 8.245/91).

Parágrafo único. Este procedimento não será observado nas ações relativas ao estado e à capacidade das pessoas.

D. CERTO Neste sentido dispõe o verbete 299 da Súmula do STJ, que admite a ação monitória fundada em cheque prescrito.

Vale destacar que a jurisprudência do STJ reconhece que o próprio cheque satisfaz a exigência da "prova escrita sem eficácia de título executivo" a que se refere o art. 1.102-A do Código de Processo Civil.

Comentário extra: Caso o portador do cheque opte pela ação monitória, o prazo prescricional será quinquenal, conforme disposto no art. 206, § 5º, I, do Código Civil, e não haverá necessidade de descrição da causa da dívida. Em tais casos, nada impede que o demandado oponha embargos à monitória.

E. ERRADO A jurisprudência do Superior Tribunal de Justiça orienta-se no sentido de que os atos praticados por dirigentes de sociedades de economia mista para fins de contratação de pessoal não podem ser considerados como atos de mera gestão, razão pela qual os dirigentes de tais sociedades estão legitimados a figurar como autoridade coatora na ação mandamental.

Comentário extra: A jurisprudência do Superior Tribunal de Justiça firmou o entendimento de que a competência para julgamento de mandado de segurança é estabelecida em razão da função ou da categoria funcional da autoridade apontada como coatora. Desse modo, compete à Justiça Federal julgar mandado de segurança no qual se impugna ato de dirigente de sociedade de economia mista federal.

8.

A. CERTO Segundo o Código Civil, o adultério constitui violação dos deveres conjugais (art. 1.573, I), que pode tornar insustentável a vida em comum. Não se trata, portanto, de causa de anulação do casamento, e sim de dissolução por meio da separação ou divórcio.

Comentário extra: Não sendo causa de anulação do casamento, o processo será extinto sem julgamento do mérito pela ausência de um dos pressupostos processuais, qual seja, o interesse de agir (art. 267, VI, do CPC).

B. ERRADO No caso em tela, há carência de ação por falta de interesse de agir tendo em vista a inadequação da ação proposta. A ação a ser proposta é a de despejo, consoante o que dispõe o art. 5º da Lei n. 8.245/91.

C. ERRADO A ação reivindicatória é a ação do proprietário que não tem posse contra o possuidor que não é o proprietário.

Comentário extra: No caso em tela, há ilegitimidade passiva, pois o polo passivo deve ser integrado por um não proprietário que possua injustamente o bem. O mero detentor da coisa não é, pois, possuidor, mas aquele que se acha em relação de dependência para com outrem, conservando a posse em nome deste e em cumprimento de ordens ou instruções suas, razão pela qual a hipótese será de nomeação à autoria (arts. 62 a 69 do CPC).

9.

A. ERRADO De acordo com o art. 38 do CPC, a procuração geral para o foro, conferida por instrumento público, ou particular assinado pela parte, habilita o advogado a praticar todos os atos do processo, salvo para receber citação inicial, confessar, reconhecer a procedência do pedido, transigir, desistir, renunciar ao direito sobre o que se funda a ação, receber, dar quitação e firma compromisso. Para tais atos é necessário menção expressa no instrumento procuratório, mas existe essa possibilidade.

Comentário extra: A questão induz a erro com a expressão "em nenhuma hipótese", pois tal expressão exclui a possibilidade de conferir poderes específicos para tais atos.

B. CERTO Consoante entendimento do STF, "a exigência de reconhecimento de firma na procuração ou no substabelecimento 'ad judicia', constante da redação primitiva do CPC, foi cancelada pela Lei n. 8.952, de 13-12-94" (*Informativo do STF*, n. 202, de 11-9-2000, p. 1).

C. CERTO O impedimento se funda em razões de natureza objetiva, diferentemente da suspeição, que é subjetiva. A questão encontra respaldo na letra do art. 134, V, do CPC, segundo o qual é defeso ao juiz exercer as suas funções no processo contencioso ou voluntário, quando nele estiver postulando, como advogado da parte, o seu cônjuge ou qualquer parente seu.

D. ERRADO A questão está errada, pois, segundo o art. 172 do CPC, "os atos processuais realizar-se-ão em dias úteis, das 6 (seis) às 20 (vinte) horas". Não há, portanto, qualquer causa de nulidade, absoluta ou relativa, nos termos dos arts. 243 e 244 do CPC.

E. ERRADO A questão está errada, no que se refere ao processo civil, já que este adota o princípio da instrumentalidade das formas ou "pas de nullité sans grief" (não há nulidade sem prejuízo). No CPC, tal princípio encontra guarida no art. 244, segundo o qual quando a lei prescrever determinada forma, sem cominação de nulidade, o juiz considerará válido o ato se, realizado de outro modo, lhe alcançar a finalidade.

Comentário extra: O mesmo princípio é adotado, com mitigações, no Código Civil, cujo art. 107 dispõe que "a validade da declaração de vontade não dependerá de forma especial, senão quando a lei expressamente exigir", e no art. 166, IV, que dispõe ser "nulo o negócio jurídico quando não revestir a forma prescrita em lei".

10.

A. ERRADO A questão está errada, pois, de acordo com o art. 40 do CPC, o advogado tem o direito de examinar, em cartório de justiça e secretaria de tribunal, autos de qualquer processo, salvo em caso de segredo de justiça (art. 155). O mesmo art. 40 também autoriza o advogado a retirar os autos do cartório ou secretaria, pelo prazo legal, sempre que lhe competir falar neles por determinação do juiz, nos casos previstos em lei.

Comentário extra: O art. 7º, XV, da Lei n. 8.906/94 (Estatuto da Advocacia e da OAB) corrobora o art. 40 do CPC, ao dispor que é direito do advogado ter vista dos processos judiciais ou administrativos de qualquer natureza, em cartório ou na repartição competente, ou retirá-los pelos prazos legais. Por seu turno, o Supremo Tribunal Federal já entendeu, no *Habeas Corpus* 87.725-7, que o direito de vista também se estende ao inquérito judicial. O mesmo entendimento é aplicável aos processos administrativos.

B. CERTO O art. 46, I, do CPC autoriza o litisconsórcio quando ocorrer afinidade de questões por um ponto comum de fato ou de direito, denominado pela doutrina litisconsórcio facultativo impróprio. Difere este do litisconsórcio necessário, que ocorre quando for necessário ou quando a lei impuser (art. 47 do CPC).

Comentário extra: É muito comum, em matéria tributária, o litisconsórcio facultativo impróprio, seja quando os contribuintes querem se prevenir de exação indevida, como na ação declaratória da inexistência de indébito tributário, seja quando querem obter a repetição de indébito, como na ação de repetição. Em matéria previdenciária e de servidores públicos, também é comum este tipo de litisconsórcio.

C. CERTO A assistência simples é uma forma de intervenção na qual terceiro ingressa no feito afirmando-se titular de relação conexa àquela que está sendo discutida. Segundo o art. 53 do CPC, a assistência não obsta a que a parte principal reconheça a procedência do pedido, desista da ação ou transija sobre direitos controvertidos, casos em que, terminando o processo, cessa a intervenção do assistente.

11.

A. ERRADO A questão está errada, pois, consoante o art. 109, I, da Constituição, a Justiça Federal é competente para processar e julgar as causas em que a União, entidade autárquica ou **empresa pública federal** forem interessadas na condição de autoras, rés, assistentes ou opoentes, exceto as de falência, acidentes de trabalho e as sujeitas à Justiça Eleitoral ou à Justiça do Trabalho. A empresa pública federal integra a Administração e possui personalidade de direito privado, embora esteja sujeita à competência da Justiça Federal. Já as ações em face da sociedade de economia mista possuem foro na Justiça Estadual (Súmula 42 do STJ).

Comentário extra: A expressão "sempre que" induz a erro, pois efetua uma generalização indevida. Também o art. 109, IV, da Constituição prevê ser da competência da Justiça Federal os crimes políticos e as infrações penais praticadas em detrimento de bens, serviços ou interesse da União ou de suas entidades autárquicas ou **empresas públicas**, o que pode envolver uma entidade da administração indireta, com personalidade de direito privado.

B. CERTO A questão está certa. O próprio art. 109, I, da Constituição excepciona as ações de acidentes de trabalho e falência da competência da Justiça Federal.

Comentário extra: As Súmulas 135 e 501 do Supremo Tribunal Federal ratificam a competência da Justiça Estadual para julgamento de ações de acidentes de trabalho.

C. CERTO A questão está certa, pois, consoante a Lei Complementar n. 73/95, somente a Advocacia-Geral da União e a Procuradoria-Geral da Fazenda Nacional possuem os privilégios do art. 188 do CPC, quais sejam, prazos em dobro para recorrer e em quádruplo para contestar.

Comentário extra: As empresas públicas federais possuem natureza jurídica de direito privado, com algumas derrogações de direito público, portanto, não são beneficiadas pelos prazos especiais do art. 188 do CPC.

12.

A. ERRADO A questão está errada, tendo em vista que é pacífico o entendimento segundo o qual a ação rescisória, além das exigências comuns a qualquer demanda, tais como a presença das condições da ação e dos pressupostos processuais, somente tem cabimento quando também estão presentes os seguintes pressupostos: existência de decisão de mérito transitada em julgado, configuração de um dos fundamentos de rescindibilidade, arrolados no art. 485 do CPC.

O que importa é o trânsito em julgado. **É indiferente** que ele tenha ocorrido porque a parte não interpôs o recurso ou interpôs todos os recursos. Não há exigência de esgotamento das instâncias recursais para a propositura da ação rescisória.

Comentário extra: Neste sentido se encontra o enunciado n. 514 da Súmula da Jurisprudência predominante do Supremo Tribunal Federal: Admite-se a ação rescisória contra sentença transitada em julgado, ainda que contra ela não se tenham esgotado todos os recursos.

B. ERRADO • C. ERRADO A ação rescisória constitui demanda de competência originária de tribunal, não devendo ser ajuizada perante juízo de primeira instância, ao qual não compete nem processá-la nem julgá-la. A regra de competência para processamento e julgamento da ação rescisória resume-se no seguinte postulado: os tribunais julgam as ações rescisórias de seus próprios julgados. A mesma regra se aplica se houver mudança de endereço do réu.

D. ERRADO É preciso notar que somente cabe a rescisão se a decisão fundar-se na prova falsa. Se a decisão rescindenda funda-se em outra prova, além daquela que se reputa falsa, não há o direito à rescisão, pois, afinal, a decisão pode manter-se com base em outro lastro probatório.

Comentário extra: Somente cabe a rescisão em razão da prova falsa, se ela for a base que sustenta a decisão rescindenda. O que importa é averiguar se a conclusão a que chegou o órgão judicial, ao sentenciar, se sustentaria ou não sem a base que lhe ministrara a prova falsa. A sentença não será rescindível se havia outro fundamento bastante para a conclusão.

13.

A. ERRADO A questão está errada, tendo em vista que, no caso em tela, a responsabilidade civil pelos danos causados pelo recebimento do cheque falsificado é da instituição bancária, que responderá independentemente de culpa, nos termos do art. 14 do Código de Defesa do Consumidor.

Comentário extra: Vale destacar que há entendimento do Superior Tribunal de Justiça no sentido de que o protesto indevido de títulos é gerador de responsabilidade civil para a instituição bancária, não influenciando a circunstância de que a abertura de conta se deu com base em documentos falsificados e para tanto utilizados por terceiros.

B. ERRADO • C. ERRADO Errada a questão, pois a hipótese é de nomeação à autoria.

A nomeação à autoria é o instituto processual pelo qual se convoca, coativamente, o sujeito oculto das relações de dependência, corrigindo-se o polo passivo da relação jurídica processual. Tem dois objetivos: indicar ao autor o real titular da situação legitimatória passiva e retirar do sujeito dependente o ônus de conduzir um processo que não lhe diz respeito. Na nomeação à autoria, alega-se que a relação jurídica discutida envolve nomeado e adversário do nomeante.

14.

A. ERRADO Segundo o art. 518 do CPC, interposta a apelação, o juiz, declarando os efeitos em que a recebe, mandará dar vista ao apelado para responder.

Comentário extra: O CPC não excepciona qualquer hipótese de o apelado não ser intimado para ofertar resposta.

B. ERRADO O princípio da cláusula de reserva de plenário encontra-se no art. 97 da Constituição da República, que dispõe que somente pelo voto da maioria absoluta de seus membros ou dos membros do respectivo órgão especial poderão **os tribunais** declarar a inconstitucionalidade de lei ou ato normativo.

Comentário extra: O referido princípio só é aplicável no âmbito dos tribunais. No caso em questão, como a inconstitucionalidade foi declarada pelo juízo de primeiro grau, não há necessidade de observância a tal princípio, uma vez que o tribunal estará apenas mantendo a sentença. Só seria necessária a afetação ao órgão especial se o tribunal estivesse declarando originalmente a inconstitucionalidade, em sede de controle incidental.

C. CERTO Aplicável é aqui a teoria da causa madura para julgamento, consubstanciada no art. 515, § 3º, do CPC, segundo o qual nos casos de extinção do processo sem julgamento do mérito (art. 267), o tribunal pode julgar desde logo a lide, se a causa versar sobre questões exclusivamente de direito e estiver em condições de imediato julgamento.

Comentário extra: No caso em tela, embora tenha havido a extinção do processo sem julgamento do mérito, não é aplicável a teoria da causa madura, uma vez que a causa não versa sobre questões exclusivamente de direito, nem está em condições de imediato julgamento. A causa envolve algumas matérias de fato, como a ocorrência de dano material e moral e a mensuração do dano, bem como uma possível prova pericial.

D. CERTO Correta a questão. Para o Supremo Tribunal Federal a hipótese é de inconstitucionalidade progressiva. Neste sentido o RE 135328/SP, que expressamente consignou que uma vez assegurado constitucionalmente certo direito, cumpre ao Estado viabilizar o respectivo exercício. Assim, enquanto não criada por lei, organizada a Defensoria Pública, permanece em vigor o art. 68 do Código de Processo Penal, estando o Ministério Público legitimado para a ação de ressarcimento nele prevista. Irrelevância de a assistência vir sendo prestada por órgão da Procuradoria-Geral do Estado, em face de não lhe competir, constitucionalmente, a defesa daqueles que não possam demandar, contratando diretamente profissional da advocacia, sem prejuízo do próprio sustento.

E. CERTO Neste sentido se encontra o *caput* do art. 498 do CPC, segundo o qual na hipótese de o dispositivo do acórdão contiver julgamento por maioria de votos e julgamento unânime, e forem interpostos embargos infringentes, o prazo para recurso extraordinário ou recurso especial, relativamente ao julgamento unânime, ficará sobrestado até a intimação da decisão nos embargos.

15.

A. ERRADO O instrumento cabível, no caso, é o mandado de segurança (RMS 30473/PB; RMS 33884/RS).

Importante destacar que, segundo a jurisprudência do STJ, nas demandas em que se discutem concurso público, a atuação do Poder Judiciário limita-se ao exame da legalidade do certame, vedada a apreciação dos critérios utilizados pela banca examinadora para formulação de questões e atribuições das notas aos candidatos, sob pena de indevida incursão no mérito administrativo.

Ademais, no AgRg no HD 127/DF, o Superior Tribunal de Justiça entendeu que a Lei n. 9.507/97 é suficientemente clara ao expor, no art. 7º, as hipóteses em que se justifica o manuseio do *habeas data*, não estando ali prevista, nem sequer implicitamente, a possibilidade de utilização da via com o propósito de resolver os critérios utilizados por instituição de ensino na correção de prova discursiva com vista ao preenchimento de cargos na Administração Pública.

B. ERRADO Na via estreita do *habeas corpus* não é viável, para fins de afastamento da prisão civil, avaliar-se a capacidade de o paciente arcar com o pagamento dos valores executados a título de pensão alimentícia, bem como a não configuração do binômio necessidade/possibilidade. O *writ* não comporta dilação probatória.

O *habeas corpus* não é a via adequada para se discutir a obrigação de prestar alimentos em si, mas tão somente para se analisar a legalidade do constrangimento à liberdade de ir e vir do paciente (art. 5º, LXVIII, da CRFB/88).

As teses relativas à impossibilidade econômica, existência de acordo extrajudicial de verbas, despesas com outros filhos, representam questões que demandam análise de provas, insuscetíveis de exame em sede de *habeas corpus*.

16. ERRADO A tutela antecipada pode ser aplicada, indiscutivelmente, no procedimento ordinário e sumário, previstos no Código de Processo Civil.

O Superior Tribunal de Justiça também admite a aplicação da tutela antecipada nos procedimentos especiais, que já têm a previsão expressa de liminar de caráter satisfativo, e também na hipótese de tutela antecipada sancionatória.

Por exemplo, é possível a antecipação de tutela em ação de reintegração de posse em que o esbulho data de mais de ano e dia (posse velha), submetida ao rito comum, desde que presentes os requisitos que autorizam a sua concessão, previstos no art. 273 do CPC, a serem aferidos pelas instâncias de origem.

O processo cautelar também admite a tutela antecipada, pois, assim como nos procedimentos especiais, vislumbram a possibilidade da liminar satisfativa, que é uma antecipação da tutela cautelar.

Nos procedimentos previstos em leis extravagantes, como é o caso do procedimento sumaríssimo, apesar da omissão da Lei n. 9.099/95 e da Lei n. 10.259/2001, a tutela antecipada é admitida devido à sua compatibilidade com os princípios dos Juizados Especiais.

Portanto, verifica-se que o instituto da tutela antecipada, desde que não esteja previsto o contrário, é aplicável em todos os procedimentos previstos no ordenamento jurídico brasileiro.

RAIO-X

- O tema em estudo equivale aos seguintes percentuais das questões de Direito Processual Civil:

Cargo	Questões do Tema	%
Delegado	56	100

- A maioria das questões é baseada em:

  ☒ doutrina ☒ legislação ☒ jurisprudência

- Observa-se, nas questões de Processo Civil para Delegado Federal, um predomínio dos seguintes temas: condições da ação e pressupostos processuais, atos do juiz e das partes, competência, litisconsórcio e intervenção de terceiros, recursos, e algumas questões esporádicas de procedimentos processuais. Para um bom estudo destes temas, revela-se importante uma leitura detalhada dos dispositivos legais.
- Nestas questões, exigiu-se um conhecimento mais aprofundado dos temas acima, haja vista a presença de alguns itens baseados em súmulas e jurisprudência do STF e STJ.

IMPORTANTE SABER

1. SOBRE CONDIÇÕES DA AÇÃO E PRESSUPOSTOS PROCESSUAIS

- De acordo com a teoria de Liebman, as condições para o regular exercício do direito de ação são: possibilidade jurídica do pedido, interesse processual (necessidade-adequação) e legitimidade das partes.

A *possibilidade jurídica do pedido* é a aptidão de um pedido, em tese, ser acolhido. Se, em tese, o pedido é possível, está preenchida esta primeira condição da ação. O *interesse de agir* é verificado pela reunião de duas premissas: a utilidade e a necessidade do processo. A utilidade está em se demonstrar que o processo pode propiciar benefícios; a necessidade do processo se constata quando o proveito de que se precisa só é possível alcançar por meio do Judiciário.

Com relação à *legitimidade "ad causam"* (ou legitimidade para agir), ela pode ser conceituada como o poder jurídico de conduzir validamente um processo em que se discute um determinado conflito. A legitimidade pode ser exclusiva (atribuída a um único sujeito), concorrente (atribuída a mais de um sujeito), ordinária (o legitimado discute direito próprio) e extraordinária (o legitimado, em nome próprio, discute direito alheio).

Para a *teoria da asserção*, as condições da ação devem ser analisadas com base apenas nas afirmações das partes; para esta teoria, não há que se falar em produção de provas para análise das condições da ação. Desta forma, se com o que foi alegado pelo autor, as condições estiverem presentes, posterior análise sobre sua veracidade será considerada decisão de mérito.

Pressupostos processuais:

- Os pressupostos processuais são de existência ou de validade.
- Os *pressupostos de existência* subdividem-se em subjetivos e em objetivos. Os primeiros são compostos de: um órgão jurisdicional e da capacidade de ser parte (aptidão de ser sujeito processual). O *pressuposto processual de existência objetivo* é a própria demanda (ato que instaura um processo, ato de provocação).
- Presentes os pressupostos processuais de existência, passa-se à análise dos *pressupostos processuais de validade*, que também se subdividem em subjetivos e objetivos.
- Os *pressupostos processuais de validade subjetivos* dizem respeito ao juiz (sua competência e imparcialidade) e às partes (que devem ter capacidade processual e capacidade postulatória). Já os *pressupostos processuais de validade objetivos* podem ser intrínsecos ou extrínsecos. Os intrínsecos são os pressupostos que devem ser vistos dentro do processo, como o adequado desenrolar dos atos processuais. Os extrínsecos, também chamados de negativos, são pressupostos que não devem estar presentes. Em outras palavras, para que o processo seja válido, não podem existir, como a coisa julgada, por exemplo.

- As condições da ação e os pressupostos processuais são matéria de ordem pública, podendo ser arguidas a qualquer tempo e em qualquer grau de jurisdição, bem como ser conhecidas de ofício. Podem ser conhecidas como uma questão preliminar ao mérito.
- No mandado de segurança, o direito líquido e certo, bem como a prova pré-constituída são condições de procedibilidade.

2. SOBRE ATOS DO JUIZ E DAS PARTES

- A suspeição é sempre de natureza subjetiva (art. 135 do CPC), enquanto o impedimento é de natureza objetiva (art. 134 do CPC).
- A procuração confere amplos direitos aos advogados, mas, nos casos previstos no art. 38 do CPC, é necessário autorização expressa. O art. 40 do CPC enumera os direitos do advogado, dentre os quais ter vista dos autos de qualquer processo.

3. SOBRE LITISCONSÓRCIO E INTERVENÇÃO DE TERCEIROS

- Há duas espécies de litisconsórcio: ativo e passivo, dependendo do polo da relação processual.
  - Unitário: o provimento jurisdicional tem que regular de modo uniforme a situação jurídica dos litisconsortes, não se admitindo julgamentos diversos.
  - Comum (ou simples): é aquele em que a decisão judicial pode ser diferente, e cada um dos litisconsortes é tratado como parte autônoma.
  - Facultativo: é o litisconsórcio que pode ou não se formar, como no caso de contribuintes que questionam uma exação tributária. Não existe litisconsórcio ativo necessário.
- Na assistência simples, o terceiro ingressa no feito por ser titular de um direito conexo ao que está sendo discutido na causa. O exemplo clássico é o do sublocatário em ação de despejo.
- Na assistência litisconsorcial, o terceiro alega a existência de um interesse jurídico na causa, como, por exemplo, o acionista que ingressa em ação onde se postula a anulação de assembleia extraordinária.

Intervenção de Terceiros

- Ocorre a intervenção de terceiros no processo, quando alguém dele participa, sem ser parte na causa, com o fim de auxiliar ou de excluir os litigantes, para defender algum direito ou interesse próprio que possam ser prejudicados pelos efeitos da sentença.

- A doutrina refere que as posições do demandante e do demandado no processo são disciplinadas de acordo com três princípios básicos. Primeiramente, é abordado o princípio da dualidade das partes, segundo o qual é inadmissível um processo sem que haja pelo menos dois sujeitos em posições processuais contrárias, pois ninguém pode litigar consigo mesmo, em segundo lugar vem o princípio da igualdade das partes, onde é assegurada a paridade de tratamento processual, sem prejuízo de certas vantagens atribuídas especialmente a cada uma delas, em vista exatamente de sua posição no processo, e por último o princípio do contraditório, garantindo às partes a ciência dos atos e termos do processo, com a possibilidade de impugná-los e com isso estabelecer o verdadeiro diálogo com o juiz.
- O terceiro que ingresse no processo para defender um interesse próprio, dependente da relação jurídica objeto do litígio, com o objetivo de auxiliar na vitória da parte a que seu direito se liga, é o interveniente *ad adiuvandum*, ou se ingressa na relação jurídica, com o fim de contrapor-se a uma ou ambas as partes, será interveniente *ad excludentum*.
- A **intervenção de terceiros** pode ser espontânea, que é a assistência ou a oposição, ou ainda pode ser provocada, isto é, que decorre de um requerimento formulado por uma das partes, que pode originar a nomeação à autoria, denunciação da lide ou chamamento ao processo.

1. FORMAS DE INTERVENÇÃO DE TERCEIROS

- **1.1 ASSISTÊNCIA:** É uma intervenção espontânea e não ocorre por via de ação, é uma inserção de terceiro na relação processual pendente (art. 50 do CPC). O terceiro ao intervir não formula pedido algum em prol de direito seu, torna-se sujeito do processo, mas não se torna parte. Entra no processo com a finalidade de ajudar o assistido, pois tem interesse jurídico em que a sentença seja favorável ao litigante a quem assiste. A assistência pode ser Adesiva ou Litisconsorcial.
    - **ASSISTÊNCIA ADESIVA SIMPLES:** Dá-se a intervenção adesiva simples, quando o terceiro ingressa no processo com a finalidade de auxiliar uma das partes em cuja vitória ele tenha interesse, uma vez que a sentença contrária à parte coadjuvada prejudicaria um direito seu, de algum modo ligado ao do assistido, ou seja, uma situação jurídica conexa ou dependente da *res in judicium deducta*. Isto é, o terceiro ao ingressar no processo tem em vista prevenir os efeitos danosos que a sentença lhe possa causar, evitando preventivamente que os efeitos da sentença se produzam sobre direito, com base na *exceptio male gestiprocessus*.

      Como exemplos de Assistência Adesiva Simples a doutrina cita o caso de duas pessoas que controvertem sobre a validade de uma doação que contém um encargo em favor de terceiro. O beneficiado com o encargo tem interesse em ingressar na causa para assistir a parte que sustente a validade da doação, não coloca em causa o direito próprio, seu objetivo é auxiliar uma das partes cuja vitória tenha interesse. O ingresso do sub-inquilino na ação de despejo proposta pelo locador contra o inquilino, o ingresso do fiador na ação entre o credor e o devedor principal sobre a validade do contrato de empréstimo garantido pela fiança, a intervenção do legatário na demanda entre o herdeiro legítimo e o testamentário sobre a validade do testamento, a intervenção do segurador na causa promovida pela vítima do acidente contra o segurado causador do dano.
    - **INTERVENÇÃO ADESIVA LITISCONSORCIAL OU AUTÔNOMA:** Na assistência adesiva ou litisconsorcial o assistente é direta e imediatamente vinculado à relação jurídica, objeto do processo. A intervenção se dá para que o assistente ingresse no processo coadjuvando o assistido, para evitar que a sentença produza efeito não sobre a relação jurídica de que ele e o assistido participem, mas na relação jurídica que o liga ao adversário da parte que assiste.

      Como exemplo podemos citar: Processo de interdição movido por um legitimado onde ocorre a intervenção de outro legitimado para a causa; o ingresso de um segundo herdeiro onde se discuta a causa de deserdação, entre o herdeiro deserdado e o legítimo; o ingresso da mulher na demanda do marido, sempre que a sentença possa ser executada nos bens comuns.

2. OPOSIÇÃO

A oposição, conforme o art. 56 do Código de Processo Civil, diz que é a ação de terceiro que intervém na causa para excluir as pretensões de autor e réu. Trata-se de uma demanda autônoma que se transforma em incidente da demanda principal, com o objetivo de ensejar o julgamento simultâneo, deverá ser proposta por petição e distribuída por dependência, sendo que a citação dos opostos será feita na pessoa de seus respectivos advogados, para contestar em 15 dias. Conforme se verifica, na redação do artigo referido, para que a oposição seja admissível é necessário que a causa principal esteja pendente e ainda não julgada, em primeira instância, ou seja, não poderá ser proposta a oposição na fase recursal, em segundo grau de jurisdição.

Dinamarco conceitua oposição como sendo a demanda através da qual terceiro deduz em juízo pretensão incompatível com interesse conflitante de autor e de réu de um processo cognitivo pendente.

Duas pessoas litigam e surge um terceiro entre estas, que se contrapõe aos dois litigantes, autor e réu, sem qualquer elemento de coerência de interesses. Não pretende ser parte e nem ser tratado como tal; nem entende que o seu processo se conecta com o do outro, nem demonstra cointeresse na mesma questão de direito ou de fato, nem se litisconsorcial, nem intervém para ajudar, nem chama ou nomeia a outrem: opõe-se às duas partes. Tem ou supõe ter o seu direito. Poderia iniciar duas outras demandas contra as partes. A figura do opoente se choca com os dois polos da relação jurídica. Sua ação dirige-se contra uma parte e contra a outra, em dois processos separados cumulados.

Em razão do nexo de prejudicialidade, ocorre uma unidade procedimental e decisória, onde o primeiro processo a ser julgado é o processo de oposição e depois o processo principal, em julgamento simultâneo, através de uma única sentença com dois dispositivos, que julga as duas lides.

Em regra a oposição ocorre após a citação, mas nada impede que ela ocorra antes, isto porque, conforme o art. 263 do Código de Processo Civil, o processo existe desde o momento da distribuição da ação.

3. NOMEAÇÃO À AUTORIA

Nomeação à autoria é o chamamento do proprietário ou possuidor ao processo, que o detentor de coisa em nome alheio faz, para que estes sejam citados pelo autor. A previsão legal encontra-se no art. 62 do Código de Processo Civil. Isto quer dizer que o demandado deve suscitar para que o demandante chame à lide o nomeado, ou seja, o demandado nomeia e o demandante chama ou desatende ao que suscitou e não chama. O réu, após a citação, requer a nomeação no prazo para defesa. O processo será suspenso e será ouvido o autor no prazo de cinco dias. Se este aceitar a nomeação, cumpre-lhe promover a citação do nomeado. Se o autor recusar a nomeação, esta ficará sem efeito. Se concordar, o nomeado se manifestará podendo reconhecer a qualidade que lhe é atribuída e contra ele correrá o processo; se negar, o processo continuará contra o nomeante (art. 66). O ato pelo qual o nomeante sai do processo é denominado extromissão. O demandado tem o dever de nomear a autoria à pessoa que tem de ser, em vez dele, o demandado. Nomeada pessoa que, como proprietária ou possuidora, ou responsável em ação de indenização, teria de ser nomeada, o demandante exerceu seu dever. Quando o autor recusar a nomeação estará assumindo o risco de litigar contra parte ilegítima e de ver proferida uma sentença de extinção do processo sem julgamento de mérito, por carência de ação. Já se o nomeado recusar a nomeação, o autor que a aceitar poderá assumir o risco de continuar litigando com o nomeante, aparentemente parte ilegítima, ou, então, poderá desistir da ação contra o nomeante a fim de propor nova demanda contra a pessoa indicada pelo nomeante. Segundo Ovídio, nomeação à autoria é o incidente por meio do qual o detentor da coisa demandado, sendo erroneamente citado para a demanda, nomeia o verdadeiro proprietário ou possuidor, a fim de que o autor contra este dirija sua ação, admitindo-a em qualquer espécie de procedimento. Conforme os ensinamentos de Pontes de Miranda, a nomeação à autoria cabe em qualquer espécie de procedimento desde que a ação é contra aquele que detém ou possui a coisa em nome alheio, portanto, a ação pode ser declaratória, constitutiva, condenatória, mandamental ou mesmo executiva. Enfatiza o autor que caso o réu detenha ou possua a coisa sobre a qual poderá recair a penhora, deve ele nomear a autoria quem lhe deu a tença ou a posse.

4. DENUNCIAÇÃO DA LIDE

Denunciação da Lide é o ato pelo qual o autor ou o réu procura trazer a juízo para melhor tutelar seu direito, isto é, a relação jurídica consubstanciada na lide e, por imposição legal, prevista no art. 70 do Código de Processo Civil.

A denunciação visa enxertar no processo uma nova lide, que irá envolver o denunciante e o denunciado em torno do direito de garantia ou de regresso que o primeiro pretende (eventualmente) exercer contra o segundo. A sentença de tal sorte decidirá não apenas a lide entre autor e réu, mas também a que se criou entre a parte denunciante e o terceiro denunciado.

A Denunciação da Lide dá-se por meio da citação do terceiro denunciado, devendo o pedido ser formulado, pelo autor na inicial, e pelo réu no prazo de contestação (art. 71 do CPC).

É facultado ao terceiro denunciado assumir a posição de litisconsorte ao lado do denunciante, ou negar a qualidade que lhe foi atribuída, ou ainda confessar os fatos alegados pelo autor (arts. 74 e 75 do CPC).

Três figuras representam à denunciação da lide: Denunciação fundada em evicção (perda do bem por força de decisão judicial; Denunciação ao proprietário ou possuidor direto). O possuidor direto denunciará a lide o possuidor indireto (art. 70, II). Denunciação fundada em garantia legal ou contratual (qualquer que seja a natureza da garantia ou a natureza da obrigação sobre o que ela incide, poderá a parte denunciar a lide o garante).

A sentença que julgar a ação principal julgará também a ação incidental, relativa à ação regressiva pedida pelo denunciante contra o denunciado (art. 76 do CPC).

Cumpre ressaltar o caráter de prejudicialidade do resultado da primeira demanda, sobre a ação de denunciação da lide. Se o denunciado for vitorioso na ação principal, a ação regressiva será necessariamente julgada improcedente. Mas se o denunciado sucumbir, no todo ou em parte na ação principal, a ação de denunciação da lide tanto poderá ser julgada procedente como improcedente.

A não denunciação da lide acarreta a perda de pretensão regressiva nos casos de garantia formal, ou seja, de evicção ou de transmissão de direitos.

5. CHAMAMENTO AO PROCESSO

A forma de Intervenção de terceiro denominada chamamento ao processo encontra-se prevista nos arts. 77 a 80 do Código de Processo Civil. Este instituto ocorre quando sendo citado apenas um, ou alguns dos devedores solidários, peçam eles a citação do outro, ou dos outros devedores, de modo a decidir-se, no mesmo processo, sobre a responsabilidade de todos. Visa ampliar o objeto do processo, chamando à lide os demais obrigados solidariamente responsáveis perante o credor. Trata-se, portanto, de formação de um litisconsórcio facultativo. Conforme se constata pela análise do art. 77 do Código de Processo Civil, o chamamento ao processo é uma faculdade outorgada aos réus, para que chamem à causa seus litisconsortes passivos, na demanda comum, ou seja, outros coobrigados, perante o mesmo credor.

Dinamarco entende que o chamamento do processo é um instituto peculiar ao processo de conhecimento, sendo inadmissível chamar terceiro ao processo de execução, ao cautelar ou ao monitório.

Essa modalidade de intervenção gravita em torno de uma sentença de mérito, que seria dada entre o autor e o réu, e passará a ser dada em relação a todos os litisconsortes passivos integrantes da relação processual a partir de quando feito o chamamento. A utilidade do chamamento ao processo, reside plenamente nessa sentença assim mais ampla e de eficácia subjetivamente mais ampla.

As pessoas que podem ser chamadas aos processos devem ter alguma obrigação perante a parte **contrária a quem as chama**, ou seja, perante o autor. Possuem legitimidade passiva ordinária *ad causam*, poderiam ter sido demandadas diretamente pelo autor. Trata-se de um litisconsórcio passivo ulterior e não originário.

Conclui-se, portanto, que o chamamento ao processo consiste num meio de formação de litisconsórcio passivo, por iniciativa do próprio réu. Podemos exemplificar o caso de um credor que aciona um dos fiadores e este chama outro fiador para integrar a lide.

O chamamento ao processo e a denunciação da lide possuem em comum a possibilidade da propositura de uma eventual ação regressiva do réu contra o chamado ao processo. Isto é, se o réu primitivo for condenado a pagar o valor da condenação, segundo prescreve o art. 80, através da mesma sentença condenatória, poderá o réu que houver pago se reembolsar do que já pagou, contra o devedor principal, ou para que receba dos demais coobrigados a respectiva cota da dívida comum, porque a demanda deste contra o coobrigado está definitivamente julgada na mesma sentença.

6. SOBRE COMPETÊNCIA

- Competência internacional (arts. 88 e 89 do CPC): Trata das causas onde a Justiça brasileira é competente.
- Competência da Justiça (arts. 109 e seguintes da Constituição): A Constituição traz as regras de competência das Justiças especializadas, quais sejam, a Federal, Trabalhista, Eleitoral e Militar. A competência da Justiça Estadual é sempre residual.

- Competência de Juízo e de foro (arts. 91 a 124 do CPC): A competência de juízo e de foro encontra-se regulada nestes artigos do CPC, e em várias súmulas do STJ que tratam de questões específicas.

7. SOBRE OS RECURSOS

Para um bom estudo da teoria geral dos recursos e recursos em espécie, recomenda-se a leitura dos arts. 496 a 565 do CPC, bem como das súmulas pertinentes em matéria de recurso especial e recurso extraordinário. Estes dois últimos, por serem recursos objetivos, tutelam o ordenamento jurídico como um todo e possuem uma série de requisitos especiais cristalizados em súmula e jurisprudência (prequestionamento, divergência jurisprudencial etc).

LEGISLAÇÃO E SÚMULAS PERTINENTES

- Constituição Federal, arts. 97, 109 a 114.
- CPC: principalmente arts. 36 a 38, 46 a 80, 86 a 124, 134 e 135, 496 a 565.
- Lei n. 12.016/2009.
- **Súmula Vinculante 10:** Viola a cláusula de reserva de plenário (CF, art. 97) a decisão de órgão fracionário de Tribunal que, embora não declare expressamente a inconstitucionalidade de lei ou ato normativo do poder público, afasta sua incidência, no todo ou em parte.
- **Súmula 282 do STF:** É inadmissível o recurso extraordinário quando não ventilada, na decisão recorrida, a questão federal suscitada.
- **Súmula 283 do STF:** É inadmissível recurso extraordinário quando a decisão recorrida assenta em mais de um fundamento suficiente e o recurso não abrange todos eles.
- **Súmula 284 do STF:** É inadmissível o recurso extraordinário, quando a deficiência na sua fundamentação não permitir a exata compreensão da controvérsia.
- **Súmula 335 do STF:** É válida a cláusula de eleição de foro para os processos oriundos do contrato.
- **Súmula 430 do STF:** Pedido de reconsideração na via administrativa não interrompe o prazo para mandado de segurança.
- **Súmula 454 do STF:** Simples interpretação de cláusulas contratuais não dá lugar a recurso extraordinário.
- **Súmula 501 do STF:** Compete à Justiça Ordinária Estadual o processo e o julgamento, em ambas as instâncias, das causas de acidente do trabalho ainda que promovidas contra a União, suas Autarquias, Empresas Públicas ou Sociedades de Economia Mista.
- **Súmula 517 do STF:** As sociedades de economia mista só têm foro na Justiça Federal quando a União intervém como assistente ou opoente.
- **Súmula 556 do STF:** É competente a justiça comum para julgar as causas em que é parte sociedade de economia mista.
- **Súmula 735 do STF:** Não cabe recurso extraordinário contra acórdão que defere medida liminar.
- **Súmula 5 do STJ:** A simples interpretação de cláusula contratual não enseja recurso especial.
- **Súmula 7 do STJ:** A pretensão de simples reexame de prova não enseja recurso especial.
- **Súmula 13 do STJ:** A divergência entre julgados do mesmo Tribunal não enseja recurso especial.
- **Súmula 33 do STJ:** A incompetência relativa não pode ser declarada de ofício.
- **Súmula 37 do STJ:** São cumuláveis as indenizações por dano material e dano moral oriundos do mesmo fato.
- **Súmula 83 do STJ:** Não se conhece do recurso especial pela divergência, quando a orientação do Tribunal se firmou no mesmo sentido da decisão recorrida.
- **Súmula 115 do STJ:** Na instância especial é inexistente recurso interposto por advogado sem procuração nos autos.
- **Súmula 126 do STJ:** É inadmissível recurso especial, quando o acórdão recorrido assenta em fundamentos constitucional e infraconstitucional, qualquer deles suficiente, por si só, para mantê-lo, e a parte vencida não manifesta recurso extraordinário.
- **Súmula 147 do STJ:** Compete à Justiça Federal processar e julgar os crimes praticados contra funcionário público federal, quando relacionados com o exercício da função.
- **Súmula 150 do STJ:** Compete à Justiça Federal decidir sobre a existência de interesse jurídico que justifique a presença, no processo, da União, suas autarquias ou empresas públicas.
- **Súmula 151 do STJ:** A competência para o processo e julgamento por crime de contrabando ou descaminho define-se pela prevenção do Juízo Federal do lugar da apreensão dos bens.

- **Súmula 161 do STJ:** É da competência da Justiça Estadual autorizar o levantamento dos valores relativos ao PIS/PASEP e FGTS, em decorrência do falecimento do titular da conta.
- **Súmula 165 do STJ:** Compete à Justiça Federal processar e julgar crime de falso testemunho cometido no processo trabalhista.
- **Súmula 168 do STJ:** Não cabem embargos de divergência, quando a jurisprudência do Tribunal se firmou no mesmo sentido do acórdão embargado.
- **Súmula 172 do STJ:** Compete à Justiça Comum processar e julgar militar por crime de abuso de autoridade, ainda que praticado em serviço.
- **Súmula 173 do STJ:** Compete à Justiça Federal processar e julgar o pedido de reintegração em cargo público federal, ainda que o servidor tenha sido dispensado antes da instituição do Regime Jurídico Único.
- **Súmula 187 do STJ:** É deserto o recurso interposto para o Superior Tribunal de Justiça, quando o recorrente não recolhe, na origem, a importância das despesas de remessa e retorno dos autos.
- **Súmula 200 do STJ:** O Juízo Federal competente para processar e julgar acusado de crime de uso de passaporte falso é o do lugar onde o delito se consumou.
- **Súmula 203 do STJ:** Não cabe recurso especial contra decisão proferida por órgão de segundo grau dos Juizados Especiais.
- **Súmula 207 do STJ:** É inadmissível recurso especial quando cabíveis embargos infringentes contra o acórdão proferido no tribunal de origem.
- **Súmula 208 do STJ:** Compete à Justiça Federal processar e julgar prefeito municipal por desvio de verba sujeita a prestação de contas perante órgão federal.
- **Súmula 209 do STJ:** Compete à Justiça Estadual processar e julgar prefeito por desvio de verba transferida e incorporada ao patrimônio municipal.
- **Súmula 211 do STJ:** Inadmissível recurso especial quanto à questão que, a despeito da oposição de embargos declaratórios, não foi apreciada pelo tribunal *a quo*.
- **Súmula 227 do STJ:** A pessoa jurídica pode sofrer dano moral.
- **Súmula 240 do STJ:** A extinção do processo, por abandono de causa pelo autor, depende de requerimento do réu.
- **Súmula 244 do STJ:** Compete ao foro do local da recusa processar e julgar o crime de estelionato mediante cheque sem provisão de fundos.
- **Súmula 253 do STJ:** O art. 557 do CPC, que autoriza o relator a decidir o recurso, alcança o reexame necessário.
- **Súmula 254 do STJ:** A decisão do Juízo Federal que exclui da relação processual ente federal não pode ser reexaminada no Juízo Estadual.
- **Súmula 255 do STJ:** Cabem embargos infringentes contra acórdão, proferido por maioria, em agravo retido, quando se tratar de matéria de mérito.
- **Súmula 282 do STJ:** Cabe a citação por edital em ação monitória.
- **Súmula 292 do STJ:** A reconvenção é cabível na ação monitória, após a conversão do procedimento em ordinário.
- **Súmula 299 do STJ:** É admissível a ação monitória fundada em cheque prescrito.
- **Súmula 304 do STJ:** É ilegal a decretação da prisão civil daquele que não assume expressamente o encargo de depositário judicial.
- **Súmula 315 do STJ:** Não cabem embargos de divergência no âmbito do agravo de instrumento que não admite recurso especial.
- **Súmula 316 do STJ:** Cabem embargos de divergência contra acórdão que, em agravo regimental, decide recurso especial.
- **Súmula 317 do STJ:** É definitiva a execução de título extrajudicial, ainda que pendente apelação contra sentença que julgue improcedentes os embargos.
- **Súmula 319 do STJ:** O encargo de depositário de bens penhorados pode ser expressamente recusado.
- **Súmula 320 do STJ:** A questão federal somente ventilada no voto vencido não atende ao requisito do prequestionamento.
- **Súmula 331 do STJ:** A apelação interposta contra sentença que julga embargos à arrematação tem efeito meramente devolutivo.
- **Súmula 333 do STJ:** Cabe mandado de segurança contra ato praticado em licitação promovida por sociedade de economia mista ou empresa pública.
- **Súmula 339 do STJ:** É cabível ação monitória contra a Fazenda Pública.
- **Súmula 363 do STJ:** Compete à Justiça Estadual processar e julgar a ação de cobrança ajuizada por profissional liberal contra cliente.
- **Súmula 364 do STJ:** O conceito de impenhorabilidade de bem de família abrange também o

imóvel pertencente a pessoas solteiras, separadas e viúvas.

- **Súmula 365 do STJ:** A intervenção da União como sucessora da Rede Ferroviária Federal S/A (RFFSA) desloca a competência para a Justiça Federal ainda que a sentença tenha sido proferida por Juízo estadual.
- **Súmula 367 do STJ:** A competência estabelecida pela EC 45/2004 não alcança os processos já sentenciados.
- **Súmula 375 do STJ:** O reconhecimento da fraude à execução depende do registro da penhora do bem alienado ou da prova de má-fé do terceiro adquirente.
- **Súmula 376 do STJ:** Compete à turma recursal processar e julgar o mandado de segurança contra ato de juizado especial.
- **Súmula 384 do STJ:** Cabe ação monitória para haver saldo remanescente oriundo de venda extrajudicial de bem alienado fiduciariamente em garantia.
- **Súmula 390 do STJ:** Nas decisões por maioria, em reexame necessário, não se admitem embargos infringentes.
- **Súmula 419 do STJ:** Descabe a prisão civil do depositário judicial infiel.
- **Súmula 428 do STJ:** Compete ao Tribunal Regional Federal decidir os conflitos de competência entre juizado especial federal e juízo federal da mesma seção judiciária.
- **Súmula 478 do STJ:** Na execução de crédito relativo a cotas condominiais, este tem preferência sobre o hipotecário.
- **Súmula 482 do STJ:** A falta de ajuizamento da ação principal no prazo do art. 806 do CPC acarreta a perda da eficácia da liminar deferida e a extinção do processo cautelar.
- **Súmula 490 do STJ:** A dispensa de reexame necessário, quando o valor da condenação ou do direito controvertido for inferior a sessenta salários mínimos, não se aplica a sentenças ilíquidas.
- **Súmula 503 do STJ:** O prazo para ajuizamento de ação monitória em face do emitente de cheque sem força executiva é quinquenal, a contar do dia seguinte à data de emissão estampada na cártula.
- **Súmula 504 do STJ:** O prazo para ajuizamento de ação monitória em face do emitente de nota promissória sem força executiva é quinquenal, a contar do dia seguinte ao vencimento do título.
- **Súmula 505 do STJ:** A competência para processar e julgar as demandas que têm por objeto obrigações decorrentes de contratos de plano de previdência privada firmados com a Fundação Rede Ferroviária de Seguridade Social – REFER – é da Justiça Estadual.

BIBLIOGRAFIA RECOMENDADA

BIBLIOGRAFIA BÁSICA

- BARBOSA MOREIRA, José Carlos. *O novo processo civil brasileiro – exposição sistemática do procedimento.* 28. ed. Rio de Janeiro: Forense, 2010.
- CAMARA, Alexandre. *Manual de direito processual civil.* Rio de Janeiro: Lumen Juris, 2010.
- DIDIER JR., Fredie. *Curso de direito processual civil.* 2. ed. Salvador: Juspodivm, 2008.

BIBLIOGRAFIA COMPLEMENTAR

- ARENHART, Sérgio Cruz; MARINONI, Luiz Guilherme. *Curso de processo civil – v. 2 – processo de conhecimento.* 5. ed. São Paulo: Revista dos Tribunais, 2006.
- BARBOSA MOREIRA, José Carlos. *Comentários ao Código de Processo Civil.* 14. ed. Rio de Janeiro: Forense, 2008. v. V.
- CARNEIRO, Athos Gusmão. *Intervenção de terceiros.* 19. ed. São Paulo: Saraiva, 2010.

PORTUGUÊS

PAULA BARBOSA Mestranda em Criminologia pela UCES – Universidad de Ciencias Empresariales Y Sociales, Buenos Aires, Argentina. Especialista na área de Gramática Normativa, Literatura Brasileira e Linguística pela Universidade Federal da Bahia. Licenciada em Letras Vernáculas pela Universidade Católica de Salvador. Licenciada em Pedagogia pela UNICOC. Professora de Língua Portuguesa da Rede LFG-Anhanguera e do curso Juspodivm. Professora e Coordenadora de Língua Portuguesa do Colégio SartreCOC – Salvador. Coautora da coleção Carreiras Específicas (Analista dos Tribunais Regionais do Trabalho, Técnico dos Tribunais Regionais Eleitorais, Técnico dos Tribunais Regionais do Trabalho, Polícia Federal).

NOTA DA AUTORA

Alguns concursos insistem em produzir questões dissociadas do texto ou que podem ser resolvidas sem necessariamente voltar ao texto. A CESPE, por sua vez, elabora provas inteligentes, exigentes e que cobram leitura, interpretação, bom senso e conhecimento por parte dos candidatos. Nesse contexto, preparar-se em Língua Portuguesa para o concurso da Polícia Federal exige uma considerável mudança de mentalidade.

Percebe-se uma mudança evidente na cobrança dos assuntos na prova de Língua Portuguesa quando a banca é a CESPE. Algo que merece destaque é a Gramática aplicada ao texto, misturando vários itens do programa. É impossível topicalizar, pois a interpretação se funde de tal forma à Gramática que é complicado vê-las de modo dissociado. Vale ressaltar, entretanto, que as questões priorizam as relações morfossintáticas e semânticas, de sorte que candidatos bem preparados devem possuir uma base teórica alicerçada no conhecimento, sem descuidar dos exercícios com o texto.

Nas provas analisadas, incluindo as de 2012 e 2013, é facilmente percebida a presença relevante de questões que envolvem os tópicos ligados à Gramática. Nas referidas provas, a interpretação dissociada da Gramática teve um significativo percentual, entretanto este foi ainda maior quando a Interpretação esteve ligada a itens da Gramática. Nas provas de Agente, houve questões de Gramática, questões de Gramática atreladas à Interpretação, questões de Gramática atreladas à Correspondência Oficial e questões de Gramática atreladas à Redação. Nas provas de Escrivão muitas questões estão ligadas, de alguma forma, à Gramática normativa, inclusive aquelas relacionadas à correspondência oficial. Vale frisar que, nas provas mais recentes, o Manual de Redação da Presidência da República foi cobrado intensamente. Nosso estudo deixa essas informações evidentes.

Diante dessa nova realidade, optamos por uma análise global, separando as provas por cargos, a fim de facilitar o entendimento do candidato.

1. AGENTE DA POLÍCIA FEDERAL

QUESTÕES

TEXTO I

Atualmente, a concepção de ato violento é bastante ampla, indo além da noção tradicional, que o vinculava à existência de dano físico. Somos sensíveis a novos tipos de violência, que antes não eram considerados como tal: discriminação por cor, sexo, idade, etnia, religião, escolha sexual, e situações de constrangimento, exclusão ou humilhação. Trata-se, portanto, de uma definição de longo alcance, abrangente, que decorre de um processo histórico que resultou na pacificação da sociedade, na ampliação das normas e em uma maior intolerância ao que será considerado violência.

Andréa Buoro et al. *Violência urbana – dilemas e desafios*. São Paulo: Atual, 1999, p. 10-1.

1. (Agente – CESPE – 2002 – adaptada) Considerando o texto I, julgue os itens abaixo.

a) Mantêm-se as relações semânticas e preserva-se a correção sintática do primeiro período do texto ao se substituir "indo além" (linha 2) por porque vai além.

b) Antes de "vinculava" (linha 3), "o" é pronome que se refere a "ato violento" (linha 1).

c) O uso do sinal de dois-pontos após "tal" (linha 5) justifica-se por anteceder uma enumeração, que, no caso, é composta por dois núcleos: discriminação e situações.

d) Pelo emprego das formas verbais do texto, em especial pela utilização de "Trata-se" (linha 8), o uso da primeira pessoa do plural em "Somos" (linha 4) provoca inconsistência gramatical e incoerência textual.

2. (Agente – CESPE – 2002 – adaptada) Ainda considerando o texto I, julgue os itens abaixo.

a) Mantém-se o sentido do último período do texto substituindo-se "decorre de um processo" (linha10) por decorre como um processo.

b) A supressão do artigo indefinido na expressão "uma maior intolerância" (linha 12) não prejudica a correção gramatical nem a argumentação da autora.

c) A expressão "intolerância ao que será" (linhas 12 e 13) pode ser reescrita de forma gramaticalmente correta como intolerância àquilo que será.

3. (Agente – CESPE – 2002 – adaptada) Julgue se os itens abaixo apresentam relações de sentido que correspondem à estrutura semântica dada pela fórmula genérica abaixo, em que X é uma estrutura linguística que expressa condição ou concessão, e Y é uma estrutura linguística afirmativa. X, não Y.

a) Apesar da proteção da justiça e do Estado, não parece que a resolução dos conflitos se desvie do âmbito privado.

b) Embora a nossa concepção de violência tenha sido ampliada, não é possível afirmar que nossa sensibilidade e tolerância em relação a ela estejam igualmente distribuídas.

c) Se alguns autores propõem que estamos vivendo um movimento de pacificação progressiva da vida em sociedade, não estão afirmando que esse processo seja fácil.

d) Não devemos pensar na pacificação da sociedade de forma isolada, mas sim dentro de um conceito mais geral das transformações econômicas que afetam o mundo.

e) Violência, direitos, justiça e o papel do Estado, se analisados como problemas fundamentais, estão dentro do quadro das transformações ocorridas, não só econômicas como também políticas.

4. (Agente – CESPE – 2002 – adaptada)

Constituição da República Federativa do Brasil de 1988

Preâmbulo

Nós, representantes do povo brasileiro, reunidos em Assembleia Nacional Constituinte para instituir um Estado Democrático, destinado a assegurar o exercício dos direitos sociais e individuais, a liberdade, a segurança, o bem-estar, o desenvolvimento, a igualdade e a justiça como valores supremos de uma sociedade fraterna, pluralista e sem preconceitos, fundada na harmonia social e comprometida, na ordem interna e internacional, com a solução pacífica das controvérsias, promulgamos, sob a proteção de Deus, a seguinte CONSTITUIÇÃO DA REPÚBLICA FEDERATIVA DO BRASIL.

Julgue os itens a seguir, referentes ao texto acima.

a) Na linha 6 do texto, a expressão subsequente a "Nós" está entre vírgulas por se tratar de aposto explicativo.

b) No texto, o verbo que inicia o predicado para o sujeito "Nós" (linha 6) é "promulgamos" (linha 16).

c) O emprego do sinal indicativo de crase em "destinado a assegurar" (linhas 8 e 9) é opcional e, caso esse sinal tivesse sido utilizado, dar-se-ia ênfase à especificação que segue o verbo "assegurar".

d) No texto, a palavra "fundada" (linha 13) refere-se a "justiça" (linha 11).

TEXTO II

Fragmento A

O processo de ampliação dos direitos e de pacificação social não é neutro, nem é o caminho natural de evolução em todas as sociedades. Em geral, é fruto de um processo político, resultado de muitos conflitos e negociações. Nele se confrontam, nos diferentes períodos históricos e nas diferentes sociedades, grupos diversos – alguns mais representativos da maioria dos membros de uma sociedade, outros menos –, defendendo suas ideias e seus interesses a respeito de como organizar a sociedade.

Andréa Buoro et al. *Violência urbana – dilemas e desafios.* São Paulo: Atual, 1999, p. 17 (com adaptações).

Fragmento B

Istoé – Estamos às portas da Terceira Guerra Mundial?

Clóvis Brigagão – Acho que uma nova guerra se estabeleceu, que é um confronto entre grupos terroristas e o Estado. Não é uma guerra clássica, não é uma guerra de guerrilha ou de longa duração, mas um confronto de ataques tópicos, uma espécie de acupuntura. Enquanto os poderosos americanos são visíveis, os inimigos são invisíveis, utilizam ataques de surpresa que põem o sistema internacional e a convivência humana em perigo. Isso já existe no Oriente Médio, onde Israel enfrenta os palestinos. Não é Estado contra Estado, mas Estado contra o terrorismo. Esse modelo de conflito se tornou um novo fator de desequilíbrio mundial. Pode inclusive estabelecer uma nova espiral armamentista não convencional.

Istoé, n. 1.668, 19-9-2001, p. 10 (com adaptações).

5. (Agente – CESPE – 2002 – adaptada) Julgue os itens abaixo, com o auxílio dos dois fragmentos do texto II.

a) Da leitura dos dois fragmentos, infere-se que guerras e conflitos não respeitam fronteiras estatais.

b) O fragmento A mostra que muitos avanços sociais causam conflitos, e mesmo guerras.

6. (Agente – CESPE – 2002 – adaptada) Julgue os itens abaixo, a respeito da organização das ideias e estruturas do fragmento A do texto II.

a) Em suas duas ocorrências na linha 2, o verbo ser está flexionado no singular para concordar com a palavra "processo".

b) A palavra "neutro" (linha 2) sintetiza a ideia de livre de pressões, de tendências divergentes e conflitantes.

c) A conjunção "nem" (linha 2) corresponde a também não.

d) Os pronomes "suas" (linha 10) e "seus" (linha 10) referem-se a "sociedade" (linha 9).

e) Mantêm-se o sentido e a correção gramatical do fragmento, mas especifica-se mais a relação de ideias, ao se acrescentar o artigo à preposição na expressão "a respeito de" (linhas 10 e 11), transformando-a em ao respeito de.

7. **(Agente – CESPE – 2002 – adaptada)** Julgue os itens abaixo quanto à organização das ideias no fragmento B do texto II.

a) A expressão "nova guerra" (linha 3) remete ao mesmo referente de "confronto de ataques tópicos" (linha 7), "Isso" (linha 12), "Esse modelo de conflito" (linha 15) e "novo fator de desequilíbrio" (linha 16).

b) O conectivo "mas" (linha 7) introduz uma ideia adversativa que, em um padrão mais culto da linguagem, corresponde a destarte.

c) Porque o conectivo "Enquanto" (linha 8) está empregado com valor alternativo em "Enquanto os poderosos americanos são visíveis, os inimigos são invisíveis" (linhas 8 a 10), mantêm-se as relações semânticas na ligação dessas duas orações se elas forem substituídas por Ora os poderosos americanos são visíveis, ora os inimigos são invisíveis.

d) As formas verbais "utilizam" (linha 10) e "põem" (linha 11) estão empregadas no plural para respeitar a concordância com "inimigos" (linha 9).

e) Pelo sentido textual, o último período do fragmento admite a subordinação sintática ao penúltimo, expressa por oração reduzida de gerúndio, com os devidos ajustes de pontuação e letras maiúsculas.

TEXTO III

Uma ideia muito difundida atualmente é a associação da violência à pobreza. Justificando ou acusando, acredita-se que são as pessoas mais pobres que praticam os crimes, elas são os suspeitos em potencial. Tal associação revela a concepção de criminalidade e os mecanismos de criminalização presentes na nossa sociedade. É esse o assunto que vamos discutir agora. Na verdade, a associação entre pobreza, violência e criminalidade já existe há algum tempo na história, pois decorre de uma das primeiras consequências do desenvolvimento do capitalismo nas sociedades ocidentais modernas: expulsão do campo de milhares de pessoas sem trabalho, que migraram para as cidades. Rapidamente, o modo de vida urbano passou a ser associado ao perigo, às epidemias, à promiscuidade, à agressão e à criminalidade.

Andréa Buoro et al. *Violência urbana – dilemas e desafios.* São Paulo: Atual, 1999, p. 22.

8. **(Agente – CESPE – 2002 – adaptada)** Julgue os itens abaixo com respeito às relações de causa e consequência presentes no texto III.

a) A expulsão de pessoas do campo é uma decorrência da violência e da criminalidade que o capitalismo produz.

b) A associação entre a pobreza e a criminalidade tem como consequência o capitalismo nas sociedades modernas.

c) A migração para as cidades grandes é consequência da violência e da criminalidade no campo.

d) O fato de milhares de pessoas terem sido expulsas do campo sem trabalho é uma decorrência do desenvolvimento do capitalismo em sociedades do ocidente.

e) Em consequência da migração de pessoas sem trabalho do campo para a cidade, o perigo, as epidemias, a promiscuidade, a agressão e a criminalidade foram associados à vida urbana.

9. **(Agente – CESPE – 2002 – adaptada)** Em relação ao texto III e à temática a ele associada, julgue os itens abaixo.

a) Ao se substituir a palavra "difundida" (linha 1) por popularizada, o primeiro período do texto permanece coerente e gramaticalmente correto.

b) No primeiro período do texto, a expressão "da violência à pobreza" pode ser substituída, sem prejuízo para a coerência do texto e para a correção gramatical, por qualquer uma das seguintes construções: da violência com a pobreza; de violência com pobreza; entre a violência e a pobreza; entre violência e pobreza.

10. **(Agente – CESPE – 2002 – adaptada)** Considere que todos os programas mencionados estão em configuração-padrão, em português, e que o *mouse* está configurado para pessoas destras. Assim, a menos que seja explicitamente informado o contrário, expressões como clicar, clique simples e clique duplo referem-se a cliques com o botão esquerdo do *mouse*. Considere também que não há restrições de proteção e de uso em relação aos programas, arquivos, diretórios e *hardware* mencionados.

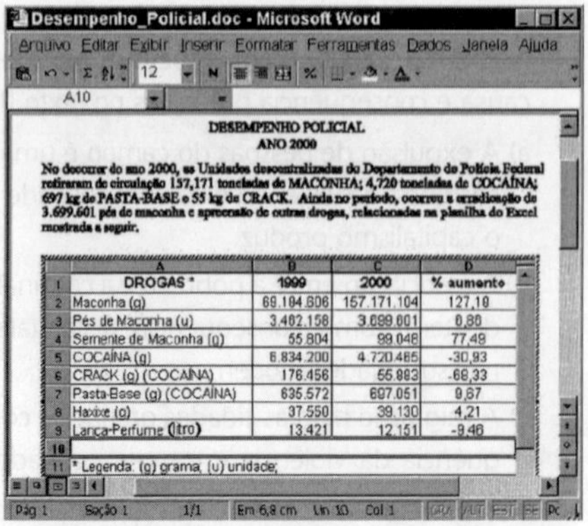

Desempenho_Policial.doc - Microsoft Word

Arquivo Editar Exibir Inserir Formatar Ferramentas Dados Janela Ajuda

DESEMPENHO POLICIAL
ANO 2000

No decorrer do ano 2000, as Unidades descentralizadas do Departamento de Polícia Federal retiraram de circulação 157,171 toneladas de MACONHA; 4,720 toneladas de COCAÍNA; 697 kg de PASTA-BASE e 55 kg de CRACK. Ainda no período, ocorreu a erradicação de 3.699.601 pés de maconha e apreensão de outras drogas, relacionadas na planilha do Excel mostrada a seguir.

	A	B	C	D
1	DROGAS *	1999	2000	% aumento
2	Maconha (g)	69.184.606	157.171.104	127,18
3	Pés de Maconha (u)	3.482.158	3.699.601	6,24
4	Semente de Maconha (g)	55.804	99.048	77,49
5	COCAÍNA (g)	6.834.200	4.720.485	-30,93
6	CRACK (g) (COCAÍNA)	176.456	55.883	-68,33
7	Pasta-Base (g) (COCAÍNA)	635.572	697.051	9,67
8	Haxixe (g)	37.550	39.130	4,21
9	Lança-Perfume (litro)	13.421	12.151	-9,46
10				
11	* Legenda: (g) grama; (u) unidade;			

Com a finalidade de elaborar um relatório acerca do desempenho policial, um agente utilizou o Word 2000 e o Excel 2000, em um computador cujo sistema operacional é o Windows 98. A figura acima mostra uma janela contendo parte desse documento, com dados referentes à apreensão de diversas drogas em 1999 e 2000, organizados em uma planilha do Excel inserida nesse documento. Com relação à figura e à utilização do Windows 98, do Word 2000 e do Excel 2000, julgue o item a seguir.

- Preservam-se as relações semânticas e a correção gramatical do texto original ao se reescrever o primeiro período do parágrafo que antecede a planilha como: As Unidades descentralizadas, no decorrer do ano 2000, do Departamento de Polícia Federal apreenderam: mais de 150.000 kg de maconha, 4.720 kg de cocaína, 697 kg de pasta-base e 55 kg de crack.

TEXTO IV

Inflação em baixa com queda do dólar

A queda do dólar desde o final de outubro de 2001 já fez a dívida pública recuar 2,4 pontos percentuais do PIB, calcula o economista Odair Abate, do Lloyds TSB. Considerando a cotação da moeda americana de ontem, abaixo da média do ano, a dívida pública cairia abaixo de 54% do PIB, patamar em que o governo pretendia estabilizá-la. No fechamento de outubro, o dólar valia R$ 2,78. Ontem, estava em R$ 2,33. Foi a menor cotação desde o fim de junho, abaixo da média do ano, que foi de R$ 2,349.

O efeito positivo sobre a dívida pública e sobre a inflação, aparentemente, tem sido o motivo de o Banco Central do Brasil (BACEN) deixar o fluxo de recursos derrubar a cotação sem nenhuma interferência. Ontem, continuou a venda dos US$ 50 milhões diários, assim como a rolagem de papéis cambiais.

A primeira prévia do IGP-M de dezembro confirmou o impacto positivo sobre a inflação, com índice de 0,16%, bem abaixo dos 0,78% do primeiro decêndio de novembro. Para Abate, o índice ficou abaixo do esperado, observando que o Índice de Preços no Atacado (IPA) registrou deflação de 0,7%. Curiosamente, a pesquisa de expectativas do BACEN mostrou piora nas previsões de inflação. "Observando as previsões dos Top 5 – instituições com maior porcentagem de acerto das previsões de acordo com o BACEN –, as expectativas de inflação para 2002 caem ou ficam estáveis", destacou Abate.

Alguns analistas acreditam que, além dos efeitos positivos sobre contas públicas e preços, outra razão para que o BACEN esteja longe de iniciativas para conter a queda do dólar – e até contribuindo para sua queda – seja a criação de uma "reserva anticrise", uma folga que pode ser consumida se a Argentina desembocar mesmo em uma moratória e provocar nervosismo no mercado.

A consequência negativa deve ser o efeito sobre a balança comercial, ainda não muito bem dimensionado pelo mercado. Por enquanto, os bancos mantêm a expectativa de saldo positivo em torno de US$ 4,5 bilhões em 2002, mas devem reduzir suas previsões se o dólar continuar a cair. A média das previsões colhidas pelo BACEN nesta semana subiu de US$ 4,75 bilhões para US$ 4,8 bilhões. "É cedo para dizer se esse nível de câmbio é sustentável. O mais provável, dado o déficit em conta-corrente, é que a taxa volte para níveis de R$ 2,50", afirma Marcelo Audi, da Merrill Lynch. O Lloyds ainda não revisou a expectativa de superávit da balança comercial para o próximo ano, porque a taxa está mudando muito rapidamente. "Vamos esperar mais um pouco antes de mudar as previsões". A rapidez da queda de câmbio provocou desde outubro sucessivas revisões nas previsões dos bancos. A desvalorização do real no ano, que já chegou a superar 42%, ontem estava em 19%.

Tatiana Bautzer. Internet: <http://www.valor.com.br/valoreconomico/materia>. Acesso em 11-12-2001 (com adaptações).

11. **(Agente– CESPE – 2002 – adaptada)** Com o auxílio do texto IV, julgue os itens abaixo.

a) Devido ao caráter temporal estabelecido, analisando-se a evolução da cotação do dólar ao longo de 2001, o texto entrelaça aspectos narrativos, expositivos e argumentativos.

b) O uso do futuro do pretérito no segundo período do primeiro parágrafo reforça uma ideia de possibilidade.

12. **(Agente – CESPE – 2002 – adaptada)** Considerando o texto IV, julgue os itens abaixo.

a) O segundo período do segundo parágrafo do texto fica corretamente reescrito da seguinte forma: A rolagem de papéis cambiais continuou ontem, assim como a venda dos cinquenta milhões de dólares diários.

b) No último período do terceiro parágrafo do texto, a autora faz a sua previsão para a inflação em 2002: queda ou estabilidade.

c) Segundo o último parágrafo do texto, a média das previsões colhidas pelo BACEN de US$ 4,8 bilhões já representa uma consequência negativa da subida do dólar sobre a balança comercial.

TEXTO V

Nossos projetos de vida dependem muito do futuro do país no qual vivemos. E o futuro de um país não é obra do acaso ou da fatalidade. Uma nação se constrói. E constrói-se no meio de embates muito intensos – e, às vezes, até violentos – entre grupos com visões de futuro, concepções de desenvolvimento e interesses distintos e conflitantes.

Para muitos, os carros de luxo que trafegam pelos bairros elegantes das capitais ou os telefones celulares não constituem indicadores de modernidade.

Modernidade seria assegurar a todos os habitantes do país um padrão de vida compatível com o pleno exercício dos direitos democráticos. Por isso, dão mais valor a um modelo de desenvolvimento que assegure a toda a população alimentação, moradia, escola, hospital, transporte coletivo, bibliotecas, parques públicos. Modernidade, para os que pensam assim, é sistema judiciário eficiente, com aplicação rápida e democrática da justiça; são instituições públicas sólidas e eficazes; é o controle nacional das decisões econômicas.

Plínio Arruda Sampaio. O Brasil em construção. In: Márcia Kupstas (org.). *Identidade nacional em debate*. São Paulo: Moderna, 1997, p. 27-9 (com adaptações).

13. **(Agente – CESPE – 2009 – adaptada)** Considerando a argumentação do texto V bem como as estruturas linguísticas nele utilizadas, julgue os itens abaixo.

a) Na linha 2, mantendo-se a correção gramatical do texto, pode-se empregar em que ou onde em lugar de "no qual".

b) Infere-se da leitura do texto que o futuro de um país seria "obra do acaso" (linha 3) se a modernidade não assegurasse um padrão de vida democrático a todos os seus cidadãos.

c) Para evitar o emprego redundante de estruturas sintático-semânticas, como o que se identifica no trecho "Uma nação se constrói. E constrói-se no meio de embates muito intensos" (linhas 4 e 5), poder-se-ia unir as ideias em um só período sintático – Uma nação se constrói no meio de embates –, o que preservaria a correção gramatical do texto, mas reduziria a intensidade de sua argumentação.

d) Se o terceiro parágrafo do texto constituísse o corpo de um documento oficial, como um relatório ou parecer, por exemplo, seria necessário preservar o paralelismo entre as ideias a respeito de "Modernidade" (linhas 13 e 19), por meio da conjugação do verbo ser, nas linhas 13, 19 e 20, no mesmo tempo verbal.

e) O trecho "os que pensam assim" (linha 20) retoma, por coesão, o referente de "muitos" (linha 9), bem como o sujeito implícito da oração "dão mais valor a um modelo de desenvolvimento" (linhas 16 e 17).

f) O emprego do sinal de ponto e vírgula, no último período sintático do texto, apresenta a dupla função de deixar claras as relações sintático-semânticas marcadas por vírgulas dentro do período e deixar subentender "Modernidade" (linhas 19 e 20) como o sujeito de "é sistema" (linha 19), "são instituições" (linha 22) e "é o controle" (linha 23).

TEXTO VI

Na verdade, o que hoje definimos como democracia só foi possível em sociedades de tipo capitalista, mas não necessariamente de mercado. De modo geral, a democratização das sociedades impõe limites ao mercado, assim como desigualdades sociais em geral não contribuem para a fixação de uma tradição democrática. Penso que temos de refletir um pouco a respeito do que significa democracia. Para mim, não se trata de um regime com características fixas, mas de um processo que, apesar de constituir formas institucionais, não se esgota nelas. É tempo de voltar ao filósofo Espinosa e imaginar a democracia como uma potencialidade do social, que, se de um lado exige a criação de formas e de configurações legais e institucionais, por outro não permite parar. A democratização no século XX não se limitou à extensão de direitos políticos e civis. O tema da igualdade atravessou, com maior ou menor força, as chamadas sociedades ocidentais.

Renato Lessa. Democracia em debate. In: *Revista Cult*, n. 137, ano 12, jul./2009, p. 57 (com adaptações).

14. (Agente – CESPE – 2009 – adaptada) Com base nas estruturas linguísticas e nas relações argumentativas do texto VI, julgue os itens abaixo.

a) Seria mantida a coerência entre as ideias do texto caso o segundo período sintático fosse introduzido com a expressão Desse modo, em lugar de "De modo geral" (linha 4).

b) Preservam-se a correção gramatical e a coerência textual ao se optar pela determinação do substantivo "respeito" (linhas 8 e 9), juntando-se o artigo definido à preposição "a", escrevendo-se ao respeito.

c) Nas linhas 9 e 10, a flexão de singular em "não se trata" deve-se ao emprego do singular em "um regime".

d) Depreende-se da argumentação do texto que o autor considera as instituições como as únicas "características fixas" (linha 10) aceitáveis de "democracia" (linha 9).

e) Pela acepção usada no texto, o emprego da forma verbal pronominal "se limitou" (linha 18) exige a presença da preposição a no complemento verbal; a substituição pela forma não pronominal – não limitou a extensão –, sem uso da preposição, preservaria a correção gramatical, mas mudaria o efeito da ideia de "democratização" (linha 17).

f) Em textos de normatização mais rígida do que o texto jornalístico, como os textos de documentos oficiais, a contração de preposição com artigo, como em "da igualdade" (linha 9), deve ser desfeita, devendo-se escrever de a igualdade, para que o sujeito da oração seja claramente identificado.

TEXTO VII

A visão do sujeito indivíduo – indivisível – pressupõe um caráter singular, único, racional e pensante em cada um de nós. Mas não há como pensar que existimos previamente a nossas relações sociais: nós nos fazemos em teias e tensões relacionais que conformarão nossas capacidades, de acordo com a sociedade em que vivemos. A sociologia trabalha com a concepção dessa relação entre o que é "meu" e o que é "nosso". A pergunta que propõe é: como nos fazemos e nos refazemos em nossas relações com as instituições e nas relações que estabelecemos com os outros? Não há, assim, uma visão de homem como uma unidade fechada em si mesma, como *Homo clausus*. Estaríamos envolvidos, constantemente, em tramas complexas de internalização do "exterior" e, também, de rejeição ou negociação próprias e singulares do "exterior". As experiências que o homem vai adquirindo na relação com os outros são as que determinarão as suas aptidões, os seus gostos, as suas formas de agir.

Flávia Schilling. Perspectivas sociológicas. Educação & psicologia. In: *Revista Educação*, v. 1, p. 47 (com adaptações).

15. (Agente – CESPE – 2009 – adaptada) Julgue os itens abaixo, a respeito das estruturas linguísticas e do desenvolvimento argumentativo do texto VII.

a) Ao ligar dois períodos sintáticos, o conectivo "Mas" (linha 3) introduz a oposição entre a ideia de um sujeito único e indivisível e a ideia de um sujeito moldado por teias de relações sociais.

b) A inserção do sinal indicativo de crase em "existimos previamente a nossas relações sociais" (linhas 4 e 5) preservaria a correção gramatical e a coerência do texto, tornando determinado o termo "relações".

c) Na linha 5, para se evitar a sequência "nós nos", o pronome átono poderia ser colocado depois da forma verbal "fazemos", sem que a correção gramatical do trecho fosse prejudicada, prescindindo-se de outras alterações gráficas.

d) O emprego do sinal de dois-pontos, na linha 10, anuncia que uma consequência do que foi dito é explicitar a pergunta proposta pela sociologia.

e) O emprego das aspas nos termos das linhas 9 e 10 ressalta, no contexto, o valor significativo não usual desses termos.

f) O uso da forma verbal flexionada na primeira pessoa do plural "Estaríamos" (linhas 15 e 16) inclui autor e leitores no desenvolvimento da argumentação, de tal modo que seria coerente e gramaticalmente correto substituir "o homem vai adquirindo" (linhas 19 e 20) por vamos adquirindo, no período seguinte.

g) Nas linhas 18 e 19, a flexão de plural em "próprias e singulares" estabelece relações de coesão tanto com "rejeição" quanto com "negociação" e indica que esses substantivos têm referentes distintos e não podem ser tomados como sinônimos.

TEXTO VIII

O uso do espaço público nas grandes cidades é um desafio. Sobretudo porque algumas regras básicas de boa convivência não são respeitadas. Por exemplo, tentar sair de um vagão do metrô com a multidão do lado de fora querendo entrar a qualquer preço, sem esperar e dar passagem aos demais usuários. Ou andar por ruas sujas de lixo, com fezes de cachorro e cheiro de urina. São situações que transformam o convívio urbano em uma experiência ruim. A saída é a educação. Convencidos disso, empresas e governos estão bombardeando a população com campanhas de conscientização – e multas, quando só as advertências não funcionarem. Independentemente da estratégia, o senso de urgência para uma mudança de comportamento na sociedade brasileira veio para ficar.

As iniciativas são louváveis. Caso a população, porém, se sinta apenas punida ou obrigada a uma atitude, e não parte da comunidade, os benefícios não se tornarão duradouros.

Suzane G. Frutuoso. Vai doer no bolsão. In: *Istoé*, 22-7-2009, p. 74-5 (com adaptações).

16. (Agente – CESPE – 2009 – adaptada) A respeito da organização das estruturas linguísticas do texto VIII e da redação de correspondências oficiais, julgue os itens abaixo.

a) Respeitam-se a coerência da argumentação do texto e a sua correção gramatical, se, em vez de se empregar "do espaço público" (linha 1), no singular, esse termo for usado no plural: dos espaços públicos.

b) A fragmentação sintática de ideias coordenadas, decorrente do emprego do ponto-final antes de "Sobretudo" (linha 2), de "Ou" (linha 7) e de "São situações" (linha 9), que é admitida em textos jornalísticos, deve ser evitada, para facilitar a objetividade e a clareza, na redação de documentos oficiais.

c) Na relação entre as ideias do texto, subentende-se ao imediatamente antes de "tentar" (linha 4) e de "andar" (linha 7); por isso, a inserção de ao nessas posições tornaria o texto mais claro, além de manter a sua correção gramatical.

d) Na linha 13, a presença da conjunção "e" torna desnecessário o uso do travessão, que tem apenas a função de enfatizar a aplicação de "multas"; por isso, a retirada desse sinal de pontuação não prejudicaria a correção nem a coerência do texto.

e) A substituição de "Caso" (linha 19) pela conjunção Se preservaria a correção gramatical da oração em que se insere, não demandaria outras modificações no trecho e respeitaria a função condicional dessa oração.

17. (Agente – CESPE – 2009 – adaptada) Com referência à redação de correspondências oficiais, julgue os itens abaixo.

a) Documentos oficiais em forma de ofício, memorando, aviso e exposição de motivos têm em comum, entre outras características, a aposição da data de sua assinatura e emissão, que deve estar alinhada à direita, logo após a identificação do documento com o tipo, o número do expediente e a sigla do órgão que o emite.

b) Desconsiderando-se as margens e os espaços adequados, respeitam as normas de redação de um documento oficial encaminhado por um chefe de seção a seu diretor o seguinte trecho, contendo o parágrafo final e fecho de um ofício.

(...)

4. Por fim, por oportuno informamos que as providências tomadas, e aqui mencionadas, também já são do conhecimento das partes envolvidas.

Atenciosamente

[assinatura]

Pedro Álvares Cabral

Chefe da seção de logística e distribuição de pessoal (SLDP).

TEXTO IX

A vida humana como valor jurídico

Vivemos sob a égide de uma Constituição que orienta o Estado no sentido da dignidade da pessoa humana, tendo como normas a promoção do bem comum, a garantia da integridade física e moral do cidadão e a proteção incondicional do direito à vida. Essa proteção é de tal forma solene que o atentado a essa integridade eleva-se à condição de ato de lesa-humanidade: um atentado contra todos os homens.

Afirma-se que a Constituição do Brasil protege a vida e que tudo aquilo que soa diferente é contrário ao Direito e por isso não pode realizar-se. Todavia, dizer que a vida depende da proteção da Carta Maior é superfetação porque a vida está acima das normas e compõe todos os artigos, parágrafos, incisos e alíneas de todas as constituintes.

A cada dia que passa, a consciência atual, despertada e aturdida pela insensibilidade e pela indiferença do mundo tecnicista, começa a se reencontrar com a mais lógica de suas normas: a tutela da vida. Essa consciência de que a vida humana necessita de uma imperiosa proteção vai criando uma série de regras que se ajustam mais e mais com cada agressão sofrida, não apenas no sentido de se criar dispositivos legais, mas como maneira de estabelecer formas mais fraternas de convivência. Este, sim, seria o melhor caminho.

Tudo isso vai sedimentando a ideia de que a vida de todo ser humano é ornada de especial dignidade, o que deve ser colocado de forma clara em defesa da proteção das necessidades e da sobrevivência de cada um. Esses direitos fundamentais e irrecusáveis da pessoa humana devem ser definidos por um conjunto de normas que possibilitem que cada um tenha condições de desenvolver suas aptidões e suas possibilidades.

Internet: <http://www.dhnet.org.br/denuncia/tortura/ textos/pericia.htm>. Acesso em: ago. 2004 (com adaptações).

18. (Agente – CESPE – 2004 – adaptada) Considerando as ideias e a estrutura do texto IX, julgue os itens abaixo.

a) O texto defende que a sociedade brasileira, apesar de vítima da violência do contexto tecnológico atual, tem por valor superafetado a proteção do direito à vida, garantido constitucionalmente.

b) Entre os pilares que sustentam a Carta Magna brasileira – a dignidade da pessoa, o respeito ao cidadão, a garantia da sua integridade, o fortalecimento do bem comum e o resguardo do direito à vida –, sobreleva-se este último, pela qualidade de incondicional.

c) É redundante afirmar que a Constituição do Brasil dá especial ênfase à defesa à existência no país, uma vez que a vida sobreleva-se a constituições sociais e está pressuposta em vários dispositivos legais.

d) O texto argumenta que é universal e incontestável a consciência de que urge o estabelecimento de formas mais fraternas de convivência no mundo atual.

e) O texto estrutura-se de forma dissertativa, com léxico predominantemente denotativo, apesar de haver palavras empregadas em sentido conotativo, a exemplo de "soa" (linha 11) e "ornada" (linha 31).

TEXTO X

O Presidente da República, no uso da atribuição que lhe confere o art. 55, item I, da Constituição Federal,

DECRETA:

Art. 1º A Carreira Policial Federal far-se-á nas categorias funcionais de Delegado de Polícia Federal, Perito Criminal Federal, Censor Federal, Escrivão de Polícia Federal, Agente de Polícia

Federal e Papiloscopista Policial Federal, mediante progressão funcional, de conformidade com as normas estabelecidas pelo Poder Executivo.

Art. 2º A hierarquia na Carreira Policial Federal se estabelece primordialmente das classes mais elevadas para as menores e, na mesma classe, pelo padrão superior.

Art. 3º O ingresso nas categorias funcionais da Carreira Policial Federal ocorrerá sempre no padrão I das classes iniciais, mediante nomeação ou progressão funcional.

Internet: <http://www.apcf.org.br>. Acesso em: ago. 2004 (com adaptações).

19. (Agente – CESPE – 2004 – adaptada) Quanto ao texto X, julgue os itens abaixo.

a) A colocação e a grafia de "DECRETA:" e a repetição de "Art." nos parágrafos, alterando o padrão regular, indica que se trata de um tipo específico de redação: é um texto legal, oficial.

b) No "Art. 1º", a expressão verbal "far-se-á" equivale, sintática e semanticamente, ao desdobramento é feita.

c) No texto, as expressões grafadas com inicial maiúscula constituem unidades de sentido, classificadas como substantivos compostos, em que o recorrente adjetivo "Federal" faz parte do nome próprio.

d) A palavra "mediante", nos arts. 1º e 3º, está empregada com o sentido de por intermédio de.

e) Confrontando a redação dos dois últimos períodos, constata-se não haver paralelismo sintático com referência ao tempo verbal, uma vez que em um está sendo empregado o presente e no outro, o futuro do presente do modo indicativo.

TEXTO XI

Perito, com orgulho

Ben Hur, um senhor de aspecto venerando, prepara-se para comemorar os seus 86 anos de vida. Homem grande e de olhar calmo, perito aposentado da Polícia Federal, é um perito à moda antiga: entrou para a Polícia Federal em 1955, após um curso ministrado pelo PCF Villanova (hoje, uma referência para os profissionais da área).

Foram 71 anos dedicados ao serviço público, pois antes trabalhou como guarda civil patrulhando o trânsito em uma motocicleta. Uma de suas memórias mais queridas foi ter participado da inauguração de um dos maiores estádios de futebol do mundo – o Maracanã –, em 1950.

— A Polícia Federal foi minha casa, minha vida, orgulha-se o perito aposentado. Ele diz ainda que gostava muito do trabalho que realizava: "Fazia com muito amor e respeito". Das 1.260 perícias realizadas, nenhum laudo cancelado. "Apenas um foi contestado, mas fui ao juiz e expliquei tudo. Deu tudo certo", afirmou.

Ben Hur lembra que as técnicas periciais eram outras. "A perícia no meu tempo era feita à mão. Também não tínhamos máquina fotográfica para auxiliar no trabalho", disse ele. Entre uma lembrança e outra, não esquece de elogiar seus atuais colegas. "Os peritos sempre foram muito respeitados".

Depois de tantos anos servindo a sociedade, hoje o perito aposentado aproveita seu descanso curtindo os netos, sem nunca deixar de reverenciar a querida esposa, falecida no início da década de 90, a quem ele, até hoje, dedica muito amor e carinho.

Idem, ibidem (com adaptações).

20. (Agente – CESPE – 2004 – adaptada) Os fragmentos abaixo, na ordem em que são apresentados, correspondem a reescrituras sucessivas dos parágrafos do texto XI. Julgue-os quanto à correção gramatical e à manutenção das ideias originais.

a) Ben Hur, um senhor de olhar calmo e venerável aparência, perito aposentado, ingressou na Polícia Federal à maneira de antigamente: depois de um curso ministrado por um profissional mais experiente que hoje é considerado uma referência na área da perícia.

b) Ben Hur trabalhou, inicialmente como guarda-civil, patrulhando o trânsito de motocicleta. Desta época, uma de suas recordações mais queridas foi ter tomado parte da inauguração do Maracanã, em 1950.

c) O perito aposentado afirmou, vaidosamente, que a Polícia Federal era a sua casa, a sua vida, e que apreciava muito da atividade que realizava com amor e respeito. Não teve cancelado sequer um dos mil, duzentos e sessenta laudos periciais realizados; apenas uma vez foi contestado, mas ele foi ao juiz e explicou tudo, saindo vitorioso ao final.

d) As técnicas periciais antigamente eram outras: a perícia era feita à mão, não existiam máquina fotográfica para auxiliar o trabalho; mesmo assim, os peritos sempre eram muito elogiados.

e) Por ser uma pessoa muito afetuosa, Ben Hur serviu à sociedade brasileira muitos anos, e agora, aposentado, aproveita o descanso, para cuidar dos netos e lembrar da querida esposa, falecida no início dos anos 90, cujo carinho e amor, até hoje, ele dedica.

TEXTO XII

O valor da vida é de tal magnitude que, até mesmo nos momentos mais graves, quando tudo parece perdido dadas as condições mais excepcionais e precárias – como nos conflitos internacionais, na hora em que o direito da força se instala negando o próprio Direito, e quando tudo é paradoxal e inconcebível –, ainda assim a intuição humana tenta protegê-lo contra a insânia coletiva, criando regras que impeçam a prática de crueldades inúteis.

Quando a paz passa a ser apenas um instante entre dois tumultos, o homem tenta encontrar nos céus do amanhã uma aurora de salvação. A ciência, de forma desesperada, convoca os cientistas a se debruçarem sobre as mesas de seus laboratórios, na procura de meios salvadores da vida. Nas salas de conversação internacionais, mesmo entre intrigas e astúcias, os líderes do mundo inteiro tentam se reencontrar com a mais irrecusável de suas normas: o respeito pela vida humana.

Assim, no âmago de todos os valores, está o mais indeclinável de todos eles: a vida humana. Sem ela, não existe a pessoa humana, não existe a base de sua identidade. Mesmo diante da proletária tragédia de cada homem e de cada mulher, quase naufragados na luta desesperada pela sobrevivência do dia a dia, ninguém abre mão do seu direito de viver. Essa consciência é que faz a vida mais que um bem: um valor.

A partir dessa concepção, hoje, mais ainda, a vida passa a ser respeitada e protegida não só como um bem afetivo ou patrimonial, mas pelo valor ético de que ela se reveste. Não se constitui apenas de um meio de continuidade biológica, mas de uma qualidade e de uma dignidade que faz com que cada um realize seu destino de criatura humana.

Internet: <http://www.dhnet.org.br>. Acesso em: ago. 2004 (com adaptações).

21. (Agente – CESPE – 2004 – adaptada) Com base no texto XII, julgue os itens abaixo.

a) O texto estrutura-se de forma argumentativa em torno de uma ideia fundamental e constante: a vida humana como um bem indeclinável.

b) O primeiro parágrafo discorre acerca da valorização da existência e da necessidade de proteção da vida contra a insânia coletiva, por intermédio de normas de convivência que impeçam a prática de crueldades inúteis, principalmente em épocas de graves conflitos internacionais, quando o direito da força contrapõe-se à força do Direito e quando a situação se apresenta paradoxal e inconcebível.

c) No segundo parágrafo, estão presentes as ideias de que a paz é ilusória, não passando de um instante apenas de trégua entre dois tumultos, e de que, para mantê-la, os cientistas se desdobram à procura de fórmulas salvadoras da humanidade e os líderes mundiais se encontram para preservar o respeito recíproco.

d) No penúltimo parágrafo, encontra-se uma redundância: a afirmação de que o soberano dos valores é a vida humana, sem a qual não existe a pessoa humana, sequer a sua identidade.

e) O comprometimento ético para com a humanidade é defendido no último parágrafo do texto, que discorre acerca da vida não só como um meio de continuidade biológica, mas como a responsável pelo destino da criatura humana.

TEXTO XIII

Os novos *sherlocks*

Dividida basicamente em dois campos, criminalística e medicina legal, a área de perícia nunca esteve tão na moda. Seus especialistas volta e meia estão no noticiário, levados pela profusão de casos que requerem algum tipo de tecnologia na investigação. Também viraram heróis de seriados policiais campeões de audiência. Nos EUA, maior produtor de programas desse tipo, o sucesso é tão grande que o horário nobre, chamado de *prime time*, ganhou o apelido de *crime time*. Seis das dez séries de maior audiência na TV norte-americana fazem parte desse filão.

Pena que a vida de perito não seja tão fácil e glamorosa como se vê na TV. Nem todos utilizam aquelas lanternas com raios ultravioleta para rastrear fluidos do corpo humano nem as canetas com raio laser que traçam a trajetória da bala. "Com o avanço tecnológico, as provas técnicas vêm ampliando seu espaço no direito brasileiro, principalmente na área criminal", declara o presidente da OAB/SP, mas, antes disso, já havia peritos que recorriam às mais diversas ciências para tentar solucionar um crime.

Na divisão da polícia brasileira, o pontapé inicial da investigação é dado pelo perito, sem a companhia de legistas, como ocorre nos seriados norte-americanos. Cabe a ele examinar o local do crime, fazer o exame externo da vítima, coletar qualquer tipo de vestígio, inclusive impressões digitais, pegadas e objetos do cenário, e levar as evidências para análise nos laboratórios forenses.

Pedro Azevedo. *Folha Imagem*, ago. 2004 (com adaptações).

22. (Agente – CESPE – 2004 – adaptada) A respeito do texto XIII, julgue os itens abaixo.

a) Na oração "que requerem algum tipo de tecnologia na investigação" (linhas 5 e 6), o pronome relativo "que" refere-se ao antecedente "casos" e exerce a função sintática de sujeito.

b) A expressão entre vírgulas "maior produtor de programas desse tipo" (linhas 8 e 9) pode ser suprimida da frase, sem prejuízo sintático ou semântico, por estar exercendo a função de aposto explicativo.

c) De acordo com o presidente da OAB/SP, as provas técnicas têm sido ampliadas, principalmente na área criminal, com o avanço tecnológico no espaço do direito brasileiro.

d) A forma verbal "utilizam" (linhas 15 e 16) está complementada por um objeto direto composto por dois núcleos.

e) A informação contida no trecho "Na divisão (...) legistas" (linhas 25 e 27), reescrita em ordem direta e na voz ativa, fica assim: O perito, sem a companhia de legistas, na divisão da polícia brasileira, dava o pontapé inicial da investigação.

f) Está explícita no último parágrafo do texto a seguinte relação de causa e consequência: o perito examina o local do crime, faz o exame externo da vítima e coleta qualquer tipo de vestígio porque precisa levar as evidências para análise nos laboratórios forenses.

23. (Agente – CESPE – 2004 – adaptada) Os fragmentos contidos nos itens abaixo, na ordem em que são apresentados, constituem reescrituras sucessivas de parágrafos de notícia assinada por Julita Lemgruber e publicada no *Jornal do Brasil* (Internet: <http://www.cesec.ucam.edu.br/artigos.asp>. Acesso em: ago. 2004).

Julgue-os quanto ao emprego do sinal indicativo de crase, à regência, à concordância e à grafia.

a) Na tarde do dia 29 de abril último, no teatro do SESC Tijuca, adolescentes infratores e sob a responsabilidade do Departamento Geral de Ações Socioeducativas, órgão subordinado à Secretaria da Infância e da Juventude do Estado do Rio de Janeiro, encenaram, orientados por um grupo de profissionais de uma organização não governamental, passagens de suas vidas, a partir de situações e textos criados por eles mesmos.

b) Os jovens apresentaram à um público, ora perplexo, ora emocionado, mas sempre profundamente impactado, cenas de seu cotidiano: a violência à que estão submetidos dentro de casa; o jovem traficante pegado no flagrante; a relação dos meninos infratores com a polícia e entre eles e o tráfico.

c) Durante as discussões, em que meninos e meninas, com extraordinária franqueza e emoção, abordaram cenas de suas vidas, uma das meninas disse que sua mãe apanhara de seu pai por anos a fio. Um menino argumentou: "Ora, com todo o respeito, se sua mãe apanhou por tantos anos, ela bem que devia merecer." A menina retrucou, também com respeito, que sua mãe nunca merecera nada; seu pai é que bebia muito.

d) Este trabalho que obriga a reflexão, provoca questionamento: ajuda a alguns meninos e meninas a concluírem que na vida do crime eles e elas mais perdem que ganham, acaba de ser suspenso. Foi determinado ao grupo de profissionais que vinha trabalhando com os jovens, que, em futuras encenações, estaria proibido o assunto de polícia, de tráfico de drogas, de violência, das lamentáveis condições que são submetidos os adolescentes-infratores privados da liberdade, enfim, de seu trágico cotidiano.

TEXTO XIV

Dizem que Karl Marx descobriu o inconsciente três décadas antes de Freud. Se a afirmação não é rigorosamente exata, não deixa de fazer sentido, uma vez que Marx, em *O Capital*, no capítulo sobre o fetiche da mercadoria, estabelece dois parâmetros conceituais imprescindíveis para explicar a transformação que o capitalismo produziu na subjetividade. São eles os conceitos de fetichismo e de alienação, ambos tributários da descoberta da mais-valia – ou do inconsciente, como queiram.

A rigor, não há grande diferença entre o emprego dessas duas palavras na psicanálise e no materialismo histórico. Em Freud, o fetiche organiza a gestão perversa do desejo sexual e, de forma menos evidente, de todo desejo humano; já a alienação não passa de efeito da divisão do sujeito, ou seja, da existência do inconsciente. Em Marx, o fetiche da mercadoria, fruto da expropriação alienada do trabalho, tem um papel decisivo na produção "inconsciente" da mais-valia. O sujeito das duas teorias é um só: aquele que sofre e se indaga sobre a origem inconsciente de seus sintomas é o mesmo que desconhece, por efeito dessa mesma inconsciência, que o poder encantatório das mercadorias é condição não de sua riqueza, mas de sua miséria material e espiritual. Se a sociedade em que vivemos se diz "de mercado", é porque a mercadoria é o grande organizador do laço social.

Maria Rita Kehl. *18 crônicas e mais algumas*. São Paulo: Boitempo, 2011, p. 142 (com adaptações).

24. (Agente – CESPE – Agente de Polícia Federal – DPF/2012) Com relação às ideias desenvolvidas no texto acima e a seus aspectos gramaticais, julgue os itens subsequentes.

a) Com correção gramatical, o período "A rigor (...) histórico" (l.12-14) poderia, sem se contrariar a ideia original do texto, ser assim reescrito: Caso se proceda com rigor, a análise desses conceitos, verifica-se que não existe diferenças entre eles.

b) A informação que inicia o texto é suficiente para se inferir que Freud conheceu a obra de Marx, mas o contrário não é verdadeiro, visto que esses pensadores não foram contemporâneos.

c) A expressão "dessas duas palavras" (l.13), como comprovam as ideias desenvolvidas no parágrafo em que ela ocorre, remete não aos dois vocábulos que imediatamente a precedem – "mais-valia" (l.10) e "inconsciente" (l.10 e 11) –, mas, sim, a "fetichismo" (l.9) e "alienação" (l.9).

d) Depreende-se da argumentação apresentada que a autora do texto, ao aproximar conceitos presentes nos estudos de Marx e de Freud, busca demonstrar que, nas sociedades "de mercado", a "divisão do sujeito" (l.17-18) se processa de forma análoga na subjetividade dos indivíduos e na relação de trabalho.

TEXTO XV

Imagine que um poder absoluto ou um texto sagrado declarem que quem roubar ou assaltar será enforcado (ou terá a mão cortada). Nesse caso, puxar a corda, afiar a faca ou assistir à execução seria simples, pois a responsabilidade moral do veredicto não estaria conosco. Nas sociedades tradicionais, em que a punição é decidida por uma autoridade superior a todos, as execuções podem ser públicas: a coletividade festeja o soberano que se encarregou da justiça – que alívio!

A coisa é mais complicada na modernidade, em que os cidadãos comuns (como você e eu) são a fonte de toda autoridade jurídica e moral. Hoje, no mundo ocidental, se alguém é executado, o braço que mata é, em última instância, o dos cidadãos – o nosso. Mesmo que o condenado seja indiscutivelmente culpado, pairam mil dúvidas. Matar um condenado à morte não é mais uma festa, pois é difícil celebrar o triunfo de uma moral tecida de perplexidade. As execuções acontecem em lugares fechados, diante de poucas testemunhas: há uma espécie de vergonha. Essa discrição é apresentada como um progresso: os povos civilizados não executam seus condenados nas praças. Mas o dito progresso é, de fato, um corolário da incerteza ética de nossa cultura.

Reprimimos em nós desejos e fantasias que nos parecem ameaçar o convívio social. Logo, frustrados, zelamos pela prisão daqueles que não se impõem as mesmas renúncias. Mas a coisa muda quando a pena é radical, pois há o risco de que a morte do culpado sirva para nos dar a ilusão de liquidar, com ela, o que há de pior em nós. Nesse caso, a execução do condenado é usada para limpar nossa alma. Em geral, a justiça sumária é isto: uma pressa em suprimir desejos inconfessáveis de quem faz justiça. Como psicanalista, apenas gostaria que a morte dos culpados não servisse para exorcizar nossas piores fantasias – isso, sobretudo, porque o exorcismo seria ilusório. Contudo é possível que haja crimes hediondos nos quais não reconhecemos nada de nossos desejos reprimidos.

Contardo Calligaris. *Terra de ninguém – 101 crônicas*. São Paulo: Publifolha, 2004, p. 94-6 (com adaptações).

25. (Agente – CESPE – Agente de Polícia Federal – DPF/2012) Com referência às ideias e aos aspectos linguísticos do texto acima, julgue os itens.

a) Suprimindo-se o emprego de termos característicos da linguagem informal, como o da palavra "coisa" (l.12) e o do trecho "(como você e eu)" (l.13), o primeiro período do segundo parágrafo poderia ser reescrito, com correção gramatical, da seguinte forma: Essa prática social apresenta-se mais complexa na modernidade, onde a autoridade jurídica e moral submete-se à opinião pública.

b) No período "Nesse caso (...) estaria conosco" (l.3-6), como o conector "ou" está empregado com sentido aditivo, e não, de exclusão, a forma verbal do predicado "seria simples" poderia, conforme faculta a prescrição gramatical, ter sido flexionada na terceira pessoa do plural: seriam.

c) De acordo com o texto, nas sociedades tradicionais, os cidadãos sentem-se aliviados sempre que um soberano decide infligir a pena de morte a um infrator porque se livram das ameaças de quem desrespeita a moral que rege o convívio social, como evidencia o emprego da interjeição "que alívio!" (l.11).

d) Mantendo-se a correção gramatical e a coerência do texto, a oração "se alguém é executado" (l.15), que expressa uma hipótese, poderia ser escrita como caso se execute alguém, mas não, como se caso alguém se execute.

e) O termo "Essa discrição" (l.24) refere-se apenas ao que está expresso na primeira oração do período que o antecede.

f) Na condição de psicanalista, o autor do texto adverte que a punição de infratores das leis é uma forma de os indivíduos expurgarem seus desejos inconfessáveis, ressalvando, no entanto, que, quando se trata de crime hediondo, tal não se aplica.

g) Na linha 32, considerando-se a dupla regência do verbo impor e a presença do pronome "mesmas", seria facultado o emprego do acento indicativo de crase na palavra "as" da expressão "as mesmas renúncias".

TEXTO XV

Romance LXXXI ou Dos Ilustres Assassinos

Ó grandes oportunistas,
sobre o papel debruçados,
que calculais mundo e vida
em contos, doblas, cruzados,
que traçais vastas rubricas
e sinais entrelaçados,
com altas penas esguias
embebidas em pecados!

Ó personagens solenes
que arrastais os apelidos
como pavões auriverdes
seus rutilantes vestidos,
— todo esse poder que tendes
confunde os vossos sentidos:
a glória, que amais, é desses
que por vós são perseguidos.

Levantai-vos dessas mesas,
saí de vossas molduras,
vede que masmorras negras,
que fortalezas seguras,
que duro peso de algemas,
que profundas sepulturas
nascidas de vossas penas,
de vossas assinaturas!

Considerai no mistério
dos humanos desatinos,
e no polo sempre incerto
dos homens e dos destinos!
Por sentenças, por decretos,
pareceríeis divinos:
e hoje sois, no tempo eterno,
como ilustres assassinos.

Ó soberbos titulares,
tão desdenhosos e altivos!
Por fictícia autoridade,
vãs razões, falsos motivos,
inutilmente matastes:
— vossos mortos são mais vivos;
e, sobre vós, de longe, abrem
grandes olhos pensativos.

Cecília Meireles. *Romanceiro da Inconfidência.* Rio de Janeiro: Nova Fronteira, 1989, p. 267-8.

26. (Agente – CESPE – Agente de Polícia Federal – DPF/2012) Com base no poema acima, julgue os itens subsequentes.

a) Considerando-se as relações entre os termos da oração, verifica-se ambiguidade no emprego do adjetivo "pensativos" (v. 40), visto que ele pode referir-se tanto ao termo "vossos mortos" (v. 38) quanto ao núcleo nominal "olhos" (v. 40).

b) No poema, que apresenta uma denúncia de atos de abuso de poder, foram utilizados os seguintes recursos que permitem que a poeta se dirija diretamente a um interlocutor: emprego de vocativo nos versos 1, 9 e 33 e de verbos na segunda pessoa do plural, todos no imperativo afirmativo.

c) O emprego do pronome possessivo em "seus rutilantes vestidos" (v. 12) evidencia que essa expressão corresponde à vestimenta usada por autoridades em eventos solenes.

d) No verso 23, a forma verbal "nascidas", apesar de referir-se a todas as expressões nominais que a antecedem, concorda apenas com a mais próxima, conforme faculta regra de concordância nominal.

e) Os trechos "Por sentenças, por decretos" (v. 29) e "Por fictícia autoridade, vãs razões, falsos motivos" (v. 35-36) exercem função adverbial nas orações a que pertencem e ambos denotam o meio empregado na ação representada pelo verbo a que se referem.

27. (Agente – CESPE – Agente de Polícia Federal – DPF/2012) Julgue os fragmentos contidos nos itens a seguir quanto à sua correção gramatical e à sua adequação para compor um documento oficial, que, de acordo com o Manual de Redação da Presidência da República, deve caracterizar-se pela impessoalidade, pelo emprego do padrão culto de linguagem, pela clareza, pela concisão, pela formalidade e pela uniformidade.

a) Cumpre destacar a necessidade de aumento do contingente policial e que é imperioso a ação desses indivíduos em âmbito nacional, pelo que a realização de concurso público para provimento de vagas no Departamento de Polícia Federal consiste em benefício a toda a sociedade.

b) Caro Senhor Perito Criminal,
Convidamos Vossa Senhoria a participar do evento "Destaques do ano", em que será homenageado pelo belo e admirável trabalho realizado na Polícia Federal. Por gentileza, confirme sua presença a fim de que possamos providenciar as honrarias de praxe.

c) O departamento que planejará o treinamento de pessoal para a execução de investigações e de operações policiais, sob cuja responsabilidade está também a escolha do local do evento, não se manifestou até o momento.

d) Senhor Delegado,
Segue para divulgação os relatórios das investigações realizadas no órgão, a fim de fazer cumprir a lei vigente.

e) Solicito a Vossa Senhoria a indicação de cinco agentes de polícia aptos a ministrar aulas de direção no curso de formação de agentes. O início do curso, que será realizado na capital federal, está previsto para o segundo semestre deste ano.

28. (Agente – CESPE – Agente de Polícia Federal – DPF/2012) Com relação ao formato e à linguagem das comunicações oficiais, julgue os itens que se seguem com base no Manual de Redação da Presidência da República.

a) A exposição de motivos de caráter meramente informativo deve apresentar, na introdução, no desenvolvimento e na conclusão, a sugestão de adoção de uma medida ou de edição de um ato normativo, além do problema inicial que justifique a proposta indicada.

b) A estrutura do telegrama e da mensagem por correio eletrônico de caráter oficial é flexível.

c) As comunicações oficiais emitidas pelo presidente da República, por chefes de poderes e por ministros de Estado devem apresentar ao final, além do nome da pessoa que as expede, o cargo ocupado por ela.

d) O referido manual estabelece o emprego de dois fechos para comunicações oficiais: Respeitosamente, para autoridades superiores; e Atenciosamente, para autoridades de mesma hierarquia ou de hierarquia inferior. Tal regra, no entanto, não é aplicável a comunicações dirigidas a autoridades estrangeiras.

e) A menos que o expediente seja de mero encaminhamento de documentos, o texto de comunicações como aviso, ofício e memorando, que seguem o padrão ofício, deve conter três partes: introdução, desenvolvimento e conclusão.

GABARITO COMENTADO

1.

A. ERRADO A expressão "indo além" traz ao contexto ideia de acréscimo. Teoricamente poderia ser substituída, preservando as relações semânticas, por "e vai além". O termo "porque vai além" daria ao contexto uma ideia de causa, não existente no período original.

Observe a mudança gerada pela substituição proposta:

Fragmento do texto: "...a concepção de ato violento é bastante ampla, indo além da noção tradicional...".

Mudança proposta: "...a concepção de ato violento é bastante ampla, porque vai além da noção tradicional...".

B. CERTO No primeiro período do texto, o pronome oblíquo "o" refere-se a "ato violento", substituindo-o. Vejamos: "...a concepção de ato violento é bastante ampla, indo além da noção tradicional, que o vinculava...". Se quisermos manter a repetição, diremos: "...a concepção do **ato violento** é bastante ampla (...) que vinculava o **ato violento**...".

Comentário extra: Quando um termo retoma um outro termo anteriormente citado, é chamado do **elemento anafórico** e se constitui em elemento de coesão.

C. CERTO Os dois-pontos a que a proposição se refere introduzem uma enumeração constituída basicamente por dois itens: discriminação e situações. Observe que os termos "cor, sexo, idade, etnia, religião, escolha sexual" e "constrangimento, exclusão ou humilhação" são especificadores de "discriminação" e "situações", respectivamente.

D. ERRADO Não há inconsistência gramatical ou incoerência textual quando a 1ª pessoa do plural "Somos" é utilizada e, posteriormente, é utilizada a forma "trata-se". O autor, ao usar "somos", pretende se incluir, juntamente com os leitores, na realidade abordada. A forma verbal "trata-se" está utilizada com a partícula "se" que indetermina o sujeito.

Comentário extra: Vale frisar que o índice de indeterminação do sujeito aparece ligado a verbo intransitivo, a verbo transitivo indireto e a verbo de ligação, que sempre ficam na 3ª pessoa do singular.

2.

A. ERRADO A forma verbal "decorre" é regida pela preposição "de"; o emprego de "como" configuraria uma infração gramatical. "Decorrer", neste caso, significa "originar".

B. CERTO A supressão do artigo indefinido "uma" não provocaria qualquer prejuízo à argumentação da autora. A ideia ficaria igualmente indefinida.

C. CERTO Na expressão "intolerância ao que será", há a presença do pronome demonstrativo "o", na contração "ao". Por causa disso, pode-se substituir a expressão citada por "intolerância àquilo que será", ressaltando que o sinal indicativo de crase é obrigatório por causa da fusão da preposição "a" com o demonstrativo "aquilo".

3.

A. CERTO Conforme o comando da questão, a primeira oração (X) indica uma "**concessão**", introduzida pelo conectivo "apesar de", e a segunda oração (Y) traz um advérbio de negação. Observe: "Apesar da proteção da justiça e do Estado, não parece que a resolução dos conflitos se desvie do âmbito privado".

B. CERTO A oração "Embora a nossa concepção de violência tenha sido ampliada" indica

PORTUGUÊS

uma concessão (X), e a oração "não é possível afirmar que nossa sensibilidade e tolerância em relação a ela estejam igualmente distribuídas" é iniciada pelo advérbio "não" e seguida da estrutura linguística afirmativa (Y).

C. CERTO O fragmento "Se alguns autores propõem que estamos vivendo de pacificação progressiva da vida em sociedade" indica condição (X), e o fragmento "não estão afirmando que esse processo seja fácil" é iniciado pelo advérbio "não" seguido de estrutura linguística afirmativa (Y).

D. ERRADO O período já é iniciado com uma estrutura diferente da proposta no enunciado: inicia-se com "não". Ao analisá-lo com cuidado, não se percebe presença de condição ou concessão.

E. ERRADO Há no período a presença da ideia de condição (se analisados como problemas fundamentais), entretanto está ausente a estrutura "não Y" solicitada no enunciado. A presença de "não só... como também" descaracteriza a proposta da questão.

4.

A. CERTO O termo "representantes do povo brasileiro" é um aposto explicativo, portanto é isolado por vírgulas.

B. CERTO Embora a forma verbal "promulgamos" esteja bastante distante do pronome "Nós", este dois termos mantêm uma relação sintática: "Nós" funciona como sujeito da forma verbal "promulgamos".

Comentário extra: É comum o afastamento entre sujeito e verbo para dificultar a análise do candidato.

C. ERRADO Não se utiliza sinal indicativo de crase antes de verbo. Dessa forma, a alternativa, ao sugerir o sinal de crase opcional na estrutura "destinado a superar", torna-se incorreta.

Comentário extra: O sinal indicativo de crase não poderá ocorrer se não houver, implícita ou explicitamente, um substantivo feminino como referencial.

D. ERRADO O termo "fundada" refere-se ao termo "sociedade". Observe: "...assegurar o exercício dos direitos sociais e individuais, a liberdade, a segurança, o bem-estar, o desenvolvimento, a igualdade e a justiça como valores supremos de uma sociedade fraterna, pluralista e sem preconceitos, fundada na harmonia social".

5.

A. CERTO No fragmento A, afirma-se que o processo de ampliação dos decretos e da pacificação social "é fruto de um processo político, resultado de muitos conflitos e negociações. Nele se confrontam, nos diferentes períodos históricos e nas diferentes sociedades, grupos diversos". Fica claro, então, que "guerras e conflitos não respeitam fronteiras estatais". No fragmento B, fica evidente que o terrorismo não respeita fronteiras.

B. ERRADO O texto não coloca os conflitos e as guerras como consequência dos avanços sociais. Coloca, sim, que "o processo de ampliação dos direitos (...) é fruto de um processo político, resultado de muitos conflitos e negociações".

6.

A. CERTO No fragmento "O processo de ampliação dos direitos e de pacificação social não é neutro, nem é o caminho natural de evolução...", as duas ocorrências da forma verbal "é" estão corretas, pois o núcleo do sujeito é o termo "processo". Segundo a regra geral da concordância verbal, o verbo concorda com o núcleo do sujeito.

B. CERTO O termo "neutro" está associado ao advérbio de negação "não". Ao afirmar que "o processo de ampliação de direitos (...) não é neutro", o autor quer dizer que tal processo não é dissociado de tendências e conflitos.

C. CERTO O conectivo "nem" possui caráter aditivo, ou seja, introduz no contexto ideia de acréscimo. Fica evidente, portanto, que pode ser substituído, sem prejuízo semântico, por "também não".

Observe: "O processo (...) não é neutro, nem é o caminho natural de evolução em todas as sociedades."

EQUIVALÊNCIA: "O processo (...) não é neutro, também não é o caminho natural de evolução em todas as sociedades."

Comentário extra: Quando as alternativas dizem respeito ao emprego dos conectivos e seus valores semânticos, deve-se ficar atento ao texto.

D. ERRADO Os pronomes em destaque referem-se à expressão "grupos diversos" (linha 7). Observe: "Nele se confrontam, nos diversos períodos históricos e nas diferentes sociedades, grupos diversos (...), defendendo **suas** ideias e **seus** interesses a respeito de como organizar a sociedade". Ao substituir os pronomes pelos termos a que se referem, teremos: "...defendendo ideias **dos grupos diversos** e interesses **dos grupos diversos**...".

E. ERRADO A substituição da expressão "a respeito de" por "ao respeito de" produziria uma infração à norma gramatical. Em uma primeira análise, é preciso compreender que, como locução prepositiva, "a respeito de" é invariável; em uma segunda análise, o candidato poderia entender que a expressão "ao respeito de" estaria ligada ao substantivo "interesse". Ocorre, entretanto, que o termo "interesse" não é regido pela preposição "a" – é regido pelas preposições "de", "em", "para" e "por". Seria possível, portanto, construir "...interesse por...", mas provocaria mudança de sentido.

7.

A. CERTO Todas as expressões destacadas na sentença remetem à ideia que inicialmente foi trazida ao texto com "nova guerra". O candidato deve perceber que todas as expressões têm como referente "nova guerra".

Observe a reestruturação do texto:

"...uma nova guerra se estabeleceu...";

"...uma nova guerra é um confronto entre grupos";

"...uma nova guerra já existe no Oriente Médio";

"...uma nova guerra é esse modelo de conflito e se tornou um novo fator de desequilíbrio mundial.".

Comentário extra: A percepção das ideias presentes no texto e a compreensão da semântica dos elementos de coesão são importantes para a feitura desse tipo de questão.

B. ERRADO O conectivo "mas" não pode ser substituído por "destarte". O termo "destarte" equivale a "assim", "deste modo", portanto não caberia na sentença apresentada. Vale ressaltar, ainda, que utilizar "destarte" não tornaria o "padrão mais culto", ou seja, mais **formal**.

C. ERRADO O conectivo "Enquanto" não pode ser substituído por "ora", pois, se assim for feito, haverá mudança nas relações semânticas das orações. Cabe destacar também que o termo "enquanto" não possui valor alternativo: possui valor de proporção.

Comentário extra: Quando há proporção no período, as duas orações ocorrem em concomitância, ou seja, ao mesmo tempo.

"Enquanto os poderosos americanos são visíveis, os inimigos são invisíveis."

"À medida que eu estudo, aprendo os assuntos mais complicados."

D. ERRADO A forma verbal "utilizam" concorda com o sujeito "inimigos", conforme afirma a alternativa. Ocorre, entretanto, que a forma verbal "põem" concorda com o termo "ataques de surpresa", substituído pelo pronome relativo "que", com função de sujeito.

Observe:

"...os **inimigos** são invisíveis, **utilizam ataques de surpresa que põem** o sistema (...) em perigo.

↓

(ataques de surpresa)

Comentário extra: Os pronomes relativos substituem o substantivo antecedente e exercem as funções sintáticas que esse substantivo teria se não fosse substituído na oração.

Perceba: Não entendi as explicações **que** você deu.

→ O pronome "que" substitui o termo "as explicações" na 2ª oração. Vamos desmembrar o período e separar as duas orações que o constituem:

Oração 1 → Não entendi as explicações.

Oração 2 → Você deu **as explicações**.

O termo "as explicações", na 2ª oração, exerceria a função sintática de objeto direto. O pronome "que", que o substitui, funciona como objeto direto desta mesma oração.

E. CERTO Embora o enunciador do discurso tenha preferido utilizar ponto de continuação, os dois últimos períodos do texto poderiam com-

PORTUGUÊS

por um único período. Surgiria uma oração reduzida de gerúndio, e, antes dela, poderia ser utilizada uma vírgula. A letra maiúscula seria substituída por uma minúscula.

Texto original: "Esse modelo de conflito se tornou um novo fator de desequilíbrio mundial. Pode inclusive estabelecer uma nova espiral armamentista não convencional."

Mudança proposta: Esse modelo de conflito se tornou um novo fator de desequilíbrio mundial, podendo inclusive estabelecer uma nova espiral armamentista não convencional.

8.

A. ERRADO Segundo a autora, "o desenvolvimento do capitalismo nas sociedades ocidentais" gerou "a expulsão do campo de milhares de pessoas sem trabalho, que migraram para as cidades". Associou-se, então, o modo de vida urbano ao perigo, às epidemias, à promiscuidade, à agressão e à criminalidade. Não se afirma que "a expulsão de pessoas do campo é uma decorrência da violência e da criminalidade que o capitalismo produz". Não há associação do capitalismo com a violência.

B. ERRADO No texto, tal relação de causa e efeito não é construída. Não se defende a ideia de que "a pobreza e a criminalidade" trouxeram um efeito: o capitalismo nas sociedades modernas.

C. ERRADO O texto não aborda a violência no campo, e sim a ausência de trabalho no campo produzindo a migração para as cidades grandes.

D. CERTO Segundo a autora, uma das principais consequências do desenvolvimento do capitalismo nas sociedades ocidentais modernas foi a expulsão do campo de milhares de pessoas sem trabalho. Conclusão: o desenvolvimento do capitalismo é a causa para a expulsão de pessoas sem trabalho no campo (efeito).

E. CERTO Ainda relendo o texto, a alternativa está comprovada no trecho: "...expulsão do campo de milhares de pessoas sem trabalho, que migraram para as cidades. Rapidamente, o modo de vida urbano passou a ser associado ao perigo, às epidemias, à promiscuidade, à agressão e à criminalidade".

9.

A. CERTO O vocábulo "difundida" poderia ser substituído por "popularizada", mantendo a coerência e a correção gramatical.

Perceba:

Fragmento do texto: "Uma ideia muito difundida atualmente..."

Reconstrução proposta: "Uma ideia muito popularizada atualmente..."

Comentário extra: O candidato deve ser capaz de compreender o enunciado das questões. Não se falou, na questão acima, em manutenção do sentido: falou-se apenas em coerência e em correção.

B. CERTO Para uma boa construção do texto, é fundamental priorizar a questão do paralelismo. Termos ligados devem respeitar as regências exigidas pelo contexto. No texto, por exemplo, o termo "da violência à pobreza" foi construído obedecendo ao paralelismo estrutural; ambos os termos estão antecedidos da contração da preposição com o artigo: "de + a" e "a + a". Na alternativa apresentada, houve quatro propostas de substituição do termo acima citado e, em todas as quatro propostas, o paralelismo foi mantido: "da violência com a pobreza" (manteve-se a preposição e o artigo); "de violência com pobreza" (somente a preposição foi mantida); "entre a violência e a pobreza" (presença do artigo antecedendo os substantivos); "entre violência e pobreza" (ausência do artigo).

10. ERRADO Há alguns erros ligados à pontuação no trecho referido. Inicialmente, não se deve separar o termo "do Departamento de Polícia Federal" do substantivo "Unidades", já que o primeiro é modificador do segundo. O termo "mais de 150.000 kg de maconha, 4.720 kg de cocaína, 697 kg de pasta-base e 55 kg de crack" não pode ser separado da forma verbal "apreenderam", pois o primeiro é objeto direto da segunda – os dois pontos devem ser retirados. Com as correções, o texto ficará: "As Unidades descentralizadas do Departamento de Polícia Federal, no decorrer do ano 2000, apreenderam mais de 150.000 kg de maconha, 4.720 kg de cocaína, 697 kg de pasta-base e 55 kg de crack".

11.

A. CERTO O candidato deve perceber que a evolução da cotação do dólar ao longo de 2001 é descrita no texto através de uma narração. O texto narrativo conta fatos, dentro de um tempo e em determinado espaço. Além disso, percebe-se o uso dos argumentos, tornando o texto também argumentativo e expositivo.

B. ERRADO O emprego do futuro do pretérito "cairia" reitera a ideia de possibilidade existente na primeira oração do referido período. Observe: "Considerando a cotação da moeda americana de ontem, abaixo da média do ano, a dívida pública cairia abaixo de 54% do PIB...". A primeira oração é uma adverbial condicional reduzida de gerúndio – que equivale a "se for considerada a cotação da moeda (...) a dívida pública cairia...".

12.

A. CERTO O conectivo "assim como" indica adição, ou seja, os termos estão coordenados entre si e, portanto, podem inverter suas posições.

Fragmento do texto: "Ontem, continuou a venda dos US$ 50 milhões diários, assim como a rolagem dos papéis cambiais".

Fragmento modificado: "A rolagem de papéis cambiais continuou ontem, bem como a venda dos cinquenta milhões de dólares diários".

Fica evidente que os dois períodos são semanticamente equivalentes.

B. ERRADO A previsão feita no final do terceiro parágrafo não é da autora, como diz a proposição: é do economista Odair Abate.

C. ERRADO Segundo o último parágrafo, "a consequência negativa deve ser o efeito sobre a balança comercial, ainda não muito bem dimensionado pelo mercado". Tal afirmativa faz com que a alternativa seja falsa, pois, segundo ela, "a média das previsões colhidas pelo BACEN de US$ 4,8 bilhões já representa uma consequência negativa da subida do dólar sobre a balança comercial", invertendo a relação de causa e efeito entre as orações do período.

13.

A. CERTO Como o referencial do conectivo "no qual" é o termo "país" (lugar físico), é possível substituí-lo pelo conectivo "onde" e/ou pelo conectivo "em que".

Observe:

Fragmento transcrito: "Nossos projetos de vida dependem muito do futuro do país **no qual** vivemos."

Fragmento reescrito: "Nossos projetos de vida dependem muito do futuro do país **onde** vivemos."

Outra possibilidade: "Nossos projetos de vida dependem muito do futuro do país **em que** vivemos."

B. ERRADO Segundo o autor, "o futuro de um país não é obra do acaso ou da fatalidade. Uma nação se constrói (...). Modernidade seria assegurar a todos os habitantes do país um padrão de vida compatível com o pleno exercício dos direitos democráticos". A relação construída pela afirmativa não se comprova no texto.

C. CERTO No fragmento "Uma nação se constrói. E constrói-se no meio de embates muito intensos", a repetição do pronome oblíquo, da forma verbal e a presença do conectivo "e" conferem ao texto uma intensidade na argumentação. Caso o período fosse reconstruído, retirando-se a repetição e formando apenas uma sentença, a ideia permaneceria a mesma e a intensidade seria reduzida: "uma nação se constrói no meio de embates".

D. ERRADO A presença do paralelismo é obrigatória para qualquer modalidade de texto, oficial ou não. Ocorre, entretanto, que as formas verbais "seria" (futuro do presente do indicativo) e "é" (presente do indicativo) indicam a opinião de alguns sobre a modernidade e a consequente convicção que esse pensamento traz, respectivamente. Não há, portanto, ausência de paralelismo no fragmento.

Observe: "Modernidade **seria** assegurar a todos os habitantes do país um padrão de vida compatível com o pleno exercício dos direitos democráticos (...). Modernidade, para os que pensam assim, **é** sistema judiciário eficiente...".

E. CERTO A proposição é facilmente comprovada com o texto. Observe: "Para **muitos**, os carros de luxo (...) não constituem indicadores de modernidade (...). Por isso [eles] **dão mais valor a um modelo de desenvolvimento** que assegure (...) alimentação, moradia (...). Modernidade, para **os que pensam assim**, é sistema judiciário...".

F. CERTO O ponto e vírgula utilizado no último período dá uma ideia de sequência coordenada entre as ideias que o compõem. Ao mesmo tempo, fica evidente que o termo "Modernidade" é o sujeito de todas as orações do período e que há a necessidade de uma pausa mais longa entre elas. Vejamos: "Modernidade, para os que pensam assim, é sistema judiciário eficiente, com aplicação rápida e democrática da justiça; [Modernidade] são instituições públicas sólidas e eficazes; [Modernidade] é o controle nacional das decisões econômicas".

14.

A. ERRADO As expressões "Desse modo" e "De modo geral" possuem sentidos muito diferentes. Observe que a primeira direciona para uma situação específica, enquanto a segunda é extremamente genérica.

B. ERRADO A alternativa propõe a reestruturação do texto, substituindo a expressão "a respeito" por "ao respeito". O período reestruturado seria: "Penso que temos de refletir um pouco **ao respeito** do que significa democracia". Tal reestruturação traria um prejuízo tanto semântico (haveria perda de sentido) quanto gramatical (seria cometido um erro gramatical). A locução "ao respeito de" é inexistente na Língua Portuguesa. Essa expressão, entretanto, pode aparecer no texto como objeto indireto, como no seguinte exemplo: Não me refiro **ao respeito de** Maria em relação ao seu superior.

C. ERRADO Na expressão "não se trata", a forma verbal está no singular por causa da presença do "se", classificado como índice de indeterminação do sujeito. O termo "um regime" exerce função sintática de objeto indireto. Vale lembrar que o objeto indireto não mantém nenhuma relação de concordância com o verbo.

Comentário extra: O "SE" índice de indeterminação do sujeito vem ligado a verbo intransitivo, verbo transitivo indireto e verbo de ligação (todos ficam na 3ª pessoa do singular).

D. ERRADO Fica evidente, no terceiro período do texto, que a proposição é falsa: "Penso que temos de refletir um pouco a respeito do que significa democracia. **Para mim**, não se trata de um regime com características fixas, mas de um processo que, apesar de constituir formas institucionais, não se esgota nelas".

E. CERTO Enquanto a estrutura verbal "se limitou" é transitiva indireta, a forma verbal "limitou" é transitiva direta. Diante disso, o período original "A democratização (...) não se limitou à extensão de direitos políticos", se substituído por "A democratização não limitou a extensão de direitos políticos...", provocaria uma mudança no sentido do fragmento, mas não provocaria equívoco sintático.

F. ERRADO Na elaboração de documentos oficiais, deve-se preservar a correção gramatical e a obediência à gramática normativa. A proposta feita na alternativa não é aceitável, pois, no trecho "O tema da igualdade atravessou (...) as chamadas sociedades ocidentais", o termo "O tema da igualdade" funciona como **sujeito**, tendo como núcleo o vocábulo "tema". A expressão "da igualdade" funciona como adjunto adnominal e, portanto, está correta a contração da preposição "de" com o artigo "a", gerando "da".

15.

A. CERTO A proposição está comprovada nos dois primeiros períodos do texto. Observe, na transcrição abaixo, a ideia de oposição existente entre o 1º período e o segundo:

"A visão do sujeito indivíduo – indivisível – pressupõe um caráter singular, único, racional e pensante em cada um de nós. Mas não há como pensar que existimos previamente a nossas relações sociais: nós nos fazemos em teias e tensões relacionais que conformarão nossas capacidades, de acordo com a sociedade em que vivemos".

Fica evidente que, no 1º período, faz-se referência à indivisibilidade do sujeito; no 2º, faz-se referência ao fato de "o sujeito" ser moldado "por teias de relações sociais".

B. ERRADO No trecho "existimos previamente a nossas relações sociais", não pode existir o sinal indicativo de crase. Aliás, é fundamental compreender a essência do sinal de crase. O sinal de crase é produto da fusão da preposição "A" com o artigo definido "A"/"AS". Vale ressaltar que o artigo concorda com o substantivo a que se refere e que, no caso, como o artigo é feminino, tal substantivo precisa ser feminino. Essa explicação é necessária para justificar a incorreção da alternativa. A expressão "a nossas relações" está constituída pela presença do "a" preposição, mas não possui o "artigo", pois, caso este estivesse presente, obrigatoriamente concordaria com o substantivo "relações".

Comentário extra: Não poderá existir sinal indicativo de crase quando não houver concordância entre o "a" e a palavra/expressão feminina.

Observe: O diretor da empresa associada fez referência **a obras** de caridade mantidas pelos sócios há mais de 20 anos.

C. ERRADO A alternativa está incorreta porque afirma que a modificação sugerida produzirá falha gramatical. Vejamos: a oração do texto é a seguinte: "nós nos fazemos em teias e tensões relacionais". O pronome reto "nós" não funciona como partícula de atração obrigatória do pronome átono, ou seja, é possível utilizar a ênclise – colocar o pronome oblíquo após o verbo. Ocorre, entretanto, que, ao colocar o pronome oblíquo depois do verbo, haverá uma modificação obrigatória: o verbo perderá a consoante final "s". O correto será "nós fazemo-nos em teias e tensões relacionais".

Comentário extra: Embora, no referido item, o uso da ênclise seja possível, perceba que a próclise torna a sentença mais clara.

D. CERTO Perceba o fragmento do texto: "A sociologia trabalha com a concepção dessa relação entre o que é 'meu' e o que é 'nosso'. A pergunta que [ela] propõe é: como nos fazemos e nos refazemos em nossas relações com as instituições e nas relações que estabelecemos com os outros?". A pergunta proposta pela sociologia é a consequência do que foi colocado no primeiro período transcrito. Resumindo: Já que "a sociologia trabalha com a concepção entre o que é 'meu' e o que é 'nosso'", surge o questionamento exposto no final da transcrição.

E. CERTO Os termos "meu", "nosso", "exterior" estão sendo usados no texto fora do seu sentido comum, usual. O termo "meu" não faz referência à primeira pessoa, e sim ao que é próprio do homem; o termo "nosso" faz referência ao que é produto da interação do homem com as relações sociais. Já o termo "exterior" está se referindo às relações sociais nas quais o homem vive.

F. ERRADO A proposta feita pela alternativa é perfeitamente cabível. O que a torna falsa, entretanto, é o que se segue no texto e não está constando explicitamente na proposição. Vamos analisar: o termo "estaríamos" insere o autor e os leitores no texto, pois são "indivíduos". Essa forma verbal permite a substituição, na sequência do período, do termo "o homem vai adquirindo" por "vamos adquirindo". Ocorre, porém, que o trecho final do período estaria incompatível com as mudanças feitas.

Observe: "Estaríamos envolvidos, constantemente, em tramas complexas de internalização do 'exterior' e, também, de rejeição ou negociação próprias e singulares do 'exterior'. As experiências que **vamos adquirindo** na relação com os outros são as que determinarão as **suas** aptidões, os **seus** gostos, as **suas** formas de agir". Nesse final, o caso dos pronomes destacados está incoerente e incorreto, pois, se o texto foi adaptado usando a 1ª pessoa do plural, os pronomes devem ser "nossas", "nossos" e "nossas", respectivamente.

G. CERTO O termo "próprias e singulares" está no plural, mantendo relação de coesão com os termos "rejeição" e "imaginação". Estes, por sua vez, referem-se a "tramas complexas de internalização do exterior". Vale ressaltar que "rejeição" e "negociação" não são sinônimos e que o conectivo "ou" que os liga não indica **exclusão**.

16.

A. CERTO No texto, a expressão "O uso do espaço público" pode ser substituída, sem prejuízo semântico e sem incorreção gramatical, por "O uso dos espaços públicos". Isso ocorre por-

PORTUGUÊS

que, tanto no singular quanto no plural, a expressão sugere "mais de um espaço público" ou "qualquer espaço público". Não haveria falha gramatical porque as relações morfossintáticas seriam mantidas.

B. CERTO Em textos jornalísticos, algumas situações são admitidas. O texto apresentado, por exemplo, evidencia uma visível fragmentação, pois os **pontos** são utilizados, mas alguns períodos que se seguem ao uso dos pontos estão com uma estrutura sintática incompleta. Perceba que o fragmento "Sobretudo porque algumas regras básicas de boa convivência não são respeitadas" é uma oração adverbial causal; portanto, do ponto de vista sintático, haveria necessidade da oração principal. A incompletude semântica também ocorre com o período "O andar por ruas sujas de lixo, com fezes de cachorro e cheiro de urina".

Comentário extra: Em textos dissertativos, o produtor do texto deve ficar bastante atento à coesão do texto e à boa elaboração dos períodos. Cada período incompleto faz o candidato perder pontos preciosos. Além disso, na correspondência oficial, tal defeito na construção do texto não é admitido.

C. ERRADO A modificação proposta não melhoraria a clareza do texto e ainda produziria falha gramatical. Se retirarmos a fragmentação dos períodos, ou seja, se eliminarmos o segundo e o terceiro pontos de continuação, as orações a que pertencem os verbos "tentar" e "andar" claramente exerceriam a função de sujeito oracional. Segundo as regras de regência, o núcleo do sujeito não admite preposição.

OBSERVE o fragmento, retirando os pontos de continuação: "...tentar sair de um vagão do metrô com multidão do lado de fora querendo entrar a qualquer preço, sem esperar e dar passagem aos demais usuários ou andar por ruas sujas de lixo, com fezes de cachorro e cheiro de urina são situações que transformam o convívio urbano em uma experiência ruim". Ao realizar a alteração proposta, ou seja, preposicionando os verbos "tentar" e "andar", o período ficaria confuso e incorreto. Provocaria, ainda, o surgimento de períodos incompletos, caso se mantivesse o ponto de continuação.

D. ERRADO Observe o fragmento transcrito: "Convencidos disso, empresas e governos estão bombardeando a população com campanhas de conscientização – e multas, quando só as advertências não funcionarem". Perceba que a utilização do travessão é fundamental para um bom entendimento do texto. Sem o travessão, ficaria a ideia de que "empresas e governos estão bombardeando a população com campanhas de conscientização e multas". Tal linguagem mudaria o sentido das ideias.

E. ERRADO A substituição da conjunção "caso" pela conjunção "se" realmente preservaria a correção gramatical da oração e respeitaria sua função condicional. Ocorre, entretanto, que haveria outras modificações no trecho e a afirmativa nega essa realidade. Vamos analisar.

Trecho transcrito: "Caso a população, porém, se sinta apenas punida ou obrigada a uma atitude, e não parte da comunidade, os benefícios não se tornarão duradouros."

Trecho reescrito: "Se a população, porém, se **sentir** apenas punida ou obrigada a uma atitude, e não parte da comunidade, os benefícios não se tornarão duradouros."

17.

A. CERTO A correspondência oficial deve ser estudada por meio do Manual de Redação da Presidência da República. O candidato deverá se reportar ao item 3, que faz referência ao Padrão Ofício, e ao item 4, que se refere à forma e à estrutura.

B. ERRADO Segundo o Manual de Redação da Presidência da República (p. 10), "o fecho das comunicações oficiais possui, além da finalidade óbvia de arrematar o texto, a de saudar o destinatário. Os modelos para fecho que vinham sendo utilizados foram regulados pela Portaria nº 1 do Ministério da Justiça, de 1997, que estabelecia quinze padrões. Com o fito de simplificá-los e uniformizá-los, esse Manual estabelece o emprego de somente dois fechos diferentes para todas as modalidades de comunicação oficial:

a) para autoridades superiores, inclusive o Presidente da República:

Respeitosamente,

b) para autoridades da mesma hierarquia ou de hierarquia inferior:

Atenciosamente,"

Percebam que, no enunciado, é dito que o documento oficial é encaminhado "por um chefe de seção a seu diretor" – um destinatário com posição hierárquica superior. Não é devido o emprego de "Atenciosamente"; o correto seria "Respeitosamente".

18.

A. ERRADO Não há, no texto, alusão ao fato de a sociedade brasileira ser vítima da violência no contexto social e, ainda assim, ter "por valor superafetado a proteção do direito à vida".

B. CERTO A alternativa é confirmada no primeiro parágrafo, principalmente na ênfase construída em seu último período. Observe: "Vivemos sob a égide de uma Constituição que orienta o Estado no sentido da dignidade da pessoa humana, tendo como normas a promoção do bem comum, a garantia da integridade física e moral do cidadão e a proteção incondicional do direito à vida. Essa proteção é de tal forma solene que o atentado a essa integridade eleva-se à condição de ato de lesa-humanidade: um atentado contra todos os homens".

C. ERRADO A alternativa se torna falsa na justificativa apontada no trecho "uma vez que a vida sobreleva-se a constituições sociais e está pressuposta em vários dispositivos legais". O final do fragmento chega a ser incoerente. A redundância, apontada no texto, é o fato de a vida, que deveria ser naturalmente defendida, depender da proteção da "Carta Maior".

D. ERRADO Segundo o texto, "essa consciência de que a vida humana necessita de uma imperiosa proteção vai criando uma série de regras que se ajustam mais e mais com cada agressão sofrida, não apenas no sentido de se criar dispositivos legais, mas como maneira de estabelecer formas mais fraternas de convivência". Não é afirmado que é incontestável e universal a consciência da necessidade do estabelecimento de formas mais fraternas de convivência no mundo atual.

E. CERTO O texto é marcado por uma linguagem clara, objetiva e transparente; predomina, portanto, a linguagem denotativa. Tal constatação não impede a existência de termos usados conotativamente, ou seja, com sentido figurado. O vocábulo "soa", por exemplo, tem uma carga semântica diferente do sentido dicionarizado que quer dizer "ecoar".

Comentário extra: No texto dissertativo, predomina a argumentação para provar determinada tese. Como é um texto informativo, não admite uso predominante de linguagem simbólica ou figurada. Quando o texto utiliza a linguagem predominantemente figurada, constitui-se em texto poético.

19.

A. CERTO Toda a estrutura do texto e a linguagem nele utilizada evidenciam tratar-se de um texto oficial. Vale perceber, inclusive, o trecho inicial:

"O Presidente da República, no uso da atribuição que lhe confere o art. 55, item I, da Constituição Federal, DECRETA:"

B. ERRADO A expressão verbal "far-se-á" equivale, do ponto de vista sintático e do ponto de vista semântico, à expressão "será feita". A forma verbal está no futuro do presente (por isso a necessidade do emprego da mesóclise) e, em sua estrutura está o "se" partícula apassivadora, caracterizando a VOZ PASSIVA PRONOMINAL.

Fragmento retirado do texto: "A Carreira Policial Federal far-se-á nas categorias funcionais de Delegado de Polícia Federal...". Ao transpor para a passiva analítica, teríamos: "A Carreira Policial Federal **será feita** nas categorias funcionais de Delegado de Polícia Federal...".

Comentário extra: A voz passiva é caracterizada pela presença de um SUJEITO PACIENTE, ou seja, que sofre a ação verbal. Pode ser pronominal (ou sintética) e analítica. O que caracteriza a passiva pronominal é a **partícula apassivadora**; o que caracteriza a passiva analítica é o verbo auxiliar "ser" mais o verbo principal no particípio.

Exigiu-**se**	**o pagamento das parcelas vencidas**.
P.AP.	SUJEITO

O pagamento das parcelas	**foi exigido.**
SUJEITO	

C. CERTO No texto, há várias expressões com iniciais maiúsculas: Carreira Policial Federal, Delegado da Polícia Federal, Perito Criminal Federal, Censor Federal, Escrivão de Polícia Federal, Agente de Polícia Federal... São substantivos compostos próprios, nos quais o termo "Federal" é adjetivo recorrente.

D. CERTO O referido termo é uma preposição, que possui o valor semântico da expressão "por intermédio de". Tal vocábulo equivale também a "por meio de", "com intervenção de".

E. CERTO Não se percebe, realmente, paralelismo sintático na construção dos dois últimos períodos. Quando o paralelismo existe, as ideias são encadeadas com estrutura sintática idêntica e com encadeamento das orações. Observe a ausência de paralelismo sintático: **Quer seja noite ou dia**, ele caminha na orla. Ao fazer a correção: Quer seja noite quer seja dia, ele caminha na orla. Na estrutura apresentada, o art. 2º utiliza a forma verbal no presente: "se estabelece"; o art. 3º utiliza a forma verbal no futuro: "ocorrerá".

Comentário extra: Existem muitas formas de construir sentenças sem paralelismo. Isso é tão frequente que nem sequer percebemos o erro.

Observe:

O candidato precisa de tempo livre e calma para responder às questões. (E)

O candidato precisa de tempo livre e de calma para responder às questões. (C)

Ele deseja ir para a festa e diversão. (E)

Ele deseja ir para a festa e divertir-se. (C)

20.

A. CERTO Não há desvios da norma gramatical no referido período. Vale ressaltar que a oração "que hoje é considerado uma referência na área da perícia" possui caráter restritivo.

B. ERRADO No fragmento, houve a supressão de uma vírgula obrigatória após o advérbio "inicialmente". Além disso, percebe-se claramente uma ambiguidade na oração "...patrulhando o trânsito de motocicleta". Admite-se, nesse caso, duas possibilidades de entendimento: "a motocicleta transita" e "[ele] transita em uma motocicleta".

C. ERRADO Alguns pequenos desvios ocorrem no fragmento: a forma verbal "apreciava" não precisa da presença da preposição "de" – o correto seria "...apreciava muito a atividade que realizava"; não existe vírgula após o numeral "mil" na expressão "...mil duzentos e sessenta laudos...". Quanto à manutenção das ideias do texto original, o termo "vaidosamente" é bem diferente de "orgulhosamente".

D. ERRADO O fragmento possui uma nítida falha no que diz respeito à concordância verbal. O termo "máquina fotográfica" é sujeito da forma verbal "existia", que, por sua vez, não deverá ser flexionada. No texto, entretanto, está utilizado o plural: "...não existiam máquina fotográfica". A locução "à mão" está corretamente craseada. Além disso, no texto original, coloca-se que "os peritos sempre foram muito respeitados", e não "elogiados".

E. ERRADO No trecho "...Ben Hur serviu à sociedade brasileira", o emprego do sinal de crase está incorreto, pois, após a forma verbal "serviu", há apenas o artigo "a". Outro erro cometido é o emprego da preposição "de" após a forma verbal "lembrar", que é transitiva direta. O correto seria "...e lembrar a esposa querida". Há, ainda, uma incoerência na construção da última oração: ela ficou sem sentido dentro do trecho, por causa do uso da forma verbal "dedica". Se houvesse uma reestruturação, a oração poderia ficar melhor construída. Uma possibilidade de reestruturação seria a seguinte: ...lembra da esposa, falecida no início dos anos 90, e a quem ele dedica, até hoje, carinho e amor.

Comentário extra: O candidato deve ficar atento à regência de verbos como "lembrar", "esquecer", "lembrar-se" e "esquecer-se". Quando eles são pronominais, exigem a preposição "de" e são, portanto, transitivos indiretos. Quando não são pronominais, são transitivos diretos.

Lembrei-me de seu discurso e me emocionei.

Lembrei o bilhete que você me enviou.

21.

A. CERTO O referido texto está estruturado em introdução, desenvolvimento e conclusão. Ele é construído, com uma linguagem clara e objetiva, baseado no argumento. Na introdução, a temática é apresentada: a vida humana é um bem indeclinável. A leitura da introdução comprova a afirmativa.

Comentário extra: Além do texto dissertativo, baseado na construção dos argumentos, ainda existem os textos narrativos, baseados nos fatos contados, e os textos descritivos, baseados na caracterização de ambiente, lugar ou pessoa.

B. CERTO A alternativa apresenta o parágrafo de introdução reescrito. Veja a construção do parágrafo inicial: "O valor da vida é de tal magnitude que, até mesmo nos momentos mais graves, quando tudo parece perdido dadas as condições mais excepcionais e precárias – como nos conflitos internacionais, na hora em que o direito da força se instala negando o próprio Direito, e quando tudo é paradoxal e inconcebível –, ainda assim a intuição humana tenta protegê-lo contra a insânia coletiva, criando regras que impeçam a prática de crueldades inúteis".

C. ERRADO O segundo parágrafo não faz referência ao fato de a paz ser ilusória: afirma que a paz não é algo permanente, ou seja, é provisória. O referido parágrafo também não coloca que os cientistas se desdobram à procura de fórmulas salvadoras, para manter a paz. No final do parágrafo, fala-se em "respeito pela vida humana" como algo que os líderes tentam reencontrar.

D. CERTO Observemos o trecho do penúltimo parágrafo: "Assim, no âmago de todos os valores, está o mais indeclinável de todos eles: a vida humana. Sem ela [a vida humana], não existe a pessoa humana, não existe a base de sua identidade". A redundância é evidente: se não existe a "vida humana", "não existe a pessoa humana".

Comentário extra: A redundância é a repetição da mesma ideia; a ideia já expressa – explícita ou implicitamente – é enfatizada.

Observe: "Ele viu a tragédia com os próprios olhos".

E. ERRADO O último parágrafo é iniciado da seguinte forma: "a vida passa a ser respeitada e protegida não só como o bem afetivo ou patrimonial, mas pelo valor ético de que ela se reveste". Não faz referência, portanto, ao "comprometimento ético para com a humanidade". Além disso, o final da alternativa também não tem respaldo no texto: "...discorre acerca da vida (...) como a responsável pelo destino da criatura humana".

22.

A. CERTO Observe o fragmento retirado do texto: "Seus especialistas volta e meia estão no noticiário, levados pela profusão de casos **que** requerem algum tipo de tecnologia na investigação". O pronome relativo "que" se refere ao antecedente substantivo "casos", substituindo-o. Ao desmembrar o período, teremos:

"Seus especialistas (...) estão no noticiário, levados pela profusão de casos". ORAÇÃO 01

"Casos requerem algum tipo de tecnologia de investigação". ORAÇÃO 02

O termo "casos" funciona como SUJEITO. Se o "que" substitui o termo que é sujeito, ele toma para si a função do termo substituído. É, portanto, sujeito.

B. ERRADO A supressão do aposto explicativo não provoca prejuízo sintático à sentença, afinal é um termo acessório e, como tal, não interfere na completude da estrutura sintática. Vale ressaltar, entretanto, que, ao ser utilizado, o aposto explicativo acrescenta um dado/uma informação. Tal fato faz com que percebamos que a retirada do aposto explicativo provoca prejuízo semântico.

Comentário extra: O aposto explicativo é um termo isolado por vírgulas, travessões ou parênteses que explica o sentido do substantivo antecedente.

Castro Alves, **poeta do movimento romântico brasileiro**, morreu muito jovem.

C. ERRADO A alternativa reproduz as ideias presentes na fala do presidente da OAB/SP. Observe o fragmento retirado do texto: "Com o avanço tecnológico, as provas técnicas vêm ampliando seu espaço no direito brasileiro, principalmente na área criminal". A alternativa coloca que "De acordo com o presidente da OAB/SP, as provas técnicas têm sido ampliadas, principalmente na área criminal, com o avanço tecnológico no espaço do direito brasileiro".

D. CERTO No fragmento "Nem todos utilizam aquelas lanternas (...) nem as canetas (...) que traçam a trajetória da bala", a forma verbal "utilizam" não tem sentido completo e seu complemento não exige presença obrigatória de preposição; é classificado, portanto, como verbo transitivo direto. No texto, tal forma verbal é completada pelo objeto direto, representado pelos núcleos "lanternas" e "canetas".

Comentário extra: Normalmente, o objeto direto não exige preposição obrigatória, mas há casos em que o objeto direto é preposicionado. Observe: "Toda a criançada comeu do bolo". O termo "bolo" é um objeto direto preposicionado.

E. ERRADO O fragmento utilizado como base da questão é o seguinte: "Na divisão da polícia brasileira, o pontapé inicial da investigação é dado pelo perito sem a companhia dos legistas". O referido período está na voz passiva: o sujeito está representado pelo termo "o pontapé inicial da investigação" e sofre a ação proposta pelo verbo; "é dado" é o tempo composto; "pelo perito" funciona como agente da passiva; "Na divisão da polícia brasileira" e "sem a companhia dos legistas" funcionam como adjuntos adverbiais. Para transformar a voz passiva em voz ativa, o "agente da passiva" torna-se sujeito da ativa; o sujeito da passiva torna-se objeto direto da ativa; o tempo composto torna-se tempo simples, retirando-se o verbo "ser" e transferindo seu tempo e modo para o verbo principal. A voz ativa do referido período, respeitando a ordem direta, será: Na divisão da polícia brasileira, o perito dá o pontapé inicial da investigação sem a companhia dos legistas. Perceba que a alternativa usou a forma verbal "dava" e não respeita a ordem direta.

F. ERRADO No último parágrafo, não há relação de causa e consequência. O referido trecho demonstra uma sequência de ações independentes praticadas pelo perito. Há evidência de que as ações do perito têm a finalidade de "levar as evidências para análise nos laboratórios forenses".

23.

A. CERTO O fragmento não apresenta falha no que diz respeito ao emprego do sinal indicativo de crase, à regência, à concordância e à grafia. Está, portanto, obedecendo às regras da gramática normativa.

B. ERRADO O fragmento apresenta, inicialmente, uma falha no emprego do sinal de crase na expressão "...apresentaram à um político", já que, antes do artigo masculino, deve ser utilizada apenas a preposição "a". Outra falha no emprego do sinal indicativo de crase volta a ocorrer no trecho "...a violência à que estão submetidos", pois, antes do pronome relativo "que", não se usa artigo; a crase, nesse caso, só seria aceitável se houvesse, antes do "que", um artigo referente a uma expressão feminina implícita. A utilização do particípio "pegado" não é comum na Língua Portuguesa, ficando melhor a utilização da forma verbal "pego". Retificados os itens abordados, o período ficaria gramaticalmente correto.

C. CERTO O fragmento está corretamente construído, sem deslize no que se refere aos aspectos ligados à regência, concordância, sinal de crase e grafia. Embora a questão não enfatize pontuação, as vírgulas estão corretamente utilizadas.

D. ERRADO A forma verbal "obriga" exige a presença da preposição "a" em conjunto com o artigo "a" que acompanha o substantivo "reflexão"; haveria, portanto, um sinal indicativo de crase no trecho "...que obriga à reflexão...". Um outro aspecto é a presença da vírgula após "reflexão", pois esta está separando o sujeito do predicado. O correto seria: "Este trabalho que obriga à reflexão provoca..."; caberia, ainda, "Este trabalho, que obriga à reflexão, provoca...". Há também uma falha na regência do verbo "ajudar", pois ele está se relacionando com dois objetos preposicionados: "...ajuda a alguns (...) a concluírem...". Uma das preposições deve ser retirada: "...ajuda alguns (...) a concluírem...". A expressão "acaba de ser suspenso" ficou sem um referencial claro. O segundo período do fragmento está confuso e mal elaborado. A expressão "...que são submetidos os adolescentes" carece da presença da preposição "a", por causa do termo "submetidos". O correto seria "...a que são submetidos os adolescentes...". A vírgula colocada após o termo "jovens" deve ser retirada ou deve ser colocada uma vírgula após o termo "profissionais" para dar maior clareza ao fragmento.

24.

A. ERRADO Observe o fragmento extraído do texto:

"A rigor, não há grande diferença entre o emprego dessas duas palavras na psicanálise e no materialismo histórico".

O item propõe a seguinte reescrita, considerando a correção gramatical e a ideia original do texto:

"Caso se proceda com rigor, a análise desses conceitos, verifica-se que não existe diferenças entre eles."

Perceba que a expressão "a rigor" equivale a "de acordo com as exigências da ocasião", portanto não possui valor condicional, como é sugerido na reescrita apresentada. A forma verbal "existe" deveria estar no plural, concordando com o núcleo do sujeito "diferenças". Além disso, o período reescrito ficou mal elaborado, pois não fez referência à psicanálise e ao materialismo histórico.

B. ERRADO A informação que inicia o texto não é suficiente para inferir que Freud conheceu a obra de Marx nem que Marx não conheceu a obra de Freud.

Observe o 1º período do texto:

"Dizem que Karl Marx descobriu o inconsciente três décadas antes de Freud".

Não há alusão à relação entre os autores e suas obras, e sim ao que eles produziram no campo do conhecimento.

C. CERTO A leitura do final do 1º parágrafo e do início do 2º parágrafo comprova a veracidade do item. Fica claro que a expressão "dessas duas palavras" faz referência à expressão "conceitos de fetichismo e de alienação" (1º parágrafo). Tais termos são retomados no 2º parágrafo. Perceba, inclusive, que o vocábulo "dessas" é um recurso anafórico, ou seja, retoma o que foi dito.

Observe o fragmento extraído do texto:

"São eles os conceitos de **fetichismo** e de **alienação**, ambos tributários de descoberta da mais-valia – ou do inconsciente, como queiram.

A rigor, não há grande diferença entre o emprego dessas duas palavras em psicanálise no materialismo histórico. Em Freud, o **fetiche** organiza a gestão perversa do desejo sexual e, de forma menos evidente, de todo desejo humano; já a **alienação** não passa de efeito da divisão do sujeito, ou seja, da existência do inconsciente" (grifos nossos).

D. CERTO O item está comprovado no seguinte fragmento: "O sujeito das duas teorias é um só". Ao colocar desse modo, a autora evidencia que, nos estudos de Marx e de Freud, a "divisão do sujeito" se processa de forma análoga na subjetividade dos indivíduos e na relação de trabalho.

Ainda no texto, a autora explica quem é esse sujeito único: "aquele que sofre e se indaga sobre a origem inconsciente de seus sintomas é o mesmo que desconhece (...) que o poder encantatório das mercadorias é condição não de sua riqueza, mas de sua miséria material e espiritual.".

25.

A. ERRADO O período reescrito apresenta o equivocado emprego do vocábulo "onde", que deve ser utilizado quando houver um referencial "lugar físico". Observe o período proposto:

"Essa prática social apresenta-se mais complexa na modernidade, onde a autoridade jurídica e moral submete-se à opinião pública".

O referencial do pronome "onde" é o termo "modernidade", indicativo de tempo.

B. ERRADO Tomemos como base o período transcrito do texto:

"Nesse caso, puxar a corda, afiar a faca ou assistir à execução seria simples, pois a responsabilidade moral do veredicto não estaria conosco".

Embora o conector "ou" não indique exclusão, a forma verbal "seria" não pode ser pluralizada, pois o sujeito da sentença é composto oracional.

Vale lembrar que o sujeito oracional só admite o verbo da oração principal na 3ª pessoa do singular.

SUJEITO: "Puxar a corda, afiar a faca ou assistir à execução"

PREDICADO: "seria simples"

C. ERRADO A expressão "que alívio!" está atrelada ao fato de a população se eximir de qualquer responsabilidade de fazer justiça. Tal expressão não está relacionada ao fato de os cidadãos se sentirem aliviados "porque se livram das ameaças de quem desrespeita a moral que rege o convívio social". Isso fica evidente no último período do 1º parágrafo, transcrito abaixo:

"Nas sociedades tradicionais, em que a punição é decidida por uma autoridade superior a todos, as execuções podem ser públicas: a coletividade festeja o soberano que se encarregou da justiça – que alívio!".

D. CERTO A oração "se alguém é executado" indica hipótese, pois a conjunção "se" é condicional. Além disso, a referida oração está na voz passiva analítica. Dessa forma, mantém-se a coerência do texto e a correção gramatical substituindo-a por "caso se execute alguém", pois "caso" também é uma conjunção condicional e a voz continua passiva (o "se" presente na sentença é partícula apassivadora). Perceba, entretanto, que a oração "se alguém é executado" não pode ser substituída por "caso alguém se execute", já que comprometeria a coerência do texto. Nesse caso, o "se" é pronome reflexivo e equivale a "a si mesmo". O sujeito "alguém" passaria a agente e paciente da ação. Caracterizando a voz reflexiva.

O item é verdadeiro, pois afirma que "se alguém é executado" expressa hipótese e poderia ser escrita como "caso se execute alguém", mas não como "se caso alguém se execute".

E. CERTO A expressão "Essa discrição" refere-se apenas à oração "As execuções acontecem em lugares fechados, diante de poucas testemunhas". Perceba que a oração que aparece em seguida não mantém relação de sentido com a referida expressão.

Perceba o fragmento extraído do texto:

"As execuções acontecem em lugares fechados, diante de poucas testemunhas: há uma espécie de vergonha. **Essa discrição** é apresentada como progresso: os povos civilizados não executam seus condenados nas praças" (grifo nosso).

F. ERRADO Quando, no final do texto, o psicanalista faz uso do trecho "Contudo é possível que haja crimes hediondos nos quais não reconhecemos nada de nossos desejos reprimidos", o adjetivo "possível" impede a generalização dos "crimes hediondos". Desse modo, o item é FALSO porque generaliza tais crimes, retirando a POSSIBILIDADE apresentada no texto.

Confira no texto:

"Como psicanalista, apenas gostaria que a morte dos culpados não servisse para exorcizar nossas piores fantasias – isso, sobretudo, porque o exorcismo seria ilusório. Contudo é possível que haja crimes hediondos nos quais não reconhecemos nada de nossos desejos reprimidos".

G. ERRADO O verbo "impor" está utilizado como transitivo direto e indireto.

Observe:

"Logo, frustrados, zelamos pela prisão daqueles que não se impõem as mesmas renúncias."

Perceba que o vocábulo "se" (pronome reflexivo) equivale a "a si mesmo" e exerce função sintática de objeto indireto; o termo "as mesmas renúncias" exerce função sintática de objeto direto. Caso seja colocado um sinal indicativo de crase na expressão "as mesmas renúncias", ela passaria a funcionar como objeto indireto, e um mesmo verbo não pode possuir, na mesma sentença, dois complementos iguais.

26.

A. CERTO Percebe-se claramente que o termo "pensativos" pode estar relacionado a "vossos mortos" ou a "olhos".

Observe:

"Por fictícia autoridade,

vãs razões, falsos motivos,

inutilmente matastes:

– vossos mortos são mais vivos;

e, sobre vós, de longe, abrem

grandes olhos pensativos".

Vale salientar que "núcleo nominal" é o substantivo. No caso do poema, o termo "olhos" é objeto direto da forma verbal "abrem", e "pensativos" pode ser classificado como predicativo do sujeito (vossos mortos) ou adjunto adnominal (modificador do substantivo "olhos").

B. ERRADO Embora o poema apresente uma denúncia de atos de abuso de poder e utilize emprego de vocativo nos versos 1, 9 e 33, o item é FALSO porque há verbos que não estão no IMPERATIVO AFIRMATIVO. A alternativa coloca que "Todos os verbos" estão no IMPERATIVO AFIRMATIVO, entretanto formas como "calculais", "traçais", "confunde" não indicam ordem.

Vale salientar que "Ó grandes oportunistas", "Ó personagens solenes" e "Ó soberbos titulares" funcionam como vocativo.

C. ERRADO No verso "seus rutilantes vestidos", o pronome possessivo "seus" refere-se ao termo "pavões", presente no verso anterior. Não há correspondência com a "vestimenta usada por autoridades", e sim aos "apelidos" arrastados pelas personagens solenes (v. 10). Caso o referido pronome fizesse referência "a autoridades em eventos solenes", o correto seria "vossos", e não "seus", por causa do emprego da 2ª pessoa.

Observe:

"Ó personagens solenes

que arrastais os apelidos

como pavões auriverdes

seus rutilantes vestidos

– todo esse poder que tendes

Confunde vossos sentidos."

D. ERRADO O termo "nascidas" refere-se apenas ao termo "sepulturas". Isso fica claro caso se perceba a ausência da vírgula após "sepulturas". Se "nascidas" se referisse a "todas as expressões nominais que a antecedem", não poderia ser flexionada no feminino, pois "duro peso de algemas" possui núcleo masculino.

E. ERRADO Os dois fragmentos destacados exercem função adverbial nas orações a que pertencem, entretanto, "Por fictícia autoridade, vãs razões, falsos motivos" denota **CAUSA**, e não **MEIO**.

Observe:

"Por fictícia autoridade,

vãs razões, falsos motivos,

inutilmente matastes".

27.

A. ERRADO O trecho está mal elaborado, contendo, inclusive falhas estruturais e gramaticais.

Vejamos:

"Cumpre destacar a necessidade de (...) e que é imperioso..."

Nesse trecho, há ausência de paralelismo, pois o termo "necessidade" é regido pela preposição "de". Desse modo, o trecho iniciado pela conjunção "e" também deveria possuir a mesma preposição.

Trecho corrigido:

"Cumpre destacar a necessidade de aumento do contingente policial e da ação desses indivíduos no âmbito nacional..."

Há, ainda, uma falha de concordância nominal. O adjetivo "imperioso" deveria concordar com o substantivo "ação". O correto, portanto, seria escrever "...é imperiosa a ação desses indivíduos...".

Segundo o *Manual de Redação da Presidência da República*, a correspondência oficial deve empregar o padrão culto da língua, a concisão, a clareza. No texto apresentado, tais itens estão ausentes.

B. ERRADO O texto apresentado no item não possui um dos principais elementos que deve nortear a correspondência oficial: a impessoalidade. A presença de adjetivos como "admirável" e "belo" produzem um "tom" emotivo, que destoa dos documentos oficiais. Não houve falhas gramaticais, ausência de clareza ou de concisão.

C. CERTO O fragmento apresentado está de acordo com o Manual de Redação da Presidência da República. Nada há que seja considerado infração à norma ou ausência de clareza. Há, ainda, formalidade na construção do texto.

Cabe ressaltar que a expressão "sob cuja" está corretamente utilizada: a escolha do local está **sob** a responsabilidade do departamento; e "cuja" relaciona "departamento" (antecedente) e "responsabilidade" (consequente). Não se pode esquecer que os relativos "cujo, cuja, cujos, cujas" relacionam SEMPRE o substantivo antecedente e o substantivo consequente, concordando com o consequente.

OBSERVE

Fiz a análise da **monografia** CUJO **tema** é a reprodução das plantas.

ANTECEDENTE: monografia

CONSEQUENTE: tema

D. ERRADO O trecho é iniciado com uma forma verbal que deveria estar no plural, concordando com o núcleo do sujeito: o termo "investigações". O correto seria: "seguem (...) os relatórios das investigações realizadas no órgão...". Há, ainda, uma ambiguidade no período: o cumprimento da lei está relacionado à "divulgação dos relatórios" ou às "investigações realizadas"?

E. CERTO O fragmento apresentado está redigido de modo adequado, sem infração à norma padrão. Apesar de utilizar a forma verbal "solicito", o trecho não traz impressão pessoal ou indício de emotividade. O emprego da 1ª pessoa, nesse caso, indica o elemento no exercício de sua função pública. Observe, também, que o pronome de tratamento "Vossa Senhoria" não admite artigo, portanto o vocábulo "a", que o antecede, é apenas uma preposição. Isso inviabiliza a ocorrência do sinal indicativo de crase.

28.

A. ERRADO De acordo com o Manual de Redação da Presidência da República, a exposição de motivos que tenha caráter exclusivamente informativo não propõe medida alguma ou submete projeto de ato normativo: apenas informa (o Presidente da República, ou o vice) a respeito de determinado assunto. Segundo o Manual, a exposição de motivos apresenta, "de acordo com sua finalidade, duas formas básicas de estrutura: uma para aquela que tenha caráter exclusivamente informativo e outra para a que proponha alguma medida ou submeta projeto de ato normativo". A estrutura da exposição de motivos que simplesmente leva algum assunto ao conhecimento do Presidente da República segue o **padrão ofício**. (item 4.2)

B. CERTO Segundo o Manual de Redação da Presidência da República, o telegrama não possui padrão rígido, "devendo-se seguir a forma e a estrutura dos formulários disponíveis nas agências Correios e em seu sítio de INTERNET". Vale lembrar que o telegrama "Por tratar-se de forma de comunicação dispendiosa aos cofres públicos e tecnologicamente superada, deve restringir-se o uso apenas àquelas situações que não seja possível o uso de correio eletrônico ou fax" (item 6.2).

Já sobre o correio eletrônico, o Manual coloca o seguinte: "Um dos atrativos de comunicação por correio eletrônico é sua flexibilidade. Assim, não interessa definir forma rígida para sua estrutura. Entretanto, deve-se evitar o uso de linguagem incompatível com uma comunicação oficial" (item 8.2).

C. ERRADO Observe o fragmento extraído do Manual de Redação da Presidência da República:

"Excluídas as comunicações assinadas pelo Presidente da República, todas as demais comunicações oficiais devem trazer o nome e o cargo da autoridade que as expede, abaixo do local de sua assinatura" (item 2.3).

Desse modo, a alternativa é FALSA porque inclui "as comunicações oficiais emitidas pelo Presidente da República".

D. CERTO O *Manual de Redação da Presidência da República* coloca o seguinte:

"O fecho das comunicações oficiais possui, além da finalidade óbvia de arrematar o texto, o de saudar o destinatário. Os modelos para fecho que vinham sendo utilizados foram regulados pela Portaria n. 1 do Ministério da Justiça, de 1937, que estabelecia quinze padrões. Com o fito de simplificá-los e uniformizá-los, esse Manual estabelece o emprego de somente dois fechos diferentes para todas as modalidades de comunicação: a) para autoridades superiores, inclusive o Presidente da República: Respeitosamente; b) para autoridades de mesma hierarquia ou de hierarquia inferior: Atenciosamente.

Ficam excluídas dessa fórmula as comunicações dirigidas a autoridades estrangeiras, que atendem a rito e tradição próprios, devidamente disciplinados no Manual de Redação do Ministério de Relações Exteriores".

A proposição é, portanto, CERTA.

E. CERTO A proposição é justificada pelos itens 3 e 3.1 do Manual de Redação da Presidência da República, que coloca:

"Há três tipos de expedientes que se diferenciam antes pela finalidade do que pela forma: o ofício, o aviso e o memorando. Com o fito de uniformizá-los, pode-se adotar uma diagramação; única, que siga o que chamamos de padrão ofício.

(...)

O aviso, o ofício e o memorando devem conter as seguintes partes: a) tipo e número do expediente, seguido da sigla do órgão que o expede; b) local e data (...); c) assunto; d) destinatário; e) texto: **nos casos em que não for de mero encaminhamento de documentos, o expediente deve conter a seguinte estrutura**: – **INTRODUÇÃO** (...); – **DESENVOLVIMENTO** (...); – **CONCLUSÃO** (...).

Já quando se tratar de mero encaminhamento de documentos, a estrutura é a seguinte: – **INTRODUÇÃO**: deve iniciar com referência ao expediente que solicitou o encaminhamento. Se a remessa do documento não tiver sido solicitada, deve iniciar com a informação do motivo da comunicação (...), – **DESENVOLVIMENTO**: se o autor da comunicação desejar fazer algum comentário a respeito do documento que encaminha, poderá acrescentar parágrafos de desenvolvimento; em caso contrário, não há parágrafos de desenvolvimento em aviso ou ofício de mero encaminhamento."

RAIO-X

- Os temas em estudo equivalem aos seguintes percentuais das questões de Português referentes às provas para o cargo de Agente da Polícia Federal:

Assunto	Número de Questões	% Global
Interpretação	20	16,3
Gramática	26	21,1
Redação	7	5,7
Correspondência Oficial	13	10,6
Reestruturação de Frases	3	2,4
Interpretação + Gramática	39	31,7
Interpretação + Gramática + Redação	5	4,1
Interpretação + Gramática + C. Oficial	10	8,1

- As provas de AGENTE DA POLÍCIA FEDERAL produzidas pela CESPE inovaram bastante, entremeando questões de Língua Portuguesa com questões de Atualidades. Os textos que servem de base para as questões são normalmente atuais e envolvem temas muito interessantes. As questões de Gramática normalmente estão voltadas para o texto e, dificilmente, abordam um único tópico. Repetem-se questões baseadas em:
  - Interpretação
  - Sintaxe
  - Sinal indicativo de crase
  - Pronomes
  - Concordância verbal
  - Semântica das conjunções
- O tópico Correspondência Oficial apareceu com uma incidência muito maior na prova de 2012, exigindo o estudo do Manual de Redação da Presidência da República.

IMPORTANTE SABER

1. INTERPRETAÇÃO

- Quando os termos estão sendo utilizados no sentido figurado ou conotativo, deve ser decodificado, ou seja, extraído, o seu significado dentro do texto.
- Há uma conexão bastante evidente entre as ideias do texto e as alternativas verdadeiras. Os textos normalmente são denotativos, não oferecendo dificuldade de entendimento.
- Quando a exigência recai sobre textos de caráter poético, o cuidado deve ser redobrado com as metáforas, ou seja, o emprego do sentido figurado.
- O valor semântico das conjunções contribui muito para a interpretação e a compreensão do texto: é fundamental compreender as ideias que os conectivos introduzem nas sentenças.
- Os elementos de coesão textuais (pronomes, advérbios, conjunções) são importantes na construção de sentidos e devem ser observados com atenção.

2. MORFOSSINTAXE

- O termo **sujeito** aparece frequentemente nas proposições da prova. É necessário saber que ele determina o número do verbo. Conceitualmente, o sujeito é o termo sobre o qual se declara algo.
- O aposto explicativo é o termo isolado por vírgulas, travessões ou parênteses que explica o substantivo antecedente.
- Quanto à transitividade, os verbos podem ser transitivos, intransitivos, bitransitivos e de ligação. Vale lembrar que os "intransitivos" têm sentido completo, e os "transitivos" e "bitransitivos" são completados pelo "objeto direto" (normalmente sem preposição) e pelo "objeto indireto" (sempre preposicionado).
- Os pronomes exercem função sintática: os pronomes retos normalmente funcionam como sujeito; os pronomes oblíquos normalmente exercem função de objeto; e os pronomes relativos exercem a função que o substantivo antecedente exerceria na oração na qual é substituído pelo relativo.

  Observe: Não sabemos o destino dos advogados **que** nos atenderam ontem.

  → O pronome "que" substitui o termo "os advogados". A 2ª oração é: "os advogados (substituído pelo pronome 'que') nos atenderam ontem". O termo "os advogados" seria sujeito; o pronome "que" funciona, portanto, como **sujeito**.
- Nos períodos compostos, a oração subordinada sempre exercerá a função sintática em relação à oração principal.

Todos perceberam	**que algo estava errado.**
Oração Principal	Oração Subordinada (O.D.)

3. PRONOMES

- Os pronomes de tratamento exigem concordância com a 3ª pessoa, e não com a 2ª.
- Observe: Vossa Alteza e seus convidados chegaram atrasados à solenidade.
- O pronome oblíquo "LHE" normalmente funciona como objeto indireto, entretanto, quando equivale a "seu", "sua", "seus", "suas", funciona como adjunto adnominal.

  Observe: Apertou-lhe a mão.
  Apertou a sua mão.
- Os oblíquos "o, a, os, as" podem variar para "lo, la, los, las" quando são colocados após verbos transitivos diretos que terminam em "R", "S" ou "Z". Vale lembrar que essas letras são cortadas.

  Observe: Pusemos os livros na mesa.

  Pusemo-los na mesa.
- Não se pode esquecer o emprego dos demonstrativos "esse", "este" e "aquele", principalmente no que diz respeito ao espaço e ao tempo – "esse" (passado); "este" (presente); "aquele" (tempo distante e indefinido).

4. SINAL INDICATIVO DE CRASE

- Não ocorrerá sinal de crase antes de verbos, pronomes retos, palavras masculinas, pronomes indefinidos e oblíquos.
- Há ocorrência de sinal de crase mesmo quando a palavra feminina estiver implícita.

  Observe: Fiz uma reunião semelhante à que você fez no final do ano.

  Vale observar a palavra "reunião" implícita após "à".
- Diante de pronomes de tratamento, não há crase normalmente. A exceção ocorre quando o pronome de tratamento é feminino (senhora, senhorita, dona).
- Uma regra prática é indicada quando há casos de dúvida: troque a palavra feminina por uma masculina. Se, antes da masculina, aparecer "ao", haverá sinal de crase antes da feminina.

Observe: O candidato comunicou **à** banca que não aceitaria a nota da redação.

O candidato comunicou **ao** corretor que não aceitaria o escore da redação.

5. CONCORDÂNCIA VERBAL

- Nas questões que envolvem a relação do sujeito com o verbo, é fundamental localizar o sujeito. Lembre-se de que ele sempre aparece na ordem direta.

  Observe: Surgirão, após esse encontro, **boatos descabidos**.

  SUJEITO

- Verbos que indicam tempo (climático ou decorrido) não possuem sujeito. Importante dar atenção ao verbo "fazer" indicando TEMPO.

  Observe: Faz muitos anos que ela adoeceu.

  ERRO FREQUENTE: Fazem muitos anos que ela adoeceu.

- Os verbos auxiliares de verbos impessoais também se tornam impessoais e normalmente ficam na 3ª pessoa do singular.

  Observe: Está fazendo seis meses que ele partiu.

- Se o sujeito for representado por uma expressão no plural, é necessário observar se há artigo ou não.

  Perceba: Os Estados Unidos lutam contra o terrorismo.

  Estados Unidos luta contra o terrorismo.

6. CORRESPONDÊNCIA OFICIAL

- Correspondência Oficial é a comunicação que se estabelece oficialmente entre expedidor e receptor que representam, ou pelo menos um deles, algum órgão da Administração Pública.
- Qualquer documento oficial, segundo o Manual de Redação da Presidência da República, deve caracterizar-se pela impessoalidade, pelo emprego do padrão culto de linguagem, pela clareza, pela concisão, pela formalidade e pela uniformidade.
- As correspondências oficiais podem ser internas – as que mantêm entre si diversas autoridades – e externas, ou seja, as correspondências que se efetuam entre a autoridade geral e outra autoridade.
- A Correspondência Oficial deve ter fiel observância das regras de gramática ditadas pela tradição clássica da língua. Um texto correto não deve conter erros de sintaxe, erros de grafia, alterações na forma das palavras, vícios de tratamento.
- Um texto oficial não deve ter prolixidade, deve conter apenas o indispensável. Deve, inclusive, evitar cometer excessivo uso da palavra "que" ou entrar em detalhes desnecessários.
- Não se deve esquecer que, de acordo com a Instrução Normativa n. 4/1992 da Secretaria de Administração Federal, atualmente em vigor, há dois tipos de fecho para todas as modalidades de comunicação oficial: "Respeitosamente" (para autoridades superiores, inclusive o Presidente da República) e "Atenciosamente" (para autoridades da mesma hierarquia ou de hierarquia inferior).
- Deve-se observar a forma de tratamento ideal para a autoridade a quem o documento se dirige e a forma do documento.
- Há três tipos de expedientes que se diferenciam antes pela finalidade do que pela forma: **a exposição de motivos, o aviso e o ofício**. Para uniformizá-los, adotou-se uma diagramação única denominada "padrão ofício", que contém: tipo e número do expediente; local e data; endereçamento; assunto; vocativo; texto (introdução, desenvolvimento, conclusão, numeração dos parágrafos – exceto o fecho –, fecho, assinatura e identificação do signatário).

2. ESCRIVÃO DA POLÍCIA FEDERAL

QUESTÕES

TEXTO I

Lembremos que a modernidade se caracteriza não apenas por um novo modo de produção e de vida, mas também por uma nova forma de relacionamento entre os homens na sociedade, o que influi até mesmo no julgamento que fazemos uns dos outros. Essa forma de relacionamento, que vem desde a Revolução Industrial, é intermediada pelo trabalho, e os parâmetros para julgar as pessoas são o dinheiro e a propriedade. Entretanto, trabalho e dinheiro não estão disponíveis para todos. Em cidades superpopulosas, em meio às crises das indústrias, frequentemente os trabalhadores se veem sem meios de sobreviver. Essa relação entre os homens é, portanto, uma relação desigual, em que geralmente os trabalhadores estão em desvantagem, já que não possuem meios estáveis de sobrevivência e dependem de empregadores.

Andréa Buoro et al. *Violência urbana – dilemas e desafios*. São Paulo: Atual, 1999, p. 26.

1. (Escrivão – CESPE – 2002 – adaptada) Com respeito às ideias do texto I, julgue os itens abaixo.

a) A argumentação do texto reforça a ideia de que os parâmetros do dinheiro e da propriedade são justos e igualitários.

b) O segundo parágrafo é um comentário que apresenta ideias desfavoráveis à situação apresentada no primeiro.

c) O emprego do tempo e modo verbais de "Lembremos" (linha 1) indica uma sugestão para o raciocínio que se segue.

d) A expressão "mas também" (linha 3) introduz a complementação da ideia iniciada pela expressão antecedente "não apenas" (linha 2).

e) Pelas relações semânticas, a estrutura linguística localizada após a última vírgula do texto corresponde ao seguinte esquema:

	não possuem meios estáveis de sobrevivência
já que	
	dependem de empregados

2. (Escrivão – CESPE – 2002 – adaptada) Julgue os itens abaixo, a respeito das estruturas linguísticas empregadas no texto I.

a) A substituição de "Lembremos" (linha 1) por **Lembremo-nos de** provoca erro gramatical.

b) O trecho "que vem desde a Revolução Industrial" (linha 7) está entre vírgulas por se tratar de uma oração explicativa.

c) A palavra "meio" (linha 12) e seu plural "meios" (linha 13) sugerem a ideia de incompletude para a expressão "cidades superpopulosas" (linha 11), a que se referem.

d) O emprego do sinal indicativo de crase antes de "crises" (linha 12) indica que aí está presente também o artigo definido feminino plural **as**.

e) Se o pronome relativo "que" (linha 15, primeira ocorrência) for substituído por **qual**, a preposição que o antecede deve ser substituída por **na**.

3. (Escrivão – CESPE – 2002 – adaptada) No texto abaixo, cada item indicado corresponde à expressão em negrito que o antecede. Julgue se cada uma dessas expressões está, no texto, gramaticalmente correta.

O fato de a (A) polícia agir violentamente contra as pessoas classificadas como suspeitas anula um dos direitos básicos da vida **em** (B) democracia: o de ser considerado inocente até que prove **se** (C) o contrário. Todos os **trâmites** (D) legais que envolvem a investigação, o processo e a possível condenação são substituídos pelo julgamento e pela execução sumária da pena, **mediante à** (E) decisão isolada e arbitrária do policial.

Idem, ibidem, p. 53.

TEXTO II

Em 10 de dezembro de 1948, a Assembleia Geral da Organização das Nações Unidas (ONU) aprovou a Declaração Universal dos Direitos Humanos, ainda como parte das atividades inaugurais da organização, fundada em 1945, visando construir um tempo novo para a humanidade.

A Declaração está aí, porém quantos a conhecem na íntegra? No Brasil, por exemplo, o infeliz e absurdo *slogan* praticado por muitos, afirmando que "direitos humanos são direitos de bandidos", tem servido para a justificação de todo tipo de absurdo cometido, negando o que é, na essência, ligado à proteção da vida e da dignidade humanas. "Todos os seres humanos nascem livres e iguais em dignidade e direitos", enunciado do artigo primeiro, é, em si, um programa de trabalho praticamente inesgotável.

Os desafios da construção solidária — porque trabalhada em conjunto, fortalecida, sólida – da liberdade e da igualdade, sob as oscilações decorrentes da ordem mundial, passando da bipolaridade para as polaridades difusas ou múltiplas polaridades, demonstram que a Declaração estabeleceu apenas direções, que têm ajudado a humanidade a manter-se, minimamente, no caminho da sobrevivência.

Em tempos de violência, tão globalizada como a economia, há os que colocam sob suspeita e risco o respeito aos direitos humanos. Erro brutal, porque, se faltarem até os mínimos que a consciência humana estabeleceu para si mesma, não se terá mais a base comum sobre a qual caminhar.

Roseli Fischmann. *Correio Braziliense*, 10-12-2001 (com adaptações).

4. (Escrivão – CESPE – 2002 – adaptada) Em relação às ideias do texto II, julgue os itens abaixo.

a) Pela argumentação do texto, depreende-se que a autora considera a Declaração Universal dos Direitos Humanos uma ideia insuficiente para construir um tempo de paz e que deve ser substituída por outro documento mais radical contra a violência.

b) Segundo o texto, a Declaração Universal dos Direitos Humanos é abrangente, mas detalhada e minuciosa, de modo a oferecer diretrizes específicas e concretas para aplicação localizada e imediata.

c) De acordo com a argumentação do texto, infere-se que o conceito de globalização restringe-se aos aspectos financeiros e econômicos das diversas nações.

d) Conforme o texto, a humanidade, para preservar suas possibilidades de sobrevivência, precisa respeitar os objetivos mínimos de liberdade e igualdade que estabeleceu para si como uma base comum.

e) Infere-se do texto que muitos acreditam que os marginais, os delinquentes, os transgressores da lei não são dignos de exigirem para si os direitos humanos aplicáveis aos cidadãos honestos.

5. (Escrivão – CESPE – 2002 – adaptada) Em relação ao texto II, julgue os itens abaixo.

a) Mantêm-se as relações semânticas e a correção gramatical ao se substituir o gerúndio "visando" (linha 6) pela expressão de que visava.

b) O desenvolvimento do texto sugere que uma resposta à pergunta formulada nas linhas 8 e 9 poderia ser: Poucos; muito menos do que seria desejável.

c) O emprego da locução verbal "tem servido" (linha 12) indica que o *slogan* a que se refere já não serve mais.

d) A expressão entre travessões das linhas 19 e 20 representa um aposto explicativo de "construção solidária" (linha 19).

e) O acento gráfico em "têm" (linha 25) justifica-se pela concordância com "direções" (linha 25).

6. (Escrivão – CESPE – 2002 – adaptada) Acerca dos temas tratados no texto II, julgue o abaixo.

- Conclui-se do texto que "construir um tempo novo para a humanidade" (linhas 6 e 7) foi o objetivo das atividades inaugurais da ONU.

TEXTO III

A maioria dos comentários sobre crimes ou se limitam a pedir de volta o autoritarismo ou a culpar a violência do cinema e da televisão, por excitar a imaginação criminosa dos jovens. Poucos pensam que vivemos em uma sociedade que estimula, de forma sistemática, a passividade, o rancor, a impotência, a inveja e o sentimento de nulidade nas pessoas. Não podemos interferir na política, porque nos ensinaram a perder o gosto pelo bem comum; não podemos tentar mudar nossas relações afetivas, porque isso é assunto de cientistas; não podemos, enfim, imaginar modos de viver mais dignos, mais cooperativos e solidários, porque isso é coisa de "obscurantista, idealista, perdedor ou ideólogo fanático", e o mundo é dos fazedores de dinheiro.

Somos uma espécie que possui o poder da imaginação, da criatividade, da afirmação e da agressividade. Se isso não pode aparecer, surge, no lugar, a reação cega ao que nos impede de criar, de colocar no mundo algo de nossa marca, de nosso desejo, de nossa vontade de poder. Quem sabe e pode usar – com firmeza, agressividade, criatividade e afirmatividade – a sua capacidade de doar e transformar a vida, raramente precisa matar inocentes, de maneira bruta. Existem mil outras maneiras de nos sentirmos potentes, de nos sentirmos capazes de imprimir um curso à vida que não seja pela força das armas, da violência física ou da evasão pelas drogas, legais ou ilegais, pouco importa.

Jurandir Freire Costa. In: *Quatro autores em busca do Brasil*. Rio de Janeiro: Rocco, 2000, p. 43 (com adaptações).

7. (Escrivão – CESPE – 2002 – adaptada) Acerca das ideias do texto III, julgue os itens abaixo.

a) Muitos acreditam que a censura aos meios de comunicação seria uma forma de reduzir a violência entre jovens.

b) A argumentação do texto põe em confronto atitudes possíveis: uma que se caracteriza por passividade e impotência, outra, por resistência criativa.

c) O trecho "Não podemos (...) dinheiro" (linhas 8 a 16) apresenta exemplificações que funcionam como argumentos para a afirmação do período que o antecede.

d) Infere-se do texto que o autor culpa a violência do cinema e da televisão pela disseminação da violência nos dias atuais.

e) De acordo com as ideias defendidas no texto, as formas positivas de dar sentido à vida e experimentar a sensação de poder vinculam-se à maneira como se usa a capacidade de doação e de transformação.

8. (Escrivão – CESPE – 2002 – adaptada) Julgue os itens abaixo, a respeito do emprego das estruturas linguísticas do texto III.

a) Na linha 2, é obrigatório o emprego da forma verbal "limitam" para concordar com o sujeito da oração.

b) As relações semânticas entre os dois primeiros períodos do texto permitiriam iniciar o segundo período com a conjunção No entanto.

c) O pronome indefinido "Poucos" (linhas 4 e 5) refere-se a jovens de imaginação criminosa.

d) O emprego das aspas nas linhas 14 e 15 indica a simulação de comentários de outras pessoas, retomadas pelo autor.

e) Antes da forma verbal "Somos" (linha 17), seria coerente com as ideias do texto introduzir, para o fim de articulação sintática entre os parágrafos, a expressão Em consequência disso.

9. (Escrivão – CESPE – 2002 – adaptada) A violência é um problema crescente nas cidades. A liberação feminina tem como efeito colateral grave o fato de as mulheres estarem mais expostas ao risco. Além de enfrentar a violência doméstica – que, por incrível que pareça, segundo dados do Ministério da Justiça, atinge 80% das mulheres em idade adulta em algumas capitais –, elas têm de encarar perigos nas ruas. Dirigindo sozinhas, andando à noite e se aventurando por locais menos movimentados, as moças são uma isca para assaltantes. Mas os números mostram que elas estão reagindo. Entre 1999 e 2001, o número de queixas registradas nas 125 delegacias de defesa da mulher do estado de São Paulo aumentou quase 50% – já são 30.000 reclamações por mês.

Veja – Especial Mulher, p. 89 (com adaptações).

Julgue os itens que se seguem, a respeito do texto acima.

a) O desenvolvimento do texto mostra uma das formas por que a violência cresce nas grandes cidades, de acordo com a oração introdutória.

b) No segundo período, o emprego da preposição "de" sem contração com o artigo "as" indica que a expressão "as mulheres" constitui o sujeito de outra oração.

c) Para respeitar as regras de regência da norma culta, tanto a preposição "de" como a conjunção "que" podem ser empregadas após o verbo "têm" (terceiro período).

d) Depreende-se do texto que a expressão "estão reagindo" (penúltimo período) remete ao aumento do número de registro de queixas.

TEXTO IV

No nosso cotidiano, estamos tão envolvidos com a violência que tendemos a acreditar que o mundo nunca foi tão violento como agora: pelo que nos contam nossos pais e outras pessoas mais velhas, há dez, vinte ou trinta anos, a vida era mais segura, certos valores eram mais respeitados e cada coisa parecia ter o seu lugar.

Essa percepção pode ser correta, mas precisamos pensar nas diversas dimensões em que pode ser interpretada. Se ampliarmos o tempo histórico, por exemplo, ela poderá se mostrar incorreta.

Embora a violência não seja um fenômeno dos dias de hoje, pois está presente em toda e qualquer sociedade humana, sua ocorrência varia no grau, na forma, no sentido que adquire e na própria lógica nos diferentes períodos da História. O modo como o homem a vê e a vivencia atualmente é muito diferente daquele que havia na Idade Média, por exemplo, ou em outros períodos históricos em outras sociedades.

Andréa Buoro et al. *Violência urbana – dilemas e desafios*. São Paulo: Atual, 1999, p. 12 (com adaptações).

10. (Escrivão – CESPE – 2002 – adaptada) Com relação ao emprego das estruturas linguísticas do texto IV, julgue os itens abaixo.

a) Por referir-se ao sujeito da oração iniciada com "tendemos" (linha 2), a forma verbal no infinitivo "acreditar" (linha 2) poderia ser empregada flexionada: acreditarmos.

b) Se, em lugar do pronome plural "nos" (linha 4), fosse empregado o singular, me, o verbo que o segue deveria ser empregado no singular: conta.

c) Na linha 7, a forma verbal "parecia ter", empregada no singular, é gramaticalmente invariável: mesmo que o sujeito fosse plural, ela teria de ser empregada no singular.

d) Se o trecho "toda e qualquer sociedade humana" (linhas 14 e 15) fosse reescrito no plural, ter-se-ia: todas e qualquer sociedades humanas.

e) Se "O modo" (linha 18) for empregado no plural, é obrigatória a substituição do restante do sujeito por como os homens a veem e a vivenciam.

11. (Escrivão – CESPE – 2002 – adaptada) Julgue os itens abaixo, a respeito do emprego dos sinais de pontuação no texto IV.

a) Pela função que desempenha no texto, o sinal de dois-pontos depois de "agora" (linha 3) corresponde à ideia de pois, colocado entre vírgulas.

b) Para melhorar a clareza do texto, sem ferir a correção gramatical, deveria ser introduzido o termo atrás, entre vírgulas, imediatamente após a palavra "anos" (linha 5).

c) Pelo seu sentido textual, a oração entre vírgulas "pois está presente em toda e qualquer sociedade humana" (linhas 14 e 15) poderia vir entre parênteses.

d) Se a oração "pois está presente em toda e qualquer sociedade humana" (linhas 14 e 15) fosse retirada do texto, seria também obrigatória a retirada de ambas as vírgulas que a isolam.

e) Na linha 21, a inserção de uma vírgula após "períodos históricos" alteraria as relações semânticas entre essa expressão e "outras sociedades" (linha 21).

12. (Escrivão – CESPE – 2002 – adaptada) Os fragmentos abaixo constituem um texto, mas estão ordenados aleatoriamente.

I. Isso sugere uma crescente percepção de que existe algo que pode ser chamado de "bem público", algo que pertence à coletividade e deve ser protegido.

II. Aparecem muito nos noticiários, associados ao crime organizado, ao tráfico de drogas. E como se esse tipo de crime, ao atingir setores até então protegidos da sociedade, descobrisse seu lado mais sombrio.

III. Hoje em dia, fala-se muito em crimes de corrupção e roubo ao patrimônio público.

IV. Porém os crimes que mais reconhecemos como tal são o roubo ao patrimônio particular, os furtos, os assaltos e os assassinatos que ocorrem nas cidades.

V. Consequentemente, nossa atenção está muito voltada para os roubos seguidos de assassinato e para os dados estatísticos que indicam o aumento do número de homicídios em determinados bairros. Esses têm sido os crimes "por excelência", os que mais ocupam o espaço do debate público.

Andréa Buoro et al. *Violência urbana – dilemas e desafios*. São Paulo: Atual, 1999, p. 26 (com adaptações).

Considerando que a organização de um texto pressupõe a ordenação lógica e coerente de seus fragmentos, julgue os itens a seguir.

a) O fragmento II deve ser o período inicial do texto porque traz uma ideia introdutória e não se refere a antecedentes.

b) No fragmento I, a expressão "Isso sugere" resume e retoma a ideia do fragmento IV.

c) A conjunção "Porém", no fragmento IV, introduz uma ideia oposta à argumentação colocada nos fragmentos I e III.

d) O termo "Consequentemente", no fragmento V, relaciona-se à ideia daquilo que "mais reconhecemos" como crime, apresentada no fragmento IV.

e) O sujeito de "Aparecem", no fragmento II, está no fragmento I; por isso, esses fragmentos devem ser mantidos juntos na ordem em que estão.

13. (Escrivão – CESPE – 2002 – adaptada) Perguntamo-nos qual é o valor da vida humana. Alguns setores da sociedade acreditam que a vida do criminoso não tem o mesmo valor da vida das pessoas honestas. O problema é que o criminoso pensa do mesmo modo: se a vida dele não vale nada, por que a vida do dono da carteira deve ter algum valor? Se provavelmente estará morto antes dos trinta anos de idade (como várias pesquisas comprovam), por que se preocupar em não matar o proprietário do automóvel que ele vai roubar?

Idem, ibidem, p. 53.

Em relação ao texto acima, julgue os itens a seguir.

a) Há um consenso na sociedade de que o valor da vida não é hierárquico, é equivalente para todos os seres humanos.

b) Os criminosos acreditam que o valor da vida das pessoas que são por eles roubadas é superior ao valor de sua própria vida.

c) O uso da primeira pessoa do plural em "Perguntamo-nos" (primeiro período) tem a função generalizadora de estender o questionamento a qualquer ser humano.

d) O primeiro período do texto dispensa o ponto de interrogação por tratar-se de interrogação indireta.

e) Seria correto colocar sinal de dois-pontos após "Perguntamo-nos" (início do primeiro período) e ponto de interrogação após "humana" (final do primeiro período).

TEXTO V

A primeira vez que li *O Retrato de Dorian Gray*, de Oscar Wilde, era ainda pré-adolescente. Fiquei apavorado com a história do rapaz que fez um pacto com o diabo, para manter a beleza e a juventude, e cujo retrato vai registrando as marcas viciosas de sua vida. Mantinha a aparência e apodrecia por dentro.

Lembrei-me dele por um processo tortuoso de associações. Conversava sobre Leonel Brizola e sua luta pela educação. Cheguei a Darcy Ribeiro e ao sonho da educação que se moderniza para ser modernizante. As escolhas de Brizola refletiam o aprendizado, em sua própria vida, do valor da educação e da dificuldade de acesso a ela quando se é pobre e se está na periferia da sociedade dominante. Sua melhor decisão, no governo do Rio, foi pedir a Darcy Ribeiro que pensasse a política de educação.

Darcy era um doido do bem. Sua inteligência vertiginosa ia produzindo ideias e, na vertigem criativa, desconsiderava os aspectos terrenos de sua viabilidade. Mas é dessas loucuras que os povos precisam para evoluir.

(...)

Fui beneficiário do desenho que Darcy Ribeiro sonhou para a Universidade de Brasília. Tudo era avançado para a época. A estrutura integrada. O campus articulado. Na UnB, conheci primeiro a extensão universitária, os cursos avulsos. Eles faziam a universidade ferver, depois das aulas. Formava-se uma comunidade, que extravasava a sala de aula e invadia nossa própria vida. Essa vida, pulsando de inteligência, essa sede de conhecer e fazer, aprender e criticar faziam daquela universidade, ainda fisicamente em construção, a expressão do sonho louco de Darcy.

O leitor, impaciente, pergunta-se, com razão, sobre a relação com Dorian Gray. O monstro de Wilde tem a ver com a escola de hoje, tão longe da minha própria experiência de estudante e que me faz devedor da sociedade brasileira. Com a universidade de hoje, tão distante dos planos de Darcy. Mas o Dorian Gray, agora, é um monstro coletivo, somos nós, que aceitamos esse descalabro.

A sociedade não é o retrato apenas de seus governantes, é o retrato de seus cidadãos, em destaque, de suas elites. É o nosso retrato, do Brasil todo, de todos nós, que está lá, debaixo do pano, mostrando seu rosto monstruoso. Dorian Gray não era capaz de lidar com as implicações de suas escolhas: era um suicida. E nós?

Sérgio Abranches. Tolerância e perversão. *Veja*, 30-6-2004 (com adaptações).

14. (Escrivão – CESPE – 2004 – adaptada) Julgue os itens abaixo, referentes ao texto V e aos múltiplos aspectos relativos ao tema por ele abordado.

a) Na linha 5, por anteceder a segunda ocorrência da conjunção "e", a vírgula poderia ser retirada, sem prejuízo da organização da argumentação e da correção gramatical.

b) Pelo desenvolvimento das ideias no texto e pela pessoa verbal empregada, depreende-se que o sujeito de "Mantinha" (linha 6) é "cujo retrato" (linha 5).

c) Preservam-se a coerência textual e a correção gramatical se o espaço "(...)", na linha 24, for preenchido com o seguinte parágrafo: Comparando a sociedade com esse pacto com o diabo, registrando que se corrompe profunda e aceleradamente, numa mesma maneira de esconder o "mau" retrato por baixo do pano.

d) Na linha 47, preservam-se a correção gramatical e o sentido original do texto ao se deslocar "apenas" para antes de "o retrato".

e) O sinal de dois-pontos depois de "escolhas" (linha 53) introduz um esclarecimento ou explicação para o que foi expresso na oração anterior a respeito de Dorian Gray.

TEXTO VI

Quando acompanhamos a história das ideias éticas, desde a Antiguidade clássica até nossos dias, podemos perceber que, em seu centro, encontra-se o problema da violência e dos meios para evitá-la, diminuí-la, controlá-la.

Diferentes formações sociais e culturais instituíram conjuntos de valores éticos como padrões de conduta, de relações intersubjetivas e interpessoais, de comportamentos sociais que pudessem garantir a integridade física e psíquica de seus membros e a conservação do grupo social.

Evidentemente, as várias culturas e sociedades não definiram nem definem a violência da mesma maneira, mas, ao contrário, dão-lhe conteúdos diferentes, segundo os tempos e os lugares. No entanto, malgrado as diferenças, certos aspectos da violência são percebidos da mesma maneira, formando o fundo comum contra o qual os valores éticos são erguidos.

Marilena Chaui. *Convite à filosofia*. São Paulo: Ática, 1995. In: Internet: <www2.uol.com.br/aprendiz> (com adaptações).

15. (Escrivão – CESPE – 2004 – adaptada) A respeito das ideias e das estruturas linguísticas do texto VI, julgue os itens abaixo.

a) De acordo com a argumentação textual, o pronome em "seu centro" (linha 3) refere-se a "Antiguidade clássica" (linha 2).

b) Depreende-se do texto que, apesar de diferenças culturais e sociais, é por meio dos valores éticos estabelecidos em cada sociedade que se conserva o grupo social e se protegem seus membros contra a violência.

c) O emprego da preposição em "dos meios" (linha 4) indica que o complemento do núcleo nominal "problema" (linha 4) é composto por dois núcleos.

d) A repetição no emprego do verbo definir em "não definiram nem definem" (linha 13) reforça, na argumentação do texto, a dimensão temporal associada à significação de violência.

e) Com a omissão da expressão "ao contrário" (linha 14), seria mantida a coerência de argumentação no texto, mas se enfraqueceria a ideia de oposição.

f) A substituição da flexão de plural pela de singular na expressão "segundo os tempos e os lugares" (linhas 15 e 16) provocaria incoerência textual, uma vez que a expressão refere-se a "várias culturas" (linha 12).

g) No terceiro parágrafo, a significação do verbo definir corresponde a atribuir conteúdo.

TEXTO VII

Os jovens brasileiros têm fé em seu potencial de mudar o mundo. Nada menos que 58% acreditam, e muito, nesse ideal – é o que mostra uma pesquisa recém-concluída com 3.500 pessoas de 15 a 24 anos de idade, em 198 cidades.

O que se pode afirmar com certeza é que se está diante de uma geração que trocou a utopia pelo pragmatismo. Os jovens não são mais arrebatados por grandes questões de ordem, na linha capitalismo *versus* comunismo ou rebeldia *versus* caretice. De olho no futuro, estão mais interessados naquilo que pode afetar sua felicidade de forma concreta. Não à toa, acham que educação é muito importante. E preocupam-se com os fatores que podem ameaçar seus sonhos: a violência, da qual são as maiores vítimas, e o desemprego, capaz de minar a conquista da autonomia.

O fantasma que mais assusta é mesmo a violência. O problema atinge principalmente os garotos. Embora as camadas de menor poder aquisitivo sejam mais afetadas pelos efeitos da violência, é claro que os jovens das classes A e B também não estão livres dessa ameaça. Na ânsia de dar um basta à situação, a maioria deles defende medidas como a redução da idade penal para menos de 18 anos e a proibição da venda de armas.

VEJA Especial Jovens, jun. 2004, p. 13-4 (com adaptações).

16. (Escrivão – CESPE – 2004 – adaptada) Julgue os itens abaixo, a respeito do texto VII.

a) No primeiro parágrafo, o emprego das expressões "Nada menos que" e "e muito" é adequado ao texto jornalístico, mas não o seria caso esse parágrafo compusesse um texto de comunicação oficial, como um relatório, por exemplo.

b) Na linha 6, ao se eliminar "O que" e "é", fazendo-se os ajustes necessários nas iniciais maiúsculas, retira-se a ênfase no argumento, mas preservam-se a coerência textual e o respeito às regras da norma culta.

c) Na linha 12, o advérbio "mais" deixa subentendido algum outro termo de comparação com "Os jovens".

d) Preservam-se a correção gramatical e a coerência textual ao se retirar o ponto logo depois de "importante" (linha 14), desde que feitos os necessários ajustes no emprego de letra maiúscula e minúscula.

e) Nas linhas 19 e 20, os termos "O fantasma", "a violência" e "O problema" estabelecem uma sequência de denominações para o mesmo referente.

f) A oração "que mais assusta" (linha 19) poderia estar entre vírgulas, sem comprometimento da coerência das ideias do texto e da correção gramatical.

TEXTO VIII

Definimos guerra a partir da definição de nação e de Estado e conceituamos guerra civil por meio de critérios políticos, entre os quais devem ser incluídos os étnicos, raciais, linguísticos e religiosos. Mas, se redefinirmos guerra com base no número de mortes violentas, poderemos considerar que o país enfrenta, há muito tempo, um dos conflitos mais sangrentos da história. O Brasil, em geral, e o estado do Rio de Janeiro e sua capital, em particular, vivem uma catástrofe humana equivalente à soma das perdas militares em muitas guerras.

Gláucio Ary Dillon Soares. Somos mesmo violentos? *Correio Braziliense*, Pensar, 24-7-2004 (com adaptações).

17. (Escrivão – CESPE – 2004 – adaptada) Em relação ao texto VIII, julgue os itens abaixo.

a) O emprego da primeira pessoa do plural (linhas 1 a 8) justifica-se no artigo de opinião, mas exemplifica nível de formalidade incompatível com a redação de textos oficiais.

b) Como existem várias formulações possíveis para uma mesma ideia, a substituição de "devem ser incluídos" (linhas 3 e 4) por se devem incluir mantém a correção gramatical do período.

c) Em "se redefinirmos" (linha 5), como não se pode identificar o agente, o pronome "se" indica indeterminação do sujeito, o que reforça a objetividade e a impessoalidade do texto.

d) O emprego do sinal indicativo de crase em "à soma" (linha 11) justifica-se pela regência da forma verbal "vivem" (linha 10).

e) A expressão "soma das perdas militares" (linha 11) faz alusão aos prejuízos materiais advindos dos conflitos bélicos.

TEXTO IX

A violência urbana é uma enfermidade contagiosa. Embora acometa indivíduos vulneráveis em todas as classes sociais, é nos bairros pobres que ela se torna epidêmica. Os índices de preponderância variam de cidade para cidade e de um país para outro. Como regra, a epidemia começa nos grandes centros e se dissemina pelo interior. A incidência nem sempre é crescente; a mudança de fatores ambientais pode interferir em sua escalada. Sabe-se também que os genes herdados exercem influência fundamental na estrutura e função dos circuitos de neurônios envolvidos nos mecanismos bioquímicos da agressividade. É bom ressaltar, porém, que os fatores genéticos não condicionam o comportamento futuro: o impacto do meio ambiente é decisivo. Os mediadores químicos liberados e a própria arquitetura das conexões nervosas que constituem esses circuitos são dramaticamente modelados pelos acontecimentos sociais da infância.

Dráuzio Varella. Internet: <http://www.drauzio-vareila.com.br> (com adaptações).

18. (Escrivão – CESPE – 2004 – adaptada) Considerando o texto IX, julgue os itens abaixo.

a) De acordo com as informações do texto, os fatores ambientais são insuficientes para interferir na crescente escalada da violência em qualquer local.

b) Pelos sentidos do texto, ao se substituir "Embora" (linha 2) por Conquanto, mantém-se a mesma relação sintático/semântica e a correção gramatical do período.

c) Como o "interior" (linha 8) é uma região mais ampla e tem população rarefeita, a expressão "se dissemina" (linha 7) está sendo empregada com o sentido de se atenua, se dissolve.

d) Em "Sabe-se" (linha 10), o pronome "se", além de ser índice de indeterminação do sujeito, é um recurso que contribui para impessoalizar a informação dada.

e) As palavras "indivíduos", "vulneráveis", "incidência" e "neurônios", contidas no texto, apresentam acento gráfico com base na mesma regra.

f) Infere-se do texto que fatos ocorridos na infância podem modificar o funcionamento dos circuitos de neurônios envolvidos nos mecanismos biofísicos da agressividade.

TEXTO X

Até que ponto a banalização de atos violentos, exibidos nas salas de visita pelo país afora, na programação diária, dos desenhos animados aos programas de mundo-cão, contribui para a escalada da violência urbana? Essa questão é mais antiga do que se imagina. Surgiu no final da década de 40 do século XX, assim que a televisão entrou nas casas das famílias. Nos Estados Unidos, país com maior número de aparelhos por habitante, a autoridade máxima de saúde pública do país (Surgeon General) já afirmava em comunicado à nação, no ano de 1972: "A violência na televisão realmente tem efeitos adversos em certos membros de nossa sociedade". Desde então, a literatura médica já publicou sobre o tema 160 estudos de campo, que envolveram 44.292 participantes, e 124 estudos laboratoriais com 7.305 participantes. Absolutamente todos demonstraram a existência de relações claras entre a exposição de crianças à violência exibida pela mídia e por videojogos e o desenvolvimento de comportamento agressivo.

Idem, ibidem (com adaptações).

19. (Escrivão – CESPE – 2004 – adaptada) Acerca do texto X, julgue os itens abaixo.

a) Uma opção de grafia igualmente correta para substituir a palavra "afora" (linha 2) é a expressão a fora.

b) Em "**dos** desenhos" (linha 3), o termo sublinhado pode ser substituído por desde os sem prejuízo para a informação e a correção gramatical do período.

c) O termo "assim que" (linha 7) estabelece uma relação conclusiva entre as informações dos períodos por ele intercalados.

d) As vírgulas imediatamente após "Estados Unidos" (linha 9) e "habitante" (linha 10) não podem ser eliminadas, porque têm a função de isolar um aposto explicativo.

e) As informações numéricas relativas às pesquisas que evidenciam a influência da mídia e dos videojogos no comportamento agressivo constituem um argumento que reforça a tese do texto.

TEXTO XI

No filme *Justiça*, por meio da interação entre réus e magistrados, surge uma evidência importante, que é o papel ordenador da linguagem. A princípio, há um fosso gigantesco entre a fala desarticulada dos presos e a oratória empolada dos juízes. Eles "traduzem" os primeiros para os registros do escrivão, convertendo gírias e elipses em prosa especializada. À medida que o réu se familiariza com o jargão jurídico, passa a usá-lo também, seja para causar boa impressão pessoal, seja para alegar conhecimento das leis. É no gume de uma lâmina que a justiça monta sua máquina de observação. Maria Augusta Ramos, diretora do filme, triunfa, porque sabe equilibrar-se nesse fio tênue com arte, ética e perícia.

Carlos Alberto Mattos. *Corredores sem saída*. In: Internet: <http://www.nominimo.com>. Acesso em jun. 2004 (com adaptações).

20. (Escrivão – CESPE – 2004 – adaptada) A respeito das ideias e das estruturas do texto XI, julgue os itens abaixo.

a) Ao se substituir o trecho "importante, que é" (linhas 2 e 3) por importante:, mantém-se a correção gramatical e a informação original do período.

b) O emprego de aspas na linha 5 indica que a palavra por elas destacada está em sentido figurado, já que tradução, em sentido estrito, é a passagem de um texto de uma língua para outra.

c) A expressão "À medida que" (linha 7) tem valor equivalente e por isso pode ser substituída, sem que se altere a correção gramatical do período, por qualquer uma das seguintes expressões: À proporção que, Na proporção em que, Na medida em que, À medida em que.

d) A informação sobre a diretora do filme permite a inferência de que ela participou das cenas e foi filmada como personagem no cenário do tribunal de justiça.

TEXTO XII

A história é o lugar onde acontece o processo da superação do particular e da afirmação do geral. Trata-se da famosa astúcia da razão que se realiza na história. A história é, portanto, a cena da dominação; dizendo de outro modo, a dominação se realiza na história. Poderíamos dizer que a dominação tem características europeias, o que pode inclusive ser confirmado historicamente. A globalização surgiu na Europa com o movimento protestante e hoje domina o mundo.

O mundo é dominado pela racionalidade subjetiva, no contexto histórico dominado pela racionalidade europeia. A dominação e a colonização do mundo são, portanto, as últimas palavras da modernidade, e por isso temos de nos perguntar qual é o preço a pagar para sermos modernos e entrarmos no mundo global.

Miroslav Milovic. *Comunidade da diferença*. Rio de Janeiro: Relume Dumará, 2004, p. 20 (com adaptações).

21. (Escrivão – CESPE – 2009 – adaptada) Julgue os itens abaixo, tomando por base a organização do texto XII.

a) Pela argumentação do texto, infere-se que, se não existisse globalização, também não existiria o domínio da racionalidade e, por consequência, não haveria colonização.

b) Nas linhas 1 e 2, a repetição da preposição de antes de "superação", "particular" e "afirmação" indica que esses três termos estão empregados como complemento do nome "processo", caracterizando-o como acontecimento na história.

c) Na organização da argumentação, a opção pelo uso do futuro do pretérito na flexão do verbo auxiliar, em "Poderíamos dizer" (linha 6), indica que o autor, em um tempo anterior à escrita do texto, considerava duvidosa a hipótese de a dominação ter "características europeias" (linha 7).

d) A relação entre as ideias do texto admite que, na linha 8, fazendo-se os devidos ajustes na letra inicial maiúscula, o sinal de ponto depois de "historicamente" seja substituído pelo sinal de dois-pontos, de forma a deixar explícito um argumento de confirmação histórica.

e) No período "A globalização (...) o mundo" (linhas 8 e 10), a preposição "com" estabelece relação de adição entre "globalização" e "movimento protestante", podendo-se, portanto, usar o verbo da segunda oração flexionado no plural – dominam –, sem prejuízo da coerência e da correção gramatical do texto.

f) No último período do texto, o emprego do conectivo "por isso" evidencia a relação de causa e consequência estabelecida entre as "últimas palavras da modernidade" – a "dominação e a colonização" – e o questionamento sobre o preço a pagar pela modernidade e globalização.

g) As regras gramaticais e a coerência textual permitem que o trecho "sermos modernos e entrarmos" (linhas 16 e 17) seja substituído por ser moderno e entrar, opção em que não se evidencia o sujeito das orações, ao contrário do que ocorre quando se emprega o infinitivo flexionado.

TEXTO XIII

Não existem soluções mágicas, é claro, mas uma coisa é certa: uma crise global requer soluções globais. Se não as encontrarmos, as consequências serão desastrosas, a começar pela morte de 2 milhões de crianças nos próximos cinco anos. Por conta da globalização, ninguém será poupado, especialmente aqueles que são vítimas inocentes: as vulneráveis populações da África, por exemplo, e as mulheres. Ela atinge todos os aspectos da sociedade: educação, segurança alimentar, as perspectivas de desenvolvimento da chamada economia verde etc. Ela também fortalece o "egotismo nacionalista" e incrementa a xenofobia. Esta crise, porém, não é apenas econômica; ela também é uma crise moral. É uma crise institucional e filosófica do sistema que construímos.

O mundo ruma para a incerteza? *Planeta*, ago. 2008, p. 51 (com adaptações).

22. (Escrivão – CESPE – 2009 – adaptada) Tomando por base a organização do texto XIII, julgue os itens abaixo.

a) Amplia-se a possibilidade de a primeira asserção do texto ser verdadeira, preservando-se a correção gramatical e a coerência entre os argumentos, ao se substituir "Não existem" (linha 1) por Não devem haver.

b) A correção gramatical do texto seria preservada se fosse empregada a forma verbal encontrássemos em lugar de "encontrarmos" (linha 3), com a vantagem de se reforçar a ideia de condição expressa pela oração iniciada por "Se não" (linha 3).

c) A vírgula empregada após "desastrosas" (linha 4) separa a oração "as consequências serão desastrosas" (linhas 3 e 4) de uma outra, que lhe atribui uma circunstância, sendo também coerente e gramaticalmente correto iniciá-la por começando, em lugar de "a começar" (linha 4).

d) No texto, dada a sua forma feminina, o pronome "Ela" (linha 9) tanto poderia remeter a "globalização" (linha 6) quanto a "crise global" (linha 2), mas o trecho "Esta crise, porém" (linha 14), evidencia que, pela coerência da argumentação, o pronome se refere a "crise global" (linha 2).

e) Na linha 16, devido às relações de coesão do último período do texto, estariam mantidas a correção gramatical e a coerência do texto se fosse inserida a preposição de antes do pronome "que", escrevendo-se de que.

23. (Escrivão – CESPE – 2009 – adaptada) A respeito das normas estabelecidas para redação oficial, julgue o item a seguir.

- Respeita as normas de redação de documentos oficiais o seguinte endereçamento de um envelope.

  A Vossa Excelência
  Dr. Cristóvão Hernandes
  DD. Juiz de Direito da 99.a Vara Cível
  Rua Jardim da América, 2.345
  01.000-101 Belo Horizonte – MG

TEXTO XIV

O que tanta gente foi fazer do lado de fora do tribunal onde foi julgado um dos mais famosos casais acusados de assassinato no país? Torcer pela justiça, sim: as evidências permitiam uma forte convicção sobre os culpados, muito antes do encerramento das investigações. Contudo, para torcer pela justiça, não era necessário acampar na porta do tribunal, de onde ninguém podia pressionar os jurados. Bastava fazer abaixo-assinados via Internet pela condenação do pai e da madrasta da vítima. O que foram fazer lá, ao vivo? Penso que as pessoas não torceram apenas pela condenação dos principais suspeitos. Torceram também para que a versão que inculpou o pai e a madrasta fosse verdadeira.

O relativo alívio que se sente ao saber que um assassinato se explica a partir do círculo de relações pessoais da vítima talvez tenha duas explicações. Primeiro, a fantasia de que em nossas famílias isso nunca há de acontecer. Em geral temos mais controle sobre nossas relações íntimas que sobre o acaso dos maus encontros que podem nos vitimar em uma cidade grande. Segundo, porque o crime familiar permite o lenitivo da construção de uma narrativa. Se toda morte violenta, ou súbita, nos deixa frente a frente com o real traumático, busca-se a possibilidade de inscrever o acontecido em uma narrativa, ainda que terrível, capaz de produzir sentido para o que não tem tamanho nem nunca terá, o que não tem conserto nem nunca terá, o que não faz sentido.

Maria Rita Khel. *A morte do sentido*. Internet: <www.mariaritakehl.psc.br> (com adaptações).

24. (Escrivão – CESPE – Escrivão de Polícia Federal – DPF/2013) Com base no texto acima, julgue os itens a seguir.

a) Sem prejuízo das relações sintático-semânticas do texto, os dois últimos períodos do primeiro parágrafo do texto poderiam ser corretamente reescritos da seguinte forma: Penso que as pessoas não torceram apenas pela condenação dos principais suspeitos, tendo torcido também – e principalmente – para que a versão que inculpou o pai e a madrasta fosse verdadeira.

b) Sem prejuízo do sentido original do texto, os dois-pontos empregados logo após "sim" (l.4) poderiam ser substituídos por vírgula, seguida de dado que ou uma vez que.

c) De natureza indagativa, o texto coteja o comportamento do povo diante de determinados julgamentos. Em relação a uns, o povo se mobiliza ruidosamente; a outros, manifesta completo desinteresse.

d) O trecho "o que não tem tamanho nem nunca terá, o que não tem conserto nem nunca terá, o que não faz sentido" (l. 30-32) evoca o sentimento de revolta das famílias vítimas de violência urbana.

e) As expressões nominais "os culpados" (l.5), "os jurados" (l.9), "principais suspeitos" (l.13) e o "o pai e a madrasta" (l.14-15) formam uma cadeia coesiva, referindo-se a "um dos mais famosos casais acusados de assassinato no país" (l.2-3).

f) A substituição da expressão "ainda que terrível" (l.29) por senão que terrível preservaria a correção gramatical e o sentido original do texto.

g) O emprego dos elementos "onde" (l.2) e "de onde" (l.8), no texto, é próprio da linguagem oral informal, razão por que devem ser substituídos, respectivamente, por no qual e da qual, em textos que requerem o emprego da norma padrão escrita.

h) Sem prejuízo da correção gramatical e do sentido do texto, a oração "que inculpou o pai e a madrasta" (l.14-15) poderia ser isolada por vírgulas, sendo a opção pelo emprego desse sinal de pontuação uma questão de estilo apenas.

TEXTO XV

A fim de solucionar o litígio, atos sucessivos e concatenados são praticados pelo escrivão. Entre eles, estão os atos de comunicação, os quais são indispensáveis para que os sujeitos do processo tomem conhecimento dos atos acontecidos no correr do procedimento e se habilitem a exercer os direitos que lhes cabem e a suportar os ônus que a lei lhes impõe.

Internet: <http://jus.com.br> (com adaptações).

25. (Escrivão – CESPE – Escrivão de Polícia Federal – DPF/2013) No que se refere ao texto acima, julgue os itens seguintes.

a) Não haveria prejuízo para a correção gramatical do texto nem para seu sentido caso o trecho "A fim de solucionar o litígio" (l.1) fosse substituído por Afim de dar solução à demanda e o trecho "tomem conhecimento dos atos acontecidos no correr do procedimento" (l.5-6) fosse, por sua vez, substituído por conheçam os atos havidos no transcurso do acontecimento.

b) Nas linhas 3-4, a correção gramatical do texto seria mantida caso a expressão "os quais" fosse substituída por que ou fosse suprimida, desde que, nesse último caso, fosse suprimida também a forma verbal "são".

c) O trecho "os sujeitos (...) lhes impõe" (l.4-8) poderia ser corretamente reescrito da seguinte forma: cada um dos sujeitos do processo tome conhecimento dos atos acontecidos no correr do procedimento e se habilite a exercer os direitos que lhes cabe e a suportar os ônus que a lei lhes impõe.

TEXTO XVI

O processo penal moderno, tal como praticado atualmente nos países ocidentais, deixa de centrar-se na finalidade meramente punitiva para centrar-se, antes, na finalidade investigativa. O que se quer dizer é que, abandonado o sistema inquisitório, em que o órgão julgador cuidava também de obter a prova da responsabilidade do acusado (que consistia, a maior parte das vezes, na sua confissão), o que se pretende no sistema acusatório é submeter ao órgão julgador provas suficientes ao esclarecimento da verdade. Evidentemente, no primeiro sistema, a complexidade do ato decisório haveria de ser bem menor, uma vez que a condenação está atrelada à confissão do acusado. Problemas de consciência não os haveria de ter o julgador pela decisão em si, porque o seu veredito era baseado na contundência probatória do meio de prova "mais importante" – a confissão. Um dos motivos pelos quais se pôs em causa esse sistema foi justamente a questão do controle da obtenção da prova: a confissão, exigida como prova plena para a condenação, era o mais das vezes obtida por meio de coações morais e físicas.

Esse fato revelou a necessidade, para que haja condenação, de se proceder à reconstituição histórica dos fatos, de modo que se investigue o que se passou na verdade e se a prática do ato ilícito pode ser atribuída ao arguido, ou seja, a necessidade de se restabelecer, tanto quanto possível, a verdade dos fatos, para a solução justa do litígio. Sendo esse o fim a que se destina o processo, é mediante a instrução que se busca a mais perfeita representação possível dessa verdade.

Getúlio Marcos Pereira Neves. Valoração da prova e livre convicção do juiz. *Jus Navigandi*, Teresina, ano 9, n. 401, ago. 2004 (com adaptações).

26. (Escrivão – CESPE – Escrivão de Polícia Federal – DPF/2013) No que se refere às ideias e aos aspectos linguísticos do texto acima, julgue os itens que se seguem.

a) Seriam mantidas a correção gramatical e a coesão do texto, caso o pronome "os", em "não os haveria de ter" (l.16), fosse deslocado para imediatamente depois da forma verbal "ter", escrevendo-se tê-los.

b) Infere-se do emprego das expressões "tanto quanto possível" (l.30-31) e "a mais perfeita representação possível" (l.34) que a instrução processual nem sempre consegue retratar com absoluta exatidão o que aconteceu na realidade dos fatos.

c) Depreende-se do texto que é praticado atualmente, ao menos nos países ocidentais, um método investigativo no qual a contundência probatória da confissão é suficiente para ensejar a condenação do arguido.

d) A argumentação do autor centra-se nessas duas ideias: condenação da imputação da pena baseada na confissão do acusado e valorização da instrução processual na busca de provas suficientes para uma solução justa do litígio.

e) O segundo período do primeiro parágrafo do texto estaria gramaticalmente correto se fosse reescrito da seguinte forma: Quer-se dizer que, não mais vigorando o sistema inquisitório (no qual o órgão julgador cuidava também de obter a prova da responsabilidade do acusado – a qual consistia, no mais das vezes, na sua confissão), o que se almeja no sistema acusatório é fornecer ao órgão julgador provas bastantes ao esclarecimento da verdade.

27. (Escrivão – CESPE – Escrivão de Polícia Federal – DPF/2013) Com relação à função e à linguagem das correspondências oficiais, julgue os itens seguintes.

a) Formas de tratamento como Vossa Excelência e Vossa Senhoria, ainda que sejam empregadas sempre na segunda pessoa do plural e no feminino, exigem flexão verbal de terceira pessoa; além disso, o pronome possessivo que faz referência ao pronome de tratamento também deve ser o de terceira pessoa, e o adjetivo que remete ao pronome de tratamento deve concordar em gênero e número com a pessoa – e não com o pronome – a que se refere.

b) Para comunicação entre unidades de um mesmo órgão, emprega-se o memorando, expediente cuja tramitação apresenta como principais características a rapidez e a simplicidade.

c) O emprego do padrão culto da língua em expedientes oficiais é justificado pelo alto nível de escolaridade daqueles que os redigem e daqueles a quem se destinam.

d) A formalidade de tratamento empregada para se dirigir ao destinatário de uma comunicação oficial varia de acordo com a relação existente entre quem a expede e quem a recebe. Isso equivale a dizer que a hierarquia presente entre os interlocutores é determinante para a escolha adequada dos pronomes de tratamento adotados no texto.

28. (CESPE – Escrivão de Polícia Federal – DPF/2013) Julgue os itens a seguir, conforme a adequação da linguagem dos excertos a um texto de correspondência oficial, o qual, segundo o Manual de Redação da Presidência da República, deve caracterizar-se por impessoalidade, uso do padrão culto de linguagem, clareza, concisão, formalidade e uniformidade.

a) Informamos que, na reunião passada, onde discutiram-se questões relativas a revisão da remuneração de escrivães e outros assuntos de ordem financeira, a ata não foi assinada por todos os presentes.

Atenciosamente,

José da Silva

b) Senhor Corregedor,

A ação rigorosa da Polícia Federal no sentido de extirpar os crimes de tráfico das comunidades menos favorecidas foi determinante para que a operação fosse considerada bem-sucedida até a presente fase. Faz-se necessário, agora, que se acompanhem regularmente as atividades dos cidadãos residentes nos locais envolvidos. Visa-se, com isso, a não reincidência de crime nas etapas subsequentes do projeto e em período posterior ao seu término.

GABARITO COMENTADO

1.

A. ERRADO Segundo o texto, ao contrário do que a proposição afirma, a modernidade criou uma forma de relacionamento entre as pessoas baseada no dinheiro e na propriedade. Tais parâmetros tornaram a relação entre os homens desigual.

B. CERTO O próprio conectivo que introduz o segundo parágrafo (entretanto) já denota oposição às ideias anteriormente expostas. No referido parágrafo, são apresentadas ideias desfavoráveis em relação ao que se colocou no primeiro parágrafo.

C. CERTO A forma verbal "lembremos" está no presente do subjuntivo e, no texto, indica uma sugestão para o que é dito imediatamente após.

D. CERTO A dupla "não apenas... mas também" indica a existência de duas estruturas/ideias encadeadas entre si, sendo que "mas também" introduz uma ideia que complementa a ideia anterior. Observe: "...a modernidade se caracteriza não apenas por um novo modo de produção e de vida, mas também por uma nova forma de relacionamento entre os homens na sociedade...".

E. CERTO O trecho "Já que não possuem meios estáveis de sobrevivência e dependem de empregadores" explicita duas causas para o fato de "os trabalhadores estarem em desvantagem". O conectivo "já que", portanto, está explícito no início da primeira oração da sentença e está implícito após o conectivo "e".

Observe: "...os trabalhadores estão em desvantagem, **já que** não possuem meios estáveis de sobrevivência e [já que] dependem de empregadores".

2.

A. ERRADO Ao substituir a forma verbal "lembremos" por "lembremo-nos de", não há erro gramatical. Vale ressaltar, entretanto, que "lembrar" é verbo transitivo direto; "lembrar-se" é verbo transitivo indireto e exige a presença da preposição "de".

B. CERTO A oração "que vem desta Revolução Industrial" explica o sentido do termo antecedente "essa forma de relacionamento". Cabe lembrar que as orações adjetivas explicativas aparecem isoladas por vírgulas, travessões ou parênteses.

Comentário extra: As orações adjetivas são introduzidas pelos pronomes relativos. Quando o sinal de pontuação que isola a oração adjetiva explicativa é retirado, a oração adjetiva se torna restritiva. Neste caso, a mudança de pontuação gera uma mudança de sentido.

Observe:

Os meios de comunicação, **que discordavam da lei**, não se manifestaram.

↪ ADJ. EXPLICATIVA

Os meios de comunicação **que discordavam da lei** não se manifestaram.

↪ ADJ. RESTRITIVA

C. ERRADO O termo "meio" (linha 12) indica o momento atravessado pelas "cidades superpopulosas"; "meios" (linha 13) significa "recursos", "mecanismos" e possui valor substantivo. Não sugerem, portanto, **incompletude** em relação à expressão "cidades superpopulosas".

D. CERTO A expressão "em meio às crises das indústrias" contém o sinal indicativo de crase, pois houve a fusão da preposição "a" (em meio A) com o artigo "as", que acompanha a palavra feminina "crises".

E. CERTO No fragmento "Essa relação entre os homens é, portanto, uma relação desigual, **em que** geralmente os trabalhadores estão em desvantagem", o termo grifado é pronome relativo e pode ser substituído por **na qual**.

Comentário extra: Normalmente, os pronomes relativos "que" e "quem" podem ser substituídos por "o qual", "a qual", "os quais", "as quais". Se houver uma preposição antecedendo os pronomes "que" e/ou "quem", ela também será colocada antes de "o qual" e variações.

Observe:

O médico **em quem** confio fará a cirurgia.

↪ (no qual)

O dinheiro **de que** você precisa será depositado em sua conta.

↪ (do qual).

3.

A. CERTO Como o termo "a polícia" exerce função de sujeito da forma verbal "agir", não pode ser preposicionado, ou seja, não haverá contração entre "de" e "a". Portanto, a expressão está corretamente colocada no texto.

Comentário extra: O núcleo do sujeito não aparece preposicionado.

Observe:

Sairemos antes de **o sol** nascer.

↪ SUJ.

O termo "o sol" funciona como sujeito de "nascer".

B. CERTO O emprego da preposição "em" na expressão "...direitos básicos da vida **em** democracia" está correto. Tal preposição introduz uma locução adjetiva.

C. ERRADO O pronome oblíquo "se", presente na sentença, deve ser colocado antes do verbo (próclise), pois o vocábulo "que" funciona como uma partícula de atração, ou seja, atrai o pronome oblíquo. O correto seria "...até **que se** prove o contrário".

D. CERTO O termo "trâmites" está corretamente grafado e coerentemente utilizado no contexto.

E. ERRADO A expressão "mediante a" não deve conter o sinal indicativo de crase, pois "mediante" é, no contexto, uma preposição; dispensa, portanto, a existência de outra preposição, presente na ocorrência do sinal de crase.

4.

A. ERRADO A autora não propõe a substituição da Declaração Universal dos Direitos Humanos por outro documento mais radical contra a violência, embora afirme que "a Declaração estabeleceu apenas direções, que têm ajudado a humanidade a manter-se, minimamente, no caminho da sobrevivência".

B. ERRADO No texto, não há características pormenorizadas da Declaração Universal dos Direitos Humanos. Além disso, não se faz referência à oferta de "diretrizes específicas e concretas para a aplicação localizada e imediata".

C. ERRADO A argumentação do texto não se debruça sobre o conceito de globalização. O que se afirma é: "Em tempos de violência, tão globalizada como a economia, há os que colocam sob suspeita e risco o respeito aos direitos humanos".

D. CERTO A afirmativa está comprovada no final do segundo parágrafo e no terceiro parágrafo: "Os desafios da construção solidária (...) da liberdade e da igualdade (...) demonstram que a Declaração estabeleceu apenas direções, que têm ajudado a humanidade a manter-se, minimamente, no caminho da sobrevivência. (...) há os que colocam sob suspeita e risco o respeito aos direitos humanos. Erro brutal, porque, se faltarem até os mínimos que a consciência humana estabeleceu para si mesma, não se terá mais a base comum sobre a qual caminhar".

E. CERTO A proposição está comprovada no início do segundo parágrafo: "No Brasil, por exemplo, o infeliz e absurdo *slogan* praticado por muitos, afirmando que "direitos humanos são direitos de bandidos", tem servido de justificação de todo tipo de absurdo cometido, negando o que é (...) ligado à proteção da vida e da dignidade humanas".

5.

A. ERRADO A forma verbal "visando" poderia ser substituída, preservando as relações semânticas por "que visava". A presença da preposição "de" constitui, no contexto, uma infração à norma gramatical.

B. CERTO No desenvolvimento do texto, fica clara a ideia de que poucos estão preparados para seguir as orientações determinadas pela Declaração Universal dos Direitos Humanos. Observe o fragmento: "'Todos os seres humanos nascem livres e iguais em dignidade e direitos', enunciado do artigo primeiro, é, em si, um programa de trabalho praticamente inesgotável".

C. ERRADO A estrutura verbal "tem servido", empregada no texto, se prolonga até o momento presente, um presente durativo. Desse modo, não indica "que o *slogan* (...) já não serve mais".

D. CERTO O termo entre travessões explica a expressão "construção solidária"; funciona, portanto, como aposto explicativo. Observe: "Os desafios da construção solidária – porque trabalhada em conjunto, fortalecida, sólida – da liberdade e da igualdade...".

E. CERTO Na sentença "...estabeleceu apenas direções, que têm ajudado a humanidade", o pronome relativo "que" substitui o termo "direções" e exerce a função sintática de sujeito. Obriga, portanto, a forma verbal "têm" a concordar com o termo "direções", ao qual substitui.

6. ERRADO Segundo o texto, a fundação da ONU visou construir um tempo novo para a humanidade. A alternativa afirma que a construção do novo tempo para a humanidade foi "o objeto das atividades inaugurais da ONU".

7.

A. CERTO Segundo o texto, "a maioria dos comentários sobre crimes ou se limitam a pedir de volta o autoritarismo ou a culpar a violência do cinema e da televisão, por excitar a imaginação criminosa dos jovens". Deduz-se, portanto, que, para muitos, a censura seria uma forma de reduzir a violência entre os jovens.

B. CERTO No primeiro parágrafo, o texto faz referência às atitudes atreladas à passividade e à impotência; no segundo parágrafo, há referência às atitudes que traduzem a "resistência criativa".

C. CERTO O trecho citado na alternativa é constituído por exemplos que comprovam a afirmação feita no período que o antecede: "Poucos pensam que vivemos em uma sociedade que estimula, de forma sistemática, a passividade, o rancor, a impotência, a inveja e o sentimento de nulidade nas pessoas".

D. ERRADO Ao contrário do que a alternativa propõe, o autor do texto não culpa "a violência do cinema e da televisão pela disseminação da violência nos dias atuais". Ele faz referência a essa ideia do senso comum e disserta sobre questões mais complexas e profundas que se relacionam com o comportamento humano.

E. CERTO A proposição é legitimada pelo seguinte trecho: "Quem sabe e pode usar (...) a sua capacidade de doar e transformar a vida, raramente precisa matar inocentes...".

PORTUGUÊS

8.

A. ERRADO Como o sujeito da forma verbal "limitam" é a expressão "a maioria dos comentários sobre crimes", há duas possibilidades de concordância: pode-se fazer a concordância com o núcleo "maioria" ou com a expressão plural "comentários sobre os crimes". É correto, portanto, utilizar "limitam" ou "limita".

Comentário extra: Este é um caso especial de concordância verbal. A regra geral coloca que o **VERBO** concorda com o **NÚCLEO DO SUJEITO.** Ocorrem, entretanto, alguns casos especiais.

B. CERTO Como há uma relação de contradição entre os dois parágrafos, a colocação da conjunção "no entanto" daria maior coesão ao texto.

C. ERRADO O termo "poucos" é um pronome substantivo indefinido, substitutivo de "algumas pessoas" que "pensam que vivemos em uma sociedade que estimula (...) a passividade, o rancor, a impotência...". O referido termo não faz referência aos "jovens de imaginação criminosa".

D. CERTO O trecho "obscurantista, idealista, perdedor ou ideólogo fanático" está entre aspas, demonstrando que o autor está simulando a fala /o comentário de outras pessoas.

E. ERRADO A relação existente entre os dois parágrafos é de contradição, oposição. A expressão "Em consequência disso" só poderia ser utilizada para introduzir o segundo parágrafo, se houvesse uma relação de causa e efeito entre os parágrafos.

9.

A. CERTO Segundo o texto, "a liberação feminina" expõe mais as mulheres a riscos. A violência urbana, portanto, cresce.

B. CERTO O termo "as mulheres" funciona como sujeito da forma verbal "estarem". Como o núcleo do sujeito não admite preposição, não é possível contrair a preposição "de" com o artigo "as".

C. CERTO Estão corretas as duas construções: "elas têm de encarar perigos nas ruas" e "elas têm que encarar perigos nas ruas". Na primeira ocorrência, o "de" é preposição essencial; na segunda, o "que" é preposição acidental.

D. CERTO A forma verbal "estão reagindo" indica um aumento dos registros de denúncias de violência feitos pelas mulheres. Tal fato é comprovado no último período do texto.

10.

A. ERRADO No fragmento "...estamos tão envolvidos com a violência que tendemos a acreditar que o mundo...", a forma verbal "acreditar" está no infinitivo e não pode ser flexionada, pois o verbo auxiliar, nessa situação, é que deve concordar com o sujeito.

B. ERRADO A forma verbal "contam" está concordando com o sujeito posposto "nossos pais e outras pessoas mais velhas". Desse modo, mesmo substituindo o pronome "**nos**" por "**me**", não haveria modificação da forma verbal, pois o pronome "nos" funciona como objeto indireto, e os objetos não mantêm relação com o verbo.

C. ERRADO A estrutura verbal "parecia ter" não é invariável: concorda com o sujeito da sentença – "cada coisa". Caso se pluralizasse o sujeito, tal estrutura verbal também iria para o plural.

Comentário extra: Quando o verbo **parecer** estiver antes de um verbo no **infinitivo**, admitem-se duas possibilidades de concordância: pode-se variar o verbo "parecer" ou se pode variar o infinitivo.

Observe: Os dias parecem demorar a passar.

Os dias parece demorarem a passar.

D. ERRADO Ao pluralizar a expressão "toda e qualquer sociedade humana", obtém-se "todas e quaisquer sociedades humanas".

E. ERRADO A expressão "O modo como o homem vê e a vivencia atualmente" funciona como sujeito da forma verbal "é". Ocorre, entretanto, que o núcleo do sujeito é o termo "modo". É possível pluralizar o núcleo "modo" sem a necessidade ou obrigatoriedade de pluralizar os demais termos.

Observe: Os modos como o homem vê e a vivencia atualmente são muito diferentes.

11.

A. CERTO Os dois-pontos presentes na linha 2 podem ser substituídos pelo conectivo "pois", haja vista que introduzem uma explicação. O conectivo ficaria entre vírgulas: a vírgula existente antes dele seria necessária porque, antes de conjunções explicativas, usa-se vírgula; a vírgula existente depois dele seria necessária por causa do deslocamento da oração "pelo que nos contam nossos pais e outras pessoas".

Observe: ...o mundo nunca foi tão violento como agora, pois, pelo que nos contam nossos pais e outras pessoas mais velhas, há dez, vinte ou trinta anos, a vida era mais segura...

B. ERRADO O acréscimo da palavra "atrás" após o termo "anos" é totalmente desnecessária: a forma verbal "há" equivale a "faz", indicando tempo passado/decorrido, portanto a sua presença já é indicativo de passado. Não se deve construir, portanto, "há dez, vinte ou trinta aos **atrás**".

C. CERTO A oração "pois está presente em toda e qualquer sociedade humana" tem caráter explicativo, portanto poderia ser isolada por parênteses, embora não seja comum a utilização desse recurso.

D. ERRADO Caso a referida oração fosse retirada, haveria ainda a necessidade de manter a 2ª vírgula, pois a oração "Embora a violência não seja um fenômeno dos dias de hoje" está deslocada.

Observe:

Período do texto: "Embora a violência não seja um fenômeno dos dias de hoje, pois está presente em toda e qualquer sociedade humana, sua ocorrência varia no grau...".

Período com alteração proposta: "Embora a violência não seja um fenômeno dos dias de hoje, sua ocorrência varia no grau...".

Comentário extra: O adjunto adverbial, na ordem direta, ocupa o final da sentença. Caso seja deslocado, deve ser isolado por vírgula.

E. CERTO A colocação da vírgula após "períodos históricos" produziria uma mudança de sentido no período. Sem essa vírgula, o termo "em outras sociedades" estaria ligado a "períodos históricos". Com a vírgula sugerida, o termo "em outras sociedades" estaria ligado à forma verbal "havia".

12.

A. ERRADO O período inicial do texto deve ser o fragmento III, pois apresenta uma ideia ampla, genérica, que deverá ser desenvolvida.

B. ERRADO A expressão "isso sugere" retoma e resume a ideia do fragmento III. "Isso" faz referência ao fato de se falar em "roubo do patrimônio público".

C. CERTO O conectivo "porém" cria uma relação de oposição com as ideias dos fragmentos I e III.

D. CERTO O fragmento IV e o fragmento V estão ligados: no IV, fala-se em crimes que são reconhecidos (roubo ao patrimônio particular, furtos, assaltos...); no V, a ideia é reiterada – "...nossa atenção está muito voltada para os roubos seguidos de assassinato...".

E. ERRADO A forma verbal "aparecem" está ligada ao termo "crimes". A conexão do fragmento I com o fragmento II não é coerente.

Comentário extra: Questões desse tipo exigem atenção especial; é importante priorizar a coerência interna e a coesão.

13.

A. ERRADO Segundo o texto, diferentes setores da sociedade acreditam que há vidas mais valiosas, e outras menos. Há, portanto, um valor hierárquico.

B. ERRADO Para os criminosos, a vida das pessoas que são por eles roubadas vale tanto quanto a sua própria vida: nada.

Observe: "O problema é que o criminoso pensa do mesmo modo: se a vida dele não vale nada, por que a vida do dono da carteira deve ter algum valor?".

C. CERTO O pronome oblíquo presente na forma verbal "Perguntamo-nos" não faz referência a um ser específico: está utilizado para que o questionamento se estenda a qualquer pessoa.

D. CERTO No período "Perguntamo-nos qual é o valor da vida humana", há um questionamento indireto, ou seja, há uma pergunta implícita. Por isso dispensa o ponto de interrogação.

E. CERTO Ao colocar o sinal de dois-pontos após o termo "Perguntamo-nos", o questionamento passaria a ser direto, e a presença do ponto de interrogação seria obrigatória.

14.

A. ERRADO A referida vírgula é obrigatória e sua retirada implica incorreção gramatical. O período é constituído por quatro orações:

(1) "Fiquei apavorado com a história do rapaz."

(2) "que fez um pacto com o diabo"

(3) "para manter a beleza e a juventude"

(4) "e cujo retrato vai registrando as marcas viciosas de sua vida."

Perceba que a oração (4) mantém relação com a oração (2); entre as duas está intercalada a oração adverbial final (3), isolada por vírgulas. As duas orações iniciadas pelos pronomes relativos "que" e "cujo" referem-se ao substantivo "rapaz" (1), limitando-o; por isso tais orações são adjetivas restritivas. A retirada da vírgula citada no enunciado deixará a pontuação equivocada, afinal a intercalação exige isolamento, entretanto haveria a vírgula no início, mas não haveria no final.

B. ERRADO Ao observar o texto, percebe-se que o sujeito da forma verbal "Mantinha" é o termo "o rapaz" (linha 3). É necessário chamar atenção para a incoerência que se criaria ao dizer: "cujo retrato mantinha a aparência e apodrecia por dentro", em vez de "o rapaz mantinha a aparência e apodrecia por dentro". Vale ressaltar que essa é a essência do primeiro parágrafo do texto: "o rapaz fez um pacto com o diabo, para manter a beleza e a juventude na aparência e apodrecer por dentro". A expressão "do rapaz (...) cujo retrato" equivale a "o retrato do rapaz" e funciona como sujeito da estrutura verbal "vai registrando".

C. ERRADO O parágrafo apresentado na proposição está incompleto e mal estruturado, sem coesão e sem coerência. Os dois verbos "comparando" e "registrando" estão no gerúndio, ou seja, caracterizam orações subordinadas reduzidas. Há, portanto, a necessidade da existência da oração principal. Além disso, a oração "registrando que se corrompe e aceleradamente, numa mesma maneira de esconder o 'mau' retrato por baixo do pano" está completamente sem sentido.

Comentário extra: Os períodos devem possuir estrutura sintática completa. Nos períodos subordinados, a existência da oração subordinada pressupõe a existência da oração principal.

Observe:

(1) Chegando à empresa mais cedo e organizando os grupos de trabalho com eficiência e considerando as diferenças.

(2) Chegando à empresa mais cedo e organizando os grupos de trabalho com eficiência, levando em consideração as diferenças, **teremos menos problemas para resolver.**
↳ (oração principal)

D. ERRADO No referido fragmento, tem-se: "A sociedade não é o retrato apenas de seus governantes". A alternativa propõe o deslocamento do termo "apenas" para antes do termo "o retrato": "A sociedade não é apenas o retrato de seus governantes". Fica óbvio que há mudança de sentido. No primeiro contexto, "a sociedade é o retrato de seus governantes e o retrato de seus cidadãos, em destaque, de suas elites". No segundo contexto, "a sociedade não é **somente /unicamente** o retrato de seus governantes" (como se estivéssemos afirmando que ela é "outra coisa" dos governantes).

E. CERTO Os dois-pontos utilizados no final do último parágrafo funcionam como elementos de coesão textual e podem ser substituídos por "pois". Observe: "Dorian Gray não era capaz de lidar com as implicações de suas escolhas: era um suicida". Se equivalem a "pois", os dois-pontos introduzem uma explicação ou um esclarecimento em relação ao dito anteriormente.

Comentário extra: Os dois-pontos também podem introduzir CONCLUSÃO ou CONSEQUÊNCIA em relação ao dito anteriormente. Nesse caso, equivalem a PORTANTO.

Observe: O Ministro não se recuperou da febre: ficará mais dois dias sem ir ao trabalho.

15.

A. ERRADO No termo "em seu centro", o pronome possessivo "seu" refere-se a "história das ideias éticas". Observe: "Quando acompanhamos a história das ideias éticas, desde a Antiguidade clássica até nossos dias, podemos perceber que, em seu centro, encontra-se o problema da violência e dos meios para evitá-la, diminuí-la, controlá-la". Percebe-se claramente que "seu centro" equivale a "centro da história das ideias éticas", local no qual se encontra "o problema da violência e dos meios para evitá-la, diminuí-la, controlá-la".

B. CERTO A proposição está totalmente constatada no segundo parágrafo do texto. Observe: "Diferentes formações sociais e culturais instituíram conjuntos de valores éticos como padrões de conduta, de relações intersubjetivas e interpessoais, de comportamentos sociais que pudessem garantir a integridade física e psíquica de seus membros e conservação do grupo social".

C. CERTO O termo "dos meios" está ligado a "problema", assim também ocorrendo com o termo "da violência". Observe o fragmento: "...encontra-se o problema **da violência** e **dos meios** de evitá-la...".

Comentário extra: Vale ressaltar que, quando uma proposição faz referência a "complemento do núcleo nominal", ela está se referindo ao complemento do nome. Este aparece sempre preposicionado e refere-se ao adjetivo, ao advérbio e ao substantivo abstrato.

D. CERTO A expressão "...as várias culturas e sociedades **não definiram nem definem**...", presente no texto, faz alusão ao passado (não definiram) – a forma verbal está no pretérito perfeito do indicativo – e ao presente (**nem definem**) – a forma verbal está no presente do indicativo. O fragmento demonstra que, segundo o texto, a "violência" desde o passado até o presente não foi (nem é) definida da mesma maneira.

E. CERTO No fragmento destacado, a retirada da expressão "ao contrário" não provocaria uma interferência na semântica da estrutura, pois há a presença do conectivo "mas" – indicativo de oposição. Ocorre, entretanto, que, apesar disso, a retirada faria a ideia de oposição ser amenizada/suavizada.

Observe: "Evidentemente, as várias culturas e sociedades não definiram nem definem a violência da mesma maneira, mas, **ao contrário**, dão-lhe conteúdos diferentes, segundo os tempos e os lugares". Vale perceber que a supressão da expressão grifada não mudaria o sentido original do texto.

F. ERRADO Não há conexão entre o termo "segundo os tempos e os lugares" e o termo "várias culturas". Diante dessa constatação, ao colocar a primeira expressão no singular, não se provocará qualquer incoerência textual. Perceba o fragmento com a mudança sugerida: "Evidentemente, as várias culturas e sociedades não definiram nem definem a violência da mesma maneira, mas, ao contrário, dão-lhe conteúdos diferentes, segundo o tempo e o lugar". Fica evidente a não existência de incoerência na reformulação proposta.

G. CERTO A estrutura linguística na qual o verbo "definir" aparece no texto deixa explícita a sua significação atrelada a "atribuir conteúdo". Aliás, a proposição é confirmada no próprio fragmento, através da expressão "conteúdos diferentes": "...as várias culturas e sociedades não definiram nem definem a violência da mesma maneira, mas, ao contrário, dão-lhe **conteúdos diferentes**...".

16.

A. CERTO As expressões "nada menos" e "muito" revelam o teor opinativo do texto, pois exteriorizam reflexões do redator. O texto jornalístico pode conter expressões desse tipo. É importante salientar, entretanto, que um texto de comunicação oficial – como um relatório – tem de ser imparcial e, portanto, não pode conter termos que indiquem pessoalidade e informalidade.

B. ERRADO **Transcrição do fragmento**: "O que se pode afirmar com certeza é que se está diante de uma geração que trocou a utopia pelo pragmatismo."

Proposta de modificação: "Se pode afirmar com certeza que se está diante de uma geração que trocou a utopia pelo pragmatismo."

A afirmativa faz referência à retirada da ênfase do argumento, o que é verdadeiro, pois a expressão "o que é" é enfática. Ocorre, entretanto, que, segundo a proposição, não ocorreria falha no aspecto gramatical. Tal assertiva é falsa, pois a sentença passaria a ser iniciada por pronome oblíquo, configurando desvio da norma gramatical.

Comentário extra: Segundo as regras de colocação pronominal, não se iniciam sentenças com pronome oblíquo. Caso na alternativa se acrescentasse que era necessário o deslocamento do pronome para posição enclítica (depois do verbo), a proposição passaria a ser verdadeira.

C. ERRADO O advérbio "mais", na expressão "...estão mais interessados naquilo...", indica intensidade e faz referência ao adjetivo "interessados". Não há termo de comparação subentendido.

D. CERTO Consideremos o fragmento sobre o qual a proposição é feita: "Não à toa, acham que educação é muito importante. E preocupam-se com os fatores que podem ameaçar seus sonhos...". A proposta é retirar o ponto, fazendo os ajustes necessários no emprego de letra maiúscula e minúscula. Como a 2ª oração transcrita é iniciada com o conectivo "E", a coesão e a coerência estarão garantidas, indicando sucessão de ideias. O novo período ficará: "Não à toa, acham que educação é muito importante e preocupam-se com os fatores que podem ameaçar seus sonhos...".

E. CERTO Os termos "o fantasma", "a violência" e "O problema" têm relação com "fatores que podem ameaçar seus sonhos". Observe o fragmento retirado do texto: E preocupam-se com os fatores que podem ameaçar seus sonhos: a violência, da qual são as maiores vítimas, e o desemprego, capaz de minar a conquista **da autonomia** (...). **O fantasma** que mais assusta é mesmo **a violência**. **O problema** atinge principalmente os garotos.

F. CERTO A oração destacada na proposição é classificada como adjetiva restritiva. Com a alteração proposta, ela se tornaria adjetiva explicativa e provocaria uma mudança no sentido do período. Ocorre, entretanto, que a proposição não faz referência à semântica. Ela afirma que não haveria comprometimento da coerência das ideias e da correção gramatical, o que está correto.

Vejamos:

Fragmento transcrito: "O fantasma que assusta é mesmo a violência."

Fragmento reescrito: "O fantasma, que assusta, é mesmo a violência."

Comentário extra: Nesse caso, a mudança de pontuação gera uma mudança de sentido, mas não produz erro gramatical.

17.

A. ERRADO O uso da 1ª pessoa do plural presente no texto permite que o enunciador opine e se expresse. No caso da correspondência oficial, ganha contornos de **pessoalidade** e **informalidade**, duas características incompatíveis com o texto oficial. A alternativa torna-se falsa porque afirma que o "emprego da 1ª pessoa (...) exemplifica nível de formalidade incompatível com a redação de textos oficiais".

Comentário extra: São características indispensáveis do texto oficial: impessoalidade, formalidade, objetividade, respeito às normas gramaticais.

B. CERTO A substituição da expressão "devem ser incluídos" por "se devem incluir" é coerente e correta. Na verdade, a voz passiva analítica está sendo substituída pela passiva sintética. O sujeito mantém-se o mesmo e muda apenas a estrutura física do trecho.

Fragmento do texto:

"...entre os quais devem ser incluídos **os étnicos, raciais, linguísticos e religiosos**..."

↳ SUJEITO

Modificação proposta:

"...entre os quais se devem incluir **os étnicos, raciais, linguísticos e religiosos**".

↳ SUJEITO

Na mudança proposta, há a presença do "se" chamado **partícula apassivadora**, que só aparece ligado a verbo transitivo direto e a verbo transitivo direto e indireto.

C. ERRADO Em "se redefinirmos", o agente da ação é o pronome pessoal implícito "nós", e o "se" funciona como conjunção condicional, equivalendo a "caso". Observe: "...se redefinirmos guerra com base no número de mortes violentas, poderemos considerar que o país enfrenta, há muito tempo, um dos conflitos mais sangrentos da história". A primeira oração indica a condição para a existência da segunda.

D. ERRADO O termo "à soma" está atrelado ao adjetivo "equivalente", que é regido pela preposição "a". Observe: "O Brasil, em geral, e o estado do Rio de Janeiro e sua capital, em particular, vivem uma catástrofe humana equivalente à soma das perdas militares em muitas guerras".

E. ERRADO O termo "soma das perdas militares" faz referência ao expressivo número de perdas humanas produto de muitas guerras no Brasil e no estado do Rio de Janeiro e sua capital. Tal afirmativa se confirma na leitura atenta do texto: "...Mas, se definirmos guerra com base no número de mortes violentas, poderemos considerar que o país enfrenta, há muito tempo, um dos conflitos mais sangrentos da história. O Brasil, em geral, e o estado do Rio de Janeiro, em particular, vivem uma catástrofe humana equivalente à soma das perdas militares em muitas guerras".

18.

A. ERRADO Segundo o texto, "a mudança de fatores ambientais pode interferir na sua escalada" (sua = da violência). Desse modo, a proposição torna-se falsa ao afirmar que "os fatores ambientais são insuficientes para interferir na crescente escalada da violência em qualquer local".

B. CERTO O conectivo "embora" introduz no contexto ideia de concessão; o mesmo ocorre com o conectivo "conquanto".

Observe:

Fragmento transcrito do texto: "Embora acometa indivíduos vulneráveis em todas as classes sociais, é nos bairros pobres que ela se torna epidêmica".

Fragmento reescrito: "Conquanto acometa indivíduos vulneráveis em todas as classes sociais, é nos bairros pobres que ela se torna epidêmica".

Comentário extra: Nas duas situações a oração introduzida pelo conectivo é classificada como subordinada adverbial concessiva. A concessão é uma oposição em relação à ideia expressa na outra oração.

C. ERRADO A forma verbal "se dissemina" não significa "se atenua": "disseminar" é "espalhar", "difundir", "propagar". Além disso, não há, no texto, referência ao fato de "o interior" ter "população rarefeita" ou ser uma "região mais ampla".

D. ERRADO No termo "Sabe-se", o pronome "se" é **apassivador**, e não índice de indeterminação do sujeito. Perceba que a presença da partícula apassivadora caracteriza a **VOZ PASSIVA PRONOMINAL** ou **SINTÉTICA**. Perceba o fragmento textual: "Sabe-se (...) **que os genes herdados exercem influência fundamental na estrutura e função dos circuitos de neurônios nos mecanismos bioquímicos da agressividade**" (grifo nosso). A oração sublinhada exerce a função sintática de sujeito.

E. CERTO Os vocábulos "indivíduos", "vulneráveis", "incidência" e "neurônios" são acentuados porque são paroxítonas terminadas em ditongo.

Comentário extra: Ditongo é o encontro vocálico caracterizado pela presença de vogal e semivogal ou vice-versa na mesma sílaba. Quando existem duas vogais em sílabas separadas, há HIATO.

Observe: sei-ta (ditongo)

ru-í-do (hiato)

F. ERRADO O texto faz alusão aos "mecanismos bioquímicos da agressividade" e afirma que "os mediadores químicos liberados e a própria arquitetura das conexões nervosas (...) são drasticamente modelados pelos acontecimentos sociais da infância". Percebe-se, portanto, que o texto faz referência a **questões químicas** e não **biofísicas**, como afirma a proposição.

19.

A. ERRADO O vocábulo "afora", no contexto no qual foi utilizado, menciona tempo e

PORTUGUÊS

espaço e significa "adiante". Cabe salientar que, em certos contextos, pode ser empregado com sentido de "exceto", "salvo" e, como tal, poderá ser substituído por "fora" – que não é "afora". Em contrapartida, o vocábulo "afora" nunca poderá ser substituído por "a fora".

B. CERTO A expressão "...dos desenhos animados aos programas do mundo-cão" insere no contexto ideia de tempo. Cabe, portanto, a substituição da preposição "dos" pelo termo "desde os", sem que haja prejuízo para a informação ou incorreção gramatical. Observe: "...desde os desenhos animados...".

C. ERRADO O conectivo "assim que" nociona tempo e, portanto, estabelece uma relação temporal entre as informações constantes. Vale ressaltar que o termo "assim", a depender do emprego, pode indicar conclusão. Observe, no período transcrito, a clara ideia de tempo: "Surgiu no final da década de 40 do século XX, assim que a televisão entrou nas casas das famílias".

Comentário extra: O vocábulo "mal", quando equivale a "assim que", funciona como conjunção temporal: Mal cheguei, fui chamado à sala do diretor.

D. CERTO Observe o fragmento retirado do texto: "Nos Estados Unidos, país com maior número de aparelhos por habitante, a autoridade máxima de saúde pública do país...". Perceba que o termo isolado por vírgulas explica o termo antecedente "Estados Unidos" e é classificado como aposto explicativo.

Comentário extra: Em provas recentes, as bancas estão cobrando frequentemente a substituição das vírgulas por travessões e parênteses quando elas isolam termos de caráter explicativo. Nesse caso, a mudança de pontuação não gera mudança de sentido.

E. CERTO Dados estatísticos são argumentos convincentes, que reforçam e comprovam teses. No texto, o autor faz uso de alguns dados numéricos e conclui: "Absolutamente todos demonstraram a existência de relações claras entre a exposição de crianças à violência exibida pela mídia e por videojogos e o desenvolvimento de comportamento agressivo". A conclusão do texto acaba respondendo à pergunta proposta na introdução.

20.

A. CERTO Observe o trecho retirado do texto: "No filme *Justiça*, por meio da interação entre réus e magistrados, surge uma evidência importante, que é o papel ordenador da linguagem". A substituição proposta é colocar "importante" em lugar de "importante, que é". Ao fazê-la, percebe-se que não há incorreção gramatical e o valor semântico é preservado.

B. CERTO O vocábulo "traduzem" está utilizado figuradamente, ou seja, fora do seu sentido usual. O verbo "traduzir" no sentido denotativo significa passar um texto de uma língua para outra. Como está empregada, a forma verbal significa explicar a fala dos presos/decodificá-la.

Comentário extra: Os concursos vêm cobrando bastante a utilização das aspas, pois estas ganharam importância. Cabe ressaltar que as aspas são usadas para indicar ironia, destacar um termo, indicar termos que não são comuns em nossa língua (estrangeirismo, gírias...).

C. ERRADO A locução conjuntiva "À medida que" indica proporção e pode ser substituída por "à proporção que". Tais conectivos são utilizados para indicar fatos concomitantes, ou seja, que ocorrem ao mesmo tempo. A expressão "na medida em que" indica causa, enquanto a expressão "à medida que" indica proporção. Desse modo, "à medida que" pode ser substituída por "à proporção que", mas não pode ser substituída por "na medida em que".

D. ERRADO O que fica evidente a partir da leitura do texto é que a diretora Maria Augusta Ramos filmou cenas nos cenários verdadeiros em que eles ocorreram, mas nada prova ou sugere que ela seja personagem do filme.

21.

A. ERRADO O texto não relaciona "globalização", "racionalidade" e "colonização". Segundo as palavras do autor, "O mundo é dominado pela racionalidade" e, como produto "a dominação e a colonização do mundo são as últimas palavras da modernidade".

B. ERRADO Observe o fragmento que serviu de referência para a alternativa: "...acontece o processo da superação do particular e da afirmação do geral...". Os termos "da superação" e "da afirmação" referem-se, sim, ao termo "processo", entretanto "do particular" refere-se ao termo "superação".

C. ERRADO O uso do futuro do pretérito, na expressão "Poderíamos dizer", não indica que o autor considerava duvidosa a hipótese de a dominação ter características europeias. Nessa expressão, há uma preposição a partir da coleta das informações mencionadas. Na verdade, é uma tese que "pode inclusive ser confirmada historicamente".

D. CERTO O ponto de continuação colocado antes de "historicamente" pode ser substituído por dois-pontos, sendo o último período do primeiro parágrafo uma explicação para o que foi anteriormente afirmado. Observe: "Poderíamos dizer que a dominação tem características europeias, o que pode inclusive ser confirmado historicamente: a globalização surgiu na Europa com o movimento protestante e hoje domina o mundo".

E. ERRADO A alternativa é falsa porque a preposição "com" não indica adição; na verdade, a referida preposição indica "meio" e, ainda, pode indicar "causa". A forma verbal "domina" tem como sujeito "globalização" e não pode ser utilizada no plural.

F. CERTO A relação demonstrada na proposição está evidenciada no último parágrafo do texto. Observe: o fato de a dominação e a colonização do mundo serem as últimas palavras da modernidade traz, como consequência, o surgimento da pergunta sobre qual é o preço a pagar para sermos modernos e entrarmos no mundo global.

G. CERTO No infinitivo flexionado, o sujeito está determinado pela própria desinência verbal: "sermos modernos e entrarmos" possui, evidentemente, o pronome implícito "nós" como sujeito. A substituição de "sermos modernos e entrarmos" por "ser moderno e entrar" faz com que o infinitivo não traga na forma verbal a especificação do sujeito.

Comentário extra: O emprego do infinitivo sempre causou dificuldades em questões de prova e no cotidiano. Vale lembrar que não se flexiona o infinitivo: quando não se refere a nenhum sujeito; quando é o verbo principal de uma locução; quando possui valor de imperativo.

22.

A. ERRADO A expressão "Não existem" está pluralizada concordando com o sujeito "soluções mágicas". Ao substituir "Não existem" por "Não devem haver", provoca-se uma falha gramatical, pois, sendo o verbo "haver" (com sentido de "existir") impessoal, ele não possui sujeito; não pode, portanto, ser pluralizado. Os verbos auxiliares que se ligam aos verbos impessoais tornam-se igualmente impessoais.

B. ERRADO A substituição proposta não é correta, pois afetaria a correlação semântica existente entre os verbos das orações que constituem o período. Observe:

Fragmento transcrito do texto: "Se não a encontrarmos, as consequências serão desastrosas". Perceba a correta articulação entre "encontrarmos" e "serão desastrosas".

Fragmento reescrito: "Se não a encontrássemos, as consequências serão desastrosas".

Perceba a incoerente articulação entre as formas verbais "encontrássemos" e "serão desastrosas". O correto seria: "Se não a encontrássemos, as consequências seriam desastrosas".

C. CERTO No fragmento "Se não as encontrarmos, as consequências serão desastrosas, a começar pela morte de 2 milhões de crianças nos próximos cinco anos", existem três orações: a primeira é uma adverbial condicional, que, como inicia o período, está deslocada e precisa ser isolada por vírgula; a segunda é a oração principal; e a terceira é uma oração reduzida de infinitivo. A proposição sugere a substituição da reduzida de infinitivo por uma oração reduzida de gerúndio, ou seja, o termo "a começar" seria substituído por "começando". Tal substituição não gerará qualquer infração à norma gramatical.

D. CERTO A alternativa apresenta a ambiguidade existente no emprego do pronome pessoal reto "ela". O referido pronome realmente, após leitura atenta do texto, pode se referir ao termo "globalização" ou ao termo "crise global". Há de se perceber, entretanto, que a passagem "esta crise, porém, não é apenas econômica" deixa o leitor convicto de que o pronome anteriormente citado faz referência ao termo "crise global".

E. ERRADO Antes de fazer o comentário sobre a proposição, é necessário averiguar o fragmento do texto: "É uma crise institucional e filosófica do sistema que construímos". A oração "que construímos" é adjetiva restritiva, refere-se ao antecedente substantivo e é introduzida pelo pronome relativo "que". A proposição sugere a colocação da preposição "de" antes do pronome relativo "que". Tal sugestão produziria um erro gramatical, pois a forma verbal "construímos" é transitiva direta e não admite presença de preposição.

Comentário extra: Quem determina a regência do pronome relativo é a estrutura da oração adjetiva. Vejamos: "Os documentos **de que eu dependo** já estão à disposição do meu advogado". A forma verbal "dependo" é transitiva indireta e exige a presença da preposição "de".

23. ERRADO A consulta ao Manual de Redação da Presidência da República deve ser uma prioridade para estudar o tópico correspondência oficial. É necessário observar (p. 9 do Manual) o modo de endereçamento de comunicações oficiais. Fica enfatizada a seguinte informação retirada do Manual: "Em comunicações oficiais, está abolido o uso do tratamento digníssimo (DD) às autoridades arroladas na lista anterior. A dignidade é pressuposto para que se ocupe qualquer cargo público, sendo desnecessária sua repetida evocação". Desse modo, não cabe "A Vossa Excelência", devendo ser substituído por "A Sua Excelência o Senhor"; também não é necessário o uso do "Digníssimo (DD)".

24.

A. ANULADO A relação entre os dois períodos é de adição ou acréscimo. O período reescrito manteve a relação sintática, entretanto trouxe uma ideia que não havia antes presente no termo "principalmente", entre travessões. A questão poderia ser considerada "ERRADA", todavia a banca optou pela ANULAÇÃO do item.

B. CERTO Observe o fragmento extraído do texto:

"Torcer pela justiça, sim: as evidências permitiam uma forte convicção sobre os culpados, muito antes do encerramento das investigações."

Os dois-pontos após o vocábulo "sim" introduzem uma explicação, admitindo, inclusive, a substituição por "pois", "dado que", "uma vez que". No caso de ser usado um dos conectivos, haveria uma vírgula obrigatória.

O período ficaria assim reescrito:

"Torcer pela justiça, sim, uma vez que (ou "pois" ou "dado que") as evidências permitiam uma forte convicção sobre os culpados, muito antes do encerramento das investigações."

C. ERRADO O texto não faz referência ao fato de o povo se comportar de dois modos: mobiliza-se ruidosamente diante de alguns crimes; desinteressa-se completamente diante dos outros. Na verdade, o texto indaga a respeito do comportamento das pessoas diante daquele crime, ou seja, consta no texto um crime específico.

D. ERRADO O trecho "o que não tem tamanho nem nunca terá, o que não tem conserto nem nunca terá, o que não faz sentido" está relacionado à tentativa de as pessoas justificarem o injustificável. Desse modo, não é correto afirmar que o referido trecho possui relação com o sentimento de "revolta das famílias vítimas de violência urbana".

E. ERRADO Observe que os termos "os culpados", "principais suspeitos" e "o pai e a madrasta" retomam a expressão "um dos mais famosos casais acusados de assassinato do país", produzindo coesão ao evitar repetições. O termo "os jurados", entretanto, não tem relação com "o casal de acusados". Tal termo torna a proposição errada.

F. ERRADO A expressão "ainda que terrível" indica concessão, ou seja, possui valor concessivo, podendo ser substituída por "mesmo que terrível" ou "embora terrível". A proposta do item é substituir tal expressão por "senão que terrível". Tal substituição provocaria alteração semântica, haja vista o termo "senão" possuir sentido de "talvez" e não ficar corretamente empregado com o uso do vocábulo "que" (senão que).

G. ERRADO Os elementos "onde" e "de onde" estão corretamente empregados, pois, nas ocorrências em que aparecem, referem-se a expressões que indicam "lugar físico". Observe:

"O que tanta gente foi fazer do lado de fora do tribunal **onde** foi julgado um dos mais famosos casais acusados de assassinato no país? (...) Contudo, para torcer pela justiça, não era necessário acampar na porta do tribunal, **de onde** ninguém podia pressionar os jurados."

Na 1ª ocorrência, o vocábulo "onde" faz referência ao termo "tribunal"; na 2ª ocorrência, a expressão "de onde" refere-se ao termo "porta do tribunal".

Vale ressaltar que frequentemente o vocábulo "onde" é mal empregado, sem o referencial "lugar". Tal uso é comum na linguagem oral informal e não deve ser empregado quando se exige o emprego da norma padrão.

Observe:

O século **onde** estamos está marcado pela violência. (FALSO)

A briga **onde** ele foi agredido parou o trânsito. (FALSO)

H. ERRADO A oração "que inculpou o pai e a madrasta" é classificada como subordinada adjetiva restritiva. Caso ela seja isolada por vírgulas, passará a ser classificada como subordinada adjetiva explicativa. Nesse caso, a alteração da pontuação gera uma alteração de sentido, pois a oração adjetiva restritiva limita o sentido do substantivo antecedente; a oração adjetiva explicativa explica ou generaliza o substantivo antecedente.

Observe:

I. Os jornalistas **que criticaram o governador** foram aplaudidos;

II. Os jornalistas, **que criticaram o governador**, foram aplaudidos.

No item I, a oração grifada é RESTRITIVA, deixando claro que há outros jornalistas (que não criticaram o governador). No item II, a oração grifada é EXPLICATIVA, deixando claro que TODOS OS JORNALISTAS CRITICARAM O GOVERNADOR.

25.

A. ERRADO No 1º fragmento transcrito, a expressão "a fim de" indica finalidade e equivale a "para"; não cabe, portanto, substituí-la por "afim de", pois "afim" indica afinidade, parentesco, adeptos. No 2º fragmento, também não há equivalência de sentido porque o termo "procedimento" difere de "acontecimento".

B. CERTO Observe o fragmento retirado do texto:

"Entre eles, estão os atos de comunicação, os quais são indispensáveis para que os sujeitos do processo tomem conhecimento..."

O item propõe a substituição da expressão "os quais" pelo pronome relativo "que" – isso não geraria qualquer incorreção. Propõe, ainda, a supressão da expressão "os quais" paralela à retirada da forma verbal "são", o que também não geraria qualquer incorreção.

Perceba:

"Entre eles, estão os atos de comunicação, indispensáveis para que os sujeitos do processo tomem conhecimento..."

C. CERTO O item propõe a reescrita **correta** do seguinte fragmento do texto:

"...os sujeitos do processo tomem conhecimento dos atos acontecidos no correr do procedimento e se habilitem a exercer os direitos que lhes cabem e a suportar os ônus que a lei lhes impõe".

Observe que as formas verbais "tomem" e "se habilitem" concordam com "os direitos", "impõe" concorda com "a lei". É fundamental essa compreensão, pois a reescrita proposta modificará o sujeito da sentença, colocando-o no singular. Isso implicará modificação em algumas formas verbais.

FRAGMENTO REESCRITO:

"...cada um dos sujeitos do processo tome conhecimento dos atos acontecidos no correr do procedimento e se habilite a exercer os direitos que lhes cabe e a suportar os ônus que a lei lhes impõe".

As formas verbais "tome" e "se habilite" concordam com o termo "um dos sujeitos" – concordância correta. A forma verbal "cabe" está incor-

PORTUGUÊS

reta, pois deveria concordar com o sujeito "os direitos", substituído pelo pronome relativo "que". A forma verbal "impõe" está correta, concordando com o sujeito "a lei".

26.

A. CERTO Observe o fragmento extraído do texto:

"Problemas de consciência não os haveria de ter o julgador pela decisão em si..."

O pronome oblíquo "os", na expressão "...não os haveria de ter...", poderia ser deslocado, sem prejuízo de qualquer ordem, para depois da forma verbal "ter". Como tal forma verbal termina em "R", essa letra é retirada e o pronome "os" torna-se "los". Desse modo, ficaria também correto escrever "...não haveria de tê-los o julgador...".

B. CERTO As expressões "tanto quanto possível" e "a mais perfeita representação possível" inserem-se no texto, no último parágrafo, referindo-se à busca da verdade dos fatos. Ao serem empregados, deixa-se implícita a ideia de que "nem sempre" se consegue retratar com absoluta exatidão o que aconteceu na realidade dos fatos. Observe o fragmento extraído do texto que explicita o item:

"...de modo que se investigue o que se passou na verdade e se a prática do ato ilícito pode ser atribuída ao arguido, ou seja, a necessidade de se estabelecer, **tanto quanto possível**, a verdade dos fatos, para a solução justa do litígio. Sendo esse o fim a que se destina o processo, é mediante a instrução que se busca **a mais perfeita representação possível** dessa verdade" (grifos nossos).

C. CERTO Segundo o texto, "no primeiro sistema, a complexidade do ato decisório haveria de ser bem menor, uma vez que a condenação está atrelada à confissão do acusado". No processo penal moderno, a finalidade deixa de ser meramente punitiva para centrar-se, antes, na finalidade investigativa. Diante disso, o item é falso, pois, no método investigativo, a contundência probatória da confissão NÃO é suficiente para ensejar a condenação do arguido.

O último parágrafo é enfático ao afirmar: "...revelou a necessidade, para que haja condenação, de se proceder à reconstituição histórica dos fatos, de modo que se investigue o que se passou na verdade e se a prática do ato ilícito pode ser atribuída ao arguido...".

D. ERRADO O item gerou polêmica, pois muitos candidatos o consideraram CORRETO. Observe que o autor do texto defende a valorização da instrução processual na busca da verdade. A condenação da confissão do acusado não ocorre de forma geral e irrestrita, e sim como meio de prova mais importante. Não se descarta a confissão. Leia, com atenção, o 2º parágrafo do texto.

E. CERTO O período está reescrito de modo correto, ou seja, sem conter qualquer infração à norma gramatical. Observe que o fragmento extraído do texto "...em que o órgão julgador cuidava também de obter a prova da responsabilidade do acusado (que consistia, a maior parte das vezes, na sua confissão)..." é constituído por duas orações adjetivas explicativas: a 1ª isolada por vírgulas, e a segunda isolada por parênteses. Na reescrita, estão entre parênteses, sendo a 2ª isolada por travessões. Perceba também que as expressões "em que" e "que" (conectivos pronomes relativos) foram substituídos por "no qual"e "a qual", respectivamente.

Outra observação que deve ser feita é quanto à substituição da expressão "O que se quer dizer é que" por "Quer-se dizer que": nada há de errado. A expressão "é que", inclusive, denota apenas ênfase.

27.

A. CERTO Os pronomes de tratamento exigem concordância com a 3ª pessoa, incluindo verbos e demais pronomes. Quanto aos adjetivos, concordam com a pessoa a que se referem. Observe:

Vossa Excelência **foi** muito **atencioso** com todos os **seus** convidados.

O adjetivo "atencioso" concorda, em gênero e número, com "Vossa Excelência", demonstrando que se trata do gênero masculino; é a concordância por silepse.

B. CERTO Segundo o *Manual de Redação da Presidência da República*, o "memorando é a modalidade de comunicação entre unidades administrativas de um mesmo órgão, que podem estar hierarquicamente em mesmo nível ou nível diferente". Ainda seguindo tal Manual, a principal característica do memorando é a agilidade. "A tramitação do memorando em qualquer órgão deve pautar-se pela rapidez e pela simplicidade de procedimentos burocráticos" (Manual da Presidência da República, item 3.4.1).

C. ERRADO O emprego do padrão culto da língua em expedientes oficiais é justificado pela necessidade de atender ao que é determinado pela Presidência da República: "a redação oficial deve caracterizar-se pela impessoalidade, uso do padrão culto da linguagem, clareza, concisão, formalidade e uniformidade". Empregar o padrão culto da língua é, portanto, dar clareza e uniformidade aos documentos oficiais. Desse modo, não há relação entre o emprego culto da língua e o alto nível de escolaridade dos que redigem a correspondência e dos que a recebem.

D. ERRADO A formalidade de tratamento empregada no documento oficial independe da relação existente entre quem o expede e quem o recebe: a formalidade e a impessoalidade são o padrão da correspondência oficial. Os pronomes de tratamento variam de acordo com o cargo ocupado por quem recebe a correspondência.

28.

A. ERRADO No texto apresentado como base para a questão, há algumas incorreções: o vocábulo "onde" não pode ser empregado, pois o referencial não é um lugar físico (o referencial é a expressão "reunião passada"); a expressão "relativas a revisão" deve possuir um sinal indicativo de crase, marcando a presença da preposição "A" e do artigo feminino "A" (o correto seria "relativas à revisão"); a colocação do pronome oblíquo, na expressão "onde discutiram-se", está equivocada: em lugar da ênclise – pronome depois do verbo –, deveria ser utilizada a próclise (o correto seria "onde se discutiram"). Houve, portanto, ausência do padrão culto de linguagem, da formalidade e da uniformidade.

B. CERTO O texto apresentado possui todas as características compatíveis com a correspondência oficial: correção, clareza, concisão, impessoalidade, formalidade e uso de padrão culto de linguagem. Não há nele, portanto, qualquer retificação que deva ser feita.

RAIO-X

- Os temas em estudo equivalem aos seguintes percentuais das questões de Português referentes às provas para o cargo de Escrivão da Polícia Federal:

Assunto	Número de Questões	% Global
Interpretação	24	18
Gramática	41	30,9
Redação	6	4,50
Correspondência Oficial	6	4,5
Interpretação + Gramática	54	40,6
Interpretação + Gramática + Correspondência Oficial	2	1,5

- As provas de Português elaboradas pela CESPE para o cargo de Escrivão da Polícia Federal chamam atenção por causa da forte presença da Gramática e da presença de algumas questões de Atualidades a partir dos textos de Língua Portuguesa.
- Os textos são atuais e conduzem o candidato a uma reflexão sobre o tema abordado. As questões de Gramática não aparecem desvinculadas do texto. O candidato, portanto, deve ler atentamente os textos e as questões para evitar dúvidas e erros.
- As alternativas se direcionaram muito para:
  - Pontuação
  - Sinal indicativo de crase
  - Regência
  - Concordância Verbal
  - Verbos
  - Correspondência Oficial

IMPORTANTE SABER

1. PONTUAÇÃO

- O emprego da vírgula tem justificativa sintática e, ao contrário do que se ouve falar a vida inteira, não é "pausa para respirar". Estruturas construídas na ordem direta (sujeito + verbo + objeto + adjunto adverbial) não precisam de vírgulas, dois-pontos, ponto e vírgula.
- O sujeito nunca poderá ser separado do seu respectivo predicado por qualquer sinal de pontuação. Esse é um erro comum, inclusive nas redações.
- Não há vírgula entre verbos e objetos, substantivos e adjuntos adnominais, nomes e complementos nominais, entre os verbos que constituem uma locução verbal, pois tal disposição dos termos constitui a ordem direta.
- Em termos intercalados, termos explicativos e alguns casos de deslocamento, as vírgulas podem ser substituídas por travessões e/ou parênteses sem que haja infração à norma padrão. Observe: a vida, disse o poeta, vale a pena. Podem-se substituir as vírgulas por travessões ou parênteses.
- Quando as orações adjetivas restritivas se tornam adjetivas explicativas, ou seja, estiverem isoladas por vírgulas, há um caso de mudança de pontuação que gera uma mudança de sentido.

  Observe:

  O jovem acertou a bola **que estava no meio do campo**. (ADJETIVA RESTRITIVA)

  Explicando: somente a bola que estava no meio do campo foi acertada – havia outras.

  O jovem acertou a bola, **que estava no meio do campo**. (ADJETIVA EXPLICATIVA)

  Explicando: só havia esta bola e ela estava no meio do campo.
- Os dois-pontos podem aparecer como ELEMENTO DE COESÃO.

  Observe:

  O chefe estava mal-humorado: não deu bom-dia ao funcionário – Introduzem uma CONCLUSÃO; podem ser substituídos por PORTANTO.

  O chefe não deu bom-dia ao funcionário: estava mal-humorado – Introduzem uma EXPLICAÇÃO; podem ser substituídos por POIS.
- Os dois-pontos podem ainda introduzir uma ENUMERAÇÃO ou um APOSTO ENUMERATIVO.
- As aspas vêm ganhando importância nas últimas provas de concurso. Antes se cobrava muito o uso das aspas para transcrição; hoje usam-se muito as aspas como forma de ironizar ou destacar determinado termo.

2. OCORRÊNCIA DA CRASE

- O sinal indicativo da crase é produto da fusão da preposição "a", exigida pelo antecedente nome ou verbo, com o artigo feminino "a" ou "as", que acompanha o substantivo feminino consequente. Dessa teoria surge a regra geral do emprego do sinal de crase.
- Não é admitido o sinal de crase antes de palavras masculinas (exceto quando estiver implícita uma palavra ou expressão feminina). Perceba: Gosto de andar a cavalo.
- Não haverá sinal de crase antes de verbos e quando o elemento "a" aparecer entre palavras repetidas.
- Normalmente, não há sinal de crase antes do vocábulo "que". Isso só mudará quando houver uma palavra ou expressão feminina implícita.

  Observe: Fiz uma canção semelhante **à que** você compôs quando era adolescente. Perceba que antes do vocábulo "que" está implícita a palavra "**canção**".
- Nunca haverá sinal de crase quando o "a" estiver no SINGULAR e a palavra feminina estiver no PLURAL, pois, para que haja o "artigo", deverá haver uma concordância com o substantivo feminino. Dei assistência a meninas pobres e abandonadas. O "a" no singular é apenas uma preposição, pois, se houvesse artigo, estaria no plural.
- Haverá sinal de crase quando houver fusão da preposição "a" com os demonstrativos AQUELE(S), AQUELA(S), AQUILO.

  Observe: Entreguei todos os documentos **àqueles advogados**.
- Os relativos "a qual" e "as quais" deverão receber sinal de crase quando a estrutura da ORAÇÃO ADJETIVA exigir a presença da PREPOSIÇÃO "A".
- Observe: A senhora **à qual dediquei meus últimos dias** já está recuperada.
- Para ter certeza de que há sinal de crase, a própria gramática orienta a fazer o seguinte: substitua a palavra feminina por uma masculina; se, antes da palavra masculina, houver "AO" (fusão da preposição "A" com o artigo "O"), antes da feminina haverá o sinal de crase.

  Observe: Os jovens foram todos **à secretaria** reclamar das notas.

Trocando: Os jovens foram todos **ao departamento** reclamar das notas.

- Os pronomes retos, oblíquos, além dos pronomes "quem", "cujo", "qualquer", "cada", não admitem sinal indicativo de crase.
- Os pronomes de tratamento normalmente não admitem artigo, portanto não admitem sinal indicativo de crase. Tal regra não será aplicada, entretanto, com os pronomes "senhora", "senhorita" e "dona", que admitem sinal de crase, pois admitem artigo.

  Observe:

  Entregarei o dinheiro **a Vossa Excelência** amanhã.

  Entregarei o dinheiro **à senhora** amanhã.

3. REGÊNCIA

- Para todo termo regido haverá sempre um termo regente. Essa é uma relação indissociável. A presença do primeiro exige a presença do segundo.
- Assim como existem os verbos que exigem complemento, ou seja, verbos transitivos, há os nomes que também exigem complemento, isto é, nomes transitivos. Ocorre, porém, que os verbos transitivos podem exigir complementos PREPOSICIONADOS (Objeto Indireto) ou SEM PREPOSIÇÃO (Objeto Direto); quando os nomes exigem complemento, este será obrigatoriamente PREPOSICIONADO, o chamado COMPLEMENTO NOMINAL. Isso implica dizer que todos os complementos nominais são preposicionados.
- A preposição é SEMPRE exigida pelo termo ANTECEDENTE, que pode ser um NOME (adjetivo, advérbio ou substantivo abstrato) ou um verbo.
- Existem alguns verbos que mudam de sentido quando mudam de regência. Observe: As pessoas ligadas à ONG **assistiram** ao pronunciamento do secretário da ONU. Nesse sentido (presenciar), o verbo destacado é transitivo indireto e, portanto, exige a preposição "a".

  As pessoas ligadas à ONG **assistiram** crianças carentes. Nesse sentido (ajudar), o verbo destacado é transitivo direto e, portanto, não exige presença de preposição.

  Ainda há o mesmo verbo com um uso mais jurídico: Este direito não lhe **assiste**. Vale perceber que o mesmo verbo foi utilizado com três sentidos diferentes.
- Alguns verbos, embora mudem de regência, não mudam de sentido.

  Observe:

  O advogado de defesa **pagou/perdoou** as custas do processo. As formas verbais destacadas não exigem preposição, pois fazem referência a "coisas". O "as" colocado após a forma verbal é um artigo.

  O advogado de defesa **pagou/perdoou** ao funcionário para tirar as cópias do processo. As formas verbais destacadas exigiram a presença da preposição, pois fazem referência a "pessoas". O elemento "ao" é a contração da preposição "a" com o artigo masculino "o".

  Conclui-se, portanto, que os verbos **pagar** e **perdoar** admitem regências diferentes, que são determinadas pelo termo que os complementa.
- Verbos transitivos diretos e indiretos não se relacionam com dois complementos iguais.

  Observe: **Informei** o aluno que amanhã haverá uma reunião importante. A sentença traz uma infração à norma padrão: o verbo "informar" exige dupla complementação, mas obrigatoriamente essa dupla complementação deve ser constituída por OBJETO DIRETO e OBJETO INDIRETO (independentemente da ordem). Não se pode ter DOIS OBJETOS DIRETOS ou DOIS OBJETOS INDIRETOS. O termo "o aluno" funciona como OBJETO DIRETO; o termo "que amanhã haverá uma reunião importante" é uma oração que também funciona como OBJETO DIRETO – na verdade um dos complementos deverá ser OBJETO INDIRETO. Temos, portanto, de colocar a preposição "a" antes de "aluno" ou a preposição "de" antes da oração. Ficarão corretas as seguintes sentenças: "**Informei** o aluno **de** que amanhã haverá uma reunião importante" ou "**Informei ao aluno** que amanhã haverá uma reunião importante".
- Os pronomes relativos podem admitir uma preposição. Tal preposição será determinada pela ORAÇÃO ADJETIVA. É preciso compreender, de antemão, que os pronomes relativos substituem o substantivo antecedente, evitando uma repetição. Uma boa saída para perceber com maior facilidade qual preposição deve ser usada é reestruturar a sentença, retirando o pronome relativo e colocando o substantivo que ele substitui.

  Observe: O depoimento das testemunhas **a que fizemos referência** comprovou a inocência do réu. A oração em destaque é uma adjetiva restritiva. Há a presença da preposição "a" exigida pela expressão "fizemos referência". Ao reestruturarmos as orações, teremos: o depoimento das testemunhas comprovou a inocência do réu (1ª oração); fizemos referência **ao depoimento das**

PORTUGUÊS

testemunhas (2ª oração). Observe que a preposição "a" é obrigatória.

- Cotidianamente, alguns verbos são utilizados equivocadamente, até mesmo para tornar a comunicação mais simples. Vale chamar atenção para alguns verbos: NAMORAR, IMPLICAR, PREFERIR, CHEGAR, IR, LEMBRAR, ESQUECER, RESPONDER, PAGAR, PERDOAR. Observe: João namora com Dulce (FALSO). O correto seria João namora Dulce. Do mesmo modo, é incorreto o enunciado "Prefiro mais ir do que ficar". O correto seria "Prefiro ir a ficar".

É possível utilizar apenas um complemento para verbos ou nomes de mesma regência: "O jovem viu e chamou a mãe", "Ele precisa e depende da família". Obviamente que não se podem unir verbos que exijam regências diferentes: "O jovem viu e conversou com a mãe" – os verbos presentes no período deveriam se relacionar com termos cujas preposições são diferentes: o jovem **viu a mãe** e **conversou com** ela.

4. VERBOS

- O início do estudo dos verbos deve ser os aspectos de sua VARIAÇÃO: pessoa (1ª, 2ª, 3ª), número (singular e plural), tempo (presente, pretérito, futuro), modo (indicativo, subjuntivo, imperativo) e voz (ativa, passiva, reflexiva). As bancas produzem muitas questões sobre o emprego dos tempos e modos.
- Importante salientar que o pretérito perfeito indica uma ação concluída no passado; o pretérito imperfeito indica uma ação não concluída no passado; o mais-que-perfeito indica uma ação concluída num passado distante ou concluída antes de outra que também já foi concluída.
- Os verbos derivados são conjugados como os seus primitivos: pôr conjuga depor, supor, compor recompor, decompor, sobrepor...; ter conjuga deter, conter, obter, entreter, ater, manter...; vir conjuga intervir; ver conjuga prever. Caso o aluno sinta dificuldade com o verbo derivado, ele deverá conjugar o seu primitivo primeiro. Se tiver dificuldade com DETER, deve conjugar primeiro TER. Observe: eu tive – eu detive; se eu tivesse – se eu detivesse. Vale lembrar que muitas formas são utilizadas de modo equivocado: se eles intervirem (E), no lugar de se eles intervierem (C); ele preveu (E), no lugar de ele previu (C); se ele detesse (E), no lugar de se ele detivesse (C); se ele composse (E) no lugar de se ele compusesse (C).
- Alguns verbos aparentemente são DERIVADOS, mas, uma observação mais atenta faz com que se perceba que eles não o são. O verbo REQUERER, por exemplo, não deriva do verbo QUERER: possui conjugação própria e, exceto na primeira pessoa do singular do presente do indicativo e do presente do subjuntivo, preservará o radical "requer-". Desse modo, toda forma desse verbo, exceto as citadas acima, que modificarem o seu radical serão falsas: se eles requisessem (E) – se eles requererem (C); ele requis (E) – ele requereu (C).
- Os verbos DEFECTIVOS não possuem conjugação completa. O verbo computar, falir, abolir, demolir e esculpir são alguns exemplos.
- Todos os verbos que terminam em –EAR ganham "I", no presente do indicativo e no presente do subjuntivo, exceto na primeira e segunda pessoas do plural, ou seja, "nós" e "vós".

OBSERVE:

EU mapeio / saqueio

TU mapeias / saqueias

ELE mapeia / saqueia

NÓS **mapeamos / saqueamos**

VÓS **mapeais / saqueais**

ELES mapeiam / saqueiam

- Os verbos terminados em – IAR são conjugados normalmente (criar – eu crio; copiar – eu copio; saciar – eu sacio), mas existem algumas exceções: INTERMEDIAR, MEDIAR, ANSIAR, REMEDIAR, ODIAR e INCENDIAR ganham um "E", no presente do indicativo e do subjuntivo, exceto na primeira e na segunda pessoas do plural.

OBSERVE:

EU remedeio / odeio

TU remedeias / odeias

ELE remedeia / odeia

NÓS **remediamos / odiamos**

VÓS **remediais / odiais**

ELES remedeiam / odeiam

- Os verbos que possuem dois PARTICÍPIOS são chamados ABUNDANTES.

ACENDER – acendido / aceso

EXPULSAR – expulsado / expulso

OMITIR – omitido / omisso

BENZER – benzido / bento

SUSPENDER – suspendido / suspenso

- O modo indicativo indica CERTEZA, FATOS REAIS, VEROSSÍMEIS; o modo subjuntivo indica DÚVIDA; o modo imperativo indica ORDEM, DESEJO, CONSELHO.

- O IMPERATIVO deriva do **presente do subjuntivo**, exceto **a 2ª pessoa do imperativo afirmativo**, que deriva do **presente do indicativo, sem o "s".**

5. CONCORDÂNCIA NOMINAL E VERBAL

- O primeiro passo para o aluno acertar uma questão de concordância é conseguir localizar o sujeito da sentença, pois a regra geral afirma que o VERBO concorda com seu respectivo SUJEITO. Muitas questões FCC usam o artifício de deslocar o sujeito para dificultar a resolução da questão.
- Existem alguns verbos que não admitem presença de sujeito: VERBOS IMPESSOAIS. Quando isso ocorre, normalmente tais verbos ficam na 3ª pessoa do singular (o que é natural, já que eles não possuem sujeito). Por causa do aspecto sintático, é necessário ter atenção quando o verbo "HAVER" apresenta o sentido de "EXISTIR". Alguns alunos costumam confundir a sintaxe dos dois verbos, mas vale lembrar que é o VERBO HAVER que é IMPESSOAL: o verbo EXISTIR é pessoal e, desse modo, concorda com o sujeito a que se refere. O verbo HAVER, nessa situação, não possui sujeito, entretanto é TRANSITIVO DIRETO, o que implica a presença do OBJETO DIRETO.
- Quando o verbo "HAVER" é AUXILIAR de um verbo PESSOAL, ele concorda com o sujeito. Vejamos: Haverão de existir eleições sempre honestas neste país. Caso ele seja um AUXILIAR de verbo IMPESSOAL, ficará também na terceira pessoa do singular: Há de haver eleições sempre honestas neste país.
- O pronome relativo QUE poderá substituir um termo antecedente e exercer a função sintática de SUJEITO. Nesse caso, o verbo CONCORDARÁ COM O SUBSTANTIVO ANTECEDENTE DO PRONOME "QUE". Vejamos: Fizeram **os exercícios que foram recomendados** pelo professor. O pronome relativo "que" substitui o termo antecedente "exercícios" e exerce a função de sujeito, afinal "os exercícios foram recomendados pelo professor". A forma verbal "foram recomendados" concorda, desse modo, com o antecedente do pronome relativo "os exercícios".
- Quando o sujeito for representado por uma ORAÇÃO, não haverá um núcleo – é a ORAÇÃO SUBSTANTIVA SUBJETIVA. Nesse caso, o período é composto e o verbo da oração principal assumirá a terceira pessoa do singular, ou seja, se o sujeito for oracional, a ORAÇÃO PRINCIPAL terá seu verbo na TERCEIRA DO SINGULAR. Observe: No inquérito consta **que os candidatos cometeram atos ilícitos durante o mandato.** O termo em negrito é o sujeito (oracional); a outra oração é a principal: verbo na 3ª pessoa do singular.
- Um caso que também é recorrente e precisa de uma análise cuidadosa diz respeito ao pronome "se". Quando o elemento SE é partícula apassivadora, obrigatoriamente o verbo é transitivo direto ou transitivo direto e indireto, e ele concordará com o sujeito (paciente). Observe: Exigem-se do candidato **percentuais bons** (SUJEITO) para ser aprovado.
- Caso a partícula SE seja **índice de indeterminação do sujeito**, o verbo obrigatoriamente será intransitivo, transitivo indireto ou de ligação, e **ficará na terceira pessoa do singular**. Observe: Não **se é** feliz em países que não ofereçam condições dignas de sobrevivência. Vejamos: Exigem-se certificados nestes novos cursos – **Certificados são exigidos nestes novos cursos** – O "**SE**" É PARTÍCULA APASSIVADORA. Precisa-se de pessoas eficientes na empresa – O "**SE**" É ÍNDICE DE INDETERMINAÇÃO DO SUJEITO. Perceba a forma do verbo nas duas sentenças.
- Quando o sujeito for composto, merece algumas considerações especiais.

1º NA ORDEM DIRETA	verbo no plural	Dinheiro e poder fazem bem aos vaidosos.
2º NA ORDEM INVERSA	verbo no plural ou concordando com elemento mais próximo	**Fazem** bem aos vaidosos dinheiro e poder ou **faz** bem aos vaidosos dinheiro e poder.
3º COM NÚCLEO RESUMITIVO	verbo concorda com o núcleo	Planos, leis, emendas, **tudo** colabora para melhorar a condição do povo brasileiro.
4º COM NÚCLEOS LIGADOS PELO ELEMENTO "OU"	indicando EXCLUSÃO – verbo no singular	Lula ou FHC **será** presidente;
	indicando INCLUSÃO – verbo no plural	Praia ou campo **servem** para descansar.

PORTUGUÊS

- Quando o sujeito for representado por uma EXPRESSÃO PLURAL, deve-se verificar o seguinte:
  - está com artigo: VERBO PLURAL – Os Estados Unidos **passam** por uma crise no governo Obama.
  - está sem artigo: VERBO SINGULAR – Estados Unidos **passa** por uma crise no governo Obama.

6. VOZES DO VERBO

- Quando a voz é ativa, o sujeito é agente da ação verbal, ou seja, ele pratica (ou é possuidor) a ação; quando a voz é passiva, o sujeito é paciente da ação verbal, ou seja, ele sofre a ação, a ação recai sobre o sujeito; quando a voz é reflexiva, o sujeito é agente e paciente da ação verbal, ou seja, ele pratica e sofre a ação ao mesmo tempo.
- Para transpor da VOZ ATIVA para a VOZ PASSIVA, basta transformar o objeto direto da sentença na VOZ ATIVA em sujeito paciente da VOZ PASSIVA; assim, o OBJETO DIRETO da VOZ ATIVA passará a ser SUJEITO da VOZ PASSIVA, o sujeito da VOZ ATIVA passará a ser AGENTE DA PASSIVA, e a forma verbal ganhará o verbo auxiliar "SER", passando a constituir o TEMPO COMPOSTO. Cabe concluir, então, que verbos intransitivos e transitivos indiretos não admitem transposição de voz.

Observe:

O produtor da revista deve lançar **o novo produto**. ∅**VOZ ATIVA**
↳ (sujeito agente) ↳ (O.D.)

Transposição da ATIVA para a PASSIVA ANALÍTICA

O produtor da revista deve lançar **o novo produto**. → **VOZ ATIVA**

o novo produto deve ser lançado **pelo produtor da revista**.
↓ ↓ ↓
(sujeito agente) (v. aux. SER) (agente da passiva)

- Nesse caso, deve-se observar que a LOCUÇÃO VERBAL recebeu o acréscimo do verbo auxiliar "SER", que deve manter o tempo e o modo da forma verbal da voz ativa.
- Observe as possibilidades de funções que o "SE" pode apresentar:

Partícula Apassivadora:	quando acompanha o VTD ou VTDI. Tem a função de tornar a VOZ PASSIVA. Exemplo: Adiou-**SE** a eleição. (Voz passiva sintética). Perceba, nessa construção, a possibilidade de transposição para a VOZ PASSIVA ANALÍTICA, que ficaria: A eleição foi adiada. Na voz ATIVA, essa mesma sentença ficaria: Adiaram a eleição.
Índice de Indeterminação do Sujeito:	quando acompanha um VI ou VTI. Tem a função de indeterminar o sujeito. Exemplo: Precisa-**SE** de suplentes nesse tribunal. A construção acima não pode ser transposta para a VOZ ATIVA.
Pronome Reflexivo:	quando o sujeito é agente da ação verbal e, ao mesmo tempo, é o alvo dessa ação. Tem a função de fazer com que o sujeito seja agente e paciente da ação verbal. Exemplo: A ré **SE** matou antes de sair a sentença do juiz. ↳ (matou a ela mesma)
Parte Integrante do Verbo:	partícula que acompanha o verbo para compor sua significação. Caracteriza VOZ ATIVA. Exemplo: A ré suicidou-**SE** antes do resultado do julgamento. Perceba que o sujeito (a ré) é agente do suicídio. A menina queixou-**SE** da professora. O sujeito "a menina" é agente da ação verbal.

3. DELEGADO DA POLÍCIA FEDERAL

QUESTÕES

TEXTO I

O que incomoda o terror

O verdadeiro alvo visado pelos terroristas que atacaram Nova York e Washington não foram as torres gêmeas do sul de Manhattan nem o edifício do Pentágono. O atentado foi cometido contra um sistema social e econômico que, mesmo longe da perfeição, é o mais justo e livre que a humanidade conseguiu fazer funcionar ininterruptamente até hoje.

Não foi um ataque de Davi contra Golias. Nem um grito dos excluídos do Terceiro Mundo que, de modo trágico mas efetivo, se fez ouvir no império. Foi uma agressão perpetrada contra os mais caros e mais frágeis valores ocidentais: a democracia e a economia de mercado.

O que realmente incomoda a ponto de provocar a exasperação dos fundamentalistas, apontados como os principais suspeitos da autoria dos atentados, não é a arrogância americana ou seu apoio ao Estado de Israel. O que os radicais não toleram, mais que tudo, é a modernidade. E a existência de uma sociedade em que os justos podem viver sem ser incomodados e os pobres têm possibilidades reais de atingir a prosperidade com o fruto de seu trabalho.

É esse o verdadeiro anátema dos terroristas que atacaram os EUA. Eles são enviados da morte, da elite teocrática, medieval, tirânica que exerce o poder absoluto em seus feudos. Para eles, a democracia é satânica. Por isso, tem de ser combatida e destruída.

Veja, 19-9-2001, p. 9 (com adaptações).

1. (Delegado – CESPE – 2002 – adaptada) Julgue os itens abaixo, referentes ao texto I.

a) O texto considera que o sistema defensivo dos EUA, apesar de estar em vigor há muitos anos, é imperfeito.

b) Segundo o texto, o ataque aos EUA teve por principais motivações fatores ideológicos e econômicos.

c) Segundo o texto, os "excluídos do Terceiro Mundo" não externalizaram seu grito de revolta perante a tragédia causada pelo atentado, porque, mesmo se o tivessem feito, não seriam escutados pelos imperialistas norte-americanos.

d) Sabendo que "Davi" e "Golias", citados na linha 9, são personagens bíblicas que lutam entre si, sendo pequeno o primeiro, e o segundo, um gigante, conclui-se que elas são aludidas no texto em uma referência à diferença entre o poder de um grupo terrorista e o da maior potência mundial, após a Guerra Fria.

e) Segundo o texto, a "modernidade" estadunidense é um paradigma de sociedade perfeita por ser constituída pelos seguintes valores: democracia, trabalho, tranquilidade, prosperidade e justiça.

2. (Delegado – CESPE – 2002 – adaptada) Com referência ao uso de palavras e expressões no texto I, julgue os itens abaixo.

a) No contexto, é correto estabelecer-se uma relação semântica entre "torres gêmeas" e "economia de mercado".

b) A palavra "perpetrada" (linha 12) está empregada no sentido de perpetuada, ou seja, que perdurará na memória da humanidade para sempre.

c) O adjetivo "caros" (linha 13), no contexto, admite dois sentidos: o afetivo, significando estimados ou queridos, e o econômico, na acepção de valiosos.

d) O termo "anátema" (linha 25) está empregado em sentido denotativo, significando ódio profundo, aversão exacerbada.

e) Pelo vocabulário empregado no último parágrafo do texto, depreende-se que o ataque aos EUA foi movido, também, por motivos religiosos.

3. (Delegado – CESPE – 2002 – adaptada)
Julgue os itens abaixo quanto às ideias do texto I e à correção gramatical.

a) Infere-se, pelo terceiro parágrafo do texto, que a moderna sociedade americana é maniqueísta, por ser constituída por "justos", sinônimo contextual de **ricos**, e "pobres", homônimo também contextual de **injustos**.

b) Mais do que a "arrogância americana", conhecida internacionalmente, o que exaspera os terroristas é o apoio dos governantes americanos ao Estado de Israel.

c) Segundo o autor do texto para os americanos, democracia e economia mercadológica são termos antônimos e de transitório apreço.

d) No terceiro parágrafo, radicais e fundamentalistas são palavras usadas para se referir aos suspeitos da autoria dos atentados.

e) O verdadeiro anátema dos terroristas que atacaram os EUA é a modernidade. São enviados da elite teocrática, medieval, tirânica que exerce o poder absoluto em seus feudos da morte. Para esses terroristas, a democracia tem de ser combatida e destruída, pois é satânica.

TEXTO II

Ser ou não ser mãe é opção que todas as mulheres devem ter condições de fazer. Embora a maternidade resulte do impulso natural ao sexo, é absolutamente certo que a decisão de procriar independe da busca do prazer, ao qual, no entanto, está ligada.

Em um país como o Brasil, onde os tabus ainda prevalecem sobre a ciência, mesmo nas classes sociais mais favorecidas, podem ocorrer situações de gravidez indesejada. Que se dirá então das classes pobres, onde a informação não chega e a miséria instalou o caos?

A lei brasileira proíbe o aborto, com exceção dos casos em que a gravidez tenha resultado de estupro. Nos demais casos, por mais pungente que seja a situação de fato, é vedado à mulher escolher o destino que será dado a si mesma. Isso porque a nossa sociedade não assume suas crianças, não se responsabiliza pela miséria de quase todos, não se sensibiliza com o desespero alheio, não respeita a autodeterminação feminina.

Analisando-se a permissão legal dada ao abortamento em caso de estupro, verificamos que o legislador preocupou-se com a natureza do ato sexual de que resultou a gravidez e com a violência brutal que o acompanhou. E julgou injusto obrigar a mulher a carregar em si um filho fruto de um momento que lhe causou horror. Esse entendimento é correto, porém insuficiente.

Vivemos imersos na hipocrisia. Quem tem dinheiro faz aborto na hora que quer e como quer. Quem não tem, faz como pode, submetendo-se a técnicas precárias, que muitas vezes levam à morte. Mas, de qualquer maneira, a proibição legal não impede coisa alguma, apenas agrava a situação.

Os princípios religiosos que fundamentam algumas posições contrárias à legalização do aborto devem prevalecer, mas apenas em relação às pessoas que acreditam neles. Crenças religiosas devem ser opções do cidadão, não imposição para todos.

Luíza Nagib Eluf. *Folha de S.Paulo* (com adaptações).

4. (Delegado – CESPE – 2002 – adaptada)
Considerando o texto II, julgue os itens abaixo.

a) O texto tem por tema o exercício do direito de vida ou morte sobre o destino de um ser neonatal.

b) No Brasil, principalmente nas classes sociais menos favorecidas, as situações de gravidez indesejada, seguida ou não de aborto, estão muitas vezes relacionadas a problemas como o abandono e a prostituição infantil.

c) O assunto do texto é tratado em linguagem predominantemente conotativa.

d) Para o legislador, segundo a autora do texto, a preocupação com os condicionantes do ato sexual de que resultou a gravidez importa mais que o afeto entre criador e criatura.

e) Ao afirmar que "Vivemos imersos na hipocrisia", a autora do texto manifesta uma visão pessimista no tocante à conduta da classe jurídica.

5. (Delegado – CESPE – 2002 – adaptada) Ao avaliar a questão do aborto, a autora do texto II julga que:

a) abortar ou não é opção feminina, que só pode ser tomada pela mulher a partir de orientação médica.

b) os preconceitos ainda prevalecem sobre a ciência, no Brasil, mesmo entre as pessoas das classes socioeconômicas mais abastadas.

c) a sociedade brasileira falha com referência ao aborto; não respeita também a autodeterminação feminina, as crianças, a miséria e o desespero alheio.

d) a proibição legal ao aborto não impede que se cometam transgressões de qualquer ordem; apenas agrava a situação.

e) as crenças religiosas devem influenciar as decisões particulares dos cidadãos, e não embasar imposições legais para toda a coletividade.

TEXTO III

Cientistas sociais e filósofos de inúmeras correntes garantem: a geração de 90 é ambígua. Explica-se: os adolescentes dessa época buscam o bem-estar individual mas também consideram o conceito "viver dignamente" como um direito da humanidade. Só que eles não pretendem se fatigar nas lutas sociais, nem se sentem atraídos por bandeiras políticas ou cartilhas ideológicas. Em uma pesquisa recente na França, o item "justiça social" foi classificado como um dos menos importantes por moças e rapazes na faixa dos 14 aos 17 anos. Imediatamente, a geração que ouve Madonna, diverte-se com Steven Spielberg e devora sanduíches passou a ser chamada de "novos individualistas". O filósofo e escritor francês Laurent Joffrin, autor do livro *Um Toque de Juventude*, celebra com otimismo os "moralistas de *blue jeans*": "eles não são apáticos como se supõe. Seus interesses vão além do prazer imediato e da pura distração", explica Joffrin. Mais cético, seu colega Alain Finkelkraut acredita que os jovens dos anos 90 se apoiam em relacionamentos superficiais e valores distorcidos. "Comportam-se como se a vida fosse um grande videoclip...", lamenta. Enquanto os intelectuais batem boca, os ingleses que cresceram ouvindo a balada conservadora de Margaret Thatcher hoje insistem que a vida comportada é muito melhor. Em uma pesquisa da revista *Look Now*, moças e rapazes de 15 a 24 anos confessam gostar de boas roupas, querem ser vistos como pessoas sensíveis e responsáveis, pretendem ter uma carreira sólida e fazer fortuna. Desnecessário dizer que a Dama de Ferro adorou os resultados da pesquisa.

Laura Greenhalg. Sociedade dos poetas vivos. In: *Elle*, ago. 1990, p. 35 (com adaptações).

6. (Delegado – CESPE – 2002 – adaptada) Aplicando conhecimentos acerca de tipologia, estrutura e organização de um texto em parágrafos, julgue os itens abaixo, segundo as ideias desenvolvidas no texto III.

a) O texto é essencialmente dissertativo, podendo ser distribuído em parágrafos, dos quais o introdutório iria até "cartilhas ideológicas".

b) O primeiro período contempla a ideia geral do texto, resgatando na palavra "ambígua" o comportamento da juventude: apático e superficial.

c) Na linha 24, inicia-se uma passagem narrativa que se estende até "lamenta" e que conta a rotina da juventude francesa da época.

d) A pesquisa relativa aos ingleses, cujos resultados aparecem a partir do antepenúltimo período do texto, agradou a liderança conservadora porque mostra que os jovens britânicos são idealistas, consumistas, alienados e ambiciosos.

e) Ao se distribuir adequadamente em parágrafos, faltaria um fechamento que resgatasse a ideia básica desenvolvida no texto e desse caráter conclusivo ao título proposto.

7. (Delegado – CESPE – 2002 – adaptada) Com relação à correção gramatical, julgue os itens abaixo.

a) As pesquisas tiveram, como informante, filósofos, antropólogos e intelectuais das diversas áreas, estudiosos da realidade social, da década de 90.

b) A maioria dos adolescentes dessa época busca o prazer a despeito do trabalho, o capital ao invés do lucro, o primado do individual do que o social.

c) Para os jovens, viver dignamente e justiça social não é prioridade, tais quais a adesão a bandeiras políticas e cartilhas ideológicas.

d) O psicólogo não acredita nos jovens dos anos 90 onde se apoia em relacionamentos superficiais e em valores distorcidos.

e) Gostar de roupas finas, querer ser vista como sensível e responsável, ter sólida carreira e fazer fortuna caracteriza a juventude dos anos noventa.

TEXTO IV

Conhecimento é poder

A empresa de consultoria Alfa tem um perfil diferente da maioria de suas concorrentes. Em suas instalações, poucas pessoas, ausência de estantes, nenhuma pilha de papel, e os profissionais não têm sequer um posto de trabalho fixo. O que aconteceu, ao longo dos anos, foi a gradual implantação de um sistema de gestão de conhecimento que mudou por completo o modo como as informações, as experiências e o saber são gerados, adquiridos e compartilhados. O resto foi consequência. Como todas as informações, projetos desenvolvidos pela empresa, indicadores de mercado, informações da concorrência, análises tecnológicas, além de uma infinidade de documentos, estão em bases de dados eletrônicas, sumiram os papéis e as estantes. Como as bases de dados podem ser consultadas via Internet, por meio de uma VPN* (*virtual private network*), tanto faz se os consultores estão no escritório da sede ou de uma de suas filiais espalhadas pelo mundo, nas instalações de um de seus clientes ou, até mesmo, em casa. Se não acumulam papéis e têm tudo de que precisam para trabalhar onde quer que estejam, não há mais a necessidade de mesas de trabalho definidas. Mais que um escritório sem papel e sem fronteiras, no entanto, o sistema de gestão de conhecimento trouxe verdadeiros diferenciais competitivos. Nessa empresa, se um profissional é destacado para fazer um projeto, ele pode consultar a base de dados para saber se outros trabalhos já foram realizados para a mesma empresa, ou para descobrir se projetos semelhantes foram desenvolvidos ou estão em desenvolvimento para uma das filiais dessa empresa em outras partes do mundo ou, mesmo, para outras companhias. Com essas informações, de um simples projeto isolado, o trabalho pode evoluir para um plano global, de desenvolvimento conjunto.

* VPN – rede privada virtual que usa criptografia para estabelecer uma conexão privativa por meio de uma rede pública, sobre a qual está implantada a Internet.

Info Exame. Ano 16, n. 166, set. 2001, p. 95-6 (com adaptações).

8. (Delegado – CESPE – 2002 – adaptada) Considerando o texto IV, julgue o item a seguir.

- Infere-se do texto que a empresa Alfa já operou como a "maioria de suas concorrentes", ou seja, em suas instalações podiam ser encontrados muitos empregados, estantes, pilhas de papel e profissionais com posto de trabalho fixo.

9. (Delegado – CESPE – 2002 – adaptada) A figura abaixo mostra uma janela do Word 2000, com um trecho de um artigo do ex-governador do Distrito Federal, Cristovam Buarque, publicado no *Correio Braziliense* de 23-12-2001.

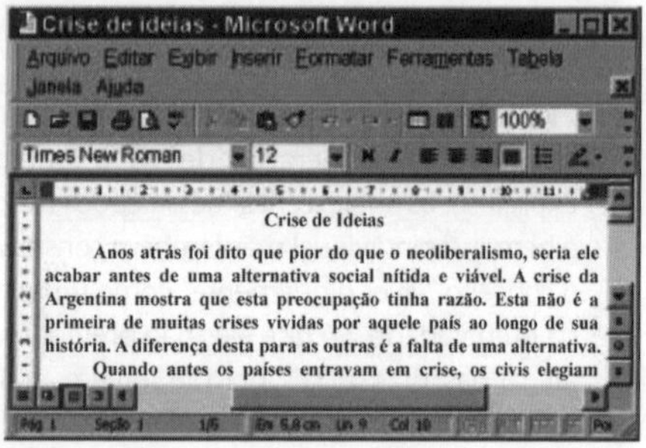

Ainda com relação à imagem acima, julgue o item subsequente.

- Seriam mantidas as relações das ideias caso se substituíssem os dois primeiros períodos do primeiro parágrafo do artigo de Cristovam Buarque por Como mostra a crise da Argentina, tinha razão a preocupação manifestada há décadas, no sentido de que pior que o neoliberalismo é o fim, antes de se encontrar uma alternativa nítida e viável para a crise de ideias.

TEXTO V

Um traço que deve caracterizar o ser humano, ainda não embrutecido pela própria fraqueza ou pela realidade tremenda, é a Liberdade que ele se reserva de opor ao evento defeituoso, à situação decepcionante, uma força contraditória. Essa força poderia chamar-se esperança; esperança de que aquilo que não é, que não existe, possa vir a ser; uma espera, no sonho, de que algo se mova para a frente, para o futuro, tornando realidade aquilo que precisa acontecer, aquilo que tem de passar a existir.

Essa força talvez pudesse ser chamada, também, de sonho. Mas esse também seria um nome inadequado, porque um sonho escapa a nosso controle, impõe-se a nós tanto quanto se insinua sobre nós essa realidade manca ou sufocante que precisa ser mudada. E é necessário termos o controle dessa mudança, algum controle. Sonhar, apenas, não serve.

Estaríamos mais perto do nome adequado a essa força de contradição se pensássemos na imaginação, essa capacidade de superar os limites frequentemente medíocres da realidade e penetrar no mundo do possível. Mas a imaginação necessária à execução daquilo que deve vir a existir não é a imaginação digamos comum, aquela que se alimenta apenas da vontade subjetiva da pessoa e se volta unicamente para seu restrito campo individual. Tem de ser uma imaginação exigente, capaz de prolongar o real existente na direção do futuro, das possibilidades; capaz de antecipar este futuro como projeção de um presente a partir daquilo que neste existe e é passível de ser transformado. Mais: de ser melhorado.

Essa imaginação exigente tem um nome: é a imaginação utópica, ponto de contato entre a vida e o sonho. É ela que, até hoje pelo menos, sempre esteve presente nas sociedades humanas, apresentando-se como o elemento de impulso das invenções, das descobertas, mas, também, das revoluções. É ela que aponta para a pequena brecha por onde o sucesso pode surgir, é ela que mantém em pé a crença em uma outra vida. Explodindo os quadros minimizadores da rotina, dos hábitos circulares, é ela que, militando pelo otimismo, levanta a única hipótese capaz de nos manter vivos: mudar de vida.

Teixeira Coelho. *O que é utopia*. São Paulo: Brasiliense, 1980, p. 7-9 (com adaptações).

10. (Delegado – CESPE – 2002 – adaptada)

Em cada um dos itens abaixo, julgue se a reescritura destacada em negrito mantém as ideias originais do fragmento indicado do texto V.

a) "Mas (...) controle": **Todavia, o nome sonho também não seria adequado, haja vista um sonho escapar ao nosso controle.**

b) "impõe-se (...) mudada": **impõe-se-nos na mesma medida em que essa realidade manca ou sufocante que necessita de ser mudada insinua-se sobre nós.**

c) "E é necessário (...) serve": **Além disso, sonhar, somente, não serve; convém termos algum controle que seja dessa mudança.**

d) "Essa (...) revoluções": **Uma imaginação exigente recebe o nome de imaginação utópica, sempre que ela esteja presente na sociedade, caracterizando-se como o elemento impulsionador das invenções descobertas, sequer das revoluções.**

e) "Explodindo (...) vida": **A imaginação utópica, explodindo as quadraturas da rotina e dos hábitos, e militando pelo otimismo, levanta a mudança de vida: única hipótese apta a nos manter vivos.**

11. (Delegado – CESPE – 2002 – adaptada)

Julgue se os itens abaixo apresentam, por meio de estruturas gramaticalmente corretas, informações do texto V.

a) São traços característicos da juventude: a liberdade, a oposição à frágil realidade e a força contraditória de suas ações, além do sonho e da utopia.

b) Poder-se-ia chamar de esperança essa força que move o ser humano para a frente, para o futuro, em busca daquilo que precisaria acontecer, daquilo que passaria a existir.

c) Deveria-se nomear a imaginação comum de exigente, referindo à capacidade de superar os limites reais e de penetrar no mundo possível, do restrito campo individual.

d) E possível intitular-se de imaginação exigente a capacidade de antecipar um futuro mais promissor, a partir da projeção de um presente transformado.

e) Ponto de contato entre vida e sonho, a imaginação utópica esteve sempre presente nas sociedades humanas, como elemento de impulso das invenções, das descobertas e das revoluções.

12. (Delegado – CESPE – 2002 – adaptada)

Em cada um dos itens abaixo, julgue se seria gramaticalmente correta a substituição, no texto V, do fragmento indicado do texto pela expressão destacada em negrito.

a) "um sonho escapa a nosso controle": **um sonho se nos escapa**

b) "capacidade de superar os limites frequentemente medíocres da realidade": **capacidade de superá-los**

c) "volta unicamente para seu restrito campo individual": **volta unicamente à seu restrito campo individual**

d) "capaz de prolongar o real existente na direção do futuro": **capaz de lhe prolongar na direção do futuro**

e) "mantém em pé a crença em uma outra vida": **mantêm-na perante uma outra vida**

13. (Delegado – CESPE – 2004 – adaptada)

A análise que a sociedade costuma fazer da violência urbana é fundamentada em fatores emocionais, quase sempre gerados por um crime chocante, pela falta de segurança nas ruas do bairro, por preconceito social ou por discriminação. As conclusões dos estudos científicos não são levadas em conta na definição de políticas públicas. Como reflexo dessa atitude, o tratamento da violência evoluiu pouco no decorrer do século XX, ao contrário do que ocorreu com o tratamento das infecções, do câncer ou da AIDS. Nos últimos anos, entretanto, estão sendo desenvolvidos métodos analíticos mais precisos para avaliar a influência dos fatores econômicos, epidemiológicos e sociológicos associados às raízes sociais da violência urbana: pobreza, impunidade, acesso a armamento, narcotráfico, intolerância social, ruptura de laços familiares, imigração, corrupção de autoridades ou descrédito na justiça.

Dráuzio Varella. Internet: <http://www.drauziovareila.com.br> (com adaptações).

Em relação ao texto acima, julgue os itens a seguir.

a) As informações do texto indicam que, além da consideração de "fatores emocionais" (linhas 2 e 3) que geram violência, as políticas públicas voltadas para a segurança dos cidadãos baseiam-se frequentemente nas "conclusões dos estudos científicos" (linha 6) que focalizam esse tema.

b) A expressão "Como reflexo dessa atitude" (linha 8) introduz uma ideia que é uma consequência em relação à informação antecedente. Portanto poderia, sem prejuízo da correção e do sentido do texto, ser substituída pela palavra **Consequentemente**.

c) A substituição do termo "estão sendo desenvolvidos" (linhas 12 e 13) por **estavam se desenvolvendo** provoca alterações estruturais sem alterar semanticamente a informação original nem transgredir as normas da escrita culta.

d) Na linha 16, o emprego do sinal indicativo de crase em "às raízes" justifica-se pela regência de "associados" e pela presença de artigo; o sinal deveria ser eliminado caso a preposição viesse sem o artigo.

e) Na linha 16, estaria gramaticalmente correta a inserção, entre a palavra "urbana" e o sinal de dois-pontos, de qualquer uma das seguintes expressões, antecedidas de vírgula: **como, tais como, quais sejam, entre as quais se destacam**.

f) É correto inferir do texto que houve evolução no tratamento de certas doenças porque estão sendo desenvolvidos métodos analíticos mais exatos para avaliar seus fatores econômicos, epidemiológicos e sociológicos associados às raízes da violência.

TEXTO VI

Diversos municípios brasileiros, especialmente aqueles que se urbanizaram de forma muito rápida, não oferecem à população espaços públicos para a prática de atividades culturais, esportivas e de lazer. A ausência desses espaços limita a criação e o fortalecimento de redes de relações sociais. Em um tecido social esgarçado, a violência é cada vez maior, ameaçando a vida e enclausurando ainda mais as pessoas nos espaços domésticos.

Internet: <http://www.polis.org.br> (com adaptações).

14. (Delegado – CESPE – 2004 – adaptada)
Considerando o texto VI, julgue os itens abaixo.

a) A expressão "tecido social esgarçado" (linha 7) está empregada em sentido figurado e representa a ideia de que as estruturas sociais estão fortalecidas em suas instituições oficiais.

b) A inserção da palavra consequentemente, entre vírgulas, antes de "cada vez" (linha 8) torna explícita a relação entre ideias desse período e aquelas apresentadas anteriormente no texto.

c) A expressão "ainda mais" (linha 9) reforça a ideia implícita de que há dois motivos para o enclausuramento das pessoas: a falta de espaços públicos que favoreçam as relações sociais com atividades culturais, esportivas e de lazer e o aumento da ameaça de violência.

TEXTO VII

Entre os primatas, o aumento da densidade populacional não conduz necessariamente à violência desenfreada. Diante da redução do espaço físico, criamos leis mais fortes para controlar os impulsos individuais e impedir a barbárie. Tal estratégia de sobrevivência tem lógica evolucionista: descendemos de ancestrais que tiveram sucesso na defesa da integridade de seus grupos; os incapazes de fazê-lo não deixaram descendentes. Definitivamente, não somos como os ratos.

Dráuzio Varella. Internet: <http://www.drauzio-varella.com.br> (com adaptações).

15. (Delegado – CESPE – 2004 – adaptada) Acerca dos textos VI e VII, julgue os itens abaixo.

a) Tanto no texto VI como no VII, a questão do espaço físico como um dos fatores intervenientes no processo de intensificação da violência é vista sob o prisma da densidade populacional excessiva.

b) Como a escolha de estruturas gramaticais pode evidenciar informações pressupostas e significações implícitas, no texto VII, o emprego da forma verbal em primeira pessoa – "criamos" (linha 4) – autoriza a inferência de que os seres humanos pertencem à ordem dos primatas.

c) Por funcionar como um recurso coesivo de substituição de ideias já apresentadas, no texto VII, a expressão "Tal estratégia de sobrevivência" (linha 6) retoma o termo antecedente "violência desenfreada" (linha 3).

16. (Delegado – CESPE – 2004 – adaptada) Os fragmentos contidos nos itens abaixo foram adaptados de um texto escrito por Ângela Lacerda para a Agência Estado. Julgue-os quanto à correção gramatical.

a) O programa Escola Aberta, que usa as escolas nos fins de semana para atividades culturais, sociais e esportivas de alunos e jovens da comunidade reduziu os índices de violência registrados nos estabelecimentos e melhorou o aproveitamento escolar.

b) Em Pernambuco e no Rio de Janeiro, primeiros estados a adotarem o programa recomendado pela UNESCO, o índice de redução de criminalidade para as escolas que implantaram o Escola Aberta desde o ano 2000 foi de 60% em relação às escolas que não o adotaram.

c) A maior redução da violência observada nos locais onde o programa tem mais tempo de existência mostram, segundo a UNESCO, que os resultados vão se tornando melhores a longo prazo, ou seja, a proporção que a comunidade se apropiaria do programa.

TEXTO VIII

O homem, como ser histórico, é o construtor da sociedade e o responsável pelo rumo que ela venha a tomar. Tornamo-nos seres humanos na dialética mesma da hominização, ao produzirmos e transformarmos coletivamente a cultura e nos construirmos como sujeitos.

A nossa cultura atual, eivada de violências físicas e simbólicas, tem levado os seres humanos à massificação, à desumanização e à autodestruição. Fazendo frente a essa crise, a Cultura da Paz surge como uma proposta da ONU que tem por objetivo conscientizar a todos – governos e sociedades civis – para que se unam em busca da superação da falência do nosso paradigma atual, conclamando para a construção de um novo modelo substitutivo, assentado em ações, valores e princípios calcados em uma nova ética social, no respeito à diversidade cultural e na diminuição das desigualdades e injustiças.

Editorial. *Revista da Faculdade de Educação do Estado da Bahia*, ano 10, n. 14, jan./jun., 2001 (com adaptações).

17. (Delegado – CESPE – 2004 – adaptada) Julgue os itens abaixo, acerca do texto VIII.

a) O aposto "como ser histórico" (linha 1) esclarece ou justifica as razões das características de homem que o período sintático apresenta a seguir.

b) A ideia de hipótese que o emprego de "venha" (linha 3) confere ao texto pode ser alternativamente expressa por porventura vem, sem prejuízo da argumentatividade e da correção gramatical do texto.

c) Preservam-se a correção gramatical e a coerência do texto ao se substituir o aposto "eivada (...) simbólicas" (linhas 7 e 8) pela seguinte oração subordinada: de que foi infectada por violências físicas e simbólicas.

d) A inserção de uma vírgula logo depois de "ONU" (linha 11) respeitaria as regras gramaticais, mas provocaria ambiguidade de interpretação sobre quem teria "por objetivo conscientizar" (linhas 11 e 12).

e) As expressões "paradigma atual" (linhas 14 e 15) e "novo modelo" (linha 16) correspondem a duas possibilidades diferentes de éticas sociais: a primeira leva à desumanização e à autodestruição; a segunda busca a superação da violência pela paz.

TEXTO IX

A polêmica sobre o porte de armas pela população não tem consenso nem mesmo dentro da esfera jurídica, na qual há vários entendimentos como: "o cidadão tem direito a reagir em legítima defesa e não pode ter cerceado seu acesso aos instrumentos de defesa", ou "a utilização da força é direito exclusivo do Estado" ou "o armamento da população mostra que o Estado é incapaz de garantir a segurança pública". Independente de quão caloroso seja o debate, as estatísticas estão corretas: mais armas potencializam a ocorrência de crimes, sobretudo em um ambiente em que essas sejam obtidas por meios clandestinos. A partir daí, qualquer fato corriqueiro pode tornar-se letal. O porte de arma pelo cidadão pode dar uma falsa sensação de segurança, mas na realidade é o caminho mais curto para os registros de assaltos com morte de seu portador.

Internet: <http://www.serasa.com.br/guiacontraviolencia>. Acesso em 28-9-2004 (com adaptações).

18. (Delegado – CESPE – 2004 – adaptada) A respeito do texto IX, julgue os itens abaixo.

a) Na linha 1, o emprego da preposição por, que rege "população", estabelece a relação entre "porte" e "população".

b) A retirada da expressão "nem mesmo" (linha 2) preservaria a coerência e a correção gramatical do texto, mas enfraqueceria o argumento que mostra a fragilidade do consenso.

c) No período de que faz parte, o termo "Independente" (linhas 9 e 10) exerce a função de adjetivo e está no singular porque se refere a "debate" (linha 10).

d) O emprego das aspas indica vozes que representam opiniões paradigmáticas a respeito do porte de armas.

e) De acordo com o desenvolvimento das ideias no texto, o advérbio "daí" (linha 14 marca o momento do debate.

f) Pelo tema, impessoalidade e clareza, o texto poderia constituir parte de um documento oficial – como, por exemplo, um relatório ou um parecer –, mas o emprego das aspas lhe confere uma coloquialidade que o torna inadequado às normas da redação oficial.

19. (Delegado – CESPE – 2004 – adaptada) Os itens abaixo apresentam opiniões ou relatos acerca do porte de armas, extraídos e adaptados de publicações recentes da imprensa nacional. Julgue cada item como certo se a ideia nele contida enfraquece o argumento defendido no texto IX.

a) O fácil acesso às armas deu um novo *status* aos pequenos delitos, que passaram a ser letais, além de aumentar consideravelmente o poderio da marginalidade frente ao dos policiais.

b) Com o desarmamento civil, irá se conseguir apenas privar a população do seu legítimo direito à autodefesa, verdadeiro atentado a um princípio consagrado pela lei natural do homem. Vários países tentaram reduzir o nível de violência por meio do desarmamento da população, creditando às armas de fogo portadas pela sociedade civil a responsabilidade final pelo aumento do número de atentados contra a vida humana. Nada mais falacioso.

c) Embora as camadas de menor poder aquisitivo sejam mais afetadas pelos efeitos da violência, é claro que os jovens das classes A e B também não estão livres dessa ameaça. Na ânsia de dar um basta à situação, a maioria deles defende medidas como a redução da idade penal para menos de 18 anos e a proibição de venda de armas.

d) Menos de duas horas depois da abertura de um posto de recolhimento de armas, às 9h, a Polícia Federal já havia recebido 15 revólveres e três espingardas. Cada pessoa que devolvia uma arma ganhava uma rosa.

e) A gente tem de refletir se a arma em casa serve para alguma coisa", afirmou o chefe do Serviço Nacional de Armas da Polícia Federal. "Onde os bandidos compraram essas armas? No mercado negro, que, por sua vez, roubou das pessoas de bem, porque nenhum ladrão jamais comprou arma em loja".

TEXTO X

O que importa para os proponentes do desarmamento da população é o sentimento de estar "fazendo algo" para acabar com a violência, mesmo que o tal "algo" seja absolutamente inócuo. Desarmar a população só pode trazer dois resultados. O mais imediato é a continuação e até o recrudescimento da violência, já que os bandidos vão contar com a certeza de que ninguém terá como reagir. O resultado mais remoto – mas nem por isso desprezível – é deixar a população indefesa frente a aventuras políticas. Quem duvida, procure a seção de História da biblioteca mais próxima.

Paulo Leite. Desarmamento e liberdade. In: Internet: <http://www.diegocasagrande.com.br> (com adaptações).

20. (Delegado – CESPE – 2004 – adaptada) Considerando o texto X, julgue os itens abaixo.

a) Na linha 5, a locução verbal "pode trazer" está empregada no singular porque deve concordar com "população".

b) Preservam-se a correção gramatical e a coerência da argumentação ao se substituir os pontos logo depois de "resultados" (linhas 5 e 6) e de "reagir" (linha 9), respectivamente, por dois-pontos e por ponto e vírgula, fazendo-se os devidos ajustes nas letras maiúsculas.

c) Por ser opcional o emprego do sinal indicativo de crase no termo regido por "frente" (linha 11), sua inserção preservaria a correção gramatical do texto.

d) A argumentação do texto leva a inferir que aquilo que se encontrará na "seção de História da biblioteca mais próxima" (linhas 12 e 13) serão razões políticas a favor do desarmamento da população.

GABARITO COMENTADO

1.

A. ERRADO O texto não faz referência ao "sistema defensivo dos EUA". Fala-se no "sistema social e econômico que, mesmo longe da perfeição, é o mais justo e livre que a humanidade já conseguiu fazer funcionar ininterruptamente até hoje".

B. CERTO No 3º parágrafo, fica evidente que o ataque aos Estados Unidos teve fatores ideológicos e econômicos como principais motivações: "O que os radicais não toleram, mais que tudo, é a modernidade. E a existência de uma sociedade em que os justos podem viver sem ser incomodados e os pobres têm possibilidades reais de atingir a prosperidade com o fruto de seu trabalho".

C. ERRADO A alternativa constitui uma extrapolação. O texto não faz referência à ausência do grito dos "excluídos do Terceiro Mundo" por terem consciência de que não seriam ouvidos.

D. CERTO Biblicamente, "Davi" e "Golias" são personagens que lutam entre si, sendo o primeiro mais frágil, e o segundo mais forte. No texto, os agressores terroristas estão relacionados a Davi (menor poder bélico); os Estados Unidos estão relacionados a Golias (maior poder bélico).

E. ERRADO Os valores "democracia", "trabalho", "prosperidade" e "justiça" aparecem claramente atrelados à "modernidade" dos Estados Unidos. A "tranquilidade", entretanto, não aparece mencionada. Além disso, o texto não afirma que a sociedade estadunidense é "perfeita". Ao contrário, fica clara a ideia de que o "sistema social e econômico" está "longe da perfeição".

2.

A. CERTO Sendo as "torres gêmeas" um símbolo de desenvolvimento comercial, do ponto de vista semântico elas podem ser relacionadas com a expressão "economia de mercado".

B. ERRADO A palavra "perpetrada" não mantém relação de sentido com a palavra "perpetuada". O verbo "perpetrar" significa "realizar ato condenável"; o verbo "perpetuar" significa "tornar duradouro".

C. CERTO No contexto em que se insere, o adjetivo "caros" possibilita duas compreensões: a 1ª possui valor afetivo, significando "queridos"; a 2ª possui valor econômico, significando "valiosos". Observe: "Foi uma agressão perpetrada contra os mais **caros** e mais frágeis valores ocidentais: a democracia e a economia de mercado".

D. CERTO O vocábulo "anátema" está utilizado no sentido real, dicionarizado, denotativo, significando "maldição", "aversão exacerbada".

E. CERTO No último parágrafo do texto, além do substantivo masculino "anátema" (que possui sentido atrelado à religiosidade), há expressões como "elite teocrática" e "democracia satânica". Tais expressões evidenciam claramente uma conexão entre o "ataque aos EUA" e os "motivos religiosos".

3.

A. ERRADO Do ponto de vista gramatical, não são observados equívocos. Há de se ressaltar, entretanto, que o 3º parágrafo não coloca "justos" e "ricos" como sinônimos. Além disso, não cabe a utilização do termo "homônimo" para relacionar "pobres" e "injustos".

Comentário extra: Termos homônimos são aqueles que possuem mesmo som e/ou mesma grafia: **almoço** (verbo) e **almoço** (substantivo) são homônimos homógrafos – mesma grafia; **seção** (parte do todo), **sessão** (intervalo de tempo) e **cessão** (ato de ceder) são homônimos homófonos – mesmo som.

B. ERRADO Segundo o terceiro parágrafo, o que mais exaspera os suspeitos da autoria dos atentados "não é arrogância americana ou seu apoio ao Estado de Israel. O que os radicais não toleram, mais que tudo, é a modernidade".

C. ERRADO Além da falha gramatical existente, pois há necessidade do emprego da vírgula de deslocamento após a expressão "Segundo o autor do texto", existe também uma incoerência com relação à afirmação feita sobre o texto. O texto não coloca "democracia e economia mercadológica" como termos de sentidos opostos (antônimos). Há, ainda, clara convicção de que, para os americanos, ambos os conceitos são valores duradouros, e não transitórios.

D. CERTO Fica claro, no terceiro parágrafo, que os termos "fundamentalistas" e "radicais" estão atrelados aos "principais suspeitos da autoria dos atentados", ou seja, os terroristas.

E. ERRADO A reconstrução do último parágrafo não mantém a coerência com as ideias originais do texto por causa do deslocamento da expressão "da morte". No texto original, tal expressão compõe a oração "Eles são enviados **da morte**"; no parágrafo reconstruído, a expressão "da morte" está ligada ao termo "feudos".

4.

A. ERRADO A temática central do texto é o aborto, o direito que a mulher possui de decidir sobre a questão de ter ou não um filho. O termo "neonatal" diz respeito à criança recém-nascida, portanto não é abordado no texto.

B. CERTO A alternativa exige certo conhecimento da realidade social brasileira. Mesmo assim, é possível perceber que o item é verdadeiro a partir do 2º parágrafo e do questionamento feito no final dele: "Em um país como o Brasil, onde tabus ainda prevalecem sobre a ciência, mesmo nas classes sociais mais favorecidas, podem ocorrer situações de gravidez indesejada. Que se dirá então das classes pobres, onde a informação não chega e a miséria instalou o caos?".

C. ERRADO Predomina no texto o caráter informativo/argumentativo. Tal caráter é alcançado a partir da linguagem denotativa, ou seja, clara e objetiva.

Comentário extra: Quando o texto é constituído com uma linguagem conotativa/simbólica, ele é **POÉTICO**. Um texto argumentativo não exagera nas metáforas nem utiliza excessivamente as figuras de linguagem.

D. CERTO Embora se mostre crítica com relação a essa postura do legislador, a autora demonstra que ele se preocupa mais com "os condicionantes do ato sexual de que resultou a gravidez" do que com o "afeto entre criador e criatura". Por causa dessa preocupação, aceita-se o aborto em caso de estupro.

E. ERRADO Ao afirmar, no quinto parágrafo, que "vivemos imersos em hipocrisia", a autora do texto manifesta uma visão **crítica** em relação à sociedade brasileira, e não uma visão pessimista.

5.

A. ERRADO Extrapolação. O texto não faz referência ao fato de a mulher só fazer aborto a partir de orientação médica.

B. CERTO No 2º parágrafo, a autora coloca que, no Brasil, "os tabus ainda prevalecem sobre a ciência, mesmo nas classes mais favorecidas". O termo "tabus" possui o mesmo sentido de "preconceitos".

C. CERTO No decorrer do terceiro parágrafo, a autora aponta a omissão da sociedade brasileira que "não assume suas crianças, não se responsabiliza pela miséria de quase todos, não se sensibiliza com o desespero alheio, não respeita a autodeterminação feminina".

D. CERTO No final do 5º parágrafo (último período), a autora confirma a ideia de que "a proibição legal não impede coisa alguma, apenas agrava a situação". A constatação final ampara o exposto anteriormente no mesmo parágrafo: "Quem tem dinheiro faz aborto na hora que quer e como quer. Quem não tem faz como pode, submetendo-se a técnicas precárias, que muitas vezes levam à morte".

E. CERTO A alternativa é validada no último parágrafo do texto: "Os princípios religiosos que fundamentam algumas posições contrárias à legalização do aborto devem prevalecer, mas apenas em relação às pessoas que acreditam neles. Crenças religiosas devem ser opções do cidadão, não imposição para todos".

6.

A. CERTO O texto possui uma estrutura dissertativa, com coesão e coerência interna. Há uma argumentação que se ergue em função da introdução apresentada nos três primeiros períodos. A linguagem é sóbria e denotativa como convém a um texto com caráter informativo.

B. ERRADO A ambiguidade atribuída à geração de 90 não está relacionada à apatia e à superficialidade: está ligada ao fato de essa geração, apesar de buscar "o bem-estar individual" e considerar o conceito "viver dignamente" como um direito da humanidade, não se envolver nas lutas sociais.

C. ERRADO No fragmento destacado, aparecem dois filósofos franceses e suas respectivas opiniões sobre o comportamento dos jovens dos anos 90. São dois pontos de vista contrários: Laurent Joffain "celebra com otimismo os 'moralistas de *blue jeans*'"; Alain Finkelkrant "acredita que os jovens dos anos 90 se apoiam em relacionamentos superficiais e valores distorcidos". A passagem não é, portanto, narrativa: é dissertativa.

D. ERRADO Os dois últimos períodos do texto deixam evidente que, segundo uma pesquisa divulgada, os jovens ingleses "querem ser vistos como pessoas sensíveis e responsáveis, pretendem ter uma carreira sólida e fazer fortuna". Aparecem, portanto, como pessoas conservadoras como Margaret Thatcher. A alternativa está incorreta porque coloca os jovens ingleses como "idealistas".

E. CERTO No texto apresentado, facilmente se observa a presença da introdução e do desenvolvimento das ideias que nela constam. Não há, entretanto, presença da conclusão do texto. Fica evidente que a autora não retoma as ideias inicialmente apresentadas.

7.

A. ERRADO A proposta traz inicialmente uma falha de concordância nominal, haja vista que o termo "como informante" deveria estar no plural, pois se refere a "filósofos, antropólogos e intelectuais". Observa-se, ainda, a equivocada utilização da vírgula após o termo "realidade social": não se deve separar o substantivo do adjunto adnominal.

Comentário extra: O termo "como informante" está isolado por vírgulas, pois está deslocado. As vírgulas de deslocamento ocorrem principalmente para isolar o adjunto adverbial que está fora de seu lugar de origem: o final da frase.

B. ERRADO O período apresenta ausência de paralelismo entre os termos coordenados entre si: o verbo "buscar" rege três termos: "o prazer a despeito do trabalho"; "o capital ao invés do lucro"; "o primado do individual do que o social". A última expressão não pode ser construída com "do que", pois quebra o paralelismo. A construção correta seria: A maioria (...) busca o prazer a despeito do trabalho, o capital ao invés do lucro, o primado do individual ao do social.

Comentário extra: Vale lembrar que, quando o sujeito é constituído por **núcleo partitivo** seguido de expressão no plural, o verbo poderá concordar com o núcleo (singular) ou com a expressão plural. Desse modo, pode-se construir "A maioria dos adolescentes dessa época **busca/buscam**...". As duas formas verbais estariam igualmente corretas.

C. ERRADO O período está comprometido quanto à clareza e aos aspectos gramaticais. Houve, inclusive, ausência de paralelismo. Observe: "Para os jovens, viver dignamente e **haver** justiça social não são prioridades". Nesse primeiro fragmento, houve uma falha no que diz respeito à concordância verbal, pois o SUJEITO é COMPOSTO. Faltou clareza também no final do fragmento: "tais quais a adesão a bandeiras políticas e cartilhas ideológicas" ficaria melhor estruturada se fosse assim reescrita: "...como também não é prioridade a adesão a bandeiras políticas e cartilhas ideológicas".

D. ERRADO O uso do vocábulo "onde" está completamente equivocado: ele deve ser utilizado quando o referencial é LUGAR. Em substituição do pronome "onde", deve ser usado o pronome "os quais" para fornecer mais clareza. O referencial para tal pronome é o termo "jovens". Isso obriga a forma verbal "apoia" a estar no plural. Além disso, para melhorar a clareza, deve-se colocar uma vírgula após "anos 90". Observe o período construído de modo correto: O psicólogo não acredita nos jovens dos anos 90, os quais se apoiam em relacionamentos superficiais e em valores distorcidos.

Comentário extra: Quando a oração é introduzida pelo pronome relativo, é classificada como ADJETIVA. A oração adjetiva isolada por vírgulas é **explicativa** e explica o sentido do substantivo antecedente. Nesse caso, as vírgulas podem ser substituídas por travessões ou parênteses.

E. ERRADO O problema do período apresentado está centrado na concordância verbal: as várias orações que iniciam o período funcionam como SUJEITO e obrigam o verbo a ficar na 3ª pessoa do plural. O correto seria a seguinte estruturação: Gostar de roupas finas, querer ser vista como sensível e responsável, ter sólida carreira e fazer fortuna **caracterizam** a juventude dos anos noventa.

8. CERTO No 1º parágrafo, o texto evidencia ter a empresa Alfa um perfil diferente de suas concorrentes. Posteriormente, é demonstrado o processo e mudança de tal perfil trazendo como consequência uma nova concepção de gestão empresarial. Observe: "O que aconteceu, ao longo dos anos, foi a gradual implantação de um sistema de gestão de conhecimento que mudou por completo o modo como as informações, as experiências e o saber são gerados, adquiridos e compartilhados". Ora, se a empresa Alfa "tem instalações, poucas pessoas, ausência de estantes, nenhuma pilha de papel..." e houve mudanças, infere-se é que ela já operou como a "maioria de suas concorrentes".

9. ERRADO A reestruturação proposta na alternativa não é possível, pois está incoerente quanto ao aspecto sintático e quanto à relação de sentido com o texto original. No que diz respeito à sintaxe, o substantivo "fim" exige, na sentença apresentada, a presença do complemento nominal. Observe a passagem do fragmento: "...no sentido de que pior que o neoliberalismo é o fim, antes de se encontrar uma alternativa nítida e viável para a crise de ideias". O termo "fim" ficou incompleto e, portanto, sintaticamente incorreto.

10.

A. CERTO A reestruturação do período mantém o seu sentido original: inicialmente preserva a ideia de oposição, substituindo o conectivo "mas" por "todavia"; posteriormente a ideia de casa também foi preservada, substituindo-se o conectivo "porque" por "haja vista". Observe a equivalência semântica existente nos dois períodos:

Período retirado do texto: "Mas esse também seria um nome inadequado, porque um sonho escapa ao nosso controle".

Período reestruturado: Todavia, o nome sonho também não seria adequado, haja vista um sonho escapar ao nosso controle.

Comentário extra: Os candidatos devem ficar muito atentos ao emprego dos conectivos e suas respectivas funções semânticas. Em muitas situações, a mudança do conectivo gera uma total modificação na ideia expressa no período.

B. CERTO O período original do texto teve suas ideias mantidas. Deve-se observar que o termo "essa realidade manca ou sufocante que precisa ser mudada" funciona como sujeito das duas formas verbais: "impõe-se" e "se insinua". A expressão "a nós" foi substituída por "nos", mantendo-se na função de objeto indireto; o termo "tanto quanto" foi substituído por "na mesma medida em que".

Observe a equivalência semântica entre os períodos:

Período retirado do texto: "impõe-se a nós tanto quanto se insinua sobre nós essa realidade manca ou sufocante que precisa ser mudada".

Período reestruturado: impõe-se-nos na mesma medida em que essa realidade manca ou sufocante que necessita de ser mudada insinua-se sobre nós.

C. CERTO As relações semânticas do período original foram mantidas na reestruturação. O conectivo "E", indicativo de adição, foi substituído por "além disso", preservando a mesma ideia. O fragmento "Sonhar, apenas, não serve" foi substituído por "Sonhar, somente, não serve".

Observe a equivalência de sentido entre os períodos:

Período retirado do texto: "E é necessário termos o controle dessa mudança, algum controle. Sonhar, apenas, não serve".

Período reestruturado: Além disso, sonhar, somente, não serve; convém termos algum controle que seja dessa mudança.

D. ERRADO Com a reestruturação do fragmento, não são mantidas as relações semânticas constantes no trecho original. Ressalte-se, inclusive, que a reestruturação está confusa e sem coesão. Inicialmente, o pronome "essa" (na expressão "essa imaginação") não equivale semanticamente a "uma", pois "uma" remete a uma ideia vaga, indefinida, genérica. Suprimiu-se a presença do aposto atrelado à expressão "imaginação utópica". No fragmento do texto, a imaginação utópica "sempre esteve presente nas sociedades humanas"; na reestruturação, a sentença traz um caráter hipotético: "sempre que ela esteja presente na sociedade...".

Observe os dois fragmentos e perceba que as relações semânticas não são preservadas:

Fragmento retirado do texto: "Essa imaginação exigente tem um nome: é a imaginação utópica, ponto de contato entre a vida e o sonho. É ela que, até hoje pelo menos, sempre esteve presente nas sociedades humanas, apresentando-se como o elemento de impulso das invenções, das descobertas, mas, também, das revoluções".

Fragmento reestruturado: Uma imaginação exigente recebe o nome de imaginação utópica, sempre que ela esteja presente na sociedade, caracterizando-se como o elemento impulsionador das invenções descobertas, sequer das revoluções.

E. ERRADO Os períodos apresentados não mantêm entre si uma equivalência semântica: um aspecto que deve ser observado é a substituição da expressão "quadros minimizadores da rotina, dos hábitos circulares" por "quadraturas da rotina e dos hábitos". No novo período, houve a supressão do termo "minimizadores", o que provoca mudança de sentido. Outro aspecto relevante é que, no período do texto, ao explodir os quadros e militar pelo otimismo, a imaginação utópica "levanta a única hipótese capaz de nos manter vivos". Na reestruturação, ao explodir as quadraturas e militar pelo otimismo, a imaginação utópica "levanta a mudança de vida".

Observe a reestruturação proposta e constate a mudança semântica:

PORTUGUÊS

Período retirado do texto: "Explodindo os quadros minimizadores da rotina, dos hábitos circulares, é ela [a imaginação utópica] que, militando pelo otimismo, levanta a única hipótese capaz de nos manter vivos: mudar de vida".

Período reestruturado: A imaginação utópica, explodindo as quadraturas da rotina e dos hábitos, e militando pelo otimismo, levanta a mudança de vida: única hipótese apta a nos manter vivos.

11.

A. ERRADO O texto não faz referência à juventude e seus "traços característicos". Vale ressaltar que o texto faz alusão a "um traço que deve caracterizar o ser humano" – a liberdade. Se considerarmos que a expressão "a força contraditória de suas ações" está ligada ao termo "oposição", haverá obrigatoriamente um sinal indicativo de crase. É possível considerar, entretanto, que o referido termo pode estar representando um dos traços característicos da juventude.

B. CERTO A alternativa reproduz fielmente as ideias presentes no primeiro parágrafo do texto. Além disso, não se constata infração alguma à gramática normativa.

C. ERRADO A alternativa não está compatível com as ideias presentes no texto, pois o enunciador não afirma que "se deveria nomear a imaginação comum de exigente". Existe ainda uma incompatibilidade com relação à gramática normativa: não se pode utilizar **ênclise** (pronome oblíquo colocado após a forma verbal) quando o verbo está no futuro do presente ou no futuro do pretérito. O correto seria utilizar a mesóclise – "dever-se-ia".

Comentário extra: Há três formas de utilizar o pronome oblíquo: próclise (antes do verbo); ênclise (depois do verbo); mesóclise (no meio do verbo). Saliente-se que, em início de sentença, não se usa próclise e só se usa mesóclise em verbos no futuro.

Observe:

Não lhe darei apoio. → O elemento negativo atrai o pronome oblíquo.

Dar-lhe-ei apoio. → Como o verbo está no futuro e em início de sentença, não se admite **próclise** ou **ênclise**: só cabe mesóclise.

D. CERTO A alternativa é provada no terceiro parágrafo, com a seguinte passagem: "Tem de ser uma imaginação exigente, capaz de prolongar o real existente na direção do futuro, das possibilidades; capaz de antecipar este futuro como projeção de um presente a partir daquilo que neste existe e é possível de ser transformado". Saliente-se, ainda, que não houve infrações à gramática normativa.

E. CERTO A proposição é legitimada no último parágrafo do texto, que afirma: "...é a imaginação utópica, ponto de contato entre a vida e o sonho. É ela que, até hoje pelo menos, sempre esteve presente nas sociedades humanas, apresentando-se como o elemento de impulso das invenções, das descobertas, mas, também, das revoluções". Vale frisar que, no texto da alternativa, não há falhas gramaticais.

12.

A. CERTO Embora houvesse outras substituições que produzissem maior clareza ao fragmento, a que foi proposta também está correta. O objeto indireto "a nosso controle" foi substituído pela expressão "se nos".

Comentário extra: Vale perceber que poderia ser feita a seguinte substituição: "um sonho nos escapa ao controle". Nesse caso, o pronome "nos" teria valor possessivo.

B. CERTO O fragmento "capacidade de superar os limites frequentemente medíocres da realidade" pode ser reescrito da seguinte forma: capacidade de superá-los. Essa possibilidade existe porque o verbo "superar" é transitivo direto, portanto o termo "os limites frequentemente medíocres da realidade" funciona como objeto direto. Ao substituir o objeto direto de 3ª pessoa por um pronome oblíquo, deve-se usar uma das seguintes formas: "o, a, os, as". Como a forma verbal termina em "R" e o objeto é masculino, tal letra é retirada e o pronome oblíquo ganhará um "L", tornando-se "los".

Comentário extra: Caso fosse possível utilizar o pronome oblíquo antes do verbo (PRÓCLISE), não haveria variação do pronome e nem o verbo perderia a letra "R".

C. ERRADO É possível, no fragmento proposto, substituir a preposição "para" pela preposição "a". Ocorre, entretanto, que o uso do sinal indicativo de crase está equivocado, haja vista que "seu restrito campo visual" é um termo masculino. Deve-se, portanto, retirar o sinal de crase.

Comentário extra: O sinal indicativo de crase é utilizado antes de palavras ou expressões femininas, pois ele é o produto da fusão da preposição "A" com o artigo feminino "A", de sorte que é necessária a presença de um termo feminino para que o artigo feminino exista.

D. ERRADO A assertiva contém uma infração gramatical na substituição proposta: o pronome oblíquo "lhe" não pode substituir um termo que funciona como objeto direto: "lhe" funciona como **objeto indireto**. No trecho apresentado, o verbo "prolongar" é transitivo direto, portanto o termo "o real existente" é objeto direto. Ao substituir tal termo pelo pronome adequado, ficará: "capaz de prolongá-lo na direção do futuro".

Comentário extra: Os oblíquos "lhe, lhes", quando equivalem a "a ele, a ela, a eles, a elas, a você, a vocês", funcionam normalmente como objeto indireto. Quando equivalem a "seu, sua, seus, suas", possuem valor possessivo e exercem função de adjunto adnominal.

Observe: Nós **lhe** daremos uma promoção. → Nós daremos uma promoção a ele(a).
Nós **lhe** beijamos a mão. → Nós beijamos a sua mão.

E. ERRADO A substituição proposta não pode ser feita, pois produziria uma mudança de sentido. A forma verbal "mantém" é transitiva direta, e o termo "a crença" funciona como objeto direto. Há de se observar, entretanto, que existe um "complemento nominal" ligado ao termo "crença", de modo que, havendo a substituição, o complemento nominal será atingido, assim como a estrutura semântica da sentença.

Observe:

"mantém em pé **a crença em uma outra vida**" (oração extraída do texto).

"mantém-na em pé" (possibilidade de substituição).

"mantém-na perante outra vida" (substituição proposta na questão) – modifica completamente o sentido original.

13.

A. ERRADO No texto, "os fatores emocionais" não geram violência: a análise que a sociedade faz da violência é fundamentada em fatores emocionais. Além disso, "as conclusões dos estudos científicos não são levadas em conta na definição de políticas públicas".

B. CERTO A expressão "como reflexo dessa atitude" refere-se à ideia antecedente e pode ser substituída por "como consequência dessa atitude" ou "consequentemente"; indica, portanto, consequência ou efeito.

C. ERRADO A estrutura verbal "estão sendo desenvolvidos" indica uma ação em desenvolvimento no presente. Caso se substitua a referida estrutura por "estavam se desenvolvendo", haverá uma alteração semântica (no sentido) em relação ao período original. A substituição aceita seria por "estão se desenvolvendo".

Observe:

"Nos últimos anos (...) estão sendo desenvolvidos métodos analíticos..."

"Nos últimos anos (...) estão se desenvolvendo métodos analíticos..."

Comentário extra: Quando a voz é passiva (sujeito paciente da ação verbal), podem aparecer duas estruturas: a oração contendo tempo composto (passiva analítica) e a oração contendo a partícula apassivadora (passiva sintética).

→ O documento poderá ser enviado amanhã. (PAS. ANALÍTICA)

→ Poder-se-á enviar o documento amanhã. (PAS. SINTÉTICA)

D. CERTO O termo "às raízes" recebeu o sinal indicativo de crase porque o termo antecedente "associados" exige a preposição "A" e o termo feminino "raízes" admite o artigo feminino "AS". Caso fosse retirado o artigo, o sinal indicativo de crase não seria necessário, e a sentença ficaria assim construída: ...o sociólogos associados **a** raízes sociais da violência urbana.

E. CERTO Todas as expressões citadas na alternativa poderiam ser utilizadas, pois introduziriam a sequência de exemplificação constante no período.

Observe: ...estão sendo desenvolvidos métodos analíticos mais precisos para avaliar a influência dos fatores econômicos, epidemiológicos e sociológicos associados às raízes sociais da violência urbana, como (ou "quais sejam", ou "tais como"): pobreza, impunidade, acesso a armamento...

F. ERRADO O texto não faz qualquer referência à evolução no tratamento de certas doenças atrelada ao desenvolvimento dos métodos analíticos mais exatos para avaliar fatores econômicos, epidemiológicos e sociológicos. No texto, o autor coloca que "o tratamento da violência evoluiu pouco no decorrer do século XX, ao contrário do que ocorreu com o tratamento das infecções, do câncer ou da AIDS".

14.

A. ERRADO A expressão "tecido social esgarçado" está empregada no sentido conotativo /figurado. Ocorre, entretanto, que o adjetivo "esgarçado" indica "dissociação", "ruptura", e não, como sugere a alternativa, fortalecimento das estruturas sociais.

B. CERTO O termo "consequentemente" explicita uma relação de causa e efeito entre as ideias. Ao estruturar o texto com a sugestão dada na proposição, é possível perceber tal relação: A ausência desses espaços limita a criação e o fortalecimento de redes de relações sociais. Em um tecido social esgarçado, a violência é, **consequentemente**, cada vez maior...

O emprego das vírgulas isolando o adjunto adverbial sugerido é facultativo, entretanto sua presença enfatiza o termo isolado.

Comentário extra: O sentido denotativo possui caráter informativo, ou seja, a expressão traz seu sentido objetivo, claro, conciso. O sentido conotativo possui caráter simbólico, figurado e caracteriza o texto poético.

C. CERTO Segundo o texto, o fato de diversos municípios não oferecerem à população espaços públicos para o convívio social faz com que as relações sociais se enfraqueçam, a violência aumente. Portanto, as pessoas se enclausuram por causa da ausência dos espaços públicos que propiciem relações sociais e por causa do aumento da ameaça de violência.

15.

A. ERRADO O texto VI não faz referência à densidade populacional excessiva como fator de intensificação da violência.

B. CERTO Há duas claras intenções na utilização da forma verbal "criamos" (1ª pessoa do plural): a primeira é de colocar todos – leitores e autor – como parte do texto; a segunda está relacionada ao 1º período do texto – colocar "os seres humanos", de modo geral, como primatas.

C. ERRADO O termo "tal estratégia de sobrevivência" retoma a ideia anteriormente apresentada: "diante da redução do esforço físico, criamos leis mais fortes para controlar os impulsos individuais e impedir a barbárie". Desse modo, "tal estratégia de sobrevivência" refere-se à criação de leis mais fortes para controlar os impulsos individuais e impedir a barbárie.

16.

A. ERRADO O fragmento apresentado mostra apenas um desvio da norma gramatical. A oração "que usa as escolas nos fins de semana para atividades culturais, sociais e esportivas de alunos e jovens da comunidade" é uma oração adjetiva. As orações adjetivas, normalmente, são introduzidas pelos pronomes relativos e podem ser restritivas ou explicativas, sendo que as orações adjetivas explicativas aparecem entre vírgulas, travessões ou parênteses. Ocorre, todavia, no período, o seguinte: a oração adjetiva aparece com a vírgula antes do pronome relativo "que", mas não há a vírgula obrigatória após "comunidade".

O referido período é constituído por duas orações:

→ Oração 1: "O Programa Escola Aberta reduziu os índices de violência registrados nos estabelecimentos e melhorou o aproveitamento escolar" – ORAÇÃO PRINCIPAL

→ Oração 2: "que usa as escolas nos fins de semana para atividades culturais, sociais e esportivas de alunos e jovens da comunidade" – ORAÇÃO ADJETIVA EXPLICATIVA (deve estar entre vírgulas)

B. CERTO O período apresentado não possui qualquer desvio da norma gramatical. Podem surgir ponderações com relação à pontuação, mas ela foi corretamente empregada. O termo "em Pernambuco e no Rio de Janeiro" está isolado por vírgula porque está deslocado; o termo "primeiros estados a adotarem o programa recomendado pela UNESCO" é um aposto explicativo e também deve estar isolado por vírgulas. Está igualmente correta a utilização do pronome oblíquo "o", que funciona como objeto direto ligado à forma verbal "adotaram".

C. ERRADO O período apresentado evidencia alguns equívocos quanto à correção gramatical. O primeiro equívoco diz respeito à concordância verbal: o sujeito está representado pelo termo singular "a maior redução da violência (...) existência", portanto a forma verbal deveria estar no singular: "mostra". Perceba que, no fragmento, usa-se "mostram". O segundo equívoco está atrelado à locução conjuntiva proporcional, que deve possuir um sinal indicativo de crase: "à proporção que". O terceiro equívoco está ligado ao emprego da forma verbal "apropiaria". Na verdade, se coubesse o uso do futuro do pretérito, a grafia correta seria "apropriaria"; entretanto, no período, cabe o pretérito imperfeito, ou seja, pela correta articulação dos tempos e modos, o correto seria usar "apropria".

17.

A. CERTO Através do aposto representado pela expressão "como ser histórico" há a sustentação da ideia de que o homem é "o construtor da sociedade e o responsável pelo rumo que ela venha a tomar".

B. ERRADO O emprego de "porventura" está coerente com a ideia de hipótese; ocorre, todavia, que o termo está sendo usado com a forma verbal "vem", modo indicativo. Tal relação não é compatível com a coerência e não respeita a gramática normativa.

Comentário extra: O modo subjuntivo faz referência a fatos hipotéticos, duvidosos; o modo indicativo faz referência a fatos certos, verossímeis.

C. ERRADO A proposta de substituição possui uma falha no que diz respeito à regência. Observe o período com a substituição: "A nossa cultura, de que foi infectada por evidências físicas e simbólicas, tem levado os seres humanos à massificação, à desumanização e à autodestruição". A oração adjetiva restritiva presente no período não precisa estar regida pela preposição "de". O correto, portanto, seria "que foi infectada por evidências físicas e simbólicas".

Comentário extra: O pronome relativo "que" se refere ao antecedente "cultura atual", substituindo-o. Ao desfazer a substituição, teríamos: a nossa cultura atual foi infectada de violências físicas e simbólicas. É evidente que a preposição "de" não é necessária.

D. CERTO Ao inserir a vírgula após o termo ONU, apesar de não ocorrer uma incorreção gramatical, aparecerá uma possibilidade de dupla interpretação (ambiguidade): a oração "que tem por objetivo conscientizar" pode tanto se referir ao termo "proposta" como ao termo "ONU". Observe o período reconstruído e constate a ambiguidade: "Fazendo frente a essa crise, a Cultura da Paz surge como uma proposta da ONU, que tem por objetivo conscientizar a todos (...) para que se unam em busca da superação...".

E. CERTO Segundo o texto, "a nossa cultura atual (...) tem levado seres humanos à massificação, à desumanização e à autodestruição". Posteriormente, o texto relaciona essa "nossa cultura" a "nosso paradigma atual" e sugere "um novo modelo substitutivo, assentado em ações, valores e princípios calcados em uma nova ética social, no respeito à diversidade cultural e na diminuição das desigualdades e injustiças". A alternativa está, portanto, coerente com o texto.

18.

A. CERTO No fragmento "A polêmica sobre o porte de armas pela população...", o termo "pela população" está relacionado ao vocábulo "porte". Observe, ainda, que a preposição "pela" é fruto da contração da preposição "por" com o artigo "a".

B. CERTO A expressão "nem mesmo" possui caráter enfático e, portanto, não interfere na estrutura sintática, mas, sendo retirada, enfraquece o argumento ao qual está ligado. O referido termo está atrelado ao fato de não haver consenso sobre o porte de armas na esfera jurídica, que seria a responsável pela dissolução de conflitos em torno do assunto tratado.

C. ERRADO O termo "independente" não exerce, no contexto apresentado, função de adjetivo; exerce função de advérbio. Vale enfatizar que os advérbios são invariáveis, portanto não variam em gênero ou número. No fragmento, o advérbio não está apresentado com o sufixo "mente".

Comentário extra: Os advérbios se referem ao verbo, ao adjetivo, ao advérbio.

D. CERTO Os termos colocados entre aspas são transcrições de entendimentos jurídicos acerca do porte de armas. O primeiro trecho defende o direito de o cidadão se armar; o segundo defende que "a utilização da força é direito exclusivo do Estado"; o terceiro afirma que "o armamento da população mostra que o Estado é incapaz de garantir a segurança pública".

E. ERRADO O advérbio "daí" faz referência ao fato de as armas potencializarem a ocorrência de crimes. Segundo as ideias do texto, com o acesso às armas, inclusive clandestinas, "qualquer fato corriqueiro pode tornar-se letal", ou seja, ocasionar mortes: "Daí" não está atrelado ao momento do debate.

F. ERRADO A impessoalidade e a clareza são típicas da correspondência oficial. Ocorre, entretanto, que o uso das aspas não está conferindo coloquialidade ao texto.

19.

A. ERRADO Segundo o texto, o acesso às armas aumenta a violência, portanto a alternativa está seguindo a mesma direção e não enfraquece o argumento apresentado. Na verdade, cria mais um argumento para a tese do texto.

B. CERTO Segundo o argumento contido na alternativa, tentou-se reduzir os índices de violência em países que adotaram o desarmamento: "nada mais falacioso". Desse modo, o argumento enfraquece a teoria do texto na qual a violência aumenta à medida que aumenta o número de armas.

C. ERRADO No final da proposição, há a defesa da proibição de armas por parte de alguns jovens e a redução da idade penal. Seria uma atitude imediatista. Não enfraquece, portanto, o argumento do texto.

D. ERRADO A entrega das armas e o ganho de uma rosa – ato simbólico – não enfraquecem o argumento do texto, pois não se faz referência ao aumento ou à diminuição da violência.

E. ERRADO A proposição, ou seja, o depoimento contido nela está compatível com o argumento do texto.

20.

A. ERRADO A forma verbal "pode trazer" está empregada no singular porque concorda com o sujeito oracional "Desarmar a população". Tal oração é classificada como oração subordinada substantiva e, quando uma oração é sujeito, o verbo da oração principal fica na 3ª pessoa do singular.

B. CERTO Ao fazer as substituições propostas, teremos o seguinte trecho: "Desarmar a população só pode trazer dois resultados: o mais imediato é a continuação e até o recrudescimento da violência, já que os bandidos vão contar com a certeza de que ninguém terá como reagir; o resultado mais remoto (...) é deixar a população indefesa frente a aventuras políticas". Perceba que os dois-pontos foram utilizados para introduzir uma enumeração, e o ponto e vírgula foi utilizado para separar os elementos que constituem a enumeração.

C. ERRADO O termo "frente" exige a presença da preposição "a". Ocorre, entretanto, que a expressão "aventuras políticas", presente na sentença não está modificada pelo artigo "a". Essa afirmação é constatada porque, caso houvesse o artigo antes da expressão "aventuras políticas", o "a" estaria no plural. Vejamos: se a expressão, presente no texto, "frente a aventuras políticas" não está constituída pela presença da preposição "a" e do artigo "as", o sinal indicativo de crase não existe, o que torna a proposição falsa.

D. ERRADO O trecho "Quem duvida, procure a seção de História da biblioteca mais próxima" faz referência aos resultados do desarmamento da população: "...continuação e até recrudescimento da violência (...) e deixar a população indefesa frente a aventuras políticas". É incoerente afirmar, portanto, que são ideias em favor do desarmamento da população.

Comentário extra: É importante salientar que o autor do texto comete uma infração à norma gramatical ao separar, com vírgula, o sujeito "Quem duvida" do predicado "procure a seção de História da biblioteca mais próxima".

RAIO-X

- Os temas em estudo equivalem aos seguintes percentuais das questões de Português referentes às provas para o cargo de Delegado da Polícia Federal:

Assunto	Número de Questões	% Global
Interpretação	25	28,73
Gramática	16	18,40
Redação	10	11,49
Correspondência Oficial	1	1,15
Reestruturação de Frases	6	6,90
Interpretação + Gramática	29	33,33

- As provas de Português elaboradas pela CESPE para o cargo de Delegado da Polícia Federal misturam vários aspectos da Gramática dentro dos textos. Muitas questões enfatizam:
  - Sinal indicativo de crase
  - Pontuação
  - Regência
  - Semântica
  - Concordância
  - Interpretação
- Nas provas de Delegado da Polícia Federal, houve claramente uma presença das questões de Gramática muito atreladas ao texto. Houve situações, inclusive, em que a impressão dada era de que a questão estava centrada na interpretação do texto, entretanto, com uma observação mais cuidadosa, percebia-se a Gramática evidente na questão. É também visível que o tópico "Correspondência Oficial" não possui uma presença significativa nas referidas provas.

IMPORTANTE SABER

1. INTERPRETAÇÃO DE TEXTO

- A leitura cuidadosa e atenta do texto é indispensável para uma interpretação eficiente, que direcione o candidato ao acerto das questões.
- A **denotação** e a **conotação** representam, respectivamente, o sentido real/objetivo e o sentido figurado/metafórico.
- Termos antônimos são aqueles que possuem sentidos opostos; termos sinônimos possuem sentidos equivalentes; termos homônimos possuem mesma grafia e/ou mesmo som; termos parônimos possuem sons e grafias parecidas.

2. TIPOLOGIAS TEXTUAIS

- O texto dissertativo é estruturado por meio de uma linguagem clara e objetiva; possui caráter informativo. Fisicamente, possui introdução, desenvolvimento e conclusão. Sua função é informativa; utiliza, portanto, argumentos.
- Um texto argumentativo pode utilizar o fato como argumento. Desse modo, pode se valer do recurso narrativo, pois a narração se baseia no "contar dos fatos".

3. REGÊNCIA NOMINAL E VERBAL

- Os pronomes relativos terão sua regência determinada pela oração adjetiva. O verbo ou o nome da oração adjetiva determinará a preposição que deverá ser utilizada no período.

  Observe:

  O jogo **a** que ele se submeteu o humilhou.

  O jogo **de** que eu lhe falei o humilhou.
- Os pronomes oblíquos "o, a, os, as" substituem o objeto direto da 3ª pessoa; os oblíquos "lhe, lhes" substituem o objeto indireto de 3ª pessoa (equivalem a "a ele", "a ela", "a eles", "a elas").
- Alguns verbos possuem mais de uma regência; "lembrar" (VTD) possui regência diferente de "lembrar-se" (VTDI), "esquecer" possui regência de "esquecer-se".

4. CONCORDÂNCIA VERBAL

- Os verbos impessoais ficam normalmente na 3ª pessoa do singular, pois não possuem sujeito.
- O verbo "haver", com sentido de "existir", fica no singular; o verbo "existir" concorda com o sujeito.

  Observe:

  Haverá, no próximo ano, grandes eventos no Brasil.

  Existirão, no próximo ano, grandes eventos no Brasil.
- Quando o "se" é "índice de indeterminação do sujeito", aparece ligado a verbo intransitivo, verbo transitivo indireto e verbo de ligação, que ficam na terceira pessoa do singular.

  Observe: Trata-se de problemas difíceis de resolver.
- Quando o "se" é "partícula apassivadora", aparece ligado ao verbo transitivo direto e ao verbo transitivo direto e indireto, que concordam com o sujeito paciente.

  Observe:

  Exige-se dos funcionários da empresa **muita dedicação**.

  ↳ SUJEITO

  Exigem-se dos funcionários da empresa **posturas comprometidas**.

  ↳ SUJEITO

5. SINAL INDICATIVO DE CRASE

- O sinal de crase é utilizado antes de palavras femininas que admitam a presença simultânea da preposição "A" e do artigo feminino "A(s)". Vale, portanto, lembrar que não se utiliza sinal de crase antes de termos masculinos ou palavras neutras.
- Locuções adverbiais como "às pressas", "à tarde", "à direita", "às claras" e locuções conjuntivas como "à medida que", "à proporção que" recebem o sinal indicativo de crase.
- Para existir o sinal indicativo de crase, o termo antecedente deve ser regido pela preposição "a". Observe: "O fácil acesso às armas deu um novo *status* aos pequenos delitos".

6. PONTUAÇÃO

- Não se utiliza vírgula para separar o sujeito do predicado.
- As orações adjetivas explicativas são isoladas por travessões, parênteses ou vírgulas. Caso a pontuação seja retirada, a mudança de pontuação gera uma mudança de sentido.
- As aspas podem ser utilizadas para destacar um termo ou atribuir-lhe um caráter irônico. Além disso, elas podem ser usadas na transcrição.
- Os dois-pontos podem ser utilizados como elementos de coesão textual: podem introduzir uma conclusão ou uma explicação.

  Perceba: Experimente estudar mais: será melhor para você.

  Não gosto de ser maltratado: sairei da empresa.

  → No primeiro exemplo, o sinal de pontuação (:) equivale a "pois" e indica explicação.

  → No segundo exemplo, o mesmo sinal de pontuação equivale a "portanto" e indica conclusão.

BIBLIOGRAFIA RECOMENDADA

BIBLIOGRAFIA BÁSICA

- ALMEIDA, Nilson Teixeira de. *Gramática da língua portuguesa para concursos, vestibulares, ENEM, colégios técnicos e militares*. 8. ed. São Paulo: Saraiva, 2003.
- CUNHA, Celso; CINTRA, Lindley. *Nova gramática do português contemporâneo*. 4. ed. Rio de Janeiro: Lexikon Editora Digital, 2007.
- CIPRO NETO, Pasquale; INFANTE, Ulisses. *Gramática da língua portuguesa*. São Paulo: Scipione, 1998.
- FIORIN, José Luiz. *Elementos de análise do discurso*. 14. ed. São Paulo: Contexto, 2008.
- LIMA, A. Oliveira. *Manual de redação oficial:* teoria, modelos e exercícios. 3. ed. Rio de Janeiro: Elsevier, 2010.
- ROSENTHAL, Marcelo. *Gramática para concursos:* teoria e mais de 1.000 questões. 4. ed. Rio de Janeiro: Elsevier, 2009.

BIBLIOGRAFIA COMPLEMENTAR

- AQUINO, Renato. *Interpretação de textos:* teoria e 815 questões comentadas. 12. ed. Rio de Janeiro: Impetus, 2010.

- _______. *Português para concursos:* Teoria e 900 questões. 26. ed. Niterói: Impetus, 2010.
- _______. *Redação para concursos:* teoria e testes. 7. ed. Rio de Janeiro: Elsevier, 2007.
- AZEREDO, José Carlos de. *Gramática Houaiss da língua portuguesa*. São Paulo: Publifolha, 2008.
- BECHARA, Evanildo. *Gramática escolar da língua portuguesa*. Rio de Janeiro: Lucerna, 2001.
- DORNELLES, José Almir Fontella. *A gramática do concursando*. 18. ed. Brasília: Vestcon, 2009.
- _______. *Português para os tribunais*: concursos. Brasília: Vestcon, 2009.
- FERNANDES, Francisco. *Dicionários de verbos e regimes*. 39. ed. São Paulo: Globo, 1993.
- FERREIRA, Aurélio Buarque de Holanda. *Novo dicionário da língua portuguesa*. 2. ed. Rio de Janeiro: Nova Fronteira, 1986.
- FIORIN, José Luiz; SAVIOLI, Francisco Platão. *Para entender o texto*. 5. ed. São Paulo: Ática, 1997.
- FURTADO, Lilian; PEREIRA, Vinícius Carvalho. *Técnicas de redação para concursos:* teoria e questões. Rio de Janeiro: Forense/São Paulo: Método, 2010.
- KOCH, Ingedore Villaça. *O texto e a construção dos sentidos*. 9. ed. São Paulo: Contexto, 2008.
- _______. *A coesão textual*. 18. ed. São Paulo: Contexto, 2003.
- _______. *A coerência textual*. 15. ed. São Paulo: Contexto, 2003.
- _______. *Introdução à linguística textual*. São Paulo: Martins Fontes, 2004.
- KOCH, Ingedore Villaça; ELIAS, Vanda Maria. *Ler e compreender:* os sentidos do texto. 2. ed. São Paulo: Contexto, 2007.
- LIBERATO, Yara; FULGÊNCIO, Lúcia. *É possível facilitar a leitura:* um guia para escrever claro. São Paulo: Contexto, 2007.
- LIMA, A. Oliveira. *Faça e passe:* 2.000 exercícios de português para concursos e vestibulares com gabarito comentado. Rio de Janeiro: Elsevier, 2006.
- MARCUSCHI, Luiz Antônio. *Produção textual, análise de gêneros e compreensão*. São Paulo: Parábola Editorial, 2008.
- MANUAL DE REDAÇÃO DA PRESIDÊNCIA DA REPÚBLICA. Disponível em: <http://www4.planalto.gov.br/centrodeestudos/galeria-de-fotos/arquivos-importados/arquivos-pdf/manual-de-redacao-pdf>.
- NEF, Frédéric. *A linguagem:* uma abordagem filosófica. Rio de Janeiro: Jorge Zahar, 1995.
- ROSENTHAL, Marcelo; PARANHOS, Paulo; TORRES, Raphael. *Gramática ESAF*: provas de concurso com gabarito comentado. Rio de Janeiro: Elsevier, 2009.
- SENA, Décio. *Português CESPE/UnB*: questões comentadas de provas elaboradas pelo CESPE/UnB. 2. ed. Rio de Janeiro: Ed. Ferreira, 2008.
- TERRA, Ernani; DE NICOLA, José. *1001 dúvidas de português*. 15. ed. São Paulo: Saraiva, 2003.
- WITTGENSTEIN, Ludwig. *Gramática filosófica*. São Paulo: Edições Loyola, 2003.
- ZANOTTO, Normelio. *Português para uso profissional:* facilitando a escrita. 3. ed. Caxias do Sul: Educs, 2007.

ECONOMIA

ALYSON FIDELIS DE MORAIS

Analista Econômico – Govalpan Comercial Ltda. Mestre em Ciências Econômicas pela Universidade Estadual de Maringá/PR. Graduado pela Universidade Federal de Viçosa/MG. Professor de Introdução à Economia e Economia Brasileira na Universidade Presidente Antônio Carlos.

1. NOÇÕES DE ECONOMIA

QUESTÕES

I. MACROECONOMIA

1. **(Escrivão – CESPE – 2004)** Considerando que a macroeconomia analisa o comportamento dos grandes agregados econômicos, julgue os itens que se seguem.
   a) A expansão dos gastos públicos eleva o déficit público, cuja monetização aumenta a base monetária, levando, assim, à frouxidão das políticas monetárias.
   b) Em razão da existência da armadilha da liquidez, na visão keynesiana, os impactos das políticas monetárias sobre a taxa de juros e, portanto, sobre os níveis de atividade econômica, são fortemente acentuados durante os períodos recessivos
   c) Políticas de orçamento equilibrado que implicam aumento, simultâneo e da mesma ordem de magnitude, das despesas públicas e da arrecadação eliminam déficits ou superávits fiscais e são, por conseguinte, incompatíveis com a gestão dos ciclos econômicos.
   d) *Ceteris paribus*, quanto maior for o crescimento da economia, mais fácil será manter constante a razão dívida/PIB e, portanto, menor será a necessidade de se gerar superávits primários para estabilizar a razão dívida/PIB.
   e) Os adeptos da teoria monetarista acreditam que as políticas discricionárias tendem a desestabilizar a economia e advogam o uso de regras na condução da política econômica.
2. **(Escrivão – CESPE – 2004)** O problema da escolha em situação de escassez, abordado pela microeconomia, as interações entre governo e mercados privados, e as questões macroeconômicas são temas relevantes para a ciência econômica. A esse respeito, julgue os itens a seguir.
   a) Sob condições de oferta keynesiana, caracterizadas por preços fixos, uma expansão dos gastos públicos conduz a um aumento da produção de equilíbrio.
   b) Quando o governo vende títulos ao setor privado para financiar déficits orçamentários, ocorre um processo de monetização da dívida pública.
   c) Na ausência de indexação das receitas públicas, taxas mais elevadas de inflação aumentam o déficit orçamentário pelo fato de reduzirem o valor real da arrecadação.
   d) O resultado primário inclui as despesas com o componente real dos juros; não inclui, porém, a correção monetária e cambial da dívida pública.
3. **(Agente – CESPE – 2004)** A questão da escolha em situação de escassez, abordada pela microeconomia, as interações entre governo e mercados privados e os problemas macroeconômicos são temas relevantes para a ciência econômica. A esse respeito, julgue os itens a seguir.
   a) De acordo com a visão monetarista, no curto prazo, políticas monetárias completamente antecipadas pelos agentes econômicos modificam as variáveis econômicas nominais, como preços e salários, mas não alteram o nível de atividade da economia.
   b) O efeito das despesas públicas sobre a atividade econômica varia com as modificações na estrutura funcional dos gastos.
   c) Quando ocorre, simultaneamente, aumento dos impostos e das importações, o multiplicador keynesiano se eleva, contribuindo, assim, para a expansão do nível de equilíbrio do produto.
4. **(Agente – CESPE – 2004)** A macroeconomia analisa o comportamento dos grandes agrega-

dos econômicos. Considerando essa teoria, julgue os itens que se seguem.

a) Na maioria dos países, o aumento histórico da participação do gasto público no PIB explica-se, em parte, pelo aumento expressivo das demandas sociais gerado pela intensificação do processo de urbanização.

b) Para determinado estoque de base monetária, se um aumento da taxa de redesconto elevar a proporção de reservas, então ocorrerá uma expansão da oferta de moeda.

c) A disseminação de cartões de crédito, ao permitir que as pessoas façam seus pagamentos de uma só vez, contribui para reduzir a demanda de moeda por motivos transacionais.

d) Em ambiente de alta inflação, o fator relevante para a evolução da razão dívida/PIB ao longo do tempo é o tamanho relativo do resultado nominal.

e) Um choque de oferta decorrente, por exemplo, do aumento do preço do petróleo no mercado internacional provoca deslocamento ao longo da curva de Phillips e aumenta tanto o emprego como a taxa de inflação.

5. **(Agente – CESPE – 2012)** Julgue os itens seguintes, acerca de noções de economia.

a) Uma política monetária restritiva só será eficaz mediante o controle da criação de moeda pelas autoridades monetárias.

b) Uma política fiscal que vise ao fomento do crescimento econômico e à geração de empregos deve contemplar medidas de redução dos gastos públicos e elevação da carga tributária.

c) As necessidades de financiamento do setor público, no conceito operacional, são calculadas acrescendo-se ao déficit primário os juros reais da dívida passada.

d) Os governos exercem função alocativa para corrigir a alocação de recursos utilizados na produção de bens geradores de externalidades negativas; na presença de externalidades positivas, a intervenção governamental é desnecessária.

6. **(Agente – CESPE – 2012)** Julgue os itens que se seguem, a respeito da economia do setor público.

a) O financiamento do déficit público por meio da venda de títulos da dívida pública tende a gerar pressão inflacionária.

b) No final do século passado, apesar de o Brasil ter apresentado constantes superávits primários, ele não necessariamente pagou os juros da dívida pública acumulada em períodos anteriores.

c) A inflação de demanda resultante do aumento da renda dos cidadãos foi uma das principais causas do fracasso dos planos econômicos adotados no Brasil nos anos 80 do século XX.

d) O superávit primário de uma economia corresponde à poupança gerada pelo governo para o pagamento dos juros da dívida pública.

II. MICROECONOMIA

7. **(Escrivão – CESPE – 2004)** Considerando que a análise microeconômica refere-se ao comportamento individual dos agentes econômicos, julgue os itens a seguir.

a) Na curva de possibilidades de produção, a lei dos custos de oportunidades crescentes significa que os recursos econômicos não são perfeitamente substituíveis em usos alternativos.

b) Políticas de controle de preços, aplicadas a um determinado mercado, procuram determinar o preço de transação desse mercado, porém não alteram a quantidade transacionada no equilíbrio competitivo.

c) Caso um setor estratégico da economia que produz um bem comercializável encontre-se dominado por um produtor monopolista, a abertura internacional desse mercado poderá trazer grandes ganhos de produtividade e, consequentemente, maior eficiência alocativa para o conjunto da economia.

d) A gravidade da situação no Iraque aumenta a incerteza no que concerne à produção mundial de petróleo, provoca um deslocamento ao longo da curva de oferta de gasolina no Brasil, acarretando assim, a elevação do preço desse produto.

8. **(Escrivão – CESPE – 2004)** O problema da escolha em situação de escassez, abordado pela microeconomia, as interações entre governo e mercados privados, e as questões macroeconômicas são temas relevantes para a ciência econômica. A esse respeito, julgue os itens a seguir.

a) Quando os custos de oportunidade para os recursos produtivos são crescentes – a curva de possibilidades de produção é uma linha reta – um aumento dos gastos públicos não conduz à redução das despesas dos agentes privados.

b) A função redistributiva do governo está associada à provisão de bens e serviços que, em virtude da existência de falhas de mercado, não são ofertados adequadamente pelos mercados privados.

c) A minimização dos efeitos distorcivos da tributação da renda, com o intuito de reduzir o gravame excessivo do sistema tributário, requer a ampliação das bases e a redução das alíquotas tributárias.

d) Políticas de fixação de preço máximo, como o controle de aluguéis, que tenham o objetivo de controlar inflação e melhorar o poder aquisitivo da renda das famílias carentes, contribuem para a redução das disparidades de renda e conduzem a níveis mais elevados de eficiência produtiva da economia.

e) Esquemas regulatórios que obrigam um monopolista perfeitamente discriminador a cobrar um único preço pelo seu produto podem conduzir a reduções do nível de eficiência na economia.

9. (Agente – CESPE – 2002) Os tributos influenciam a distribuição de renda e de riqueza dentro de uma sociedade ao afetarem os padrões de distribuição e consumo. Acerca desse tema, julgue os itens abaixo.

a) A tributação do elástico, tanto do lado da demanda quanto da oferta, é a conclusão recorrente de toda a análise da incidência e transferência, do ponto de vista estrito da arrecadação.

b) Quando uma indústria está trabalhando com custos decrescentes, o que significa que um aumento de produção resulta em maiores custos por unidade de produção – o custo marginal é menor que o custo médio –, sua curva de oferta é declinante. A imposição de um imposto *per capita* sobre seu produto, *ceteris paribus*, fará que seu preço de venda suba mais que o valor do imposto – transferência para a frente de mais de 100%.

c) Do ponto de vista da eficiência, o sistema tributário ideal é aquele consistente com a alocação paretiana ótima de recursos. Seria aquele que não alterasse os preços relativos determinados pelo mercado, não influindo, assim, nas decisões privadas de produção e consumo.

d) O imposto sobre a propriedade imobiliária coloca-se como o melhor exemplo dos tributos diretos, enquanto o imposto sobre a renda da pessoa jurídica caracteriza mais adequadamente os tributos indiretos.

e) Muitas vezes, a transferência do ônus tributário é camuflada por alterações na quantidade ou na qualidade do produto, o que significa que se estará pagando maior preço – ainda que numericamente inalterado – por unidade efetiva de consumo ou insumo.

10. (Agente – CESPE – 2004) A questão da escolha em situação de escassez, abordada pela microeconomia, as interações entre governo e mercados privados e os problemas macroeconômicos são temas relevantes para a ciência econômica. A esse respeito, julgue os itens a seguir.

a) O binômio escassez/escolha, que permeia o problema econômico correlato, ocorre somente quando, dentro do processo produtivo, não existe possibilidade de substituição entre insumos.

b) O cálculo do imposto sobre o valor adicionado pelo método do produto (IVA-PNB), além de não isentar os bens de capital no momento da aquisição, não permite deduções referentes à depreciação dos equipamentos.

c) Caso a Receita Federal deseje maximizar a arrecadação tributária derivada de um imposto *ad valorem*, esse tributo deverá ser colocado sobre produtos transacionados em mercados competitivos e cuja elasticidade preço da demanda seja extremamente elevada.

d) Embora a implementação do preço regulado correspondente ao preço máximo inferior ao preço de equilíbrio monopolista não garanta que os lucros sejam maximizados, esse tipo de regulação asseguraria o crescimento sustentável para o setor em pauta.

11. (Agente – CESPE – 2004) A análise microeconômica refere-se ao comportamento individual dos agentes econômicos. A respeito desse assunto, julgue os itens a seguir.

a) A noção de custo de oportunidade, subjacente à curva de possibilidades de produção, relaciona-se, estreitamente, com o conceito de escassez.

b) Mesmo em situações em que o equilíbrio competitivo é eficiente, no sentido de Pareto, considerações distributivas podem justificar a intervenção do governo na economia.

c) Políticas efetivas de fixação do salário nominal mínimo exigem que ele seja fixado acima do salário de equilíbrio do mercado de trabalho, porém essa política salarial poderá causar desemprego, especialmente no segmento não qualificado do mercado de trabalho.

d) As formas de regulação incentivada incluem aquelas que se baseiam no controle das tarifas – esquemas regulatórios do tipo *sliding scale, price cap* e regulação pela taxa de retorno – excluindo, pois, as que utilizam regras de controle de qualidade, bem como a regulação por padrão de comparação.

e) Se, em decorrência da imposição de um tributo, o preço de um produto aumentar menos que o imposto, então esse mercado deve ser competitivo.

12. (Agente – CESPE – 2009) Julgue os itens que se seguem, a respeito de tributos, tarifas e subsídios, e tendo como foco a eficiência econômica e a distribuição da renda.

a) Suponha que uma pessoa tenha uma renda de R$ 1.200,00, despendida no consumo de dois conjuntos de bens e serviços x e y, cujos preços unitários são, respectivamente, iguais a R$ 1,00 e R$ 3,00. Suponha, ainda, que a linha do orçamento seja representada pela equação: qx + 3qy = 1.200. Nesse caso, se o preço de y se elevar para R$ 4,00, por aumento da tributação, permanecendo constantes a renda e o preço de x, a inclinação da reta se elevará de um terço para um quarto.

b) Um dos principais fatores determinantes da elasticidade-preço da oferta de produtos agrícolas é a disponibilidade de crédito subsidiado para custeio e investimento. Restrições ou escassez de crédito ou encargos elevados tornam menos elástica a capacidade de oferta mesmo com aumentos nas cotações dos produtos.

c) A estrutura de concorrência perfeita, na visão neoclássica, é referência teórica para a eficiência econômica, pois, a um tempo, é capaz de compatibilizar os interesses público e privado, e os de consumidores e produtores. Em princípio, tal modelo propiciaria a melhor alocação de recursos e se coadunaria com a atomização do mercado.

13. (Agente – CESPE – 2009) Julgue o próximo item, relativo ao estabelecimento de quotas e preços máximos e mínimos.

- Quando o governo adota uma política de preços mínimos para determinado produto, com vistas à garantia de renda e ao estímulo da produção, ao optar pela política de compra, pagará ao produtor a diferença entre o preço pago pelo consumidor no mercado e o preço mínimo definido.

14. (Agente – CESPE – 2009) Com relação à racionalidade econômica do governo, julgue os itens subsequentes.

a) A existência de falhas no mercado é apontada como uma das justificativas para a intervenção do governo na economia. Desse modo, a competição imperfeita tende a reduzir a produção e os preços, o que leva o governo a criar suas próprias empresas ou a adquirir empresas já existentes.

b) A diversificação de objetivos amplia as possibilidades de conflito e aumenta a necessidade de planejamento e coordenação da intervenção governamental. Supondo-se que uma acentuada queda na taxa de câmbio tenha afetado a capacidade de competição de um produtor doméstico, então, nesse caso, o governo poderá estabelecer barreiras à importação de um bem, o que, dependendo da respectiva elasticidade-preço da demanda, tenderá a provocar uma elevação dos preços internos desse bem.

III. REGULAÇÃO DE MERCADOS

15. (Agente – CESPE – 2002) Conceituar regulação não é tarefa fácil. Assim como a noção de serviço público, a de regulação deve levar em conta o tratamento diferenciado imposto por circunstâncias de tempo e de espaço. Isso porque os ordenamentos jurídicos de diferentes Estados, ou do mesmo Estado em diferentes momentos, ou ainda os de unidades federativas de um mesmo Estado, poderão ter, em relação à regulação ou às atividades reguladas, tão diversas visões que não seja possível afirmar *a priori* que tal ou qual atividade se conforme ou não dentro de sua noção. Corolário lógico dessa realidade, a noção de regulação é naturalmente dependente da forma como o sistema jurídico a contemple, ou seja, é o respectivo sistema jurídico que dirá que gama ou elenco de atividades se incluem no seu âmbito.

Pedro Henrique Poli de Figueiredo. "Uma contribuição para o conceito de regulação do serviço público no Brasil". In: Marco regulatório, n. 1 (com adaptações).

Considerando o texto acima, julgue os itens a seguir, a respeito da regulação de mercados.

a) Regulação de mercados poderia ser definida como o conjunto de ações públicas que busca melhorar a eficiência da alocação dos recursos no mercado, ou aumentar o bem-estar social dessa alocação.

b) A regulação visa criar sistemas de competição em setores que tendem a funcionar sob o regime de monopólios naturais, que provocam a existência de custos fixos importantes, grande proporção de investimentos irreversíveis, gerando barreiras à entrada de novos investidores.

c) A regulação visa corrigir a ocorrência de externalidades, como contaminação, utilização de recursos naturais e efeitos da poluição.

d) Um aspecto que não precisa ser contemplado pela regulação é a assimetria de informação, que consiste em o produtor ter mais informação que o consumidor e não a transferir, pois o Estado deve deixar que o mercado encontre seu ponto de equilíbrio.

e) Uma política adequada de regulação deve ter objetivos claros quantificáveis, tendo presente que regulação não é apenas fixar preço.

16. (Agente – CESPE – 2009) Com relação à regulação de mercados, julgue os itens a seguir.

a) A falta de transparência nas decisões acerca dos reajustes de preços regulados pelo governo, diferentemente das revisões, tende a prejudicar os consumidores, sempre mais numerosos, menos organizados e com menos informações.

b) A regulação do mercado, exercida pelas agências reguladoras e pelo Conselho Administrativo de Defesa Econômico (CADE), é necessária para, entre outras funções, coibir os abusos resultantes da atuação dos monopólios naturais, que se caracterizam pela maior eficiência alcançada nos casos de elevadas economias de escala ou de escopo em relação ao tamanho do mercado.

c) A economia da informação trata das probabilidades de alguns agentes deterem mais informações que outros, o que pode levar a uma situação de desequilíbrio no mercado. A informação assimétrica, na situação conhecida como seleção adversa, tem servido como uma das justificativas para a aplicação de taxas de juros historicamente elevadas no Brasil, sendo o cadastro positivo apontado como uma das opções para amenizar o problema.

GABARITO COMENTADO

1.

A. CERTO O aumento dos gastos do governo representa uma **política fiscal** expansionista que, se não conduzida com critério, pode provocar um descontrole das contas públicas. O excesso de moeda no mercado (excesso de meio circulante) provocado pela elevação dos gastos públicos neutralizaria os efeitos da política monetária. Por outro giro, o governo, quando se propõe a realizar uma **política monetária** restritiva, por exemplo, de aumento nas taxas de juros, deve atentar à execução de sua política fiscal.

Comentário extra: A teoria macroeconômica traz a seguinte definição: **política fiscal** é o conjunto de todos os instrumentos que o governo tem à disposição para arrecadar tributos e conduzir seus gastos. **Política monetária** é a atuação do governo no controle da oferta de moeda e sobre a taxa de juros. Portanto, uma maneira de o governo garantir o sucesso de sua política monetária e conter o excesso de gastos.

B. ERRADO A **armadilha da liquidez** é o processo identificado pelo economista inglês John Maynard Keynes no qual níveis muito baixos na taxa de juros não provocam o aumento do investimento e do consumo. Isso porque os agentes econômicos esperam que no futuro as taxas de juros voltem a subir, o que lhes dará um retorno maior. Então, incertos quanto à conjuntura econômica, preferem manter consigo estoques de moeda de maneira líquida ou aplicados em reservas dos bancos. Em períodos recessivos esse comportamento é mais evidente devido ao receio de uma crise ainda maior.

Comentário extra: Para conter os efeitos da crise financeira nos EUA desde 2008, o governo americano vem comprando bilhões de dólares em títulos públicos. No entanto, o excesso de liquidez no mercado não está refletindo em melhoras no nível de emprego e no nível de investimento, principalmente imobiliário. A política monetária pode não ter o efeito que dela se esperava.

C. ERRADO Pelo contrário, o equilíbrio das contas públicas é fundamental para um crescimento econômico sustentável.

D. CERTO **Superávit primário** é o saldo das contas públicas usado para o pagamento de juros da dívida. Para obter saldos primários positivos o governo pode aumentar sua arrecadação ou cortar gastos e despesas. Essas duas medidas levam a uma diminuição da atividade econômica (PIB menor). Durante anos no Brasil utilizou-se esse expediente para controlar a dívida pública, sem resultados satisfatórios. A relação dívida/PIB continuava alta. Atualmente entende-se que de fato o maior crescimento econômico representado pelo crescimento do Produto Interno Bruto (PIB) proporciona maior alívio fiscal.

E. CERTO Os **teóricos monetaristas** defendem que é possível estabilizar a economia por meio do controle do volume de moeda em circulação e demais meios de pagamentos. Representados principalmente pelo Nobel em Economia, Milton Friedman, acreditam em um mercado livre capaz de gerar desenvolvimento econômico e estabilidade. Para evitar crises financeiras em grande escala indicam uma melhor regulamentação através de estabilizadores automáticos no mercado.

Comentário extra: A **política discricionária** é adotada na administração pública pela conveniência e oportunidade de acordo com cada acontecimento macroeconômico. Os monetaristas apregoam que as políticas econômicas deveriam ser postas em prática de acordo com regras rígidas de condução.

2.

A. CERTO No **modelo keynesiano extremo**, um aumento na demanda agregada provocado por uma política fiscal expansionista (aumento dos gastos públicos) desloca a curva de demanda para a direita. Considerando que a curva de oferta é horizontal com preços fixos, de fato o deslocamento da curva de demanda resulta em aumento da produção de equilíbrio.

Comentário extra: O raciocínio descrito acima **é específico** ao modelo keynesiano extremo. No modelo clássico o aumento dos gastos públicos teria como resultado o aumento de preços, enquanto no modelo keynesiano básico a política expansionista pode tanto ter impactos no nível de preços quanto no nível de produção agregada.

B. ERRADO O governo pode financiar seus gastos basicamente de três formas: **a)** arrecadação de impostos; **b)** emissão de moeda; e **c)** venda de títulos públicos. Essa última opção seria uma alternativa ao processo de monetização da dívida pública. A política de venda de títulos públicos ao setor privado teria o efeito de enxugar o mercado, retirando moeda de circulação. No entanto, o déficit operacional do governo pode aumentar por meio do pagamento de juros.

Comentário extra: Um exemplo de monetização da dívida pública seria e emissão de moeda pelo Banco Central. Essa medida tem como efeito colateral o aumento da inflação.

C. CERTO A afirmação está correta justamente pelo fato de que o governo também sofre os efeitos perversos da inflação. Por haver um intervalo de tempo entre o fato gerador do tributo e a entrada de recursos no caixa do governo, a inflação incide sobre o montante arrecadado. Em termos reais a arrecadação é menor, reduzindo o poder de comprar do governo.

Comentário extra: Na teoria econômica ficou conhecido como **Efeito Tanzi** o fenômeno de redução real da arrecadação do governo provocada pelo aumento no nível geral de preços.

D. ERRADO O **resultado primário** é obtido pelo saldo entre Receitas Primárias e Despesas

Primárias. **Receitas Primárias** são as que correspondem ao total das receitas orçamentárias excluídas as operações de crédito, as oriundas de rendimentos de aplicações financeiras e retorno de operações de crédito (juros e amortizações), o recebimento de recursos procedentes de empréstimos concedidos e as receitas de privatizações.

As **Despesas Primárias** correspondem ao total da despesa orçamentária deduzidas as despesas com juros e amortização da dívida interna e externa, com a aquisição de títulos de capital integralizado, e as despesas com concessão de empréstimos com retorno garantido.

Comentário extra: O resultado primário suprime os efeitos das despesas e receitas financeiras, mas considera em seu cálculo a correção monetária e cambial da dívida pública.

3.

A. CERTO **Para os monetaristas uma política monetária teria efeito apenas nos preços e salários** e **efeito nulo sobre o nível de produção**. Defendem o livre mercado e que os principais problemas econômicos ocorrem pelo uso indevido da moeda. O efeito de uma política monetária no curto prazo sobre o nível de atividade econômica até é considerado, mas mais por falta de informação dos agentes que "erram" ao tomar suas decisões.

B. CERTO O impacto direto no crescimento econômico depende da maneira como são feitos os gastos públicos. Quando o governo investe mais em infraestrutura, em educação e saúde, os resultados são visíveis em termos de crescimento do PIB. Gastos com manutenção da máquina pública e salários de trabalhadores da ativa e aposentados **têm um efeito indireto no crescimento da produção nacional.**

C. ERRADO Quando há aumento de imposto e importação ao mesmo tempo o resultado esperado é a **redução** do multiplicador keynesiano. Em termos práticos **o aumento dos impostos é um freio ao crescimento econômico assim como o aumento das importações**. Essas geram emprego e atividade econômica nos países de origem.

4.

A. CERTO Durante o século XX o mundo passou por forte processo de urbanização. O avanço das tecnologias da informação e de transportes, além da busca de melhores condições de vida, contribuiu para essa mudança na organização da sociedade. Diante disso fez-se necessário por parte dos governos a providência de condições favoráveis de estrutura. Gastos com saúde, educação, segurança, saneamento, transporte e infraestrutura urbana passaram a compor grande parte dos orçamentos públicos.

Comentário extra: Segundo dados do IBGE, no Brasil de 2000 a 2009 a participação dos gastos do governo na composição do PIB passou de 19,2% para 21,8%.

B. ERRADO Diferentemente do proposto pela questão, o **aumento na taxa de redesconto** causa uma diminuição da oferta de moeda. A **taxa de redesconto** é uma das possibilidades de política monetária e é **a taxa cobrada pelo Banco Central** (BACEN) **para cobrir déficits nos caixas dos bancos comerciais**. Quando o BACEN aumenta essa taxa, os bancos comerciais necessitam ter uma reserva maior se expondo a riscos menores, e assim sua capacidade de empréstimos diminui.

Comentário extra: A **elevação da taxa de redesconto é considerada uma política monetária restritiva** e tem por finalidade proteger a liquidez do sistema bancário. Nesse caso a oferta de crédito é reduzida e os custos (juros) para obtenção de moeda se tornam maiores.

C. CERTO A crescente utilização dos cartões de crédito reduziu a quantidade de moeda que os indivíduos precisam manter consigo para realização de transações. O porte de moeda passa a ser desnecessário na medida em que haverá um pagamento único na fatura mensal.

Comentário extra: Assim como o cartão de crédito, outras **inovações tecnológicas** provocam o mesmo efeito de diminuição da demanda por moeda. Alguns exemplos: instalação de caixas eletrônicos em vários pontos da cidade e a utilização de moedas e contas virtuais na internet.

D. ERRADO A relação dívida/PIB deve ser analisada pelo seu **resultado real**, ou seja, **descontando o índice de inflação do período**. Ao se analisar pelo resultado nominal pode-se incorrer no erro de subestimar a relação dívida/PIB, já que o cálculo do PIB estaria majorado pelo índice de preços.

E. ERRADO Quando há um choque de oferta, o efeito sobre a **curva de Phillips** é o deslocamento para a direita de toda a curva, uma vez que o choque de oferta é um componente aleatório à curva de Phillips. No longo prazo o nível de emprego permaneceria o mesmo e o nível de preços sofreria elevação.

5.

A. ERRADO A questão se torna falsa devido à exclusividade concedida às autoridades monetárias pela obrigação no controle da criação de moeda. Além das autoridades monetárias, também os bancos comercias têm capacidade de criação de moeda através dos resgates de depósitos. A criação de moeda pelos bancos pode ser controlada pelo Banco Central através das reservas compulsórias, da política de redesconto e das operações de *open-market*.

B. ERRADO A política fiscal expansionista, com objetivo de gerar crescimento econômico e geração de empregos, deve ser uma política que aumente a demanda agregada da economia. O aumento dos gastos públicos e a redução da carga tributária proporcionam esse aumento da demanda agregada, à medida que aquece o mercado real e aumenta o nível de atividade econômica.

C. CERTO Está correto, pois justamente a diferença entre os conceitos de déficit primário e déficit operacional é a inclusão dos juros das dívidas internas e externas do setor público no cálculo do déficit operacional.

D. ERRADO É falsa a afirmação, pois tanto em casos de externalidades negativas quanto positivas os governos exercem sua função alocativa, que, segundo Vasconcellos, M. A., está diretamente ligada ao fornecimento de bens e serviços não corretamente oferecidos pelos mercados. Os governos precisam garantir a todos o acesso aos chamados bens públicos.

6.

A. ERRADO O setor público pode financiar seu déficit por meio da emissão de moeda, pela arrecadação de impostos e pela venda de títulos públicos. A elevação da taxa básica de juros torna o rendimento dos títulos públicos interessante, atraindo mais investidores. Portanto a compra dos títulos será realizada com moeda já em circulação, e parte dessa moeda migrará do setor real, diminuindo a demanda agregada, para o setor monetário, não havendo assim pressão inflacionária.

B. CERTO Mesmo tendo superávits primários, isso não garante o pagamento total dos juros da dívida, pois esses podem ter sido maiores que o montante poupado para o seu pagamento.

C. CERTO Um expediente muito utilizado pelos planos de estabilização da moeda no Brasil nos anos 1980 foi o congelamento de preços e salários. No entanto os salários eram reajustados previamente para recomposição do poder de compra. No curto prazo o poder de compra da população aumentou consideravelmente, pois os reajustes de preços eram mínimos por força da lei. O resultado foi o aumento da demanda agregada e consequentemente um desabastecimento dos mercados, forçando os preços para cima. Além desse aumento da demanda, contribuíram para o fracasso dos planos de estabilização o componente inercial da inflação brasileira e o descontrole das contas públicas, com elevação nos déficits operacionais e o crescimento do endividamento interno.

D. CERTO Superávit primário do setor público é o saldo entre as receitas e despesas públicas que será utilizado para pagar os juros da dívida pública.

7.

A. CERTO A lei dos **custos de oportunidade** crescentes existe, pois, quando se aumenta a produção de um determinado produto, a alocação de fatores de produção de outros produtos vai se tornando cada vez mais difícil e custosa justamente por não haver substituição perfeita entre os fatores, por razões tecnológicas e características específicas de produção. A **curva de possibilidade de produção** apresenta formato côncavo, mostrando que o aumento de produção de determinado produto requer a diminuição na produção de outro produto.

B. ERRADO Quando o governo estabelece uma **política de preços mínimos**, muito utilizada na agricultura para garantir um preço competitivo ao produtor, ele interfere na quantidade de equilíbrio do mercado. Caso o preço mínimo estiver acima do preço de mercado, os produtores irão preferir vender a produção ao governo. Essa política causará um excesso de produção, desviando-se do **ponto de equilíbrio**.

Comentário extra: Com o objetivo de preservar o setor cafeeiro, na década de 1920 o governo brasileiro adotou tal política. No entanto, o preço acima do preço de equilíbrio levou a uma superprodução de café. O governo entrou no mercado comprando o excedente e utilizando o estoque como regulador de preços.

C. CERTO A entrada de novos produtores internacionais provocará maior **concorrência** no mercado, e essa disputa pelos consumidores levará as sociedades empresariais à inovação, a melhorias tecnológicas, objetivando ganhos de produtividade e redução de custos.

Comentário extra: Na década de 1990 a economia brasileira vivenciou sua maior abertura econômica. Em um primeiro momento empresas brasileiras tiveram dificuldades de permanecer no mercado diante da concorrência externa, mas tornou-se evidente o avanço da indústria nacional nos períodos posteriores. Empresas ineficientes deixaram o mercado, dando lugar a empresas produtivas e inovadoras.

D. ERRADO De fato a instabilidade política e econômica do Iraque provocou e provoca consequências no mercado de combustíveis no Brasil, principalmente no mercado de gasolina. Uma redução na produção de petróleo iraquiano causará um impacto na curva de oferta, deslocando-a para à esquerda no gráfico, e não provocando um deslocamento ao longo de uma mesma curva de oferta. O resultado esperado será um aumento no preço da gasolina e uma redução na oferta e na demanda desse produto.

8.

A. ERRADO Custos de oportunidades crescentes são representados por uma curva em formato côncavo. Considerando que não existe **perfeita substituição** entre os **fatores de produção**, acréscimos na produção de um bem exigirão sacrifícios cada vez maiores na produção de outro bem.

B. ERRADO A função de governo citada na questão é a chamada **função alocativa**. **A função redistributiva refere-se à função do governo de ajustar desigualdades na partilha da renda nacional**. Para isso o governo tem à disposição políticas de arrecadação de impostos e a implementação de programas sociais.

C. CERTO A ampliação da **base de arrecadação** permite o aumento da receita tributária do governo mesmo que as alíquotas estejam em níveis menores. A redução da carga tributária é um dos fatores para um maior crescimento econômico, pois desonera a produção, o emprego e o comércio de bens e serviços, gerando mais renda.

D. ERRADO A fixação de preço máximo é uma interferência de mercado que leva aos desequilíbrios. As **leis de oferta e demanda** deixam de agir livremente, distorcendo preços e quantidades transacionadas. **Preços congelados abaixo do preço de equilíbrio de mercado levariam a uma redução da oferta de imóveis e um excedente de consumo**. Preços congelados acima do preço de mercado causariam o excesso de oferta de imóveis sem demanda por eles.

Comentário extra: Durante os vários planos de estabilização da moeda nas décadas de 1980 e 1990, esse expediente de congelamentos de preços foi muito utilizado. O mercado não reagiu bem a essa medida, reduzindo a oferta de bens e serviços e ainda criando mercados paralelos aos mercados oficiais nos quais preços maiores eram praticados livremente.

E. CERTO A possibilidade de praticar preços diversos atenderia a diferentes tipos de consumidores. O produtor conseguiria captar para si todo o excedente do consumidor. A eficiência se daria à medida que cada nível de preço praticado estivesse de acordo com o que os consumidores estejam dispostos a pagar pelo produto.

Comentário extra: O ideal seria a empresa poder cobrar um preço específico de cada um de seus clientes, ou seja, cobraria o máximo que o consumidor estivesse disposto a pagar. No entanto, estabelecer essa distinção de preços é complexo, sendo necessárias informações e estudos criteriosos a respeito da demanda.

9.

A. ERRADO A questão da elasticidade da demanda e da oferta não se limita à análise da arrecadação. Fatores como o número de empresas no setor, a quantidade de bens concorrentes, a tecnologia utilizada na produção, a facilidade para incrementar a produção, entre outros, influenciam no grau de sensibilidade de consumidores e produtores às variações de preços.

B. ERRADO No trecho decrescente da curva de custo total médio, quando há um aumento de produção, esse custo diminui, e não aumenta como diz o enunciado da questão. O custo total médio passa a aumentar a partir do ponto em que o custo médio se iguala ao custo marginal de produção.

C. CERTO A **microeconomia** tem como pressuposto a **tomada de preços relativos** em suas análises. A variação de preços de produtos diferentes interfere na decisão final do consumidor. **O ótimo de Pareto estabelece que ninguém consegue melhorar sua situação sem causar prejuízos a outros**. Portanto, um sistema tributário que distorce a relação entre preços também interfere na decisão de consumo da população.

D. ERRADO Os tributos podem ser divididos em duas principais categorias: diretos e indiretos. Os tributos diretos são aqueles que incidem sobre a renda e propriedades, tendo como exemplos o imposto de renda, imposto sobre imóveis, imposto sobre veículos etc. **Os impostos indiretos são aqueles cobrados sobre o consumo e sobre as vendas**. Os exemplos são: imposto sobre circulação de mercadorias (ICMS) e imposto sobre produtos industrializados (IPI), dentre outros.

E. CERTO A prática de camuflar alterações em produtos infelizmente é muito comum. Os consumidores reagem imediatamente a aumentos de preços e, quando percebem esse aumento, substituem aquele produto por outros alternativos ou pelo mesmo produto, mas de outra marca. Para evitar perder clientes os produtores maquiam seus produtos, oferecendo uma quantidade menor, e mesmo com a incidência de imposto conseguem manter suas vendas. Os consumidores devem ficar atentos a qualquer alteração nos rótulos e embalagens, procurando agências responsáveis pelos direitos do consumidor quando se sentirem lesados pelos fornecedores.

10.

A. ERRADO O problema básico da economia é alocar recursos escassos em seus usos alternativos. Justamente por haver alguma substituição entre os insumos, à medida que determinado insumo passa a ser utilizado em maior quantidade, sua disponibilidade vai se tornando mais rara e onerosa. O maior custo de utilização faz com que os agentes econômicos optem por insumos alternativos cujo preço esteja melhor.

B. CERTO O conceito do Produto Nacional Bruto considera toda a produção interna do país menos a renda líquida enviada ao exterior. **O conceito de produção que permite deduções referentes à depreciação dos equipamentos é o Produto Nacional Líquido**.

C. ERRADO O erro da questão encontra-se na especificação do mercado. Em **mercados mais concentrados em que há menor concorrência** o aumento do imposto aos produtores pode ser repassado quase na sua totalidade aos consumidores, ou seja, a elasticidade em relação ao aumento de preços é menor, garantindo manutenção ou até mesmo aumento na arrecadação tributária. Já em **mercados competitivos, nos quais a sensibilidade à alteração de preços é maior**, o aumento do imposto pode levar a uma queda significativa da demanda e, por consequência, na arrecadação do imposto *ad valorem*.

Comentário extra: Imposto *ad valorem* é um percentual ou alíquota aplicado sobre o valor de determinada transação.

D. ERRADO O objetivo principal do empresário racional é a maximização de lucros. Para o produtor monopolista a condição é satisfeita quando seu nível de produção iguala sua receita marginal ao seu custo marginal. Apenas por razões estratégicas o monopolista irá se desviar dessa condição. Operar com preços abaixo do equilíbrio monopolista só é interessante no curto prazo quando o objetivo é desencorajar a entrada de novos concorrentes ou monitorar reações da sociedade a seu domínio de mercado.

Comentário extra: De uma maneira geral, o monopolista está interessado em estabelecer o nível de produção e de oferta que lhe conceda o máximo de resultado possível.

11.

A. CERTO A **escassez dos recursos** é base dos estudos econômicos. Por não haver recursos disponíveis suficientes para atender, a todas as necessidades da população, escolhas devem ser feitas buscando maximizar o grau de satisfação da sociedade. Portanto, o **custo de oportunidade está diretamente relacionado com a escassez dos recursos**. Ao se tomar uma decisão de produção ou de consumo, ou ao se fazer uma escolha, o custo da opção não escolhida é chamado de custo de oportunidade.

Comentário extra: O custo de oportunidade tende a ser crescente à medida que as trocas entre insumos vão sendo realizadas. Isso acontece porque novos insumos adicionados não atendem na mesma proporção o que deles se espera. O sacrifício dessa troca se torna maior, dando à curva de possibilidade de produção um formato côncavo.

B. CERTO O governo pode interferir no mercado quando julgar que existem falhas em seu funcionamento. Mesmo que haja eficiência no sentido de Pareto, através de políticas de gastos e de arrecadação de impostos o governo pode promover ações para garantir uma melhor distribuição de renda. As falhas de mercado ocorrem em situações como: existência de bens públicos, existência de monopólios naturais e externalidades. Nesses casos específicos as leis de mercado apresentam deficiências, e o governo atua alocando e distribuindo melhor os recursos disponíveis.

C. CERTO A possibilidade de desemprego existe porque salários maiores do que os de mercado representam para os empregadores um custo considerável. Pode-se dizer que haveria uma redução de demanda por mão de obra. Os trabalhadores menos qualificados seriam mais atingidos, uma vez que os empregadores prefeririam inicialmente os profissionais mais aptos para o trabalho.

Comentário extra: Chamamos de **salário nominal** (w) o valor de face do salário. Já o **salário real** (w/p) seria o salário nominal (w) dividido pelo nível de preços (p).

D. ERRADO A regulação incentivada leva em consideração padrões de qualidade, a distribuição de excedentes e a eficiência econômica. Em mercados monopolistas os serviços devem ser prestados garantindo o acesso irrestrito a preços razoáveis e serviços de qualidade.

E. ERRADO O afirmado no enunciado está incorreto, pois generaliza uma situação. Mesmo em mercados concentrados o produtor não é obrigado a repassar a totalidade do aumento do imposto a seu consumidor. O que vai determinar, então, o grau de repasse é o nível de sensibilidade que os consumidores têm em relação a aumentos de preços. A isso chamamos de elasticidade preço da demanda.

As diversas **estruturas de mercado** influenciam na capacidade do produtor de repassar ao consumidor a incidência de impostos sobre seu produto. Em mercados competitivos esse repasse é mais difícil de ser feito, pois a **elasticidade preço da demanda** tende a ser maior, ou seja, qualquer aumento de preços provocaria uma redução considerável na demanda. Já em mercados mais concentrados como o monopólio e o oligopólio, a elasticidade passa a ser menor, permitindo que boa parte do imposto cobrado recaia sobre os consumidores.

12.

A. ERRADO Inicialmente a **inclinação da curva** é de 1/3, que é a relação entre os preços de X e Y. Caso o preço de Y aumente para R$ 4,00, a inclinação passará a ser de 1/4, ou seja, a inclinação da reta irá diminuir, e não aumentar como sugere o enunciado da questão.

B. CERTO A **lei geral da oferta** estabelece que, ***ceteris paribus***, um aumento do preço do produto causará um aumento da oferta desse mesmo produto. No entanto, o efeito da elasticidade-preço da oferta é mais demorado, e os agentes, por uma série de razões, levam um tempo para responder a estímulos de preços. No caso do enunciado, uma das questões colocadas é a disponibilidade de crédito para investimento. Sem crédito, mesmo que os preços aumentem, o produtor pode não reagir a isso, aumentando sua produção apenas por não ter condições financeiras para tanto.

Comentário extra: A **expressão latina *ceteris paribus* significa "tudo o mais constante"** e é muito utilizada na análise econômica para verificar a influência de um fator sobre o outro sem que os demais fatores sofram alterações.

C. CERTO O **modelo de concorrência perfeita** estabelece que o mecanismo de variação de preços consegue manter o mercado em equilíbrio e que qualquer desvio desse ponto de equilíbrio seria corrigido por alterações no nível de preços. Nesse modelo os agentes são presentes em grande quantidade, comercializando produtos homogêneos, com pouca ou nenhuma diferenciação. Diante dessa característica os agentes individualmente não têm condições de determinar preços de equilíbrio. Será a interação entre ofertantes e demandantes que determinará preços e quantidades de equilíbrio.

13. ERRADO Na **política de preços mínimos** o governo estabelece um preço acima do preço de mercado para garantir um nível satisfatório de renda aos produtores. O preço praticado estimula a produção e reduz a demanda pelo produto. Para evitar perdas no mercado o governo interfere comprando o excedente de produção. Os gastos do governo com essa política são medidos pela multiplicação da quantidade comprada pelo preço mínimo.

Comentário extra: A situação descrita no enunciado se amolda mais à política de subsídios praticada pelo governo ao garantir ao produtor um preço maior sem prejudicar os consumidores por isso. Então o governo aqui pagaria a diferença de preços mínimos e de mercado.

14.

A. ERRADO Uma característica marcante nas estruturas de mercado em que prevalece a competição imperfeita, como o **oligopólio** e o **monopólio,** é o fato de que pode haver elevação de preços mesmo com a redução da produção. Nos oligopólios, as empresas dominantes têm a possibilidade de formar cartéis combinando preços acima dos de mercado. Já no monopólio, a empresa líder tem grande poder de praticar preços elevados.

Comentário extra: Uma empresa pode vir a ser monopolista por diversos motivos, como: monopólio estatal (segurança, energia e petróleo); pelo registro de patentes; pelo domínio de matérias-primas básicas.

Em diversos países o governo atua para garantir a livre concorrência com implementação de leis antitrustes e órgãos públicos para defesa do consumidor

B. CERTO Exceto para o caso de a **demanda ser perfeitamente elástica**, uma barreira à importação de produtos deslocaria a curva de oferta para a esquerda. No modelo de demanda e oferta agregada o novo equilíbrio se daria a um nível maior de preços e uma quantidade transacionada menor.

Comentário extra: Quando a demanda é perfeitamente elástica, sua curva é horizontal. Qualquer variação na oferta não provocaria alterações no nível de preços, apenas na quantidade.

15.

A. CERTO O mercado por si só não garante perfeita distribuição de recursos entre os agentes econômicos. Por questões naturais, estruturais e estratégicas determinados setores da economia podem ser beneficiados na concorrência com outros setores. Uma das funções do governo é regular o mercado, identificando falhas e propondo medidas que promovam uma melhor distribuição de renda para a população.

B. CERTO De fato, setores monopolistas tendem a praticar preços abusivos, além de ofertar produtos com qualidade inferior à desejada. A regulamentação governamental é importante para proteger, principalmente nas situações de abusos, o mercado tanto pelo lado dos consumidores quanto pelo lado dos produtores. O cenário de concorrência é ideal para surgimento de práticas inovadoras, e a disputa pelos clientes torna o mercado mais dinâmico.

C. CERTO Quando uma empresa adota práticas que afetam o restante da sociedade, o governo deve atuar corrigindo falhas. Uma das funções da regulamentação governamental é evitar que externalidades negativas possam comprometer o bem-estar e a qualidade de vida da população.

Comentário extra: A efetiva cobrança de multas e as penalizações legais são maneiras de o governo inibir práticas empresarias abusivas.

D. ERRADO A posse de *informação* por parte das empresas não permite que o mercado atinja o ponto de equilíbrio de maneira satisfatória. A assimetria de informação deve sim ser objeto de regulamentação do governo para evitar abusos e distorções no mercado. Os consumidores são mais frágeis no mercado, são menos organizados entre si e não dispõem de toda informação de preços e quantidades praticadas no mercado. Já grande parte das empresas produtoras é organizada em associações de classe, federações e sindicatos dando-lhes maior força econômica e poder de manipulação de comportamentos de consumo. O acesso à informação é uma forma de democratizar o mercado, de torná-lo mais justo e competitivo.

E. CERTO A regulação de mercados vai além da fixação de preços. Mercados concentrados devem ser analisados de perto quanto à existência de **monopólios naturais**, quanto **à assimetria de informações**, quanto **à qualidade do serviço** prestado e também quanto ao **preço** praticado. A firmação de contratos, com regras claras de atuação, permite que os mercados se aproximem ainda mais do seu **ponto de equilíbrio**.

16.

A. ERRADO Toda e qualquer modificação de preços regulados pelo governo deve ser feita de maneira clara e transparente, visando beneficiar consumidores.

B. CERTO O CADE tem como funções **prevenir, reprimir e educar** o mercado. Esse órgão do governo analisa atos de concentração de mercado, seja por meio de **fusões** ou **aquisições** de empresas. Atua, ainda, reprimindo condutas anticoncorrenciais e práticas ofensivas à ordem econômica. O papel educativo do CADE refere-se à difusão de uma **cultura de concorrência** com parcerias com instituições sociais e de ensino.

C. CERTO A falta de informação precisa sobre o perfil de clientes e tomadores de empréstimos faz com que instituições financeiras tenham de praticar altas taxas de juros. A existência de um cadastro detalhado (de pontos negativos e positivos) dará aos bancos maior segurança financeira, e os riscos da operação seriam reduzidos.

RAIO-X

- O tema em estudo equivale aos seguintes percentuais das questões de Economia:

Cargo	Questões do Tema	%
Agente	44	71
Escrivão	18	29
Delegado	0	0

- A maioria das questões é baseada em:

  ☒ doutrina ☐ legislação ☐ jurisprudência

- As noções fundamentais de Economia, nitidamente as vocacionadas para os cargos de Agente e Escrivão, estão firmadas em teorias-base. É importante, assim, que o candidato conheça bem relações entre as variáveis econômicas e os conceitos--chave.

IMPORTANTE SABER

1. SOBRE MACROECONOMIA

- A macroeconomia aborda a economia como um todo, estudando os agregados econômicos.
- As principais variáveis analisadas são: emprego, nível geral de preços, taxa de câmbio, taxa de juros, estoque de moeda e contas nacionais.
- Os principais objetivos da macroeconomia são: manter o nível de emprego elevado; manter a estabilidade dos preços; promover justa distribuição de renda; promover o crescimento da economia e garantir o equilíbrio do balanço de pagamentos.
- O principal agente macroeconômico é o governo central e para atingir seus objetivos dispõe das políticas fiscal, monetária, cambial e comercial.

2. SOBRE MICROECONOMIA

- A microeconomia estuda basicamente a formação dos preços em diversos mercados. Busca explicar como consumidores e produtores relacionam-se entre si na determinação de preço e nível de equilíbrio no mercado.
- Os principais tópicos da microeconomia são: análise de demanda, análise de oferta e equilíbrio de mercado.
- A hipótese básica da microeconomia é a chamada "hipótese *ceteris paribus*", segundo a qual a análise de determinado mercado é possível selecionando-se somente variáveis que afetam os agentes econômicos independentemente de outros fatores.

BIBLIOGRAFIA RECOMENDADA

BIBLIOGRAFIA BÁSICA

- MANKIW, Gregory. *Introdução à economia.* 5. ed. Cencage Learnig, 2010.
- GREMAUD, Amaury Patrick; VASCONCELLOS, M. A. Sandoval; Junior, Rudinei Toneto. *Economia brasileira contemporânea.* 7. ed. São Paulo: Atlas, 2007.
- ROSSETTI, José Paschoal. *Introdução à economia.* 20. ed. São Paulo: Atlas, 2007.
- VASCONCELOS, Marco Antônio. *Fundamentos de economia.* 2. ed. São Paulo: Saraiva, 2006.

BIBLIOGRAFIA COMPLEMENTAR

- PINDYCK, Robert S. *Microeconomia.* 7. ed. Prentice-Hall, 2010.
- SIMONSEN, Mario Henrique; Cysne, Rubens Penha. *Macroeconomia.* 4. ed. São Paulo: Atlas, 2009.

CONTABILIDADE

ALEXANDRE OGATA Auditor-Fiscal da Receita Federal do Brasil desde 2006. Bacharel em Ciências Contábeis. Professor em cursos preparatórios para concursos públicos, desde 2007.

1. LIVROS OBRIGATÓRIOS E FACULTATIVOS

QUESTÕES

1. **(Agente – CESPE – 2002 – adaptada)** Julgue o item a seguir, relativo à contabilidade geral.
   - O livro diário não é obrigatório para atividades de serviços, enquanto o livro razão é obrigatório para companhias abertas.
2. **(Agente – CESPE – 2009 – adaptada)** Julgue o item a seguir, com base nos conceitos e normas aplicáveis à escrituração contábil.
   - Os livros diário e razão, por constituírem os registros permanentes de uma entidade e por serem obrigatórios, devem ser registrados no registro público competente.
3. **(Agente – CESPE – 2004 – adaptada)** Acerca dos registros contábeis de empresas comerciais, de seus livros fiscais, da avaliação de ativos, da influência do ICMS e das demonstrações contábeis, julgue o item seguinte.
   - Os livros obrigatórios de uma empresa comercial incluem o balanço patrimonial, que registra as contas de ativo, passivo e patrimônio líquido.
4. **(Agente – CESPE – 2002 – adaptada)**

Companhia das Armações S.A.			
Balanço patrimonial em 31/12/2000 (em R$ mil)			
Ativo		**Passivo**	
circulante	835.750	circulante	1.100.500
caixa	306.550	fornecedores	160.000
bancos	1.200	pessoal e encargos a pagar	90.500
contas a receber	253.000	tributos a pagar	558.000
estoque	125.000	aluguéis e seguros a pagar	85.000
despesas do período seguinte	150.000	dividendos	37.000
realizável a longo prazo	250.000	empréstimos	170.000
empréstimos a sócios	250.000	res. exercício futuro	31.250
permanente	281.000	patrimônio líquido	235.000
investimento	0	capital social	130.000
imobilizado	125.000	reservas de capital	20.000
diferido	156.000	reservas de lucros	25.000
		lucros acumulados	60.000
TOTAL	**1.366.750**	**TOTAL**	**1.366.750**

Julgue o item subsequente, considerando o balanço da Companhia das Armações S.A., indústria produtora de grades metálicas, apresentado acima.

- Sabendo que essa companhia paga imposto de renda com base no lucro real, conclui-se que ela deve controlar, na parte B do Livro de Apuração do Lucro Real (LALUR), as adições temporárias feitas na parte A do referido livro.

GABARITO COMENTADO

1. ERRADO Conforme o art. 1.180 da Lei n. 10.406/2002 (Código Civil), é obrigatória a escrituração do Livro Diário pelos empresários e pelas sociedades empresárias. Portanto, a atividade exercida pelo empresário ou pela sociedade empresária não influencia a obrigatoriedade de escriturar o Livro Diário. Embora o Código Civil cite expressamente apenas o Diário, o Livro Razão é considerado obrigatório por força das normas contábeis e da legislação fiscal. A Interpretação ITG 2.000, aprovada pelo Conselho Federal de Contabilidade, através da Resolução CFC n. 1.330/2011, estabelece como livros contábeis obrigatórios o Diário e o Razão.

2. ERRADO O Código Civil exige apenas o registro do Livro Diário no registro público competente.

Comentário extra: A Interpretação ITG 2.000, do Conselho Federal de Contabilidade, prevê a possibilidade de escrituração dos Livros Diário e Razão em forma digital. Nesse caso, essa norma estabelece a obrigatoriedade de esses livros serem autenticados no registro público competente.

3. ERRADO O balanço patrimonial não é um livro contábil, mas sim uma demonstração contábil obrigatória.

4. CERTO O Livro de Apuração do Lucro Real (LALUR) é obrigatório para as empresas contribuintes do imposto de renda com base no lucro real. É composto por 2 (duas) partes. Na parte A são feitos lançamentos de ajuste do lucro líquido do próprio exercício (adições, exclusões e compensações), tendo em vista as diferenças entre o lucro apurado na contabilidade e o lucro para efeito do imposto de renda. Essa situação pode ocorrer, por exemplo, no caso de uma despesa lançada na contabilidade, mas que seja indedutível para o imposto de renda. Nessa situação hipotética, o lucro contábil estaria menor do que o lucro considerado pelo imposto de renda (lucro real). Sendo assim, é feito um ajuste no LALUR, através da adição do valor correspondente à despesa indedutível. A parte B é destinada ao controle dos valores que influenciem a determinação do lucro real de períodos futuros. Há situações nas quais uma despesa não é dedutível no mesmo ano em que foi lançada na contabilidade, embora o seja em períodos seguintes. Nesse caso, ocorre a adição do valor dessa despesa na parte A do LALUR no mesmo exercício em que ela foi lançada. No(s) exercício(s) futuro(s) em que seja permitida a dedução, as correspondentes parcelas da despesa são excluídas do lucro na parte A do LALUR. Para controlar a utilização dos valores adicionados em um exercício e excluídos no futuro, há um registro na parte B do LALUR.

RAIO-X

- O tema em estudo equivale aos seguintes percentuais das questões de Contabilidade Geral:

Cargo	Questões do Tema	%
Agente	4	8,70
Escrivão	0	0

- A grande maioria das questões é baseada em:

  ☒ doutrina ☒ legislação ☐ jurisprudência

- As noções fundamentais sobre os livros contábeis estão contidas principalmente na Lei n. 10.406/2002 (Código Civil), nas normas contábeis emanadas pelo Conselho Federal de Contabilidade – CFC, na legislação societária e na legislação fiscal.

IMPORTANTE SABER

- Livros obrigatórios: são aqueles exigidos pela legislação comercial, fiscal ou societária. Ex.: Diário, Registro de Ações Nominativas, Livro de Apuração do Lucro Real – LALUR.
- Livros facultativos: não são exigidos por lei, mas são mantidos pelas entidades para fins administrativos, gerenciais ou de controle. Ex.: Contas-correntes.
- A legislação do Imposto de Renda estabeleceu a obrigatoriedade de escrituração de determinados livros, conforme o regime de tributação da pessoa jurídica:
  - o Livro Razão é obrigatório para as empresas tributadas com base no lucro real;
  - as empresas tributadas com base no lucro presumido, bem como as microempresas e empresas de pequeno porte optantes pelo Simples Nacional que mantiverem Livro Caixa estão dispensadas de manter escrituração contábil nos termos da legislação comercial. Essas empresas também estão obrigadas a manter Livro de Registro de Inventário. Embora a legislação fiscal dispense as empresas tributadas com base no lucro presumido de manter a escrituração do Livro Diário, elas estão obrigadas a mantê-lo pela legislação empresarial.
- Além dos citados anteriormente, os livros mais comuns exigidos pelo Fisco são:
  - Livro de Apuração do Lucro Real – LALUR, obrigatório para as empresas contribuintes do IR com base no lucro real. É composto por 2 (duas) partes: A, para lançamentos de ajuste do lucro líquido do período (adições, exclusões e compensações) com vistas à determinação do lucro real; B, para o controle dos valores que não constem da escrituração comercial, mas que devam influenciar a determinação do lucro real de períodos futuros;
  - Livro Registro de Saídas, exigido pela legislação do ICMS e do IPI;
  - Livro de Registro de Apuração do IPI;
  - Livro de Registro de Apuração do ICMS.
- Nos contratos de compra e venda mercantil, com prazos a partir de 30 dias, o vendedor deve extrair a fatura, que discriminará as mercadorias vendidas. No ato da emissão da fatura pode ser extraída uma duplicata. Nesse caso, o vendedor deve escriturar o Livro de Registro de Duplicatas, que é um livro especial e pode ser substituído por qualquer sistema mecanizado.
- O Livro Razão é um livro sistemático, no qual são registradas as alterações de cada conta individualmente. Embora considerado livro facultativo pela legislação comercial, a legislação fiscal o tornou obrigatório para as empresas tributadas com base no lucro real. Além disso, a Resolução CFC n. 1.330/2011 (Interpretação ITG 2.000) o torna de escrituração obrigatória para todas as empresas.
- A Lei n. 6.404/76 determina que a sociedade anônima deve ter, além daqueles obrigatórios para qualquer comerciante, os seguintes livros, revestidos das mesmas formalidades legais:

  I – o livro de Registro de Ações Nominativas;

  II – o livro de "Transferência de Ações Nominativas";

  III – o livro de "Registro de Partes Beneficiárias Nominativas" e o de "Transferência de Partes Beneficiárias Nominativas", se tiverem sido emitidas;

  IV – o livro de Atas das Assembleias Gerais;

  V – o livro de Presença dos Acionistas;

  VI – os livros de Atas das Reuniões do Conselho de Administração, se houver, e de Atas das Reuniões de Diretoria;

  VII – o livro de Atas e Pareceres do Conselho Fiscal.

LEGISLAÇÃO PERTINENTE

- Lei n. 10.406/2002 (Código Civil), arts. 1.179 a 1.186.
- Lei n. 6.404/76, arts. 100 e 177.
- Resolução CFC n. 1.330/2011 (Interpretação ITG 2.000).

2. REGISTROS CONTÁBEIS

CONTABILIDADE

QUESTÕES

I. O PATRIMÔNIO

1. **(Escrivão – CESPE – 2004 – adaptada)** Acerca de registros contábeis de empresas comerciais e sua influência nas demonstrações contábeis, julgue o item a seguir.

- O patrimônio líquido deve apresentar o registro dos bens e direitos da empresa.

2. **(Escrivão – CESPE – 2002 – adaptada)** Com relação à contabilidade, julgue o item a seguir.

- O patrimônio líquido só será considerado como um recurso próprio dos acionistas quando o seu valor for superior ao ativo permanente.

3. **(Agente – CESPE – 2002 – adaptada)**

Companhia das Armações S.A.			
Balanço patrimonial em 31/12/2000 (em R$ mil)			
Ativo		**Passivo**	
circulante	835.750	circulante	1.100.500
caixa	306.550	fornecedores	160.000
bancos	1.200	pessoal e encargos a pagar	90.500
contas a receber	253.000	tributos a pagar	558.000
estoque	125.000	aluguéis e seguros a pagar	85.000
despesas do período seguinte	150.000	dividendos	37.000
realizável a longo prazo	250.000	empréstimos	170.000
empréstimos a sócios	250.000	res. exercício futuro	31.250
permanente	281.000	patrimônio líquido	235.000
investimento	0	capital social	130.000
imobilizado	125.000	reservas de capital	20.000
diferido	156.000	reservas de lucros	25.000
		lucros acumulados	60.000
TOTAL	**1.366.750**	**TOTAL**	**1.366.750**

Julgue o item subsequente, considerando o balanço da Companhia das Armações S.A., indústria produtora de grades metálicas, apresentado acima.

- Considerando que essa companhia tenha um passivo real com fornecedores de R$ 400 mil na data do balanço apresentado acima, portanto, com um valor não registrado de R$ 240 mil, conclui-se que, no balanço, há ativo(s) subavaliado(s) e(ou) patrimônio líquido superavaliado.

bancos	40.000
créditos a receber	25.000
despesas de aluguéis	8.000
empréstimos a pagar	38.500
receitas de serviços	34.000
despesas de água, luz e telefone	15.000
estoque de material de consumo	20.000
móveis e utensílios	12.000
veículos	24.000
capital	73.500
despesas com material de consumo	2.000

4. **(Agente – CESPE – 2012)** Considerando que os dados acima, em reais, correspondem ao encerramento do primeiro exercício financeiro de determinada entidade, julgue os itens consecutivos, acerca da composição do balanço patrimonial e da demonstração do resultado do exercício dessa entidade.

   a) A demonstração do resultado do exercício apresentou prejuízo de R$ 11.000,00.

   b) Os ativos e passivos somam, respectivamente, R$ 121.000,00 e R$ 38.500,00.

II. MÉTODO DAS PARTIDAS DOBRADAS

5. **(Agente – CESPE – 2009 – adaptada)** Julgue o item a seguir, com base nos conceitos e normas aplicáveis à escrituração contábil.

   - Em decorrência da aplicação do método das partidas dobradas, as contas retificadoras do patrimônio líquido têm seu saldo aumentado quando são debitadas, e diminuído quando são creditadas.

III. LANÇAMENTOS

6. **(Agente – CESPE – 2009 – adaptada)** Julgue o item a seguir, com base nos conceitos e normas aplicáveis à escrituração contábil.

   - O fato contábil registrado no lançamento de 4ª fórmula abaixo pode ser entendido como recebimento por uma venda a prazo, após o vencimento da obrigação, e concessão de abatimento por problemas com a mercadoria ou sua entrega.

D	bancos
D	abatimentos
C	cliente
C	juros

IV. REGIME DE COMPETÊNCIA E REGIME DE CAIXA

7. **(Agente – CESPE – 2009 – adaptada)** Julgue o item a seguir, com base nos conceitos e normas aplicáveis à escrituração contábil.

   - De acordo com a doutrina e a legislação contábeis, a prescrição de uma dívida e o perecimento de um direito correspondem, respectivamente, a uma realização de receita e à incorrência de uma despesa.

8. **(Escrivão – CESPE – 2004 – adaptada)** Julgue o item seguinte, relativo a registros contábeis de empresas comerciais.

   - Segundo o regime de competência, o registro de venda de mercadorias a prazo será efetuado no momento da venda.

9. **(Agente – CESPE – 2004 – adaptada)** Acerca das operações típicas de uma empresa comercial, julgue o item a seguir.

   - No regime de caixa para registro de venda de mercadorias, a empresa reconhece o valor correspondente à venda no momento em que esta ocorre, independentemente da forma de pagamento.

10. **(Agente – CESPE – 2004 – adaptada)** Acerca do método das partidas dobradas, das operações típicas de uma empresa comercial, do regime de competência e do regime de caixa, julgue o item a seguir.

    - Ao se registrar a aquisição de mercadorias a prazo pelo regime de caixa, o ativo não sofrerá movimentação no momento de aquisição.

11. **(Agente – CESPE – 2012)** Determinada entidade apresentou os seguintes eventos no mês de abril de 2012.

    I pagamento de R$ 4.200,00, no mês de abril de 2012, referentes a aluguel dos meses de abril e maio de 2012;

    II consumo e pagamento de despesas, em abril de 2012, com serviços de limpeza e conservação, relativos ao mês de abril de 2012, no valor de R$ 1.800,00;

III recebimento, em abril de 2012, em dinheiro, por serviços prestados no mês de março de 2012, no valor de R$ 3.600,00;

IV prestação de serviços, no mês de abril de 2012, para recebimento em maio de 2012, no valor de R$ 5.700,00.

À luz do regime de caixa e do regime de competência, julgue os itens seguintes, relativos à apuração de resultado do mês de abril de 2012 da entidade considerada.

a) Independentemente do regime considerado, os resultados apurados no mês de abril de 2012 serão iguais.

b) Na apuração do resultado do mês de abril de 2012, não se consideram, tanto no regime de caixa quanto no de competência, os eventos III e IV, os quais repercutem na apuração do resultado, respectivamente, dos meses de março e maio.

12. (Agente – CESPE – 2012) Considere os eventos de I a V listados abaixo.

I aquisição de veículo à vista para uso na atividade operacional

II baixa de bem inservível registrado no imobilizado

III apropriação da folha de pessoal do mês

IV registro da diminuição do valor de dívida a receber em função da variação monetária

V pagamento de obrigação com desconto

Com base nas informações acima, julgue os itens a seguir, relativos à classificação dos fatos administrativos.

a) Os eventos II, IV e V são classificados como fatos mistos, pois, além de provocarem variações no saldo patrimonial, representam a transposição de valores entre os grupos de contas patrimoniais.

b) Os eventos I e III classificam-se como fatos permutativos e não afetam o saldo patrimonial da entidade.

GABARITO COMENTADO

1. ERRADO Os bens e direitos da empresa são registrados no ativo. O patrimônio líquido da empresa é o resultado da diferença entre seus bens e direitos (ativo) e suas obrigações (passivo).

Comentário extra: O objeto de estudo da Contabilidade é o patrimônio de uma entidade, que é o conjunto de bens, direitos e obrigações com terceiros, pertencente a uma pessoa física, a um conjunto de pessoas ou a uma sociedade ou instituição de qualquer natureza, independentemente da sua finalidade, que pode ser lucrativa ou não.

A partir do patrimônio tem-se o conceito de patrimônio líquido, mediante a equação básica da Contabilidade: (bens + direitos) – (obrigações) = patrimônio líquido

Bens: coisas materiais ou imateriais que podem ser avaliadas economicamente e ser objetos de uma relação jurídica. Exemplos: moeda, estoques de mercadorias, prédios, máquinas, marcas, patentes etc.

Direitos: valores a serem recebidos de terceiros ou valores de propriedade da entidade que estão em posse de terceiros. Exemplos: duplicatas a receber, cheques pré-datados, tributos a recuperar, adiantamento a empregados, adiantamento a fornecedores, empréstimo concedido.

Obrigações: dívidas ou compromissos assumidos perante terceiros, ou bens de terceiros em posse da entidade. São exemplos: contas a pagar, financiamentos bancários, impostos a pagar, adiantamentos de clientes, receitas antecipadas para entrega futura de bens etc.

Patrimônio líquido: resultado da diferença entre os bens e direitos e as obrigações. Corresponde aos valores que os sócios ou acionistas têm na empresa. Ou seja, o patrimônio líquido é representado pelos valores investidos pelos sócios ou acionistas na empresa e pelo saldo remanescente dos lucros ou prejuízos.

2. ERRADO O patrimônio líquido representa o valor residual dos ativos da entidade após a dedução de suas obrigações (passivo exigível). Também é conhecido como capital próprio, sendo considerado um recurso próprio da entidade. Portanto o patrimônio líquido representa os recursos próprios da entidade (e não dos acionistas), e sua condição não é afetada pela comparação entre seu valor e o do ativo permanente (subgrupo do ativo).

Comentário extra: O conjunto de bens e direitos (ativo) representa o lado positivo da equação patrimonial. As obrigações com terceiros representam o lado negativo da equação e constituem o passivo exigível. Ao transferirmos as obrigações do lado esquerdo da equação básica da contabilidade para o lado direito, teremos justamente essa representação:

(bens + direitos) – (obrigações) = patrimônio líquido

Bens + direitos = patrimônio líquido + obrigações

ATIVO	PASSIVO
Bens e Direitos	Passivo Exigível (Obrigações)
	Patrimônio Líquido

O ativo representa as aplicações dos recursos provenientes de investimentos dos sócios ou acionistas e de recursos de terceiros (dívidas ou obrigações).

O passivo é formado pelas obrigações e pelo patrimônio líquido e representa as origens de recursos aplicados no ativo. Entretanto, o termo "passivo" também é utilizado para denominar as obrigações com terceiros (passivo exigível), ou seja, usam-se as expressões passivo e passivo exigível como sinônimas.

O patrimônio líquido é denominado também situação líquida. Representa o valor investido pelos sócios na empresa e os resultados (positivos ou negativos) gerados pela sua atividade e que não foram distribuídos ou absorvidos. É considerado uma obrigação, porém não é exigível como as obrigações com terceiros.

O passivo exigível é também denominado passivo real. Para se referir a ambos os tipos de obrigações (com os sócios e com terceiros), pode-se utilizar o termo "passivo total" (passivo exigível + patrimônio líquido).

3. CERTO Houve a falta de registro de um valor de R$ 240.000,00 no passivo exigível. Apesar da omissão desse valor, o balanço continua equilibrado, ou seja, os valores totais do lado esquerdo e direito são iguais em R$ 1.366.750,00. Para que isso ocorresse, seria necessária a ocorrência de outro erro que compensasse, no mesmo valor, a redução indevida do lado direito do balanço. Essa compensação poderia ser pela diminuição do lado esquerdo (subavaliação do ativo) ou pelo aumento de outro grupo do lado direito (superavaliação do patrimônio líquido).

4.

A. ERRADO A demonstração do resultado do exercício apresenta lucro de R$ 9.000,00:

receitas de serviços	34.000
(–) despesas de água, luz e telefone	(15.000)
(–) despesas de aluguéis	(8.000)
(–) despesas com material de consumo	(2.000)
(=) lucro	9.000

B. ANULADO O ativo totaliza R$ 121.000,00:

bancos	40.000
créditos a receber	25.000
estoque de material de consumo	20.000
móveis e utensílios	12.000
veículos	24.000
TOTAL DO ATIVO	121.000

O passivo exigível totaliza R$ 38.500,00, pois é composto unicamente pela conta empréstimos a pagar.

Comentário extra: O balanço patrimonial estaria assim representado:

ATIVO		PASSIVO EXIGÍVEL	
bancos	40.000	empréstimos a pagar	38.500
créditos a receber	25.000		
estoque de material de consumo	20.000	PATRIMÔNIO LÍQUIDO	
móveis e utensílios	12.000	capital	73.500
veículos	24.000	lucros acumulados	9.000
TOTAL	121.000		121.000

A doutrina contábil denomina passivo o lado direito do balanço, composto pelos grupos passivo exigível e patrimônio líquido. Entretanto é comum utilizar a expressão "passivo" como sinônimo de passivo exigível. Nesse caso, a soma do passivo exigível e do patrimônio líquido é denominada passivo total. Aparentemente o avaliador elaborou a questão adotando esse último entendimento, ou seja, considerando o passivo, como o exigível apenas. No entanto, ao julgar os recursos, a Banca decidiu pela anulação do item, tendo em vista a possibilidade de dupla interpretação do conceito de passivo.

5. CERTO As contas do patrimônio líquido tipicamente apresentam saldos credores. Assim, ocorre aumento de valor dessas contas quando são creditadas, e há diminuição de valor quando são debitadas. As contas retificadoras reduzem o saldo do grupo do qual fazem parte e, por isso, têm funcionamento inverso às demais contas desse grupo. Portanto, o saldo das contas retificadoras do patrimônio líquido é aumentado quando são debitadas e diminuído quando são creditadas.

Comentário extra: Conta é o instrumento de registro em que são reunidos os fatos contábeis de mesma natureza. Assim, a Contabilidade utiliza contas para registrar todos os fatos contábeis que ocorrem na entidade. Há contas que registram os bens, os direitos, as obrigações, as receitas, as despesas e o patrimônio líquido.

Na conta são registrados os fatos de igual natureza. Assim, por exemplo, há uma conta para registrar entradas e saídas de depósitos bancários, outra conta para registrar obrigações com fornecedores, uma conta para o registro da despesa de energia elétrica etc.

A natureza dos saldos das contas é credora ou devedora.

Contas do ativo (bens e direitos) e contas de despesas: saldo de natureza devedora. Aumentos de ativo e despesas são registrados a débito, enquanto suas diminuições são registradas a crédito.

Contas do passivo (obrigações), do patrimônio líquido e de receitas: saldo de natureza credora. Aumentos de valor do passivo, do patrimônio líquido e de receitas são registrados a crédito, enquanto suas diminuições são registradas a débito.

Contas retificadoras: representam reduções de seus grupos. Funcionam de forma inversa às demais contas desses grupos. Assim, as contas retificadoras de ativo são de natureza credora. As contas retificadoras de passivo e de patrimônio líquido são de natureza devedora.

6. CERTO No lançamento de 4ª fórmula há mais de uma conta debitada e mais de uma conta creditada. Na questão, foi lançado um valor a débito em bancos (pelo aumento do ativo bancos decorrente da entrada de valor na conta corrente da empresa) e a crédito em clientes (pela diminuição do direito perante o cliente, tendo em vista o pagamento efetuado). Como o pagamento ocorreu em atraso, houve a cobrança de juros, sendo lançado o valor correspondente a débito de bancos (pelo aumento do ativo bancos) e a crédito de juros (pela receita de juros). O abatimento concedido pela empresa origina o lançamento a débito de abatimentos (equivalente a uma despesa) e a crédito de cliente (pela diminuição do valor a ser pago pelo cliente). Portanto nesse lançamento houve duas contas debitadas (bancos e abatimentos) e duas creditadas (cliente e juros)

Comentário extra: Existem quatro fórmulas de lançamento contábil.

- **LANÇAMENTO DE 1ª FÓRMULA: 1 CONTA DEBITADA e 1 CONTA CREDITADA.**

Exemplo: registro de pagamento de nota promissória emitida pela empresa no valor de R$ 1.250,00, em dinheiro:

Notas promissórias emitidas			
a	Caixa	R$ 1.250,00	ou
D	Notas promissórias emitidas	R$ 1.250,00	
C	Caixa		R$ 1.250,00

- **LANÇAMENTO DE 2ª FÓRMULA: 1 CONTA DEBITADA e MAIS DE 1 CONTA CREDITADA.**

Exemplo: compra de mercadorias no valor de R$ 1.000,00, com pagamento de 30% à vista, através de cheque, e o restante a prazo, através do aceite de uma duplicata:

Mercadorias				
a	Diversos			
a	Bancos conta movimento	R$ 300,00		
a	Duplicatas a pagar	**R$ 700,00**	R$ 1.000,00	ou
D	Mercadorias		R$ 1.000,00	
C	Bancos conta movimento			R$ 300,00
C	Duplicatas a pagar			R$ 700,00

- **LANÇAMENTO DE 3ª FÓRMULA: MAIS DE 1 CONTA DEBITADA e 1 CONTA CREDITADA.**

Exemplo: pagamento de duplicatas no valor de R$ 900,00, acrescidos de juros de 10%, por pagamento em atraso:

Diversos				
a	Caixa			
	Duplicatas a pagar	R$ 900,00		
	Juros passivos	**R$ 90,00**	R$ 990,00	ou
D	Duplicatas a pagar		R$ 900,00	
D	Juros passivos		R$ 90,00	
C	Caixa			R$ 990,00

- **LANÇAMENTO DE 4ª FÓRMULA: MAIS DE 1 CONTA DEBITADA e MAIS DE 1 CONTA CREDITADA.**

Exemplo: compra de uma mesa de escritório, no valor de R$ 1.500,00, e de uma moto, no valor de R$ 3.500,00, sendo pagos, como entrada, R$ 1.000,00 e o restante para pagamento em 30 dias, através do aceite de duplicatas:

Diversos				
a	Diversos			
	Móveis e utensílios	R$ 1.500,00		
	Veículos	**R$ 3.500,00**	R$ 5.000,00	
a	Caixa	R$ 1.000,00		
a	Duplicatas a pagar	**R$ 4.000,00**	R$ 5.000,00	ou
D	Móveis e utensílios		R$ 1.500,00	
D	Veículos		R$ 3.500,00	
C	Caixa			R$ 1.000,00
C	Duplicatas a pagar			R$ 4.000,00

7. CERTO Os ganhos representados pela prescrição ou perdão de uma dívida são considerados receitas. As perdas representadas pelo perecimento de um direito ou destruição de um bem, por exemplo, são consideradas despesas.

Comentário extra: O Pronunciamento Conceitual Básico (R1) – Estrutura Conceitual para Elaboração e Divulgação de Relatório Contábil-Financeiro do Comitê de Pronunciamentos Contábeis – CPC, aprovado pela Resolução CFC n. 1.374/2011, trata da definição, do reconhecimento e da mensuração dos elementos das demonstrações contábeis: ativos, passivos, patrimônio líquido, receitas, despesas.

O ativo é definido por esse Pronunciamento como um recurso controlado pela entidade, resultado de eventos passados e do qual se espera que fluam benefícios econômicos para ela.

O passivo é definido como uma obrigação da entidade, resultado de eventos passados, cuja liquidação se espera resultar em saída de recursos capazes de gerar benefícios econômicos futuros.

O patrimônio líquido representa o valor residual dos ativos após deduzidos todos os passivos.

As receitas são aumentos nos benefícios econômicos durante o período contábil, sob a forma da entrada de recursos ou do aumento de ativos ou diminuição de passivos, que provoquem aumentos do patrimônio líquido e que não sejam recursos aportados pelos sócios/acionistas nessa condição.

As despesas são reduções nos benefícios econômicos durante o período contábil, sob a forma da saída de recursos ou da redução de ativos ou assunção de passivos, que provoquem diminuição do patrimônio líquido e que não sejam distribuições dos resultados aos sócios/acionistas.

8. CERTO No regime de competência, as receitas e despesas são reconhecidas quando auferidas ou decorridas, independentemente do seu recebimento ou pagamento efetivo.

9. ERRADO No regime de caixa as receitas e as despesas são reconhecidas apenas quando há, respectivamente, recebimentos e desembolsos.

10. CERTO No regime de caixa haverá o registro da operação apenas no momento desembolso do valor referente à compra de mercadorias.

11.

A. ANULADO No regime de competência, as receitas e despesas são contabilizadas no momento de sua ocorrência, independentemente de recebimento ou pagamento. Assim, no mês de abril, seriam contabilizados os seguintes eventos pelo regime de competência:

I – despesa de aluguel referente a abril	(R$ 2.100,00)
II – despesas de limpeza e conservação referente a abril	(R$ 1.800,00)
III – receita é registrada na prestação do serviço em março	---------------
IV – prestação de serviços em abril	R$ 5.700,00
RESULTADO EM ABRIL	R$ 1.800,00 LUCRO

No regime de caixa, as receitas e despesas são contabilizadas no momento em que ocorre o recebimento ou pagamento. Assim, pelo regime de caixa, seriam contabilizados em abril:

I – despesa de aluguel referente a março/abril e paga em abril	(R$ 4.200,00)
II – despesas de limpeza e conservação referente a abril e paga em abril	(R$ 1.800,00)
III – receita de prestação de serviço de março, mas recebida em abril	R$ 3.600,00
IV – a receita será contabilizada quando houver o recebimento	---------------
RESULTADO EM ABRIL	(R$ 2.400,00) PREJUÍZO

A afirmativa da questão está errada. Como o gabarito preliminar indicava a resposta como correta, a Banca justificou a anulação do item por não haver previsão de alteração de gabarito no edital.

B. ERRADO Conforme demonstrado no comentário da questão anterior, o evento III é registrado em abril pelo regime de caixa e o evento IV é contabilizado em abril pelo regime de competência.

12.

A. ERRADO Evento II: na baixa de um bem do imobilizado, ocorre um lançamento a débito de despesa e a crédito de conta do ativo imobilizado. Essa despesa provocará uma variação negativa do patrimônio líquido. Portanto o evento é classificado como um fato modificativo diminutivo.

Evento IV: há um lançamento a crédito em conta do ativo que registra o valor a receber e a débito de despesa de variações monetárias passivas. Essa despesa resultará em uma variação negativa do patrimônio líquido. Trata-se de um fato modificativo diminutivo.

Evento V: no pagamento da obrigação com desconto, ocorre um lançamento a débito da dívida (passivo) e a crédito de caixa (ativo circulante) e de receita de descontos ativos. Há uma permuta entre elementos do ativo e passivo, com a diminuição do caixa e da dívida. No entanto, a diminuição do ativo caixa é menor do que a da obrigação do passivo. A diferença é a receita de descontos ativos que provocará uma variação positiva no patrimônio líquido. Portanto ocorreu simultaneamente uma permuta e um aumento do patrimônio líquido. Por isso, o evento é classificado como um fato misto aumentativo.

B. ERRADO Evento I: na aquisição de veículo à vista, ocorre um lançamento a débito de veículos (ativo imobilizado) e a crédito de caixa (ativo circulante). Portanto há um aumento e uma diminuição simultânea de contas do ativo. Nesse caso, não houve variação do patrimônio líquido, mas apenas permuta entre elementos do ativo. Por isso, o evento é classificado como um fato permutativo.

Evento III: na apropriação da folha de pagamento do mês, ocorre um débito de despesa de salários e um crédito de salários a pagar (passivo). Portanto houve um aumento de passivo e uma variação negativa do patrimônio líquido. Esse evento é classificado como um fato modificativo diminutivo.

RAIO-X

- O tema em estudo equivale aos seguintes percentuais das questões de Contabilidade Geral:

Cargo	Questões do Tema	%
Agente	12	26,09
Escrivão	3	10,34

- A grande maioria das questões é baseada em:
  ☒ doutrina ☒ legislação ☐ jurisprudência
- As noções fundamentais sobre registros contábeis estão contidas principalmente na Lei n. 10.406/2002 (Código Civil), nas normas contábeis emanadas pelo Conselho Federal de Contabilidade – CFC e Comitê de Pronunciamentos Contábeis – CPC e na legislação societária.

IMPORTANTE SABER

1. SOBRE O PATRIMÔNIO

- O balanço patrimonial é uma demonstração contábil que representa a posição patrimonial da empresa em determinado momento (normalmente ao final do exercício social).
- A maioria das questões de prova a respeito da apresentação do balanço patrimonial é baseada nas disposições da Lei n. 6.404/76 (Lei das Sociedades por Ações). A seguir encontra-se a representação gráfica do balanço patrimonial conforme a base legal citada:

ATIVO	PASSIVO
Ativo Circulante	**Passivo Circulante**
Ativo Não Circulante:	**Passivo Não Circulante:**
Ativo Realizável a Longo Prazo	
Investimentos	**Patrimônio Líquido:**
Imobilizado	Capital Social
Intangível	Reservas de Capital
	+/- Ajustes de Avaliação Patrimonial
	Reservas de Lucros
	– Ações em Tesouraria
	– Prejuízos Acumulados

2. SOBRE O MÉTODO DAS PARTIDAS DOBRADAS

QUADRO-RESUMO DO FUNCIONAMENTO DAS CONTAS

CONTAS	NATUREZA DO SALDO	AUMENTO	REDUÇÃO
ATIVO	DEVEDORA	DÉBITO	CRÉDITO
PASSIVO	CREDORA	CRÉDITO	DÉBITO
PATRIMÔNIO LÍQUIDO	CREDORA	CRÉDITO	DÉBITO
RECEITAS	CREDORA	CRÉDITO	DÉBITO
DESPESAS	DEVEDORA	DÉBITO	CRÉDITO
RETIFICADORA DO ATIVO	CREDORA	CRÉDITO	DÉBITO
RETIFICADORA DO PASSIVO	DEVEDORA	DÉBITO	CRÉDITO
RETIFICADORA DO PATRIMÔNIO LÍQUIDO	DEVEDORA	DÉBITO	CRÉDITO

- O método das partidas dobradas, também denominada partida digráfica, determina que um registro de débito em uma ou mais contas deve corresponder a um crédito no mesmo valor em uma ou mais contas.

  A partir desse conceito, conclui-se que:

  1. Em cada lançamento, a soma dos débitos é igual à soma dos créditos;
  2. Não há débito sem crédito correspondente;
  3. A soma das aplicações é igual à soma das origens de recursos;
  4. A soma dos saldos das contas devedoras é igual à soma dos saldos das contas credoras.

  EXEMPLOS:

1. Compra de um terreno no valor de R$ 30.000,00, com pagamento em cheque:			
D	Terrenos (ativo)	R$ 30.000,00	
C	Bancos Conta Movimento (ativo)		R$ 30.000,00

2. Prestação de serviços no valor de R$ 5.000,00, recebido à vista, em dinheiro			
D	Caixa (ativo)	R$ 5.000,00	
C	Receita de Serviços (receita)		R$ 5.000,00

3. SOBRE LANÇAMENTOS

- A escrituração é efetuada através do lançamento contábil, segundo o método das partidas dobradas.
- No processo de escrituração utilizado, ocorrem partidas de Diário e partidas de Razão.
- Os fatos contábeis devem ser lançados no Livro Diário em ordem cronológica de ocorrência, de acordo com os seguintes elementos: local e data; conta(s) devedora(s) (e/ou código de identificação); conta(s) credora(s) (e/ou código de identifi-

cação), precedida da preposição "a", quando manual; histórico; valor em moeda nacional.

EXEMPLO:

		São José dos Campos, 13 de fevereiro de 2008	
111.2		Bancos conta movimento Bradesco	
111.1	a	Caixa	
		Pela abertura de conta corrente n. 6225-4, com depósito de autenticação 114	5.000,00

Em provas os lançamentos de diário podem aparecer em uma das formas simplificadas:

Bancos C/M			
a	Caixa	R$ 5.000,00	ou
D	Bancos C/M	R$ 5.000,00	
C	Caixa		R$ 5.000,00

- As partidas do Livro Diário são transportadas para cada uma das contas respectivas no Livro Razão. O Razão é considerado um livro sistemático devido a sua organização em contas.
- O Livro Razão deve conter os seguintes elementos: nome da conta; data do lançamento; contrapartida; histórico do lançamento; débito; crédito; saldo; indicação de saldo devedor (D) ou credor (C).

EXEMPLO:

CONTA: BANCOS CONTA MOVIMENTO BRADESCO CÓDIGO: 111.2						
Data	**Contrapartida**	**Histórico**	**Débito**	**Crédito**	**Saldo**	**D/C**
13-2-2008	Caixa 111.1	Pela abertura de conta corrente n. 6225-4, com depósito de autenticação 114	5.000,00		5.000,00	D

CONTA: CAIXA CÓDIGO: 111.1						
Data	**Contrapartida**	**Histórico**	**Débito**	**Crédito**	**Saldo**	**D/C**
13-2-2008	Bancos 111.2	Pela abertura de conta corrente n. 6225-4, com depósito de autenticação 114		5.000,00	9.300,00	C

- Na resolução de exercícios e em questões de provas é usado o modelo de conta resumida ou simplificada, chamado de RAZONETE ou conta em "T":

Nome da Conta	
Débito	Crédito
Saldo Devedor	Saldo Credor

Utilizando o mesmo exemplo numérico anterior:

BANCOS C/M	
(1) 5.000,00	
5.000,00	

CAIXA	
14.300,00	5.000,00 (1)
9.300,00	

QUADRO COMPARATIVO DAS FÓRMULAS DE LANÇAMENTO:

LANÇAMENTO	D	C	CONTAS DEBITADAS E CREDITADAS	
1ª **FÓRMULA**	1	1	1 DEBITADA	1 CREDITADA
2ª **FÓRMULA**	1	2	1 DEBITADA	MAIS DE 1 CREDITADA
3ª **FÓRMULA**	2	1	MAIS DE 1 DEBITADA	1 CREDITADA
4ª **FÓRMULA**	2	2	MAIS DE 1 DEBITADA	MAIS DE 1 CREDITADA

4. SOBRE REGIME DE COMPETÊNCIA E REGIME DE CAIXA

- O regime de competência decorre do Princípio da Competência. Receitas e despesas são reconhecidas quando auferidas ou decorridas, independentemente do seu recebimento ou pagamento efetivo.
- As empresas são obrigadas por lei a utilizar o regime de competência na escrituração.
- Determinadas obrigações do passivo exigível (por exemplo, salários a pagar, aluguéis a pagar) e do ativo circulante ou realizável a longo prazo (como prêmios de seguros a vencer, juros a vencer) decorrem da correta aplicação do regime da competência.

  Assim, no reconhecimento de uma despesa a ser paga no futuro, ocorre um lançamento a crédito do passivo, como no seguinte exemplo:

  Salários

  a Salários a pagar

  Na data do pagamento, ocorrerá um novo lançamento, mas agora registrando apenas um fato permutativo:

  Salários a pagar

  a Caixa

- No regime de caixa as receitas e as despesas são reconhecidas apenas quando há recebimentos e desembolsos.

  Assim, no exemplo anterior, ao final do mês não haverá um lançamento reconhecendo a despesa. Portanto, regra geral, não haverá contas de obrigações a pagar. Apenas ocorrerá o lançamento no mês seguinte ao da despesa, quando houver o efetivo pagamento.

  Salários

  a Caixa

  Quando o pagamento for concomitante ao reconhecimento da despesa, o lançamento é idêntico nos dois regimes de escrituração:

  Salários

  a Caixa

5. SOBRE FATOS CONTÁBEIS

- Os fatos contábeis (ou fatos administrativos) provocam alterações nos elementos do patrimônio. Exemplos: aquisição de mercadorias, pagamento de obrigações, aumento do capital social, venda de mercadorias etc. Os fatos contábeis provocam alterações qualitativas e/ou quantitativas no patrimônio da entidade. São classificados em: fatos permutativos, fatos modificativos e fatos mistos.
- Fatos contábeis permutativos ou compensativos: não provocam alterações quantitativas no valor do patrimônio líquido. As alterações ocorridas no patrimônio líquido são de ordem qualitativa. Há apenas permutas entre os elementos patrimoniais, sem alterar o valor do patrimônio líquido.

  Exemplo: na compra de R$ 1.000,00 em mercadorias, a prazo, há apenas permuta entre elementos dentro do ativo e do passivo, ou seja, aumenta o ativo Mercadorias e aumenta o passivo Fornecedores.

  D Mercadorias R$ 1.000,00

  C Fornecedores R$ 1.000,00

  Exemplo: no aumento do capital social em R$ 100.000,00, por incorporação de lucros acumulados, há apenas permuta entre elementos dentro do patrimônio líquido, ou seja, diminui lucros acumulados e aumenta capital social. Não houve alteração quantitativa do patrimônio líquido, mas apenas qualitativa.

  D Lucros acumulados R$ 100.000,00

  C Capital social R$ 100.000,00

- Fatos contábeis modificativos: provocam alterações quantitativas no valor do patrimônio líquido. As variações podem ser aumentativas ou diminutivas. Normalmente envolvem uma conta de resultado (receita ou despesa) e uma conta patrimonial (ativo, passivo exigível ou patrimônio líquido). No entanto podem ocorrer fatos modificativos entre contas patrimoniais apenas.

  Exemplo de fato modificativo aumentativo: recebimento de R$ 2.000,00, em dinheiro, referente a aluguel no dia do reconhecimento. Ocorre uma receita de aluguel, aumentando o patrimônio líquido, em contrapartida a um aumento do caixa (ativo).

  D Caixa R$ 2.000,00
  C Aluguéis ativos R$ 2.000,00

  Exemplo de fato modificativo aumentativo: aumento de R$ 10.000,00 do capital social pelos sócios, integralizado em dinheiro. Ocorre um aumento da conta capital social do patrimônio líquido, em contrapartida a um aumento do caixa (ativo).

  D Caixa R$ 10.000,00
  C Capital social R$ 10.000,00

  Exemplo de fato modificativo diminutivo: apropriação de despesa de R$ 20.000,00 referente aos salários do mês. Ocorre uma despesa de salários, diminuindo o patrimônio líquido, em contrapartida a um aumento de salários a pagar (passivo).

  D Salários R$ 20.000,00
  C Salários a pagar R$20.000,00

  Exemplo de fato modificativo diminutivo: contabilização de R$ 15.000,00 de distribuição de dividendos aos acionistas. Ocorre uma redução da conta lucros acumulados (patrimônio líquido), em contrapartida à conta dividendos a pagar (passivo).

  D Lucros Acumulados R$ 15.000,00
  C Dividendos a Pagar R$15.000,00

- Fatos mistos: provocam simultaneamente permuta de elementos patrimoniais e alterações quantitativas do patrimônio líquido. Há combinação de fatos permutativos com fatos modificativos. Podem ser fatos mistos aumentativos ou fatos mistos diminutivos.

  Exemplo de fato misto aumentativo: recebimento de duplicata no valor de R$ 5.000,00 com juros de 10% por atraso. Há uma permuta entre as contas Caixa e Duplicatas a Receber. Entretanto o valor de aumento do caixa é maior do que o valor da redução referente à baixa das duplicatas. Essa diferença corresponde à receita de juros, que provocará um aumento no patrimônio líquido.

  D Caixa R$ 5.500,00
  C Duplicatas a Receber R$ 5.000,00
  C Juros Ativos R$ 500,00

  Exemplo de fato misto diminutivo: Pagamento de duplicata no valor de R$ 5.000,00 com juros de 10% por atraso. Há uma permuta entre as contas Caixa e Duplicatas a Pagar. Entretanto o montante da diminuição do caixa é maior do que a redução referente à liquidação das duplicatas. Essa diferença corresponde à despesa de juros, que provocará uma redução no Patrimônio Líquido.

  D Duplicatas a Pagar R$ 5.000,00
  D Juros Passivos R$ 500,00
  C Caixa R$ 5.500,00

LEGISLAÇÃO PERTINENTE

- Lei n. 6.404/76, arts. 177 e 178.
- Resolução CFC n. 1.374/2011 (Pronunciamento Conceitual Básico (R1) – Estrutura Conceitual para Elaboração e Divulgação de Relatório Contábil-Financeiro – CPC).

3. CRITÉRIOS DE AVALIAÇÃO DO ATIVO E DO PASSIVO

QUESTÕES

1. **(Escrivão – CESPE – 2004 – adaptada)** Julgue o item seguinte, relativo a registros contábeis de empresas comerciais.
   - O reconhecimento de provisão para devedores duvidosos deve ser feito por meio de um crédito no ativo e um débito no resultado do exercício.
2. **(Agente – CESPE – 2012)** A respeito dos registros contábeis das provisões, julgue o item abaixo.
   - As provisões retificadoras do ativo são constituídas debitando-se uma conta de despesa e creditando-se uma conta patrimonial que represente a respectiva provisão.
3. **(Escrivão – CESPE – 2002 – adaptada)** Julgue o item abaixo, acerca de aspectos de contabilidade.
   - A aquisição, por R$ 2 bilhões, do controle acionário de uma companhia cujo valor de patrimônio líquido do investimento seja de R$ 1,5 bilhão implicará o registro de um ganho com a equivalência patrimonial de R$ 500 milhões no momento da compra.
4. **(Escrivão – CESPE – 2002 – adaptada)** Com relação à contabilidade, julgue o item a seguir.
   - Na contabilidade oficial de uma empresa, a compra de máquinas novas deverá ser registrada no ativo imobilizado ao custo, incluindo os gastos necessários à obtenção dos bens em condições de operação ou funcionamento.
5. **(Escrivão – CESPE – 2002 – adaptada)** Com relação à contabilidade, julgue o item a seguir.
   - De acordo com o regime de competência, os bens imobilizados tangíveis devem ser depreciados por um período correspondente ao do benefício econômico esperado pela utilização desses bens, com registro a débito de contas de despesa e a crédito da conta de depreciação acumulada.
6. **(Agente – CESPE – 2002 – adaptada)** Julgue o item a seguir, relativo à contabilidade geral.
   - Com cinco anos de utilização, um bem do ativo imobilizado que esteja sendo depreciado em dez anos, pelo método linear, terá sido depreciado em 45% do seu valor total, se, no cálculo da taxa, foi previsto um valor residual líquido de 10% do valor do bem.
7. **(Agente – CESPE – 2009 – adaptada)** A respeito da composição e da avaliação do patrimônio, julgue o item seguinte.
   - Suponha que uma empresa mineradora tenha adquirido os direitos de exploração de uma mina por R$ 5 milhões, por meio de um contrato com cinco anos de vigência. Nesse caso, após dois anos de exploração, se tiverem sido extraídos 30% da possança da mina, o referido ativo, classificado no imobilizado, deverá estar avaliado no balanço da empresa por R$ 3 milhões.
8. **(Agente – CESPE – 2012)** No que se refere ao disposto no Comitê de Pronunciamentos Contábeis 04 – ativo intangível, julgue os itens seguintes.

   a) O valor amortizável de ativo intangível com vida útil indefinida deverá ser amortizado de modo a refletir o padrão de consumo, pela entidade, dos benefícios econômicos futuros.

   b) Não deve ser reconhecido como ativo o ágio derivado da expectativa de rentabilidade futura (*goodwill*) gerado internamente.

9. **(Escrivão – CESPE – 2004 – adaptada)** Julgue o item seguinte, relativo a registros contábeis de empresas comerciais.

- O registro da provisão para contingências provoca um crédito no passivo e um débito no resultado do exercício.

10. **(Agente – CESPE – 2004 – adaptada)** Acerca dos registros contábeis de empresas comerciais, de seus livros fiscais, da avaliação de ativos, da influência do ICMS e das demonstrações contábeis, julgue o item seguinte.

- O valor realizável líquido e o custo de reposição são critérios de avaliação de ativos que buscam apresentar o valor econômico destes, uma vez que estão fundamentados no valor de mercado.

11. **(Escrivão – CESPE – 2004 – adaptada)** Acerca de registros contábeis de empresas comerciais e sua influência nas demonstrações contábeis, julgue o item a seguir.

- Ao avaliar um passivo, no caso de dúvidas acerca do valor de determinado item patrimonial, a empresa deverá registrar o maior valor obtido, contrariamente ao que ocorre na avaliação de ativos, em que deve ser registrado o menor valor obtido.

12. **(Agente – CESPE – 2012)** Julgue os itens que se seguem, a respeito dos princípios de contabilidade.

a) Segundo o princípio da oportunidade, é necessário ponderar a relação entre a oportunidade e a confiabilidade da informação, pois a falta de integridade e tempestividade na produção e na divulgação da informação contábil pode ocasionar a perda de sua relevância.

b) De acordo com o princípio do registro do valor original, a atualização monetária não representa nova avaliação, mesmo gerando o ajustamento dos valores originais para determinada data, mediante aplicação de indexadores e outros elementos aptos a traduzir a variação do poder aquisitivo da moeda.

GABARITO COMENTADO

1. CERTO A provisão para devedores duvidosos é constituída para cobrir as perdas estimadas no recebimento de contas. Sendo assim, é uma conta retificadora do ativo (saldo credor).

A constituição dessa provisão tem como contrapartida um débito de conta de despesas no resultado do exercício. Por exemplo, ao fim do exercício a empresa estima a perda de 3% das duplicatas a receber (R$ 45.000,00).

Provisão para Devedores Duvidosos	
	1.350,00 (1)

Despesas com Provisão	
(1) 1.350,00	

Comentário extra: Quando um valor a receber torna-se definitivamente incobrável, ou seja, não há mais possibilidade de recebimento, deve-se baixar a conta de Duplicatas a Receber, creditando-a em contrapartida a um débito na Provisão para Devedores Duvidosos.

Exemplo: a empresa já esgotou os meios de cobrança possíveis e reconhece a perda, por inadimplência, de uma duplicata no valor de R$ 800,00

Duplicatas a Receber	
(SA) 45.000,00	800,00 (1)
44.200,00	

Provisão para Devedores Duvidosos	
(1) 800,00	1.350,00 (SA)
	550,00

Caso no decorrer do exercício as perdas sejam superiores ao valor provisionado, o excedente deve ser lançado diretamente em despesas.

Exemplo: a empresa reconhece a perda de uma duplicata a receber no valor de R$ 250,00:

Duplicatas a Receber	
(SA) 44.200,00	250,00 (1)

Provisão para Devedores Duvidosos	
(1) 150,00	150,00 (SA)

Despesas c/ Perdas	
(1) 100,00	

Ao final do exercício, caso reste saldo na conta Provisão para Devedores Duvidosos, a empresa faz a reversão do seu valor para receitas. Em seguida é feito novo cálculo para o exercício seguinte, e o ciclo reinicia com a constituição de nova Provisão para Devedores Duvidosos.

Exemplo: supondo que ao final do exercício restaram R$ 300,00 da PCLD constituída:

Provisão para Devedores Duvidosos	
(1) 300,00	300,00 (SA)

Receitas de Reversão de PDD	
	300,00 (1)

2. CERTO A situação apresentada é idêntica à da questão anterior. Assim, na constituição de uma provisão para devedores duvidosos (retificadora do ativo) no valor de R$ 1.350,00 há um lançamento a débito da despesa de provisão e a crédito do ativo.

D	Despesas com Provisão	R$ 1.350,00	
C	Provisão para Devedores Duvidosos		R$ 1.350,00

3. ERRADO O valor do investimento pelo método da equivalência patrimonial é determinado pela aplicação sobre o patrimônio líquido da investida, da porcentagem de participação no seu capital. A diferença entre o valor do custo de aquisição e o obtido pela equivalência patrimonial é contabilizado no ativo como ágio ou deságio (e não como ganho ou perda no resultado). Na questão, o valor de aquisição excedente em R$ 500 milhões ao valor de patrimônio líquido da investida será registrado como ágio no ativo da investidora.

Comentário extra: A intenção da empresa no momento da aquisição é que determinará se o investimento é permanente ou não. Se a empresa adquirir ações da companhia X, com intenção de vendê-las dentro de alguns meses, elas serão classificadas no ativo circulante. Caso a empresa não tenha a intenção de alienar as ações adquiridas, o investimento é considerado permanente e será classificado no ativo não circulante, subgrupo investimentos. As participações permanentes no capital de outras empresas podem ser avaliadas pela equivalência patrimonial ou pelo custo de aquisição.

Conforme o art. 248 da Lei n. 6.404/76, são avaliados obrigatoriamente pelo método da equivalência patrimonial os investimentos em sociedades coligadas, controladas e em outras sociedades que façam parte de um mesmo grupo ou estejam sob controle comum.

Segundo o art. 243 da Lei n. 6.404/76, são coligadas as sociedades nas quais a investidora tenha influência significativa. Considera-se que há influência significativa quando a investidora detém ou exerce o poder de participar nas decisões das políticas financeira ou operacional da investida, sem controlá-la. É presumida influência significativa quando a investidora for titular de 20% (vinte por cento) ou mais do capital votante da investida, sem controlá-la.

É controlada a sociedade na qual a controladora, diretamente ou através de outras controladas, é titular de direitos de sócio que lhe assegurem, de modo permanente, preponderância nas deliberações sociais e o poder de eleger a maioria dos administradores. Normalmente essa situação ocorre quando a empresa detém mais de 50% de participação no capital votante da investida.

O valor do investimento pelo método da equivalência patrimonial é determinado pela aplicação sobre o patrimônio líquido, da coligada ou controlada, da porcentagem de participação no seu capital.

Exemplo: a empresa A pagou R$ 600.000,00 por uma participação de 70% do capital social da empresa B, que possui um patrimônio líquido no valor de R$ 800.000,00.

No balanço patrimonial da Cia. A, o seu investimento em B estará assim registrado:

Ativo Não Circulante

Investimentos

Participações Avaliadas pelo MEP

Ações da Controlada B	R$ 560.000,00 (70% de R$ 800.000,00)
Ágio Participação Controlada B	R$ 40.000,00

CONTABILIDADE

No método do custo de aquisição, não há equivalência entre o valor de participação da investidora no capital da investida e o valor do patrimônio líquido desta última.

Exemplo: a empresa A adquiriu em 31-1-X7, com intenção de permanência, uma participação de 8% do capital social de sua investida B, pelo valor de R$ 400.000,00. Assim, independentemente do valor do PL da Companhia B, apurado no balanço patrimonial, o investimento estará registrado no balanço da Companhia A pelo custo de aquisição:

Ativo Não Circulante

Investimentos

Participações Avaliadas pelo Custo de Aquisição

Ações da Companhia B R$ 400.000,00

4. CERTO O custo de aquisição de bens do imobilizado engloba todos os gastos necessários para que eles sejam utilizados nas atividades das empresas. Desse modo, entre outros, integram o custo de aquisição: fretes, seguros, impostos não recuperáveis, comissões, custos de instalação e montagem, gastos com desembaraço aduaneiro, escritura e outros serviços legais. Já os impostos recuperáveis não fazem parte do custo de aquisição do ativo imobilizado.

Comentário extra: No ativo não circulante imobilizado devem estar classificados os direitos que tenham por objeto bens corpóreos destinados à manutenção das atividades da companhia ou da empresa ou exercidos com essa finalidade, inclusive os decorrentes de operações que transfiram à companhia os benefícios, riscos e controle desses bens.

Fazem parte do imobilizado, os bens corpóreos utilizados nas atividades da companhia, mas que não se destinam à comercialização ou à incorporação a produtos destinados à venda. São exemplos: máquinas e equipamentos, instalações, terrenos, prédios, veículos, ferramentas, móveis e utensílios, equipamentos de informática, semoventes (animais).

Regra geral, são registrados no imobilizado os bens de propriedade da empresa. Assim, um prédio alugado pela empresa para uso em suas atividades não será registrado no imobilizado, mas apenas haverá o lançamento das despesas do aluguel pago por ela. Entretanto, a lei determina a classificação no imobilizado dos bens corpóreos decorrentes de operações que transfiram à companhia seus benefícios, riscos e controle. Um exemplo dessa situação ocorre quando o bem está na posse da companhia, mas não é de sua propriedade. Um desses casos é aquele em que a empresa adquire um bem com reserva de domínio. Nesse tipo de operação, embora a propriedade somente seja transferida após a quitação do financiamento, o bem será registrado no ativo imobilizado desde a sua aquisição.

5. CERTO Os bens classificados no imobilizado têm um período de vida útil limitado, com raríssimas exceções, como os terrenos. Assim, o custo desses ativos deve ser alocado como despesa dos exercícios beneficiados pelo seu uso no decorrer da vida útil econômica. Dessa forma, a depreciação corresponde à perda do valor dos bens do imobilizado, sujeitos a desgaste ou perda de utilidade por uso, ação da natureza ou obsolescência. A contabilização da depreciação é feita a crédito de conta retificadora do ativo imobilizado (depreciação acumulada) e, em contrapartida, a débito de conta de despesas (ou custos):

Encargos de Depreciação

a Depreciação acumulada

Comentário extra: Conforme o Pronunciamento Técnico CPC 27, a depreciação do ativo imobilizado se inicia quando este está disponível para uso, ou seja, no local e em condição de funcionamento na forma pretendida pela administração.

O montante da depreciação acumulada não pode ultrapassar o custo de aquisição do bem.

Se a empresa depreciar o bem considerando que ao final do período de depreciação ainda restará algum valor residual, então o valor depreciável corresponde ao custo de aquisição menos o valor residual.

6. CERTO A quota de depreciação pelo método linear é obtida pela divisão do valor depreciável pelo tempo de vida útil do bem. Utiliza-se a seguinte fórmula para se obter a depreciação anual:

Depreciação anual = (valor de custo – valor residual) ÷ tempo de vida útil

Depreciação anual = (100 – 10) ÷ 5 = 9

Depreciação após cinco anos = 5 X 9 = 45

Comentário extra: EXEMPLO: a empresa Industrial S/A adquiriu, em 1º-1-X7, uma máquina X pelo valor de R$ 130.000,00. O tempo de vida útil estimada da máquina é de 10 anos. A empresa irá depreciar o bem pelo método linear, considerando o valor residual de R$ 10.000,00.

Valor depreciável = custo de aquisição – valor residual

Valor depreciável = R$130.000,00 – R$10.000,00

Valor depreciável = R$ 120.000,00

Quota de depreciação anual = 120.000,00 = 12.000,00/ano

10 anos

Podemos considerar que a taxa de depreciação anual é de 10% (1/10 anos).

Se a depreciação for contabilizada em bases mensais, a quota mensal terá um valor de R$ 1.000,00 (120.000/120 meses). Portanto, a cada mês será feito o seguinte lançamento:

Despesa de depreciação

a Depreciação acumulada máquina X R$ 1.000,00

No balanço elaborado em 31-12-X7, o valor do bem e da depreciação acumulada será:

Máquina X	R$ 130.000,00
(–) Depreciação acumulada	(R$12.000,00)

7. ERRADO A exaustão corresponde à diminuição de valor de recursos minerais ou florestais decorrente de sua exploração. No caso de recursos minerais, a quota de exaustão é calculada pela relação entre a produção do período e a possança conhecida da mina.

Custo de aquisição = R$ 5 milhões

(–) Exaustão acumulada = (R$ 1,5 milhão) = 30% X R$ 5 milhões

(=) Valor contábil = R$ 3,5 milhões (valor avaliado no balanço)

Comentário extra: EXEMPLO: em 10-3-X7, a empresa Minas S/A adquire, pelo valor de R$ 1.000.000,00, uma mina de prata. O volume estimado é de 100 toneladas. No primeiro ano de produção foram extraídas 5 toneladas de minério.

Taxa de exaustão: volume de extração ÷ possança conhecida = 5 ÷ 100 = 5%

Quota de exaustão = R$ 1.000.000,00 X 5% = R$ 50.000,00

Lançamento:

Encargos de exaustão

a Exaustão acumulada R$ 50.000,00

No balanço de 31-12-X7, constará o seguinte:

Mina de Prata	R$ 1.000.000,00
(–) Exaustão acumulada	(R$ 50.000,00)

8.

A. ERRADO Conforme o Pronunciamento Técnico CPC 4 (R1), o ativo intangível com vida útil indefinida não está sujeito à amortização.

Comentário extra: Segundo a Lei n. 6.404/76, no intangível são classificadas as contas representativas de direitos que tenham por objeto bens incorpóreos destinados à manutenção da companhia ou exercidos com essa finalidade, inclusive o fundo de comércio adquirido (também denominado *goodwill*). São exemplos de bens classificados no ativo intangível: *software*, marcas industriais, patentes de fabricação de produtos, ponto comercial, direitos autorais.

A amortização corresponde à perda de valor de bens incorpóreos, cuja existência tenha duração limitada ou cuja utilização tenha prazo legal ou contratualmente limitado. Pode ser fixada em função do prazo estabelecido em lei (como no caso das patentes), contrato (concessão de serviço público) ou natureza do bem (obsolescência de um programa de computador). Os intangíveis com duração ilimitada, tais como as marcas, não estão sujeitos à amortização.

B. CERTO Outra questão que avalia o conhecimento do Pronunciamento Técnico CPC 4 (R1). Segundo esse Pronunciamento, o ágio derivado por expectativa de rentabilidade futura (*goodwill*) gerado internamente não é reconhecido como ativo.

Comentário extra: A Lei das Sociedades por Ações denominou como fundo de comércio o ágio por expectativa de rentabilidade futura (*goodwill*). É permitida apenas a contabilização do fundo de comércio adquirido e não o acumulado internamente ao longo do tempo.

9. CERTO Contingência é um risco já existente, mas que envolve um grau de incerteza quanto a sua efetiva ocorrência, podendo resultar em uma perda para a empresa. São exemplos: ações judiciais contra a empresa, reclamações trabalhistas, multas por quebras de contratos. Nesses casos, o fato gerador já ocorreu, mas apenas o desfecho desfavorável para a empresa ainda é incerto. Na constituição da provisão, o lançamento contábil é feito a débito de despesas e a crédito da conta da provisão:

D Despesa com Constituição de Provisão para Contingências

C Provisão para Contingências

No exercício em que a perda for efetivada haverá a baixa da provisão:

D Provisão para Contingências

C Bancos Conta Movimento (ou Caixa)

Caso a perda não se concretize, a provisão será revertida a crédito de conta de receita:

D Provisão para Contingências

C Receita com Reversão de Provisão para Contingências

Comentário extra: Há obrigações que ainda não têm data de pagamento definida ou esta ocorrerá no futuro, mas a despesa que as originou já foi incorrida. Assim, pelo princípio da competência, deverá ocorrer o seu registro na contabilidade. Nesses casos são constituídas provisões, que são normalmente obrigações já conhecidas e calculáveis, ainda que por estimativas.

Na contabilidade, são constituídas diversas provisões. Dentre elas podemos citar: provisão para férias, provisão para 13º salário, provisão para contingências.

10. CERTO A questão apresentada no ano de 2004 é baseada em posições doutrinárias. Mesmo com a regulamentação recente das normas contábeis disciplinando o assunto, a afirmativa continua correta, com as devidas adaptações. Assim, o valor realizável líquido representa o valor que poderia ser obtido pela venda ordenada de um ativo, deduzido dos custos estimados para concretizar a venda. Considerando o custo de reposição como sinônimo de custo corrente, temos que este corresponde ao valor que deveria ser pago caso o ativo fosse adquirido na data do balanço.

Comentário extra: O mais provável é que questões sobre este tema atualmente sejam baseadas nos pronunciamentos do Comitê de Pronunciamentos Contábeis – CPC.

11. CERTO A questão apresentada é baseada no princípio contábil da prudência, que determina a adoção do menor valor para o ativo e o maior valor para o passivo sempre que se apresentarem alternativas igualmente válidas. Para a aplicação deste princípio há sempre a presença da incerteza em algum grau.

12.

A. CERTO A questão cobra a literalidade do art. 6º da Resolução CFC n. 750/93, que dispõe sobre os Princípios de Contabilidade. Esse artigo estabelece que o Princípio da Oportunidade está relacionado à produção de informações íntegras e tempestivas. A falta dessas características na produção e na divulgação da informação contábil pode resultar em perda da sua relevância, por isso é necessário ponderar a relação entre a oportunidade e a confiabilidade da informação.

B. CERTO Outra questão que avalia o conhecimento da Resolução CFC n. 750/93. O Princípio do Registro pelo Valor Original determina que os componentes patrimoniais devem ser inicialmente reconhecidos pelo valor original das transações, em moeda nacional, sendo possível utilizar outras bases de mensuração com o passar do tempo. Uma das variações do custo histórico é a atualização monetária, que reconhece os efeitos da variação do poder aquisitivo da moeda nacional. Segundo a Resolução CFC n. 750/93, "a atualização monetária não representa nova avaliação, mas tão somente o ajustamento dos valores originais para determinada data, mediante a aplicação de indexadores ou outros elementos aptos a traduzir a variação do poder aquisitivo da moeda nacional em um dado período".

Comentário extra: A Resolução CFC n. 750/93 estabeleceu os seguintes Princípios de Contabilidade: da Entidade; da Continuidade; da Oportunidade; do Registro pelo Valor Original; da Competência; da Prudência.

RAIO-X

- O tema em estudo equivale aos seguintes percentuais das questões de Contabilidade Geral:

Cargo	Questões do Tema	%
Agente	8	17,39
Escrivão	6	20,69

- A grande maioria das questões é baseada em:
  ☒ doutrina ☒ legislação ☐ jurisprudência
- As noções fundamentais sobre critérios de avaliação do ativo e do passivo estão contidas principalmente na Lei n. 6.404/76 (Lei das S.A.), nas normas contábeis emanadas pelo Conselho Federal de Contabilidade – CFC e Comitê de Pronunciamentos Contábeis – CPC e na legislação societária.

IMPORTANTE SABER

- De acordo com a Lei n. 6.404/76, a diminuição de valor dos bens dos ativos imobilizado e intangível será registrada periodicamente nas seguintes contas:
  - depreciação, quando corresponder à perda do valor dos direitos que têm por objeto bens físicos sujeitos a desgaste ou perda de utilidade por uso, ação da natureza ou obsolescência;
  - amortização, quando corresponder à perda do valor do capital aplicado na aquisição de direitos da propriedade industrial ou comercial e quaisquer outros com existência ou exercício de duração limitada, ou cujo objeto sejam bens de utilização por prazo legal ou contratualmente limitado;
  - exaustão, quando corresponder à perda do valor, decorrente da sua exploração, de direitos cujo objeto sejam recursos minerais ou florestais, ou bens aplicados nessa exploração.
- Anteriormente o ativo imobilizado abrangia tanto bens corpóreos como incorpóreos. A partir da entrada em vigor da Lei n. 11.638/2007, os bens incorpóreos passaram a fazer parte de um novo subgrupo: o intangível.
- Não pode ser contabilizada a depreciação para bens que, embora classificados no imobilizado, não apresentam a característica de perda de valor em função de desgaste ou perda de utilidade por uso, ação da natureza ou obsolescência (ex.: terrenos).
- O Princípio da Entidade estabelece que o patrimônio da entidade é independente daquele dos sócios ou acionistas. O patrimônio pertence à entidade e deve ser autônomo em relação aos outros existentes para ser objeto de estudo da Contabilidade.
- O Princípio da Continuidade impõe a mensuração dos componentes patrimoniais no pressuposto de que a entidade continuará em operação no futuro. Se a empresa prever o encerramento de suas operações ou a redução significativa, deve indicar essa condição e as demonstrações contábeis serão preparadas em bases diferentes. Isso ocorre porque o encerramento das atividades provoca a redução de muitos dos ativos da entidade em relação a uma venda normal, bem como a antecipação de obrigações do passivo.
- O Princípio da Competência determina o registro das receitas e despesas no momento em que elas

ocorrerem, independentemente de recebimento ou pagamento. Deve haver confrontação entre as receitas e despesas sempre que se correlacionarem. Por exemplo, quando a receita de venda mercadorias é reconhecida pela transferência do bem ao comprador, simultaneamente são registradas as despesas correspondentes, como o custo das mercadorias vendidas.

- O Princípio da Prudência determina a adoção do menor valor para o ativo e o maior valor para o passivo, resultando em menor patrimônio líquido, sempre que se apresentarem alternativas igualmente válidas.

LEGISLAÇÃO PERTINENTE

- Lei n. 6.404/76, arts. 183 e 184.
- Resolução CFC n. 1.374/2011 (Pronunciamento Conceitual Básico (R1) – Estrutura Conceitual para Elaboração e Divulgação de Relatório Contábil-Financeiro – CPC).
- Resolução CFC n. 750/93.
- Pronunciamento Técnico CPC 04 (R1) – Ativo Intangível.

4. REGISTROS CONTÁBEIS DAS OPERAÇÕES DE COMPRA E DE VENDA DE MERCADORIAS

QUESTÕES

1. **(Escrivão – CESPE – 2004 – adaptada)** Acerca das operações típicas de uma empresa comercial, julgue o item a seguir.
   - O controle de estoque de mercadorias para revenda poderá ser efetuado segundo dois critérios: periódico ou sistemático.
2. **(Escrivão – CESPE – 2004 – adaptada)** Acerca das operações típicas de uma empresa comercial, julgue os item a seguir.
   - O registro da venda de mercadorias, segundo o critério de controle de estoques periódico, não contemplará, no ato da venda, a apuração do custo da mercadoria vendida (CMV).
3. **(Escrivão – CESPE – 2002 – adaptada)** Julgue o item abaixo, acerca de aspectos de contabilidade.
   - Uma empresa comercial com estoques iniciais de R$ 10.000,00 e finais de R$ 15.000,00, que tenha feito compras líquidas no valor de R$ 180.000,00 no período, terá de apresentar um custo de mercadorias vendidas, nesse mesmo período, de valor superior a R$ 176.000,00.
4. **(Escrivão – CESPE – 2004 – adaptada)** Acerca das operações típicas de uma empresa comercial, julgue o item a seguir.
   - Ao devolver mercadoria adquirida para revenda, cujo controle é permanente, a empresa reduzirá seu ativo e mercadorias em estoque e aumentará seu ativo circulante – quando já tiver pago a mercadoria – ou reduzirá seu passivo circulante – se não tiver pago a mercadoria.
5. **(Escrivão – CESPE – 2004 – adaptada)** Acerca das operações típicas de uma empresa comercial, julgue o item a seguir.
   - Ao registrar a venda de mercadorias à vista, segundo o regime de competência, a empresa acrescentará o valor da venda em suas receitas e aumentará o seu ativo. Ao apurar o custo da mercadoria que foi vendida, a empresa registrará um decréscimo em seu ativo e um decréscimo no resultado do exercício. Se o mesmo fato for registrado segundo o regime de caixa, então o valor do custo da mercadoria vendida só será apurado ao final do período.
6. **(Agente – CESPE – 2004 – adaptada)** Acerca das operações típicas de uma empresa comercial, julgue o item a seguir.
   - A aquisição de mercadorias para revenda a prazo não representará redução no resultado do exercício.
7. **(Agente – CESPE – 2004 – adaptada)** Acerca das operações típicas de uma empresa comercial, julgue o item a seguir.
   - O registro de devoluções de mercadorias adquiridas à vista para revenda não afetará o saldo do ativo total.
8. **(Agente – CESPE – 2004 – adaptada)** Acerca do método das partidas dobradas, das operações típicas de uma empresa comercial, do regime de competência e do regime de caixa, julgue o item a seguir.
   - O ICMS a recuperar representa um crédito tributário e será debitado no ativo, quando a empresa adquirir mercadorias para revenda com incidência de ICMS.
9. **(Agente – CESPE – 2004 – adaptada)** Acerca do método das partidas dobradas, das operações típicas de uma empresa comercial, do regime de competência e do regime de caixa, julgue o item a seguir.
   - Ao se adquirir mercadorias a prazo, com in-

cidência de ICMS, o registro deverá ser efetuado da seguinte maneira:

D mercadorias

C ICMS a recuperar

C caixa

10. (Agente – CESPE – 2004 – adaptada) Acerca das operações típicas de uma empresa comercial, julgue o item a seguir.

- Ao registrar a aquisição de mercadorias para revenda, no caso de incidência de IPI e ICMS, a empresa não incorpora o valor do ICMS na conta estoque de mercadorias para revenda.

11. (Escrivão – CESPE – 2004 – adaptada) Acerca de registros contábeis de empresas comerciais e sua influência nas demonstrações contábeis, julgue o item a seguir.

- Na situação de venda de mercadoria, adquirida diretamente da indústria, ao consumidor final o registro de aquisição proporciona o crédito tributário do IPI.

12. (Escrivão – CESPE – 2004 – adaptada) Julgue o item seguinte, relativo a registros contábeis de empresas comerciais.

- O registro de aquisição de mercadorias para revenda à vista em que haja a incidência de ICMS e IPI será:

D	mercadorias para revenda
D	ICMS sobre compras
C	IPI sobre compras
C	Caixa

13. (Escrivão – CESPE – 2004 – adaptada) Julgue o item seguinte, relativo a registros contábeis de empresas comerciais.

- Quando o valor do ICMS a recolher for superior ao valor do ICMS a recuperar, o diferencial obtido entre o ICMS a recolher e o ICMS a recuperar será registrado no ativo.

14. (Escrivão – CESPE – 2004 – adaptada) Acerca das operações típicas de uma empresa comercial, julgue o item a seguir.

- Ao registrar o ICMS sobre vendas, a empresa reduzirá o valor da receita líquida de vendas e proporcionará o registro de um direito no ativo, que será confrontado posteriormente com o ICMS a recolher.

15. (Agente – CESPE – 2004 – adaptada) Acerca do método das partidas dobradas, das operações típicas de uma empresa comercial, do regime de competência e do regime de caixa, julgue o item a seguir.

- Um lote de mercadorias adquirido para revenda por R$ 15.800,00 com incidência de ICMS a 17%, ao ser vendido, no mesmo local de aquisição, por R$ 20.000,00, gera recolhimento de ICMS da ordem de R$ 714,00. Tal recolhimento fundamenta-se na utilização do crédito tributário.

16. (Agente – CESPE – 2004 – adaptada) Acerca das operações típicas de uma empresa comercial, julgue o item a seguir.

- O desconto comercial concedido pela empresa ocorre no momento do pagamento.

17. (Agente – CESPE – 2004 – adaptada) Acerca das operações típicas de uma empresa comercial, julgue o item a seguir.

- Ao se conceder abatimento sobre vendas, a quantidade de mercadorias para revenda, em estoque, não sofrerá alterações.

18. (Escrivão – CESPE – 2004 – adaptada) Acerca das operações típicas de uma empresa comercial, julgue o item a seguir.

- O desconto financeiro, concedido pela empresa, ocorre no momento da venda.

19. (Agente – CESPE – 2004 – adaptada) Acerca das operações típicas de uma empresa comercial, julgue o item a seguir.

- Na venda de mercadorias, a despesa com fretes deve integrar o custo da mercadoria vendida.

20. (Agente – CESPE – 2004 – adaptada) Acerca das operações típicas de uma empresa comercial, julgue o item a seguir.

- O registro do IPI em uma empresa que transforma a matéria processada em produto acabado representará um direito, no momento da venda do produto final, e um dever, no momento em que a empresa adquirir a matéria processada. Assim, o diferencial a ser recolhido aos cofres públicos será apurado em função do valor agregado ao produto.

21. (Escrivão – CESPE – 2002 – adaptada) Julgue o item abaixo, acerca de aspectos de contabilidade.

- O aumento da alíquota de ICMS sobre os produtos de uma empresa que atua em um mercado altamente competitivo, cujos itens de venda tenham demanda elástica, produzirá um registro na conta de deduções da receita bruta de valor proporcionalmente maior em relação à receita bruta e uma redução da margem de receita líquida em relação à receita bruta.

GABARITO COMENTADO

1. ERRADO Existem duas formas de controle de estoques de mercadorias: inventário periódico e inventário permanente.

Comentário extra: Mercadorias são bens adquiridos de terceiros para revenda. Não sofrem nenhum processo de transformação na empresa adquirente.

As empresas comerciais adquirem mercadorias para, posteriormente, revenderem com lucro.

Portanto, o ciclo dessa operação comercial pode ser representado assim:

- A empresa adquire mercadorias que vão para o seu estoque;
- Ao efetuar uma venda, a empresa contabiliza esta operação em uma conta de receita de vendas.
- O resultado (lucro/prejuízo) é a diferença entre a receita de vendas e o custo das mercadorias vendidas.

O Resultado com Mercadorias é obtido a partir das contas:

- Estoques (ou Mercadorias): conta patrimonial, normalmente do Ativo Circulante;
- Vendas de Mercadorias(V): conta de resultado;
- Custo das Mercadorias Vendidas (CMV): conta de resultado.

O cálculo do Resultado com Mercadorias (RCM) ou Lucro Operacional Bruto pode ser expresso através da seguinte fórmula:

RCM = V – CMV

Os estoques não aparecem na fórmula, mas são necessários para a apuração do CMV.

2. CERTO No controle de estoque periódico, a conta Mercadorias inicia o período com o saldo relativo ao estoque inicial. No decorrer do período a conta NÃO recebe lançamentos. As compras no decorrer do período são registradas na conta Compras. As Vendas são registradas a cada venda. Não é possível a apuração do CMV após cada venda, mas somente ao final do período, depois do inventário do estoque, quando haverá o lançamento de ajuste para que o saldo da conta Mercadorias corresponda ao estoque final.

Comentário extra: Para a apuração do Resultado com Vendas (RCM), tem-se a fórmula: RCM = V – CMV

As Vendas são apuradas diretamente da conta de resultado onde são registradas.

O cálculo do CMV envolve as contas Mercadorias e Compras. Na abertura do período, a empresa tem o estoque inicial registrado na conta Mercadorias. No decorrer do período, as compras irão aumentar os estoques de mercadorias. No entanto, essas compras não serão registradas em Mercadorias, mas sim na conta Compras. Por outro lado, as vendas realizadas pela empresa irão diminuir os estoques. Essa saída de mercadorias do estoque pelas vendas corresponde justamente ao CMV. Então, o estoque final corresponde ao estoque inicial somado às compras e diminuído pelas mercadorias vendidas. Ou seja, podemos expressar essa afirmação na seguinte equação: EF = EI + C – CMV.

Portanto: CMV = EI + C – EF

Os valores de EI, C e V estão contabilizados no saldo das contas Mercadorias, Compras e Vendas. O valor do EF é obtido pelo inventário do estoque. Dessa forma, já se pode obter o RCM, também conhecido como Resultado Operacional Bruto ou Lucro Bruto.

3. ERRADO Aplicando a fórmula CMV = EI + C – EF, temos: CMV = 10.000 + 180.000 – 15.000 = R$ 175.000,00

4. CERTO No inventário permanente, os lançamentos relativos às mercadorias são efetuados concomitantemente às operações. Todas as entradas e saídas de estoque são contabilizadas simultaneamente às respectivas transações.

No inventário permanente há basicamente 3 (três) contas principais para contabilizar as operações com mercadorias:

1 – Mercadorias (ou Estoques): conta patrimonial do ativo. É debitada nas entradas de mercadorias (compras ou devoluções de vendas) e creditada nas saídas de mercadorias (vendas ou devoluções de compras).

2 – Vendas (V): conta de resultado (receita). É creditada nas vendas de mercadorias.

3 – Custo das Mercadorias Vendidas (CMV): conta de resultado (despesa). É debitada para contabilizar a saída do estoque decorrente de vendas.

Lançamentos na aquisição de mercadorias a prazo (desconsiderando tributos):

D Mercadorias (ativo circulante)

C Duplicatas a Pagar (passivo circulante)

Lançamentos na devolução de mercadorias adquiridas (após o pagamento da compra):

D Caixa (ativo circulante) (aumento pela devolução do valor pago)

C Mercadorias (ativo circulante) (diminuição pela devolução da mercadoria ao fornecedor)

Lançamentos na devolução de mercadorias adquiridas (antes do pagamento da compra):

D Duplicatas a Pagar (passivo circulante) (diminuição do valor da obrigação)

C Mercadorias (ativo circulante) (diminuição pela devolução da mercadoria ao fornecedor)

Comentário extra: Lançamentos na venda de mercadorias:

D Caixa (ou Bancos ou Duplicatas a Receber)

C Vendas

e

D CMV

C Mercadorias

Lançamentos na devolução de vendas:

D Devoluções de Vendas

C Caixa (ou Bancos ou Duplicatas a Receber)

e

D Mercadorias

C CMV

5. ERRADO As empresas são obrigadas por lei a adotarem o regime de competência. Os lançamentos na venda de mercadorias são os seguintes:

D Caixa (aumento do ativo)

C Vendas (aumento da receita)

e

D CMV (despesa, diminui o resultado)

C Mercadorias (diminuição do ativo pela saída do bem)

Como a venda foi à vista e, portanto, o recebimento ocorreu no mesmo momento da venda, o reconhecimento da receita de vendas e do custo da mercadoria vendida será idêntico tanto no regime de competência como no regime de caixa.

6. CERTO Na aquisição de mercadorias para revenda apenas contas patrimoniais de ativo ou de passivo são envolvidas. Não há registro de qualquer valor em contas de resultado (receitas ou despesas). Portanto não altera o resultado da empresa (lucro ou prejuízo).

Lançamentos na aquisição de mercadorias a prazo (desconsiderando tributos):

D Mercadorias (ativo circulante)

C Duplicatas a Pagar (passivo circulante)

7. CERTO Na aquisição de R$ 10.000,00 em mercadorias para revenda, o lançamento seria o seguinte:

Mercadorias

a Caixa R$ 10.000,00

Se, em momento posterior, houvesse a devolução de metade dessas mercadorias, seria efetuado o seguinte lançamento:

Caixa

a Mercadorias R$ 5.000,00

Como ambas as contas envolvidas neste segundo lançamento são do ativo, logo o saldo total do ativo não foi modificado (houve diminuição de

R$ 5.000,00 no ativo mercadorias e ao mesmo tempo aumento de R$ 5.000,00 no ativo caixa).

8. CERTO A empresa contribuinte do ICMS tem o direito de creditar-se do imposto cobrado em operações de entrada de matérias-primas, insumos, mercadorias para revenda ou o recebimento de serviços de transporte interestadual e intermunicipal ou de comunicação. Quando uma empresa contribuinte adquire um bem que dá direito a crédito do ICMS, ela irá lançar o valor do imposto em conta do ativo circulante (ICMS a Recuperar). Exemplo: Uma empresa comercial adquire, à vista, R$ 1.000,00 em mercadorias para revenda, com ICMS de 18%. Os lançamentos serão os seguintes:

D	Mercadorias	R$ 820,00	
D	ICMS a Recuperar	R$ 180,00	
C	Bancos C/M		R$ 1.000,00

9. ERRADO Conforme visto, o lançamento correto é:

D Mercadorias

D ICMS a Recuperar

C Duplicatas a Pagar (ou Fornecedores)

10. CERTO O IPI incide sobre produtos industrializados, nacionais ou estrangeiros. As empresas industriais têm direito a se creditar do IPI pago na aquisição de matérias-primas e insumos desde que utilizados na fabricação de produtos. No caso das empresas comerciais adquirentes de mercadorias para revenda não há direito de crédito do IPI, mas apenas do ICMS. Na aquisição de mercadorias para revenda, a empresa irá lançar o valor do imposto em conta do ativo circulante (ICMS a Recuperar). Conforme exemplo anterior, uma aquisição de mercadorias para revenda, à vista, no valor de R$ 1.000,00, com ICMS de 18%, resultará no seguinte lançamento:

D	Estoque	R$ 820,00	
D	ICMS a Recuperar	R$ 180,00	
C	Bancos C/M		R$ 1.000,00

11. ERRADO A aquisição de mercadorias para revenda não gera direito ao crédito do IPI.

12. ERRADO Conforme visto, a aquisição de mercadorias para revenda somente dá direito a crédito de ICMS, e não de IPI. O valor do ICMS é excluído do custo de aquisição das mercadorias. No entanto, o valor do IPI permanece incluso no custo das mercadorias. Portanto o lançamento correto seria:

D Mercadorias para Revenda

D ICMS sobre Compras (ICMS a Recuperar)

C Caixa

13. ERRADO O valor do ICMS pago na aquisição de mercadorias para revenda deve ser compensado com o ICMS devido na venda dos produtos lançado no passivo (ICMS a Recolher). Quando uma empresa adquire um produto, ela irá se creditar do montante do ICMS, lançando seu valor em conta do ativo circulante (ICMS a Recuperar). Caso a empresa adquirente não seja contribuinte do ICMS, ou a operação não resulte em crédito do ICMS, o valor referente ao imposto será contabilizado no estoque.

Ao final do período de apuração, a empresa irá compensar o saldo dos créditos a que tem direito nesse momento, com o saldo do ICMS a Recolher. Assim, caso o ICMS a recolher seja superior, a diferença maior em relação à conta ICMS a Recuperar ficará no passivo (ICMS a Recolher) e deverá ser paga. Se os créditos a compensar apresentarem maior saldo, a diferença permanecerá no ativo (ICMS a Recuperar), para futura compensação.

Comentário extra: Alternativamente, pode ser utilizada a Conta Corrente ICMS, para registrar os valores de ICMS a recuperar e a recolher. Essa conta receberá a débito os valores a recuperar e a crédito os valores a recolher e irá figurar no ativo circulante ou passivo circulante de acordo com a natureza do seu saldo (devedor – AC ou credor – PC).

14. ERRADO A operação de venda de mercadorias gera lançamentos: de receita de vendas em contrapartida ao valor recebido ou a receber; de impostos sobre vendas em contrapartida ao valor a recolher desses impostos; de CMV em contrapartida à saída de mercadorias do estoque.

Exemplo: A empresa comercial X vendeu, a prazo, mercadorias no valor de R$ 1.000,00, com

ICMS a 18%. Essas mercadorias estavam avaliadas no estoque da empresa X pelo valor de R$ 600,00. Assim, tem-se os seguintes lançamentos:

Duplicatas a Receber (ativo)

a Receita de Vendas (receita) R$ 1.000,00

ICMS sobre Vendas (despesa)

a ICMS a Recolher (passivo) R$ 180,00

CMV (despesa)

a Mercadorias (ativo) R$ 600,00

Para a apuração do Resultado com Mercadorias (RCM), tem-se:

Receita Bruta de Vendas	R$ 1.000,00
(–) ICMS s/ Vendas	(R$ 180,00)
(=) Receita Líquida de Vendas	R$ 820,00
(–) CMV	(R$ 600,00)
(=) RCM (Lucro Bruto)	R$ 220,00

Portanto, o ICMS sobre vendas reduz o valor da receita líquida e gera uma obrigação no passivo (ICMS a Recolher).

15. CERTO A operação de compra de mercadorias irá gerar o seguinte crédito de ICMS:

15.800 X 17% = R$ 2.686,00 (ICMS a recuperar)

A operação de venda provocará o surgimento de uma obrigação referente ao ICMS a recolher:

20.000 X 17% = R$ 3.400,00 (ICMS a recolher)

Ao final do período de apuração determinado pela legislação é feito o confronto entre o ICMS a recolher e o ICMS a recuperar. Caso o saldo a recolher seja maior do que o valor a recuperar, a empresa deverá fazer o recolhimento da diferença: 3.400 – 2.686 = R$ 714,00.

Dica: para economizar tempo na prova, sempre que as alíquotas de ICMS incidentes na compra e na venda de mercadorias forem idênticas, pode-se aplicá-las diretamente sobre a diferença para se obter o saldo a recolher (caso o valor de venda seja maior do que o de compra): (20.000 – 15.800) X 17% = R$ 714,00.

16. ERRADO Os descontos comerciais (também denominados descontos incondicionais) são concedidos no momento da venda. Não têm vinculação a qualquer evento futuro. Por isso, o momento do pagamento é irrelevante. Normalmente ocorre devido à grande quantidade de mercadoria adquirida ou a clientes preferenciais. São contabilizados como dedução da Receita Bruta de Vendas.

Comentário extra: Quando houver descontos comerciais na compra de mercadorias, a empresa adquirente deve excluir o valor do estoque de mercadorias. Assim, uma compra de mercadorias para revenda no valor de R$ 1.000,00, sendo concedido um desconto comercial de R$ 150,00, irá ocasionar uma entrada na conta Mercadorias no valor de R$ 850,00.

17. CERTO Abatimentos são reduções de preço concedidas a clientes após a entrega das mercadorias, em virtude de defeitos de qualidade, de danos provocados pelo transporte etc. O fornecedor concede abatimento no total a ser pago para evitar que haja devolução de mercadorias. Por isso não há alteração na quantidade de mercadorias em estoque. Os abatimentos são deduzidos do valor de entrada no estoque da compradora. Assim, uma compra de mercadorias para revenda no valor de R$ 1.000,00, sendo concedido posteriormente um abatimento de R$ 150,00, irá ocasionar uma entrada na conta Mercadorias no valor de R$ 850,00.

Comentário extra: Os abatimentos devem ser deduzidos da Receita Bruta de Vendas.

18. ERRADO Em vendas a prazo, é comum a concessão de um desconto financeiro (também denominado desconto condicional) caso o pagamento seja efetuado até determinada data. Esse desconto não aparece na nota fiscal e não influencia o Lucro Bruto. Portanto esse desconto é concedido no momento do pagamento. Ele representa uma despesa financeira (despesa operacional) para a empresa vendedora:

Receita Bruta de Vendas

(–) Deduções

– Devolução de Vendas

– Descontos Comerciais (Incondicionais)

– Abatimentos

– Tributos sobre Vendas (por exemplo: ICMS, PIS/PASEP, COFINS)

(=) Receita Líquida de Vendas

(–) CMV

(=) Lucro/Prejuízo Bruto

(–) Despesas Operacionais (comerciais, administrativa, financeiras, outras)

(+) Outras Receitas Operacionais

(=) Lucro/Prejuízo Operacional Líquido

Comentário extra: Para a empresa compradora, o desconto financeiro não provocará qualquer efeito no estoque, pois será contabilizado como uma receita financeira.

19. ERRADO A despesa com fretes a cargo do vendedor da mercadoria deve ser contabilizada como despesa operacional (despesa comercial) e, portanto, não está incluída no custo da mercadoria vendida.

Comentário extra: O frete relativo à mercadoria adquirida, se pago pelo comprador faz parte do custo de aquisição e deve ser lançado à conta Mercadorias.

20. ANULADA A Banca examinadora anulou a questão sob a alegação de que o escopo do enunciado não englobaria a situação comentada (a situação trata de operação de empresa industrial, e o enunciado cita operações típicas de uma empresa comercial).

Mas é possível analisar a questão, cujo gabarito inicial a classificou como errada.

No momento da aquisição da matéria-prima destinada a industrialização, a empresa reconhece um direito, através do débito na conta de ativo IPI a Recuperar. No momento da venda do produto acabado, a empresa reconhece um dever, através do crédito em conta do passivo IPI a Recolher. Periodicamente é feito o confronto entre os valores a recolher e a recuperar. Caso o valor a recolher seja superior, a diferença deve ser recolhida ao fisco. Se o valor a recuperar for maior, a diferença ficará como crédito para o período seguinte.

21. CERTO A questão afirma que a demanda do produto é elástica em relação a seu preço. Isso significa que um aumento no preço do produto provocará uma redução na receita total, pois a queda percentual da procura pelo produto será maior do que o aumento percentual do preço. Sendo assim, a empresa irá absorver o aumento na alíquota do ICMS, sem alterar o preço de venda do produto. Dessa forma, a receita bruta de venda permanecerá a mesma, pois tanto o preço de venda como a quantidade demandada não sofrerão alterações. No entanto, o aumento da alíquota do ICMS reduzirá a receita líquida, uma vez que este tributo é deduzido da receita bruta:

Receita Bruta de Vendas

(–) Outras Deduções (devolução de vendas, descontos comerciais etc.)

(–) ICMS

(=) Receita Líquida de Vendas

RAIO-X

- O tema em estudo equivale aos seguintes percentuais das questões de Contabilidade Geral:

Cargo	Questões do Tema	%
Agente	10	21,74
Escrivão	11	37,93

- A maioria das questões é baseada em:
  ☒ doutrina ☒ legislação ☐ jurisprudência
- As noções fundamentais sobre operações com mercadorias estão contidas principalmente na Lei n. 6.404/76, na doutrina contábil, nas normas contábeis emanadas pelo Conselho Federal de Contabilidade – CFC e Comitê de Pronunciamentos Contábeis – CPC e na legislação societária.

IMPORTANTE SABER

- CUSTO DE AQUISIÇÃO DE COMPRAS DE MERCADORIAS

  Os gastos relacionados às mercadorias e pagos pelo comprador fazem parte do custo de aquisiçao e são lançados à conta Estoque (ou Compras, no caso de inventário periódico). São exemplos desses gastos: frete, seguros, armazenagem, comissões.

Por outro lado, há valores que devem ser descontados, pois representam diminuições do custo de aquisição ou créditos que a empresa tem direito de compensar futuramente. São exemplos: as devoluções de compras, os descontos incondicionais recebidos, os abatimentos, os tributos recuperáveis, como o ICMS, IPI, PIS não cumulativo, COFINS não cumulativa.

Assim, pode-se representar as compras líquidas como a seguir:

COMPRAS

(+) OUTROS CUSTOS (frete, seguros, comissões, armazenagem, Imposto de Importação)

(–) TRIBUTOS RECUPERÁVEIS

(–) DEVOLUÇÕES DE COMPRAS

(–) ABATIMENTOS

(–) DESCONTOS INCONDICIONAIS (COMERCIAIS)

(=) COMPRAS LÍQUIDAS

Na verdade, o valor a ser considerado para compras (C), nas fórmulas apresentadas, deve ser o das Compras Líquidas (CL). Assim:

CMV = EI + CL – EF (a fórmula assim apresentada já leva em consideração as devoluções de compras, os custos adicionais, os abatimentos e os tributos recuperáveis).

- RECEITA DE VENDAS DE MERCADORIAS

A receita de vendas de mercadorias (receita bruta de vendas) sofre deduções de impostos incidentes sobre vendas, pelas devoluções, pelos abatimentos e pelos descontos incondicionais. Após considerados esses fatores, tem-se a receita líquida de vendas (RL), também denominada receita operacional líquida. A seguir está representada a parte inicial da Demonstração do Resultado do Exercício (DRE), com as contas de resultado citadas:

RECEITA BRUTA DE VENDAS (RB)

(–) VENDAS CANCELADAS (Devoluções de Vendas)

(–) ABATIMENTOS

(–) DESCONTOS COMERCIAIS (Descontos Incondicionais)

(–) TRIBUTOS INCIDENTES SOBRE VENDAS (ICMS, PIS, COFINS, IE)

(=) RECEITA LÍQUIDA DE VENDAS (RL)

Se for avançada mais uma parte da DRE, tem-se:

RECEITA LÍQUIDA DE VENDAS (RL)

(–) CMV

(=) LUCRO BRUTO (ou RCM ou Resultado Operacional Bruto)

Portanto, a fórmula do RCM, já vista anteriormente, também será ajustada. O valor das Vendas (V) a ser considerado, na verdade, é o valor da Receita Líquida de Vendas (RL):

RCM = RL – CMV

Avançando um pouco mais na DRE, chega-se ao Resultado Operacional Líquido:

(=) LUCRO BRUTO (ou RCM ou Resultado Operacional Bruto)

(–) DESPESAS OPERACIONAIS

(+) OUTRAS RECEITAS OPERACIONAIS

(=) RESULTADO OPERACIONAL LÍQUIDO

LEGISLAÇÃO PERTINENTE

- Lei n. 6.404/76, arts. 183, II e § 4º, e 187.
- Resolução CFC n. 1.170/2009 (Pronunciamento CPC 16 (R1) Estoques).

5. PATRIMÔNIO LÍQUIDO

QUESTÕES

1. **(Escrivão – CESPE – 2004 – adaptada)** Acerca das operações típicas de uma empresa comercial, julgue o item a seguir.

   Considere a seguinte situação hipotética.

   Dois sócios resolveram realizar aporte de capital em uma empresa. O valor total do aporte é de R$ 98.000. Um sócio entregou R$ 45.000 em dinheiro e R$ 30.000 em máquinas e equipamentos. O outro sócio entregou o restante por meio de terrenos no valor de R$ 110.000, ainda não pagos em sua totalidade.

   - Nessa situação, o registro poderia ser corretamente representado do seguinte modo:

     D Caixa R$ 45.000

     D Máquinas e Equipamentos R$ 30.000

     D Terrenos R$ 110.000

     C Contas a Pagar R$ 87.000

     C Capital Social R$ 98.000

2. **(Escrivão – CESPE – 2002 – adaptada)** Julgue o item abaixo, acerca de aspectos de contabilidade.

   - Uma empresa que apresente, em diversos meses, saldo de caixa elevado em relação ao saldo na conta bancos pode estar dando evidências de ingresso de capital sem registro na conta capital social.

3. **(Agente – CESPE – 2004 – adaptada)** Acerca dos registros contábeis de empresas comerciais, de seus livros fiscais, da avaliação de ativos, da influência do ICMS e das demonstrações contábeis, julgue o item seguinte.

   - As contas registradas no patrimônio líquido incluem a provisão para contingências. Essa conta representa o reconhecimento de provável perda futura.

4. **(Escrivão – CESPE – 2002 – adaptada)** Com relação à contabilidade, julgue o item a seguir.

   - As reservas de capital são aquelas formadas pelos lucros da companhia e não entram no cômputo dos recursos próprios ou de terceiros.

5. **(Escrivão – CESPE – 2002 – adaptada)** Julgue o item abaixo, acerca de aspectos de contabilidade.

   - Uma companhia que, em determinado exercício social, apresente prejuízo de R$ 100.000,00 e tenha lucros acumulados de R$ 200.000,00 poderá, em consonância com as normas da Lei das S.A., distribuir dividendos no valor de R$ 50.000,00.

GABARITO COMENTADO

1. CERTO O capital social representa o investimento feito pelos sócios ou acionistas na empresa. Abrange os valores entregues pelos sócios/acionistas e os valores decorrentes das atividades da empresa que foram formalmente incorporados ao capital social. Conforme a lei n. 6.404/76 (Lei das S.A.), o capital social pode ser formado por dinheiro ou qualquer espécie de bens suscetíveis de avaliação em dinheiro. O lançamento é a crédito da conta capital social e a débito da(s) contas dos bens/valores entregues para incorporação ao capital social. Na questão será creditado R$ 98.000,00 no capital social e debitado o valor nas contas que representam os bens. Como o terreno não foi quitado, o valor ainda não pago será registrado no passivo (contas a pagar) a crédito. O valor líquido do terreno será igual à diferença entre o valor incorporado ao capital social e os outros bens entregues: 23.000 (98.000 – 45.000 – 30.000). Como o valor do terreno é 110.000, a conta a pagar relativa ao financiamento é a diferença entre o valor do terreno e o seu valor líquido (110.000 – 23.000 = 87.000). O lançamento será o seguinte:

D	Caixa	R$ 45.000,00	
D	Máquinas e Equipamentos	R$ 30.000,00	
D	Terrenos	R$ 110.000,00	
C	Capital Social		R$ 98.000,00
C	Contas a Pagar		R$ 87.000,00

Comentário extra: Capital subscrito é o valor, em dinheiro ou bens, que os sócios/acionistas se comprometem a entregar para a formação do capital da empresa. Também denominado Capital Nominal, Capital Registrado ou Capital Declarado.

Capital Realizado (ou Capital Integralizado) é o valor do Capital Subscrito efetivamente entregue pelos sócios/acionistas à empresa.

Capital a Integralizar (ou a Realizar) é o valor do Capital Subscrito que ainda não foi efetivamente entregue pelos sócios/acionistas à empresa. Ou seja, a diferença entre o Capital Subscrito e o Realizado.

Capital Autorizado é o valor autorizado no estatuto até o qual o capital pode ser aumentado independentemente de reforma estatutária. Não é registrado na contabilidade.

No balanço consta discriminado o capital subscrito e, por dedução, a parcela a realizar. Desse modo, obtém-se o valor do capital realizado.

Lançamento na Subscrição:

D	Capital Social a Realizar	R$ 800.000,00	
C	Capital Subscrito		R$ 800.000,00

Na integralização (exemplo: R$ 700.000,00 em dinheiro):

D	Bancos Conta Movimento	R$ 700.000,00	
C	Capital a Realizar		R$ 700.000,00

Contabilização no balanço:

Capital Subscrito	800.000,00
Capital a Realizar (ou a Integralizar)	(100.000,00)
Capital Realizado	700.000,00

2. ERRADO Não há relação direta entre os saldos de caixa e conta bancos em relação à conta capital social. O capital social é formado por valores formalmente incorporados a ele e não é afetado pelas operações normais da empresa.

3. ERRADO As reservas para contingências do patrimônio líquido não se confundem com as provisões para contingências do passivo. As reservas para contingências consistem em retenção de lucros para compensar, no futuro, a diminuição de lucros em função de perdas prováveis. Ou seja, a despesa que provocará a diminuição nos lucros ainda não ocorreu. Já as provisões para contingências são registradas no passivo e reconhecem uma despesa já incorrida, mas cujo valor será desembolsado no futuro.

Comentário extra: A assembleia geral de acionistas pode, por proposta dos órgãos da administração, destinar parte do lucro líquido à formação de reserva para compensar, em exercício futuro, a diminuição do lucro decorrente de perda julgada provável, cujo valor possa ser estimado.

Lançamento para constituição:

D Lucros Acumulados

C Reservas para Contingências

A reserva de contingências é revertida no exercício em que deixarem de existir as razões que motivaram a sua constituição ou em que ocorrer a perda.

Lançamento de reversão:

D Reservas para Contingências

C Lucros Acumulados

4. ERRADO As reservas de capital são compostas por valores recebidos pela empresa e que aumentam o seu patrimônio líquido, mas não transitam pelo resultado do exercício como receitas. Portanto, não se originam de lucros. O patrimônio líquido corresponde ao capital próprio da empresa e, sendo assim, as reservas de capital são consideradas como recursos próprios. O capital de terceiros corresponde ao passivo exigível.

Comentário extra: A Lei n. 6.404/76 estabelece as seguintes reservas de capital:

- a contribuição do subscritor de ações que ultrapassar o valor nominal e a parte do preço de emissão das ações sem valor nominal que ultrapassar a importância destinada à formação do capital social, inclusive nos casos de conversão em ações de debêntures ou partes beneficiárias (ágio na emissão de ações);
- o produto da alienação de partes beneficiárias e bônus de subscrição.

A lei prevê ainda, como reserva de capital, o resultado da correção monetária do capital realizado, enquanto não capitalizado. Porém, a Lei n. 9.249/95 revogou a correção monetária das demonstrações contábeis.

5. CERTO Os dividendos representam a remuneração atribuída aos acionistas em função da sua participação no capital da companhia. Podem ser pagos a partir do lucro do exercício, dos lucros acumulados, das reservas de lucros ou, eventualmente, das reservas de capital (somente em casos especiais para pagamento de dividendos às ações preferenciais). Ao final do exercício social, o lucro ou o prejuízo líquido é transferido para a conta Lucros Acumulados. Na questão, havia um saldo inicial no valor de R$ 200.000,00 na conta Lucros Acumulados. Após a transferência do prejuízo líquido do exercício no valor de R$ 100.000,00, a conta Lucros Acumulados passou a ter um saldo de R$ 100.000,00. Portanto o saldo remanescente é suficiente para a distribuição dos dividendos de R$ 50.000,00.

RAIO-X

- O tema em estudo equivale aos seguintes percentuais das questões de Contabilidade Geral:

Cargo	Questões do Tema	%
Agente	1	2,17
Escrivão	4	13,79

- A grande maioria das questões é baseada em:

  ☒ doutrina ☒ legislação ☐ jurisprudência

- As noções fundamentais sobre patrimônio líquido estão contidas principalmente na Lei n. 6.404/76, na doutrina contábil, nas normas contábeis emanadas pelo Conselho Federal de Contabilidade – CFC e Comitê de Pronunciamentos Contábeis – CPC.

IMPORTANTE SABER

- O patrimônio líquido representa o valor contábil pertencente aos sócios ou acionistas (diferença entre o ativo e o montante do passivo exigível). A Lei n. 6.404/76 divide o patrimônio líquido em:

  1. Capital Social: representa o investimento feito pelos sócios ou acionistas na empresa. Abrange os valores entregues pelos sócios/acionistas e os valores decorrentes das atividades da empresa que foram formalmente incorporados ao capital social. Nas sociedades limitadas, o capital social é dividido em quotas. Na sociedade anônima ou companhia, o capital social é divido em ações. As ações devem ser nominativas e podem ter, ou não, valor nominal.

  2. Reservas de Capital: são compostas por valores recebidos pela empresa e que aumentam o seu patrimônio líquido, mas não transitam pelo resultado do exercício como receitas.

  3. Ajustes de Avaliação Patrimonial: a Lei n. 11.638/2007 determinou a classificação como ajustes de avaliação patrimonial, enquanto não computadas no resultado do exercício em obediência ao regime de competência as contrapartidas de aumentos ou diminuições de valor atribuído a elementos do ativo e do passivo, em decorrência da sua avaliação a valor justo, nos casos previstos na Lei n. 6.404/76 ou em normas expedidas pela Comissão de Valores Mobiliários, com base na competência conferida pelo § 3º do art. 177 desta Lei.

  4. Reservas de Lucros: ao final do exercício, juntamente com as demonstrações financeiras, a administração da companhia apresenta à assembleia geral ordinária proposta de destinação do lucro líquido do exercício. Entre essas destinações estão as reservas de lucros. Portanto, as reservas de lucros são calculadas com base no lucro líquido do exercício e nelas são classificadas contas constituídas pela apropriação de lucros da companhia. A Lei n. 6.404/76 prevê as seguintes reservas de lucros: reserva legal, reservas estatutárias, reservas para contingências, reservas de incentivos fiscais, reserva de retenção de lucros, reserva de lucros a realizar, reserva especial para dividendo obrigatório não distribuído.

5. Ações em Tesouraria: são ações da companhia que foram adquiridas por ela própria. Devem ser destacadas no balanço como dedução da conta do patrimônio líquido que registrar a origem dos recursos aplicados na sua aquisição.

6. Lucros ou Prejuízos Acumulados: essa conta representa o saldo remanescente dos lucros ou prejuízos, após as destinações para reservas de lucros e dividendos distribuídos. Essa conta interliga o Balanço e a Demonstração do Resultado do Exercício.

ATENÇÃO: a Lei n. 11.638/2007, que alterou a Lei n. 6.404/76, eliminou a conta Lucros Acumulados do Balanço. Portanto, atualmente no Balanço só poderá constar a conta Prejuízos Acumulados (caso eles existam). Todavia, ainda deverá existir uma conta transitória (fora do Balanço) denominada Lucros Acumulados para os lançamentos de destinações do lucro e de reversões de reservas.

LEGISLAÇÃO PERTINENTE

- Lei n. 6.404/76, arts. 5º a 7º, 178 e 182.
- Resolução CFC n. 1.374/2011 (Pronunciamento Conceitual Básico (R1) – Estrutura Conceitual para Elaboração e Divulgação de Relatório Contábil-Financeiro – CPC).

6. DEMONSTRAÇÃO DO RESULTADO DO EXERCÍCIO

QUESTÕES

conta	em R$
serviços prestados	480.000
descontos promocionais	20.000
propaganda e publicidade	18.000
descontos financeiros a clientes	13.000
ISS	23.000
contribuições incidentes sobre as receitas	28.000
custo dos serviços prestados	170.000

1. **(Agente – CESPE – 2004 – adaptada)** Com base nas informações apresentadas na tabela acima, referentes a uma empresa prestadora de serviços, julgue o item seguinte.
   - As informações mostram que o lucro bruto da empresa foi de R$ 226.000,00.
2. **(Escrivão – CESPE – 2004 – adaptada)** Acerca das operações típicas de uma empresa comercial, julgue o item a seguir.
   - Se, ao antecipar o pagamento a fornecedores, uma empresa obtiver um desconto, então o registro desse desconto reduzirá o valor apurado na demonstração do resultado do exercício dessa empresa.
3. **(Escrivão – CESPE – 2004 – adaptada)** Julgue o item seguinte, relativo a registros contábeis de empresas comerciais.
   - A empresa prestadora de serviços recolherá o valor do ISS, cuja alíquota não ultrapassará 5%.
4. **(Agente – CESPE – 2002 – adaptada)** Julgue o item a seguir, relativo à contabilidade geral.
   - Em uma demonstração de resultado, uma empresa pode apresentar tributos pagos ou devidos – nas contas de dedução das receitas brutas, das despesas gerais e administrativas, de outras despesas operacionais – e, antes do lucro líquido, o imposto de renda e a contribuição social sobre o lucro.
5. **(Agente – CESPE – 2009 – adaptada)** A respeito da composição e da avaliação do patrimônio, julgue o item seguinte.
   - Suponha que o saldo da conta de resultado do exercício, antes do cálculo do imposto de renda devido, seja positivo em R$ 1,5 milhão e o valor desse imposto, de R$ 2 milhões. Nesse caso, o fato estará adequadamente representado pelo seguinte lançamento em reais.

D	resultado do exercício	1.500.000	
D	reservas de lucros	500.000	
C	provisão para imposto de renda		2.000.000

6. **(Escrivão – CESPE – 2004 – adaptada)** Acerca das operações típicas de uma empresa comercial, julgue o item a seguir.
   - O registro da contribuição social sobre o lucro líquido (CSSLL) obedece ao regime de competência e proporciona um decréscimo no passivo.
7. **(Agente – CESPE – 2004 – adaptada)** Acerca dos registros contábeis de empresas comerciais, de seus livros fiscais, da avaliação de ativos, da influência do ICMS e das demonstrações contábeis, julgue o item seguinte.
   - Ao se registrar a contribuição social do período, com pagamento futuro, há um acréscimo no ativo e um decréscimo no resultado

do exercício, considerando-se o regime de competência.

8. (Escrivão – CESPE – 2004 – adaptada) Acerca de registros contábeis de empresas comerciais e sua influência nas demonstrações contábeis, julgue o item a seguir.

- Ao registrar o imposto de renda de pessoa jurídica no ativo, a empresa reconhece um direito futuro, uma vez que tal fato já aumentou o lucro do período.

9. (Agente – CESPE – 2004 – adaptada) Acerca dos registros contábeis de empresas comerciais, de seus livros fiscais, da avaliação de ativos, da influência do ICMS e das demonstrações contábeis, julgue o item seguinte.

- Ao se considerar o registro do imposto de renda pessoa jurídica segundo o regime de competência, o imposto de renda recolhido além do valor devido será configurado como crédito tributário.

10. (Agente – CESPE – 2002 – adaptada) Presença da economia informal. Define-se economia informal a desobediência civil de atividades econômicas regulares de mercado. Por exemplo:

- trabalhadores sem registro em carteira de trabalho;
- sonegação de impostos;
- vendas sem notas;
- serviços de autônomos sem recibo.

Se incluirmos as atividades ilegais, como contrabando, tráfico de drogas, jogo do bicho etc., temos o conceito mais amplo de economia subterrânea ou economia marginal.

Evidentemente, a não inclusão desse tipo de transação no cálculo do Produto Nacional pode representar um viés razoável, dependendo do país. No Brasil, a única estatística oficial, calculada pelo IBGE para o Rio de Janeiro, mostra que a economia informal é de 18% do PIB carioca.

Marco Antônio Sandoval de Vasconcellos. *Economia: micro e macro – teoria e exercícios*. 2. ed. São Paulo: Atlas, 2001, p. 219 (com adaptações).

Considerando o texto acima, julgue os itens seguintes.

a) As vendas realizadas sem nota fiscal e, consequentemente, sem registro contábil, levam, em última análise, a um balanço com valor de patrimônio líquido superior ao real no valor das vendas sem nota menos os impostos e outras despesas, em consequência da operação de venda.

b) As compras de mercadorias sem notas e sem registro contábil interferem na avaliação dos estoques, na escrituração do livro de inventário, no registro do passivo junto a fornecedores, nas disponibilidades, na apuração do resultado e em outras rubricas contábeis. Com essa ocorrência, a situação patrimonial demonstrada pela contabilidade será melhor que a real, se as mercadorias assim compradas tiverem sido pagas e vendidas e todas as demais transações tiverem sido devidamente registradas contabilmente.

GABARITO COMENTADO

1. ERRADO Para se calcular o lucro bruto, parte-se da receita bruta, subtraem-se as suas deduções e, por fim, é subtraído o custo dos serviços prestados, conforme demonstrado abaixo:

RECEITA BRUTA DE SERVIÇOS	480.000
(–) DEDUÇÕES DA RECEITA BRUTA	
(–) Descontos Incondicionais Concedidos	(20.000)
(–) ISS	(23.000)
(–) Contribuições s/ receitas	(28.000)
(=) RECEITA LÍQUIDA DAS VENDAS E SERVIÇOS	409.000
(–) CUSTO DOS SERVIÇOS PRESTADOS	(170.000)
(=) LUCRO BRUTO	239.000

Comentário extra: A questão apresenta o valor dos descontos financeiros a clientes para induzir o candidato a erro. Os descontos financeiros não interferem no cálculo do lucro bruto. Na verdade, os descontos financeiros são considerados despesa financeira e, portanto, reduzem o resultado operacional, mas não a receita líquida ou o lucro bruto.

2. ERRADO O desconto obtido no pagamento de uma obrigação é registrado como uma receita financeira. Sendo assim, provocará aumento no resultado da empresa.

3. CERTO O ISS tem como fato gerador a prestação de serviços constantes em lei complementar. Nos termos do inciso II do art. 8º da LCP n. 116/2003, a alíquota máxima do ISS é de 5%.

4. CERTO Há tributos incidentes sobre a receita bruta, deduzindo-a, como ICMS, ISS, PIS/PASEP, COFINS. Outros tributos incidem como despesas operacionais, tais como o IOF e o PIS/PASEP, e a COFINS sobre outras receitas operacionais. O imposto de renda e a contribuição social incidem sobre o lucro líquido.

5. ERRADO O reconhecimento do imposto de renda é representado através do seguinte lançamento:

D	provisão para imposto de renda (despesa)	2.000.000	
C	imposto de renda a pagar		2.000.000

6. ERRADO O registro da CSLL obedece ao regime de competência. No entanto, o lançamento é a débito da conta CSLL (despesa) e a crédito de CSLL a pagar (passivo). Portanto ocorre aumento do passivo.

7. ERRADO O lançamento de reconhecimento da despesa é a débito da conta CSLL (despesa) e a crédito de CSLL a pagar (passivo). Portanto diminui o resultado e aumenta o passivo.

8. ERRADO O lançamento reconhecendo o imposto de renda é a débito da conta IRPJ (despesa) e a crédito de IRPJ a pagar (passivo). Portanto a empresa reconhece a obrigação de pagar o IRPJ, que por sua vez diminuiu o lucro do período.

9. CERTO O registro do IRPJ obedece ao regime de competência. O lançamento é a débito da conta IRPJ (despesa) e a crédito de IRPJ a pagar (passivo). No entanto, em caso de recolhimento maior que o devido, a diferença paga a mais constitui um direito da empresa (crédito tributário) a ser compensado com o IRPJ devido no futuro.

10.

A. ERRADO No caso de vendas realizadas sem registro contábil ocorre a omissão de receitas. Nesse caso, o resultado será reduzido e, consequentemente, o lucro líquido do exercício transferido para a conta lucros acumulados provocará o registro do patrimônio líquido no balanço menor do que o real.

B. CERTO A falta de registro contábil da compra de mercadorias provocará um valor contabilizado de estoque menor que o real, além de um ativo maior e um passivo menor pela falta do lançamento a crédito em contrapartida. Não haverá escrituração dessas entradas no livro de registro de inventário. Na venda ocorre a baixa do estoque de mercadorias pela sua saída em contrapartida à conta de custo das mercadorias vendidas – CMV (despesa). Como houve falta de registros de entrada de mercadorias, o estoque estará subavaliado e, portanto, o CMV será menor que o real. Como o CMV é uma despesa, quanto menor seu valor maior o lucro da empresa e melhor sua situação patrimonial.

RAIO-X

- O tema em estudo equivale aos seguintes percentuais das questões de Contabilidade Geral:

Cargo	Questões do Tema	%
Agente	7	15,22
Escrivão	4	13,79

- A grande maioria das questões é baseada em:
  ☒ doutrina ☒ legislação ☐ jurisprudência
- As noções fundamentais sobre demonstração do resultado do exercício estão contidas principalmente na Lei n. 6.404/76, na doutrina contábil, nas normas contábeis emanadas pelo Conselho Federal de Contabilidade – CFC e Comitê de Pronunciamentos Contábeis – CPC.

IMPORTANTE SABER

- A partir das disposições da Lei das S.A., tem-se a seguinte estrutura de apresentação da Demonstração do Resultado do Exercício (DRE):

RECEITA BRUTA DE VENDAS E SERVIÇOS

(–) DEDUÇÕES DA RECEITA BRUTA

– Devoluções de Vendas

– Abatimentos

– Descontos Incondicionais Concedidos (Descontos Comerciais)

– Tributos Incidentes sobre Vendas e Serviços

(=) RECEITA LÍQUIDA DAS VENDAS E SERVIÇOS

(–) CUSTO DAS MERCADORIAS VENDIDAS E DOS SERVIÇOS PRESTADOS

(=) LUCRO OU PREJUÍZO BRUTO

(–) DESPESAS OPERACIONAIS

– Com Vendas

– Financeiras, Deduzidas das Receitas Financeiras

– Gerais e Administrativas

– Outras

(+) OUTRAS RECEITAS OPERACIONAIS

LUCRO OU PREJUÍZO OPERACIONAL

(+) OUTRAS RECEITAS

(–) OUTRAS DESPESAS

(=) RESULTADO ANTES DO IMPOSTO DE RENDA

(–) PROVISÃO PARA O IMPOSTO DE RENDA E CSLL

(–) PARTICIPAÇÕES

– Debêntures

– Empregados

– Administradores

– Partes Beneficiárias

– Instituições ou Fundos de Assistência ou Previdência de Empregados

LUCRO OU PREJUÍZO LÍQUIDO DO EXERCÍCIO

LUCRO OU PREJUÍZO LÍQUIDO DO EXERCÍCIO POR AÇÃO DO CAPITAL SOCIAL

LEGISLAÇÃO PERTINENTE

- Lei n. 6.404/76, art. 187.
- Resolução CFC n. 1.374/2011 (Pronunciamento Conceitual Básico (R1) – Estrutura Conceitual para Elaboração e Divulgação de Relatório Contábil-Financeiro – CPC).
- Pronunciamento CPC 26 (R1) Apresentação das Demonstrações Contábeis.

7. OUTRAS DEMONSTRAÇÕES CONTÁBEIS OBRIGATÓRIAS

CONTABILIDADE

QUESTÕES

I. DEMONSTRAÇÃO DE LUCROS OU PREJUÍZOS ACUMULADOS – DLPA

1. **(Agente – CESPE – 2004 – adaptada)** Acerca dos registros contábeis de empresas comerciais, de seus livros fiscais, da avaliação de ativos, da influência do ICMS e das demonstrações contábeis, julgue o item seguinte.
   - As demonstrações contábeis obrigatórias incluem o balanço de lucros ou prejuízos acumulados, que representa a variação do lucro/prejuízo acumulado, ao considerar o resultado do exercício.
2. **(Agente – CESPE – 2004 – adaptada)** Acerca das operações típicas de uma empresa comercial, julgue o item a seguir.
   - A elaboração do balanço patrimonial da empresa depende da apuração do lucro do exercício. Essa apuração é efetuada na demonstração de lucros e prejuízos acumulados (DLPA).
3. **(Escrivão – CESPE – 2004 – adaptada)** Acerca das operações típicas de uma empresa comercial, julgue o item a seguir.
   - O registro da perda de mercadorias para revenda reduzirá o valor da receita líquida de vendas na demonstração de lucros e prejuízos acumulados (DLPA).

II. DEMONSTRAÇÃO DAS MUTAÇÕES DO PATRIMÔNIO LÍQUIDO – DMPL

4. **(Agente – CESPE – 2009 – adaptada)** A respeito da composição e da avaliação do patrimônio, julgue o item seguinte.
   - Constituem eventos que afetam o patrimônio líquido, como acréscimo ou redução, ajustes de exercícios anteriores, resultado líquido do exercício e resultado na venda de ações em tesouraria.

III. DEMONSTRAÇÃO DOS FLUXOS DE CAIXA – DFC

5. **(Agente – CESPE – 2009 – adaptada)** A respeito da composição e da avaliação do patrimônio, julgue o item seguinte.
   - Na demonstração dos fluxos de caixa, classificam-se no fluxo de financiamento, entre outras operações, a colocação de debêntures, a distribuição de juros sobre o capital próprio e a integralização de capital em espécie.

GABARITO COMENTADO

1. ERRADO A Demonstração de Lucros ou Prejuízos Acumulados – DLPA evidencia a movimentação ocorrida, durante o exercício, na conta Lucros ou Prejuízos Acumulados. A questão sugere que a DLPA representa a variação na conta Lucro/Prejuízo Acumulado a partir do resultado do exercício. No entanto, além do resultado do exercício, vários outros fatos contábeis podem alterar o lucro/prejuízo acumulado, tais como os ajustes de exercícios anteriores, as reversões de reservas, os dividendos, as transferências para reservas, a incorporação de lucros ao capital social.

Comentário extra: A Lei das S.A. estabelece que a DLPA deverá indicar o montante do dividendo por ação do capital social e poderá ser incluída na Demonstração das Mutações do Patrimônio Líquido – DMPL, se elaborada e publicada pela companhia.

2. ERRADO O enunciado da questão tenta induzir a erro o candidato, tendo em vista que o lucro líquido do exercício é discriminado na DLPA. No entanto, a apuração do lucro líquido do exercício é efetuada na Demonstração do Resultado do Exercício – DRE.

3. ERRADO Conforme exposto anteriormente, o lucro líquido do exercício é discriminado na DLPA, mas não a forma de sua apuração. Sendo assim, a receita líquida de vendas, o lucro bruto, o lucro operacional irão aparecer apenas na DRE. Importante destacar que a perda de mercadorias é considerada despesa operacional e, por isso, não afeta a receita líquida de vendas, mas sim o lucro operacional e o lucro líquido do exercício.

4. CERTO Todos os eventos descritos afetam alguma conta do patrimônio líquido. Os ajustes de exercícios anteriores e o resultado líquido do exercício têm como contrapartida lançamentos na conta Lucros Acumulados. Ações em Tesouraria é uma conta retificadora do patrimônio líquido.

Comentário extra: A Demonstração das Mutações do Patrimônio Líquido – DMPL evidencia a movimentação das contas do patrimônio líquido ocorrida no exercício. Essa demonstração deve indicar o dividendo por ação do capital social, discriminando por espécie e classe. A Lei n. 6.404/76 não estabelece a obrigatoriedade da elaboração e divulgação da DMPL. No entanto, o Pronunciamento Técnico CPC 26 a tornou obrigatória para praticamente todas as empresas.

5. CERTO As alterações ocorridas, durante o exercício, no saldo de caixa (dinheiro em espécie e depósitos bancários disponíveis) e equivalentes de caixa (aplicações financeiras de curto prazo e de altíssima liquidez) da empresa são apresentadas por meio da demonstração dos fluxos de caixa – DFC, que deve classificar os fluxos de caixa do período por atividades operacionais, de investimento e de financiamento. São exemplos de atividades de financiamento: caixa recebido pela emissão de ações ou outros instrumentos patrimoniais (como integralização de capital); pagamentos em caixa a investidores para adquirir ou resgatar ações da entidade; caixa recebido pela emissão de debêntures, empréstimos, notas promissórias, outros títulos de dívida, hipotecas e outros empréstimos de curto e longo prazos; amortização de empréstimos e financiamentos; pagamentos em caixa pelo arrendatário para redução do passivo relativo a arrendamento mercantil financeiro; dividendos e juros sobre o capital próprio pagos.

Comentário extra: São consideradas atividades operacionais: recebimentos de caixa pela venda de mercadorias e pela prestação de serviços, bem como decorrentes de *royalties*, honorários, comissões e outras receitas; pagamentos de caixa a fornecedores de mercadorias e serviços, a empregados ou por conta de empregados; recebimentos e pagamentos referentes a seguros; pagamentos e restituições de impostos sobre a renda; recebimentos e pagamentos de caixa de contratos mantidos para negociação imediata ou disponíveis para venda futura.

São consideradas atividades de investimento: pagamentos em caixa ou recebimentos de caixa para aquisição ou venda de ativo imobilizado, intangíveis e outros ativos de longo prazo; pagamentos em caixa ou recebimentos de caixa para aquisição ou venda de instrumentos patrimoniais ou instrumentos de dívida de outras entidades e participações societárias em *joint ventures*; adiantamentos em caixa e empréstimos feitos a terceiros, bem como os recebimentos para sua liquidação (exceto aqueles adiantamentos e empréstimos feitos por instituição financeira); pagamentos em caixa e recebimentos de caixa por contratos futuros, a termo, de opção e *swap*.

Os juros pagos e recebidos e os dividendos e os juros sobre o capital próprio recebidos são classificados como fluxos de caixa operacionais em instituições financeiras, mas não há consenso sobre a classificação desses fluxos de caixa para outras entidades. O Pronunciamento CPC 3 (R2) recomenda (mas não obriga) a classificação dos juros, recebidos ou pagos, e dos dividendos e juros sobre o capital próprio recebidos como fluxos de caixa das atividades operacionais, e dos dividendos e juros sobre o capital próprio pagos como fluxos de caixa das atividades de financiamento.

RAIO-X

- O tema em estudo equivale aos seguintes percentuais das questões de Contabilidade Geral:

Cargo	Questões do Tema	%
Agente	4	8,70
Escrivão	1	3,45

- A maioria das questões é baseada em:

☒ doutrina ☒ legislação ☐ jurisprudência

- As noções fundamentais sobre demonstração do resultado do exercício estão contidas principalmente na Lei n. 6.404/76, na doutrina contábil, nas normas contábeis emanadas pelo Conselho Federal de Contabilidade – CFC e Comitê de Pronunciamentos Contábeis – CPC.

IMPORTANTE SABER

1. SOBRE A DLPA:

Forma de apresentação (conforme a Lei das S.A.):

SALDO DO INÍCIO DO PERÍODO

(+) ou (–) AJUSTES DE EXERCÍCIOS ANTERIORES

(+) REVERSÕES DE RESERVAS

(+) ou (–) LUCRO OU PREJUÍZO LÍQUIDO DE EXERCÍCIO

(–) TRANSFERÊNCIAS PARA RESERVAS DE LUCROS

(–) DIVIDENDOS PROPOSTOS (E POR AÇÃO DO CAPITAL SOCIAL)

(–) JUROS SOBRE O CAPITAL PRÓPRIO

(–) PARCELA DOS LUCROS INCORPORADA AO CAPITAL SOCIAL

SALDO AO FIM DO PERÍODO

2. SOBRE A DMPL:

Exemplo:

	Capital Realizado	Reservas de Capital	Reservas de Lucros	Lucros Acumulados	Total PL
Saldos em 31-12-x5	15.000	1.000	500	3.000	19.500
Ajustes de exercícios anteriores					
Mudanças de critério contábil				25	25
Retificação de erros de exerc. anterior				(15)	(15)
Aumentos de capital					
Com lucros e reservas	700		(250)	(450)	–
Por novas subscrições	1300				1.300
Reversões de reservas					
De contingências			(30)	30	–
De lucros a realizar			(50)	50	–
Lucro líquido do exercício				1.500	1.500
Transferências para reservas					
Reserva legal			75	(75)	–
Reserva estatutária			10	(10)	–
Reserva para contingências			55	(55)	–
Reserva de incentivos fiscais			100	(100)	–
Juros sobre o capital próprio				(300)	(300)

	Capital Realizado	Reservas de Capital	Reservas de Lucros	Lucros Acumulados	Total PL
Dividendos a distribuir				(700)	(700)
Saldos em 31-12-x6	17.000	1000	410	2900	21.310
Dividendo de: R$ 0,42 por ação ordinária R$ 0,46 por ação preferencial "A" e R$ 0,46 por ação preferencial "B"					

3. SOBRE A DFC:

A entidade deve divulgar os fluxos de caixa das atividades operacionais, usando:

a) o método direto, segundo o qual as principais classes de recebimentos brutos e pagamentos brutos são divulgadas; ou

b) o método indireto, segundo o qual o lucro líquido ou prejuízo é ajustado pelos efeitos:

i) das transações que não envolvem caixa;

ii) de quaisquer diferimentos ou outras apropriações por competência sobre recebimentos ou pagamentos operacionais passados ou futuros; e

iii) de itens de receita ou despesa associados com fluxos de caixa das atividades de investimento ou de financiamento.

LEGISLAÇÃO PERTINENTE

- Lei n. 6.404/76, arts. 186 e 188.
- Pronunciamento CPC 03 (R2) Demonstração dos Fluxos de Caixa.
- Pronunciamento CPC 26 (R1) Apresentação das Demonstrações Contábeis.

BIBLIOGRAFIA RECOMENDADA

BIBLIOGRAFIA BÁSICA

- FERREIRA, Ricardo J. *Contabilidade básica.* 10. ed. Rio de Janeiro: Ferreira, 2013.
- MARION, José Carlos e YAMADA, Walter Nobuyuki. *Contabilidade geral para concurso público.* 2. ed. São Paulo: Atlas, 2010.
- PADOVEZE, Clovis Luis. *Manual de contabilidade básica:* contabilidade introdutória e intermediária – texto e exercícios. 8. ed. São Paulo: Atlas, 2012.

BIBLIOGRAFIA COMPLEMENTAR

- IUDÍCIBUS, Sérgio de; MARTINS, Eliseu et al. *Manual de contabilidade societária:* aplicável a todas as sociedades de acordo com as normas internacionais e do CPC. 2. ed. São Paulo: Atlas, 2013.
- MISSAGIA, Luiz Roberto e VELTER, Francisco. *Manual de contabilidade – teoria e 650 questões.* 8. ed. Rio de Janeiro: Elsevier-Campus, 2011.

INFORMÁTICA

TALES FERREIRA DA COSTA Administrador de Redes pelo SERPRO – Serviço Federal de Processamento de Dados. Formação em diversos cursos relacionados à Tecnologia da Informação. Ex-Analista de Suporte pela CPM-Braxis. Atuando há mais de 13 anos nas áreas da Tecnologia da Informação e Telecomunicações.

1. INFORMÁTICA

QUESTÕES

I. MICROSOFT WORD

TEXTO I

A figura abaixo mostra uma janela do Word 2000, com um trecho de um artigo do ex-governador do Distrito Federal, Cristovam Buarque, publicado no Correio Braziliense de 23/12/2001.

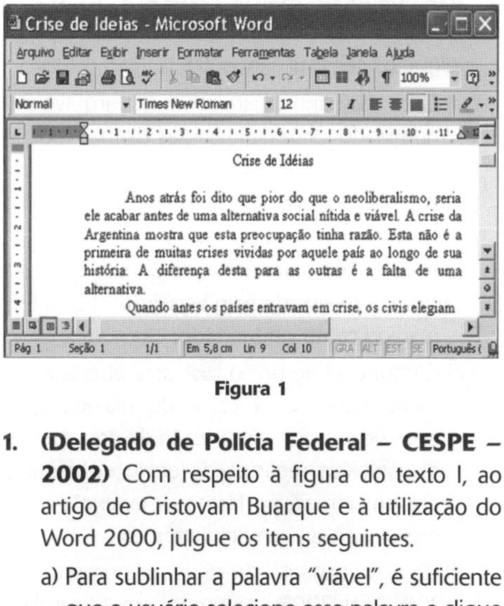

Figura 1

1. **(Delegado de Polícia Federal – CESPE – 2002)** Com respeito à figura do texto I, ao artigo de Cristovam Buarque e à utilização do Word 2000, julgue os itens seguintes.

   a) Para sublinhar a palavra "viável", é suficiente que o usuário selecione essa palavra e clique em [S]. Caso deseje remover o sublinhado, basta posicionar o cursor sobre essa palavra e clicar novamente em [S].

   b) Caso o usuário clique em [ícone], o Word 2000 iniciará uma busca automática de erros gramaticais no documento atual.

   c) Caso o usuário deseje selecionar a palavra "alternativa", ele conseguirá fazê-lo aplicando um clique duplo entre as letras "i" e "n" da referida palavra.

   d) Para inserir o nome do autor do artigo no rodapé de todas as páginas do documento, é suficiente que o usuário realize o seguinte procedimento: clicar no *menu* Janela; escolher a opção Cabeçalho e rodapé; na janela que será aberta em decorrência dessa ação, na área reservada ao rodapé, digitar o nome desejado; clicar finalmente em Fechar.

TEXTO IV

A figura abaixo mostra, na área de trabalho do Word 2000, a parte inicial de um artigo extraído da edição n. 171, de dezembro de 2001, da revista **Superinteressante**, que trata do terrorismo eletrônico por meio da rede mundial de computadores.

Figura 4

2. **(Escrivão de Polícia Federal – CESPE – 2002)** Com base no texto IV e considerando o Word 2000, julgue os itens seguintes.

   a) Posicionar o cursor sobre qualquer palavra do parágrafo iniciado por "A facilidade" e, em seguida, clicar em [ícone], fará que todo esse parágrafo fique com a formatação das margens idêntica à do parágrafo precedente.

b) Caso o usuário deseje excluir o trecho "A maior parte dos danos vêm", no segundo parágrafo do artigo, é suficiente que ele clique imediatamente à esquerda desse trecho; pressione a tecla Shift e, mantendo-a pressionada, clique imediatamente à direita desse trecho; libere a tecla; e clique em .

c) O termo "online" que aparece no título do artigo está com a fonte formatada em itálico. Para obter esse efeito, o usuário pode ter realizado o seguinte procedimento: digitou o termo no mesmo estilo do restante do título; deu um clique duplo sobre ele; clicou em Formatar, para acessar uma lista de opções; nessa lista, clicou em Fonte; na janela decorrente dessa ação, escolheu, na caixa Estilo da fonte, a opção Itálico; finalmente, clicou em OK.

d) Suponha que o usuário execute a seguinte sequência de ações: clique imediatamente à esquerda da expressão "Apesar de", no quarto período do primeiro parágrafo do artigo; pressione a tecla e, mantendo-a pressionada, clique imediatamente à direita da referida expressão; tecle pressione sucessivamente as seguintes teclas: **e m b o r a**. Nessa situação, o usuário terá realizado uma alteração gramática e semanticamente correta.

e) Caso deseje enviar, via correio eletrônico, o documento em edição, é suficiente que o usuário adote o seguinte procedimento: clicar em ; digitar, no campo correspondente, o endereço eletrônico do destinatário; clicar em Enviar uma cópia; clicar em para retornar ao ambiente do Word 2000.

3. (Escrivão de Polícia Federal – CESPE – 2002) Ainda com base no texto IV e considerando o Word 2000, julgue os itens a seguir.

a) Por meio do menu Ferramentas é possível a correção automática de erros comumente cometidos durante a digitação. Por exemplo, o Word 2000 permite que o erro cometido ao se digitar duas iniciais maiúsculas seja automaticamente corrigido.

b) O Word 2000 permite que o usuário inicie a digitação em qualquer ponto da página em branco. Para isso, é necessário que o documento esteja no modo de exibição Layout de impressão ou Layout da Web.

c) Caso o usuário deseje encontrar sinônimos para uma palavra, é suficiente posicionar o cursor sobre ela e pressionar, simultaneamente, as teclas Shift e F7. Esse procedimento abre o dicionário de sinônimos do Word 2000.

d) Em documentos com muitas páginas e com vários tipos de informações, como títulos, tabelas e gráficos, uma maneira de deslocar o cursor rapidamente no documento é utilizar o botão de procura , localizado na barra horizontal de rolagem.

e) Para imprimir o documento com cada página numerada em seu canto superior direito, é suficiente que o usuário siga o seguinte procedimento: no menu Ferramentas escolha Opções; na janela disponibilizada depois dessa ação, clique na aba Imprimir e marque, em Posição, Canto superior direito; clique em OK; no menu Inserir, clique em Número de páginas.

4. (Delegado de Polícia Federal – CESPE – 2002) Ainda com relação ao texto I (Figura 1), julgue os itens subsequentes.

a) Caso o usuário queira salvar, no arquivo denominado Crise de ideias, as últimas modificações realizadas na edição do texto mostrado na figura, será suficiente que ele clique no botão .

b) Ao clicar no botão , todo o texto que está sendo processado pelo Word 2000 será formatado como centralizado.

c) Clicando-se no botão , será aberta automaticamente uma caixa de diálogo que, além de permitir a impressão do documento, disponibiliza recursos de envio do arquivo em um e-mail, na forma de anexo a uma mensagem de correio eletrônico.

d) Caso o usuário substitua o número em 100% por 200%, o número em 12 mudará para 24.

5. (Agente de Polícia Federal – CESPE – 2002) Considere que todos os programas mencionados estão em configuração-padrão, em português, e que o mouse está configurado para pessoas destras. Assim, a menos que seja explicitamente informado o contrário, expressões como clicar, clique simples e clique duplo referem-se a cliques com o botão esquerdo do mouse. Considere também que não há restrições de proteção e de uso em relação aos programas, arquivos, diretórios e hardware mencionados.

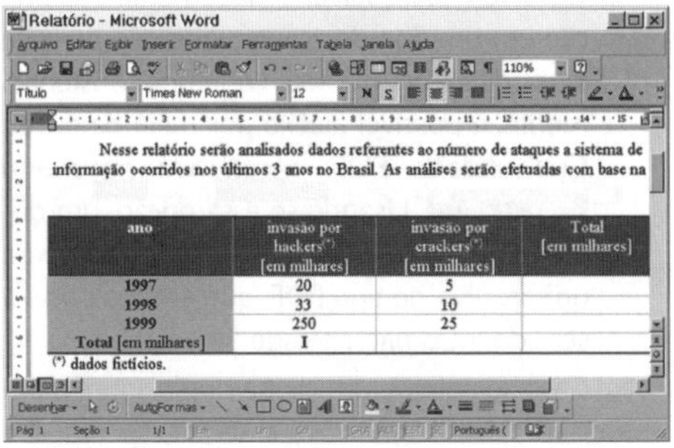

Figura 10

Em um computador cujo sistema operacional é o Windows 98, um agente de Polícia Federal, utilizando o Word 2000, está digitando um relatório com análises acerca do número de invasões de sistemas de informação por hackers e crackers, conforme ilustra a figura acima. Com base nessa figura, julgue os itens a seguir, acerca do uso do Word 2000 e do Windows 98.

a) Caso o agente deseje calcular o total de invasões por hackers verificadas nos anos de 1997, 1998 e 1999, colocando o resultado na célula indicada por "I" na tabela do Word mostrada na figura, será suficiente que ele realize a seguinte sequência de ações: selecionar essa célula com o mouse; clicar no menu Tabela e, nele, escolher a opção Fórmula; no campo Fórmula da janela que será aberta, digitar =SUM(ABOVE) e, nessa mesma janela, clicar em OK.

b) No relatório que o agente está editando, sabendo que o termo Polícia Federal será digitado inúmeras vezes, para facilitar o trabalho de digitação frequente desse termo, pode-se utilizar o recurso de AutoCorreção do Word 2000, que pode ser acessado por meio da opção AutoCorreção do menu Ferramentas. Convenientemente configurado, é possível associar um alias ao termo Polícia Federal, tal como o termo PF. Assim, após cada digitação do termo PF, esse termo será automaticamente substituído por Polícia Federal.

c) No relatório que o agente está digitando, supondo que muitas informações utilizadas tenham sido obtidas em páginas de sites da Internet, seria interessante introduzir, no relatório, hyperlinks para esses sites. Porém, apesar da grande evolução em relação aos seus antecessores, o Windows 98 não permite a inserção de hyperlinks no corpo de um documento do Word.

d) Uma das deficiências do Word 2000 é a ausência de recursos de senha para se abrir um documento do Word. Dessa forma, qualquer usuário que tenha acesso ao arquivo do documento que está sendo digitado pelo agente poderá abri-lo, modificá-lo e salvar as modificações sem a autorização prévia do autor principal.

e) Considerando que o relatório digitado pelo agente seja grande e, que, para efetuar determinadas análises e conclusões, seja necessário visualizar simultaneamente duas partes diferentes do documento, então o agente poderia utilizar recursos de divisão da janela de texto fornecidos pelo Word.

6. (Delegado de Polícia Federal – CESPE – 2004)

Figura 12

Considerando a figura acima, que ilustra uma janela do Word 2000 contendo parte de um texto extraído e adaptado do sítio http://www.funai.gov.br, julgue os itens subsequentes.

a) Considere o seguinte procedimento: selecionar o trecho "Funai, (...)Federal"; clicar a opção Estilo no menu Exibir na janela decorrente dessa ação, marcar o campo Todas em maiúsculas; clicar OK. Esse procedimento fará que todas as letras do referido trecho fiquem com a fonte maiúscula.

b) A correção e as ideias do texto mostrado serão mantidas caso se realize o seguinte procedimento: clicar imediatamente antes de "no final"; pressionar e manter pressionada a tecla Shift; clicar imediatamente após "semana,"; liberar a tecla Shift; pressionar e manter pressionada a tecla Ctrl; teclar X; clicar imediatamente após "apreenderam"; teclar , ; clicar o botão .

c) As informações contidas na figura mostrada permitem concluir que o documento em edição contém duas páginas e, caso se disponha de uma impressora devidamente instalada e se deseje imprimir apenas a primeira página do documento, é suficiente realizar as seguintes ações: clicar a opção Imprimir no menu Arquivo na janela aberta em decorrência dessa ação, assinalar, no campo apropriado, que se deseja imprimir a página atual; clicar OK.

d) Para encontrar todas as ocorrências do termo "Ibama" no documento em edição, é suficiente realizar o seguinte procedimento: aplicar um clique duplo sobre o referido termo; clicar sucessivamente o botão .

7. **(Escrivão de Polícia Federal – CESPE – 2004)** Julgue os itens subsequentes, considerando a figura acima, que ilustra uma janela do Word 2000 contendo parte de um texto extraído e adaptado do sítio http://www.justica.gov.br/noticias/.

a) Sabendo que o tipo de fonte utilizada no parágrafo do texto mostrado é Normal, para alterá-la para Times New Roman, é suficiente realizar as seguintes ações: clicar em qualquer palavra do referido parágrafo; clicar a caixa Normal; digitar Times New Roman; teclar Enter.

b) Considere a realização do seguinte procedimento: clicar imediatamente antes de "www"; pressionar e manter pressionada a tecla Shift; clicar imediatamente após ".br"; liberar a tecla Shift; clicar a opção Hyperlink, encontrada no menu Inserir; na janela disponibilizada em decorrência dessa ação, clicar OK. Após a realização desse procedimento, será inserido um hyperlink vinculado à página web http://www.obrasileirinho.org.br.

c) Caso se deseje salvar o documento em edição em um tipo de arquivo que não permita a modificação de seu conteúdo posteriormente, é possível fazê-lo por meio da opção Criar Adobe PDF, encontrada no menu Ferramentas. Usando-se essa opção, um documento Word pode ser transformado para um arquivo do tipo PDF, que apenas poderá ser lido, mas não alterado.

d) Caso se aplique um clique duplo sobre a palavra "Brasileirinho" e, a seguir, se clique a opção Fonte, encontrada no menu Formatar, será possível, por meio de funcionalidades disponibilizadas na janela Fonte, modificar o espaçamento entre os caracteres da referida palavra para a forma do tipo Brasileirinho.

Figura 15

8. **(Agente de Polícia Federal – CESPE – 2009)** Considerando a figura acima, que mostra uma janela do Word 2002, com um texto em edição, em que nenhuma parte está formatada como negrito, julgue os próximos itens.

a) Ao se clicar à direita da palavra "devidamente" e, em seguida, clicar o botão ¶, o símbolo ¶ será exibido à direita da referida palavra.

b) Ao se aplicar um clique duplo em um local da barra de título que não contenha botão ou ícone, a janela mostrada será maximizada.

c) O conteúdo da primeira linha do texto mostrado será centralizado, após a realização da seguinte sequência de ações: selecionar a referida linha; pressionar e manter pressionada a tecla Ctrl; acionar a tecla C, pressionando-a e liberando-a; liberar a tecla Ctrl.

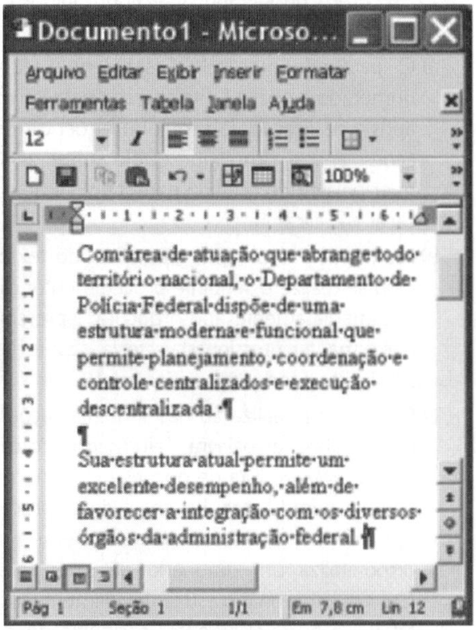

Figura 16

9. **(Agente de Polícia Federal – CESPE – 2004)** Considerando a figura acima, que ilustra uma janela do Word 2000 com parte de um texto extraído e adaptado do sítio http://www.dpf.gov.br, julgue os itens subsequentes.

a) Sabendo que o espaçamento entre as linhas dos parágrafos mostrados está configurado para simples, para aumentar esse espaçamento, é suficiente realizar o seguinte procedimento: selecionar os referidos parágrafos; clicar a opção Espaçamento entre linhas, encontrada no menu Ferramentas. Na janela aberta em decorrência dessa ação, definir no local apropriado o espaçamento desejado; clicar OK.

b) Considere que exista uma impressora devidamente configurada conectada ao computador em que o Word está sendo executado e que seja feito o seguinte procedimento: selecionar o trecho "Sua estrutura (...) federal."; no menu Formatar clicar na opção Fonte; na janela aberta em decorrência dessa ação, definir, no local apropriado, fonte com efeito Oculto; clicar OK; a seguir, imprimir o documento em edição. Nessa situação, o documento em edição será impresso sem o trecho selecionado.

c) Por meio do menu Inserir é possível adicionar ao documento em edição, entre outros, quebra de página e de coluna, números de páginas, símbolos não disponibilizados diretamente pelo teclado, figuras e notas de rodapé.

d) Considere que o documento em edição já foi associado a um arquivo por meio da opção Salvar como. Nessa situação, caso o botão 💾 seja clicado, todas as modificações realizadas no documento desde a última salvaguarda serão salvas no referido arquivo e o botão ↶, que está ativado, passará ao modo inativo ou impossível desfazer – ↶

10. **(Escrivão de Polícia Federal – CESPE – 2004)**

Figura 20

Considerando a figura acima, que ilustra uma janela do Word 2000 contendo parte de um texto extraído e adaptado do sítio http://www.dpf.gov.br, julgue os itens subsequentes.

a) Considere a realização do seguinte procedimento: clicar imediatamente antes de "MINISTÉRIO"; pressionar e manter pressionada a tecla teclar Shift; teclar End; liberar a tecla Shift; clicar o botão ≣; pressionar e manter pressionada a tecla Ctrl; teclar N liberar a tecla Ctrl. Após esse procedimento, o primeiro parágrafo mostrado do documento ficará centralizado e com a fonte alterada para o estilo negrito.

b) Sabendo que o trecho "DIRETOR (...) FEDERAL" foi digitado com a tecla Caps Lock ativada, então, caso se deseje alterar todas as letras desse trecho para fonte em minúsculas, é suficiente realizar o seguinte procedimento: selecionar o referido trecho; clicar a opção Maiúsculas e minúsculas no menu Formatar; na janela decorrente dessa ação, clicar OK.

c) Por meio de opção encontrada no menu Ferramentas é possível proteger o documento em edição com uma senha, de maneira que apenas alterações controladas sejam permitidas. Caso se esqueça essa senha e se deseje restabelecer a situação de documento sem proteção, é suficiente salvar o documento em um arquivo com nome diferente do atual.

d) Considere a realização do seguinte procedimento: selecionar o texto mostrado, o que ativa o botão Copiar; clicar esse botão; teclar Delete. Esse procedimento exclui do documento todo o texto selecionado. Por meio de opção encontrada no menu Editar é possível colar no documento esse texto sem a formatação atual, que contém vários parágrafos, de modo que o texto colado tenha apenas um único parágrafo.

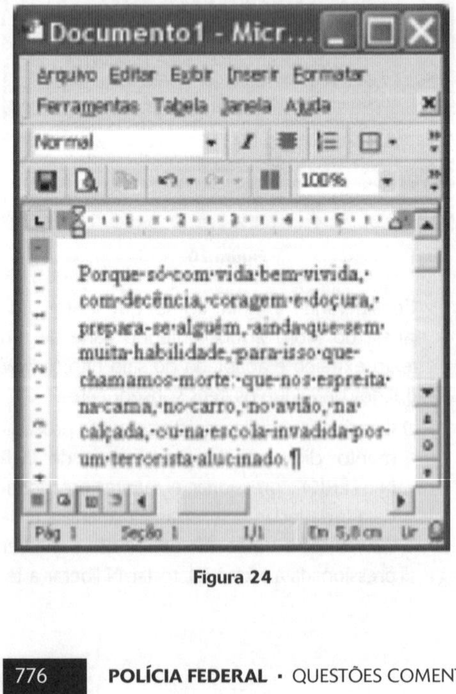

Figura 24

11. (Agente de Polícia Federal – CESPE – 2004) A figura acima ilustra uma janela do Word 2000 contendo parte de um texto de Lya Luft, extraído da revista Veja, n. 1.872, de 22/9/2004. Considerando essa figura, julgue os itens subsequentes.

a) O parágrafo mostrado ficará centralizado, numerado e com a fonte alterada para itálico após a realização da seguinte sequência de ações: aplicar um clique duplo sobre qualquer palavra do referido parágrafo; clicar *I*; clicar ≣; clicar ☰.

b) Mantém-se a correção gramatical do texto, caso se realize o seguinte procedimento: clicar imediatamente após "doçura,"; pressionar e manter pressionada a tecla Shift; teclar Home; liberar a tecla Shift; teclar Backspace.

c) Considere a realização das seguintes ações: clicar sobre a palavra "alucinado"; clicar Ferramentas; na lista de opções desse menu, apontar para Idioma. Por meio desse procedimento, tem-se acesso a um submenu que disponibiliza um dicionário de sinônimos. Caso esse dicionário esteja devidamente instalado, é possível se obter o significado da referida palavra.

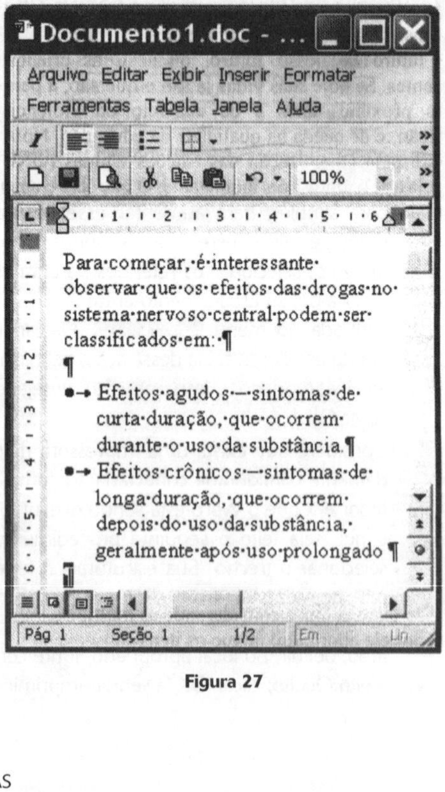

Figura 27

12. **(Delegado de Polícia Federal-Cespe-2004)** A figura acima ilustra uma janela do Word 2000 contendo parte de um texto extraído e adaptado do sítio http://www.obrasileirinho.org.br. Considerando essa figura, julgue os itens a seguir, a respeito do Word 2000.

a) A correção gramatical e as ideias do texto serão mantidas caso, com o mouse, sejam realizadas as seguintes ações: clicar imediatamente antes de "Efeitos crônicos"; pressionar e manter pressionado o botão esquerdo; arrastar o ponteiro até imediatamente após "prolongado ¶. liberar o botão esquerdo; clicar o botão ✂; clicar imediatamente antes de "Efeitos agudos"; clicar o botão.

b) Para se eliminar os marcadores de parágrafo mostrados, é suficiente realizar o seguinte procedimento: clicar imediatamente após "prolongado."; pressionar e manter pressionada a tecla Shift; teclar Page Up; liberar a tecla Shift; clicar o botão.

c) Por meio de opções encontradas no menu Exibir, é possível alternar entre diferentes modos de exibição do documento ativo. Essa alternância entre modos de exibição do documento também pode ser realizada por meio do conjunto de botões.

d) Título, assunto, palavras-chave e comentários de um documento são metadados **típicos presentes em um documento produzido por processadores de texto como o** BrOffice e o Microsoft Office.

II. MICROSOFT EXCEL

13. **(Delegado de Polícia Federal – CESPE – 2004)**

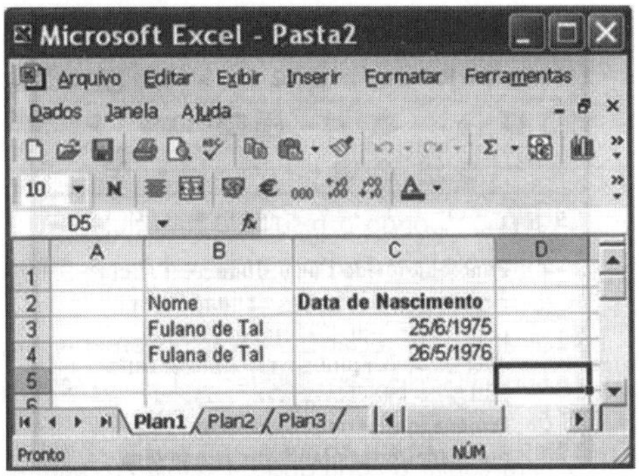

Figura 30

A figura acima mostra uma janela do Excel 2002 com uma planilha em processo de edição. Com relação a essa figura e ao Excel 2002, e considerando que apenas a célula C2 está formatada como negrito, julgue o item abaixo.

- É possível aplicar negrito às células B2, B3 e B4 por meio da seguinte sequência de ações, realizada com o mouse: clicar a célula C2; clicar; posicionar o ponteiro sobre o centro da célula B2; pressionar e manter pressionado o botão esquerdo; posicionar o ponteiro no centro da célula B4; liberar o botão esquerdo.

14. **(Escrivão de Polícia Federal – CESPE – 2002)**

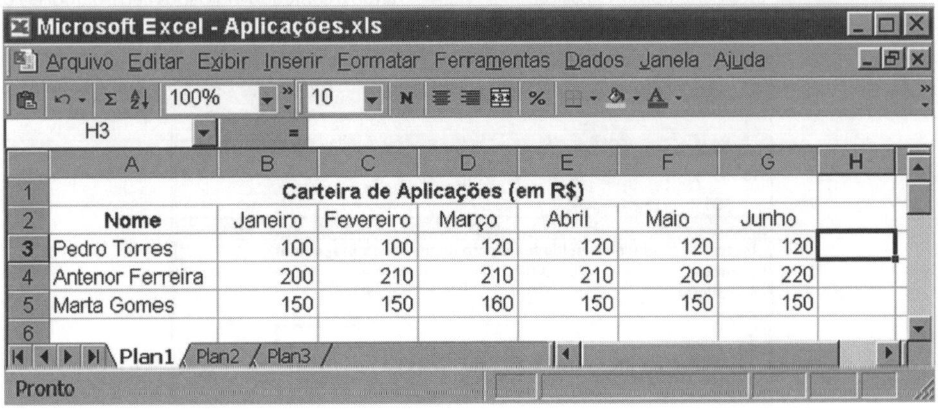

Figura 31

Um empregado de um banco elaborou, no Excel 2000, a planilha mostrada na figura acima, contendo os depósitos mensais realizados por pequenos investidores. Essa carteira de investimentos do banco tem um rendimento igual a 1% ao mês, que incide sobre o saldo acumulado. Com relação a essa situação, julgue os itens subsequentes.

a) Para calcular o saldo total acumulado na conta do investidor Pedro Torres até o mês de "Junho", pondo o resultado na célula H3, é suficiente que o empregado realize a seguinte sequência de ações: clicar na célula H3; clicar em Σ teclar Enter clicar novamente na célula H3; clicar em %; teclar 1 e, em seguida, teclar Enter.

b) Para copiar o conteúdo da célula A2 para a célula H2, é suficiente que o empregado realize o seguinte procedimento: clicar na célula A2; pressionar a tecla Ctrl e, mantendo-a pressionada, teclar C, liberando, em seguida, a tecla Ctrl; clicar na célula H2; pressionar a tecla Ctrl e, mantendo-a pressionada, teclar V, liberando, em seguida, a tecla Ctrl.

c) Todas as células de A2 até A5 serão selecionadas se o empregado aplicar um clique duplo na célula A2 e, em seguida, aplicar um clique duplo na célula A5.

d) Para apagar os conteúdos das células A3, A4 e A5, o empregado tem, como uma das possíveis opções, selecionar essas células e teclar Del.

e) Para classificar em ordem alfabética crescente a relação de investidores, é suficiente que o empregado adote o seguinte procedimento: clicar na célula A2; pressionar a tecla Alt e, mantendo-a pressionada, clicar na célula G5; clicar em Ferramentas; escolher a opção Classificar.

Figura 33

15. (Escrivão de Polícia Federal – CESPE – 2004) Considerando a figura acima, que ilustra uma janela do Excel 2000 contendo uma planilha em processo de elaboração, julgue os itens a seguir.

a) Sabendo que a célula A4 está com formatação do tipo geral, considere a realização do seguinte procedimento: clicar a célula A4; digitar =C3/A3*100 e, em seguida, teclar Enter. Após esse procedimento, a célula A4 conterá um número cujo valor é superior a 1, se os conteúdos das células A3 e C3 estiverem formatados para número.

b) Sabendo que as células B1 e C1 estão mescladas, considere a realização das seguintes ações: clicar o cabeçalho da linha 1 — 1 —; clicar ⊞. Nessa situação, é correto afirmar que, como resultado da primeira ação, as células A1, B1 e C1 serão selecionadas e, como resultado da segunda ação, estas células ficarão mescladas após confirmação dessa ação e terão o conteúdo Indiciados Lei n. 6.368/1976.

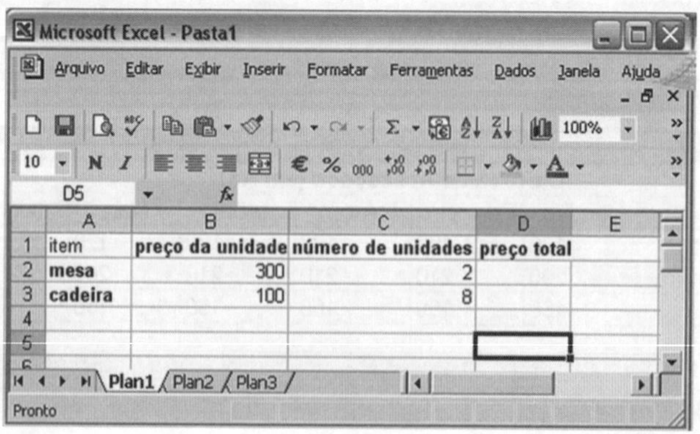

Figura 34

16. (Agente de Polícia Federal – CESPE – 2009) Julgue os itens a seguir, considerando a figura acima, que mostra uma planilha em edição no Excel 2002, com uma lista de preços unitários de mesas e cadeiras, bem como a quantidade a ser adquirida de cada item.

a) Para se calcular o preço total das oito cadeiras a serem adquiridas, é suficiente clicar a célula D3, digitar =B3*C3 e, em seguida, teclar Enter.

b) Para se inserir uma nova linha entre as linhas 1 e 2, movendo os conteúdos das linhas 2 e 3 para baixo, é suficiente clicar no cabeçalho da linha 2 — 2 — e, em seguida, clicar o botão ⊞.

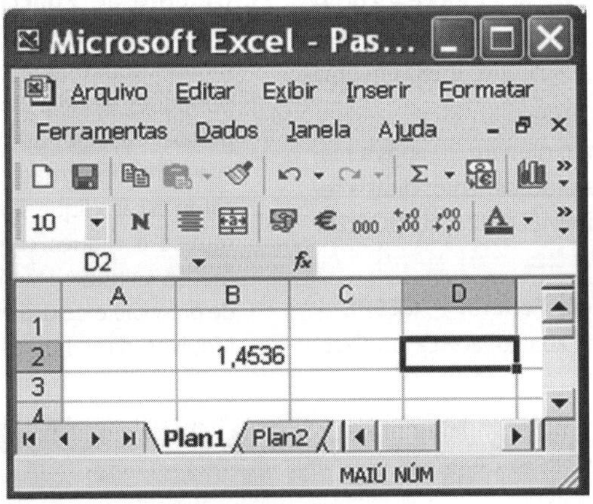

Figura 36

17. (Agente de Polícia Federal – CESPE – 2004) A figura acima mostra uma janela do Excel 2002 em que se iniciou a edição de uma planilha. Quanto a essa figura e ao Excel 2002, julgue o item seguinte.

- Ao se clicar a célula B2 e, em seguida, se clicar ,00→,0, o número 1,4536 será apresentado como 1,454. Caso, em seguida, se clique ,0→,00, o número será apresentado novamente como 1,4536.

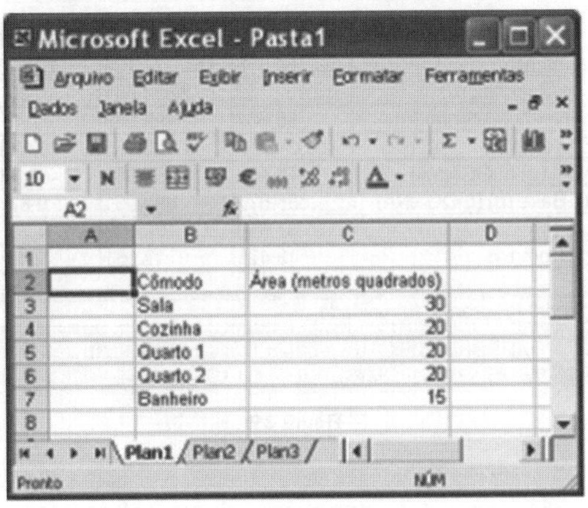

Figura 37

18. (Escrivão de Polícia Federal – CESPE – 2004) A figura acima mostra uma janela do Excel 2002, com uma planilha em processo de edição, contendo as áreas de todos os cômodos de uma casa. Com relação a essa figura e ao Excel 2002, julgue os itens seguintes.

a) Para calcular a área total ocupada pela casa e pôr o resultado na célula C8, é suficiente clicar a célula C8, digitar somar (C3-C7) e, em seguida, teclar Enter.

b) Para aplicar negrito aos conteúdos das células B2 e C2, é suficiente clicar a célula B2, clicar **N** e, em seguida, clicar a célula C2.

19. (Agente de Polícia Federal – CESPE – 2004) Julgue o item a seguir, acerca do Excel 2000, considerando que esse aplicativo esteja em uma sessão de uso.

- A célula A1 conterá o número 20 após a realização do seguinte procedimento: clicar a referida célula; digitar =MÉDIA(26;14;10;30;20) e, em seguida, teclar Enter.

20. (Delegado de Polícia Federal – CESPE – 2004) Julgue o item abaixo, acerca do Excel 2000, considerando que esse aplicativo esteja em uma sessão de uso.

- Considere a realização do seguinte procedimento: clicar a célula A1; digitar =Mínimo(12;33;99;25;66) e, em seguida, teclar Enter. Após esse procedimento, a referida célula conterá o número 12.

21. (Agente de Polícia Federal – CESPE – 2002) Considere que todos os programas mencionados estão em configuração-padrão, em português, e que o mouse está configurado para pessoas destras. Assim, a menos que seja explicitamente informado o contrário, expressões como clicar, clique simples e clique duplo referem-se a cliques com o botão esquerdo do mouse. Considere também que não há restrições de proteção e de uso em relação aos programas, arquivos, diretórios e hardware mencionados.

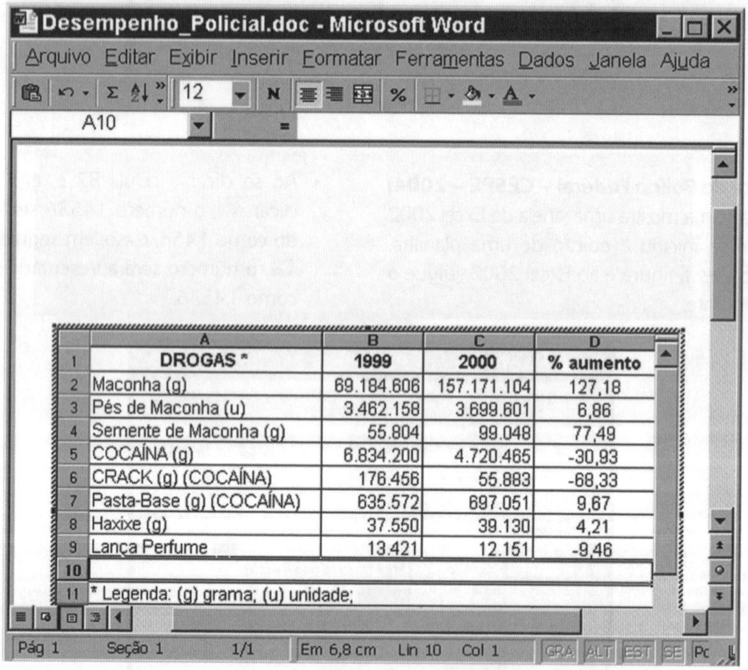

Figura 39

Com a finalidade de elaborar um relatório acerca do desempenho policial, um agente utilizou o Word 2000 e o Excel 2000, em um computador cujo sistema operacional é o Windows 98. A figura acima mostra uma janela contendo parte desse documento, com dados referentes à apreensão de diversas drogas em 1999 e 2000, organizados em uma planilha do Excel inserida nesse documento. Com relação à figura e à utilização do Windows 98, do Word 2000 e do Excel 2000, julgue os itens abaixo.

a) Para incluir uma planilha do Excel em branco no documento em edição, é suficiente adotar o seguinte procedimento: no Word 2000, clicar no menu Inserir; na lista de opções desse menu, clicar em Objeto; na janela disponibilizada, clicar em Planilha do Microsoft Excel; finalmente, clicar em OK.

b) Os valores mostrados nas células de D2 a D9 podem ter sido obtidos ao serem realizadas as seguintes a ações: na célula D2, digitar =(C2:B2)/C2 e pressionar Enter; selecionar a célula D2; arrastar o canto inferior direito dessa célula até a célula D9 e, em seguida, definir a formatação das células selecionadas para número com duas casas decimais.

c) Observa-se da figura que algumas informações contidas na planilha aparecem também no texto. Para evitar digitação repetida, o agente tem a opção de armazenar alguns itens na área de transferência; para isso, ele poderá, na área de trabalho do Word 2000, selecionar e copiar os itens que serão levados para a planilha e, na planilha, colar esses itens nas células correspondentes.

d) Para calcular a quantidade total, em gramas, das drogas apreendidas no ano 2000, é suficiente que o agente clique na célula C2; pressione a tecla Shift e, mantendo-a pressionada, clique na célula C9; finalmente, clicar em Σ

22. (Agente de Polícia Federal – CESPE – DPF/2012) Acerca do Excel 2010, julgue os itens seguintes.

a) Um usuário que deseje que todos os valores contidos nas células de B2 até B16 de uma planilha Excel sejam automaticamente formatados para o tipo número e o formato moeda (R$) pode fazê-lo mediante a seguinte sequência de ações: selecionar as células desejadas; clicar, na barra de ferramentas do Excel, a opção Formato de Número de Contabilização; e, por fim, selecionar a unidade monetária desejada.

b) Em uma planilha Excel, para somar os valores contidos nas células de B2 até B16 e colocar o resultado na célula B17, é suficiente que o usuário digite, na célula B17, a fórmula =SOMA(B2:B16) e tecle Enter

III. MICROSOFT OUTLOOK EXPRESS

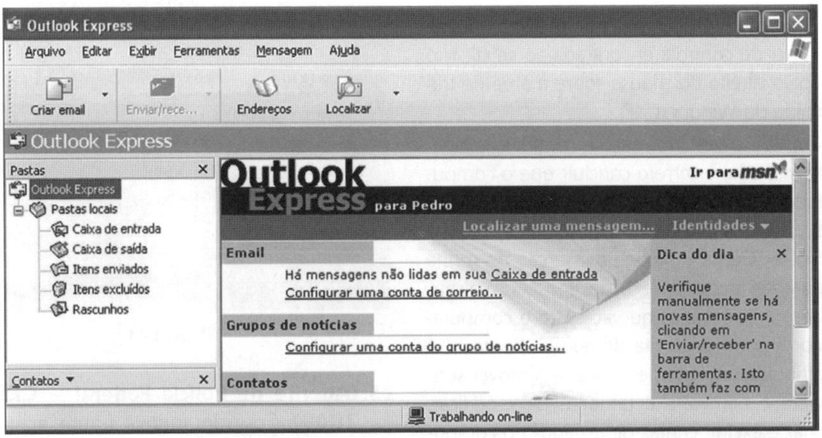

Figura 41

23. (Delegado de Polícia Federal – CESPE – 2004) Considerando a janela do Outlook Express 6 (OE6) ilustrada acima, julgue os itens a seguir.

a) Por meio do botão Localizar, é possível realizar pesquisa para verificar se, na pasta Caixa de entrada, existe mensagem enviada por determinado remetente, identificado por seu endereço eletrônico.

b) A partir de funcionalidades disponibilizadas ao se clicar o botão Endereços, é possível que informações relativas a determinado contato sejam inseridas no caderno de endereços do OE6 referente à conta ativa. Por meio dessas funcionalidades, é possível abrir janela do OE6 que permite a edição e o envio de mensagens de correio eletrônico.

IV. SISTEMA OPERACIONAL WINDOWS

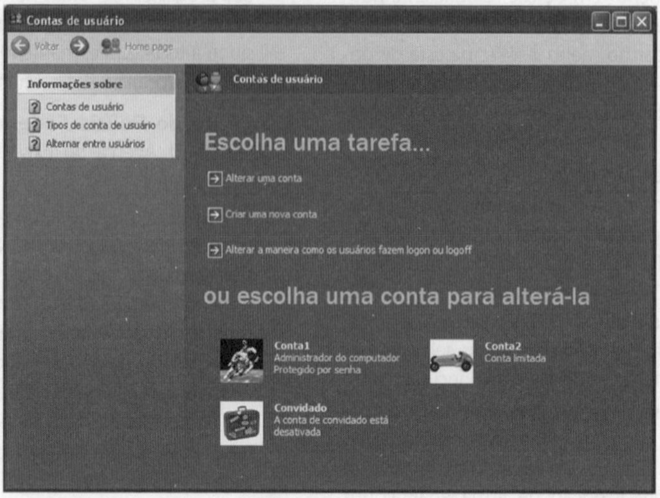

Figura 42

24. (Escrivão de Polícia Federal – CESPE – 2004) Com relação à janela ilustrada acima e ao Windows XP, julgue os itens seguintes, considerando que a janela esteja sendo executada em um computador do tipo PC.

a) Essa janela é acessível por meio da opção Painel de controle encontrada ao se clicar o botão direito do mouse sobre a área de trabalho do Windows XP.

b) Com base nas informações contidas na janela ilustrada, é correto concluir que o computador tem três contas de usuários definidas, sendo que apenas uma, definida com o nome "Conta 1", exige a inserção de senha para ser acessada e é do tipo "Administrador". Aos usuários que acessam o computador a partir da conta de nome "Conta 1" é atribuído o direito de instalar e remover software e hardware e também de modificar, criar e excluir contas de usuários do computador, além do direito de alterar as senhas dessas contas, caso existam.

c) É possível se configurar o Windows XP para permitir o logon simultâneo em diferentes contas de usuários que estejam definidas. Caso o Windows XP esteja assim configurado, é possível alternar entre "Conta 1" e "Conta 2", e vice-versa, sem necessidade de se realizar o logoff de uma delas, antes de acessar o conteúdo da outra. Dessa forma, não é necessário que sejam finalizadas todas as aplicações que estiverem sendo executadas em uma conta, antes de se realizar o logon ou a comutação entre "Conta 1" e "Conta 2".

Figura 43

25. (Agente de Polícia Federal – CESPE – 2009) Considerando a figura acima, que mostra o canto inferior esquerdo do desktop do Windows XP, julgue os itens seguintes.

a) Ao se clicar, com o botão direito do mouse, o ícone , é exibida uma lista de opções, entre elas, a que permite iniciar ação para esvaziar a Lixeira do Windows.

b) Ao se clicar uma vez sobre o ícone  a respectiva pasta será aberta, e os ícones associados aos arquivos nela contidos poderão ser visualizados.

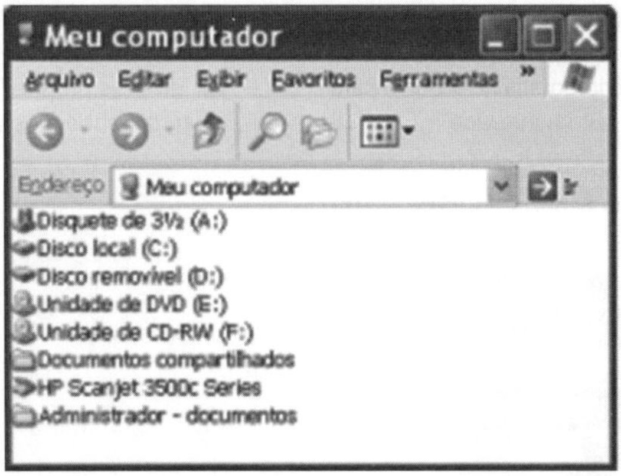

Figura 45

26. (Agente de Polícia Federal – CESPE – 2004) Considerando a figura acima, que mostra a janela Meu computador do Windows XP, julgue os itens subsequentes.

a) Para se exibir uma janela que apresente o conteúdo do disco A:, é suficiente realizar a seguinte sequência de ações: clicar Disquete de 3½ (A:); clicar o menu Exibir na lista de opções que é exibida em decorrência dessa ação, clicar Abrir.

b) Ao se clicar o botão [ícone] serão minimizadas todas as janelas que estão sendo exibidas, o que permite a visualização de toda a área de trabalho do Windows XP.

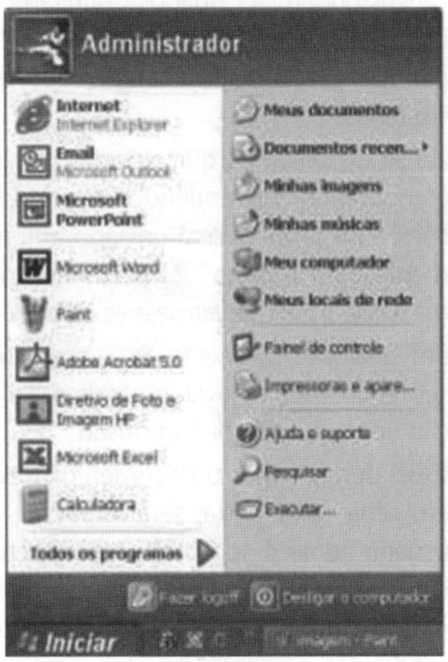

Figura 46

27. (Escrivão de Polícia Federal – CESPE – 2004) A figura acima mostra o menu Iniciar, o botão Iniciar e parte da barra de tarefas do Windows XP. Com relação a essa figura e ao Windows XP, julgue os itens seguintes.

a) A figura mostra uma das possíveis formas de exibição do menu Iniciar. No Windows XP, o usuário pode optar por utilizar o menu Iniciar clássico, semelhante ao de versões anteriores do Windows.

b) Ao se clicar Pesquisar, será exibida uma janela que poderá auxiliar o usuário na procura de um arquivo cujo nome seja por ele conhecido.

28. (Delegado de Polícia Federal – CESPE – 2004) Em um computador cujo sistema operacional é o Windows XP, ao se clicar, com o botão direito do mouse, o ícone [ícone], contido na área de trabalho e referente a determinado arquivo, foi exibido o menu mostrado na figura abaixo. A respeito dessa figura e do Windows XP, julgue os itens a seguir.

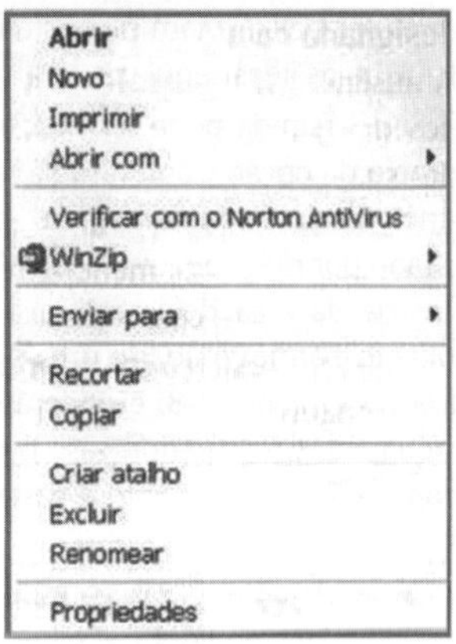

Figura 48

a) Ao se clicar a opção WinZip, será executado um programa que permitirá a realização de operações de criptografia no arquivo para protegê-lo contra leitura indevida.

b) Ao se clicar a opção Propriedades, será exibida uma janela por meio da qual se pode verificar diversas propriedades do arquivo, como o seu tamanho e os seus atributos.

29. (Delegado de Polícia Federal – CESPE – 2002)

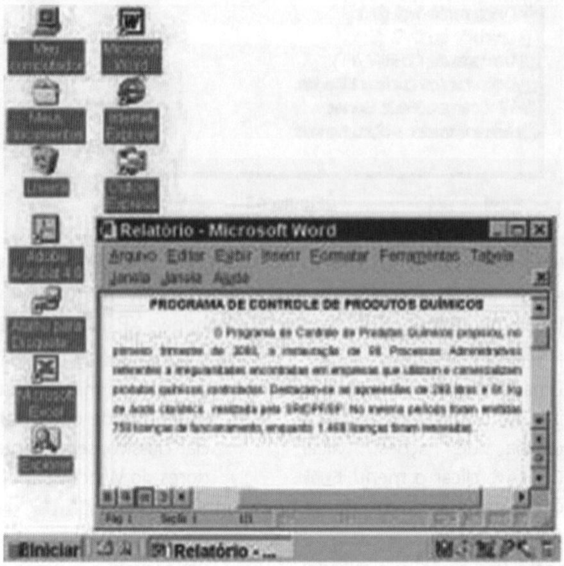

Figura 49

A figura acima é o resultado da captura de parte da área de trabalho de um computador, em que se observa, sobre a área do desktop do Windows 98, uma janela de um editor de textos, com parte de um documento denominado "Relatório". Com o auxílio da figura e considerando o uso do Windows 98 e dos diferentes aplicativos compatíveis com esse sistema operacional, julgue os itens seguintes.

a) A figura mostrada pode ter sido capturada por meio da opção Capturar tela, encontrada no menu Ferramentas do aplicativo acessado por meio do ícone . Ao capturar a tela da área de trabalho, a imagem resultante é armazenada na área de transferência do Windows 98, e poderá ser recuperada para uso posterior, caso o periférico denominado *scanner* esteja instalado no computador.

b) Com base na configuração apresentada pelo editor de textos da figura, é correto afirmar que o mesmo pertence a uma categoria de *software* denominada *shareware*. Esses aplicativos podem ser obtidos gratuitamente na Internet, por meio de *download*, e funcionam por prazo determinado e com recursos limitados.

c) Ao se excluir um arquivo do disco rígido do computador, dependendo das configurações, esse arquivo será enviado automaticamente para a pasta  permanecendo armazenado até que ela seja esvaziada.

Em qualquer momento, esse arquivo pode ser recuperado e enviado para a sua localização original, anterior à exclusão.

d) Caso deseje salvar o documento "Relatório" em uma nova pasta, será suficiente que o usuário adote o seguinte procedimento: clicar no ícone 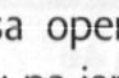; clicar no botão direito do *mouse* e, no *menu* disponibilizado em decorrência dessa operação, selecionar a opção Nova pasta; na janela que aparece, digitar o nome desejado para a nova pasta; ainda nessa janela, clicar em Salvar.

e) As facilidades do mundo atual, decorrentes do advento da informática, podem ser encontradas nas mais diversas atividades do homem moderno. No entanto, algumas dessas facilidades podem ser utilizadas também para ataques de *hackers* que causam grandes prejuízos a empresas nacionais e internacionais. Nessa categoria, encontra-se o software relacionado ao ícone , que pode ser utilizado para infectar, por vírus de computador, um determinado sistema.

30. (Escrivão de Polícia Federal – CESPE – 2002)

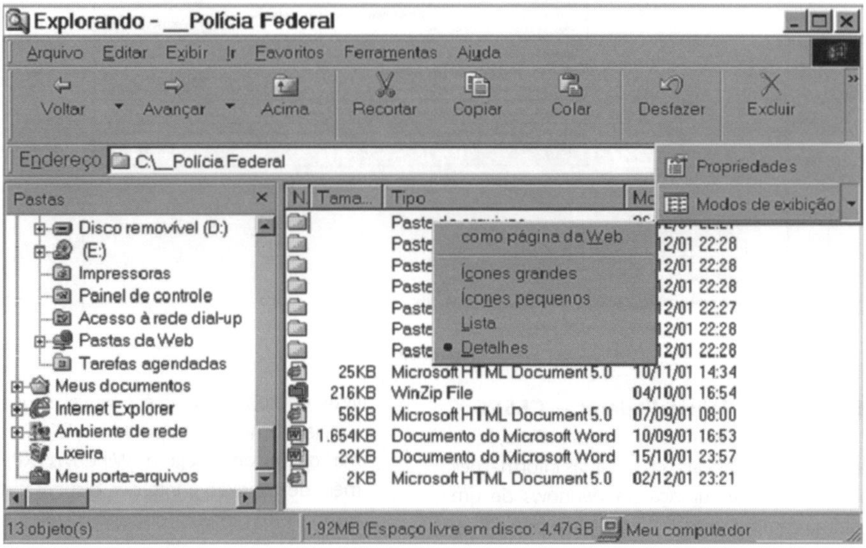

Figura 50

A figura acima ilustra uma janela do Windows Explorer, que está sendo executado em um computador cujo sistema operacional é o Windows 98.

Com base nessa figura, julgue os seguintes itens, acerca do Windows Explorer e do Windows 98.

a) Os treze objetos indicados no canto inferior esquerdo da janela mostrada na figura referem-se aos objetos — arquivos e pastas — armazenados no diretório C:_Polícia Federal, desconsiderando-se os objetos localizados nos subdiretórios contidos nas pastas desse diretório mostradas na figura.

b) Supondo que o computador possua dois winchesters de mesma capacidade instalados, é correto concluir que a capacidade de armazenamento de cada winchester é inferior a 3 GB.

c) Ao se digitar um determinado URL no campo Endereços, e, em seguida, acionar a tecla, o Windows Explorer e o Internet Explorer serão simultaneamente executados, com o Windows 98 permitindo mesclar informações de um e de outro aplicativo em uma mesma janela.

d) Se a opção como página da Web for acionada, todos os objetos do diretório C:_Polícia Federal serão definidos como favoritos do Internet Explorer 5. Com esse recurso, é possível acessar o conteúdo desses objetos a partir do Internet Explorer 5, constituindo esse um recurso diferencial entre o Windows 98 e seus antecessores.

e) Pela figura, é correto afirmar que o computador possui, entre outros periféricos, um disco removível que pode ser, por exemplo, uma unidade de Zip drive. Pode-se, ainda, observar na figura que esse computador pertence a uma rede dial-up, possuindo, necessariamente, uma placa de fax/modem e uma placa de rede instaladas.

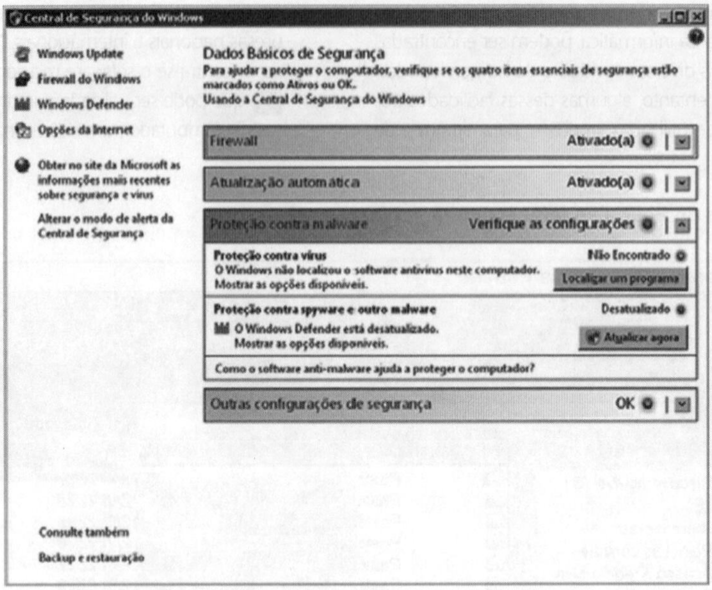

Figura 52

31. (Escrivão de Polícia Federal – CESPE – 2009) Considerando a figura acima, que apresenta uma janela com algumas informações da central de segurança do Windows de um sistema computacional (host) de uso pessoal ou corporativo, julgue os próximos itens, a respeito de segurança da informação.

a) A atualização automática disponibilizada na janela exibida acima é uma função que está mais relacionada à distribuição de novas funções de segurança para o sistema operacional do que à distribuição de novos patches (remendos) que corrijam as vulnerabilidades de código presentes no sistema operacional.

b) Na figura acima, o firewall assinalado como ativado, em sua configuração padrão, possui um conjunto maior de regras para bloqueio de conexões originadas de fora do computador do que para as conexões originadas de dentro do computador.

c) A configuração da proteção contra malwares exposta na figura indica que existe no host uma base de assinaturas de vírus instalada na máquina.

32. (Agente de Polícia Federal – CESPE – 2004 – adaptada)

- Mesmo constituindo um procedimento potencialmente inseguro quanto a infecção por vírus de computador, é possível se instalar software em um computador PC cujo sistema operacional seja o Windows XP, por meio de conexão à Internet, dispensando-se o uso de ferramenta disponibilizada a partir do Painel de Controle.

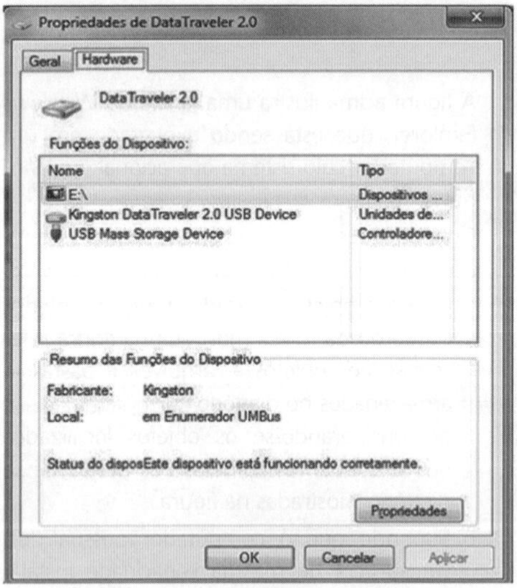

Figura 53

33. (Escrivão de Polícia Federal – CESPE – DPF/2013) Considerando a figura acima, que ilustra as propriedades de um dispositivo USB conectado a um computador com sistema operacional Windows 7, julgue os itens a seguir.

a) As informações na figura mostrada permitem inferir que o dispositivo USB em questão usa o sistema de arquivo NTFS, porque o fabricante é Kingston.

b) Ao se clicar o ícone USB Mass Storage Device, será mostrado, no Resumo das Funções do Dispositivo, em que porta USB o dispositivo está conectado.

c) Um clique duplo em Kingston DataTraveler 2.0 USB Device fará que seja disponibilizada uma janela contendo funcionalidades para a formatação do dispositivo USB.

34. (Escrivão de Polícia Federal – CESPE – DPF/2013) Acerca de organização, processos e gerenciamento de informações, julgue o item que se segue.

- Considere que um usuário de login joao_jose esteja usando o Windows Explorer para navegar no sistema de arquivos de um computador com ambiente Windows 7. Considere ainda que, enquanto um conjunto de arquivos e pastas é apresentado, o usuário observe, na barra de ferramentas do Windows Explorer, as seguintes informações: Bibliotecas > Documentos > Projetos. Nessa situação, é mais provável que tais arquivos e pastas estejam contidos no diretório C:\Bibliotecas\Documentos\Projetos que no diretório C:\Users\joaojose\Documents\Projetos.

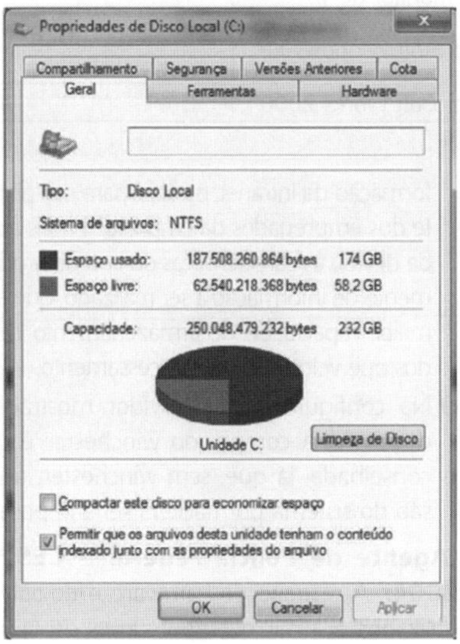

Figura 55

35. (Agente de Polícia Federal – CESPE – DPF/2012) Considerando a figura acima, que representa as propriedades de um disco em um sistema operacional Windows, julgue os itens subsequentes.

a) Se o usuário clicar o botão Limpeza de Disco, todos os vírus de computador detectados no disco C serão removidos do sistema operacional.

b) O sistema operacional em questão não pode ser o Windows 7 Professional, uma vez que o tipo do sistema de arquivo não é FAT32.

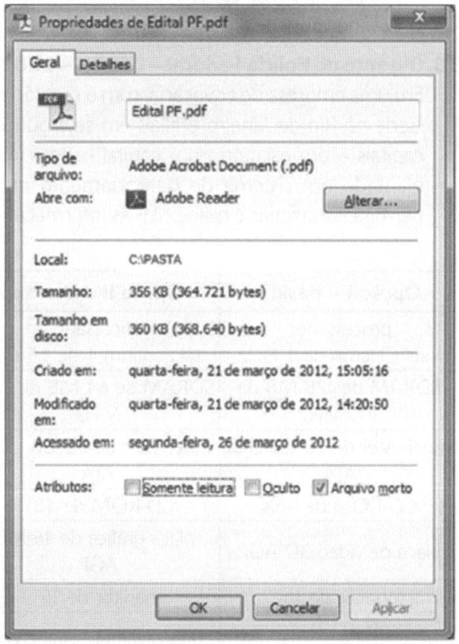

Figura 56

36. (Agente de Polícia Federal – CESPE – DPF/2012) A figura acima apresenta as propriedades básicas de um arquivo em disco, no sistema operacional Windows. A respeito da figura, julgue os itens a seguir.

a) Marcar a caixa da opção Oculto, em Atributos, tornará o arquivo em questão inacessível para softwares antivírus.

b) Caso deseje alterar o nome do arquivo em questão, o usuário deverá selecionar o nome do arquivo na caixa de texto, alterá-lo conforme desejado e clicar o botão OK.

c) Ao clicar na guia Detalhes, o usuário visualizará a data de criação do arquivo e a data de sua última modificação.

V. HARDWARE

37. (Agente de Polícia Federal – CESPE – 2009) Julgue os itens a seguir, acerca de hardware e de software usados em computadores pessoais.

a) ROM é um tipo de memória não volátil, tal que os dados nela armazenados não são apagados quando há falha de energia ou quando a energia do computador é desligada.

b) Existem dispositivos do tipo pendrive que possuem capacidade de armazenamento de dados superior a 1 bilhão de bytes. Esses dispositivos podem comunicar-se com o computador por meio de porta USB.

38. (Agente de Polícia Federal – CESPE – 2002) Em uma empresa de advocacia, com o escritório-sede no Rio de Janeiro e filiais em sete outras capitais – um escritório por capital –, será implantado um sistema de gerenciamento que permita armazenar e manipular as informações relacionadas aos processos de seus clientes, tanto os já encerrados quanto os em andamento. O sistema deverá funcionar da seguinte forma: em cada escritório (da sede ou das filiais) haverá um equipamento (servidor) contendo um banco de dados para armazenar todas as informações relativas aos processos específicos daquele escritório; a cada servidor, será conectada, por meio de uma LAN, uma quantidade de computadores igual ao número de empregados do escritório, devendo formar, naquele escritório, uma Intranet; o acesso às informações de um escritório a partir de outro será realizado por meio da Internet, em uma rede dial-up, utilizando sistema de segurança específico. O único computador que deverá ter acesso direto à Internet é o servidor. A compra de todo o material necessário será realizada em uma empresa especializada, que possui as seguintes opções de equipamentos para a venda.

• Opção I – desktop	• Opção II – desktop	• Opção III – desktop	• Opção IV – servidor
processador Intel Celeron de 1 GHz	processador Intel Pentium 4 de 1,5 GHz	processador Intel Pentium 4 de 2 GHz	processador Intel Pentium III de 1 GHz
SDRAM de 128 MB de 100 MHz	SDRAM de 64 MB de 133 MHz	SDRAM de 64 MB de 133 MHz	RAM de 256 MB
winchester de 20 GB Ultra ATA	winchester de 20 GB Ultra ATA	winchester de 20 GB Ultra ATA	winchester de 40 GB IDE ATA
CD-ROM de 48X	CD-ROM de 48X	DVD de 16X	
placa de vídeo 3D AGP	placa gráfica de 16 MB AGP	placa gráfica de 32 MB AGP	
monitor de 15″	monitor de 15″	monitor de 15″	
Microsoft Windows Millenium	Microsoft Windows XP	Microsoft Windows XP	
Microsoft Works 2000	Microsoft Works 2000	Microsoft Works 2000	

Com base na situação apresentada, julgue os itens que se seguem.

a) Independentemente da configuração das máquinas, se a empresa possui 100 empregados, distribuídos entre os escritórios da sede e das filiais, então, para que o sistema de informação que se deseja implantar possa funcionar adequadamente, deverão ser adquiridas e instaladas nos computadores e servidores, ao todo, 100 placas de fax/modem e 8 placas de rede.

b) Apesar de as opções II e III constituírem configurações de melhor desempenho, comparadas à opção I, a escolha da configuração I para a formação da Intranet, ou seja, para uso por parte dos empregados da empresa, é mais acertada devido às características do tipo de processamento de informação a ser realizado, que exige maior capacidade de armazenamento de dados que velocidade de processamento.

c) Na configuração do servidor mostrada na opção IV, a compra do winchester é desaconselhada, já que, sem winchester, a invasão do sistema por hackers seria impossível.

39. (Agente de Polícia Federal – CESPE – 2004) A respeito de hardware e de software utilizados em microcomputadores do tipo PC, julgue os itens seguintes.

a) Considere que um computador Pentium III contenha um HD de 20 GB e uma unidade de disquete de 31/2", e seja alimentado por uma fonte de potência igual a 250 W. Caso se deseje atualizar a configuração desse computador, pode-se optar por: processador Pentium IV, HD de 40 GB e gravador de CD. Nesse caso, recomenda-se também a substituição da fonte de alimentação por outra de potência superior.

b) Em programas denominados driver, estão contidas todas as informações necessárias para que o sistema operacional reconheça os componentes periféricos instalados no computador. No driver principal, está definida a sequência de boot desejada para o sistema.

40. (Delegado de Polícia Federal – CESPE – 2004) Em computadores do tipo PC, a comunicação com periféricos pode ser realizada por meio de diferentes interfaces. Acerca desse assunto, julgue os seguintes itens.

a) A comunicação entre a CPU e o monitor de vídeo é feita, na grande maioria dos casos, pela porta serial.

b) Alguns tipos de mouse se comunicam com o computador por meio de porta serial.

41. (Escrivão de Polícia Federal – CESPE – 2004) Considere que um usuário tenha editado um arquivo em Word 2002 e deseje salvá-lo. Com relação a essa situação, julgue os itens seguintes.

a) Se o tamanho do arquivo for 10 MB, o usuário não conseguirá salvá-lo em um disquete de 3 1/2" por meio do botão Salvar do Word.

b) Se o tamanho do arquivo for inferior a 1 MB, o usuário poderá salvá-lo na memória ROM do computador.

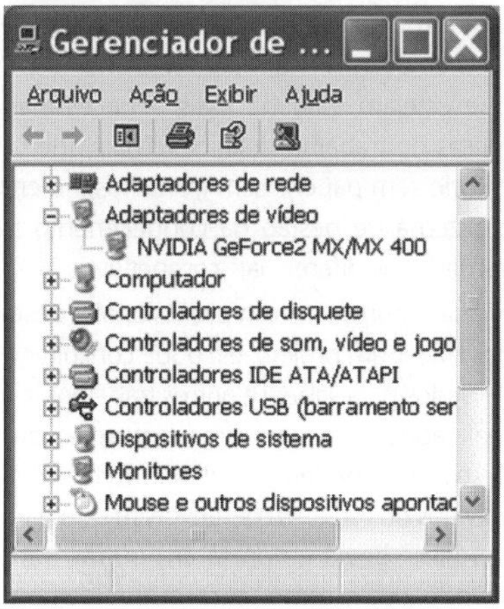

Figura 58

42. (Delegado de Polícia Federal – CESPE – 2004) A figura acima ilustra a janela Gerenciador de dispositivos no momento em que estava sendo executada em um computador cujo sistema operacional é o Windows XP. A partir dessa figura, julgue os itens subsequentes.

a) O ícone NVIDIA GeForce2 MX/MX 400 refere-se a um driver de adaptação de vídeo, que deve estar sendo utilizado pelo computador para a comunicação com o monitor de vídeo. Um driver, programa residente na bios (basic input/output system) do computador, é carregado para a memória sempre que o computador é ligado.

b) A janela Gerenciador de dispositivos, onde estão listados todos os dispositivos de hardware instalados no computador, é acessada por meio de opção encontrada na janela Painel de controle do Windows XP.

c) Considere que o setup default do computador tenha sido alterado manualmente pela introdução de uma senha de identificação. É possível retornar à situação default anterior a essa alteração por meio de opção encontrada ao se clicar o ícone Dispositivos de sistema.

Figura 61

43. (Delegado de Polícia Federal – CESPE – 2004) A figura acima ilustra o que se vem denominando memória USB, também chamada de pendrive. Com relação a esse tipo de hardware, julgue o item a seguir.

- Trata-se de dispositivo, normalmente do tipo plug-in-play, a ser instalado em computador que dispõe de porta USB. Possui capacidade de armazenamento que pode superar 500 MB de dados, cujo conteúdo pode ter o acesso protegido por senha. Quando instalado em computador com sistema operacional Windows XP, a referida memória pode ser acessível a partir do Windows Explorer e do Internet Explorer e é possível que arquivos armazenados em disquete ou no winchester do computador possam ser para ela copiados.

44. (Escrivão de Polícia Federal – CESPE – DPF/2013) A respeito de tipos de computadores e sua arquitetura de processador, julgue os itens subsequentes.

a) Diferentemente de um processador de 32 bits, que não suporta programas feitos para 64 bits, um processador de 64 bits é capaz de executar programas de 32 bits e de 64 bits.

b) Um processador moderno de 32 bits pode ter mais de um núcleo por processador.

45. (Agente de Polícia Federal – CESPE – DPF/2012) Para proferir uma palestra acerca de crime organizado, um agente conectou dispositivo USB do tipo bluetooth no computador que lhe estava disponível. A respeito desse cenário, julgue o item abaixo.

- O uso de dispositivos bluetooth em portas USB necessita de driver especial do sistema operacional. Em termos de funcionalidade, esse driver equivale ao de uma interface de rede sem fio (wireless LAN), pois ambas as tecnologias trabalham com o mesmo tipo de endereço físico.

Figura 1 Figura 2

Figura 62

46. (Agente de Polícia Federal – CESPE – DPF/2012) Com base nas figuras apresentadas acima, julgue os itens consecutivos.

a) A figura 2 ilustra um conector do tipo S-Vídeo, utilizado para ligar dispositivos de vídeo em computadores ou em outros equipamentos de vídeo.

b) Na figura 1, o conector é do tipo PS2, utilizado para conectar mouses e teclados aos computadores.

VI. BANCO DE DADOS

47. (Escrivão de Polícia Federal – CESPE – 2009) Com relação a bancos de dados e processos de informação, julgue os itens seguintes.

a) O uso de chaves estrangeiras em bancos de dados que adotam modelos relacionais permite que o fortalecimento da característica de integridade de dados seja melhor do que o das características de confidencialidade, autenticidade e disponibilidade de dados e informações.

b) O ciclo de vida da informação em uma organização pode corresponder às seguintes fases: criação e recebimento; distribuição; uso; manutenção; e descarte.

VII. INTERNET, INTRANET, REDE DE COMPUTADORES E SEGURANÇA

TEXTO II

Conhecimento é poder

A empresa de consultoria Alfa tem um perfil diferente da maioria de suas concorrentes. Em suas instalações, poucas pessoas, ausência de estantes, nenhuma pilha de papel, e os profissionais não têm sequer um posto de trabalho fixo. O que aconteceu, ao longo dos anos, foi a gradual implantação de um sistema de gestão de conhecimento que mudou por completo o modo como as informações, as experiências e o saber são gerados, adquiridos e compartilhados.

O resto foi consequência. Como todas as informações, projetos desenvolvidos pela empresa, indicadores de mercado, informações da concorrência, análises tecnológicas, além de uma infinidade de documentos, estão em bases de dados eletrônicas, sumiram os papéis e as estantes. Como as bases de dados podem ser consultadas via Internet, por meio de uma *VPN(1) (virtual private network)*, tanto faz se os consultores estão no escritório da sede ou de uma de suas filiais espalhadas pelo mundo, nas instalações de um de seus clientes ou, até mesmo, em casa. Se não acumulam papéis e têm tudo de que precisam para trabalhar onde quer que estejam, não há mais a necessidade de mesas de trabalho definidas. Mais que um escritório sem papel e sem fronteiras, no entanto, o sistema de gestão de conhecimento trouxe verdadeiros diferenciais competitivos.

Nessa empresa, se um profissional é destacado para fazer um projeto, ele pode consultar a base de dados para saber se outros trabalhos já foram realizados para a mesma empresa, ou para descobrir se projetos semelhantes foram desenvolvidos ou estão em desenvolvimento para uma das filiais dessa empresa em outras partes do mundo ou, mesmo, para outras companhias. Com essas informações, de um simples projeto isolado, o trabalho pode evoluir para um plano global, de desenvolvimento conjunto.

**VPN – rede privada virtual que usa criptografia para estabelecer uma conexão privativa por meio de uma rede pública, sobre a qual está implantada a Internet.*

Info Exame. Ano 16, n. 166, set./2001, p. 95-6 (com adaptações).

48. (Delegado de Polícia Federal – CESPE – 2002) Considerando o texto II, julgue os itens a seguir.

a) Como o acesso às informações contidas nos bancos de dados da empresa Alfa é realizado por meio de uma VPN, não há a necessidade de instalação de nenhum sistema especial para impedir ataques de hackers ou crackers, pois, nessas redes, a segurança é garantida pelo uso de senhas de acesso e de técnicas de criptografia das informações que devem trafegar pela Internet.

b) A tecnologia utilizada atualmente em uma rede VPN, mesmo tendo a Internet como rede de interligação mundial, caracteriza-se, principalmente, por interligações de todos os elementos da rede VPN por fibras ópticas, com o uso de protocolos especializados diferentes dos tradicionais TCP/IP, o que garante uma taxa de transmissão superior a 10 Gbps entre quaisquer dois elementos dessa rede.

c) Entre os aplicativos que podem ter sido usados para a criação e a manutenção dos bancos de dados da empresa Alfa, encontra-se o PowerPoint e o Excel, ambos da Oracle, empresa especializada no desenvolvimento de softwares de banco de dados. O uso do primeiro aplicativo restringe-se a ambientes da VPN em que o sistema operacional é o DOS, enquanto o segundo aplicativo deve ser utilizado em ambientes da VPN em que o sistema operacional é o Unix.

d) Se a empresa Alfa pretende explorar seus "diferenciais competitivos" utilizando a divulgação via Internet, ela poderá fazê-lo por meio do desenvolvimento de uma página Web, na qual os potenciais clientes poderiam, utilizando um navegador, acessar informações dessa empresa.

49. (Delegado de Polícia Federal – CESPE – 2002) Ainda considerando o texto II, julgue os seguintes itens.

a) Se, por um lado, a eliminação das "pilhas de papéis" é uma consequência positiva da informatização decorrente da implantação do sistema de gestão do conhecimento, por outro, a concentração das informações em bancos de dados eletrônicos exige investimentos em segurança de dados, principalmente para prevenir ataques advindos da Internet. Entre os possíveis ataques a bancos de dados, encontram-se aqueles relacionados aos vírus de computador, que podem ser de diversas espécies, causando diferentes problemas.

b) O termo "sem fronteiras" utilizado no texto não reflete corretamente a atualidade da Internet, já que, para que dados sejam trocados entre computadores de dois países quaisquer, é necessário que esses países tenham acordos internacionais específicos, o que vem limitando, ainda hoje em dia, a universalização da informação na Internet.

c) Uma estrutura informatizada como a descrita no texto, além de trazer "diferenciais competitivos", ainda poderia ser utilizada para a implantação de um sistema de e-learning, que permite a formação dos empregados da empresa, por meio de cursos, palestras e treinamentos, de forma virtual pela Internet.

d) Caso fossem garantidas taxas de transmissão adequadas, um serviço que poderia ser financeiramente interessante à empresa Alfa seria aquele relacionado à videoconferência, que permitiria que empregados de diferentes filiais da empresa pudessem realizar reuniões sem deslocamento de pessoal, reduzindo custos.

e) Para que um empregado da empresa Alfa possa, por meio da Internet, acessar as informações contidas nos bancos de dados da VPN, ele poderia utilizar um notebook próprio, no qual estaria instalada uma placa de fax/modem que permitiria um acesso, à rede pública, por exemplo, do tipo dial-up.

TEXTO III

Se a Web parasse de crescer hoje, uma criança, visitando uma média alucinante de 100 páginas por dia, gastaria toda a sua vida e, mesmo assim, conheceria apenas 0,1% do que já foi publicado. É isso mesmo. A Web reunia em 31/7/2000 mais de 2,3 bilhões de páginas. Desde então, em média, 7 milhões de páginas novas estão sendo agregadas todos os dias a ela.

A pergunta que se segue é inquietante: como encontrar a informação certa nesse universo sem limites? A primeira dica é explorar ao máximo os mecanismos de busca especializados. Embora os diretórios e os motores de busca genéricos ainda sejam os preferidos, apenas 21,2% dos internautas encontram sempre o que precisam quando recorrem a esses serviços. A criação de bookmarks com os sites de referência mais quentes também é uma atitude correta. Na hora de buscar uma estatística ou uma informação para a conclusão de um trabalho, as chances de que eles tenham a resposta é muito grande.

Como não basta obter informações – precisa-se também organizá-las e armazená-las –, é importante escolher os catalogadores, os bancos de dados e os meios de armazenamento que melhor atendam às suas necessidades.

Info Exame, ano 15, n. 173, ago./2000, p. 67 (com adaptações).

Com o objetivo de realizar uma pesquisa na Internet acerca das páginas da Web que contenham a palavra hackers, um escrivão de Polícia Federal acessou, por meio do Internet Explorer 5, executado em um computador cujo sistema operacional é o Windows 98, a página de um site de busca. Uma das páginas obtidas nessa pesquisa está ilustrada na figura seguinte, que mostra uma janela do Internet Explorer 5.

Figura 63

50. (Escrivão de Polícia Federal – CESPE – 2002) Com relação ao texto III e à figura nele mostrada, julgue os itens abaixo.

a) Mantêm-se as relações de ideias originais e a correção gramatical ao se reescrever o primeiro período do texto da seguinte forma: **Caso a rede mundial de computadores (WWW) parasse de crescer, hoje, uma criança que visitasse uma média de 100 páginas por dia, conheceria, ao longo da vida, apenas um por cento do que já foi publicado.**

b) O Yahoo!, o AltaVista e o Cadê? são exemplos de "motores de busca" mencionados na linha 11 do texto.

c) "A criação de bookmarks com os sites de referência" desejados por um usuário da Internet pode ser realizada utilizando-se, entre outras ferramentas, os recursos de sites favoritos, acessados mediante o botão [Favoritos] do Internet Explorer 5.

d) O termo "eles"refere-se a "internautas".

e) Entre os meios de armazenamento que podem ser utilizados por um usuário que precise realizar o backup de informações obtidas na Internet, incluem-se winchester, CD-ROM e fita magnética.

51. (Escrivão de Polícia Federal – CESPE – 2002) Considerando o texto III e a figura nele mostrada, julgue os itens a seguir.

a) O conteúdo de uma página obtido como resultado da pesquisa realizada pelo escrivão, citada no texto, poderá ser enviado a diversos destinatários por meio de recursos de correio eletrônico acessados mediante o botão [Correio] do Internet Explorer 5.

b) Um dos recursos encontrados no Internet Explorer 5, quando executado no Windows 98, refere-se à possibilidade de, durante a realização de uma pesquisa em um site de busca, ao se clicar no botão [Pesquisar] automaticamente os recursos de busca avançada do site serem acionados, desde que o site deles disponha.

c) Desde que o seu computador esteja devidamente configurado, ao clicar no [Editar] o usuário estará acessando o software Microsoft FrontPage, que permite editar a página mostrada na figura. Por meio desse aplicativo, pode-se modificar essa página e salvar, adequadamente, as modificações realizadas.

d) Um recurso muito utilizado por usuários da Internet é a correspondência com os desenvolvedores ou mantenedores do site visitado. Muitos sites disponibilizam esse recurso na forma de uma sala de bate-papo, em que usuários podem fazer críticas e tirar dúvidas acerca das informações contidas na página. Caso esse recurso estivesse disponível no site referente à página mostrada na figura do texto, ao clicar no botão Discussão automaticamente o usuário acessaria a sala de bate-papo específica do site.

e) Internet é um exemplo típico de que a globalização rompe as fronteiras nacionais, agiliza a troca de informações, o intercâmbio de ideias, as transações financeiras, oferecendo tudo isso em um ambiente completamente seguro, apesar de virtual.

52. (Agente de Polícia Federal – CESPE – 2002)

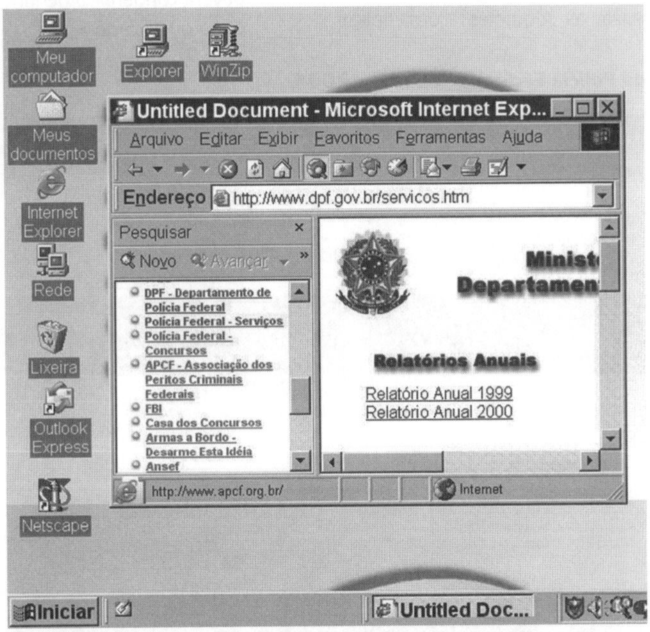

Figura 64

Na figura acima, observa-se uma janela do aplicativo Internet Explorer, aberta sobre a área de trabalho do Windows 98. O computador no qual esse sistema operacional está instalado tem conexão à Internet por meio de uma rede local (LAN). Acerca das características de hardware e de software desse computador, julgue os itens a seguir.

a) O usuário poderá localizar outro computador da rede local por meio do seguinte procedimento: clicar em Iniciar; apontar para Localizar e, em seguida, clicar em Computador, para habilitar a janela Localizar: computador; nessa janela, digitar, no local reservado, o nome do computador procurado; clicar em Localizar agora.

b) Nota-se, na janela do Internet Explorer da figura, que o site <http://www.dpf.gov.br/servicos.htm> está sendo acessado. Caso o usuário não conhecesse o URL completo desse site, ele poderia tê-lo obtido por meio do menu Ajuda.

c) Por meio da Internet, o usuário tem a possibilidade de obter informações oriundas de diversas fontes, como escolas, governos, pessoas físicas e jurídicas. Dessa forma, é possível, via Internet, fazer a declaração de imposto de renda, consultar a pontuação de infrações na carteira de habilitação e verificar benefícios sociais, como rendimentos do PIS e saldo remanescente do extinto FGTS.

d) Atualmente, os sistemas operacionais e os aplicativos estão cada vez mais complexos e sofisticados, exigindo, para o seu funcionamento adequado, hardware com capacidade cada vez maior em termos de velocidade de processamento e espaço em disco. Com o uso, o disco rígido fica fragmentado, tornando o acesso de leitura cada vez mais lento. Para reorganizar arquivos e espaços não utilizados no disco rígido, seria suficiente o usuário realizar as seguintes ações: aplicar um clique duplo em [ícone] selecionar o item Desfragmentar unidade C; clicar em OK.

e) Atualmente, os usuários da Internet vêm recebendo uma grande quantidade de e-mails indesejados. Caso o usuário deseje tomar algum tipo de providência contra os remetentes dessas mensagens, é necessário, inicialmente, a identificação de quem as enviou, o que deve ser feito com o auxílio do ícone [ícone]. Após a identificação do remetente, o usuário deve acionar o Poder Judiciário, que, com base na legislação penal vigente, deverá condenar o denunciado por crime de dano qualificado.

53. (Delegado de Polícia Federal – CESPE – 2004)

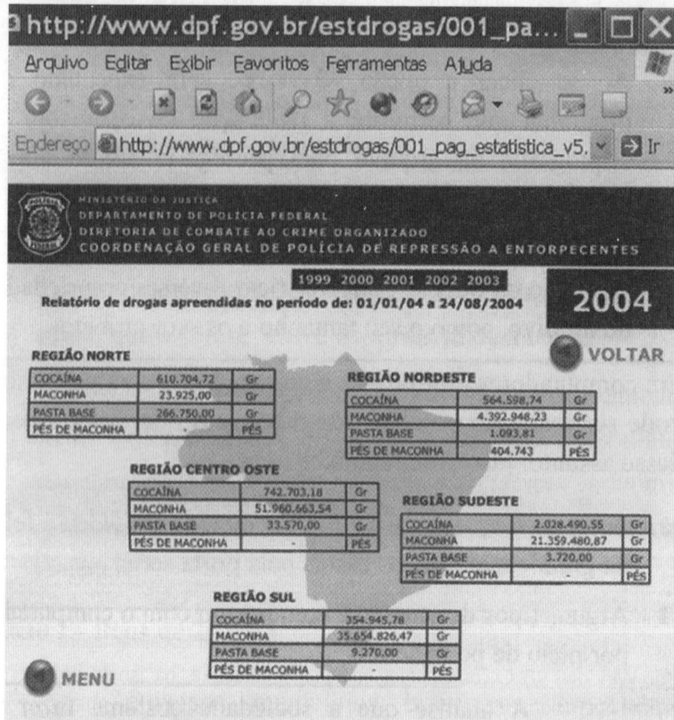

Figura 66

Considere que um delegado de polícia federal, em uma sessão de uso do Internet Explorer 6 (IE6), obteve a janela ilustrada acima, que mostra uma página web do sítio do DPF, cujo endereço eletrônico está indicado no campo Endereço. A partir dessas informações, julgue os itens seguintes.

a) Considere a seguinte situação hipotética.

O conteúdo da página acessada pelo delegado, por conter dados importantes à ação do DPF, é constantemente atualizado por seu webmaster. Após o acesso mencionado acima, o delegado desejou verificar se houve alteração desse conteúdo.

Nessa situação, ao clicar o botão, o delegado terá condições de verificar se houve ou não a alteração mencionada, independentemente da configuração do IE6, mas desde que haja recursos técnicos e que o IE6 esteja em modo online.

b) O armazenamento de informações em arquivos denominados cookies pode constituir uma vulnerabilidade de um sistema de segurança instalado em um computador. Para reduzir essa vulnerabilidade, o IE6 disponibiliza recursos para impedir que cookies sejam armazenados no computador. Caso o delegado deseje configurar tratamentos referentes a cookies, ele encontrará recursos a partir do uso do menu Ferramentas.

c) Caso o acesso à Internet descrito tenha sido realizado mediante um provedor de Internet acessível por meio de uma conexão a uma rede LAN, à qual estava conectado o computador do delegado, é correto concluir que as informações obtidas pelo delegado transitaram na LAN de modo criptografado.

d) Por meio do botão, o delegado poderá obter, desde que disponíveis, informações a respeito das páginas previamente acessadas na sessão de uso do IE6 descrita e de outras sessões de uso desse aplicativo, em seu computador. Outro recurso disponibilizado ao se clicar esse botão permite ao delegado realizar pesquisa de conteúdo nas páginas contidas no diretório histórico do IE6.

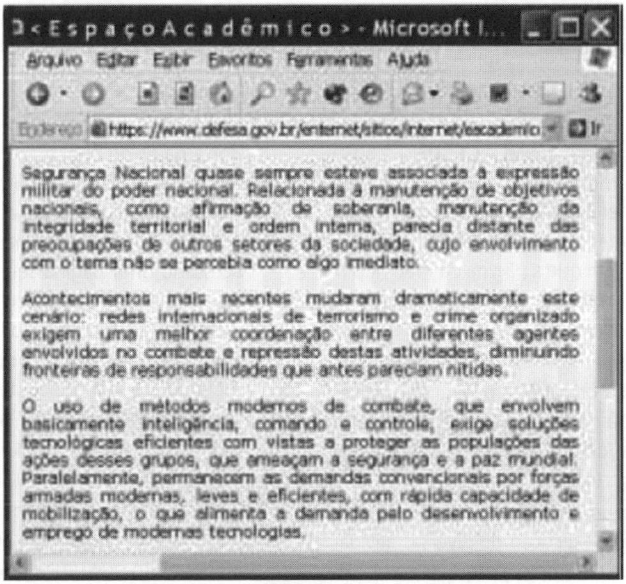

Figura 67

54. (Escrivão de Polícia Federal – CESPE – 2004) Considerando a figura acima, que ilustra uma janela do Internet Explorer 6 (IE6), julgue os itens seguintes.

a) Com base nas informações contidas na janela, é correto afirmar que o acesso que permitiu obter a página web mostrada foi realizado utilizando-se certificado de autenticidade e identificação digital.

b) Caso se deseje exportar o texto mostrado, da página web para um arquivo do tipo Word previamente criado e que não esteja sendo editado, é suficiente: posicionar o ponteiro do mouse sobre o referido texto; clicar o botão direito do mouse; na lista de opções disponibilizada, clicar Exportar para Word; na caixa de diálogo que é executada em decorrência dessa ação, inserir o nome do arquivo para o qual se deseja exportar o texto, clicar OK. Esse procedimento fará com que o texto seja inserido após o último parágrafo do documento ora existente.

c) Com base nas informações contidas na janela do IE6, é correto afirmar que as funcionalidades acessíveis por meio do botão [ícone] permitem que o conteúdo da página ilustrada seja enviado como corpo de e-mail a um destinatário, desde que este se encontre no Brasil.

55. (Agente de Polícia Federal – CESPE – 2009) Julgue os itens subsequentes, a respeito de Internet e intranet.

a) As intranets, por serem redes com acesso restrito aos usuários de empresas, não utilizam os mesmos protocolos de comunicação usados na Internet, como o TCP/IP.

b) Um cookie é um arquivo passível de ser armazenado no computador de um usuário, que pode conter informações utilizáveis por um website quando este for acessado pelo usuário. O usuário deve ser cuidadoso ao aceitar um cookie, já que os navegadores da Web não oferecem opções para excluí-lo.

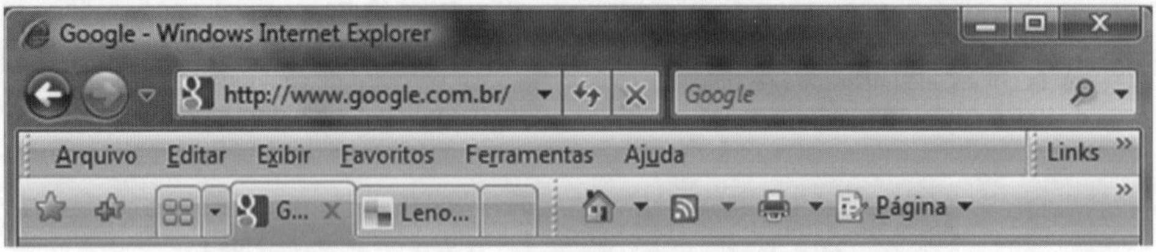

Figura 70

56. (Agente de Polícia Federal – CESPE – 2009) A figura acima mostra a parte superior de uma janela do Internet Explorer 7 (IE7), em execução em um computador com sistema operacional Windows Vista, em que a página da Web http://www.google.com.br está sendo acessada. Com relação a essa janela, ao IE7 e a conceitos de Internet, julgue os itens que se seguem.

a) Ao se clicar o botão [ícone], a página que estiver sendo exibida no navegador passará a ser a página inicial do IE7 sempre que este navegador for aberto.

b) O Google é um instrumento de busca que pode auxiliar a execução de diversas atividades, como, por exemplo, pesquisas escolares.

57. (Agente de Polícia Federal – CESPE – 2009) Com relação a conceitos de Internet, julgue o item abaixo.

- A sigla FTP designa um protocolo que pode ser usado para a transferência de arquivos de dados na Internet.

58. (Agente de Polícia Federal – CESPE – 2004) Em cada um dos itens a seguir, é apresentada uma situação hipotética relativa a tecnologias associadas à Internet e ao Internet Explorer 6 (IE6), seguida de uma assertiva a ser julgada.

a) Um agente do DPF, em uma operação de busca e apreensão, apreendeu um computador a partir do qual eram realizados acessos à Internet. O proprietário desse computador está sendo acusado de ações de invasão a sistemas informáticos, mas alega nunca ter acessado uma página sequer dos sítios desses sistemas. Nessa situação, uma forma de identificar se o referido proprietário acessou alguma página dos referidos sistemas é por meio do arquivo cookie do IE6, desde que o seu conteúdo não tenha sido deletado. Esse arquivo armazena dados referentes a todas as operações de acesso a sítios da Internet.

b) Um computador permitiu acesso à Internet por meio de uma rede wi-fi, padrão IEEE 802.11b, em que uma portadora de 2,4 GHz de frequência foi utilizada para a transmissão de dados a taxas de até 11 Mbps. Nessa situação, apesar de se poder transmitir a taxas de até 11 Mbps, essa taxa é compartilhada com os diversos usuários que estão na mesma rede wi-fi e, na medida em que um usuário se distancia do Access point dessa rede, a sua taxa de transmissão tende a diminuir.

c) Um usuário dispõe de um celular que opera com as tecnologias GSM e GPRS. Nessa situação, ele será capaz de se conectar à Internet por meio do IE6, utilizando os protocolos TCP/IP e http, à taxa de transmissão igual à verificada em redes ADSL.

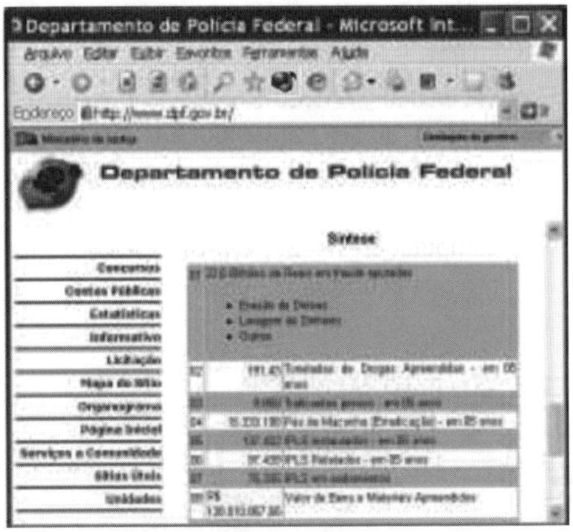

Figura 72

59. (Agente de Polícia Federal – CESPE – 2004) Considerando a figura acima, que ilustra uma janela do IE6 em uma sessão de uso desse aplicativo, na qual está sendo mostrada uma página web cujo endereço eletrônico aparece no campo Endereço, julgue o item abaixo.

- Na situação mostrada, sabendo que o IE6 permite exportar para o Excel as informações contidas na tabela mostrada, é possível realizar tal operação por meio de recursos disponibilizados ao se clicar o botão .

60. (Agente de Polícia Federal – CESPE – 2004) Uma característica fundamental dos computadores atuais é a capacidade de trocar informações com outros computadores por meio da Internet ou por meio de uma intranet. Acerca desse tema, julgue os itens seguintes.

a) Computadores podem ser conectados a provedores de acesso à Internet por meio de linha telefônica, utilizando-se um dispositivo denominado modem, que converte os sinais provenientes do computador em sinais que são transmitidos através da linha telefônica, os quais, por sua vez, são convertidos em sinais que podem ser lidos por computadores.

b) A conexão de computadores a redes ethernet, que permitem taxas de transferência de 100 Mbps, é feita por meio de porta USB desses computadores.

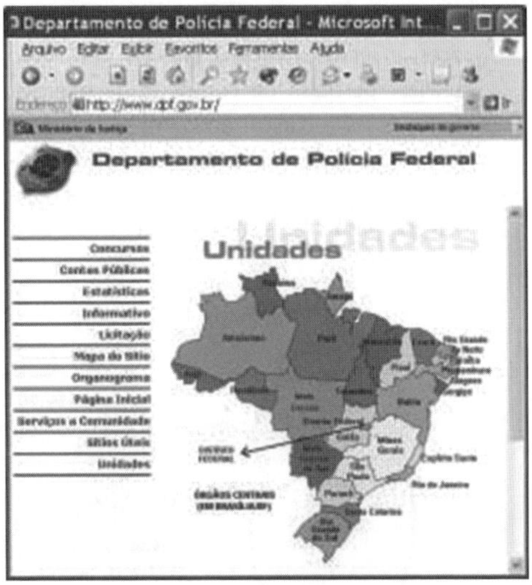

Figura 73

61. (Escrivão de Polícia Federal – CESPE – 2004) A figura acima ilustra uma janela do Internet Explorer 6 (IE6), que mostra uma página web do sítio do DPF, cujo URL (uniform resource locator) é http://www.dpf.gov.br. Com relação ao IE6, julgue os itens seguintes, tendo por referência a janela ilustrada e considerando que essa janela tenha sido obtida em uma sessão de uso do referido aplicativo por um escrivão de polícia federal.

a) Se o escrivão utilizou uma rede WLAN para acessar a Internet, então conclui-se que o seu computador estava equipado com tecnologia bluetooth.

b) Para evitar que os URLs das páginas visitadas pelo escrivão na sessão de uso descrita sejam identificados por intrusos ao seu sistema, é necessário e suficiente o uso de software antivírus associado com sistema firewall.

c) Caso a página mostrada estivesse em uma intranet do DPF, para que o escrivão pudesse acessá-la, com o uso do IE6, seu computador deveria estar equipado com um modem ADSL.

d) Por meio do botão , o escrivão pode definir a página ilustrada como uma das páginas favoritas do IE6. Depois dessa operação, é possível determinar quantas vezes a referida página foi acessada e a data do último acesso, mesmo após deletar informações armazenadas no arquivo referente ao histórico do IE6.

e) Por meio do botão 🔍, o escrivão pode acessar recursos do IE6 que lhe permitirão realizar pesquisa de conteúdo na Internet. Entre esses recursos, encontra-se o Definir site de busca, que permite ao escrivão definir o sítio que melhor lhe convier para realizar sua pesquisa.

62. (Escrivão de Polícia Federal – CESPE – 2009) Com relação à Internet, julgue o item abaixo.

- Na tecnologia TCP/IP, usada na Internet, um arquivo, ao ser transferido, é transferido inteiro (sem ser dividido em vários pedaços), e transita sempre por uma única rota entre os computadores de origem e de destino, sempre que ocorre uma transmissão.

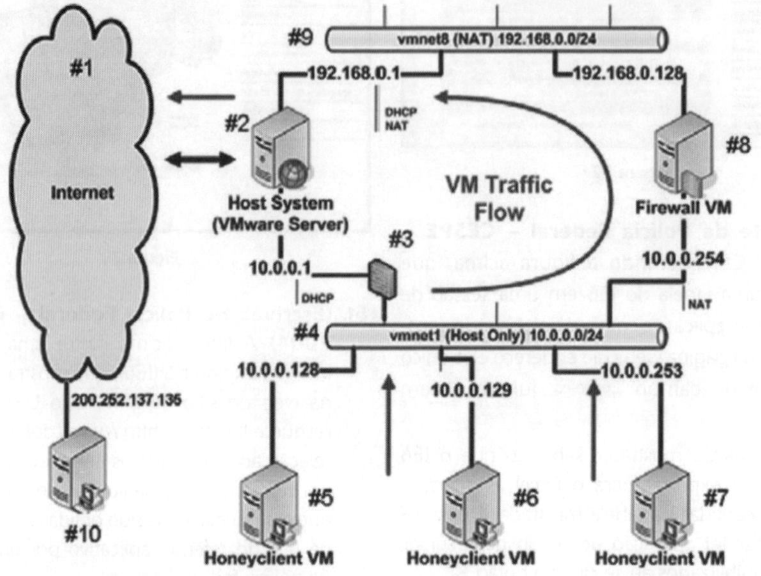

Figura 75

63. (Escrivão de Polícia Federal – CESPE – 2009) Considerando a figura acima, que apresenta o esquema de uma rede de computadores conectada à Internet, na qual se destacam elementos nomeados de #1 a #10, julgue os itens a seguir, a respeito de redes de computadores, segurança de redes e segurança da informação.

a) A figura acima apresenta pelo menos três redes de computadores, sendo que duas delas adotam arquitetura ponto a ponto.

b) Caso uma aplicação em execução no elemento #10 envie com sucesso um pedido http para um servidor web em funcionamento em #6 e receba como resposta uma página HTML com centenas de kilobytes, o fluxo de pacotes estabelecido entre os dois hosts será filtrado obrigatoriamente pelo dispositivo #3.

c) O endereço IP 10.0.0.253 deve ser usado na URL inserida em um browser em funcionamento em #10 para viabilizar a comunicação entre esse browser e um servidor http em funcionamento na porta 80 do dispositivo #7, caso não seja possível usar um servidor de DNS em #10.

d) Se uma aplicação cliente de correio eletrônico, em funcionamento em #5, recupera o conjunto de e-mails de um usuário de serviço de e-mail do tipo POP3 localizado em #10, então o fluxo de pacotes UDP deve ser estabelecido entre esses computadores.

e) Se o elemento #10 estabelece uma comunicação bem-sucedida com um serviço em #8 por meio de uma VPN (virtual private network) com tunelamento, então os números dos hosts de origem e destino de alguns dos pacotes que passam por #9 são, respectivamente, 200.252.137.135 e 192.168.0.1.

Figura 77

64. (Agente de Polícia Federal – CESPE – 2004) Considerando a janela do Outlook Express 6 (OE6) acima ilustrada, julgue os itens que se seguem.

a) Para que a mensagem acima seja enviada aos destinatários de forma criptografada, o que dificulta a sua leitura por pessoas não autorizadas, deve-se inicialmente clicar o botão Criptografar. Em seguida, ao se clicar o botão Enviar será iniciado um processo de envio da referida mensagem, em que a chave pública do recipiente local será utilizada para codificar o conteúdo da mensagem. Nos recipientes destinatários, uma identificação previamente acordada entre as partes, denominada chave privada, deverá ser utilizada para que a mensagem seja corretamente decodificada.

b) Como a mensagem contém arquivo anexado de dimensão superior a 1 MB, a sua transmissão por rede de capacidade igual ou inferior a 56 kbps, como no caso de redes dial up, não poderá ser realizada sem que as devidas compressões sejam aplicadas. O OE6, de forma transparente ao usuário, realiza automaticamente essa compressão, utilizando técnica denominada winzipping.

c) Sistemas de comunicação móvel pessoal, com tecnologia digital do tipo GPRS e CDMAone, são capazes atualmente de permitir o envio de mensagens de correio eletrônico a partir do OE6. Para isso, é necessário que o driver wap (wireless application protocol) do Windows XP esteja instalado no celular a partir do qual a mensagem deverá ser enviada.

65. (Agente de Polícia Federal – CESPE – 2004) Com o intuito de obter informações acerca do Estatuto do Desarmamento, um agente de polícia federal acessou, por meio do Internet Explorer 6 (IE6) e a partir de um computador cujo sistema operacional é Windows XP, o sítio do Ministério da Justiça (http://www.mj.gov.br). Após algumas operações nesse sítio, o agente obteve a página web mostrada abaixo.

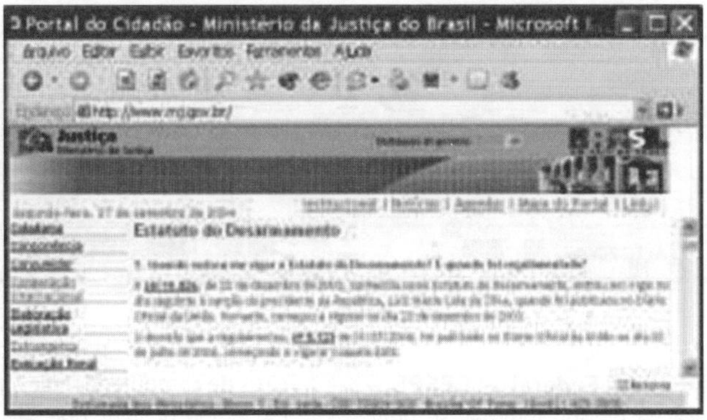

Figura 78

Tendo por referência a janela do IE6 ilustrada, julgue os itens que se seguem, relativos ao IE6 e à Internet.

a) As informações contidas na figura são suficientes para se concluir que o acesso à página web referida acima foi realizado a partir de uma rede wireless do tipo IEEE 802.11b ou bluetooth.

b) Existe opção no menu Ferramentas que permite acesso à página web da Microsoft, que dispõe de recursos para, a partir de servidor dessa empresa, executar escaneamento do computador em busca de atualizações do Windows XP ainda não instaladas nesse computador.

c) Um dos recursos disponibilizados pelo IE6 é a ferramenta que permite a transmissão de voz sobre a tecnologia IP utilizada na Internet – VoIP. Com essa tecnologia, é possível que se estabeleça conexão com QoS – qualidade de serviço – comparável à de sistemas de telefonia móvel de segunda geração, a taxas de 9,6 kbps. Para ativar os referido recursos de VoIP, é necessário proceder as devidas configurações do IE6, a partir do botão .

66. (Delegado de Polícia Federal – CESPE – 2004) Com o intuito de medir a velocidade de transmissão de dados em uma conexão com a Internet realizada por meio de seu provedor de acesso, um usuário obteve a janela do Internet Explorer 6 (IE6) ilustrada acima. Considerando as informações contidas nessa janela e que a conexão do usuário está referida por Sua conexão, julgue os itens subsequentes.

a) A conexão do usuário mencionado tem velocidade que pode ser atingida em acessos do tipo wireless no padrão Wi-Fi IEEE 802.11b, desde que devidamente configurados.

b) Considerando que o acesso acima testado tenha sido realizado por meio de um computador que tenha ativado sistema antivírus e de detecção de intrusão, se esse sistema fosse desativado, a velocidade de transmissão medida poderia atingir valores maiores que o obtido no teste mencionado.

c) O usuário aumentaria a taxa de transmissão obtida em sua conexão à Internet por meio de seu provedor atual, caso adotasse a tecnologia bluetooth, que, além de permitir taxas da ordem de até 22,5 Mbps em acessos wireless, dispensa a necessidade de provedor de acesso.

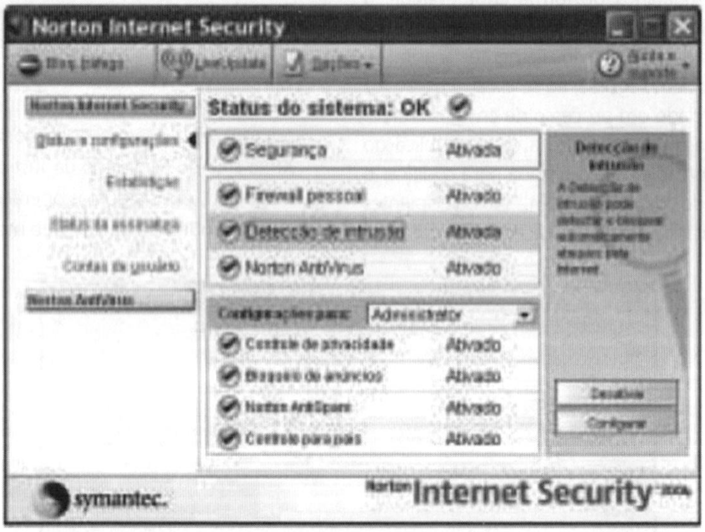

Figura 81

67. (Escrivão de Polícia Federal – CESPE – 2004) O aplicativo Norton Internet Security, cuja janela está ilustrada na figura acima, implementa uma série de conceitos e ferramentas para a prevenção de vírus e detecção de ameaças de segurança e de intrusões de privacidade. Quanto a esses conceitos e às ferramentas atualmente disponíveis para o tratamento de vírus de computador e de ameaças de segurança, julgue os itens que se seguem, tendo por referência a janela ilustrada.

a) O termo AntiSpam, utilizado na janela do Norton Internet Security, refere-se à técnica de proteção contra vírus de computador. A estratégia principal dessa técnica é introduzir um conjunto de senhas a todo arquivo armazenado em computador, evitando que determinados vírus, sem autorização, corrompam a estrutura desses arquivos.

b) Sistemas de detecção de intrusão são capazes de verificar o tráfego de rede que entra e sai de um computador, comparando informações trocadas com conjuntos de assinaturas de ataque e identificando tentativas de invasão para explorar vulnerabilidades do computador.

c) Sistemas de firewall atuais são capazes de monitorar a comunicação entre um computador protegido conectado à Internet e outros computadores da rede, identificando tentativas de conexão a esse computador realizadas a partir dos demais computadores, bem como tentativas de conexão a outros computadores realizadas por aplicativos executados no próprio computador.

68. (Agente de Polícia Federal – CESPE – 2002 – adaptada) Para o sistema funcionar adequadamente, os recursos do Windows 98 para o compartilhamento de uma conexão à Internet com vários computadores em uma Intranet podem ser utilizados. Nesse caso, cada servidor fará a comunicação com a Internet, e as solicitações de outros computadores na rede interna serão direcionadas para a Internet por meio do servidor, que será o único computador visível à Internet.

69. (Agente de Polícia Federal – CESPE – 2002 – adaptada) Uma vez que os computadores serão conectados em rede e, portanto, terão a facilidade de acessar e transferir arquivos entre eles, é recomendável que eles tenham instalados utilitários específicos para a Web, como, por exemplo, o Microsoft Access, para a compactação e edição de arquivos com imagens.

70. (Escrivão de Polícia Federal – CESPE – DPF/2013) Com relação a redes de computadores, julgue os itens seguintes.

a) Se uma impressora estiver compartilhada em uma intranet por meio de um endereço IP, então, para se imprimir um arquivo nessa impressora, é necessário, por uma questão de padronização dessa tecnologia de impressão, indicar no navegador web a seguinte url: print://<IP da impressora>/<nome do arquivo>, em que IP_da_impressora deve estar acessível via rede e nome_do_arquivo deve ser do tipo PDF.

b) Se, em uma intranet, for disponibilizado um portal de informações acessível por meio de um navegador, será possível acessar esse portal fazendo-se uso dos protocolos HTTP ou HTTPS, ou de ambos, dependendo de como esteja configurado o servidor do portal.

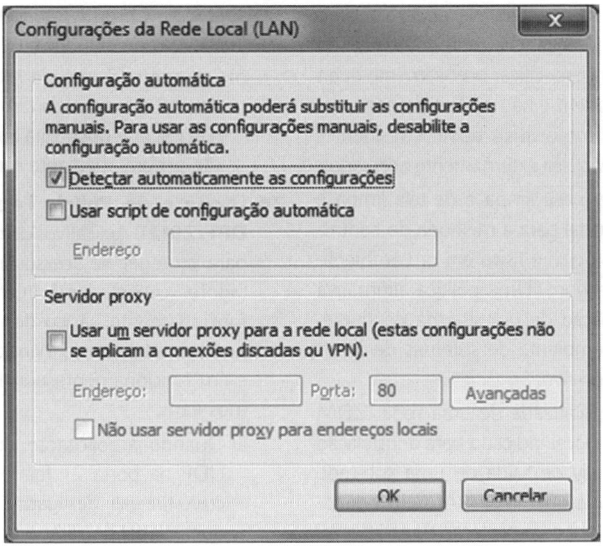

Figura 83

71. (Escrivão de Polícia Federal – CESPE – DPF/2013) Com base na figura acima, que ilustra as configurações da rede local do navegador Internet Explorer (IE), versão 9, julgue os próximos itens.

a) Se o servidor proxy responder na porta 80 e a conexão passar por um firewall de rede, então o firewall deverá permitir conexões de saída da estação do usuário com a porta 80 de destino no endereço do proxy.

b) A opção Usar um servidor proxy para a rede local faz que o IE solicite autenticação em toda conexão de Internet que for realizada.

72. (Escrivão de Polícia Federal – CESPE – DPF/2013) Julgue os itens subsequentes, relativos a segurança da informação, procedimentos, práticas e outros aspectos.

a) Se uma solução de armazenamento embasada em hard drive externo de estado sólido usando USB 2.0 for substituída por uma solução embasada em cloud storage, ocorrerá melhoria na tolerância a falhas, na redundância e na acessibilidade, além de conferir independência frente aos provedores de serviços contratados.

b) Considere que o usuário de um computador com sistema operacional Windows 7 tenha permissão de administrador e deseje fazer o controle mais preciso da segurança das conexões de rede estabelecidas e com o seu computador. Nessa situação, ele poderá usar o modo de segurança avançado do firewall do Windows para especificar precisamente quais aplicativos podem e não podem fazer acesso à rede, bem como quais serviços residentes podem, ou não, ser externamente acessados.

c) A política de mesa limpa e de tela limpa é medida essencial para a melhoria do controle de acesso lógico e físico em um ambiente corporativo seguro. Uma política alternativa seria a instalação de um sistema de single-sign-on no ambiente de sistemas de informações corporativo.

d) A zona desmilitarizada de uma rede (ZDM ou DMZ) é o local indicado para a instalação de um gateway de saída de uma sub-rede que adota um esquema de NAT (network address translation) para proteção de seus computadores no momento de acesso à Internet.

e) Considere que, visando reduzir o volume de tráfego Internet em uma rede corporativa, a administração da rede tenha instalado um sistema de proxy transparente. Nessa situação, tal proxy **não contribuirá para o aumento da** anonimidade dos usuários dessa rede na navegação Internet.

f) Para tratar um computador infestado por pragas virtuais do tipo pop-up e barra de ferramenta indesejada, é mais indicado o uso de aplicativos com funções de antispyware que aplicativos com função de antivírus. Em ambos os casos, a eficácia da remoção depende da atualização regular das assinaturas de malwares.

g) Imediatamente após a realização de um becape incremental utilizando-se um software próprio de becape, há expectativa de que esteja ajustado o flag archive de todos os arquivos originais que foram copiados para uma mídia de becape.

73. (Agente de Polícia Federal – CESPE – DPF/2012) Considerando que, para acessar uma página da Internet via conexão segura (HTTPS), um usuário tenha ficado em dúvida sobre qual software de navegação escolher, julgue os itens que se seguem.

a) Se o certificado digital na conexão HTTPS for maior que 1.024 bits, o usuário deverá escolher o Mozilla Firefox ou o Internet Explorer, que suportariam a conexão, pois o Google Chrome trabalha somente com certificados de até 796 bits.

b) O Google Chrome, o Mozilla Firefox e o Internet Explorer suportam o uso do protocolo HTTPS, que possibilita ao usuário uma conexão segura, mediante certificados digitais.

74. (Agente de Polícia Federal – CESPE – DPF/2012) Aplicativos do tipo firewall são úteis para proteger de acessos indesejados computadores conectados à Internet. A respeito do funcionamento básico de um firewall do tipo pessoal em sistemas Windows 7 configurados e em funcionamento normal, julgue os próximos itens.

a) Quando a solicitação de conexão do tipo UDP na porta 21 for recebida por estação com firewall desligado, caberá ao sistema operacional habilitar o firewall, receber a conexão, processar a requisição e desligar o firewall. Esse procedimento é realizado porque a função do UDP na porta 21 é testar a conexão do firewall com a Internet.

b) Se uma estação com firewall habilitado receber solicitação de conexão do tipo TCP, a conexão será automaticamente negada, porque, comumente, o protocolo TCP transporta vírus.

GABARITO COMENTADO

1.

A. CERTO O botão Sublinhado da barra de ferramentas do Word, quando clicado, sublinha todo o texto que está selecionado ou, quando o texto já está sublinhado, retira o sublinhado do texto. Isto inclusive tem efeito para os espaços em branco. Importante ressaltar que quando o cursor esta posicionado sobre a palavra, os efeitos do clique no botão sublinhado S aplicam-se somente a esta palavra.

Comentário extra: Há outras formas de se sublinhar textos ou palavras, utilizando as teclas de atalho Ctrl+S (pressionar a tecla "Ctrl" e, mantendo-a pressionada, pressionar a tecla "S"), no menu formatar, escolhendo a opção formatar Fonte ou mesmo clicando com o botão direito sobre o texto e escolhendo a opção Fonte. **A partir do Microsoft Office 2007**, o botão S está localizado na aba início (guia "Página Inicial" no Word 2010 e 2013).

Atenção: Questões de informática que possuem imagens podem, em alguns casos, induzir a erros, como nesta questão, onde o botão S está suprimido. E em outros casos podem conter botões que não fazem parte daquele aplicativo, portanto, muita atenção nestas figuras.

B. ERRADO O botão Visualizar Impressão da barra de ferramentas permite que o documento seja visualizado antes da impressão, onde se pode, além de outras, conferir como e o que será impresso. O documento também pode ser visualizado pelo menu Arquivo, clicando em Visualizar impressão.

Para iniciar a busca automática de erros gramaticais pode-se acessar o menu Ferramentas e clicar em Ortografia e gramática ou pressionar a tecla F7.

Comentário extra: Já no Word 2007 e 2010, para visualizar a impressão, clique no Botão Microsoft Office (guia Arquivo, Word 2010 e 2013), aponte para a seta ao lado de Imprimir e, em seguida, clique em Visualizar Impressão.

Para **mostrar ou ocultar uma barra de ferramentas,** nas versões do MS Office até a 2003, clique com o botão direito do mouse em qualquer barra de ferramentas e, em seguida, clique na barra de ferramentas que você deseja mostrar ou ocultar. Já para **personalizar a barra de ferramentas** clique com o botão direito do mouse em qualquer barra de ferramentas e, em seguida, clique em Personalizar. Na janela que se abrirá, aba Barra de ferramentas, pode-se também mostra ou ocultar uma barra de ferramentas, na aba Comando pode-se acrescentar ou retirar um botão à barra de ferramentas, bastando clicar e arrastar o botão desejado da janela Personalizar para a barra de ferramentas ou vice-versa, além de **editar as teclas de atalho** e ainda realizar outras opções.

Nas versões do MS Office a partir da 2007, a barra de ferramentas tradicional não existe mais, foi substituída por guias que contêm os comandos. Foi criada, a partir da versão 2007, a barra de ferramentas de acesso rápido. Esta barra fica ao lado do botão , ela pode conter vários comandos (botões). Pode ser personalizada clicando sobre ela com o botão direito do mouse, ou no botão , que fica ao lado do botão Microsoft Office .

C. CERTO É possível selecionar palavras aplicando um duplo clique entre qualquer uma das letras que a formam ou entre o espaço anterior a ela e sua primeira letra.

Comentário extra: Também é possível selecionar palavras posicionando o cursor antes de sua primeira letra e pressionando os botões ctrl + shift + right (seta para direita) ou, quando o cursor estiver no fim da palavra, pressionando ctrl + shift + left (seta para esquerda).

D. ERRADO Esta questão estaria correta se fosse substituído Janela por Exibir.

Comentário extra: Cabeçalhos e rodapés são áreas situadas nas margens superior, inferior e lateral de cada página do documento. O Word oferece um recurso onde é possível inserir de forma automática algumas informações no cabeçalho ou rodapé, basta clicar no menu Exibir, escolher a opção Cabeçalho e rodapé e clicar em Inserir autotexto:

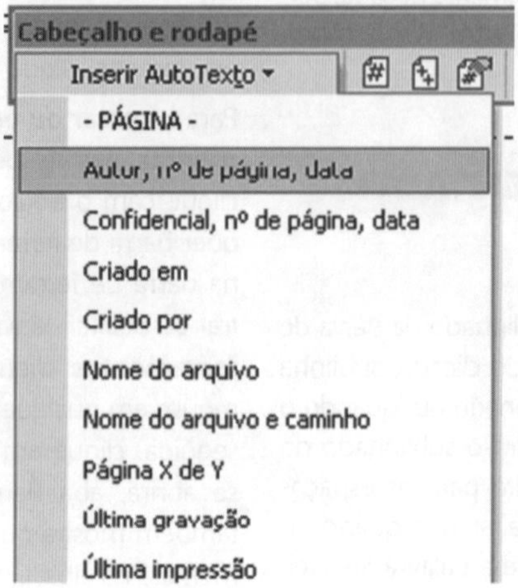

Figura 2

Nas versões do MS Office a partir da versão 2007, as opções de cabeçalho e rodapé ficam localizadas na aba Inserir, guia "Cabeçalhos e Rodapés". Uma vez acessada esta opção, o Word passa a apresentar a **guia contextual** "FERRAMENTAS DE CABEÇALHO", onde também é possível obter muitas outras opções sobre este item, assim como pode ser observado na figura abaixo:

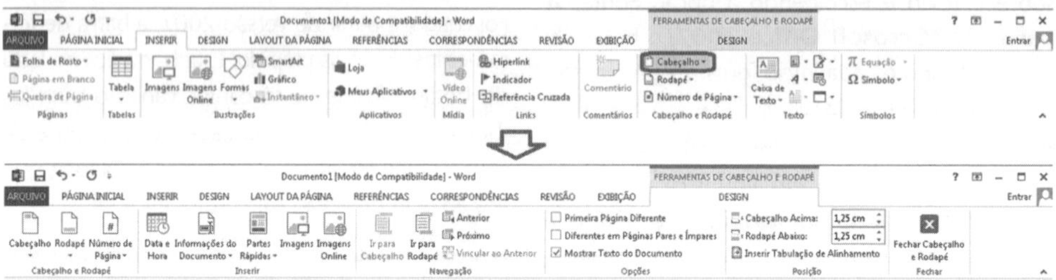

Figura 3

2.

A. ERRADO O botão Colunas, na verdade, serve para editar a quantidade de colunas no parágrafo onde o cursor está, ou mesmo de todo o texto, que por ventura estiver selecionado. Não há qualquer vínculo do botão para com a formatação de margens.

Comentário extra: Nas versões do Office a partir da versão 2007, o botão fica localizado na guia Layout da Página, grupo Configurar Página, e possui as mesmas funções.

B. ERRADO Esta questão estaria correta se fosse substituído o trecho do texto "clique em" por "pressione a tecla Del". Isso porque a imagem é a do botão Pincel, que tem a função de copiar a formatação do texto selecionado, para que posteriormente, onde se queira empregar a mesma formatação, se possa aplicar essa mesma formatação marcando com o ponteiro do mouse a parte do texto desejada.

Comentário extra: A partir do Microsoft Office 2007, o botão foi substituído pelo botão Formatar Pincel ou Pincel de Formatação, que fica localizado na aba Início (guia "Página Inicial", Word 2010 e 2013).

C. CERTO Além da forma descrita na afirmativa da questão, há outras maneiras de formatar uma palavra, frase ou texto, para itálico. Dentre elas, a mais simples é selecionar o que se deseja formatar e, então, clicar no botão *I*. Ainda pode-se selecionar o que se deseja formatar, clicar com o botão direito do mouse, depois em Fonte, marcar, na caixa de diálogo que se abre, a opção itálico e, então, clicar em Ok.

Comentário extra: A partir do MS Office 2007, o botão *I* está localizado na aba início (guia Página Inicial, Word 2010 e 2013).

D. ERRADO Esta questão estaria correta se no lugar da tecla § tivéssemos a tecla Shift, pois assim o procedimento faria a seleção da expressão "Apesar de", sua exclusão (tecla Backspace) e, logo em seguida, a inserção da palavra embora.

Comentário extra: A tecla §, para ser acessada, é necessário pressionar simultaneamente a tecla Alt Gr (tecla do lado direito da tecla space). Esta tecla nada mais faz que inserir no texto o símbolo §.

E. ERRADO Para se enviar um e-mail "diretamente" do Word, sendo o documento em edição o corpo deste e-mail, deve-se utilizar o botão . Já para se enviar o documento como anexo, basta acessar o menu Arquivo, em seguida posicionar o mouse sobre Enviar para então clicar em Destinatário do e-mail (como anexo). **Atenção**: para que seja possível esta opção de envio de e-mail no Word, é necessário que o Outlook esteja instalado e configurado corretamente.

Comentário extra: No Microsoft Office 2007, a opção enviar o documento em edição pode ser acessada clicando no botão Microsoft Office (guia Arquivo, Word 2010 e 2013), posicionando o mouse sobre o item Enviar, e, seguindo à direita no menu que se abre, clicar em E-mail. Também é necessário que antes seja instalado e configurado o Outlook.

3.

A. CERTO O comando Autocorreção corrige automaticamente erros comuns de digitação, ortografia e gramática, e pode inserir automaticamente no texto palavras, elementos gráficos e símbolos. Autocorreção automática: abrir o Word, clicar em Ferramentas, depois em Opções de Autocorreção. Na janela Autocorreção aparecem as opções para autocorreção automática. Na parte superior, marcar as opções disponibilizadas. Note que já existe uma lista que substitui certos caracteres por símbolos ou que corrige muitos erros comuns, e que deixar marcada a opção "Substituir texto ao digitar" determina o funcionamento dessa opção.

Comentário extra: No Microsoft Office 2007, clique no botão Microsoft Office (guia Arquivo, Word 2010 e 2013), clique em Opções do Word, então, na caixa de diálogo Opções do Word, clique em Revisão de Texto e clique em Opções de Autocorreção.

B. CERTO Apesar de o entendimento da banca ter sido que esta questão esteja correta, entendemos que ela seja incorreta. São dois os motivos: 1 – Quando se inicia um documento em branco no Word, só é possível iniciar a digitação onde o cursor está, que sempre é o primeiro caractere do documento. Só se consegue digitar no centro da página, por exemplo, se pressionarmos a tecla "Enter" até que o cursor chegue ao centro. 2 – Não há relação do modo de exibição com a digitação propriamente dita, ou seja, pode-se digitar na mesma linha os mesmos caracteres em qualquer modo de exibição, seja ele Layout de impressão ou Normal.

Comentário extra: O Word nos apresenta o documento em edição de várias formas. Duas delas se destacam: **Modo Normal** e **Modo de exibição Layout de impressão**. Podemos acessar essas opções pelo menu Exibir ou pelos botões no canto inferior esquerdo (direito para o Word 2007/2010) da área de trabalho do Word.

Figura 5

C. CERTO O dicionário de sinônimos pode ser acessado também, até a versão 2003 do Word, utilizando o menu ferramentas/Idiomas/Dicionário de sinônimos. A partir do Microsoft Office 2007, foi criado o botão "Dicionário de Sinônimos" e, usando o recurso Pesquisar, ambos na guia Revisão, é possível procurar sinônimos (palavras diferentes com o mesmo significado) e antônimos (palavras com significados opostos) no dicionário de sinônimos:

Figura 6

Comentário extra: No Microsoft Office Word, no Microsoft Office PowerPoint e no Microsoft Office Outlook, é possível procurar uma palavra rapidamente, basta clicar com o botão direito do mouse em qualquer lugar no documento, apresentação, mensagem aberta ou mensagem visualizada no Painel de Leitura e, em seguida, clicar em Sinônimos no menu de atalho.

D. ERRADO Esta questão nos parece uma daquelas pegadinhas. Se a lermos sem a devida atenção, de imediato imaginaremos esta questão como correta. Mas em uma análise com mais calma veremos o motivo de estar incorreta: o botão procura  não é apenas um botão, na verdade são vários botões, com diversas formas de pesquisar algo, ou mesmo navegar no texto.

Comentário extra: A figura ao lado deixa bem claro o que explicamos anteriormente:

Figura 7

E. ERRADO Para imprimir um documento com o número da página é necessário acessar o menu Inserir, clicar em Números de páginas e, então, na janela que se abriu, escolher onde inserir esta numeração.

Comentário extra: Já, a partir da versão 2007, há um botão Número de página na guia Inserir que, por sua vez, possui diversas opções.

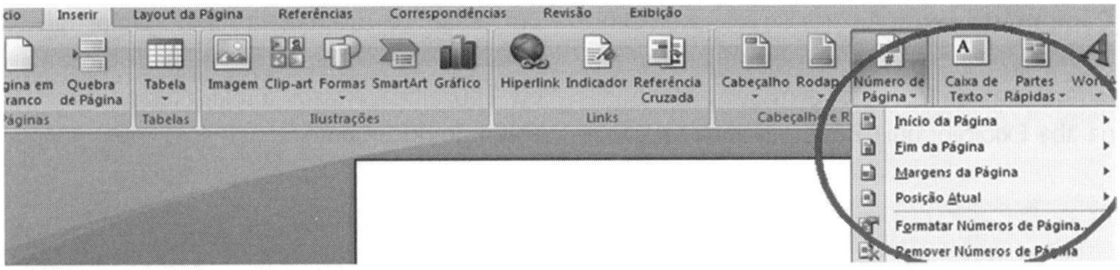

Figura 8

4.

A. CERTO Uma vez o arquivo aberto, ele pode ter suas alterações salvas com um simples clique no botão 💾. Quando se trata de um novo documento ainda não salvo, ao se clicar em 💾, será aberta a janela de salvar como.

Comentário extra: Também é possível salvar um documento no Word clicando no menu Arquivo, em seguida em Salvar ou, ainda, no menu Arquivo, depois em Salvar como e em seguida, na janela que se abrirá, clicar no botão Salvar. É possível, ainda, utilizar-se das teclas de atalho, neste caso Ctrl+B (pressionar a tecla Ctrl e, mantendo-a pressionada, pressionar a tecla B). No Microsoft Office 2007, o procedimento é o mesmo, apenas para o menu Arquivo deve ser considerado o botão (guia Arquivo, Word 2010 e 2013).

B. ERRADO No documento em edição, para que todo o texto do documento seja formatado como centralizado, é necessário que, antes de clicar no botão, todo o texto deste documento seja selecionado. Se estivermos editando um documento no Word e clicarmos no botão, somente o parágrafo onde o cursor estiver será formatado como centralizado.

Comentário extra: Ainda é possível utilizar as teclas de atalho para poder centralizar parte de um documento ou ele todo, basta pressionar simultaneamente as teclas Ctrl+E (pressionar a tecla Ctrl e, mantendo-a pressionada, pressionar a tecla E). Para Word 2010 em diante, o candidato deve lembrar que esse botão faz parte do grupo Parágrafo, guia Página Inicial (guia Início – Word 2007).

C. ERRADO O botão tem a função de imprimir o documento. Ao clicar nesse botão, o Word envia o documento, que está sendo editado, para impressão diretamente à impressora definida como padrão no Windows. Para se ter acesso à caixa de diálogo que disponibiliza opções de impressão deve ser acessado o menu Arquivo, em seguida clicar em Imprimir, ou utilizar a tecla de atalho Ctrl+P.

Comentário extra: Para se enviar um e-mail diretamente do Word, sendo o documento em edição o corpo deste e-mail, deve-se utilizar o botão. Já para se enviar o documento como anexo, basta acessar o menu Arquivo, em seguida posicionar o mouse sobre Enviar para e então clicar em Destinatário do e-mail (como anexo). **Atenção**: para esta opção de envio de e-mail no Word, é necessário que o Outlook esteja instalado.

A partir do Microsoft Office 2007, a opção Imprimir está localizada no botão (guia Arquivo, Word 2010 e 2013). Na Barra de Ferramentas de Acesso Rápido pode-se clicar em Impressão Rápida. Poderá ser necessário adicionar o botão Impressão Rápida à Barra de Ferramentas de Acesso Rápido. Para tal, clique na seta para baixo no final da barra de ferramentas e clique em Impressão Rápida.

D. ERRADO Nesta questão as caixas apresentadas nas figuras são respectivamente a caixa de zoom e a caixa do tamanho da fonte. Estas duas caixas não guardam qualquer relação entre elas. A primeira define o tamanho da visualização do texto, o que não influencia a impressão do documento. Já a segunda define o tamanho da fonte do texto, deste modo, se alterarmos o tamanho da fonte do texto, teremos alterações no tamanho dos caracteres impressos.

INFORMÁTICA

Comentário extra: A partir do Microsoft Office 2007, a caixa de zoom foi descontinuada, e as ferramentas de zoom podem ser encontradas na aba Exibição, guia Zoom. E ainda foi criado um botão de rolagem no lado inferior direito, no qual se pode clicar no + ou – ou, ainda, arrastar a seta, alterando assim o zoom do documento.

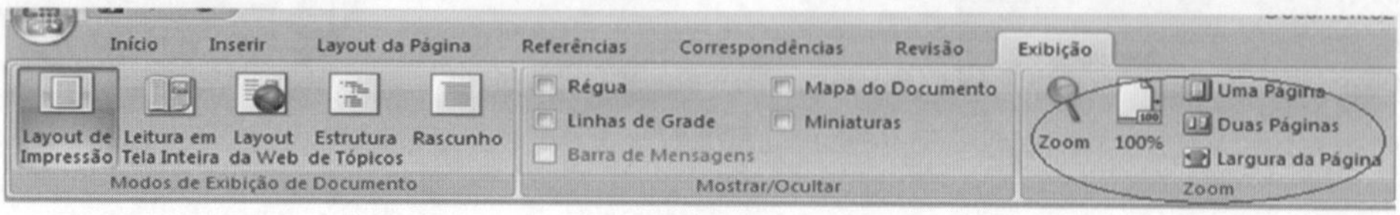

Figura 9

5.

A. CERTO Clique na célula na qual você deseja que a soma apareça. No menu Tabela, clique em Fórmula. Se a célula selecionada estiver na parte inferior de uma coluna de números, use a fórmula =SUM(ABOVE), onde ABOVE indica que os dados estão acima, clique em OK caso esteja correta. Se a célula selecionada estiver na extremidade direita de uma linha de números, use a fórmula =SUM(LEFT). Tabelas no Word também possuem opções de se utilizar fórmulas assim como no Excel.

Comentário extra: Para totalizar rapidamente uma linha ou uma coluna de números, clique na célula em que você deseja que a soma seja exibida e, em seguida, em AutoSoma Σ, barra de ferramentas Tabelas e bordas. **A partir do Microsoft Office 2007**, para se ter acesso às fórmulas disponíveis do Word, deve-se clicar na célula onde se deseja inserir o resultado e, só então, a **guia contextual** Ferramentas de Tabela será exibida, permitido então o acesso à subguia Layout, que por sua vez possui o botão Fórmula (grupo Dados), o qual dá acesso às fórmulas disponíveis. O botão Σ foi suprimido nesta versão.

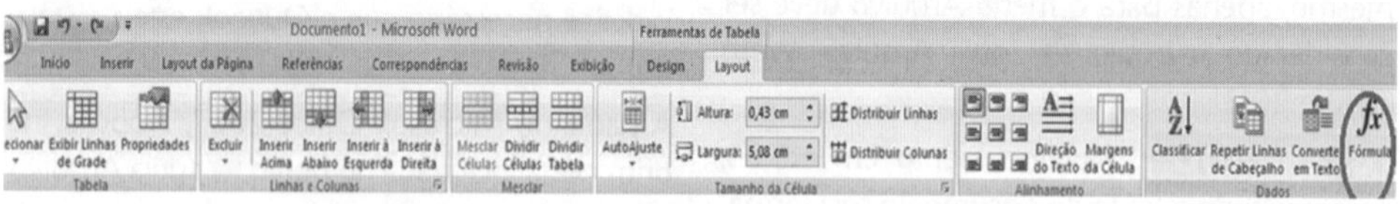

Figura 11

B. CERTO Além da facilidade de corrigir erros comuns, como falta de acento ou mesmo iniciar uma frase com letra minúscula, o comando Autocorreção também é útil na verificação de toda ortografia e gramática do texto, e pode, ainda, inserir automaticamente no texto elementos gráficos e símbolos predefinidos pelo usuário: abrir o Word, clicar em Ferramentas, então em Autocorreção. Na aba Autocorreção aparecem as opções para autocorreção automática. Na parte superior, marcar as opções disponibilizadas. Note que já existe uma lista que substitui certos caracteres por símbolos ou que corrige muitos erros comuns, e deixar marcada a opção "Substituir texto ao digitar" determina o funcionamento dessa função.

Comentário extra: A partir do Microsoft Office 2007, clique no botão Microsoft Office (guia Arquivo, Word 2010 e 2013) e clique em Opções do Word, então, na caixa de diálogo Opções do Word, clique em Revisão de Texto e depois em Opções de Autocorreção.

C. ERRADO A ferramenta de inserção de hyperlink é uma facilidade do Word e não guarda relação com o sistema operacional. Poderíamos ter um computador com Windows 7 e o Word 2000, e esta ferramenta de hyperlinks estaria disponível. No caso concreto da afirmativa, se considerarmos que a versão do Word é a 2000, basta colocar o cursor onde desejamos inserir o hyperlink e, então, clicar no botão e, na janela que se abre, preencher as informações necessárias. Ainda é possível utilizar as teclas de atalho Crt + K ou, ainda, o menu Inserir e clicar no item Hyperlink.

Comentário extra: A partir do Microsoft Office 2007, podemos encontrar o botão Hiperlink na guia Inserir, grupo Links.

D. ERRADO Essa é uma deficiência que, felizmente, o editor de textos Microsoft Word certamente não sofre. Para salvar um documento com uma senha, de forma que outros usuários que não possuam essa senha não possam editar o seu documento, basta acessar o menu Arquivo, clicar em Salvar como, na janela que se abre, clicar em Ferramentas e depois em Opções de segurança e, na janela que se abre, há duas opções: uma é a senha de proteção, que quando utilizada exige a senha criada já para abrir o documento, sem permitir que nem ao menos se visualize; outra é a senha de gravação que, uma vez criada, permite a quem não tem essa senha o acesso de leitura, mas para alterações a senha é exigida. São senhas de recursos distintos e, portanto, um mesmo documento pode ter ambas as senhas. Uma vez digitadas as senhas nos respectivos campos, clique em OK e confirme-as na caixa de diálogo que se abrirá e, então, salve o documento. A mesma janela para inserir essas senhas pode ser acessada pelo menu Ferramentas, clicando em Opções e, na janela que se abre, acessando a aba Segurança.

Comentário extra: Importante a familiarização com os menus dos principais aplicativos, já que em praticamente toda prova temos algumas questões desse tipo. A partir do Microsoft Office 2007, para acessar a opção Proteger, clique no botão Microsoft Office (guia Arquivo, Word 2010 e 2013), depois clique em salvar como, então em Ferramentas e depois em Opções gerais. Há também, a partir do Microsoft Office 2007, na guia Revisão o grupo Proteger, neste existem outras opções de segurança.

E. CERTO Para acessar esse recurso de divisão de janelas basta acessar o menu Janela e, então, clicar em Organizar tudo.

Comentário extra: A partir do Microsoft Office 2007, esta opção pode ser encontrada no grupo Janela da guia Exibição.

6.

A. ERRADO Esta afirmativa estaria correta se o trecho da questão "Clicar .... OK" fosse redigida da seguinte forma: "...Clicar na opção Maiúsculas e Minúsculas, no Menu Formatar e, na janela decorrente dessa ação, marcar o campo MAIÚSCULAS e clicar no botão OK...".

Comentário extra: A partir do Microsoft Office 2007, a opção de formatação Maiúsculas e minúsculas pode-se acessar pela guia Início (guia Página Inicial, Word 2010 e 2013), grupo Fonte, botão Aa.

B. ANULADO A banca examinadora entendeu por bem anular a questão quando da apresentação do gabarito final, não apresentando qualquer motivação. Ao analisarmos a questão, entendemos que o motivo da anulação seja conflito entre matérias; apesar de ser uma questão, de informática, ela também trata do tema português. Ao posicionar o cursor em qualquer lugar do texto, pressionar e manter a tecla Shift pressionada e clicar em outra parte do documento, será toda aquela região selecionada. O outro procedimento, pressionar e manter pressionada a tecla Ctrl; teclar X, executa o recorte do texto. Pressionar, vai inserir no texto uma vírgula, e clicar no botão vai inserir o texto recortado no local onde está o cursor. Se for, ou não, mantida a ideia do texto é uma questão de português.

Comentário extra: Importante o estudo das principais teclas de atalhos dos aplicativos citados no edital, principalmente Word, Excel e o próprio Windows. Ao final do tema Informática você encontra uma lista das principais teclas e suas respectivas funções.

C. CERTO Pode-se verificar o número de páginas de um documento do Word observando, barra horizontal na parte inferior, a Barra de status Pág 1 Seção 1 1/2 Em 6,9cm Lin 11, onde o Word apresenta informações sobre a página atual, número de páginas, linha atual, entre outras. Podem ser utilizados, em vez de acessar o menu Arquivo, as teclas de atalho Ctrl+P, que também dão acesso à janela de impressão. É possível ocultar a Barra de status através do menu Ferramentas, Opções, aba Exibir.

Comentário extra: A partir do Microsoft Office 2007, pode-se facilmente editar a Barra de status clicando sobre ela com o botão direito do mouse.

D. ERRADO O procedimento de clicar duas vezes em uma palavra irá selecioná-la. Para encontrarmos ocorrências desta palavra selecionada, devemos utilizar a ferramenta Localizar: menu Editar, Localizar (Ctrl+L). O botão, na barra de ferramentas Web, é um atalho para, entre outras funções, acessar endereços da web pelo browser padrão do Windows, geralmente o IE.

Comentário extra: A partir do Microsoft Office 2007, a barra de ferramentas da Web não mais está disponível, e o botão Localizar pode ser encontrado no grupo Edição, guia Início (guia Página inicial, Word 2010 e 2013).

Figura 13

7.

A. ERRADO Não existe um tipo de fonte Normal, existe sim um estilo de fonte Normal. Para alterar a fonte de um parágrafo, que já existe, é necessário selecionar ele por inteiro. Clicando em apenas uma palavra, apenas ela terá a fonte alterada. E, finalmente, a caixa correta para se digitar o nome da fonte desejada seria a caixa Fonte, que por sinal já conteria outro nome de fonte, ou mesmo estaria em branco, caso o parágrafo selecionado possuísse mais de um tipo de fonte.

Comentário extra: A partir do Microsoft Office 2007, as ferramentas de edição de fonte foram reformuladas, fazem parte da guia Início e apresentam novas características, que podem ser verificadas na figura abaixo:

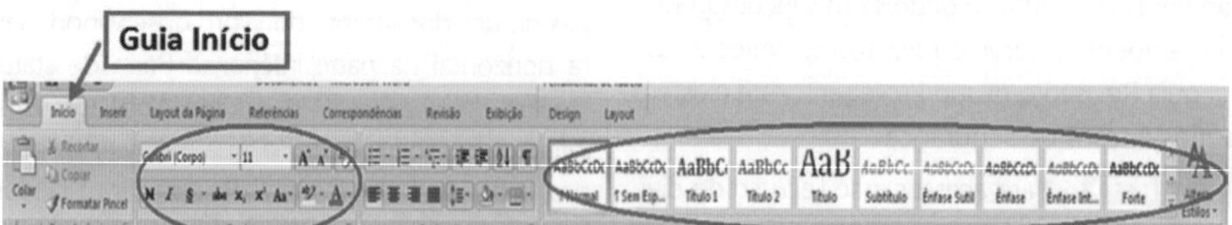

Figura 14

B. CERTO Nesta questão é empregado o uso da tecla [Shift], mas lembre-se que seu uso para a seleção de partes do texto é opcional, depende da necessidade; pode-se simplesmente clicar com o mouse e arrastar até onde se deseja selecionar. Acessar o menu Inserir ou clicar no botão . Ainda é possível utilizar as teclas de atalho Crt + K.

Comentário extra: Um Hyperlink (hiperligação) é uma referência (atalho, ligação) num documento a outras partes deste mesmo documento ou a outro documento, ou mesmo a sites da Web. A partir do Microsoft Office 2007, podemos encontrar o botão Hiperlink na guia Inserir, grupo Links.

C. ERRADO Não existe a opção Criar Adobe PDF no menu Ferramentas. Para que seja possível a conversão do documento para o formato PDF, necessariamente, deve estar instalado no computador um programa que o faça, o Word por si só não faz esta conversão. O Acrobat possui versões que se integram ao Word, criando botões que podem ser utilizados para salvar o documento no formato PDF, mas há outros utilitários que também permitem esta conversão.

Comentário extra: É importante saber que mesmo que se salve um documento em PDF ele poderá ser editado posteriormente, a não ser que se utilizem recursos de segurança para garantir sua integridade, mas não há como impedir que o todo ou parte dele seja extraído e salvo, por exemplo, num documento do Word.

D. CERTO Há muitas opções na janela Fonte, bem como nas guias e seus respectivos grupos (Word 2007 em diante), por isso, é importante que o candidato estude e se familiarize com eles.

Comentário extra: Esta mesma janela Fonte também pode ser acessada clicando com o botão direito do mouse e, na lista de opções apresentada, clicar em A Fonte....

8.

A. ERRADO Quando se clica no botão ¶, independentemente da posição que estiver o cursor, o que o Word faz é mostrar ou ocultar as Marcas de formatação, também chamadas de caracteres não imprimíveis.

Comentário extra: À medida que você vai digitando, vão sendo gerados caracteres invisíveis. Por exemplo: o espaço, a tecla Enter (fim de linhas), a tecla Tab, dentre outros. Com o botão ¶ você poderá verificar onde estão esses caracteres.

B. CERTO Ao se aplicar o clique duplo na Barra de título que não contenha botão ou ícone, a janela será maximizada. Se ela já estiver maximizada, ela será então restaurada para o seu tamanho anterior.

Comentário extra: Estas opções existem em quase todas as janelas de aplicativos abertos no Windows, e também podem ser encontradas junto ao botão Fechar e Minimizar, no canto superior direito das telas . Algumas janelas de aplicativos, caixas de diálogo, janelas com mensagens de aviso ou alerta, etc., não possuem a opção de serem maximizadas ou restauradas.

C. ERRADO Para centralizar a linha, é necessário selecionar a referida linha e clicar no botão . O procedimento a seguir apenas seleciona e copia do texto selecionado: pressionar e manter pressionada a tecla [Ctrl]; acionar a tecla C, pressionando-a e liberando-a; liberar a tecla [Ctrl].

Comentário extra: Ainda é possível utilizar as teclas de atalho para centralizar parte de um documento ou ele todo, basta pressionar simultaneamente as teclas Ctrl+E (pressionar a tecla Ctrl e, mantendo-a pressionada, pressionar a tecla E).

9.

A. ERRADO Para redefinir o espaçamento entre linhas, deve-se selecionar os parágrafos e clicar na opção Parágrafo no menu Formatar. Também é possível selecionar o referido parágrafo, clicar com o botão direito nele e, na lista de opções que são disponibilizadas, clicar em Parágrafo e, então, na janela que se abre, definir no local apropriado o espaçamento desejado.

Comentário extra: Nas versões 2007 e 2010 do Word, o acesso à janela Parágrafo, além do botão direito do mouse sobre o texto, é encontrado na guia Início, grupo Parágrafo, clicando na seta destacada na figura abaixo:

INFORMÁTICA

Figura 17

B. CERTO Esta ferramenta de fonte oculta, além de ocultar o texto na impressão, irá inibir a sua exibição na tela do monitor.

Comentário extra: Mesmo o texto estando formatado com o efeito oculto, há casos em que ele ainda será exibido: quando o botão ¶ estiver ativo, ou quando na janela de opções do Word (Menu ferramentas; Opções), aba Exibir, estiver marcada a opção Texto oculto. Nesses casos este texto oculto será exibido sobre uma linha tracejada. **No Word 2007**, clique no botão (guia Arquivo, Word 2010 e 2013), clique em Opções do Word, então, na caixa de diálogo Opções do Word, clique em Exibir.

C. CERTO Mais uma questão que o candidato deve conhecer: as muitas opções que os menus do MS Word possui, portanto, tente se familiarizar com elas.

Comentário extra: A partir do Microsoft Office 2007, foi criado a guia Inserir, que possui diversas opções:

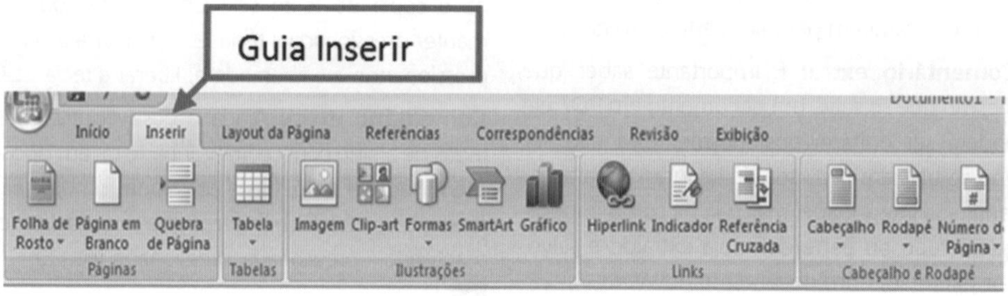

Figura 18

D. ERRADO Mesmo após acabar de salvar um documento é possível desfazer alterações no documento através do botão Desfazer, na Barra de Ferramentas Padrão, ou Barra de Ferramentas de Acesso Rápido, Word 2007 e 2010.

Comentário extra: O botão Desfazer fica desativado quando não há alterações no documento, por exemplo, quando ele acabou de ser aberto. A partir do Microsoft Office 2007, foi criado o botão Repetir, o qual permite repetir a última operação. Ele é sobreposto pelo botão Refazer quando se aciona o botão Desfazer:

Figura 19

10.

A. CERTO Este procedimento: "clicando no início; pressionando Shift e, mantendo pressionada, teclando End End", seleciona a linha. Depois o botão ≡ centraliza o texto, e o Ctrl+N aplica negrito.

Comentário extra: Esse procedimento só está correto porque o primeiro parágrafo é tão somente uma linha. Se possuísse mais linhas, depois de pressionar End End, somente a primeira linha estaria selecionada e, apesar do botão ≡ centralizar todo o parágrafo, o procedimento de aplicar negrito só teria efeito sobre a linha selecionada.

B. CERTO Temos, ainda, outras opções ao acessarmos a janela Maiúsculas e minúsculas, veja a figura abaixo:

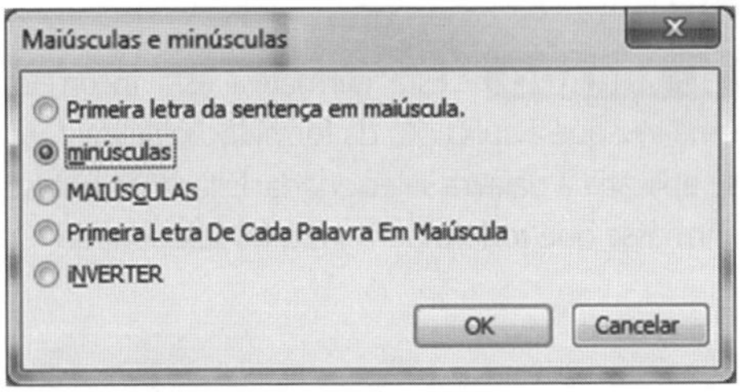

Figura 21

Comentário extra: A partir do Microsoft Word 2007, a opção de formatação Maiúsculas e minúsculas pode ser acessada pela guia Início (guia Página Inicial, Word 2010 e 2013), grupo Fonte, botão Aa.

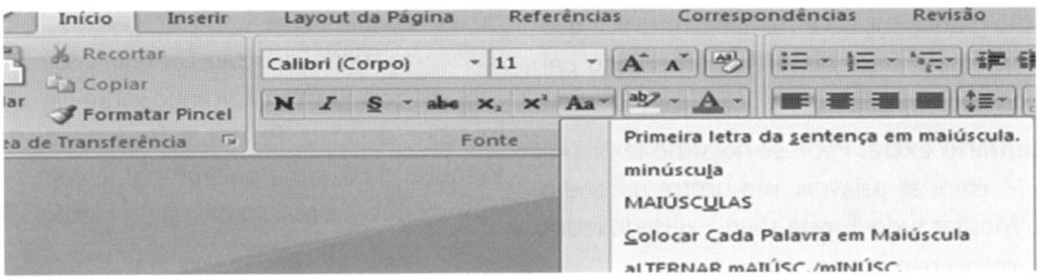

Figura 22

C. ERRADO Uma vez definida uma senha de proteção em um documento do Word, só é possível restabelecer a situação de segurança do documento, ou seja, sem proteção, acessando novamente as opções de segurança no menu Ferramentas e excluindo a senha. Se salvarmos um documento, mesmo com um nome distinto, com uma senha de proteção definida, a senha de proteção será mantida.

Comentário extra: No Microsoft Office 2007, clique no botão Microsoft Office (guia Arquivo, Word 2010 e 2013), depois clique em Salvar como, então em Ferramentas e depois em Opções gerais. Há também, a partir do Microsoft Office 2007, na guia Revisão, o grupo Proteger, neste existem outras opções de segurança.

D. ERRADO Existe realmente no menu Editar a opção Colar especial, que permite colar um texto não formatado, ou seja, sem sua formatação anterior. O que ocorre é que parágrafos são definidos durante a digitação e não pela formatação e, portanto, a quantidade de parágrafos não será alterada pelo procedimento descrito.

Comentário extra: Nas versões do Word 2007 e 2010 a ferramenta Colar especial está localizada na guia Início (guia Página Inicial, Word 2010 e 2013), grupo Área de Transferência.

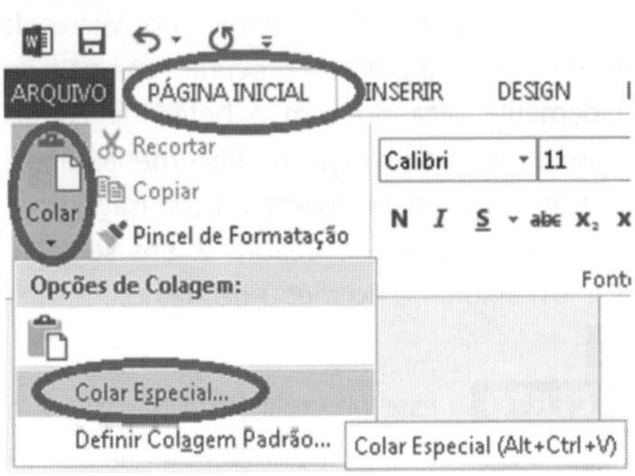

Figura 23

11.

A. ERRADO Esta afirmativa está incorreta, uma vez que a aplicação da formatação itálica *I* só se aplicaria à palavra selecionada. Estaria correta se afirmasse que todo o parágrafo foi selecionado.

Comentário extra: No MS Word, versões 2007 e 2010, estas opções de itálico, centralizar e numeração estão dispostas na forma de um grupo na guia Início (guia Página Inicial, Word 2010 e 2013), o grupo Parágrafo:

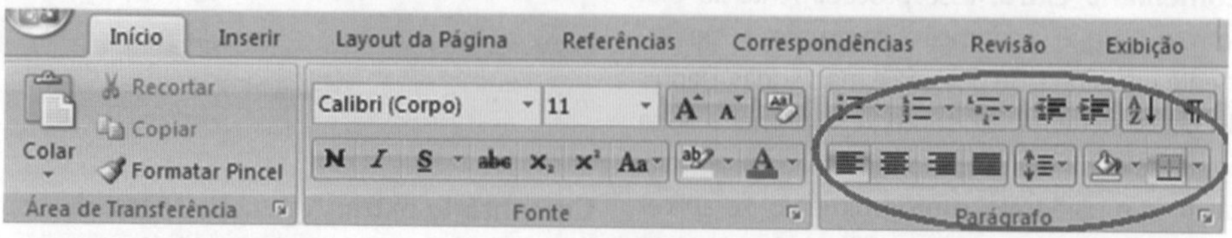

Figura 25

B. CERTO O procedimento narrado na questão seleciona o trecho "com–decência, -coragem-e-doçura." e o exclui do texto. Quanto à correção gramatical, ela é mantida, uma vez que há uma vírgula antes de "vivida", seguindo então a ordem do texto.

Comentário extra: Pode-se notar no texto um traço "-" entre as palavras, isto ocorre porque o botão Mostrar tudo ¶ está ativo, expondo todos os caracteres não imprimíveis.

C. CERTO O Dicionário de Sinônimos pode ser acessado, até a versão 2003 do Word, utilizando-se o menu Ferramentas/Idiomas/Dicionário de sinônimos. A partir do Microsoft Office 2007, foi criado o botão Dicionário de Sinônimos na guia Revisão. Clicando sobre ele o Word irá abrir a janela Pesquisar (mesma do botão Pesquisa da mesma guia/grupo) já com sinônimos da palavra mais próxima do cursor.

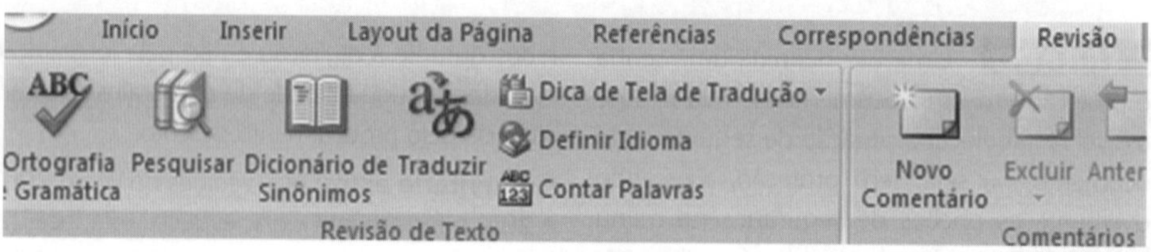

Figura 26

Comentário extra: No Microsoft Office Word, no Microsoft Office PowerPoint e no Microsoft Office Outlook, é possível procurar uma palavra rapidamente clicando com o botão direito do mouse em qualquer lugar no documento, apresentação, mensagem aberta ou mensagem visualizada no Painel de Leitura e, em seguida, clicar em Sinônimo no menu de atalho.

12.

A. CERTO Esse procedimento não altera o texto, ele apenas seleciona o texto ao arrastar o mouse, em seguida recorta o texto e cola no mesmo lugar. Mantendo assim a correção gramatical e as ideias do texto.

Comentário extra: Os procedimentos recortar e colar podem ser realizados utilizando as teclas de atalho Ctrl+X (recortar) e Ctrl+V (colar).

B. ERRADO Este procedimento irá acrescentar marcadores no primeiro parágrafo do texto. Para eliminar os marcadores se deve, no caso da questão acima, onde foi selecionado todo o texto, clicar duas vezes no botão ☰. Bastaria somente um clique no botão ☰ se somente o texto que possui os marcadores fosse selecionado. Também se pode usar o botão Marcadores no menu Formatar.

Comentário extra: Na versão 2007 do MS Word (guia Página Inicial, Word 2010 e 2013):

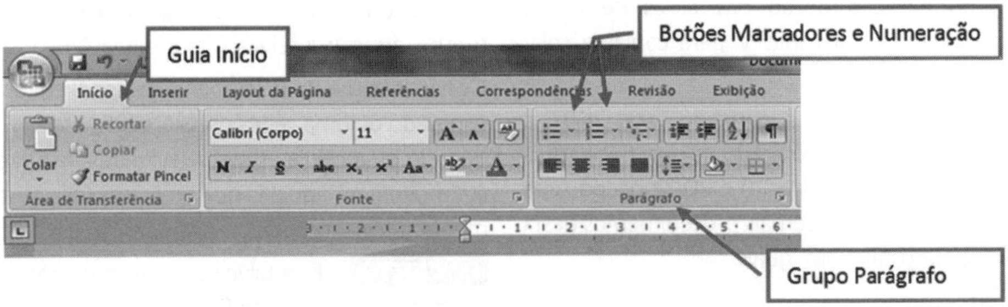

Figura 28

C. CERTO Um mesmo documento pode ser visualizado nos modos: Normal, Layout de impressão, Layout da Web e Modo de estrutura de tópicos. Pode-se alterar o modo de exibição pelos botões, encontrados no canto inferior esquerdo do Word ou, ainda, pelo menu Exibir.

Comentário extra: Nas versões do MS Word 2007 e 2010, encontramos os seguintes modos de exibição: Layout de Impressão; Leitura em Tela Inteira; Layout da Web; Estrutura de Tópicos; e Rascunho. Pode-se alternar entre estes modos pelos botões destacados na figura:

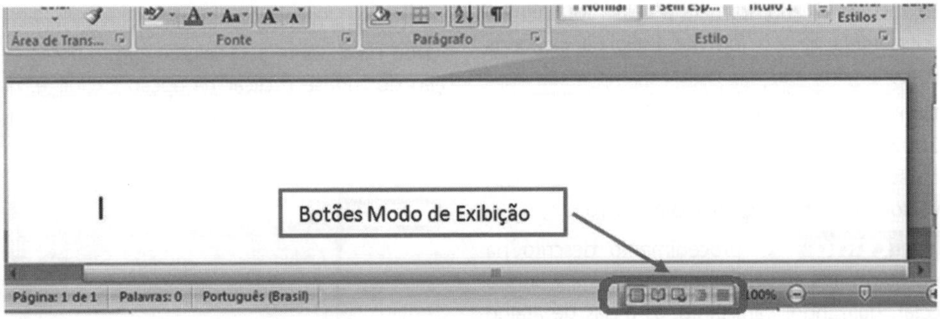

Figura 29

D. CERTO Não há como responder esta questão sem saber o que são metadados. Tendo em mente que metadados são informações anexas aos documentos, as quais ajudam na organização destes, e sabendo que as suítes Office utilizam metadados na estrutura de seus documentos é possível responder a questão sem maiores dificuldades. Contudo, pode restar a dúvida se títulos, assuntos e comentários são considerados metadados, o que de fato é verdade.

Comentário extra: Metadados são como informações (dados) que descrevem os dados, ou seja, são informações úteis para identificar, localizar, compreender e gerenciar os dados. São informações que resumem, enriquecem ou complementam os objetos ou serviços referenciados, produzindo, assim, um potencial incremento de informação.

13. CERTO O procedimento descrito na afirmativa da questão executa, marcando a célula C2 e clicando no pincel, a cópia dos formatos contidos na célula C2 e substitui os formatos, mas mantém o conteúdo da célula B4. Importante ressaltar que, além do formato em negrito, este procedimento também substitui, pelos formatos da célula C2, todos os demais formatos da célula B4 (o tamanho da fonte, por exemplo). Copiar e colar apenas formatos também pode ser feito utilizando o recurso Colar especial. Não há, no excel, a opção das teclas de atalho Ctrl+Shift+C e Ctrl+Shift+V para copiar e colar formatos.

Comentário extra: A partir do Excel 2007, o botão pincel é encontrado na guia Início (guia Página inicial, versões 2010 e 2013), grupo Área de transferência, os demais procedimentos desta afirmativa continuam iguais.

14.

A. ERRADO O botão Σ (autossoma), ao ser acionado, insere na célula marcada a função SOMA e, ainda, preenche-a com valores que aparentemente (critérios preestabelecidos pelo excel) são os mais óbvios (sequência ininterrupta de células mais próximas), no caso da figura da questão sugeriria a soma dos valores contidos de B3, C3, D3, E3, F3 e G3, e, então, ao pressionar a tecla Enter, confirmaremos a fórmula. Já o botão %, ao ser clicado, formata a célula (ou células) selecionada para o formato Estilo da categoria Porcentagem, mas não realiza qualquer cálculo.

Comentário extra: A partir do Microsoft Office 2007, o botão Σ está na guia Fórmulas, já o botão % está na guia Início (guia Página inicial, versões 2010 e 2013), grupo Número.

B. CERTO O procedimento descrito na questão nada mais é que copiar uma célula e colar, utilizando, para tanto, as teclas de atalho Ctrl+c (copiar) e Ctrl+v (colar). Há outras formas de copiar e colar, por exemplo, clicando com o botão direito do mouse sobre a célula que se deseja copiar, escolhendo a opção copiar e, em seguida, clicar novamente com o botão direito do mouse sobre a célula onde se deseja colar e escolher a opção Colar.

Comentário extra: Outra ferramenta muito útil do Excel é a Colar especial (do Word também): com ela podemos copiar somente formatos, fórmulas, valores, etc. Você também pode usar o Colar especial para realizar operações aritméticas nas células.

C. ERRADO Ao aplicar um duplo clique sobre uma célula do Excel, o que se tem é a abertura desta célula para edição do seu conteúdo. Para selecionar o intervalo citado, o procedimento mais simples seria clicar sobre a célula A2 (apenas um clique) e, sem soltar o botão do mouse, arrastar a seleção até a célula A5.

Comentário extra: Também é possível editar o conteúdo de uma célula pressionando a tecla F2, quando essa célula estiver selecionada, isso facilita muito para aqueles que preferem utilizar somente o teclado.

D. CERTO Este talvez seja um dos procedimentos mais básicos do Excel, e não há muito o que comentar sobre ele. Uma outra forma de apagar o conteúdo das células seria selecionar as células desejadas, depois clicar sobre esta seleção com o botão direito do mouse e clicar na opção Limpar conteúdo.

Comentário extra: Existe, ainda, a opção de excluir as células, ou seja, apagar tudo, inclusive bordas e formatos, além do conteúdo. Para tanto, a maneira mais simples de realizar esse procedimento seria selecionar as células desejadas, depois clicar sobre essa seleção com o botão direito do mouse e clicar na opção Excluir e, na janela que se abre, escolher a melhor opção que se adeque às suas necessidades.

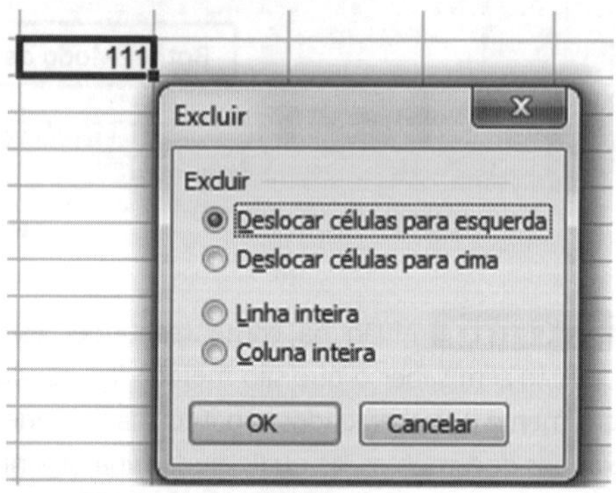

Figura 32

E. ERRADO O procedimento mais simples para classificar esses dados é selecionar as células que se deseja classificar, nesse caso clicando uma vez na célula A3 (não A2, senão poderia classificar também o identificador da coluna), pressionar a tecla Shift e, mantendo-a pressionada, clicar na célula G5 e, com essas células marcadas, clicar no botão Classificação crescente , ou, se desejar, no botão Classificação decrescente , ou mesmo, se assim desejar, acessar o menu Dados, subitem Classificar... escolher dentre as diversas opções a que se melhor adeque à sua necessidade.

Comentário extra: O botão Classificar, a partir do Microsoft Office 2007, fica localizado na guia Início (guia Página inicial, versões 2010 e 2013), grupo Edição.

15.

A. CERTO Essa é mais uma questão do Excel que, além de informática, o candidato deverá empregar matemática para resolvê-la. Deve-se fazer a conta: 19/1.811*100 para só então ter certeza da resposta. Muita atenção deve-se ter na verificação das posições das células sugeridas, por exemplo, C3 quer dizer coluna C, linha 3.

Comentário extra: O símbolo =, quando no início de uma célula do Excel, indica para o programa que após aquele símbolo haverá uma fórmula (função). Se clicarmos no botão fx, teremos as funções disponíveis no Excel.

B. ERRADO Ao clicar no cabeçalho da linha 1, além das células A1, B1 e C1, toda a linha 1 seria selecionada, o que por si só não torna a afirmativa incorreta. Mas, após selecionar as células A1, B1 e C1 e clicar , as células B1 e C1 seriam "desmescladas", ficando, então, a célula B1 com o conteúdo "Lei n. 6.368/1976". Se não houvessem células mescladas na linha 1, ao clicar em , a linha 1 seria mesclada por inteiro, e, caso existisse mais de uma célula com dados, uma mensagem de advertência seria exibida e, clicando no ok na mensagem, somente o conteúdo mais à esquerda seria mantido.

Comentário extra: A partir do Microsoft Excel 2007, o botão Mesclar e centralizar é encontrado na guia Início (guia Página inicial, versões 2010 e 2013), grupo Alinhamento.

16.

A. ANULADO A banca examinadora entendeu por bem anular a questão quando da apresentação do gabarito final, não apresentando qualquer motivação. Insta destacar que a assertiva está correta, uma vez que a fórmula =B3*C3 irá retornar o valor total das cadeiras a serem adquiridas, ou seja C3(8)*B3(100).

Comentário extra: Importante dizer que o resultado apresentado na célula D3 pode não ser o esperado. Pode não conter um valor do tipo moeda ou número. Pode, por exemplo, se esta célula estiver formatada com a categoria data, trazer o valor 10/3/1902, ou seja, o valor a ser exibido depende da formatação da célula.

B. ERRADO Para se inserir uma nova linha entre as linhas 1 e 2, deve-se clicar com o botão direito do mouse na cabeçalho da linha 2 e, na lista de opções que é exibida, clicar em Inserir. Ou, então, clicar no cabeçalho da linha 2 e, no menu Inserir, clicar em Linhas.

Comentário extra: Nas versões do Excel 2007 e 2010, não há mais a opções Linhas no menu Inserir, aliás, os menus foram substituídos por guias (abas). A opções de inserir linhas, colunas ou células é encontrada na guia Início (guia Página inicial, versões 2010 e 2013), grupo Células. A opção de inserir clicando com o botão direito continua a mesma.

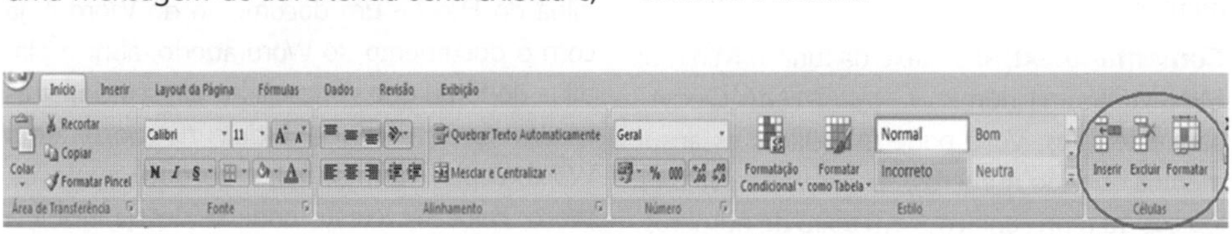

Figura 35

17. ERRADO Essa é mais uma daquelas questões em que é importantíssimo prestar muita atenção na figura exibida, além, é claro, do conhecimento do aplicativo. Somente pelas imagens apresentadas podemos chegar, intuitivamente, à conclusão que esta questão está correta. O botão e o botão servem, respectivamente, para aumentar e diminuir o número de casas decimais que o número contido na célula possui.

Comentário extra: Os botões e estão dispostos, no MS Excel 2007 e 2010, no grupo Número da guia Início (guia Página inicial, versões 2010 e 2013).

18.

A. ERRADO

Comentário extra: O símbolo "=", quando no início de uma célula do Excel, indica ao programa Excel que após aquele símbolo haverá uma fórmula (função). Se clicarmos no botão *fx*, teremos as funções disponíveis no Excel.

B. ERRADO Para aplicar negrito em mais de uma célula é necessário primeiro selecionar ambas e, só então, clicar no botão **N**.

Comentário extra: Para se aplicar negrito, ou retirar, pode-se usar as teclas de atalho Ctrl+N (pressionar a tecla Ctrl e, mantendo-a pressionada, pressionar a tecla N).

19. CERTO A função MÉDIA do Excel, assim como o nome sugere, calcula a média dos valores indicados, sejam valores absolutos ou valores contidos em células, por exemplo, para o cálculo da média dos valores contidos em A1 e B1 podemos usar a fórmula =MÉDIA(A1;B1) em outra célula onde desejamos ter o resultado. No mais, um pouco de matemática será empregado.

Comentário extra: Perceba que é usado o ponto e vírgula ";" para separar os valores dentro do parêntese da fórmula, isto indica que cada item, neste caso as células A1 e B1, é apenas um valor (poderíamos ter 1;3, por exemplo, no lugar de A1;B1). Quanto a intervalos, deve-se usar o símbolo ":", por exemplo, a média dos valores contidos no intervalo de A1 a A5 pode ser obtida pela fórmula =MÉDIA(A1:A5).

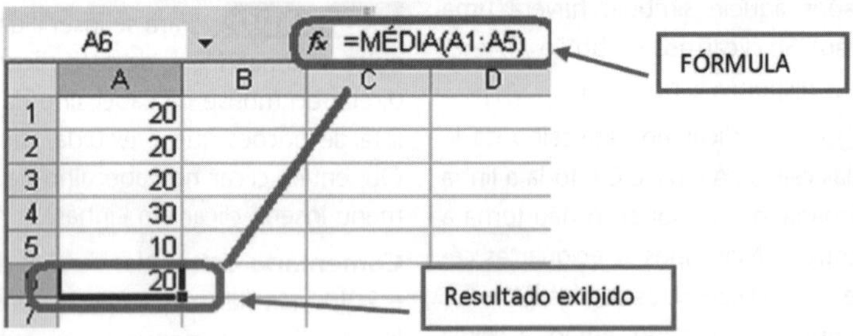

Figura 38

20. CERTO A função Mínimo do Excel retorna sempre o menor valor da lista de argumentos.

Comentário extra: Sintaxe da função Mínimo: MÍNIMO(núm1;núm2;...) ou MÍNIMO(x:y)_ para intervalos. Você pode especificar os argumentos que são números, células vazias, valores lógicos ou representações em texto de números. Os argumentos que são valores de erro ou texto, que não podem ser transformados em números, causam erros. Se os argumentos não contiverem números, a função MÍNIMO retornará 0. Semelhante a esta função existe a função MÁXIMO, que retorna o maior valor.

21.

A. CERTO Outra forma de incluir uma planilha do Excel e um documento do Word é, já com o documento do Word aberto, abrir a planilha do Excel que se deseja incluir, selecionar as células que se deseja incluir no documento Word, copiar (Ctrl+c), voltar ao documento do Word, colocar o cursor onde se deseja incluir a planilha e colar (Ctrl+v).

Comentário extra: A diferença entre estes dois procedimento é que, no que utiliza o menu inserir, a planilha inserida será sempre editada no Word, mas com as ferramentas do Excel. Já copiando e colando, é como se inserisse uma tabela. **A partir do Microsoft Office 2007**, o botão Inserir objeto fica localizado na guia Inserir, grupo Texto.

B. ERRADO Esta afirmativa estaria correta se a fórmula utilizada fosse =(C2/B2-1)*100. Não há no Excel uma forma predefinida de se calcular variações percentuais, então, é necessário criarmos a fórmula que mais se adeque à necessidade.

Comentário extra: Se desejássemos que o resultado ficasse no formato 00%, então, o mais coerente seria utilizar a seguinte fórmula: =C2/B2-1 e, em seguida, definir a formatação das células, dos resultados, para porcentagem.

C. CERTO Uma das ferramentas mais básicas do Windows, que é compartilhada pelo sistema operacional com os aplicativos, é o armazenamento de dados em uma área de memória, essa área é chamada de área de transferência. Há diversas formas de se copiar e colar parte de um documento, ou mesmo ele todo. Primeiro deve ser selecionado o que se deseja copiar, executar o comando copiar (Menu Editar/copiar, ou Ctrl+c), aí então deve-se acessar o aplicativo, tanto do pacote Office quanto de qualquer outro, onde se deseja colar e então enviar o comando de colar.

Comentário extra: Além da área de transferência do Windows, que guarda cada item copiado, um de cada vez, existe também a ferramenta Área de transferência do Office. Ela permite que você colete textos e itens gráficos de qualquer quantidade de documentos do Office ou outros programas para, em seguida, colá-los em qualquer documento do Office. Você pode copiar parte do texto do Microsoft Word, alguns dados do Microsoft Excel, uma lista com marcadores do Microsoft PowerPoint ou do Microsoft Internet Explorer e uma folha de dados do Microsoft Access, voltando para o Word e organizando alguns ou todos os itens coletados em seu documento do Word. Os itens coletados permanecerão na Área de Transferência do Office até que você saia dele, ou exclua-os.

D. ERRADO Esta questão nos parece mais uma pegadinha do que uma questão sobre informática. Observe que na coluna DROGAS, os itens estão em unidades distintas. A maconha está em gramas, já o lança-perfume está em litros, além do fato de existir mais de um tipo de dados sobre uma mesma droga, a maconha possui tanto informações da quantidade em gramas quanto quantidade em pés (unidades). O procedimento para realizar a soma dos valores do intervalo C2:C9 e exibi-lo em C10 está correto.

Comentário extra: Atenção: Questões de informática que possuem imagens podem, em alguns casos, induzir ao erro, assim como nesta questão. E em outros casos, por exemplo, podem conter botões que não fazem parte daquele aplicativo, portanto, muita atenção nas figuras.

22.

A. CERTO Mais uma questão infeliz por parte da banca aplicadora do concurso, já que não temos mais barras de ferramentas no Office 2010, mas, sim, faixa de opções, a qual é formada pelas guias. A questão estaria mais correta se tivéssemos: "selecionar as células desejadas, clicar na Faixa de Opções, Guia Página Inicial, Categoria Número, opção Formato de número de contabilização; e, por fim, selecionar a unidade monetária desejada".

Comentário extra: Na guia Página inicial, grupo Número, temos o botão Formato de Número Contabilização, o qual permite escolher rapidamente o formato das células selecionadas, exibindo uma lista de formatos de moedas mais comuns:

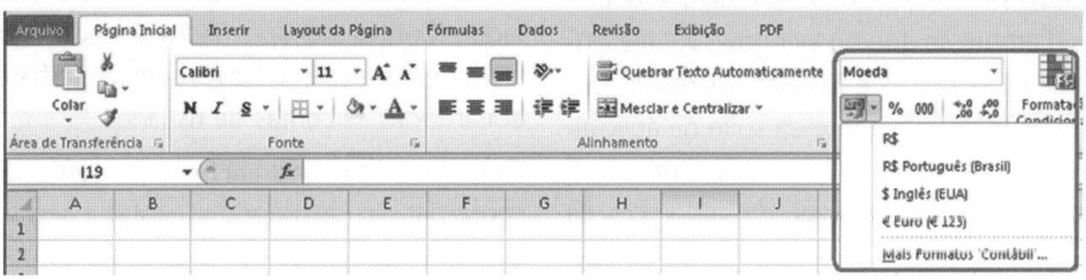

Figura 40

B. CERTO Questão bem simples, exigindo conhecimentos básicos de planilhas eletrônicas. Para somar as células contidas entre B2 e B16, exibindo o resultado em B17, pode-se digitar, em B7 a função =SOMA(B2:B16) ou, ainda, utilizar também a função SOMA, mas lançando mão do botão Autossoma Σ (Página Inicial, grupo Edição).

Comentário extra: Um conceito importante nesta questão é o conceito de símbolos (operadores) no Excel, especificamente o separador ":", o qual indica um intervalo entre as células. O símbolo "=", quando no início de uma célula do Excel, indica ao programa Excel que após aquele símbolo haverá uma fórmula. A função Soma soma os valores apresentados. O operador ":" (dois pontos) indica um intervalo de células. Portanto, concluímos que =soma(B2:B16) é a fórmula para se obter a soma do intervalo de B2 a B16.

23.

A. CERTO O programa Outlook Express disponibiliza uma ferramenta de busca para que o usuário possa encontrar mais facilmente as mensagens desejadas.

Comentário extra: A partir do Windows Vista, a Microsoft descontinuou o aplicativo Outlook Express. O Outlook Express é um cliente de correio para Windows XP. **Windows 7** não traz nenhum cliente de correio, uma opção é instalar o Windows Live Mail ou Microsoft Outlook, que é o cliente de e-mail integrante da suíte Microsoft Office.

B. CERTO O botão Endereços do OE6 dá acesso ao catálogo de endereços da conta ativa no Outlook Express. Esta opção permite editar a lista de contatos da conta ativa.

Comentário extra: A partir do Windows Vista, a Microsoft descontinuou o aplicativo Outlook Express (Lembre-se que no Windows XP ele ainda existe). Uma opção é instalar Microsoft Outlook, que é parte integrante da suíte de aplicativos Microsoft Office. No Microsoft Outlook, o botão para acesso ao catálogo de endereços da conta ativa, que possui uma ferramenta de pesquisas rápidas é: Digite um contato.

24.

A. ERRADO Não há, clicando com o botão direito do mouse sobre a área de trabalho, a opção de acessar o Painel de controle. A janela da figura é a janela Contas e usuários, por ela é possível gerir as contas de usuários do computador. Ela pode ser acessada pelo botão Contas de usuário no painel de controle, que por sua vez pode ser acessado clicando em Iniciar e depois em Painel de controle. A tecla de atalho Ctrl+Esc também permite acesso ao menu Iniciar.

Comentário extra: No painel de controle podem ser realizadas as principais configurações do Windows. Pode-se configurar ou instalar novos hardwares, como impressoras, mouses, teclados etc. Podem ser realizadas configurações de softwares, assim como a instalação de novos programas. Ainda há a opção da gestão das contas de usuários no Painel de controle do Windows. No Windows 7 também encontramos o Painel de Controle, item essencial do Windows. **No Windows 7**, para abrir Contas de Usuário Contas de Usuário, clique no botão Iniciar do menu Iniciar, em Painel de Controle, Contas de Usuário e Proteção para a Família e Contas de Usuário. Clique em Gerenciar outra conta. É necessário ter permissão do administrador. Se você for solicitado a informar uma senha de administrador ou sua confirmação, digite a senha ou forneça a confirmação.
Clique em Criar uma nova conta.

B. CERTO Todas as informações sobre as contas de usuários estão disponíveis na janela Contas de usuário. Portanto, pode-se inferir da janela que existem as 3 contas, e somente elas, além das demais informações contidas nesta questão. Uma conta que seja do tipo "Administrador" possui todos os direitos sobre o computador. Contas do tipo "Administrador" podem, além de instalar e remover software e hardware, editar todas as contas de usuários.

Comentário extra: Há também outros tipos de conta padrão do Windows, entre estes, a conta Limitada. Com essa conta um usuário pode utilizar um computador, mas não pode instalar ou desinstalar a maioria dos programas (alguns permitem a instalação por usuários limitados).

C. CERTO O Windows XP, e também o Windows 7, é uma plataforma multiusuário, o que permite que mais de uma conta de usuário acesse simultaneamente o sistema operacional. O recurso de comutação entre contas chama-se "Troca rápida de usuário". Se houver mais de uma conta de usuário no computador, a Troca rápida de usuário é um modo fácil de outra pessoa fazer logon no computador sem fazer seu logoff ou fechar seus programas e arquivos. Ela pode ser acessada clicando no menu Iniciar.

Comentário extra: A Troca rápida de usuário não será exibida se não tiver sido ativada em Contas de usuário no Painel de controle. A Troca rápida de usuário não estará disponível nos computadores membros de um domínio da rede.

25.

A. CERTO Não há muito que comentar sobre esta questão, ela é relativamente simples para quem está familiarizado com a utilização do Windows. Praticamente em todas as versões do Windows o procedimento para esvaziar a lixeira é o mesmo, o que se alterou foram os ícones utilizados. Se a lixeira estivesse vazia, a opção Esvazia estaria desativada na lista.

Comentário extra: Seu ícone ainda se altera quanto à existência ou não de arquivos. Por exemplo, no Windows XP (não vazia) e (vazia), no Windows 7 (não vazia) (vazia).

B. ERRADO Para abrir uma pasta é necessário que se aplique um duplo clique sobre ela, e não apenas clicar uma única vez, como sugere a questão.

Comentário extra: É possível configurar o Windows para que seja necessário apenas um clique sobre pastas e arquivos para que estes sejam abertos. Para tanto, basta acessar as Opções de Pasta (aba Geral) do Windows no Painel de controle, ou menu Ferramentas (Windows XP), ou menu Organizar (Windows 7).

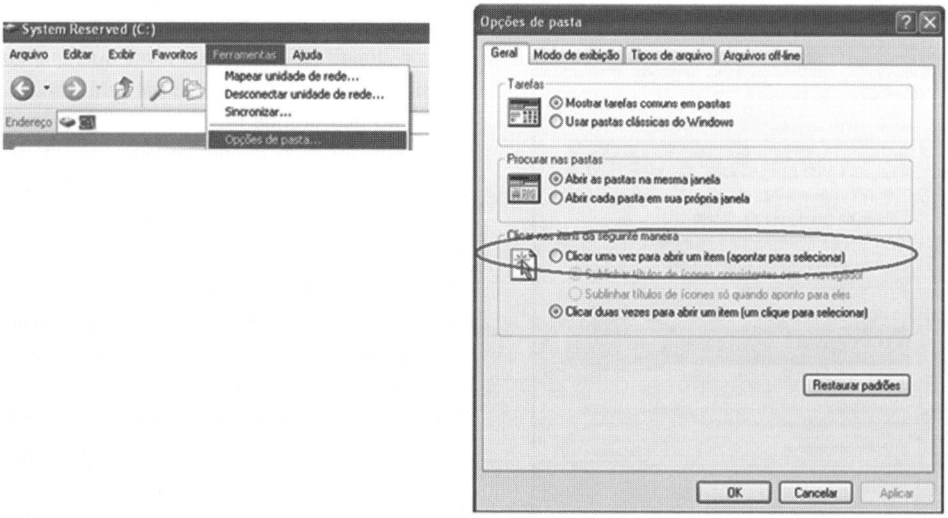

Figura 44

26.

A. ERRADO Esta afirmativa estaria correta se trocássemos Exibir por Arquivo.

Comentário extra: No Windows 7, quando se clica sobre um ícone (pasta ou arquivo) é habilitado na barra logo acima dos ícones um botão Abrir Abrir ▾ Abrir (não ocorre para unidades, exemplo C:\ e A:\). O menu Arquivo foi descontinuado.

B. ERRADO O botão dá acesso a uma lista dos Modos de exibição dos ícones, miniaturas, lado a lado, ícones, lista e detalhes. Há duas formas de minimizar todas as janelas instantaneamente, uma é clicando no botão Mostrar área de trabalho, que fica ao lado do menu Iniciar, ou pressionando a tecla e, mantendo-a pressionada, pressionar a tecla M.

Comentário extra: No Windows 7 o ícone Modos de exibição varia sua imagem de acordo com o modo de exibição que é adotado, por exemplo, , para Ícones médios.

27.

A. CERTO Para acessar esta opção de deixar o Windows XP com cara de clássico, deve-se clicar com o botão direito do mouse sobre algum espaço vazio na Barra de tarefas e, nas opções que são exibidas, clicar em Propriedades e selecionar a aba Menu "Iniciar".

Comentário extra: Uma das maiores modificações do Windows 7 é o Menu Iniciar, pois é um item que todos usam. Infelizmente, no Windows não temos uma opção fornecida pela Microsoft para personalizar o Menu Iniciar para o formato Clássico.

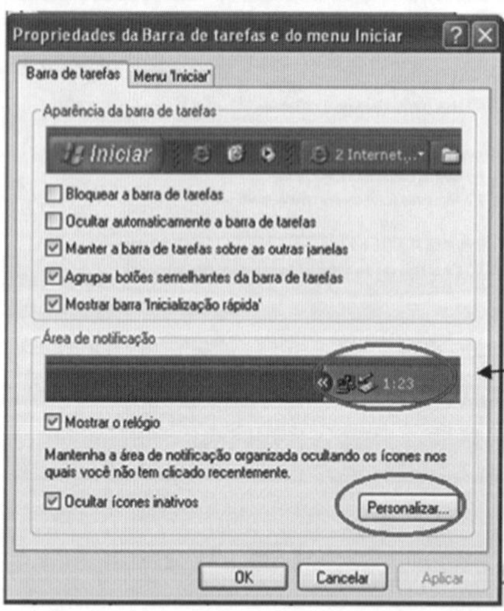

Figura 47

Ainda, no Windows XP, é possível personalizar o botão Iniciar, inserindo ou retirando botões ou classificando os botões dos programas, por exemplo, além de personalizar a Barra de tarefas (barra que fica ao lado do relógio do Windows XP).

B. CERTO Você pode, pelo botão Pesquisar, pesquisar arquivos, pastas, computadores etc. Pode, ainda, utilizar opções avançadas de busca, definindo, por exemplo, o tamanho do arquivo, ou a data de sua modificação.

Comentário extra: No Windows 7 utilize o botão Pesquisar, que está presente no Windows Explorer e também no Menu Iniciar. Clique no botão Iniciar e digite a palavra que deseja pesquisar. Há também programas que permitem pesquisas mais fáceis de arquivos ou pastas no computador. Exemplos são o Google Desktop Search, Windows Search e o programa Copernic Desktop Search.

28.

A. ERRADO O programa WinZip é um programa de compactação e descompactação de arquivos. O botão aparece na lista vertical de opções porque o programa Winzip foi instalado no Windows, interagindo com este. Ele é usado para reduzir o tamanho em disco dos arquivos. Isto é útil para economizar espaço no disco rígido do computador e, talvez sua principal função, no envio de arquivos por e-mail através da internet, uma vez que, quanto menor o arquivo, mais rápido ele será enviado. Além do fato de que certos serviços de e-mails possuem restrições quanto ao tamanho dos arquivos anexados, tornando mais simples a tarefa de enviar vários documentos, juntando todos em um só arquivo.

Comentário extra: Importante: As atuais versões dos compactadores já permitem que os arquivos também sejam criptografados, além de compactar e descompactar os arquivos, o que torna a afirmativa desta questão correta (em 2004 não existia esta opção). Há no mercado outros programas que realizam funções semelhantes ao Winzip, os mais conhecidos, para sistemas operacionais Windows, são o WinRar, 7-Zip e o WinZip.

B. CERTO Esta é uma questão relativamente simples, talvez o único complicador dela seja o que são atributos. No Windows, bem como nos outros sistemas operacionais, os arquivos podem receber atributos. Atributos são características que podem ser definidas para cada arquivo, por exemplo, se ele é oculto ou mesmo se é um arquivo do sistema. Ao acessar as Propriedades do arquivo é possível alterar estes atributos.

Comentário extra: Outra forma de acessar as propriedades de um arquivo é selecionando-o, com um clique simples do mouse e pressionando, simultaneamente e na ordem, as teclas Alt Enter (pressionar a tecla Alt e, mantendo-a pressionada, pressionar a tecla Enter).

29.

A. ERRADO Para se capturar telas no Windows deve-se utilizar a tecla Print screen do teclado. Não há opção Capturar tela no *menu* Ferramentas do Windows Explorer (nem nas versões mais recentes). Após pressionar a tecla Print screen, toda a imagem que está sendo exibida pelo monitor será armazenada na área de transferência e ficará nesta até que outra informação qualquer, com uma palavra do word, seja copiada, e então a imagem da tela do monitor, antes capturada e salva na área de transferência, será substituída pela nova informação copiada.

Comentário extra: Pode-se, ainda, capturar somente a tela ativa do Windows, basta, para isso, pressionar simultaneamente Alt + Print Screen.

B. ERRADO No enunciado da questão, a definição de shareware está correta, porém o editor de textos exibido na figura é um programa proprietário e para ser obtido, e poder utilizá-lo, deve-se comprar sua licença.

Comentário extra: Além das licenças do tipo **proprietário** e **Shareware**, temos ainda: **Freeware**: são programas gratuitos, sua licença não expira; **Adware**: gratuitos, mas trazem publicidade em forma de banners ou links como forma de custeio; **Opensource ou "livres"**: além de serem gratuitos ainda podem ser modificados, uma vez que seu código fonte fica disponível; **Demo**: apenas parte do programa, um demostrativo; **Trial**: é semelhante ao tipo Demo, mas pode-se testar o programa em sua totalidade.

C. CERTO A lixeira foi criada como uma forma de segurança, um tipo de backup. Quando deletamos um arquivo, selecionando este arquivo e pressionando a tecla Delete, este arquivo não é excluído definitivamente do disco, ele é salvo na lixeira. Isso evita que em muitos casos se percam arquivos que não podem ser perdidos. Como ela ocupa espaço no disco rígido, pois também está alocada nele, ela deve ser limpa eventualmente.

Comentário extra: É possível excluir um arquivo definitivamente, sem que ele passe pela lixeira, para isso basta selecionar o arquivo e pressionar simultaneamente as teclas Shift + Delete. É possível, ainda, configurar o Windows para sempre excluir os arquivos definitivamente, sem que passem pela lixeira, para tanto, basta marcar esta opção clicando com o botão direito do mouse no ícone da lixeira na área de trabalho e em seguida em Propriedades, além de nestas propriedades da lixeira ser possível definir o tamanho do espaço reservado no disco rígido para a lixeira.

D. ERRADO Para salvar um documento em uma nova pasta, é necessário acessar o menu Arquivo e clicar em Salvar como e, então, navegar até a pasta desejada, clicar no botão Nova pasta, localizado na parte superior da janela Salvar como, digitar o nome desejado para a nova pasta e, ainda, nessa janela, clicar em Salvar. A partir do Microsoft Office 2007, o procedimento é o mesmo, apenas para o menu Arquivo deve ser considerado o botão (Guia Arquivo, Office 2010 e 2013).

Comentário extra: Essa tarefa também pode ser feita navegando pelo Windows Explorer, criando a nova pasta no diretório desejado e simplesmente copiando o arquivo do local original para essa pasta. O Windows Explorer do **Windows 7** oferece ao usuário a facilidade de utilizar o botão Nova pasta Nova pasta, parte integrante desse gerenciador de arquivos e pastas.

E. CERTO O ícone exibido nesta questão é o icone de atalho para o aplicativo Outlook Express. Esse aplicativo é instalado juntamente com o Microsoft Internet Explorer 6. O Outlook Express é um programa de gerenciamento de contas de e-mail, além de permitir a utilização de outros serviços on-line. A maneira mais comum de ser propagar um vírus é por meio de e-mails que contenham códigos maliciosos, uma vez que por e-mail é muito comum o usuário receber e enviar arquivos anexados, bem como enviar códigos de programas no próprio corpo do e-mail, sem nem mesmo saber disso.

Comentário extra: Outros aplicativos para gerenciar contas de e-mail, que também são chamados de clientes de e-mail, são o Mozilla Thunderbird e o Microsoft Outook, este último faz parte do pacote Office. A partir do Windows Vista, a Microsoft descontinuou o aplicativo Outlook Express.

30.

A. CERTO Todo o sistema de arquivos do Windows é baseado em uma árvore de diretórios. Um diretório pode conter, dentro de sua estrutura, tanto arquivos como outros diretórios (subdiretórios) e pode, por sua vez, estar contido dentro de outro diretório. Dessa forma, todo arquivo ou diretório possui um endereço, que pode ser visualizado na barra Endereço.

Comentário extra: A imagem a seguir exemplifica a árvore de diretórios que pode ser encontrada no Windows; note que é como se fosse uma pasta que está dentro de outra pasta, que está dentro de outra pasta, assim por diante até a raiz do disco rígido, neste caso chamado Disco Local (C:).

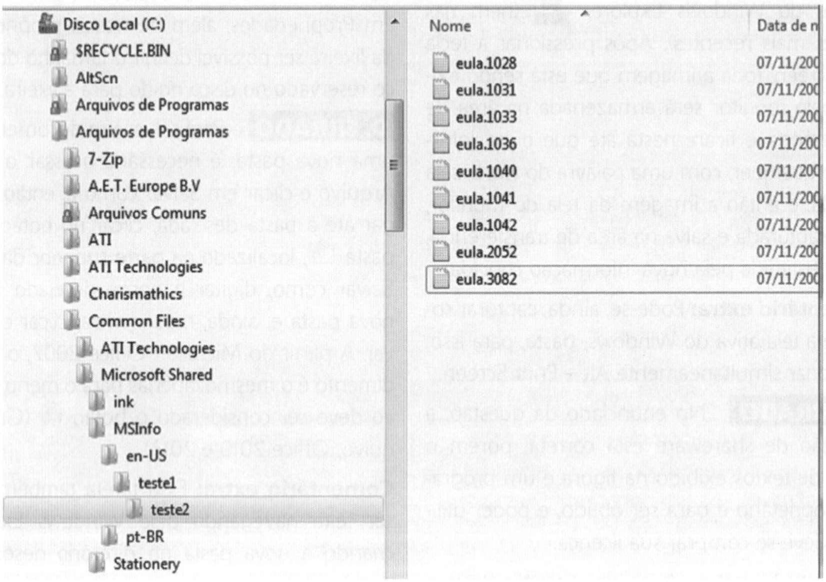

Figura 51

B. ERRADO Não há qualquer relação de quantidade de winchesters com sua capacidade, ou seja, podemos ter em um computador 10 winchesters, desde que tenhamos interfaces suficientes para eles, cada um com uma capacidade diferente.

Comentário extra: Disco rígido, também conhecido como HD (hard disk) ou winchester (termo em desuso), "memória de massa" ou, ainda, "memória secundária", é a parte do computador onde são armazenados os dados. O disco rígido é uma memória não volátil, ou seja, as informações não são perdidas quando o computador é desligado, diferentemente da memória RAM, onde os dados salvos são todos perdidos ao se desligar o computador.

C. CERTO Essa é uma grande facilidade do Windows, entretanto, poucos sabem que ela existe, ou mesmo descobrem por acaso. Ao se digitar uma URL, de Uniform Resource Locator, em português Localizador Padrão de Recursos (todo recurso, seja ele site ou mesmo uma impressora, possui um URL), o Windows verifica-o e, se identificar que é um endereço da Web, imediatamente inicia a navegação pelo Internet Explorer.

Comentário extra: Nas versões mais atuais do Windows, ao se digitar uma URL na barra de endereços, uma nova janela do navegador padrão (note que não necessariamente será o Internet Explorer, pode ser o Firefox, por exemplo) será aberta com o endereço digitado.

D. ERRADO O recurso como página da Web quando acionado alterava a forma de exibição dos objetos do diretório para ícones, como se fossem links, ou seja, ao se passar o mouse por cima deles a seta alterava para uma , e bastava um clique para abrir o diretório.

Comentário extra: Essa função foi descontinuada nas versões mais recentes do Windows.

E. ERRADO Pode-se realmente inferir pela figura que o computador possui um disco removível e este pode ser um Zip Drive. Entretanto, a simples existência na figura do ícone Ambiente de rede não é indicativo de que o computador faça parte de qualquer tipo de rede. Poder-se-ia apenas concluir que o computador possui uma placa de rede ou placa de fax/modem, caso contrário, não haveria o ícone Ambiente de rede. Contudo, mesmo com o dispositivo de conexão presente (placa de rede ou modem) não necessariamente há uma rede configurada.

Comentário extra: O Zip drive é um sistema de disco removível de média capacidade, utilizando mídia magnética, semelhante ao disquete, introduzido pela Iomega em 1994. Caiu em desuso pelo alto custo e pela popularização do CD-RW.

31.

A. ERRADO É justamente a função das atualizações automáticas a distribuição de novos patches (remendos) que corrijam as vulnerabilidades de código presentes no sistema operacional e de aplicativos da Microsoft instalados como MS Office.

Comentário extra: Para que o Windows instale atualizações, à medida que forem disponibilizadas, é necessário ativar a atualização automática. As atualizações opcionais não são baixadas ou instaladas automaticamente. Para abrir o Windows Update, clique no botão Iniciar. Na caixa de pesquisa, digite Update e, na lista de resultados, clique em Windows Update. No painel esquerdo, clique em Alterar configurações. Escolha a opção desejada. Em Atualizações recomendadas, marque a caixa de seleção Incluir as atualizações recomendadas ao baixar, instalar ou notificar-me sobre atualizações para o meu computador e clique em OK.

No Windows 7, o Windows Update agora faz parte da Central de Ações. Para verificar se há atualizações, basta clicar no ícone da Central de Ações na barra de tarefas, ao lado do relógio do Windosws.

O Windows Update também pode ser acessado pela opção "Sistema e Segurança" do Painel de Controle.

B. CERTO Parece bem óbvio que sejam implementadas pelo firewall mais regras de bloqueios de conexões de fora para dentro do que de dentro para fora. Ora, imagina-se que o computador que usamos tenha menos probabilidade de conter programas maliciosos do que todos os demais que desconhecemos, a exemplo dos que estão conectados à Internet.

Comentário extra: Firewall é como uma barreira de proteção, que controla o tráfego de dados entre dois pontos. Seu objetivo é permitir somente a transmissão e a recepção de dados previamente autorizados. Existem firewalls baseados na combinação de hardware e software e firewalls baseados somente em software.

C. ERRADO Pode-se observar na figura que o computador representado não possui nenhum programa de antivírus instalado reconhecido pelo Windows. A proteção contra malwares encontrada no Windows Defender não é baseada em assinaturas de vírus.

Comentário extra: O Windows Defender é um programa gratuito, disponibilizado pela Microsoft para o Windows, ele vem com o Windows e é executado automaticamente quando é ligado. Ele ajuda a manter sua produtividade ao proteger seu computador contra pop-ups, baixo desempenho e ameaças de segurança causadas por spywares (antispyware) e outros softwares potencialmente indesejados.

Um spyware pode se instalar no computador sem o seu conhecimento, a qualquer momento que você se conectar à Internet, ou quando você instala alguns programas usando um CD, DVD ou outra mídia removível. Um spyware também pode ser agendado para ser executado em horários inesperados, não apenas quando é instalado.

O Windows Defender oferece duas formas de evitar que o software infecte o computador:

1. Proteção em tempo real: Windows Defender emite um alerta quando algum spyware tenta se executar ou se instalar no computador. Ele também emite um alerta quando alguns programas tentam alterar configurações importantes do Windows.

2. Opções de verificação: é possível usar o Windows Defender para verificar se há spyware instalado no computador, agendar verificações regulares e remover automaticamente tudo o que for detectado em uma verificação.

32. CERTO Além de ser possível a instalação de programas diretamente por seus instaladores, tanto no formato exe e msi como em outros formatos, existem aplicativos que podem instalar programas diretamente da internet, sem que seja necessário o download dos arquivos de instalação (instaladores), ou mesmo fazendo uso de uma pasta temporária para salvar o instalador (comum em casos que o programa está sempre sendo atualizado).

Comentário extra: Um conjunto de informações, agrupadas e armazenadas em meios físicos que aceitam informações digitais – como disquetes, CDs, discos rígidos, pen drives etc. –, é chamado genericamente de arquivo ou ficheiro. Nesses arquivos estão contidos os dados de textos, programas, etc. Um arquivo necessita de uma extensão que identifique seu formato e, consequentemente, indique ao sistema operacional os aplicativos que estão preparados para "entendê-lo".

33.

A. ERRADO A janela exibida pela figura é a guia Hardware, da janela de propriedades do dispositivo "Data Traveler". Não é possível determinar se é um disposto do tipo Unidade de Disco, já que é apenas exibido "Unidade de..", ou seja, nem é possível determinar com certeza que é um dispositivo de armazenamento de dados, a não ser pela figura vinculada ao nome: . Contudo é um nome de fabricante muito conhecido, reconhecidamente como um dispositivo pen drive. Porém, não podemos dizer que este dispositivo em questão está formatado com o sistema de arquivos NTFS, já que ele pode ter sido formatado em outros formatos, como FAT32. E a intenção é enganar a mente do concursando, já que a grande maioria dos dispositivos do tipo "pen drive" vem formatada de fábrica, como o sistema de arquivos NTFS.

Comentário extra: Além de poder formatar um pen drive no formato NTFS, podemos formatá-lo em FAT e FAT32, além das EXT3, EXT4, REISER, XFS (Linux). O sistema de arquivos é a forma que os dados estão organizados no dispositivo de armazenamento de dados, seja um disco rígido, seja uma memória Flash (pen drive). É a forma de organização pela qual o sistema operacional irá encontrar os dados e, portanto, alguns sistemas operacionais só são compatíveis com determinados sistemas de arquivos. Os sistemas de arquivos divididos por sistema operacional:

- Microsoft Windows/ MS-DOS: FAT12, FAT16 (ou FAT), FAT32 (MS-DOS 7.1 e 8.0 / Windows 95 ou superior), ExFAT (FAT Estendido, ou FAT64, Windows XP ou superior) e NTFS – Windows NT ou superior
- Apple Macintosh: HFS e HFS
- UNIX (linux): UFS, Ext, Ext2, Ext3, Ext4, SWAP, Reiser, HPFS, JFS e XFS
- IBM (AIX, OS/2): JFS e HPFS – High Performance File System

Para formatarmos um dispositivo de armazenamento como um pen drive, basta acessar o "Meu Computador", clicar com o botão direito do mouse e, na lista de opções que são exibidas, clicar em "Formatar".

B. ANULADO A banca examinadora entendeu por bem anular a questão quando da apresentação do gabarito final, apresentando a justificativa:

- "O comando não especifica qual versão do Windows 7 foi utilizada e, como o item menciona funções específicas, não se pode afirmar que estas sejam atendidas em todas as versões existentes. Por esse motivo, opta-se pela anulação do item".

Ratificamos a posição da banca examinadora, já que não são todas as versões do Windows 7 que permitem a visualização, pelo "Resumo das Funções do dispositivo", de qual porta o dispositivo USB está conectado.

Comentário extra: A grande vantagem do Barramento Serial Universal (USB, do inglês "Universal Serial Bus") é permitir que os dispositivos sejam conectados e desconectados sem que se precise desligar o computador, é conectar e usar. Ele também permite ligar vários dispositivos (127) em uma mesma porta. A atual versão desta tecnologia é a 3.0, mas é muito comum a versão 2.0, sendo que ambas são compatíveis. Contudo, se conectado um equipamento USB 3.0 em uma porta 2.0 ele operará nas taxas de transmissões da versão 2.0 (480Mbps) e não na velocidade do USB 3.0, que é de 4,8 Gbps.

C. ERRADO Com duplo clique do botão esquerdo do mouse, na configuração padrão do Windows 7, independentemente da versão, não será exibida a janela para formatação do disco e sim as propriedades do dispositivo em questão.

Comentário extra: Para se formatar alguma unidade de armazenamento, basta acessar a janela do painel de controle, clicar com o botão direito do mouse sobre o dispositivo e, na lista de opções exibidas, clicar sobre formatar:

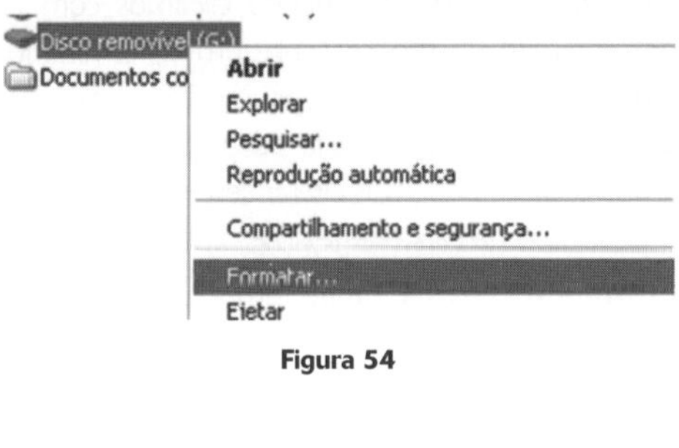

Figura 54

Também é possível formatar uma unidade de disco pelo "Gerenciamento de Disco", clicando no botão Iniciar, Painel de Controle, Sistema e Manutenção e, então, duplo clique em Ferramentas Administrativas e, depois, clique duas vezes em Gerenciamento do Computador. Se você for solicitado a informar uma senha de administrador ou sua confirmação, digite a senha ou forneça a confirmação. No painel Navegação, clique em Armazenamento e, então, em Gerenciamento de Disco. Na janela do Gerenciador, clique com o botão direito do mouse no volume que você deseja formatar e clique em Formatar.

34. ERRADO Muito importante o candidato conhecer as estruturas dos diretórios dos sistemas operacionais cobrados no concurso. Houve uma mudança considerável nesta estrutura no Windows 7 frente o Windows XP.

No tocante a esta questão, cabe dizer que C:\Bibliotecas\Documentos\Projetos não existe no Windows 7. Por padrão, no Windows, as pastas relacionadas aos documentos do usuário corrente estão localizadas em "C:\Users\nome_do_usuario\Documents", de forma que, nesta questão, o correto seria termos "C:\Users\joao_jose\Documents\Projetos". Somente isto responderia à questão. No mais, é importante dizer que podemos configurar e personalizar a localização e nome das pastas dos usuários, mas, por padrão, todos os documentos pessoais do usuário são salvos em "C:\Users\ nome_do_usuario\Documents", "documents" em inglês, mesmo na versão em português do Windows 7.

Comentário extra: As bibliotecas do Windows 7 são uma espécie de abstração da localização real dos arquivos. É como se fosse uma pasta que contenha os atalhos para todos os arquivos que fazem parte desta biblioteca e os arquivos de fato podem estar espalhados pelo disco rígido, o que facilita o acesso. Por exemplo: temos 10 arquivos do Word em 10 diferentes diretórios. Por via de regra, para acessarmos os arquivos teríamos que acessar cada pasta onde eles estão. Já com uma biblioteca destes arquivos, eles estariam todos acessíveis a partir de um só lugar.

35.

A. ERRADO Questão que quase não merece comentários. Mas vamos reforçar alguns conceitos: primeiro, para detectar e remover os vírus no computador temos que usar um antivírus, e não a ferramenta "Limpeza de disco", que nada mais é que um utilitário do Windows para facilitar a exclusão de arquivos que não estão em uso, como arquivos da lixeira e arquivos temporários, com o intuito de limpar o disco, liberando mais espaço neste. Segundo, não existe um antivírus 100%, mesmo estando atualizado, é impossível, ou quase, que um antivírus detecte todos os vírus existentes. E, por fim, sistema operacional é o Windows (neste caso), diferente dos arquivos no Disco Local C, apesar de o Windows por padrão estar contido no disco C, e este mesmo disco C conter muitos outros arquivos que não fazem parte do sistema operacional, como documentos do Word.

Comentário extra: Por padrão o Windows é sempre instalado no disco definido com a letra "C" (driver C), contudo, o Windows pode ser instalado em outra unidade, como o D, E, F. É uma questão de configuração. Podemos ter vários sistemas operacionais, cada um em uma unidade lógica. Se tivermos dois sistemas operacionais instalados em um mesmo computador, temos um sistema dual boot.

B. ERRADO Questão errada, já que o sistema de arquivos recomendado para a instalação do Windows 7 é justamente o NTFS, sistema de arquivos que pode ser verificado na figura exibida. É possível instalar o Windows 7 em FAT 32, mas não é recomendável. O FAT32, utilizado em versões antigas do Windows, é hoje muito usado na maioria das unidades flash USB (pen drives).

Comentário extra: O FAT32 é muito inferior ao NTFS, especialmente quanto aos recursos de segurança. Em um disco rígido ou partição FAT32 com o Windows 7, qualquer usuário poderá ler qualquer arquivo. O FAT32 também limita o tamanho dos arquivos em 4GB e não se pode criar uma partição FAT32 com mais de 32 GB.

36.

A. ERRADO Não há qualquer impedimento de acesso para os antivírus frente aos arquivos ocultos. Mesmo definindo o arquivo com o atributo oculto, ele poderá ser verificado por qualquer antivírus.

Comentário extra: Um arquivo definido como oculto somente não será exibido ao usuário através do Windows Explorer ou mesmo pelo Prompt de comando ("DOS"). Ele estará lá no diretório, ocupando seu espaço em disco da mesma forma. Para se visualizar os arquivos ocultos no Windows, através do Windows Explorer, clique no botão Organizar, depois em Opções de Pasta e Pesquisa, será aberta a janela Opções de Pasta e, na guia Modo de Exibição marque a opção Mostrar arquivos, pastas e unidade Ocultas.

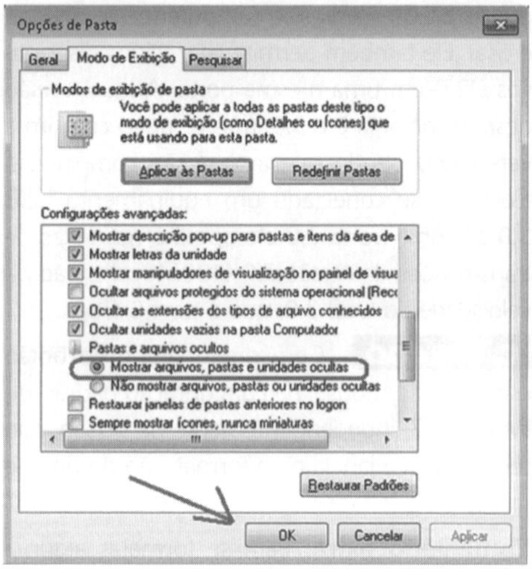

Figura 57

B. CERTO Esta opção de alteração do nome do arquivo certamente é pouco conhecida e utilizada, mas é possível. Quando clicamos com o botão direito do mouse sobre um determinado arquivo e, na lista de opções, clicamos em propriedades, abre-se a janela de propriedades do arquivo, onde podemos alterar seu nome, apenas mudando-o na caixa de texto e clicando em OK.

Comentário extra: Outra forma pouco conhecida de se alterar (renomear) o nome de um arquivo ou pasta é clicar sobre este, selecionando-o, e pressionar a tecla F2.

C. CERTO Parece até estranho, já que estas informações de dada criação e modificação já são exibidas na guia Geral, mas a guia "Detalhes" também exibe estas informações, além de muitas outras. A guia Detalhes exibe várias informações acerca do arquivo e variadas informações são exibidas de acordo com o arquivo que está sendo verificado. Faça o teste, visualize os detalhes de uma planilha do Excel e compare com os detalhes de um arquivo PDF.

Comentário extra: A guia Detalhes pode ser verificada no Windows 7, mas não no Windows XP; ela exibe todas as propriedades associadas a esse arquivo.

37.

A. CERTO ROM é abreviatura de Read-Only Memory. Pelo nome podemos inferir que é uma memória não volátil, que não pode ser alterada. Mesmo sem energia, estas informações são mantidas.

Comentário extra: Existem alguns tipos básicos de memórias ROM, duas das mais usadas são PROM e EPROM. A EPROM, abreviatura de "Electrically Programmable Read-Only Memory": nela os dados são gravados pelo uso de radiação ultravioleta, e permitem sua reutilização (regravação) por meio de equipamentos adequados (no computador podem somente ser lidas). É o tipo de memória ROM geralmente usado para armazenar a BIOS do computador.

B. CERTO Muito comuns hoje são os pen drives que utilizam uma memória do tipo flash, com capacidade acima de 1GB, ou seja, 1 bilhão de bytes. Eles utilizam as portas USB para sua conexão com a CPU.

Comentário extra: Um byte é a informação contida num conjunto de 8 bits; um bit por sua vez é a menor unidade de informação computacional. Um pen drive de 1GB possui capacidade de 10^9 bytes (1.000.000.000,00 bytes).

38.

A. ERRADO Para interligarmos um computador a uma rede não é necessário que este tenha ambas as placas, rede e fax/modem, já que ambas podem interligar um computador a uma rede corporativa, obviamente, cada qual com sua característica. A de fax/modem, por meio de uma conexão discada e a de rede, por meio de uma rede padrão ethernet. Por fim, é mais comum, e mais adequado, que as corporações tenham rede locais (LAN), onde várias estações, em um mesmo ambiente físico, se conectam por meio de suas placas de rede e, caso a empresa tenha mais de uma LAN (diferentes cidades, por exemplo), estas se conectam através de tecnologias de WAN (Wide Area Network ou rede de longa distância).

Comentário extra: Importante: Uma placa de fax/modem, ou simplesmente Modem, é um modulador-demodulador e é um aparelho capaz de transformar sinais digitais em sinais analógicos, que são transmitidos pela linha telefônica e vice-versa. Uma placa de rede tem basicamente a mesma função, com a diferença nas características elétricas que trabalham e no tipo de conector que utilizam (RJ-11 modem e RJ-45 na placa ethernet). Por exemplo, o modem trabalha com a linha telefônica, a qual opera com corrente e tensão elétrica muito superiores aos encontrados nos cabos UTPs (aqueles azuis).

B. ERRADO Não se pode afirmar que as opções II e III possuem melhor desempenho, até porque é bem possível que por conta das opções II e III possuírem menos memória RAM (64MB) seu desempenho seja menor, mesmo com processadores superiores. Também não é correto dizer que o uso da Internet exige maior capacidade de armazenamento de dados que velocidade de processamento, pois existem muitas outras aplicações que exigem muito mais dos computadores e a Internet é uma das aplicações mais básicas neste sentido.

Comentário extra: Importante: Mesmo para a época, é correto dizer que a quantidade de memória RAM destas opções de computadores é inadequada, já que a Microsoft recomenda o mínimo de memória 128MB para o Windows XP.

C. ERRADO Ainda não inventaram um computador, com a função de servidor de rede, que seja útil sem possuir instalado um disco rígido (HD, winchester). Nele ficam armazenadas todas as informações do sistema operacional (Windows, Linux, etc.), portanto, não há como se utilizar um servidor sem possuir um HD. Por outro lado, é até possível que, mesmo sem um HD, um computador seja invadido por hackers, já que há programas instalados, por exemplo, na placa de rede que, ao se ligar o computador, executam algumas tarefas básicas, como verificar a existência de outros servidores. Até mesmo celulares, que não possuem HD, podem ser invadidos.

Comentário extra: Importante: Já existem estudos para substituir os discos rígidos por novas tecnologias, algumas pessoas até dizem que o fim dos discos rígidos está próximo, sendo substituído pelo SSD (Solid State Flash Memory), entretanto, ainda não há nada de concreto.

39.

A. CERTO As configurações sugeridas para a atualização realmente são superiores, e certamente o processador Pentium IV exige uma fonte melhor. Cabe aqui enfatizar que para a troca do processador Pentium III para o processador Pentium IV seria obrigatoriamente necessária a troca da placa mãe, já que os dois processadores possuem pinagem distinta e, em razão disto, utilizam soquetes (que é onde são encaixados) diferentes. A questão também peca quando usa o termo Pentium IV; o correto é Pentium 4.

Comentário extra: Atualmente a Intel (fabricante dos processadores Pentium) fabrica a linha Core (I5, I7), já a AMD, sua maior concorrente, depois dos processadores dual-core, a linha Athlon II apresentou processadores de três (X3) e quatro núcleos (X4), e foi seu último lançamento o Athlon Neo, chip desenvolvido para notebooks ultrafinos e que precisam de uma duração maior da bateria. Outra linha apresentada pela fabricante foi a dos processadores Sempron.

B. ERRADO Não existe "driver principal". A sequência de boot está contida na BIOS do computador e ela é um tipo de memória ROM que contém instruções básicas para que o computador seja ligado.

Comentário extra: O termo BIOS quer dizer Basic Input/Output System, ou seja, sistema básico de entrada e saída. Ela possui as instruções básicas de funcionamento de hardware necessárias para o computador iniciar.

40.

A. ERRADO O componente que realiza a comunicação entre a CPU e o monitor de vídeo é a placa de vídeo (placa gráfica ou adaptador de vídeo), ela envia sinais elétricos da CPU de forma que possam ser apresentadas (desenhadas) as imagens no monitor.

Comentário extra: Porta serial era comumente usada para conexão do mouse. Hoje o mais comum é encontrarmos as portas USB realizando essa função. Porta serial ou Barramento Serial, ou mesmo porta COM, é usada, ou era (atualmente se usam as portas USB), para conectar o mouse e outros componentes que não exigem velocidade de comunicação. Usa-se, nas portas seriais, o conector DB-9 (plug que é encaixado na traseira do computador) e o padrão de comunicação RS-232. O Barramento Serial funciona de forma serial, ou seja, transfere um bit por vez, em um mesmo condutor elétrico (fio).

B. ERRADO Apesar de ainda existirem mouses seriais, atualmente é muito mais comum a utilização das portas do tipo USB nessa função de conexão.

Comentário extra: O Barramento USB também funciona de forma serial. Permite ligar até 127 equipamentos simultaneamente. É muito mais rápido que as portas seriais. O Barramento USB é completamente Plug And Play, ou seja, o computador reconhece automaticamente qualquer componente instalado nesse barramento, sem precisar desligar a máquina (HOT Plug and Play), ou indicar ao Windows que algo foi conectado.

41.

A. CERTO Um disquete de 3 ½" possui somente 1,44MB de capacidade e, portanto, não pode armazenar um arquivo de 10MB. Se pensarmos nos recursos atuais, como pen drives ou HDs externos, a mesma regra básica pode ser aplicada: não é possível salvar um arquivo maior que a capacidade do dispositivo de armazenamento.

Comentário extra: O termo 3 ½ do nome do disquete refere-se ao tamanho do diâmetro do seu disco magnético, ou seja, ele possui 3 polegadas e meia de diâmetro.

B. ERRADO ROM é abreviatura de Read-Only Memory. Pelo nome podemos inferir que é uma memória não volátil, que não pode ser alterada.

Comentário extra: Um exemplo de memória ROM é a memória BIOS do computador. Ela contém as instruções (programa) básicas para a inicialização do computador, dando suporte básico de acesso ao hardware.

42.

A. ERRADO Os drivers não são residentes na BIOS (basic input/output system), mas sim no disco rígido.

Comentário extra: O driver do dispositivo é um conjunto de instruções que orientam o sistema operacional na maneira de acessar o hardware. Ele funciona como um tradutor entre o hardware e o sistema operacional. O driver é um programa desenvolvido especificamente para um fim, serve exclusivamente a um hardware específico e a um sistema operacional específico (há casos em que se pode utilizar o mesmo driver para mais de um hardware ou sistema operacional).

B. CERTO Há mais de uma forma de acessar, pelo Painel de controle, a janela Gerenciadora de dispositivos no Windows XP. Acessando a aba Hardware, botão Gerenciador de dispositivos, no ícone Sistema (Sistema), desempenho e manutenção (ou diretamente quando o Painel de Controle estiver em modo de exibição clássico) ou pelo Gerenciamento do computador em Ferramentas administrativas (Ferramentas administrativas).

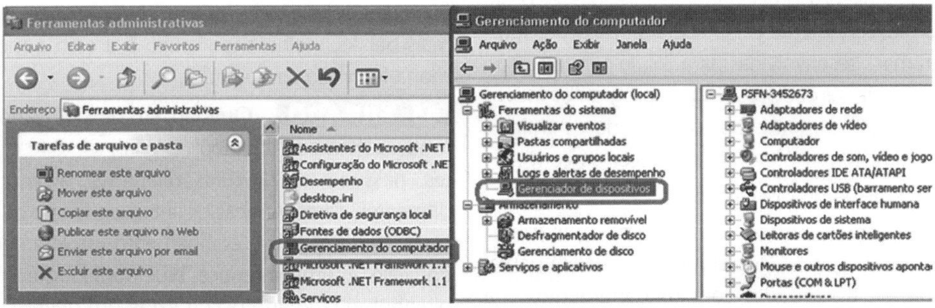

Figura 59

Ou, ainda, botão direito do mouse sobre Meu computador, Propriedades, guia Hardware, botão Gerenciador de dispositivos.

Comentário extra: No Windows 7, acesse o Painel de controle pelo botão e clique no ícone Gerenciador de dispositivos (esse ícone é exibido diretamente quando no modo de exibição por ícones), dentro de "Sistema e Segurança" . Ou, ainda, acesse o painel de controle.

No Windows 7, podem-se utilizar as teclas de atalho Windows+Pause/Break para acessar o Painel de controle:

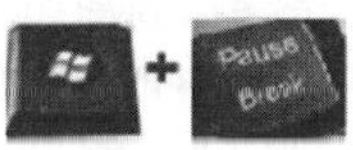

Figura 60

C. ERRADO Não se podem alterar senhas pelo ícone Dispositivos de sistema. Para retornar o SETUP à situação default é necessário reiniciar manualmente a BIOS do computador, por meio de jupers encontrados na placa mãe (motherboard). As senhas dos usuários são alteradas no painel de controle, clicando-se nos ícones Contas de usuários ou Ferramentas administrativas.

Comentário extra: O Setup é um programa gravado na BIOS da placa mãe do computador (uma memória ROM), que guarda as configurações básicas do Hardware do computador. Pode ser acessado somente na inicialização, na maioria dos computadores pressionando a tecla Delete (alguns fabricantes adotam outras teclas, como F2, por exemplo), logo após ligar o PC.

43. CERTO Atualmente as capacidades de armazenamento dos pen drives já chegam a 256 GB. A velocidade de transferência de dados pode variar dependendo do tipo de entrada, sendo a mais comum a USB 2.0 e a mais recente a USB 3.0. O pen drive ou Memória USB Flash Drive surgiu em 2000, com o propósito de substituir o disquete, realizar backups com mais facilidade, abrigar determinados sistemas e aplicativos mais utilizados.

Comentário extra: Um pen drive de 1G pode armazenar aproximadamente 1000 disquetes 3 ½", além de sua imensa superioridade de velocidade de transmissão.

44.

A. CERTO Há duas formas de responder a esta questão. A primeira é por intuição: um processador de 64bits provavelmente é mais avançado que um processador de 32 bits e, desta forma, certamente ele executará instruções (programas) desenvolvidas para 32. Já o inverso não deve ser verdadeiro, já que programas novos não são suportados por computadores antigos. A outra forma é de fato conhecer os conceitos sobre as duas arquiteturas.

Comentário extra: Um sistema operacional ser de 32 ou 64 bits significa, grosseiramente, que ele troca dados com os barramentos e a placa mãe, enviando e recebendo 32 bits de dados por vez, no caso da arquitetura 32 bits, já na arquitetura de 64 bits o tamanho é variado, podendo chegar a 64 bits. O DOS, por exemplo, era um Sistema Operacional de 16 bits.

B. CERTO Hoje são muito comuns os processadores com vários núcleos (core), os multinúcleos. Já temos processadores no mercado com 8 núcleos. Basicamente, é como se um mesmo processador fizesse o serviço de mais de um processador, já que é um mesmo processador que possui mais de uma unidade de processamento. Um processador com mais de um núcleo divide as tarefas entre seus núcleos, mas isso não significa que sua frequência de clock foi duplicada, veja: um processador dual core 1,6 GHz não quer dizer que ele opere a 3,2GHz, mas sim que possui dois processadores a 1,6GHz, dividindo o processamento entre sim, evitando o superaquecimento em relação a frequências mais altas. Geralmente cada núcleo possui sua própria memória de cache.

Comentário extra: Por conta do aquecimento gerado do constante incremento da frequência de clock nos processadores, durante sua evolução, surgiram limitações na evolução do desempenho desses chips. Para contornar esta limitação, foi criada, então, uma nova forma de tratar o processamento: a implementação de mais de um núcleo nos processadores, a exemplo do núcleo duplo que chegou em 2006. Os chips de núcleo duplo, como o Duo Core da Intel e o X2 da AMD, possuem dois núcleos ativos de processamento, ao contrário do único núcleo como acontece em chips convencionais. Com mais de um núcleo (multicore ou multinúcleo), o processador divide as funções de controle entre os seus núcleos, trabalhando assim com frequências mais baixas, melhorando muito o acesso à memória RAM do computador.

45. ERRADO Questão errada por vários motivos. Primeiro, bluetooh e Wlan são diferentes, possuem arquiteturas diferentes, alcances diferentes, características distintas, de forma que uma interface de um equipamento wireless não equivale a uma interface bluetooh. Segundo, bluetooh é plug and play e exige um driver específico para funcionar, fornecido pelo fabricante deste hardware, que pode ou não estar já instalado no sistema operacional, mas não é um "driver especial do sistema operacional".

Comentário extra: Não confunda Wlan, abreviação de Wireless LAN, com Wi-Fi, que é uma marca patenteada pela Wi-Fi Alliance, que faz referência às redes sem fio baseadas no padrão IEEE 802.11.

46.

A. CERTO Parece simples responder a esta questão, mas não é. Pela imagem é muito difícil identificar quais os tipos de conectores apresentados. Para quem tem bastante familiaridade com computadores, é possível supor que a figura 1 é um conector de teclado e mouse do tipo PS-2, pelo seu formato, mas não é possível ser preciso. Já a figura 2 é de fato um conector S-Vídeo.

Comentário extra: Mais uma questão com figuras, muito cuidado com figuras. É fácil se confundir e acabar errando uma questão simples.

B. ANULADO Questão anulada, muito corretamente, já que não é possível verificar claramente a quantidade e formatos dos pinos do conector da figura 1. Assim como dito anteriormente, pelo formato do conector podemos supor que é um conector PS-2, mas sem ver a pinagem fica impossível.

Comentário extra: A diferença entre os dois conectores, tecnicamente falando, é que o conector PS-2 possui 6 pinos, ao passo que o S-Vídeo possui 5.

47.

A. CERTO Chaves estrangeiras podem relacionar entidades em diferentes tabelas de um mesmo banco de dados, fortalecendo a integridade de dados correlacionados.

Comentário extra: Chave primária é um (ou vários) atributo que identifica a entidade. O valor deve ser único para cada linha da tabela. Numa entidade de nomes de pessoas, uma boa chave primária seria o CPF. Chave estrangeira é um atributo (ou vários) usado para referenciar entidades de outras tabelas. Possui os valores da chave primária da tabela estrangeira referenciada.

B. CERTO O ciclo de vida das informações de uma organização pode realmente conter as fases relacionadas na questão.

Comentário extra: O ciclo de vida das informações de uma organização é: Criação/aquisição/seleção, armazenamento, organização, recuperação e eliminação/descarte.

48.

A. ERRADO Infelizmente, nos dias atuais, nem todas as medidas tomadas para garantir a segurança e a integridade dos dados são suficientes. Os ditos hackers ou crackes são muito capazes e estão a todo momento se aperfeiçoando. Além da óbvia medida de segurança "virtual", leia-se antivírus, firewall, criptografia, entre outras, é de suma importância que outras medidas de segurança sejam tomadas, como, por exemplo, restrições de acesso a setores que contenham computadores com acessos à rede da empresa. Medidas como adotar a troca frequente das senhas são cruciais para mitigar os riscos das informações.

Comentário extra: VPN, de Virtual Private Network, ou Rede Privada Virtual, é uma rede privada construída sobre a infraestrutura de uma rede pública, geralmente da Internet. Em vez de utilizar links dedicados para conectar redes remotas, utiliza-se a infraestrutura da Internet; isto gera uma enorme economia para as empresas que a utilizam, mas, por outro lado, expõe estes dados a trafegarem por circuitos desconhecidos, o que implica, de certa forma, insegurança. Entretanto, as técnicas atuais de criptografia diminuem a níveis toleráveis esse risco.

B. ERRADO Se estudarmos o conceito e descrição das características das VPNs, vislumbraremos, com toda a clareza, o motivo de esta questão estar incorreta. Primeiro, uma VPN utiliza a infraestrutura da Internet, e por isso não se pode especificar que tipo de interligação é usada. Segundo, por utilizar a Internet para "canalizar" os dados, hoje é impossível termos taxas de transmissão da ordem de 10 Gbps nas VPNs, visto que a Internet atual chega para nós com links de, no máximo, 100 Mbps. Já existem atualmente propostas de banda larga com taxas de transmissão na ordem de Gbps, mas isso ainda não é realidade.

Comentário extra: Quando tratamos das conexões de internet é comum falarmos de 100 Kbps, 600 kbps ou 1M bps e depararmos com taxas de download, de uma conexão de 1Mbps, de apenas 100 KB. É importante entendermos o que isso tudo significa. A primeira letra logo após os números (T, G, M, e K) são na verdade apenas multiplicadores. A letra K quer dizer Kilo 1.000 ou 10^3 (10 elevado a terceira potência), M (Mega) = 10^6, G (Giga) = 10^9, T (Tera) = 10^12. Usam-se estes multiplicadores para facilitar a escrita das medidas. Quanto às unidades de medidas, temos que bps ("b" minúsculo) significa bits por segundo, e B quer dizer bytes, 1 B = 8 bps, ou seja 1 Mbps (que é na realidade 1024 bps, pois há um arredondamento) é na verdade 128 Bps (bytes por segundo).

C. ERRADO Esta questão é uma questão com muitas afirmativas incorretas, já que, com exceção de afirmar que a Oracle é uma empresa de banco de dados, o que está correto, todo o resto é inverídico. Excel é um aplicativo de planilhas eletrônicas e o PowerPoint é um aplicativo para se criar apresentações de slides, ambos são da Microsoft e não possuem qualquer restrição quanto à vinculação do uso à VPN, além de que não são compatíveis com o DOS e Unix (não nativamente).

Comentário extra: O Unix é um sistema operacional de 32 bits, multitarefa e multiusuário, assim como o Windows (existem versões de 62 bits). Foi criado originalmente na década de 1970 por um grupo de programadores da AT&T e do Bell Labs, que incluem Ken Thompson. Atualmente o Unix é base para vários sistemas operacionais. Alguns dos Sistemas Operacionais Unix atuais são: BSD (FreeBSD, OpenBSD e NetBSD), Solaris, Linux (nas suas milhares de distribuições) e até o Mac OS.

D. CERTO Não há muito o que se ponderar sobre esta questão. Excetuando-se dúvidas sobre a expressão que foi utilizada "diferenciais competitivos", que podemos inferir como "formas diferenciadas de destaque frente aos seus concorrentes", o restante da afirmativa é de simples entendimento. Os sites que hoje visitamos na Internet são nada mais que páginas da web, desenvolvidas para tanto, e o Internet Explorer, assim como o Firefox, Netscape, Opera, Chrome, entre outros, são denominados navegadores.

Comentário extra: Um navegador, também conhecido pelos termos ingleses "web browser" ou simplesmente browser, é um programa (aplicativo) de computador que permite que seus usuários interajam com documentos virtuais da Internet, também conhecidos como páginas da web.

49.

A. CERTO Quando se implanta um banco de dados, suplantando arquivos de papéis, podemos pressupor que não mais teremos estes papéis. Portanto, é de extrema importância que esses bancos de dados tenham sua integridade garantida. Para tanto, só através de investimentos é possível mitigar os riscos. Certamente a Internet é o maior risco de segurança, visto que a ela estão conectados os milhões de computadores do mundo e, obviamente, é a maneira mais direta de se acessar redes privadas.

Comentário extra: Um vírus de computador nada mais é que um programa desenvolvido com intenções duvidosas, desde simplesmente aborrecer suas vítimas até deletar ou alterar dados. Worms (ou vermes), Trojans, Hijackers, spyware, entre outros, são todos variantes de vírus. Muito importante a utilização de antivírus, firewalls, entre outros softwares de segurança, além de restrições de acesso físico, e muita ponderação para que não se tenha problemas com estas pragas.

B. ERRADO Apesar de existir em alguns países, a exemplo da China, uma tentativa de controlar a Internet, não existem quaisquer limitações de acesso ou necessidades de tratados entre países, no que diz respeito a acesso à Internet. Uma vez conectado na rede mundial (Internet), podem-se acessar sites de qualquer lugar do mundo, bem como disponibilizar o acesso aos seus dados aos demais conectados à Internet. Portanto, o termo sem fronteiras está correto.

Comentário extra: A Internet é um aglutinamento de redes em escala mundial. São milhões de computadores interligados pelo *Transmission Control Protocol/Internet Protocol* (TCP/IP), que permite o acesso a informações e todo tipo de transferência de dados.

C. CERTO Muito comum nos dias de hoje a utilização de cursos virtuais pelas corporações. A grande vantagem desse tipo de aprendizado está no espaço/tempo, ou seja, as aulas estão disponíveis 24 horas por dia, 7 dias por semana, e o acesso pode ser feito de qualquer computador que tenha acesso à Internet ou intranet. Sendo, portanto, possível que os funcionários realizem esses cursos no local de trabalho, nas horas vagas, bem como em sua própria casa.

Comentário extra: O e-learning é uma modalidade de ensino a distância, utilizada para definir aprendizagem por meio de mídia eletrônica. É tão comum e útil que existem até cursos de graduação que são ministrados na modalidade EAD (Ensino a Distância), sendo, inclusive, aprovados pelo MEC.

D. CERTO Videoconferência é hoje sem dúvida um dos recursos tecnológicos mais úteis para as empresas. Trata-se, basicamente, de dois ou mais locais que possuem telas de retroprojetores (ou mesmo TVs), câmeras e microfones instalados, onde estes equipamentos são conectados por meio de um link, seja ele privado (dedicado), pela Internet ou mesmo pela rede local da empresa e, utilizando esses recursos, é possível realizar reuniões on-line de pessoas em diferentes locais, cidades, ou mesmo países, como se estivessem todos na mesma sala. Isso sem dúvida reduz os custos, pois economiza tempo e o custo de deslocamento. Por se tratar de imagens de vídeo e som em tempo real, necessita de uma banda com taxas de transmissão adequadas. É comum a utilização de tecnologias como ATM, ISDN e MPLS nas interconexões.

Comentário extra: Esses sistemas oferecem, ainda, recursos de compartilhamento de informações e materiais de trabalho. Em geral os equipamentos de videoconferência, terminais ou CODECs, possuem capacidade de estabelecer uma comunicação ponto a ponto, e para que vários pontos se conectem simultaneamente é preciso utilizar um equipamento denominado MCU (Multiponto Control Unit), que atua como gestos de vários Codecs. Esses equipamentos são especificados pelo padrão H.323 e SIP. Também é possível utilizar a tecnologia de conexão Multicast.

E. CERTO O acesso às redes por meio de VPNs é possível de qualquer local do globo, desde que esta VPN utilize a Internet, não sendo necessário utilizar computadores específicos, a menos que, por segurança, o gestor desta VPN opte por restringir o acesso somente a computadores pré-cadastrados, sendo necessário, portanto, que o notebook particular seja cadastrado previamente.

Comentário extra: Não é mais comum a utilização de placas de fax/modem nas conexões com a Internet (Internet discada). A imensa maioria das conexões atuais de banda larga utilizam a placa de rede do tipo Ethernet, aquela que se utiliza para conectar o computador a uma rede. A Ethernet é padronizada pelo IEEE como 802.3.

50.

A. ERRADO Está incorreta a afirmativa, já que no texto original temos "...conheceria apenas 0,1% do que já foi publicado...", diferente do que foi redigido na afirmativa: "...apenas um por cento...".

Comentário extra: WWW (World Wide Web), em português, "Rede de alcance mundial", também conhecida como Web, é um sistema de documentos em hipermídia que são interligados e executados na Internet. Não confunda com a internet propriamente dita, que é um conglomerado mundial de redes interligadas.

B. ANULADO A princípio, esta questão estaria correta, visto que os exemplos dados são realmente sites que disponibilizam uma ferramenta de busca ao internauta, também são chamados de motores de busca. Entretanto, a banca examinadora optou por anular esta questão, contudo não apresentou justificativa e, ao nosso entender, a anulação ocorreu por dois motivos: 1 – o primeiro é a forma com que forem grafados os nomes dos sites; 2 – a palavra "mencionados", que pode ser interpretada como indicativo de que os motores de busca citados estavam também mencionados no texto, o que não ocorre. Por estes motivos poderia existir interpretação dúbia.

Comentário extra: Os primeiros motores de busca, como o Yahoo, baseavam-se na indexação de páginas e palavras-chave, através da sua categorização. Posteriormente surgiram as metabuscas. A mais recente geração de motores de busca, a exemplo do Google, utiliza diversas tecnologias.

C. CERTO O termo bookmarks por si só já quer dizer favoritos. Se traduzido ao pé da letra, quer dizer marcador de livros ou, em termos de informática, marcador de favoritos. Dessa forma, utiliza-se esse recurso para marcar, ou melhor, salvar os sites prediletos em um local específico, de forma a simplificar o acesso e facilitar a navegação.

Comentário extra: Nos navegadores mais recentes o conceito continua o mesmo, mudando apenas o botão de acesso, a exemplo do Internet Explorer 8 .

D. ERRADO O termo "eles" refere-se aos motores de buscas, diz respeito aos sites mais "quentes" no que se refere a buscas na web. De forma que, seguindo esse raciocínio, não é correta a afirmativa da questão.

Comentário extra: O texto que serviu de base para a questão está corretíssimo em abordar o tema da imensa quantidade de sites na Internet, e o quão são importantes os buscadores e, ainda, o internauta, ou usuário, se organizar.

E. ERRADO Esta é realmente uma questão emblemática, muitos conhecedores em tecnologia da informação a dariam como certa, mas a banca está correta, a afirmativa é incorreta, pelo seguinte motivo: CD-ROM não pode ser utilizado para gravar dados, pois, segundo sua definição, ele é apenas um meio de leitura. O CD-R (Compact Disc – Recordable) e o CD-RW são tipos de mídia que permitem gravação de dados.

Comentário extra: O significado da sigla CD-ROM é Compact Disc Read-Only Memory (inglês) em português: Disco Compacto – Memória Somente de Leitura.

51.

A. CERTO As diversas versões do navegador da Microsoft, o Internet Explorer, até a mais atual, possuem interatividade com o programa cliente de e-mail da Microsoft, por definição o Outlook Express (descontinuado a partir do Windows Vista) e o Microsoft Outlook. Temos apenas variações do caminho para realizarmos essa operação. No Internet Explorer 5 tínhamos o botão mostrado na questão, na versão 6 esta opção está no menu Arquivo, já na versão 7 e 8 fica no menu Página.

Comentário extra: Nos demais navegadores, como o Firefox e o Chrome, não temos essa interação com o cliente de e-mails. Entretanto, temos extensões para o firefox, e possivelmente também possa existir para o Chrome, que permitem interação com gerenciadores de e-mail.

B. ERRADO O botão 

permitia ao usuário do Internet Explore 5 uma pesquisa na Internet usando o mecanismo de busca da MSN, e não possuía relação com outros sites de busca.

Comentário extra: A partir da versão 6.0.2 do Internet Explorer não há mais suporte para o Internet Explorer 6 Search Companion; todas as buscas devem ser feitas diretamente nos sites de buscas. Nos navegadores atuais a própria barra de endereços permite buscas, bastando digitar o texto a ser buscado diretamente nela e pressionar Enter. Os resultados serão exibidos pelo mecanismo (motor) de pesquisa definido como padrão para o navegador em questão.

C. CERTO Ao clicar neste botão 

, automaticamente o programa Microsoft FrontPage é iniciado e carrega, também automaticamente, a página onde o usuário estava navegando. É importante deixar claro que o programa permite a edição desta página, mas só podemos salvá-la em locais que temos acesso, como nosso disco rígido local, obviamente, se não formos o web designer deste site, não poderemos alterar a página na Web.

Comentário extra: O Microsoft FrontPage é um programa que pode ser utilizado para o desenvolvimento de sites. Foi parte da suíte de aplicativos Microsoft Office de 1997 a 2006. Foi substituído pelo Microsoft Expression Web nas versões posteriores (este não faz parte da suíte MS Office).

D. ERRADO O botão 

tinha a função de, quando navegando em um site de discussão e somente neste tipo de site, inserir uma discussão no documento; permitia, então, inserir um texto neste site. Permitia, portanto, que se inserisse um texto on-line, e não o acesso a uma sala de bate-papo.

Comentário extra: A Microsoft descontinuou esta função nos navegadores mais recentes.

E. ERRADO A Internet, infelizmente, não é completamente segura, haja vista a existência de milhares de hackers, craker, vírus e outros do gênero. Por mais recursos de segurança que sejam utilizados, não é possível dizer que sua navegação pela Internet seja 100% segura.

Comentário extra: Além da óbvia medida de segurança "virtual", leia-se antivírus, firewall, criptografia, entre outras, é de suma importância que outras medidas de segurança sejam tomadas. Por exemplo, restrições de acesso a setores que contenham computadores com acessos à rede da empresa. Medidas como adotar a troca frequente das senhas são cruciais para mitigar os riscos às informações.

52.

A. CERTO Essa era uma opção de busca de computadores no Windows 98. É importante saber que no Windows XP essa mesma ferramenta se acessa clicando em Iniciar, depois em Pesquisar, então na opção Arquivos ou pasta e, na janela que se abre, clicar em Computadores ou pessoas. Também é possível procurar computadores clicando com o botão direito sobre o ícone Meus locais de rede, na área de trabalho e, então, clicar na opção procurar computadores.

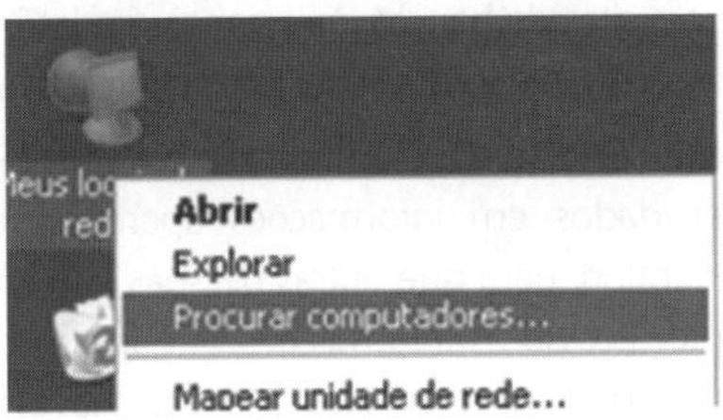

Figura 65

Comentário extra: Atenção: No Windows 7, utilize o botão Pesquisar. Clique no botão Iniciar e digite o nome do computador no formato \\nome_do_computador na caixa de pesquisa.

B. ERRADO Os nomes dos sites, Domain (Domínio), que é o endereço virtual de um site na internet, também conhecido como URL, são nomes definidos pelos proprietários desses sites seguindo as regras dos agentes que gerenciam os domínios na internet (no Brasil o Registro.br, que faz parte do Comitê Gestor da Internet no Brasil). Já o menu Ajuda do Windows contém informações para orientar o usuário quanto à utilização do Windows. Portanto, não há como o Windows "guardar" todos os domínios da internet, que, diga-se de passagem, são milhões.

Comentário extra: Uma maneira de encontrar estas URLs (endereços de sites) que você desconhece, por exemplo, o site do departamento de defesa da Nova Zelândia, é através dos motores de buscas, ou simplesmente sites de busca como Yahoo, Google, Bing e outros.

C. ERRADO Essa é mais uma daquelas pegadinhas, que quando o candidato à vaga não lê e relê com muita atenção acaba errando por achar que se trata de uma questão muito simples. Veja, o FGTS não está extinto.

Comentário extra: Importante: Leia sempre com muita atenção as questões. Leia pausadamente cada palavra, pensando no que cada vocábulo quer dizer. Especial atenção nas figuras das questões de informática, elas contêm as respostas, mas também ocultam pegadinhas.

D. ERRADO Para desfragmentar uma unidade, abra o Meu computador, depois clique com o botão direito do mouse na unidade que deseja desfragmentar, depois em Propriedade e, em seguida, acesse a aba Ferramentas e clique em Desfragmentar agora. Também é possível acessando o menu Iniciar, clicando em Programas, depois em Acessórios, Ferramentas do sistema e, então, em Desfragmentador de disco.

Comentário extra: Importante: A desfragmentação, em certos momentos, é importante para manter o desempenho do computador. A fragmentação ocorre quando arquivos do disco rígido são constantemente modificados, fazendo com que eles sejam armazenados "em pedaços" (fragmentos), cada pedaço em um setor distinto do disco, fazendo com que a leitura e a gravação desses arquivos fragmentados sejam muito mais lentas do que se eles estivessem armazenados em um único "pedaço".

E. ERRADO O programa Outlook Express é um cliente de correio, mas não há neste, assim como se acessarmos o e-mail diretamente da internet, formas de identificarmos o remetente de e-mails indesejados, a não ser e-mails corporativos em que, se forem endereços de e-mails verdadeiros, pode ser identificado o funcionário que o enviou. Entretanto, é muito comum que esses e-mails não existam, ou sejam de outros países, dificultando assim o seu rastreamento, que só poderá ser feito mediante ordem judicial, pelos provedores de internet e provedores do e-mail, mesmo assim em certos casos para hackers "profissionais"; seria uma tarefa praticamente impossível.

Comentário extra: Importante: Infelizmente, ou felizmente (depende do seu ponto de vista), no Brasil, não havia leis claras e específicas para e-mails e para a própria internet. Recentemente foi promulgada a lei chamada "Marco Civil da Internet" (Lei n. 12.965, de 23 de abril de 2014), que dispõe sobre as regras de utilização da Internet.

53.

A. CERTO O primeiro pré-requisito para se atualizar uma página já aberta é que o navegador (browser) esteja on-line. Outra forma de atualizar os dados de uma página já aberta, que podem ter sido alterados desde que o usuário a tenha aberto, é utilizando o botão F5 do seu teclado. Independe da configuração, uma vez que não há como eliminar a função Atualizar.

Comentário extra: Assim como o F5, temos o Ctrl+F5, que também aplica um refresh na página, porém, com uma diferença: ele força o navegador a abandonar o cache e buscar as informações novamente no servidor. Dessa maneira, a atualização irá retornar à página com todas as alterações que foram feitas. O cache do navegador é um registro temporário da atividade na internet, imagens, sons, downloads, etc. que são armazenados em um arquivo do computador por algum tempo reduzido, visando uma navegação mais rápida, sem que seja necessário baixar do site original arquivos que já foram baixados.

B. CERTO Um cookie é um pequeno texto que os sites podem enviar aos navegadores do seu computador, anexado a qualquer conexão. Nas visitas posteriores o navegador reenvia os dados para o servidor dono do cookie. Um cookie é transmitido até que perca a validade, que é definida pelo site. Os sites geralmente usam os cookies para distinguir usuários e memorizar preferências. Por exemplo, quando você entra com seu nome de usuário e senha em um site, o seu navegador recebe e salva um ou mais cookies. Dessa forma o site pode reconhecer você como a pessoa que entrou anteriormente com o seu nome de usuário e senha.

Comentário extra: A transmissão de cookies, por padrão, é invisível ao usuário e está habilitada no Internet Explorer. Mas você pode configurar o navegador para alertá-lo sobre eles ou mesmo ver os cookies armazenados. Entretanto, o conteúdo dos cookies geralmente não tem significado para o usuário. São informações usadas internamente pelo servidor. É possível também impedir que sejam armazenados. No Internet Explorer as opções de cookies podem ser alteradas em Ferramentas, opções da Internet.

C. ERRADO Esta questão nos parece mais uma daquelas para pegar os desatentos. Quase toda a afirmativa está correta, a não ser pelo fato de afirmar que as informações transitam criptografadas. Há casos em que esses dados realmente transitam criptografados, por exemplo, dados de acesso a sites de bancos, mas a maioria das informações não são transmitidas com criptografia.

Comentário extra: Criptografia é o ato de codificar dados em informações aparentemente sem sentido, para que outras pessoas não consigam ter acesso às informações que foram cifradas, de forma que só quem tem a chave para decodificar essas informações pode acessá-las. Há vários usos para a criptografia em nosso dia a dia: proteger documentos secretos, transmitir informações confidenciais pela Internet ou por uma rede local, entre outros.

D. CERTO O botão  dá acesso a informações salvas no histórico de seu navegador, neste caso o IE6. O histórico contém a lista das páginas acessadas pelo computador. Ele pode ser limpo a qualquer momento, pode-se, inclusive, excluir dados sobre alguma página específica, mantendo o restante dos dados. É possível também configurar o IE para não salvar o histórico, ou mesmo determinar por quanto tempo as informações permanecerão salvas. Há uma pequena incoerência nesta questão, o botão  é encontrado na versão IE6 do Windows XP, já na versão IE6 instalado no Windows 2000 o botão seria , o que poderia induzir a um erro o candidato que conheça o IE6 apenas do Windows 2000.

Comentário extra: Nas versões mais recentes, o botão Histórico só pode ser acessado se primeiro clicarmos no botão ☆, e também pelas teclas de atalho Ctrl+H.

54.

A. ERRADO Não há na janela exibida o 🔒, só quando ele é exibido é que podemos concluir que o site acessado possui um certificado digital válido. Ele estaria, na versão 6 do IE, no lado direito inferior do browser, já nas versões mais atuais ele estaria na parte superior, ao lado da Barra de endereços.

Figura 68

O fato de uma página utilizar o protocolo HTTPS (**HyperText Transfer Protocol Secure**) indica que os dados trocados por este sites trafegaram de maneira segura, não indica que o site tem um certificado. O protocolo HTTPS fornece autenticação de servidor, encriptação dos dados, integridade das mensagens e autenticação de cliente (opcional).

Comentário extra: O certificado digital é um documento eletrônico (arquivo) que contém o nome do proprietário, um código público exclusivo, denominado chave pública, e muitos outros dados que comprovam a identidade do proprietário deste certificado. Esta chave pública refere-se à chave privada do proprietário do certificado.

B. ERRADO É possível, após selecionar o texto, copiá-lo (Ctrl+C) e, então, ir para a janela aberta do Word, posicionar o cursor no local onde deseja inserir o texto copiado e, então, colá-lo (Ctrl+V) e, enfim, adequar sua fonte e outras características ao texto que estava sendo editado.

Comentário extra: É possível, acessando o menu Arquivo (Menu Página, IE 7 em diante), salvar toda a página em formato txt (texto puro).

C. ERRADO Para que seja possível utilizar as ferramentas disponíveis no botão Correio ✉▾, é necessário que esteja previamente configurado o programa Cliente de correio eletrônico padrão do Windows, normalmente o Microsoft Outlook. E apenas observando as informações contidas na janela do IE6 não é possível concluir que o correio eletrônico esteja corretamente configurado.

Comentário extra: No IE8, as opções de envio por e-mail podem ser acessadas no menu Página **Página ▾**. Foi criado um novo botão, o botão Ler emails, este também pode ser integrado ao programa de correio padrão do Windows.

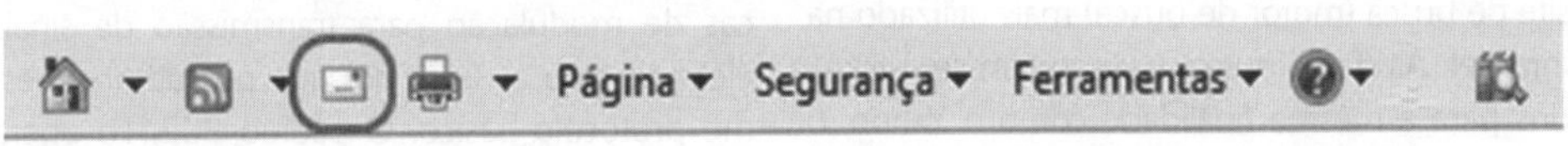

Figura 69

55.

A. CERTO Tanto a intranet quanto a Internet utilizam, teoricamente, os mesmos protocolos, com a diferença de que a intranet é uma rede particular (por exemplo, a rede local de uma empresa) e a Internet é pública.

Comentário extra: O protocolo TCP (Transmission Control Protocol) e o protocolo IP (Internet Protocol) foram criados com o intuito de realizar a intercomunicação de computadores. São um conjunto de regras e protocolos de comunicação que permitem a comunicação entre computadores de diversas marcas e sistemas operacionais. São a base para a comunicação tanto na Internet quanto na Intranet.

D. CERTO A afirmativa está incorreta apenas por um detalhe, os navegadores, ou browsers

(IE, Firefox, chrome, etc.), oferecem sim opções para excluir ou bloquear cookies.

Comentário extra: Um cookie é um pequeno texto que os sites podem enviar aos navegadores do seu computador, anexado a qualquer conexão. Nas visitas posteriores, o navegador reenvia os dados para o servidor dono do cookie. Quando você entra com seu nome de usuário e senha em um site, o seu navegador recebe e salva um ou mais cookies. Dessa forma, o site pode reconhecer você como a pessoa que entrou anteriormente com o seu nome de usuário e senha. A transmissão de cookies, por padrão, é invisível ao usuário e está habilitada no Internet Explorer.

56.

A. ERRADO Ao clicar no botão Página inicial , o que ocorre é a abertura, na aba atual, da página inicial que já está definida.

Comentário extra: No próprio botão Página inicial, seta ao lado direito, pode ser alterada a página inicial, ou mesmo incluídas outras páginas, já que é possível ter mais de uma página inicial.

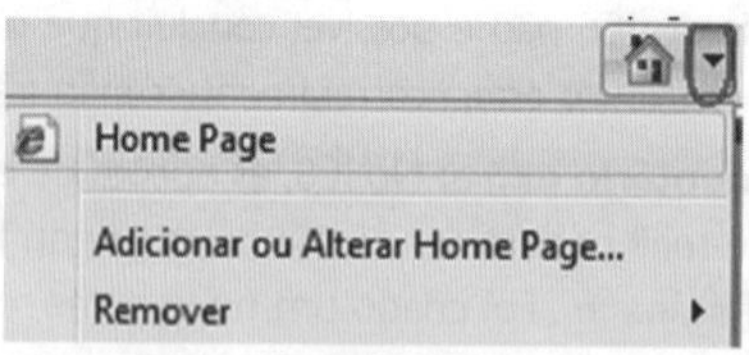

Figura 71

B. CERTO O Google hoje é certamente o site de busca (motor de busca) mais utilizado na internet. Ainda há outros que podem ser utilizados para a mesma finalidade como o Yahoo, o Lycos, Cadê, A9 (Amazon), Bing, etc.

Comentário extra: Um motor de busca é um software desenvolvido para encontrar informações armazenadas em um sistema computacional a partir de palavras-chave inseridas por quem as busca, facilitando, então, a busca destas informações. Mesmo com essas poderosas ferramentas de busca, ao utilizarmos na busca pela web, apenas um pequeno percentual das páginas da web é verificado, dadas as enormes dimensões atuais da Internet.

57. CERTO O próprio nome do protocolo por si só responde a questão. FTP quer dizer File Transfer Protocol ou, em português, Protocolo de Transferência de Arquivos. Muito usado na internet e intranet por quem disponibiliza arquivos a outros usuários.

Comentário extra: O FTP, definido pela RFC 959, baseia-se no protocolo TCP. É o protocolo padrão da pilha de protocolos TCP/IP para transferir arquivos, é um protocolo genérico, ou seja, independente de hardware e do sistema operacional.

58.

A. ERRADO A afirmativa desta questão está incorreta pela frase "Esse arquivo armazena dados referentes a todas as operações de acesso a sítios da Internet". Os cookies são salvos no computador em algumas situações da navegação na internet, por exemplo, quando se efetua o loguin em algum site. Não são todas as operações de acesso a sítios da internet que são salvas nos cookies.

Comentário extra: A transmissão de cookies, por padrão, é invisível ao usuário e está habilitada no Internet Explorer. É possível também impedir que os cookies sejam armazenados. No Internet Explorer, as opções de cookies podem ser alteradas no menu Ferramentas, opções da Internet.

B. CERTO Esta é certamente uma questão muito técnica, que exige do candidato um conhecimento mais profundo sobre as tecnologias envolvidas. O padrão IEEE 802.11 define técnicas de modulação para transmissão de sinais elétricos pelo ar (sem fio) que possuem o mesmo protocolo básico. O padrão 802.11b opera na frequência de 2,4GHz e possui taxa de transmissão máxima de 11Mbps. Assim como um rádio, quanto mais longe da fonte de transmissão, neste caso chamado de Acess Point (ponto de acesso), pior será o sinal.

Comentário extra: Principais padrões 802.11: IEEE 802.11a (5GHz – 54Mbps), IEEE 802.11b (2,4GHz – 11Mbps), IEEE 802.11g (2,4GHz – 54 Mbps) e IEEE 802.11n (2,4GHz e/ou 5 GHz – 65 a 600 Mbps). O termo Wi-Fi é por vez associado erroneamente a Wireless Fidelity, na verdade, é uma marca licenciada pela Wi-Fi Alliance, que se refere a redes sem fio baseadas no padrão IEEE 802.11.

C. CERTO Celulares não possuem instalado o software IE6. As taxas de transmissão que podem ser atingidas nas tecnologias GSM e GPRS são muito inferiores às taxas possíveis nas tecnologias ADSL.

Comentário extra: GPRS (General Packet Radio Service) é a forma de transmissão de dados por meio do canal de voz usado em telefonia celular. **GSM** (Global System for Mobile Communications) é uma tecnologia móvel; é o padrão mais popular para telefones celulares do mundo. **ADSL** é a sigla para Assymmetric Digital Subscriber Line ou "Linha Digital Assimétrica para Assinante". Trata-se de uma tecnologia que permite a transferência digital de dados em alta velocidade por meio de linhas telefônicas comuns, com velocidades superiores a um modem convencional.

59. ERRADO Não há a opção de exportação de informações para o Excel. O procedimento que se pode adotar é o de copiar e colar, desde que o site permita e tenha os recursos necessários.

Comentário extra: O botão Mídia  dava acesso a um serviço acoplado do Windows Media Player. Esse botão foi descontinuado nas versões mais recentes do IE.

60.

A. CERTO Para um computador se conectar à Internet ele pode utilizar uma conexão discada, que utiliza uma linha telefônica. Atualmente a utilização da Internet discada está caindo em desuso, devido a sua baixa velocidade de conexão. Apesar disso, há tecnologias de banda larga que ainda utilizam os pares de fios metálicos da rede telefônica para transmitirem seus dados. A tecnologia ADSL é uma delas. Há ainda tecnologias que provêm acesso à Internet por uma banda larga que utiliza cabos, fibras ópticas, satélites ou sinais de rádio.

Comentário extra: Uma placa de fax/modem, ou simplesmente modem, é um modulador-demodulador e é um aparelho capaz de transformar sinais digitais em sinais analógicos, e vice-versa, que são transmitidos pela linha telefônica.

B. ERRADO A conexão de computadores à rede ethernet é feita por meio de uma placa de rede ethernet ou NIC (Network Interface Card ou adaptador de rede). O padrão de conector mais usado nessas placas é o RJ-45. Um adaptador de rede é capaz de transformar os sinais digitais do computador em sinais analógicos, que são transmitidos pela rede cabeada, e vice-versa.

Comentário extra: Importante: Existem no mercado adaptadores de rede que podem ser conectados a uma porta USB, mas mesmo assim a questão estaria incorreta, pois fala de redes do tipo ethernet, e para ela, obrigatoriamente, deve-se usar NICs.

61.

A. ERRADO WLAN (Wireless Local Area Network) e bluetooth são tecnologias distintas, ambas podem conectar computadores por ondas eletromagnéticas, ou seja, sem fios, mas utilizam padrões diferentes, têm características distintas.

Comentário extra: Além das tecnologias sem fio WLAN e Bluetooth, podem-se encontrar tecnologias que utilizam a luz infravermelha para a transferência de dados entre equipamentos distintos.

B. ERRADO Um bom antivírus atualizado e um Firewall, apesar de serem essenciais na segurança da informação, não garantem por si só, ou associados entre si, a segurança contra intrusos ao seu sistema.

Comentário extra: Nem todas as medidas de segurança tomadas serão 100% garantidas. Os intrusos em potencial são muito capazes e estão a todo momento se aperfeiçoando. Além da óbvia medida de segurança "virtual", leia-se antivírus, firewall, criptografia, entre outras, é muito importante que outras medidas de segurança sejam tomadas, como, por exemplo, restrições de acesso a setores que contenham computadores com acessos à rede da empresa.

C. ERRADO Para que o computador do escrivão acessasse esta página da intranet é necessário que ele esteja conectado de alguma forma à intranet da DPF, seja diretamente pela rede local, ou por meio de uma VPN, por exemplo. Não necessariamente seu computador precisa ter um modem ADSL para se conectar a uma intranet.

Comentário extra: ADSL é a sigla para **A**ssymmetric **D**igital **S**ubscriber **L**ine ou "Linha Digital Assimétrica para Assinante". Trata-se de uma tecnologia que permite a transferência digital de dados em alta velocidade por meio de linhas telefônicas comuns, ou outro meio, com velocidades muito maiores do que um modem convencional pode oferecer.

D. CERTO Esta é certamente uma questão que poucos saberiam com facilidade se está certa ou errada. Poucos conhecem a facilidade de visualizar essas informações de acesso das páginas salvas nos favoritos, muito menos que, mesmo tendo o histórico limpo, essas informações são mantidas.

Comentário extra: Para acessar tais informações, acesse a opção Organizar favoritos. As versões mais atuais do IE também possuem essa ferramenta, variando a forma de acessá-la.

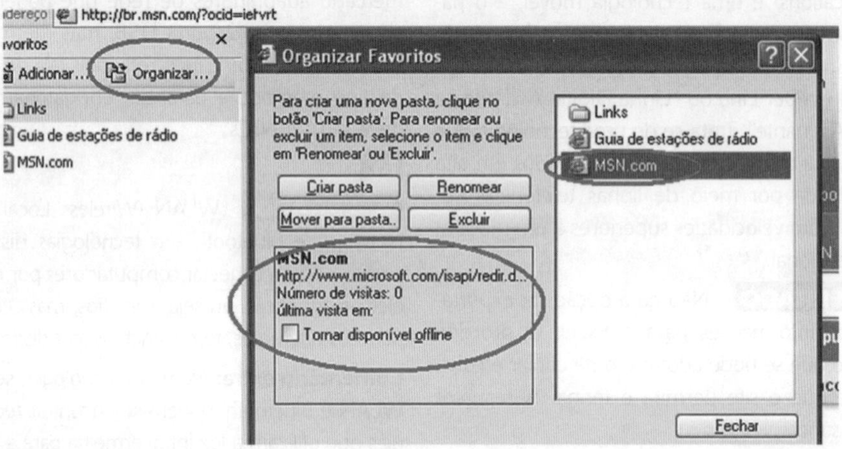

Figura 74

E. ERRADO Não há mais suporte para o Internet Explorer 6 Search Companion nas recentes versões do IE.

Comentário extra: Para realizar buscas na web é aconselhável que se utilizem os sites de busca como Bing, Google e Yahoo. Os navegadores mais recentes também realizam buscas a partir do texto digitado na Barra de endereços. Eles verificam o texto digitado e, não sendo uma URL válida, direcionam o usuário para uma página do mecanismo de busca padrão do navegador, a qual exibe os resultados de uma busca a partir do texto digitado.

62. ERRADO Uma das características principais da pilha de protocolos TCP/IP é a fragmentação de uma mesma informação em vários pedaços menores, que são "empacotados"; esses pacotes são chamados de datagramas (ou frames); possuem, além do dado a ser transmitido, um cabeçalho que contém informações como endereço de destino, remetente, entre outras. Essa divisão dos dados em partes menores facilita a transmissão dos dados. Como um pacote (datagrama, frame) possui endereço de destino e origem, não necessariamente ele precisa percorrer o mesmo caminho de outro pacote. Há protocolos que possuem algoritmos que, em caso de uma rota se tornar inalcançável, definem outra rota para que o pacote chegue ao seu destino.

Comentário extra: O roteamento é a principal forma utilizada na Internet para a entrega de pacotes de dados entre hosts (equipamentos de rede de uma forma geral, incluindo computadores, roteadores, etc.). São, entre outros, protocolos de roteamento: RIP (Routing Information Protocol), IGRP, EIGRP, OSPF, BGP. São esses protocolos que dão suplementos para que toda a informação da Internet transite de forma quase independente pelos milhões de equipamentos que formam a rede mundial de computadores.

63.

A. ANULADO A banca examinadora entendeu por bem anular a questão na apresentação do gabarito final, não apresentando qualquer motivação. Entretanto, a afirmativa está incorreta, uma vez que podem ser identificadas somente redes de topologia estrela ou de barramento na imagem, apesar de que não deixa claras todas as topologias empregadas. Pela figura apresentada é possível identificar que há pelo menos três redes de computadores.

Comentário extra: A topologia da rede representa como os computadores e outros equipamentos estão conectados e o meio de conexão dos dispositivos de redes. As mais utilizadas e conhecidas são as topologias do tipo ponto a ponto, estrela, estrela estendida (derivada da estrela), barramento, anel, árvore e mista.

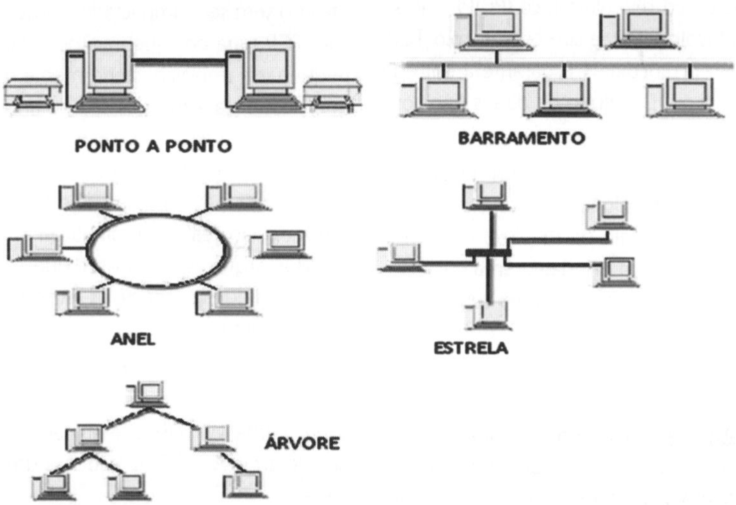

Figura 76

B. ERRADO A figura não fornece informações se há ou não controle (filtragem) de dados nos firewalls. Ainda, se olharmos na figura, identificaremos que há outra rota para o fluxo de pacotes; esse caminho passa pelo dispositivo #8, que, assim como o dispositivo #3, é um firewall.

Comentário extra: Nas figuras que representam topologias de rede, o desenho de uma parede  representa um firewall 

C. ERRADO Observando a figura, podemos notar que o endereço IP do dispositivo #7 não é um endereço válido da internet (grosseiramente falando, os endereços da internet não começam com 10), trata-se sim de um endereço de rede local. Há na figura a indicação de um NAT 

Um NAT, além de permitir que vários equipamentos de uma rede local utilizem um único IP válido da internet, também oculta os endereços da rede local interna para Internet, de forma que equipamentos externos não conheçam o verdadeiro endereço lógico dos dispositivos da rede interna. Então, somente o dispositivo #2 terá endereços que poderão ser traduzidos por um DNS.

Comentário extra: NAT (Network Address Translation) é uma ferramenta que consiste em reescrever os endereços IP de origem de um pacote que passam por um roteador ou firewall de maneira que um computador de uma rede interna tenha acesso ao exterior sem que para isso tenha um IP válido para a Internet. Isso é necessário devido a escassez de endereços de rede válidos para a rede mundial de computadores. Com o uso do IPv6 (Internet Protocol version 6), o emprego do NAT tem apenas utilidade para segurança, já que no IPv6 temos mais de 340 undecilhões de endereços possíveis.

D. ERRADO Para troca de dados (pacotes), na utilização de correio eletrônico (POP), não se utiliza o protocolo UDP, e sim o protocolo TCP, isso porque o protocolo TCP garante a entrega dos pacotes, já o UDP (fluxo de dados não confiável) não garante a entrega dos pacotes.

Comentário extra: O UDP (User Datagram Protocol) é um protocolo simples da camada de transporte. Ele é descrito na RFC768 e permite que a aplicação escreva um datagrama encapsulado num pacote IPv4 ou IPv6 para ser enviado ao destino, mas não há garantias de que o pacote será entregue. Caso garantias sejam necessárias, o indicado é utilizar o protocolo TCP.

E. ANULADO A banca examinadora entendeu por bem anular a questão na apresentação do gabarito final, não apresentando qualquer motivação. Provavelmente por entender que a figura não é clara quanto ao endereço IP do dispositivo #10. Se o dispositivo #10 possuisse o IP 200.252.17.135, então, a afirmativa estaria correta, pois, mesmo com o NAT do equipamento #9, haveria pacotes com os endereços e destinos sugeridos.

Comentário extra: Uma VPN (Virtual Private Network) permite criar uma conexão semelhante a um túnel usando criptografia entre origem e destino. Ela possibilita criar uma rede privada entre dois dispositivos através de uma rede pública (Internet) com segurança.

64.

A. ERRADO Primeiro, o cliente de correio tem que ser configurado antes de usar criptografia. Segundo, para enviar a mensagem deve ser usada a chave pública do destinatário e não recipiente local (pois é o destinatário quem vai ler/receber), ele, por sua vez, ao receber, decodifica a mensagem utilizando sua chave privada.

Comentário extra: Criptografia não é recente como se pode imaginar, remonta aos tempos de Leonardo Da Vinci. Trata-se da técnica de codificar (criptografar) algo de forma que somente quem possua o código para decodificar (descriptografar) entenda. Teve sua utilização difundida durante as guerras e atualmente, onde a informação é cada vez mais digital.

B. ERRADO A mensagem será enviada, mesmo sem ser compactado o arquivo. O protocolo TCP trata de "quebrar" os dados em partes pequenas e uni-las posteriormente no destino, o que possibilita a transmissão de arquivos "grandes" (se considerarmos 1MB grande) por redes com largura de banda pequena. Pode ocorrer de ser lenta a transmissão. Já o Outlook Express 6 (OE6) não realiza automaticamente compressão dos arquivos, a não ser que se instale um programa que compacte os anexos, e seja configurado para tal.

Comentário extra: Winzipping pode soar estranho, mas o termo é usado, e se relaciona com o programa WinZip, o mais famoso compactador de arquivos. Talvez não seja uma expressão oficial.

C. ERRADO WAP é sigla para Wireless Application Protocol, em português, Protocolo para Aplicações sem fio, e já é disponibilizado no aparelho quando fabricado, não faz sentido instalá-lo a partir do Windows. OE6 refere-se a Outlook Express 6.

Comentário extra: GPRS (General Packet Radio Service) é a forma de transmissão de dados por meio do canal de voz usado em telefonia celular. **CDMA** (Code Division Multiple Access) é usado na telefonia celular para a transmissão de voz. Os equipamentos GPS (Global Positioning System) também utilizam o padrão CDMA.

65.

A. ERRADO Não há, na imagem, qualquer indicativo do tipo de tecnologia usado para se conectar à rede que permitiu acesso à página exibida no navegador.

Comentário extra: O padrão IEEE 802.11 define técnicas de modulação para transmissão de sinais elétricos pelo ar (sem fio) que possuem o mesmo protocolo básico. Principais padrões 802.11: IEEE 802.11a (5GHz – 54Mbps), IEEE 802.11b (2,4GHz – 11Mbps), IEEE 802.11g (2,4GHz – 54 Mbps) e IEEE 802.11n (2,4GHz e/ou 5 GHz – 65 a 600 Mbps). O termo **Wi-Fi** é por vez associado erroneamente a Wireless Fidelity, na verdade é uma marca licenciada pela Wi-Fi Alliance, que se refere a redes sem fio baseadas no padrão IEEE 802.11.

B. CERTO A ferramenta encontrada no menu Ferramenta do IE6 é o Windows Update. Já a partir do IE7, o recurso Windows Update fica no botão Segurança:

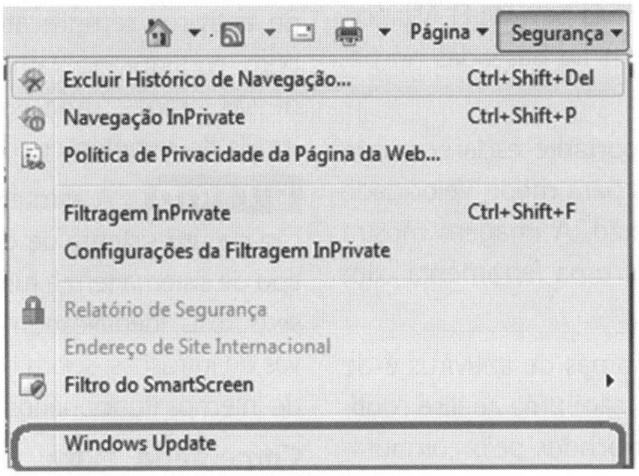

Figura 79

Comentário extra: Para manter o computador atualizado, pode-se utilizar o recurso "Atualizações Automáticas", que pode ser acessado no Painel de controle do Windows.

C. ERRADO Não há recursos de VoIP no IE6 (não misturar com Skype), e o botão (Atualizar a página) exibido não dá acesso a configurações.

Comentário extra: VoIP (Voice over Internet Protocol, ou Voz sobre IP) é a transmissão de voz (telefone) utilizando redes de dados de tecnologia baseada no protocolo IP, por exemplo, a Internet.

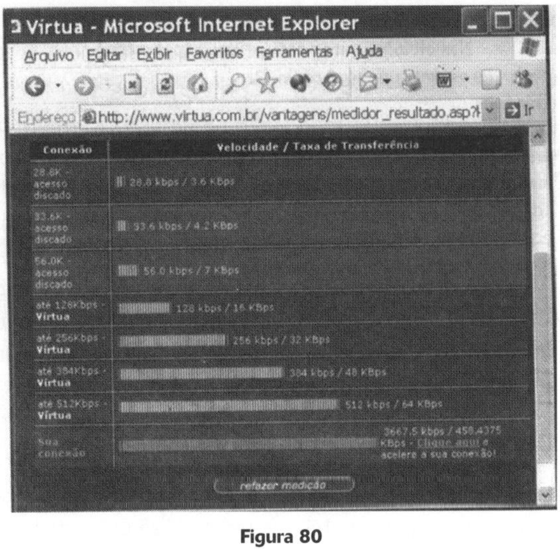

Figura 80

66.

A. CERTO O padrão IEEE 802.11 define técnicas de modulação para transmissão de sinais elétricos pelo ar (sem fio) que possuem o mesmo protocolo básico. Principais padrões 802.11: IEEE 802.11a (5GHz – 54Mbps), IEEE 802.11b (2,4GHz -11Mbps), IEEE 802.11g (2,4GHz – 54 Mbps) e IEEE 802.11n (2,4GHz e/ou 5 GHz – 65 a 600 Mbps). O termo **Wi-Fi** é por vez associado erroneamente a Wireless Fidelity, na verdade é uma marca licenciada pela Wi-Fi Alliance, que se refere a redes sem fio baseadas no padrão IEEE 802.11.

Comentário extra: Importante esclarecer que o IE não possui recursos para medir velocidade de transmissão da conexão. A imagem mostra um site que disponibiliza uma ferramenta com tal funcionalidade.

B. CERTO Os programas de antivírus e de detecção de intrusão realizam uma análise contínua de todos os dados trocados pelo computador em busca de ameaças; por conta disso, tem-se uma redução na velocidade de transmissão.

Comentário extra: O sistema de detecção de intrusão (IDS) citado na questão é um firewall. Atualmente os sistemas IDS e Firewall são tratados como sistemas distintos, por conta da importância de ambos para a segurança da informação de uma organização.

C. ERRADO A tecnologia bluetooth chegava apenas à velocidade de transmissão de dados de até 721 Kb/s (para a época da questão). E era indispensável o uso de provedores de acesso.

Comentário extra: A velocidade de transmissão de dados no bluetooth era relativamente baixa: até a versão 1.2, a taxa podia alcançar, no máximo, 1 Mb/s. Na versão 2.0, esse valor passou para até 3 Mb/s.

Já temos a chegada da versão 3.0, capaz de atingir taxas de até 24 Mb/s. Hoje já encontramos acesso à Internet sem a exigência de um provedor de acesso, portanto, esta assertiva se fosse aplicada hoje estaria correta.

67.

A. ERRADO O AntiSpam é um programa que visa proteger o usuário e facilitar seu trabalho, filtrando e-mails indesejados, que enchem a caixa de entrada do correio com mensagens inúteis, como propagandas, e, ainda, podem conter outros riscos, como vírus. O AntiSpam também retém mensagens de remetentes não autorizados e que contenham vários destinatários, típico dos spams, e, ainda, pode ser customizado segundo as necessidades do usuário.

Comentário extra: Para a proteção do computador contra vírus é indispensável um programa de antivírus sempre atualizado. Um AntiSpam bem configurado também ajuda no combate dessas pragas, uma vez que também filtra e-mails de remetentes suspeitos.

B. CERTO A afirmativa está correta na descrição de um sistema de detecção de intrusão. Esse tipo de sistema tem a função de monitorar redes e seus hosts, identificando ações maliciosas e tentativas de intrusões, sejam de agentes externos como de internos (funcionários mal intencionados).

Comentário extra: Com o crescimento das tecnologias de infraestrutura e transmissão de dados seguras, como a criptografia, torna-se cada vez mais difícil o trabalho dos sistemas de detecção de intrusão (IDS), mas não menos necessário e importante.

C. CERTO Um firewall é uma das ferramentas mais conhecidas e úteis na aplicação de políticas de segurança em uma rede ou mesmo em um único computador. As versões atuais do Windows já possuem instalados, por padrão, firewalls que protegem as conexões de rede.

Comentário extra: Firewalls aplicam as políticas de segurança em um ponto determinado da rede. Controlam, assim, o tráfego entre redes distintas, impedindo que dados não autorizados passem de uma rede para outra. São encontrados na forma de software e hardware, ou combinados. Sua complexidade depende do tamanho da rede, da política de segurança e da quantidade de regras aplicadas para regular o fluxo de entrada e saída dos dados, além do grau de segurança que se deseja.

68. CERTO Quando computadores de uma rede local (LAN) têm acesso a Internet, o ideal é que se utilize um servidor para gerir esse acesso.

Ele compartilha essa conexão com os demais computadores conectados à rede local, bem como fornece segurança através de um firewall. É comum também que esse servidor tenha um serviço de proxy, que é um cache de rede. Quando um computador solicita um site qualquer, esse proxy guarda os dados desse site em sua memória e, então, quando outro computador requisita esse site novamente, o proxy já possui os dados desse site e os repassa ao computador requisitante, sem a necessidade de novo acesso à Internet, que é bem mais lento que o acesso à rede local.

Comentário extra: Importante: A imagem abaixo deixa clara essa topologia:

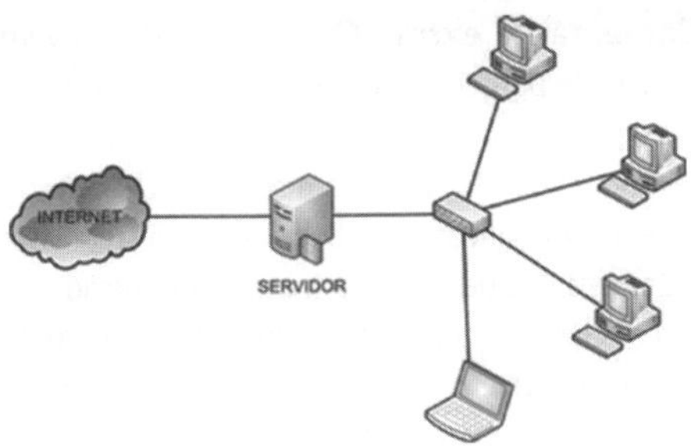

Figura 82

69. ERRADO O Microsoft Access não tem a função de compactação nem de edição de arquivos com imagens. O Microsoft Access é um programa da Microsoft relacionado a bancos de dados, e faz parte do pacote Microsoft Office. Para compactação de arquivos podemos utilizar o programa WinZip ou outro compactador.

Comentário extra: O Microsoft Access permite o desenvolvimento rápido e simplificado (às vezes até simples demais) de aplicações que envolvem tanto a modelagem e estrutura de dados como também a interface a ser utilizada pelos usuários.

70.

A. ERRADO Essa questão contém muitos conceitos de informática, contudo, sua solução é bem simples. O texto diz que só se pode imprimir documentos no formato PDF em impressoras compartilhadas em uma intranet. Veja, isso não faz nenhum sentido. Em uma impressora compartilhada, por rede em uma intranet, é possível imprimir todos os formatos de arquivos que aceitem impressão pelo Windows. No mais, não existe essa forma de impressão utilizando esse formato de URL.

Comentário extra: PDF (do inglês Portable Document Format, ou formato de documento portável) é um formato de arquivo livre, ou seja, qualquer um pode criar documentos nesse formato. Foi desenvolvido pela Adobe para apresentar documentos da plataforma, ou seja, independe do aplicativo, hardware ou sistema operacional usados para criá-los. Um arquivo PDF pode conter documentos com textos, gráficos e imagens num formato independente de dispositivo e resolução.

B. CERTO Questão bem simples. Um portal é uma página da Internet, ou de uma Intranet, que possui os links que direcionam o usuário, caso ele clique nesses links, para outros sites. Ou seja, é uma porta para outros sites. Por isso o termo portal. Já a diferença entre HTTP para HTTPS é que no segundo o "S" indica secure, ou seja, seguro. Só lembre que a intranet usa a mesma tecnologia da Internet, baseia-se na pilha de protocolos TCP\IP, com a diferença de que na Intranet o acesso é restrito aos funcionários da corporação. Também é possível acessar uma Intranet a partir da Internet, usando tecnologias que ofereçam segurança, como uma VPN.

Comentário extra: HTML (HyperText Markup Language) é uma linguagem de marcação de dados, a qual provê um formato para descrever dados estruturados, tendo como principal fim facilitar a troca de informações na Internet e intranet. O "S" do **HTTPS** indica que aquele site troca dados somente codificados, criptografados, de forma que esses dados não possam ser coletados e lidos por pessoas não autorizadas, além de garantir a autenticidade do servidor e do cliente. Essa segurança é implementada através da utilização de mais uma camada que utiliza o protocolo SSL/TLS.

71.

A. CERTO Realmente uma questão que, de certa forma, exige bons conhecimentos de informática, principalmente conhecimentos sobre

INFORMÁTICA

rede. Em pouco ajuda a imagem exibida, serve apenas para visualizarmos que a porta 80 realmente é usada. Para respondê-la, temos que ter em mente que a porta 80 é a porta padrão para os serviços de Web, por exemplo, quase tudo que você visualiza em seu navegador na Internet utiliza a porta 80. O protocolo HTTP, por padrão, utiliza a porta padrão. Tendo isso em mente, é fácil concluir que um firewall, em sua configuração padrão, não irá barrar dados direcionados à porta 80.

Comentário extra: O conceito de portas TCP: grosseiramente, cada pacote de dados que trafega em uma rede de computadores possui um IP como destino e outro como remetente. O IP é o endereço lógico que cada equipamento possui na rede (como o número de sua casa), mas isso não basta. O pacote de dados tem um aplicativo específico que o enviou e outro para o qual foi enviado, por exemplo, o seu navegador Internet Explorer ou o correio eletrônico (Outlook, por exemplo). A adoção das portas TCP foi a forma adotada para definir a qual aplicativo se destinam os pacotes enviados.

B. ERRADO Imagine você navegando na Internet em um site qualquer, e toda vez que você abrir outro site terá que inserir usuário e senha. Agora veja, um site comercial como o UOL, que, quando acessado, possui inúmeras páginas conexas, que são exibidas simultaneamente a esse portal, contendo cada uma delas uma conexão própria. Assim, seria impraticável termos que autenticar em cada uma delas.

Comentário extra: Um servidor de proxy tem como principal função melhorar a velocidade na exibição das páginas em uma rede que o possui. Ele faz um cache (guarda tudo que passa por ele) das páginas acessadas pelos computadores clientes conectados a ele, de forma que se um outro computador, ou o mesmo, solicitar a mesma página, ele já fornece, sem ser preciso acessar novamente o link para ir até o site buscar as informações. Uma função secundária do proxy é o controle de acesso, restringindo ou liberando o acesso a determinados sites e/ou usuários.

72.

A. ERRADO À primeira vista, parece uma questão complicada, mas o "x" da questão está em saber sobre o conceito de "cloud", em português, nuvem. Quando se utiliza cloud storage se contrata um serviço de armazenamento de dados em uma nuvem, dados estes que ficam armazenados nessa nuvem; nuvem que será administrada pelo provedor de serviço contratado. Trazendo, portanto, dependência a esse provedor. No mais, as demais melhorias vão depender de outros fatores, como a qualidade do link de dados, tipo de serviço contratado, etc. Além, é claro, da qualidade do serviço oferecido pelo provedor.

Comentário extra: O conceito de nuvem, apesar de parecer, não é um conceito tão novo, mas, por conta das baixas capacidades dos links de dados, não foi viável em seu início. Contudo, hoje temos links com bandas de transmissão razoáveis, o que permite a implementação desse conceito. O conceito é bem simples e análogo a uma nuvem. Consiste em manter os dados em um ponto do qual o usuário desconheça a arquitetura, as características de hardware. Ele apenas sabe que os dados estão lá, na nuvem, e que podem ser acessados de qualquer ponto que tenha acesso a essa nuvem, geralmente pela Internet.

B. CERTO Primeiramente, para se realizarem alterações nas configurações do Windows, é necessário acesso com privilégio de administrador. Com esse acesso, utilizando as opções de configuração avançadas do firewall do Windows 7, podemos negar ou permitir acessos a programas instalados e serviços. O novo firewall do Windows 7 possui muitos recursos novos, como configuração de perfis alternáveis, muito útil para uso da rede em ambientes variados, como Wi-Fi de locais públicos ou conexões em empresas. Para acessar o firewall do Windows 7 abra o painel de controle, clique em Sistema e Segurança; nesse ponto pode-se clicar na opção Permitir um programa pelo Firewall do Windows, ou clicar em Firewall do Windows, que se abrirá uma lista de opções no painel esquerdo.

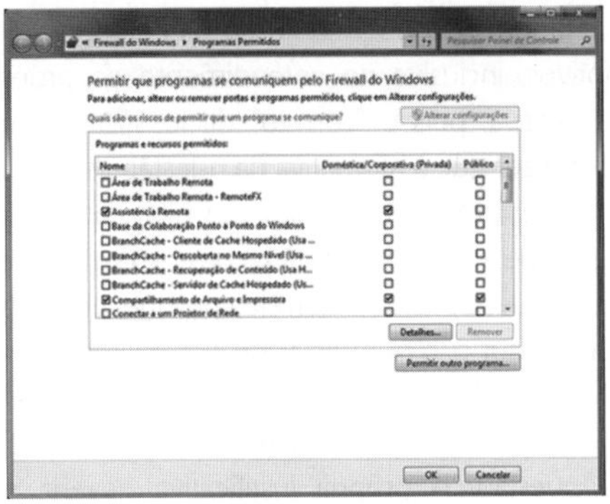

Figura 84

Comentário extra: O firewall controla, a partir de regras predefinidas, os dados que passam pelas conexões por ele controladas, seja de uma rede inteira, seja de um único computador e o meio externo ou seja entre dois computadores. O firewall do Windows ajuda a proteger seu computador, evitando que pessoas desautorizadas acessem seu computador, seja pela Internet ou por uma rede local.

C. ERRADO Questão errada apenas por um detalhe, o emprego da palavra "alternativa". As políticas apresentadas se complementam e não devem ser alternativa uma da outra, todas devem ser implementadas em conjunto.

Comentário extra: Vamos aos conceitos:

1. Mesa limpa: política que prega uma mesa de trabalho mais limpa, sem papéis, dispositivos móveis (pen drives), CDs/DVDs, etc. sobre a mesa, o que dificulta a ação de penetras e bisbilhoteiros.

2. Tela limpa: menos janelas de programas abertos, o que, também, impede visualizações de pessoas indesejadas.

3. Single-sign-on: significa uma única autenticação, uma única porta de entrada, ou seja, um usuário e senha para acesso a todos os sistemas, facilitando as políticas de segurança de senha, como troca frequente e senha forte (tamanho e letras+caracteres+números). Essa política também prevê a implementação de uma única senha que controla, também, o acesso físico aos ambientes, controlando e centralizando, dessa forma, os níveis de acesso.

D. ANULADO Questão que extrapola o conceito "noções de informática", assim como muitas outras. A banca examinadora entendeu por bem anular esta questão, apresentando a seguinte justificativa:

- "Uma rede de perímetro exposta, sem firewall, não adere aos preceitos da boa arquitetura de redes, nem da segurança e proteção de seus ativos, nem seria uma boa prática de configuração de segurança corporativa. Portanto, o item está correto. Dessa forma, optar-se-ia pela alteração do gabarito. Porém, conforme previsto em edital, no tópico 18.6.1, existe a possibilidade apenas de anulação dos itens. Diante disso, opta-se pela anulação".

Primeiramente vamos aos conceitos aqui apresentados:

1. DMZ – Zona Desmilitarizada (ou ZDM de DeMilitarized Zone) é uma rede projetada para ficar entre a rede local (segura) e a Internet (insegura). Nela são configurados os servidores que possuem acesso direto à rede externa. Ela possui a função de proteger a rede local, já que limita uma possível intrusão, caso esta ocorra nos serviços (servidores) que se situam nesta rede DMZ.

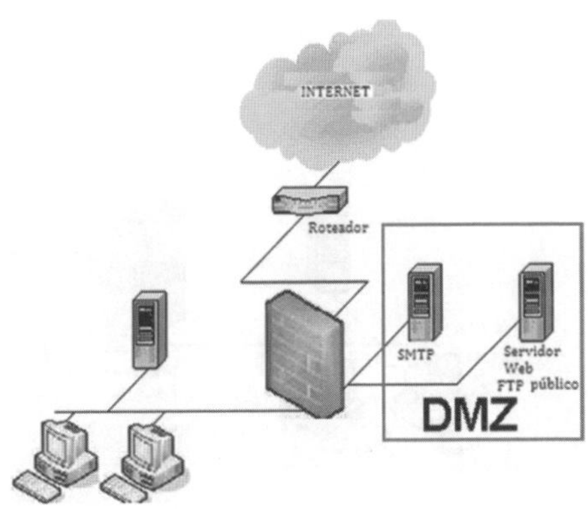

Figura 85

1. Gateway: ou ponte de ligação, é um equipamento que interliga duas redes distintas, seja porque elas são de arquiteturas diferentes ou seja para limitar domínios de colisão de pacotes.

2. NAT: de Network Address Translation, é a técnica de mascarar (ocultar) os IPs da rede

local frente a rede externa, reescrevendo, alterando os endereços IP da rede local um pacote de dados enviado ou recebido da rede externa. O NAT oculta os endereços da rede local interna para Internet, de forma que equipamentos externos não conheçam o verdadeiro endereço lógico dos dispositivos da rede interna. Geralmente este serviço é realizado por um roteador ou firewall, de maneira que um computador de uma rede interna tenha acesso ao exterior sem expor este à rede externa. Um NAT é útil, ainda, quando temos uma rede local com vários computadores, mas apenas um IP válido para acessar a internet, já que este NAT trabalha de forma a utilizar somente este IP para que todos os computadores internos acessem a rede externa. Com o emprego do IPv6 (Internet Protocol versão 6), o emprego do NAT tem apenas utilidade para segurança, já que no IPv6 temos mais de 340 undecilhões de endereços possíveis.

Certamente é uma decisão muito confusa de a banca dizer que o item está correto ao invés de incorreto, mas, mesmo assim, optar por anular a questão, provavelmente prejudicando quem de fato estudou o assunto e respondeu corretamente. Há também uma confusão na colocação dos motivos, inclusive no entendimento da própria justificativa, pois o "correto" da justificativa não quer dizer que a afirmativa da questão esteja correta, mas sim o item do gabarito estar correto em dizer que a afirmativa está incorreta. Em seu cerne, a questão está incorreta, porque um NAT, que possui o range (lista) de IPs da rede local, não pode ficar exposto. De qualquer forma, a anulação foi adequada diante da má elaboração da questão. A própria justificativa deveria ser anulada, não há DMZ sem firewall, pois, se não há firewall, toda a rede está insegura (desmilitarizada). É certo dizer que o gateway de encaminhamento pode ficar na DMZ, mas um gateway que encaminha nos dois sentidos (internet para rede local e vice-versa) deve ficar em uma DMZ que possua dois firewalls (front-end e back-end, ou externo e interno), assim como o próprio NAT, que comumente é um serviço executado pelo próprio firewall ou mesmo pelo roteador.

Comentário extra: Já foi dito o conceito de DMZ, agora, veja abaixo uma topologia que possui uma DMZ dentre dois firewalls onde, teoricamente, pode-se instalar um gateway, também chamado de DMZ gateway:

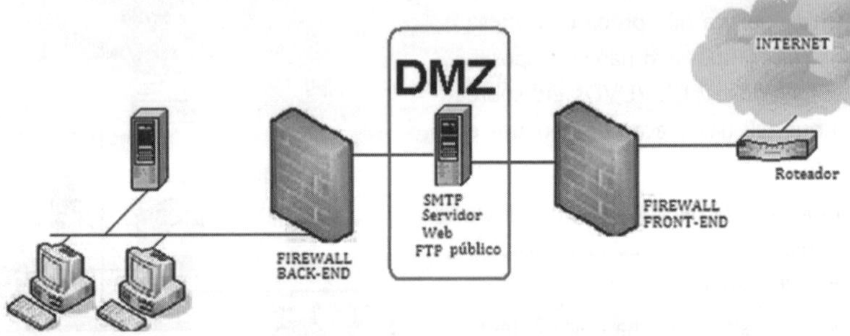

Figura 86

E. ANULADO A banca entendeu por bem anular a questão, apresentando, para tanto, a seguinte justificativa:

- "O proxy transparente, com o objetivo de reduzir o volume de tráfego, armazena localmente páginas ou arquivos recuperados por outros usuários e, dessa forma, contribui para o anonimato dos usuários da rede. Portanto o item está incorreto. Dessa forma, optar-se-ia pela alteração do gabarito. Porém, conforme previsto em edital, no tópico 18.6.1, existe a possibilidade apenas de anulação dos itens. Diante disso, opta-se pela anulação."

Já vimos o conceito de proxy (ele funciona como um cache da Internet, guardando nele as páginas acessadas e fornecendo-as à rede local, caso seja solicitado novamente, sem ser necessário o acesso pelo link externo ao site). O proxy tradicional acaba por ocultar os IPs da rede, já que ele recebe os pacotes da rede local, analisa e envia para a rede externa, recebe a resposta e reencaminha para a rede interna, ocultando os IPs locais. Já o proxy transparente faz apenas a função de reduzir o tráfego, sem ocultar os IPs, não escondendo os computadores atrás de si, pelo menos, não totalmente. Somente captura e retransmite os segmentos TCP que detecta na rede. Os IPs não são totalmente escondidos. E é aí que a questão ficou passível de anulação, já que o proxy transparente confere transparência, mas não total, pois quando um computador local solicita uma página já acessada, ou seja, guardada no proxy, este computador, então, não acessa a rede externa, conferindo a ele certo anonimato.

Comentário extra: Outra peculiaridade do proxy transparente é que ele é de fato transparente para os computadores da rede local, já que eles não precisam saber de sua existência e, assim, não precisam ser configurados, diferente de um proxy tradicional, que exige a configuração no computador local, indicando qual proxy utilizar.

F. ANULADO Mais uma questão mal elaborada, já que existem muitos pop-ups "úteis", outros até importantes, como avisos de determinados sites, como de bancos ou sistemas que o usuário pode fazer uso pela Web. E, portanto, não podendo ser estes pop-ups considerados como pragas virtuais. A banca examinadora optou por anular a questão, apresentando, para tanto, a justificativa a seguir:

- "A palavra pop-up prejudicou o julgamento objetivo do item, pois alguns pop-ups podem ser considerados malwares, ao contrário de outros que são apenas janelas de anúncios que se abrem automaticamente na tela. Dessa forma opta-se pela anulação do item".

De resto, generalizando a função de um antivírus e antispyware, a afirmativa seria verdadeira, já que realmente é mais indicado utilizar um antispyware para tratar de programas maliciosos, já que um antivírus trata apenas de vírus, que é um código que adere a outros programas, não um programa em si, como uma barra de ferramenta indesejada, que é um programa.

Comentário extra: Spyware é um tipo de malware, que se instala no computador para coletar informações sobre seus usuários sem o conhecimento destes. Já um vírus infecta um programa e necessita deste programa hospedeiro para ser executado e se propagar.

G. CERTO Questão profunda, desmedia, exige conhecimentos sólidos sobre informática, além de utilizar um termo traduzido, quase uma palavra nova na nossa língua, já que o comum é backup. Aliás becape é encontrada nos dicionários mais utilizados. Outro detalhe é o termo ajustado, que soa estranho. Todos os arquivos copiados no backup incremental têm o atributo flag archive (em alguns casos arquivo morto), ou bit archive, desmarcado, removido, para que no próximo backup o software saiba que ele já foi copiado. Se, neste intervalo, este arquivo for modificado, este atributo será marcado novamente, e o software de backup irá copiar este arquivo. Arquivos novos também terão este atributo marcado. Apenas pensando que o bit flag é um número binário e que o termo ajuste faz menção ao ajuste para 0 ou 1 é que temos o correto entendimento. O flag archive é um atributo de arquivo utilizado nos sistemas Windows and OS/2.

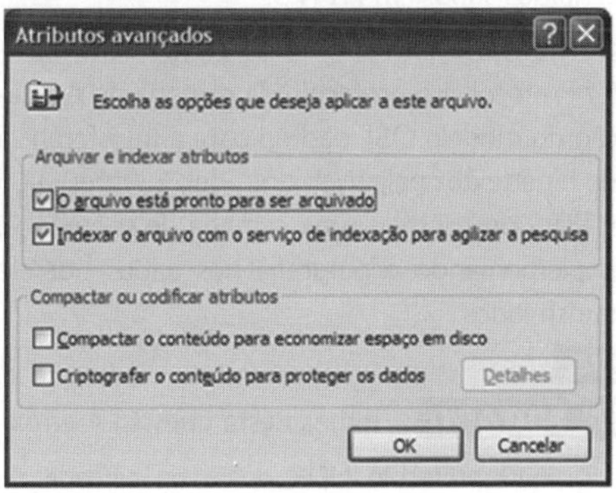

Figura 87

Comentário extra: Existem três tipos de backup que podem ser adotados em conjunto, ou separadamente, dependendo da política adotada pelo gestor de TI, que são: backup completo, incremental e diferencial. O backup completo (ou de referência) faz uma cópia de segurança de todos os arquivos e pastas marcados (que o administrador definiu) para serem copiados. O backup incremental faz somente cópia dos arquivos novos ou modificados desde o último backup incremental, marcando os arquivos copiados. E, finalmente, no Backup Diferencial somente os arquivos novos ou modificados desde o último backup completo serão copiados.

73.

A. ERRADO Todos os três navegadores apresentados suportam o protocolo HTTPS e, consequentemente, o tamanho da chave criptográfica e o tipo de criptografia por este protocolo adotado. Não faz sentido a Google ficar para trás em um quesito tão importante.

Comentário extra: O protocolo HTTPS (HyperText Transfer Protocol Secure) é o protocolo com segurança implementada. Ele permite que os dados trafeguem de maneira segura entre o cliente e o servidor (site) e vice-versa, aplicando, para tanto, criptografia nestes dados.

B. CERTO Esta questão parece um "repeteco" da anterior. Inclusive pode induzir o candidato a um duplo erro, isso se ele errar a anterior e aplicar o mesmo raciocínio na atual. Assim como já dito, todos os navegadores (browsers) apresentados suportam HTTPS.

Comentário extra: O HTTP (HyperText Transfer Protocol) é o protocolo da camada de Aplicação do modelo OSI, padrão para a transferência de hipertextos pela Web (Intranet, Internet). Já o HTTPS possui mais uma camada de segurança, implementando criptografia nos dados por ele transmitidos.

74.

A. ERRADO Temos nesta questão 4 erros:

1. O protocolo UDP opera na camada de transporte no modelo TCP/IP e, portanto, não trabalha com portas de rede, já que as portas de rede são utilizadas por protocolos da camada de aplicação.
2. A porta 21 é utilizada, por padrão, pelo protocolo FTP.
3. Uma vez o firewall desabilitado pelo administrador do sistema, por padrão, ele não será habilitado novamente pelo sistema operacional.
4. O protocolo UDP não tem qualquer função relacionada a testes de conexão do firewall.

Comentário extra: O protocolo UDP (de User Datagram Protocol) é um protocolo pertencente a pilha de protocolos TCP/IP. É um protocolo que controla a conexão, não orientado à conexão e não confiável, sendo, portanto, utilizado em transmissões de taxas mais altas, mas que não exijam garantia de entrega, diferente o TCP, que tem a mesma função, mas é orientado à conexão, controlando se os pacotes são entregues ou não, garantindo a confiabilidade da transmissão.

B. ERRADO O firewall habilitado e corretamente configurado irá monitorar as conexões, mas não irá bloquear o protocolo TCP, isso porque a imensa maioria dos dados em uma rede de computadores, principalmente na Internet, é transmitida pelo TCP. Ou seja, bloqueando este protocolo, seu computador praticamente ficará incomunicável, salvo se ele estiver conectado a outra arquitetura de rede que não a TCP/IP, como uma token ring. Se você acessar as configurações de seu Windows 7, irá verificar que as regras de bloqueio por porta de rede podem ser definidas para portas através dos protocolos UDP e TCP, mas não todas as conexões do protocolo TCP.

Comentário extra: O TCP, de Transmission Control Protocol (em português: Protocolo de Controle de Transmissão) junto do protocolo IP, certamente, o protocolo mais importante na arquitetura de rede da Internet. Tem o objetivo de realizar a comunicação entre aplicações de dois hosts diferentes. É um protocolo orientado à conexão com detecção e correção de erros fim a fim, garantindo que todos os dados sejam transmitidos corretamente.

RAIO-X

- O tema em estudo equivale aos seguintes percentuais das questões de informática:

Cargo	Questões do Tema	%
Agente	73	34,76
Escrivão	89	42,38
Delegado	48	22,85

- Em linhas gerais, os temas de informática observam a seguinte disposição percentual:

  Word..24%

  Excel..10%

  Outlook..1%

  Sistema Operacional Windows........................16%

  Hardware..10%

  Banco de dados...1%

  Internet, Intranet, Rede de computadores e Segurança..38%

- Se considerarmos questões que tratam especificamente de um aplicativo, o MS Word tem a grande maioria das questões sobre informática, e o Excel possui a segunda maior quantidade de questões. Sobre o tema que engloba assuntos relativos à navegação na Internet, intranet e segurança, temos quase 40% das questões.
- Importante a familiarização com os menus do Word e Excel, bem como os menus do Internet Explorer. No Excel é recomendável que o candidato conheça suas principais fórmulas. Já no MS Word é importante o estudo das principais ferramentas de formatação. Também é importante o conhecimento das principais ferramentas de administração do Windows disponíveis no Painel de Controle.
- Para todos os cargos foi exigido, também, conhecimentos sobre rede de computadores e básicos de hardware.

IMPORTANTE SABER

- Utilização frequente do Word, Excel e Internet Explorer, acessando seus menus e utilizando suas ferramentas a fim de familiarizar-se com elas.
- Leitura de livros e apostilas sobre informática básica, principalmente sobre software.
- Recorrer ao Help (ajuda) do Microsoft Windows e do Microsoft Office ajuda bastante no aprendizado das funções e utilização destes aplicativos.
- Navegação em sites que mostram dicas sobre aplicativos e informática.
- Ter em mente os principais conceitos sobre Internet e Intranet, sem confundi-los.
- É comum encontrar em provas de concurso questões referentes a protocolos de rede, para que servem, princípios fundamentais. Portanto, recomendamos uma leitura sobre o tema.
- Ter em mente quais as versões mais atuais do Windows, Internet Explorer, suíte Microsoft Office[1].
- O Windows é o sistema operacional mais utilizado no mundo. Existem diversas versões do Windows, a mais atual versão para desktops, disponibilizada para venda pela Microsoft, é a 8.1. Para servidores, a Microsoft disponibiliza a versão 2012R2.
- O Internet Explorer é o navegador (browser) mais utilizado nos computadores pessoais pelo mundo, sua última versão comercializada pela Microsoft é o Internet Explorer 9.
- Principais teclas de atalho da suíte MS Office, principalmente do Word e Excel:
  - Ctrl + b: Salva o documento.
  - Ctrl + c: Copia o texto selecionado.
  - Ctrl + v: Cola o texto copiado.
  - Ctrl + l: Localiza palavras no texto.
  - Ctrl + u: Localiza e substitui palavras no texto.
  - Ctrl + t: Seleciona tudo do documento.
  - Ctrl + n: Coloca texto selecionado em **negrito**.
  - Ctrl + i: Coloca texto selecionado em *itálico*.
  - Ctrl + s: Coloca texto selecionado em <u>sublinhado</u>.
  - Ctrl + j: Justifica o texto selecionado.
  - Ctrl + e: Centraliza o texto selecionado.
  - Ctrl + q: Alinha à esquerda o texto selecionado.
  - Ctrl + z: Desfaz a última ação.
  - Shift + F3: Aplica letras maiúsculas em todo o texto selecionado.
  - Shift + F7: Abre dicionário de sinônimos.
  - Ctrl + Home: Vai para o início do "mesmo" documento.
  - Ctrl + End: Move o cursor para o fim do documento.
  - Ctrl + Del ou backspace: Apaga a palavra seguinte ou a anterior.
  - Windows + Shift + C: Copia formatos do texto selecionado.

1 É importante mencionar que a versão de qualquer software, com raras exceções, é constantemente atualizada. Esteja sempre antenado com as novas versões dos principais softwares, que são lançadas constantemente.

  - Windows + Shift + V: Cola formatos copiados.
  - Alt + Ctrl + F: Insere nota de rodapé, aquela com o número 1 sobrescrito no texto e a referência no pé da página.
  - Alt + Ctrl + I, O, P ou N: Muda estilo de visualização da página.
  - Alt + Ctrl + Y: Vai para início da página seguinte.
  - Alt + Ctrl + M: Insere comentário.
  - Ctrl + [ou]: Diminui ou aumenta tamanho da fonte em um ponto.
  - Ctrl + =: Aplica subscrito.
  - Ctrl+d: Abre a caixa de formatação de fonte.
  - F4: Repete a última ação.
  - F7: Verifica ortografia e gramática.
  - F12: Abre a janela Salvar como.
- Teclas de atalho que podem ser na manipulação do Windows:
  - Alt + Enter: Exibe propriedades de arquivo.
  - Alt + Esc: Alterna entre janelas na ordem em que foram abertas.
  - Alt + F4: Fecha programa.
  - Alt + Tab: Alterna entre janelas de programas abertos.
  - Alt + espaço, depois N ou X: Minimiza ou maximiza janela.
  - Ctrl + Esc: Abre menu Iniciar.
  - Ctrl + F4: Fecha janela de programa.
  - Ctrl + Z: Desfaz última ação.
  - F1: Abre a ajuda.
  - F2: Renomeia o item selecionado.
  - F3: Realiza pesquisa.
  - Print Screen: Captura tela, para colar em programas como o "Paint", ou Word.
  - Alt + Print Screen: Captura somente janela ativa.
  - Shift + Del: Exclui um item sem armazená-lo na lixeira.
  - Shift + F10: Equivale ao clique com o botão direito do mouse.
  - Shift + Tab: Retrocede. Faz o inverso do tab.
  - Windows + E: Abre o Windows Explorer.
  - Windows + F: Abre o Pesquisar para arquivos.
  - Windows + R: Mostra a janela Executar.
  - Windows + CTRL + F: Mostra o Pesquisar computadores.
  - Windows + M: Minimiza todas as janelas.
  - Windows + Shift + M: Desfaz minimizar todas as janelas.
  - Windows + BREAK: Mostra as Propriedades de Sistema.
- Principais teclas de atalho Internet Explorer:
  - Alt + seta para a direita: Avança para página seguinte.
  - Backspace ou Alt + seta para a esquerda: Volta para página anterior.
  - Alt + Home: Abre página inicial do Internet Explorer.
  - Ctrl + B: Abre janela para organizar Favoritos.
  - Ctrl + D: Adiciona a página atual à pasta Favoritos.
  - Ctrl + F: Localiza palavra na página.
  - Ctrl + H: Ativa barra com histórico.
  - Ctrl + I: Ativa barra com sites favoritos.
  - Ctrl + N: Abre nova janela do navegador.
  - F5: Atualiza página recarregando-a

BIBLIOGRAFIA RECOMENDADA

BIBLIOGRAFIA BÁSICA

- VASCONCELOS, Laércio. *Hardware na Prática*. 3. ed. Laércio Vasconcelos Computação, 2009.
- TORRES, Gabriel. *Montagem de Micros – Para Autodidatas, Estudantes e Técnicos*. Editora Nova Terra, 2010.
- MANZANO, André. *Estudo Dirigido de Informática*. São Paulo: Érica, 2007.

BIBLIOGRAFIA COMPLEMENTAR

- TORRES, Gabriel. *Redes de Computadores*. Editora Nova Terra, 2009.
- VASCONCELOS, Laércio. *Manual Prático de Redes*. Laércio Vasconcelos Computação, 2009.
- PEREIRA, Fernando. *Linux Completo*. 6. ed. Lisboa: FCA, 2005.
- GUPTA, Meeta. *TCP/IP a Biblia*. Editora Campus / Elsevier, 2002.
- ALBUQUERQUE, Fernando. *Tcp/Ip Internet: Programação de Sistemas Distribuídos*. Editora Axcel, 2001.
- COMER, Douglas. *Interligação em Rede com TCP/IP*. 5. ed. Editora Campus, 2006.

RACIOCÍNIO LÓGICO

DAMARES PAVIONE

Formada em engenharia civil pela Universidade Federal de Viçosa (UFV). Mestre em engenharia civil pela Universidade Federal de Viçosa. Trabalhou como engenheira civil da Companhia de Saneamento Básico do Estado de São Paulo (SABESP). Engenheira civil do Departamento de Ciência e Tecnologia Aeroespacial (DCTA).

1. ANÁLISE COMBINATÓRIA E PROBABILIDADE

QUESTÕES

1. **(Agente de Polícia Federal – CESPE – 2009)** De acordo com o jornal espanhol *El País*, em 2009 o contrabando de armas disparou nos países da América Latina, tendo crescido 16% nos últimos 12 anos. O crime é apontado como o principal problema desses países, provocando uma grande quantidade de mortes. O índice de homicídios por 100.000 habitantes na América Latina é alarmante, sendo, por exemplo, 28 no Brasil, 45 em El Salvador, 65 na Colômbia, 50 na Guatemala.

   Internet: <www.noticias.uol.com.br>.

   Tendo como referência as informações apresentados no texto acima, julgue o item que se segue.

   • Se, em cada grupo de 100.000 habitantes da Europa, a probabilidade de que um cidadão desse grupo seja assassinado é 30 vezes menor que essa mesma probabilidade para habitantes de El Salvador ou da Guatemala, então, em cada 100.000 habitantes da Europa, a probabilidade referida é inferior a 10^{-5}.

2. **(Agente de Polícia Federal – CESPE – 2009)** A Polícia Federal brasileira identificou pelo menos 17 cidades de fronteira como locais de entrada ilegal de armas; 6 dessas cidades estão na fronteira do Mato Grosso do Sul (MS) com o Paraguai.

   Internet: <www.estadao.com.br> (com adaptações).

   Considerando as informações do texto acima, julgue o próximo item.

   • Se uma organização criminosa escolher 6 das 17 cidades citadas no texto, com exceção daquelas da fronteira do MS com o Paraguai, para a entrada ilegal de armas no Brasil, então essa organização terá mais de 500 maneiras diferentes de fazer essa escolha.

3. **(Agente de Polícia Federal – CESPE – 2009)** Considerando que, em um torneio de basquete, as 11 equipes inscritas serão divididas nos grupos A e B, e que, para formar o grupo A, serão sorteadas 5 equipes, julgue os itens que se seguem.

   a) A quantidade de maneiras distintas de se escolher as 5 equipes que formarão o grupo A será inferior a 400.

   b) Considerando que cada equipe tenha 10 jogadores, entre titulares e reservas, que os uniformes de 4 equipes sejam completamente vermelhos, de 3 sejam completamente azuis e de 4 equipes os uniformes tenham as cores azul e vermelho, então a probabilidade de se escolher aleatoriamente um jogador cujo uniforme seja somente vermelho ou somente azul será inferior a 30%.

4. **(Agente de Polícia Federal – CESPE – 2004)** Conta-se na mitologia grega que Hércules, em um acesso de loucura, matou sua família. Para expiar seu crime, foi enviado à presença do rei Euristeu, que lhe apresentou uma série de provas a serem cumpridas por ele, conhecidas como **Os doze trabalhos de Hércules**. Entre esses trabalhos, encontram-se: matar o leão de Nemeia, capturar a corça de Cerineia e capturar o javali de Erimanto.

   Considere que a Hércules seja dada a escolha de preparar uma lista colocando em ordem os doze trabalhos a serem executados, e que a escolha dessa ordem seja totalmente aleatória. Além disso, considere que somente um trabalho seja executado de cada vez. Com relação ao número de possíveis listas que Hércules poderia preparar, julgue os itens subsequentes.

   a) O número máximo de possíveis listas que Hércules poderia preparar é superior a 12 x 10!

b) O número máximo de possíveis listas contendo o trabalho "matar o leão de Nemeia" na primeira posição é inferior a 240 x 990 x 56 x 30.

c) O número máximo de possíveis listas contendo os trabalhos "capturar a corça de Cerineia" na primeira posição e "capturar o javali de Erimanto" na terceira posição é inferior a 72 x 42 x 20 x 6.

d) O número máximo de possíveis listas contendo os trabalhos "capturar a corça de Cerineia" e "capturar o javali de Erimanto" nas últimas duas posições, em qualquer ordem, é inferior a 6! x 8!.

5. (Escrivão de Polícia Federal – CESPE – 2004) Para uma investigação a ser feita pela Polícia Federal, será necessária uma equipe com 5 agentes. Para formar essa equipe, a coordenação da operação dispõe de 29 agentes, sendo 9 da superintendência regional de Minas Gerais, 8 da regional de São Paulo e 12 da regional do Rio de Janeiro. Em uma equipe, todos os agentes terão atribuições semelhantes, de modo que a ordem de escolha dos agentes não será relevante.

Com base nessa situação hipotética, julgue os itens seguintes.

a) Poderão ser formadas, no máximo, 19 x 14 x 13 x 7 x 5 x 3 equipes distintas.

b) Se a equipe deve conter exatamente 2 agentes da regional do Rio de Janeiro, o número máximo de equipes distintas que a coordenação dessa operação poderá formar é inferior a 19 x 17 x 11 x 7.

c) Se a equipe deve conter exatamente 2 agentes da regional do Rio de Janeiro, 1 agente da regional de São Paulo e 2 agentes da regional de Minas Gerais, então a coordenação da operação poderá formar, no máximo, 12 x 11 x 9 x 8 x 4 equipes distintas.

6. (Delegado de Polícia Federal – CESPE – 2004) Com a campanha nacional do desarmamento, a Polícia Federal já recolheu em todo o Brasil dezenas de milhares de armas de fogo. A tabela apresenta a quantidade de armas de fogo recolhidas em alguns estados brasileiros. Considerando que todas essas armas tenham sido guardadas em um único depósito, julgue os itens que se seguem.

Estado	quantidade
São Paulo	16.000
Pernambuco	6.500
Rio Grande do Sul	5.500
Rio de Janeiro	5.000

a) Escolhendo-se aleatoriamente uma arma de fogo nesse depósito, a probabilidade de ela ter sido recolhida em um dos dois estados da região Sudeste listados na tabela é superior a 0,73.

b) Escolhendo-se aleatoriamente uma arma de fogo nesse depósito, a probabilidade de ela ter sido recolhida no Rio Grande do Sul é superior a 0,11.

c) Escolhendo-se aleatoriamente duas armas de fogo nesse depósito, a probabilidade de ambas terem sido recolhidas em Pernambuco é inferior a 0,011.

7. (Agente de Polícia Federal – CESPE – 2012) Dez policiais federais — dois delegados, dois peritos, dois escrivães e quatro agentes — foram designados para cumprir mandado de busca e apreensão em duas localidades próximas à superintendência regional. O grupo será dividido em duas equipes. Para tanto, exige-se que cada uma seja composta, necessariamente, por um delegado, um perito, um escrivão e dois agentes. Considerando essa situação hipotética, julgue os itens que se seguem.

a) Se todos os policiais em questão estiverem habilitados a dirigir, então, formadas as equipes, a quantidade de maneiras distintas de se organizar uma equipe dentro de um veículo com cinco lugares — motorista e mais quatro passageiros — será superior a 100.

b) Há mais de 50 maneiras diferentes de compor as referidas equipes.

c) Se cinco dos citados policiais forem escolhidos, aleatoriamente e independentemente dos cargos, então a probabilidade de que esses escolhidos constituam uma equipe com a exigência inicial será superior a 20%.

GABARITO COMENTADO

1. ERRADA A cada 100.000 habitantes, 45 habitantes são assassinados em El Salvador. Já na Guatemala, a cada 100.000 habitantes, 50 são assassinados.

Isto significa dizer que se tem um espaço amostral igual a 100.000 habitantes e um evento igual a 45 ou 50 assassinatos.

Para encontrar a probabilidade de ser assassinado basta fazer: $P = \dfrac{evento}{espaço\ amostral}$.

$$P_{El\ Salvador} = \frac{45}{100.000} = 45 \times 10^{-5} \quad ;$$

$$P_{Guatemala} = \frac{50}{100.000} = 50 \times 10^{-5}$$

Como a probabilidade de um cidadão da Europa ser assassinado é 30 vezes menor, tem-se:

$$P_{Europa} = \frac{45}{100.000} \div 30 = \frac{45}{100.000} \cdot \frac{1}{30} =$$

$$\frac{45 \div 15}{100.000} \cdot \frac{1}{30 \div 15} = \frac{3}{100.000} \cdot \frac{1}{2} =$$

$$\frac{3}{2} \cdot \frac{1}{100.000} = \frac{1,5}{100.000} = 1,5 \times 10^{-5}$$

ou

$$P_{Europa} = \frac{50}{100.000} \div 30 = \frac{50}{100.000} \cdot \frac{1}{30} =$$

$$\frac{50 \div 10}{100.000} \cdot \frac{1}{30 \div 10} = \frac{5}{100.000} \cdot \frac{1}{3} =$$

$$\frac{5}{3} \cdot \frac{1}{100.000} = \frac{5}{3} \times 10^{-5} \cong 1,67 \times 10^{-5}$$

Tanto $1,5 \times 10^{-5}$ como $1,67 \times 10^{-5}$ são superiores a 10^{-5}.

Comentário Extra: Para abreviar números muito grandes ou muito pequenos podemos utilizar a potência de base 10, escrevendo o número na forma $a \times 10^b$.

O expoente da potência de 10 indica que iremos aumentar ou diminuir os 'zeros' ou movimentar a vírgula para direita ou esquerda.

Por exemplo: A probabilidade de ser assassinado em El Salvador foi de $\dfrac{45}{100.000}$. Esta divisão pode ser escrita também na forma:

$$\frac{45}{100.000} = 45 \times 10^{-5}$$

O número 100.000 pode também ser escrito na forma 10^5, pois $10 \times 10 \times 10 \times 10 \times 10 = 100.000$. O expoente negativo indica que o número 100.000 está dividindo o número 45, fazendo parte do denominador da fração.

Se a vírgula for deslocada para a direita diminui-se o expoente. Se a vírgula for deslocada para a esquerda, aumenta-se o expoente. Lembre-se que, embora a vírgula não apareça no número 45 imagine-a a direita do número (45 = 45,0).

- $45 \times 10^{-5} = 450 \times 10^{-6} = 4500 \times 10^{-7}$ (diminui-se o expoente: −7 é menor que −6, que é menor que −5)
- $45 \times 10^{-5} = 4,5 \times 10^{-4} = 0,45 \times 10^{-3}$ (aumenta-se o expoente: −3 é maior que −4, que é menor que −5)

Da mesma forma,

$$\frac{1,5}{100.000} = 1,5 \times 10^{-5}\ ,\text{ ou }\ \frac{1,5}{100.000} = 15 \times 10^{-6}$$

Para se comparar dois números escritos em potência de 10, deve-se colocá-los sob o mesmo expoente e comparar os números que acompanham as potências.

Assim, foram comparados os números $1,5 \times 10^{-5}$ e 10^{-5}. Ambos possuem expoente igual a −5, logo, basta comparar os números 1,5 e 1. Como 1,5 é maior que 1, $1,5 \times 10^{-5}$ é maior que 10^{-5}. Perceba que o número que acompanha a potência 10^{-5} é o número 1.

A probabilidade também pode ser expressa na forma de porcentagem. A porcentagem é a centésima parte de um inteiro. Assim, para representar as probabilidades em porcentagem, basta multiplicar a probabilidade por 100.

- $45 \times 10^{-5} = 0,00045 \rightarrow 0,00045 \times 100 = 0,045\%$
- $50 \times 10^{-5} = 0,0005 \rightarrow 0,0005 \times 100 = 0,05\%$
- $1 \times 10^{-5} = 0,00001 \rightarrow 0,00001 \times 100 = 0,001\%$

2. ERRADO Combinação de 11 elementos (17 cidades, menos as 6 cidades do MS fronteiriças com o Paraguai) tomados em grupo de 6.

$$C_{n;p} = \frac{n!}{p!\,(n-p)!} = C_{11;6} = \frac{11!}{6!\,(11-6)!} =$$

$$\frac{11!}{6! \cdot 5!} = \frac{11 \cdot 10 \cdot 9 \cdot 8 \cdot 7 \cdot 6!}{6! \cdot 5!} =$$

$$\frac{11 \cdot 10 \cdot 9 \cdot 8 \cdot 7}{5 \cdot 4 \cdot 3 \cdot 2 \cdot 1} = \frac{11 \cdot 10_{\div 5} \cdot 9_{\div 3} \cdot 8_{(\div 4) \div 2} \cdot 7}{5_{\div 5} \cdot 4_{\div 4} \cdot 3_{\div 3} \cdot 2_{\div 2} \cdot 1} =$$

$$\frac{11 \cdot 2 \cdot 3 \cdot 1 \cdot 7}{1 \cdot 1 \cdot 1 \cdot 1 \cdot 1} = 11 \cdot 2 \cdot 3 \cdot 7 = 464$$

Há 464 maneiras diferentes de se escolher 6 cidades dentre 11 cidades.

Comentário Extra: Para simplificar um fatorial basta desenvolvê-lo até o ponto em que se possa 'cortá-lo' com outro fatorial.

Neste item, o 11! foi desenvolvido até o 6!, proporcionando a simplificação com o 6! existente no denominador da fração.

Sempre verifique na fração quais fatores do numerador podem ser simplificados com o denominador. Isto irá agilizar sua resolução.

3.

A. ERRADO Combinação de 11 elementos (11 equipes) tomados em grupos de 5.

$$C_{n;p} = \frac{n!}{p!\,(n-p)!} = C_{11;6} = \frac{11!}{5!\,(11-5)!} =$$

$$\frac{11!}{5! \cdot 6!} = \frac{11 \cdot 10 \cdot 9 \cdot 8 \cdot 7 \cdot 6!}{5! \cdot 6!} =$$

$$\frac{11 \cdot 10 \cdot 9 \cdot 8 \cdot 7}{5 \cdot 4 \cdot 3 \cdot 2 \cdot 1} = \frac{11 \cdot 10_{\div 5} \cdot 9_{\div 3} \cdot 8_{(\div 4) \div 2} \cdot 7}{5_{\div 5} \cdot 4_{\div 4} \cdot 3_{\div 3} \cdot 2_{\div 2} \cdot 1} =$$

$$\frac{11 \cdot 2 \cdot 3 \cdot 1 \cdot 7}{1 \cdot 1 \cdot 1 \cdot 1 \cdot 1} = 11 \cdot 2 \cdot 3 \cdot 7 = 464$$

Há 464 maneiras diferentes de se escolher grupos de 5 elementos dentre 11 elementos.

Comentário Extra: Idem comentário extra item 2.

B. ANULADO **Espaço amostral:** 10 jogadores x 11 equipes = total de 110 jogadores

- Uniforme totalmente vermelho = 4 equipes x 10 jogadores = 40 jogadores
- Uniforme totalmente azul = 3 equipes x 10 jogadores = 30 jogadores
- Uniforme vermelho e azul = 4 equipes x 10 jogadores = 40 jogadores

Evento: jogadores com uniforme somente azul **ou** somente vermelho.

Pelo princípio fundamental da contagem, quando se tem a ocorrência não simultânea de dois eventos, somam-se os eventos. Ou seja, o conectivo **ou** indica que será feita a escolha de um jogador, e este não terá o uniforme totalmente vermelho e totalmente azul ao mesmo tempo. Os eventos não são simultâneos. Veja Importante Saber.

Evento = 30 + 40.

$$Probabilidade = \frac{evento}{espaço\ amostral} =$$

$$\frac{30+40}{110} = \frac{70}{110} = \frac{7}{11} \cong 0{,}63 \cong 63\%$$

O gabarito inicial relatou a questão como item certo. Entretanto, embora a questão esteja evidentemente errada, não houve previsão em edital para alteração de gabarito, razão pelo qual se anulou item.

Comentário Extra: Veja o comentário extra do item 1 a respeito de porcentagem.

No momento de resolução da prova não é necessário o candidato gastar tempo efetuando a divisão de 7 por 11. Basta perceber que: se $\frac{7}{10} = 0{,}7$ então, $\frac{7}{11}$ será um número menor que 0,7. Pois, quando se aumenta o denominador de uma fração diminui-se seu resultado.

4.

A. CERTO Cada lista será formada por todos os 12 trabalhos, porém, em ordens diferentes. Portanto, o número de listas possíveis será a permutação dos 12 elementos.

$$\text{Permutação de 12 elementos} = 12! = 12 \cdot 11 \cdot 10!$$

Não é necessário efetuar a multiplicação para perceber que o número máximo de possíveis listas é superior a 12 x 10!, pois há o número 11 sendo multiplicado, que aumentará em 11 vezes o resultado.

$$12 \cdot 11 \cdot 10! > 12 \cdot 10!$$

B. CERTO Neste caso, um dos elementos é fixo em uma posição. O trabalho de "matar o leão de Nemeia" ficará sempre na primeira posição, ele não será permutado.

A permutação torna-se de 11 elementos (12 – 1 = 11).

$$\text{Permutação de 11 elementos} =$$
$$11! = 11 \cdot 10 \cdot 9 \cdot 8 \cdot 7 \cdot 6 \cdot 5 \cdot 4 \cdot 3 \cdot 2 \cdot 1$$

Atenção, não é preciso efetuar toda a multiplicação para solução da questão. Precisamos economizar tempo de resolução.

Vamos multiplicar alguns fatores da permutação de forma a obter os fatores da multiplicação do enunciado do item, facilitando a comparação.

$$11 \cdot 10 \cdot 9 \cdot 8 \cdot 7 \cdot 6 \cdot 5 \cdot 4 \cdot 3 \cdot 2 \cdot 1$$

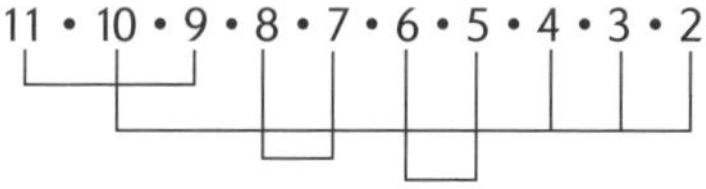

$$\underbrace{10 \cdot 4 \cdot 3 \cdot 2}_{240} \cdot \underbrace{11 \cdot 9}_{99} \cdot \underbrace{8 \cdot 7}_{56} \cdot \underbrace{6 \cdot 5}_{30} =$$
$$240 \cdot 99 \cdot 56 \cdot 30$$

Nota-se que todos os números são iguais, exceto o número 99. Como no enunciado do item, ao invés de se ter o número 99, tem-se o número 990, fica evidente que o resultado da multiplicação do enunciado é maior que o resultado da multiplicação da solução.

$$240 \cdot \mathbf{99} \cdot 56 \cdot 30 < 240 \cdot \mathbf{990} \cdot 56 \cdot 30$$

C. ERRADO Semelhante ao item anterior, temos aqui uma permutação de 10 elementos. Pois dois elementos são fixos em suas posições, não irão permutar.

$$\text{Permutação de 10 elementos} =$$
$$10! = 10 \cdot 9 \cdot 8 \cdot 7 \cdot 6 \cdot 5 \cdot 4 \cdot 3 \cdot 2 \cdot 1$$

$$10 \cdot \underbrace{9 \cdot 8}_{} \cdot \underbrace{7 \cdot 6}_{} \cdot \underbrace{5 \cdot 4}_{} \cdot \underbrace{3 \cdot 2}_{} \cdot 1 =$$
$$\mathbf{10} \cdot 72 \cdot 42 \cdot 20 \cdot 6$$

$$10 \cdot 72 \cdot 42 \cdot 20 \cdot 6 > 72 \cdot 42 \cdot 20 \cdot 6$$

Como no item anterior, não foi necessário efetuar toda a multiplicação para averiguar que o número de listas possíveis será 10 vezes maior que 72 • 42 • 20 • 6.

D. CERTO Novamente temos aqui dois elementos com posições definidas. Assim, teremos a permutação de 10 elementos.

Entretanto, neste caso, as posições definidas podem estar de duas formas. A "captura da corça de Cerineia" pode vir em último lugar e a "Captura do javali de Erimanto" em penúltimo lugar. Ou, estes dois últimos lugares podem se inverter. A "captura da corça de Cerineia" em penúltimo lugar e a "Captura do javali de Erimanto" em último lugar.

Logo, cada resultado da permutação de 10 elementos terá mais duas possibilidades para as duas últimas posições. Teremos o resultado da permutação de 10 elementos **e** o resultado da permutação dos dois últimos lugares. Pelo princípio fundamental da contagem iremos multiplicar estes resultados.

$$10! \cdot 2! = 10! \cdot 2 \cdot 1 = 10! \cdot 2 = 10 \cdot 9 \cdot 8! \cdot 2$$

Estamos comparando o número dado no enunciado (6! X 8!) com o número encontrado na solução (10 x 9 x 8! X 2).

Como os dois valores têm 8! como parte integrante, podemos eliminá-lo e comparar o restante.

$$10 \cdot 9 \cdot \cancel{8} \cdot 2 < \cancel{8!} \cdot 6! \rightarrow$$
$$10 \cdot 9 \cdot \cancel{2} < 6 \cdot 5 \cdot 4 \cdot 3 \cdot \cancel{2} \rightarrow$$
$$10_{\div 5} \cdot 9_{\div 3} < 6 \cdot 5_{\div 5} \cdot 4 \cdot 3_{\div 3} \rightarrow$$
$$2 \cdot 3 < 6 \cdot 1 \cdot 4 \cdot 1 \rightarrow 6 < 24$$

Correto, seis é menor que vinte e quatro. Portanto, 10! • 2! é menor que 6! × 8!.

5.

A. ERRADO Dispõe-se de 29 agentes, para se formar um grupo com 5 deles. Deste modo, faremos uma combinação de 29 agentes, tomados em grupos de 5.

$$C_{n;p} = \frac{n!}{p!\,(n-p)!} = C_{29;5} = \frac{29!}{5!\,(29-5)!} =$$

$$\frac{29!}{5! \cdot 24!} = \frac{29 \cdot 28 \cdot 27 \cdot 26 \cdot 25 \cdot 24!}{5! \cdot 24!} =$$

$$\frac{29 \cdot 28 \cdot 27 \cdot 26 \cdot 25}{5 \cdot 4 \cdot 3 \cdot 2 \cdot 1} =$$

$$\frac{29 \cdot 28_{\div 4} \cdot 27_{\div 3} \cdot 26_{\div 2} \cdot 25_{\div 5}}{5_{\div 5} \cdot 4_{\div 4} \cdot 3_{\div 3} \cdot 2_{\div 2} \cdot 1} =$$

$$29 \cdot 7 \cdot 9 \cdot 13 \cdot 5$$

$$29 \cdot \not{7} \cdot 9 \cdot \not{13} \cdot \not{5} = 19 \cdot 14 \cdot \not{13} \cdot \not{7} \cdot \not{5} \cdot 3$$

$$29 \cdot 9 = 19 \cdot 14 \cdot 3$$

$$261 = 798 \text{ } \textit{ERRADO!}$$

Comentário Extra: Aqui se deve atentar para um detalhe. A expressão 'no máximo' pode levar erroneamente à interpretação de que o valor encontrado na solução deve ser menor que o valor do enunciado.

O número máximo de equipes que poderão ser formadas é exatamente o valor da combinação dos 29 agentes em grupos de 5, isto é, 261 equipes.

Se o enunciado dissesse: 'o número de equipes que poderão ser formadas é menor que (ou inferior a) ...', o item estaria correto.

B. ERRADO A equipe deve conter exatamente dois agentes do Rio de Janeiro. A escolha destes dois agentes será uma combinação dos 12 agentes do Rio de janeiro, tomados a cada dois.

$$C_{12;2} = \frac{12!}{2! \cdot (12-2)!} = \frac{12!}{2! \cdot 10!} =$$

$$\frac{12 \cdot 11 \cdot 10!}{2! \cdot 10!} = \frac{12 \cdot 11}{2 \cdot 1} = 6 \cdot 11$$

Os outros três agentes do grupo serão formados por uma combinação de 17 agentes (29 agentes menos os 12 agentes do Rio de Janeiro) tomados a cada 3.

$$C_{17;3} = \frac{17!}{3! \cdot (17-3)!} = \frac{17!}{3! \cdot 14!} =$$

$$\frac{17 \cdot 16 \cdot 15 \cdot 14!}{3! \cdot 14!} = \frac{17 \cdot 16 \cdot 15}{3 \cdot 2 \cdot 1} =$$

$$\frac{17 \cdot 16_{\div 2} \cdot 15_{\div 3}}{3_{\div 3} \cdot 2_{\div 2}} = 17 \cdot 8 \cdot 5$$

O grupo será formado pelos dois agentes do Rio de Janeiro **e** pelos três agentes dos demais estados. Pelo princípio fundamental da contagem, devemos multiplicar os dois resultados.

$$C_{12;2} \cdot C_{17;3} = 6 \cdot 11 \cdot 17 \cdot 8 \cdot 5$$

$$6 \cdot \not{11} \cdot \not{17} \cdot 8 \cdot 5 < 19 \cdot \not{17} \cdot \not{11} \cdot 7$$

$$6 \cdot 8 \cdot 5 = 19 \cdot 7$$

$$240 = 133 \text{ } \textit{ERRADO!}$$

C. ERRADO Semelhante ao exercício anterior, temos aqui três combinações associadas: Combinação de 12 agentes do RJ tomados a cada 2 **e** combinação de 8 agentes de SP tomados a cada 1 **e** combinação de 9 agentes de MG tomados a cada 2.

$$C_{12;2} \cdot C_{8;1} \cdot C_{9;2} =$$

$$\frac{12!}{2! \cdot (12-2)!} \cdot \frac{8!}{1! \cdot (8-1)!} \cdot \frac{9!}{2! \cdot (9-2)!} =$$

$$\frac{12 \cdot 11 \cdot 10!}{2! \cdot 10!} \cdot \frac{8 \cdot 7!}{1 \cdot 7!} \cdot \frac{9 \cdot 8 \cdot 7!}{2! \cdot 7!} =$$

$$\frac{12 \cdot 11}{2} \cdot 8 \cdot \frac{9 \cdot 8}{2} = 6 \cdot 11 \cdot 9 \cdot 4 =$$

$$6 \cdot \not{11} \cdot \not{8} \cdot \not{9} \cdot \not{4} = 12 \cdot \not{11} \cdot \not{9} \cdot \not{8} \cdot \not{4}$$

$$6 = 12 \text{ } \textit{ERRADO!}$$

Comentário Extra: Idem comentário extra do item 12.

6.

A. ERRADO *Espaço amostral* = 16.000 + 6.500 + 5.500 + 5.000 = 33.000.

Evento = 16.000 + 5.000 = 21.000.

$$P = \frac{\text{evento}}{\text{espaço amostral}} = \frac{21.000}{33.000} =$$

$$\frac{21.000_{\div 1000}}{33.000_{\div 1000}} = \frac{21_{\div 3}}{33_{\div 3}} = \frac{7}{11} \cong 0{,}63 \cong 63\%$$

Comentário Extra: Idem comentário extra item 4.

B. CERTO *Espaço amostral* = 16.000 + 6.500 + 5.500 + 5.000 = 33.000.

Evento = 5.500.

$$P = \frac{evento}{espaço\ amostral} = \frac{5.500}{33.000} =$$

$$\frac{5.500_{\div 1000}}{33.000_{\div 1000}} = \frac{5,5}{33} \cong 0,167 \cong 16,7\%$$

C. ERRADO A probabilidade de a primeira arma escolhida aleatoriamente ser de Pernambuco será:

$$P = \frac{evento}{espaço\ amostral} = \frac{6.500}{33.000}$$

A probabilidade de a segunda arma aleatoriamente escolhida ser de Pernambuco terá o espaço amostral e o evento anteriores com um componente a menos, pois uma arma já foi retirada.

Espaço amostral = 16.000 + 6.500 + 5.500 + 5.000 = 33.000 – 1 = 32.999.

Evento = 6.500 – 1 = 6.499.

$$P = \frac{evento}{espaço\ amostral} = \frac{6.499}{32.999}$$

A probabilidade das duas armas serem de Pernambuco é igual a probabilidade de a primeira ser de Pernambuco **e** a segunda ser de Pernambuco. Portanto, termos um produto dos dois resultados. (Veja Princípio fundamental da contagem em Importante Saber)

$$P = \frac{evento}{espaço\ amostral} = \frac{6.500}{33.000} \bullet \frac{6.499}{32.999} \cong$$

$$0,0388 \cong 3,88\%$$

$$0,0388 > 0,011$$

Entretanto, efetuar esta multiplicação e divisão no momento da prova irá consumir muito tempo desnecessariamente.

A subtração de 1 elemento do evento e do espaço amostral não irá modificar substancialmente o resultado, pois o espaço amostral e o evento são valores muito altos. Sabendo disto, é mais prático e rápido fazer a multiplicação de 6.500/33.000 por 6.500/33.000. Simplificando a fração a operação tornará ainda mais rápida.

$$\frac{6.500}{33.000} \bullet \frac{6.500}{33.000} = \frac{65}{330} \bullet \frac{65}{330} \cong$$

$0,2 \bullet 0,2 \cong 0,04$ Veja que 0,04 é bem próximo de 0,0388.

Comentário Extra: A escolha aleatória das armas se deu **sem reposição dos elementos**. Ou seja, retira-se aleatoriamente a primeira arma. Ao se escolher a segunda arma a primeira arma não foi reposta no depósito, por isso se diminuiu 1 elemento do evento e do espaço amostral.

Há casos em que o elemento escolhido retorna ao espaço amostral, isto é, escolha **com reposição dos elementos**. Neste caso o espaço amostral não se altera.

Se a primeira arma escolhida aleatoriamente não fosse de Pernambuco, a probabilidade de a segunda arma escolhida ser de Pernambuco seria 6.500/32.999. Do espaço amostral seria subtraído um elemento, mas o número de armas de Pernambuco passível de escolha não se alterou, pois todas as 6.500 armas de Pernambuco ainda seriam possíveis de ser escolhidas.

7.

A. CERTO Partindo do princípio que determinada equipe já está formada, teremos uma permutação de 5 passageiros.

$$P! = 5! = 5 \bullet 4 \bullet 3 \bullet 2 \bullet 1 = 120$$

Comentário Extra: Nesta questão não estão sendo consideradas as possibilidades de formação das duas equipes. Note que o enunciado diz: "FORMADAS AS DUAS EQUIPES".

B. ERRADO Para compor as equipes teremos que escolher 1 entre 2 delegados, 1 entre 2 peritos, 1 entre 2 escrivães, 2 entre 4 agentes. Assim;

- Para delegados, peritos e escrivães temos combinação de 2, tomados em 1 em um. Ou seja, duas opções de cada;

RACIOCÍNIO LÓGICO

- Para agentes temos uma combinação de 4 tomados 2 a 2

$$P = C_{2;1} \times C_{2;1} \times C_{4;2} =$$

$$P = 2 \times 2 \times 2 \times \frac{4!}{2! \bullet (4-2)!}$$

$$P = 8 \times \frac{4!}{2! \bullet 2!} = 8 \times \frac{4 \bullet 3 \bullet 2 \bullet 1}{2 \bullet 1 \bullet 2 \bullet 1} =$$

$$8 \times 6 = 48$$

$$48 < 50 \textit{ ERRADA!}$$

C. ERRADO Se cinco policiais forem escolhidos aleatoriamente, tem-se uma combinação de 10, tomados de 5 em 5.

$$C_{10;5} = \frac{10!}{5! \bullet (10-5)!} = \frac{10 \bullet 9 \bullet 8 \bullet 7 \bullet 6 \bullet 5!}{5! \bullet 5!} =$$

$$\frac{10 \bullet 9 \bullet 8 \bullet 7 \bullet 6}{5 \bullet 4 \bullet 3 \bullet 2 \bullet 1} = 252$$

Temos, portanto, um total de 252 possibilidades. E temos 48 possibilidades de formação de uma equipe. Assim, a probabilidade será:

$$P = \frac{48}{252} = 0{,}19 = 19\% < 20\%$$

RAIO-X

- O tema em estudo equivale aos seguintes percentuais das questões de Direito Financeiro:

Cargo	Questões do Tema	%
Agente	11	16,18%
Escrivão	3	4,41%
Delegado	3	4,41%

- As questões nitidamente exigem do candidato habilidade em simplificação das operações a serem realizadas.
- É importante saber identificar com clareza os espaços amostrais e os eventos envolvidos nas questões de probabilidade. Estes dois conceitos irão basear a solução.

IMPORTANTE SABER

1. SOBRE PROBABILIDADE:

- **Espaço amostral:** é o conjunto de todos os resultados possíveis de ocorrer em um experimento aleatório. Por exemplo, se em uma caixa há 10 bolas, e deseja-se saber a probabilidade de escolher certa bola, o espaço amostral será as 10 bolinhas contidas na caixa.
- **Evento:** é o resultado desejado. É um subconjunto do espaço amostral. Por exemplo, na caixa há 6 bolas verdes, 2 amarelas e 2 azuis. O evento 'escolher uma bola verde' é o subconjunto formado pelas 6 bolas verdes.

A probabilidade de ocorrer certo evento é dada por:

$$P = \frac{\text{evento}}{\text{espaço amostral}}$$

  - P(A) = 0 evento impossível de ocorrer
  - P(A) = 1 evento certo, 100% de probabilidade de ocorrer
  - A Probabilidade de um evento ocorrer varia de 0 a 1.

- **Princípio Fundamental da Contagem**

Pelo princípio fundamental da contagem podemos responder de quantas maneiras diferentes um evento pode ocorrer.

Quando dois eventos ocorrem **simultaneamente**, o número de possibilidades é o **produto** das possibilidades individuais. Geralmente, os eventos estão conectados pela conjunção **e**.

Se a ocorrência dos eventos for **não simultânea**, ou seja, ocorrer um evento ou o outro evento, então o número de possibilidades será a **soma** das possibilidades individuais. Nesses casos, as possibilidades estarão, geralmente, ligadas pelo conectivo **ou**.

2. SOBRE FATORIAL:

- Fatorial de n é o produto dos números positivos e inteiros (naturais) começando em n e decrescendo até 1, representado por ***n!***.
  - $8! = 8 \times 7 \times 6 \times 5 \times 4 \times 3 \times 2 \times 1 = 40320$
  - $0! = 1$
  - $1! = 1$

3. SOBRE COMBINAÇÃO, ARRANJO E PERMUTAÇÃO:

Combinação de p elementos, n a n, é o número

de conjuntos de *n* elementos que se pode formar com os elementos de *p*.

Na combinação a alteração da ordem dos elementos dentro de um conjunto não altera o conjunto.

$$C_{p;n} = \frac{p!}{n! \times (p-n)!}$$

Por exemplo, temos 4 cores: verde, amarelo, azul e vermelho (p = 4), e queremos combiná-las 2 a 2 (n = 2), temos as seis seguintes possibilidades:

- Verde e amarelo, ou amarelo e verde;
- Verde e azul, ou azul e verde;
- Verde e vermelho, ou vermelho e verde;
- Amarelo e azul, ou azul e amarelo;
- Amarelo e vermelho, ou vermelho e amarelo;
- Azul e vermelho, ou vermelho e azul.

$$C_{4;2} = \frac{4!}{2! \times (4-2)!} = \frac{4 \cdot 3 \cdot 2!}{2! \cdot 2!} = \frac{4 \cdot 3}{2 \cdot 1} = 6$$

6 conjuntos

Já no arranjo, a alteração da ordem dos elementos dentro de um conjunto caracteriza a formação de um novo conjunto.

$$A_{p;n} = \frac{p!}{(p-n)!}$$

O exemplo anterior, na forma de arranjo, formaria os seguintes conjuntos:

- Verde e amarelo;
- Amarelo e verde;
- Verde e azul;
- Azul e verde;
- Verde e vermelho;
- Vermelho e verde;
- Amarelo e azul;
- Azul e amarelo;
- Amarelo e vermelho;
- Vermelho e amarelo;
- Azul e vermelho;
- Vermelho e azul.

$$A_{4;2} = \frac{4!}{(4-2)!} = \frac{4 \cdot 3 \cdot 2!}{2!} = 4 \cdot 3 = 12$$

12 conjuntos

Na permutação todos os elementos de *p* são utilizados na formação dos conjuntos, trocando-se apenas a ordem dos elementos.

$$P_p = p!$$

Por exemplo: para os elementos A, B e C (*p* = 3), podemos ter as seis seguintes possibilidades:

- ABC
- ACB
- BAC
- BCA
- CAB
- CBA

$$P_3 = 3! = 3 \cdot 2 \cdot 1 = 6$$

6 conjuntos

4. SOBRE POTÊNCIA DE 10:

Veja mais alguns exemplos de números escritos em potência de 10.

- $1{,}05 \times 10^3 = 10{,}5 \times 10^2 = 105 \times 10^1 = 1.050$
- $0{,}273 \times 10^2 = 2{,}73 \times 10^1 = 27{,}3 = 273 \times 10^{-1}$
- $75 \times 10^{-3} = 7{,}5 \times 10^{-2} = 0{,}75 \times 10^{-1} = 0{,}075$
- $84.100 \times 10^{-2} = 8.410 \times 10^{-1} = 841 = 8{,}41 \times 10^2$

2. LÓGICA DE ARGUMENTAÇÃO

QUESTÕES

I. PROPOSIÇÕES

1. (Agente de Polícia Federal – CESPE – 2004) Quando Paulo estuda, ele é aprovado nos concursos em que se inscreve. Como ele não estudou recentemente, não deve ser aprovado neste concurso.

Em cada um dos itens a seguir, julgue se o argumento apresentado tem estrutura lógica equivalente à do texto acima.

a) Quando os críticos literários recomendam a leitura de um livro, muitas pessoas compram o livro e o leem. O livro sobre viagens maravilhosas, lançado recentemente, não recebeu comentários favoráveis dos críticos literários, assim, não deve ser lido por muitas pessoas.

b) Quando Paulo gosta de alguém, ele não mede esforços para oferecer ajuda. Como Maria gosta muito de Paulo, ele vai ajudá-la a responder as questões de direito constitucional

c) Toda vez que Paulo chega a casa, seu cachorro late e corre a seu encontro. Hoje Paulo viajou, logo seu cachorro está triste.

d) Sempre que Paulo insulta Maria, ela fica aborrecida. Como Paulo não insultou Maria recentemente, ela não deve estar aborrecida.

2. (Agente de Polícia Federal – CESPE – 2004) Considere as sentenças abaixo.

I Fumar deve ser proibido, mas muitos europeus fumam.

II Fumar não deve ser proibido e fumar faz bem à saúde.

III Se fumar não faz bem à saúde, deve ser proibido.

IV Se fumar não faz bem à saúde e não é verdade que muitos europeus fumam, então fumar deve ser proibido.

V Tanto é falso que fumar não faz bem à saúde como é falso que fumar deve ser proibido; consequentemente, muitos europeus fumam.

Considere também que P, Q, R e T representem as sentenças listadas na tabela a seguir.

P	Fumar deve ser proibido.
Q	Fumar de ser encorajado.
R	Fumar não faz bem à saúde.
T	Muitos europeus fumam.

Com base nas informações acima e considerando a notação introduzida no texto, julgue os itens seguintes.

a) A sentença I pode ser corretamente representada por $P \wedge (\sim T)$.

b) A sentença II pode ser corretamente representada por $(\sim P) \wedge (\sim R)$.

c) A sentença III pode ser corretamente representada por $R \rightarrow P$.

d) A sentença IV pode ser corretamente representada por $(R \wedge (\sim T)) \rightarrow P$.

e) A sentença V pode ser corretamente representada por $T \rightarrow ((\sim R) \wedge (\sim P))$.

3. (Agente de Polícia Federal – CESPE – 2004) Considere que as letras P, Q, R e T representem proposições e que os símbolos $\neg$, $\wedge$, V e $\rightarrow$ sejam operadores lógicos que constroem novas proposições e significam **não, e, ou e então**, respectivamente. Na lógica proposicional, cada proposição assume um único valor (valor-verdade), que pode ser verdadeiro (V) ou falso (F), mas nunca ambos.

Com base nas informações apresentadas no texto acima, julgue os itens a seguir.

a) Se as proposições P e Q são ambas verdadeiras, então a proposição (¬ P) ∨ (¬ Q) também é verdadeira.

b) Se a proposição T é verdadeira e a proposição R é falsa, então a proposição R → (¬ T) é falsa.

c) Se as proposições P e Q são verdadeiras e a proposição R é falsa, então a proposição (P ∧ R) → (¬ Q) é verdadeira.

4. (Agente de Polícia Federal – CESPE – 2009) Uma proposição é uma declaração que pode ser julgada como verdadeira — V —, ou falsa — F —, mas não como V e F simultaneamente. As proposições são, frequentemente, simbolizadas por letras maiúsculas: A, B, C, D etc. As proposições compostas são expressões construídas a partir de outras proposições, usando-se símbolos lógicos, como nos casos a seguir.

- A→B, lida como "se A, então B", tem valor lógico F quando A for V e B for F; nos demais casos, será V;
- A ∨ B, lida como "A ou B", tem valor lógico F quando A e B forem F; nos demais casos, será V;
- A ∧ B, lida como "A e B", tem valor lógico V quando A e B forem V; nos demais casos, será F;
- ¬ A é a negação de A: tem valor lógico F quando A for V, e V, quando A for F.

Uma sequência de proposições A_1, A_2, ..., A_k é uma dedução correta se a última proposição, A_k, denominada conclusão, é uma consequência das anteriores, consideradas V e denominadas premissas.

Duas proposições são equivalentes quando têm os mesmos valores lógicos para todos os possíveis valores lógicos das proposições que as compõem.

A regra da contradição estabelece que, se, ao supor verdadeira uma proposição P, for obtido que a proposição P∧(¬P) é verdadeira, então P não pode ser verdadeira; P tem de ser falsa.

A partir dessas informações, julgue os itens subsequentes.

a) Considere as proposições A, B e C a seguir.

A: Se Jane é policial federal ou procuradora de justiça, então Jane foi aprovada em concurso público. B: Jane foi aprovada em concurso público. C: Jane é policial federal ou procuradora de justiça. Nesse caso, se A e B forem V, então C também será V.

b) As proposições "Se o delegado não prender o chefe da quadrilha, então a operação agarra não será bem-sucedida" e "Se o delegado prender o chefe da quadrilha, então a operação agarra será bem-sucedida" são equivalentes.

c) Considere que um delegado, quando foi interrogar Carlos e José, já sabia que, na quadrilha à qual estes pertenciam, os comparsas ou falavam sempre a verdade ou sempre mentiam. Considere, ainda, que, no interrogatório, Carlos disse: José só fala a verdade, e José disse: Carlos e eu somos de tipos opostos. Nesse caso, com base nessas declarações e na regra da contradição, seria correto o delegado concluir que Carlos e José mentiram.

d) Se A for a proposição "Todos os policiais são honestos", então a proposição ¬A estará enunciada corretamente por "Nenhum policial é honesto".

e) A sequência de proposições a seguir constitui uma dedução correta.

Se Carlos não estudou, então ele fracassou na prova de Física. Se Carlos jogou futebol, então ele não estudou. Carlos não fracassou na prova de Física. Carlos não jogou futebol.

5. (Escrivão de Polícia Federal – CESPE – 2013) Nos termos do Edital n. 9/2012 – DGP/DPF, de 10/6/2012, do concurso público para provimento de vagas no cargo de escrivão de polícia federal, cada candidato será submetido, durante todo o período de realização do concurso, a uma investigação social que visa avaliar o procedimento irrepreensível e a idoneidade moral inatacável dos candidatos. O item 19.1 do edital prevê que a nomeação do candidato ao cargo fica condicionada à não eliminação na investigação social e ao atendimento a outros requisitos. Com base nessas informações, e considerando que Pedro Henrique seja um dos candidatos, julgue os itens seguintes.

a) A negação da proposição "Se Pedro Henrique não foi eliminado na investigação social, então ele será nomeado para o cargo" estará corretamente enunciada da seguinte forma: "Se Pedro Henrique foi eliminado na investigação social, então ele não será nomeado para o cargo".

b) A negação da proposição "Pedro Henrique não será eliminado na investigação social e ele atende aos outros requisitos" estará corretamente redigida da seguinte forma: "Pedro Henrique será eliminado na investigação social e ele não atende a algum dos outros requisitos".

c) As proposições "A nomeação de Pedro Henrique para o cargo fica condicionada à não eliminação na investigação social" e "Ou Pedro Henrique é eliminado na investigação social ou é nomeado para o cargo" são logicamente equivalentes.

d) Considere que sejam verdadeiras as proposições "Pedro Henrique não foi eliminado na investigação social" e "Pedro Henrique será nomeado para o cargo". Nesse caso, será também verdadeira a proposição "Se Pedro Henrique foi eliminado na investigação social, então ele não será nomeado para o cargo".

6. Escrivão de Polícia Federal – CESPE – 2013)
Suspeita-se de que um chefe de organização criminosa tenha assumido as despesas de determinado candidato em curso de preparação para concurso para provimento de vagas do órgão X.

P1: Existe a convicção por parte dos servidores do órgão X de que, se um chefe de organização criminosa pagou para determinado candidato curso de preparação para concurso, ou o chefe é amigo de infância do candidato ou então esse candidato foi recrutado pela organização criminosa para ser aprovado no concurso;

P2: Há, ainda, entre os servidores do órgão X, a certeza de que, se o candidato foi recrutado pela organização criminosa para ser aprovado no concurso, então essa organização deseja obter informações sigilosas ou influenciar as decisões do órgão X.

Diante dessa situação, o candidato, inquirido a respeito, disse o seguinte:

P3: Ele é meu amigo de infância, e eu não sabia que ele é chefe de organização criminosa;

P4: Pedi a ele que pagasse meu curso de preparação, mas ele não pagou.

Considerando essa situação hipotética, julgue os itens subsecutivos.

a) Com fundamento nas proposições P1, P2, P3 e P4, confirma-se a suspeita de que o chefe de organização criminosa tenha custeado para o candidato curso de preparação para o concurso.

b) A negação da proposição P4 é equivalente a "Não pedi a ele que pagasse meu curso, mas ele pagou".

c) Com base nas proposições P1, P2, P3 e P4, é correto concluir que "A organização deseja obter informações sigilosas ou influenciar as decisões do órgão X".

II. ARGUMENTOS: PREMISSAS E CONCLUSÕES

7. (Agente de Polícia Federal – CESPE – 2004)
Uma noção básica da lógica é a de que um argumento é composto de um conjunto de sentenças denominadas premissas e de uma sentença denominada conclusão. Um argumento é válido se a conclusão é necessariamente verdadeira sempre que as premissas forem verdadeiras. Com base nessas informações, julgue os itens que se seguem.

a) Toda premissa de um argumento válido é verdadeira.

b) Se a conclusão é falsa, o argumento não é válido.

c) Se a conclusão é verdadeira, o argumento é válido.

d) É válido o seguinte argumento: Todo cachorro é verde, e tudo que é verde é vegetal, logo todo cachorro é vegetal.

8. (Agente de Polícia Federal – CESPE – 2012)
Um jovem, ao ser flagrado no aeroporto portando certa quantidade de entorpecentes, argumentou com os policiais conforme o esquema a seguir:

Premissa 1: Eu não sou traficante, eu sou usuário;

Premissa 2: Se eu fosse traficante, estaria levando uma grande quantidade de droga e a teria escondido;

Premissa 3: Como sou usuário e não levo uma grande quantidade, não escondi a droga.

Conclusão: Se eu estivesse levando uma grande quantidade, não seria usuário.

Considerando a situação hipotética apresentada acima, julgue os itens a seguir.

a) A proposição correspondente à negação da premissa 2 é logicamente equivalente a "Como eu não sou traficante, não estou levando uma grande quantidade de droga ou não a escondi".

RACIOCÍNIO LÓGICO

b) Se a proposição "Eu não sou traficante" for verdadeira, então a premissa 2 será uma proposição verdadeira, independentemente dos valores lógicos das demais proposições que a compõem.

c) Sob o ponto de vista lógico, a argumentação do jovem constitui argumentação válida.

d) Se P e Q representam, respectivamente, as proposições "Eu não sou traficante" e "Eu sou usuário", então a premissa 1 estará corretamente representada por $P \wedge Q$.

III. RELAÇÕES LÓGICAS

9. (Escrivão de Polícia Federal – CESPE – 2004) Pedro, candidato ao cargo de Escrivão de Polícia Federal, necessitando adquirir livros para se preparar para o concurso, utilizou um site de busca da Internet e pesquisou em uma livraria virtual, especializada nas áreas de direito, administração e economia, que vende livros nacionais e importados. Nessa livraria, alguns livros de direito e todos os de administração fazem parte dos produtos nacionais. Além disso, não há livro nacional disponível de capa dura.

Com base nas informações acima, é possível que Pedro, em sua pesquisa, tenha

a) encontrado um livro de administração de capa dura.

b) adquirido dessa livraria um livro de economia de capa flexível.

c) selecionado para compra um livro nacional de direito de capa dura.

d) comprado um livro importado de direito de capa flexível.

10. (Escrivão de Polícia Federal – CESPE – 2013) Dos 5.000 candidatos inscritos para determinado cargo, 800 foram eliminados pelos procedimentos de investigação social; 4.500 foram desclassificados na primeira etapa; 50 foram reprovados no curso de formação (segunda etapa), apesar de não serem eliminados na investigação social; 350 foram nomeados; todos os classificados na primeira etapa e não eliminados na investigação social até o momento da matrícula no curso de formação foram convocados para a segunda etapa; todos os aprovados no curso de formação e não eliminados na investigação social foram nomeados.

Tendo como referência esses dados hipotéticos, julgue os itens a seguir.

a) Infere-se das informações apresentadas que 50 candidatos foram reprovados no curso de formação e também eliminados no processo de investigação social.

b) Se um candidato inscrito para o referido cargo for selecionado ao acaso, então a probabilidade de ele ter sido eliminado no processo de investigação social será inferior a 20%.

c) Menos de 130 candidatos foram classificados na primeira etapa e eliminados na investigação social.

11. (Agente de Polícia Federal – CESPE – 2012) Em uma página da Polícia Federal, na Internet, é possível denunciar crimes contra os direitos humanos. Esses crimes incluem o tráfico de pessoas — aliciamento de homens, mulheres e crianças para exploração sexual — e a pornografia infantil — envolvimento de menores de 18 anos de idade em atividades sexuais explícitas, reais ou simuladas, ou exibição dos órgãos genitais do menor para fins sexuais.

Com referência a essa situação hipotética e considerando que, após a análise de 100 denúncias, tenha-se constatado que 30 delas se enquadravam como tráfico de pessoas e como pornografia infantil; outras 30 não se enquadravam em nenhum desses dois crimes e que, em relação a 60 dessas denúncias, havia apenas a certeza de que se tratava de pornografia infantil, julgue os itens subsequentes, acerca dessas 100 denúncias analisadas.

a) Dez denúncias foram classificadas apenas como crime de tráfico de pessoas.

b) Os crimes de tráfico de pessoas foram mais denunciados que os de pornografia infantil.

TEXTO I

10 DOS CRITÉRIOS DE AVALIAÇÃO E DE CLASSIFICAÇÃO NA PRIMEIRA ETAPA

10.1 Todos os candidatos serão submetidos a duas provas objetivas — uma de Conhecimentos Básicos (P_1), composta de 50 itens, e outra de Conhecimentos Específicos (P_2), composta de 70 itens — e a uma prova discursiva.

10.2 A nota em cada item das provas objetivas, feita com base nas marcações da folha de respostas, será igual a: 1,00 ponto, caso a resposta do candidato esteja em concordância com o gabarito oficial definitivo da prova; -1,00 ponto, caso a resposta do candidato esteja em discordância com o gabarito oficial definitivo da prova; 0,00, caso não haja marcação ou haja marcação dupla (C e E).

10.3 O cálculo da nota em cada prova objetiva, comum às provas de todos os candidatos, será igual à soma algébrica das notas obtidas em todos os itens que a compõem.

10.4 Será reprovado nas provas objetivas e eliminado do concurso o candidato que se enquadrar em pelo menos um dos itens a seguir:

a) obtiver nota inferior a 8,00 pontos na prova de Conhecimentos Básicos (P_1);

b) obtiver nota inferior a 17,00 pontos na prova de Conhecimentos Específicos (P_2);

c) obtiver nota inferior a 36,00 pontos no conjunto das provas objetivas.

10.5 Para cada candidato não eliminado segundo os critérios definidos no subitem 10.4, será calculada a nota final nas provas objetivas (NFPO) pela soma algébrica das notas obtidas nas duas provas objetivas.

11 DA NOTA FINAL NA PRIMEIRA ETAPA

11.1 A nota final na primeira etapa (NFIE) do concurso público será a soma da nota final nas provas objetivas (NFPO) e da nota na prova discursiva (NPD).

11.2 Os candidatos serão ordenados por cargo/área/localidade de vaga de acordo com os valores decrescentes de NFIE.

12 DOS CRITÉRIOS DE DESEMPATE

12.1 Em caso de empate na classificação, terá preferência o candidato que, na seguinte ordem:

a) obtiver maior nota na prova discursiva;

b) obtiver maior nota na prova de Conhecimentos Específicos (P_2);

c) obtiver maior número de acertos na prova de Conhecimentos Específicos (P_2);

d) obtiver maior número de acertos na prova de Conhecimentos Básicos (P_1).

12. (Delegado de Polícia Federal – CESPE – 2004) Julgue os itens seguintes, de acordo com as normas estabelecidas no texto I, adaptado do Edital n. 25/2004 – DGP/DPF – REGIONAL, de 15 de julho de 2004.

a) De acordo com o texto acima, se um candidato marcar ao acaso todas as respostas dos 120 itens que compõem as duas provas objetivas, a probabilidade de ele ser reprovado nessas provas será igual a

$$\frac{8}{50} \cdot \frac{17}{70} \cdot \frac{36}{120}$$

b) Do ponto de vista lógico, é equivalente ao texto original a seguinte reescritura do subitem 10.4:

10.4 Será aprovado nas provas objetivas o candidato que se enquadrar em todos os itens a seguir:

a) obtiver nota maior ou igual a 8,00 pontos na prova de Conhecimentos Básicos (P_1);

b) obtiver nota maior ou igual a 17,00 pontos na prova de Conhecimentos Específicos (P_2);

c) obtiver nota maior ou igual a 36,00 pontos no conjunto das provas objetivas.

c) Se um candidato é considerado "reprovado nas provas objetivas" por não atender o disposto na alínea "a)" do subitem 10.4 do texto, também não atenderá o disposto na alínea "c)" do mesmo subitem.

d) De acordo com o estabelecido no subitem 10.4, é possível que um candidato obtenha NFPO igual a 75 e seja considerado "reprovado nas provas objetivas".

e) De acordo com o subitem 10.5 do texto, após a aplicação do concurso, se um candidato não teve a sua nota final nas provas objetivas (NFPO) calculada pela soma algébrica das notas obtidas nas duas provas objetivas, então esse candidato foi eliminado do concurso segundo os critérios definidos no subitem 10.4.

f) Considere que um candidato obteve x acertos na prova P_1 e que a sua nota nessa prova tenha sido a mínima necessária para que ele não fosse reprovado de acordo com o disposto na alínea "a)" do subitem 10.4 do texto. Nessas condições, existem mais de 20 valores possíveis para o número de acertos x desse candidato.

g) De acordo com os critérios de desempate apresentados no item 12 do texto acima, a probabilidade de que dois candidatos fiquem empatados no concurso é igual a zero.

h) Os critérios "b)" e "c)" do subitem 12.1 são redundantes, uma vez que, se dois candidatos alcançarem a mesma NFIE no concurso, o que conseguir maior nota na prova P_2 terá maior número de acertos nessa prova que o outro candidato.

i) Mantém-se a correção lógica e semântica do texto substituindo-se o critério "c)" do subitem 12.1 por: obtiver menor número de erros na prova de Conhecimentos Específicos (P_2).

j) O seguinte critério, inserido como alínea e) do subitem 12.1, seria redundante com os já existentes e não traria qualquer alteração na classificação estabelecida pelos critérios de "a)" a "d)": obtiver maior nota na prova de Conhecimentos Básicos (P_1).

GABARITO COMENTADO

1.

A. ERRADO Primeiramente, vamos separar o argumento apresentado em proposições:

A = Paulo estuda

B = Paulo é aprovado

~A = Paulo não estuda

~B = Paulo não deve ser aprovado

Quando A, então B. ~A, então deve ~B

$A \to B$ $\sim A \to \sim B$

Agora, vamos também separar o argumento da questão:

A = Críticos literários recomendam a leitura de um livro

B = Muitas pessoas compram o livro

C = Muitas pessoas leem o livro

~A = Os críticos não recomendaram o livro

~C = O livro não deve ser lido por muitas pessoas

Quando A, então B e C. ~A, então deve ~C

$A \to (B \wedge C)$ $\sim A \to \sim C$

O que difere o argumento sobre Paulo do argumento sobre os críticos literários é o fato de o argumento sobre os críticos literário ter uma proposição simples a mais. A proposição "muitas pessoas compram o livro **e** o leem" pode ser separada em duas proposições simples. Já a proposição "Paulo é aprovado" não pode ser dividida.

Exemplo de argumento equivalente:

Quando os críticos literários recomendam a leitura de um livro, muitas pessoas compram o livro. O livro sobre viagens maravilhosas, lançado recentemente, não recebeu comentários favoráveis dos críticos literários,assim, não deve ser comprado por muitas pessoas.

Comentário Extra: Nesta questão exige-se apenas que o candidato saiba identificar as proposições simples e os arranjos entre elas. Entretanto, é útil acrescentar a observação a seguir.

Os argumentos apresentados constituem uma condicional do tipo "se A, então B" ($A \to B$). Você pode verificar no item Importante Saber que neste tipo de condicional, quando A é falso, para a condicional ser verdadeira, B poderá ser falso ou verdadeiro.

Ou seja, quando "Paulo não estuda" (*A falso: ~A*), "Paulo é aprovado ou não é aprovado" (*B falso: ~B ou B verdadeiro: B*).

Em outras palavras, segundo a lógica formal, se Paulo estudar, **é CERTO** que será aprovado. Porém, se ele não estudar, nada se pode afirmar sobre sua aprovação.

As mesmas observações valem para o argumento sobre os críticos literários.

B. ERRADO *A = Paulo gosta de alguém*

B = Paulo não mede esforços para oferecer ajuda

C = Maria gosta muito de Paulo

D = Paulo vai ajudar Maria a responder as questões de direito constitucional

Quando A, então B. C, então D

$A \to B$ $C \to D$

Neste caso, a segunda parte do argumento (Como Maria gosta muito de Paulo, ele vai ajudá-la a responder as questões de direito constitucional) não tem relação alguma com a primeira parte. Note que se trata de outras proposições (C e D). Enquanto que em uma argumentação equivalente, a segunda parte deveria trazer as negações das proposições A e B.

Exemplo de argumento equivalente:

Quando Paulo gosta de alguém, ele não mede esforços para oferecer ajuda. Como Paulo não gosta de Maria, ele medirá esforços para oferecer ajuda nas questões de direito constitucional.

Comentário Extra: Idem comentário extra do item 1.

C. ERRADO *A = Paulo chega em casa*

B = O cachorro late

C = O cachorro corre ao encontro de Paulo

D = Paulo viajou

E = O cachorro de Paulo está triste

Quando A, então B e C. D, então E

$A \rightarrow (B \wedge C)$ $D \rightarrow E$

A primeira diferença entre os dois argumentos é o fato de o argumento deste item 3 apresentar uma proposição simples a mais, como ocorre no item 1.

Outra discrepância é que a negação de "Paulo chega em casa" não é "Paulo viajou". Ora, se Paulo não chega em casa, não necessariamente ele terá viajado. Portanto, não é uma negação válida.

Semelhantemente, a negação de "o cachorro corre ao encontro de Paulo" não é "o cachorro de Paulo está triste". Lembre-se, estamos tratando da 'fria' lógica formal. E sob este aspecto, o fato de o cachorro estar triste nada diz respeito ao fato de ele latir ou correr ao encontro de Paulo.

Exemplo de argumento equivalente:

Toda vez que Paulo chega em casa, seu cachorro corre a seu encontro. Hoje Paulo não chegou em casa. Logo, seu cachorro não correu ao seu encontro.

Comentário Extra: Idem comentário extra do item 1.

D. CERTO *A = Paulo insulta Maria*

B = Maria fica aborrecida

~A = Paulo não insultou Maria

~B = Maria não deve estar aborrecida

Quando A, então B. ~A, então deve ~B

$A \rightarrow B$ $\sim A \rightarrow \sim B$

Neste caso, o número de proposições simples é igual e a segunda parte do argumento utiliza as negações das proposições da primeira parte. Além de serem apresentadas proposições que formam conjunções, como o argumento do enunciado.

Comentário Extra: Idem comentário extra do item 1.

Perceba também que as expressões "quando", "toda vez", "sempre que", "se", são equivalentes no uso da condicional.

2.

A. ERRADO *$P \wedge (\sim T)$ = Fumar deve ser proibido e não é verdade que muitos europeus fumam.*

A sentença I seria corretamente representada por $P \wedge T$, pois a proposição T não está sendo negada na sentença I.

Observe que a conjunção "mas" é equivalente à conjunção "e". Temos duas informações: Fumar deve ser proibido **e** muitos europeus fumam.

Comentário Extra: Veja negação dos quantificadores em Importante Saber.

O quantificador "muitos" é também conhecido como quantificador difuso. Outros quantificadores difusos são: pouco, a maioria, mais ou menos, vários, bastante, etc. Estes qualificadores são característicos por não serem precisos como os quantificadores clássicos (todos, nenhum, ninguém, algum, etc.). Para os quantificadores difusos não há um quantificador direto que exprima a sua negação, como ocorre nos clássicos (veja em Importante Saber). Por isso utilizamos a expressão "não é verdade". Esta expressão pode ser usada tanto nos quantificadores difusos como nos clássicos.

B. CERTO *$(\sim P) \wedge (\sim R)$ = Fumar não deve ser proibido e faz bem à saúde.*

Nesta sentença as duas proposições foram negadas e formaram uma conjunção, tal como sua representação.

Comentário Extra: Deve-se ficar atento à proposição original para que, a partir dela, seja feita a negação. É fácil cometer o erro de atribuir às palavras negativadas a proposição representada com o símbolo ~ (ou ¬). Por exemplo, na sentença II a segunda proposição, "fumar faz bem à saúde", não possui nenhuma palavra de negação, induzindo ao erro de representar essa proposição simplesmente pela letra R. Entretanto, verifica-se no quadro apresentado no enunciado que a proposição R representa "fumar não faz

RACIOCÍNIO LÓGICO

bem à saúde". Logo, sua negação irá retirar a palavra não: "fumar faz bem à saúde".

C. CERTO *R→P = Se fumar não faz bem à saúde, então fumar deve ser proibido.*

Perceba que advérbio "então" está subentendido na frase do enunciado. Temos aqui duas proposições simples formando uma condicional e ambas não estão sendo negadas, tal como no anunciado.

Comentário Extra: Idem comentário extra do item 6

D. CERTO *(R∧(~T))→P = Se fumar não faz bem à saúde e não é verdade que muitos europeus fumam, então fumar deve ser proibido.*

Temos aqui uma condicional ((R∧(~T))→P) em que a primeira parte (hipótese) é formada por uma conjunção (R∧(~T)) e em que a segunda proposição simples está negada (~T).

Comentário Extra: Idem comentários extras dos itens 5 e 6.

Atenção: o uso dos parênteses em lugares diferentes modificará o sentido da sentença.

Por exemplo: R∧((~T)→P) = Fumar não faz bem à saúde e, se não é verdade que muitos europeus fumam, então fumar deve ser proibido.

E. ERRADO *T→((~R)∧(~P)) = Se muitos europeus fumam, então fumar faz bem à saúde e fumar não deve ser proibido.*

Hipótese: Muitos europeus fumam.

Tese: Fumar faz bem à saúde e não deve ser proibido.

V ((~R)∧(~P))→T = Tanto é falso que fumar não faz bem à saúde como é falso que fumar deve ser proibido.

Hipótese: Fumar faz bem à saúde e não deve ser proibido.

Tese: Muitos europeus fumam.

Perceba que a diferença entre as duas sentenças é simplesmente o fato de a hipótese da primeira sentença é a tese da segunda sentença e vice-versa (veja Importante Saber). Isso modifica o teor da sentença. Pois, se a hipótese ocorrer, é certo que ocorrerá a tese. Mas, se a tese ocorrer, não é certo que ocorrerá a hipótese.

Se, ao invés de uma condicional tivéssemos uma bicondicional (se, e somente se: ↔), a inversão da primeira parte com a segunda parte não alteraria o significado.

Perceba ainda que a palavra "consequentemente" equivale à palavra "então" na construção da proposição condicional.

Outra observação é que a proposição "é falso que fumar não faz bem à saúde" está negando duas vezes ao utilizar as palavras falso e não. Assim, esta sentença equivale a "fumar faz bem à saúde".

Comentário Extra: Idem comentários extras dos itens 5 e 6.

3.

A. ERRADA Como sabemos pelo enunciado, P e Q são verdadeiras. Podemos concluir que suas respectivas negações serão falsas.

Em uma disjunção a sentença propõe duas "escolhas", P ou Q. Para esta disjunção ser verdadeira é preciso optar por uma das duas alternativas, ou por ambas, mas nunca por nenhuma delas (linha 4 do exemplo).

Exemplo:

P = Irei viajar para Paris

P verdadeiro ou ¬ P falso

Q = Irei viajar para Roma

Q verdadeiro ou ¬ Q falso

¬ P = Não irei viajar para Paris

¬ P verdadeiro ou P falso

¬Q = Não irei viajar para Roma

¬Q verdadeiro ou Q falso

P∨Q = Irei viajar para Paris ou para Roma

	P	**Q**	**P ∨ Q**
1	Verdadeiro (ir a Paris)	Verdadeiro (ir a Roma)	Verdadeiro (ir a Roma e Paris)
2	Verdadeiro (ir a Paris)	Falso (não ir a Roma)	Verdadeiro (Ir a Paris e não ir a Roma)
3	Falso (não ir a Paris)	Verdadeiro (ir a Roma)	Verdadeiro (Ir a Roma e não ir a Paris)
4	Falso (não ir a Paris)	Falso (não ir a Roma)	Falso (não ir a Paris e não ir a Roma)

Comentário Extra: Veja os outros tipos de proposições em Importante Saber.

B. ERRADA A negação de uma proposição terá sempre o valor inverso da proposição original. Se T é falso, ¬T é verdadeiro e vice-versa. Observe o quadro.

R = Dia nublado (hipótese)

¬R = Dia não nublado

T = Irei à praia

¬T = Não irei à praia (tese)

R→(¬T) = Se o dia for nublado então não irei à praia. (linha 2)

A sentença diz que se o dia for nublado é CERTO que não irei à praia (linha2). Entretanto, se o dia não for nublado, ou seja, se R for falso, é possível que eu vá à praia ou não (linhas 3 e 4).

	R	***T***	***¬T***	***R → (¬T)***
1	Verdadeiro (dia nublado)	Verdadeiro (irei à praia)	Falso (irei à praia)	FALSO
2	Verdadeiro (dia nublado)	Falso (não irei à praia)	Verdadeiro (não irei à praia)	VERDADEIRO
3	**Falso (dia não nublado)**	**Verdadeiro (irei à praia)**	**Falso (irei à praia)**	**VERDADEIRO**
4	Falso (dia não nublado)	Falso (não irei à praia)	Verdadeiro (não irei à praia)	VERDADEIRO

A linha que representa T falso e R verdadeiro é a linha 3. A situação exposta pela linha 3 é uma situação possível na interpretação da sentença. Pois, como já foi dito, se o dia não for nublado é possível ir à praia ou não.

A análise da condicional é feita com as duas colunas destacadas (R e ¬T).

Observe que o enunciado diz que T é verdadeiro, ou seja, ¬T é falso.

Comentário Extra:

Veja os outros tipos de proposições em Importante Saber.

C. CERTO A proposição composta (P ∧ R) → (¬ Q) é uma condicional, em que a primeira parte (hipótese) é formada por uma conjunção (P ∧ R) e a segunda parte (tese) com a negação de Q (¬ Q).

Lembrando que, se ¬*A* é verdadeiro, *A* é falso, e vice-versa. Veja em Importante Saber.

Semelhante ao item 11, vamos criar um exemplo para facilitar a visualização.

P = Dia nublado

¬P = Dia não nublado

R = Dia chuvoso

¬R = Dia não chuvoso

Q = Irei à praia

¬Q = Não irei à praia

Hipótese: O dia estar nublado e chuvoso

Tese: Não irei à praia

	P	***R***	***P ∧ R***	***Q***	***¬Q***	***(P R) ∧ (¬Q)***
1	Verdadeiro (dia nublado)	Verdadeiro (dia chuvoso)	Verdadeiro (dia nublado e chuvoso)	Falso (não irei à praia)	Verdadeiro (não irei à praia)	VERDADEIRO
2	Verdadeiro (dia nublado)	Verdadeiro (dia chuvoso)	Verdadeiro (dia nublado e chuvoso)	Verdadeiro (irei à praia)	Falso (irei à praia)	FALSO
3	**Verdadeiro (dia nublado)**	**Falso (dia não chuvoso)**	**Falso (dia nublado e não chuvoso)**	**Verdadeiro (irei à praia)**	**Falso (irei à praia)**	**VERDADEIRO**

RACIOCÍNIO LÓGICO

	P	**R**	**P ∧ R**	**Q**	**¬Q**	**(P R) ∧ (¬Q)**
4	Falso (dia não nublado)	Verdadeiro (dia chuvoso)	Falso (dia não nublado e chuvoso)	Falso (não irei à praia)	Verdadeiro (não irei à praia)	VERDADEIRO
5	Falso (dia não nublado)	Falso (dia não chuvoso)	Falso (dia não nublado e não chuvoso)	Verdadeiro (irei à praia)	Falso (irei à praia)	VERDADEIRO

Primeiramente, colocamos no quadro a conjunção ***(P ∧ R)***. Na conjunção, as duas proposições simples têm que ocorrer ao mesmo tempo para que a conjunção seja verdadeira. Ou seja, se o dia for apenas nublado ou apenas chover, ou ainda não chover nem for nublado, a conjunção é falsa (linhas 3, 4 e 5).

Para a análise da condicional utilizamos as duas colunas em destaque. Observe que a conjunção da linha 1 foi repetida na linha 2 para criar a combinação de P, R e Q verdadeiros.

Na condicional, se a hipótese ocorrer (P ∧ R verdadeiro), é CERTO que a tese ocorrerá (¬Q verdadeiro). Mas se a hipótese não ocorrer (P ∧ R falso), a condicional será verdadeira independente de a tese ocorrer ou não (¬Q verdadeiro ou falso).

A situação exposta pela linha 3 é uma situação possível na interpretação da sentença. Pois, se o dia for nublado (P verdadeiro) e não chover (R falso) é possível que eu vá à praia (Q verdadeiro e ¬Q falso).

Comentário Extra: Veja os outros tipos de proposições em Importante Saber.

4.

A. ERRADO A proposição A é uma proposição composta que pode ser dividida em proposições simples. Para isso, vamos identificar o tipo de proposição composta que temos.

A proposição A é uma condicional. Verificamos isso pelo uso das palavras 'se' e 'então'. Esta proposição estabelece a condição (hipótese) para um fato ou evento ocorrer (tese). Para que Jane seja aprovada em concurso, este tem que ser policial federal ou procuradora de justiça.

Além disso, na proposição A, percebemos uma conjunção dentro da condicional. A conjunção, identificada pela palavra 'ou', corresponde à primeira parte da condicional, ou seja, à hipótese. Perceba que esta conjunção corresponde à proposição C.

A proposição B corresponde à segunda parte da condicional, isto é, à tese.

Proposição A: $C \rightarrow B$ (se C, então B)

C = *Jane é policial federal ou procuradora de justiça* – hipótese da condicional

B = *Jane foi aprovada em concurso público* – tese da condicional

No item Importante Saber há um quadro que expõe as condições para que uma proposição condicional seja verdadeira. Veja que, quando a hipótese é verdadeira, a tese tem que ser verdadeira para que a condicional seja verdadeira. Entretanto, se a hipótese for falsa, a tese poderá ser verdadeira ou falsa, e a proposição condicional permanecerá verdadeira.

Isso significa dizer que, se é verdade que Jane passou no concurso, necessariamente Jane é procuradora de justiça ou policial federal. Mas, se não é verdade que Jane é policial federal ou procuradora de justiça, ela pode ter passado no concurso, ou não.

Como foi dito que as proposições A e B são verdadeiras, então, é verdade que Jane passou no concurso. Entretanto, pode ser verdade ou não a respeito de ela ser policial federal ou procuradora de justiça.

Comentário Extra: A recíproca de uma condicional não corresponde à condicional. Isto é, "Se Jane foi aprovado no concurso, então ela é policial federal ou procuradora de justiça" não tem o mesmo significado da proposição A.

O uso de uma conjunção no meio da condicional é algo que causa um pouco de embaraço. Mas perceba que a questão não tratou da conjunção em si. Portanto, pudemos tratá-la como uma proposição única, sem a necessidade de 'destrinchá-la'.

Um exemplo de proposição condicional que ajuda o entendimento desta questão é a proposição seguinte: "Se o pássaro canta, então ele está vivo". Nesta condicional vemos claramente que se o pássaro canta (hipótese), NECESSARIAMENTE ele está vivo (tese). Mas se o pássaro não canta, ele pode estar vivo ou não. Em outras palavras, o pássaro tem que estar vivo para cantar. Mas não tem que cantar para estar vivo

Analogamente, se a proposição B (tese) é verdadeira, a proposição C (hipótese) poderá ser verdadeira ou não para que a condicional A seja verdadeira.

B. ERRADO Note que as proposições condicionais apresentadas são inversa uma da outra (veja em Importante Saber). Pois, a hipótese de uma é a negação da hipótese da outra. E, a tese de uma é a negação da tese da outra. E, como dito no item Importante Saber, a inversa de uma condicional, não é equivalente, isto é, não tem o mesmo valor lógico da condicional.

p (hipótese) = O delegado irá prender o chefe da quadrilha

q (tese) = A operação agarra será bem-sucedida

p→q = Se o delegado prender o chefe da quadrilha, então, a operação agarra será bem-sucedida.

~p (hipótese) = O delegado não irá prender o chefe da quadrilha

~q (tese) = A operação agarra não será bem--sucedida

(~p)→(~q) = Se o delegado não prender o chefe da quadrilha, então a operação agarra não será bem-sucedida.

	p	~p	q	~q	p → q	(~p) → (~q)
1	Verdade	Falso	Verdade	Falso	Verdade	Verdade
2	Falso	Verdade	Verdade	Falso	Verdade	Falso
3	Verdade	Falso	Falso	Verdade	Falso	Verdade
4	Falso	Verdade	Falso	Verdade	Verdade	Verdade

As colunas não sombreadas representam a primeira proposição condicional, enquanto as colunas sombreadas representam a segunda proposição condicional.

Como já explicado nos exercícios anteriores, uma proposição e sua respectiva negação terão valores inversos. Se um é falso, o outro é verdadeiro.

Como explicado na questão 13, em uma condicional verdadeira, se a hipótese é verdadeira a tese também será. Mas se a hipótese é falsa, a tese poderá ser verdadeira ou falsa.

Quando comparamos as duas últimas colunas percebemos que não são idênticas, concluindo-se que as duas proposições não são equivalentes.

Comentário Extra: Assim como as proposições inversas, as recíprocas também não guardam relações de equivalência. Colocamos a seguir uma tabela com os valores lógicos da primeira proposição apresentada com sua respectiva recíproca (Veja Importante Saber).

p (hipótese) = O delegado irá prender o chefe da quadrilha

q (tese) = A operação agarra será bem-sucedida

p→q=Se o delegado prender o chefe da quadrilha, então, a operação agarra será bem-sucedida.

q (hipótese) = A operação agarra será bem-sucedida

p (tese) = O delegado irá prender o chefe da quadrilha

q→p = Se a operação agarra for bem-sucedida, então o delegado prenderá o chefe da quadrilha.

	p	q	p → q	q → p
1	Verdade	Verdade	Verdade	Verdade
2	Falso	Verdade	Verdade	Falso
3	Verdade	Falso	Falso	Verdade
4	Falso	Falso	Verdade	Verdade

C. CERTA A regra da não contradição diz que uma proposição não pode ser ao mesmo tempo falsa e verdadeira. Consequentemente, a negação de uma proposição verdadeira é falsa e vice-versa.

Como o enunciado diz que os membros desta quadrilha dizem sempre verdade ou sempre mentira, isso significa dizer que os valores lógicos de suas proposições serão sempre verdadeiros ou sempre falsos.

Com estes conceitos em mente, vamos montar uma tabela com os valores lógicos de cada proposição.

p = José só fala a verdade
Proposição dita por Carlos

q = Carlos e José são do tipo opostos
Proposição dita por José

	p	**q**	
1	Verdade	Verdade	FALSO
2	Falso	Falso	VERDADE

Se Carlos disse a verdade, ou seja, se a proposição *p* é verdadeira, então José falou a verdade em sua declaração. Pois Carlos afirmou que José só fala a verdade. Assim, a proposição *q* também deverá ser verdadeira.

Entretanto, se as duas proposições forem verdadeiras, elas não serão do tipo opostas, fazendo com que a proposição *q* entre em uma contradição. Pois, segundo a declaração de José, um deles fala verdade e o outro, mentiras. (linha 1)

Se a declaração de Carlos é falsa, então José disse mentira. Logo, Carlos e José não são do tipo opostos. Ambos disseram proposições falsas. (linha 2)

D. ERRADO A negação do quantificador "todos" é o quantificador "algum não". Portanto, a negação da proposição A seria: "Algum policial não é honesto". Veja Importante Saber.

Comentário Extra: Os quantificadores podem ser classificados em dois tipos, quantificadores universais e quantificadores de existência.

Os quantificadores de existência são do tipo 'algum', 'alguém', 'alguns', etc. Eles expressam a ideia de que 'existe pelo menos um' elemento que faz parte de determinado grupo.

Os quantificadores universais são do tipo 'todos', 'nenhum', 'tudo', etc. Eles indicam que determinada característica pode ser atribuída a todos os elementos.

A negação de um quantificador existencial será um quantificador universal. E a negação de um quantificador universal será um quantificador existencial. Daí a tabela apresentada no item Importante Saber dos quantificadores e suas respectivas negações.

E. CERTO *p = Carlos não estudou*

q = Carlos fracassou na prova de física

r = Carlos jogou futebol

p→q = Se Carlos não estudou, então ele fracassou na prova de Física.

r→p = Se Carlos jogou futebol, então ele não estudou.

	p	**Q**	**r**	**p→q**	**r→p**
1	Verdade	Verdade	Verdade	Verdade	Verdade
2	Verdade	Falso	Verdade	Falso	Falso
3	Falso	Verdade	Falso	Verdade	Verdade
4	**Falso**	**Falso**	**Falso**	**Verdade**	**Verdade**

Da mesma forma que os exercícios anteriores, uma condicional só será falsa quando a hipótese for verdadeira e a tese falsa.

Para que as duas proposições condicionais sejam válidas, devemos considerar as linhas 1, 3 e 4.

Carlos não fracassou na prova de física é representado por *q* falso (ou ~*q* verdadeiro). Enquanto Carlos não joga futebol é representado por *r* falso (ou ~*r* verdadeiro). Vemos essa possibilidade na linha 4, onde se vê *r* e *q* falsos e (*p*→*q*) e (*r*→*p*) verdadeiros.

Comentário Extra: Note que a proposição *p* é a hipótese da primeira condicional, mas a tese da segunda condicional.

5.

A. ERRADO *p = Pedro Henrique não será eliminado na investigação social*

q = Pedro Henrique atende aos outros requisitos

p∧q = Pedro Henrique não será eliminado na investigação social e atende aos outros requisitos.

~p→~q = Se Pedro Henrique foi eliminado na investigação social, então ele não será nomeado para o cargo.

A negação de *(p∧q)* é;

~(p∧r) **Não é verdade** que Pedro não será eliminado na investigação social e atende aos outros requisitos.

Ou, pode-se utilizar proposição equivalente à negação;

~p∨~r Pedro Henrique será eliminado na investigação social **ou** não atende aos outros requisitos.

Comentário Extra: Veja proposições equivalentes à negação em Importante Saber.

Lembre-se que: a proposição com a palavra "não" pode ser representada por "*~p*" ou, simplesmente por "*p*". Mas deve-se ficar atento ao momento em que se deseja negar a proposição. Se a proposição "André não gosta de mamão" é representada por "*p*"; então a representação "*~p*" se refere a "André gosta de mamão". (Veja comentário extra da questão 6)

B. ERRADO Semelhante à questão anterior, vemos aqui que a proposição apresentada como equivalente à negação não está correta. A negação de uma proposição composta não se dá simplesmente negando-se as duas proposições simples.

Utilizando as mesmas simbologias da questão anterior, temos:

~p∨~q = Pedro Henrique não será eliminado na investigação social e ele não atende aos outros requisitos.

Esta proposição não é equivalente à negação de *p∧q*.

C. ERRADO *p = Pedro Henrique é nomeado para o cargo*

q = Pedro Henrique não foi eliminado na investigação social

Se a proposição *p* está condicionada à proposição *q*, isto equivale dizer que:

q→p = Se Pedro Henrique não foi eliminado na investigação social, então ele é nomeado para o cargo.

q ⊻ p = Ou Pedro Henrique é eliminado na investigação social ou é nomeado para o cargo.

	q	**p**	**q → p**	**q ⊻ p**
1	Verdade	Verdade	Verdade	Verdade
2	Verdade	Falso	Falso	Falso
3	Falso	Verdade	Verdade	Falso
4	Falso	Falso	Verdade	Falso

Vemos na Tabela verdade que as linhas de 1 a 4 não são iguais para as proposições condicional (*q → p*) e disjunção exclusiva (*q ⊻ p*).

D. CERTO *p = Pedro Henrique foi eliminado na investigação social*

~p = Pedro Henrique não foi eliminado na investigação social

q = Pedro Henrique será nomeado para o cargo

~q = Pedro Henrique não será nomeado para o cargo

p→~q = Se Pedro Henrique foi eliminado na investigação social, então ele não será nomeado para o cargo.

	p	**~q**	**p→~q**
1	Verdade	Verdade	Verdade
2	Verdade	Falso	Falso
3	Falso	Verdade	Verdade
4	Falso	Falso	Verdade

Para que a proposição *~p* seja verdadeira, a proposição *p* deverá ser falsa. Da mesma forma, para que a proposição *q* seja verdadeira, a proposição *~p* deverá ser falsa. Assim, observando a Tabela verdade, vemos que na linha 4 temos *p* falso, *~q* falso e a proposição *p→~q* verdadeira.

Portanto, podemos concluir que se é verdade que Pedro Henrique não foi eliminado na investigação social (~*p* verdadeiro ou *p* falso) e que ele será nomeado para o cargo (*q* verdadeiro ou ~*q* falso), então a afirmação de que "Se Pedro Henrique foi eliminado na investigação social, então ele não será nomeado para o cargo" ($p \rightarrow \sim q$) é verdadeira.

6.

A. ERRADO Primeiramente, para solução desta e das demais questões, vamos retirar do texto todas as preposições simples contidas.

p = O chefe pagou o curso para o candidato.

q = O chefe é amigo de infância do candidato.

r = O candidato foi recrutado pela organização criminosa.

s = A organização criminosa deseja obter informações sigilosas.

t = A organização criminosa deseja influenciar as decisões do órgão.

u = O candidato não sabia que ele é chefe de organização criminosa.

v = O candidato pediu que o chefe da organização criminosa pagasse o curso.

Detalhadas as proposições simples, vamos definir os símbolos das proposições compostas P1 e P2.

P1 $= p \rightarrow (q \vee r)$: **Se** o chefe pagou o curso para o candidato, **então ou** o chefe é amigo de infância do candidato **ou** o candidato foi recrutado pela organização criminosa.

P2 $= r \rightarrow (s \vee t)$: **Se** o candidato foi recrutado pela organização criminosa, **então** a organização criminosa deseja obter informação sigilosa **ou** a organização criminosa deseja influenciar as decisões do órgão.

P3 $= q \wedge u$: O chefe é amigo de infância do candidato **e** o candidato não sabia que ele é chefe de organização criminosa.

P4 $= v \wedge (\sim p)$: O candidato pediu que o chefe da organização criminosa pagasse seu curso **e** o chefe **não** pagou o curso para o candidato.

A Proposição P4 afirma que o chefe da organização criminosa **não** pagou o curso para o candidato. Ora, se consideramos que as informações em P4 são verdadeiras, não podemos afirmar que o chefe da organização criminosa custeou o curso para o candidato.

Podemos verificar na Tabela verdade da proposição P4, que não há possibilidade de que *p* seja verdadeira e P4 continue verdadeira.

P4

v	$\sim p$	$v \wedge \sim p$
Verdade	Verdade	Verdade
Verdade	Falso	Falso
Falso	Verdade	Falso
Falso	Falso	Falso

Para que a Proposição P4 seja verdadeira a única alternativa é a proposição *p* ser verdadeira e a negação da proposição ser verdadeira. Como ~*p* é verdadeira, *p* será falsa.

B. ERRADO Com base nas simbologias utilizadas na questão anterior para as proposições, tem-se:

$$P4 = v \wedge (\sim p)$$

Uma proposição equivalente à negação de uma disjunção é uma conjunção em que negam-se ambas as proposições simples.

$\sim P4 = \sim v \vee p$ O Candidato não pediu que o chefe da organização criminosa pagasse o curso ou o chefe pagou o curso para o candidato.

Comentário Extra: Veja negação de proposições em Importante Saber.

A Proposição apresentada no enunciado da questão pode ser simbolizada por:

$\sim v \wedge p$ O candidato não pediu que o chefe da organização criminosa pagasse o curso e o chefe pagou o curso para o candidato.

Novamente vemos aqui que a palavra "mas" denota uma conjunção. Ou seja, é equivalente ao uso da conjunção "e".

C. ANULADO Para solução desta questão precisamos desenvolver as Tabelas-verdades. O que desejamos saber é se a proposição é verdadeira. Como esta proposição está inserida em

P2, vamos começar com a Tabela Verdade das outras proposições.

P4

v	$\sim p$	$v \wedge \sim p$
Verdade	Verdade	Verdade
Verdade	Falso	Falso
Falso	Verdade	Falso
Falso	Falso	Falso

Podemos concluir que, para que a Proposição P4 seja verdadeira a única alternativa é a proposição *v* ser verdadeira e a negação da proposição *q* ser verdadeira. Como $\sim q$ é verdadeira, *q* será falsa.

v – verdadeira

p – falsa

P3

q	u	$q \wedge u$
Verdade	Verdade	Verdade
Verdade	Falso	Falso
Falso	Verdade	Falso
Falso	Falso	Falso

Da mesma maneira, concluímos que:

q – verdadeira

u – verdadeira

Como sabemos que a proposição *p* é falsa e a proposição *q* é verdadeira, iremos lançar na Tabela verdade apenas estas opções.

P1

p	q	r	$q \veebar r$	$p \to (q \veebar) r$
Falso	Verdade	Verdade	Falso	Verdade
Falso	Verdade	Falso	Verdade	Verdade

Através da Tabela verdade de P1 nada podemos concluir a respeito da proposição *r*. E, através da Tabela verdade de P2, também chegamos a nenhuma conclusão a respeito de $(s \vee t)$. Pois, tanto para $(s \vee t)$ verdadeiro como falso, a conclusão é verdadeira.

P2

	r	s	t	$s \vee t$	$r \to (s \vee t)$
1	Verdade	Verdade	Verdade	Falso	Falso
2	Verdade	Verdade	Falso	Verdade	Verdade
3	Verdade	Falso	Verdade	Verdade	Verdade
4	Verdade	Falso	Falso	Falso	Falso
5	Falso	Verdade	Verdade	Falso	Verdade
6	Falso	Verdade	Falso	Verdade	Verdade
7	Falso	Falso	Verdade	Verdade	Verdade
8	Falso	Falso	Falso	Verdade	Verdade

O gabarito inicial indicava a questão como "correta". Entretanto, não é possível concluir que "A organização deseja obter informações sigilosas ou influenciar as decisões do órgão X" através das premissas existentes.

7.

A. ERRADO Para um argumento ser válido, basta a conclusão ser uma consequência das premissas. Não é necessário que as premissas sejam verdadeiras.

Veja o exemplo:

Premissa 1: Todo mamífero voa

Premissa 2: O jacaré é um mamífero

Conclusão: Todo jacaré voa.

Sabemos que, tanto as premissas como a conclusão são falsas, pois nem todo mamífero voa, o jacaré não é um mamífero, tampouco voa. Entretanto, a conclusão é uma consequência das premissas.

Pois, se **supusermos** que as premissas são verdades, a conclusão também será.

Comentário Extra: Para avaliar a validade de um argumento suponha que as premissas deste argumento sejam verdadeiras e analise a conclusão. Se a conclusão for verdadeira, supondo que as premissas o sejam, o argumento é válido.

Mas lembre-se que você estará apenas supondo que as premissas e conclusões sejam verdadeiras. Elas podem dizer o mais completo absurdo, como, por exemplo, "todo jacaré voa".

B. ERRADO Analogamente à questão 18, uma conclusão pode ser falsa, mas ser consequência das premissas. O que a torna válida.

No item anterior vemos uma conclusão falsa (o jacaré voa) em um argumento válido.

Comentário Extra: Idem comentário extra do item 5A.

C. ERRADO Novamente, a validade de um argumento não está associada à sua veracidade e sim, à forma como o argumento foi montado. Veja o exemplo.

Premissa 1: Todo mamífero voa

Premissa 2: O leão não é um mamífero

Conclusão: O leão não voa.

Sabemos que a conclusão é verdadeira, pois o leão realmente não voa. Entretanto, o argumento é inválido, pois não podemos afirmar que tal conclusão é baseada nestas premissas.

A premissa 1 diz que todo mamífero voa, mas nada disse sobre os animais que não são mamíferos. Estes podem voar ou não. E a premissa 2 diz que o leão não é um mamífero.

Observe o argumento representado na forma de diagramas. O conjunto dos mamíferos está integralmente dentro do conjunto dos animais que voam, atendendo a premissa 1. Segundo a premissa 2 o leão não é um mamífero. Portanto, ele deve estar fora do conjunto dos mamíferos, mas poderá estar dentro do conjunto dos animais que voam (figura 1), como poderá estar fora do conjunto dos animais que voam (figura 2).

Figura 1

Figura 2

Embora saibamos que o leão é um mamífero e que nem todo mamífero voa, para o argumento ser válido devemos supor que o leão não é um mamífero e que todo mamífero voa, tal como dizem as premissas.

Comentário Extra: Idem comentário extra do item 5A.

D. CERTO **Premissa 1:** Todo cachorro é verde

Premissa 2: Tudo que é verde é vegetal

Conclusão: Todo cachorro é vegetal

Veja o diagrama que representa o argumento. O conjunto de todos os cachorros está dentro do conjunto das coisas verdes. Ou seja, todo cachorro será verde (premissa 1). E o conjunto das coisas verdes está dentro do conjunto dos vegetais. Pois tudo que é verde será um vegetal (premissa 2). Assim, o conjunto de todos os cachorros também estará integralmente dentro do conjunto dos vegetais, concluindo-se que todo cachorro é vegetal.

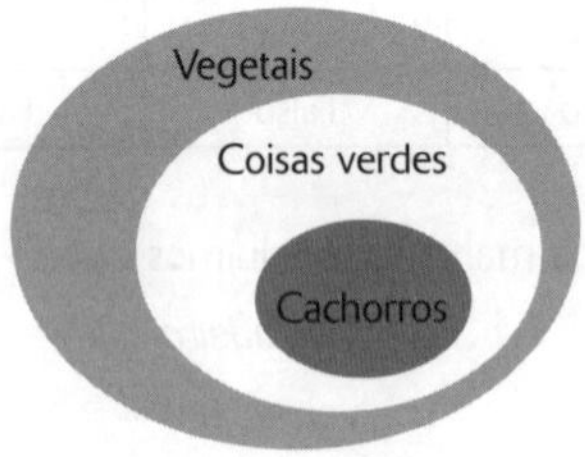

Embora saibamos que as duas premissas e a conclusão são falsas, a conclusão é válida.

Comentário Extra: Idem comentário extra do item 5A.

8.

A. ERRADO *p = Sou traficante*

q = Levei grande quantidade de droga

r = Escondi as drogas

$$P2 = p \rightarrow (q \wedge r)$$

A proposição equivalente à negação de uma condicional é uma conjunção com a segunda proposição simples negada.

$$\sim P2 = p \wedge (\sim (q \wedge r))$$

Entretanto, temos na segunda parte de P2 a negação de uma conjunção. A negação de uma conjunção transforma-se em disjunção e negam-se ambas proposições.

$$\sim(q \wedge r) = \sim q \vee \sim r$$

Assim;

$\sim P2 = p \wedge (\sim q \vee \sim r)$ = Sou traficante e não levei grande quantidade de droga ou não escondi as drogas.

Comentário Extra: Veja negação de proposições em Importante Saber.

A simbologia da proposição utilizada no enunciado será: $\sim p \rightarrow (\sim q \vee \sim r)$.

Note que a palavra "como" também denota uma proposição condicional.

B. CERTO *p = Sou traficante*

q = Levei grande quantidade de droga

r = Escondi as drogas

s = Sou usuário

$$P2 = p \rightarrow (q \wedge r)$$

Se a proposição $\sim p$ é verdadeira (Eu não sou traficante), podemos dizer que a proposição *p* é falsa (Eu sou traficante).

P2

p	*q*	*r*	$q \wedge r$	$p \rightarrow (q \wedge r)$
Falso	Verdade	Verdade	Verdade	Verdade
Falso	Verdade	Falso	Falso	Verdade
Falso	Falso	Verdade	Falso	Verdade
Falso	Falso	Falso	Falso	Verdade

Em uma condicional, se a primeira parte é falsa, a segunda parte pode ser falsa, ou não. Logo, a conclusão da proposição P2 será verdadeira.

Comentário Extra: Veja comentário extra da questão 4A.

C. ERRADO Para que o argumento seja válido, é necessário que a **conclusão seja uma consequência das premissas**. Assim, se houver a possibilidade de **as premissas serem todas verdadeiras e a conclusão ser falsa**, então este argumento **não será válido**.

p = Sou traficante

q = Levei grande quantidade de droga

r = Escondi as drogas

s = Sou usuário

$$C = q \rightarrow \sim s$$

Conclusão

q	*s*	$\sim s$	$q \rightarrow \sim s$
Verdade	Verdade	Falso	Falso
Verdade	Falso	Verdade	Verdade
Falso	Verdade	Falso	Verdade
Falso	Falso	Verdade	Verdade

Para que a conclusão seja falsa, *q* e *s* deverão ser verdadeiras. Assim, devemos verificar se há a possibilidade de ***q* e *s* serem verdadeiras** enquanto P1, P2 e P3 forem verdadeiras.

Perceba que *s* deverá ser verdadeira porque $\sim s$ deverá ser falsa.

$$P1 = \sim p \wedge s$$

P1

p	$\sim p$	*s*	$\sim p \wedge s$
Verdade	Falso	Verdade	Falso
Verdade	Falso	Falso	Falso
Falso	Verdade	Verdade	Verdade
Falso	Verdade	Falso	Falso

É possível que P1 seja verdadeira, sendo *s* verdadeira. Para isso, *p* tem que ser falsa.

$$P2 = p \rightarrow (q \wedge r)$$

P2

p	*q*	*r*	$q \wedge r$	$p \rightarrow (q \wedge r)$
Falso	Verdade	Verdade	Verdade	Verdade
Falso	Verdade	Falso	Falso	Verdade
Falso	Falso	Verdade	Falso	Verdade
Falso	Falso	Falso	Falso	Verdade

É possível que P2 seja verdadeira, sendo *p* falso.

$$P3 = (s \wedge \sim q) \rightarrow \sim r$$

P3

s	*q*	$\sim q$	$(s \wedge \sim q)$	$\sim r$	$(s \wedge \sim q) \rightarrow \sim r$
Verdade	Verdade	Falso	Falso	Verdade	Verdade
Verdade	Verdade	Falso	Falso	Falso	Verdade

RACIOCÍNIO LÓGICO

É possível que P3 seja verdadeira, sendo *s* e *q* verdadeiras.

Portanto, há a possibilidade de a conclusão ser falsa enquanto as premissas são verdadeiras. Logo, o **argumento não é válido.**

D. CERTO A questão está correta. A premissa 1 trata de uma conjunção que é representada pelo símbolo $\wedge$.

Observe que a proposição "eu não sou traficante" é representado por P, e não por ~P.

9.

A. ERRADO Todos os livros de administração são nacionais. E todos os livros nacionais são de capa flexível. Portanto, não é possível encontrar nesta livraria um livro de administração de capa dura.

O diagrama representa a interação entre os conjuntos dos livros flexíveis, dos livros nacionais e dos livros de administração. Todos os livros de administração fazem parte dos produtos nacionais. Assim, o círculo representante dos livros de administração fica integralmente dentro do círculo dos livros nacionais. Este, por sua fez, fica integralmente dentro do círculo dos livros de capa flexível, pois não existem livros nacionais de capa dura, sendo todos de capa flexível.

Comentário Extra: O enunciado da questão diz que não existem livros nacionais de capa dura, sendo, portanto, todos de capa flexível. Entretanto, nada disse a respeito das capas dos livros internacionais. Portanto, não podemos fazer inferências sobre as capas dos livros internacionais.

B. CERTO O enunciado da questão nos diz que a livraria é especializada também na área de economia, e não fez qualquer restrição a estes livros como fez com os livros de administração.

Quanto à capa, sabemos que não há livros nacionais de capa dura. Mas os livros de capa flexível podem ser tanto nacionais como internacionais.

Quanto à nacionalidade, não foram feitas inferências sobre os livros de economia. Portanto, é possível que a livraria tenha livros de economia de capa flexível nacionais ou internacionais.

Comentário Extra: Idem comentário extra do item 6A.

C. ERRADO Não há qualquer livro nacional de capa dura. Os livros de direito podem ser nacionais ou internacionais. Mas se forem nacionais, serão, necessariamente de capa flexível.

Comentário Extra: Idem comentário extra do item 6A.

D. CERTO Os livros de direito podem ser tanto nacionais como internacionais. O enunciado diz que alguns livros de direito são nacionais. Portanto, existem livros de direito nacionais e internacionais.

E nada foi dito a respeito da capa dos livros internacionais. Assim, é possível que um livro internacional de direito tenha capa flexível.

Comentário Extra: Idem comentário extra do item 6A.

10. Solução:

Para visualizar melhor esta questão, formulamos este esquema no qual iremos inserir as informações passo a passo.

Observe que a área hachurada do primeiro quadrado representa aqueles candidatos que foram eliminados na investigação social. Estes candidatos podem tanto pertencer à parte de cima do primeiro quadrado – candidatos reprovados na 1ª etapa – como pertencer à parte de baixo do quadrado – candidatos aprovados na 1ª etapa.

No segundo quadrado iremos inserir os candidatos que foram para segunda etapa, aprovados (parte de baixo) ou reprovados (parte de cima). Ressalta-se que apenas os candidatos aprovados na 1ª etapa e não eliminados na investigação social é que irão para a 2ª etapa. Ou seja, o número de candidatos da área de baixo do primeiro quadrado, na parte sem hachura, tem que ser igual à soma das duas áreas do segundo quadrado.

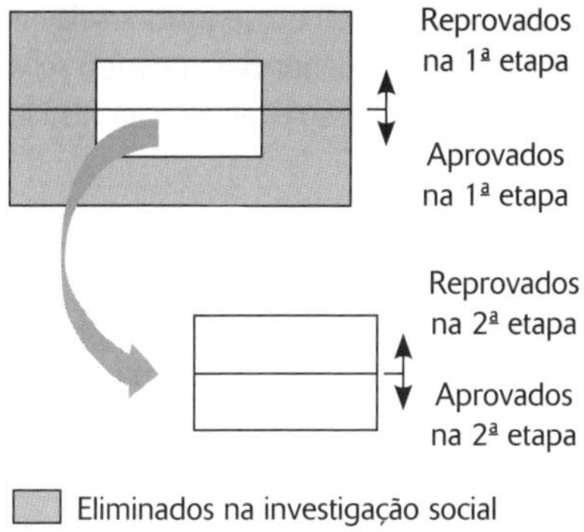

Sabemos que 50 candidatos foram reprovados na segunda etapa (parte superior do segundo quadrado). E que 350 foram nomeados, ou seja, aprovados (parte inferior do mesmo quadrado).

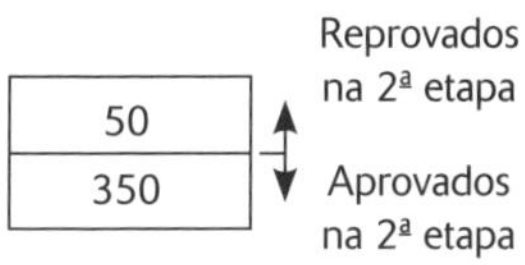

Feito isto, sabemos que a área inferior do primeiro quadrado e sem hachura é igual à soma 50 + 350.

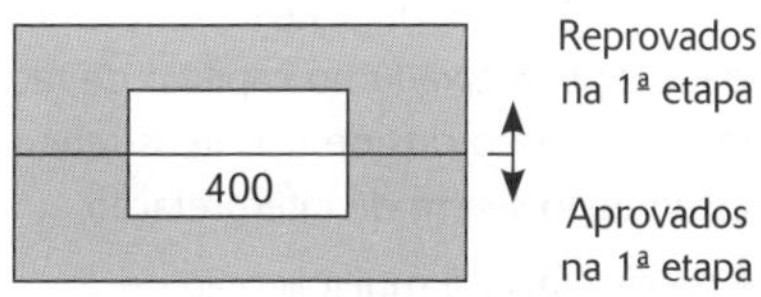

Sabemos que 800 candidatos foram eliminados na investigação social. Assim, podemos concluir que, do total de 5 mil candidatos, 4.200 candidatos (5.000 – 800) não foram eliminados no processo de investigação social. Portanto, a parte sem hachura do primeiro quadrado tem que ter um total de 4.200 candidatos. Como a parte inferior já possui 400 candidatos, a parte superior terá 3.800 (4.200 – 400).

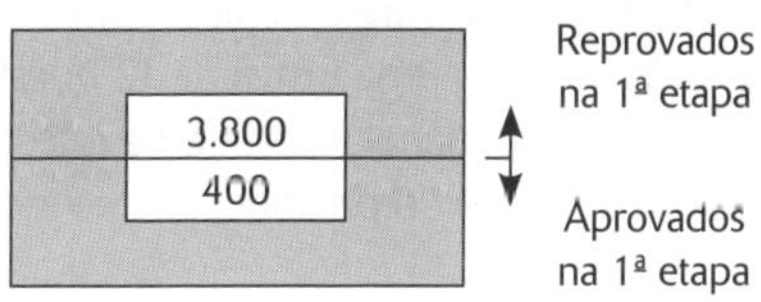

Sabemos o total de candidatos reprovados na 1ª etapa (4.500). Este número deve ser o total constante na parte superior do primeiro quadrado. Como sabemos que, da parte superior, a área sem hachura possui 3.800 candidatos. Logo, a parte hachuriada possui 700 candidatos (4.500 – 3.800).

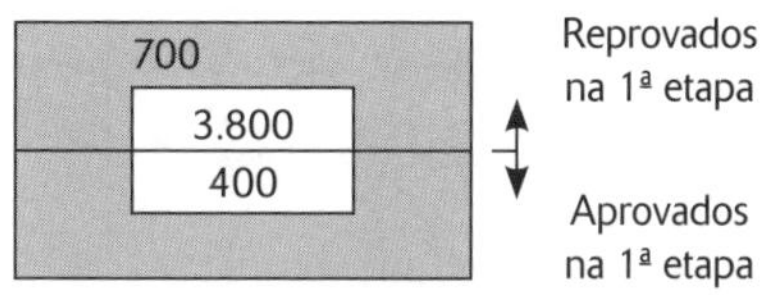

E, por fim, para completar o total de 5.000 candidatos, podemos concluir que a área inferior hachurada possui 100 candidatos (5.000 – (3.800 + 700 + 400)).

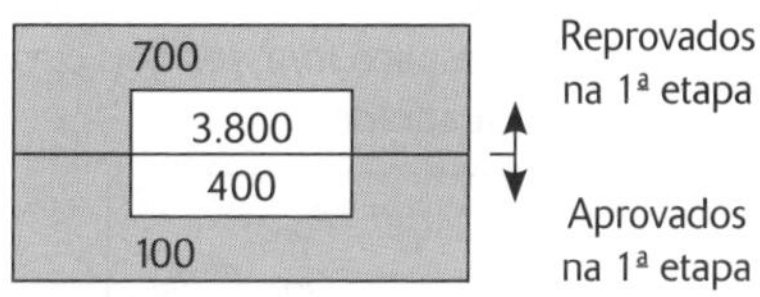

A. ERRADO Aqueles que foram eliminados no processo de investigação social não foram para o curso de formação, que é a 2ª etapa. Todos os candidatos que cursaram o curso de formação, sendo aprovados ou não, o fizeram porque não foram eliminados na investigação social.

B. CERTO Total de candidatos: 5.000

Candidatos eliminados na investigação social: 800

C. CERTO Estes candidatos são representados pela parte inferior e hachurada do quadrado. Ou seja, 100 candidatos foram aprovados na primeira etapa porém não seguiram para a 2ª etapa porque foram eliminados na investigação social.

11. Solução:

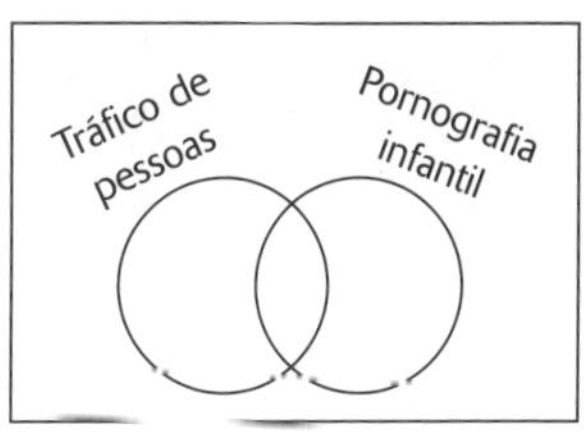

Todos os crimes

Semelhantemente à questão anterior, iremos inserir na figura as informações do enunciado a medida que concluirmos por elas.

Sabemos que 30 crimes se enquadram, ao mesmo tempo, em tráfico de pessoas e pornografia infantil. Ou seja, estes trinta crimes devem aparecer na interseção entre os dois círculos que representam cada um dos crimes.

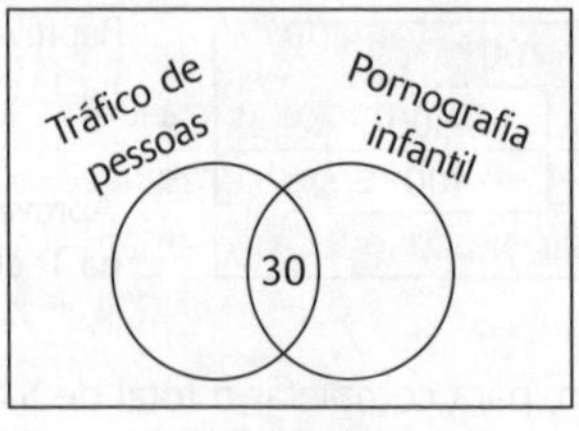

Todos os crimes

A segunda informação é que outros 30 crimes não se enquadram nestes dois crimes (tráfico de pessoas e pornografia infantil). Assim, estes crimes devem ocupar espaço fora dos dois círculos, porém dentro do quadrado.

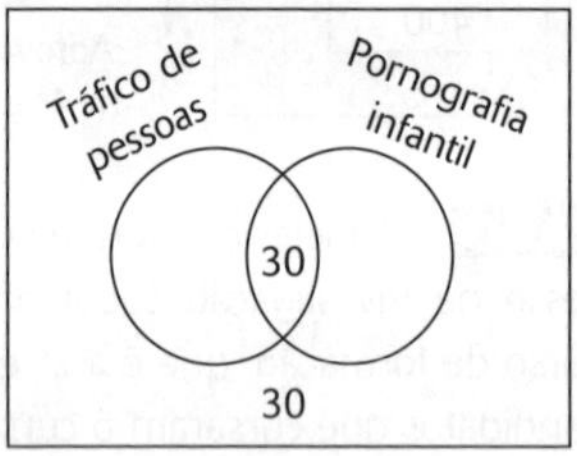

Todos os crimes

A última informação nos diz que 60 denúncias tratavam-se de pornografia infantil. Entretanto, não foi afirmado que estas 60 denúncias tratavam-se **apenas** de pornografia infantil. Assim, como sabemos que 30 denúncias dizem respeito à pornografia infantil cumulada com tráfico de pessoas, podemos concluir que estas 30 denúncias estão inseridas nas 60 denúncias, restando 30 denúncias (60 – 30 = 30) referentes **apenas** a pornografia infantil.

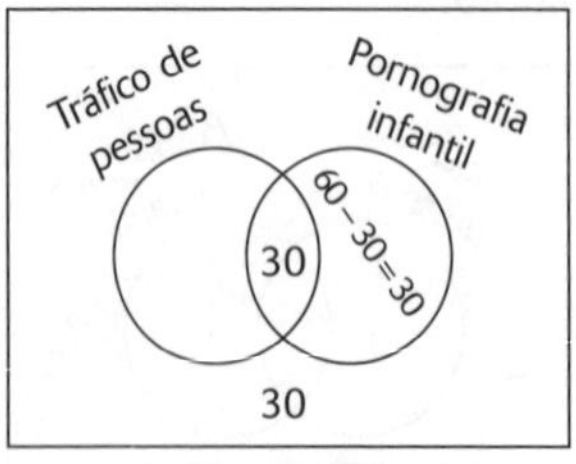

Todos os crimes

Agora, para que o total de denúncias seja igual a 100, o número de denúncias tratando-se **apenas** de tráfico de pessoas deverá ser 10 (100 – (30+30+30) = 10).

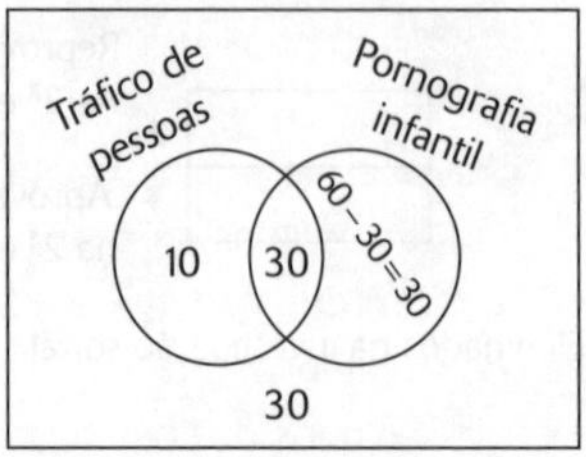

Todos os crimes

A. CERTO Como podemos confirmar na figura da solução da questão, o número de denúncias que ocupa apenas o lado esquerdo do círculo "Tráfico de pessoas" é igual a 10.

B. ERRADO O total de denúncias a respeito do tráfico de pessoas é igual a 40 (30 +10), enquanto o número de denúncias a respeito da pornografia infantil é igual a 60 (30+30). Portanto, a pornografia infantil foi mais denunciada que o tráfico de pessoas.

12.

A. ERRADO Embora este item trate de probabilidade, optei deixá-lo no capítulo de raciocínio lógico em razão dos demais itens referentes ao mesmo texto serem de interpretação.

Não é preciso fazer a multiplicação de

$$\frac{8}{50} \cdot \frac{17}{70} \cdot \frac{36}{120}$$

para perceber que resultará em um número muito pequeno, pois os denominadores são muito maiores que os numeradores. O resultado desta operação será 0,0117, ou seja, 1,17%.

É evidente que 1,17% é uma probabilidade muita baixa de ser reprovado, marcando-se ao acaso TODOS os item. Apenas por bom-senso podemos afirmar que este item está errado.

Comentário Extra: Faremos, aqui, um exemplo simplificado para uma prova de 12 questões para demonstrar a maneira correta de calcular a probabilidade de ser reprovado, marcando ao acaso todos os itens.

Suponha que haja 5 itens de conhecimentos básico, sendo necessário no mínimo 1 ponto para aprovação. Suponha também que haja 7 questões de conhecimentos específicos, sendo necessários no mínimo 2 pontos para aprovação. E, ainda, a soma das duas provas deverá ser no mínimo 6 pontos.

O enunciado da questão propõe que um candidato marque todos os itens ao acaso. Ou seja, não haverá itens em que não atribuiremos pontos, pois não haverá itens sem marcação ou com dupla marcação. A todos os itens será atribuído ou +1 ou –1 ponto.

O candidato será reprovado caso alcance menos de 6 pontos na soma das duas provas. Ou alcance 6 ou mais pontos na soma das duas provas, mas não alcance o mínimo de 1 ponto na primeira prova, ou o mínimo de 2 pontos na segunda prova.

As duas provas têm um total de 12 itens e terá as seguintes possibilidades:

- **0 acerto e 12 erros: 1 possibilidade**
- **1 acerto e 11 erros: 12 possibilidades**. O candidato pode ter como correto qualquer um dos 12 itens, por isso há 12 possibilidades de isto ocorrer. Trata-se de uma combinação de 12, tomados de 1 em1 ($C_{12;1}$)
- **2 acertos e 10 erros: 66 possibilidades**. Para encontrar o número de possibilidades basta fazer combinação de 12 elementos (itens) tomados a cada 2 ($C_{12;2}$)
- **3 acertos e 9 erros: 220 possibilidades.** Combinação de 12, tomados a cada 3 ($C_{12;3}$)
- **4 acertos e 8 erros: 495 possibilidades.** Combinação de 12, tomados a cada 4 ($C_{12;4}$)
- **5 acertos e 7 erros: 792 possibilidades**. Combinação de 12, tomados a cada 5 ($C_{12;5}$)
- **6 acertos e 6 erros: 924 possibilidades**. Combinação de 12, tomados a cada 6 ($C_{12;6}$)
- **7 acertos e 5 erros: 792 possibilidades**. Combinação de 12, tomados a cada 7 ($C_{12;7}$)
- **8 acertos e 4 erros: 495 possibilidades.** Combinação de 12, tomados a cada 8 ($C_{12;8}$)
- **9 acertos e 3 erros: 220 possibilidades.** Combinação de 12, tomados a cada 9 ($C_{12;9}$)
- **10 acertos e 2 erros: 66 possibilidades.** Combinação de 12, tomados a cada 10 ($C_{12;10}$)
- **11 acertos e 1 erro: 12 possibilidades.** Combinação de 12, tomados a cada 11 ($C_{12;11}$)
- **12 acertos e 0 erro: 1 possibilidade.** Combinação de 12, tomados a cada 12 ($C_{12;12}$)

Assim o espaço amostral é igual a 4096, isto é, existem 4096 diferentes combinações possíveis para o candidato que marcar ao acaso os 12 itens (1 + 12 + 66 + 220 + 495 + 792 + 924 + 792 + 495 + 220 + 66 + 12 + 1 = 4096).

Vejamos agora, quantas possibilidades existem para o candidato alcançar menos de 6 pontos na soma das duas provas.

- 0 acertos e 12 erros: 1 possibilidade (0 – 12 = –12 pontos)
- 1 acerto e 11 erros: 12 possibilidades (1 – 11 = –10 pontos)
- 2 acertos e 10 erros: 66 possibilidades (2 – 10 = –8 pontos)
- 3 acertos e 9 erros: 220 possibilidades (3 – 9 = –6 pontos)
- 4 acertos e 8 erros: 495 possibilidades (4 – 8 = –4 pontos)
- 5 acertos e 7 erros: 792 possibilidades (5 – 7 = –2 pontos)
- 6 acertos e 6 erros: 924 possibilidades (6 – 6 = 0 ponto)
- 7 acertos e 5 erros: 792 possibilidades (7 – 5 = 2 pontos)
- 8 acertos e 4 erros: 495 possibilidades (8 – 4 = 4 pontos)

Há 3797 possibilidades de o candidato alcançar menos que 6 pontos na soma das duas provas (Evento = 3797).

$$\text{Probabilidade} = \frac{\text{evento}}{\text{espaço amostral}} = \frac{3797}{4096}$$

O candidato poderá ser reprovado caso tire menos que 6 pontos na soma das provas. Mas tam

RACIOCÍNIO LÓGICO

bém poderá ser reprovado se tirar 6 pontos ou mais na soma das duas provas e não atingir o mínimo previsto para cada prova individualmente (1 e 2 para P1 e P2, respectivamente).

As possibilidades de isto ocorrer é:

- –1 em P1 e 7 em P2: nota = 6
- 5 em P1 e 1 e P2: nota = 6

Semelhante ao que foi feito para encontrar o espaço amostral das possibilidades de combinações para as 12 questões, faremos para as provas P1 e P2, individualmente.

Prova P1

- **0 acerto e 5 erros: 1 possibilidade** (0 – 5 = –5 pontos)
- **1 acerto e 4 erros: 5 possibilidades** ($C_{5;1}$) (1 – 4 = –3 pontos)
- **2 acertos e 3 erros: 10 possibilidades** ($C_{5;2}$) (2 – 3 = –1 ponto)
- **3 acertos e 2 erros: 10 possibilidades** ($C_{5;3}$) (3 – 2 = 1 ponto)
- **4 acertos e 1 erro: 5 possibilidades** ($C_{5;4}$) (4 – 1 = 3 pontos)
- **5 acertos e 0 erro: 1 possibilidade** ($C_{5;5}$) (5 – 0 = 5 pontos)

O espaço amostral é igual a 32, isto é, existem 32 diferentes combinações possíveis para o candidato que marcar ao acaso os 5 itens.

Prova P2

- **0 acerto e 7 erros: 1 possibilidade** (0 – 7 = –7 pontos)
- **1 acerto e 6 erros: 7 possibilidades** ($C_{7;1}$) (1 – 6 = –5 pontos)
- **2 acertos e 5 erros: 21 possibilidades** ($C_{7;2}$) (2 – 5 = –3 pontos)
- **3 acertos e 4 erros: 35 possibilidades** ($C_{7;3}$) (3 – 4 = –1 ponto)
- **4 acertos e 3 erros: 35 possibilidades** ($C_{7;4}$) (4 – 3 = 1 pontos)
- **5 acertos e 2 erros: 21 possibilidades** ($C_{7;5}$) (5 – 2 = 3 pontos)
- **6 acertos e 1 erro: 7 possibilidades** ($C_{7;4}$) (6 – 1 = 5 pontos)
- **7 acertos e 0 erro: 1 possibilidade** ($C_{7;5}$) (7 – 0 = 7 pontos)

O espaço amostral é igual a 128, isto é, existem 128 diferentes combinações possíveis para o candidato que marcar ao acaso os 7 itens.

Note que o produto dos dois espaços amostrais individuais é igual ao espaço amostral referente aos 12 itens (32 × 128 = 4096).

A probabilidade de se alcançar nota –1 em P1 **e** 7 em P2 é igual a:

$$\text{Probabilidade} = \frac{10}{32} \cdot \frac{1}{128} = \frac{10}{4096}$$

Lembre-se que a conjunção **e** indica que devemos multiplicar as probabilidades. Veja Importante Saber do Capítulo I.

A probabilidade de se alcançar nota 5 em P1 **e** 1 em P2 é igual a:

$$\text{Probabilidade} = \frac{1}{32} \cdot \frac{35}{128} = \frac{35}{4096}$$

Finalmente, a probabilidade total será:

$$\text{Probabilidade} = \frac{3797}{4096} + \frac{10}{4096} + \frac{35}{4096} =$$

$$\frac{1921}{2048} \cong 0{,}93799 \cong 93{,}8\%$$

O candidato poderá tirar nota inferior a 6 na soma das duas provas, **ou** tirar nota superior a 6 na soma de ambas e inferior a 1 ou 2 em P1 e P2, respectivamente. Como a conjunção **ou** indica ocorrência não simultânea, somamos as probabilidades. Veja Importante Saber do Capítulo I.

B. CERTO O conjunto formado pelos números de 1 a 10, por exemplo, pode ser subdividido em dois: de 1 a 6 e de 7 a 10. Podemos chamar primeiro grupo (1 a 7) de números menores ou iguais a 7, ou apenas de menores que 8.

Da mesma forma, podemos chamar o segundo grupo de números maiores que 7 ou maiores ou iguais a 8.

Note que quando dizemos simplesmente 'maior que' ou 'menor que' o número apresentado a seguir não pertencerá ao grupo. Se dissermos 'maior ou igual a' ou 'menor ou igual a' o número apresentado a seguir pertencerá ao grupo.

Portanto, se um candidato será reprovado caso tire uma nota menor que 8 significa dizer que este candidato será aprovado caso tire uma nota maior ou igual a 8.

Isto porque os pontos serão sempre números inteiros. Não há distribuição fracionária de pontos.

Comentário Extra: Perceba que os conjuntos 'menor que 8' e 'maior ou igual a 8' são complementares. Isto é, a soma dos dois conjuntos compreende todas as possibilidades de notas que um candidato poderá conseguir.

C. ERRADO Para atender ao disposto na alínea c) a soma das provas específica e básica deve ser maior ou igual a 36.

Suponha que o candidato tenha conseguido apenas 5 pontos na prova de conhecimentos básicos (P1), sendo reprovado pelo requisito a). Para este candidato atender a alínea c), ele deverá conseguir pelo menos 31 pontos na prova de conhecimentos específicos (P2). Assim, 5 + 31 = 36. O candidato atenderia o requisito c), mas ainda assim seria reprovado por não atender o requisito a).

D. ERRADO Para que um candidato tenha uma nota final (NFPO) é necessário que este tenha sido aprovado pelos requisitos do subitem 10.4. Se o candidato foi reprovado por alguma das alíneas do subitem de 10.4, não será atribuída ao candidato uma nota NFPO. Esta é a razão de o item ser considerado errado.

Comentário Extra: Entretanto, a nota NFPO será igual à nota calculada para verificação da alínea c) do subitem 10.4. Mas só passará a ser denominada de NFPO se o candidato for aprovado segundo os critérios de 10.4.

Assim, se a questão se referisse à soma de P1 e P2, e não a NFPO, o item estaria correto, e a solução se daria da maneira seguinte.

Um candidato que tenha a soma de P1 e P2 igual a 75 atenderá o requisito da alínea c). Entretanto, para ele ser aprovado deverá atender também as alíneas a) e b). Ou seja, se ele tirar 5 pontos em P1, e tirar 70 pontos em P2, ele será eliminado por não conseguir o mínimo possível em P1, que é de 8 pontos. (5 + 70 = 75)

A soma de P1 e P2 deverá ser 75. Mas lembre-se que o valor máximo para P1 são 50 pontos, e o valor máximo para P2 são 70 pontos.

As possibilidades existentes são:

P1 = 5; P2 = 70 → 5 + 70 = 75

P1 = 6; P2 = 69 → 6 + 69 = 75

P1 = 7; P2 = 68 → 7 + 68 = 75

Candidato reprovado, pois a nota de P1 é inferior a 8 pontos. Para qualquer outra combinação em que a soma de P1 e P2 seja 75, o candidato será aprovado.

P1 = 8; P2 = 67 → 8 + 67 = 75

P1 = 50; P2 = 25 → 50 + 25 = 75

P1 = 45; P2 = 30 → 45 + 30 = 75

Para estas combinações de pontos entre P1 e P2, por exemplo, o candidato seria aprovado, pois conseguiria nota maior ou igual a 8 em P1 e maior ou igual a 17 em P2.

E. CERTO Segundo o subitem 10.5, a condição para o candidato ter as suas notas P1 e P2 somadas, encontrando-se a nota final NFPO, é ter conseguido notas iguais ou maiores que 8 ou 17 em P1 e P2, respectivamente. Ou seja, ser aprovado pelos critérios expostos em 10.4.

F. CERTO Para que a nota tenha sido a mínima necessária para não reprovação, o candidato conseguiu 8 pontos na prova P1.

Estes 8 pontos foram atingidos tomando-se o número de acertos e subtraindo-se o número de erros *(Acertos – Erros = 8)*. Entretanto, há aqueles itens em que o candidato pode ter feito nenhuma marcação, ou dupla marcação. A estes itens não são atribuídos nem retirados pontos. Por causa disso, existem várias possibilidades para a quantidade de acertos (*x*). Perceba que o número de acertos, mais o número de erros, mais o número de itens sem ou com dupla marcação têm que resultar em 50, que é o número de itens da prova de conhecimentos básicos.

Acertos (+1)	Erros (-1)	Sem/Dupla Marcação (0)	Total
8	0	42	8 – 0 = 8
9	1	40	9 – 1 = 8
10	2	38	10 – 2 = 8
⋮	⋮	⋮	⋮
26	18	6	26 – 18 = 8
27	19	4	27 – 19 = 8
28	20	2	28 – 20 = 8
29	21	0	29 – 21 = 8

Veja que o número de acertos pode variar de 8 a 29. Portanto, há 22 possibilidades para o número *x* de acertos.

Comentário Extra: Se as únicas opções para cada item fossem 'acertos' ou 'erros', só existiria uma possibilidade para o valor de *x*.

$$\begin{array}{l} \text{acertos} - \cancel{\text{erros}} = 8 \\ \text{acertos} + \cancel{\text{erros}} = 50 \\ \hline 2 \cdot \text{acertos} = 58 \qquad \text{acertos} = 29 \end{array}$$

G. ERRADO Para que a probabilidade de dois candidatos ficarem empatados seja igual a zero, a probabilidades de estes dois candidatos fazerem a prova com exatamente as mesmas quantidades de acertos, de erros e de questões sem marcação (ou dupla marcação) deve ser igual a zero.

Entretanto, apesar de esta probabilidade ser remota, ela existe. Esta possibilidade é muito próxima a zero, mas não é igual a zero.

H. ERRADO Dois candidatos podem ter a mesma nota, porém números de acertos diferentes. Basta terem números diferentes de questões sem marcação ou dupla marcação.

Veja um exemplo:

CANDIDATO A

- Acertos = 40
- Erros = 10
- Sem marcação ou dupla marcação = 20
- Total de pontos = 40 – 10 + 0 = ***30 pontos***

CANDIDATO B

- Acertos = 45
- Erros = 15
- Sem marcação ou dupla marcação = 10
- Total de pontos = 45 – 15 + 0 = ***30 pontos***

Comentário Extra: Lembre-se que o número de acertos, mais o número de erros, mais o número de questões sem marcação ou dupla marcação deverá ser igual a 70 (total de questões da prova P2).

I. ERRADO O menor número de erros não representa o maior número de acertos. Assim como no item 33, isto irá depender do número de questões não pontuadas por ter havido nenhuma ou dupla marcação.

Tomando o exemplo dado no item 33, o candidato A obteve menor número de erros em relação ao candidato B. No entanto, o candidato B obteve maior número de acertos, apesar de o número de erros ter sido mais alto.

J. CERTO Se dois candidatos (A e B) ficarem empatados após passarem pelos 4 critérios estabelecidos nas alíneas a) a d), eles terão feito o mesmo número de pontos, tanto na prova dissertativa como na prova de conhecimentos específicos, visto que empataram nos critérios a) e b). Assim, como a nota total também é igual, necessariamente a nota da prova de conhecimentos básicos será igual.

$$NFIE_A = NFPO_A + NPD_A \quad NFIE_B = NFPO_B + NPD_B$$

$$NFIE_A = NFIE_B \quad logo, \quad NFPO_A + NPD_A = NFPO_B + NPD_B$$

$$Se\ NPD_A = NPD_B\ (discursiva); \quad então\ NFPO_A = NFPO_B$$

Com as notas das provas de conhecimentos básicos iguais, os candidatos passam a ser classificados pelo número de acertos na prova de conhecimentos básicos (alínea d)).

RAIO-X

- O tema em estudo equivale aos seguintes percentuais das questões de raciocínio lógico:

Cargo	Questões do Tema	%
Agente	27	39,71%
Escrivão	14	20,59%
Delegado	10	14,71%

- Questões com proposições foram as mais recorrentes.
- As questões da prova de Delegado exigiram do candidato uma percepção lógica dos fatos. E, em alguns itens, não foi necessário o conhecimento sistemático do tema. O mero senso crítico foi suficiente para sua solução. Contudo, este senso crítico pode ficar mais apurado com a prática de mais exercícios de raciocínio lógico.
- Questões de raciocínio lógico são muito suscetíveis a enganos. Por isso exigem prática e análise cuidadosa.

IMPORTANTE SABER

5. SOBRE PROPOSIÇÕES:

As informações das proposições possuem valor lógico totalmente verdadeiro ou totalmente falso. Nunca uma proposição será verdadeira e falsa ao mesmo tempo.

Veja os diferentes tipos de proposições simples e compostas. Estas proposições podem ser mais bem representadas em forma de tabelas, em que melhor se visualizam as possibilidades de se ter proposições falsas ou verdadeiras.

- ***Negação*** (~ ou ¬)

A: Hoje farei caminhada no parque.

~A: Hoje **não** farei caminhada no parque.

Se **A** é verdadeiro (farei caminhada no parque) **~A** é falso. Não é verdade que não farei caminhada no parque. Da mesma forma, se **A** é falso, **~A** é verdadeiro.

	A (Hoje farei caminhada no parque)	~A (Hoje não farei caminhada no parque)
1	Verdade	Falso
2	Falso	Verdade

Se a proposição *'hoje não farei caminhada no parque'* for representada por **A**, a negação **¬A** será representante da proposição *'hoje farei caminhada no parque'*. Atente-se sempre para qual é a proposição que foi representada sem o símbolo ¬. A proposição representada por com o símbolo ¬ será sempre o 'inverso' da proposição representada sem o símbolo ¬.

- ***Conjunção*** (∧)

A: Hoje farei caminhada no parque.

B: Hoje farei alongamento no parque.

A ∧ B: Hoje farei caminhada **e** alongamento no parque

	A (Hoje farei caminhada no parque)	B (Hoje farei caminhada e alongamento no parque)	A ∧ B
1	Verdade	Verdade	Verdade
2	Verdade	Falso	Falso
3	Falso	Verdade	Falso
4	Falso	Falso	Falso

Uma conjunção só será **verdadeira** quando **ambas** as proposições simples forem verdadeiras (linha 1).

Não é possível que a conjunção tenha lógica verdadeira se *eu apenas caminhar no parque, ou se apenas alongar no parque.*

- ***Disjunção*** (∨)

A: Hoje farei caminhada no parque.

B: Hoje farei alongamento no parque.

A ∨ B: Hoje farei caminhada **ou** alongamento no parque

	A (Hoje farei caminhada no parque)	B (Hoje farei caminhada e alongamento no parque)	A ∨ B
1	Verdade	Verdade	Verdade
2	Verdade	Falso	Verdade
3	Falso	Verdade	Verdade
4	Falso	Falso	Falso

Uma disjunção será **falsa** quando as **duas partes** que a compõem forem falsas (linha 4). Note que é possível ter as duas proposições verdadeiras, uma não exclui a outra (linha 1).

- ***Disjunção exclusiva*** ($\underline{\vee}$)

A: Hoje farei caminhada no parque.

B: Hoje farei alongamento no parque.

RACIOCÍNIO LÓGICO

A $\veebar$ B: Hoje farei **ou** caminhada **ou** alongamento no parque.

	A (Hoje farei caminhada no parque)	B (Hoje farei alongamento no parque)	A ∨ B
1	Verdade	Verdade	Falso
2	Verdade	Falso	Verdade
3	Falso	Verdade	Verdade
4	Falso	Falso	Falso

Já na disjunção exclusiva não é possível que as duas opções sejam verdadeiras (linha 1). A proposição terá lógica verdadeira se eu realizar apenas uma das atividades, ou caminhar, ou alongar.

- ***Condicional*** (→)

A (hipótese): O céu está nublado.

B (tese): Está chovendo.

A → B: (conclusão): Se o céu está nublado, **então** está chovendo.

	A (O céu está nublado)	B (Está chovendo)	A → B
1	Verdade	Verdade	Verdade
2	Verdade	Falso	Falso
3	Falso	Verdade	Verdade
4	Falso	Falso	Verdade

Nas proposições condicionais a **hipótese** é condição ***SUFICIENTE*** para que ocorra a ***tese.*** Se o céu está nublado, é **certo** que está chovendo (linha 1).

Entretanto, a ***tese*** é condição ***NECESSÁRIA*** para que ocorra a ***hipótese.*** Ou seja, se está chovendo, o céu pode estar nublado ou não (linhas 3 e 4).

O que não é possível, é o céu estar nublado e não estar chovendo (linha 2).

Atenção: estamos interessados em verificar o valor lógico das proposições, independentemente da veracidade das informações.

Outra característica importante nas proposições condicionais é o fato de que as recíprocas e inversas **não têm o mesmo valor lógico** da proposição condicional original.

Para formar a recíproca de uma condicional, basta inverter a hipótese e a tese. Para formar a inversa de uma condicional basta negar a hipótese e a tese.

Por exemplo:

- **Condicional original:** Se Machado de Assis escreveu ótimos livros, então ele foi um gênio.
  - **Hipótese:** Machado de Assim escreveu ótimos livros.
  - **Tese:** Machado de Assis foi um gênio.
- **Condicional recíproca**: Se Machado de Assis foi um gênio, então ele escreveu ótimos livros.
- **Condicional recíproca**: Se Machado de Assis não escreveu ótimos livros, então ele não foi um gênio.

- ***Bicondicional*** (↔)

A (hipótese): O céu está nublado.

B (tese): Está chovendo.

A ↔ B (conclusão): O céu está nublado **se, e somente se**, está chovendo.

	A (O céu está nublado)	B (Está chovendo)	A ↔ B
1	Verdade	Verdade	Verdade
2	Verdade	Falso	Falso
3	Falso	Verdade	Falso
4	Falso	Falso	Verdade

Na proposição bicondicional, a ***hipótese é a condição SUFICIENTE para que ocorra a tese, e a tese também é condição SUFICIENTE para que ocorra a hipótese.*** Se o céu está nublado é **certo** que está chovendo (linha 1). E, se está chovendo é **certo** que está nublado (linha 4).

- **Negação de proposições compostas**

Quando duas proposições possuem a mesma tabela verdade, dizemos que são **equivalentes**.

Podemos representar a negação de proposições compostas por suas proposições equivalentes.

Proposição	Negação	Equivalente à negação
$p \wedge q$	$\sim(p \wedge q)$	$\sim p \wedge \sim q$
$p \vee q$	$\sim(p \vee q)$	$\sim p \vee \sim q$
$p \to q$	$\sim(p \to q)$	$p \wedge \sim q$
$p \leftrightarrow q$	$\sim(p \leftrightarrow q)$	$(p \wedge \sim q) \vee (q \wedge \sim p)$

- **Proposição conjuntiva:** Talita gosta de cantar **e** dançar. $(p \wedge q)$

Não é verdade que Talita gosta de cantar **e** dançar. $\sim(p \wedge q)$

Talita não gosta de cantar **ou** não gosta de dançar. $\sim p \vee \sim q$

- **Proposição disjuntiva:** Laís viajará para Paris **ou** para Berlim. $(p \vee q)$

  Não é verdade que Laís viajará para Paris **ou** para Berlim. $\sim(p \vee q)$

  Laís não viajará para Paris **e** não viajará para Berlim. $\sim p \vee \sim q$

- **Proposição condicional: Se** Pedro ganhar na loteria, **então**, ficará rico. $(p \rightarrow q)$

  Não é verdade que **se** Pedro ganhar na loteria, **então,** ficará rico. $\sim(p \rightarrow q)$

  Pedro ganhará na loteria **e** não ficará rico. $p \wedge \sim q$

- **Proposição bicondicional:** Ana fará faculdade **se, e somente se,** passar no vestibular. $(p \leftrightarrow q)$

  Não é verdade que Ana fará faculdade **se, e somente se,** passar no vestibular. $\sim(p \leftrightarrow q)$

  Ana fará faculdade e não passará no vestibular ou, Ana passará no vestibular e não fará faculdade. $(p \wedge \sim q) \vee (q \wedge \sim p)$

6. SOBRE ARGUMENTOS, PREMISSAS E CONCLUSÕES:

- Um argumento é construído através de proposições denominadas premissas, que permitem chegar a outra proposição denominada conclusão.

  Premissa 1: Toda cachorro é azul.

  Premissa 2: Totó é um cachorro.

  Conclusão: Totó é azul.

  Se assumirmos que todo cachorro é azul, pela lógica, Totó, que está inserido no grupo dos cachorros, também será necessariamente azul.

  É importante perceber que o estudo da lógica não se avalia o conteúdo em si, mas a forma, ou seja, se a construção do raciocínio é válida ou não. As premissas e conclusões do exemplo são claramente falsas, irreais. Pois não existem cachorros azuis. Mas a forma que o argumento é apresentado é **válida**. Ou seja, assumindo que todo cachorro é azul, Totó será azul.

  Podemos dizer então que quando a conclusão não é uma consequência da premissa, o **argumento é inválido**.

  Por outro lado, se as premissas forem verdadeiras e a conclusão for consequência das premissas, ou seja, o argumento for válido, a conclusão também será verdadeira.

  Premissa 1: Todo delegado cursou direto.

  Premissa 2: João é delegado.

  Conclusão: João cursou direito.

  O exemplo anterior mostra um argumento válido em que as premissas são verdadeiras. Podemos então afirmar que a conclusão, além de válida, é verdadeira.

- ***Quantificadores***

  São as palavras que especificam os elementos das proposições. São as palavras como 'alguém', 'alguns', 'existem', 'todo', 'nenhum'.

  - Alguém ganhou na loteria – equivale a dizer que pelo menos uma pessoa ganhou na loteria.
  - Todo homem é mortal.
  - Nenhum brasileiro é triste.

- ***Negação de Quantificadores***

  A negação dos quantificadores nem sempre é óbvia. Veja o quadro a seguir e observe os exemplos. Lembre-se que a finalidade é verificar a validade das informações, e não a veracidade.

Quantificador	Negação
Todo	Algum não
Algum/existe/alguém	Nenhum
Nenhum	Algum

  - Todo homem foi à lua.
    Negação: Algum homem não foi à lua.
  - Existem gatos que voam.
    Negação: Nenhum gato voa.
  - Nenhuma criança gosta de doces.
    Negação: Alguma criança gosta de doce.

BIBLIOGRAFIA RECOMENDADA

BIBLIOGRAFIA BÁSICA

- PAVIONE, Damares Mirian de Souza. *Matemática e raciocínio lógico.* Coleção Concursos Públicos carreiras: analista e técnico. v. 11. São Paulo: Saraiva, 2012.

- CABRAL, Luiz Cláudio; NUNES, Mauro César. *Raciocínio lógico e matemática para concursos:* [mais de 730 questões e itens resolvidos]. 6 ed. Rio de Janeiro: Elsevier, 2009.
- VILLAR, Bruno. *Matemática e raciocínio lógico quantitativo:* teoria e treinamento prático. Rio de Janeiro: Forense; São Paulo: Método, 2009.

BIBLIOGRAFIA COMPLEMENTAR

- FURTADO, Emerson Marcos. *Raciocínio Lógico para concursos* – Série Aprova Concursos. Curitiba: IESDE Brasil, 2011.